U0920553

《中国人民政治协商会议年鉴(2003)》

中国人民政治协商会议

年 鉴

2003

人 民 出 版 社

中國人民政治協商會議會徽

EMBLEM OF THE CHINESE PEOPLE'S POLITICAL CONSULTATIVE CONFERENCE

2003年3月3日，中国人民政治协商会议第十届全国委员会第一次会议开幕。江泽民、胡锦涛、李鹏、朱镕基、李瑞环、李岚清、吴邦国、温家宝、贾庆林、曾庆红、黄菊、吴官正、李长春、罗干等党和国家领导人步入会场。

中国人民政治协商会议第十届全国委员会第一次会议

中国人民政治协商会议第十届全国委员会第一次会议会场。

中国人民政治协商会议第十届全国委员会主席、副主席、秘书长

贾庆林 主席

王忠禹 副主席

廖晖 副主席

刘延东 副主席

阿沛·阿旺晋美
副主席

巴金 副主席

帕巴拉·格列朗杰
副主席

李贵鲜 副主席

张思卿 副主席

丁光训 副主席

霍英东 副主席

马万祺 副主席

白立忱 副主席

罗豪才 副主席

张克辉 副主席

周铁农 副主席

郝建秀 副主席

陈奎元 副主席

阿不来提·阿不都热西提 副主席

徐匡迪 副主席

李兆焯 副主席

黄孟复 副主席

王选 副主席

张怀西 副主席

李蒙 副主席

郑万通 秘书长

2003年3月3日，全国政协十届一次会议主席团常务主席会议主持人贾庆林主持全国政协十届一次会议开幕会。

2003年3月3日，李贵鲜同志在全国政协十届一次会议上作常务委员会工作报告。

2003年3月3日，周铁农同志在全国政协十届一次会议上作提案工作情况报告。

2003年3月4日，中共中央总书记胡锦涛、全国政协十届一次会议主席团常务主席会议主持人贾庆林参加全国政协十届一次会议少数民族组委员联组讨论会，听取委员们的意见和建议。

2003年3月4日，中共中央政治局常委、国务院副总理吴邦国参加全国政协十届一次会议民革组、台盟组委员联组讨论会，听取委员们的意见和建议。

2003年3月4日，中共中央政治局常委、国务院副总理温家宝参加全国政协十届一次会议经济组委员联组讨论会，听取委员们的意见和建议。

2003年3月7日，中共中央政治局常委、全国政协十届一次会议主席团常务主席会议主持人贾庆林参加全国政协十届一次会议民建组、工商联组委员联组讨论会，听取委员们的意见和建议。

2003年3月4日，中共中央政治局常委、中央书记处书记曾庆红参加全国政协十届一次会议工会组、共青团组、青联组、妇联组委员联组讨论会，听取委员们的意见和建议。

2003年3月4日，中共中央政治局常委黄菊参加全国政协十届一次会议科协组、科技组委员联组讨论会，听取委员们的意见和建议。

2003 年 3 月 7 日，中共中央政治局常委、中央纪律检查委员会书记吴官正参加全国政协十届一次会议民盟组、民进组委员联组讨论会，听取委员们的意见和建议。

2003 年 3 月 7 日，中共中央政治局常委李长春参加全国政协十届一次会议文艺组委员联组讨论会，听取委员们的意见和建议。

2003 年 3 月 7 日，中共中央政治局常委、国务委员罗干参加全国政协十届一次会议社会福利组、社会保障组委员联组讨论会，听取委员们的意见和建议。

2003年3月14日，贾庆林主席在全国政协十届一次会议闭幕会上发表讲话。

2003年3月20日，全国政协十届一次会议召开提案交办会。

全国政协举行新年茶话会

2003年1月1日，江泽民、胡锦涛、李鹏、朱镕基、李瑞环、李岚清、吴邦国、温家宝、贾庆林、曾庆红、黄菊、吴官正、李长春、罗干等党和国家领导人与各民主党派、人民团体和各族各界人士共庆新年。

2003年1月1日，江泽民、胡锦涛、李鹏、朱镕基、李瑞环、李岚清、吴邦国、温家宝、贾庆林、曾庆红、黄菊、吴官正、李长春、罗干等在新年茶话会上与各界人士一起观看文艺演出。

中共中央总书记、国家副主席、中央军委副主席胡锦涛在全国政协新年茶话会上发表重要讲话。

全国政协主席李瑞环主持全国政协新年茶话会。

台盟中央主席张克辉代表各民主党派中央、全国工商联和无党派人士在新年茶话会上讲话。

全国政协举行常务委员会会议

2003 年 10 月 17 日，中共中央政治局常委、国务院总理温家宝在全国政协十届三次常委会议上作“关于中共十六届三中全会情况和会议精神”的报告。

2003 年 7 月 8 日，中共中央政治局常委、国务院副总理黄菊在全国政协十届二次常委会议上作“关于经济发展和抗击‘非典’工作情况”的报告。

2003 年 7 月 8 日，全国政协十届二次常委会议在北京开幕。

全国政协重要活动

2003年4月25日，全国政协召开主席会议，号召各级政协组织和广大政协委员为战胜“非典”作出贡献。

2003年12月17日，全国政协外事委员会、经济委员会、中国世界贸易组织和中国经济社会研究会联合举办的“21世纪论坛——投资中国'2003”在北京举行。

目　　录

中共中央重要文献

全国委员会篇

领导人讲话、报告、发言、文章

决议、决定

重要会议、活动

经常性工作

报刊社论

2003年大事记

地方委员会篇

中共中央重要文献

中国共产党第十六届中央委员会第二次全体会议公报

（2003年2月26日中国共产党第十六届中央委员会第二次全体会议通过）

中国共产党第十六届中央委员会第二次全体会议，于2003年2月24日至26日在北京举行。

出席这次全会的有，中央委员191人，候补中央委员151人。有关负责同志列席了会议。中央政治局主持会议。中央委员会总书记胡锦涛同志作了重要讲话。

全会审议通过了中央政治局在广泛征求党内外意见、反复酝酿协商的基础上提出的拟向十届全国人大一次会议推荐的国家机构领导人员人选建议名单和拟向全国政协十届一次会议推荐的全国政协领导人员人选建议名单，决定将这两个建议名单分别向十届全国人大一次会议主席团和全国政协十届一次会议主席团推荐。全会审议通过了《关于深化行政管理体制和机构改革的意见》，建议国务院根据这个意见形成《国务院机构改革方案》提交十届全国人大一次会议审议。

全会认为，开好十届全国人大一次会议和全国政协十届一次会议，对于坚持以邓小平理论和“三个代表”重要思想为指导，全面贯彻落实十六大精神，进一步动员全党和全国各族人民为全面建设小康社会、开创中国特色社会主义事业新局面而团结奋斗，具有重大的意义。

全会指出，人民代表大会制度是我国的根本政治制度，中国共产党领导的多党合作和政治协商制度是我国的基本政治制度。始终坚持和完善人民代表大会制度、中国共产党领导的多党合作和政治协商制度，对于发展社会主义民主政治、建设社会主义政治文明，对于巩固我们党的执政地位和我国社会主义制度，对于充分调动各方面的积极因素共同建设中国特色社会主义，极为重要。十六大提出的关于建设社会主义政治文明的任务，适应我国改革开放和社会主义现代化建设的发展要求，是我们党领导人民坚持和发展人民民主长期实践的必然结论。推进社会主义政治文明建设，最根本的是要把坚持党的领导、人民当家作主和依法治国有机统一起来，坚持社会主义方向，坚持走中国特色的政治发展道路。按照促进社会主义物质文明、政治文明和精神文明协调发展的要求推进各方面的工作，党和国家的事业一定能够更好地向前发展。

全会强调，行政管理体制和机构改革是推进政治体制改革的重要内容，是推动我国上层建筑更好地适应经济基础的一项重要的制度建设和创新，也是建立和完善社会主义市场经济体制的客观需要。要充分认识行政管理体制和机构改革的重要性和必要性，按照十六大提出的要求深化改革，进一步转变政府职能，改进管理方式，改进工作作风，提高行政效率，努力形成行为规范、运转协调、公正透明、廉洁高效的行政管理体制，更好地为改革开放和社会主义现代化建设服务。

全会认为，全面贯彻落实十六大精神是全党全国当前和今后一个时期的首要政治任务。十六大闭幕以来，全党和全国各族人民认真学习贯彻“三个代表”重要思想和十六大精神，形成了学习贯彻十六大精神的热潮，有力地促进了党和国家各项事业的发展。各级党委要继续围绕主题、把握灵魂、狠抓落实，在深入人心上下功夫，在开拓创新上下功夫，在力求实效上下功夫，把学习贯彻"三个代表"重要思想和十六大精神不断引向深入。要千方百计抓好发展这个党执政兴国的第一要务，始终坚持以经济建设为中心，进一步深化改革、扩大开放，保持国民经济持续快速健康发展，同时要切实加强社会主义政治文明建设和精神文明建设，促进社会全面进步。要正确处理改革发展稳定的关系，妥善处理各种社会矛盾和利益关系，坚持在社会稳定中推进改革发展，通过改革发展促进社会稳定。要继续做好关心群众生产生活特别是帮扶困难群众的各项工作，切实帮助困难群众排忧解难，加大扶贫开发工作的力度，大力促进就业和再就业，认真做好社会保障工作。要围绕实现党在新世纪新阶段的奋斗目标和各项任务，以加强党的执政能力建设为重点，全面推进党的建设新的伟大工程。

全会号召，全党和全国各族人民更加紧密地团结起来，坚持以邓小平理论和"三个代表"重要思想为指导，在以胡锦涛同志为总书记的党中央领导下，解放思想、实事求是、与时俱进，发扬艰苦奋斗的精神，为实现全面建设小康社会的宏伟目标，不断开创中国特色社会主义事业新局面而努力奋斗。

中共中央关于在全党兴起学习贯彻"三个代表"重要思想新高潮的通知

（2003年6月15日）

各省、自治区、直辖市党委，各大军区党委，中央各部委，国家机关各部委党组（党委），军委各总部、各军兵种党委，各人民团体党组：

党的十六大把"三个代表"重要思想同马克思列宁主义、毛泽东思想、邓小平理论一道，确立为党必须长期坚持的指导思想，实现了我们党指导思想上的又一次与时俱进，这是一个历史性决策，也是一个历史性贡献。十六大提出要在全党兴起一个学习贯彻"三个代表"重要思想新高潮，是具有战略意义的重要举措。为贯彻落实这一战略任务，现通知如下。

一、充分认识在全党兴起学习贯彻"三个代表"重要思想新高潮的重大意义

"三个代表"重要思想同马克思列宁主义、毛泽东思想和邓小平理论是一脉相承的科学体系，是马克思主义基本原理同中国具体实际相结合的产物，科学回答了我们党和国家事业发展所遇到的一系列理论和实际问题，开辟了马克思主义的新境界，是马克思主义中国化的最新成果。几年来，全党全国各族人民在深入学习邓小平理论的同时，认真学习贯彻"三个代表"重要思想，使这一重要思想日益深入人心，化为广大干部群众的生动实践，成为指导改革开放和社会主义现代化建设的强大理论武器。特别是在十六大以后，各地

区各部门围绕主题、把握灵魂、狠抓落实,兴起了学习贯彻十六大精神的热潮。“三个代表”重要思想是十六大的灵魂,也是贯穿十六大报告的一条主线。学习贯彻十六大精神,核心是学习贯彻“三个代表”重要思想:把学习贯彻十六大精神的热潮引向深入,最重要的是兴起学习贯彻“三个代表”重要思想新高潮。

21世纪头20年,对我国来说,是一个必须紧紧抓住并且可以大有作为的重要战略机遇期。国际局势正在发生深刻变化。世界多极化和经济全球化的趋势在曲折中发展,科技进步日新月异,综合国力竞争日趋激烈。我们要全面建设小康社会,在本世纪中叶基本实现现代化,必须牢固树立中华民族强大的精神支柱,巩固发展全党全国各族人民团结奋斗的共同思想基础。最根本的就是以马克思列宁主义、毛泽东思想、邓小平理论和“三个代表”重要思想为指导,兴起学习贯彻“三个代表”重要思想新高潮,把“三个代表”重要思想作为统领全局、贯穿各项工作的根本指针。

深入学习贯彻“三个代表”重要思想,关系党和国家工作的全局,关系中国特色社会主义事业的长远发展,关系中华民族的伟大复兴。全党同志一定要按照十六大的要求,兴起学习贯彻“三个代表”重要思想新高潮,在对“三个代表”重要思想的时代背景、实践基础、科学内涵、精神实质和历史地位的认识上达到新的高度,在认真贯彻“三个代表”重要思想的根本要求、始终做到“三个代表”上取得新的成效,紧密团结在以胡锦涛同志为总书记的党中央周围,解放思想、实事求是、与时俱进、开拓创新,为全面建设小康社会,开创中国特色社会主义事业新局面而奋斗。

二、深刻领会“三个代表”重要思想的基本精神

“三个代表”重要思想内涵丰富、博大精深,涵盖了经济、政治、文化和党的建设各个领域,体现在改革发展稳定、内政外交国防、治党治国治军各个方面,是一个系统的科学理论。在学习贯彻中要着重把握以下几个方面。

1.深刻领会学习贯彻“三个代表”重要思想,就要牢牢把握“三个代表”重要思想的历史地位和指导意义。“三个代表”重要思想是对马克思列宁主义、毛泽东思想和邓小平理论的继承和发展,反映了当代世界和中国的发展变化对党和国家工作的新要求,是加强和改进党的建设、推进我国社会主义自我完善和发展的强大理论武器,是全党集体智慧的结晶;是党必须长期坚持的指导思想。始终做到“三个代表”,是我们党的立党之本、执政之基、力量之源。

2.深刻领会学习贯彻“三个代表”重要思想,就要始终坚持解放思想、实事求是、与时俱进。努力掌握贯穿“三个代表”重要思想的马克思主义的立场、观点和方法,思想上不断有新的解放,理论上不断有新的发展,实践上不断有新的创造。自觉把思想认识从那些不合时宜的观念、做法和体制的束缚中解放出来,从对马克思主义的错误的和教条式的理解中解放出来,从主观主义和形而上学的桎梏中解放出来,善于在解放思想中统一思想,用发展着的马克思主义指导新的实践。

3.深刻领会学习贯彻“三个代表”重要思想,就要毫不动摇地坚持党的基本理论、基本路线、基本纲领和基本经验。改革开放以来,我们党在总结历史经验和新的实践的基础上,逐步形成了党的基本理论、基本路线、基本纲领和基本经验,这是我们做好工作的法宝。十六大科学概括的基本经验,集中体现了我们党领导人民在建设中国特色社会主义

实践中形成的重大认识和重大方针。要注重从党的基本理论、基本路线、基本纲领和基本经验的内在联系出发,加深对“三个代表”重要思想的认识。

4.深刻领会学习贯彻“三个代表”重要思想,就要为实现全面建设小康社会目标而奋斗。要紧紧抓住本世纪头20年的重要战略机遇期,全面建设惠及十几亿人口的更高水平的小康社会、使经济更加发展、民主更加健全、科教更加进步、文化更加繁荣、社会更加和谐、人民生活更加殷实。

5.深刻领会学习贯彻“三个代表”重要思想,就要坚定不移地抓好发展这个党执政兴国的第一要务。“三个代表”重要思想是以发展这一主题来贯穿的。紧紧抓住发展这个主题,把坚持党的先进性和发挥社会主义制度的优越性,落实到发展先进生产力、发展先进文化,实现最广大人民的根本利益上来,推动社会全面进步,促进人的全面发展,就从根本上把握了人民的愿望,把握了社会主义现代化建设的本质。要坚持以经济建设为中心,坚持深化改革、扩大开放。一切妨碍发展的思想观念都要坚决冲破,一切束缚发展的做法和规定都要坚决改变,一切影响发展的体制弊端都要坚决革除。聚精会神搞建设,一心一意谋发展。

6.深刻领会学习贯彻“三个代表”重要思想,就要促进社会主义物质文明、政治文明和精神文明协调发展。社会主义物质文明、政治文明和精神文明互为条件、互为目的、相辅相成。物质文明处于基础地位。政治文明为物质文明提供政治保证和法律保障,建设社会主义政治文明,最根本的是要把坚持党的领导、人民当家作主和依法治国有机统一起来。精神文明为物质文明提供思想保证、精神动力和智力支持,要大力发展面向现代化、面向世界、面向未来的,民族的科学的大众的社会主义文化,弘扬和培育民族精神,不断丰富人们的精神世界,不断增强人们的精神力量。

7.深刻领会学习贯彻“三个代表”重要思想,就要最广泛最充分地调动一切积极因素,不断为中华民族的伟大复兴增添新力量。最大多数人的利益和全社会全民族的积极性创造性,对党和国家事业的发展始终是最具有决定性的因素。在我国社会深刻变革、党和国家事业快速发展的进程中,妥善处理各方面的利益关系,把一切积极因素充分调动和凝聚起来,至关紧要。必须贯彻尊重劳动、尊重知识、尊重人才、尊重创造的重大方针,营造鼓励人们干事业、支持人们干成事业的社会氛围,放手让一切劳动、知识、技术、管理和资本的活力竞相迸发,让一切创造社会财富的源泉充分涌流。

8.深刻领会学习贯彻“三个代表”重要思想,就要始终做到立党为公、执政为民。我们党来自于人民,植根于人民,服务于人民。在任何情况下,与人民群众同呼吸共命运的立场不能变,全心全意为人民服务的宗旨不能忘,坚信人民群众是真正英雄的历史唯物主义观点不能丢。务必继续保持谦虚谨慎、不骄不躁的作风,务必继续保持艰苦奋斗的作风,树立正确的世界观、人生观、价值观,树立正确的权力观、地位观、利益观,做到权为民所用、情为民所系、利为民所谋。

9.深刻领会学习贯彻“三个代表”重要思想,就要大力加强和改进党的建设。要以提高党的执政能力为重点,从思想上、组织上、作风上和制度上全面推进党的建设新的伟大工程,努力提高领导水平、执政水平和拒腐防变、抵御风险的能力,保证我们党始终是中国工人阶级的先锋队,同时是中国人民和中华民族的先锋队,始终是中国特色社会主义事业的领导核心,始终代表中国先进生产力的发展要求,代表中国先进文化的前进方向,代表中国最广大人民的根本利益。

三、学习贯彻“三个代表”重要思想要着力解决实际问题

学习贯彻“三个代表”重要思想，重在理论联系实际。要按照关键在坚持与时俱进、核心在坚持党的先进性、本质在坚持执政为民这个根本要求，不断增强实践“三个代表”重要思想的自觉性和坚定性。把“三个代表”重要思想贯彻到社会主义现代化建设的各个领域，体现在党的建设的各个方面，落实到改造客观世界和改造主观世界中，使广大党员干部真正在思想上有所提高，使各地区各部门的工作切实得到改进。

1.通过学习贯彻“三个代表”重要思想，把思想进一步统一到“三个代表”重要思想和十六大精神上来，把智慧和力量进一步凝聚到实现十六大确定的各项任务上来。要围绕全面建设小康社会的奋斗目标和重大部署，在国家宏观规划指导下紧密联系本地区本部门的实际，提出具体奋斗目标，形成发展思路，制定发展措施，推动各项工作取得新进展，打开新局面。

2.通过学习贯彻“三个代表”重要思想，进一步树立与时俱进、开拓创新的良好精神状态。要查找思想观念和精神状态上存在的差距，振奋精神，开阔视野，着眼新的实际，总结新的经验，探索新的路子，使各项工作体现时代性、把握规律性、富于创造性，不断推进理论创新、制度创新、科技创新、文化创新以及其他各方面的创新，努力做到发展要有新思路，改革要有新突破，开放要有新局面，各项工作要有新举措。要坚持实事求是、一切从实际出发的科学态度，讲科学、鼓实劲、求实效。

3.通过学习贯彻“三个代表”重要思想，着力解决本地区本部门影响发展的突出矛盾和问题，促进改革发展，维护社会稳定。要针对存在的问题，深入调查研究，集中民意，集思广益，提出解决问题的措施和办法。通过解决突出矛盾和问题，深化农村改革、企业改革、金融改革、政府机构改革，推进对外开放，推进经济结构战略性调整，保持经济持续较快增长，实现社会全面进步。

4.通过学习贯彻“三个代表”重要思想，切实解决群众生产生活中的困难和问题。要把群众的身体健康和生命安全放在第一位，始终关注群众的安危冷暖，努力实现好、维护好、发展好人民群众的根本利益。当前，要按照中央的统一部署，坚持“两手抓”，一手抓防治非典这件大事不放松，一手抓经济建设这个中心不动摇。要团结一致、坚定信心、依靠科学、扎实工作，控制和消除非典疫情。要深入了解中央关于解决离退休人员、下岗失业人员和城乡困难群众生产生活问题政策的落实情况，深入了解中央关于农民增收减负政策的落实情况，提出进一步解决的具体措施。要完善社会保障制度，做好就业和再就业工作。要帮助贫困地区和灾区群众安排好生产生活，制定脱贫致富的措施，增强战胜困难的信心。

5.通过学习贯彻“三个代表”重要思想，落实“两个务必”，按照“八个坚持、八个反对”的要求，认真解决本地区本部门党的建设和干部作风中存在的问题。要查找和解决影响发挥党委的核心作用、基层党组织的战斗堡垒作用、党员的先锋模范作用的主要问题，使党组织真正成为贯彻“三个代表”重要思想的组织者、推动者和实践者，使广大党员真正成为实践“三个代表”重要思想的模范。要查找和解决影响党群、干群关系的突出问题，特别是官僚主义、形式主义和腐败等群众反映强烈的问题，使群众切实感到党风和干部作风有

明显改进。

四、要注意突出重点区分层次

兴起学习贯彻“三个代表”重要思想新高潮，领导机关和领导干部是关键。要学在前面、用在前面，做持久学、深入学的表率，成为学以致用、用有所成的模范。要坚持以县处级以上领导干部为重点，推动全党的学习贯彻。在第三、四季度，各级党委中心组要组织认真研读十六大报告和党章，认真研读江泽民同志《论“三个代表”》、《论党的建设》和《江泽民论有中国特色社会主义（专题摘编）》等一系列重要著作，把《“三个代表”重要思想学习纲要》作为重要辅助材料，既从整体上深刻领会“三个代表”重要思想，又分专题展开深入研讨。以中央党校省部级领导干部培训班为依托，举办学习贯彻“三个代表”重要思想研讨班。各地区各部门要发挥党校、干校和行政学院的作用，通过举办各种形式的研讨班、培训班、学习班，把县处级以上领导干部轮训一遍。

要抓好基层党员干部的学习贯彻。凡有一定文化水平和阅读能力的党员干部，都要认真学习十六大报告和党章，学习《“三个代表”重要思想学习纲要》。对文化水平低的党员干部，要进行通俗易懂的讲解。要通过基层党校、农民夜校、市民学校等多种途径，组织好基层党员干部的学习。特别要注意抓好偏远地区农村党员的学习，抓好新经济组织、离退休人员、下岗失业人员、流动人口中的党员的学习。

要用“三个代表”重要思想教育广大群众。充分发挥报刊、广播电视、互联网等大众传媒的作用，广泛采取宣讲、知识竞赛、主题教育活动等形式，积极利用基层文化阵地，宣传“三个代表”重要思想。要找准学习贯彻“三个代表”重要思想与群众生产生活的结合点，把学习贯彻“三个代表”重要思想融入到群众获取各种信息和知识之中，融入到群众喜闻乐见的各种活动之中，融入到群众全面建设小康社会、创造幸福生活的奋斗之中。

用“三个代表”重要思想教育广大青年特别是青年学生，关系中国特色社会主义事业的前途命运。要高度重视青年学生的理论武装工作，加强教材编写和师资队伍建设，推动“三个代表”重要思想进教材、进课堂、进学生头脑。高等学校要系统讲授“三个代表”重要思想。中学要把“三个代表”重要思想的基本观点贯穿到相关课程的教学中。学校的党团组织要采取丰富多彩的形式，开展学习实践“三个代表”重要思想的主题活动。

五、切实加强组织领导

各级党委要充分认识兴起学习贯彻“三个代表”重要思想新高潮，推动十六大精神进一步贯彻落实，是党的事业继往开来、与时俱进的战略举措，把这项工作作为首要政治任务，切实抓好。要按照中央的统一部署，结合本地区本部门实际，制定具体方案，周密安排，精心组织，加强指导。中央将于7月组织宣讲团，赴各地宣讲“三个代表”重要思想。各地也要参照这一做法，组织好本地区的宣讲活动。

组织、宣传部门和其他有关部门，要在党委统一领导下，各司其职，密切配合，做好各项工作。组织部门要把学习贯彻“三个代表”重要思想与干部培训工作结合起来，与加强领导班子建设和基层党组织建设结合起来，加强组织协调工作。宣传部门要把学习贯彻“三个代表”重要思想作为当前和今后一个时期宣传思想工作的重中之重，充分发挥新闻媒体的宣传主导作用，牢牢把握正确导向，在全社会营造学习贯彻“三个代表”重要思想的浓厚氛围。工会、共青团和妇联等人民团体要充分发挥广泛联系各界群众的优势，开展各具特色的学习贯彻活动。党校、社会科学院、高等学校等单位，要围绕重大理论和实际问题，集中力量，加强研究，推出一批有深度、有分量的研究成果。企业、农村、机关、学校、部队和社区的基层党组织，要把学习贯彻“三个代表”重要思想同加强自身建设紧密结合起来，同开展保持共产党员先进性教育活动结合起来，真正使干部受到教育，群众得到实惠。

要及时总结推广学习贯彻“三个代表”重要思想的经验和典型，宣传通过学习贯彻“三个代表”重要思想，联系实际、解决实际问题的新成效新进展；宣传实践“三个代表”重要思想的先进人物和先进事迹。要贴近实际、贴近生活、贴近群众，增强宣传工作的针对性和实效性，提高吸引力和感染力。多运用群众的语言，多联系群众身边的事例，多采取群众喜闻乐见的形式，生动活泼、打动人心。坚决防止形式主义。

各地区各部门要及时将学习贯彻“三个代表”重要思想的情况报告中央。中央将于年底组成督查组，对学习贯彻情况进行检查。

中国共产党第十六届中央委员会第三次全体会议公报

（2003年10月14日中国共产党第十六届中央委员会第三次全体会议通过）

中国共产党第十六届中央委员会第三次全体会议，于2003年10月11日至14日在北京举行。

出席这次全会的有，中央委员188人，候补中央委员154人。中央纪律检查委员会常务委员会委员和有关方面的负责同志列席了会议。

全会由中央政治局主持。中央委员会总书记胡锦涛作了重要讲话。

全会听取和讨论了胡锦涛受中央政治局委托作的工作报告，审议通过了《中共中央关于完善社会主义市场经济体制若干问题的决定》，审议通过了《中共中央关于修改宪法部分内容的建议》并决定提交第十届全国人民代表大会常务委员会审议。吴邦国、温家宝分别就《建议（讨论稿）》和《决定（讨论稿）》向全会作了说明。

全会充分肯定十六届一中全会以来中央政治局的工作。一致认为，中央政治局坚持以邓小平理论和“三个代表”重要思想为指导，全面贯彻十六大精神，既保持了党的路线方针政策的连续性和稳定性，又从实际出发研究新情况、解决新问题，积极开创改革开放和社会主义现代化建设的新局面，团结带领全党全国人民战胜前进道路上的各种困难和风险，夺取了防治非典工作的阶段性重大胜利，保持了经济较快增长和各项事业全面发展的良好势头，巩固了奋发向上、安定团结的政治局面。

全会高度评价十一届三中全会特别是十四大确定社会主义市场经济体制改革目标以来我国经济体制改革在理论和实践上取得的重大进展。强调为适应经济全球化和科技进步加快的国际环境，适应全面建设小康社会的新形势，必须按照十六大提出的建成完善的社会主义市场经济体制和更具活力、更加开放的经济体系的战略部署,加快推进改革,进一步解放和发展生产力,为经济发展和社会全面进步注入强大动力。要按照统筹城乡发展、统筹区域发展、统筹经济社会发展、统筹人与自然和谐发展、统筹国内发展和对外开放的要求,更大程度地发挥市场在资源配置中的基础性作用,为全面建设小康社会提供强有力的体制保障。

全会强调,完善社会主义市场经济体制的主要任务是:完善公有制为主体、多种所有制经济共同发展的基本经济制度,建立有利于逐步改变城乡二元经济结构的体制,形成促进区域经济协调发展的机制,建设统一开放竞争有序的现代市场体系,完善宏观调控体系、行政管理体制和经济法律制度,健全就业、收入分配和社会保障制度,建立促进经济社会可持续发展的机制。深化经济体制改革,必须以邓小平理论和“三个代表”重要思想为指导,全面落实十六大精神,解放思想、实事求是、与时俱进,坚持社会主义市场经济的改革方向,坚持尊重群众的首创精神,坚持正确处理改革发展稳定的关系,坚持统筹兼顾,坚持以人为本,树立全面、协调、可持续的发展观,促进经济社会和人的全面发展。

全会认为,要坚持公有制的主体地位,发挥国有经济的主导作用,积极推行公有制的多种有效实现形式,加快调整国有经济布局和结构。要适应经济市场化不断发展的趋势,进一步增强公有制经济的活力,大力发展国有资本、集体资本和非公有资本等参股的混合所有制经济,实现投资主体多元化,使股份制成为公有制的主要实现形式。需要由国有资本控股的企业,应区别不同情况实行绝对控股或相对控股。要建立健全国有资产管理和监督体制,深化国有企业改革,完善公司法人治理结构,加快推进和完善垄断行业改革。要大力发展和积极引导非公有制经济,允许非公有资本进入法律法规未禁入的基础设施、公用事业及其他行业和领域。非公有制企业在投融资、税收、土地使用和对外贸易等方面,与其他企业享受同等待遇。要改进对非公有制企业的服务和监管。

全会认为,产权是所有制的核心和主要内容。建立归属清晰、权责明确、保护严格、流转顺畅的现代产权制度,有利于维护公有财产权,巩固公有制经济的主体地位;有利于保护私有财产权,促进非公有制经济发展;有利于各类资本的流动和重组,推动混合所有制经济发展;有利于增强企业和公众创业创新的动力,形成良好的信用基础和市场秩序。这是完善基本经济制度的内在要求,是构建现代企业制度的重要基础。要依法保护各类产权,健全产权交易规则和监管制度,推动产权有序流转。

全会认为,土地家庭承包经营是农村基本经营制度的核心,要长期稳定并不断完善以家庭承包经营为基础、统分结合的双层经营体制,依法保障农民对土地承包经营的各项权利。农户在承包期内可依法、自愿、有偿流转土地承包经营权,完善流转办法,逐步发展适度规模经营。要实行最严格的耕地保护制度,保证国家粮食安全。按照保障农民权益、控制征地规模的原则,改革征地制度,完善征地程序。要完善农产品市场体系,把通过流通环节的间接补贴改为对农民的直接补贴,切实保护种粮农民的利益。要加大国家对农业的支持保护,深化农村税费改革,切实减轻农民负担。要大力发展县域经济,加快城镇化进程,逐步统一城乡劳动力市场,形成城乡劳动者平等就业的制度,为农民创造更多就业机会。

全会认为,要加快建设全国统一市场,大力推进市场对内对外开放,大力发展资本和其他要素市场,促进商品和各种要素在全国范围自由流动和充分竞争。要增强全社会的信用意识，形成以道德为支撑、产权为基础、法律为保障的社会信用制度。要继续完善国家宏观调控体系，加快转变政府职能，深化行政审批制度改革，切实把政府经济管理职能转到主要为市场主体服务和创造良好发展环境上来。要加强对区域发展的协调和指导，积极推进西部大开发，有效发挥中部地区综合优势，支持中西部地区加快改革发展，振兴东北地区等老工业基地，鼓励东部有条件地区率先基本实现现代化。要深化投资体制改革，分步实施税收制度改革，推进财政管理体制改革，深化金融企业改革，健全金融调控机制，完善金融监管体制。要深化涉外经济体制改革，完善对外开放的制度保障，更好地发挥外资的作用，增强参与国际合作和竞争的能力。

全会认为，要把扩大就业放在经济社会发展更加突出的位置，坚持劳动者自主择业、市场调节就业和政府促进就业的方针，实施积极的就业政策，努力改善创业和就业环境，鼓励企业创造更多的就业岗位。要完善按劳分配为主体、多种分配方式并存的分配制度，加大收入分配调节力度，重视解决部分社会成员收入差距过分扩大问题。要加快建设与经济发展水平相适应的社会保障体系，完善企业职工基本养老保险制度，健全失业保险制度，继续改革城镇职工基本医疗保险制度，完善城市居民最低生活保障制度。

全会认为，要深化科技教育文化卫生体制改革，创新工作机制，营造实施人才强国战略的体制环境，加快国家创新体系建设，构建现代国民教育体系和终身教育体系，促进文化事业和文化产业协调发展，提高公共卫生服务水平和突发性公共卫生事件应急能力。要深化行政管理体制改革，合理划分中央和地方经济社会事务的管理责权，加快形成行为规范、运转协调、公正透明、廉洁高效的行政管理体制。全面推进经济法制建设，加强执法和监督，确保法律法规的有效实施。

全会认为，建成完善的社会主义市场经济体制，是我们党在新世纪新阶段作出的具有重大现实意义和深远历史意义的决策，是对全党新的重大考验。全党要充分认识肩负的历史责任，自觉适应社会主义市场经济发展的新形势，改革和完善领导方式和执政方式，不断学习新知识、研究新情况、解决新问题，继续探索社会主义制度和市场经济有机结合的途径和方式。要切实加强和改进党风廉政建设，坚持立党为公、执政为民，保持艰苦奋斗的作风，坚决抵制各种不良风气的侵蚀，建立健全与社会主义市场经济体制相适应的教育、制度、监督并重的惩治和预防腐败体系，为完善社会主义市场经济体制营造良好的社会氛围。要着眼于我国基本国情，坚持一切从实际出发，因地制宜，把改革的力度、发展的速度和社会可承受的程度统一起来，确保社会稳定和工作有序进行。要积极稳妥地推进政治体制改革，扩大社会主义民主，健全社会主义法制，巩固和壮大爱国统一战线，加强思想政治工作，为发展社会主义市场经济提供强有力的政治保证。

全会强调，中华人民共和国宪法是国家的根本法，是治国安邦的总章程，是保持国家统一、民族团结、经济发展、社会进步和长治久安的法制基础。实践证明，现行宪法是一部符合我国国情的好宪法，在国家经济、政治、文化和社会生活中发挥了极其重要的作用，保障了我国改革开放和社会主义现代化建设的顺利进行，应该保持稳定。同时，根据经济社会发展的客观要求，依照法定程序，把十六大确定的重大理论观点和重大方针政策写入宪法，有利于宪法更好地发挥国家根本法的作用。

全会指出，修改宪法必须坚持四项基本原则，立足我国国情，充分发扬民主，广泛听取各方面的意见，严格依法办事，做到有利于加强和改善党的领导，有利于发挥社会主义制度的优越性,有利于调动广大人民群众的积极性,有利于维护国家统一、民族团结和社会稳定,有利于促进经济发展和社会全面进步。

全会强调,当前,我国的发展正处在一个关键时期,全党同志特别是各级领导干部要按照中央的要求和部署,切实抓好发展这个党执政兴国的第一要务,切实做好关心群众生产生活的工作,切实维护社会安定团结,切实加强和改进党的建设,尤其要加强作风建设,做到为民、务实、清廉,团结带领广大人民群众扎扎实实地做好改革发展稳定的各项工作。

全会号召,全党同志和全国各族人民,在马克思列宁主义、毛泽东思想、邓小平理论和"三个代表"重要思想指引下,全面贯彻十六大精神,紧密团结在以胡锦涛同志为总书记的党中央周围,开拓进取,扎实工作,不断促进社会主义物质文明、政治文明和精神文明协调发展,为建成完善的社会主义市场经济体制、实现全面建设小康社会的宏伟目标而努力奋斗。

中共中央关于完善社会主义市场经济体制若干问题的决定

(2003年10月14日中国共产党第十六届中央委员会第三次全体会议通过)

为贯彻落实党的十六大提出的建成完善的社会主义市场经济体制和更具活力、更加开放的经济体系的战略部署,深化经济体制改革,促进经济社会全面发展,十六届中央委员会第三次全体会议讨论了关于完善社会主义市场经济体制的若干重大问题,并作出如下决定。

一、我国经济体制改革面临的形势和任务

(1)深化经济体制改革的重要性和紧迫性。十一届三中全会开始改革开放、十四大确定社会主义市场经济体制改革目标以及十四届三中全会作出相关决定以来,我国经济体制改革在理论和实践上取得重大进展。社会主义市场经济体制初步建立,公有制为主体、多种所有制经济共同发展的基本经济制度已经确立,全方位、宽领域、多层次的对外开放格局基本形成。改革的不断深化,极大地促进了社会生产力、综合国力和人民生活水平的提高,使我国经受住了国际经济金融动荡和国内严重自然灾害、重大疫情等严峻考验。同时也存在经济结构不合理、分配关系尚未理顺、农民收入增长缓慢、就业矛盾突出、资源环境压力加大、经济整体竞争力不强等问题,其重要原因是我国处于社会主义初级阶段,经济体制还不完善,生产力发展仍面临诸多体制性障碍。为适应经济全球化和科技进步加快的国际环境,适应全面建设小康社会的新形势,必须加快推进改革,进一步解放和发展生产力,为经济发展和社会全面进步注入强大动力。

(2)完善社会主义市场经济体制的目标和任务。按照统筹城乡发展、统筹区域发展、统筹经济社会发展、统筹人与自然和谐发展、统筹国内发展和对外开放的要求,更大程度地发挥市场在资源配置中的基础性作用,增强企业活力和竞争力,健全国家宏观调控,完

善政府社会管理和公共服务职能,为全面建设小康社会提供强有力的体制保障。主要任务是:完善公有制为主体、多种所有制经济共同发展的基本经济制度;建立有利于逐步改变城乡二元经济结构的体制;形成促进区域经济协调发展的机制;建设统一开放竞争有序的现代市场体系;完善宏观调控体系、行政管理体制和经济法律制度;健全就业、收入分配和社会保障制度;建立促进经济社会可持续发展的机制。

(3)深化经济体制改革的指导思想和原则。以邓小平理论和"三个代表"重要思想为指导,贯彻党的基本路线、基本纲领、基本经验,全面落实十六大精神,解放思想、实事求是、与时俱进。坚持社会主义市场经济的改革方向,注重制度建设和体制创新。坚持尊重群众的首创精神,充分发挥中央和地方两个积极性。坚持正确处理改革发展稳定的关系,有重点、有步骤地推进改革。坚持统筹兼顾,协调好改革进程中的各种利益关系。坚持以人为本,树立全面、协调、可持续的发展观,促进经济社会和人的全面发展。

二、进一步巩固和发展公有制经济,鼓励、支持和引导非公有制经济发展

(4)推行公有制的多种有效实现形式。坚持公有制的主体地位,发挥国有经济的主导作用。积极推行公有制的多种有效实现形式,加快调整国有经济布局和结构。要适应经济市场化不断发展的趋势,进一步增强公有制经济的活力,大力发展国有资本、集体资本和非公有资本等参股的混合所有制经济,实现投资主体多元化,使股份制成为公有制的主要实现形式。需要由国有资本控股的企业,应区别不同情况实行绝对控股或相对控股。完善国有资本有进有退、合理流动的机制,进一步推动国有资本更多地投向关系国家安全和国民经济命脉的重要行业和关键领域,增强国有经济的控制力。其他行业和领域的国有企业,通过资产重组和结构调整,在市场公平竞争中优胜劣汰。发展具有国际竞争力的大公司大企业集团。继续放开搞活国有中小企业。以明晰产权为重点深化集体企业改革,发展多种形式的集体经济。

(5)大力发展和积极引导非公有制经济。个体、私营等非公有制经济是促进我国社会生产力发展的重要力量。清理和修订限制非公有制经济发展的法律法规和政策,消除体制性障碍。放宽市场准入,允许非公有资本进入法律法规未禁入的基础设施、公用事业及其他行业和领域。非公有制企业在投融资、税收、土地使用和对外贸易等方面,与其他企业享受同等待遇。支持非公有制中小企业的发展,鼓励有条件的企业做强做大。非公有制企业要依法经营,照章纳税,保障职工合法权益。改进对非公有制企业的服务和监管。

(6)建立健全现代产权制度。产权是所有制的核心和主要内容,包括物权、债权、股权和知识产权等各类财产权。建立归属清晰、权责明确、保护严格、流转顺畅的现代产权制度,有利于维护公有财产权,巩固公有制经济的主体地位;有利于保护私有财产权,促进非公有制经济发展;有利于各类资本的流动和重组,推动混合所有制经济发展;有利于增强企业和公众创业创新的动力,形成良好的信用基础和市场秩序。这是完善基本经济制度的内在要求,是构建现代企业制度的重要基础。要依法保护各类产权,健全产权交易规则和监管制度,推动产权有序流转,保障所有市场主体的平等法律地位和发展权利。

三、完善国有资产管理体制,深化国有企业改革

(7)建立健全国有资产管理和监督体制。坚持政府公共管理职能和国有资产出资人

职能分开。国有资产管理机构对授权监管的国有资本依法履行出资人职责，维护所有者权益，维护企业作为市场主体依法享有的各项权利，督促企业实现国有资本保值增值，防止国有资产流失。建立国有资本经营预算制度和企业经营业绩考核体系。积极探索国有资产监管和经营的有效形式，完善授权经营制度。建立健全国有金融资产、非经营性资产和自然资源资产等的监管制度。

(8)完善公司法人治理结构。按照现代企业制度要求，规范公司股东会、董事会、监事会和经营管理者的权责，完善企业领导人员的聘任制度。股东会决定董事会和监事会成员，董事会选择经营管理者，经营管理者行使用人权，并形成权力机构、决策机构、监督机构和经营管理者之间的制衡机制。企业党组织要发挥政治核心作用，并适应公司法人治理结构的要求，改进发挥作用的方式，支持股东会、董事会、监事会和经营管理者依法行使职权，参与企业重大问题的决策。要坚持党管干部原则，并同市场化选聘企业经营管理者的机制相结合。中央和地方党委要加强和改进对国有重要骨干企业领导班子的管理。要全心全意依靠职工群众，探索现代企业制度下职工民主管理的有效途径，维护职工合法权益。继续推进企业转换经营机制，深化劳动用工、人事和收入分配制度改革，分流安置富余人员，分离企业办社会职能，创造企业改革发展的良好环境。

(9)加快推进和完善垄断行业改革。对垄断行业要放宽市场准入，引入竞争机制。有条件的企业要积极推行投资主体多元化。继续推进和完善电信、电力、民航等行业的改革重组。加快推进铁道、邮政和城市公用事业等改革，实行政企分开、政资分开、政事分开。对自然垄断业务要进行有效监管。

四、深化农村改革，完善农村经济体制

(10)完善农村土地制度。土地家庭承包经营是农村基本经营制度的核心，要长期稳定并不断完善以家庭承包经营为基础、统分结合的双层经营体制，依法保障农民对土地承包经营的各项权利。农户在承包期内可依法、自愿、有偿流转土地承包经营权，完善流转办法，逐步发展适度规模经营。实行最严格的耕地保护制度，保证国家粮食安全。按照保障农民权益、控制征地规模的原则，改革征地制度，完善征地程序。严格界定公益性和经营性建设用地，征地时必须符合土地利用总体规划和用途管制，及时给予农民合理补偿。

(11)健全农业社会化服务、农产品市场和对农业的支持保护体系。农村集体经济组织要推进制度创新，增强服务功能。支持农民按照自愿、民主的原则，发展多种形式的农村专业合作组织。鼓励工商企业投资发展农产品加工和营销，积极推进农业产业化经营，形成科研、生产、加工、销售一体化的产业链。深化农业科技推广体制和供销社改革，形成社会力量广泛参与的农业社会化服务体系。完善农产品市场体系，放开粮食收购市场，把通过流通环节的间接补贴改为对农民的直接补贴，切实保护种粮农民的利益。加大国家对农业的支持保护，增加各级财政对农业和农村的投入。加强粮食综合生产能力建设。完善扶贫开发机制。国家新增教育、卫生、文化等公共事业支出主要用于农村。探索建立政策性农业保险制度。

(12)深化农村税费改革。农村税费改革是减轻农民负担和深化农村改革的重大举措。完善农村税费改革试点的各项政策，取消农业特产税，加快推进县乡机构和农村义务教育体制等综合配套改革。在完成试点工作的基础上，逐步降低农业税率，切实减轻农民

负担。

(13)改善农村富余劳动力转移就业的环境。农村富余劳动力在城乡之间双向流动就业,是增加农民收入和推进城镇化的重要途径。建立健全农村劳动力的培训机制,推进乡镇企业改革和调整,大力发展县域经济,积极拓展农村就业空间,取消对农民进城就业的限制性规定,为农民创造更多就业机会。逐步统一城乡劳动力市场,加强引导和管理,形成城乡劳动者平等就业的制度。深化户籍制度改革,完善流动人口管理,引导农村富余劳动力平稳有序转移。加快城镇化进程,在城市有稳定职业和住所的农业人口,可按当地规定在就业地或居住地登记户籍,并依法享有当地居民应有的权利,承担应尽的义务。

五、完善市场体系,规范市场秩序

(14)加快建设全国统一市场。强化市场的统一性,是建设现代市场体系的重要任务。大力推进市场对内对外开放,加快要素价格市场化,发展电子商务、连锁经营、物流配送等现代流通方式,促进商品和各种要素在全国范围自由流动和充分竞争。废止妨碍公平竞争、设置行政壁垒、排斥外地产品和服务的各种分割市场的规定,打破行业垄断和地区封锁。积极发展独立公正、规范运作的专业化市场中介服务机构,按市场化原则规范和发展各类行业协会、商会等自律性组织。完善行政执法、行业自律、舆论监督、群众参与相结合的市场监管体系,健全产品质量监管机制,严厉打击制假售假、商业欺诈等违法行为,维护和健全市场秩序。

(15)大力发展资本和其他要素市场。积极推进资本市场的改革开放和稳定发展,扩大直接融资。建立多层次资本市场体系,完善资本市场结构,丰富资本市场产品。规范和发展主板市场,推进风险投资和创业板市场建设。积极拓展债券市场,完善和规范发行程序,扩大公司债券发行规模。大力发展机构投资者,拓宽合规资金入市渠道。建立统一互联的证券市场,完善交易、登记和结算体系。加快发展土地、技术、劳动力等要素市场。规范发展产权交易。积极发展财产、人身保险和再保险市场。稳步发展期货市场。

(16)建立健全社会信用体系。形成以道德为支撑、产权为基础、法律为保障的社会信用制度,是建设现代市场体系的必要条件,也是规范市场经济秩序的治本之策。增强全社会的信用意识,政府、企事业单位和个人都要把诚实守信作为基本行为准则。按照完善法规、特许经营、商业运作、专业服务的方向,加快建设企业和个人信用服务体系。建立信用监督和失信惩戒制度。逐步开放信用服务市场。

六、继续改善宏观调控,加快转变政府职能

(17)完善国家宏观调控体系。进一步健全国家计划和财政政策、货币政策等相互配合的宏观调控体系。国家计划明确的宏观调控目标和总体要求,是制定财政政策和货币政策的主要依据。财政政策要在促进经济增长、优化结构和调节收入方面发挥重要功能,完善财政政策的有效实施方式。货币政策要在保持币值稳定和总量平衡方面发挥重要作用,健全货币政策的传导机制。重视人口老龄化趋势等因素对社会供求的影响。完善统计体制,健全经济运行监测体系,加强各宏观经济调控部门的功能互补和信息共享,提高宏观调控水平。

(18)转变政府经济管理职能。深化行政审批制度改革,切实把政府经济管理职能转

到主要为市场主体服务和创造良好发展环境上来。加强国民经济和社会发展中长期规划的研究和制定,提出发展的重大战略、基本任务和产业政策,促进国民经济和社会全面发展,实现经济增长与人口资源环境相协调。加强对区域发展的协调和指导,积极推进西部大开发,有效发挥中部地区综合优势,支持中西部地区加快改革发展,振兴东北地区等老工业基地,鼓励东部有条件地区率先基本实现现代化。完善政府重大经济社会问题的科学化、民主化、规范化决策程序,充分利用社会智力资源和现代信息技术,增强透明度和公众参与度。

(19)深化投资体制改革。进一步确立企业的投资主体地位,实行谁投资、谁决策、谁收益、谁承担风险。国家只审批关系经济安全、影响环境资源、涉及整体布局的重大项目和政府投资项目及限制类项目,其他项目由审批制改为备案制,由投资主体自行决策,依法办理用地、资源、环保、安全等许可手续。对必须审批的项目,要合理划分中央和地方权限,扩大大型企业集团投资决策权,完善咨询论证制度,减少环节,提高效率。健全政府投资决策和项目法人约束机制。国家主要通过规划和政策指导、信息发布以及规范市场准入,引导社会投资方向,抑制无序竞争和盲目重复建设。

七、完善财税体制,深化金融改革

(20)分步实施税收制度改革。按照简税制、宽税基、低税率、严征管的原则,稳步推进税收改革。改革出口退税制度。统一各类企业税收制度。增值税由生产型改为消费型,将设备投资纳入增值税抵扣范围。完善消费税,适当扩大税基。改进个人所得税,实行综合和分类相结合的个人所得税制。实施城镇建设税费改革,条件具备时对不动产开征统一规范的物业税,相应取消有关收费。在统一税政前提下,赋予地方适当的税政管理权。创造条件逐步实现城乡税制统一。

(21)推进财政管理体制改革。健全公共财政体制,明确各级政府的财政支出责任。进一步完善转移支付制度,加大对中西部地区和民族地区的财政支持。深化部门预算、国库集中收付、政府采购和收支两条线管理改革。清理和规范行政事业性收费,凡能纳入预算的都要纳入预算管理。改革预算编制制度,完善预算编制、执行的制衡机制,加强审计监督。建立预算绩效评价体系。实行全口径预算管理和对或有负债的有效监控。加强各级人民代表大会对本级政府预算的审查和监督。

(22)深化金融企业改革。商业银行和证券公司、保险公司、信托投资公司等要成为资本充足、内控严密、运营安全、服务和效益良好的现代金融企业。选择有条件的国有商业银行实行股份制改造,加快处置不良资产,充实资本金,创造条件上市。深化政策性银行改革。完善金融资产管理公司运行机制。鼓励社会资金参与中小金融机构的重组改造。在加强监管和保持资本金充足的前提下,稳步发展各种所有制金融企业。完善农村金融服务体系,国家给予适当政策支持。通过试点取得经验,逐步把农村信用社改造成为农村社区服务的地方性金融企业。

(23)健全金融调控机制。稳步推进利率市场化,建立健全由市场供求决定的利率形成机制,中央银行通过运用货币政策工具引导市场利率。完善人民币汇率形成机制,保持人民币汇率在合理、均衡水平上的基本稳定。在有效防范风险前提下,有选择、分步骤放宽对跨境资本交易活动的限制,逐步实现资本项目可兑换。建立和完善统一、高效、安全的支付清算系统。改进中央银行的金融调控,建立健全货币市场、资本市场、保险市场有机结合、协调发展的机制,维护金融运行和金融市场的整体稳定,防范系统性风险。

(24)完善金融监管体制。依法维护金融市场公开、公平、有序竞争,有效防范和化解金融风险,保护存款人、投资者和被保险人的合法权益。健全金融风险监控、预警和处置机制,依法严格实行市场退出制度。强化金融监管手段,防范和打击金融犯罪。增强监管信息透明度并接受社会监督。处理好监管和支持金融创新的关系,鼓励金融企业探索金融经营的有效方式。建立健全银行、证券、保险监管机构之间以及同中央银行、财政部门的协调机制,提高金融监管水平。

八、深化涉外经济体制改革,全面提高对外开放水平

(25)完善对外开放的制度保障。按照市场经济和世贸组织规则的要求,加快内外贸一体化进程。形成稳定、透明的涉外经济管理体制,创造公平和可预见的法制环境,确保各类企业在对外经济贸易活动中的自主权和平等地位。依法管理涉外经济活动,强化服务和监管职能,进一步提高贸易和投资的自由、便利程度。建立健全外贸运行监控体系和国际收支预警机制,维护国家经济安全。

(26)更好地发挥外资的作用。抓住新一轮全球生产要素优化重组和产业转移的重大机遇,扩大利用外资规模,提高利用外资水平。结合国内产业结构调整升级,更多地引进先进技术、管理经验和高素质人才,注重引进技术的消化吸收和创新提高。继续发展加工贸易,着力吸引跨国公司把更高技术水平、更大增值含量的加工制造环节和研发机构转移到我国,引导加工贸易转型升级。进一步改善投资环境,拓宽投资领域,吸引外资加快向有条件的地区和符合国家产业政策的领域扩展,力争再形成若干外资密集、内外结合、带动力强的经济增长带。

(27)增强参与国际合作和竞争的能力。鼓励国内企业充分利用扩大开放的有利时机,增强开拓市场、技术创新和培育自主品牌的能力。提高出口商品质量、档次和附加值,扩大高新技术产品出口,发展服务贸易,全面提高出口竞争力。继续实施“走出去”战略,完善对外投资服务体系,赋予企业更大的境外经营管理自主权,健全对境外投资企业的监管机制,促进我国跨国公司的发展。积极参与和推动区域经济合作。

九、推进就业和分配体制改革,完善社会保障体系

(28)深化劳动就业体制改革。把扩大就业放在经济社会发展更加突出的位置,实施积极的就业政策,努力改善创业和就业环境。坚持劳动者自主择业、市场调节就业和政府促进就业的方针。鼓励企业创造更多的就业岗位。改革发展和结构调整都要与扩大就业紧密结合。从扩大就业再就业的要求出发,在产业类型上,注重发展劳动密集型产业;在企业规模上,注重扶持中小企业;在经济类型上,注重发展非公有制经济;在就业方式上,注重采用灵活多样的形式。完善就业服务体系,加强职业教育和技能培训,帮助特殊困难群体就业。规范企业用工行为,保障劳动者合法权益。

(29)推进收入分配制度改革。完善按劳分配为主体、多种分配方式并存的分配制度,坚持效率优先、兼顾公平,各种生产要素按贡献参与分配。整顿和规范分配秩序,加大收入分配调节力度,重视解决部分社会成员收入差距过分扩大问题。以共同富裕为目标,扩

大中等收入者比重，提高低收入者收入水平，调节过高收入，取缔非法收入。加强对垄断行业收入分配的监管。健全个人收入监测办法，强化个人所得税征管。完善和规范国家公务员工资制度，推进事业单位分配制度改革。规范职务消费，加快福利待遇货币化。

(30)加快建设与经济发展水平相适应的社会保障体系。完善企业职工基本养老保险制度，坚持社会统筹与个人账户相结合，逐步做实个人账户。将城镇从业人员纳入基本养老保险。建立健全省级养老保险调剂基金，在完善市场统筹基础上，逐步实行省级统筹，条件具备时实行基本养老金的基础部分全国统筹。健全失业保险制度，实现国有企业下岗职工基本生活保障向失业保险并轨。继续完善城镇职工基本医疗保险制度、医疗卫生和药品生产流通体制的同步改革，扩大基本医疗保险覆盖面，健全社会医疗救助和多层次的医疗保障体系。继续推行职工工伤和生育保险。积极探索机关和事业单位社会保障制度改革。完善城市居民最低生活保障制度，合理确定保障标准和方式。采取多种方式包括依法划转部分国有资产充实社会保障基金。强化社会保险基金征缴，扩大征缴覆盖面，规范基金监管，确保基金安全。鼓励有条件的企业建立补充保险，积极发展商业养老、医疗保险。农村养老保障以家庭为主，同社区保障、国家救济相结合。有条件的地方探索建立农村最低生活保障制度。

十、深化科技教育文化卫生体制改革，提高国家创新能力和国民整体素质

(31)营造实施人才强国战略的体制环境。创新人才工作机制，培养、吸引和用好各类人才。以党政人才、企业经营管理人才和专业技术人才为主体，建设规模宏大、结构合理、素质较高的人才队伍。多层次、多渠道、大规模地开展人才培训，重点培养一批高层次和高技能人才。加强西部和民族地区人才开发，建立促进优秀人才到西部、基层和艰苦地方工作的机制。尊重知识，鼓励创新，实行公平竞争，完善激励制度，形成优秀人才脱颖而出和人尽其才的良好环境。建立和完善人才市场体系，进一步促进人才流动。积极引进现代化建设急需的各类人才。

(32)深化科技体制改革。改革科技管理体制，加快国家创新体系建设，促进全社会科技资源高效配置和综合集成，提高科技创新能力，实现科技和经济社会发展紧密结合。确立企业技术创新和科技投入的主体地位，为各类企业创新活动提供平等竞争条件。必须由国家支持的从事基础研究、战略高技术、重要公益研究领域创新活动的研究机构，要按照职责明确、评价科学、开放有序、管理规范的原则建立现代科研院所制度。面向市场的应用技术研究开发机构，要坚持向企业化转制，加快建立现代企业制度。积极推动高等教育和技术创新紧密结合。建立军民结合、寓军于民的创新机制，实现国防科技和民用科技相互促进和协调发展。建设哲学社会科学理论创新体系，促进社会科学和自然科学协调发展。

(33)深化教育体制改革。构建现代国民教育体系和终身教育体系，建设学习型社会，全面推进素质教育，增强国民的就业能力、创新能力、创业能力，努力把人口压力转变为人力资源优势。推进教育创新，优化教育结构，改革培养模式，提高教育质量，形成同经济社会发展要求相适应的教育体制。巩固和完善以县级政府管理为主的农村义务教育管理体制。实施全员聘用和教师资格准入制度。完善和规范以政府投入为主、多渠道筹措经费的教育投入体制，形成公办学校和民办学校共同发展的格局。完善国家和社会资助家庭

经济困难学生的制度。

(34)深化文化体制改革。按照社会主义精神文明建设的特点和规律,适应社会主义市场经济发展的要求,逐步建立党委领导、政府管理、行业自律、企事业单位依法运营的文化管理体制。转变文化行政管理部门的职能,促进文化事业和文化产业协调发展。坚持把社会效益放在首位,努力实现社会效益和经济效益的统一。公益性文化事业单位要深化劳动人事、收入分配和社会保障制度改革,加大国家投入,增强活力,改善服务。经营性文化产业单位要创新体制,转换机制,面向市场,壮大实力。健全文化市场体系,建立富有活力的文化产品生产经营体制。完善文化产业政策,鼓励多渠道资金投入,促进各类文化产业共同发展,形成一批大型文化企业集团,增强文化产业的整体实力和国际竞争力。依法规范文化市场秩序。深化体育改革,构建群众体育服务体系,健全竞技体育体制,促进体育产业健康发展,增强全民体质。

(35)深化公共卫生体制改革。强化政府公共卫生管理职能,建立与社会主义市场经济体制相适应的卫生医疗体系。加强公共卫生设施建设,充分利用、整合现有资源,建立健全疾病信息网络体系、疾病预防控制体系和医疗救治体系,提高公共卫生服务水平和突发性公共卫生事件应急能力。加快城镇医疗卫生体制改革。改善乡村卫生医疗条件,积极建立新型农村合作医疗制度,实行对贫困农民的医疗救助。发挥中西医结合的优势。搞好环境卫生建设,树立全民卫生意识。健全卫生监管体系,保证群众的食品、药品和医疗安全。

十一、深化行政管理体制改革,完善经济法律制度

(36)继续改革行政管理体制。加快形成行为规范、运转协调、公正透明、廉洁高效的行政管理体制。进一步调整各级政府机构设置,理顺职能分工,实现政府职责、机构和编制的法定化。完善国家公务员制度。推进依法行政,严格按照法定权限和程序行使权力、履行职责。发展电子政务,提高服务和管理水平。建立健全各种预警和应急机制,提高政府应对突发事件和风险的能力。完善安全生产监管体系。深化地方行政管理体制改革,大力精简机构和人员。继续推进事业单位改革。完善基层群众性自治组织,发挥城乡社区自我管理、自我服务的功能。

(37)合理划分中央和地方经济社会事务的管理责权。按照中央统一领导、充分发挥地方主动性积极性的原则,明确中央和地方对经济调节、市场监管、社会管理、公共服务方面的管理责权。属于全国性和跨省(自治区、直辖市)的事务,由中央管理,以保证国家法制统一、政令统一和市场统一。属于面向本行政区域的地方性事务,由地方管理,以提高工作效率、降低管理成本、增强行政活力。属于中央和地方共同管理的事务,要区别不同情况,明确各自的管理范围,分清主次责任。根据经济社会事务管理责权的划分,逐步理顺中央和地方在财税、金融、投资和社会保障等领域的分工和职责。

(38)全面推进经济法制建设。按照依法治国的基本方略,着眼于确立制度、规范权责、保障权益,加强经济立法。完善市场主体和中介组织法律制度,使各类市场主体真正具有完全的行为能力和责任能力。完善产权法律制度,规范和理顺产权关系,保护各类产权权益。完善市场交易法律制度,保障合同自由和交易安全,维护公平竞争。完善预算、税收、金融和投资等法律法规,规范经济调节和市场监管。完善劳动、就业和社会保障等

方面的法律法规，切实保护劳动者和公民的合法权益。完善社会领域和可持续发展等方面的法律法规，促进经济发展和社会全面进步。

(39)加强执法和监督。加强对法律法规的解释工作，加大执法力度，提高行政执法、司法审判和检察的能力和水平，确保法律法规的有效实施，维护法制的统一和尊严。按照权力与责任挂钩、权力与利益脱钩的要求，建立权责明确、行为规范、监督有效、保障有力的执法体制，防止和纠正地方保护主义和部门本位主义。改革行政执法体制，相对集中行政处罚权，推进综合执法试点。推进司法体制改革，维护司法公正。实行执法责任制和执法过错追究制，做到严格执法、公正执法、文明执法。

十二、加强和改善党的领导，为完善社会主义市场经济体制而奋斗

(40)党的领导是顺利推进改革的根本保证。建成完善的社会主义市场经济体制，是我们党在新世纪新阶段作出的具有重大现实意义和深远历史意义的决策，是对全党新的重大考验。全党同志要充分认识肩负的历史责任，不断学习新知识、研究新情况、解决新问题，继续探索社会主义制度和市场经济有机结合的途径和方式。要自觉适应社会主义市场经济发展的新形势，改革和完善党的领导方式和执政方式，坚持谋全局、把方向、管大事，进一步提高科学判断形势的能力、驾驭市场经济的能力、应对复杂局面的能力、依法执政的能力和总揽全局的能力。要坚持党管人才原则，培养和造就大批适应现代化建设需要的各类人才，加强各级领导班子和基层党组织建设，为改革和发展提供强有力的组织保证。要着眼于我国基本国情，坚持一切从实际出发，因地制宜，把改革的力度、发展的速度和社会可承受的程度统一起来，及时化解各种矛盾，确保社会稳定和工作有序进行。要统筹推进各项改革，努力实现宏观经济改革和微观经济改革相协调，经济领域改革和社会领域改革相协调，城市改革和农村改革相协调，经济体制改革和政治体制改革相协调。

(41)加强和改进党风廉政建设。加强党风廉政建设、反对和防止腐败，是建立和完善社会主义市场经济体制的重要保证，必须贯穿于改革开放和现代化建设的全过程。要进一步抓好党和国家机关工作人员特别是领导干部的廉洁自律，坚决查处各种违纪违法案件，切实纠正损害群众利益的不正之风。要坚持标本兼治、综合治理，注重思想道德教育，加强廉政法制建设，完善监督制约机制，建立健全与社会主义市场经济体制相适应的教育、制度、监督并重的惩治和预防腐败体系。坚持立党为公、执政为民，务必继续保持谦虚谨慎、不骄不躁的作风，务必继续保持艰苦奋斗的作风，坚决抵制各种不良风气的侵蚀，为完善社会主义市场经济体制营造良好的社会氛围。

(42)坚持社会主义物质文明、政治文明和精神文明协调发展。中国特色社会主义是社会主义市场经济、社会主义民主政治和社会主义先进文化协调发展的伟大事业。要积极稳妥地推进政治体制改革，扩大社会主义民主，健全社会主义法制，巩固和壮大爱国统一战线，加强思想政治工作，为发展社会主义市场经济提供强有力的政治保证。要大力加强社会主义文化建设，着力建立与社会主义市场经济相适应、与社会主义法律规范相协调、与中华民族传统美德相承接的社会主义思想道德体系，弘扬和培育民族精神，不断提高全民族的思想道德素质和科学文化素质，为改革和发展提供强大的精神动力和智力支持。

全党同志和全国各族人民，在马克思列宁主义、毛泽东思想、邓小平理论和“三个代

表”重要思想指引下，全面贯彻十六大精神，紧密团结在以胡锦涛同志为总书记的党中央周围，开拓进取，扎实工作，为建成完善的社会主义市场经济体制、实现全面建设小康社会的宏伟目标而努力奋斗！

全国委员会篇

领导人讲话、报告、发言、文章

在全国政协新年茶话会上的讲话

（2003 年 1 月 1 日）

胡锦涛

同志们，朋友们：

今天是 2003 年元旦。在新的一年到来之际，我代表中共中央、国务院、中央军委，向各民主党派和工商联、各人民团体和各界人士，向全国广大工人、农民、知识分子和干部，向人民解放军指战员、武警官兵和公安干警，向香港特别行政区同胞、澳门特别行政区同胞、台湾同胞和海外侨胞，向关心和支持中国现代化建设的国际友人，致以亲切的节日问候。祝大家新年好！

刚刚过去的 2002 年，是我们党和国家历史上具有重大意义的一年，是我国改革开放和现代化建设取得显著成就的一年。

在这一年里，我国国民经济继续保持良好的发展势头，国内需求持续增长，结构调整步伐加快，西部大开发取得重要进展，各项改革不断深化，进出口贸易和利用外资大幅度增长，城乡居民收入继续增加。社会主义民主法制建设、精神文明建设和党的建设得到加强，民族团结，社会稳定，各项事业全面发展。

在这一年里，我们坚持独立自主的和平外交政策，广泛开展双边和多边外交，积极参与国际交流与合作。我国与各大国的关系得到改善和发展，与周边国家的睦邻友好关系继续巩固，与发展中国家的平等互利合作取得明显成效。我国的国际地位和影响力进一步提高。

不久前，中国共产党胜利召开了第十六次全国代表大会。江泽民同志在大会上所作的报告，站在时代和历史的高度，科学总结了党领导人民建设中国特色社会主义的基本经验，进一步阐明了贯彻“三个代表”重要思想的根本要求，明确提出了全面建设小康社会的奋斗目标和行动纲领。大会把“三个代表”重要思想同马克思列宁主义、毛泽东思想、邓小平理论一道确立为我们党必须长期坚持的指导思想，通过了《中国共产党章程（修正案）》。十六大和十六届一中全会还选举产生了新一届中央领导集体。这一切，对党和国家事业的发展将产生重大而深远的影响。

同志们、朋友们，当前，国际局势正发生着深刻的变化，国内改革发展稳定的任务十分艰巨。我们既面临着宝贵机遇和有利条件，也面临着不少新矛盾、新问题和新挑战。我们必须保持清醒头脑，必须保持开拓进取的精神状态，聚精会神搞建设，一心一意谋发展，集中力量把我们自己的事情办好。

2003年是全面贯彻落实十六大精神的第一年。做好今年的各项工作,争取一个良好的开局,具有特别重要的意义。

在新的一年里,我们的首要政治任务是深入学习贯彻十六大精神。要围绕主题,把握灵魂,狠抓落实,切实用十六大精神统一全党全国各族人民的思想和行动,用十六大精神指导党和国家的各项工作,全面推进社会主义物质文明、政治文明和精神文明建设,努力开创中国特色社会主义事业新局面。

在新的一年里,我们要坚持把发展作为党执政兴国的第一要务,保持宏观经济政策的连续性和稳定性,继续实施扩大内需的各项政策措施,进一步深化改革,全面提高对外开放水平,加快经济结构的战略性调整,积极发展农业和农村经济,大力推进新型工业化,实现国民经济持续快速健康发展。

在新的一年里,我们要正确处理改革发展稳定的关系,着力解决涉及群众切身利益的实际问题,切实做好就业和再就业工作,加快社会保障体系建设,加大扶贫帮困力度,不断提高城乡居民生活水平,努力保持社会的和谐稳定。要进一步加强社会主义民主法制建设和精神文明建设,推动社会协调发展和全面进步。要切实加强和改进党的思想、组织、作风和制度建设,不断提高党的领导水平和执政水平。

在新的一年里,我们要坚定不移地落实“一国两制”方针,严格按照香港基本法和澳门基本法办事,全力支持香港、澳门特别行政区政府和行政长官的工作,广泛团结港澳各界人士,共同促进香港和澳门的繁荣、稳定和发展。

在新的一年里,我们要一如既往地坚持“和平统一、一国两制”的基本方针和江泽民主席关于现阶段发展两岸关系、推进祖国和平统一进程的八项主张,在一个中国原则基础上推动恢复两岸对话与谈判,加强两岸同胞相互往来与交流,积极推进两岸直接“三通”,坚决反对任何“台独”分裂活动。我们坚信,通过包括广大台湾同胞在内的全体中华儿女的共同努力,祖国完全统一就一定能够早日实现。

在新的一年里,我们要继续奉行独立自主的和平外交政策,高举和平、发展、合作的旗帜,积极发展同世界各国的友好合作,按照相互尊重、求同存异的精神处理国际事务,努力推动建立公正合理的国际政治经济新秩序,同各国人民一道,维护世界持久和平,促进各国共同繁荣。

我们的事业是亿万人民共同的事业,团结的人越多越好,凝聚的力量越大越好。统一战线是中国共产党团结一切可以团结的力量,夺取革命、建设和改革事业胜利的重要法宝,也是中国共产党执政兴国的重要法宝。共产党领导的多党合作和政治协商制度是我国的一项基本政治制度,也是我国社会主义政治制度的特有优势。在新世纪新阶段,我们将进一步巩固和发展爱国统一战线,继续坚持和完善共产党领导的多党合作和政治协商制度,最广泛最充分地调动一切积极因素,共同致力于实现中华民族的伟大复兴。人民政协是共产党领导的爱国统一战线组织。在过去的一年里,人民政协围绕中心、服务大局,切实履行各项职能,为促进改革发展稳定发挥了重要作用。在新的一年里,希望人民政协认真总结经验,发扬优良传统,牢牢把握团结和民主两大主题,紧紧围绕党和国家工作大局,进一步做好政治协商、民主监督、参政议政工作,为我国改革开放和现代化建设作出新的更大贡献。

今年将要召开第十届全国人民代表大会第一次会议和中国人民政治协商会议第十届全国委员会第一次会议,地方人大和政协也要换届。这是我国人民政治生活中的大事。各级党委一定要加强领导,精心组织,依法办事,切实做好换届工作,进一步推动社会主义民主政治建设。

同志们、朋友们,党的十六大提出的全面建设小康社会的目标,符合时代发展的潮流,反映了全国各族人民的愿望。实现这一宏伟目标,需要全党和全国人民团结奋斗。我们一定要牢记江泽民同志的谆谆告诫,进一步增强忧患意识,真正做到居安思危,始终保持谦虚谨慎、不骄不躁的作风,始终保持艰苦奋斗的作风,扎扎实实地做好改革发展稳定的各项工作。

让我们高举邓小平理论伟大旗帜,全面贯彻“三个代表”重要思想,在十六大精神的指引下,万众一心,奋发图强,埋头苦干,开拓进取,共同创造社会主义中国的美好未来!

在全国政协新年茶话会上的讲话

(2003年1月1日)

张克辉

同志们、朋友们:

新年第一天,我们欢聚一堂、辞旧迎新,心中充满了喜悦。我谨代表各民主党派中央、全国工商联和无党派人士,向全国各族人民致以节日的良好祝愿!向香港、澳门特别行政区同胞和台湾同胞、海外侨胞致以诚挚的问候!向伟大的中国共产党表示崇高的敬意!

2002年,是我国发展史上振奋人心的一年。在中国共产党的领导下,全国上下齐心协力,顽强拼搏,克服前进路上的种种困难,各方面都取得了显著成绩。我们欣喜地看到,我国社会稳定,民族团结,国民经济快速发展,人民生活继续改善,社会主义民主建设进程稳步推进,我国国际地位进一步提高。这一切,让每一个中华儿女都感到无比的骄傲和自豪。

2002年,是我国发展史上具有重要意义的一年。中国共产党胜利召开了第十六次全国代表大会。这次大会,把“三个代表”重要思想和马克思列宁主义、毛泽东思想、邓小平理论一道确立为中国共产党的指导思想,继往开来,与时俱进,全面建设小康社会,加快推进社会主义现代化,为开创中国特色社会主义事业新局面而奋斗,具有划时代的意义。这次大会,对新世纪新阶段全面推进我国的改革开放和社会主义现代化建设做出了新的战略部署,进一步激发了全国各族人民为开创中国特色社会主义事业新局面而团结奋斗的热情。这次大会,中国共产党的中央领导集体顺利实现了新老交替,一批朝气蓬勃、奋发有为的领导干部进入中央领导机构,充分表明了中国共产党兴旺发达、前程远大。我们深信,中国的发展前景一定会更加美好。

2002年,也是各民主党派和工商联发展史上十分重要的一年。我们高举邓小平理论伟大旗帜,学习实践"三个代表"重要思想,认真履行参政议政职能,为国家的经济发展、社会进步和促进祖国统一大业作出了新的贡献。在致力于建设中国特色社会主义的伟大实践中,自身建设也得到了不断加强。我们分别召开了全国代表大会,回顾和总结了过去五年的工作和经验,对今后的工作做出了安排和部署,选举产生了新的中央领导集体,建设适应新世纪要求的参政党,已经成为各民主党派共同的奋斗目标。工商联也正根据全国会员代表大会的部署,努力开创工商联工作新局面。日前,胡锦涛总书记和中共中央其他领导同志又亲自走访了各民主党派中央、全国工商联机关,使大家倍受鼓舞。我们深信,中国共产党领导的多党合作和政治协商制度必将在建设中国特色社会主义中作出更大贡献。

全面建设小康社会的目标已经确定,建设中国特色社会主义蓝图已经绘就。我们各民主党派、工商联和无党派人士将深入学习中共十六大精神,紧紧围绕十六大确立的任务和目标,为建设中国特色社会主义政治、经济、文化服务;我们将牢牢把握团结与民主两大主题,充分发挥集体智慧,努力协助做好协调关系、化解矛盾、理顺情绪的工作,为维护安定团结的政治局面服务;我们将本着求同存异、广泛团结的原则,调动一切积极因素,团结一切可以团结的力量,继续扩大与香港、澳门特别行政区同胞和台湾同胞、海外侨胞的交流交往,不断巩固和扩大最广泛的爱国统一战线,为实现祖国完全统一服务,为维护世界和平与促进共同发展服务;我们将深入学习实践"三个代表"重要思想,充分发挥参政议政作用,以政治交接为主线,进一步加强自身建设,为新世纪全面推进中国特色社会主义事业做出新的贡献。我们深信,有中国共产党的正确领导,有全国各族人民的共同努力,一定能够把今天的宏伟蓝图变成明天的美好现实!

同志们,朋友们,让我们紧密团结在以胡锦涛同志为总书记的中共中央周围,万众一心,奋发图强,把中国特色社会主义事业不断推向前进,共同缔造中华民族辉煌灿烂的美好未来!

谢谢大家。

在澳门特区全国政协委员座谈会上的讲话(摘要)

(2003 年 1 月 9 日)

李瑞环

澳门特区的政协委员都是澳门各界有影响的代表人士。长期以来,你们凭借自身优势,在许多方面发挥了作用。你们竭诚团结澳门各界人士,帮助澳门实现平稳过渡和顺利回归;你们衷心拥护澳门基本法,推动"一国两制"方针在澳门贯彻落实;你们全力支持以何厚铧先生为首的特区政府的工作,努力维护澳门稳定繁荣的大局;你们积极出资出力、建言献策,参与内地的经济建设;你们充分利用与大陆和台湾的特殊关系,推进两岸交流和祖国统一大业。你们以自己的实际行动在澳门和祖国的发展史上书写了光辉的一页,你们所做的一切都将为中国人民所牢记。

澳门作为内地通往世界的重要桥梁,在推进祖国改革开放和现代化建设中具有不可替代的作用。澳门特区的政协委员,对世界各地情况掌握得多,对全球各种信息了解得快,能够从不同于内地委员的角度观察问题、发表见解。中央对澳门非常重视,对澳门特区政协委员的意见和建议非常重视。多年来,你们十分珍视政协委员这个荣誉和称号,在政协委员的位置上做了很多工作,为人民政协事业的发展付出了很多心血。希望你们继续发扬爱国爱澳的光荣传统,在特区行政长官何厚铧的领导下,广泛团结澳门社会各阶层、各界别、各方面的人士,同心同德,齐心协力,共同把澳门的事情办好;希望你们充分认识作为政协委员所肩负的责任和使命,继续发挥自己的特殊作用和影响,为祖国内地的改革开放和现代化建设做出新的更大的贡献。

(摘自《人民政协报》)

建设适应新世纪要求的参政党

(2003年1月10日)

罗豪才

过去的五年,是我国改革开放和现代化建设各项事业取得辉煌成就的五年,也是爱国统一战线开创新局面、中国共产党领导的多党合作和政治协商制度进一步完善和发展的五年。致公党十一届中央委员会的五年,是继承传统、不断创新、昂首迈进新世纪的五年。

人类历史已经跨进21世纪,中国的改革和建设事业站在新的起跑线上,进入全面建设小康社会、加快推进社会主义现代化的新阶段。中国致公党作为参政党,要适应新世纪要求,努力开创致公党工作新局面。

——学习贯彻中共十六大精神,学习实践“三个代表”重要思想。学习贯彻中共十六大精神,首先要全面深入地领会它的灵魂,即“三个代表”重要思想的科学内涵和精神实质。二是要深刻认识改革开放以来,坚定走建设中国特色社会主义道路的信念。三是要坚定不移地坚持中国共产党领导的多党合作和政治协商制度。四是要围绕中共十六大确定的全面建设小康社会的奋斗目标,结合本党工作实际,从促进改革发展、维护社会稳定的大局出发,制定致公党的工作方针和工作任务。

——全面加强自身建设,提高全党整体素质。随着我国现代化建设的不断推进和多党合作制度的日益完善和发展,参政党的政治舞台越来越宽广。能否很好地承担起参政党的政治责任和历史使命,在很大程度上取决于参政党的自身素质。致公党自身建设的目标,就是要成为与中国共产党亲密合作、致力于建设中国特色社会主义事业、适应新世纪要求的参政党。全党要高度重视自身建设,把思想建设、组织建设、作风建设有机地结合起来,既立足于经常性工作,又抓紧解决突出的问题;要坚持“党要管党”,按照党的章程,健全组织,教育党员,提高致公党的整体素质,以适应新世纪对参政党的要求。

——发挥整体优势,做好新形势下的参政议政工作。致公党的参政议政工作,要围绕国家全面建设小康社会的目标和任务,围绕促进社会主义物质文明、政治文明、精神文明建设全面展开,努力做到内容、形式有新思路,方法、途径有新发展,质量、效果上新水平。在参政议政工作中,要强化参政党意识,形成全党关心、参与参政议政的新局面。在民主监督工作中,要将民主监督寓于参政议政之中,积极反映社情民意,努力促使下情上达,使国家的决策更符合广大人民群众的根本利益。

——充分发挥致公党特点,配合做好侨务工作。要继续做好为侨服务工作。要继续关注涉侨法律、法规和政策的制定和实施,了解归侨、侨眷在现阶段遇到的新情况、新问题,及时提出政策性的意见建议。要进一步推动涉侨机构、组织的合作,发挥协作优势,切实保护归侨、侨眷和侨资企业的合法权益;要多渠道地了解侨情,关心海外华侨华人的生存与发展,积极促进他们之间的团结,鼓励和支持他们融入当地社会,为住在国的经济繁荣和社会进步作出贡献,并鼓励他们在我国与住在国之间的合作与交往中发挥桥梁作用。同时,要不失时机地开展侨务对台工作和进一步做好留学人员的工作。

——扩大参与范围,做好社会服务工作。作为参政党,只有广泛参与各种社会服务活动,才能使整体作用得到更好的发挥,使每个党员的价值得到充分体现,使组织的凝聚力得以增强。社会服务是参政党的一项重要社会职能,又是了解社情民意的重要渠道。我们要通过社会服务和专项调研,为完善社会保障机制和基层民主政治建设建言献策;要总结党派组织建在社区、参与社区建设的经验,拓宽党派参政议政的领域。

展望新世纪新时代全面建设小康社会、加快推进社会主义现代化的壮丽前景,我们充满必胜的信心。中共十六大为我们指明了前进的方向,开启了新的伟大进军的征程。让我们高举邓小平理论伟大旗帜,紧密团结在以胡锦涛同志为总书记的中共中央周围,致力为公,与时俱进,努力把致公党建设成为适应新世纪要求的参政党,广泛团结所联系的归侨、侨眷和海外侨胞,为中华民族的伟大复兴和祖国的完全统一作出新的、更大的贡献。

(选自《人民政协报》)

报纸要报道真情注意特色重视可读性

——在看望人民政协报工作人员时的讲话(摘要)

(2003年1月16日)

李瑞环

报纸要报道真情。新闻的生命在于真实。我们所讲的真实,不是个别意义上的真实,而是整体上和本质上的真实。报道真情是党中央的要求,是人民群众的愿望,也是报纸的声誉和品格。报道真情说起来简单,真正做到并不容易。

报纸要注意特色。特色是各类报纸存在的理由和依据。报纸都有自己的特殊性,都有自己特定的任务和服务对象,比如人民政协报的特色就是政协特色,这个特色是别的报纸不可替代的。一切共性的东西都在个性之中,一切普遍的东西都在特色之中,理在其中立。因此,要注意特色,研究特色,突出特色。

报纸要重视可读性。要在准确把握中央精神、坚持正确舆论导向的前提下,认真研究报纸的可读性。可读性包括很多方面,比如新闻要新,要讲时效;要提倡短文章,扩大信息量;要给人以知识,增强趣味性;把形式多样、生动活泼的好新闻奉献给读者。

(摘自《人民政协报》)

关于第十届全国政协委员人选建议名单的说明(摘要)

(2003 年 1 月 20 日)

刘延东

人民政协是最广泛的爱国统一战线组织,是发扬社会主义民主的重要组织形式,对发展社会主义民主政治,建设社会主义政治文明具有重要作用。这次换届,是新世纪的第一次换届,也是在中共十六大提出全面建设小康社会的奋斗目标和顺利实现中央领导班子新老交替之后进行的一次十分重要的换届。新一届全国政协履行职责的五年,正处于我国发展的重要战略机遇期。作为统一战线组织,人民政协担负着重要的历史使命。做好这次换届工作,对于广泛团结各党派、各阶层和各族各界人士,调动一切积极因素,贯彻中共十六大精神,完成新世纪三大任务,具有极为重要的意义。中共中央对这次换届高度重视,明确了换届人事安排的原则、方针和政策,并委托中共中央统战部同各民主党派中央、全国工商联负责人和无党派代表人士进行协商,对十届政协人事安排的总原则、规模、界别设置、人选条件等重大政策性问题,取得了一致意见。

十届全国政协委员总数大体保持九届时的规模,中共委员不超过 40%,非中共委员不少于 60%;妇女委员的比例要高于九届;56 个民族都要有代表进入全国政协。十届全国政协委员中的民主党派成员人数不少于九届全国政协委员中的民主党派成员人数。要适当增加安排非公有制经济代表人士,适当安排其他新的社会阶层的代表人士。界别设置基本保持九届的格局,设 34 个界别,按照党派、团体、方面、特邀的顺序排列。为扩大覆盖面,将“社会福利界”调整为“社会福利和社会保障界”。

人选建议名单具有以下特点:

一是体现了多党合作和政治协商的大格局。人民政协是中国共产党领导的多党合作和政治协商的重要机构。在全国政协委员会中保持一定数量的民主党派成员,是坚持多党合作和政治协商的必要条件。为保证各地、各单位推荐足够数量的民主党派成员作为全国政协委员人选,在协商过程中,着重强调要保证优秀的民主党派成员的安排。建议人选名单中民主党派成员人选比九届有所增加。

二是具有广泛的代表性。人选建议名单中有一批德高望重的老同志和适合做统战工作的领导干部；有民主党派、工商联的各级领导骨干和无党派代表人士；有在维护祖国统一、民族团结、社会稳定中做出积极贡献的少数民族代表人士和宗教界代表人士；有在改革开放和社会主义现代化建设中做出突出贡献的代表人士；有在促进祖国和平统一事业中有影响、有作为的人士；有香港、澳门各界知名人士；也有新的社会阶层中爱国、敬业、诚信、守法的优秀代表人士；还有为中国革命和建设做出了突出贡献的外国血统的中国籍专家和其他方面对巩固发展爱国统一战线有突出作用的代表人士。

三是适应了新老合作与交替的要求。在建议名单中，九届全国政协委员继续提名的占49.1%；新提名的占50.9%。第九届全国政协委员在履行职责的五年中，围绕国家的中心任务，积极参政议政，为巩固和发展爱国统一战线做了卓有成效的工作。其中，有一部分同志因年龄和工作等原因即将退下来，他们对全国政协怀有深厚的感情，五年来认真履行职责，对政协工作倾注了大量心血，做出了重要的贡献，为统一战线和人民政协留下了宝贵的精神财富。第十届全国政协吸收了一大批各党派、各族各界新的代表人物，增添了新鲜血液，增强了活力，充分反映出统一战线和人民政协兴旺发达、后继有人。

四是知识层次比较高，年龄结构比较合理。建议人选汇聚了各方面的专家学者、各行各业的拔尖人才。具有大专以上学历的约占85.3%；具有高级职称的约占61.1%。人选平均年龄56岁，比九届一次会议时提名人选年龄下降了3.3岁。

全国政协换届，是我国人民政治生活中的一件大事，历来受到社会各界的广泛关注。中共中央在中共十六大前就部署了全国政协换届的有关工作，并进行多次研究，中央领导同志一直高度关注和及时指导这项工作的开展。各省区市、中央国家机关、各民主党派中央、全国工商联和有关人民团体都非常重视全国政协换届人事安排工作，对推荐人选进行了认真考察。从委员人选的酝酿、推荐到提名等各个步骤、环节，注意充分发扬民主，严格按规定程序进行，坚持集体讨论、民主协商的原则。去年12月31日，中共中央统战部同各民主党派中央、全国工商联负责人和无党派代表人士就人选初步名单进行了协商，取得了基本一致的意见。在各地区各部门各党派充分协商的基础上，形成了十届全国政协委员名单草案，经中共中央政治局常委会讨论同意，最后形成中共中央的这个建议名单。

（摘自《人民政协报》）

在政协第九届全国委员会常务委员会第二十次会议上的讲话（摘要）

（2003年1月22日）

李瑞环

这次会议是九届政协的最后一次常委会议，我们即将结束五年的任期，完成这一届的历史使命。五年来，在座各位常委和广大委员，珍惜政协委员的光荣称号，在政协委员这个特殊的位置上为国家、为人民做了很多有益的工作,为人民政协事业的发展付出了许多汗水和心血。可以说,本届政协工作所有的进步、所有的成绩,都是大家共同努力的结果。五年时间在人生旅程中尽管只是短暂的一瞬,但在我们个人和政协史册上却留下了难以忘怀的一页。在我们的一生中,能有五年乃至十年时间欢聚一堂,同议发展之计,共商振兴之策,这是难得的缘分。我们大家在议政建言中表现出的求真务实的精神,在合作共事中建立的肝胆相照的友谊,都将成为毕生的美好回忆,保留在永久的记忆里。

九届政协中有相当一部分人因为年龄等原因而没有进入新一届政协委员名单。其中不少同志对人民政协怀有很深的感情,希望能够留在政协组织中继续做些工作,这种心情是完全可以理解的。但新陈代谢是自然界和人类社会的客观规律,任何组织、任何事业只有不断吐故纳新,才能永葆生机和活力。人民政协事业也只有在一届又一届的新老交替中才能不断前进,长盛不衰。希望我们所有的同志都能以长远的眼光、宽阔的胸怀、平和的心态来对待进退去留问题。从另一个角度讲,我们把位置腾出来,让更年轻的同志发挥作用,这本身也是对国家一种积极的贡献。

今后五年,我国正处于社会主义现代化建设的关键时期。中共十六大提出了我们在本世纪头二十年的奋斗目标,开启了中华民族奋发图强的新的伟大征程。新形势、新任务对人民政协工作提出了新的更高的要求,也为人民政协事业的发展提供了新的机遇。我们衷心祝愿十届政协在邓小平理论和"三个代表"重要思想指导下,在以胡锦涛同志为总书记的中共中央领导下,与时俱进,开拓创新,在实现中共十六大提出的各项任务过程中,把人民政协工作提高到一个新的水平,为全面建设小康社会,为统一祖国和振兴中华作出新的更大的贡献。

(摘自《人民政协报》)

在全国性宗教团体负责人迎春座谈会上的讲话(摘要)

(2003年1月24日)

贾庆林

全面建设小康社会,需要最广泛最充分地调动一切积极因素,团结一切可以团结的力量。把信教群众同不信教群众一起团结起来,为全面建设小康社会贡献自己的力量。

我们党历来十分重视宗教工作。十三届四中全会以来,以江泽民同志为核心的党中央第三代领导集体,提出了一系列关于新时期宗教问题的理论和政策,丰富和发展了马克思主义宗教观,极大地团结宗教界人士和广大信教群众积极投身到社会主义现代化建设,开创了宗教工作的新局面。这一时期成为宗教工作的最好时期之一。各级党委和政府加强了对宗教工作的领导,研究解决了宗教工作中的一些实际问题,宗教领域的各项工作取得了新的进展。各宗教团体和爱国宗教界人士坚持爱国爱教、积极协助党和政府贯彻执行党的宗教政策,为维护民族团结和社会稳定、带领广大信教群众积极投身社会主义现代化建设,发挥了重要作用,做出了很大贡献。我们党和爱国宗教界建立在"政治上团结合作,信仰上互相尊重"基础上的统一战线得到进一步的巩固和发展。

认真学习深入贯彻十六大精神,是当前和今后一个时期全党和全国的首要政治任务。对各宗教团体和宗教界人士来说,就是要更好地支持、协助党和政府全面贯彻党的宗教工作方针,维护民族团结和社会稳定,带领广大信教群众为实现全面建设小康社会的目标而努力奋斗。十六大报告对宗教工作有许多重要的论述,特别是对我们党关于宗教工作的方针进行了系统全面的阐述。这是我们党宗教工作理论和实践的总结,是正确认识和处理当前社会主义社会宗教问题的指南,对我们在新阶段、新形势下做好宗教工作具有重要的指导意义。

积极引导宗教与社会主义社会相适应是我们当前和今后宗教工作中的重要任务之一,也需要宗教界自身不断努力。引导宗教与社会主义社会相适应,要与时俱进,坚持求同存异、团结多数的原则,认真处理好传统与时代的关系、继承与发展的关系、教情与国情的关系,并在实践中不断探索和完善。

稳定是改革和发展的前提。宗教界和各宗教团体负责人要继续发扬爱国爱教、团结进步、服务社会的优良传统,教育和引导信教群众倍加珍惜来之不易的团结、稳定的社会政治局面,自觉坚持独立自主自办的原则,自觉抵御境外势力利用宗教对我国进行的渗透,为国家安全、民族团结和社会稳定做出新的、更大的贡献。

当前,我国社会主义建设事业进入了一个新的时期和新的阶段,宗教方面也面临新的形势,遇到一些新的情况、新的问题。形势和任务需要各宗教团体切实加强自身建设,努力培养和建立起一支具有较高政治素质和宗教学识、爱国爱教、为广大信教群众所拥护、适应当前社会发展需要的宗教教职人员队伍。希望各宗教团体结合自身的特点,建立健全各项规章制度,加强内部管理。

(摘自《人民政协报》)

团结奋斗铸伟业 锐意进取谱新章

——2003年新春佳节致海外侨胞、台港澳同胞

(2003年1月)

罗豪才

旧历将尽,新元肇启。当此一元复始、万象更新之际,我谨代表中国致公党,向全国人民,向台湾同胞、港澳同胞和海外侨胞致以节日的问候和祝福,祝愿大家事业兴旺、家庭幸福、万事如意!

刚刚过去的2002年,是我国历史发展进程中具有重大意义的一年。这一年,全国上下齐心协力,顽强拼搏,克服了前进道路上的重重困难,国民经济保持快速健康发展的良

好势头；城乡居民收入稳步增长，人民生活总体上达到小康；改革开放取得丰硕成果，对外开放进入新阶段；社会主义民主政治和精神文明建设成效显著，人民群众精神文化生活日益丰富。我们伟大的祖国，经济发展，政治稳定，社会进步，民族团结，各项事业蒸蒸日上，国际地位显著提高。而中国共产党第十六次全国代表大会的胜利召开，无疑是这一年中最受关注、意义最为重大、影响最为深远的一件大事。这次大会认真总结中共十五大以来，特别是十三届四中全会以来中国共产党团结和带领全国各族人民在建设中国特色社会主义的伟大实践中取得的基本经验；对新世纪新阶段全面推进我国的改革开放和社会主义现代化建设作出了战略部署。大会必将指引全国人民在建设中国特色的社会主义道路上迈出更加坚实、稳健的步伐。

我们不能忘记的是，在我国日新月异的变化中，凝聚着无数海外侨胞的心血和真情。特别是进入新时期以来，广大海外侨胞为中国与所在国的经济发展和繁荣进步，为所在国与中国的合作交流，为推动中国的完全统一，做出了不可磨灭的贡献。广大海外侨胞日益成为中国了解世界、世界了解中国的重要桥梁。同时，我国现代化建设事业的迅猛发展，也为广大海外侨胞创造了新的发展机遇。众多的海外华商在中国的土地上投资办厂，寻求合作；数十万海外留学人员回国创业，谋求发展。祖国日益强大所产生的向心力、凝聚力，使世界各地华侨华人的华夏情结愈来愈浓。

伴随着时代前进的步伐，我们迈进了充满生机和希望的2003年。今年将是我国完成“十五”计划阶段性目标和实现现代化建设第三步战略目标的关键时期；作为世贸组织成员之一，我国的市场环境更加开放，市场竞争亦日趋激烈。在前进的道路上，希望与困难同在，机遇与挑战并存。中华民族——一个有着高远志向和宏大抱负的民族，一个不畏艰险、勤劳智慧的民族，将更加紧密地团结起来，以中共十六大精神为指导，牢牢把握发展契机，全力战胜前进中的困难和问题，为完成中华民族的三大历史任务，为在中国特色社会主义道路上实现中华民族的伟大复兴再谱新章。

刚刚结束了第十二次全国代表大会、完成了领导集体新老交替的中国致公党，将深入学习贯彻中共十六大精神，学习中国共产党的党建经验，努力把我们的党建设成为与中国共产党亲密合作、共同致力于建设中国特色社会主义事业、适应新世纪要求的参政党，并以自身建设的不断完善推动各项工作的开展。我们将同全国人民一道，振奋精神，与时俱进，围绕中共十六大提出的全面建设小康社会、加快推进社会主义现代化的奋斗目标，更好地履行参政党职能。

回首过去，辉煌的成就令我们信心满怀；放眼未来，美好的前景催人奋进。十几年前，邓小平同志预言：“下个世纪中国是很有希望的。”在中国进入全面建设小康社会、加快推进社会主义现代化的新的发展阶段的今天，愿我们海内外华夏儿女携手共进，戮力同心，把伟大的中国建设得更加富强、更加美好，让中华民族始终走在时代前列！

（选自《人民政协报》）

在会见坦桑尼亚总统姆卡帕时的谈话(摘要)

(2003年2月10日)

李瑞环

坦桑尼亚自独立以来,一直保持政治稳定和民族团结,被誉为非洲大陆上的一块“和平绿洲”。近年,姆卡帕总统阁下领导坦桑尼亚人民在维护团结、稳定的同时,积极进取,锐意改革,探索适合本国国情的发展道路,使国民经济稳步增长,人民生活逐步改善,中国人民对此十分赞赏。

中坦两国相距遥远,但两国关系却十分密切。中国与包括坦桑尼亚在内的诸多非洲国家是全天候的好朋友。长期以来,非洲国家坚定地站在中国一边,在许多重大问题上给予中国宝贵的支持。中国人民永远不会忘记,是非洲朋友在上个世纪七十年代“把我们抬进联合国”;永远不会忘记,是非洲朋友在许多国际场合支持中国政府在台湾、西藏、人权等问题上的原则立场。作为朋友,我们十分关心你们的建设与发展情况,对你们取得的每一项成就都感到由衷的高兴;作为朋友,我们也十分了解你们的处境和愿望,过去力所能及地提供了一些帮助,今后还将一如既往地做一些事情。

不忘别人的好处,想着别人的难处,这是中国人立身做人、处世交友的重要原则。“贫贱之交不可忘”,“滴水之恩,涌泉相报”,这些格言都说明了这个道理。“利他”是中国人的道义原则,凡事都设身处地的想,替他人着想,换个位置来想,在中国人的眼里,只有这样才能了解别人、理解别人,才能真正找到“知己”、“知心”、“知音”。中国人民与非洲人民是老朋友、好朋友,我们希望并且相信,不管国际风云如何变幻,经受了历史考验的中坦友谊、中非友谊,一定会与时俱进,不断得到巩固和发展。

(摘自《人民政协报》)

在会见坦桑尼亚国民议会议长姆塞夸时的谈话(摘要)

(2003年2月10日)

李瑞环

中坦建交39年来,由已故毛泽东主席、周恩来总理和贵国尼雷尔总统等两国老一辈领导人共同缔造和培育的中坦友好事业一直保持着旺盛的生命力,两国各领域合作进展顺利并不断加强。中国一贯珍视中坦传统友谊,愿继续遵循“真诚友好、平等相待、团结合作、共同发展、面向未来”的对非关系基本原则,与坦桑尼亚共建长期友好、平等互利的新型伙伴关系。

中国人民政协的主要职能是政治协商、民主监督和参政议政,在中国社会主义民主政治建设中发挥着重要作用。在对外交往中,人民政协一贯致力于世界的和平与发展,积极发展同各国人民的友谊与合作。近年来,人民政协先后同世界上许多议会组织和团体建立了联系,开展了交流。我们愿和坦桑尼亚国民议会加强往来,为推进中坦友好合作关系的发展作出积极贡献。

(摘自《人民政协报》)

在会见坦桑尼亚总理苏马耶时的谈话(摘要)

(2003年2月10日)

李瑞环

中国与坦桑尼亚尽管相距遥远,历史背景和社会制度不同,但两国关系一直很好。在两国历届领导人的亲切关怀和大力推动下,双方在政治、经贸、军事、文教、卫生等领域开展了富有成效的合作。我们对两国友好关系的长期顺利发展感到满意,对贵国政府在台湾、人权、西藏等问题上坚定支持中国表示感谢,对总理阁下为推动两国互利合作友好关系所作的努力给予高度评价。

近年来,双方经贸合作取得一定成果仍然存在巨大潜力。今后中国政府将继续积极鼓励有信誉、有实力的中国企业到坦桑尼亚开展互利合作,同时也希望贵国政府能为来此开展业务的中国公司提供必要的优惠政策和便利。我愿向阁下重申,中国十分珍视中坦传统友谊,愿与贵国在政治上加强团结,经济上深化合作,共同推动两国友好关系在现有基础上不断向前发展。

(摘自《人民政协报》)

在会见纳米比亚总统努乔马时的谈话(摘要)

(2003年2月13日)

李瑞环

中纳两国传统友谊源远流长。建交12年来,两国友好关系顺利发展,在各领域的友好合作不断扩大。总统阁下与纳政府长期坚持一个中国的立场,支持中国的统一大业,在人权等重大问题上给予中国宝贵支持,对此我们深表感谢。阁下是中国人民的老朋友,曾先后11次访华,为推进中纳友好合作关系做出了重要贡献,我们对阁下怀有崇高敬意。中国政府十分重视与纳米比亚的传统友好关系,愿与纳方继续努力,进一步加强双边交往,深化两国在各领域的合作,将两国全方位的友好合作关系提升到新的水平。

中国和纳米比亚都属于发展中国家。发展中国家的一个共同特征就是发展不够。发展是世界性的话题,更是发展中国家的主题。离开发展,发展中国家的许多问题都无法解决,而且还会出现许多新的问题。共同的处境、共同的任务,决定了发展中国家之间有许多共同的语言、共同的利益。发展中国家需要加强团结,争取在国际事务中的平等地位;需要互相学习,借鉴彼此在前进中积累的经验;需要扩大合作,做到优势互补、资源共享、共同进步。世界上大多数国家都是发展中国家。没有发展中国家的发展,就谈不上世界的发展。发展中国家发展起来了,就是对世界发展的一个重大贡献。

(摘自《人民政协报》)

在会见纳米比亚全国委员会主席内霍瓦时的谈话(摘要)

(2003年2月13日)

李瑞环

中纳传统友谊深厚。建交12年来,中纳关系取得了长足进展。双方高层往来频繁,政治、经贸、文教、卫生等众多领域的交流不断增多,在国际事务中的合作卓有成效,我们对此感到满意。纳米比亚政府在人权、台湾等重大问题上一贯给予中国政府坚定支持,我们对此深表感谢。进一步巩固和发展中纳友好关系,是两国人民的共同愿望,有利于世界的和平与稳定。我们愿与纳方一道不断努力,探索两国合作的新领域、新途径,将两国关系不断提高到新的水平。

纳米比亚是一个年轻的国家,处处生机盎然。作为你们的真诚的朋友,我们一直关注着贵国的发展。我们高兴地看到,纳米比亚独立12年来,贵国积极探索符合本国国情的发展道路,取得了可喜的成就,积累了宝贵的经验。贵国奉行独立自主的和平外交政策,为维护南部非洲及至全非的和平、稳定与发展做出了积极贡献。

改革开放以来,中国的发展确实取得了显著成就,但人均水平并不高;我们的发展确实比较顺利,但也遇到了不少困难和问题。要实现建设全面小康社会,赶上中等发达国家的目标,仍需要长时期的艰苦奋斗。我们愿和包括纳米比亚在内的发展中国家交流经验,扩大合作,共同发展。

中国人民政协愿和纳米比亚全国委员会加强往来,为促进中纳友谊作出贡献。

(摘自《人民政协报》)

在会见纳米比亚总理古里拉布时的谈话(摘要)

(2003年2月13日)

李瑞环

中纳建交12年来,在两国领导人的关心与推动下,中纳友好合作关系取得了令人满意的进展。我们高度赞赏贵国政府在人权、台湾、西藏等重大问题上一贯给予中国宝贵支持。我们两国人民是最可信赖的朋友与兄弟,两国关系是全天候、全方位的友好合作关系。中方期待着与纳方继续努力,进一步巩固和加强双方在各个领域的友好合作,以造福于两国人民。

我们高兴地看到,纳米比亚努力探索符合本国国情的发展道路,在维护国家统一和领土完整,实现民族和解,保持政治稳定和发展经济等方面取得了可喜的成就。贵国积极参与地区和国际事务,奉行独立自主和不结盟的外交政策,主张建立国际政治经济新秩序,在国际舞台上不畏强权,主持正义,积极捍卫发展中国家的正当权益。对此我们予以高度赞赏。

中国正在集中力量进行现代化建设,需要一个持久的国际和平环境。中纳友好是这种环境的重要组成部分,希望通过此访将中纳友好关系推向前进。

(摘自《人民政协报》)

在会见赞比亚总统姆瓦纳瓦萨时的谈话(摘要)

(2003年2月17日)

李瑞环

中赞友谊源远流长。早在赞比亚争取国家独立和民族解放斗争的时期,中赞两国人民就结下了深厚久远的友情。近年来,尽管国际形势和两国国内形势发生了重大变化,中赞友好合作关系仍继续稳步向前发展。双方高层互访不断,两国在政治、经济、科技、文化等各领域的交往与合作日益加强,给两国人民的传统友谊增添了新的内涵。赞政府坚持一个中国政策,支持中国统一大业,在人权问题上给予中国坚定支持,我们对此表示高度赞赏。我们期待与赞方共同努力,把两国友好关系推向新的阶段。

长期以来,中国与包括赞比亚在内的非洲国家之间,关系一直很好。之所以如此,一个重要原因就是,我们双方都属于发展中国家,在国内面临着发展经济、改善生活的共同任务,在国际对许多重大问题有相同或相近的看法,在各个领域的交往中能够始终彼此尊重、平等相待，互相理解、互相谅解。

理解、谅解是处理相互关系、搞好合作共事的重要条件。在现实生活中，人人都需要别人理解、谅解，人人都应当理解、谅解别人；希望别人理解、谅解自己，自己必须首先学会理解、谅解别人；不懂得理解、谅解别人，也常常得不到别人的理解、谅解。人与人之间是这样，国与国之间也是这样。由于各个国家在文化传统、历史背景、生活习惯、经济利益以及社会制度等诸多方面总是存在一些差异，各国都有各国的实际、各自的难题。彼此应当提倡大度耐心，提倡求同存异，提倡互谅互让，多设身处地为对方着想，多考虑长远的利益，相信许多问题当前解决不了将来总可以解决，我们这一代解决不了我们的后代总能够解决。只有这样，才能妥善地处置和化解彼此间的矛盾，达到和睦相处、和谐共存、共同发展的目的。

（摘自《人民政协报》）

在会见赞比亚国民议会议长姆瓦纳姆万布瓦时的谈话（摘要）

（2003年2月17日）

李瑞环

中赞传统友谊深厚牢固。赞比亚是非洲最早与中国建交的国家之一。长期以来，中赞两国相互尊重、相互信任、平等相待，在国际事务和各自国家建设的事业中相互支持、相互帮助。中方感谢赞比亚坚持一个中国的政策和在人权等重大问题上给予中国的支持。我们也为赞比亚的经济和社会发展提供了力所能及的帮助。近年来，两国互利合作不断加强，取得了一些可喜的成果。中方十分珍视中赞传统友谊，愿与赞方共同努力，继续挖掘合作潜力，促进双边关系的发展。

中国全国政协和赞比亚国民议会在各自国家具有重要地位，希望两个组织进一步加强交往与合作，为两国经济的发展、为两国人民友谊的巩固做出更大的贡献。

（摘自《人民政协报》）

在会见第十一世班禅额尔德尼·确吉杰布时的谈话（摘要）

（2003年2月20日）

贾庆林

过去的一年，是我们党和国家发展历史上极其重要的一年，我国改革开放和现代化建设取得了显著成效，我们伟大的祖国经济发展、民族团结、社会稳定、欣欣向荣。中国共产党第十六次全国代表大会的胜利召开极大地振奋了全党和全国各族人民的精神。即将召开的十届全国人大一次会议和全国政协十届一次会议是十六大以后党和国家政治生活中的又一件大事，必将为实现十六大确定的奋斗目标和各项任务，为不断开创中国特色社会主义事业创造良好的基础和条件。各族各界都要紧密地团结在以胡锦涛同志为总书记的党中央周围，为全面建设小康社会，加快社会主义现代化建设，为中华民族的伟大复兴而努力奋斗。

党中央、国务院一直在关心着西藏人民，重视西藏的发展进步。目前西藏经济发展，社会进步，民族团结，人民生活幸福安宁。中国共产党历来十分重视宗教工作。历世班禅在广大信教群众中有着很高的威望。希望十一世班禅继承和发扬历世班禅的爱国主义精神，坚持爱国爱教，团结进步，坚决拥护中国共产党的领导，热爱祖国和人民，热爱社会主义，努力学好科学文化知识，不断加深佛学造诣，为维护祖国统一和民族团结，为西藏的跨越式发展和长治久安，为西藏各族人民的幸福作出自己的贡献。

（摘自《人民政协报》）

中国人民政治协商会议第九届全国委员会常务委员会工作报告

（2003年3月3日在政协第十届全国委员会第一次会议上）

李贵鲜

各位委员：

我受中国人民政治协商会议第九届全国委员会常务委员会的委托，向大会作工作报告。请予审议。

中国人民政治协商会议第九届全国委员会任期的五年，是跨世纪的五年，是很不平凡的五年，是我国社会主义建设取得辉煌业绩的五年。五年来，以江泽民同志为核心的第三代中共中央领导集体，团结和带领全国各族人民，战胜种种困难和风险，胜利地完成了国民经济和社会发展第九个五年计划，实现了社会主义现代化建设第二步战略目标，并顺利地推进第十个五年计划，取得实施现代化建设第三步战略目标的良好开局。我国的国民经济持续快速健康发展，改革开放取得丰硕成果，社会主义民主政治和精神文明建设成效显著，国防和军队建设迈出新步伐，祖国统一大业取得新进展，对外工作开创了新局面，人民生活总体上达到小康水平，我国的国际地位日益提高。

去年11月，中国共产党召开了第十六次全国代表大会，科学总结了中共十三届四中全会以来建设中国特色社会主义的基本经验，确立了“三个代表”重要思想在全党的指导地位，提出了我国本世纪头二十年全面建设小康社会的奋斗目标，选举产生了新的中共中央领导集体。这次大会的召开,对于加强和改善中国共产党的领导,加快推进社会主义现代化建设,实现中华民族的伟大复兴,具有重大而深远的意义。

人民政协是中国人民爱国统一战线的组织,是中国共产党领导的多党合作和政治协商的重要机构,是我国政治生活中发扬社会主义民主的重要形式。人民政协的一切成就都是在中国共产党的领导下取得的。五年来,以江泽民同志为核心的第三代中共中央领导集体,高度重视人民政协工作,切实加强对人民政协的领导。中共十五大把共产党领导的多党合作和政治协商制度列入社会主义初级阶段的基本纲领,要求继续推进人民政协政治协商、民主监督、参政议政的规范化、制度化,使之成为党团结各界的重要渠道。中共中央在每年的工作要点中都从总揽全局的高度对政协工作作出部署,提出明确要求。江泽民同志在每年"两会"召开之前都就政协工作发表重要讲话,并同其他中央领导同志一起出席政协大会,深入委员小组听取意见,与委员们共商国是。1999年,江泽民同志在庆祝人民政协成立50周年大会上,深刻总结了人民政协半个世纪的基本经验,系统阐述了人民政协的历史地位、独特作用和工作主题,提出了人民政协在新世纪的基本任务,指明了人民政协发展的方向。中共十六大后,胡锦涛总书记对人民政协工作提出了明确要求,并逐一走访各民主党派中央和全国工商联,强调必须始终不渝地坚持统一战线这个重要法宝和战略方针,必须始终不渝地发挥共产党领导的多党合作和政治协商制度的优势,把一切积极因素充分调动起来、凝聚起来,万众一心地创造我们的幸福生活和美好未来。中共中央的正确领导,为人民政协事业的发展提供了根本保证。

五年来,政协第九届全国委员会始终坚持共产党领导的多党合作和政治协商制度,高举爱国主义、社会主义旗帜,牢牢把握团结和民主两大主题,自觉服从和服务于改革发展稳定的大局,积极组织参加人民政协的各党派、各团体和各族各界人士,切实有效地履行政协职能,推动政协的各项工作扎实深入、活跃有序地向前发展,为改革开放、现代化建设和祖国和平统一大业做出了重要贡献。

——参政议政取得可喜成效。人民政协是我国发扬社会主义民主的重要形式。在政协组织中,提倡广开言路,集思广益,求同存异,增进共识,既充分反映多数人的普遍愿望,又认真吸纳少数人的合理主张;既能够听取支持的、赞同的意见,又注意倾听批评的、不同的意见。通过充分的讨论协商,努力增进各方面人士的相互沟通和理解,发现和集中群众的智慧和经验,促进党和政府决策的民主化科学化。九届政协充分运用全体委员会议、常务委员会议、主席会议、在京常委专题座谈会、专门委员会会议等形式,按照"民主、求实、团结、鼓劲"的方针,对国家重要事务进行广泛、认真的协商讨论,郑重地提出意见和建议,从政治上对国家的全局工作提供了有广泛民主基础的支持。五年来,九届政协认真开好每年一次的全体委员会议,就我国国民经济和社会发展"十五"计划草案、每个年度的政府工作报告、国家财政预算及预算执行情况的报告、最高人民法院和最高人民检察院的工作报告等进行了认真的协商讨论。各党派、团体和政协委员共提交大会发言3000多份,提出了许多有价值的意见和建议。先后举行常委会议20次、主席会议48次,学习贯彻中共十五大、十六大精神,学习贯彻中共中央《关于农业和农村工作若干重大问题的决定》、《关于国有企业改革和发展若干重大问题的决定》、《关于国民经济和社会发展第十个五年计划的建议》、《关于加强和改进党的作风建设的决定》,并就实施科教兴国战略、实施西部大开发战略、"三农"(农业、农村、农民)问题、环境与发展问题、防治土地沙化问题、我国大江大河大湖的治理和水资源的开发利用问题、实施九年制义务教育问题、解决城市困难群体生活问题和“四矿”(矿山、矿业、矿工、矿城)问题等,在深入调研、充分论证的基础上建言立论,为中共中央、国务院及有关部门的决策提供了重要参考和依据,有些意见被直接吸收到中央有关文件中。九届政协还通过其他会议形式,就许多关系改革发展稳定大局和群众生活的重要问题进行了协商讨论。如部分委员应邀出席朱镕基总理主持召开的国务院关于国有企业下岗职工再就业问题的专题座谈会,发表了很有价值的意见,得到国务院领导的高度评价。全国政协一些专委会与国务院有关部委、全国人大有关专委会,就经济建设和社会发展中的一些重要问题、重要法律法规的征求意见稿进行座谈讨论,提出了许多建设性的意见和建议。

——为发展爱国统一战线做出了积极贡献。人民政协作为我国最广泛的爱国统一战线组织,在组织上具有广泛的代表性,在政治上具有巨大的包容性,应当也能够在加强团结、维护稳定,促进中华民族的大团结、实现中华民族的大目标方面发挥重要作用。九届政协切实贯彻“长期共存、互相监督、肝胆相照、荣辱与共”的方针,运用各种形式和方法,促进各党派、各团体和各族各界人士的团结合作。及时组织学习中共中央的方针政策和重要文件,举办各种内容的报告会、座谈会、研讨会及其他活动,帮助各界人士提高认识、增进共识;适时调整界别设置和委员构成,及时把新的社会阶层和群体的代表人物吸纳到政协组织中来,扩大了政协的团结面和联系面;加强与各民主党派等参加单位的联系,邀请各民主党派中央、全国工商联负责人和无党派人士座谈统一战线和政协工作,认真听取他们的意见和建议,共同研究政协工作中的重要事项;高度重视民主党派、工商联和无党派人士的提案、发言,积极与各民主党派联合开展调查研究,充分发挥他们在政协中的作用;在各个界别之间、委员之间,提倡相互尊重、相互学习,多联系、多沟通、多交流,在合作共事中加强理解、加深友谊。举办纪念周恩来诞辰100周年、戊戌维新100周年、辛亥革命90周年、人民政协成立50周年等重要活动,弘扬中华民族团结爱国、英勇奋斗的精神和统一战线的光荣传统;积极宣传贯彻国家的民族政策和宗教政策,认真反映少数民族和宗教界人士的意见要求,重视发挥少数民族和宗教界委员的作用,组织他们参观考察,了解有关民族政策、宗教政策的贯彻执行情况;支持政府依法打击邪教,采取多种形式对“法轮功”邪教组织进行坚决斗争,坚决反对任何民族分裂活动和宗教极端势力;就促进民族地区的经济发展和社会进步献计献策,并尽力协助解决一些实际问题,促进了民族团结和社会稳定。

——专题调研和视察工作不断深化。紧紧围绕国家中心任务,服从和服务于改革发展稳定的大局,是人民政协履行职能的一条重要经验。专题调研是政协履行职能的基础环节,是调动各界委员积极性的有效形式,也是活跃政协工作的重要途径。九届政协进一步深化专题调研工作,提出要“建言立论”,为解决国家当前和今后若干重大问题提供有价值的思路与建议;调整专委会的设置,增设了人口资源环境委员会,充实了各专委会的办事机构,建立健全了专委会工作制度;加强调研工作的组织协调,密切了与民主党派、地方政协及有关部门的协作配合;强化对调研课题的研究论证,重视调研成果的转化。五年来,各专委会就国有大中型企业建立现代企业制度、对国有经济布局进行战略性调整、发展非公有制经济、扩大就业和再就业、继续实行并适当调整积极财政政策、建立社会信用体系和信用制度、保险资金进入证券市场、建立统一有效的国有资产管理体制、推进农业产业化、减轻农民负担、组织实施国家重大科技产业化项目、制定长期能源发展战略、加快发展远洋渔业、尽快实施南水北调工程、振兴装备制造业、加快我国人口信息系统建设、解决拖欠县乡干部工资、发展文化产业、加强文物的保护与利用、医疗机构分类管理、体育后备人才的培养、促进少数民族地区经济发展、加强政法队伍建设、全面推进依法行政等一系列重要问题开展专题调研,共形成专题调研报告或专项建议186件。组织全国政协常委、委员视察团123个,3300多人次的常委和委员参加了视察活动,形成视察报告103份。委员们通过专题调研和视察提出的意见,许多是对制定政策的积极建议,有些是对存在问题包括消极腐败现象的批评监督。这些意见、建议得到中共中央、国务院及有关部门的高度重视,在党和国家的决策过程中起到重要参考作用。按照"建言立论"的要求,对委员们参政议政的成果进行精心筛选,共编辑出版了《国是建言》13辑。

——反映社情民意和提案工作进一步拓展。密切联系群众是中国共产党的优良传统,也是人民政协的优良传统。人民政协只有坚持贴近群众,与最广大的人民群众保持密切联系,才能永葆生机与活力。反映社情民意是全国政协一项实际效果突出、富有政协特色、又有广阔发展前景的重要工作。九届政协把这一工作摆在十分重要的位置,强调政协的各项工作都应当含有了解和反映社情民意的意义,要求把反映社情民意寓于各项工作之中;建立健全了政协信息网络系统,加强了与各民主党派、地方政协及有关部门的联系,扩大了信息来源;召开第14次常委会议,专门研究反映社情民意工作,制定了《关于进一步加强反映社情民意工作的若干意见(试行)》,推进了反映社情民意工作的规范化。五年来,九届政协共受理群众来信95900余件,收集整理各种信息27200多篇,通过《政协信息》、《参政议政动态》等途径,向中共中央、国务院报送了重要意见、建议和社情民意信息7740余份。反映社情民意工作为党政领导机关提供了许多来自基层和群众的真实情况,反映了各界人士的愿望和呼声,较好地发挥了民主监督的作用,促使一些群众广泛关注、社会反映强烈的问题得到重视或解决。

提案是政协委员议政建言、民主监督的重要形式,也是了解和反映社情民意的重要渠道。五年来,共收到全国政协委员、参加政协的各民主党派和人民团体、政协专门委员会提交的提案17722件,数量是历届政协最多的,质量也有新的提高。政协委员提案的内容涉及政治、经济、文化和社会生活的各个方面,反映了大量社情民意,提出了许多意见建议,为中央及有关部门掌握实情、制定政策、改进工作起到了积极的作用。

——促进祖国统一和海内外联谊工作取得新进展。人民政协联系着一大批港澳台侨代表人士,充分运用这个有利条件,加强对这些人士的工作,最大限度地团结海内外各方面力量,不断增强中华民族的凝聚力,是人民政协的一项重要工作内容。九届政协高举爱国主义和社会主义两面旗帜,按照"和平统一、一国两制"的基本方针,积极开展了各种形式的促进祖国统一和团结联谊活动。每年与国务院台办等七家单位联合举办江泽民同志发表《为促进祖国统一大业的完成而继续奋斗》重要讲话纪念活动,表明坚持一个中国、反对分裂的原则立场;做好台湾来访团组的接待工作,派人参加有关团组赴台访问,与台湾一些政党、团体、各界人士进行了广泛交流;积极参与海内外一系列反"独"促统活动,严厉批驳台湾当局领导人抛出的"两国论"和"一边一国论",关心台资企业在祖国大陆的发展,力所能及地帮助他们解决困难;港澳台侨委员会与中央有关部门、有关民主党派和人民团体建立了六单位领导联席会议制度,加强了对台工作的协作与配合。按照我国政府的统一部署，配合有关部门做好澳门回归祖国的有关工作；根据港澳回归祖国后的新情况，积极探索在“一国两制”条件下联系港澳特别行政区全国政协委员的有效形式；通过传达有关会议精神、举办座谈会、组织视察等方式，努力为港澳委员参政议政创造条件。加大“走出去，请进来”的力度，组团出访北美、东南亚、西欧等侨胞聚集区的21个国家，与各国的侨胞、台胞社团广泛接触，建立联系，听取意见，向政府反映他们关心的问题；鼓励海外专家学者为政协常委会议建言献策，邀请海外华侨列席政协大会，为他们参与祖国政治生活开辟了渠道；港澳台侨委员会还与全国人大华侨委员会、国务院侨办、致公党中央、中国侨联建立领导联席会议制度，加强了相互联系和协作。九届期间，共邀请接待港澳台侨团组300多个，4300多人次，促进了海内外各方面人士的相互沟通和了解，为维护香港、澳门的长期繁荣稳定，促进祖国和平统一作出了积极贡献。

——对外友好交往更加活跃。人民政协的对外交往是我国总体外交的重要组成部分。搞好这项工作，对于宣传我国社会主义建设的成就，宣传共产党领导的多党合作和政治协商制度，为我国现代化建设营造良好的国际环境具有重要作用。九届政协根据自身的特点，多层次、多渠道地开展了对外友好交往。全国政协主席、副主席应邀出访，介绍了我国现代化建设的情况与独立自主的和平外交政策，阐述了我国对一系列重大国际问题的立场和观点，提高了政协对外交往的层次，扩大了人民政协的影响。以“经济全球化——亚洲与中国”为主题举办了“21世纪论坛”2000年会议，以“论坛”名义举办了“绿色与环保”和“不同文明对话”研讨会，在国际问题调研和对外交往方面开辟了新渠道。成立中国经济社会研究会，加强与国际非政府组织的往来。安排相关专委会组团对一些国家进行访问考察，组织有关委员出访未同我国建交的国家，有针对性地开展工作。中国宗教界和平委员会组团参加世界宗教者和平会议及亚洲宗教者和平会议，委员会的负责人参加世界宗教领袖千年和平会议，宣传了我国宗教信仰自由的政策，展示了我国各种宗教和睦共处、信教与不信教群众互相尊重的真实状况。重视对国际问题的研究，就我国的对外宣传、对外交往及礼宾工作等积极提出意见和建议。九届期间，全国政协共组织88个团组出访76个国家，接待34个国家的69个团组来访。到2002年底，我会已同95个国家的158个机构和6个国际性、区域性组织建立了友好关系。

——对地方政协的联系与指导不断加强。密切全国政协同地方政协的联系，加强对地方政协工作的指导，是政协章程赋予的重要职责，也是提高人民政协工作整体水平的重要途径。九届期间，通过邀请各省、自治区、直辖市和副省级市政协负责人列席全国政协全委会议、常委会议等形式，及时向地方政协通报中共中央有关政协工作的指示、全国政协工作要点和工作情况。召开地方政协工作经验座谈会，总结交流各级地方政协履行职能的新进展、新经验、新做法，推动各地政协互相学习、互相借鉴、取长补短。全国政协领导同志深入各地视察、调研或应邀参加地方政协有关会议，了解地方政协工作情况，听取地方同志的意见。通过《人民政协报》、《中国政协》杂志、《政协年鉴》和人民政协网站以及其他社会新闻媒体，加强对共产党领导的多党合作和政治协商制度以及各级政协工作情况的宣传。同地方政协联合开展专题调研活动，召开各种专项工作会议等，密切了与地方政协的联系和协作。加强对地方政协委员和机关干部的培训，共举办地方政协培训班21期，培训地方各级政协委员和工作人员6200多人次。在地方政协和有关方面的大力支持、配合下，完成了对近3亿字库存文史资料的清理工作，编辑出版了26卷3445万字的

《文史资料存稿选编》。

——政协自身建设进一步推进。搞好政协工作，需要有一支高素质的委员队伍，需要有完善的规章制度，需要有良好的工作作风和工作环境，需要有政协机关提供优质的服务。九届政协重视学习工作和理论建设，采用多种形式组织和推动委员在自愿的基础上学习邓小平理论和“三个代表”重要思想，学习时事政治和相关政策，学习、研究统一战线和人民政协的理论。各界委员通过学习，进一步提高了坚持共产党领导的多党合作和政治协商制度的自觉性，加深了对国际国内形势的了解，增强了大局意识，提高了履行职能的责任感和参政议政的积极性。继续推进人民政协履行职能的规范化、制度化，修改了《中国人民政治协商会议章程》，努力落实《关于政治协商、民主监督、参政议政的规定》，修订了专门委员会通则、提案工作条例，制定了进一步加强和反映社情民意工作的若干意见以及其他工作制度。大力加强政协机关的思想建设、组织建设、作风建设和制度建设，把为统一战线服务、为政协工作服务、为政协委员服务作为机关工作的主旨，按照“讲质量、讲实效、讲规范、讲协作”的要求，努力提高服务质量，改进工作方式和方法。全国政协机关在中共党员领导干部中开展了以“讲学习、讲政治、讲正气”为主要内容的党性党风教育，增强了各级领导班子的团结，密切了机关干群联系，明确了加强机关建设的思路和办法，建立和完善了一系列贯彻民主集中制和加强党风廉政建设的规章制度。积极推进机构改革和人事制度改革，加大干部培训力度，提高干部素质，优化干部结构，通过竞争上岗等方式为年轻干部的成长和人才的合理使用创造条件。

各位委员：

九届政协是在历届政协特别是八届政协奠定的良好基础上开展工作的。九届政协即将结束时，我们专门召开了常委会议和一系列座谈会，对五年来的工作进行了认真总结。大家认为，九届政协履行职能的各项工作确实取得了扎实的进展，并在这个过程中进一步深化了思想认识，积累了一些新的经验。其中，比较突出的经验和体会有：坚持团结和民主两大主题，把团结和民主贯穿于政协工作的一切方面和全部过程，以坚强的团结保证我们的民主进程健康有序，以充分的民主保证我们的团结充满活力；坚持把群众观点作为统一战线和政协工作的一个理论基石，密切政协与群众的联系，深入体察民情，及时反映民意；坚持服从和服务于改革发展稳定的大局，凝聚各方面力量和智慧，围绕国家中心任务协商讨论、建言献策，为经济建设和社会发展想实招、鼓实劲；坚持实践第一的观点，解放思想、与时俱进，不断创新履行职能的内容和形式，为广大政协委员发挥积极性创造更多的机会和条件；坚持立足于政协自身的特点和优势，认真研究和合理设置政协的界别，按照界别的特点和要求开展活动，把发挥界别作用作为做好政协工作的一个着力点；坚持民主协商、平等议事和求同存异、体谅包容的原则，提倡以宽阔的胸襟和良好的人品、人缘、人格去团结人，努力营造民主和谐的工作氛围，为政协工作创造良好的环境和条件；坚持同有关部门的配合与协作，密切同地方政协的联系，积极争取各方面的支持，推动政协工作蓬勃发展。大家认为，这些经验和体会，是九届政协广大委员五年工作实践和探索的重要成果和心血结晶，是对历届政协经验的继承和发展，对人民政协工作具有长远的指导意义，值得我们珍惜。

九届政协工作取得了很大进展，但也存在一些问题和不足。比如，如何通过改进工作和加强宣传，进一步提高社会各方面对共产党领导的多党合作和政治协商制度以及政协工作重要性的认识；如何按照中共中央的要求，进一步推进政治协商、民主监督、参政议政的制度化、规范化和程序化；如何为参加政协的各党派、团体参政议政创造更好的条件，使人民政协的界别活动更为活跃和有序；如何深化政协的专题调研，提出可供党政机关决策参考的高质量、有价值的意见和建议；如何努力提高提案和大会发言的总体水平，改变一定程度上存在的重数量、轻质量的现象；如何进一步加强同党政机关的经常联系，拓展委员知情参政的渠道；如何进一步丰富委员活动的形式，更充分地调动和发挥全体委员尤其是京外委员的积极性，等等。这些都是在我国民主政治建设和人民政协事业发展过程中逐渐显现出来的问题，需要继续认真研究，在实践的过程中总结经验，逐步加以改进和解决。

各位委员：

中共十六大提出了我国在本世纪头二十年的奋斗目标，开启了我国社会主义现代化建设新的伟大进军的征程。新形势、新任务对人民政协的工作提出了新的更高的要求，也为人民政协事业的发展提供了新的机遇。我们要深入学习、全面贯彻中共十六大精神，以邓小平理论和"三个代表"重要思想为指导，围绕实现中共十六大提出的战略目标和各项任务，切实履行政治协商、民主监督、参政议政职能，以与时俱进、开拓创新、奋发有为、昂扬向上的精神状态做好各项工作，努力开创人民政协工作的新局面。为此，我们向政协第十届全国委员会建议：

第一，深入学习贯彻中共十六大精神。十六大是中国共产党在新世纪召开的第一次全国代表大会，也是在我国开始实施社会主义现代化建设第三步战略部署新形势下召开的一次十分重要的会议。十六大深刻阐明了在新世纪坚持举什么旗、走什么路、实现什么目标等重大问题，对于我们继续开创中国特色社会主义事业新局面，具有重大的现实意义和深远的历史意义。"三个代表"重要思想，是对马克思列宁主义、毛泽东思想和邓小平理论的继承和发展，反映了当代世界和中国的发展变化对中国共产党和国家工作的新要求，是加强和改进党的建设、推进我国社会主义制度自我完善和发展的强大理论武器。深入学习、全面贯彻十六大精神，是当前和今后一个时期首要的政治任务。人民政协要积极组织和推动广大委员认真学习十六大精神，深刻领会"三个代表"重要思想的科学内涵和精神实质，不断增进各党派、各团体和各族各界人士的共识。要坚持理论联系实际，自觉以"三个代表"重要思想为指导，努力推动政协工作不断创新、不断发展。

第二，按照团结和民主两大主题认真履行政协职能。团结和民主是人民政协工作的主题。在中国共产党领导下实行团结和民主，是人民政协性质的集中体现，是人民政协产生和发展的历史根据，是人民政协继往开来的方向和使命。人民政协要始终坚持和完善中国共产党领导的多党合作和政治协商制度，坚持"长期共存、互相监督、肝胆相照、荣辱与共"的方针，促进统一战线各方面的团结合作，更好地体现我国社会主义政党制度的特点和优势。要紧紧围绕团结和民主两大主题履行职能，在增进团结的过程中发扬民主，在发扬民主的基础上增进团结。要认真总结人民政协的实践经验，按照中共十六大关于发展社会主义民主政治、建设社会主义政治文明的总体要求，立足政协实际、适应形势发展，积极推进政协履行职能的制度化、规范化和程序化。

第三，围绕全面建设小康社会宏伟目标积极建言献策。全面建设小康社会是我国在本世纪头二十年的奋斗目标。这一目标符合我国国情和现代化建设的实际，符合全国各族人民的愿望,令人鼓舞,催人奋进。实现这一宏伟目标,需要举国上下同心同德,需要进行艰苦不懈的努力。人民政协要清醒地认识到肩负的历史责任,紧紧围绕全面建设小康社会的宏伟目标,认真组织广大委员参政议政,充分发挥政协人才荟萃、智力密集的优势,注重发挥界别作用,深入调查研究,积极建言立论、献计献策,为促进社会主义物质文明、政治文明和精神文明的协调发展,实现全面建设小康社会的宏伟目标做出应有的贡献。

第四,努力协助党和政府协调关系、化解矛盾。完成改革和发展的繁重任务,必须保持和谐稳定的社会环境。人民政协要高举爱国主义、社会主义的旗帜,把团结各界、凝聚人心的工作摆在突出位置;要认真研究当前我国社会结构和统一战线内部所出现的新情况、新变化,加强同各方面人士包括新的社会阶层人士的联系,调动一切积极因素,巩固和发展最广泛的爱国统一战线,不断为中华民族伟大复兴增添新力量;要宣传和协助贯彻党的民族政策,坚持和完善民族区域自治制度,巩固和发展平等、团结、互助的社会主义民族关系,促进各民族共同繁荣进步;要宣传和协助贯彻党的宗教信仰自由政策,依法管理宗教事务,积极引导宗教与社会主义社会相适应,坚持独立自主自办的原则;要深入了解群众的愿望和呼声,进一步拓展反映社情民意的渠道,协助党和政府做好协调关系、化解矛盾的工作,努力维护安定团结的社会政治局面。

第五,继续做好港澳同胞、台湾同胞和海外侨胞的工作。香港澳门回归祖国并保持繁荣稳定,证明了“一国两制”方针是正确的,具有强大的生命力。要广泛团结港澳各界人士,共同维护和促进香港、澳门的繁荣、稳定和发展。要继续大力宣传“和平统一、一国两制”的基本方针和发展两岸关系、推进祖国和平统一的八项主张,进一步加强同台湾同胞和海外侨胞的联谊工作,促进海峡两岸的交流、交往与合作,坚决反对台湾分裂势力,为实现祖国的完全统一做出新的贡献。

第六,进一步扩大对外友好交往。在和平与发展的时代主题下,世界多极化和经济全球化趋势给世界的和平与发展带来了机遇和有利条件,同时也带来了严峻的挑战。人民政协要继续按照国家外交总体部署,进一步发挥自身的特点和优势,不断开辟新的对外交往渠道、拓展新的对外交往领域,广泛地与世界各国人民进行接触与交流,增进相互之间的友谊和信任,努力为我国现代化建设创造更好的国际环境。

第七,继续加强政协自身建设。搞好自身建设是政协履行职能的重要基础。要解放思想,与时俱进,勇于实践,大胆探索,加强政协理论研究,完善政协工作机制,不断提高履行职能的实效。政协委员要适应形势发展的要求,增强履行职能的使命感和责任感,自觉加强学习,不断充实和更新知识,努力提高参政议政的能力和水平。政协机关要全面加强自身建设,当好参谋,搞好服务,为委员履行职能创造良好的条件。

各位委员!新一届政协承前启后,继往开来,任重道远。我们衷心祝愿新一届政协,在邓小平理论和“三个代表”重要思想指引下,在以胡锦涛同志为总书记的中共中央领导下,扎实工作,奋发进取,为把中国特色社会主义事业不断推向前进,做出新的更大的贡献!

(选自《人民政协报》)

中国人民政治协商会议第九届全国委员会常务委员会关于提案工作情况的报告

(2003年3月3日在政协第十届全国委员会第一次会议上)

周铁农

各位委员：

我受政协第九届全国委员会常务委员会的委托，向大会报告九届政协的提案工作情况，请审议。

九届政协一次会议以来，政协委员、政协的各参加单位，以及政协各专门委员会，从改革、发展、稳定的大局出发，围绕党和国家的工作中心及社会关注的热点问题，共提交提案17722件，经审查，立案16281件，其中八个民主党派中央和全国工商联的提案271件，有关人民团体的提案1件，界别小组提案128件，政协专门委员会的提案2件。按内容分，有关经济建设方面的提案7235件，占44.44%；科教文卫体方面的提案4617件，占28.36%；政法、统战和其他方面的提案4429件，占27.2%。这些提案分别送交180多个承办单位，到目前为止，98.8%的提案已经办复。未予立案的转为委员来信处理。

回顾过去的五年，九届政协的提案工作，经过全体委员的共同努力和承办单位的积极支持，在八届政协工作的基础上，又有了较大的发展。

一

提案是政协委员履行政协主要职能的重要方式，提案工作在人民政协工作中有着十分重要的作用。九届政协的提案，数量不断增加，质量逐步提高，在反映社情民意、促进有关部门决策的民主化、科学化以及各项工作的开展等方面，提出了大量的意见和建议，为推进经济建设、政治建设、文化建设和祖国和平统一大业，做出了积极贡献。

(一)为加快社会主义现代化建设和建立社会主义市场经济体制建言献策，提出了许多重要的意见和建议。许多提案从国家经济和社会生活各个方面对制定和实施“十五”计划，提出了有价值的建议；对国家实施西部大开发战略决策中的一些重大建设项目，提出了有益的意见；对我国加入世贸组织后的应对措施，提出了许多好的建议。这些提案从大局出发，考虑长远，涉及基础设施建设、生态环境保护、科教兴国战略、风险投资和社会信用等等。许多提案具有较强的可行性，有些还具有一定的前瞻性，有关部门认为非常重要、非常及时，积极予以采纳。

(二)坚持依法治国和以德治国紧密结合，为加强政治文明和精神文明建设，提出了一系列具有建设性的意见和建议。许多提案建议：抓紧制定适应社会主义市场经济发展需要的法律法规；加快教育改革和创新步伐；加大反腐倡廉力度；进一步规范文化市场；惩治邪教、贩毒吸毒社会丑恶现象等等。这些提案被承办单位采纳后，在发展我国社会主义民主政治、健全社会主义法制、繁荣社会主义文化进程中,发挥了积极作用。

(三)高度重视社会稳定,从社会生活的不同侧面关注热点问题,及时反映了大量的社情民意。许多提案建议进一步关心特殊困难群体,落实城市居民最低生活保障制度,妥善解决下岗职工再就业问题;建议高度重视"三农"问题,为减轻农民负担、增加农民收入献计献策;提出动员全社会的力量关注安老养老问题;呼吁加强我国食品安全的监督管理;要求坚决制止一些行业的乱收费现象等等。这些提案,受到社会各界的关注,经过承办单位的认真办理,取得了良好的社会效益,在化解社会矛盾中起到了重要作用。

政协提案发挥的作用充分证明,提案是人民政协参政议政最直接、最有效的方式,一直受到政协各个界别委员的高度重视。

各民主党派作为参政党,围绕我国经济、政治和社会生活中的一些重大问题,组织本党派成员进行调查研究,并经反复论证,形成党派提案。这些提案选题讲究,分析透彻,建议合理,质量较高。

有关人民团体和界别小组注重发挥自己的优势,运用提案的方式,就一些重大问题提出了许多有价值的意见和建议。

香港、澳门特别行政区的政协委员,以拳拳爱国之心,积极地运用提案形式,为祖国的现代化建设和祖国统一大业贡献力量。

二

九届政协常委会始终贯彻"围绕中心、服务大局、提高质量、讲求实效"的提案工作方针,坚持以质量求发展,着重于以下几个方面的工作:

(一)修订了《提案工作条例》,使提案工作进一步规范化、制度化。九届政协常委会根据新形势的要求和提案工作的发展,对《提案工作条例》进行了修订,明确了"提案工作应当注意提高提案质量、提案办理质量和服务质量,讲求实际效果",同时对提案的提出、审查、办理等方面也做了明确的规定,为本届政协提案工作的进一步发展,提供了重要的制度保证。

(二)提案工作报告改由政协副主席代表常委会在全会开幕式上来作,使提案工作的重要地位和作用更为突出。从政协九届三次会议开始,恢复了在全会开幕式上向全体委员报告提案工作情况,并由一位副主席代表常委会作报告,由全会对报告作出相应决议,体现了政协委员的要求和意愿,体现了政协常委会对提案工作的高度重视。

(三)不断强调质量意识,努力提高提案工作质量。按照李瑞环主席关于提案"选题要精,内容要有分量,文字要严谨"的要求,通过 1999 年和 2001 年两次全国性提案工作会议的经验交流和探讨,并通过一系列的工作,使越来越多的委员和提案工作者认识到,提高提案工作质量,包括提案人提高提案的质量,承办单位提高办理的质量和政协提案工作机构提高服务的质量,其中,提高提案的质量最重要,是整个提案工作的基础。因此,首先要树立质量意识、精品意识,正确处理提案数量和质量的关系,以高质量的提案体现政协委员参政议政的水平,并以高质量的服务,来推动办理质量的提高。

为了树立一批高质量提案以及办理工作的榜样,2002 年 10 月,全国政协召开了优秀提案和先进承办单位表彰会,对 200 件优秀提案和 37 个先进承办单位进行了表彰。李瑞环主席和在京的副主席向获奖的提案人和承办单位代表颁了奖,宋健副主席作了重要讲话。

(四)加强与承办单位的联系和协作,提高提案办理的实效。五年来,全国政协共召开了四次规模较大的承办单位座谈会,沟通情况,交流经验。为及时了解提案办理情况,听取承办单位对提案工作的意见,加强了走访承办单位的力度。通过这些活动,增进了全国政协和承办单位相互之间的理解和协作。各承办单位把办理政协提案的过程,看作是坚持中国共产党领导的多党合作和政治协商制度,实行决策民主化、科学化,改进工作作风,密切联系群众的过程,各级领导高度重视办理政协提案的工作,逐步健全了提案办理工作制度和工作队伍,使办理质量稳步提高。政协提案委员会为推动提案办理质量的进一步提高,于每年政协全会结束后,经过与承办单位的反复协商沟通,研究确定对一批重点提案进行重点办理。运用提案委员会、提案人和承办单位"三结合"的方式,通过协商办理座谈会或专题调研、实地考察、跟踪办理等方法,促进提案的深化和落实。五年来,共召开协商办理座谈会48次,组织专题调研25次。有20位副主席参加了提案工作的有关活动,提高了提案工作的层次。

(五)加强提案工作的宣传力度,扩大提案工作的社会影响。全国政协及时向新闻单位提供提案工作信息,在全会召开前夕,有计划地向新闻单位集中通报提案工作的总体情况和报道线索。为使社会各界更加了解政协提案工作,在政协局域网公布提案目录的基础上,自2001年开始又在互联网上全文公布一些提案的内容及其办理复文。2002年底,出版发行了一套五册约360多万字的《把握人民的意愿》一书,介绍了九届政协的部分提案内容及其办理复文。

(六)加强政协提案工作机构建设,进一步提高服务质量。提案工作机构在加强学习、提高思想政治水平的基础上,努力加强自身建设,不断提高服务水平。一是努力为政协委员撰写提案服务,做好委员"知情"的工作,加强与委员的联系,提供必要的帮助;二是努力提高交办提案的准确率和效率,改进交办工作方式,提升交办工作规格,在政协全会后集中时间、集中地点向承办单位交办提案,一位常务副主席参加提案交办会并作重要讲话;三是提高办公自动化程度,不断对提案管理软件进行改进、升级,使提案的登记、检索、统计、查询工作更加简便、快捷;四是注重学习地方政协的提案工作经验,不断推进自己的工作。

三

五年来,提案工作取得了明显的进展,但还存在一些有待进一步研究解决的问题。提案工作涉及全体政协委员,受到了委员们的高度重视和关注,在履行政协职能中有着广阔的天地。提案工作要与时俱进,开拓创新,不断发展。九届政协五年提案工作的经验表明:

要坚持以质量求发展,不断提高包括提案质量、办理质量和服务质量在内的整个提案工作质量,特别要始终抓住提案质量这个基础,处理好提案数量和质量的关系。

要充分发挥界别优势,在重视各民主党派和全国工商联提案工作的同时,发挥有关人民团体和各界别委员的优势,提出更多的具有界别特色的高质量提案。

要注重发挥专委会在提案工作中的作用,各专委会可以根据自己的工作特点,加强与提案工作机构的沟通,结合提案的办理,开展专题调研和协商座谈活动,重视运用提案的方式,促进问题的解决。

要加强与承办单位的联系和协作,经常沟通情况,交流经验,表彰先进,并对一些重要提案进行跟踪办理,促进提案办理质量不断得到提高。

为了使委员们更多地了解承办单位办理提案的情况,选择了五个先进承办单位办理政协第九届全国委员会提案概况作为附件,供大家参考。

各位委员,新一届政协将开始工作,让我们高举邓小平理论的伟大旗帜,全面贯彻"三个代表"重要思想,认真学习、贯彻中共十六大精神,坚持"围绕中心、服务大局、提高质量、讲求实效"的提案工作方针,与时俱进,开创政协提案工作的新局面。

(选自《人民政协报》)

充分发挥共产党员在人民政协中的先锋模范作用

——在政协中共组讨论会上的讲话(摘要)

(2003年3月5日)

贾庆林

我们这一届政协是在中共十六大召开之后诞生的,又是在全面建设小康社会的开局时候开始工作,意义非同寻常。我们中共组的委员尤其是新任委员,都要在尽可能短的时间内熟悉统一战线和人民政协的方针政策和优良传统,充分发挥先锋模范作用,模范执行各项决定,尽心尽力做好工作,确保党的方针政策的贯彻执行。

巩固和发展最广泛的爱国统一战线是我们党坚定不移的战略方针,也是每一个共产党员义不容辞的职责。政协中共组的委员都是党内的领导干部,大家除了同其他委员一样要履行政治协商、民主监督、参政议政职能外,还有更高的标准和更严格的要求。大家的工作如何,直接关系到党领导的多党合作事业的兴衰,影响到大局的稳定。我们一定要从党和国家战略全局的高度,充分认识统一战线和人民政协的重要性,提高做好统战、政协工作的自觉性,尽职尽责地把工作做好,争取在新的岗位上做出新的业绩。

政协工作是政治性、政策性很强的工作,光有热情和干劲还不够,还必须熟悉、掌握和身体力行地贯彻党的有关政策,遵循统战和政协工作的规律。做好统战和政协工作,一要与各界别委员平等相待、相互尊重。二要发扬民主、充分协商。三要求同存异、广泛团结。四要满腔热忱,做好服务工作。五要严守纪律,在各方面都作出表率。总之,我们必须坚持共产党的领导,坚持"长期共存、互相监督、肝胆相照、荣辱与共"的方针,积极同民主党派和党外各界人士合作共事,在共同的大目标下不断巩固和发展爱国统一战线的大团结、大联合。

政协组织和政协委员中的共产党员要认真贯彻执行党的路线方针政策,在同党外委员的合作共事中,以优秀的品格、模范的行为,树立良好的形象,善结人缘,广交朋友,共同开创人民政协工作的新局面。

（摘自《人民政协报》）

在中国人民政治协商会议第十届全国委员会第一次会议闭幕会上的讲话

（2003年3月14日）

贾庆林

各位委员、各位同志：

中国人民政治协商会议第十届全国委员会第一次会议在大家的共同努力下，圆满完成各项议程，就要胜利闭幕了。

这次大会是在全国各族人民深入学习贯彻中共十六大精神，为全面建设小康社会、开创中国特色社会主义事业新局面而努力奋斗的新形势下召开的。会议审议通过了政协第九届全国委员会常务委员会工作报告和关于提案工作情况的报告；列席了第十届全国人民代表大会第一次会议，听取并讨论了朱镕基总理所作的政府工作报告以及其他重要报告；选举产生了政协第十届全国委员会常务委员会。委员们以满腔的热忱和高度的责任感，对关系我国改革发展稳定大局和人民群众切身利益的重要问题提出了许多宝贵的意见和建议，就如何做好新一届政协工作发表了很好的见解。这次大会开得很成功，是一次民主求实、团结鼓劲的大会，是一次继往开来、与时俱进的大会，是一次凝聚力量、催人奋进的大会。

感谢大家的信任，选举我们组成政协第十届全国委员会常务委员会，我们深感责任重大。十届政协将在历届政协奠定的良好基础上开展工作。这些年来，在以江泽民同志为核心的中共第三代中央领导集体的领导下，在李瑞环同志的主持下，人民政协的各项工作取得了新成绩，开创了新局面，创造了新经验。这些成绩和经验，凝聚着各界政协委员的心血和智慧，融汇了广大政协工作者的思考和探索，是十分宝贵的财富。我们一定要坚持和发扬人民政协的优良传统，紧密团结各党派团体和各族各界的广大委员，尽职尽责地做好工作，努力创造新的业绩，推动人民政协事业不断向前发展。

一

中共十六大是中国共产党在新世纪初召开的一次具有里程碑意义的代表大会。这次大会，把“三个代表”重要思想同马克思列宁主义、毛泽东思想、邓小平理论一道确立为中国共产党必须长期坚持的指导思想，系统总结了中国共产党领导人民建设中国特色社会主义的基本经验，提出了全面建设小康社会的奋斗目标，作出了建设中国特色社会主义经济、政治、文化的战略部署，顺利实现了中国共产党中央领导集体的新老交替。这对于进一步开创中国特色社会主义事业新局面,具有极其重大而深远的意义。贯彻落实十六大精神是当前和今后一个时期全党全国的首要政治任务,也是人民政协的首要任务。

在新的世纪,实现推进现代化建设、完成祖国统一、维护世界和平与促进共同发展这三大任务,在中国特色社会主义道路上实现中华民族的伟大复兴,这是历史和时代赋予我们的庄严使命,是广大中华儿女殷切期盼并为之奋斗的宏伟大业。完成这一宏伟大业,关键是要紧紧抓住本世纪头二十年这个重要战略机遇期,实现全面建设小康社会的奋斗目标。全面建设小康社会,是我国现代化建设承上启下的发展阶段,事关推进中国特色社会主义事业的战略全局。我们每一位委员,无论来自哪一个党派、哪一个团体、哪一个民族、哪一个界别,都要树立高度的使命感和责任感,在共同的大目标下团结起来,扎扎实实、尽心尽力地做好工作,努力为全面建设小康社会贡献力量。

实现全面建设小康社会的奋斗目标,我们具有诸多有利的条件。一是改革开放以来,特别是近十三年取得的巨大成就,为今后的发展奠定了坚实的基础。以江泽民同志为核心的中共第三代中央领导集体,团结和带领全国各族人民,坚持贯彻我国现代化建设"三步走"的战略,开创了改革开放和现代化建设的新局面。二是中共十六大科学回答了在新世纪坚持举什么旗、走什么路、实现什么目标等重大问题,选举产生了以胡锦涛同志为总书记的新一届中共中央领导集体,充分体现了全党和全国人民的意愿和要求,这是我们事业继往开来的最重要的政治保证和组织保证。三是尽管国际形势复杂多变,天下并不太平,但和平与发展仍然是时代的主题,我们可以为中国的发展争取一个较长时期的和平国际环境和良好周边环境。维护世界和平,促进共同发展,直接关系各国人民的福祉,是各国人民的强烈愿望,也是不可阻挡的历史潮流。中国人民将一如既往地同各国人民一道,为继续促进世界和平与发展而奋斗。同时,我们也要清醒地看到,全面建设小康社会,是一项艰巨复杂的任务。我国正处于并将长期处于社会主义初级阶段,我们的经济基础比较薄弱,科学技术还不发达,人均资源相对短缺,人口众多且发展不平衡,在前进道路上还会遇到这样那样的风险和挑战。我们既要充分认识有利的条件,抓住机遇,乘势而上,争取更大的胜利;又要充分估计到不利的因素,居安思危,艰苦奋斗,百折不挠地把我们的事业不断推向前进。

全面建设小康社会、开创中国特色社会主义事业新局面,关系到中华民族的前途和全国人民的切身利益,必须紧紧依靠广大人民群众的智慧和力量,紧紧依靠各党派团体、各族各界人士的团结奋斗。在全面建设小康社会的历史进程中,人民政协责任重大、大有可为。政协的各级组织和各参加单位要在中国共产党的领导下,在共同的政治基础和共同的大目标下,同心同德,群策群力,为建设中国特色社会主义伟大事业做出新的更大的贡献。

二

统一战线历来是中国共产党的总路线、总政策的重要组成部分,是中国共产党执政兴国的重要法宝,也是中国共产党领导人民建设中国特色社会主义基本经验的重要内容。在中国革命、建设和改革的各个时期,统一战线为中国共产党团结和带领全国各族人民,联合各方面的积极力量,共同实现党的奋斗目标发挥了重大作用。

以毛泽东同志、邓小平同志为核心的中共第一代、第二代中央领导集体,为统一战线的建立和发展倾注了巨大的心血，做出了巨大的贡献。中共十三届四中全会以来，以江泽民同志为核心的中共第三代中央领导集体，又以新的实践和新的经验进一步丰富和发展了统一战线思想。江泽民同志强调："在新世纪，统一战线作为党的一个重要法宝，绝不能丢掉；作为党的一个政治优势，绝不能削弱；作为党的一项长期方针，绝不能动摇。"随着我国经济和社会结构的深刻变化，出现了多种经济成分和分配方式，产生了新的利益群体和社会组织，人们思想活动的自主性、差异性明显增强，价值取向、行为方式日益多样化，统一战线内部的构成也更加多样。在这种情况下，要把广大工人、农民、知识分子和其他社会力量的积极性充分地调动起来，把海内外全体中华儿女的智慧和力量最大限度地凝聚起来，共同为中国共产党提出的宏伟目标而奋斗，就必须更加重视统一战线，进一步巩固和发展最广泛的爱国统一战线。

中国共产党领导的多党合作和政治协商制度，是我国的一项基本政治制度，也是我国社会主义政治制度的特点和优势。它是马克思主义政党理论与我国实际相结合的产物，是中国共产党团结和带领中国人民长期奋斗的结果，是中华民族政治经验和政治智慧的结晶。坚持这一基本政治制度，有利于发扬民主，活跃国家政治生活；有利于增进人民团结，维护国家政局稳定；有利于加强、改善共产党的领导和充分发挥民主党派的参政党作用，实现统一领导与广泛民主、富有效率与充满活力的有机统一。中共十六大明确提出："发展社会主义民主政治、建设社会主义政治文明，是全面建设小康社会的一个重要目标。"我们发展社会主义民主政治，必须走适合中国国情的政治发展道路，绝不能照搬西方政治制度的模式。中国共产党领导的多党合作和政治协商制度，是我国社会主义民主制度的重要内容。要发展社会主义民主政治，建设社会主义政治文明，就必须始终坚持并且不断完善、发展这项制度。我们应当切实按照中共十六大的要求，努力把这项基本政治制度坚持好、完善好、落实好。

人民政协是中国人民爱国统一战线的组织，是中国共产党领导的多党合作和政治协商的重要机构。巩固和发展最广泛的爱国统一战线，充分发挥人民政协政治协商、民主监督和参政议政的作用，是发展社会主义民主政治、建设社会主义政治文明的必然要求，是人民政协义不容辞的职责。人民政协要高举爱国主义、社会主义的旗帜，紧紧围绕团结和民主两大主题，坚持自身的性质和特点，充分发挥代表性广、包容性大的优势，积极做好团结各界、凝聚人心的工作，努力为全面建设小康社会创造一个良好的社会政治环境。要坚持"长期共存、互相监督、肝胆相照、荣辱与共"的方针，坚持民主协商、平等议事的原则，充分发扬社会主义民主，大力加强同民主党派、工商联和无党派人士的团结合作，切实发挥他们在政协中的作用，使共产党领导的多党合作和政治协商这一基本政治制度在我国社会政治生活中更好地发挥作用。

三

十届全国政协的五年，正处于我国改革开放和社会主义现代化建设的关键时期。做好这五年的工作，具有极其重要的意义。我们要谨记历史的重托，顺应时代的要求，不负人民的期望，为维护改革发展稳定的大局，实现中共十六大提出的宏伟蓝图，贡献我们的智慧和力量。

按照中共十六大的精神，根据委员们在这次政协全体会议上发表的意见，十届政协工作的基本思路是:以邓小平理论和“三个代表”重要思想为指导,全面贯彻中共十六大精神,认真落实十六大对人民政协提出的各项要求,坚持团结和民主两大主题,切实履行政治协商、民主监督和参政议政职能,坚定信心,与时俱进,发挥优势,扎实工作,最广泛最充分地调动一切积极因素,不断开创人民政协事业的新局面,为全面建设小康社会、实现中华民族的伟大复兴贡献力量。

要坚持围绕中心、服务大局,把为实现全面建设小康社会的奋斗目标服务作为政协工作的出发点和落脚点。发展是中国共产党执政兴国的第一要务,也是人民政协履行职能的第一要务。人民政协工作的开拓与创新,人民政协的作用与贡献,都同亿万人民全面建设小康社会、不断推进中国特色社会主义事业的伟大实践紧密相连。在任何时候、任何情况下,人民政协都要自觉地服从和服务于全国工作的大局,而不能偏离这个大局;都要发挥爱国统一战线组织的优势,而不能削弱这个优势。要把各党派团体和各族各界人士的注意力引导到聚精会神搞建设、一心一意谋发展上来,把方方面面的智慧和力量凝聚到为全面建设小康社会努力奋斗上来。要把政协智力密集、联系广泛的优势,转化为促进改革与发展的强大动力,依托专门委员会和各界别,组织委员有重点地开展调查研究,积极建言献策,为领导机关决策提供真实情况与科学依据。

要把维护团结稳定摆在政协工作的突出位置,努力做好协调关系、化解矛盾的工作。完成改革和发展的繁重任务,需要保持稳定的社会环境,营造和谐的社会氛围。人民政协由各党派团体和各族各界代表人士组成,团结面大、联系面广,应当充分运用这些有利条件,把团结各界、维护稳定作为政协工作的一个着力点。要经常深入基层、深入群众,真实了解民情,充分反映民意,广泛集中民智,使政协反映社情民意的工作不断拓展和深化。要认真研究当前我国社会结构和统一战线内部所出现的新情况、新变化,努力加强同各方面人士的联系,团结的人越多越好,团结的面越广越好,最大限度地把一切可以团结的力量都团结起来,把一切积极因素都调动起来。要积极协助党和政府,多做统一思想、理顺情绪、排忧解难的工作,为改革发展稳定减少阻力、增加助力、形成合力,努力维护民主团结、生动活泼、安定和谐的政治局面。

要充分发扬社会主义民主,积极推进人民政协履行职能的制度化、规范化、程序化。发展社会主义民主政治,建设社会主义政治文明,最根本的是要把坚持共产党的领导、人民当家作主和依法治国有机统一起来。人民政协作为我国政治生活中发扬民主的重要组织形式,要坚持广开言路、集思广益,求同存异、相互尊重,切实搞好与各民主党派、无党派人士、各人民团体和各族各界人士的合作共事。要适应形势的发展,进一步推进政协履行职能的各项工作制度化、规范化、程序化,更好地为发展社会主义民主政治、建设社会主义政治文明服务。

要加强海内外联谊工作,积极促进祖国统一大业。实现祖国的完全统一,是海内外中华儿女的共同心愿。香港、澳门回归祖国并保持繁荣稳定,充分证明“一国两制”方针是完全正确的,具有强大的生命力。人民政协联系着一大批港、澳、台、侨代表人士,这是政协组织的一大特色和优势。应当继续多形式、多渠道、多领域地加强对各界人士的工作,为继续维护和促进香港、澳门的繁荣、稳定和发展,为坚持贯彻“和平统一、一国两制”的基本方针和江泽民主席关于现阶段发展两岸关系、推进祖国和平统一进程的八项主张,坚决反对台湾分裂势力,促进海峡两岸的交流、交往与合作,实现祖国的完全统一做出新的贡献。

各位委员、各位同志：

政协委员是政协工作的主体，责任重大而光荣。半个多世纪来，一届又一届政协委员，为国家的建设与发展，为民族的振兴与富强，殚精竭虑，努力奉献，谱写了许多感人至深的篇章。新一届政协委员来自不同的党派、团体、民族和界别，但我们肩头承担的历史使命是一致的，这就是要建设社会主义现代化、完成祖国统一大业、实现中华民族的伟大复兴。政协委员中人才济济，群英荟萃，大家既有报国之志，又有兴国之才。这是做好人民政协工作的坚实基础。我们要始终尊重劳动、尊重知识、尊重人才、尊重创造，充分发挥政协委员的积极性、主动性和创造性，努力营造鼓励政协委员干事业、支持政协委员干成事业的良好氛围。同时，我们也希望大家珍惜政协委员的称号，发扬为国奉献、为民服务的崇高精神和“先天下之忧而忧，后天下之乐而乐”的高尚情操，怀一腔热血，展一身才华，更加关注民生、参与国是、致力发展、奉献社会，积极投身到全面建设小康社会的宏伟事业中去。

同志们！我们正处在一个大有希望、大有作为的时期。让我们紧密团结在以胡锦涛同志为总书记的中共中央周围，高举邓小平理论伟大旗帜，认真贯彻“三个代表”重要思想，与时俱进，开拓创新，全面完成中共十六大提出的各项任务，不断推进中国特色社会主义事业，努力谱写人民政协工作新的辉煌篇章！

现在我宣布：中国人民政治协商会议第十届全国委员会第一次会议闭幕！

在政协第十届全国委员会常务委员会第一次会议闭幕会上的讲话（摘要）

（2003年3月14日）

贾庆林

在刚刚闭幕的全国政协十届一次会议上，委员们选举我们组成常务委员会，这是对我们的信任，也是赋予我们的责任。常务委员会在政协组织中处于重要位置。作为常委会成员，我们必须增强责任感和使命感，保持良好的精神状态，团结合作，积极进取，切实履行常委会的职责，努力把各项工作做好。

我们要全面理解和领会胡锦涛总书记在中共十六届二中全会上重要讲话精神的深刻内涵，真正从战略的高度、全局的高度，充分认识人民政协在我国政治生活中的地位和作用，充分认识政协工作的重要性，努力提高做好政协工作的积极性和主动性，切实把自己的工作与实现全面建设小康社会的宏伟目标联系起来，把个人的价值与人民政协事业的发展联系起来。

十届政协要不断适应形势的发展和工作需要，大力倡导学习之风。各级政协组织和广大政协委员要认真学习邓小平理论和“三个代表”重要思想，学习中共十六大精神和“两会”文件,学习党和国家的现行方针政策和法律法规,学习经济、科技、文化、历史等方面的知识,不断提高参政议政的能力与水平。

常委会议要围绕全面建设小康社会的战略部署,选择一些事关全局、影响长远和人民群众普遍关心的重大问题进行协商讨论。政协的参加单位、各专门委员会和各位常委,都应当始终保持同人民群众的密切联系,了解他们的意愿和要求,及时准确地反映情况和提出建议。各专门委员会要结合自身特点,围绕全面建设小康社会目标和常委会议的议题进行调研。要充分重视政协各界别的意见和建议,积极探索和不断丰富有界别特点的活动。政协工作要着重在求实、求真、求精上下功夫,在突出重点、保证质量、提高水平上做文章,力戒形式主义、做表面文章。

要依据宪法和政协章程的规定,进一步完善各项工作制度,使政协的会议、视察、调研、提案、专门委员会活动等各方面的制度更加规范健全;要很好地研究地方政协在履行职能中的成功做法,加以提炼加工、概括深化,上升为经验、上升为制度;要坚持与时俱进,努力使我们的工作适应新形势、新任务的需要,不断研究探索开展政协工作的新形式、新方法,不断根据新的实践有所创造,有所前进。

(摘自《人民政协报》)

在会见香港中华总商会访问团时的谈话(摘要)

(2003年3月25日)

贾庆林

十届全国人大一次会议和全国政协十届一次会议,是在全面建设小康社会的起步阶段和开局时期召开的一次重要会议,是继中共十六大之后我国政治生活中的又一件大事。这次会议以邓小平理论和“三个代表”重要思想为指导,全面贯彻落实十六大精神,通过了一系列重要文件和政治决议,选举产生了新的国家机构领导人和全国政协领导人,对于进一步把全国各族人民的意志和力量凝聚到全面建设小康社会的奋斗目标上来,加快推进社会主义现代化,万众一心地实现中华民族的伟大复兴,具有十分重大的意义。

当前,我国各方面的形势都很好,呈现出民族团结、社会稳定、政通人和、繁荣发展的良好局面。特别是在世界经济持续低迷的情况下,我国国民经济继续保持了良好的发展势头。去年,国内生产总值突破10万亿元,进出口贸易快速增长,经济运行质量进一步提高,财政收入扭转了低速增长的趋势,人民生活水平明显改善。这些都为我国经济的进一步发展,实现全面建设小康社会的奋斗目标,创造了有利的条件。

香港回归祖国以来,中央政府始终坚持“一国两制”方针不动摇,严格按照基本法办事,全力支持行政长官和特区政府依法施政,得到香港各界人士和国际社会的普遍赞誉。广大香港同胞在行政长官董建华和特区政府的领导下,以主人翁的姿态和奋发图强的精神,克服亚洲金融危机的冲击和国际经济环境变化带来的种种困难和不利影响,致力于推动特区各项事业的全面发展,为保持香港的繁荣稳定做出了积极的努力。“一国两制”的成功实践,显示出香港同胞的智慧和能力,也表现出香港同胞爱国爱港、团结奋进的精神,并将对最终解决台湾问题、实现祖国完全统一产生重大的示范作用。

香港的繁荣稳定离不开包括香港工商界在内的广大香港同胞的共同努力。目前,受国际经济环境变化的影响,香港经济遇到了一些暂时的困难。但是香港有很多优势,比如有雄厚的物质基础、完备的法制、有利的区位优势和众多优秀的管理人才。希望中华总商会发扬爱国爱港的优良传统,团结广大工商界人士,支持以董建华先生为首的特区政府依法施政,坚定信心,团结一致,自强不息,奋发进取,为开创香港发展的新局面做出新的贡献。中央政府也将会一如既往、竭尽全力支持香港的稳定和发展。

(摘自《人民政协报》)

要开创新一届政协专委会工作新局面

——在全国政协专委会主任会议上的讲话(摘要)

(2003 年 3 月 31 日)

贾庆林

政协专委会要坚持以“三个代表”重要思想和中共十六大精神为指导,围绕中心,服务大局,选准角度,发挥优势,针对经济和社会生活中的突出矛盾,积极参政议政、建言献策,为中共中央和国务院的决策提供科学依据,开创新一届政协专委会工作的新局面。

第一,要进一步增强专委会工作的责任感。专委会工作是政协工作的重要组成部分,是政协工作的重要基础,在政协履行职能的工作中发挥了重要作用。特别是近几年,各级政协专委会工作得到明显加强,专委会的工作活跃、扎实,在专题调研和反映社情民意、团结联系各界人士等方面的成绩尤其显著,对制订和实施国民经济与社会发展计划,促进依法治国方略、科教兴国战略、西部大开发战略、可持续发展战略的实施以及政治、文化建设等,作出了积极贡献。在这个过程中,专委会工作也积累了丰富的经验。比如,合理设置、适时调整专门委员会的构成,充实专委会的办事机构,建立健全专委会工作制度;把专题调研作为履行职能的基础性工作和参政议政的重要方式,拓展政协工作的领域;坚持“突出重点、注重精品、量力而行”的原则,努力在“求实、求真、求深、求精”上下功夫;把专委会工作与反映社情民意相结合,使专委会的各项工作都具有反映社情民意的意义,等等。这些经验,值得我们在今后工作中坚持和发扬。专门委员会是组织委员开展调查研究、学习座谈、建言献策、团结联谊等活动的主要工作部门,是政协开展经常性工作和活动的主要组织者、承办者。政协大会和常委会议的发言、政协重要的提案、建议案有不少是专委会的调研成果。每年常委会向大会的工作报告中,专委会的工作成果占了相当大的比重。可以说,专门委员会工作的成果关系到常委会和全国政协履行职能的成效,关系到人民政协在国家政治生活中的影响和作用。在新的形势下,我们要继承和发扬历届专门委员会工作的好做法、好传统,进一步改进、深化和活跃各方面工作,不断提高工作的质量和水平。

第二,要切实抓好中共十六大和"两会"精神的学习贯彻。学习贯彻中共十六大精神,是我们当前和今后一个时期的首要任务。刚刚闭幕的全国"两会",是全面贯彻十六大精神的一次重要会议。"两会"的内容很丰富,精神很重要。各专委会可以结合各自的工作特点和任务,组织一些学习讨论,比如议一下中共十六大和"两会"精神对本专委会工作的要求,议一下委员们在大会和常委会议上发表的意见、建议以及关注的热点问题,改一下今年的调研课题等。在此基础上,进一步调整和完善今年的工作思路,优化重点调研课题和活动方案,以便使我们的工作更具有针对性和适用性。

第三,要努力提高专门委员会工作的水平。一是要抓好学习。当前我们面临的形势发展很快、任务很繁重,并且各专委会刚刚成立,领导班子是新的,许多成员是新的,工作环境和任务也都是新的,学习的任务很急迫。对我们大家来说,加强学习不是虚的,而是实的;不是可有可无,而是当务之急;不是权宜之计,而是长久之策。我们要认真学习建设中国特色社会主义的基本理论、基本路线、基本纲领和基本经验,学习中共三代领导集体关于统一战线和人民政协的有关论述,学习参政议政所涉及的各个领域的知识以及政协章程、规定,特别要学习和实践"三个代表"的重要思想。各专委会要结合中央的大政方针、社会普遍关心的问题、政协专题调研的课题等,组织一些报告会、研讨会、座谈会以及其他活动,邀请有关部门负责人和专家学者,传达中央精神,介绍有关情况,讲授有关知识。通过学习,使委员知情明政,增进共识,提高参政议政的水平。二是要全面贯彻团结和民主两大主题。专委会既是政协履行职责的工作机构,又是政协进行政治协商的一个层面。要充分体现统一战线工作的性质和特点,把团结合作、加强联谊同调查研究、建言献策紧密结合起来,团结的人数越多越好,联系的面越广越好。工作中要坚持民主协商、平等议事的原则,多听取相关界别和专家、学者、实际工作者的意见,尤其要善于听取不同意见。坚持求同存异,体谅包容,做到博采众长、反映民意、集中民智、集思广益。这样,才能使我们的调研成果更具有广泛的群众基础,更具有科学的决策依据,专委会的工作才更符合政协的性质和特点。三是要提高专题调研的水平。各专委会要紧紧围绕发展是执政兴国第一要务和全面建设小康社会的宏伟目标,注意从改革、发展、稳定的重要问题中,选择党和政府高度重视、人民群众普遍关注、政协有条件做好的题目,发挥政协智力密集、人才荟萃、位置比较超脱的优势,深入调查研究,周密思考论证,积极建言献策。要深入基层和实际,在搜集大量真实情况的基础上,确定本课题的突破方向、切入点。要运用科学方法对收集的材料进行分析、研究和论证。不单纯追求数量,而要在提高调研的质量,在"求真、求实、求精、管用"上下功夫。要重视成果的转化和应用,注重研究成果在决策中发挥作用。在专题调研中,要重视反映社情民意,特别重视收集和反映带有界别性、普遍性、倾向性的情况。四是要紧紧围绕常委会议的议题开展工作。围绕常委会议议题,相关专委会确定题目,开展调查,组织研讨,提交发言材料或建议案,这是近几年来的一条成功经验。新一届政协的专委会要把这件事情做得更好。政协第十届全国委员会第三次主席会议建议下一次常委会议的议题是围绕发展这个执政兴国的第一要务建言献策。在这个总题目下,针对当前全面建设小康社会中的突出问题,各专委会可以选择几个现实性、针对性和综合性强的子题目进行专题调研。

第四，要尽快适应政协专委会主任的新角色。专委会的主任、副主任多数是刚从党政领导岗位上转过来的，成为政协专门委员会的负责人。过去的位置是“决策”，现在是“献策”；过去的角色是“当政”，现在是“议政”。位置变了，角色换了，环境、任务不同了，工作的方式、方法都要有相应的转变。专委会主任作用的发挥，对整个专委会的工作具有决定性的影响。希望大家尽快转变角色、转变观念、转变工作方式。一是处理好专委会内部的关系。专委会的成员，有中共的，也有各民主党派的，有从政的，也有做学问的，不管是主任、副主任还是普通委员，在政协专委会里大家都是平等的。在工作中，遇事要多协商，尤其在研究和讨论问题时，要坚持民主协商、平等议事的原则。二是加强同各方面的联系和合作。要发挥政协人才荟萃的优势，以课题为纽带，吸收和组织专委会以内和以外的相关政协委员特别是专门人才参加调研和讨论。三是做好协调工作。为了发挥政协在专题调研和其他活动中的整体优势，保证重点课题的质量，避免调研活动在内容、时间、地点上的重复、交叉，并给地方接待带来不必要的负担，对各专委会工作特别是重点调研课题要加强协调。四是进一步改进工作作风。说真话、报实情，深入实际，求真务实，是政协的意见和建议有价值、受重视的关键。各专委会的文风、会风、工作作风都要体现这个要求。

（摘自《人民政协报》）

在纪念人民政协报创刊二十周年座谈会上的讲话

（2003年4月3日）

王忠禹

同志们、朋友们：

今天我们在这里召开座谈会，纪念人民政协报创刊20周年，纪念邓小平同志为人民政协报题写报名20周年。

人民政协报创刊20年来，坚持正确的舆论导向，坚持“立足统战，面向社会”的办报方针，积极传播党和政府的声音，热情宣传中国共产党领导的多党合作和政治协商制度，全面报道人民政协履行职能的经验和成果，受到了广大读者的欢迎。特别是近几年来，人民政协报改日报、增版面，报道更加活跃，质量不断提高，逐渐形成了自己的特点和风格，为人民政协的宣传工作做出了积极的贡献。我代表政协第十届全国委员会向报社的全体工作人员致以亲切的慰问！并向关心和支持人民政协报事业的同志和朋友们表示衷心的感谢！

刚刚结束的全国政协十届一次会议是在全面建设小康社会的新阶段召开的一次重要会议。会议总结了九届政协五年来的工作，选举产生了十届全国政协新的领导集体，通过了各项重要决议。这对于全面贯彻十六大精神，推进社会主义现代化建设具有十分重要的意义。深入学习和全面贯彻十六大精神是当前和今后一个时期全党全国首要的政治任务，也是人民政协的首要任务。围绕中心，服务大局，履行职能，始终是政协工作的基本内容。当前，人民政协履行职能的各项工作都要围绕实现全面建设小康社会的宏伟目标来展开。人民政协的专题调研和视察、反映社情民意和提案、海内外联谊等工作，都要围绕这个中心，服务这个大局。同样，人民政协的宣传工作，也要为这个中心和大局做出自己的努力。

人民政协的宣传工作是政协工作的重要组成部分，进一步加强人民政协的宣传工作是增进团结、凝聚力量，聚精会神搞建设、一心一意谋发展的需要，是推进社会主义民主政治建设，坚持和完善中国共产党领导的多党合作和政治协商制度的需要，也是切实加强政协自身建设，进一步推进政协履行职能制度化、规范化和程序化的需要。我们要充分认识人民政协宣传工作的作用和意义，进一步加大人民政协宣传工作的力度，为人民政协的工作创造良好的舆论氛围。

人民政协报是政协宣传工作的一支重要力量。人民政协报在20年的办报历程中，形成了很好的传统，积累了丰富的经验。要在继承传统、总结经验的基础上，根据形势变化的要求，加强对政协履行职能工作的宣传，可以开设一些专题栏目，充分反映委员的呼声和要求，充分反映委员的建议和意见。努力把这些栏目办得有影响，办得深受读者喜爱，进一步扩大人民政协报在社会上的影响力，从而更好地宣传人民政协的性质、地位和作用，宣传政协委员的作用和贡献，更好地服务于党和国家的工作大局。

今天，我们纪念人民政协报创刊20周年，纪念邓小平同志为人民政协报题写报名20周年，是一件很有意义的事情。小平同志曾经说过："人民政协作为统一战线组织，任务是十分光荣的，工作是大有可为的。"人民政协新的历史进程，仍然需要我们不断努力，做出不负历史使命的贡献。希望人民政协报社的全体同志振奋精神，与时俱进，开拓创新，为更好地宣传人民政协工作做出新的成绩，为推进我国的社会主义民主政治建设做出更大的贡献。同时，希望各级政协组织和广大政协委员，各民主党派、各人民团体以及各界人士，继续关心、支持和爱护这张报纸。

祝人民政协报更上一层楼，越办越好。

（选自《人民政协报》）

弘扬司徒美堂先生爱国主义精神
团结广大海外侨胞为祖国和平统一大业做出新的贡献

（2003年4月3日）

罗豪才

今天是著名爱国侨领司徒美堂先生诞辰135周年纪念日，又正逢传统的清明节到来之际，我们来到八宝山革命公墓，为著名爱国侨领司徒美堂先生扫墓，这是很有意义的一次活动。2001 年 9 月,我们出版发行了《司徒美堂》一书,在海内外产生了很好的反响,司徒美堂先生的道德文章、革命业绩极大地鼓舞了国内同胞和海外侨胞。为了在新的历史时期更好地弘扬司徒美堂先生的爱国精神,团结广大海外侨胞为祖国和平统一做出新贡献,值此美堂先生诞辰 135 周年之际,本党中央将举办纪念司徒美堂先生的系列活动,包括出版司徒美堂文集、画册,扫墓和在广东省江门市召开有海内外来宾参加的纪念座谈会等。今天的扫墓活动,可以说是系列活动的一个序幕。

司徒美堂先生的一生是海外侨胞热爱祖国、坚定执着、与时俱进的一生。他 1868 年出生于著名侨乡广东开平,幼年丧父,艰苦备尝,14 岁赴美,17 岁加入“反清复明”的美洲致公堂,此后他积极支持孙中山先生领导的民族独立斗争,反对李鸿章卖国和袁世凯称帝。大革命时期,他拥护国共合作,支持北伐,反对蒋介石背叛革命。抗日战争爆发后,他积极发动侨胞捐款,支援祖国人民抗战,坚持反对投降政策,改组美洲洪门致公堂为中国美洲洪门致公堂,致力于抗日救亡运动。他不避艰险,与宋庆龄等领导的保卫中国同盟保持密切联系,支持八路军和新四军。在海外,曾掩护过被迫出国的蔡廷锴、杨虎城、司徒惠敏等进步人士。皖南事变后,他通电抗议蒋介石的卖国罪行。香港沦陷时,日寇企图强迫他当“维持会长”,他冒险逃走,前往重庆,受到周恩来、董必武的接见,当时他发表了爱国演讲。此后他飞赴美洲十国,宣传八路军、新四军抗击日寇的真相。1945 年他以中国代表团华侨顾问的身份出席了联合国筹备会。1948 年,他反对蒋介石召开伪国大,在香港发表了拥护中共“五一”口号的声明,并发动华侨支持祖国人民的解放斗争。1949 年,司徒美堂先生作为海外侨领的代表参加了中国人民政治协商会议第一届全体会议,参加祖国的建设事业。此后在伟大的抗美援朝斗争中,他和国外爱国侨胞一样,表示了积极的拥护和支持。

司徒美堂先生的一生经历了中华民族争取民族统一独立斗争的各个历史时期,他始终站在进步的立场上,跟随时代,不断前进。他虽屡经艰险,但爱国热情矢志不渝,久而弥坚。综观司徒美堂先生的一生,我们深感爱国主义是凝聚中华民族的伟大精神力量,是振兴民族的希望所在,司徒美堂先生不愧是海外爱国华侨的光辉典范,其精神与品格是中华民族奋发自强的楷模。

司徒美堂先生所走的爱国道路,也是无数爱国华侨华人所走的道路。老一代爱国华侨对新一代华侨的楷模作用是会永远被铭记的。近几年来,世界各地的爱国华侨华人在掀起一浪高过一浪的“反对台湾独立、促进祖国和平统一”的热潮,是巨大的爱国热情催生了强大的民族凝聚力。

广大侨胞继承和弘扬美堂老人的精神和传统,团结一心,艰苦奋斗,中华民族一定能在新世纪里再次振兴,海内外同胞一定能为中国的完全统一,为世界的和平与发展做出新的更大的贡献!

(选自《人民政协报》)

围绕大目标　加强大团结　促进大发展

——在陕西、宁夏、甘肃考察工作时的讲话（摘要）

（2003年4月）

贾庆林

发展是共产党执政兴国的第一要务，是各民主党派参政议政的第一要务，也是统一战线各界人士团结奋斗的第一要务。要按照“三个代表”重要思想的要求，围绕全面建设小康社会的大目标，实现统一战线各方面力量的大团结，促进经济和社会各项事业的大发展。

伟大的延安精神是我们党的优良传统和宝贵财富，是我们战胜困难、取得胜利的强大精神动力。延安精神体现了我们党马克思主义政党的性质，体现了我们党与时俱进的思想风范，体现了我们党与人民同呼吸、共命运的优良作风，体现了中国共产党人一往无前的奋斗精神。全面建设小康社会，必须大力倡导和弘扬延安精神，始终坚持“两个务必”，始终保持同人民群众的血肉联系。

西部地区在我国全面建设小康社会的历史进程中占有举足轻重的地位。西部地区如果发展不起来，整个国家的发展就会受到影响；西部地区各族群众的生活如果达不到小康水平，全面建设小康社会的进程就会放缓甚至拖延。我们必须以最大的决心、最大的努力不断满足人民群众加快发展、改善生活的愿望，逐步使各族人民群众的生活更加富裕。这样，巩固我国多民族大家庭的团结才会有更加坚实的基础，社会主义制度的优越性才能更加充分地体现出来。要紧紧抓住西部大开发的历史机遇，坚持追赶型发展思路，将资源优势转化为经济优势。要深化国有企业改革，放手发展非公有制经济，大力发展民族地区经济。各级领导干部都要把关心群众的生产生活作为一项重大的政治任务抓紧抓好，经常深入到民族地区特别是困难群众中去，切实帮助他们解决生产生活中的实际困难，确保他们有饭吃、有衣穿、子女能上学、生病能就医。

正确处理民族宗教问题，对于巩固民族团结、保持社会稳定、维护国家统一，对于顺利实施西部大开发战略，具有十分重要的意义。党的十六大报告把我们党在新世纪新阶段民族宗教工作的基本方针和基本任务，概括为两个四句话：“全面贯彻党的民族政策，坚持和完善民族区域自治制度，巩固和发展平等团结互助的社会主义民族关系，促进各民族共同繁荣进步。”“全面贯彻党的宗教信仰自由政策，依法管理宗教事务，积极引导宗教与社会主义社会相适应，坚持独立自主自办的原则。”这是做好民族宗教工作的基本依据，我们要认真学习领会，狠抓贯彻落实。要充分认识做好民族宗教工作的特殊重要性，认真研究和妥善处理涉及民族宗教因素的突发事件，警惕和抵御境外各种敌对势力利用民族宗教问题进行渗透和破坏，为西部地区的发展创造团结稳定的社会环境。

实施西部大开发战略，全面建设小康社会，目标宏伟，任务艰巨，必须坚持中国共产党领导的多党合作和政治协商制度，紧紧依靠各党派、各阶层、各团体和各族各界人士共同奋斗。要充分发挥统一战线和人民政协人才荟萃、联系广泛、智力密集的优势，支持各民主党派、工商联和无党派人士积极参政议政，建言献策，为改革开放和现代化建设做出新的贡献。

（摘自《人民政协报》）

在国务院贯彻实施《突发公共卫生事件应急条例》座谈会上的讲话

（2003 年 5 月 15 日）

王忠禹

今天，国务院召开贯彻实施《突发公共卫生事件应急条例》座谈会，充分体现了党中央、国务院对公众健康与生命安全的高度重视。《突发公共卫生事件应急条例》的颁布实施，突发公共卫生事件应急处理机制的进一步完善，标志着我国突发公共卫生事件应急处理工作纳入了法制化轨道。全国政协对此表示坚决拥护和支持。

近一个时期以来，一场突如其来的非典型肺炎疫情灾害袭击我国，给人民群众的身体健康和生命安全造成很大危害。党中央、国务院为控制非典型肺炎疫情，采取了一系列坚决、果断、富有成效的措施，胡锦涛总书记、温家宝总理等中央领导同志多次作出重要批示，并亲临斗争第一线，深入了解情况，指挥防治工作。贾庆林同志多次要求政协委员积极投入到防治非典斗争中去，为此，全国政协向全国政协委员发了公开信。在党中央、国务院的统一指挥和领导下，经过全国上下的共同努力，防治非典型肺炎工作取得了很大成绩，部分疫情严重地区的病例数量有了显著的下降。在这样一个关键时刻，国务院依据《中华人民共和国传染病防治法》和其他相关法律的规定，及时出台了《突发公共卫生事件应急条例》，这对于打赢防治非典型肺炎这场硬仗具有重要意义，为我们今后应对其他突发公共卫生事件，维护公众利益，依法行政，提供了一个重要法律武器。

贯彻实施《突发公共卫生事件应急条例》，打好防治非典型肺炎这一仗，是当前的一项重要任务。人民政协作为联系各党派团体、各族各界人士的统一战线组织，应当为完成这一任务作出自己的贡献。人民政协的各参加单位和广大政协委员，要充分认识自己肩负的责任和应尽的义务，并以高度的热情、切实的行动，积极贯彻执行这一条例。要大力支持政府严格按照条例履行职责，并充分发挥政协组织的特点和优势，及时准确地向有关部门反映条例贯彻执行过程中出现的情况和问题，积极建言献策。政协委员联系着方方面面，要广泛动员和帮助自己所联系的方面认真执行条例，尤其是来自医药卫生战线的政协委员，更要在贯彻这一条例的过程中率先垂范，在防治非典型肺炎的斗争中发挥重要作用。

让我们紧密地团结在以胡锦涛同志为总书记的中共中央周围，万众一心、众志成城，依靠科学、依法办事，坚定信心、扎实工作，夺取抗击“非典”斗争的全面胜利！

（选自《人民政协报》）

坚持“两手抓”　夺取“双胜利”

——在河北、广西考察工作时的讲话（摘要）

（2003年5月）

贾庆林

防治非典型肺炎和保持经济的稳定发展是当前摆在全党全国人民面前的双重任务。各级党委和政府对此要高度重视，采取有力措施，一手抓非典防治，一手抓经济建设，夺取双胜利，保障人民身体健康，促进经济社会发展。

党中央、国务院十分关心广大农民群众的防治疫病工作，并提出了具体的措施和要求。各级党委、政府都要切实落实好这些措施和要求，做好村村户户的防治工作，确保农村不发生大面积疫情。同时，决不能放松农业和农村经济的发展，要以增加农民收入为核心，因地制宜地采取措施，确保农村经济发展，确保农民生活水平稳步提高。

在以胡锦涛同志为总书记的党中央的坚强领导下，经过全国人民的共同努力，全国防治非典工作取得了阶段性成效。但是，当前疫情形势依然严峻，我们必须高度警惕，决不能有丝毫的松懈情绪和侥幸心理。各级党委和政府一定要做好应对各种困难和复杂局面的准备，切实加强领导，大力开展群防群治，联防联控，构筑起抵御疫情的严密防线，打赢这场攻坚战。

发展经济，增强国力是我们战胜各种困难的基础。在当前抗击非典的形势下，我们要坚持非典防治和经济建设两手抓，坚定信心，审时度势，抓住机遇，发挥优势，突出特色，加快发展。要关注社会新的消费需求，大力推进经济结构战略性调整，培育新的经济增长点和消费热点，不断提高广大人民群众物质文化生活水平。各民主党派、工商联和无党派人士为防治非典工作做出了积极贡献，要进一步发挥统一战线的自身优势和作用，协助各级党委和政府继续做好防疫工作，做好群众思想工作，积极建言献策，开展多种形式的各种公益活动，为非典防治工作取得最后胜利做出新的贡献。

（摘自《人民政协报》）

在香港特别行政区全国政协委员防治非典型肺炎捐款仪式上的讲话

（2003年6月3日）

王忠禹

各位委员、各位朋友、各位同志：

在全国人民防治非典型肺炎斗争的关键时刻，香港特别行政区的全国政协常委倡议，在港的133位全国政协委员和部分九届全国政协委员积极响应，向河北、山西、内蒙古三省（区）和中国疾病预防控制中心等捐赠4000多万元港币，用于非典型肺炎疫情的防治。刚才，贾庆林主席会见了参加今天捐赠活动的香港特别行政区的代表，对这次活动给予了高度评价。我代表全国政协和贾庆林主席，向参加这次捐赠活动的香港地区全体新老政协委员，表示衷心的感谢和崇高的敬意！

自我国一些地区的非典型肺炎疫情发生以来，人民的身体健康和生命安全面临严重威胁，我国政府和人民抗击灾害的能力受到又一次严峻考验。党中央、国务院总揽全局，沉着应对，迅速作出重大部署，果断采取一系列强有力的措施，很快形成了群防群控、联防联控的局面。全国人民同舟共济，团结互助，一方有难，八方支援，筑起抗击"非典"的新长城。在这场斗争中我们欣喜地看到，各地政协委员、各民主党派和工商联成员、无党派人士，把抗击"非典"作为当前履行参政议政职能的重大任务，发挥智力优势和专业特点，团结各界人士，在不同岗位、以各种形式做贡献，成为抗击"非典"的一支重要力量。还有许多华侨华人从国外伸出援助之手，表达拳拳爱国之心。在这场没有硝烟的战斗中，中华民族再次展现出万众一心、不可战胜的气概。

面对空前的"非典"疫情，祖国各地的人们相互牵挂，相互支援。中央政府高度重视和关怀港澳同胞的健康和生命安全，全力支持香港和澳门特别行政区防治疫病的工作，建立了非典型肺炎防治工作联系机制。香港、澳门的许多社团和各界人士不仅为当地的抗"非典"斗争积极出力，而且以各种方式支持内地的疫情防治，特别是霍英东、马万祺副主席等港澳地区的全国政协委员，急公好义，慷慨解囊，纷纷带头或倡议捐款捐物，加上这次捐赠的善款近1亿多元。今天香港地区全国政协委员的又一报国义举，再次体现了中华民族乐善好施、扶危济困的传统美德，充分体现了高尚的爱国主义和人道主义精神，向全社会展示了全国政协委员的良好风范。希望三省区一中心要珍惜这份血浓于水的同胞亲情，切实按照捐赠者的愿望和要求，管好用好这笔善款，为抗击非典型肺炎发挥更大的作用。

当前，全国防治非典型肺炎已经取得明显成效，但形势依然严峻，彻底战胜疫情的任务十分艰巨，我们丝毫不能松懈。让我们紧密团结在以胡锦涛同志为总书记的中共中央的周围，坚持一手抓防治非典型肺炎这件大事不放松，一手抓经济建设这个中心不动摇，为夺取全面胜利做出更大的贡献。

（选自《人民政协报》）

围绕中心　服务大局
充分发挥统一战线和人民政协作用

——在黑龙江调研时的讲话（摘要）

（2003年5月）

贾庆林

党的十六大确立了全面建设小康社会的宏伟目标。实现这一目标，就必须始终抓住发展这个第一要务，坚持以经济建设为中心，凝聚全国人民的智慧和力量，同心同德搞建设，一心一意谋发展。全国政协把贯彻中共十六大关于紧紧抓住发展这个党执政兴国第一要务的精神，围绕促进国民经济持续快速健康发展和完善社会主义市场经济体制两大任务建言献策作为十届二次常委会的中心议题。各级政协组织、各党派团体都应当充分认识把发展作为第一要务的极端重要性，发挥自身的优势，协助党和政府解决好前进中的问题，进一步完善社会主义市场经济体制，促进国民经济持续快速健康发展。

要切实贯彻党的十六大精神，紧紧抓住当前难得的发展机遇，大力推动经济结构的战略性调整，进一步深化国有企业改革，切实解决好农业农村农民问题。人民政协的各级组织和广大委员，应当就这些问题深入实际，充分调研，提出建设性的意见和建议，为促进这些问题的解决发挥应有的作用。只要我们勇于实践，勇于探索，就一定能够找到解决各种问题的正确方法，为实现全面建设小康社会的目标贡献我们的力量。

稳定是改革和发展的前提。完成改革和发展的繁重任务，必须巩固和发展民主团结、生动活泼、安定和谐的政治局面。统一战线和人民政协要把维护社会稳定作为重要任务，摆在突出的位置，大力宣传党和国家的方针政策，积极做好协调关系、化解矛盾的工作。我们想问题、提建议、办事情，都要首先考虑群众的利益，时刻想到群众的安危冷暖，力所能及地帮助他们解决实际问题，为改革和发展减少阻力、增加助力、形成合力，努力为我国经济和社会发展创造良好的社会环境。

（摘自《人民政协报》）

认真学习“三个代表”重要思想
为深化改革促进发展服务

——在山东调研时的讲话(摘要)

(2003年6月)

贾庆林

党的十六大把“三个代表”重要思想同马克思列宁主义、毛泽东思想和邓小平理论一道,确立为党必须长期坚持的指导思想,实现了党的指导思想的与时俱进,这是一个历史性决策,也是一个历史性贡献,具有重大的现实意义和深远的历史意义。近日,中共中央又对在全党兴起学习贯彻“三个代表”重要思想新高潮进行部署,这是推动党的事业继往开来、与时俱进的重大战略举措。统一战线和人民政协要把认真学习和贯彻“三个代表”重要思想,作为当前和今后一个时期首要的政治任务,切实增强以“三个代表”重要思想指导自身工作的自觉性和坚定性。学习贯彻“三个代表”重要思想,要紧密联系统一战线和人民政协的工作实际和广大成员的思想实际,把学习理论与统一思想、提高认识结合起来,把学习理论与总结经验、推动工作结合起来,把学习理论与武装头脑、提高能力结合起来,努力提高政治协商、民主监督和参政议政的质量和水平。

统一战线历来是为党的中心任务服务的。我们要牢牢抓住发展这个党执政兴国的第一要务,为深化改革、促进发展服务。一是要围绕党和国家事业发展的大局,把实现全面建设小康社会的奋斗目标作为统一战线和人民政协工作的出发点和落脚点;二是要深刻认识我国经济社会发展的阶段性变化和面临的新情况新问题,一切工作都要适应经济社会发展的大趋势,推动中国特色社会主义事业的全面发展;三是要把握党和政府的中心工作,注意选择党和政府高度重视、人民群众普遍关注的大事,发挥统一战线和人民政协的优势,深入调查研究,周密思考论证,积极建言献策,协助党和政府解决好这些问题。

统一战线是中国共产党的总路线、总政策的重要组成部分,各级党委要从战略高度深刻认识统一战线的重要性,高度重视和支持统一战线和人民政协工作,认真听取统一战线和人民政协的意见和建议,重视政协干部队伍的建设。各级政府要多支持政协工作,切实帮助他们解决实际困难,为他们开展工作创造好的条件。各级政协要加强自身建设,提高履行职责的能力和水平,不断推进政协履行职能的制度化、规范化和程序化。政协委员要进一步发扬为国奉献、为民服务的崇高精神,更加关注民生、参与国是、致力发展。

要围绕发展这个我们党执政兴国的第一要务建言献策

——在上海、江苏调研时的讲话(摘要)

(2003年6月)

王忠禹

人民政协要紧紧围绕十六大提出的发展这个我们党执政兴国的第一要务,促进国民经济持续快速健康发展和完善社会主义市场经济体制两大任务深入调研,积极为中央决策提出有价值的建议。要按照十六大精神,认真总结各地政协创造的好的经验和做法,努力在政协工作制度化、规范化、程序化建设方面取得扎实的进展。

新中国成立以来,我国形势发生了很大的变化,人民政协履行职能、发挥作用的内容和形式也有很大的变化,政协如何履行好政治协商、民主监督、参政议政职能,需要根据新的情况不断创新,许多方面工作都需要进一步深化、细化,并努力实现制度化、规范化、程序化,特别是在程序化方面要积极努力,通过程序化来保证政治协商真正成为党和政府重要决策不可缺少的一个环节。政协工作大有可为,新形势、新任务对政协委员履行职责提出了更高的要求,政协委员要加强学习,不断提高自身素质,努力使所提的意见和建议既能够反映大家都注意到的问题,更能做到人无我有、人有我新、人新我深,体现出政协的特点。十六大提出了全面建设小康社会的奋斗目标,要实现这一目标,需要全国各族人民的共同努力,需要凝聚各方面的智慧和力量,需要动员各界人士献计献策,并在重大问题上形成共识。而做好这些工作,正是政协的优势所在。十六大为人民政协围绕中心、服务大局、发挥作用开辟了广阔的空间,各级政协要抓住机遇,在全面建设小康社会、加快推进社会主义现代化建设的宏伟事业中做出新的更大的贡献。

(摘自《人民政协报》)

努力为全面建设小康社会提供最广泛的力量支持

——在云南调研时的讲话(摘要)

(2003年7月)

贾庆林

当前,摆在统一战线和人民政协面前的一项重大政治任务,就是要把“三个代表”重要思想学习好、贯彻好、落实好，务必在武装思想和指导实践两个方面取得新成效。要以“三个代表”重要思想为指导，切实加强统一战线和人民政协工作，努力为全面建设小康社会提供最广泛的力量支持。

胡锦涛同志在“三个代表”重要思想理论研讨会上的重要讲话高瞻远瞩，总揽全局，深刻阐述了兴起学习贯彻“三个代表”重要思想新高潮的重大意义和基本要求，对全党兴起学习贯彻“三个代表”重要思想新高潮作了进一步动员和部署。我们要认真学习胡锦涛同志“七一”重要讲话，不断解放思想、实事求是、与时俱进、开拓前进。

“三个代表”重要思想是以发展这一主题来贯穿的。学习贯彻“三个代表”重要思想，必须紧紧抓住发展这个党执政兴国的第一要务，真正把各方面的智慧和力量都凝聚到发展上来，凝聚到全面建设小康社会的宏伟目标上来，用发展的办法解决前进中的问题。西部少数民族地区要紧紧抓住国家实施西部大开发的机遇，大力发展特色经济和非公有制经济，走可持续发展的道路。“三个代表”重要思想的本质是立党为公、执政为民。坚持立党为公、执政为民，必须围绕人民群众最现实、最关心、最直接的利益来落实。搞好扶贫开发，加快农牧民增收脱贫，是西部少数民族地区广大困难群众的热切期盼，也是实践“三个代表”重要思想的具体体现。我们要狠抓落实，切实把这项工作做好。

统一战线和人民政协要坚持以“三个代表”重要思想为指导，充分发挥自身优势，围绕改革发展稳定中的重大问题，积极建言献策。各级党委一定要切实加强对统一战线和人民政协工作的领导，模范执行党的统战方针政策，为统战部门和政协组织更好地发挥作用创造条件。

前不久，政协十届全国委员会常委会第二次会议审议通过了《关于部分修改〈中国人民政治协商会议章程〉的决定》。做好政协章程修改工作，是各级政协组织和广大政协委员的共同任务，希望大家积极支持和参与这项工作，共同努力，推动人民政协事业不断向前发展。

全面贯彻党的民族、宗教政策，做好民族、宗教工作，为发展创造团结稳定的社会环境，对我国的现代化建设事业具有十分重要的意义。要认真研究和妥善处理涉及民族、宗教因素的突发事件，坚决抵御境外势力利用民族、宗教问题进行渗透。要从实践“三个代表”重要思想的高度，充分认识民族、宗教问题的极端重要性，切实把这项工作当作一项长期的重要任务，坚持不懈地抓紧抓好。

（摘自《人民政协报》）

深入学习贯彻“三个代表”重要思想
进一步开创政协干部培训工作新局面

——在全国政协第36期干部培训班开学典礼上的讲话(摘要)

(2003年7月13日)

王忠禹

深入学习贯彻“三个代表”重要思想,是当前和今后一个时期政协干部培训工作的首要政治任务,要用“三个代表”重要思想指导政协干部培训的各项工作,进一步开创政协干部培训工作的新局面。

学习是人民政协的优良传统,也是政协章程规定的一项基本任务。当前,我们面临着新的形势和任务,搞好各级政协委员和政协机关干部的学习,具有特别重要的意义。第一,加强学习是国内国际形势发展的要求。以中共十六大的召开为标志,我国进入全面建设小康社会和加快推进社会主义现代化建设新的发展阶段,这对各级干部的理论素养、知识水平、业务本领和领导能力提出了更高的要求。与此同时,国际局势正在发生着深刻变化,包括经济实力、科技实力、国防实力和民族凝聚力在内的综合国力的竞争日趋激烈。我们要有强烈的责任感、紧迫感,必须坚持学习,抓紧学习,改善学习。第二,加强学习是人民政协工作与时俱进的需要。人民政协工作是建设社会主义事业的重要组成部分,必须适应国家改革和建设形势的发展。中共十六大提出深入贯彻“三个代表”重要思想和全面建设小康社会的任务,人民政协围绕这个大目标履行职能,有许多关系国计民生的重大问题需要深入研究、建言献策。面对新任务新要求,人民政协从理论到实践、从制度到程序,都还有许多问题需要探索。只有按照“三个代表”重要思想的要求,加强学习和研究,进一步提高认识能力和工作水平,才能适应形势的需要,不断推动人民政协事业的发展。第三,加强学习是提高干部自身素质的重要途径。在改革开放的新形势下,党政决策部门领导同志的知识结构和年龄结构都有了很大变化,许多都是专家,有丰富的经验。政协委员要发挥人才库、智囊团的特点,做到人无我有、人有我新、人新我深,使自己的意见建议具有不可忽视的价值和水平,就必须注意加强学习,提高自身素质。政协机关的同志为政协委员当参谋、搞服务,同样也需要学习。只有不断学习、提高水平,各项工作才能取得实效。

面对新的形势和要求,需要学习的内容很多,任务很重。对于做政协工作的同志来说,首先是认真学习“三个代表”重要思想,深刻领会精神实质,努力在实践上下功夫。要把学习“三个代表”重要思想同学习马列主义、毛泽东思想、邓小平理论紧密结合起来,同深刻领会党领导人民建设中国特色社会主义的基本经验结合起来,同围绕发展这个党执政兴国的第一要务履行职能结合起来,同学习贯彻党和国家的方针政策结合起来,同政协工作的实际和自己的思想实际结合起来。做到认识上有新提高，工作上有新发展，履行职能上有新贡献。二是学习和掌握统一战线和人民政协的基本理论、方针政策和基本知识。作为政协工作人员特别是领导干部，应当懂得政协工作的基本理论，了解政协发展的历史过程和优良传统，掌握党中央关于政协工作的方针政策，熟悉政协的章程和各项规章制度，学会开展政协工作的方式方法。三是学习和掌握政协参政议政的相关领域的知识。政协委员或政协的领导干部，许多是所在领域的专家学者或经验丰富的代表人士，但参政议政所涉及的领域很广阔，不仅专业以外有许多东西不熟悉，就是本专业领域内的知识也在不断更新，要搞好参政议政就必须学习。政协机关的同志所联系和服务的对象是层次高、影响大的各界代表人士，要做好为政协委员服务的各项工作，也必须加强学习。

参加培训班的学员要尽快转变角色，静下心来读书，密切联系实际，深入研究问题，特别是就政协章程的修改等问题充分发表意见，本着解放思想、实事求是、与时俱进、开拓创新的精神，开动脑筋，相互切磋，把培训班办得生动活跃。全国政协的培训工作任务很重，责任很大，要求很高。全国政协要支持培训中心的建设，办公厅要加强对培训中心的领导，为培训工作的发展提供良好的条件。培训中心的同志工作很辛苦，但很光荣，要站在人民政协事业发展全局和战略的高度，以强烈的历史责任感和与时俱进的精神，合理制定和完善教学规划，精心组织教学活动，办好每期培训班，努力为各地政协的同志做好服务，为新形势下政协干部培训教育事业创造新的业绩。

（摘自《人民政协报》）

充分发挥统一战线优势　积极为促进发展贡献力量

（2003年7月14日）

刘延东

围绕事关国计民生的重大问题，特别是促进国民经济持续快速健康发展和完善社会主义市场经济体制等议题，积极建言献策，是政协履行职能的重要内容，是政协贯彻落实十六大精神和“三个代表”重要思想，服从服务于党和国家工作大局的重要举措和实际行动，对于进一步明确今后政协的工作方向，统一各界人士的思想认识，为建设中国特色社会主义事业做出更大贡献，具有重要意义。当前，统一战线面临的重大任务就是充分发挥自身优势，为促进发展服务。

一、促进发展是学习贯彻“三个代表”重要思想的根本要求

用发展的办法解决前进中的问题，是以江泽民同志为核心的中共中央第三代领导集体建设中国特色社会主义事业的一条基本经验。江泽民同志强调，无论国际国内形势如何变化，无论遇到什么样的困难，只要正确坚持和贯彻发展的思想，我们就能够从容应对挑战，克服困难，不断前进。“三个代表”重要思想是以发展这一主题来贯穿的。代表先进生产力，必须坚持以经济建设为中心，推动物质文明的极大发展；代表先进文化，必须不断

促进全民族思想道德素质和科学文化素质的提高，推动社会主义政治文明和精神文明的全面发展；代表最广大人民根本利益，必须紧紧把握人民的愿望，实现经济、政治、文化的协调发展。我们只有从贯彻实践“三个代表”重要思想的高度，充分认识发展的重大意义，才能抓住根本，明确方向，发挥作用。

1. 发展是中国共产党立党为公、执政为民，始终成为社会主义现代化建设坚强领导核心的必然要求。科学分析和判断形势的发展变化，抓住和解决各个历史时期的主要矛盾，是中国共产党团结带领人民夺取革命、建设和改革事业胜利的一条基本经验。在当代中国，发展是最大的政治，是解决一切问题的根本。只有紧紧抓住发展的机遇，牢牢把握发展的主动权，才能顺民意、谋民利、得民心，真正实现好、维护好、发展好最广大人民的根本利益，真正体现我们党立党为公、执政为民的本质；只有用发展的办法解决前进中的问题，才能使我们党从容应对各种挑战，始终立于不败之地。

2. 发展是坚持中国特色社会主义道路，实现中华民族伟大复兴的本质需要。社会主义的本质是解放生产力、发展生产力。目前，我们已经实现了现代化建设的第一、第二步战略目标，实现第三步战略目标，还需要我们国家有更大的发展。特别是在对外开放不断扩大的形势下，人们对社会进步和社会制度的比较已经从国内纵向比较变为国际间的横向比较，如果发展的速度不快，在与资本主义竞争中长期处于劣势，就会影响人们对社会主义制度优越性的认识，影响坚定中国特色社会主义的信念，影响改革开放和现代化建设进程乃至中华民族的伟大复兴。

3. 发展是团结凝聚社会各界力量，壮大新世纪爱国统一战线的重要基础。统一战线是建立在共同利益和共同目标基础之上的。推动经济、政治、文化的全面发展，不断提高人民群众的生活水平，是爱国统一战线共同利益的集中体现和实现共同目标的必然要求。只有坚持中国共产党的领导，把各阶层、各民族、各党派、各团体和各界人士的思想统一起来，把全体劳动者、建设者和爱国的力量调动起来，把海内外全体中华儿女团结起来，聚精会神搞建设、一心一意谋发展，才能在实现全面建设小康社会奋斗目标中进一步壮大爱国统一战线。

二、统一战线在促进发展方面具有独特优势

在中国革命和建设时期，我们党通过运用统一战线，成功地解决了人心向背、力量对比的问题，不断从胜利走向胜利，充分展示了统一战线的巨大威力和优势。改革开放以来特别是十三届四中全会以来，统一战线紧紧围绕发展这一主题，同样发挥了独特优势，作出了重要贡献。

1. 充分发挥人才智力优势，积极参政议政、建言献策，为党和政府科学决策提供了重要参考依据。统一战线汇集了各个方面的专家学者，在促进经济发展和社会进步等方面有着独到的见解。特别是各民主党派、工商联通过各级组织，广泛集中各自所联系成员的智慧，围绕改革、发展、稳定的重大问题提出了许多很有价值的意见和建议，有力地促进了党和政府决策的科学化、民主化。

2. 充分发挥联系广泛优势，积极调动各自成员的积极性、主动性和创造性，为经济发展和社会进步作出了重要贡献。统一战线广大成员工作在政治、经济、文化各个领域，在海内外有比较广泛的联系，是社会主义现代化建设的重要力量。近年来，各民主党派、无党派人士、工商联等有关人民团体，积极开展科技扶贫、智力支边、兴校办学等活动，加快了贫困地区脱贫致富、共同致富的进程。特别是1994年以来，组织推动非公有制经济人士开展以扶贫开发为宗旨的光彩事业，被联合国作为一种新型扶贫开发模式向国际社会推广。

3. 充分发挥协调关系的优势，积极做好化解矛盾、理顺情绪的工作，为改革和发展创造了稳定的社会政治环境。统一战线各方面代表人士与各自所联系群众有着密切的联系，能够及时掌握和反映所联系群众的思想动态，通过做好思想政治工作，完善和制定政策，照顾同盟者利益，有效化解矛盾，消除不稳定因素。特别是在处理民族宗教突发事件等方面，各级统战部门和统一战线和广大成员做了大量工作，有力地维护了社会稳定。

三、统一战线为促进发展服务要有新思路、新举措

全面建设小康社会，是一项全新的伟大工程。中央提出必须坚持以"三个代表"重要思想为指导，解放思想、实事求是、与时俱进，努力做到发展有新思路，改革有新突破，开放有新局面，各项工作有新举措。统一战线在全面建设小康社会的进程中，要抓住机遇，发挥优势，在促进发展中再创佳绩，就必须不断研究新情况，探索新思路，提出新举措。

1. 把促进发展作为统一战线团结奋斗的第一要务。发展是我们党执政兴国的第一要务，是各民主党派参政兴国的第一要务，也是统一战线团结奋斗的第一要务。在全面建设小康社会新阶段，统一战线制定的各项方针政策都要有利于发展，统一战线的各项工作都要着眼于发展，统一战线各方面成员都要投身于发展。要围绕发展这一主题，深入研究全面建设小康社会阶段统一战线的新特点、新任务，研究统一战线为促进发展服务的新途径、新方法，研究调动统一战线成员投身经济建设的新载体、新措施。

2. 把制度完善和制度创新作为统一战线为促进发展服务的重要保障。统一战线为促进发展服务，最重要的是体现在促进党和政府决策的科学化、民主化上。以胡锦涛同志为总书记的中共中央充分发扬民主，加大决策前的协商力度，坚持重大决策、重大问题与民主党派、无党派人士充分协商，真正做到从善如流。我们要努力贯彻中央的要求，深入研究和不断完善与统一战线密切相关的制度，适应政治文明建设的需要，进一步规范政治协商的内容和形式、参政议政的范围和渠道、民主监督的途径和机制，推动多党合作的制度化、规范化、程序化。

3. 把做好新的社会阶层的工作作为统一战线为促进发展服务的重点工程。胡锦涛同志在"三个代表"重要思想理论研讨会上的讲话中强调，要最广泛最充分地调动一切积极因素，集聚起推动事业发展的强大力量。非公有制经济人士等新的社会阶层，是中国特色社会主义事业的建设者，是实现中华民族伟大复兴的重要力量。我们要把做好新的社会阶层的工作，作为新世纪新阶段统战工作的重点工程，通过加强对非公有制经济人士的教育引导，推动光彩事业向纵深发展，表彰"优秀中国特色社会主义事业建设者"，促进非公有制经济的健康发展，促进非公有制经济人士的健康成长，充分发挥非公有制经济在促进发展中的重要作用。同时，加强对社会中介机构、自由择业党外知识分子、归国留学人员等新的社会阶层的研究，建立有效机制，完善必要载体，探索相应方法，物色、培养和选拔一批有代表性的人士，使他们成为实现中华民族伟大复兴的新力量。

4. 把协调关系、化解矛盾、增进共识作为统一战线为促进发展服务的重要内容。要针对改革力度不断加大、利益关系不断调整、社会主义市场经济不断发展的新形势，及时了解各界人士的情绪和要求，认真做好思想政治工作。要加强与中央有关部门和各级统

战部门的信息沟通和交流,努力把问题解决在基层,解决在萌芽状态。要充分反映社情民意,为党和政府制定和完善有关政策提供参考意见。要逐步建立健全处理民族、宗教突发事件的快速反应机制,及时妥善解决各种矛盾和纠纷,努力为加快发展创造团结稳定的社会政治环境。

(摘自《人民政协报》)

新境界 新高度 新贡献 新成效

(2003 年 7 月)

罗豪才

近日,中共中央先后发出关于印发《"三个代表"重要思想学习纲要》和在全党兴起学习贯彻"三个代表"重要思想新高潮的通知。7 月 1 日,胡锦涛同志又在"三个代表"重要思想理论研讨会上发表了重要讲话。讲话站在全局和战略的高度,深刻阐述了兴起学习贯彻"三个代表"重要思想新高潮的重大意义和基本要求,对兴起学习贯彻"三个代表"重要思想新高潮作了进一步动员,提出了明确要求,具有很强的理论性、思想性和指导性。我们一定要认真学习,深入领会。我们致公党作为参政党,也要在全党兴起学习"三个代表"重要思想新高潮。所谓新高潮,就是在前一段学习贯彻的基础上,把"三个代表"重要思想的学习贯彻进一步引向深入。结合我们的实际,需要在以下几个方面下功夫。

一、在深刻理解"三个代表"重要思想的精髓和灵魂,树立正确的世界观和方法论上下功夫,努力在思想认识上达到新境界。

"三个代表"重要思想反映了我国最广大人民的共同意愿,体现了当今世界和中国发展的时代精神,显示了马克思主义科学理论的强大力量,是包括各民主党派在内的全国各族人民在新世纪、新阶段继续团结奋斗的共同思想基础。"三个代表"重要思想既是执政党和国家一切工作的根本指针,也是新时期民主党派履行参政党职能的行动指南。我们要深刻领会"三个代表"重要思想的时代背景、实践基础、科学内涵、精神实质、历史地位和基本要求,在准确把握"三个代表"重要思想的精髓和灵魂上下功夫;要坚持改造客观世界和改造主观世界相结合,在树立正确的世界观和方法论上下功夫。

我们要深刻认识到,"三个代表"重要思想是坚持马克思主义的典范,又是发展马克思主义的典范。中国共产党从诞生之日起就把马克思主义确立为自己的指导思想,并在长期奋斗中坚持把马克思主义基本原理同中国具体实际相结合,产生了毛泽东思想、邓小平理论和"三个代表"重要思想这三大理论成果。"三个代表"重要思想的形成,表明中国共产党对执政规律、社会主义建设规律和人类社会发展规律的认识,达到了新的理论高度,开辟了马克思主义发展的新境界。"三个代表"重要思想,在邓小平理论的基础上,进一步回答了什么是社会主义,怎样建设社会主义的问题,创造性地回答了建设什么样的党,怎样建设党的问题,在改革发展稳定、内政外交国防、治党治国治军各个方面,形成了一系列紧密联系、相互贯通的新思想、新观点、新论断,构成了一个系统的科学理论。《"三个代表"重要思想学习纲要》比较全面、准确地反映了"三个代表"重要思想。当前,我们要组织广大党员认真学习《纲要》,全面准确地理解这一系统的科学理论。

我们致公党作为参政党,学习和实践"三个代表"的重要思想,学习和领会胡锦涛同志的重要讲话,要坚持理论联系实际的学风,紧密联系参政党的工作实际,紧密联系广大党员和所联系群众的思想实际,深入思考和全面把握在全面建设小康社会新阶段,参政党履行职能的特点和规律,研究新问题、探索新思路,提出新举措;要同建设学习型参政党结合起来,采取中心组学习、集中轮训、组织研讨班、举办报告会等多种形式,把学习引向深入;要坚持民主党派进步性与广泛性的统一,团结广大党员和所联系的归侨、侨眷和海外侨胞,为促进先进生产力和先进文化的发展,为维护最广大人民群众的根本利益而共同努力。

二、在认识中国共产党的先进性上下功夫,努力在增强接受共产党领导的坚定性和自觉性上达到新高度。

我们要充分认识中国共产党是中国工人阶级的先锋队,是中国人民和中华民族的先锋队,是中国社会主义事业不可替代的领导核心,从而增强接受中国共产党领导的自觉性,增强维护中国共产党领导的坚定性。中国共产党的先进性在不同的时期有不同的体现。历史证明,中国共产党是富有生机活力、富有战斗力、凝聚力的伟大政党,是能够依靠自身力量解决存在问题,经得起考验、从胜利走向胜利的伟大政党。中国共产党能领导中国人民取得民族独立、人民解放和社会主义的胜利,开创建设中国特色社会主义的道路,也一定能领导中国人民实现民族振兴、人民幸福和国家富强,开创更加美好的未来。

回顾中国致公党与中国共产党亲密合作的历史,我们深刻地认识到,坚持共产党的领导,是中国致公党在革命与建设实践中作出的必然选择,是致公党最根本的历史经验和光荣传统。正是在共产党的领导下,致公党从一个松散的华侨政党发展成为致力于社会主义事业的参政党;正是在共产党的领导下,致公党不断发展和发挥参政党作用。致公党能够坚持正确的政治方向,能够在国家政治生活中发挥应有的作用,都是因为坚持共产党的领导,坚持以马列主义、毛泽东思想、邓小平理论和"三个代表"的重要思想为指导。半个多世纪以来,致公党从来没有动摇过对共产党的信心和信任,一直坚定地依靠共产党的领导。今后,我们只有始终不渝地坚持共产党的领导,坚持以邓小平理论为指导,坚持社会主义初级阶段的基本路线和基本纲领,坚持共产党领导的多党合作和政治协商制度,才能不辱历史使命,不负人民厚望。

三、在深刻理解统一战线的理论、方针和政策上下功夫,努力在团结人心,凝聚力量上做出新贡献。

统一战线理论是马列主义、毛泽东思想、邓小平理论和"三个代表"重要思想的重要组成部分,要全面掌握"三个代表"的理论体系,就必须对统一战线理论有一个全面的认识和理解。《中共中央关于坚持和完善中国共产党领导的多党合作和政治协商制度的意见》颁布以来,统战工作的理论、制度有了很大的发展,积累了丰富的经验。明年是《意见》发表15周年,我们要以此为契机,结合自身的实际,认真总结经验,更加深刻地理解统一战线理论、方针和政策,进一步提高对新时期统战工作重要地位和作用的认识;我们要坚持大团结、大联合,调动一切积极因素,为坚持好、完善好、落实好中国共产党领导的多党合作和政治协商制度,为进一步团结人心、凝聚力量做出新贡献。

我们致公党作为致力于建设中国特色社会主义事业的参政党,荟萃了许多侨界的知识分子,与海外侨胞有着广泛的联系。在社会主义现代化建设和实现祖国统一的伟大事业中,我们肩负着重大的责任。我们要紧紧围绕全面建设小康社会的目标,把广大党员的智慧和力量凝聚到改革与建设的伟大实践中,同心同德,群策群力,为实现中华民族的伟大复兴献智出力;我们要加强同出国和归国留学人员的联系,鼓励他们以多种形式为祖国服务;我们要努力保护华侨的正当权益和归侨侨眷的合法权益,广泛团结海外侨胞和归侨侨眷,增进同外籍华人的友好情谊和合作交流,鼓励他们进一步为推动我国全面建设小康社会、实现祖国完全统一和发展对外友好合作做出贡献。

四、在加强自身建设上下功夫,努力在增强全党的综合素质,切实履行参政党职能上取得新成效。

胡锦涛同志在讲话中指出,“三个代表”重要思想的本质是立党为公、执政为民。就我们致公党而言,我们学习实践“三个代表”重要思想,要努力做到致力为公、参政兴国。这就要求我们学习执政党加强党建的经验,不断加强自身建设,提高全党的综合素质;这就要求我们进一步提高参政议政、民主监督的水平,更好地履行参政党职能。

我们要加强思想政治建设,不断增强政治意识、责任意识和大局意识。中国致公党作为致力于社会主义事业的参政党,是一个政治组织,首先必须讲政治。在当今社会大变革的历史时期,一个政党的素质突出地表现在对各种复杂问题和复杂现象的政治鉴别力上,表现在对各种错误倾向和思潮能够及时发现并加以研究、引导甚至与之斗争的政治敏锐性、政治坚定性上。不管面临什么样的形势,我们都要坚持中国共产党的领导;都要自觉讲政治方向、政治立场,在大是大非的问题上,保持清醒的政治头脑和鲜明的政治态度。

我们要加强领导班子建设,特别是后备干部队伍建设,着力培养致公党新一代领导骨干。从去年换届的情况来看,我们的后备干部队伍建设取得了一定的成绩,但我们绝不能满足,应当看到,各地区的发展还不平衡。我们从现在起就要为 2007 年中央和省级组织换届做准备。后备干部队伍的培养,特别是在政府和司法机关担任实职的干部的选任,要建立一定的机制,长期坚持下去。

我们要增强参政党意识,努力做到致力为公、参政兴国。致力为公、参政兴国,既反映了致公党的优良传统,也是时代赋予我们的历史使命,体现了致公党的进步性。“致力为公”是致公党的立党宗旨和一贯精神。“公”在不同历史时期有着不同的内涵。现阶段的“致力为公”,就是要甘于奉献,不谋私利,不断提升自身的思想境界;就是要深入群众,深入基层,倾听群众意见,反映群众呼声;就是要在致力于建设中国特色社会主义过程中,发挥自己的聪明才智和创造力。“参政兴国”就是要充分履行参政党职能,增强责任感和使命感,为国家的富强、民族振兴和祖国统一贡献力量。中国共产党把发展作为执政兴国的第一要务,我们致公党也应当把促进发展作为参政兴国的第一要务,不断提高参政议政、民主监督的水平,为促进改革、发展、稳定做出自己的贡献。

我们要通过在全党兴起学习“三个代表”重要思想新高潮,使广大党员进一步增强接受中国共产党领导的自觉性和坚定性,进一步增强走中国特色社会主义道路的信心和决心,从而把思想和行动进一步统一到邓小平理论和“三个代表”重要思想上来,把智慧和力量进一步凝聚到实现中共十六大确定的各项任务上来,团结全党同志和所联系的群众,为实现中共十六大提出的奋斗目标而共同努力。

（选自《人民政协报》）

统一战线和人民政协要为改革开放和现代化建设献计出力

——在陕西调研时的讲话（摘要）

（2003年8月）

贾庆林

围绕中心、服务大局，是统一战线和人民政协工作的出发点和落脚点。各级统战部门和政协组织要找准位置、选好角度、体现特点、发挥优势，积极投身全面建设小康社会的伟大实践，为改革开放和现代化建设献计出力。

前不久，党中央、国务院召开了全国防治非典工作会议。会议以"三个代表"重要思想和十六大精神为指导，全面总结了防治非典的工作和经验，高度评价了夺取这场斗争胜利的伟大意义，深刻阐明了今后工作中要注意抓好的重大问题。统一战线和人民政协要认真学习领会会议精神，在工作实践中切实加以落实。

历史和实践证明，只要坚持和完善共产党领导的多党合作和政治协商制度，不断巩固和发展最广泛的爱国统一战线，最广泛最充分地调动一切积极因素，我们就一定能克服一切艰难险阻，不断从胜利走向新的胜利。在新世纪新阶段，统一战线和人民政协要继承和发扬光荣革命传统，紧紧围绕党和国家的中心工作，充分发挥自身优势，努力为改革开放和现代化建设作出新的贡献。

当前，国家正在大力实施西部大开发战略，加快推进社会主义现代化进程，这为广大统一战线成员和政协委员提供了施展才华的广阔舞台。统一战线和人民政协要充分发挥人才荟萃、智力密集的优势，围绕经济社会发展中的重大问题，深入调查研究，积极建言献策，以参政议政的实际行动，投身到全面建设小康社会的伟大实践。

统战工作和政协工作只有与时俱进，开拓创新，才能永葆生机与活力。各级统战部门和政协组织要适应形势的发展要求，进一步加强学习。要按照中共中央的要求和胡锦涛同志"七一"重要讲话精神，深入学习贯彻"三个代表"重要思想，切实领会其科学内涵和精神实质，着力把握其科学态度和创新精神，努力提高马克思主义理论水平。要联系统一战线面临的新形势新任务，认真学习江泽民同志关于统一战线的重要论述。通过深入学习和实践，提高运用这些新的理论成果分析和解决问题的能力。要加强统一战线和人民政协的干部队伍建设，进一步增强统战和政协干部的政治意识、团结意识、大局意识、民主意识、创新意识，着力培养一大批精通统一战线和人民政协工作的行家里手。

要以政协章程修改为契机，推进人民政协履行职能的制度化、规范化和程序化。要认真总结这些年来政协工作的好经验、好做法，对那些有利于巩固和发展共产党领导的多党合作和政治协商制度、有利于巩固和发展爱国统一战线、被实践证明是成熟的经验，进行理论上的提炼和概括。要进一步建立健全各种议事规则和工作程序，探索履行职能的多种有效形式，使政治协商、民主监督、参政议政更加规范有序，富有成效。

（摘自《人民政协报》）

关注灵活就业人员的社会保障问题

——在辽宁调研时的讲话（摘要）

（2003年8月）

张怀西

在完善城镇社会保障试点工作中，辽宁省建立了一整套工作体制和机制，在很大程度上确保了社会稳定和困难群众的基本生活。有很多经验值得总结和借鉴。党中央、国务院已经作出了振兴东北老工业基地的重大决策，社会保障工作是其中一项重要任务，辽宁省应当紧紧抓住这个战略发展机遇期。

当前灵活就业群体越来越大，研究其社会保障问题已成为非常重要和紧迫的任务。第一，要充分认识这项工作的重要现实意义和长远的战略意义。灵活就业为社会提供了广泛的就业渠道，解决了许多困难群众的基本生活，合理地配置了劳动力资源，进而维护了改革、发展和稳定。第二，灵活就业群体成分复杂，来源广泛，心态不尽相同，应当进行深入调查研究，并在此基础上制定法律法规和有关政策，以规范与引导灵活就业人员的社会保障工作。第三，以“三个代表”重要思想为指导，以满腔的热情、爱心和高度的责任感，做好灵活就业人员的社会保障工作。灵活就业人员往往是困难群体，更是国家公民和社会主义劳动者，我们应当有计划、有步骤、有重点地推动这项工作。第四，动员全社会力量积极关心灵活就业人员的社会保障问题。积极引导灵活就业人员兼顾现实利益和长远利益，树立自己保障自己的观念，自觉参与社会保障工作。

（摘自《人民政协报》）

两岸各族同胞携手定能实现祖国统一和民族振兴

——在会见台湾少数民族文化交流团时的谈话(摘要)

(2003年8月8日)

贾庆林

两岸同胞是一家人,各民族兄弟团结携手、共同奋斗,祖国统一和民族振兴一定能够实现。

中国是一个多民族的国家。作为世世代代生活在祖国宝岛的中华儿女,台湾的少数民族与祖国大陆其他各民族同胞一道,共同创造了多姿多彩的中华文化,共同培育了团结统一、勤劳勇敢、自强不息的中华民族精神。

实现中华民族的伟大复兴,要靠海峡两岸各族同胞的共同努力。两岸同胞加强交流、扩大合作,携手共建美好家园,共同实现民族振兴,一定能使中华民族以崭新的风貌自立于世界民族之林。

新一届中央领导集体将坚持"和平统一、一国两制"的基本方针和江泽民主席提出的八项主张,继续促进两岸关系发展,推进祖国和平统一进程。无论是在实现统一的过程中,还是在实现统一之后,都将充分尊重台湾同胞要求当家作主的愿望,切实维护台湾同胞的一切正当权益。

求和平、求安定、求发展,是当前台湾的民心所向。两岸同胞合则两利、分则两害、通则双赢。两岸中国人应当倍加珍惜同胞情谊,促进两岸人员往来和经贸、文化等领域的交流与合作,共同继承和弘扬中华文化的优秀传统,努力开创两岸经济合作新局面,坚决反对一切"台独"分裂活动。

(摘自《人民政协报》)

在会见台湾工业总会大陆经贸考察团时的谈话(摘要)

(2003年8月12日)

贾庆林

发展两岸经济关系、尽快实现两岸直接"三通",是两岸关系发展的客观趋势,是两岸同胞的殷切期望,是两岸经济共同繁荣的利益所在。我们主张不以政治分歧去影响、干扰两岸经济合作。以民为本、为民谋利,应当成为两岸解决经贸和"三通"问题的出发点和立足点。凡是有利于台湾同胞的切身利益、有利于两岸人民的各项交流和往来、有利于实现中华民族伟大复兴的事,我们都将竭尽全力推动和促成。我们将继续执行鼓励台湾同胞投资的政策,维护保障台商的切身利益和正当权益。

中国有句古训:"家和万事兴"。两岸华夏儿女共同肩负着维护国家统一的庄严使命。没有国家的完全统一,就没有真正意义上的民族振兴。世界上没有任何人比我们更希望以和平的方式实现祖国统一。中国是海峡两岸中国人的共同家园,中国人有充分的智慧完成祖国统一大业。

(摘自《人民政协报》)

加强政协干部政治业务学习　全面提高政协干部队伍素质

——在全国政协第37期干部培训班开学典礼上的讲话(摘要)

(2003年8月20日)

周铁农

各级政协干部要以"三个代表"重要思想为指导,加强政治理论和业务知识的学习,不断提高干部队伍素质,以适应政协工作与时俱进、不断开拓创新的需要。

首先,加强学习是形势发展的需要。当前,国际局势正发生着深刻变化,政治多极化和经济全球化在异常曲折中发展,科学技术突飞猛进,知识更新速度日新月异。包括经济实力、科技实力、国防实力和民族凝聚力在内的综合国力的竞争日趋激烈。而综合国力的竞争说到底还是人才的竞争,拥有最新知识、最新观念、最新技术的人才,才有可能掌握主动、掌握未来。从国内情况看,二十一世纪的头二十年,对我国来说,是一个必须紧紧抓住并且可以大有作为的重要战略机遇期。在这段时间里,我们要集中力量,全面建设惠及十几亿人口的更高水平的小康社会,这些都对我们各级干部特别是领导干部的理论素养、知识水平、业务本领和领导能力提出了新的更高的要求。第二,加强学习是人民政协工作与时俱进、开拓创新的需要。党的十六大对人民政协工作提出了新的任务和更高的要求,如何贯彻落实中共十六大精神,进一步开创政协工作新局面;如何加强对人民政协重大理论和实践问题的深入研究,切实解决履行政治协商、民主监督和参政议政职能的深化、细化问题;如何在我国社会阶层状况不断变化的过程中,突出人民政协由界别组成的显著特点,充分发挥广泛代表性和包容性的优势,为促进大团结、实现大目标服务;如何在发扬社会主义民主、建设社会主义政治文明中,发挥人民政协应有的作用;如何把发展这个第一要务贯穿于政协履行职能的过程,不断提高参政议政的水平和实效等等。这些重大问题,都需要以"三个代表"重要思想为指导,加强学习,深入研究,以适应形势的需要,推进政协工作与时俱进的发展。第三,加强学习是提高干部自身素质的需要。当今社会发展加快,每个人的知识更新也需要相应加快。学习和掌握新知识已经成为时代对干部的要求。人民政协履行政治协商、民主监督、参政议政的职能,亦需要政协委员和政协干部具有较高的思想理论和业务水平。解决这个问题,唯有加强学习,提高自身素质,工作才能取得实效。

对于政协干部,当前最主要的是要认真学习"三个代表"重要思想,在解决实际问题上下功夫。要坚持用马克思主义的态度学习好、贯彻好"三个代表"重要思想,努力对"三个代表"重要思想的时代背景、实践基础、科学内涵、精神实质和历史地位的认识达到一个新的高度。要用"三个代表"重要思想指导政协工作新的实践,研究新情况,解决新问题。一是要把学习理论与统一思想、提高认识结合起来,深刻认识共产党领导的多党合作和政治协商制度的优越性,增强抵御西方多党制、议会制影响的自觉性,以坚持政协工作正确的政治方向;二是要把学习理论与总结经验、推动工作结合起来,大力加强制度创新和工作创新,在建设社会主义政治文明的进程中,把中国特色社会主义民主政治制度坚持好、完善好、落实好;三是要把学习理论与武装头脑、提高能力结合起来,努力提高政治协商、民主监督、参政议政的质量和水平,为抓住机遇、加快发展做出更大的贡献。

(摘自《人民政协报》)

在会见赞比亚前总统卡翁达时的谈话(摘要)

(2003年9月3日)

贾庆林

中赞两国人民之间的友谊源远流长。建交38年来,两国关系得到全面发展,双方高层互访频繁,各领域合作成果丰硕,举世闻名的坦赞铁路就是中赞两国合作与友谊的结晶。我们赞赏赞比亚政府在台湾、人权等问题上给予中国的坚定支持,愿与赞方共同努力,把两国友好关系推向新的阶段。中国一贯重视同包括赞比亚在内的非洲国家的传统友谊,发展与非洲国家的友好合作关系始终是中国外交的重要内容。我们将继续遵循"真诚友好、平等相待、团结合作、共同发展、面向未来"的基本原则,加强和发展与非洲的友好合作。

卡翁达阁下是非洲老一代政治家,在赞比亚争取民族解放的斗争中发挥了重要作用,为南部非洲民族解放做出过巨大贡献。作为中国人民的老朋友,阁下亦曾为发展中赞、中非友谊倾注过许多心血,中国人民对此表示由衷的敬佩和感谢。

(摘自《人民政协报》)

积极探索　努力创新推进人民政协工作在新世纪的新发展

——在副省级市政协工作研讨会上的讲话(摘要)

(2003年9月3日)

王忠禹

人民政协参政议政工作中要议国事、议大事,要做到人无我有、人有我新、人新我深,积极探索,努力创新,推进人民政协工作在新世纪的新发展。

副省级市是我国改革开放成效显著,经济和社会发展较快的地方,也是我国民主党派和知识分子比较集中的地方,这些城市的政协工作比较活跃,相互交流协作比较密切,是人民政协整体工作中一个重要层次,在履行职能中积累了很多富有特色的经验。

在贾庆林主席的主持下,全国政协认真学习贯彻"三个代表"重要思想和十六大精神,落实以胡锦涛同志为总书记的中共中央对政协工作的要求和"两会"精神,履行职能的各项工作取得了明显的进展。一是成功召开了全国政协十届二次常委会议。这次会议以紧紧抓住发展这个党执政兴国的第一要务、围绕促进国民经济持续快速健康发展和完善社会主义市场经济体制两大任务为中心议题,在充分调研的基础上,提出了一大批有价值的意见和建议。二是积极参加抗击非典的斗争。在非典疫情发生时,全国政协及时号召和团结各界人士以多种形式投入抗击非典斗争,广大政协委员、民主党派和工商联成员、无党派人士,或直接战斗在防治第一线,或努力进行科研攻关,或捐款捐物奉献爱心,为抗击非典做出了突出的贡献。三是深入开展委员视察和专题调研。贾庆林主席和多位副主席带队深入实际、深入基层,就若干关系国计民生和人民群众关注的重要问题开展调研,提出意见和建议,受到中央和国务院的重视。四是进一步加强反映社情民意工作。提出了新形势下政协信息工作的指导思想和基本思路,重点加强了各专门委员会对社情民意的收集和反映,政协信息为中央决策服务的作用得到加强。五是大力改进和加强提案工作,中共中央办公厅、国务院办公厅联合发出通知转发《全国政协办公厅关于办理政协提案的意见》,许多部门和地方提出了具体落实的措施,加强了提案办理的力度。六是努力推进政协的自身建设。大力倡导学习理论、研究问题之风,强调新到政协工作的同志尽快完成工作角色和工作方式的转变。以修改政协章程为重点,加强制度建设,推进政协工作的制度化、规范化、程序化。

今年下半年要全面贯彻"三个代表"重要思想和十六大精神,围绕党和国家的总体部署,按照全国政协十届一次会议精神和常委会工作要点,把履行职能的各项工作落到实处。一是按照全国政协党组《关于学习贯彻"三个代表"重要思想和胡锦涛同志重要讲话精神的决定》,抓好"三个代表"重要思想的学习。准备从下一次常委会议起,创办"国是讲座",同时搞好其他各种形式的学习活动。二是抓好十届三次、四次常委会议和十届二次全体会议的筹备和组织工作。三是抓好视察调研、建言献策，重点围绕全面建设小康社会的目标和常委会议的议题，在一批重点题目上下工夫，求实、求精、求深，为党和政府的决策提供一批有分量、有价值的意见和建议。四是抓好政协履行职能的制度建设，以修改政协章程为重点，把履行职能的各项工作进一步深化和细化。五是努力促进社会的团结稳定。协助党和政府做好协调关系、化解矛盾、理顺情绪、排忧解难工作，围绕改革发展稳定中的突出问题开展调查研究、献计出力。

政协工作既不是“火线”，也不是“二线”，人民政协前程远大，大有可为。对每一个从事政协工作的人来说，现在的要求越来越高，责任越来越重了。从国家大局来讲，实现党的十六大确定的全面建设小康社会的宏伟目标，要靠各行各业共同努力，靠全国人民团结奋斗，这为政协发挥作用提供了广阔的舞台。要把各党派、各团体和各族各界人士的智慧和力量凝聚起来，把他们的积极性充分调动起来，任务光荣，责任重大。从政协自身来讲，在我国政治生活中具有不可替代的作用，它与人大、政府互为补充，相辅相成。人民政协作为综合性知识库、人才库、资源库的优势日益突出，发挥作用的范围、内容更加广泛。从政协委员来讲，各方面专家学者和各界代表人士比较集中，位置超脱，观察事物较客观，研究问题有深度，所提意见和建议有质量。同时，新形势新任务对政协组织和政协委员的要求也更高了，要在参政议政中做到人无我有、人有我新、人新我深，就要尽快适应新形势新角色，加强学习多思考，提高素质见实效，议国事，议大事，使所提意见具有广泛的民意基础和独特的参考价值。只要不断总结经验，勇于实践，积极探索，勇于创新，就一定能够推进人民政协工作在新世纪的新发展。

（摘自《人民政协报》）

开创政协提案办理工作新局面

（2003年9月5日）

李兆焯

今年5月11日，中共中央办公厅、国务院办公厅联合发出通知，转发了《全国政协办公厅关于办理政协提案的意见》，充分体现以胡锦涛同志为总书记的中共中央新一届领导集体，对人民政协工作的高度重视和对政协提案工作的高度关注。“两办通知”对于促进人民政协履行职能的制度化、规范化、程序化，推进政协提案工作乃至整个人民政协事业的发展，都具有重要意义。

随着我国现代化事业的发展和社会主义民主政治建设的逐步深入，政协委员参政议政的积极性进一步增强，参政议政的水平不断提高，政协提案所涉及的领域和范围越来越广，内容越来越丰富，新形势的提案工作同其他工作一样，也存在一个如何与时俱进的问题。我们要统一思想，以新的认识，新的姿态，新的举措，开创人民政协提案办理工作的新局面。

深化对提案办理工作重要意义的认识

提案办理工作搞得好不好,首先取决于对它的认识程度,只有充分理解了提案办理工作的意义,才能够更加自觉地做好这项工作。

第一,要从实践"三个代表"重要思想的高度来认识提案办理工作的重要性。提案工作要为政协委员履行职能服务,为党政部门决策服务,为人民群众反映普遍关注的问题服务,为党和国家重要工作部署的落实服务。政协提案工作是党和政府了解社会各界的意见和要求,掌握整个社会经济发展动态的重要信息来源,也是我国民主政治建设不可替代的重要环节。如何对待提案,归根结底是对待人民群众的态度问题,是贯彻十六大精神和实践"三个代表"重要思想的问题。办好提案、充分发挥提案的实效,有利于密切联系群众,体察民情,了解民意,集中民智,珍惜民力,从而更好地落实胡锦涛总书记提出的权为民所用、情为民所系、利为民所谋重要指示。

第二,要从全面建设小康社会宏伟目标的高度来认识提案办理工作的重要性。人民政协作为我国最广泛的爱国统一战线组织,人才荟萃,智力集中,包容性大,联系面广,具有独特的优势,可以发挥特殊的作用。政协十届一次会议以来,各民主党派、有关人民团体、政协各专门委员会和各族各界政协委员,围绕十六大确立的全面建设小康社会的奋斗目标,积极建言献策,就发展社会主义市场经济、社会主义民主政治和社会主义先进文化,促进社会主义物质文明、政治文明和精神文明协调发展等问题,提出了许多有情况、有分析、有具体意见和建议的提案。这些提案反映的问题比较集中,有深度,立意好,针对性强,能够反映一些职能部门由于身在其中而不易发现的问题,提出的意见和建议比较客观、中肯。实践证明,把提案办好了,有利于职能部门总结经验,改进作风,对推进党和政府重要工作部署的落实、实现全面建设小康社会的目标,将起到积极的作用。

第三,要从建设社会主义政治文明的高度来认识提案办理工作的重要性。搞好提案办理,对于巩固和完善中国共产党领导的多党合作和政治协商制度有着十分重要的意义。中办、国办首次转发《全国政协办公厅关于办理政协提案的意见》,不仅体现了新形势下政协提案工作发展的客观要求和实际需要,也体现了新一届中共中央领导集体对推进我国社会主义民主政治建设的高度重视。提案办理工作的水平高低,不仅关系政协职能的充分发挥,关系党和政府重要工作部署的有效落实,而且,关系政协委员和参加政协的单位的权利能否得到充分保障,也关系到我国各族各界、各个阶层,在中国共产党的领导下,长期形成的民主团结、协商合作精神的不断发扬、光大。

进一步提高提案办理工作的质量和水平

提案本身质量的提高,需要广大政协委员的努力,而提案办理质量的提高,主要靠各承办单位同志们的努力。从多年提案办理工作的实践经验和当前提案办理工作的实际问题看,进一步提高提案办理工作的质量和水平,需要加强以下几个方面的工作:

第一,认真综合分析,把握提案的实质。要办理好提案,首先必须把握提案的实质,了解提案质的要求和内涵,明确提案的目的和委员的初衷,只有这样,才能准确回答和解决提案提出的问题,这是办理好提案的根本和前提。办理提案,要深入了解提出提案的背景,找准问题的症结,弄清解决问题的途径和方法,增强解决问题的针对性。同时还应该透过提案把握其潜在价值，举一反三地对提案所提出的问题进行延伸、拓展、研究和参考，努力从委员的建议、意见中发现带有宏观性、普遍性、根本性以及前瞻性的问题。只有这样才能更充分发挥提案应有的效用，达到改进工作、促进发展的目的。

第二，加大重点提案的办理力度。每年政协提案很多，几千件提案不可能平铺直叙一起抓，这就要分别办理。要区分层次，突出重点，以点带面，用重点提案的办理，带动整个提案办理工作的深入。实践证明，选取一些事关全局、意义重大、针对性强、建议措施具体的提案，集中时间和人力，重点进行研究和办理，效果较好。重点提案的落实是一项艰巨的任务，其中不少提案涉及面很广，业务性、政策性很强，在落实过程中难度大，时间长，需要做大量深入细致的工作，需要同志们付出更多的劳动。如果每年能落实几百件重点提案，提案办理工作就有很大的成绩。

第三，注重办理效果，推进工作落实。提案办得好不好，关键在落实，要把工夫下在真正解决问题上。再好的提案如果不认真去落实，也不可能取得预期效果。如果只注重形式，不注重实效，不仅浪费大量的人力物力，贻误解决问题的时机，贻误工作，还会影响政协委员参政议政的积极性。如果委员提案中提出的问题本来可以解决，却因为不认真办理而把委员提案中很好的意见和建议轻易放过了，这就是很不严肃、很不认真负责的态度。这种了解情况不解决问题的做法，要比不了解情况不解决问题危害更大。

第四，加强主办单位与会办单位的团结协作。从多年办理提案的实践看，有相当一部分提案内容丰富，涉及面广，牵涉到的单位部门多，如果单纯划归某个部门办理，办理起来难度较大，解决问题的途径单一，答复局限于某一方面，很难取得满意的效果。这类提案如何办理好，要认真总结经验。从这些年的实践看，重要的一点就是主办单位和会办单位要加强配合与协作，多酝酿、多交流、多协商，互相理解、互相支持、达成共识。会办单位要主动提出会办意见，主动会商，共同制定办理方案、采取办理措施，形成办理工作的合力。

第五，提高办理人员的素质。提案办理的质量，与提案办理人员的素质关系极大。要加强提案办理人员的学习培训。要认真学习马克思主义有关理论，学习党中央及中央领导同志关于统一战线和人民政协的有关论述，学习"两办通知"精神，学习提案办理工作的规章、文件以及办理的程序，还要认真学习有关政策和有关业务知识。总之，要通过学习，深化认识，进一步增强责任感，提高办理工作的自觉性，在理论基础、政策水平、业务能力三个方面，为办理提案奠定坚实的基础。

切实加强对提案办理工作的领导

提案办理工作不是简单的一般性业务，而是严肃的，既有政治性，又有政策性的工作任务。希望承办单位认真贯彻"两办通知"精神，健全和完善办理政协提案的制度，切实加强对提案办理工作的领导。

第一，要认真研究和部署提案办理工作。在每年全国政协大会结束或日常收到转办的提案后，承办单位领导要对提案办理工作做出具体部署。要指派专人分管，将每一份提案落实到具体部门、具体人员，明确办理程序和要求，限定办复时间。要在对提案进行研究分析的基础上，确定重点提案，进行重点研究、重点办理。对一些事关全局、影响深远、政策性强的提案，建议承办单位的主要领导同志亲自过问或亲自主持部分重点提案的办理工作。重点提案的确定及其办理，要同本单位本部门工作重点的推进和突出问题的解决紧密结合起来。通过办理重点提案来推进本单位的相关工作,以解决本单位突出的问题来促进重点提案的落实。

第二,要加强对提案办理工作的督促和检查。提案办理工作应当有部署、有检查。建议承办单位建立提案办理工作情况汇报制度;建立提案办理进程的信息反馈机制,加强督促和检查。既要关注提案的办理时限,更要关注提案的办理质量;既要关注提案的复文质量,更要关注提案的落实情况。必要时,领导同志要亲自审定重要提案的复文,亲自参与重要提案的办理活动。对提案办理过程中出现的问题,应当及时发现并加以解决,注意妥善协调与相关办理单位的合作关系。

第三,要适时总结、交流提案办理工作的经验。提案办理工作年年做,但提案内容年年新。要防止"松劲"思想,克服"经验主义",纠正敷衍塞责、应付了事的现象。要适时地总结交流好的经验和做法,寻找存在的问题和不足,探索改进的途径和方法。要跟踪检查提案的落实情况,巩固提案的办理效果,使政协提案办理工作在总结经验的基础上,不断有新的进展,迈上新的台阶。

(选自《中国政协》杂志 2003 年 11 期)

加强学习尽快充实提高自己 适应政协工作与时俱进需要

——在全国政协第 38 期干部培训班开学典礼上的讲话(摘要)

(2003 年 9 月 9 日)

徐匡迪

各级政协干部要以"三个代表"重要思想为指导,加强学习,尽快充实提高自己,以适应政协工作不断与时俱进、开拓创新的需要。

只有加强学习,才能认清新形势,完成时代赋予人民政协的历史使命。人民政协作为我国各党派、各界别参政议政的政治协商机构,面临着以下五个方面的新情况和新课题。一是在全面建设小康社会的历史进程中,人民政协如何更好地围绕中心,服务大局,大力促进我国的经济建设和经济体制改革;二是人民政协作为我国的基本政治制度和发扬社会主义民主的重要形式,如何在建设社会主义政治文明和推进政治体制改革中更好地发挥自身的职能和作用;三是人民政协应该怎样更好地发挥自身各方面的优势,为大力发展社会主义文化,建设社会主义精神文明做出新的贡献;四是人民政协应该怎样更好地加强海内外联谊工作,促进祖国完全统一的实现;五是人民政协应该怎样协助党和政府做好协调关系、化解矛盾、维护稳定的工作。

对于这些新的情况、新的课题,如果我们不从加强学习入手,认真思考,深入研究,就不可能从战略和全局的高度找出正确的答案,我们的思想就难以与时俱进,工作就难以开拓创新。

只有加强学习,才能更好地履行职能,为党和政府的科学决策提供有价值的意见和建议。随着我国社会主义市场经济体制的逐步确立,经济全球化进程加快,科学技术迅猛发展,整个社会生活正处在深刻变革之中。当前各级政协以促进发展作为履行职能的第一要务,其参政议政的内容,多属经济和社会生活中的突出问题、重大问题,所以要求广大政协干部和政协委员要不断增强责任感和主人翁意识,通过加强学习,提高自身的马克思主义理论修养和各方面的知识水平,在参政议政中多出精品,从而做到以高质量的工作成果来完成时代和人民赋予的光荣职责。

只有加强学习,才能实现政协干部的准确定位。今年是换届年,一大批党政干部转到政协,走上了各级政协的领导岗位,这给人民政协输入了新鲜血液,无疑是一件好事,但也不可避免地带来角色转换的新问题。主要表现在一些领导干部对政协的定位把握不准,对政协是什么、干什么、怎么干不是很清楚,不能很好地把握政协工作的内容、方法和规律。这个问题不解决,对于领导政协工作,开创政协工作新局面非常不利,必须通过加强对统一战线理论和人民政协基础知识的学习尽快加以解决。因此要求我们过去一直在党政部门从事领导工作的同志,到政协来,当务之急就是要加强学习,尽快转变观念、转换角色、定好位置。从习惯在核心位置上、决策岗位上、决断行为中走出来,尽快适应岗位的变化,既不错位、也不越位,而且还要到位,使自己由决策变为献计献策,由当政变为参政议政。

与党政机关相比,政协虽然不拍板、不决策,但仍然是一个政治大舞台,是党的事业的重要组成部分。许多同志到政协后发现,政协决不是自己原来想像的进来可以"歇歇脚"的地方,而是有忙不完的工作。为什么?因为,政协是辅助党政机关进行科学决策的地方、是献计出力的地方,同时还要听取各党派、各界代表人士意见,并通过民主协商把他们引导到党的方针、路线上来。这项工作更重要,更光荣,也更艰巨。因此,我们要通过加强学习,努力改造自己的世界观、人生观和价值观,用自身好的形象、好的作风去影响和带动委员做好各方面的工作。

当前和今后较长一段时期,我们要学习的内容很多,但最根本的是要提高自身的马克思主义理论水平,最重要的是要学好邓小平理论和"三个代表"重要思想。坚持用邓小平理论特别是"三个代表"重要思想指导实践,解决问题,推动工作。这就要求我们,一是要把围绕中心、服务大局,把促进中国特色社会主义现代化建设事业的发展,始终作为政协工作的出发点和落脚点;二是要把"促进发展作为人民政协履行职能的第一要务"的理念,贯穿到政协工作的实际过程之中;三是要把维护稳定摆在政协工作的突出位置,努力为发展创造良好的环境;四是要坚持与时俱进,努力使我们的工作从那些不合时宜的习惯和思维中摆脱出来,不断研究、探索开展政协工作的新模式、新方法,根据新的实践有所创造,有所前进。希望大家在学习理论的同时,本着解放思想,实事求是,与时俱进,开拓创新的精神,从加强对政协工作经验的总结入手,积极参与《章程》的修改工作,多出主意、多提建议。只有从理论上真正认知人民政协,从思想上真正重视人民政协,从感情上真正热爱政协工作,不断研究新情况,提出新问题,总结新经验,才能不断开创人民政协工作的新局面。

(摘自《人民政协报》)

把各族各界的智慧和力量凝聚起来 加快全面建设小康社会的步伐

——在新疆调研时的讲话(摘要)

(2003年9月)

贾庆林

要紧密结合全面建设小康社会的伟大实践,把学习贯彻“三个代表”重要思想新高潮不断引向深入,切实加强统一战线和民族、宗教工作,真正把各族各界人民群众的智慧和力量凝聚起来,加快全面建设小康社会的步伐。“三个代表”重要思想是新世纪新阶段全党全国人民继往开来、与时俱进,实现全面建设小康社会宏伟目标的根本指针。9月3日,胡锦涛同志在省部级主要领导干部学习贯彻“三个代表”重要思想专题研讨班开班式上发表重要讲话强调,全面建设小康社会,是学习贯彻“三个代表”重要思想的最好实践,也是对学习贯彻“三个代表”重要思想成效的最好检验。我们要认真学习领会胡锦涛同志的重要讲话精神,按照中央的部署和要求,紧密结合全面建设小康社会的实践,学习好、领会好、贯彻好“三个代表”重要思想,把学习贯彻“三个代表”重要思想新高潮不断引向深入,努力在武装头脑、指导实践、推动工作上取得新进展,真正把各方面的智慧和力量凝聚到全面建设小康社会的宏伟目标上来。

稳定是治国安邦的大道理,是改革发展的大前提。新疆自古以来就是我国一个多民族聚居和多种宗教并存的地区,是西北一个具有重要战略地位的省区。维护新疆社会政治稳定,事关全局、影响重大,关键是全面贯彻落实党的民族、宗教政策,巩固和发展党的爱国统一战线,维护我国民族团结、宗教和谐、社会稳定的良好局面。一是要坚持用马克思主义民族观教育干部群众,引导各族人民牢固树立“汉族离不开少数民族,少数民族离不开汉族,各少数民族之间也相互离不开”的思想。构筑起维护民族团结、反对民族分裂的坚固防线;二是要坚持民族区域自治制度,贯彻执行好民族区域自治法,运用制度和法律的力量,不断推动民族地区的改革发展稳定;三是要坚持维护祖国统一,最大限度地团结和依靠各族干部群众,孤立和打击民族分裂主义分子,旗帜鲜明地同一切分裂祖国的势力作斗争;四是要全面正确地贯彻党的宗教信仰自由政策,坚持依法管理宗教事务,更好地保护正常的宗教活动和宗教界的合法权益,有效抵御境外势力利用宗教进行的渗透,打击宗教极端势力和在宗教外衣掩盖下的分裂破坏活动,确保社会政治稳定。希望广大中青年爱国宗教界人士,要坚持走爱国爱教的道路不动摇,坚持反对民族分裂不含糊,坚持加强自身修养不放松,真正成为让老一辈爱国宗教人士放心、广大信教群众放心、党和政府放心的合格宗教教职人士。

(摘自《人民政协报》)

在庆祝中华人民共和国成立54周年招待会上的讲话(摘要)

(2003年9月28日)

王忠禹

今年是完成中共十六大提出的各项任务的第一年,改革开放和现代化建设取得新的伟大胜利,特别是上半年党中央、国务院带领全国人民夺取了防治非典、促进发展的双胜利。这些成就的取得,是以胡锦涛同志为总书记的中共中央坚强领导的结果,是邓小平理论和"三个代表"重要思想正确指引的结果,是全党和全国各族人民团结奋斗的结果,也是与香港、澳门特别行政区同胞,台湾同胞,海外侨胞的关心、支持和帮助分不开的。

香港和澳门回归后实施"港人治港"、"澳人治澳"、高度自治,保持了稳定、繁荣和发展的事实证明,"一国两制"方针是正确的,具有强大的生命力。我们将坚定不移地实行这一方针,严格按照香港和澳门特别行政区基本法办事,全力支持香港和澳门特别行政区行政长官和特区政府依法施政,广泛团结港澳各界人士,共同维护和促进香港、澳门的稳定、繁荣和发展。

解决台湾问题,实现祖国统一是包括广大台湾同胞在内的海内外中华儿女的共同心声。我们将始终坚持"和平统一、一国两制"的基本方针和江泽民同志关于现阶段发展两岸关系、推进祖国和平统一进程的八项主张,加强两岸人员往来和经济文化等领域的交流,积极推进两岸直接"三通";坚持反对任何旨在制造"台湾独立"、"两个中国"、"一中一台"的言行。台湾同胞具有光荣的爱国主义传统,是发展两岸关系的重要力量。争取两岸和平统一,我们寄希望于台湾人民。我们坚信,通过包括广大台湾同胞在内的全体中华儿女的共同努力,海峡两岸的统一一定能够实现。

海外侨胞是支持我国改革开放和现代化建设、促进祖国统一大业的积极力量。长期以来,广大海外侨胞为家乡的建设和祖国的繁荣与统一做出了巨大贡献。我们将一如既往地秉承"为侨服务"的宗旨,继续加强与海外侨胞的联系与合作,共同为实现祖国的完全统一和中华民族的伟大复兴而不懈努力。

(摘自《人民政协报》)

在全国工商联成立50周年纪念大会上的讲话(摘要)

(2003年9月29日)

贾庆林

各级工商联组织和广大会员一定要认清我国发展的历史趋势和自己肩负的重要使命,在“三个代表”重要思想和党的十六大精神的指引下,为实现全面建设小康社会的宏伟目标贡献全部的智慧和力量。

全国工商联是在中国共产党的领导下,伴随着中国革命、建设和改革事业前进的步伐而创建和发展起来的。在邓小平理论和“三个代表”重要思想的指引下,各级工商联团结和引导广大会员,坚持以经济建设为中心,积极投身改革开放和现代化建设,促进了社会主义市场经济体制的建立和完善;认真履行参政议政、民主监督等职能,为改革发展稳定建言献策;积极开展爱国、敬业、诚信、守法和“致富思源、富而思进”教育,促进非公有制经济健康发展和非公有制经济人士健康成长;充分发挥人民团体和民间商会的职能,代表和维护会员的合法权益,热心为会员服务;密切同港澳台和海外工商社团及工商经济界人士的交流与合作,协助党和政府引进资金、技术和人才。实践证明,工商联不愧为党和政府联系非公有制经济人士的桥梁和纽带,不愧为政府管理非公有制经济的助手;广大非公有制经济人士不愧为中国特色社会主义事业的建设者,不愧为我国经济发展和社会进步的重要力量。

工商联要弘扬优良传统,始终坚持正确的政治方向;坚持围绕中心、服务大局,更好地为社会主义现代化建设服务;贯彻“团结、帮助、引导、教育”的方针,促进非公有制经济健康发展和非公有制经济人士健康成长;加强自身建设,努力提高工作水平。

工商联是我国社会主义现代化建设的一支重要力量。各级党委和政府要高度重视工商联工作,切实加强对工商联的领导,理顺工商联与政府有关部门的关系,建立畅通的联系渠道,进一步发挥工商联作为政府管理非公有制经济助手的优势和作用,为工商联履行职能、开展工作创造必要的条件。

(摘自《人民政协报》)

加强学习武装头脑　指导实践推动工作

——在全国政协第39期干部培训班开学典礼上的讲话(摘要)

(2003年10月8日)

黄孟复

各级政协工作要以“三个代表”重要思想为指导,加强学习,武装头脑,指导实践,推动政协工作与时俱进地向前发展。

加强学习是形势发展对各级干部的要求。回顾党的历史,可以清楚地看到,每当时局发生重大变化,革命、建设和改革处于重要转折关头的时候,理论学习总是对于统一全党和全国人民的思想,指导革命、建设和改革从胜利走向胜利,起到非常重要的作用。理论是实践的先导,如果没有邓小平理论和“三个代表”重要思想作指导,就不可能在我们十几亿人口的国度里建成更高水平的小康社会,就不可能把中国特色社会主义事业继续推向前进。从国际看,我国的现代化建设是在十分复杂的国际条件下进行的。我国的社会主义事业要想得到巩固和发展,我国要想在未来激烈的国际竞争中占有主动地位,关键还在于深刻认识并充分发挥人才在经济和社会发展中的基础性、战略性、决定性作用。按照十六大提出的“人才战略”的要求,努力建设一支包括党政干部、企业经营管理者、专业技术人才和其他战线干部在内的规模宏大的高素质的干部队伍,特别是各级各类领导干部队伍,从而为改革开放和现代化建设提供强大的组织保证和智力支持。

加强学习是人民政协完成新使命、新任务的要求。党的十六大召开后,人民政协服从和服务于党的中心工作,为实现党中央提出的全面建设小康社会的宏伟目标而奋斗,其肩负的历史使命和艰巨任务比以往任何时候都更加繁重了。人民政协作为中国人民爱国统一战线组织,如何把十六大提出的各项战略任务化作自己的任务,贯穿到政协的各方面工作中去,凝聚全民族的智慧和力量,为全面建设小康社会献计出力;人民政协作为中国共产党领导的多党合作和政治协商的重要机构,如何发挥自己特有的地位、作用和优势,通过履行职能、建言献策,为建设社会主义物质文明、政治文明、精神文明做出更大的贡献;人民政协作为我国政治生活中发扬社会主义民主的重要形式,如何更好地突出团结、民主两大主题,不断推进我国社会主义民主政治建设的发展,等等。这些重大问题,都需要我们从事政协工作的同志去认真的研究和思考,并联系本地的实际做出科学的回答。因此说,这个时期抓学习,比以往任何时候都显得更为重要,更为迫切。要在各级政协大力倡导学习理论、研究问题的风气。

当前政协干部队伍总体状况是好的,素质是比较高的,但是客观分析,也存在某些不足之处:一是一些干部的理论素养和知识水平、思想境界和精神状态、工作作风和业务能力,还不完全适应新形势新任务的要求;二是一些新转到政协的同志对政协工作的内容、方法和规律还不够熟悉和了解,本身还有一个尽快转换角色,定好位置,适应政协工作特点的问题；三是个别同志对政协存有一些误解或模糊认识，认为政协属于“二线”，到政协就可以“歇歇脚”了。这些问题，也都需要通过加强学习，提高认识加以解决。

为提高政协队伍的整体素质，对政协干部来说，最基本的是要学好马克思主义的理论，当前最重要的是要在学习邓小平理论的基础上，认真学好“三个代表”重要思想，用这个新的理论指导政协工作新的实践。通过学习和践行“三个代表”重要思想，使我们在武装思想和指导实践两方面都取得新成效，在改造客观世界和改造主观世界两方面都取得新收获，在运用理论和发展理论两方面都得到新提高。当前，以“三个代表”重要思想指导现阶段人民政协工作的实践，从各级政协的共性讲，应抓住以下几点：一是要以“三个代表”重要思想为指导，进一步明确政协工作的新思路。工作思路要紧跟形势，高屋建瓴，总揽全局；贴近实际，切实可行，指导性强。这样才能保证政协工作的与时俱进和开拓创新。二是要把促进发展作为人民政协履行职能的第一要务，明确工作重点，紧紧围绕国家和地方经济、社会生活中的突出矛盾，紧紧抓住人民群众最现实、最关心、最直接的问题，参政议政、建言献策，为党和政府的决策提供科学依据。三是要把增强团结和维护稳定摆在政协工作的重要位置上，要多到困难大、群众意见多、工作基础差的地方去，通过反映社情民意和协助党委、政府做好统一思想、理顺情绪、排忧解难的工作，达到为改革和发展创造稳定的社会环境、营造和谐的社会氛围和凝聚人心、增进团结的目的。四是要积极推进政协履行职能的规范化、制度化、程序化。要抓住这次部分修改政协《章程》的机会，很好地研究和总结各级政协履行职能的成功做法，进行提炼加工、概括升华，上升为经验，上升为制度，从而使我们的工作从那些不合时宜的习惯和做法中摆脱出来，逐步做到制度更加健全、程序更加明确、活动更加规范。五是要通过引导学习等各种有效的手段，不断增强委员的光荣感、责任感和使命感，发扬委员为国奉献、为民服务的崇高精神，鼓励并指导他们关注民生、参与国事、致力发展、奉献社会，积极参加政协的各种会议和活动。

政协工作是政治性、政策性很强的工作，我们政协干部在加强“三个代表”重要思想和马克思主义基本理论学习的同时，一定要重视和加强统一战线和人民政协基本理论和基础知识的学习，加强党的有关方针政策的学习，只有从思想上真正认识人民政协的性质、地位和作用，懂得新时期做好人民政协工作的方针、政策和原则，才能头脑清醒、立场坚定、方向明确地投入到人民政协事业中来，做出成绩，取得实效。

“十一”期间，胡锦涛总书记不辞辛苦，到湖南考察工作，深入田间地头、企业车间、科研院所、社区商场，就加快经济社会发展、关心群众生产生活、加强干部作风建设等进行调研，给我们树立了好的榜样。过几天，中共中央将召开十六届三中全会，出台关于进一步完善社会主义市场经济体制等的重大决策，下阶段的学习、贯彻任务还会很重。望大家能以这期培训班为新的起点，加强学习，立足各自岗位，取得好的工作成绩。

（摘自《人民政协报》）

在接见出席“2003年世界华侨华人社团联谊大会”代表时的讲话(摘要)

(2003年10月10日)

贾庆林

参加“2003年世界华侨华人社团联谊大会”的代表们就华侨华人社团的发展提出了很好的意见和建议,这对推动中国侨务事业的发展必将产生重要的影响。

中国有几千万华侨华人分布在世界各地。广大海外同胞情系祖国,心怀桑梓,历来具有强烈的爱国热忱和报效祖国的愿望,在中国革命、建设的各个历史时期都做出了不可磨灭的贡献。邓小平同志、江泽民同志对华侨华人的重要作用都作过精辟论述,一再强调要充分发挥这支力量不可替代的积极作用和独特优势。以胡锦涛同志为总书记的新一届中央领导集体将一如既往地重视发挥广大海外同胞的作用,继续贯彻落实有关方针政策,竭诚为海外同胞服务。

我借此机会通过与会的华侨华人社团负责人向海外广大华侨华人提出三点希望:一是希望广大华侨华人充分发挥优势,积极为祖国建设引进资金、技术和人才牵线搭桥,为开拓世界市场出谋划策,努力成为祖国现代化建设的重要促进力量;二是希望他们一如既往地关心和支持中国的统一大业,推动两岸人员往来和经济文化等领域的交流,积极参与华侨华人“反独促统”活动,努力成为实现祖国完全统一的重要促进力量;三是希望广大华侨华人遵守住在国的法律,与当地人民友好相处,促进住在国的社会经济发展和中国与住在国的交流与合作,增进中国人民同世界各国人民之间友好事业的了解和友谊,努力成为发展国际民间友好事业的重要促进力量。

(摘自《人民政协报》)

在政协第十届全国委员会常务委员会第三次会议闭幕会上的讲话(摘要)

(2003年10月20日)

贾庆林

这次常委会议是在全党全国人民深入学习贯彻中共十六大和十六届三中全会精神,

加快推进改革,完善社会主义市场经济体制,促进经济发展和社会全面进步的新形势下召开的。常委们认真学习了中共十六届三中全会的文件,听取了中共中央政治局常委、国务院总理温家宝就十六届三中全会的情况和会议精神所作的报告,并进行了热烈讨论。常委会议完全赞同和拥护胡锦涛同志受中央政治局委托作的工作报告和重要讲话,完全赞同和拥护《中共中央关于完善社会主义市场经济体制若干问题的决定》、《中共中央关于修改宪法部分内容的建议》。这次常委会议开得很成功,达到了预期目的。

要深入学习领会中共十六届三中全会精神,进一步增强坚持中国共产党领导,为全面建设小康社会服务的自觉性和坚定性;增强深化经济体制改革、促进经济社会全面发展的自觉性和坚定性;增强坚持依法治国基本方略,贯彻宪法的自觉性和坚定性。各级政协组织和广大政协委员要从进一步动员全党全国人民为全面建设小康社会、开创中国特色社会主义事业新局面而团结奋斗的战略高度,紧密结合人民政协工作的实际,学习好、贯彻好、落实好中共十六届三中全会精神,把各党派、团体和各族各界人士的思想统一到中共十六大和十六届三中全会精神上来,始终坚持解放思想、实事求是、与时俱进,为完成中共十六大和十六届三中全会确定的各项任务贡献智慧和力量。

建成完善的社会主义市场经济体制和更具活力、更加开放的经济体系,是我们党在新世纪新阶段作出的重大决策,这为人民政协围绕中心、服务大局提供了难得的机遇,也为广大政协委员施展才干、发挥作用提供了广阔的舞台。人民政协要充分发挥自身的优势和作用,为完善社会主义市场经济体制积极献计出力。

参加人民政协的各党派、团体和广大政协委员,要在邓小平理论和"三个代表"重要思想指引下,认真贯彻落实中共十六大和十六届三中全会精神,紧密团结在以胡锦涛同志为总书记的中共中央周围,为建成完善的社会主义市场经济体制和更具活力、更加开放的经济体系,为全面建设小康社会、不断开创中国特色社会主义事业新局面而努力奋斗。

(摘自《人民政协报》)

切实加强学习
不断推进人民政协事业发展

——在全国政协十届常委会第一次学习讲座上的讲话(摘要)

(2003年10月20日)

贾庆林

要把人民政协的学习活动搞得更加深入持久、更加生动活泼、更加富有成效,不断推进人民政协事业向前发展,为实现全面建设小康社会的宏伟目标作出新的更大贡献。

这次学习活动是全国政协十届常委会学习讲座的第一次,这是一件很有意义的事情,今后要作为一项制度长期坚持下去。

第一，加强学习是关系新世纪新阶段人民政协事业发展的战略任务。各级政协组织和广大政协委员都要从关系党和国家事业兴旺发达、关系人民政协事业长远发展的高度，把加强学习作为一项重要而紧迫的战略任务，切实抓紧抓好，努力把人民政协建设成为适应时代需要的学习型组织，更好地履行政治协商、民主监督、参政议政的职能，在全面建设小康社会、开创中国特色社会主义事业新局面的伟大进程中发挥应有的作用。

第二，要把深入学习“三个代表”重要思想摆在首要位置，全面系统地加强学习。坚持用“三个代表”重要思想统领政协工作，不断增强服务于全面建设小康社会、开创中国特色社会主义事业新局面的自觉性和坚定性。全国政协每年起草工作要点时，要围绕政协更好履行职能安排学习活动，以达到提高认识、了解国情、开阔视野的目的。

第三，努力造成一种勤奋学习、民主讨论、求真务实的风气。要提高认识，端正学风。一要积极主动、勤于学习；二要结合实际、善于学习；三要发扬民主、加强交流；四要学以致用、用有所成。

（摘自《人民政协报》）

贯彻三中全会精神　凝聚各方面力量
促进经济社会全面发展

——在贵州调研时的讲话（摘要）

（2003年10月）

贾庆林

学习好、贯彻好、落实好十六届三中全会精神，是当前摆在全党全国人民面前的一项重要政治任务。我们一定要把学习十六届三中全会精神与学习十六大精神结合起来，与改革开放和现代化建设的生动实践结合起来，真正把思想和行动统一到三中全会的精神上来，把智慧和力量凝聚到实现中央的决策和部署上来，为建成完善的社会主义市场经济体制和更具活力、更加开放的经济体系而团结奋斗。

从人民生活总体上达到小康水平到实现全面建设小康社会的宏伟目标，这是一个新的历史跨越。各级党委和政府一定要动员和带领广大干部群众，大力弘扬长征精神，牢牢抓住发展这个党执政兴国的第一要务，努力完成十六大和十六届三中全会确定的各项任务。要坚持发展要有新思路，树立全面、协调和可持续的科学发展观，促进经济社会和人的全面发展。要坚持深化改革、扩大开放，不断完善社会主义市场经济体制。要坚持稳定压倒一切，切实维护社会安定团结，为发展创造良好的社会环境。

群众观点是我们党的基本的政治观点，群众路线是我们党的根本工作路线。各级党委和政府一定要坚持立党为公、执政为民，大力推进扶贫开发，切实做好关心群众生产生活的工作。各级领导干部要进一步转变作风，深入基层、深入群众，急群众之所急，想群众之所想，到最困难的地方去，到生活最困难的群众中去，同那里的干部群众一起团结奋斗，加快脱贫致富奔小康的步伐。

做好新世纪新阶段的民族、宗教工作，事关改革发展稳定的大局，事关全面建设小康社会的进程，事关中华民族的伟大复兴。各级党委和政府一定要始终保持清醒的政治头脑，扎实有效地做好民族、宗教工作，加强各民族人民的大团结，加强信教群众和不信教群众的大团结，努力把各民族群众、广大信教和不信教群众的智慧和力量都凝聚起来，共同致力于全面建设小康社会的伟大实践。统一战线和人民政协工作要始终坚持围绕中心、服务大局，把促进发展摆在首要位置，充分发挥优势，切实履行职能，为改革开放和现代化建设献计出力。

有邓小平理论和"三个代表"重要思想的指引，有以胡锦涛同志为总书记的党中央的坚强领导，只要贵州省广大干部群众深入学习贯彻十六大和十六届三中全会精神，勇于开拓、锐意进取，知难而进、奋力拼搏，全面建设小康社会的宏伟目标就一定能够实现，一个经济繁荣、社会进步、民族和睦、山川秀美的新贵州就一定能够早日建成。

（摘自《人民政协报》）

以"三个代表"重要思想统领宗教工作
引导信教群众共同致力于全面建设小康社会

——在河北调研时的讲话（摘要）

（2003年11月）

贾庆林

我们党历来高度重视宗教工作。以江泽民同志为核心的第三代中央领导集体，对党的宗教工作理论和政策进行了许多新的概括和阐述，进一步明确了我们党在新世纪新阶段宗教工作的基本方针，作出了一系列重大决策和部署，正确处理了新时期宗教方面的复杂问题。以胡锦涛同志为总书记的新一届中央领导集体，继承和发扬我们党的优良传统，高度重视宗教工作，多次就宗教工作作出重要指示。当前，我们党同宗教界的爱国统一战线更加巩固，我们国家经济发展，社会稳定，民族团结，宗教和谐。这样好的形势来之不易，我们应该倍加珍惜。

"三个代表"重要思想是新世纪新阶段党和国家各项工作的根本指针，也是党的宗教工作的根本指针。只有坚定不移地用"三个代表"重要思想统领宗教工作，才能动员和引导爱国宗教界人士和广大信教群众积极参加改革开放和社会主义现代化建设，才能进一步加强广大信教群众和不信教群众的团结,把他们的智慧和力量凝聚起来,为全面建设小康社会、实现中华民族伟大复兴的宏伟事业而共同奋斗。

全面贯彻宗教信仰自由政策,依法管理宗教事务,坚持独立自主自办原则,积极引导宗教与社会主义社会相适应,是新世纪新阶段党的宗教工作基本方针。我们一定要正确理解,认真全面地贯彻落实。要从党和国家事业发展的全局和战略高度,正确分析和判断形势,深刻认识做好新形势下宗教工作的重要性,增强责任感和使命感,把我们党关于宗教工作的各项方针政策落到实处。在党委和政府的领导下,各有关部门要各负其责,加强协作,积极配合,共同做好宗教工作。要在扩大对外开放、增加友好交往的同时,警惕和抵御境外敌对势力利用宗教进行渗透。

信教群众是建设中国特色社会主义的积极力量,爱国宗教界人士是团结信教群众、维护社会稳定的重要力量。希望宗教界人士带领广大信教群众,坚持走爱国爱教道路,坚持独立自主自办原则,为促进经济发展和社会进步继续作出积极的贡献。

(摘自《人民政协报》)

以人为本　与时俱进　关注发展

——在广东视察流动人口管理工作时的讲话(摘要)

(2003 年 11 月)

周铁农

人口流动在中国与世界从古至今都是经常性的状态。我国人口大规模的迁徙流动并不罕见。目前上亿的农村人口流向城市是我国市场经济发展中的正常状态。由于经济发展的不平衡,产生了人口流动现象,在刺激了经济发展的同时,也产生了一些问题。我们应该看到,人力资源过去靠计划配置,不一定合理,流动带来的很多问题是长期以来我们限制流动造成的。人口流动不是坏事,也不是不正常的事,正因为流动才有了发展进步,应积极地看待这个问题。

"人口流动是经济规律的体现,而'流动人口'的出现是目前社会架构造成的现象。"为什么把流动人口非划定在一定范围内,为什么把已有稳定工作、固定住房,相对而言不流动的人还叫流动人口。叫他们流动人口本身就是对他们的伤害。各地应好好调查一下,流不动的流动人口还有多少?

流动人口问题是当前我国改革发展中出现的新问题。传统观念及计划经济时的管理方法,使农民被长期束缚在土地上。农民增收成为当前我们国家党和政府最关注的问题。流动人口中出现的很多问题体现在观念上,是由于我国在计划经济转向市场经济条件下,人们还不习惯于人口流动,并对此准备不足。人口流动能解决劳动力平衡的大问题。比如在很多地方,无论政府如何输血、帮扶,也比不上一家人有一人出外打工致富得快。这样,很多地方政府通过培训青壮年,鼓励动员劳动力外出打工来改变贫穷的面貌。流动是我们经济发展的必然趋势,是城市经济发展所需要的,也是农村经济结构调整后,农民离开土地、离开农村的必然选择。农民流入城市对他们摆脱土地束缚、脱贫致富,对建设城市经济起到了关键作用,适应了城市经济发展的趋势。

目前全国上下都在为全面建设小康社会而努力奋斗。而在这中间,对人的关怀,关心人的生存与发展状况,日益受到全社会的关注。而我们要全面可持续发展,全面建设小康社会,弱势群体的利益保护必须得到全社会的重视。这些在政治、经济、文化等各方面都处于劣势的弱势群体中的妇女儿童的权益又特别容易受到伤害,这既会影响全面建设小康社会,也会影响我国经济的全面长期发展。

要分类研究解决流动人口问题。比如流动人口大概可分为知识型人才和从事简易劳动的一般打工者。后者经常被认为素质低,是他们的政治素质差、道德素质差还是文化素质差? 主要还是大多数流动人口受教育程度低,适应工业社会的技能低,对劳动保障的分辨率低。要针对不同层面的流动人口采取不同的管理方法,除了要维护流动人口的生存权,还要关注他们的发展权。这样的管理才能更有效,才能事半功倍。

(摘自《人民政协报》)

在会见印度人民院议长乔希时的谈话(摘要)

(2003 年 11 月 23 日)

贾庆林

近年来,在双方共同努力下,中印关系保持稳步发展的良好势头。特别是在今年瓦杰帕伊总理访华期间两国总理签署了《中印关系原则和全面合作的宣言》,加深了信任,扩大了共识,为中印关系在新世纪的全面发展掀开了新的篇章。当前,中印双方正在认真落实两国领导人达成的各项协议。

中印两国发展友好合作关系符合两国人民的根本利益。相互了解是建立信任的基础,也是开展合作的前提。我们要拓展中印之间各领域的合作与沟通,增加两国人民在各方面的交往,使友好与信任的基础更加牢固。今后,除了保持政府层面的磋商和互访以外,两国的政党、青年、民间团体及地方政府间也可以加强交流,充分调动社会各界人士发展中印友好合作的积极性。

(摘自《人民政协报》)

在会见印度总理瓦杰帕伊时的谈话(摘要)

(2003年11月24日)

贾庆林

发展中印睦邻友好与互利合作,顺应双方民意,符合历史潮流,有利于本地区乃至世界的和平与稳定。中国高度重视同印度发展长期、稳定、健康的建设性合作伙伴关系。我们双方要遵循《中印关系原则和全面合作的宣言》规定的各项原则,落实双方达成的各项共识,把良好的势头保持和发展下去,开辟中印关系的美好未来。

中方对印方在西藏问题上所持立场表示重视和赞赏,相信印方将恪守在西藏问题上所做的政治承诺。

明年是中印双方倡导的和平共处五项原则确立50周年。进一步弘扬和平共处五项原则的精神有着十分重要的现实意义。中国愿与印度一道为此举办纪念活动。

(摘自《人民政协报》)

在会见斯里兰卡总统库马拉通加夫人时的谈话(摘要)

(2003年11月28日)

贾庆林

中国与斯里兰卡是亲密友好的近邻。建交以来,两国在各领域的交流与合作成果斐然,建立在和平共处五项原则基础上的中斯传统友好关系始终健康、顺利地发展。我们为有斯里兰卡这样患难与共的真诚朋友而深感自豪。

中国新一届中央领导集体奉行"与邻为善、以邻为伴"的周边外交方针,重视发展同斯里兰卡的睦邻友好关系。我们希望中斯友好事业代代相传,不断焕发出新的生机与活力。

政治稳定是国家经济发展的根本保障,没有安定和平的环境,发展就无从谈起。中国有句古话,叫做"家和万事兴"。作为友好近邻,我们真诚希望贵国保持国家团结和稳定,不断发展经济。

(摘自《人民政协报》)

在会见孟加拉国总理卡莉达·齐亚时的谈话（摘要）

（2003年11月30日）

贾庆林

中孟建交以来，两国在各领域的友好合作取得了长足发展，在国际和地区事务中也有着很好的协调与配合。我们对中孟关系的顺利发展感到满意。中国新一届中央领导集体高度重视与孟加拉国的关系，愿与孟加拉国政府一道，在两国传统友谊的良好基础上，共同开创中孟友好合作更加美好的未来。中国一向把孟加拉国看作是可以信赖的好邻居、好朋友、好伙伴。我们感谢孟方在涉及中国主权利益问题上给予中方的坚定支持，高度赞赏孟坚持一个中国的原则。

中孟经贸关系具有良好的基础和巨大的潜力。两国经济的不断发展，将为深化中孟经贸合作带来更多的机会。双方企业应加强交流，扩大合作领域。

（摘自《人民政协报》）

在会见巴基斯坦总统穆沙拉夫时的谈话（摘要）

（2003年12月4日）

贾庆林

中国新一届中央领导集体高度重视中巴关系，始终从战略高度和长远角度看待中巴关系。保持和发展中巴全面合作伙伴关系是中国的既定国策。上个月，胡锦涛主席与阁下在北京签署中巴关于双边合作发展方向的联合宣言，就是向国际社会显示中方对中巴传统友好关系的重视。中方愿与巴方一道，遵循宣言确定的各项原则，落实双方达成的各项共识。

求和平、促发展是本地区广大人民的普遍愿望。南亚是中国周边的一个重要地区。我们将一如既往地为推动南亚地区的和平、安全、稳定与发展发挥建设性作用。

我们注意到最近巴方采取了一系列缓和巴印关系的措施，国际社会对巴方的积极主动举措普遍给予高度赞誉。此举不仅体现了巴方致力于地区和平的真诚愿望，也为恢复巴印对话创造了有利条件，有利于巴印关系的改善。我们支持巴方所奉行的和谈政策和为维护地区和平所作的一切努力，希望巴印通过对话和谈判解决分歧，实现友好相处。

（摘自《人民政协报》）

功烈永垂民族史

——纪念五世格达活佛诞辰一百周年

(2003年12月)

刘延东

今年是原西南军政委员会委员、西康省人民政府副主席、四川省甘孜县白利寺五世格达活佛诞辰100周年。在这个时候,我们深切缅怀这位与中国共产党风雨同舟、患难与共、肝胆相照的真诚朋友,深切缅怀这位在红军长征时期与我的父辈们曾经有过深切交往的藏族杰出人士,深切缅怀这位为西藏和平解放事业贡献出宝贵生命的爱国爱教的活佛。

五世格达活佛,原名根嘎益登,法名洛绒登真·扎巴塔耶,四川省甘孜藏族自治州甘孜县生康乡德西顶村人。1903年出生,1905年按照宗教仪轨选为四世格达活佛的转世灵童,认定为白利寺第五世格达活佛。二十世纪三十年代就与中国工农红军团结合作,川康解放后,积极为和平解放西藏奔走,1950年8月,在西藏昌都以身殉国,年仅47岁。

五世格达活佛,是一位潜心佛学、利善众生、深受当地信教群众信奉和拥戴的活佛。他31岁时即获得格西学位,不仅佛学造诣精深,而且谙熟藏族的历史、文学、藏医学、天文历算等。他慈悲为怀,生活俭朴,平易近人,为人诚实,乐于帮助贫苦群众,经常免费为群众治病。白利寺所得的布施除寺庙供奉外,其余的尽力拿出来接济穷苦人。他痛恨国民党的反动腐朽统治,其主持的白利寺常年收容有30多名流离失所、无家可归的孤儿和被国民党迫害出走的劳动人民。他关注民生、奉献社会的善举在当地群众中广泛颂扬。

五世格达活佛,是一位与中国共产党风雨同舟、患难与共、肝胆相照的藏族宗教界杰出人士。他身处当时偏僻闭塞的康北高原,但向往进步和光明。1936年春天,中国工农红军第二、六军团和第四方面军两大主力会师于格达活佛的家乡——甘孜县。

在朱德总司令和刘伯承总参谋长的帮助和影响下,五世格达活佛以他的远见卓识,勇敢而坚定地投身到人民革命的洪流之中。红军在甘孜成立了中华苏维埃博巴(藏族)自治政府,这是中国共产党历史上在藏区也是在民族地区成立的第一个民族自治地方政权,五世格达活佛被推选为自治政府副主席,成为活佛参与革命政权的第一人。红军北上后,五世格达活佛牢记朱总司令"红军一定要回来,藏族人民一定会翻身解放"的话,将朱总司令的相片和一张红军保护喇嘛寺庙的布告放在白利寺释迦牟尼塑像中珍藏了14年;他掩护和安置了红军在甘孜一带留下的200多名伤病员,使之免遭国民党反动派杀害。他十分关注红军北上后的情况,听到青海军阀马步芳等残杀许多红军的消息,专为牺牲的红军念经,写了许多怀念红军的诗歌。抗日战争爆发后,他看到一张"山西八路军奋战图",兴奋地向藏胞宣传八路军抗战的胜利。当人民解放军进军大西南时,他和一些著名藏族爱国人士一道,派出代表赴京拜见毛主席、朱总司令,陈述藏胞求翻身解放的迫切心情。康定解放后,他在甘孜召集了三千多人举行庆祝大会,动员群众积极为进藏部队充当向导,运送粮草。半个多世纪过去了,五世格达活佛的博大眼光、追求进步的精神和爱国情怀,仍使我们由衷敬佩;五世格达活佛与人民政府、人民军队唇齿相依、和衷共济的动人情景,仍让我们感念不已。

五世格达活佛,是一位崇尚和平、为西藏的和平解放事业做出重要贡献的爱国主义者。当吴忠、天宝等同志向他谈了中央关于争取和平解决西藏问题的方针后,他当即表示坚决拥护中央的这一方针,并主动表示他认识西藏地方政府和三大寺的一些人,愿前往西藏去做说服工作。当时,全国政协一届二次会议召开在即,毛主席、朱总司令拟请他作为特邀代表出席盛会。格达活佛听到这一消息后说:"我很想到北京看看,可是,为了西藏的早日解放,我现在顾不上","等西藏实现和平解放以后,我再去北京见毛主席和朱总司令"。1950年6月2日五世格达活佛致电朱总司令转全国政协会议说:"谨以热忱祈祝大会成功。西藏地处边疆,首当国防要冲,百余年即为帝国主义垂涎。当值全国即将全部解放,为建设国防,完成统一富强之新中国,则西藏问题之解决实为当前刻不容缓之急务。窃意西藏解决应以和平为主。"并再次表示,他愿去西藏劝和。许多领导同志和友人为他此行的安全问题担心,五世格达活佛不畏艰险,毅然前往,行前对友人说:"我是为了藏族人民脱离帝国主义的羁绊,早日获得解放而去西藏的。我要亲自告诉那里的人民和喇嘛们,人民政府和解放军是西藏人民的救星。西藏人民不要再受帝国主义和反动分子的欺骗。"他还说:"为了本民族的解放事业,万一出事也是光荣的。西藏人民了解我,谁杀害了我,老百姓就会反对他们,就会更加拥护共产党,拥护解放军。"1950年7月10日,五世格达活佛从白利寺启程西去,24日抵达昌都后,因受到帝国主义分子和反动分子的重重阻挠难以前行。8月13日,格达活佛拟用电报直接与拉萨地方政府协商,并拟致电拉萨友人请为西藏和平解放出力。他到昌都电台接洽发报事宜时,却遭到在昌都活动的英国特务的毒手。8月22日,慈悲的、正为西藏和平解放事业奔波的五世格达活佛被投毒致死于西藏昌都。从以上珍贵的历史资料,我们看到了五世格达活佛风尘仆仆的身影,我们看到了一个宗教上层人士高度关注祖国统一、藏汉民族团结和藏族同胞团结进步事业的赤诚之心。

五世格达活佛的不幸遇难,举国震惊。人们以各种方式悼念这位可敬的活佛,颂扬他的献身精神。1950年11月,西南军政委员会在重庆举行了隆重的追悼大会。中共西南局、西南军政委员会、西南军区的负责人邓小平、王维舟同志等亲临大会致哀。贺龙同志撰写了《悼格达委员》的纪念文章。《新华日报》发表了《西藏一定要解放——纪念格达活佛》的社论。曾经和五世格达活佛在甘孜高原患难与共、结下深厚友谊的西南军政委员会主席刘伯承将军送的挽联写着:"具无畏精神,功烈永垂民族史;增几多悲愤,追思应续国殇篇"。这既是对五世格达活佛伟大献身精神的颂扬,更是对立志要和平解放西藏的解放军指战员、广大藏胞和宗教界爱国人士的激励。1950年10月,人民解放军一举解放昌都。1951年5月23日签订了《中央人民政府与西藏地方政府关于和平解放西藏办法的协议》。五世格达活佛生前为之奋斗牺牲而未竟的事业得到了实现。

50多年过去了,全国各族人民在中国共产党的领导下,为建设富强、文明的社会主义国家和实现中华民族的伟大复兴共同艰苦创业、共同努力奋斗,取得了举世瞩目的成绩。西藏自治区和其他藏区也发生了翻天覆地的变化,社会政治稳定,经济持续快速发展,民族团结,宗教和顺,人民安居乐业。这也正是格达活佛舍身取义、毕生追求的宏愿。今天,我们纪念五世格达活佛,充分表明了我们党和宗教界人士虽然在世界观上有所不同,但在爱国、维护祖国统一、拥护社会主义等涉及政治立场和政治方向的原则问题上是可以一致的,完全可以为了国家的统一和民族的团结共同奋斗;充分表明了我们党历来重视建立和发展与宗教界人士的关系,始终铭记宗教界人士为国家为民族作出的每一点贡献并给予充分的评价;充分表明了我们党和广大的宗教界人士在维护西藏和藏区稳定、促进西藏和藏区发展上有着共同的愿望,在西藏和藏区未来的发展中有着广阔的美好的合作前景。温故知新、鉴往知来,五世格达活佛的伟大功绩,将进一步激励藏传佛教界继承和弘扬爱国主义传统,坚持爱国爱教、护国利民,坚决反对民族分裂势力,坚持走宗教与社会主义社会相适应的道路;将进一步激励西藏和其他各民族地区的人民群众坚定在祖国大家庭中走社会主义道路的信念,为全面建设小康社会做出新的贡献。

五世格达活佛为祖国统一和民族团结进步事业所做出的不朽功绩将永垂青史!

(摘自《人民政协报》)

在"21世纪论坛"2003年会议开幕会上的讲话(摘要)

(2003年12月17日)

贾庆林

中国实行改革开放25年取得了重大成果,国际贸易总额已名列全球前五位,吸引外资也成为全球最大国家之一。外商投资在中国经济建设中的作用越来越大,同时也得到了很好的回报。

前不久,中共十六届三中全会通过了《关于完善社会主义市场经济体制若干问题的决定》,要求大力推进市场对内对外开放,完善对外开放的制度保障,按照市场经济和世贸组织规则的要求,加快内外贸一体化进程;形成稳定透明的涉外经济管理机制,创造公平和可预见的法制环境,确保各类企业在对外经济贸易活动中的自主权和平等地位;依法管理涉外经济活动,强化服务和监管职能,进一步提高贸易和投资的自由和便利程度。这将为外商营造更好的投资环境,有利于中国吸收外商投资的健康发展。

中国的发展和稳定,不只中国人民受益,也会给世界各国,包括发达国家带来新的商机和更大的市场。在经济全球化的大趋势中,我们希望取得共赢。"21世纪论坛"把"投资中国"作为本次会议的主题具有积极的意义。希望中外与会者深入研讨,畅所欲言,对中国吸引外商投资的现状与趋势提出看法,对有关外商投资的法律、法规和政策等问题多提建设性意见。

(摘自《人民政协报》)

在民主党派中央、全国工商联和政协专门委员会提案工作座谈会上的讲话

（2003年12月17日）

张思卿

这次座谈会开得很好，刚才，大家就如何撰写党派、团体和政协专委会提案，如何进一步提高提案质量进行了交流和探讨，同时对政协提案工作提出了许多好的意见和建议，这对进一步搞好提案工作很有意义。

各民主党派中央、全国工商联围绕国家经济和社会发展的重大问题提出提案，是发挥参政党作用的重要形式，是坚持和完善中国共产党领导的多党合作和政治协商制度的重要内容，也集中反映着人民政协组织的党派合作性和民主协商性，反映着人民政协团结和民主两大主题的丰富内涵。

党派提案有其光荣的历史，早在人民政协第一届全体会议期间，中国致公党以本党名义提出了人民政协历史上最早的党派提案，即《由中央人民政府研究和实行护侨政策案》。这件提案对于维护华侨的合法权益，保护华侨的生命财产和人身自由，起到了积极的作用。近年来，各民主党派中央、全国工商联充分发挥自身优势，以提案的形式，围绕深化改革、扩大开放、促进发展、保持稳定，积极建言献策，为促进我国经济和社会全面发展作出了重要贡献。

政协各专门委员会是组织委员开展调查研究、学习座谈、建言献策、团结联谊等活动的主要工作部门，是政协开展经常性工作和活动的主要组织者、承办者。专委会工作是政协工作的重要基础。近年来，专委会日益重视通过提案就重要问题献计献策，促使问题尽快解决。

今年，各民主党派中央、全国工商联提交提案达83件，专委会提案4件。这些提案内容广泛，选题讲究，建议具体，质量较高，分量较重，为党政部门科学决策提供了重要参考。

对于党派、团体和政协专委会的提案，提案委员会都报送全国政协主席或有关副主席阅示，并通过召开协商办理座谈会、组织重点提案调研等形式，积极推动提案的办理落实。各承办单位普遍高度重视党派、团体和政协专委会的提案，他们从实践“三个代表”重要思想和建设社会主义物质文明、政治文明和精神文明的高度出发，认真贯彻“两办通知”精神，积极采纳吸收和落实提案中的意见和建议。比如，对民盟中央提出的关于加强城市灾害应急管理能力建设的提案，大会期间，在提案委员会召开的协商办理座谈会上，有9家承办单位参加，与民盟中央当面沟通情况，共商解决问题的办法。大会后，国务院办公厅、公安部有关负责同志及部分提案人参加了提案委员会组织的联合调研组，就加强城市应急机制建设问题，到河北、广东、广西进行了实地考察，并向中共中央、国务院报送了调研报告，提出了六条建议，国务委员周永康、华建敏等领导同志作了重要批示，明确要求有关

部门认真考虑调研报告中的建议，提出采纳意见，供国务院领导研究。对民革中央提出的关于我国就业领域面临的问题及对策的提案、民建中央提出的关于深化分配制度改革，缩小收入分配差距的提案、民进中央提出的关于引进市场机制，大力推进环保产业发展的提案和关于切实解决城市化进程中失地农民利益保障问题的提案、农工党中央提出的关于农村卫生改革与发展的提案、致公党中央提出的加强物种引进的监管，防止外来生物入侵的提案、九三学社中央提出的关于解决高校毕业生就业难问题的提案、台盟中央提出的关于推动直接“三通”开创两岸经济合作新局面的提案，等等，承办单位都进行了认真的办理。提案委员会组织提案人和承办单位一起，或者进行重点提案调研，或者召开协商办理座谈会，推动提案的办理和落实。

贾庆林主席十分重视专委会的工作，也十分重视将调研成果及时转化为提案。在贾主席的关心下，一些专委会将调研中了解的情况及时撰写为相关的提案，得到了承办单位的认真办理。比如，对于经济委员会提出的《关于将黑龙江省列为全国分离企业办社会职能试点省的建议》，国资委在办理该提案的同时加快了分离企业办社会职能工作，并下发了进一步做好改制工作的通知。对于人口资源环境委员会提出的《关于请国家财力支持扎龙自然保护区生态补水及核心区居民迁移的建议》，国家发展和改革委员会积极采纳了提案的建议，并会同有关部门和地方政府进行了认真研究。

提案工作是政协一项独具特色的工作。随着我国社会主义民主政治建设的逐步深入，政协提案工作越来越受到社会各界的广泛关注，受到各级领导的重视。今年5月，中办、国办联合发出通知，转发了《全国政协办公厅关于办理政协提案的意见》，充分体现了党中央、国务院领导对人民政协工作的高度重视和对政协提案工作的关注。“两办通知”的发出，使政协提案工作进一步受到各级领导的重视。我们应该乘势而上，充分发挥人民政协人才荟萃，智力密集，联系广泛的优势，更好地运用提案的方式，积极建言献策，在全面建设小康社会的历史进程中，为建设社会主义物质文明、政治文明和精神文明做出贡献。

下面，我就进一步做好提案工作讲点意见：

第一，对于各民主党派中央、全国工商联和政协专委会来讲，应继续坚持围绕国家的工作中心和人民群众关心的热点问题精心选题，深入调查研究，使提案质量更上一层楼。提案质量是提案工作的生命，提案质量高，才能引起重视，真正得以落实。要充分发挥各自的优势，积极做好调研成果转化为相关提案的工作。政协大会和常委会议的发言中有不少体现了党派、团体、政协专委会的调研成果，如果把调研、视察活动形成的一些重要成果通过提案的方式，提交有关部门办理，将会有利于具体建议的采纳和吸收，有利于取得实效。

第二，对于政协提案委员会来讲，要进一步提高服务质量。

党派提案集中了集体的智慧，是参政党向执政党和人民政府提出的郑重主张。积极主动地做好党派提案工作，不仅有助于提升政协提案工作的整体水平，而且对于坚持和完善中国共产党领导的多党合作和政治协商制度、加强社会主义民主政治建设，都具有重要意义。提案委员会要充分发挥桥梁纽带作用，着力加强与各民主党派、全国工商联的联系，及时传达有关信息，积极做好服务工作。同时，提案委员会要加强与其他专委会的联系与协作，不仅要继续坚持及时地把相关的提案送各专委会作为专题调研的参考，还应在有条件时,联合进行一些重点提案的调研活动,共同向中共中央、国务院报送调研报告,促成问题的解决。

第三,要充分发挥政协整体优势,增强做好提案工作的合力。提案工作是人民政协一项全局性的工作,涉及范围广、单位多,无论是提高提案自身的质量,还是提高提案办理质量,只靠提案委员会是不够的,需要各专委会互相配合,紧密协作。政协各专委会要充分发挥自身的优势,多出"精品"提案,同时,可考虑就一些重点提案加强合作,促进提案的办理和落实。各专委会要进一步加强同民主党派、全国工商联以及有关人民团体的联系,通过联合举办一系列活动,共同推动提案取得更大的实效,共同宣传政协提案的经济效益和社会效益。

今年的提案工作在中共中央、国务院及全国政协领导的重视下,在提案承办单位的支持下,经过大家的共同努力,出现了良好的开局,希望同志们再接再厉,把政协提案工作提高到一个新的水平。

(选自《中国政协》杂志 2004 年第 1 期)

学习"三个代表"重要思想 切实履行参政党职能

(2003 年 12 月)

李 蒙

世纪之交,江泽民同志提出了"三个代表"重要思想,论述了在新的历史条件下,"什么是社会主义,怎样建设社会主义,建设一个什么样的执政党,怎样建设执政党"这样重大的历史性课题。作为与中国共产党团结合作的参政党,同样面临这样的问题。我们要以与时俱进的精神,围绕建设一个什么样的参政党和怎样建设参政党这一重大问题进行探索和实践,着眼于提高政治协商和参政议政、民主监督的能力和水平,努力把农工党建设成为适应新世纪要求、始终保持进步性与广泛性相统一,能够在建设中国特色社会主义事业中有所作为的参政党。

(一)

"三个代表"重要思想的产生是历史的必然。如同其他科学理论体系一样,"三个代表"重要思想不是主观推断的结论,而是社会实践发展的产物。从根本上讲,"三个代表"重要思想是当代中国共产党人带领中国人民建设中国特色社会主义伟大实践的结晶,它植根于中国大地,植根于人民群众的实践,是对时代的反映、生活的反映、实践的反映。每一个时代都有属于自己的理论发展。国家和社会每进入一个新的历史发展时期,都需要并且必然会产生与之相适应的新思想、新理论。这是一个不以人们的主观意志为转移的思想理论发展的客观历史规律。"三个代表"重要思想就是马克思列宁主义、毛泽东思想、邓小平理论这一先进思想理论发展的历史规律在 21 世纪中国的体现。

“三个代表”重要思想是一个系统的科学理论，是一个内涵丰富、构成完整的科学理论体系。这个理论体系包括改革发展稳定、内政外交国防、治党治国治军诸方面的新思想、新观点、新论断，包括十三届四中全会以来中国共产党的全部理论和实践创新成果。多党合作理论是“三个代表”重要思想理论体系的重要的组成部分。以江泽民同志为核心的中国共产党第三代领导集体，创造性地回答了在新的历史条件下“为什么要坚持和完善多党合作制度，怎样坚持和完善多党合作制度”这一重大历史性课题。十三届四中全会以来在多党合作的实践基础上形成的新的理论创新，集中起来有七个方面：1.明确提出了中国共产党领导的多党合作制度是符合中国国情的社会主义政党制度，中国的政局要稳定，就必须稳定共产党领导的多党合作这个格局。2.提出了我国多党合作制度的显著特征，即共产党领导，多党派合作，共产党执政，多党派参政。3.提出了衡量中国政治制度和政党制度的四条标准：一看是否促进社会生产力的持续发展和社会全面进步；二看能否实现和发展人民民主，增强党和国家的活力，保持和发扬社会主义制度的特点和优势；三看能否保持国家政局的稳定和社会安定团结；四看能否实现和维护最广大人民的根本利益。4.强调了在总结历史和实践经验的基础上大力加强多党合作制度建设，不断推进多党合作的制度化、规范化和程序化。5.提出保持宽松稳定、团结和谐的政治环境，照顾同盟者利益，是多党合作中的一条重要原则。6.进一步明确了我国各民主党派进步性和广泛性的内涵。7.提出了要扩大民主党派的知情范围和参与程度，进一步搞好参政议政，特别是要完善民主监督机制，畅通下情上达的渠道，加大民主监督的力度。

中共十六大以来，以胡锦涛为总书记的中共中央新的领导集体以“三个代表”重要思想为指导，继承和发扬与民主党派的亲密合作、协商共事的优良传统，高度重视多党合作，有力地推动了多党合作的进一步发展。

“三个代表”重要思想作为中国共产党和全国一切工作的根本指针，也包含着对统一战线和多党合作的根本要求。中国共产党要认真学习贯彻“三个代表”重要思想，民主党派也要努力学习实践“三个代表”重要思想，深入领会“三个代表”重要思想在统一战线和多党合作中的指导地位。

（二）

民主党派学习实践“三个代表”重要思想，有助于提高对中国共产党先进性和执政必然性的认识，能使我们进一步增强接受和维护共产党领导和执政的自觉性；有助于更加坚定走建设中国特色社会主义道路的信心，能使我们更好地领会和贯彻执行中国共产党的路线、方针、政策，沿着中国特色社会主义道路不断前进；有助于增强坚持和完善中国共产党领导的多党合作和政治协商制度的自觉性，能使我们提高对中国基本政治制度优越性的认识，自觉抵制西方“多党制”和“政党轮替”等错误思潮的影响；有助于提高对加强参政党自身建设重要性的认识，能使我们不断提高参政议政能力和民主监督水平，为国家的改革发展稳定做出新贡献；有助于增强历史责任感和使命感，能使我们积极履行参政议政、民主监督职能，充分发挥参政党的作用。

2002年底召开的农工党第十三次代表大会，把“高举邓小平理论伟大旗帜，学习实践‘三个代表’重要思想，切实履行参政党职能”写进了党章总纲，作为农工党积极参与全面建设小康社会，加快推进社会主义现代化建设新的发展阶段的指导思想。

2003年胡锦涛总书记“七一”重要讲话后，农工党在深入学习的基础上，进一步认识到，“三个代表”重要思想是全党全国人民在新世纪新阶段继续团结奋斗的共同思想基础，也是多党合作的思想基础，既是中国共产党的指导思想，也是民主党派履行参政党职能，发挥参政党作用的指导思想。在新的历史条件下，坚持“三个代表”重要思想，就是真正坚持马克思列宁主义、毛泽东思想和邓小平理论；高举“三个代表”重要思想的旗帜，就是真正高举邓小平理论的伟大旗帜。这是广大农工党员对“三个代表”重要思想的共识，反映了时代发展对农工党提出的必然要求，体现了农工党的进步性。

（三）

民主党派学习实践“三个代表”重要思想，归根到底要在履行参政议政、民主监督职能中加以体现。换句话说，就是民主党派要以“三个代表”重要思想为指导，充分发挥人才荟萃、智力密集、联系广泛的特点和优势，努力为先进生产力和先进文化的发展、为广大人民群众的利益服务，献智出力，发挥作用。

民主党派学习实践“三个代表”重要思想，必须努力为先进生产力的发展服务。我们要把推动先进生产力的发展作为自己参政议政的着眼点和落脚点。敏锐把握我国社会生产力的发展趋势和要求，积极参与政治协商和履行参政议政、民主监督职能。在参政议政中要充分发挥整体优势，牢牢把握经济建设这个中心，突出发展这条主线，以推动生产力跨越式发展为立足点，以科技进步为突破口，以我国加入世界贸易组织为切入点，重点围绕加快经济结构调整的步伐，实现传统产业现代化、高新技术产业化、区域经济特色化，建言立论，为促进先进生产力快速发展献计出力。

民主党派学习实践“三个代表”重要思想，必须努力为先进文化的发展服务。我们要牢牢把握先进文化的发展趋势和要求，坚持以“三个代表”重要思想为指导，立足于建设中国特色社会主义的实践，着眼于世界科学文化发展的前沿，积极进行文化创新，不断增强中国特色社会主义文化的吸引力和感召力，推进健康向上、丰富多彩的、全民族的科学的大众的中国特色社会主义文化的发展。广大农工党党员具有较高的科学文化素质，他们中的大多数人本身就是先进文化和优秀精神产品的生产者和传播者，这一特点决定了民主党派在推动社会主义精神文明建设中既要参政议政、献计献策，又要身体力行、弘扬光大。我们必须在中国共产党的领导下，大力引导和激励广大党员特别是中青年党员进一步坚定追求科学真理，增强社会主义信念、集体主义思想道德观念，大力弘扬科学的世界观、人生观、价值观，大力支持广大党员发挥自身优势，积极开展科技扶贫、医疗下乡、文化帮困等活动，为社会主义精神文明建设做好事、办实事。

民主党派学习实践“三个代表”重要思想，必须努力为广大人民群众的利益服务。民主党派为广大人民群众利益服务，最直接和基础的工作就是积极反映社情民意、促进党和国家决策的科学化、民主化。我们要坚持民主党派进步性和广泛性相统一的特点，充分了解和反映广大成员及所联系群众的政治意愿和要求，代表和维护本界别的利益，做好广大成员的思想政治工作，做到下情上达，上情下达，努力成为执政党联系本界别群众的桥梁和纽带，努力发挥争取人心、凝聚力量的作用，为维护社会政治稳定、为创造和保持宽松稳定、团结和谐的政治环境做出应有的贡献。

（四）

加强民主党派自身建设是民主党派学习实践“三个代表”重要思想的重要任务。进入新世纪以来，国际国内形势的深刻变化对民主党派的建设提出了更高要求，而在民主党派建设过程中，又面临许多重大的理论问题和实践问题，迫切需要进行理论上的研究和概括。2002年民主党派换届后，中共中央领导同志多次要求我们要建设适应新世纪要求的参政党。民主党派的党建目标应该是以提高自身素质、增强参政能力为重点，坚持与时俱进，参政为民，在中国共产党领导下，不断把中国特色社会主义事业推向前进。学习实践“三个代表”重要思想，加强民主党派的自身建设，必须努力做好以下几个方面工作：

一是切实加强民主党派的思想建设。思想建设是民主党派自身建设的中心环节。思想建设担负着为改革开放和现代化建设提供精神动力、舆论支持和思想保证的重大责任。对于民主党派来说，思想建设又是巩固和发展中国共产党领导的多党合作和政治协商制度的基础性工作。只有重视和加强思想建设，才能确立正确的政治方向，才能在多党合作的格局中发挥作用，做出贡献。思想建设需要遵循“继承又发展，务实又创新”的方针，认真研究新形势下思想建设工作的特点和规律，积极开辟新途径、探索新方法、创造新经验，这是新形势下增强思想建设工作针对性和实效性的需要，只有这样思想建设才能提高水平，跟上形势，贴近实际，深入人心。

二是抓好领导班子建设。搞好领导班子建设，是民主党派搞好政治交接，充分发挥参政党职能的重要保证。加强领导班子建设的关键是要提高领导班子成员的政治素质和业务素质，健全领导机制，充分发挥领导集体的作用。要努力做到“两个坚持，一个提高”，即坚持中国共产党的基本路线、方针、政策，坚持学习实践“三个代表”重要思想，在事关大局、事关政治方向以及根本原则问题上，是非分明，头脑清醒；努力提高领导水平和参政水平。以求真务实、开拓创新的态度，努力掌握民主党派工作的规律和运作规则，这样才能带领广大成员更好地履行参政党的各项职能，才能真正担负起时代与历史赋予的重任。

三是加强后备干部队伍建设。民主党派各级组织不仅要建设有力的领导班子，还要培养一批忠于职守、素质较高的工作骨干。要从战略高度抓紧选拔培养后备干部，下大力气，常抓不懈。要健全工作机制，把后备干部的物色、考察、培养、选拔等各项工作制度化、规范化。要把工作的重点放在后备干部的培养提高上，加快培养步伐，有计划、有步骤地选派一批骨干，通过参加培训学习或者挂职锻炼等多种形式对他们进行比较系统的理论与实践的教育和多党合作优良传统的教育，全面提高他们的政治素质。

四是要贯彻民主集中制原则。民主党派是按照民主集中制原则组织起来的参政党，因此，认真贯彻民主集中制也成为民主党派自身建设的一个重要方面，需要从制度上加以保证。要在决策和实施决策的过程中，坚持“集体领导、民主集中、个别酝酿、会议决定”的方针；要坚持和完善集体领导和个人分工负责相结合的制度，既要防止一言堂，又要防止遇事推诿；要建立健全内部自我约束和自我监督机制，建立对各级领导班子成员的考核制度，通过年终述职和届中评议等办法，保证领导班子自觉接受本党成员和群众的监督。

五是健全各项工作机制。民主党派工作机制的建设是参政党性质、职能的规范，也是参政党各项建设不可缺少的载体。进入新世纪，随着民主党派在国家政治生活中作用的增强和成员增加后内部管理任务的加重，需要进一步建立和健全参政党的工作机制。根据参政党的性质和特点,健全参政党工作机制应该着重放在:健全参政工作机制;健全反映社会政治信息的机制;健全内部思想教育机制;健全内部监督机制等等,并在实际运作和执行过程中,注意检查落实情况,使之逐步完善。

（摘自《人民政协报》）

决议、决定

中国人民政治协商会议第十届全国委员会第一次会议政治决议

（2003年3月14日政协第十届全国委员会第一次会议通过）

中国人民政治协商会议第十届全国委员会第一次会议，听取和讨论了朱镕基总理所作的政府工作报告，表示赞同并给予高度评价。听取和讨论了国务院关于2002年国民经济和社会发展计划执行情况与2003年国民经济和社会发展计划草案的报告、关于2002年中央和地方预算执行情况及2003年中央和地方预算草案的报告、关于国务院机构改革方案的说明，听取和讨论了最高人民法院工作报告和最高人民检察院工作报告，对以上报告和方案表示赞同。

会议认为，过去的5年，以江泽民同志为核心的中共中央领导全国各族人民团结奋斗，战胜种种困难，完成了国民经济和社会发展第九个五年计划，胜利实现了社会主义现代化建设第二步战略目标，并取得了实施第十个五年计划的良好开局。这些来之不易的巨大成就，为实现我国社会主义现代化建设第三步战略目标奠定了坚实的基础。

会议认为，中国共产党第十六次全国代表大会，科学总结了中共十三届四中全会以来建设中国特色社会主义的基本经验，确立了"三个代表"重要思想在中国共产党的指导地位，明确提出了全面建设小康社会的奋斗目标，选举产生了新一届中共中央领导集体，对于我国各项事业在新世纪的新发展具有重大而深远的意义。中国共产党领导的多党合作和政治协商制度是我国一项基本政治制度，中国人民政治协商会议是中国人民爱国统一战线的组织，是共产党领导的多党合作和政治协商的重要机构，在国家政治生活、社会生活和对外友好活动中具有重要作用。人民政协要把深入学习、认真贯彻中共十六大精神，作为当前和今后一个时期的首要政治任务，围绕完成十六大提出的各项任务，切实履行政治协商、民主监督和参政议政职能，巩固和发展民主团结、生动活泼、安定和谐的政治局面，为促进社会主义物质文明、政治文明和精神文明建设，不断推进中国特色社会主义伟大事业做出应有的贡献。

会议认为，当前，我国加快推进社会主义现代化、实现全面建设小康社会奋斗目标的有利条件很多，但也存在着不容忽视的困难和问题。面对复杂多变的国际形势和艰巨繁重的国内建设任务，我们必须居安思危，增强忧患意识；必须始终保持谦虚谨慎、不骄不躁、艰苦奋斗的作风，团结一致，奋发进取，集中力量把我们国家建设好。

会议认为，香港和澳门回归祖国，丰富了"一国两制"的理论和实践，充分证明"一国两制"的方针是正确的，具有强大的生命力。早日实现祖国的完全统一，事关中华民族的根本利益,是包括广大台湾同胞在内的全体中华儿女的共同愿望。与会委员坚决拥护“和平统一、一国两制”的基本方针和现阶段发展两岸关系、推进祖国和平统一进程的八项主张,坚决支持在一个中国原则基础上恢复两岸对话与谈判,加强两岸人员的往来和经济文化等领域的交流,实现两岸直接通邮、通航和通商,坚决反对任何旨在分裂祖国的言行。会议呼吁,全体中华儿女携起手来,共同促进祖国统一大业的早日实现。

会议认为,和平与发展仍是当今时代的主题。维护和平,促进发展,事关各国人民的福祉,是各国人民的共同愿望,也是不可阻挡的历史潮流。世界多极化和经济全球化趋势在曲折中发展。我国面临的国际环境依然是机遇大于挑战,但国际形势中的不确定因素有所增加。参加人民政协的各党派团体和各族各界人士,坚决支持我国政府奉行独立自主的和平外交政策,在和平共处五项原则的基础上发展同各国的关系。反对各种形式的霸权主义和强权政治,反对一切形式的恐怖主义。中国人民愿同各国人民一道,共同推进世界和平与发展的崇高事业。

会议号召,人民政协的各参加单位、各级组织和广大委员,紧密团结在以胡锦涛同志为总书记的中共中央周围,高举邓小平理论伟大旗帜,学习和贯彻“三个代表”重要思想,坚持和完善共产党领导的多党合作和政治协商制度,围绕团结和民主两大主题切实履行职能,解放思想,实事求是,与时俱进,开拓创新,为实现中共十六大提出的全面建设小康社会的目标,为实现中华民族的伟大复兴而努力奋斗!

(新华社讯,3月15日《人民日报》)

中国人民政治协商会议第十届全国委员会第一次会议关于政协第九届全国委员会常务委员会工作报告的决议

(2003年3月14日政协第十届全国委员会第一次会议通过)

中国人民政治协商会议第十届全国委员会第一次会议,批准李贵鲜同志受政协第九届全国委员会常务委员会委托所作的工作报告。会议认为,九届政协紧紧围绕国家中心任务,始终把握团结和民主两大主题,认真履行政治协商、民主监督、参政议政职能,各项工作扎实深入、活跃有序,取得了重大进展,为巩固和发展爱国统一战线、坚持和完善共产党领导的多党合作和政治协商制度、推动改革开放和现代化建设、促进祖国统一大业发挥了重要作用。会议同意九届政协常务委员会工作报告对本届政协工作提出的各项建议,要求本届政协常务委员会认真组织实施,并希望常务委员会与时俱进,开拓创新,在建设中国特色社会主义伟大事业中开创政协工作的新局面。

(新华社讯,3月15日《人民日报》)

中国人民政治协商会议第十届全国委员会第一次会议关于第九届全国委员会常务委员会提案工作情况报告的决议

（2003年3月14日政协第十届全国委员会第一次会议通过）

中国人民政治协商会议第十届全国委员会第一次会议，同意周铁农同志受政协第九届全国委员会常务委员会委托所作的提案工作情况的报告。会议充分肯定政协第九届全国委员会提案工作取得的成绩。会议要求政协第十届全国委员会常务委员会继续坚持围绕中心、服务大局、提高质量、讲求实效的提案工作方针，把提案工作质量提高到一个新的水平。

（新华社讯，3月15日《人民日报》）

中国人民政治协商会议第十届全国委员会常务委员会关于设置专门委员会的决定

（2003年3月15日政协第十届全国委员会常务委员会第一次会议通过）

按照中共十六大关于"坚持和完善共产党领导的多党合作和政治协商制度"，"保证人民政协发挥政治协商、民主监督和参政议政的作用"的要求，依据《中国人民政治协商会议章程》第三十九条"中国人民政治协商会议全国委员会根据工作需要，设立若干专门委员会及其他工作机构，由常务委员会决定"的规定，中国人民政治协商会议第十届全国委员会设置以下九个专门委员会：提案委员会、经济委员会、人口资源环境委员会、教科文卫体委员会、社会和法制委员会、民族和宗教委员会、港澳台侨委员会、外事委员会、文史资料委员会。

（新华社3月15日电）

关于学习贯彻《中共中央关于完善社会主义市场经济体制若干问题的决定》的意见

（2003年10月20日政协第十届全国委员会常务委员会第三次会议通过）

中国人民政治协商会议第十届全国委员会常务委员会第三次会议，认真学习了中国共产党第十六届中央委员会第三次全体会议通过的《中共中央关于完善社会主义市场经济体制若干问题的决定》(以下简称《决定》)，对《决定》完全赞同和拥护。会议认为，中共十六届三中全会通过的《决定》，以邓小平理论和“三个代表”重要思想为指导，贯彻落实中共十六大精神，适应经济全球化和科技进步加快的国际环境，适应全面建设小康社会的新形势，明确了完善社会主义市场经济体制的目标、任务、指导思想和原则，对深化经济体制改革进行了全面部署，是建成完善的社会主义市场经济体制和更具活力、更加开放的经济体系的纲领性文件，必将为全面建设小康社会提供强有力的体制保障。《决定》提出，完善社会主义市场经济体制要按照统筹城乡发展、统筹区域发展、统筹经济社会发展、统筹人与自然和谐发展、统筹国内发展和对外开放的要求，更大程度地发挥市场在资源配置中的基础性作用；要坚持社会主义市场经济的改革方向，坚持尊重群众的首创精神，坚持正确处理改革发展稳定的关系，坚持统筹兼顾，坚持以人为本，树立全面、协调、可持续的科学发展观，促进经济社会和人的全面发展。这些基本要求和原则，是改革开放经验的总结，标志着对社会主义市场经济规律的认识不断深化。《决定》的贯彻实施，对于加快推进改革，进一步解放和发展生产力，促进经济发展和社会全面进步，具有重大的意义。为了学习好、贯彻好这个《决定》，会议提出如下意见：

一、各级政协组织要充分认识《决定》的重要意义，运用座谈会、报告会等多种形式，组织参加政协的各党派、团体和各族各界人士认真学习《决定》。要把学习《决定》与学习“三个代表”重要思想和中共十六大精神结合起来，与学习改革开放以来中共中央有关经济体制改革的重要文件结合起来，与总结我国经济体制改革的生动实践结合起来，与政协工作的实际结合起来。通过学习，深刻领会《决定》的精神，全面把握《决定》提出的完善社会主义市场经济体制的目标、任务、指导思想和原则以及各项重大措施，增强贯彻落实《决定》的主动性和自觉性。

二、要切实做好宣传《决定》的工作。建立完善的社会主义市场经济体制，是一项关系各条战线、各个领域和社会各方面的系统工程，需要各方面的共同努力。参加人民政协的各党派、团体和各族各界人士，要加强同本界别群众的联系，充分发挥自己在本界别群众和社会上的影响力，通过各种渠道和形式，积极向群众宣传《决定》的精神和内容。通过宣传，增进社会各界的共识，调动社会各方面的积极性，凝聚各方面的力量，推动《决定》的全面贯彻实施。

三、各级政协要坚持围绕中心、服务大局，把协助党委、政府落实好《决定》作为当前和今后一个时期的重要任务，摆在突出的位置。各地方政协要按照当地中共党委的统一部署，结合本地实际，切实履行职能，努力协助贯彻落实《决定》，为推动本地区的改革和发展作出应有的贡献。

四、要充分发挥政协的优势，积极为完善社会主义市场经济体制建言献策。参加政协的各民主党派、人民团体，政协各专门委员会和广大委员，要认真研究在完善社会主义市场经济体制过程中出现的新情况、新问题，精心选择经济社会发展中的若干热点和难点问题，深入开展专题调研，在充分论证的基础上提出意见和建议，为党和政府提供有价值的决策依据。

五、要把维护团结稳定摆在突出位置，协助党和政府做好协调关系、化解矛盾、维护稳定的工作。要运用政协团结面大、联系面广的有利条件，充分调动一切积极因素，努力化消极因素为积极因素；要深入基层、深入群众，关心群众疾苦，了解各方面的实际情况，及时、准确地向党政机关反映社情民意；要多做加强沟通、增进理解、理顺情绪、排忧解难的工作，维护和发展民主团结、生动活泼、安定和谐的政治局面，促进完善社会主义市场经济体制改革各项重大措施的顺利实施。

六、广大政协委员要立足本职，努力在自己工作岗位上多做贡献。要处理好履行委员职责与做好本职工作的关系，在积极开展参政议政、为完善社会主义市场经济体制建言献策等工作的同时，努力在自己的工作岗位上有所作为、发挥作用，为贯彻落实《决定》贡献力量。

会议号召，人民政协的各级组织、各参加单位和广大委员，高举邓小平理论伟大旗帜，全面贯彻“三个代表”重要思想，始终围绕团结和民主两大主题履行职能，紧密团结在以胡锦涛同志为总书记的中共中央周围，同心同德，群策群力，为建成完善的社会主义市场经济体制、实现全面建设小康社会的宏伟目标而努力奋斗！

重要会议、活动

新年茶话会　2003年1月1日在全国政协礼堂三楼大厅举行。江泽民、胡锦涛、李鹏、朱镕基、李瑞环、李岚清、吴邦国、温家宝、贾庆林、曾庆红、黄菊、吴官正、李长春、罗干等党和国家领导人及各民主党派中央、全国工商联负责人、无党派民主人士出席了茶话会。

茶话会由全国政协主席李瑞环主持。中共中央总书记、国家副主席、中央军委副主席胡锦涛发表重要讲话。台盟中央主席张克辉也在茶话会上讲话。

李瑞环代表政协全国委员会向各位来宾表示热烈的欢迎和诚挚的问候，祝大家身体健康、工作顺利、阖家幸福。并借此机会，向所有关心、支持政协工作的部门、同志和朋友们表示衷心的感谢。

胡锦涛代表中共中央、国务院、中央军委，向各民主党派和工商联、各人民团体和各界人士，向全国广大工人、农民、知识分子和干部，向人民解放军指战员、武警官兵和公安干警，向香港特别行政区同胞、澳门特别行政区同胞、台湾同胞和海外侨胞，向关心和支持中国现代化建设的国际友人，致以亲切的节日问候并发表了重要讲话。

张克辉代表各民主党派中央、全国工商联和无党派人士，向全国各族人民致以节日的良好祝愿，向香港、澳门特别行政区同胞和台湾同胞、海外侨胞致以诚挚的问候，向伟大的中国共产党表示崇高的敬意并发表了讲话。

李瑞环最后说，胡锦涛同志的重要讲话，全面总结了过去一年的重要工作，深刻分析了当前我们面临的形势，明确提出了必须努力完成的任务，这对我们在新的一年里做好各项工作，具有十分重要的意义。胡锦涛同志的重要讲话还对政协工作提出了新的要求，我们一定要认真加以落实。他强调指出，今年是全面贯彻落实中共十六大精神的第一年。做好今年的各项工作，对于全面建设小康社会、加快推进社会主义现代化，意义重大。让我们紧密团结在以胡锦涛同志为总书记的中共中央周围，高举邓小平理论伟大旗帜，全面贯彻“三个代表”重要思想，认真贯彻中共十六大精神，牢牢把握团结和民主两大主题，积极履行人民政协的各项职能，为开创中国特色社会主义事业新局面不断作出新的更大的贡献。

王兆国、刘淇、刘云山、吴仪、周永康、贺国强、郭伯雄、曹刚川、曾培炎、王刚、田纪云、迟浩田、张万年、姜春云、尉健行、荣毅仁、徐才厚、何勇、邹家华、王光英、铁木尔·达瓦买提、吴阶平、彭珮云、何鲁丽、周光召、曹志、丁石孙、成思危、许嘉璐、蒋正华、司马义·艾买提、王忠禹、肖扬、韩杼滨、叶选平、杨汝岱、阿沛·阿旺晋美、任建新、宋健、张思卿、钱正英、孙孚凌、朱光亚、万国权、胡启立、陈锦华、赵南起、白立忱、经叔平、罗豪才、周铁农、王文元和谷牧、孙起孟以及王克、梁光烈、廖锡龙、李继耐出席了茶话会。出席茶话会的还有：全国人大常委会秘书长何椿霖，全国政协秘书长郑万通，以及在京全国政协常委、中央和国家机关有关方面负责人，首都各族各界的代表人士共400余人。在茶话会上，江泽民、胡锦涛等领导同志来到各界人士中间，同大家亲切交谈，互致问候。首都文艺工作者表演了京剧、歌舞等精彩节目。

（张萍 编写 金学锋 审稿）

政协第十届全国委员会常务委员会第一次会议 2003年3月14日至15日在北京举行。会议的主要议题是审议通过政协第十届全国委员会常务委员会关于设置专门委员会的决定；审议通过政协第十届全国委员会专门委员会主任、副主任名单；审议通过政协第十届全国委员会副秘书长名单；学习贯彻政协十届一次会议精神，研究本年度常委会工作思路。

中共中央政治局常委、全国政协主席贾庆林出席并主持了开幕会。会议听取了郑万通秘书长所作关于政协第十届全国委员会常务委员会关于设置专门委员会的决定（草案）和关于政协第十届全国委员会专门委员会主任、副主任名单（草案）的说明。

会议期间，常委们围绕本次会议的主要议题进行了分组讨论。

全国政协副主席王忠禹主持闭幕会。会议通过了《政协第十届全国委员会常务委员会关于设置专门委员会的决定》、《政协第十届全国委员会专门委员会主任、副主任名单》、《政协第十届全国委员会副秘书长名单》。全国政协主席贾庆林讲话，他说，在刚刚闭幕的全国政协十届一次会议上，委员们选举我们组成常务委员会，这是对我们的信任，也是赋予我们的责任。作为常委会成员，我们必须增强责任感和使命感，保持良好的精神状态，团结合作，积极进取，切实履行常委会的职责，努力把各项工作做好。

全国政协副主席廖晖、刘延东、阿沛·阿旺晋美、帕巴拉·格列朗杰、李贵鲜、张思卿、丁光训、霍英东、马万祺、白立忱、罗豪才、张克辉、周铁农、郝建秀、陈奎元、阿不来提·阿不都热西提、徐匡迪、李兆焯、黄孟复、王选、张怀西、李蒙，秘书长郑万通和常委共307人出席会议。

（孟凌 编写 金学锋 审稿）

政协第九届全国委员会常务委员会第二十次会议 2003年1月20日至23日在北京举行。这次会议的主要议题是关于召开政协十届一次会议的有关事宜。

全国政协主席李瑞环出席会议，全国政协副主席叶选平主持了开幕会。会议决定政协十届一次会议于2003年3月3日在北京召开。会议通过了政协第十届全国委员会第一次会议议程（草案）和日程（草案），通过了政协第十届全国委员会参加单位、委员名额和人选名单，通过了授权主席会议审议政协第九届全国委员会常务委员会第二十次会议未尽事宜的决定。会议听取、讨论并通过了《政协第九届全国委员会常务委员会工作报告》。

在讨论中，常委会组成人员对九届政协的工作给予了充分肯定和高度评价。大家一致认为，九届政协始终坚持中国共产党领导的多党合作和政治协商制度，不断巩固和发展爱国统一战线，自觉服从和服务于改革发展稳定的大局，为建设中国特色社会主义的伟大事业作出了重要贡献，推动了政协工作的蓬勃发展。

李瑞环主席主持闭幕会并发表重要讲话。

全国政协副主席杨汝岱、王兆国、阿沛·阿旺晋美、任建新、宋健、李贵鲜、张思卿、钱正英、丁光训、孙孚凌、霍英东、马万祺、朱光亚、万国权、胡启立、赵南起、毛致用、白立忱、经叔平、罗豪才、张克辉、周铁农、王文元，秘书长郑万通和常委共247人出席会议。全国政协副秘书长和研究室主任，各专门委员会负责人，中共中央统战部副部长，各省、自治区、直辖市和副省级市政协主席列席会议。

（孟凌 编写 金学锋 审稿）

政协第十届全国委员会第一次会议

2003年3月2日下午，政协十届一次会议预备会议在人民大会堂举行。会议由九届政协主席李瑞环主持，中共中央政治局常委贾庆林出席会议。会议共三项议程：一、审议通过政协十届一次会议主席团、主席团会议主持人和秘书长名单；二、审议通过政协十届一次会议议程；三、审议通过政协十届一次会议提案审查委员会名单。九届政协主席会议成员在主席台就座，共2043名十届政协委员出席预备会议。

政协十届一次会议于2003年3月3日至13日在北京举行。会议应出席委员2238人，实到2150人。党和国家领导人江泽民、胡锦涛、李鹏、朱镕基、李瑞环、李岚清、吴邦国、温家宝、曾庆红、黄菊、吴官正、李长春、罗干等出席了开幕会和闭幕会。

中共中央政治局常委、政协十届一次会议主席团常务主席会议主持人贾庆林主持开幕会。常务主席李贵鲜代表政协第九届全国委员会常务委员会作《政协第九届全国委员会常务委员会工作报告》，常务主席周铁农代表政协第九届全国委员会常务委员会作《政协第九届全国委员会常务委员会关于提案工作情况的报告》。

全体委员列席了十届人大一次会议，听取了国务院总理朱镕基作的《政府工作报告》，以及国家发展计划委员会主任曾培炎作的《关于2002年国民经济和社会发展计划执行情况与2003年国民经济和社会发展计划（草案）的报告》、财政部部长项怀诚作的《关于2002年中央和地方预算执行情况及2003年中央和地方预算（草案）的报告》、国务委员兼国务院秘书长王忠禹作的《关于国务院机构改革方案的说明》、最高人民法院院长肖扬作的《最高人民法院工作报告》、最高人民检察院检察长韩杼滨作的《最高人民检察院工作报告》等重要报告。

委员们对以上报告进行了分组讨论和联组讨论。在讨论《政协第九届全国委员会常务委员会工作报告》时，与会委员对政协九届全国委员会的工作给予了高度评价。委员们认为，九届政协始终把握团结和民主两大主题，认真履行政治协商、民主监督、参政议政职能，各项工作扎实深入、活跃有序，取得了重大进展，为巩固和发展爱国统一战线、坚持和完善共产党领导的多党合作和政治协商制度、推动改革开放和现代化建设、促进祖国统一大业发挥了重要作用。会议同意九届政协常务委员会工作报告对十届政协工作提出的各项建议，并要求常务委员会认真组织落实。委员们还对改进政协工作提出了一些意见和建议。在讨论《政府工作报告》时，委员们对本届政府工作给予了高度评价，对工作报告普遍表示赞同。委员们认为，本届政府面对错综复杂的国际国内形势，沉着应对，励精图治，开拓创新，与时俱进，成绩来之不易，广大政协委员满意，各界人民群众满意。报告中关系国计民生的具体数字增多，关注弱势群体的内容突出，是本届政府以人为本、勤政为民的真实写照。讨论中，委员们就进一步重视“三农”问题、加强国防和军事法规建设、加强教育投入、政府建立预警及危机处理机制、构建终身教育体系、增加中央政府支持香港克服前进中的困难、加强青少年思想道德教育、努力从源头上反腐败以及国务院机构改革方案提出了意见和建议。

会议就经济建设和可持续发展，政治文明、精神文明、社会稳定和统战政协等专题组织了2次大会发言，27位委员（或代表单位、或联名、或以个人身份）就上述专题在全体会议上发表了意见。会议还印发书面发言材料575份。

胡锦涛、吴邦国、温家宝、贾庆林、曾庆红、黄菊、吴官正、李长春、罗干等党和国家领导人分别到34个小组看望委员并参加讨论会，听取委员的意见和建议。中央和国务院有关负责人应邀听取了大会发言。中共中央、国务院有关部门负责人应邀列席各次全体会议、并参加了委员联组讨论会。高法、高检负责人应邀列席了关于“两高”报告的委员分组讨论会。

会议选举中共中央政治局常委贾庆林为政协第十届全国委员会主席，王忠禹等24人为副主席，一诚等299人为常务委员，郑万通为秘书长。

会议通过了《中国人民政治协商会议第十届全国委员会第一次会议政治决议》、《中国人民政治协商会议第十届全国委员会第一次会议关于政协第九届全国委员会常务委员会工作报告的决议》、《中国人民政治协商会议第十届全国委员会第一次会议关于政协第九届全国委员会常务委员会提案工作情况报告的决议》和《中国人民政治协商会议第十届全国委员会提案委员会关于十届一次会议提案审查情况的报告》。

贾庆林主席在闭幕会上发表了重要讲话。

（汪海涛　编写　金学锋　审稿）

全国政协十届一次会议提案交办会 2003年3月20日在全国政协机关召开。提案委员会主任傅杰主持会议。全国政协常务副主席王忠禹出席会议并讲话，他在讲话中指出，多年来，在各承办单位领导的重视和同志们的努力下，政协提案办理工作取得了长足的进步。各个承办单位从贯彻中国共产党领导的多党合作和政治协商制度、密切党和政府与各民主党派和社会各界人士关系的高度，把办理政协提案作为一项十分严肃的政治任务认真对待，健全了办理工作制度，加强了办理工作队伍。许多承办单位的主要领导同志，亲自部署、参与办理、审定复文，严格把关。在办理过程中，坚持提案办理与调查研究、与重要决策、与政策制定、与措施落实相结合，使提案办理质量不断提高，提案中的许多意见和建议被采纳，使提案在履行人民政协职能中发挥了重要作用，受到政协委员和社会各界的好评。为了进一步做好提案办理工作，希望各承办单位进一步提高认识。政协委员通过提案所提的意见和建议，反映了群众的呼声，代表着各族各界群众的利益。认真办理提案，对坚持和完善中国共产党领导的多党合作和政治协商制度，对本单位决策的科学化、民主化，对改进政府工作作风都具有重要意义；要坚持和完善行之有效的工作制度和工作方式，进一步加强与政协委员的沟通和联系，坚持重点提案重点办理，加大调查研究力度，加强提案办理过程中的督促检查，提案办理的各部门、各地方之间要积极沟通，相互配合，通力协作；要认真负责，积极主动，立足于解决问题，注重实效，而不是仅仅限于提出答复意见。凡是有条件解决的，尽可能集中力量及时解决。对提案中提出的涉及面广、情况比较复杂的问题，可以纳入各部门的研究课题，进行专门调研，积极寻找解决问题的途径和办法。对因条件所限一时确实难以解决的问题，可列入规划，创造条件，逐步落实。对那些确实不可行的，要实事求是地说明情由，解释清楚；要建设一支热心承办工作、掌握政策、熟悉业务的高水平办理队伍，为提案办理工作提供组织保证。

傅志煌副秘书长就《关于办理政协十届一次会议提案的意见》作了说明。

全国政协秘书长郑万通、副秘书长王巨禄，国务院副秘书长尤权，各专门委员会负责人以及在京120个提案承办单位的有关负责人出席了会议。

（刘巧丽　编写　吴新国　审稿）

全国政协委员视察工作研讨会 2003年4月8日至11日在江苏省南京市召开。张思卿副主席在开幕会上发表讲话，肯定了近年来委员视察工作取得的成绩，并着重从我国社会主义民主政治建设和人民政协工作全局的高度，深刻阐述了委员视察的性质、定位、作用等一系列深层次问题，以及视察活动的重要意义。赵喜明副秘书长出席会议并在闭幕会上作总结讲话。会议总结了各级政协在组织委员视察工作中创造的经验，并对今后做好视察工作提出意见建议。全国31个省、自治区、直辖市政协分管委员视察工作的秘书长或办公厅负责人，以及具体承担组织、接待全国政协委员视察工作的有关处室负责同志共70余人参加了会议。

（张汝江　编写　郝争鸣　审稿）

邓兆祥同志诞辰100周年纪念座谈会 2003年4月25日在北京全国政协礼堂举行。座谈会由全国政协办公厅举办。中共中央政治局常委、全国政协主席贾庆林出席。

全国政协常务副主席王忠禹主持座谈会。全国政协副主席、中共中央统战部部长刘延东在座谈会上讲话。她代表全国政协和中共中央统战部，对邓兆祥同志表示深切的怀念和崇高的敬意。她说，邓兆祥同志是著名的爱国主义者，是中国人民解放军的优秀领导干部、杰出的军事指挥员，是中国共产党的优秀党员。他信仰马列主义、毛泽东思想、邓小平理论，拥护党的路线、方针、政策，自觉地在思想上、政治上同党中央保持一致。以党和人民的利益为重，以共产党员的标准严格要求自己。他身居要职，但廉洁奉公，严于律己，从不搞特殊，生活坚持俭朴为本。他对身边的工作人员和家属要求都非常严格，从不利用自己的特殊身份为亲属谋取私利，表现了一个共产党员廉洁、正直的高尚品格。他为巩固和发展统一战线，为加强人民政协工作作出了重要贡献。

邓兆祥早年在黄埔海军学校、英国格林威治皇家海军学院学习。曾在北洋海军、国民党海军任职。1949年率部举行了震惊中外的“重庆号”起义。新中国成立后，他历任中国人民解放军重庆号巡洋舰舰长，安东海军学校、快艇学校校长，第一海军学校副校长，海军青岛基地司令部副参谋长、副司令员，北海舰队副司令员，海军副司令员等职。1955年被授予少将军衔，并获一级解放勋章，1988年获中国人民解放军胜利功勋荣誉章。1965年加入中国共产党。1949年，他作为特邀代表出席了中国人民政治协商会议第一届全体会议，并当选为中国人民政治协商会议第一届全国委员会委员。为第一至四届全国人大代表、第五届全国人大常委会委员，第六至八届全国政协副主席。

王忠禹最后说，邓兆祥同志离开我们已经4年多了，但他为国家和人民所作的贡献将永载史册。今天，我们在这里聚会纪念他，就是要学习他坚定的爱国主义思想，学习他坚持真理、追求光明、自强不息的革命信念，学习他为国家和民族利益而无私奉献的精神。在我们进入全面建设小康社会，加快推进社会主义现代化的新的发展阶段，邓兆祥同志崇高的品德和不断进取的精神，仍将激励着我们在各自岗位上开拓创新，努力工作，为建设中国特色社会主义事业，不断做出新的更大的贡献。

中国人民解放军海军司令员石云生，邓兆祥生前友好代表、海军大连舰艇学院原副院长王颐桢，邓兆祥长子邓汝棣在座谈会上先后发言。

中共中央政治局委员、中央军委副主席郭伯雄，全国人大常委会副委员长蒋正华，全国政协副主席张克辉、秘书长郑万通，有关单位负责人以及邓兆祥同志的亲属和生前友好共100多人出席了座谈会。

（王南燕　编写　金学锋　审稿）

政协第十届全国委员会常务委员会第二次会议 2003年7月8日至11日在北京举行。会议的主要议题是贯彻中共十六大关于紧紧抓住发展这个党执政兴国第一要务的精神，围绕促进国民经济持续健康快速发展和完善社会主义市场经济体制两大任务建言献策。

中共中央政治局常委、全国政协主席贾庆林出席并主持开幕会。会议邀请中共中央政治局常委、国务院副总理黄菊同志作关于经济发展和抗击"非典"工作情况的报告。黄菊在报告中通报了我国当前经济形式和下半年经济工作重点，分析了"非典"疫情给经济发展带来的影响和党中央、国务院采取的对策措施。

本次会议在总的议题下共设七个专题：一、完善社会主义市场经济体制；二、促进农业和农村经济全面发展；三、促进非公有制经济健康发展；四、坚持走可持续发展道路；五、做好扩大就业和社会保障工作；六、实施科教兴国战略；七、实现经济和社会的协调发展。

会议组织了常委分组讨论、专题分组讨论和大会发言，共有8位常委、6位委员在大会上发言。

全国政协副主席王忠禹主持闭幕会。全国政协主席贾庆林讲话，他说，这次常委会议是在全党和全国人民兴起学习贯彻"三个代表"重要思想新高潮的形势下召开的。这次会议主题鲜明、重点突出，开得生动活跃、富有成效。他强调指出，各级政协组织和广大政协委员要坚持用马克思主义态度学习贯彻好"三个代表"重要思想，用"三个代表"重要思想指导新的实践，按照团结和民主两大主题的要求，履行好政治协商、民主监督、参政议政的职能，推动人民政协事业实现新发展，开创新局面。

会议通过了关于部分修改《中国人民政治协商会议章程》的决定。

全国政协副主席廖晖、刘延东、阿沛·阿旺晋美、李贵鲜、丁光训、霍英东、马万祺、白立忱、罗豪才、张克辉、周铁农、郝建秀、陈奎元、阿不来提·阿不都热西提、徐匡迪、李兆焯、黄孟复、王选、张怀西、李蒙，秘书长郑万通和常委共283人出席会议。全国政协副秘书长和研究室主任，各专门委员会负责人，中共中央统战部副部长，各省、自治区、直辖市和副省级市政协主席列席会议。本次会议还邀请中共中央和国务院有关部门负责人列席了会议。

（孟凌 编写 金学锋 审稿）

政协第十届全国委员会常务委员会第三次会议 2003年10月17日至20日在北京举行。会议的主要议题是学习和贯彻中共十六届三中全会精神，讨论完善社会主义市场经济体制问题。

中共中央政治局常委、全国政协主席贾庆林出席并主持开幕会。中共中央政治局常委、国务院总理温家宝应邀到会作关于中共十六届三中全会会议情况和会议精神的报告。

会议组织了小组讨论和大会发言。共有14人(10位常委,4位委员)或代表各民主党派中央、全国工商联、部分专门委员会或以个人名义，围绕完善社会主义市场经济体制问题作大会发言。

全国政协常务副主席王忠禹主持闭幕会。中共中央政治局常委、全国政协主席贾庆林作重要讲话。

会议听取了各小组学习和讨论《中共中央关于完善社会主义市场经济体制若干问题的决定》情况的汇报，通过了政协十届常委会第三次会议《关于学习贯彻〈中共中央关于完善社会主义市场经济体制若干问题的决定〉的意见》。

全国政协副主席廖晖、刘延东、阿沛·阿旺晋美、帕巴拉·格列朗杰、李贵鲜、张思卿、丁光训、霍英东、马万祺、白立忱、罗豪才、张克辉、周铁农、郝建秀、陈奎元、阿不来提·阿不都热西提、徐匡迪、李兆焯、黄孟复、王选、张怀西、李蒙，秘书长郑万通和常委共259人出席了会议。各省、自治区、直辖市及副省级市政协主席，全国政协副秘书长和研究室主任，各专门委员会负责人，中共中央统战部副部长，中共中央办公厅、国务院办公厅、发展改革委、教育部、科技部、财政部、商务部、人民银行、国资委的负责人以及部分委员列席了会议。

（石秀燕　编写　金学锋　审稿）

经 常 性 工 作

【委员视察工作】

2003年,因受"非典"疫情影响,办公厅对委员视察计划作了适当调整,取消4个视察团。全年实际组织23个视察团,其中常委视察团1个;在京委员视察团11个(含5个界别视察团);港澳委员视察团2个;京外委员跨省视察团9个。周铁农、阿不来提·阿不都热西提、徐匡迪、李兆焯、黄孟复、王选、李蒙等7位副主席9次带团视察。共有565位委员参加了视察,其中在京委员353人。办公厅还委托没有安排跨省视察的省级政协,组织驻当地的全国政协委员进行就地视察。

全国政协办公厅向中共中央办公厅和国务院办公厅提交了22篇视察报告,为各级领导决策提供了有重要参考价值的意见和建议。其中,许多报告得到中央领导的批示,引起有关部委和地方党政领导的重视。

年终召开了本年度全国政协委员视察团团长座谈会和国务院有关部委办公厅负责人座谈会,对委员视察工作进行总结研讨。

(张汝江 编写 郝争鸣 审稿)

2003年度全国政协委员视察简况

序号	时间	所到地区	委员所在地	内 容	人数	团长	组团形式	视察报告题目
1	8.25~9.3	陕西省西安、宝鸡	全国	民营经济发展及参与国企改革	17	黄孟复 刘仲黎 卢荣景 安启元	常委视察	《关于加快推进民营企业参与国有企业改组改造的建议》
2	8.5~17	西藏自治区拉萨、林芝、日喀则、当雄	北京	关于促进西藏旅游业发展和增加农牧民收入	17	李蒙 张洽	无党派界委员	《关于促进西藏旅游业发展和增加农牧民收入的几点建议》
3	8.20~27	青海省西宁、海北州、海南州	北京	青海湖环境综合治理	54	李兆焯 陈广文 邵奇惠 张洽 索丽生		《关于青海湖生态建设和环境保护的视察报告》
4	9.1~9	辽宁省沈阳、大连、丹东	贵州	国企下岗职工再就业情况	15	王思齐 龙超云 莫时仁		《关于国有企业下岗职工再就业情况的视察报告》

序号	时间	所到地区	委员所在地	内　容	人数	团长	组团形式	视察报告题目
5	9.3 ~12	黑龙江省哈尔滨、大庆、伊春、鹤岗、牡丹江	北京	资源开发为主城市的产业续接问题	31	黄璜 谭庆琏		《关于黑龙江省资源型城市发展接续产业的视察报告》
6	9.4 ~8	天津市	北京	发展职业教育	26	林用三 徐玉麟		《关于天津市职业教育情况的视察报告》
7	9.7 ~16	吉林省延边、长春、吉林、松原	湖北	生态省建设情况	12	丁凤英 郑楚光		《关于吉林生态省建设情况的视察报告》
8	9.13 ~20	四川省成都、阿坝	澳门	改革开放情况	23	吴福 李勇武	澳门特邀人士界委员	《关于视察四川省情况的报告》
9	9.15 ~24	安徽省合肥、巢湖、芜湖、黄山	甘肃	农村税费改革情况	12	黄亦纯 李宝祥		《关于安徽省农村税费改革试点工作情况的视察报告》
10	9.17 ~25	山东省济南、东营、潍坊、烟台	北京	产业化经营与农民增收	16	胡富国 任玉岭	农业界委员	《关于加快推进农业产业化发展的几点建议》
11	9.18 ~25	贵州省贵阳、凯里、仁怀、赤水	全国	农村义务教育	23	周铁农 齐续春 张洽	无党派界委员团	《关于贵州省农村义务教育发展情况的视察报告》
12	10.7 ~14	江西省南昌、井冈山、庐山、景德镇	香港	改革开放情况	37	徐展堂 郭炳湘 伍淑清 施子清 李祖泽	香港特邀人士界委员	《关于视察江西省情况的报告》
13	10.9 ~13	重庆市	海南	高新技术产业发展情况	13	王广宪 王守初		《关于重庆市高新技术产业发展情况的视察报告》
14	10.15 ~24	上海市	河北	电子政务建设	17	赵金铎 陈秀芳		《关于上海市电子政务建设情况的视察报告》
15	10.18 ~27	福建省福州、泉州、厦门、武夷山	山西	发展外向型经济	13	刘泽民 聂向庭 薛荣哲		《关于福建省外向型经济发展情况的视察报告》

序号	时间	所到地区	委员所在地	内　容	人数	团长	组团形式	视察报告题目
16	10.21~31	江西省南昌、九江、井冈山	山东	长江流域湿地保护	13	王久祜 李良辉		《关于江西省湿地保护情况的视察报告》
17	10.22~23	北京市	北京	吸引留学人员回国创业工作	60	王选 万学远 伍绍祖 孙永福		
18	10.23~31	四川省成都、绵阳、温江、乐山	上海	城市化建设	19	蒋以任 王生洪 俞云波		《关于四川省城镇化建设情况的视察报告》
19	10.25~11.5	浙江省杭州、义乌、温州、宁波	北京	中介组织发展和管理	41	阿不来提·阿不都热西提 范宝俊 苏立清 康义	与民政部、国家工商行政管理总局联合	《关于浙江省中介组织发展和管理情况的视察报告》
20	11.6~16	湖南、浙江、江苏	全国	目前全国昆曲院团现状	10	叶朗 李世济	京昆室委员	《抢救昆曲,迫在眉睫》
21	11.13~22	湖南省长沙、湘西自治州、张家界	北京	文化产业发展情况	38	李蒙 何添发 艾青春 龚心瀚		《关于湖南省文化产业发展情况的视察报告》
22	11.13~23	广东省广州、惠州、东莞、深圳	北京	城市流动人口中妇女儿童权益保护问题	23	周铁农 王淑贤 莫文秀	与全国妇联联合	《关于维护城市流动人口中妇女儿童权益的几点建议》
23	12.4~13	广西壮族自治区南宁、凭祥、北海、柳州、桂林	陕西	旅游资源开发利用	10	艾丕善 安启元 程安东		《关于广西旅游资源开发利用情况的视察报告》

（张汝江　编写　郝争鸣　审稿）

【专门委员会工作】

提案委员会　政协十届一次会议以来,政协委员、政协的各参加单位和政协专门委员会,共提交提案3819件。根据《中国人民政治协商会议全国委员会提案工作条例》的有关规定,经提案委员会审查,立案3576件。其中,八个民主党派中央和全国工商联提案84件,界别小组提案59件,政协专门委员会提案4件。按提案内容分类,有关经济建设方面的提案1541件,占43.1%;教科文卫体方面的提案1017件,占28.4%;政法、统战和其他方面的提案1018件,占28.5%。审查立案的提案已分别送交中共中央、全国人大常委会、国务院、全国政协、中央军委所属有关部门,最高人民法院、最高人民检察院办公厅,各省、自治区、直辖市中共党委和人民政府，以及有关人民团体等共150多个承办单位办理；未予立案的已作为委员来信转送有关部门。截至2004年2月20日，98.8%的提案已经办复，其中问题已经解决或列入计划准备解决的占83.4%；因条件所限，一时难以解决或确实不可行的，承办单位也实事求是地向委员作了解释。

2003年度的提案质量和办理质量都有所提高。政协提案得到了中共中央、国务院领导的高度重视，温家宝总理、多位副总理和国务委员对一些重要提案的办理作了批示，有力地促进了提案的落实。提案承办单位从贯彻“三个代表”重要思想、坚持和完善中国共产党领导的多党合作和政治协商制度的高度，认真学习贯彻中共中央办公厅、国务院办公厅联合转发的《全国政协办公厅关于办理政协提案的意见》的通知，许多职能部门主动走访提案者，积极采纳和落实提案中的意见和建议，使政协提案在实现决策的民主化和科学化，促进经济和社会的协调发展，改进部门工作等方面，发挥了重要作用。

2003年度，提案委员会坚持“围绕中心、服务大局、提高质量、讲求实效”的提案工作方针，根据贾庆林主席和王忠禹常务副主席提出的新要求，为进一步提高提案质量、办理质量和服务质量，采取了一些新的举措：

一、推动落实中办、国办关于做好政协提案办理工作的通知精神。

2003年5月11日，中共中央办公厅、国务院办公厅联合发出通知，转发了《全国政协办公厅关于办理政协提案的意见》。为推动“两办通知”精神的贯彻落实，提案委员会加大了宣传力度，在政协报刊上发布新闻消息、评论员文章，并组织本会委员、地方政协、承办单位撰写有关提案的文章；加强了与提案承办单位的沟通与协作。2003年9月，召开了提案部分承办单位办理工作座谈会，交流贯彻“两办通知”情况，推广办理工作经验，李兆焯副主席就进一步提高提案办理质量和水平提出了五点要求。通过走访国家环保总局、国家知识产权局、浙江省人民政府、中央机构编制委员会办公室、中国人民银行、商务部等承办单位，重点了解了贯彻落实“两办通知”情况。

二、创办《重要提案摘报》。

为使中共中央、国务院和全国政协领导及时了解提案中的重要意见和建议，创办了《重要提案摘报》，受到了中央领导的关注。2003年度印发了14期，分别是《关于尽快制定〈卫生法〉的建议》、《关于我国预防用生物制品研究与发展的建议》、《关于加强两岸医疗及科研合作，共同对抗非典型肺炎的建议》、《关于请国家财力支持扎龙自然保护区生态补水及核心区居民迁移的建议》、《关于为中国第一重型机械集团的13000吨水压机配备锻造操作机的建议》、《关于将黑龙江省列为全国分离企业办社会职能试点省的建议》、《关于将俄罗斯进口原油留在大庆加工的建议》、《关于依法保障进城农民工子女教育权利的建议》、《关于加快南海油气资源开发利用的建议》、《关于加强政府外债管理，防范债务风险的建议》、《关于加快制定〈旅游法〉，促进我国旅游业发展的建议》、《关于重视发展旅游业在解决‘三农’问题中作用的建议》、《关于建立综合性金融监管机构，允许混业经营，切实防范金融风险的建议》、《关于加强我国能源安全的建议》。贾庆林主席、吴仪副总理、曾培炎副总理、陈至立国务委员等多位领导作了批示。

三、努力提高提案质量。

提案委员会采取多种措施不断提高提案质量。一是做好服务工作。为使委员围绕中心工作和热点问题有针对性地提出提案，向全体委员提供了政协十届一次会议提案分类总目录、可检索提案全文的光盘及政协十届二次会议提案选题参考。起草了提高提案质量的宣传提纲，由提案委员会委员在大会期间的小组会上作专题发言。二是充分发挥高质量提案的示范作用。提案委员会召开了有各民主党派和全国工商联、全国政协各专门委员会负责人参加的提案工作座谈会，交流推广提高提案质量的经验，张思卿副主席对各民主党派、全国工商联和政协专委会提案工作予以肯定，并对进一步做好提案工作提出了三点要求。出版发行了《把握人民的意愿——政协第十届全国委员会提案及复文选(2003年卷)》一书，为政协委员和各级政协组织提供了一批可供学习借鉴的优秀提案。三是严格把好提案审查立案关。按照全国政协提案工作条例的规定，对不符合立案标准的，不予立案，并及时向提案人说明情况。

四、积极推动重点提案的办理工作。

大会结束后，提案委员会对全部提案进行了研究分析，在与承办单位协商后，确定出重点提案。为做好重点提案的重点办理工作，组织提案人和承办单位通过协商座谈、联合调研等活动，促进提案的落实。1.协商办理。一年来，共召开协商办理座谈会8次。对《关于加强物种引进监管，防止外来生物入侵案的提案》、《关于加强农产品、食品安全生产标准体系建设的提案》、《关于引进市场机制、大力推进环保产业发展的提案》、《关于鼓励、支持、引导民营企业家健康成长的提案》、《关于全国政协机关办公自动化建设问题的提案》、《关于用兼并重组的办法解决贵州省兴义烟厂关停问题的提案》、《关于制定〈中华人民共和国调解法〉的提案》、《关于切实解决城市化进程中失地农民免征农业税、农民减负问题的提案》等召开了协商办理座谈会，并形成了协商办理情况简报。2.重点提案调研。一年来，共进行重点提案调研7次，并形成了重点提案调研报告，送中办、国办，供有关部门参考。一是就《关于我国就业领域面临的问题及对策的提案》，组织提案人与劳动和社会保障部赴陕西、浙江进行了调研。二是就《关于建立财政困难省份公安干警伤亡抚恤、医疗保障机制的提案》，会同财政部、民政部、公安部赴湖南进行现场办案。中共中央政治局委员、国务委员兼公安部部长周永康对报告作了批示。三是就《关于建设敦煌莫高窟保护、利用设施的提案》，会同国家发改委、国家旅游局、国家文物局赴甘肃省敦煌莫高窟进行调研。贾庆林主席、温家宝总理、陈至立国务委员对调研报告作了批示。四是就《关于建立健全城市应急机制的提案》，会同公安部赴广东、广西进行调研。中共中央政治局委员、国务委员兼公安部部长周永康，国务委员兼国务院秘书长华建敏对调研报告作了批示。五是就《关于农村卫生改革与发展的提案》，会同国家发改委、教育部、财政部、农业部、卫生部赴江西、福建进行调研。六是就《关于批准西双版纳州关累、橄榄坝两码头为景洪港，进一步扩大开放码头的提案》，会同交通部和海关总署赴云南进行调研。七是就《关于尽快制定中华人民共和国调解法的提案》，会同商务部、贸促会等单位赴重庆、浙江、山东进行调研。

五、多渠道地发挥提案作用。

一是将民主党派中央和全国工商联、政协专门委员会的提案，及时报送全国政协主席或有关副主席阅示。二是按照不同内容，将相关提案分送各专门委员会，作为调研参考。三是围绕十届政协第二次常委会议的议题，就《完善社会主义市场经济体制》、《促进农业和农村经济全面发展》、《促进非公有制经济健康发展》、《实现经济和社会协调发展》、《做好扩大就业和社会保障工作》、《贯彻科教兴国战略方针》、《进一步加强我国医疗卫生工作》议题提交了7份提案综述作为参阅材料，并就我国就业与再就业工作中面临的问题及对策作了大会发言。四是注意与信息部门的联系和沟通，将提案中一些主要观点通过政协信息形式反映，共摘编了24期政协信息，其中，《呼吁尽快落实中日农业技术研究与发展中心的运行经费》、《呼吁尽快确定国家大剧院管理体制及主管部门》等问题受到了中央有关领导的重视。

六、加大提案工作的宣传力度。

政协十届一次会议期间，及时向新闻媒体提供委员提交提案和本委开展工作的相关情况，集中宣传提案工作；大会结束后，采取多种方式，加强与新闻媒体的联系，不断扩大提案工作的社会影响。主动邀请新闻单位参加提案委员会的有关活动；在对提案综合分析的基础上，形成了《全国政协十届一次会议提案综述》，并刊登在《人民政协报》上；与中央电视台新闻频道《声音》栏目联合，组织有关委员参加访谈或评论，经常就提案反映的问题进行专题报道；出版发行了《把握人民的意愿——政协第十届全国委员会提案及复文选》(2003 年卷)；加强了《提案工作通讯》工作；将有关领导对提案工作的指示、讲话及提案委员会有关活动情况及时通过新闻媒体予以宣传；在互联网上公布部分提案全文等等。

七、加强与地方政协的联系。

提案委员会通过调研活动，现场办理提案，召开研讨会、座谈会等多种方式，积极与地方政协沟通情况，加强协作，交流经验，相互促进。一年来，先后参加了副省级城市政协提案工作研讨会和中南六省区政协提案工作座谈会。还分别与北京市、甘肃省、吉林省、湖北省、河北等省市政协就提案工作进行了情况交流，努力推动提案工作跨上一个新台阶。

(刘巧丽　编写　吴新国　审稿)

经济委员会　2003 年，经济委员会紧紧围绕完善社会主义市场经济体制，抓住经济发展中的热点、难点问题，就农村扶贫、国企改革和国有资产管理体制改革、投资体制改革、金融、非公有制经济、现代物流、沿黄地区全面小康建设等问题，深入开展调研，积极建言献策。共向中共中央、国务院报送了 7 份调查报告、7 份《政协信息》、3 份《参政议政动态》、3 份提案，这些材料普遍受到中央的重视，大部分得到中央、国务院领导同志的批示。主要调研工作综述如下：

一、探讨吸纳民营企业投资参与国家石油战略储备库建设的方式。我国石油进口量逐年大幅增加，石油战略储备日显迫切。经济委员会组织相关委员进行了调研，于 2003 年 5 月形成《关于吸纳民营企业投资参与国家石油战略储备库建设的建议》，提出在纳入国家统一规则前提下，国家可采取招标方式，民营企业以参股、独资及“民建民营”三种方式，投资参与国家石油战略储备库建设。按照黄菊、曾培炎副总理对这份建议的批示，国家发展和改革委员会作了专门研究，形成《关于民营企业投资参与国家石油储备基地建设有关情况的汇报》，对经济委员会的一些建议作了肯定。

二、研究深化农村信用社改革，为完善农村金融服务体系积极建言。经济委员会在国务院作出农村信用社改革的决策之前，于 2003 年 4 月在沈阳召开了农村金融专题座谈会，形成《关于深化农村信用社改革的政策建议》，提出将农村信用社改革纳入农村金融改革的总体规划，建立以农村信用社、农业发展银行、农业银行分工协作的农村金融体系等 5 条意见。黄菊、回良玉副总理作了重要批示，指出资金稀缺是制约农业和农村经济发展的一个十分重要的瓶颈，破解这一难题，迫切需要深化农村金融改革。政协经济委员会提出的方案建议，很有价值，要求有关部门认真研究。银监会提出了《关于落实国务院领导同志在政协〈关于深化农村信用社改革的政策建议〉上指示情况的报告》。国务院《关于深化农村信用社改革试点方案》吸收了政协经济委员会的一些重要建议。

三、深入研究“非典”对我国经济的深远影响与对策。2003 年 6 月，经济委员会及时组织委员和部分知名经济学家召开了

“非典对经济的深远影响与对策座谈会”。王忠禹常务副主席出席并讲话。座谈会形成了《非典对经济的深远影响与对策座谈会会议纪要》。《纪要》提出政府要将工作重心适时转到经济建设上来、妥善处理好政府作用与市场机制的关系等建议。

四、积极探索国资委成立后国有经济改革的任务与取向。经济委员会克服非典给调研工作带来的困难,采取分散调研、小范围座谈、广泛征求意见的方式,形成了《对国资委成立后国有经济改革的若干建议》,由吴敬琏副主任代表经济委员会在政协十届二次常委会议上作了大会发言。发言提出国资委应继续贯彻十五大以来关于国有经济改革的一贯方针,进一步推进国有经济的战略性调整等意见。这篇发言被新华社、人民日报等多家媒体报道,引起广泛关注。

五、举办“中小企业融资暨多层次资本市场建设高级论坛”,为防止资本市场“边缘化”和解决中小企业融资难问题献计出力。经济委员会与资本市场研究会 2003 年 8 月在北京共同举办了“中小企业融资暨多层次资本市场建设高级论坛”。全国人大常委会成思危副委员长及金融界多位知名专家学者在会上作了演讲。会议形成《中小企业融资暨多层次资本市场建设高级论坛纪要》,报送了《加快多层次资本市场建设,提高中小企业融资能力》的信息。黄菊副总理对信息作了批示。

六、就新形势下扶贫工作面临的主要问题,提出政策建议。在阿不来提·阿不都热西提副主席率领下,经济委员会专题组 2003 年 7 月、8 月前往广西、贵州、甘肃、陕西,深入农村进行调研,并形成《关于新阶段农村扶贫工作的调查报告》,提出了国家逐年增加专项资金、提高补贴数额、加大基本农田保护力度等建议。温家宝总理和回良玉副总理作了批示,认为调研报告所反映的问题值得重视,要求有关部门对报告所提意见进行认真研究。

七、建议强化市场导向,突出企业主体,加快投融资体制改革。经济委员会反复研讨,形成了《关于深化投融资体制改革的若干建议》,由刘仲藜主任代表经济委员会在政协十届三次常委会议上作了大会发言。王忠禹常务副主席对《建议》多次提出修改意见。《建议》提出增强政府审批的项目透明度强化责任制、加快国有资产管理体制改革、落实国有企业的投资决策自主权等意见。曾培炎副总理对《建议》作了批示。其间,经济委员会对国家发改委办公厅《关于投资体制改革方案(征求意见稿)》提出了修改意见。

八、与农业部联合举办农业产业化论坛。2003 年 9 月,经济委员会与农业部在大连市联合举办了农业产业化论坛。李贵鲜、阿不来提·阿不都热西提副主席出席论坛并分别作了讲话。有关部委和省市负责人、专家学者、企业代表近百人出席。《关于农业产业化论坛情况的报告》提出了加大财政对农业产业化的支持、强化对农业产业化龙头企业的信贷服务、加大科技开发力度、支持组建行业协会等建议。温家宝总理对报告作了批示。回良玉副总理在批示中指出:“农业产业化经营是农业结构调整、农民增收、农村小康建设的重要力量,是农村经济和社会发展的成功经验。此次论坛办得很好,所提问题和建议请中农办认真研酌。”人民日报、中央电视台、经济日报等媒体作了较深入的报道。

九、沿黄河地区全面小康建设问题调研取得阶段性成果。2003 年 9 月、11 月,经济委员会对青海、内蒙古、甘肃、宁夏四个省区进行调研。在阶段性调研报告《关于在黄河中上游地区大规模实施淤地坝建设工程的建议》中,提请国务院尽快批准《黄河流域黄土高原地区水土保持淤地坝规划》,并提出把大规模淤地坝建设工程纳入国家农业综合开发或退耕还林(草)计划等意见。回良玉副总理认为这次调研下了很大功夫,在实地考察基础上,对淤地坝建设的功能、效益、意义作了深入的分析,并提出了建议,有关部门应认真研究。

十、从管理体制、政策环境等方面对物流发展提出建议。2003年年中,经济委员会调查了长江三角洲、珠江三角洲、环渤海地区及中部地区物流的发展现状和政策环境。形成《我国现代物流发展情况的调查报告》,提出尽快成立全国推进现代物流发展协调小组、加快物流标准化建设、进一步改善我国物流发展的政策环境等6条建议。温家宝总理对报告作了批示。黄菊、曾培炎副总理也作了批示,要求有关部门从体制、政策、人才等方面加强研究,提出促进现代物流发展的有效措施。2003年12月,国家发改委遵照领导的批示,会同商务部、铁道部、交通部、信息产业部、财政部、公安部、国土资源部、民航总局、海关总署、工商总局、税务总局、质检总局、统计局、国务院信息办、国家标准委等16个部门,对经济委员会《调研报告》进行了认真研究。2004年4月30日,国家发改委向温家宝总理、黄菊、曾培炎副总理呈送了《国家发展改革委关于落实全国政协现代物流调研情况及所提建议的报告》汇报了对经济委员会《调研报告》所提六条建议的落实情况,并对下一步积极开展工作作出了安排。

十一、调查非公经济发展中的制约因素,推动非公经济进一步发展。2003年10月、11月,经济委员会赴辽宁、广东调研并形成《关于促进非公有制经济发展的建议》,提出深化改革积极拓展融资渠道、改革和完善税制公平税负、尽快制定保护私有财产权的相关法律等建议。温家宝总理对报告作重要批示:"关于贯彻落实十六届三中全会精神,促进非公经济发展,似应有个统盘考虑,着手研究一些重大的政策性问题,最好能够形成一个指导性文件。此事可否由发改委、国研室牵头会同有关部门研究办理。"国务委员、国务院秘书长华建敏指示有关部门负责同志按家宝同志批示要求,做好研究筹备工作。

(唐惠秋 编写 邓宗良 审稿)

人口资源环境委员会 2003年,人口资源环境委员会在常委会领导下,在推进国家可持续发展战略的实施、促进经济发展和人口资源环境相协调方面,针对人口和计划生育、矿产资源和能源发展战略、生态建设和环境保护等内容,开展调查研究,反映社情民意,切实履行政协职能。全年共组织开展近十项专题调研,召开了两次大型研讨会,组织了多项活动。

一、专题调研和考察

1.旅游资源开发利用中的环境保护问题专题调研。4月16日至25日,陈邦柱主任率调研组在四川省成都、雅安等地就旅游资源开发利用中的环境保护问题开展专题调研。调研组考察了四川省旅游资源开发保护和旅游产业的基本情况,建议:总结和推广四川省在景区开发工作中将所有权、经营权和管理权相分离的开发模式;在开发利用旅游资源过程中把生态环境保护放在更加突出的位置;加强对农业旅游的规划和引导,对有条件的地区重点扶持,使之成为推动农业和旅游业发展的动力。

2.我国经济发展中的环境保护问题专题调研。7月16日至26日,陈邦柱主任率调研组赴北京、天津、山东、辽宁等地,就我国经济发展中的环境保护、循环经济、提高产业集中度等问题进行专题调研,形成了《关于走新型工业化道路促进经济与环境协调发展的调研报告》。调研组认为我国今后20年经济发展面临巨大的环境压力,必须采取积极措施协调好经济发展与环境保护的关系,确保实现十六大提出的全面建设小康社会的宏伟目标。报告分析了我国环境保护的严峻形势,总结了京、津、鲁、辽在经济与环境协调发展方面取得的初步经验,针对走新型工业化道路提出以下建议:完善环境法律体系,严格执法,强化环境管理;强化环境与发展综合决策,建立决策支持和综合管理体系,健全行政保障体制;建立防治污染的激励机制,树立一批环境友好企业；制订促进新型工业化的环境经济政策，大力倡导循环经济，建设循环型社会；逐步建立合理的资源产品价格和税收政策体系，充分利用废物资源，系统考虑鼓励废物利用的政策措施；实行绿色经济核算制度，促进经济增长方式的根本转变；确定环境容量，实行严格的污染物排放总量控制；充分利用市场机制，建立多元化环保投入体系。

3.加强西藏天然草场保护和建设专题调研。7月16日至26日，温克刚副主任率调研组就西藏天然草场的保护和建设问题赴西藏拉萨、林芝、日喀则、那曲等地区进行了专题调研，形成了《关于西藏自治区草场保护与建设的调研报告》，报送了“建议将西藏牧区草原生态建设与保护列入国家西部大开发整体战略”的政协信息。调研组认为：中央第三、第四次西藏工作座谈会以来，西藏国民经济持续快速发展，人们生活水平明显提高，在草原保护和建设工作上，自治区各级政府长期坚持立草为业、草业先行的方针，采取多种措施，取得了良好的成效，但由于多种原因，西藏天然草场沙化退化的形势严峻，危害严重，影响了畜牧业的发展，已经脱贫的农牧民又有返贫现象。建议：积极推进草场承包经营责任制，把草场承包到户；加紧农牧业结构调整，推进草地畜牧业集约化经营；结合草原保护和建设，实施生态移民工程；将西藏牧区草原生态建设与保护项目，列入国家西部大开发整体战略。国务院总理温家宝、副总理回良玉在报告和信息上做了重要批示。

4.三峡库区地质灾害防治工作专题调研。7月21日至30日，陈洲其副主任率调研组赴湖北宜昌、巴东、秭归及重庆市巫山、奉节、万州、丰都等地，就三峡库区地质灾害治理工作情况进行调研，形成《关于三峡库区地质灾害防治工作情况的调研报告》。报告针对三峡库区地质灾害防治工作中存在的问题，提出以下建议：为进一步理顺管理体制，实现权责统一，提高工作效率，可考虑成立国家级三峡库区地质灾害防治工程事业单位；切实保证治理工程专项经费；依靠科技进步和创新，发挥专家和科技人员作用；在各级领导和人民群众中加强防治地质灾害科学知识的科普宣传。

5.扶助农村计划生育贫困家庭专题调研。7月22日至31日，杨魁孚副主任率调研组赴江西、安徽两省的乐平、婺源、休宁、长丰4个县市的农村进行调研，走访了20多个计划生育贫困家庭，形成了《关于扶助计划生育贫困家庭的调查和建议》。报告认为计划生育政策在农村要长期坚持，国家应针对在政策执行过程中出现的新问题，不断完善现有政策，解决农村计划生育贫困家庭的实际困难。具体建议如下：国家在解决“三农”问题和制定农村社会保障、社会救助政策时，优先考虑计划生育贫困家庭；中央和地方财政设立专项扶助资金，每年拨付一定金额，给予政策性补偿；发挥政府各部门、社会各团体的积极性，形成各部门共同协作、统一高效的社会救助机制。

6.煤炭工业的现状与对策专题调研。7月28日至8月14日，张宝明副主任率调研组赴山西、山东、辽宁就我国煤炭工业现状进行调研，形成了《当前煤炭工业存在的重要问题和对策建议》。调研组分析了影响我国煤炭稳定供应和制约行业健康发展的主要问题，提出了以下建议：完善煤炭监管体制，加强行业管理；加快大集团的组建，抓紧大型煤矿的建设，增加生产能力，满足国民经济发展需求；加快煤炭结构调整，减轻企业负担，增强企业的发展后劲；加大煤矿安全整治力度，扭转煤矿安全生产局面。

7.东北湿地和天然林保护工程专题调研。8月6日至17日，陈邦柱主任率调研组赴黑龙江、吉林就天然林保护工程的实施情况进行调研，形成了《关于黑龙江、吉林两省天然林保护工程实施情况的调研报告》。调研组考察了黑龙江省大海林、东京城和吉林省白河等林业局，并与有关方面负责人进行专题座谈。调研组认为："天保"工程实施以来成效显著，但也存在着许多困难和问题需要切实加以解决，建议：确保现有工程政策措施落到实处，其中包括工程建设地方配套资金、森工企业金融机构债务处理问题和职工社会保障问题；国家应继续予以相关的政策支持，其中包括继续调减木材产量，对部分资源枯竭林业局实行停伐转向；解决好富余职工中混岗集体职工的安置问题，大力扶持林区企业后续产业，推进林区可持续发展。

8.太行山区退耕还林工作考察。9月5日至15日，陈邦柱主任率人口资源环境委员会和国家林业局"关注森林"联合考察组赴河北、山西、陕西考察退耕还林实施情况。考察组认为：退耕还林工作开展以来，取得巨大成效。实施退耕还林的地区，生态状况开始得到初步改善，工程区内水土流失和风沙危害明显减少，同时有效促进了农村产业结构调整，增加了农民收入，增强了各级政府和广大群众的生态意识。建议：国家进一步加强退耕还林工程的实施力度；保持政策连续性，保证退耕还林工程稳得住、不反弹；抓紧审批、尽快实施全国退耕还林工程规划。考察组报送了关于"退耕还林工作只能加强不能削弱"的《政协信息专报》，国务院副总理曾培炎、回良玉分别作了重要批示。

9.进一步加强我国湿地保护专题调研。8月和11月，陈邦柱主任、江泽慧副主任分别率人口资源环境委员会、国务院法制办、国家林业局共同组成的"进一步加强我国湿地保护"专题调研组，赴东北黑龙江、吉林和华东山东、江苏、上海共五个省市进行调研，形成了《关于进一步加强我国湿地保护的建议》。调研组认为：五省(市)高度重视湿地保护，各地正加快编制地方湿地保护工程总体规划，加大湿地保护区的建设和保护力度，积极开展湿地科研与资源动态监测。针对目前湿地保护工作中存在的一些问题，调研组建议：尽快制定保护湿地资源的地方性法规；尽快实施《全国湿地保护工程规划》，设立湿地专项生态建设工程，加大湿地保护投入；加快制定湿地恢复相关政策，有计划地迁移湿地自然保护区核心区和缓冲区内的居民，实施退耕还湿；建立湿地生态用水补水和生态效益补偿机制；加强湿地科研与资源监测能力建设；加强湿地保护区能力建设和社区共管。回良玉副总理在调研组报送的关于"建议在黑龙江三江国家级自然保护区实施退耕还湿政策"的《政协信息》上作了重要批示。

10.加强西部地区计划生育服务网络建设专题调研。10月9日至16日，杨魁孚副主任率调研组赴甘肃省就西部地区基层计划生育服务网络建设进行调研，形成了《要进一步加强西部地区基层计划生育服务网络建设》调研报告。报告建议：进一步发挥西部地区计划生育技术服务网络的重要作用，加大对网络建设的投入，将建设经费纳入国债资金、西部大开发资金和扶贫资金支出范围；国家人口和计划生育委员会要继续加强对计划生育技术服务网络建设的指导和业务培训，提高这一网络运作的服务质量。

二、会议活动

1.南水北调工程总体规划方案座谈会。1月8日，人口资源环境委员会邀请原国家发展计划委员会和水利部负责人及部分在京全国政协委员，就进一步优化南水北调工程总体规划方案进行座谈，沟通情况，交换意见。九届全国政协副主席杨汝岱、宋健、钱正英、孙孚凌、周铁农出席，钱正英副主席主持会议。

2.与可持续发展有关的一系列纪念日座谈会。在非典期间无法组织委员外出调研的情况下，人口资源环境委员会认真贯彻全国政协领导坚持"两手抓"的指示，积极创新工作内容和形式，结合与人口、资源、环境相关的国际国内纪念日，组织了6

月5日“世界环境日”、6月17日“世界防治荒漠化与干旱日”、6月25日全国第十三个“土地日”、7月11日“世界人口日”等一系列专题座谈会。李贵鲜、李蒙副主席出席有关座谈会并讲话。这些座谈会集中了委员的智慧,汇集了一批富有见地的文章,成为本年度委员会建言立论的重要内容。

3.气候变化与生态环境研讨会。11月24日至25日,人口资源环境委员会与中国气象局共同主办了“气候变化与生态环境研讨会”。贾庆林主席为会议发了贺信,徐匡迪副主席出席开幕会并讲话。全国人大、全国政协、国家发展和改革委员会、农业部、水利部、国家环境保护总局、国家林业局、中国科学院、中国社会科学院、中国气象局、中国农业科学院等单位以及全国20余个省区市有关部门的负责人和专家共300余人出席了研讨会。会议的主要议题是:气候变化的影响和对策;气候变化与我国生态环境建设和保护;气候变化与农业、森林、草原、水资源;气候变化与荒漠化、城市化、环境保护、人类健康;气候变化与能源、经济、生态环境建设。共有19位专家从不同角度就这些问题作了报告,有64篇经过专家评审和筛选的论文参加了书面交流。会后编辑出版了《气候变化与生态环境研讨会文集》。

4.全国暨地方政协人口资源环境委员会工作研讨会。12月5日至7日,人口资源环境委员会在广西南宁召开“全国暨地方政协人口资源环境委员会工作研讨会”,学习贯彻中共中央关于人口资源环境工作的指示精神,总结交流工作经验,进行工作研讨。李兆焯副主席出席开幕会并讲话,全国各省、自治区、直辖市及副省级市政协人口资源环境委员会负责人近140人出席会议。

5.继续开展好各类公益活动,增强公众环境意识,扩大委员会的社会影响。

人口资源环境工作具有很强的公益性。一年来,委员会与有关部门共同组织了一系列大型公益活动。一是与国家林业局等单位继续开展“关注森林”宣传活动。贾庆林主席出席启动大会并讲话。他指出,关注森林,就是关注人民的根本利益,就是关注中华民族的未来。他希望关注森林组委会发扬成绩,把关注森林活动深入持久地开展下去,为再造秀美山川、实现经济社会可持续发展做出更大贡献。二是与共青团中央、全国人大环资委等单位继续开展“保护母亲河”行动;三是与中国绿化基金会共同组织“同享一片蓝天,共建绿色家园”2003年北京市民大型绿化植树活动。

三、围绕全国政协十届二次常委会议议题做好有关工作

围绕常委会议“发展是执政兴国第一要务”的议题,人口资源环境委员会组织委员就能源对全面建设小康社会的支撑度问题、发展循环经济走新型工业化道路问题进行了深入调查和研讨。在7月8日至11日的常委会议期间,叶青、汪纪戎常委代表委员会分别作了《加速能源工业发展的思考》和《走新型工业化道路促进经济与环境协调发展》的大会发言。委员会还负责组织常委和委员就“坚持走可持续发展道路”专题进行讨论,就促进经济发展与人口资源环境相协调问题,提出了许多意见和建议。

四、以政协信息形式积极反映社情民意,扩大委员会工作的成果

委员会充分利用政协信息这一反映社情民意的重要渠道,在专题调研和有关活动中,注意发现和收集其中重要的情况和建议,并及时以政协信息的形式专门报送中共中央和国务院,供有关部门参考。一年来向中央报送的20条《政协信息》,有不少得到了领导的批示,所提建议受到有关部门的重视。

(窦文、王亚男 编写 卫宏 审稿)

教科文卫体委员会 2003年主要工作:

一、开展专题调研。1.围绕十届全国

政协第二次常委会关于贯彻中共十六大关于紧紧抓住发展这个党执政兴国第一要务的精神,围绕促进国民经济持续快速健康发展和完善社会主义市场经济体制两大任务建言献策的议题,就我国科技中长远规划问题、高等教育改革问题、文化产业问题,进行了深入调研和反复研讨。并在常委会议上分别作了《制定和实施科技发展规划要重视解决体制性问题》、《巩固成绩、促进高等教育深化改革、持续发展——关于建立国家高等教育质量保证与咨询机构的建议》、《关于发展我国文化产业的几点思考与建议》的重点发言,会后,科技组、教育组、文化组认真研究、吸纳常委会上的意见和建议,将重点发言改写成全国政协教科文卫体委员会的建议,以全国政协办公厅文件形式报送中共中央和国务院,国务委员陈至立十分重视,并及时批转有关部门参考。2.开展了科技资源共享问题专题调研。科技组赴湖北、四川、陕西三省进行调研,形成《关于推进科技资源共享的意见和建议》。建议内容:(1)加强科技资源投入的顶层设计和宏观调控。(2)尽快制定科技资源共享法规。(3)成立科技资源共享管理机构。(4)以信息资源带动实物资源共享。(5)完善大型科学仪器协作共享机制。(6)重视技术人员队伍建议。(7)支持地方科技资源共享工作。(8)大力营造有利于科技资源共享的氛围。(9)加强军民科研力量的互动。国务委员陈至立批示:"《意见和建议》十分中肯,针对性和可操作性都很强。请科技部阅研并将其细化提出实施方案,促进科技资源共享"。3.与国家体育总局联合开展了发展全民健身服务业问题专题调研。王忠禹副主席率体育组在北京市进行调研。体育组还分别赴天津、浙江进行专题调研。形成《关于发展全民健身服务业的建议》。建议内容:(1)完善体育市场管理法规,加强对全民健身服务业的市场监管。(2)制定扶持民营全民健身服务企业的政策。(3)建立健全全民健身服务业的统计、服务体系。(4)适当降低全民健身服务企业所得税及一些经营项目的税率。(5)大力培养兼具市场经营能力和体育专业知识的复合型体育经营管理人才。(6)深化我国体育体制和运行机制的改革,加大对体育场地、设施的投入。国务委员陈至立批示:"请体育总局认真研究《建议》,牵头协调有关政策措施的制定和落实并将结果报国务院"。4.开展了关于构建城市医疗服务体系,为全面建设小康社会服务问题专题调研。医卫组分赴黑龙江、吉林、山东、浙江、重庆等省、市调研。形成《关于构建城市医疗服务体系的意见和建议》。5.与文化部、新闻出版署、广电总局联合开展了围绕促进文化产业发展问题专题调研。文化组赴上海、海南进行专题调研。调研成果以《政协信息》专报形式,报送中共中央和国务院。6.开展了关于高校毕业生就业及高等学校规模、结构、层次问题专题调研。教育组赴吉林、浙江和江苏三省进行调研,获取大量第一手资料,为深入调研奠定了基础。

二、举办专题研讨会、座谈会。1.召开了"关注残疾人教育研讨会"。全国政协副主席张怀西、中国残联主席邓朴方,教育部、中宣部、发改委、财政部、全国妇联、团中央等有关部门负责同志及其他与会代表80余人出席。会议为来自西部12省区的特教教师颁发了"江民特教园丁奖"。部分关心残疾人教育事业的全国人大代表和全国政协委员,经济、社会、教育等方面的专家学者、基层特殊教育工作者作了主题发言。中央电视台、人民日报、人民政协报、中国青年报等相关媒体作了报道。2.召开了"关于建立国家高等教育质量保证与咨询机构问题"专题研讨会。国家科教领导小组办公室、发改委、国家教育发展研究中心等有关部门出席会议,形成《关于建立国家高等教育质量保证与咨询体系的建议》。3.召开关于调整全民健身服务业部分项目营业税税率问题座谈会。国家税务总局许善达副局长等有关负责人出席会议并分别介绍全民健身服务业税收政策和管理方面的情况，还就有关适用税率问题进行协商座谈。体育界的全国政协委员，国家体育总局政策法规司、经济司有关负责人参加了座谈会，会议就报送中央的《关于发展全民健身服务业的建议》报告中有关调整部分健身服务业营业税问题进行了讨论，并以《政协信息》的形式报送中央。4.召开了“构建城市医疗服务体系，为全面建设小康社会服务”专题研讨会。第九届全国政协副主席王文元出席，部分全国政协委员，应邀到会的全国人大教科文卫委员会、卫生部、国家食品药品监督管理局、国家中医药管理局、农工党中央等单位的有关负责人在会上发言，北京、天津等25个省、自治区、直辖市政协相关委员会负责人参加了研讨会并提交了调研报告。5.召开了“关于科技资源共享问题”专题研讨会。部分驻省市的全国政协科技界委员、政协相关专委会、政府科技部门、科研机构、高等院校等单位代表50余人参加了研讨会。6.在今年4、5月“非典”疫情严重，外出调研受到影响期间，科技组利用因特网组织本委员会委员和相关界别的委员就“关于制定国家中长期科学和技术发展规划问题”、“关于科技资源共享问题”进行研讨，有25位委员提交论文30余篇，对起草和完善报送中央的《制定和实施科技发展规划要重视解决体制性问题》、《关于推进科技资源共享的意见建议》的报告以及《政协信息》提供了重要资料。

三、组织参观、考察及联谊活动。1.配合办公厅组织2004年元旦茶话会文艺演出。2.举办全国政协教科文卫体界新春茶话会，全国政协常务副主席王忠禹出席并讲话。全国政协副主席张思卿、罗豪才、郝建秀、徐匡迪、张怀西、李蒙，全国政协办公厅和有关部委负责人等400余人出席了茶话会，刘忠德主任主持会议。3.教师节前，全国政协副主席徐匡迪率全国政协教科文卫体委员会部分委员到北京市第三聋人学校慰问特教教师。4.张思卿副主席和委员杨伟光、傅庚辰副主任带队，参观北京体育舞蹈学校和大成学校。5.与中国音乐家协会、北京市委宣传部、北京市文化局联合主办慰问航天城新春音乐会。全国政协副主席张思卿、周铁农出席音乐会。航天指挥中心在音乐会上向本委员会赠送锦旗表示感谢。6.为纪念锦州解放55周年，组织“难忘的歌”艺术团和医学专家、书画家及体育工作者赴锦州市，慰问当地人民群众。7.组织本委员会参观北京现代音乐研修学院、北京人文大学、北京科技研修学院、吉利大学等民办高校和中国北京航天城。8.十届一次大会期间，组织部分体育界和香港界委员参观清华大学。9.接待以香港康体发展局副主席胡晓明为团长的“香港运动精英2008”考察团一行30余人来我会参观、考察并座谈。10.应国家体育总局的邀请，组织体育界部分委员赴宁夏回族自治区银川市考察“中国第七届少数民族传统体育运动会”。11.组织委员参加了全国人大教科文卫委员会召开的艾滋病防治法律环境研讨会、全国政协人口资源环境委员会和中国气象局联合召开的“气候变化与生态环境”研讨会、中国科学家人文论坛理事会和中国科学院研究生院举办的“中国科学家人文论坛”主题报告会、高科技产业化研究会举办的高科技产业系统工程管理论坛。12.举办了“非典发病情况和预防措施”和“健康住宅新概念”专题讲座。

（田占云　编写　张振山　审定）

社会和法制委员会　2003年主要工作：

一、围绕中心，服务大局，不断提高专题调研水平。3月至9月，组织“就业问题”专题组，着重就“政府在就业工作中的职能定位”问题进行调研。先后邀请国家发展和改革委员会、劳动和社会保障部、全国总工会、中国社会科学院等部门介绍情况，并邀请20个省、区、市政协社法委协同调研。张怀西和周铁农副主席分别率领调研组深入辽宁、黑龙江、广东、河南、福建等省的18个市、区、县有关企业、社区和下岗失业人员家庭，进行调查走访，并与当地劳动和社会保障、民政、发展和改革等部门以及民主党派、工商联等方面代表座谈。在调研基础上形成的《高度重视政府在就业工作中的职能定位问题》报告上报中央后，中共中央政治局常委、国务院副总理黄菊批示："准确界定政府在就业工作中的职能定位，对发挥行政资源的最佳效能，促进就业和再就业，具有重要意义。请尤权同志批转有关部门研究。"国务院副秘书长尤权同志批转中编办、发改委、财政部、劳动保障部、国资委研究。7月至12月，组成"灵活就业方式和灵活就业人员社会保障问题"专题组，邀请劳动和社会保障部等单位介绍情况；张怀西副主席和王建伦、朱治宏副主任先后率调研组，赴辽宁、黑龙江、福建、江西四省13个大中城市调研，深入企业、社区、下岗失业人员家庭和劳动力市场，同有关专家、学者、灵活就业人员进行座谈。该专题组起草的《灵活就业方式和灵活就业人员的社会保障问题亟须引起关注》的报告上报中央后，中共中央政治局常委、国务院副总理黄菊批示："全国政协办公厅关于灵活就业问题的调查报告及所提建议很有价值。请郑斯林同志阅。结合社保和就业专题研究，以利完善相关政策。"7月至9月，组织"为非公有制经济发展创造良好的法制环境"专题组，邀请农业部、国家税务总局、国家工商总局、全国工商联等单位介绍情况；刘家琛、肖建章副主任先后率调研组赴江苏、浙江、上海、吉林、新疆五省区，与专家学者和地方有关部门座谈，深入部分非公有制企业访谈。该专题组起草了《关于为非公有制经济发展创造良好的法制环境的调研报告》。8月至11日，组织"司法体制改革"问题调研组，针对我国刑事诉讼中死刑复核制度的实际运行状况进行调研；形成《关于死刑核准权收归最高人民法院统一行使的建议》。

二、召开全国暨地方政协社会和法制委员会工作座谈会、"就业"和"非公有制经济发展的法制环境"专题研讨会，沟通情况并交流工作经验。3月24日至31日，在海南省海口市召开全国暨地方政协社会和法制委员会工作座谈会，学习贯彻中共十六大和全国政协十届一次会议精神，研讨本届政协社会和法制委员会工作的整体构想及2003年的工作思路。周铁农副主席出席并讲话，王建伦、刘家琛、祁培文、肖建章副主任出席会议，各省、区、市及副省级市政协社法委负责人与会。10月27日至11月1日，在江苏省南京市召开"就业"和"非公有制经济发展的法制环境"专题研讨会。学习贯彻中共十六届三中全会和全国政协第三次常委会议精神，围绕就业和非公有制经济发展的法制环境两个专题进行交流研讨，并对换届以来的工作经验和体会及2004年工作设想进行座谈。李其炎主任致开幕词，王建伦、朱治宏、刘家琛、祁培文、肖建章、张绪武、曹克明、萧灼基副主任，江苏省政协主席许仲林，副主席林玉英出席会议。全国43个省、区、市及副省级市政协社会和法制委员会负责人等130人参加会议。共提交会议发言稿49篇，8个省市政协作大会发言。会后，编辑出版了《政府在就业工作中的职能定位》、《非公有制经济发展的法制环境》论文集。

三、以联合考察、学习座谈等形式，加强与相关部门的交流，积极反映社情民意。11月，在《中华人民共和国红十字会法》颁布施行十周年之际，受中国红十字会总会邀请，张怀西副主席、李其炎主任分别率团考察山西、云南两省9个市、县贯彻"红十字会法"情况，听取总会和地方政府有关部门汇报，并形成《关于"红十字会法"贯彻施行情况的调查报告》。11月至12月，受中国残疾人联合会邀请，肖建章副主任率团就《中华人民共和国残疾人保障法》贯彻实施情况赴广东、海南及在北京考察。听取中残联和地方政府有关部门汇报，考察残疾人康复服务指导机构、学校、福利企业、安排残疾人就业的单位以及社区居委会，召开残疾人和残疾人工作者代表参加的座谈会，走访慰问贫困残疾人家庭。齐续春副秘书长参加北京市考察。这次考察活动后，向中央报送了《关于〈中华人民共和国残疾人保障法〉贯彻实施情况的考察报告》，中共中央政治局委员、国务院副总理回良玉批示："此考察报告的建议很好，请残疾人工作协调委员会办公室认真研酌。"12月，与全国妇联权益部联合在全国妇联举行讨论会，部分社法委委员及部分在京妇联界委员，就修改《妇女权益保障法》专家试拟稿进行了讨论。此外，本委员会还主动以信息等形式积极反映社情民意。中共中央政治局常委、国务院副总理黄菊曾在《政协信息》第43期我委报送的"王瑞璞委员谈我国失业问题及对策"的信息上作重要批示。

四、常委会议发言及其他工作。王建伦、朱治宏、刘家琛副主任分别以"政府在就业工作中的职能定位"、"灵活就业人员社会保障"和"为非公有制经济发展创造良好法制环境"为题代表本委员会在常委会上发言，收到良好效果。李其炎主任、王建伦副主任代表本委员会出席由中共中央办公厅和国务院办公厅联合召开的全国再就业工作座谈会。肖建章副主任等多次代表本委员会应邀出席国务院、最高人民法院、公安部、新闻出版署的相关工作会议。

（刘栋　编写　吴亚东　审稿）

民族和宗教委员会　2003年，民族和宗教委员会主要工作：

一、通过召开多种形式的会议，不断加强学习。1.在河北廊坊召开主任会议和为期三天的全体委员会议，传达学习了贾庆林主席在十届政协第一次常委会议和专门委员会主任会议上的讲话，王忠禹副主席出席并就如何做好新时期人民政协民族和宗教工作问题发表了重要讲话；国家民委主任李德洙传达了贾庆林主席在陕甘宁考察工作时关于民族宗教工作的讲话，并作了《我们党关于民族问题的基本观点和基本政策》专题报告；国家宗教事务局局长叶小文作了《社会主义宗教论》专题报告；钮茂生主任围绕民族地区实现全面建设小康社会的目标作了形势报告。2.为准备宗教界在政协第二次常委会议上的发言，召开了五大宗教团体负责人专题座谈会。会议围绕全面贯彻党的宗教政策问题进行了深入学习和讨论，王忠禹副主席到会并发表了关于"积极引导宗教与社会主义社会相适应"问题的讲话。3.通过举办"学习日"活动，组织在京委员学习党的十六届三中全会和十届政协第三次常委会会议精神。

二、深入开展调查研究，积极建言献策。1.围绕解决民族地区"三农"问题，以促进民族地区农民增收为切入点，本委在5个民族自治区工作的副主任和委员就地组织了深入调研，在此基础上形成了《关于促进民族地区农民增收的建议》，并在政协第二次常委会议上作大会发言。回良玉副总理在《建议》上批示："农民增收既是当前的紧迫任务，也是长期的艰巨任务。民族地区农牧民增收，确实面临一些特殊的困难和问题。我们既要靠民族地区自力更生、因地制宜，拓宽增收渠道，也需要国家给予更多的关注和支持。全国政协办公厅报送的建议很好，望请中农办和国家民委研酌"。2.组织了以夏日和李晋有两位副主任为组长的调研组，在以往调研的基础上，赴内蒙古"退牧还草"试点地区就政策实施情况进行跟踪调研，形成了《关于内蒙古自治区"退牧还草"工程实施情况的调研报告》。回良玉副总理在《报告》上批示："实施退牧还草，是加强草原生态治理环境建设的重要内容，也是促进牧区经济发展，增加农牧民收入的重大措施。所提问题和建议，请发改委和农业部研酌"。3.钮茂生主任根据王忠禹副主席关于"跟踪抓落实"的指示精神，就"宗教院校建设和人才培养问题"进行跟踪调研。调研组先后赴北京、上海、南京、杭州等地进行了考察,通过走访各宗教团体,广泛征求意见,向政协领导报送了《全国性宗教团体关于解决宗教团体办公会所和宗教院校校舍建设问题的意见的报告》。王忠禹副主席将《报告》批转曾培炎副总理。曾培炎副总理批示:"请发改委阅研,并提出意见报中央"。此项工作对有关部门做好工作起到了积极的配合作用,受到宗教界人士的高度评价。

三、围绕政协常委会议中心议题开展各项工作。结合十届政协第二次常委会议中心议题,组织了民族和宗教两个方面的调研,形成了两篇大会发言材料。夏日副主任代表委员会作了题为《关于促进民族地区农民增收的建议》的大会发言;陈广元副主任代表宗教界作了题为《发扬宗教爱国爱教优良传统,积极与社会主义社会相适应,为全面建设小康社会做贡献》的大会发言。其中陈广元副主任代表宗教界的发言是历届政协宗教界的代表第一次在常委会议上作大会发言,受到广大常委和其他与会人士的重视,宗教界也为此而振奋。

四、组织综合性考察活动,进一步联系实际加强学习。1.组织了以肖作福副主任为团长的民族界和宗教界委员考察团,赴黑龙江、吉林两省就"经济、社会发展和民族宗教工作情况"进行考察。2.组织了以钮茂生主任为团长的考察团,就"西部大开发中如何发挥民族和宗教界团结稳定作用"问题赴云南省进行考察,形成了《关于云南省民族宗教工作情况的考察报告》。3.组织了以阿不来提·阿不都热西提副主席为顾问、黄璜副主任为团长的考察团赴上海、江苏两地就"城市民族工作"情况进行考察,形成了《关于上海、江苏城市民族工作情况的考察报告》。

五、努力践行依法治国方略,积极配合立法工作。就国务院法制办公室提交我委讨论的《宗教事务条例》(征求意见稿),召开在京主任和各大宗教团体负责人会议进行认真研究,提出多条原则性意见和具体修改建议。对此,国务院法制办公室专门来电表示:"十分重视民宗委提出的意见和建议,并逐条进行了修改"。

六、组织了中国宗教界和平委员会的对外交往活动。1.接待了亚洲宗教和平会议(以下简称"亚宗和")秘书长金星坤,中国宗教界和平委员会(以下简称"中宗和")的主要领导人并与其进行了友好座谈。2.接待了世界宗教者和平会议日本委员会代表团一行3人来访,形成了《关于接待世界宗教和平会议日本委员会访问团的情况报告》。3.应"亚宗和"的邀请,"中宗和"组团赴韩国汉城出席了"亚宗和"执委会议。4."中宗和"成员、"亚宗和"副秘书长、中国伊斯兰教协会副会长兼秘书长余振贵出席了在韩国汉城召开的"亚宗和"秘书长会议,形成了《关于参加"亚宗和"秘书长会议情况的报告》。5.应埃及国家副总理、农业农垦部部长、埃中友好协会主席的邀请,组织"中宗和"代表团赴埃及进行了友好访问,形成了《中国宗教界和平委员会赴埃及访问情况的报告》。

(王真　编写　伊丽、苏娅　审稿)

港澳台侨委员会　2003年主要工作:

一、密切与港澳委员及各界人士的联系。1.支持港澳地区全国政协委员抗击"非典"的义举。"非典"期间,149名港澳委员共捐赠1亿多元人民币。其中,通过全国政协捐款5435万元港币,分别赠送河北、山西、内蒙古、北京、天津和全国疾病防控中心。委员会办公室积极与有关部门联系、安排捐赠事宜,并将赠款使用情况反馈给港澳委员。2.根据香港"七一"大游行后出现的新情况,加大对香港各界人士团结工作的力度。委员会贯彻中央指示精神,配合有关部门开展工作,安排和陪同政协领导多次会见香港来访的团体和各界人士,宣传中央对港政策及实行"一国两制"的坚定决心,使来访者增强了信心。8月,受贾庆林主席委托，郑万通秘书长代表全国政协赴港澳向40位不再连任的港澳地区第九届全国政协委员颁发荣誉证书和纪念牌，看望了港澳副主席和委员，听取了他们对香港形势的意见建议，委员会办公室联系安排了这次活动，并及时专报了有关意见建议。3.邀请接待了近50位港澳台侨代表人士参加国庆活动，贾庆林主席予以会见，使他们深受鼓舞。4.通过会议、视察等形式加强与港澳委员的联系，为增进新委员对政协情况的了解，更好地履行职能，年初换届之际，以办公厅名义在深圳举办了港澳新委员的学习活动；下半年组织了两次港澳委员视察，并及时写出情况报告和视察报告，反映了委员们的意见建议。

二、积极开展对台湾人民的工作。1.着眼于推动两岸经贸交流与合作，有针对性地开展调研和考察活动。结合台湾民众关心的"三通"问题，委员会就两岸空中通航情况与国务院台办、民航总局组成联合调研组进行调研，听取了有关部门的情况汇报，了解了两岸直航的条件和存在的障碍，张克辉副主席参加了调研活动。10月，委员会协助组织台联界委员赴湖北对台商投资环境和权益保护等问题进行考察。委员会还接待了厦门、深圳、广州台商企业协会访问团、"世界台商会"访问团等，及时通过信息专报等形式反映了台商在大陆投资发展中遇到的重要问题，尽力为台商排忧解难。2.做好重点团组来访的接待工作。在历年工作的基础上，今年继续接待了台湾"立法委员"助理人士访问团；与北京台港澳交流促进会共同接待了台湾"中华制度学会西北考察团"等，通过精心安排，深入做工作，均取得了良好效果。3.重视和推动对"闽台文化"的研究。委员会参加了在福建泉州举办的第二届"闽台文化研讨会"，在揭露台湾当局"文化台独"的图谋，拓展对台交流渠道，争取台湾民心等方面探讨了新思路、新做法，撰写了有关报告和建议，报送国务院台办，作为对台工作的参考。4.继续加强和有关单位的协调合作。年初，委员会与国务院台办等七家单位在人民大会堂共同举办了纪念江泽民同志《为促进祖国统一大业的完成而继续奋斗》重要讲话发表8周年座谈会；坚持和完善了由国务院台办、本委员会、中央统战部、民革中央、台盟中央、全国台联组成的中央"六台"联席会议制度，主办了一次联席会，促进了情况沟通、认识统一和行动协调，共同开展对台工作。协助台盟中央接待了台湾彰化高级商校校友会对东北三省的参观活动，张克辉副主席亲自随团做工作，参观活动圆满成功。

三、侨务工作在求深务实中更加活跃。1.围绕中心，服务大局。委员会为配合政协十届二次常委会的中心议题，围绕促进国民经济持续、快速、健康发展和完善社会主义市场经济体制两大任务建言献策：一是罗豪才副主席、郭东坡主任率调研组赴浙江省侨乡，就温州、青田等地吸引海外侨胞参与当地经济和社会发展情况进行调研，就营造良好的法制环境、为侨乡发展提供智力和人才支持等方面提出了意见建议。二是征集了海外华侨华人专家学者40篇建议性文章，摘要整理成《海外专家学者关于我国经济与社会发展的意见和建议》，作为常委会议参阅材料，并将重要建议报送中央领导和有关部门参考，其中关于农业合作社问题的建议文章受到农业部领导的高度重视。2.海外华侨华人的团结联谊工作取得新进展。委员会邀请接待了美国费城侨领商务访问团在北京、深圳、福建、浙江、上海的参观访问；会见了法国华侨华人会经济考察团、留日博士专家团、陈嘉庚后裔回国参访团等重要团组。组织了三个团组出访，出席了在俄罗斯举行的"全球华侨华人推动中国和平统一大会"，并分赴奥地利、意大利、荷兰、法国、西班牙以及香港，密切了与侨团的联系，了解了侨务工作的新情况，宣传了人民政协，促进了政协侨务工作的深入开展。3.邀请了来自13个国家的20位海外华侨列席政协十届一次会议,组织他们就国家建设与发展、政协工作、侨务工作等进行了3次专题座谈,向大会提供稿件10余篇,一些重要意见建议及时报送有关部门,其中关于劳务输出、设立西部人才专项基金等多项建议受到重视,并采取了相应措施。今年办公室开设了前三届列席人员共用网站,密切了相互联系。4.国内侨务工作更加务实活跃。为贯彻落实"三个代表"重要思想,依法维护侨胞的正当权益,委员会与国务院侨办联合组成调研组,赴广东对当地实行"清坟"行动而引起海外侨胞强烈反响的情况进行了调查,形成报告和信息,及时反映给有关部门,促进了问题的解决。委员会还承办了由全国人大华侨委员会、本委员会、国务院侨办、中国侨联、致公党中央组成的"五侨"领导联席会议,并参加了"五侨"工作会议,通报情况,协调工作;举办了纪念庄希泉同志座谈会;与其他中央涉侨单位联合举办了侨界新春茶话会;组织并参加了"2003年世界华侨华人社团联谊大会"、世界客属第18次"恳亲"大会等多项大型活动。

四、进一步做好政协信息工作。委员会多年来十分重视信息工作,今年专门召开主任会议研究进一步加强这项工作。日常注重发挥委员和办公室工作人员的积极性,在接待港澳台侨人士工作中,随时注意收集、编写信息,使本年度提供信息的数量和质量都有了很大提高。今年共撰写信息89条,被采用29条,在各专委会办公室评比中获一等奖。贾庆林主席、王忠禹副主席等领导在反映港澳委员意见建议的信息上作了重要批示。一年来,委员会举办或联合举办形势报告会、情况报告会、纪念会、座谈会、研讨会16次;召开主任会4次,全体委员会2次,组织委员参观等活动4次。全年共邀请接待港澳台侨团组36个,600余人。编发港澳台侨情7期,简报3期,处理委员来信、人民来信近40件,办理机关赴港澳台事宜、证件25人次。委员会各项工作协调发展,取得了良好效果。

(齐仪　编写　乐美真　审稿)

外事委员会　2003年,外事委员会主要做了以下工作:

一、开展专题调研

(一)结合十届政协第二次常委会"发展是执政兴国的第一要务"的主题,以实施"走出去"战略作为全年以及今后调研的主要课题,多次在北京召开专题会,与在国外投资办厂、承包工程、合作开发和输出劳务的企业及有关部门负责人座谈,形成了《关于加快实施"走出去"战略的有关问题》的调研报告。报告针对我国企业实施"走出去"战略的基本情况及其主要制约因素,提出了12条政策性建议,受到有关部门的重视。

(二)2003年12月,赴广西就实施"走出去"战略问题进行调研,就加强边贸、边境等问题提出建议。

(三)2003年8月,赴西藏调研。针对西藏外宣工作面临的形势以及人才匮乏、经费短缺、宣传资料滞后等问题,提出把西藏外宣工作置于我国对外宣传工作的突出位置,加大投入力度,以及在开发西藏中注意保护西藏文化特色、发展教育、培养人才等建议。

二、反映社情民意

注重结合日常工作和活动反映社情民意。外事委员会以中国经济社会研究会中拉经济技术合作小组名义组织考察团访问了巴拿马等四国,就有关涉台等问题反映情况,提出建议。委员还就国际班轮公会在我国重复收取码头作业费问题报送了相关信息,中央和国务院领导对此都作了批示。据统计,全年共提交信息47份,采用或转发31份。

三、围绕"21世纪论坛"开展工作

我会自1996年以来已数次成功举办了"21世纪论坛",其中有两次大型国际会议,以及数次年度研讨会,在国内外都产生了较大影响。为在十届政协期间开好大型的“21世纪论坛”国际会议，外事委员会成立了“论坛”小组，一年来就论坛选题召开多次会议进行充分研讨论证，并提出具体的筹备方案。

本年度外事委员会与经济委员会、中国世界贸易组织研究会、中国经济社会研究会共同举办了“21世纪论坛”2003年会议，会议的主题是“中国与世界贸易组织——投资中国：世界的选择和中国的政策”。

四、继续开展与我未建交国家的工作

2003年8月，以中国经济社会研究会名义派出考察团，访问了巴拿马、尼加拉瓜等四国。

五、开展形式多样的对外交往活动。

(一)坚持以“请进来”为主，适当“走出去”的方针，主动开展对外国议会和议员的工作。外事委员会代表团访问了波兰、希腊和马耳他三国，与往访国的议会、政府官员及友好人士进行了广泛接触和交流。

(二)重视与外国非政府组织开展交往

2003年是《中日和平友好条约》缔结25周年，外事委员会应日本社会教育团体碧波会邀请，以中国经济社会研究会名义组团出席了在福冈举行的日本碧波会成立30周年庆典活动。日方出席代表400多人，双方的交流在当地造成了一定声势和影响。同时以经济社会研究会名义促成日本碧波会与珠海市成功举办首届日中友好儿童绘画展，得到两国各界友好人士好评。双方还约定将继续举办两国儿童画展。

外事委员会在开展对外交往中充分发挥政协“亦官亦民”的优势和特点，分别以外事委员会和中国经济社会研究会名义邀请接待了韩中文化协会代表团、日本社会教育团体碧波会代表团、美国伊利诺伊州参议长琼斯率领的州参议员代表团和美国犹太人大会主席罗森率领的犹太人大会代表团第5个代表团，取得了增进了解、促进友谊的良好效果。

(三)有计划地加强同外国驻华使馆的联系

外事委员会于2003年6月与欧盟15国驻华使节及欧盟欧洲委员会驻华代表团官员举行了座谈，全面介绍了人民政协的性质、地位和主要职能，特别是十届全国政协的有关情况。此外，部分委员还应邀出席“外交官之家”研讨会，向40多个国家的驻华使馆首席馆员介绍中国共产党领导的多党合作和政治协商制度以及第十届全国政协的基本情况。

(四)配合国家整体外交对外发表声明

外事委员会于2003年3月21日发表声明，针对美国等国家未经联合国安理会授权，不顾世界人民反对战争、维护和平的共同愿望，对伊拉克发起军事行动一事，代表参加全国政协的各党派团体和各族各界人士对此表示震惊和关注，表明了人民政协对这一重大国际问题的严正立场。

六、举办报告会

外事委员会除组织委员学习中央方针政策外，还根据国际形势的发展，结合重大国际问题，举办了4次国际形势报告会。除请外交部领导围绕大国关系及国际关系问题作专题报告外，还请美国友人介绍了美国国会和院外活动情况。

(冯燕华　编写　陈默　审稿)

文史资料委员会　2003年主要工作：

一、全国政协文史资料工作研讨会。会议于2003年9月5日至7日在北京召开，主要内容是，围绕开创人民政协文史资料工作的新局面及本届政协文史资料工作规划进行研讨。全国政协常务副主席王忠禹出席开幕会并讲话。他在讲话中充分肯定了文史资料工作40多年来所取得的成绩。他强调指出，文史资料工作是政协工作的重要组成部分，是政协工作的一大特色。以史为鉴可以知古今，搞文史资料的同志责任重大，也很清苦，但很有意义，是很有价值的工作。文史资料最重要的就是实事求是，要客观地反映历史的本来面貌，反映事实的真相。征集、编辑文史资料，既要重视建国以后的，也要抓紧继续整理和抢救建国以前的，要组织各地、各方面的力量，团结协作，多出精品，多给后人留下一些精神财富，经得起历史的检验。桂世镛主任代表全国政协文史资料委员会作了主题发言。出席会议的省、自治区、直辖市政协文史委员会的同志交流了工作经验，对新形势下文史资料工作的指导思想、方针、原则和任务，文史资料工作如何为现实服务，如何与政协委员履行职能相结合等问题进行了深入研讨。与会同志认为，文史资料委员会作为政协专门委员会之一，承担着两项主要任务：一是征集、编辑、出版中国近代现代史资料。征集"三亲"史料是文史资料委员会的基础性的工作。二是文史资料委员会和其他专门委员会一样，是组织委员履行职能的工作部门。应发挥文史资料委员会的优势，选准角度，注重质量，积极开展调研、考察、反映社情民意等形式多样的活动。与会同志对新形势下文史资料工作的指导方针达成共识：以邓小平理论和"三个代表"重要思想为指导，高举爱国主义旗帜，坚持实事求是原则，保持特色，开拓创新，充分发挥文史资料的社会功能，为政协委员履行职能服务，为全面建设小康社会服务。会议提出本届政协文史资料工作的思路是：在抓紧做好建国前史料工作的同时，重视做好征集出版建国后史料工作，继续搞好库存史料的清理、保管和利用，继续探索文史资料工作为现实服务的新途径。会议就本届政协文史资料征集选题大纲和征集出版选题协作规划等进行了认真的讨论。

二、开展文史资料征集工作。为了统筹规划本届政协的文史资料工作，委员会办公室提出了《文史资料选题征集出版协作规划》（草案），交地方政协征求意见。温州民营企业的崛起、昆山开发区的创建和发展、宝钢的建设历程三个专题史料的征集工作已经启动。同时，制订了《筹建文史资料音像库方案》（草案），这是本届政协文史资料委员会提出的一项新任务，并将其列为今后一个时期的一项重点工作。在征集文字史料的同时，对有突出贡献、阅历丰富且年事已高的老人采取录音、录像、摄影等手段进行史料抢救，将他们的知识和经验以音像技术记录下来，传之后代。

三、推进澳门文史资料工作。为统筹开展澳门近代史、现代史资料的征集、整理、研究、编辑和出版工作，吴福副主任负责在澳门成立了文史资料工作机构，落实了工作班子，梳理了澳门历史脉络，并提出了工作对象和征集内容。

四、继续做好清理库存文史资料工作。全国政协的库存文史资料几经筛选，目前还剩有1亿多字的存稿。其中多数存稿没有出版价值但尚有保存价值，也有少量稿件经过艰苦的编辑工作可以发表。办公室聘请了若干名退休文史干部，再次审阅存稿，拟从中选出有一定史料价值的稿件，提供给《文史资料选辑》刊用，并将未出版的库存资料编目，妥善保管以备进一步利用。

五、组织"名人故居的保护和纪念馆的建设"专题考察。2003年11月至12月初，共有89人次先后四次组团在北京、天津、广东和湖南、江苏和上海等六省市考察名人故居70余处。陈奎元副主席作为团长，参加了北京和广东的考察。委员们考察了名人故居和纪念馆，认真听取了当地政府负责人及名人故居管理部门的汇报，并进行座谈。根据委员们的意见和建议，写出考察报告报送有关部门供决策参考。

六、围绕常委会主要议题开展调研活动。五一节前夕，根据第二次常委会的主要议题，结合史料征集工作，刘枫、龚心瀚副主任率调研组赴浙江温州调查民营企业发展情况。刘济民副主任率调研组赴江苏昆山调查开发区的建设情况。形成了代表本委员会的《温州民营企业发展历程的启示》常委会发言稿和《昆山开发区的建设历程与经验》的参阅资料。

（段敏　编写　马威　审稿）

【对外交往】

▲李瑞环主席访问坦桑尼亚、纳米比亚和赞比亚 2003年2月9日至19日，应坦桑尼亚国民议会、纳米比亚全国委员会（上院）和赞比亚国民议会邀请，全国政协主席李瑞环对上述三国进行正式友好访问。这是我会主席首次访问三国，也是我会对非洲地区的一次重大外交活动。李瑞环主席的主要陪同人员有：全国政协秘书长郑万通、贵州省政协主席王思奇、内蒙古自治区政协主席王占、北京市政协主席陈广文、全国政协外事委员会副主任刘怀远、外交部副部长刘古昌、全国政协副秘书长李昌鉴和全国政协委员、中国书法家协会顾问李铎。

三国高度重视李瑞环主席的访问，给予隆重、热烈和高规格的接待。访问期间，在坦桑尼亚，总统姆卡帕会见并举行欢迎宴会；总理苏马耶会见；国民议会议长姆塞夸会见并宴请，陪同访问了首都达累斯萨拉姆、桑给巴尔岛和阿鲁沙省，并到机场迎送。在纳米比亚，总统努乔马、总理古里拉布、国民议会议长奇腾德罗分别会见；全国委员会主席内霍瓦会见、座谈，举行欢迎宴会，陪同访问了首都温得和克及沃尔维斯湾，并与副主席蒙萨女士到机场迎送；外长哈穆腾尼亚和高教部部长分别拜会。在赞比亚，总统利维·姆瓦纳瓦萨会见；国民议会议长阿穆萨·卡通达·姆瓦纳姆万布瓦与李瑞环主席进行会谈、举行欢迎宴会并到机场迎送；国民议会副议长姆伏拉陪同访问了首都卢萨卡和利文斯顿市。

李瑞环主席阐述了我致力于发展同三国和其他非洲国家友好关系的政策主张和对当前重大国际问题的看法，介绍了中共十六大情况和我国政治经济形势、我多党合作和政治协商制度以及人民政协的职能，加深了往访国对中国的了解。李瑞环主席以全国政协名义向三国邀请单位各捐赠了价值100万元人民币的物品。李瑞环主席还看望了我使领馆工作人员和中资机构、当地华人华侨代表以及在坦赞铁路、中国航天测控站工作的中国专家。访问达到了增进了解、扩大共识、加深友谊、拓展合作的目的。

李瑞环主席根据国内国际形势和往访国的具体情况，与对方就双边关系和共同关心的问题深入交换了意见，访问取得了良好效果。

三国领导人高度评价与我友好关系，衷心感谢李瑞环主席往访以及我对三国维护国家主权和发展民族经济的支持。三国均强调愿进一步密切与中国的友好合作关系，加强在国际事务中的协调合作和相互支持，将双边关系推向新阶段。

三国领导人高度赞赏并完全同意中国在重大国际问题上的原则立场，积极评价我在促进世界和平与稳定中的重要贡献，希望中国能在国际事务中发挥更大的作用。

三国政府领导人表示完全理解我在台湾问题上的原则立场，并将一如既往地给予支持。纳米比亚总理古里拉布还特别提醒中方要警惕台湾当局在我建交国的活动。

三国领导人和该国各界人士热烈祝贺中共十六大成功召开，钦佩我在现代化建设事业中所取得的巨大成就，对我改革开放的经验深感兴趣。往访国领导人对我人民政协这种民主形式表示赞赏，希望更多地了解政协，加强同政协的联系和往来。

▲贾庆林主席访问印度、斯里兰卡、孟加拉国、尼泊尔和巴基斯坦 2003年11月23日至12月7日，应印度副总统兼联邦院议长谢卡瓦特、斯里兰卡议长佩雷拉、孟加拉国议长西尔卡、尼泊尔国务委员会主席乔杜里和巴基斯坦参议院主席苏姆罗邀请，全国政协主席贾庆林对上述五国进行了正式友好访问。这是我国今年为加强周边工作进行的一次重要外交活动。贾庆林主席的主要陪同人员有：全国政协秘书长郑万通、中央外办主任刘华秋、全国政协提

案委员会主任傅杰、云南省政协主席杨崇汇、新疆维吾尔自治区政协主席艾斯海提·克里木拜、民革中央副主席万鄂湘和外交部副部长王毅。

南亚是我善邻固国的一个重要战略地区。在当前复杂多变的国际形势下,进一步加强和做好南亚工作,对稳定周边环境,紧紧抓住新世纪头20年战略机遇期,聚精会神搞建设,一心一意谋发展,全面建设小康社会,具有十分重要的现实意义。贾庆林主席的南亚五国之行,维护和推动了我与南亚国家关系的良好发展势头,为新世纪新阶段进一步营造良好的周边环境创造了有利条件。

五国对此访高度重视,给予高规格的接待。访问期间,在印度,总理瓦杰帕伊会见;副总统兼联邦院议长谢卡瓦特会见并举行欢迎宴会;外长辛哈拜会;贾庆林主席一行访问了首都新德里、阿格拉市和海德拉巴市。在斯里兰卡,总统库马拉通加夫人会见并宴请;总理维克拉马辛哈会见;议长佩雷拉会谈、举行欢迎宴会并到机场迎送;执政党副领袖、电力能源部长贾亚苏里亚宴请;贾主席一行在首都科伦坡访问。在孟加拉国,总统艾哈迈德、总理齐亚分别会见;议长西尔卡会见、会谈、举行欢迎宴会并到机场迎送;民族主义党总书记兼地方政府、乡村发展与合作部长布延会见并宴请;外长莫西德·汗,反对党领袖、人盟主席哈西娜,财长拉赫曼,卫生与家庭福利部部长、孟中友协主席侯赛因等分别拜会;贾主席一行访问了首都达卡。在尼泊尔,国王贾南德拉、首相塔帕分别会见;国务委员会主席乔杜里会见、举行欢迎宴会并到机场迎送;下议院议长拉纳巴特会见;代外长塔帕拜会并到机场迎送;贾庆林主席一行在首都加德满都访问。在巴基斯坦,穆沙拉夫总统会见;贾迈利总理会见并宴请;参议院主席苏姆罗会谈,举行欢迎宴会,陪同访问了首都伊斯兰堡和拉合尔,并到机场迎送;国民议会议长侯赛因会见并宴请。

贾庆林主席与五国领导人就双边政治和经贸关系以及其他共同关心的问题深入交换意见,取得了广泛共识;与五国各界知名人士进行了接触,介绍了中国的基本情况和内外政策。五国都十分重视中国在国际和地区事务中的战略地位、作用和影响,重视我国巨大的市场潜力和广阔发展前景。访问达到了增进信任、面向未来、睦邻友好、互利合作的预期目的。

在本次访问中,印方赞同我对今后努力方向的建议和设想,瓦杰帕伊总理一再强调印中关系已"进入成熟阶段",并称双方现在可以坦诚地讨论有分歧的问题而不至于影响其他领域的合作,一旦印中边界问题得到解决,双边关系将会进一步得到加强。印度外长辛哈也表示,印度愿借鉴印中关系发展模式处理印巴关系,印方将不遗余力、下定决心与巴基斯坦走和平发展的道路。巴方高度评价巴中兄弟般友谊和战略性合作,强调对华友好是举国共识,感激我长期以来的无私援助,赞赏我在巴印问题上所持立场,表示愿进一步加强两国全天候、全方位合作。斯领导人对我发展两国关系的积极态度深表赞赏,强调斯中是患难之交,斯国内各政党对发展斯中友谊高度一致,愿加强与中国的友好交往,使斯中友好事业代代相传。孟领导人高度赞扬中国政府多年来在政治上的支持和经济上的援助,表示了与我发展友好合作的强烈愿望。尼方对我方的理解和明确支持表示衷心感谢。

五国领导人对我经济建设取得的巨大成就和政治稳定、民族团结的形势表示高度赞赏,认为中国从本国实际出发,走和平崛起的发展道路和采取的协调发展战略以及各项务实政策非常得当,富有成效,不仅实现了自身的发展,而且为周边国家的经济发展提供了机遇和经验。各国表示要借鉴中国的发展经验,进一步加强与中国的全面互利合作。各国还认为,中国是维护国际和地区和平、促进共同发展的重要力量,期待中国发挥更大的作用。

五国领导人高度赞赏我在经贸合作方面所作的积极努力,积极回应我关于加强双边合作关系的建议。斯、孟、尼、巴等国欢迎中国企业前往投资设厂、开展工程承包等活动,并愿提供相应的鼓励和优惠政策。印方表示将尽快提出印中经济联合小组印方人员名单,与中方商讨未来发展规划。巴、孟等国表示,愿与中方共同努力确保有关重点项目顺利进行。

五国领导人一致表示,将继续坚持一个中国的政策。印总理瓦杰帕伊表示,印将把达赖的活动限制在一定范围内。他还主动表示,如果中方希望印在西藏问题上做更多的事情,请告诉印方。斯、孟政府领导人重申不与台发展官方关系,不允许台湾问题损害对华关系。尼泊尔等国领导人明确承诺绝不允许达赖集团及宗教极端势力在其境内从事反华政治活动。巴总统穆沙拉夫重申愿与中方继续共同打击“东突”恐怖势力。

五国领导人表示,通过与贾主席交谈,他们对中国特色的社会主义民主政治建设有了更多的认识。一些国家的领导人希望本国的有关组织或机构同中国政协建立更紧密的联系,加强交往,共同为推动相互间友好合作的发展作出贡献。

(冯燕华 编写 陈默 审稿)

其他重要出访

▲2003 年 1 月 20 日至 27 日,应法国经社理事会主席德尔马涅和欧盟经社委员会主席布雷什邀请,全国政协副主席、中国经济社会研究会会长陈锦华率中国经济社会研究会(以下简称“研究会”)代表团访问了设在比利时布鲁塞尔的欧盟经社委员会和法国,并与法国经社理事会在巴黎共同举办了中法公共债务研讨会。代表团主要成员有全国政协副秘书长、研究会副会长张国祥,全国政协委员、研究会理事林兆木以及来自国家计委、国务院研究室、财政部、中国人民银行、中国社会科学院、中国人民大学的专家学者共 15 人。

▲2003 年 2 月 5 日至 13 日,应泰国国会副主席兼上议院议长玛暖吉·鲁卡宗邀请,全国政协副主席赵南起一行 6 人对泰国进行友好访问。赵南起副主席的主要陪同人员有全国政协常委、经济委员会副主任赵维臣,全国政协常委李希林以及中国经济社会研究会常务理事宁维屏等。

访问期间,上议院议长玛暖吉会见;前副总理颂汶·拉洪举行欢迎宴会。上议院顾问团主席、空军前总司令干·披曼铁上将,前副总理兼外交部长乃巴蜀·猜耶讪和上议院顾问团副主席、华彬国际集团总裁严彬等到机场迎接并陪同赵南起副主席访问了曼谷、清莱、清迈和普吉,出席了 APEC 泰国首届高官会议的部分会议,广泛接触了企业界人士,参观了皇太后大学的中国语言文化中心和泰国金三角毒品贸易历史展等。

▲2003 年 3 月 11 日至 12 日,应国际行动理事会秘书长宫崎勇邀请,九届全国政协外事委员会副主任张毅君出席在印度尼西亚雅加达举办的国际行动理事会高级专家小组会议。会议的主题是讨论即将举行的国际行动理事会第二十一届年会的声明草案,其内容主要涉及反对恐怖主义,以及国际行动理事会提出的《世界责任宣言》。

▲2003 年 3 月 19 至 22 日,应亚洲宗教者和平委员会(简称“亚宗和”)秘书长金星坤邀请,以全国政协委员、中国伊斯兰教协会副会长兼秘书长、“亚宗和”执委、中国宗教界和平委员会(简称“中宗和”)成员余振贵为团长的“中宗和”代表团一行 7 人,出席在韩国汉城举行的“亚宗和”执委会会议。

▲2003 年 6 月 18 日至 23 日,应经社理事会和类似组织国际协会主席、阿尔及利亚全国经社理事会主席蒙杜里和突尼斯经社理事会主席卡阿比邀请,中国经济社会研究会会长陈锦华率研究会代表团一行

9人访问上述两国；并于6月24日至25日出席了在阿尔及利亚首都阿尔及尔举行的经社理事会和类似组织国际协会（简称“国际协会”）第八次会议。代表团主要成员有全国政协人口资源环境委员会主任、研究会副会长陈邦柱。

访问期间，在突尼斯，议长迈巴扎、政府总理格努希分别会见；陈锦华会长与卡阿比主席进行工作会谈。在阿尔及利亚，民族院（上院）议长本萨利赫、国民议会（下院）议长尤奈斯分别会见；陈锦华会长与蒙杜里主席进行工作会谈，陈锦华代表研究会向阿全国经社理事会捐赠一万美元以表示对阿抗震救灾的支持和慰问；看望了中建集团公司、中石化集团公司驻阿员工。代表团访问了阿尔及尔和君士坦丁堡。

国际协会第八次会议的主题是《采取合作方式——通过可持续发展消除贫困》。陈锦华会长在会上作题为《中国的可持续发展与反贫困》的发言，简要介绍了中国可持续发展和扶贫开发的情况，并表明了中国对上述问题的原则立场。

▲2003年8月22日至9月8日，应巴拿马国际关系及对外政策研究中心、尼加拉瓜尼中工商会、厄瓜多尔投资贸易促进会和哥伦比亚农业部邀请，以全国政协外事委员会副主任、中国经济社会研究会（简称“研究会”）常务理事、中拉经济技术合作小组组长李北海为团长，全国政协外事委员会副主任、研究会常务理事原焘为副团长的中国经济社会考察团一行11人访问上述四国。

▲2003年9月10日至24日，全国政协港澳台侨委员会副主任张伟超一行3人出席在俄罗斯莫斯科举办的“全球华侨华人推动中国和平统一大会·莫斯科大会”，并对俄罗斯、奥地利和意大利进行友好访问。访问期间，张伟超副主任看望了旅居三国的侨胞，了解了三国侨情。

▲2003年9月11日至24日，应罗马尼亚参议院、匈牙利国会和芬兰议会邀请，由全国政协常务副主席王忠禹率全国政协代表团一行10人，对上述三国进行友好访问。代表团主要成员有吉林省政协主席王国发，全国政协常委、民族和宗教委员会主任钮茂生和全国政协常委、副秘书长王巨禄。

访问期间，罗马尼亚总统伊利埃斯库、总理讷斯塔塞分别会见；参议院议长沃克罗尤会见并举行欢迎晚宴；众议院议长多尔内亚努会见并宴请；代表团会见了参议院外委会主席普里瑟卡鲁和罗中友好议员小组主席珀乌内斯库。在匈牙利，国会第一副主席（国会主席不在国内）曼杜尔、国会匈中友好小组主席加尔分别会见；国会欧洲一体化事务委员会主席圣—伊瓦尼会见并举行欢迎晚宴。在芬兰，议长利波宁、外长托米奥亚、议会外委会主席兼芬中友好小组主席雅贡萨莉分别会见；第一副议长高斯基会见并举行欢迎宴会；议会宪法委员会主席萨西会见并宴请。代表团访问了赫尔辛基和伊纳利省会伊瓦洛市。

▲2003年10月14日至29日，应波兰参议院外交和欧洲一体化委员会、希腊帕潘德里欧基金会战略和发展研究所（希腊执政党智囊机构）和马耳他议会外交和欧洲事务委员会邀请，以全国政协常委、外事委员会主任刘剑锋为团长的外事委员会代表团一行8人，对上述三国进行友好访问。代表团主要成员有全国政协常委、副秘书长李昌鉴，外事委员会副主任马振岗，外事委员会委员谷永江和资华筠等。

访问期间，波兰副参议长雅仁勃夫斯基、总统府国务秘书西姆齐哈、文化部国务秘书托贝尔分别会见；参众两院外委会主席分别与刘剑锋主任进行工作会谈，副外长乌茨基出席了众议院外委会的会谈；代表团还会见了波中议员友好小组主席噶吉诺夫斯基、参议院经济和公共财政委员会主席马尔科夫斯基等。访问了西里西亚省、小波兰省和克拉科夫市。在希腊，副议长斯古里迪斯会见；帕潘德里欧基金会战略和发展研究会秘书长玛丽·鲍西斯、议会外交和国防委员会主席帕普利亚斯分别与刘剑锋主任会谈;代表团会见了文化部主管“奥运”的秘书长卡塔利斯,还与执政党泛希社运执行委员会主要负责人进行了座谈。在马耳他,议长塔博恩会见并宴请;外交和欧洲事务委员会与代表团会谈,外长博奇出席。过境英国期间,代表团还会晤了英国议会外委会主席安德森、议会英中小组主席查普曼和英中贸协主席鲍威尔勋爵。

▲2003 年 10 月 20 日至 30 日,应南非全国省级事务委员会(简称“省务院”)和赞比亚国民议会邀请,全国政协副主席张怀西率全国政协代表团一行 10 人,对上述两国进行友好访问。代表团主要成员有云南省政协常务副主席孟继尧,全国政协副秘书长、教科文卫体委员会副主任赵喜明和港澳台侨委员会副主任何少川。

访问期间,南非省务院主席娜蕾迪·潘多女士会见并宴请;省务院副主席马赫兰古与张怀西副主席进行工作会谈并举行欢迎宴会;国民议会副议长芭莱卡·姆贝蒂会见。代表团还与开普敦市政委员会、国家传染病研究中心分别就污水处理及市政公共卫生、传染病的监测预防治疗等问题进行座谈;参观了技术学院和小学。代表团还访问了开普敦、比勒陀尼亚和约翰内斯堡。在赞比亚,总统利维·姆瓦纳瓦萨、副总统内沃斯·蒙巴、国民议会议长阿穆萨·卡通达·姆瓦纳姆万布瓦分别会见;国民议会副议长姆伏拉与张怀西副主席进行工作会谈、举行欢迎宴会并到机场迎送。代表团访问了卢萨卡和利文斯顿市。

▲2003 年 10 月 27 日至 29 日,应亚洲宗教者和平委员会(简称“亚宗和”)邀请,中国宗教界和平委员会(简称“中宗和”)成员、中国伊斯兰教协会副会长兼秘书长余振贵率“中宗和”代表团一行 4 人,出席在韩国汉城举行的“亚宗和”秘书长会议。会后,代表团应邀前往韩国宗教者和平委员会访问。

▲2003 年 11 月 7 日至 14 日,应日本社会教育团体碧波会邀请,全国政协常委、外事委员会副主任、中国经济社会研究会(简称“研究会”)副会长张国祥率研究会代表团一行 8 人对日本进行友好访问。代表团主要成员有全国政协常委、副秘书长齐续春,外事委员会委员、研究会理事王昌义、石愚等。代表团参加了碧波会成立 30 周年庆典活动;会见了福冈县议会议长井本宗司、副知事稗田庆子、副议长井手善米、劳动部长贞金圣司、日中友好议员联盟顾问新宫松比古等政要。代表团访问了福冈、东京等地。

▲2003 年 11 月 12 日至 25 日,全国政协港澳台侨委员会主任郭东坡率港澳台侨委员会代表团对荷兰、法国和西班牙进行友好访问。代表团看望、慰问侨胞,并了解侨情。

▲2003 年 11 月 26 日至 12 月 2 日,中国经济社会研究会会长陈锦华一行 4 人出席在法国巴黎举行的第一届可持续发展全球论坛。

2003 年 12 月 31 日至 2004 年 1 月 8 日,应埃及副总理兼农垦部部长、埃中友好协会会长尤素夫·瓦利博士邀请,以全国政协常委、民族和宗教委员会副主任、中国宗教界和平委员会(简称“中宗和”)副主席、中国伊斯兰教协会会长陈广元大阿訇为团长,“中宗和”副秘书长兼办公室主任伊德尔为秘书长的“中宗和”代表团一行 10 人,对埃及进行友好访问。代表团主要成员有全国政协委员、中国佛教协会副会长兼秘书长学诚,全国政协委员、中国道教协会副会长唐诚青,全国人大代表、中国天主教主教团秘书长马英林,中国基督教协会副总干事阚保平和全国政协委员伊丽苏娅。访问期间,埃及副总理尤素夫·瓦利会见;埃及总统任命的伊斯兰教最高领袖爱资哈尔大教长坦塔威博士会见;大穆夫提阿里·主麻博士、宗教基金部长卡克祖克博士、爱资哈尔大学校长艾赫迈德·塔易朴博士、东正教帕帕夏努达三世大主教等分别与代表团进行交流。代表团访问了开罗、阿斯旺、卢克索和亚力山大。

（冯燕华　编写　陈默　审稿）

【新闻宣传工作】

第十二届宣传中国共产党领导的多党合作和政治协商制度好新闻（万里健杯）评选　2003年4月至10月，由全国政协办公厅举办。共收到符合参评规定的作品231件，其中中央新闻单位推荐作品134件，地方政协选送作品97件。评选委员会按照评选程序和评选办法，共评出获奖作品104件，其中一等奖9件，二等奖27件，三等奖68件。2003年10月18日在全国政协机关举行了颁奖仪式，全国政协副主席王忠禹、李蒙，秘书长郑万通出席并为获奖者颁奖。研究室主任卞晋平代表评选委员会对第十二届政协好新闻评选情况作了说明。本届获奖作品充分反映了一年来人民政协在中共中央领导下，以邓小平理论和“三个代表”重要思想为指导，围绕团结和民主两大主题，切实履行政治协商、民主监督、参政议政职能所作的新贡献；大力宣传了广大政协委员认真履行职责，为促进改革开放和现代化建设、为维护社会安定团结的政治局面建言献策的典型事例；深入报道了各级政协组织积极探索履行职能的新形式，特别是在发挥界别优势、加强民主监督、畅通反映社情民意渠道等方面所取得的新进展。

（曾子熠　编写　张敬安　审稿）

组织中央新闻单位赴宁夏回族自治区采访政协工作　2003年8月，全国政协办公厅新闻办公室邀请人民日报等12家新闻单位记者组成中央新闻单位采访团，由全国政协原副秘书长保育钧担任采访团团长，对宁夏回族自治区进行了为期6天的采访。采访团先后采访了宁夏回族自治区党委、政府和政协的负责人；采访了银川、石嘴山、吴忠、中宁、海原、西吉、固原等县市；采访了银川市城市化建设、扶贫扬黄灌溉工程、南部山区退耕还林还草工程、移民开发工程，采访了自治区生态基地、民营企业、政协委员援建的希望小学等。这次采访活动以“扶贫与西部开发”为主题，一方面充分反映宁夏各级党委和政府在“扶贫与西部开发”方面所做的努力和取得的成就，另一方面也注重宣传宁夏各级政协围绕党和政府中心工作认真履行职能的情况。采访团共播发、刊发各类新闻50多件，在人民日报、中央电视台等中央主要媒体上做了宣传和报道。

（曾子熠　编写　张敬安　审稿）

【干部培训工作】

第三十六至第三十九期政协干部培训班　于2003年在全国政协干部培训中心（北戴河）举办（每期15—18天）。31个省、自治区、直辖市的县、区、市、州、盟政协主席或副主席以及各级政协机关局处级以下干部共计1796人参加了学习。全国政协贾庆林主席和王忠禹、周铁农、徐匡迪、黄孟复副主席或出席开学典礼或看望全体学员，并分别发表重要讲话，与大家合影留念。这四期培训班重点安排了政治经济形势教育和人民政协专业知识教育两部分内容。关于政治经济形势教育主要是举办了《牢牢把握十六大主题，全面建设小康社会》、《发展社会主义民主政治，建设社会主义政治文明》、《我国目前的宏观经济形势与任务》、《国际形势和我国的对外交往》、《世界军事安全形势与我国的国防现代化》、《迎接信息及高新技术革命的挑战》、《台湾问题及对台政策》等七个专题讲座；关于人民政协的专业知识教育，主要学习了毛泽东、邓小平、江泽民三代领导人关于统一战线和人民政协工作的重要论述，学习了贾庆林主席在中国人民政治协商会议第十届全国委员会第一次会议闭幕会上的讲话。听取了《学习“三个代表”重要思想，适应形势发展需要，努力做好人民政协工作》、《中国共产党领导的多党合作和政治协商制度》、《新时期统一战线的理论与实践》、《关于人民政协性质和职能的若干问题》、《人民政协的专门委员会工作》、《关于人民政协的宣传工作》、《人民政协的基础性和经常性工作》等为内容的专业辅导。全体参训学员联系实际，就国际国内的政治经济形势和社会上的热点问题以及地方政协工作进行了座谈与研讨。

（王君光　编写　杜沛才　审稿）

【反映社情民意工作】

政协信息工作　2003 年共收到全国政协委员、全国政协各参加单位及地方政协信息来稿 7316 篇，《政协信息》出刊 234 期，共编辑、采用稿件 1314 篇。据不完全统计，温家宝、黄菊、吴仪、曾培炎、回良玉、周永康、唐家璇、华建敏、陈至立等中央领导人及有关省、部、委、办的负责人共 69 人次在《政协信息》上作了重要批示，比去年增加 21 人次。《政协信息》反映的重要意见建议，有些被党和国家的重要决策所采纳，有些转化为党政部门的工作措施，推动了一些实际问题的解决。为加强信息工作规范化建设，制定了《政协全国委员会办公厅关于改进信息工作的若干意见》，建立了《政协信息》反馈报告制度并制订了《信息转送件办理程序》等。办公厅组织召开了信息工作座谈会。研究室信息局通过多种形式，发动全国政协委员、各民主党派中央、全国工商联和地方政协积极反映社情民意，使政协信息报送数量继续增加，信息质量明显提高。对《政协信息》刊型进行了调整，取消了《政协信息(要目)》和《政协信息(专报增刊)》，将原有的《政协信息(专报)》改为《政协信息专报》，继续保留《政协信息》。通过在大会和常委会议期间集中收集信息、召开委员小型座谈会、围绕中心工作重点报送信息、综合提炼信息等形式，大大提高了信息质量。特别是“非典”期间报送了大量防治“非典”的信息，发挥了积极的作用。制作了《“非典”统计图表》供全国政协领导参阅。在十届全国政协开局之年，政协信息出刊比去年增加一倍多。召开全国政协办公厅信息工作先进单位和先进个人表彰会，全国政协办公厅对连续 5 年被评为全国政协办公厅政协信息工作先进单位的民建中央调研部、民进中央研究室、北京市政协研究室、山西省政协办公厅、河北省政协研究室、浙江省政协办公厅、湖北省政协办公厅、四川省政协办公厅、成都市政协办公厅、宁波市政协办公厅、北京市海淀区政协、泰州市政协 12 个单位和连续 3 年被评为全国政协办公厅政协信息工作先进个人的刘志奇、张瑛、孙薇、徐本传、蔡嘉培 5 位同志通报表彰并颁发证书。全国政协办公厅评选出本年度 25 个政协信息工作先进单位(按评比分数排列)：九三学社中央办公厅、全国政协港澳台侨委员会办公室、山西省政协办公厅、宁波市政协办公厅、杭州市政协办公厅、潍坊市政协获政协信息工作先进单位一等奖；民进中央研究室、民建中央调研部、北京市政协研究室、全国政协人口资源环境委员会办公室、浙江省政协办公厅、泰州市政协、北京市海淀区政协、成都市政协办公厅获政协信息工作先进单位二等奖；全国政协经济委员会办公室、致公党中央参政议政部、河北省政协办公厅、民盟中央办公厅、全国政协外事委员会办公室、湖北省政协办公厅、南京市政协办公厅、武汉市政协办公厅、佛山市政协、宁夏回族自治区政协办公厅、赤峰市政协获政协信息工作先进单位三等奖。张瑛、吴芳、曹亮、程增伟、张少华、王钦殿、姜其和、宗朋、白煜章、孙薇、陈克勤、陈爱华、钟建共 13 位同志被评选为全国政协办公厅 2003 年度政协信息工作先进个人。

（崔明森　编写　陈唐晓　审稿）

政协信访工作　2003 年 11 月 20 日至 22 日，“政协信访工作座谈会”在北京召开。全国 31 个省级政协和长春、青岛、广州三个副省级市政协的办公厅负责人和具体从事信访工作的同志出席了会议。王忠禹常务副主席接见与会代表并发表重要讲话;郑万通秘书长就如何进一步搞好政协信访工作作了专题报告;国家信访局局长周占顺作了题为《以十六大精神和"三个代表"重要思想为指导,进一步做好新形势下的信访工作》的报告;赵喜明副秘书长在闭幕会上作总结讲话。全国政协办公厅、上海市、天津市、辽宁省、浙江省政协办公厅等十个单位作了大会发言;会议还就如何做好新形势下的政协信访工作进行了分组研讨;收集了对《政协全国委员会办公厅办理委员和人民群众来信来访的规定》的意见;除大会发言材料外,会议还收到 17 个地方政协的书面经验交流材料。会议紧紧围绕贯彻落实"三个代表"重要思想、中共十六大和十六届三中全会精神,坚持政协信访为政协委员、统一战线人士和人民群众服务,为政协履行职能服务,为改革发展稳定的大局服务这一主题进行了广泛的研讨。会议成果:(一)提高了做好新形势下政协信访工作的认识,增强了使命感和责任感,坚定了做好信访工作的信心。与会者一致认为,政协信访工作是政协组织为委员和统战人士服务的重要方式;是人民政协了解和反映社情民意的重要渠道;是化解社会矛盾、维护社会稳定的重要力量;是团结海内外人士、凝聚人心的重要纽带。做好政协信访工作,不仅可以密切党和政府与人民群众的血肉联系,还可以密切人民政协组织、广大委员与基层群众的联系,这对于巩固和发展爱国统一战线,对于经济发展和社会稳定,对于充分发挥人民政协在国家政治生活中的作用,都具有十分重要的意义。(二)交流了经验,拓宽了工作思路。通过各地政协的经验交流,大家互相启迪,进一步拓宽了工作思路。第一,信访与政协会议、专题调研、委员提案、反映社情民意相结合,可以使信访更好地为政协履行职能服务。第二,通过召开听证会,可以有效的把信访工作与政协履行职能结合起来。第三,在互联网上设立电子信箱,方便群众反映问题,可以进一步拓宽反映社情民意的渠道,为人民群众表达意见和建议搭建平台。(三)就政协信访工作的一些基本问题达成了初步的共识。第一,政协信访应以委员、统战人士的来信来访和直接涉及统战、政协工作的来信来访为主要对象。对委员的来信来访,要追踪办理,争取做到件件有答复。对于一般的群众来信来访,也要力所能及地协助党政部门进行办理。第二,政协信访工作要发挥位置超脱、渠道畅通、协商处理、建言献策等优势。第三,政协信访工作要处理好四种关系。一是要处理好与党政部门的关系,这是一种主导与协助的关系。二是要处理好与党政信访部门的关系,这是一种协作与配合的关系。三是要处理好与信访人的关系,这是一种服务与被服务的关系。四是要处理好与政协其他工作的关系,这是一种相辅相成的关系。

2003 年,全国政协办公厅信访局共收到各界群众来信 21694 件,其中各级政协委员、党派成员来信 1075 件(其中包括政协委员反映的社情民意 350 件)。编发《信访动态》7 期、《要信呈报》18 件、《政协委员和群众给贾庆林主席来信情况》3 期。发出信访公函 435 件,收到查报结果的回函 260 件,为政协委员和人民群众解决实际问题 110 多件。来信反映较多的问题是离退休待遇、揭发各级干部违法违纪、社会治安、司法不公、城镇拆迁安置、农村征地补偿等问题。接待各级政协委员、统战对象、知名人士和人民群众来访 306 人次。来访人员中,政协委员、统战对象约占 10%。反映的问题主要是地方政协委员因履行职责受到打击报复,个人合法权益受到侵害而寻求保护以及海外友人、港澳台同胞在内地投资经商纠纷等。

(赵庆元 编写 陈爱菲 审稿)

政协信息化建设工作 7 月成立了全国政协信息化建设领导小组和信息化工作办公室。11 月以办公厅名义向国家发展和改革委员会报出了《全国政协信息化系统工程》项目立项报告。12 月为总结、交流、研讨电子政务建设经验，了解地方政协信息化建设需求，信息化建设领导小组以办公厅的名义在云南省昆明市召开了政协系统电子政务研讨会(现场会)。

实施互联网升级改造，在巩固原有功能的基础上，增加了互联网病毒防范、垃圾邮件过滤及个人邮箱服务等功能，并为机关工作人员开放了政协互联网邮箱。

互联网新增十届委员简历、文史资料、抗 SARS 专栏等信息。局域网新增十届一次会议专栏、国事建言、政协 2001 年年鉴等内容。

(赵海涓　编写　王宝明　审稿)

组织情况

中国人民政治协商会议第十届全国委员会主席、副主席、秘书长、常务委员名单

(325人)

主　　席 贾庆林

副 主 席 王忠禹 廖　晖 刘延东(女) 阿沛·阿旺晋美(藏族) 巴　金
帕巴拉·格列朗杰(藏族) 李贵鲜 张思卿 丁光训 霍英东
马万祺 白立忱(回族) 罗豪才 张克辉 周铁农
郝建秀(女) 陈奎元 阿不来提·阿不都热西提(维吾尔族) 徐匡迪
李兆焯(壮族) 黄孟复 王　选 张怀西 李　蒙

秘 书 长 郑万通

常务委员(按姓名笔画排序)

一　诚 丁人林 刀述仁(傣族) 于　珍 万学远 万鄂湘 马永伟
马志伟(满族) 马忠臣 王　东 王　蒙 王力平 王大中 王巨禄
王少阶 王东明 王光谦 王先琼(女,侗族) 王良溥 王忍之 王明明
王钦敏 王恒丰 王鹤龄 王耀华 瓦哈甫·苏来曼(哈萨克族) 毛增华
方兆本 方祖岐 孔小均 邓朴方 邓成城 邓伟志 甘子钊 甘宇平
左铁镛 左焕琛(女) 厉以宁 厉有为 石万鹏 石四箴(女) 卢　强
卢光琇(女) 卢荣景 卢登华 叶　青 叶　朗 叶大年 叶小文 叶少兰
叶连松 田　岚(土家族) 田期玉 令狐安 包叙定 冯健亲 冯培恩
冯骥才 圣　辉 西　纳(藏族) 曲钦岳 朱　铭 朱永新 朱兆良
朱佩玲(女) 朱振中 朱培康 朱增泉 伍绍祖 伍淑清(女) 任文燕(女) 任玉岭
伉铁保 刘　璞(女) 刘元仁 刘汉铨 刘永好 刘民复 刘光复 刘廷焕
刘仲藜 刘亦铭 刘迎龙 刘忠德 刘绍先(彝族) 刘政奎 刘柏年
刘剑锋 刘炳森 齐续春(满族) 江家福(壮族) 安启元 许克敏
许柏年 孙永福 孙优贤 克尤木·巴吾东(维吾尔族) 苏纪兰
李世济(女) 李良辉 李其炎 李奇生 李昌鉴 李宝祥 李泽钜
李承淑(女,朝鲜族) 李勇武 李敏宽 李雅芳(女) 李慈君(女) 李慧珍(女) 李赣骝
杨　岐 杨孙西 杨春兴(苗族) 杨保建(白族) 杨俊文 杨振杰
吴　福 吴正德 吴光正 吴光宇 吴国祯 吴明熹 吴贻弓 吴冠中

吴祖强　吴润忠　吴敬琏　吴新涛　吴蔚然　何柱国　何添发　何鸿燊
余国春　邹哲开　闵乃本　闵智亭　汪纪戎(女)　宋金升　宋宝瑞　宋瑞祥
宋德福　启　功(满族)　张　工　张　平　张　帆　张　洽　张　涛
张大宁　张永珍(女)　张发强　张圣坤　张芝庭　张廷翰　张吾乐　张宏伟
张国祥　张宝文　张宝明　张承芬(女)　张俊九　张梅颖(女)　张绪武　张新时
张榕明(女)　陆锡蕾(女)　阿不都热依木·阿吉伊明(维吾尔族)　陈　军(哈尼族)
陈　虹　陈广元(回族)　陈广文　陈心昭　陈永棋　陈邦柱　陈抗甫
陈昊苏　陈昌智　陈明德　陈佳洱　陈宗兴　陈政立　陈勋儒　陈俊亮
陈凌孚　陈高华　陈益群　陈清华　陈清泰　陈辉光　陈德敏　陈耀邦
邵　鸿　邵华泽　邵奇惠　苟建丽(女)　范宝俊　欧阳明高　季剑虹　岳海岩
征　鹏(傣族)　金　异　金开诚　金日光(朝鲜族)　金基鹏(回族)
金鲁贤　周子玉　周宜兴　周绍熹　郑兰荪　郑必坚　郑军里(瑶族)
郑楚光　宗顺留　赵　龙　赵　勇　赵　燕(女)　赵展岳　赵喜明　胡彦林
胡富国　钮茂生(满族)　俞　正　俞云波　俞泽猷　俞海潮
姜笑琴(女)　洪绂曾　姚守拙　姚志彬　贺　旻(女)　珠康·土登克珠(藏族)　袁隆平
莫时仁(布依族)　桂世镛　索丽生　贾　军　夏　日(蒙古族)
夏家骏(土家族)　夏培度　钱景仁　倪国熙　倪润峰　徐至展　徐自强
徐更生　徐展堂　徐鸿道　徐麟祥　爱泼斯坦　栾恩杰(满族)　高占祥
高国才(黎族)　郭东坡　郭炳湘　桑顶·多吉帕姆·德庆曲珍(女,藏族)
黄　璜　黄光汉　黄关从　黄格胜(壮族)　萧灼基　曹圣洁(女)
龚世萍(女)　龚谷成　章祥荪　阎洪臣　梁金泉　梁荣欣　梁振英
梁裕宁(女,壮族)　彭　钊　韩大建(女)　韩生贵(回族)　韩汝琦　韩忠朝
韩喜凯　程安东　程津培　程誌青(女)　傅　杰　傅家祥　傅惠民　舒圣佑
曾　华　谢生林(回族)　谢克昌　谢丽娟(女)　靳尚谊　雷　蕾(女,满族)
窦瑞华　蔡睿贤　翟泰丰　墨文川　黎乐民　德哇仓(藏族)
潘　霞(女)　潘贵玉(女)　潘蓓蕾(女,高山族)　霍　达(女,回族)

中国人民政治协商会议第十届全国委员会主席、副主席、秘书长简历

贾庆林　男,汉族,1940年3月生,河北泊头人,1959年12月加入中国共产党,1962年10月参加工作,河北工学院电力系电机电器设计与制造专业毕业,大学学历,高级工程师。

1956年至1958年石家庄工业管理学校工业企业计划专业学习。1958年至1962年河北工学院电力系电机电器设计与制造专业学习。1962年至1969年一机部设备成套总局技术员、团委副书记。

1969年至1971年下放一机部江西奉新“五七”干校劳动。1971年至1973年一机部办公厅政策研究室技术员。1973年至1978年一机部产品管理局负责人。1978年至1983年中国机械设备进出口总公司总经理。1983年至1985年山西太原重型机器厂厂长、党委书记。1985年至1986年福建省委常委、副书记。1986年至1988年福建省委副书记兼省委组织部部长。1988年至1990年福建省委副书记兼省委党校校长、省直机关工委书记。1990年至1991年福建省委副书记、副省长、代省长。1991年至1993年福建省委副书记、省长。1993年至1994年福建省委书记、省长。1994年至1996年福建省委书记、省人大常委会主任。1996年至1997年北京市委副书记、副市长、代市长、市长。1997年至1999年中央政治局委员,北京市委书记、市长。1999年至2002年中央政治局委员,北京市委书记。2002年至现在中央政治局常委。

中共第十四届、十五届、十六届中央委员,十五届、十六届中央政治局委员,十六届中央政治局常委。

王忠禹 男,汉族,1933年2月生,吉林长春人,1956年5月加入中国共产党,1950年5月参加工作,中央党校大专学历,高级工程师。

1950年至1953年沈阳轻工业高级职业学校学习。1953年至1967年吉林造纸厂车间技术员、车间副主任、厂长室秘书、厂工程师室工程师、厂计划科副科长。1967年至1970年“文化大革命”中受冲击,后下放车间和农场劳动。1970年至1975年吉林造纸厂生产调度组副组长,厂党委办公室副主任、主任。1975年至1980年吉林造纸厂革委会副主任、副厂长、总工程师。1980年至1981年吉林省第一轻工业局副局长。1981年至1982年中央党校培训部培训班学习。1982年至1983年吉林省第一轻工业厅厅长、党组书记。1983年至1985年吉林省委常委兼研究室主任、省委常委兼秘书长。1985年至1988年吉林省委副书记。1988年至1992年吉林省委副书记、副省长、代省长、省长。1992年至1993年国务院生产办公室副主任、党组副书记,国务院经济贸易办公室副主任、党组副书记。1993年至1998年国家经济贸易委员会主任、党组书记。1998年至现在国务委员、国务院党组成员,国务院秘书长、机关党组书记,中央国家机关工委书记,国家行政学院院长。

中共第十三届中央候补委员,十四届、十五届中央委员。

廖　晖 男,汉族,1942年5月生,广东惠阳人,1965年12月加入中国共产党,1960年8月参加工作,哈尔滨军事工程学院导弹工程系毕业,大学学历。

1960年至1965年哈尔滨军事工程学院导弹工程系学习。1965年至1972年空军高射炮兵独立四师三营一连引导技师。1972年至1975年空军驻国营七六一厂军工产品质量检验军事代表。1975年至1980年北京军区空军司令部高射炮兵处参谋。1980年至1983年解放军总参谋部装备部科技处副团职参谋。1983年至1984年国务院侨务办公室副主任、党组成员,第一副主任、党组副书记。1984年至1997年国务院侨务办公室主任、党组书记。1997年至现在国务院港澳事务办公室主任、党组书记。

中共第十二届、十三届、十四届、十五届、十六届中央委员。

刘延东 女,汉族,1945年11月生,江苏南通人,1964年7月加入中国共产党,1970年3月参加工作,吉林大学行政学院政治学理论专业毕业,在职研究生学历,博士学位。

1964年至1970年清华大学工程化学

系学习、年级政治辅导员。1970年至1972年河北省唐山开平化工厂工人、技术员、车间负责人。1972年至1978年北京化工实验厂工人、党委宣传科干事、车间党支部书记、厂党委常委、政治部副主任、主任。1978年至1980年北京化工实验厂党委副书记。1980年至1981年北京市委组织部干部。1981年至1982年北京市朝阳区委副书记。1982年至1991年3月共青团中央书记处书记、常务书记,全国青联副主席、主席。1991年3月至9月中央统战部副秘书长,全国青联主席(1991年12月卸任)。1991年9月至1995年中央统战部副部长(1990年9月至1994年6月中国人民大学社会学系社会学理论与方法专业在职学习,获硕士学位)。1995年至1998年中央统战部副部长,中央社会主义学院党组书记(1994年9月至1998年12月吉林大学行政学院政治学理论专业在职学习,获博士学位)。1998年至2001年中央统战部副部长(正部长级),中央社会主义学院党组书记。2001年至2002年中央统战部副部长(正部长级),中央社会主义学院党组书记,宋庆龄基金会副主席。2002年至现在中央统战部部长,中央社会主义学院党组书记,宋庆龄基金会副主席。

中共第十五届中央候补委员、十六届中央委员。第七届全国人大常委会委员。第六届、八届、九届全国政协常务委员。

阿沛·阿旺晋美 男,藏族,1910年2月生,西藏拉萨人。

1936年至1959年西藏地方政府昌都粮官、民事法官、孜本(审计官)、昌都总管、噶伦,昌都地区解放委员会副主任。1951年任西藏地方政府赴北京谈判的首席代表,同中央人民政府代表签订了关于和平解放西藏办法的协议。1952年至1959年西藏军区第一副司令员、中将军衔,西藏自治区筹委会筹备处处长、秘书长、副主任,国防委员会委员。1959年至1964年全国政协副主席,西藏自治区筹委会副主任兼秘书长,西藏军区副司令员,国防委员会委员。1964年至1965年全国人大常委会副委员长,西藏自治区筹委会代主任,西藏军区副司令员,国防委员会委员。1965年至1979年全国人大常委会副委员长,西藏自治区人民委员会主席、革委会副主任,西藏军区副司令员。1979年至1981年全国人大常委会副委员长、全国人大民族委员会主任委员,西藏自治区人大常委会主任,西藏军区副司令员。1981年至1983年全国人大常委会副委员长、全国人大民族委员会主任委员,西藏自治区人民政府主席,西藏军区副司令员。1983年至1987年全国人大常委会副委员长、全国人大民族委员会主任委员,西藏自治区人大常委会主任,西藏军区副司令员。1987年至1993年全国人大常委会副委员长、全国人大民族委员会主任委员,西藏自治区人大常委会主任。1993年至现在全国政协副主席。

第一届全国政协委员,第三届、八届、九届全国政协副主席。第一届、二届、三届、四届、五届、六届、七届全国人大代表,第三届、四届、五届、六届、七届全国人大常委会副委员长,第五届、六届、七届全国人大民族委员会主任委员。

巴　金 男,汉族,1904年11月生,四川成都人,无党派,1921年于成都外语专门学校肄业。

1927年至1929年赴法国留学。1929年回国后,从事文学创作。1935年至1950年上海文化生活出版社、平明出版社总编辑。1950年后任平明出版社总编辑,上海市文学艺术界联合会副主席,中国作家协会上海分会主席。1953年9月后先后任中国作家协会副主席,《文艺月报》、《收获》、《上海文学》主编。1962年后任上海市文学艺术界联合会主席,“文化大革命”

中受冲击。1977年至1983年中国作家协会主席、中国文学艺术界联合会副主席,上海市政协副主席。1983年至现在全国政协副主席,中国作家协会主席。

第一届政协全体会议代表,第六届、七届、八届、九届全国政协副主席。第一届、二届、三届、四届、五届全国人大代表,第五届全国人大常委会委员。

帕巴拉·格列朗杰 男,藏族,1940年2月生,四川理塘人,大学学历。

1942年被认定为西藏昌都强巴林寺第十一世帕巴拉呼图克图。1950年至1952年昌都解放委员会第一副主任。1952年至1956年在色拉寺学经。1956年至1959年西藏自治区筹备委员会常委、宗教事务委员会副主任。1959年至1965年西藏自治区筹备委员会副主任、宗教事务委员会主任,昌都专署专员,全国政协副主席。1965年至1979年西藏自治区人民委员会副主席、自治区政协副主席,全国政协副主席。1979年至1993年西藏自治区人民政府副主席、自治区人大常委会副主任、自治区政协副主席,中国佛教协会副会长、西藏分会名誉会长,全国政协副主席,西藏自治区政协主席。1993年至现在全国人大常委会副委员长,西藏自治区政协主席,中国佛教协会副会长、名誉会长。

第二届、三届、四届、五届全国人大代表,第八届、九届全国人大常委会副委员长。第三届、四届、五届、六届、七届全国政协副主席。

李贵鲜 男,汉族,1937年8月生,辽宁盖州人,1962年7月加入中国共产党,1963年8月参加工作,苏联莫斯科门氏化工学院工程物理化学系电真空化学专业毕业,大学学历,工程师。

1959年至1960年北京外国语学院留苏预备部学习,中国科学技术大学学习。1960年至1965年苏联莫斯科门氏化工学院工程物理化学系电真空化学专业学习。1965年至1967年公安部十二局研究所工作。1967年至1977年国营七七七厂技术员、车间主任、副厂长、总工程师、党委副书记。1977年至1979年辽宁省锦州市电子工业局副局长、总工程师。1979年至1982年辽宁省电子工业局副局长、总工程师、党组副书记。1982年至1983年辽宁省副省长兼省科委主任、党组书记。1983年至1985年辽宁省委常委、副省长。1985年至1986年辽宁省委书记。1986年至1988年安徽省委书记。1988年至1993年国务委员兼中国人民银行行长、党组书记。1993年至1994年国务委员。1994年至1998年国务委员兼国家行政学院院长。1998年至现在全国政协副主席、党组成员。

中共第十二届、十三届、十四届、十五届、十六届中央委员。第九届全国政协副主席。

张思卿 男,汉族,1932年8月生,河南洛阳人,1952年10月加入中国共产党,1949年3月参加工作,相当高中学历。

1949年至1952年河南省新郑县支前司令部谢庄供应站工作员,华中支前司令部通城供应站、南襄办事处工作员,最高人民检察署中南分署收发员,中南土改工作队广西平乐县分队副队长、工作组组长。1952年至1954年最高人民检察署中南分署科员、调查员。1954年至1955年最高人民检察署东北工作团副组长、助审员。1955年至1966年长江水上运输检察院检察员,湖北省人民检察院检察员、党组秘书、秘书科长。1966年至1969年“文化大革命”中受冲击,后下放“五七”干校劳动。1969年至1973年湖北省公安机关军管会审批组工作。1973年至1974年湖北省高级人民法院办公室副主任。1974年至1983年湖北省高级人民法院副院长、党组副书记。1983年至1985年湖北省高级人民法院院长、党组书记,省公安厅厅长、党委书记兼武警湖北总队第一政委,省委常委兼省委政法委员会书记。1985年至1988年最高人民检察院副检察长、党组成员、检察委员会委员。1988年至1993年最高人民检察院副检察长、党组副书记(1991年12月明确为正部长级)、检察委员会委员。1993年至1998年最高人民检察院检察长、党组书记、检察委员会委员。1998年至现在全国政协副主席、党组成员。

中共第十三届中央候补委员,十四届、十五届中央委员。第九届全国政协副主席。

丁光训 男,汉族,1915年9月生,上海市人,上海圣约翰大学、美国纽约哥伦比亚大学师范学院、纽约协和神学院毕业,文学硕士,神学博士。

1937年至1942年上海圣约翰大学学习。1942年至1945年上海基督教青年会学生部干事。1946年至1947年加拿大基督教学生运动干事。1947年至1948年美国纽约哥伦比亚大学师范学院、美国纽约协和神学院学习。1948年至1951年瑞士日内瓦世界基督教学生同盟干事。1951年至1980年上海广学会总干事,金陵协和神学院院长,南京大学副校长兼宗教研究所所长。1980年至1989年中国基督教三自爱国运动委员会主席,中国基督教协会会长,江苏省政协副主席,全国人大常委会委员、全国人大外事委员会委员。1989年至1997年全国政协副主席,中国基督教三自爱国运动委员会主席,中国基督教协会会长,南京大学副校长,金陵协和神学院院长。1997年至现在全国政协副主席,中国基督教三自爱国运动委员会名誉主席,中国基督教协会名誉会长,金陵协和神学院院长。

第三届全国政协委员,第五届全国政协常务委员,第七届、八届、九届全国政协副主席。第三届、四届、五届全国人大代表,第六届、七届全国人大常委会委员、全国人大外事委员会委员。

霍英东 男,汉族,1923年5月生,广东番禺人。1953年创办霍兴业堂置业有限公司及有荣有限公司,任董事长,先后担任香港地产建设商会会长,香港中华总商会会长、永远名誉会长,香港足球总会会长、永远名誉会长,国际足联执委,世界羽毛球联合会名誉主席,香港特别行政区基本法起草委员会委员,香港特别行政区筹委会预备工作委员会副主任,香港特别行政区筹备工作委员会副主任,香港特别行政区推选委员会副主任等职。1993年3月起任全国政协副主席。

第五届、六届全国政协常务委员,第八届、九届全国政协副主席。第七届全国人大常务委员会委员。

马万祺 男,汉族,1919年10月生,广东广州人,大学学历,获澳门东亚大学工商管理荣誉博士学位,暨南大学名誉博士。

1938年在香港成立泰生行永裕昌并出任经理。1941年移居澳门,先后与友人组织恒丰裕行、和生行、大丰银号、恒记公司等任总监督、总经理等职。1944年出任镜湖医院慈善会董事、副董事长、董事会主席。1946年组织新中行。1947年组织大华行任总经理、董事长。1948年出任澳门中华总商会理事、副理事长、副会长、会长。1950年起任中华教育会理事、副会长、名誉顾问等职。1952年任劳工教育协进会主任。1950年后在澳曾任篮排球总会、乒乓总会、游泳总会、象棋总会等会长,澳门东亚大学董事会主席、咨询会主席,濠江中学、培道中学、商训夜中学、广大中学、青洲小学、镜平小学等校董事会主席。在国内曾任华南企业公司、广东华侨投资公司、广东国际信托投资公司、广州国际信托投资公司、中国国际信托投资公司董事、副董事长等职。曾任暨南大学、南京大学、仲恺农业学院副董事长，广州大学、南海中学、何香凝纪念学校名誉校长，广东省工商业联合会副主委、名誉会长，广东省政协常务委员，中华全国工商业联合会常委，全国政协常务委员，全国人大常委会委员，澳门特别行政区基本法起草委员会副主任委员，澳门立法会议员，澳门中华总商会会长，澳门中国土特产公司、大生建筑置业有限公司、联生发展有限公司、新建华建筑置业有限公司董事长等职。1993 年 3 月起任全国政协副主席。

第五届全国政协委员，第六届全国政协常务委员，第八届、九届全国政协副主席。第六届、七届全国人大代表、全国人大常委会委员。

白立忱 男，回族，1941 年 1 月生，辽宁凌源人，1971 年 4 月加入中国共产党，1964 年 8 月参加工作，沈阳农学院农机系农业机械化专业毕业，大学学历。

1960 年至 1964 年沈阳农学院农机系农业机械化专业学习。1964 年至 1968 年辽宁省营口市农业机械化研究所技术员。1968 年至 1972 年下放“五七”干校和农村劳动。1972 年至 1980 年辽宁省营口市委组织部干事、市人事局副科长。1980 年至 1983 年辽宁省营口市郊区区委副书记、书记。1983 年至 1984 年辽宁省营口市委副书记、市长。1984 年至 1985 年辽宁省盘锦市委书记，辽宁省省长助理。1985 年至 1986 年辽宁省委常委、副省长。1986 年至 1987 年宁夏回族自治区党委副书记、自治区人民政府副主席、代主席。1987 年至 1997 年宁夏回族自治区党委副书记、自治区人民政府主席。1997 年至 1998 年中华全国供销合作总社党组书记。1998 年至 2000 年全国政协副主席、党组成员，中华全国供销合作总社党组书记、理事会主任。2000 年至现在全国政协副主席、党组成员，中华全国供销合作总社理事会主任、党组成员。

中共第十三届、十四届、十五届、十六届中央委员。第九届全国政协副主席。

罗豪才 男，汉族，1934 年 3 月生，福建安溪人，致公党成员、中共党员，北京大学法律系毕业，大学学历，教授。

1951 年 4 月至 1952 年 7 月在新加坡被英殖民当局监禁。1952 年至 1956 年广东省广州知用中学、江苏省无锡市第一中学学习。1956 年至 1960 年北京大学法律系学习。1960 年至 1984 年北京大学法律系助教、讲师、系副主任。1984 年至 1985 年赴美国哥伦比亚大学进修。1985 年至 1986 年北京大学法律系副主任、副教授。1986 年至 1992 年北京大学副校长、教授，北京市侨联主席，中国侨联副主席，北京市人大常委会委员。1992 年至 1993 年致公党中央副主席，中国侨联副主席，中国法学会副会长，北京市人大常委会委员，北京大学副校长，北京市侨联主席。1993 年至 1995 年致公党中央副主席，全国政协副秘书长，中国侨联副主席，中国法学会副会长，北京市人大常委会委员，北京大学副校长。1995 年至 1996 年致公党中央副主席，最高人民法院副院长、审判委员会委员，全国政协副秘书长，中国侨联副主席，中国法学会副会长。1996 年至 1997 年致公党中央副主席，最高人民法院副院长、审判委员会委员，中国侨联副主席，中国法学会副会长。1997 年至 1998 年致公党中央主席，最高人民法院副院长、审判委员会委员，中国侨联副主席，中国法学会副会长。1998 年至 1999 年全国政协副主席，致公党中央主席，最高人民法院副院长、审判委员会委员，中国侨联副主席，中国法学会副会长。1999 年至 2000 年全国政协副主席，致公党中央主席，最高人民法院副院长、审判委员会委员，中国和平统一促进会会长，中国法学会副会长。2000年至现在全国政协副主席,致公党中央主席,中国和平统一促进会会长,中国法学会副会长。

第八届全国政协常务委员,第九届全国政协副主席。

张克辉 男,汉族,1928年2月生,台湾彰化人,台盟成员、中共党员,1948年11月参加工作,厦门大学经济系肄业。

1942年至1948年台湾彰化高级商业学校、台湾师范学院学习。1948年至1949年厦门大学经济系学习,后任解放军闽粤赣纵队八支四团独立连连长、副指导员。1949年至1952年福建省安溪县人民公安队指导员、县公安局股长,福建省委干校学员,省委土改队组长,省委党校学员。1952年至1969年福建省委统战部干事、组长。1969年至1973年下放福建省宁化县劳动,后任县革委会宣传组副组长。1973年至1978年福建省革委会外事组翻译。1978年至1982年福建省政协副秘书长,省侨务办公室、外事办公室副主任,省台盟主委,省台联副会长。1982年至1991年福建省委常委兼统战部部长、省对台工作办公室主任,省政协副主席,省社会主义学院院长,国务院台湾事务办公室副主任。1991年至1997年中华全国台湾同胞联谊会会长,海峡两岸关系协会顾问,台盟中央副主席。1997年至1998年台盟中央主席,全国台联名誉会长。1998年至现在全国政协副主席,台盟中央主席,中国和平统一促进会会长,全国台联名誉会长。

第五届、七届全国政协委员,第九届全国政协副主席。第八届全国人大常委会委员、全国人大内务司法委员会副主任委员。

周铁农 男,汉族,1938年11月生,辽宁沈阳人,民革成员,1960年10月参加工作,北京大学数学力学系毕业,大学学历,副教授。

1955年至1960年北京大学数学力学系学习。1960年至1961年哈尔滨工业大学动力系见习助教。1961年至1978年东北重型机械学院助教。1978年至1982年东北重型机械学院讲师、教学研究科副科长。1982年至1983年东北重型机械学院副教授。1983年至1991年黑龙江省齐齐哈尔市副市长,黑龙江力学学会常务理事。1991年至1992年黑龙江省省长助理、副省长,民革黑龙江省副主委、主委,黑龙江省力学学会副会长。1992年至1998年民革中央副主席、黑龙江省主委,黑龙江省副省长。1998年至现在全国政协副主席,民革中央副主席、常务副主席。

第七届全国政协委员,第八届全国政协常务委员,第九届全国政协副主席。

郝建秀 女,汉族,1935年11月生,山东青岛人,1954年5月加入中国共产党,1949年9月参加工作,华东纺织工学院纺织工程系棉织专业毕业,大学学历,研究员级高级工程师。

1949年至1954年青岛国棉六厂工人。1954年至1958年中国人民大学速成中学学习。1958年至1962年华东纺织工学院纺织工程系棉织专业学习。1962年至1965年青岛国棉六厂工程师室技术员。1965年至1977年青岛国棉八厂副厂长、革委会主任、党的核心小组组长,青岛市革委会副主任、市委副书记、市总工会主任,山东省总工会副主任、省妇联主任、省委常委。1977年至1981年纺织工业部副部长、党组成员,全国妇联副主席。1981年至1982年纺织工业部部长、党组书记。1982年至1987年中央书记处候补书记、书记处书记。1987年至1998年国家计划委员会副主任、党组成员(正部长级)。1998年至2001年国家发展计划委员会副主任、党组成员(正部长级)。2001年至现在九届全国政协常务委员。

中共第十一届、十二届中央委员,第十

二届中央书记处候补书记、十二届五中全会增选为中央书记处书记,第十三届、十四届、十五届中央委员。全国政协九届四次会议增选为常务委员。

陈奎元 男,汉族,1941年1月生,辽宁康平人,1965年5月加入中国共产党,1964年9月参加工作,内蒙古师范学院政治教育专业毕业,大学学历。

1960年至1964年内蒙古师范学院政教系政治教育专业学习。1964年至1972年内蒙古自治区呼伦贝尔盟委党校教员、盟革委会办公室政工组工作。1972年至1973年内蒙古自治区呼伦贝尔盟革委会办公室干事。1973年至1978年内蒙古自治区呼伦贝尔盟委宣传部科长(其间:1975年12月至1977年1月下放任西新巴旗阿镇镇委书记)。1978年至1980年内蒙古自治区呼伦贝尔盟委党校副校长(其间借调任自治区党委办公厅秘书)。1980年至1982年内蒙古自治区呼伦贝尔盟委副秘书长、代秘书长。1982年至1983年内蒙古自治区呼伦贝尔盟委秘书长、盟委常委,盟委副书记(1982年9月至1983年7月中央党校培训部培训班学习)。1983年至1989年内蒙古自治区呼伦贝尔盟委书记。1989年至1991年内蒙古自治区党委常委兼自治区高校工委书记。1991年至1992年内蒙古自治区党委常委、自治区人民政府副主席兼自治区高校工委书记。1992年1月至11月西藏自治区党委副书记。1992年11月至2000年西藏自治区党委书记。2000年至2002年12月河南省委书记。2003年1月至现在中国社会科学院院长、党组书记。

中共第十四届、十五届、十六届中央委员。

阿不来提·阿不都热西提 男,维吾尔族,1942年3月生,新疆伊宁人,1960年7月加入中国共产党,1965年9月参加工作,新疆工学院机电系电气专业毕业,大学学历,高级工程师。

1960年至1965年新疆工学院机电系电气专业学习。1965年至1980年新疆维吾尔自治区建筑勘察设计院技术员、工程师。1980年至1983年新疆维吾尔自治区建筑勘察设计院副院长。1983年至1991年新疆维吾尔自治区计委副主任、党组成员、党组书记。1991年至1993年新疆维吾尔自治区人民政府副主席。1993年至1994年新疆维吾尔自治区党委副书记、自治区人民政府代主席。1994年至2003年1月新疆维吾尔自治区党委副书记、自治区人民政府主席。2003年1月至现在新疆维吾尔自治区党委副书记、自治区人大常委会主任。

中共第十五届、十六届中央委员。

徐匡迪 男,汉族,1937年12月生,浙江桐乡人,1983年6月加入中国共产党,1959年9月参加工作,北京钢铁工业学院冶金系钢铁冶金专业毕业,大学学历,教授,中国工程院院士。

1954年至1959年北京钢铁工业学院冶金系钢铁冶金专业学习。1959年至1963年北京钢铁工业学院、北京钢铁学院冶金系助教。1963年至1971年上海工学院冶金工程系助教、炼钢教研室副主任。1971年至1972年下放安徽省凤阳“五七”干校劳动。1972年至1980年上海机械学院、上海工业大学冶金工程系助教、讲师、炼钢教研室主任。1980年至1986年上海工业大学冶金工程系副主任、主任、副教授、教授(其间:1982年3月至1983年2月英国帝国理工学院做合作研究、访问学者;1984年3月至1985年6月赴瑞典斯堪的那维亚·兰塞尔公司任副总工程师、技术经理)。1986年至1989年上海工业大学常务副校长。1989年至1991年上海市教委办公室副主任兼市高教局局长、党组书记。

1991年至1992年上海市计委主任、党组书记。1992年8月至12月上海市副市长兼市计委主任、党组书记。1992年12月至1994年上海市委常委、副市长。1994年至1995年上海市委副书记、副市长。1995年至2001年上海市委副书记、市长(1995年当选为中国工程院院士)。2001年至2002年中国工程院党组书记。2002年至现在中国工程院院长、党组书记。

中共第十四届中央候补委员,十五届、十六届中央委员。

李兆焯 男,壮族,1944年9月生,广西平果人,1974年6月加入中国共产党,1968年9月参加工作,广西大学土木系农田水利工程专业毕业,大学学历,工程师。

1963年至1968年广西大学土木系农田水利工程专业学习。1968年9月至12月留校待分配。1968年12月至1970年解放军6901、0547部队劳动锻炼。1970年至1975年广西壮族自治区德保县都安公社技术员。1975年至1980年广西壮族自治区德保县水电局技术员、秘书、副局长。1980年至1983年广西壮族自治区德保县基建局副局长、计委副主任(其间:1982年9月至1983年7月广西壮族自治区党委党校中青年干部培训班学习)。1983年至1984年广西壮族自治区德保县经委主任、县委常委。1984年至1985年广西壮族自治区德保县委书记。1985年至1992年广西壮族自治区百色地委副书记、行署专员(其间:1987年2月至1987年7月中央党校精神文明建设班学习)。1992年4月至8月广西壮族自治区百色地委书记、行署专员。1992年8月至1993年广西壮族自治区百色地委书记。1993年至1995年广西壮族自治区防城港市委书记、市人大主任。1995年2月至3月广西壮族自治区南宁市委书记。1995年3月至1997年广西壮族自治区党委常委、南宁市委书记。1997年至1998年广西壮族自治区党委副书记、南宁市委书记。1998年至现在广西壮族自治区党委副书记、自治区人民政府主席。

中共第十五届、十六届中央委员。

黄孟复 男,汉族,1944年1月生,上海市人,民建成员、中共党员,1967年9月参加工作,北京钢铁学院冶金系钢铁冶金专业毕业,大学学历,高级工程师。

1962年至1968年北京钢铁学院冶金系钢铁冶金专业学习。1968年至1976年江苏省南京钢铁厂工人、工长。1976年至1983年江苏省南京钢铁厂技术员、工程师、炼铁分厂技术科副科长。1983年至1988年江苏省南京钢铁厂炼铁分厂副厂长。1988年至1992年江苏省南京钢铁厂副厂长、高级工程师。1992年至1997年江苏省南京市副市长,民建江苏省委副主委、主委,南京市委主委。1997年至1998年民建中央副主席,江苏省委主委,南京市委主委,南京市副市长。1998年至2001年民建中央副主席,江苏省人大常委会副主任,民建江苏省委主委、南京市委主委。2001年至2002年民建中央副主席,全国工商联副主席,江苏省人大常委会副主任,民建江苏省委主委、南京市委主委。2002年至2003年2月全国工商联主席,江苏省人大常委会副主任。2003年2月至现在全国工商联主席。

第八届全国政协委员,九届全国政协常务委员。

王　选 男,汉族,1937年2月生,江苏无锡人,九三学社成员,1958年9月参加工作,北京大学数学力学系计算数学专业毕业,大学学历,教授,中国科学院院士,中国工程院院士。

1954年至1958年北京大学数学力学系计算数学专业学习。1958年至1959年北京大学数学力学系教师。1959年至

1978年北京大学无线电系教师。1978年至1995年北京大学计算机研究所所长、副教授、教授。1995年至1996年九三学社中央副主席，北京大学计算机研究所所长，方正控股有限公司董事局主席。1996年至1998年九三学社中央副主席，中国科协副主席，北京大学计算机研究所所长，方正控股有限公司董事局主席。1998年至现在九届全国人大教科文卫委员会副主任委员，九三学社中央副主席，中国科协副主席，北京大学计算机研究所所长。

第八届全国政协委员。第九届全国人大常委会委员、全国人大教育科学文化卫生委员会副主任委员。

张怀西　男，汉族，1935年2月生，江苏无锡人，民进成员，1951年11月参加工作，中国人民大学中共党史系毕业，大学学历。

1951年至1952年江苏常熟苏南公学银行系六班学员。1952年至1957年江苏省无锡市人民银行会计员、人事干事、信贷员、监察室干事。1957年至1961年中国人民大学中共党史系学习。1961年至1965年北京林学院马列主义教研室助教。1965年至1970年黑龙江省林业干部学校马列主义教研室教员。1970年至1972年黑龙江省嫩江地区“五七”干校劳动，讷河县农村插队、讷河县上海知青点指导员。1972年至1983年江苏省江阴县文教局教研室教研员、江阴县教师进修学校政治教研组组长。1984年至1987年江苏省江阴县副县长。1987年至1988年江苏省无锡市教育局副局长，无锡市政府副秘书长。1988年至1993年江苏省无锡市副市长，民进中央常委、江苏省副主委、无锡市主委。1993年至1997年江苏省副省长，民进江苏省副主委、主委、中央委员、常委、副主席。1997年至现在民进中央副主席、常务副主席，中国教育学会副会长，中华职业教育社副理事长。

第八届全国政协委员。第九届全国人大常委会委员、全国人大教科文卫委员会副主任委员。

李　蒙　男，汉族，1937年5月生，山东博兴人，1965年5月参加工作，农工民主党成员，清华大学电机系电力自动化专业毕业，研究生学历，研究员级高级工程师。

1955年至1960年清华大学电机系电力自动化专业学习。1960年至1965年清华大学电机系电力自动化专业研究生。1965年至1967年黑龙江省哈尔滨电机厂工作。1967年至1969年黑龙江省哈尔滨大电机研究所自动化室设计员。1969年至1972年四川东方电机厂调速器车间试验员。1972年至1984年四川东方电机厂设计科、研究所设计员、设计科科长。1984年至1987年四川东方电机厂厂长助理、厂销售处长、副总工程师。1987年至1992年四川东方电机厂副厂长。1992年至1993年四川省省长助理。1993年至1995年四川省副省长。1995年至1997年农工民主党中央副主席，四川省副省长。1997年至现在农工民主党中央副主席、常务副主席。

第九届全国人大常委会委员、全国人大环境与资源保护委员会副主任委员。

郑万通　男，汉族，1941年5月生，天津市人，1960年8月加入中国共产党，1961年8月参加工作，天津师范学院中文系毕业，大专学历。

1959年至1961年天津师范学院中文系学习。1961年至1965年天津市第78中学教员、人事秘书。1965年至1968年共青团天津市河北区委学校部部长。1968年至1970年天津市河北区“五七”干校劳动。1970年至1978年天津市河北区委宣传部干部、副部长。1978年至1982年天津市委办公厅干部、市委第一书记秘书。1982年至1983年天津市委办公厅主任。1983年至1988年天津市委秘书长兼市直属机关党委书记。1988年至1993年全国总工会副主席、书记处书记、党组成员。1993年至1997年中央统战部副部长,八届全国政协副秘书长(其间:1995年2月至9月任全国政协机关党组成员)。1997年至1998年3月中央统战部副部长,全国工商联党组书记、副主席(1997年10月明确为正部长级),八届全国政协副秘书长。1998年3月至9月全国政协党组成员,九届全国政协秘书长、机关党组成员、机关党组书记,中央统战部副部长,全国工商联党组书记、副主席。1998年9月至12月全国政协党组成员,九届全国政协秘书长、机关党组书记,全国工商联党组书记、副主席。1998年12月至现在全国政协党组成员,九届全国政协秘书长、机关党组书记。

中共十五大当选为中央纪委委员,第十六届中央委员。第八届全国政协常务委员。

中国人民政治协商会议第十届全国委员会委员名单

(2238人)

(2003年1月23日政协第九届全国委员会常务委员会第二十次会议通过)

中国共产党(99人)

万学远　卫建林　马庆生(回族)　马国良　王　占　王力平　王广宪
王东明　王生铁　王克英　王国发　王忠禹　王思齐　王景荣　方兆祥
方祖岐　巴　桑(女,藏族)　艾丕善　艾斯海提·克里木拜(哈萨克族)　左连璧
厉有为　卢荣景　叶连松　田期玉　白立忱(回族)　令狐安　包叙定
朱治宏　伍绍祖　仲兆隆　任启兴　刘　枫　刘凤仪　刘延东(女)　刘志忠
刘泽民　刘家琛　安启元　许仲林　孙永福　孙树义　李兆焯(壮族)
李其炎　李金明　李贵鲜　杨振杰　杨崇汇　肖作福(满族)　肖建章
吴爱英(女)　宋平顺　宋宝瑞　张　工　张文岳　张志新　张岳琦　张思卿
阿不来提·阿不都热西提(维吾尔族)　陈　虹　陈广文　陈玉益　陈邦柱
陈明义　陈奎元　陈辉光　范钦臣　周子玉　周敬东　郑万通　郑必坚
郑社奎　赵金铎(满族)　赵宝江　赵登举　郝建秀(女)　胡　彪　钟起煌
钮茂生(满族)　秦玉琴(女)　贾庆林　徐匡迪　栾恩杰(满族)　高　强
郭传杰　郭荣昌　唐德华　桑结加(藏族)　曹克明　龚心瀚　蒋以任
韩桂芝(女)　韩喜凯　程世峨(女)　程安东　傅　杰　傅立民　舒圣佑　蔡　武
廖　晖

中国农工民主党(45人)

于生龙　王正荣　王智琼(女)　左焕琛(女)　叶建农　冯炯华　朱兆良　刘家琛
苏时务(满族)　李　蒙　李汉秋　杨利霞(女)　肖燕军(女)　吴新涛　宋金升
张大宁　张新建　张鹤镛　陈子江(女)　陈述涛(满族)　陈宗兴　陈勋儒

陈雅棠　陈瑞清　欧阳华　金国生　周　然　周宜开　周骏羽
郑小燕(女)　段惠军　俞祖彭　姚守拙　栗震亚　徐鸿道　黄敬孚　阎洪臣
彭　钊　韩宇东　锁贺祥(回族)　傅家祥　焦平生　游宏炳　谢庆生
薛蓓儿(女)

中国国民党革命委员会(65人)

卜漱和(女)　万　彤　万鄂湘　马文骏　马志伟(满族)　王小凤(女)　王良溥
毛增华　方俐洛(女)　孔小均　邓乃扬　邓宇民　艾北方(土家族)
田惠光(女)　白虹光(女)　冯幸耘(女)　冯健亲　朱建军　朱培康　华筑信　庄　威
刘　凡　刘　璞(女)　刘民复　刘豫阳(女)　齐续春(满族)　许　钊　孙继业
李　崴　李惠东(回族)　李尊贤　李慈君(女)　李德强　李赣骝
杨保健(白族)　肖黎声　何小平　何丕洁　宋余庆　张庆成
陆锡蕾(女)　陈重华(女)　陈清华　陈澄波　苑春鸣　欧阳明远　罗里熊
周　琪(女)　周天鸿　周铁农　单大年　赵振国(回族)　战秋萍(女)　修福金
俞　正　姚建亭　夏培度　曹　亚(女)　龚世萍(女)　符气浩　梁　俭　韩汝琦
程誌青(女)　谢克昌　谢德体

中国民主同盟(65人)

马　洁(女,蒙古族)　王耀华　韦　苇(女)　厉以宁　卢　强　吕德彬　朱　铭
朱尔澄(女,满族)　朱光武　朱佩玲(女)　朱振中　伉铁保　刘长铭
刘文甲(满族)　刘光复　刘志林　许柏年　孙优贤　李利君(女)　李晓安
吴大诚　吴正德　吴信才　张圣坤　张克俭　张宝文　张梅颖(女)　张道宏
陈万志　陈子华　陈晓光　尚绍华(女)　罗远芳(女)　金道超　周宜兴
郑泽根(朝鲜族)　柏均和(满族)　俞泽猷　俞海潮　姜化英(女)　贺大经
聂向庭　索丽生　贾庆国　顾　欣　倪国熙　徐更生　高拴平　高晓宇
郭松海　郭国庆　唐克美(女)　陶建华(女)　梁荣欣　梁晓声　梁超然　彭于发
韩大建(女)　傅仙罗　储亚平　谢遐龄　雷　蕾(女,满族)　鲍义志(土族)
鲍敏中　黎乐民

中国民主建国会(65人)

马培华　王　曦　王少阶　王光远　王怀俊　王恒丰　韦云隆　方兆本
龙国键　卢步东　卢湖山(壮族)　冯培英(女)　朱德瀛　伍龙章　刘文泮
刘汉元　刘全芳　刘昌谋　孙宝启　李　兰(女)　李　说(女)　李世杰　李汉宇
李晓林　李雅芳(女)　杨仁选　杨先明　杨蔚东　杨耀寰(回族)　吴云汉
吴国华　吴晓青(满族)　余瑞玉(女)　沈铁梅(女)　张　皎　张国初
张榕明(女)　陈昌智　陈明德　陈政立　陈秋芳(女)　林栖凤(女)　欧成中　金正新
周绍熹　周振中　郑建和(女)　郑健龄　赵　龙　赵　燕(女)　胡振鹏　姜建初
姜笑琴(女)　倪晋仁　徐创风　高天乐　郭振家　黄关从　黄泽民　韩儒英
解生瑞　蔡　玲(女)　熊大方　墨文川　潘　琦

中国民主促进会(45人)

邓伟志　史贻云　朱永新　朱蓉先(女)　刘运来　刘锦才　刘新成
严隽琪(女)　李有成　李国璋　李前宽　吴葵光　邱立成　张　帆　张正明

张自立(回族) 张怀西 张承芬(女) 陈守义 陈英旭 陈凌孚 陈益群
苟建丽(女) 罗黎辉 冼鼎昌 赵光华 赵丽宏 相小青 段成桂
俞曙霞(女) 姚本棠 姚建铨 贺 旻(女) 袁祖亮 徐德骁 梅 冬(满族)
曹维新 盖山林(满族) 程幼东 谢 勇 窦瑞华 蔡述明 蔡继明
蔡睿贤 潘贵玉(女)

中国致公党(30人)

于长隆 王孝询 王钦敏 牛文元 邓善熙 叶文虎 朱 坦 许克敏
吴幼英(女) 吴明熹 邱国义 张 玲(女) 陈 杰 陈汉彬 陈伟明 陈德展
林方略 罗 霞(女) 罗豪才 胡旭晟 俞云波 姚凯伦 黄因慧
黄格胜(壮族) 曹鸿鸣 麻建国(苗族) 彭图治(土家族) 程津培
谢朝华 薛卫民

九三学社(45人)

王 选 王林旭 王辉丰 邓浦东 卢光琇(女) 田麦久 冯培恩 刘石民
刘秀晨(回族) 刘政奎 刘荣汉 李仁霖 李慧珍(女) 吴伯明 吴博威
何玉成 闵乃本 宋晓华(女) 启 功(满族) 张 涛 张化本 张桃林
陈心昭 陈永川 陈抗甫 陈家骅 邵 鸿 罗锡恩 金开诚
周 翔(女) 郑祖康 郑楚光 赵 俊 赵乃岩 赵维娜(女) 洪绂曾 姚志彬
徐国权 黄 荣 韩忠朝 曾 华 谢小军 谢丽娟(女) 赖 明
潘蓓蕾(女,高山族)

台湾民主自治同盟(19人)

石四箴(女) 刘亦铭 江中联(女) 孙南雄 孙桂芬(女) 李小和(女) 李敏宽 吴庆洲
吴国祯 汪毅夫 张华军 张克辉 陈正统 郑 凡 郭 理(女) 谢志成
谢雨辰 雷献禾 蔡国雄

无党派民主人士(61人)

王 平(女) 王明明 文 喆 甘子钊 叶 朗 叶小钢 叶秀山 冯 平
戎嘉余 朱作言 朱锦林 刘公勤(女) 刘洪滨 刘积仁 江欢成 许京军
李 卫 李伟雄 李春岩 李晋峰 杨 岐 杨匡满 杨国桢
汪纪戎(女) 张 洽 张元方 张立辰 张顺彩(女) 陆鑫珠(女) 陈昌生 陈俊亮
陈高华 陈祥福 陈箭深 林而达 欧阳中石 欧阳明高 金日光(朝鲜族)
周远楣(女) 赵展岳 郝 跃 郝如玉 郝明金 侯惠民 姜伯勤 徐一鸣
徐至展 徐麟祥 郭 雷 唐守正 黄 强 黄伟光 龚惠兴 章祥荪
梁从诫 梁裕宁(女,壮族) 寇纪淞 曾溢滔 蒲文成 霍 达(女,回族)
霍 兵

中国共产主义青年团(10人)

田向利(女) 白向群(蒙古族) 余远辉(瑶族) 赵 勇 胡 伟
徐 枫(女) 徐永光 海 飞 崔 波 褚 平

中华全国总工会(51人)

于天忱 王 东 王 萍(女) 王金城 王禹民 毛小兵 方嘉德 白文庆
纪明波 苏立清 杜如昱 李永安 李永海 李奇生 李海滨 肖振邦

吴耀文 何世斌 何界生(女) 佟常印 沈 雯 张 艳(女) 张子鹏 张宏遵
张青林 张国祥 张俊九 陆仁达 陈永满 林用三 欧珠平措(藏族)
金义华 周德强 赵喜林(女) 赵新先 胡先春 袁伟霞(女) 顾心怿
倪豪梅(女) 徐锡澄 徐德明(满族) 高颖维(女) 黄四川 曹景舜 康交阳
葛文耀 董 力 董经纬 曾 涛 曾恒一 谢伟民

中华全国妇女联合会(66人)

丁凤英(女) 于小文(女) 万山红(女) 王 静(女) 王光美(女) 王淑贤(女) 韦 钰(女,壮族)
卢天骄(女) 叶文玲(女) 叶礼艳(女) 叶顺兴(女) 叶维祯(女) 冯 友(女) 冯 淬(女)
冯理达(女) 冯淑萍(女) 任远征(女) 伊丽苏娅(女,维吾尔族) 米逸颖(女)
汤燕雯(女) 孙毓敏(女) 寿嘉华(女) 李 羚(女) 李善同(女) 李嘉音(女) 杨敏德(女)
杨慧琼(女) 何 悦(女) 张冬梅(女) 张晓梅(女) 陈 红(女) 陈 曙(女) 邵 华(女)
其美泽巴(女,藏族) 林 瑞(女,蒙古族) 尚秀云(女) 昂 毛(女,蒙古族)
郄秀书(女) 周秉德(女) 郑明明(女) 赵少华(女,满族) 赵秀英(女) 赵桂英(女)
赵葆秀(女) 胡克惠(女) 胡葆琳(女) 柯锦华(女) 姚珍薇(女) 莫文秀(女) 皋玉凤(女)
资华筠(女) 黄紫玉(女) 曹素英(女) 崔 琳(女) 梁国贞(女) 尉中民(女) 彭 玉(女)
彭 钢(女) 彭嘉柔(女) 敬一丹(女) 蒋秋霞(女) 傅 冬(女) 强俄巴·次仁央宗(女,藏族)
窦晓玉(女) 谭小亭(女) 樊锦诗(女)

中华全国青年联合会(28人)

王 征 王 霞(女) 王书平 王均瑶 卢 柯 冯 巩 匡 湧
吉狄马加(彝族) 吕树文 朱从玖 刘 敏(女) 孙 萍(女,回族) 邱晓华
张伟平 张近东 张治中 张荣坤 陈明金 陈金飞 郁钧剑 周汉民
胡克勤 倪 萍(女) 崔晋宏 彭丽媛(女) 葛 健 蔡耀军 薛光林(回族)

中华全国工商业联合会(65人)

才旺扎西(藏族) 王 翔 王玉锁 王茂祥 王祥林 王植时 王鹤龄
尹明善 邓 伟 卢志强 边鸣涛 任文燕(女) 刘永好 刘志强
刘迎霞(女) 刘金虎 刘新才 许连捷 许荣茂 孙安民 苏正国
苏红平(女) 李 仁 李宇鸿 李安民 李品三(回族) 李祖可 杨 铿
吴一坚 吴惠天 何志尧 何报翔 余渐富 汪远思 宋德福 张元龙
张文中 张玉麟 张龙之 张芝庭 张宏伟 张征宇 张绪武
阿不都热依木·阿吉依明(维吾尔族) 陈春林 林兆平 欧阳吟 金 异
郑跃文 赵满堂 胡成中 段永基 保育钧(蒙古族) 柴宝成 徐冠巨
郭占春 唐万里 黄孟复 章崇任(回族) 梁志敏 梁金泉 韩 伟
韩真发 童石军 瞿怀明

中国科学技术协会(47人)

王开元 王宗银 王家柱 王基铭 王景川 王渝生 王曙光 左铁镛
叶大年 乐寿长 冯士筰 刘 巍 刘友梅 刘立清 刘永坦
江泽慧(女) 许谨诚 李华栋 李铮友 杨 乐 杨志海 杨朝仕 闵桂荣
沈文庆 宋春华 宋瑞祥 张 泽 张 鳌(满族) 张新时 陆延昌
陈剑虹 茅玉麟(女) 罗良仰 金祥文 周名江 郑一军 胡启恒(女) 姜伯驹

徐善衍 殷鸿福 彭先觉 程国栋 曾庆存 温克刚 谢华安 谢松林
谭庆琏

中华全国台湾同胞联谊会(14人)

石四皓 叶　亮 杨思泽 连英俊 吴英辅 张　岩
陈　杰(女,高山族) 陈贵州 林荣茂 林盛中 梁国扬 梁燕君(女) 蔡世雄
蔡国斌

中华全国归国华侨联合会(23人)

卢育波 叶迪生 叶佩英(女) 李长春 李欲晞 杨玉环(女) 吴承业 邱维廉
何添发 张伟超 张守信 陈兰通 陈爱莲(女) 陈联合 林明江
林淑娘(女) 郭麟恭 唐闻生(女) 黄军军(女) 强伯勤 廖中才 潘光炎 瞿弦和

文化艺术界(159人)

于庆成 于魁智(回族) 马　季 马博敏(女) 王　蒙 王刁三 王巨才
王仁杰 王为政 王玉珏(女) 王世光 王立军 王成喜 王次炤
王兴东(满族) 王安忆(女) 王洪华(女) 王铁成 王铁城 王馥荔(女) 韦　廉
巴　金 甘英烈 艾青春 龙　瑞 叶少兰 叶惠贤 白雪石
白淑湘(女) 冯　英(女) 冯小宁 冯骥才 宁根福 尼玛泽仁(藏族)
加米拉(女,维吾尔族) 边发吉 巩　俐(女) 吐尔逊·尤努斯(维吾尔族) 朱乃正
朱世慧 刘云智 刘兰芳(女,满族) 刘宇一 刘秀荣(女) 刘秀荣(女) 刘忠德
刘秉义 刘炳森 刘锡津 刘德海 关牧村(女,满族) 孙丽英(女,满族)
克里木(维吾尔族) 苏国璋(女) 杜近芳(女) 杜滋龄 李　燕 李双江
李世济(女) 李存葆 李延声 李谷一(女) 李金枝(女) 李素华(女) 李致忠
李维康(女) 杨力舟 杨伟光 杨延文 杨春霞(女) 杨秋玲(女) 吴　江 吴　欢
吴玉霞(女) 吴贻弓 吴冠中 吴祖强 吴雁泽 邱长元 何家英
闵惠芬(女) 汪世瑜 宋雨桂 宋祖英(女,苗族) 张　平 张千一(朝鲜族)
张艺谋 张会军 张抗抗(女) 张贤亮 张学津 阿拉泰(女,蒙古族)
阿依吐拉(女,维吾尔族) 陈　钢(回族) 陈　醉 陈国星 陈建功
陈祖芬(女) 陈晓光 陈道明 陈燮阳 武季梅(女) 英若诚(满族) 林耀基
尚长荣 罗天婵(女) 金铁霖(满族) 单雫翔 孟广禄 赵　青(女) 赵士英
赵有亮 赵志宏 赵秀云(女) 赵秀君(女) 赵喜明 胡芝风(女) 施大畏 姜　文
姜　昆 姚珠珠(女) 敖德木勒(女,蒙古族) 耿其昌 耿莲凤(女)
莫德格玛(女,蒙古族) 贾平凹 夏燕月(女) 徐庆平 徐启雄 高占祥 黄　宏
黄济人 黄婉秋(女) 黄蜀芹(女) 黄新德 梅葆玖 盛中国 崔建华(女)
崔善玉(女,朝鲜族) 康金成 董良翚(女) 韩书力 韩美林 覃志刚(壮族)
傅庚辰(满族) 舒　乙(满族) 靳尚谊 鲍国安 蔡正仁 谭利华
翟泰丰 滕矢初 滕进贤 潘　虹(女) 潘　霞(女) 潘公凯 潘震宙 魏明伦
濮存昕

科学技术界(156人)

丁传贤 丁仲礼 于宗林 马志明 马凯梅(女) 王中黔 王长德
王凤清(女) 王志新 王南华(女) 王弭力(女) 王淀佐 王惠通 毛增滇 凤懋润

邓　楠(女) 甘晓华 古德生 左铁钏(女) 石耀霖 卢锡城 叶良才 田　静
田中群 白以龙 白世伟(回族) 白拜尔 包景岭 邢新会 吉永华
毕作滨 曲维枝(女) 朱敏慧(女) 任玉岭 邬贺铨 刘　钝 刘　勇 刘玉岭
刘敦一 关　桥 江东亮 许政暟 许根俊 孙忠良 孙济洲 苏纪兰
苏国萃 巫致中 李　昌 李　明 李　莉(女) 李　鸿(女) 李玉光 李迪斐
李忠海 李济生 李冠兴 李素循(女) 李烈荣 李家明 李维斗 李德毅
杨存富 杨宝奎 吴中如 吴良好 邱文豹 邱占祥 何升韬 何栋材
何镜堂 余志华 邹玉川 汪品先 沈国荣 沈德忠 张今强 张立贵
张学阳 张彦仲 张洁瑜(女) 张登义 张福炎 张德二(女) 陆健健 陈邦柱
陈作斌 陈佳洱 陈受宜(女) 陈厚生 陈炳德 陈振楼 陈章立 陈清泉
范如玉 范晓虹(女) 林　金 林溪石 林嘉騋 庞巨丰 郑兰荪 孟宪欣
封云芳(女) 封锡盛 赵龙海 赵志祥 赵国通 赵忠贤 赵修建 胡文瑞
茹　克 柳崇禧 段镇基 修瑞娟(女) 俞忠钰 施　平 洪国藩 姚建年
秦大河 袁希钢 袁振宇 袁晴棠(女) 聂玉昕 夏建白 钱七虎 钱积惠
徐　忠 徐士乔 徐中信 徐静松 翁宇庆 翁志成 唐纪良 陶化成
黄大卫 黄平涛 黄先祥 黄志恭 黄宏生 黄尚廉 黄春平 黄荣辉
黄歆昌 戚发轫 董韫美 傅　锐 傅新华 舒兴田 谢俊奇 雷震洲
鲍培德 蔡自兴 熊大闰 樊建人 潘文石 穆京祥

社会科学界(68人)

万小元 马延军(女,回族) 王　名 王　战 王永海 王伟华 王忍之
王瑞璞 牛　平 卞晋平 卞耀武 邓　锋 卢中南 叶小文 叶廷芳
白　钢 朱佳木 仲布·次仁多杰(藏族) 刘大钧 刘白驹 刘同心 刘庆柱
刘国能 刘景录(蒙古族) 江蓝生(女) 安家瑶(女) 许世铨 孙正聿 牟本理
李　讷(女) 李冬妮(女,满族) 李君如 李昌鉴 李崇富 李静杰 杨胜群
杨海坤 吴德立 何秉孟 何星亮 谷安林 邹逸麟 宋林飞 张卓元
张虎生 张倩红(女) 张蕴岭 陆忠伟 陈　洪(女) 陈文华 陈智伦 陈漱渝
周天游 赵　园(女) 赵功民 赵彦修 耿惠昌 夏家骏(土家族) 徐玉麟
高宗泽 姬亚军 黄　梅(女) 梁慧星 敬瑞祥 景天魁 喻权域 靳辉明
瞿世镜

经济界(130人)

于　珍 马永伟 马明哲 王　军 王礼恒 王武龙 王秦平 王振侯
王超斌 王德臣 毛蕴诗 乌　杰(蒙古族) 方诚国 石万鹏 叶　青
叶宏明 田文华(女) 田在玮 田瑞璋 付　彦(女) 兰云升 吉晓辉
达庆利(回族) 吕新奎 朱　焘 朱成钢 朱登山 任运良
刘乃兰(女) 刘廷焕 刘是龙 刘剑锋 刘高倬 刘海燕 刘德树 刘德洪
羊子林 许坤元 孙　钢 孙宁豫 孙希岳 孙昌基 杜钰洲(满族)
李士忠 李书福 李永江 李达昌 李志民 李居昌 李炳才 李晓东
杨志强 杨贤足 杨树德 杨崇春 杨尊伟 吴敬琏 何林祥 谷永江
应文华 张人为 张光瑞 张志凯 张吾乐 张果喜 张宝明 张勋贤

张家林　张赛娥(女)　陆　江　陆克平　陈　峰　陈小津　陈顺恒　陈洲其
陈振东　陈清泰　陈新华　陈耀先　邵奇惠　武春河　苗耕书　林乃基
林毅夫　罗冰生　罗植龄　周可仁　周明臣　周晋峰　宗立成　赵光华
赵宇梓　赵希正　胡友林　姜光裕　洪　虹(女)　洪敬南　洪善祥　秦　晓
袁立本　桂世镛　夏　伟　夏国洪　倪益瑾　倪润峰　徐锡洲　殷介炎
翁祖泽　高仰秀　郭树清　唐大智(女)　黄　炎　萧灼基　龚立群　康　义
康　健　董文标　韩学琦　喻　军　蔡庆华　蔡来兴　蔡国雄　谭竹洲
谭伯源　熊贤林　潘庆林　薛荣哲　穆　励(回族)　穆占英
穆麒茹(女)

农业界(68人)

于振文　上官新晨　马　福　马忠臣　王心芳　王志宝　王海波　区颖刚
文家庭　方智远　邓秀新　甘宇平　白一波　吕飞杰　吕建中　刘于鹤
刘成果　刘忠元　齐景发　闫　伟　许　皞　李子彬　李德宏　杨邦杰
杨志福　杨国俊　肖万钧　吴金印　沈国舫　张红武　张德楠　陈昌洁
陈德敏　陈耀邦　武维华　林天锡　郑维列　赵法箴　赵春明　胡富国
段应碧　侯勇跃　闻大中　骆少君(女)　袁荣贵　袁隆平　聂振邦　顾二熊
高安泽　陶铁男　桑以琳(女,满族)　黄　璜　黄大昉　黄鸿翔　曹幸穗
常近时　梁国鲁(土家族)　梁季阳　董庆周　程　萍(女)　程顺和
舒安娜(女,土家族)　鲁　成　鲁志强　谢明权　漆　林　黎安田　瞿振元

教育界(107人)

丁伟岳　于泽荣　万　钢　王大中　王生洪　王光谦　王伴青　王沛清
王性复　王宗光(女)　王修林　王晓秋　王梦恕　王智平　韦　穗(女,壮族)
区　鉷　卢炬甫　冯明光　司来义　司富春　邢福义　曲钦岳　朱清时
朱新均　旭日干(蒙古族)　刘西拉　刘振夏　刘桂真(女)　祁载康　许仲梓
许敖敖　孙　彦　孙林夫　孙钟秀　严大凡(女)　严陆光　李　未　李　明
李　星　李未明　李延保　李国华　李宝芳(女)　李建保　李椿萱　杨义先
杨春时　吴训威　汪　苹(女)　沈士团　宋绍华　张　卓　张大方　张杰庭
张俐娜(女)　张鉴祖　张燕瑾　陆谷孙　陆煜泰　陈　勉(满族)　陈文博
陈传誉　陈景秋　邵国培　范天佑　卓　玛(女,藏族)　图登克珠(藏族)
周同甫　周远清　周国治　赵玉芬(女)　茹克叶·穆罕默德(女,维吾尔族)　段　雄
俞汝勤　俞丽拿(女)　洪　伟(回族)　贺美英(女)　袁贵仁　钱景仁　凌呼君
高　文　高　歌　高玉葆　高正红(女)　席裕庚　黄元河(壮族)　黄晓浪
黄润秋　黄维义(女)　盛连喜　章　鲁　章梅荣　董自孝　程崇庆　傅惠民
焦文俊　谢衷洁　谢维和　裘锡圭　蔡克勤　廖昌永　谭忠印　薛　康
薛慕煊　霍裕平　魏　群(女)　魏权龄

体育界(19人)

马俊仁　邓亚萍(女)　甘连舫(回族)　叶乔波(女)　叶江川　许海峰
李玲蔚(女)　李炳华　杨静之　何慧娴(女)　张　健　张发强　陈立人　陈思坦
林金泉　宫鲁鸣　钱利民(蒙古族)　屠铭德　樊庆斌

新闻出版界(49 人)

丁振海　于友先　马澄坤　王军伟　韦建桦　石汉基　卢世琛　朱英璜
刘建中　刘济民　刘振英　苏士澍(满族)　李　丹　李仁臣
李瑞英(女)　杨　波　杨　澜(女)　杨正泉　何东君　汪继祥　沙博理　沈　鹏
沈仁干　张　茵(女)　陈　铎　陈必娣(女)　邵华泽　苗淑菊(女)　林光如　罗开富
周海婴　弥松颐　赵昌平　赵忠祥　袁志发　聂震宁　桂晓风　徐心华
徐式谷　徐锡安　爱泼斯坦　高明光　席　殊　唐浩明　黄景钧　龚亚夫
常　城(回族)　蔡名照　戴　舟

医药卫生界(89 人)

于文明　王天佑　王立东　王旭东　王红阳(女)　王国治　王国相(女)　王智彪
王新陆　王德炳　方廷钰　方积乾　巴德年(满族)　石炳毅　龙致贤
冯世良　朱庆生　朱宗涵　朱智勇　刘志红(女)　刘迎龙　刘荣玉(女)　刘登岗
祁　吉　孙隆椿　孙靖中　李天德　李文志　李立明　李光荣(女)　李向高
李连达　李宏为　李佩文　李辅仁　李森恺　杨雄里　杨魁孚　连建伟
肖　红(女)　吴以岭　吴若彬　吴海洋(女)　吴蔚然　何惠宇　佘　靖(女)　沈　悌
迟宝荣(女)　张庆文(女)　张忠辉　张学梅　张铁良　张震康
阿达来提·阿合买提江(女,维吾尔族)　陈志哲　邵一鸣
其仁旺其格(蒙古族)　罗永明　罗爱伦(女)　周良辅　周定标　周超凡　郑法雷
郑筱萸　屈婉莹(女)　赵达生　赵学铭　胡　瑾(女)　胡锡琪　哈孝贤(回族)
钟南山　侯树勋　姚乃礼　夏　宁(女)　殷大奎　栾文民　高春芳　高润霖
黄　峻　葛炳生　董协良　董志伟　程书钧　傅世垣　傅民魁　谢　炳
蔡　威　熊思东　戴秀英(女,回族)

对外友好界(32 人)

万永祥　马振岗　王立安　王昌义　王景茂　车书剑　石　愚　乐美真
刘　明(壮族)　李小林(女)　李北海　吴建民　张　祥　张文彬　张宏喜
陈乃芳(女)　陈玉杰(女)　陈昊苏　武　韬(满族)　武东和　周天顺　俞贵麟
俞晓松　袁　明(女)　袁熙坤　原　春　郭东坡　梅　平　龚华基　梁　湜
蒋晓松　潘占林

社会福利和社会保障界(32 人)

于　兵　万选蓉(女,彝族)　王　林　王立忠　王建伦(女)　王宪章　邓朴方
甘柏林　刘玉芬(女)　刘仲藜　刘雅芝(女)　许德馨(女)　李玉玲(女)　李贤义　李宝库
杨骥川　张小玲(女)　张海迪(女)　张雪岩　陈君石　范宝俊　胡志斌(回族)
侯希贵　贾　祥　夏荣强　徐颂陶　郭本瑜　唐运祥　黄文仔　谢国胜
谢根荣　戴凤举

少数民族界(104 人)

马三刚(回族)　马开贤(回族)　马文义(保安族)　马玉祥(回族)
马占山(回族)　马国权(回族)　马国超(回族)　马鸿恩(回族)
王正贤(彝族)　王四代(彝族)　王先琼(女,侗族)　王佳敏(女,苗族)
王章平(布朗族)　韦杰铮(水族)　瓦哈甫·苏来曼(哈萨克族)

仁青加(藏族)　巴桑顿珠(藏族)　艾　徐(女,德昂族)
艾沙哈日·肉孜(柯尔克孜族)　艾迪拜·伊斯哈克娃(女,塔塔尔族)石　锐(景颇族)
龙超云(女,侗族)　平淑华(女,回族)　卢尼奥夫·尼古拉·伊万诺维奇(俄罗斯族)
甲热·洛桑丹增(藏族)　申　楚(仡佬族)　田　岚(土家族)　白音门德(蒙古族)
尼牙孜·皮达(乌孜别克族)　吉普·顿珠平措(藏族)朴惠善(女,朝鲜族)
尧西·旺堆(藏族)　尧西·索朗卓玛(女,藏族)　肉孜·吾守尔(维吾尔族)
伏来旺(蒙古族)　多　嘉(藏族)　刘　虹(土家族)　刘明哲(黎族)
刘绍先(彝族)　刘新乐(蒙古族)　江家福(壮族)　安学发(彝族)
克尤木·巴吾东(维吾尔族)　苏晓云(土家族)　杜　梅(女,鄂温克族)
李扎拉(拉祜族)　李成日(朝鲜族)　李承淑(女,朝鲜族)　李慕唐(回族)
杨一奔(女,纳西族)　杨吉生(羌族)　杨春兴(苗族)　杨谊群(独龙族)
杨新华(裕固族)　吴　慧(赫哲族)　吴爱红(女,仫佬族)
库尔班·艾尔西丁(维吾尔族)　张美琼(女,基诺族)　阿沛·阿旺晋美(藏族)
陈　军(哈尼族)　拉巴平措(藏族)　林　兴(京族)　林仓·晋美(藏族)
罗正富(彝族)　帕巴公觉(藏族)　帕夏·依夏(女,维吾尔族)
和根合(傈僳族)　征　鹏(傣族)　金　曼(女,朝鲜族)　金仁燮(朝鲜族)
金基鹏(回族)　金靖宇(满族)　郑军里(瑶族)
宗庸卓玛(女,藏族)　房卫党(瑶族)　孟苏荣(女,达斡尔族)　孟松林(鄂伦春族)
赵恩登(女,锡伯族)　赵家周(阿昌族)　郝文明(满族)　荣仕星(壮族)
美朵曲珍(女,门巴族)　贺兴洲(白族)　莫尼·塔布力地(塔吉克族)
莫时仁(布依族)　夏　日(蒙古族)　高　炜(蒙古族)　高国才(黎族)
诺尔德(藏族)　曹　毅(土家族)　常　胜(珞巴族)　康尼·巴桑(藏族)
寇铸勋(白族)　彭兆清(怒族)　韩兴旺(撒拉族)
覃文静(女,毛南族)　蓝志龙(畲族)　蓝秀珍(女,畲族)　蓝怀昌(瑶族)
新杂·单增曲扎(藏族)　熊胜祥(普米族)　德德玛(女,蒙古族)
鞠雅莲(女,蒙古族)　魏　红(女,佤族)

宗教界(66人)

一　诚　丁广治(回族)　丁文方(回族)　丁光训　刀述仁(傣族)
马寿新(回族)　马进成(东乡族)　马良骥(回族)　马忠杰(回族)
方建平　邓福村　东宝仲巴·呼图克图(藏族)　旦白尼玛(藏族)
加羊加措(藏族)　加纳·加央克珠(藏族)　圣　辉　西　纳(藏族)
伍贻业(回族)　任法融　刘元仁　刘怀元　刘柏年　刘德申　安信义
那仓向巴昂翁·丹曲成来(藏族)　孙锡培　买买提·赛来(维吾尔族)　戒　忍
苏德慈　吴承荣　余文良(傈僳族)　余振贵(回族)　闵智亭
阿不都力提甫·阿不都热衣木大毛拉(维吾尔族)　陈广元(回族)　陈顺鹏
范承祖　郁成才　明　生　帕巴拉·格列朗杰(藏族)　季剑虹
金　蔚(女)　金鲁贤　净　慧　学　诚　房兴耀　香根·巴登多吉(藏族)　觉　醒
珠康·土登克珠(藏族)　聂　达(藏族)　根　通　贾拉森(蒙古族)
夏立宛(蒙古族)　唐诚青　桑顶·多吉帕姆·德庆曲珍(女,藏族)　黄信阳

萨隆·平拉(藏族) 曹圣洁(女) 董光清 韩生贵(回族)
策墨林·单增赤列(藏族) 傅先伟 谢生林(回族) 雷世银
嘉木扬·图布丹(蒙古族) 德哇仓(藏族)

特邀香港人士(122人)

马介璋 王永乐 王国华 王葛鸣(女) 王敏贤(女) 区永熙 文 楼 方 铿
方黄吉雯(女) 计佑铭 卢文端 田北俊 邝广杰 冯华健 冯庆锵
冯国经 朱树豪 朱莲芬(女) 伍淑清(女) 庄启程 刘汉铨 刘兆佳 刘宇新
刘迺强 刘诗昆 刘皇发 阮北耀 李 扬 李大壮 李业广 李秀恒
李君夏 李国章 李国强 李泽钜 李祖泽 李家杰 李家祥 李群华
杨 钊 杨孙西 杨海成 杨祥波 吴光正 吴家玮 何世柱 何志平
何柱国 余 燊 余国春 邹灿基 邹哲开 闵建蜀 汪明荃(女)
张永珍(女) 张华峰 张国良 张学明 张信刚 张闾蘅(女) 张家敏
陈凤英(女) 陈文裘 陈玉书 陈永棋 陈丽华(女,满族) 陈奇伟 陈鑑林
邵善波 林学甫 林树哲 林淑仪(女) 罗友礼 罗祥国 罗康瑞 罗德丞
周永健 郑家纯 郑维健 郑耀宗 赵汉钟 荣智健 胡汉清 胡应湘
胡定旭 胡经昌 查懋声 钟瑞明 施子清 施祥鹏 施展熊 洪祖杭
徐是雄 徐展堂 高敬德 郭炳湘 黄光汉 黄守正 黄英豪 黄景强
黄智超 梁天培 梁钦荣 梁振英 蒋丽芸(女) 曾文仲 曾钰成 谢中民
谢志伟 蓝鸿震 赖庆辉 蔡冠深 廖长城 廖正亮 谭耀宗 黎锦文
潘宗光 潘祖尧 霍英东 霍震霆 戴希立 戴德丰

特邀澳门人士(27人)

马万祺 马有礼 白 捷 刘衍泉 许健康 李沛霖 李勇武 杨俊文
吴 福 吴立胜 吴培娟(女) 何玉棠 何鸿燊 陆 波 招银英(女) 柯为湘
钟立雄 姚鸿明 贺定一(女) 曹其真(女) 崔 耀 崔世昌 梁 华 廖泽云
黎振强 颜延龄 潘汉荣

特别邀请人士(167人)

丁 瑜(女) 丁人林 于洪葆 马炳芝 王久祜 王巨禄 王永国 王吉连
王守初(女) 王林森 王卓辉 王莉文(女) 王晓玉 王涛志 王海容(女) 王福中
尤兰田(女) 邓成城 邓培德 石玉珍(女,苗族) 龙安定 卢温胜 卢登华
叶厚荣 田爱习 田鹤年 史新民 冯延龄 曲方桓 朱小丹 朱孟依
朱恩涛 朱景辉 朱鉴凡 朱增泉 伍秋才 伍席源 庄绍绥 刘太行
刘宝臣 刘善璧 祁培文 许智明 孙 福(满族) 孙必达 孙怀山
苏树辉 杜 毅(女) 李 青 李 敏(女) 李大维 李凤洲 李良辉 李国安
李宝祥 李贻衡 李恒星 李晋有 李德成 杨同祥 杨惠川 肖贞堂
肖光成 吴光宇 吴润忠 吴锦文 何少川 何其宗 汪正生
沙显明(回族) 沈 中 沈兆吉 宋文汉 张玉忠 张廷翰 张传庆
张旭升 张兴业 张红力 张国文 张祥林 张绪明 张道诚 陈 秀
陈开枝 陈先锋 陈秀芳(女) 陈泽盛 陈修茂 陈晓颖(女) 陈营官 范西成
林上元 林庆民 林国文 林金城 林祥国 罗 锋 罗东进 罗有礼

岳海岩　周文元　周安达源　郑牧民　郑质英　郑炳清　宗顺留　孟继尧
赵英富　赵金城　郝保庆　胡　悦　胡彦林　胡葆森　钟小健
拜玉凤(女,回族)　段达球　侯伯文　姜兴和　骆隆森　秦德文　贾　军
徐华东　徐自强　徐学海　徐增平　高文远　高金钿　郭　炎　郭玉祥
郭东亚　郭修圃　唐树杰　浦　江　黄天明　黄方毅　黄光苗
黄亦纯(女)　黄恒美　黄跃金　黄植诚(壮族)　曹维新　龚谷成　龚建明
崔占福　阎纯德　梁亮胜　彭磷基　董利翔(女)　蒋放年　韩方明　韩瑞阶
辜文兴　程　熙(女)　傅志煌　傅秉耀　傅继德　游洛屏　蒲荣祥　楼志豪
虞荣仁　蔡志明　臧　穗　臧文清　缪寿良　蓟英海(维吾尔族)　薛映承

中国人民政治协商会议第十届全国委员会专门委员会主任、副主任名单

(122人)

(2003年3月15日政协第十届全国委员会常务委员会第一次会议通过)

提案委员会(12人)

主　任:傅　杰

副主任(按姓氏笔画排序):

朱培康　杨振杰　宋宝瑞　张　工　张岳琦　郑社奎　范宝俊　俞泽猷
贾　军　高　强　倪豪梅(女)

经济委员会(15人)

主　任:刘仲藜

副主任(按姓氏笔画排序):

石万鹏　厉以宁　叶连松　刘立清　刘永好　刘廷焕　吴敬琏　陈耀先
陈耀邦　邵奇惠　郑家纯　段应碧　洪绂曾　程安东

人口资源环境委员会(14人)

主　任:陈邦柱

副主任(按姓氏笔画排序):

马国良　王克英　叶　青　江泽慧(女)　刘成果　李伟雄　杨魁孚　张　洽
张人为　张宝明　张榕明(女)　陈洲其　温克刚

教科文卫体委员会(15人)

主　任:刘忠德

副主任(按姓氏笔画排序):

于友先　韦　钰(女,壮族)　方祖岐　孙隆椿　杨伟光　宋金升　张发强

赵喜明　徐善衍　栾恩杰(满族)　覃志刚(壮族)　傅庚辰(满族)
翟泰丰　蔡睿贤

社会和法制委员会(14人)

主　任:李其炎

副主任(按姓氏笔画排序):

王建伦(女) 江蓝生(女) 朱治宏　刘家琛　祁培文　李奇生　肖建章　张绪武
周子玉　赵登举　曹克明　萧灼基　谭耀宗

民族和宗教委员会(15人)

主　任:钮茂生(满族)

副主任(按姓氏笔画排序):

巴　桑(女,藏族)　邓福村　刘柏年　江家福(壮族)
克尤木·巴吾东(维吾尔族)　李晋有　杨同祥　肖作福(满族)　闵智亭
陈广元(回族)　金日光(朝鲜族)　香根·巴登多吉(藏族) 夏　日(蒙古族)
黄　璜

港澳台侨委员会(15人)

主　任:郭东坡

副主任(按姓氏笔画排序):

王永海　厉有为　刘亦铭　李赣骝　何少川　何添发　张伟超　张廷翰
张道诚　陈玉益　胡应湘　俞晓松　郭荣昌　廖泽云

外事委员会(13人)

主　任:刘剑锋

副主任(按姓氏笔画排序):

万永祥　马振岗　王淑贤(女) 李北海　杨正泉　吴建民　陈昊苏　张国祥
武　韬(满族)　周可仁　原　焘　俞云波

文史资料委员会(9人)

主　任:桂世镛

副主任(按姓氏笔画排序):

邓成城　刘　枫　刘济民　李仁臣　吴　福　金开诚　龚心瀚　崔占福

中国人民政治协商会议第十届全国委员会副秘书长名单

(2003年3月15日政协第十届全国委员会常务委员会第一次会议通过)

任命:

王巨禄　赵喜明　李昌鉴　吴明熹　张梅颖(女) 齐续春　孙怀山　李敏宽
陈　洪(女) 陈明德　傅志煌　范西成　朱维群　刘民复　潘贵玉(女) 陈宗兴
陈抗甫　张龙之为政协第十届全国委员会副秘书长。

机 关 建 设

干部人事管理工作 紧紧围绕全国政协和机关中心工作，认真学习贯彻全国人才工作会议和全国组织工作会议、人事厅局长会议精神，坚持把加强思想政治建设作为首要任务，把“三个代表”重要思想和十六大精神体现在干部人事管理工作的各个方面，着力加强领导班子、干部队伍和后备干部队伍的素质建设，为圆满完成机关各项工作任务提供了有力的组织保证。

一、深入学习和贯彻《党政领导干部选拔任用工作条例》，做好干部考察、培养和任用等工作。一是通过专题学习、知识竞赛等有效形式，使《条例》内容深入人心。二是把对干部的平时考核、年度考核和任职考核有机结合起来，为机关选拔任用干部提供了依据。三是坚持标准，严格程序，把党管干部原则与干部工作走群众路线充分结合起来。全年共任用干部 121 人次，其中，提任 19 人(正局级 1 人、副局级 12 人，正科级 6 人)，改任 16 人(正局级 3 人、副局级 3 人，正处级 4 人、副处级 6 人)；试用期满正式任职 74 人(局长 4 人、副局长 12 人，处长 29 人、副处长 29 人)；见习干部转正定职 12 人。四是认真贯彻省部级后备干部集中调整工作会议精神，按照中央关于《党政领导班子后备干部工作规定》，组织召开了机关部级后备干部民主推荐大会，研究确定了部级后备干部建议人选。五是结合机构改革后机关编制和干部结构情况，严把“进口”关，努力做好干部选调工作，全年共补充干部 18 名，其中从外单位选调 5 名，社会公开招录 13 人。六是加大干部培养锻炼力度，选派 3 名正局级干部到西部地区挂职锻炼；安排 10 名没有基层工作经历的年轻干部到地方政协锻炼。

二、坚持发展，深化改革，做好民主推荐、民主测评工作和落实任前公示制度、试用期制度，并结合新的情况不断总结完善，进一步推进干部人事工作的规范化、制度化、程序化。在广泛听取机关各部门对开展干部竞争上岗和轮岗工作意见和建议的基础上，拟定了 2004 年干部竞争上岗和轮岗工作实施方案(草案)。

三、以培养学习能力、实践能力和创新能力为重点，进一步加大了机关干部培训工作力度。拟定了《2003—2007 年全国政协机关干部教育培训规划》(草案)，组织举办或与有关部门合作举办各类培训班 8 期，培训机关干部 129 名，是近年来机关干部参加培训人数最多的一年；首次组织 15 名机关干部赴欧洲五国学习培训，迈出了机关干部成批次出国培训的第一步。同时，为了贯彻落实全国人才工作会议精神和中央关于大规模培训干部的一系列要求，交流政协系统干部教育培训工作经验，探讨进一步加强干部教育培训工作的有效途径，人事局和干部培训中心共同组织了政协干部教育培训工作座谈会。

四、坚持尊重劳动，尊重知识，尊重人才，尊重创造的方针，本着“精简、统一、效能”和分类推进的原则，按照适应发展、适应市场、理顺职能、明确职责的要求，加强事业单位人事工作的管理和指导。审批了事业单位内设机构“三定”方案，并以此为契机积极推进事业单位人事制度改革，进一步推行人员聘用制度，做好事业单位管理人员和专业技术人员职务聘任工作。

五、按照中组部关于在全国组织系统兴起学习贯彻“三个代表”重要思想新高潮、开展“树组工干部形象”集中学习教育活动的统一部署，制定了《人事干部公道正派基本要求》，把“对己清正，对人公正，对内严格，对外平等”作为人事局干部公道正派的基本要求；制定了《人事局工作人员公道正派行为准则》，把政治坚定，立场鲜明；作风正派，清正廉结；坚持原则，秉公办事；实事求是，刚正不阿；遵守纪律，保守秘密；勤奋敬业，甘于奉献；主动服务，周到热情；谦虚谨慎，平等待人作为人事局全体工作人员公道正派行为准则。

（逄春华　编写　张接应　审稿）

中共全国政协机关委员会工作　2003年，全国政协机关党委在中直工委的领导和机关党组的指导下，主要做了以下工作。

一、结合机关工作实际，认真学习贯彻“三个代表”重要思想。遵照中共中央《关于在全党兴起学习贯彻“三个代表”重要思想新高潮的通知》精神和机关党组的指示，就机关学习贯彻“三个代表”重要思想的安排部署问题进行专项研究，并下发了《关于在全国政协机关兴起学习贯彻“三个代表”重要思想新高潮的通知》。一是要求各级党组织紧密结合胡锦涛总书记在“三个代表”重要思想理论研讨会上的重要讲话和十六届三中全会精神开展学习活动。二是充分利用“三会一课”的学习形式，注重抓好各级党组织的日常学习活动，提高党员的政治素质和理论水平。三是举办系列党课讲座。全国政协秘书长郑万通，副秘书长赵喜明、孙怀山，办公厅研究室主任卞晋平先后为机关全体党员、干部职工做了学习贯彻“三个代表”重要思想的辅导报告。四是在机关组织开展了“三个代表”重要思想理论征文活动。其中2篇论文被收入《中直机关学习“三个代表”重要思想论文选编》。五是按照中央要求，采取分期分批的办法，对处以上领导干部进行轮训。六是利用宣传橱窗定期举办“三个代表”重要思想学习宣传。

二、继续深入贯彻落实《条例》，进一步加强机关党的组织建设。机关党委在全年工作中把贯彻落实《中国共产党党和国家机关基层组织工作条例》作为一项经常性的工作。一是认真坚持党内民主生活会制度。机关党委要求各级党组织按党章的要求，严格党的组织生活，定期召开党内民主生活会，经常性地开展批评和自我批评，并要求将党内民主生活会的情况及时上报机关党委，党委酌情予以督促检查。机关党委不定期听取事业单位党组织的工作汇报，进一步加强对事业单位党建工作的领导。二是加强基层组织建设。2003年共有3个总支委员会和8个支部委员会进行了换届改选。根据实际情况，适时成立了服务局党委。按照中央要求，成立了全国政协常委中共党员临时党支部。三是做好党员发展工作。按照“坚持标准，保证质量，改善结构，慎重发展”的原则，2003年，共批准8名预备党员，11名预备党员按期转正。

三、配合中心工作，积极开展各种活动。一是根据贾庆林主席在十届一次会议上提出的十届政协工作的基本思路，机关党委要求各级党组织认真组织党员干部学习会议精神，做好思想动员和服务保障，推进机关的各项工作。二是面对突如其来的“非典”疫情，机关党委按照中央的统一部署和机关党组的指示，迅速召开扩大会议，要求各党总支、党支部发挥党的思想政治工作优势，动员机关广大党员、干部群众积极投身抗击“非典”的斗争，积极支持、协助机关“非典”办的工作；及时转发了外事委员会等9个专门委员会办公室党支部发出的《以实际行动庆祝建党82周年、抗击“非典”、克服陋习从我做起的倡议书》。机关党委还协调组织开展了“防治非典、奉献爱心”捐助活动、讲文明讲卫生讲科学树新风活动，积极为夺取抗击“非典”斗争的胜利做贡献。三是积极协助做好基层人大代表的换届选举工作。机关党委对北京市区县人大代表选举工作十分重视，选派专人负责这方面的工作，并召开专门会议研究部署政协选区的选举工作，确保了选举工作的顺利进行。

四、结合机关干部职工的思想实际，做好经常性的思想政治工作。一是要求各级党组织在引导帮助干部职工树立正确的世界观、人生观和价值观上下功夫。经常性地开展与干部职工的思想交流活动，认真做好政策宣传和引导教育工作，关心群众的思想、工作和生活，定期分析思想情况，了解掌握群众思想动态，及时做好疏导情绪、化解矛盾的工作。二是利用多种形式宣传先进模范人物，要求广大党员和干部结合思想实际和工作实际，把模范人物的宝贵品质和高尚精神落实在自身的日常工作和生活中。三是注意把解决思想问题与解决实际问题结合起来。坚持密切联系群众，倾听群众意愿，反映群众呼声，对干部职工遇到的困难和问题，积极向有关部门反映并协助有关部门予以解决。

五、认真贯彻中央纪委二次全会精神，切实抓好党风廉政建设。一是注重抓学习教育。按照中央纪委的要求，机关党委和机关纪委组织机关党员干部认真学习了党的几代中央领导集体关于艰苦奋斗、保持党同人民群众血肉联系的论述，学习贯彻胡锦涛总书记在中央纪委二次全会上的重要讲话和吴官正同志的工作报告，以帮助广大党员特别是党员领导干部增强居安思危意识、提高拒腐防变能力，筑牢思想防线。二是加大检查力度，深化源头治理工作。机关党委和机关纪委年初召开专门会议，研究对党员干部的廉洁自律教育工作和从制度上防止腐败的问题，强调加强对党员领导干部民主生活会的管理和监督。总的看来，各单位执行民主生活会制度的情况是比较好的。11月底，机关纪委组织召开了机关事业单位党风廉政建设工作座谈会。这些工作的开展对提高党员干部的廉政意识起到了良好的作用。三是采取切实可行的措施，加大了对党员干部尤其是党员领导干部的监督力度。积极参与了涉及广大职工切身利益的职工住房分配工作和食堂改建工程项目招标等项工作的监督，认真接待和受理群众来信来访，力所能及地帮群众处理、解决遇到的困难和问题。

六、加强领导，积极支持群团组织开展工作。机关党委把群团工作作为全局工作的一个重要组成部分，经常听取他们的工作汇报，积极支持他们独立地开展带有自身特点的工作。2003年，机关群团组织利用自身优势，在加强思想政治教育、活跃机关文化生活、推进机关两个文明建设中积极发挥作用。一是围绕机关的中心工作，组织开展活动。在抗击“非典”中，机关妇委会邀请运动健身专家为机关职工开办“运动、健身、科学”讲座；机关团委组织团员青年与机关驻地武警进行了篮球友谊赛，与机关青联联合举办了“战胜‘非典’——全国政协机关青年征文比赛”活动；为深入贯彻《公民道德实施纲要》，推进政协机关精神文明建设，机关摄影协会配合机关文明委举办机关摄影展；机关工会、妇委会配合机关文明委开展了“全国政协机关文明家庭”评选活动，19户家庭获得“全国政协机关文明家庭”称号，2户家庭被评为“中直机关文明家庭”。二是结合机关实际，活跃文化生活。机关工会除多次举办小型球类、棋艺类和广播操比赛活动外，还协助机关摄影协会等组织举办了全国政协机关职工第二届收藏展；机关团委配合机关老干部局举办了“全国政协机关离退休职工《激情岁月》照片展”；机关工青妇组织在中秋节前夕联合为单身职工举办了“相约中秋”联谊会；机关工青妇组织在人民政协报社召开了女职工岗位成才座谈会，举办了全国政协机关“女职工岗位成才演讲会”；为帮助机关青年职工开阔视野、扩大知识面，一年来，机关团委坚持定期举办“牺牲一次午休，洞开一门知识”系列讲座活动，受到了机关职工的普遍欢迎。

机关党委坚持做好机关内部的统战工作，进一步加强与机关干部职工中民主党派成员的联系，及时向他们通报情况，听取意见，并帮助他们反映和解决问题。

（刘焕性　编写　梁志平　审稿）

报 刊 社 论

同心同德 共创未来

——热烈祝贺全国政协十届一次会议开幕

大地回春,万象更新。

今天,中国人民政治协商会议第十届全国委员会第一次会议隆重开幕。这次大会是在全国各族人民深入学习贯彻党的十六大精神的重要时刻召开的一次重要会议。大会以邓小平理论和"三个代表"重要思想为指导,围绕党的十六大提出的全面建设小康社会的宏伟目标,共商国是,建言献策,具有十分重要的意义。我们向会议表示热烈的祝贺!

过去的五年,是我国改革开放和社会主义现代化建设取得辉煌业绩的五年。以江泽民同志为核心的第三代领导集体,团结和带领全国各族人民,战胜种种困难和风险,胜利地完成了国民经济和社会发展第九个五年计划,实现了社会主义现代化建设第二步战略目标,并顺利推进第十个五年计划,取得实施现代化建设第三步战略目标的良好开局。

五年来,政协第九届全国委员会始终坚持共产党领导的多党合作和政治协商制度,高举爱国主义、社会主义旗帜,牢牢把握团结和民主两大主题,自觉服从和服务于改革发展稳定的大局,积极组织参加人民政协的各党派、各团体和各族各界人士,切实有效地履行政协职能,推动政协的各项工作扎实深入、活跃有序地向前发展,为改革开放、现代化建设和祖国和平统一大业做出了重要贡献。

中国特色社会主义事业是亿万人民共同的事业,团结的人越多越好,凝聚的力量越大越好。统一战线是中国共产党团结一切可以团结的力量,夺取革命、建设和改革事业胜利的重要法宝,也是中国共产党执政兴国的重要法宝。共产党领导的多党合作和政治协商制度是我国的一项基本政治制度,也是我国社会主义政治制度的特有优势。党的十六大把统一战线和这项基本政治制度写入了中国共产党领导人民建设中国特色社会主义必须坚持的基本经验,表明了我们党巩固和发展最广泛的爱国统一战线、坚持和完善我国这项基本政治制度不可动摇的决心。我们要始终不渝地坚持统一战线这个重要法宝和战略方针,始终不渝地发挥共产党领导的多党合作和政治协商制度的优势,把一切积极因素充分调动起来和凝聚起来,共同创造社会主义中国的美好未来。

人民政协是中国人民爱国统一战线的组织,是中国共产党领导的多党合作和政治协商的重要机构,是我国政治生活中发扬社会主义民主的重要形式。党的十六大提出了全面建设小康社会的奋斗目标,开启了实施社会主义现代化建设第三步战略目标的伟大征程。新世纪新阶段新形势新任务对人民政协的工作提出了新的更高的要求,也提供了更广阔的舞台。实现十六大提出的宏伟奋斗目标,需要加强共产党同民主党派合作共事,需要全体中华儿女团结奋斗。人民政协在组织上有最广泛的代表性,在政治上有最大限度的包容性。我们要充分发挥人民政协人才荟萃,智力密集,联系广泛,渠道畅通的优势,继承和发扬人民政协的好传统、好作风,坚持“长期共存、互相监督、肝胆相照、荣辱与共”的方针,切实履行政治协商、民主监督、参政议政的职能,与时俱进、开拓创新、奋发有为,把这次会议开成民主、求实、团结、鼓劲的大会。

伟大的祖国正处在一个承前启后,继往开来的伟大时代。新一届政协一定能够在邓小平理论和“三个代表”重要思想指引下,同心同德,艰苦奋斗,为全面贯彻落实十六大提出的奋斗目标和各项任务,把中国特色社会主义事业不断推向前进,做出新的更大贡献。

预祝大会圆满成功!

(2003年3月3日《人民日报》)

团结各界谋发展　群策群力建小康

——热烈祝贺全国政协十届一次会议开幕

中国人民政治协商会议第十届全国委员会第一次会议今天在北京隆重开幕。这次会议是在中共十六大之后召开的一次十分重要的会议,是深入学习、全面贯彻中共十六大精神,加快推进我国社会主义现代化建设的一次会议,也是人民政协事业发展进程中承前启后、继往开来的一次会议。我们对大会的召开表示热烈的祝贺!

过去的五年,以江泽民同志为核心的第三代中共中央领导集体高度重视人民政协工作,切实加强对人民政协的领导,为人民政协的发展指明了方向。五年来,政协第九届全国委员会始终坚持中国共产党的领导,始终坚持共产党领导的多党合作和政治协商制度,始终坚持团结和民主两大主题,始终坚持服从和服务于改革发展稳定的大局,积极组织参加人民政协的各党派、各团体和各族各界人士,切实有效地履行政协职能,各方面工作都取得了可喜成效。九届政协的五年,是人民政协的各项工作扎实深入、活跃有序向前发展的五年,是为改革开放、现代化建设和祖国和平统一大业做出重要贡献的五年。九届政协的五年,在开拓中前进,在前进中开拓,探索和积累了丰富的经验,为政协工作的进一步发展奠定了良好的基础。

中共十六大提出了我国本世纪头二十年全面建设小康社会的奋斗目标。这是一个符合我国国情和现代化建设实际、充分体现广大人民群众利益和愿望的目标,是一个令人鼓舞、催人奋进的目标。方向已经指明,方针已经确定,蓝图已经绘就。实现这一宏伟目标,需要共产党和各民主党派更加紧密地团结合作,需要把一切积极因素充分调动和凝聚起来,需要全体中华儿女共同努力奋斗,需要最广泛的大团结大联合。人民政协由各党派、各团体、各族各界人士组成,在组织上具有广泛的代表性,在政治上具有巨大的包容性,是大团结大联合的象征。团结和民主是政协工作的主题,也是人民政协的优势,要把这两大主题贯穿于政协的各项工作之中。要充分发挥各民主党派、人民团体和各族各界代表人士在政协中的作用,搞好各方面的合作共事,不断巩固新时期爱国统一战线的政治基础;要密切人民政协与各界群众的联系,积极协助党和政府做好协调关系、化解矛盾的工作,维护社会的团结稳定；要广泛团结海内外一切热爱祖国的中华儿女，积极促进中华民族的伟大复兴和祖国统一大业的完成。总之，要团结一切可以团结的力量，调动一切可以调动的积极因素，共同致力于实现十六大提出的宏伟目标。

实现十六大提出的奋斗目标，任务十分光荣，十分艰巨，对人民政协工作提出了更高的要求，也为人民政协事业的发展提供了新的机遇。新一届政协适应我国经济建设和社会发展的客观要求，广泛吸纳社会各阶层、各方面的代表人士，生动地体现了新世纪爱国统一战线的发展，体现了中华民族大团结大联合的精神，为人民政协工作实现新的跨越奠定了良好的组织基础。政协中汇聚了各方面的专家学者和各行各业的杰出人才，人民政协人才荟萃、智力密集的优势更加突出。我们要充分认识肩负的责任，进一步发挥自身的优势，广泛地凝聚政协委员的智慧和力量，围绕国家中心任务举善谋、献良策，为经济建设和社会发展出实招、鼓实劲。要把围绕中共十六大提出的各项任务建言献策作为参政议政的重点，选择全面建设小康社会中需要解决的实际问题，积极思考，深入研讨，提出对策和建议，为不断推进社会主义物质文明、政治文明和精神文明的协调发展做出积极贡献。

本次会议将听取并审议九届全国政协常委会工作报告，将列席十届全国人大一次会议，听取和讨论政府工作报告，将选举产生新一届全国政协的领导机构。希望委员们集中精力开好这次会议，畅所欲言，各抒己见，为国是建言，为发展献策，顺利完成大会确定的各项任务，把这次会议开成民主、求实、团结、鼓劲的大会。让我们高举邓小平理论伟大旗帜，全面贯彻“三个代表”重要思想，在以胡锦涛同志为总书记的中共中央领导下，继往开来，与时俱进，万众一心，群策群力，聚精会神搞建设，一心一意谋发展，把中国特色社会主义事业不断推向前进！

预祝大会取得圆满成功！

（2003 年 3 月 3 日《人民政协报》）

发扬好传统　再创新辉煌

——热烈祝贺全国政协十届一次会议闭幕

中国人民政治协商会议第十届全国委员会第一次会议胜利闭幕。我们对会议的圆满成功表示热烈祝贺！

这次会议高举邓小平理论伟大旗帜，以“三个代表”重要思想为指导，全面贯彻中国共产党第十六次全国代表大会精神，圆满地完成了预定的各项议程。全体委员列席十届全国人大一次会议，听取并讨论了朱镕基总理的《政府工作报告》和其他各项报告，一致认为，过去的五年，全国各族人民在中国共产党的领导下，团结奋进，顽强拼搏，战胜种种困难，改革开放和经济社会发展取得了举世公认的伟大成就。我们的祖国，国泰民安，政通人和，百业兴旺，蒸蒸日上；各族人民正信心百倍地朝着全面建设小康社会的奋斗目标阔步前进。五年来，政协第九届全国委员会高举爱国主义、社会主义旗帜，牢牢把握团结和民主两大主题，自觉服从和服务于改革发展稳定的大局，切实有效地履行政协职能，推动各项工作扎扎实实、活跃有序地向前发展，为改革开放、现代化建设和祖国和平统一大业作出了重要贡献。九届政协在工作中，继承和发扬了优良传统，又探索和积累了新的经验。

这次大会选举产生了新一届全国政协领导班子和常务委员会。九届全国政协领导机构中一批老同志退了下来，充实了一批相对年轻的同志。这些老同志为我国的改革开放和现代化建设，为人民政协的发展，为坚持和完善中国共产党领导的多党合作和政治协商制度，为推进全国政协领导人员的新老交替，作出了重要贡献。我们向他们表示崇高的敬意。

中国共产党第十六次全国代表大会确定的全面建设小康社会的奋斗目标，为开创中国特色社会主义事业新局面指明了方向。实现这一宏伟目标，需要全国各族人民团结奋斗。今后五年，是社会主义现代化建设承前启后、继往开来的五年。新形势、新任务对人民政协工作提出了新的更高的要求，也为人民政协事业的发展提供了新的机遇。我们一定要深入学习、全面贯彻十六大精神，围绕十六大提出的奋斗目标和各项任务，切实履行政治协商、民主监督、参政议政职能，以与时俱进、开拓创新、奋发有为、昂扬向上的精神状态，做好各项工作，为改革和发展作出新的更大贡献。

中国共产党领导的多党合作和政治协商制度是我国的一项基本政治制度。中国人民政治协商会议是实行中国共产党领导的多党合作和政治协商制度的重要组织形式。它们集中体现了我国社会主义民主政治的特色和优势。把中国共产党领导的多党合作和政治协商制度坚持好、完善好，对于发展社会主义民主政治、建设社会主义政治文明，对于巩固中国共产党的执政地位和我国社会主义制度，对于调动各方面的积极因素共同建设中国特色社会主义，意义十分重大。我们要继续坚持和完善中国共产党领导的多党合作和政治协商制度，坚持“长期共存、互相监督、肝胆相照、荣辱与共”的方针，加强同民主党派合作共事，更好地发挥我国社会主义政党制度的特点和优势，保证人民政协围绕团结和民主两大主题，发挥政治协商、民主监督和参政议政的作用，进一步巩固和发展爱国统一战线，最广泛最充分地调动一切积极因素，共同致力于实现中华民族的伟大复兴。要从全面贯彻“三个代表”重要思想和十六大精神的高度，围绕党和国家的中心工作，努力为政协工作创造更好的环境和条件，充分发挥各级政协的作用，不断巩固和发展民主团结、生动活泼、安定和谐的政治局面。

“长风破浪会有时，直挂云帆济沧海。”现在，中国人民开始了现代化建设第三步战略目标的伟大进军。前景光明，任务艰巨。让我们高举邓小平理论伟大旗帜，全面贯彻“三个代表”重要思想，紧密团结在以胡锦涛同志为总书记的党中央周围，扎实工作，奋发进取，为实现十六大确定的奋斗目标，创造新的辉煌业绩。

（2003年3月15日《人民日报》）

与时俱进 再创辉煌

——热烈祝贺全国政协十届一次会议闭幕

中国人民政治协商会议第十届全国委员会第一次会议昨天在北京胜利闭幕，我们对会议的圆满成功表示热烈祝贺！

这次会议总结了九届全国政协五年来的工作，选举产生了十届全国政协新的领导机构，通过了各项重要决议，圆满完成了预定的各项任务。会议期间，委员们围绕实现中共十六大提出的战略目标和各项任务，认真履行职责，积极参政议政，就经济和社会发展中的重大问题，坦诚交流，深入讨论，积极建言；就人民政协事业的进一步发展畅所欲言，集思广益，出谋划策。这次会议开得生动活泼，富有成效，是一次民主求实、团结鼓劲的大会，是一次继往开来、与时俱进的大会，是一次凝聚力量、催人奋进的大会。

深入学习、全面贯彻十六大精神，是当前和今后一个时期全党全国首要的政治任务，也是人民政协的首要任务。各级政协组织和广大政协委员要认真落实十六大对人民政协提出的各项要求，坚持团结和民主两大主题，切实履行政治协商、民主监督和参政议政职能，发挥优势，扎实工作，不断开创人民政协工作的新局面，为全面建设小康社会、实现中华民族的伟大复兴贡献力量。

要围绕中心、服务大局，把为实现全面建设小康社会的宏伟目标服务作为政协工作的出发点和落脚点。人民政协的政治协商、民主监督和参政议政，人民政协的专题调研和视察、反映社情民意和提案、海内外联谊等工作，都要紧紧围绕全面建设小康社会的奋斗目标展开，都要服从和服务于这个目标的实现。要根据人民政协代表性强、包容性大的特点，充分发扬社会主义民主，听取各方面的意见和建议，广纳百家之言，广聚天下良策，把智慧和力量都凝聚到实现全面建设小康社会的奋斗目标上来。要充分发挥政协智力密集、联系广泛的优势，认真组织广大政协委员围绕中心工作，特别是针对经济和社会生活中的突出矛盾和问题，深入调查研究，积极建言献策，为领导机关决策提供真实情况与科学依据。

要维护团结稳定的政治局面，把团结各界、凝聚人心作为政协工作的重要着力点。要认真研究当前我国社会结构和统一战线内部的新情况、新变化，加强同各方面人士包括新的社会阶层人士的联系，巩固和发展最广泛的爱国统一战线，最大限度地把一切可以团结的力量都团结起来；要经常深入基层、深入群众，了解群众的真实情况，反映各界人士的愿望和呼声；要积极协助党和政府协调关系、化解矛盾，多做理顺情绪、排忧解难的工作，为改革发展稳定减少阻力、增加助力、形成合力，巩固和发展民主团结、生动活泼、安定和谐的政治局面。

要充分发扬社会主义民主，把团结和民主两大主题贯穿于政协工作的始终。人民政协的各种会议和各项活动，都要鲜明地体现团结和民主，以坚强的团结保证民主进程健康有序，以充分的民主保证团结充满活力。要坚持民主协商、平等议事和求同存异、体谅包容的原则，努力营造民主和谐的工作氛围。要认真总结经验，坚持和发扬优良传统，同时，根据新的形势、新的任务，解放思想、大胆探索，在履行职能中创造新形式、新方法和新经验，积极推进政协履行职能的制度化、规范化和程序化，努力发展社会主义民主政治，积极促进社会主义政治文明。

新目标开启新征程，新队伍创建新业绩。我们坚信政协第十届全国委员会和政协各级地方委员会，将继续高举邓小平理论伟大旗帜，全面贯彻“三个代表”重要思想，在以胡锦涛同志为总书记的中共中央领导下，与时俱进，开拓创新，在推进中国特色社会主义事业中做出更大贡献，为人民政协事业铸就新的辉煌！

（2003 年 3 月 15 日《人民政协报》）

2003 年 大 事 记

1月

1日

政协全国委员会在政协礼堂举办2003年新年茶话会。李瑞环主席主持。中共中央总书记胡锦涛发表重要讲话。全国政协副主席、台盟中央主席张克辉代表各民主党派、全国工商联和无党派人士讲话。部分全国政协委员及首都文艺工作者表演了文艺节目。党和国家领导人江泽民、李鹏、朱镕基、李岚清、吴邦国、温家宝、贾庆林、曾庆红、黄菊、吴官正、李长春、罗干,全国政协副主席叶选平、杨汝岱、王兆国、阿沛·阿旺晋美、任建新、宋健、张思卿、钱正英、孙孚凌、朱光亚、万国权、胡启立、陈锦华、赵南起、白立忱、经叔平、罗豪才、周铁农、王文元,秘书长郑万通及在京常委出席了茶话会。出席茶话会的还有刘淇、刘云山、吴仪、周永康、贺国强、郭伯雄、曹刚川、曾培炎、王刚、田纪云、迟浩田、张万年、姜春云、尉健行、荣毅仁、徐才厚、何勇、邹家华、王光英、铁木尔·达瓦买提、吴阶平、彭珮云、何鲁丽、周光召、曹志、丁石孙、成思危、许嘉璐、蒋正华、司马义·艾买提、王忠禹、肖扬、韩杼滨,全国政协原副主席谷牧、孙起孟,各民主党派、全国工商联负责人、无党派人士,中央和国家机关有关方面负责人及首都各族各界代表人士近400人。

3日

孙孚凌副主席在钓鱼台国宾馆出席中外华人企业家2003年新春联谊会。

4日

罗豪才副主席、齐续春副秘书长在吉林省扶余华侨农场慰问干部职工。

6日

中国经济社会研究会在政协礼堂举办新春茶话会暨第二次理事会。全国政协副主席、中国经济社会研究会会长陈锦华致词。全国政协副主席胡启立、赵南起,全国政协秘书长、研究会副会长郑万通,经济委员会主任、研究会副会长房维中,社会和法制委员会主任、研究会副会长王森浩,外事委员会主任、研究会副会长田曾佩,全国政协副秘书长、研究会副会长张国祥,全国政协副秘书长傅志煌以及研究会理事及有关单位代表等200余人出席茶话会。

7日

经叔平、周铁农副主席在北京贵宾楼饭店出席"转型期的中国证券市场"研讨会。

胡启立副主席在人民大会堂出席国家主席江泽民为欢迎缅甸和平与发展委员会主席丹瑞访华举行的欢迎仪式和晚宴。

7日至10日

李瑞环主席在澳门考察访问。秘书长郑万通、副秘书长李昌鉴、国务院港澳办副主任徐泽、研究室主任卞晋平等陪同。

8日

罗豪才副主席在首都大酒店出席全国侨办主任工作会议开幕式。

人口资源环境委员会在政协机关召开南水北调工程总体规划方案座谈会,邀请国家计委、水利部有关负责人就进一步优化南水北调工程总体规划方案交换意见。

杨汝岱、宋健、孙孚凌、周铁农副主席出席。钱正英副主席主持会议。陈邦柱主任，李伟雄、张洽、张春园副主任，经济委员会副主任史大桢，范西成副秘书长，本委员会及经济委员会部分委员出席座谈会。

8日至11日

齐续春副秘书长受政协机关党委委托并代表全国政协办公厅赴安徽省枞阳、无为听取有关扶贫济困工作的情况介绍，并到4个乡镇的20多个贫困农户家中进行慰问。

9日至10日

外事委员会在北京中江国际俱乐部召开全体会议，回顾外委会五年工作，并举行迎新春联谊会。田曾佩主任，齐怀远、李景、李北海、张毅君、秦华孙副主任等参加。

10日

文史资料委员会在政协机关召开九届政协文史资料工作总结座谈会。孙孚凌副主席出席会议并讲话，朱作霖主任主持，刘恕、刘济民、宋堃、金开诚、金冲及、龚育之副主任等参加。

陈锦华副主席在政协机关主持召开博鳌亚洲论坛中方内部联席会议，研究2003年论坛年会筹备工作。外经贸部副部长龙永图，海南省副省长李礼辉及外交部等有关部门负责人出席会议。

10日至12日

提案委员会在北京市昌平区召开部分承办单位座谈会，交流提案承办工作的经验体会，为政协十届一次会议的提案办理工作做准备。傅志煌副秘书长和部分承办单位负责人共130多人出席会议。

13日

李瑞环主席在政协机关主持召开政协第九届全国委员会第四十六次主席会议。主要议题：一、审议政协第十届全国委员会参加单位、委员名额和人选名单（草案）；二、审议政协第十届全国委员会第一次会议议程和日程（草案）；三、审议政协第十届全国委员会第一次会议秘书处领导成员名单（草案）；四、审议政协第十届全国委员会第一次会议秘书处机构设置和工作任务（草案）；五、审议政协全国委员会办公厅五年工作总结（书面）。叶选平、杨汝岱、王兆国、阿沛·阿旺晋美、任建新、宋健、李贵鲜、张思卿、钱正英、孙孚凌、朱光亚、万国权、胡启立、陈锦华、赵南起、毛致用、白立忱、经叔平、罗豪才、张克辉、周铁农、王文元副主席，郑万通秘书长出席会议。各专门委员会负责人范宝俊、房维中、陈邦柱、刘忠德、王森浩、金鉴、朱作霖、张道诚、田曾佩，副秘书长王巨禄、赵伟之、张国祥、李赣骝、宋金升、赵喜明、李昌鉴、张廷翰、吴明熹、保育钧、齐续春、孙怀山、李敏宽、陈洪、张梅颖、傅志煌、范西成、陈明德，研究室主任卞晋平列席会议。

孙孚凌、周铁农副主席，港澳台侨委员会副主任朱培康、张道诚在人民大会堂出席郑洞国诞辰100周年纪念座谈会。

14日

李瑞环主席在政协机关接见“森林奖”获奖者和“关注森林”获奖单位代表并作重要讲话。赵南起副主席，人口资源环境委员会主任陈邦柱，副主任陈洲其，副秘书长李昌鉴、范西成，国家林业局局长周生贤和国家广电总局的有关负责人出席。

王文元副主席在中国人民对外友好协会出席庆祝中国与安哥拉建交20周年招待会。

外事委员会副主任李北海在政协机关主持召开中国经济社会研究会——中国拉美经济技术合作小组会议，研究接待尼加拉瓜客人来访事宜。秦华孙副主任等出席。

人口资源环境委员会和国家林业局在政协机关召开“关注森林”总结表彰大会。全国政协副主席、关注森林组委会主任赵南起主持会议，人口资源环境委员会主任、关注森林组委会副主任陈邦柱做关注森林活动总结报告。人口资源环境委员会副主任陈洲其、副秘书长范西成、国家林业局局长周生贤和国家广电总局有关负责人出席会议并为“森林奖”和“关注森林”获奖单位及个人颁奖。

15日

政协十届一次会议秘书处召开第一次会议，王巨禄副秘书长主持。郑万通秘书长作动员讲话，通报会议的指导思想和主要安排，并对各大组工作提出具体要求。王巨禄副秘书长宣布大会秘书处工作机构和各大组正副组长名单。中组部副部长张柏林和李赣骝、赵喜明、李昌鉴、张廷翰、保育钧、齐续春、孙怀山、李敏宽、陈洪、傅志煌、范西成、陈益群副秘书长及各大组负责人出席会议。

提案委员会在政协机关召开座谈会，讨论修改《国外旅游者购物退税》调研报告。万国权副主席出席，范宝俊副主任主持，有关部委负责人参加座谈会。

16日

李瑞环主席视察人民政协报社，听取报社的工作汇报，接见报社全体员工并合影，同时发表重要讲话，强调办报要报道真情，要注重特色，重视可读性，把报社的事业做强做大。郑万通秘书长，王巨禄、李昌鉴、孙怀山、陈洪副秘书长陪同视察。

办公厅在政协礼堂举办已故党外全国政协委员、知名人士的夫人迎新春茶话会。全国政协副主席叶选平代表李瑞环主席和全国政协向与会人员致以节日问候。全国人大常委会副委员长何鲁丽，全国政协副主席杨汝岱、李贵鲜、孙孚凌、万国权、周铁农出席，郑万通秘书长主持。王巨禄、李赣骝、赵喜明、孙怀山、李敏宽、陈洪、傅志煌、范西成、陈益群副秘书长和国务院办公厅、中组部、统战部、中国老龄委等有关部门负责人及近百位夫人出席茶话会。

民族和宗教委员会与中共中央统战部、全国人大民委、国家民委、北京市人民政府在人民大会堂联合举办“首都各民族人士迎春茶话会”。全国人大常委会副委员长铁木尔·达瓦买提致词。全国政协副主席阿沛·阿旺晋美、白立忱、赵南起出席，统战部部长刘延东主持。金鉴主任，刀述仁、江家福、陈广元、金日光、赵延年、洛桑赤耐副主任，副秘书长齐续春等出席茶话会。

外事委员会在政协机关举行新春宴会，拉丁美洲国家驻华使节及海地在华商务代表处代表出席。秦华孙副主任主持，李北海副主任介绍了中国经济社会研究会、中国——拉美经济技术合作小组情况。

17日

教科文卫体委员会在政协礼堂举行全国政协教科文卫体界新春茶话会。全国政协主席李瑞环，全国人大常委会副委员长王光英、周光召，全国政协副主席宋健、李贵鲜、张思卿、孙孚凌、胡启立、经叔平、罗豪才、周铁农，秘书长郑万通出席茶话会。刘忠德主任主持。全国人大教科文卫委员会主任朱开轩，副秘书长王巨禄、赵喜明、李昌鉴、齐续春、陈洪、傅志煌、范西成，教科文卫体委员会副主任王明达、杨伟光、张发强、傅庚辰、周干峙、孙隆椿、楚庄及有关部委负责人约400人参加茶话会。

赵南起副主席、人口资源环境委员会副主任张春园在中央电视台出席由共青团中央、全国人大环境与资源保护委员会和全国政协人口资源环境委员会共同举办的第二届“母亲河奖”颁奖仪式。

18日

张思卿、胡启立副主席在政协机关出席“广州市画家中国画迎春画展”开幕剪彩仪式。赵喜明、傅志煌副秘书长，港澳台侨委员会副主任张道诚，中国文联党组书记李树文，广州市政协主席陈开枝，部分文艺界委员及在京美术单位近200人参加。

《人民政协智能资源论》一书首发式在政协机关举行。研究室主任卞晋平出席并讲话。机关有关局室，北京市政协、河北省政协及所辖市政协负责人参加。该书是由唐山市政协课题组编撰的。

20日

政协第九届全国委员会常务委员会第二十次会议开幕会在政协常委会议厅举行，李瑞环主席出席，叶选平副主席主持。主要议题：一、审议通过政协第九届全国委员会常务委员会第二十次会议议程；二、听取关于政协第九届全国委员会常务委员会工作报告起草情况的说明；三、听取关于政协第九届全国委员会常务委员会关于提案工作情况报告起草情况的说明。杨汝岱、王兆国、阿沛·阿旺晋美、任建新、宋健、李贵鲜、张思卿、钱正英、丁光训、孙孚凌、霍英东、马万祺、朱光亚、万国权、胡启立、赵南起、毛致用、白立忱、经叔平、罗豪才、张克辉、周铁农、王文元副主席，郑万通秘书长和常委共247人出席会议。政协各专门委员会负责人、副秘书长、研究室主任、中央统战部副部长、地方政协主席列席会议。

开幕会后，李瑞环主席，叶选平、杨汝岱、王兆国、阿沛·阿旺晋美、任建新、宋健、李贵鲜、张思卿、钱正英、丁光训、孙孚凌、霍英东、马万祺、朱光亚、万国权、胡启立、赵南起、毛致用、白立忱、经叔平、罗豪才、张克辉、周铁农、王文元副主席，郑万通秘书长与出席会议的常委，列席会议的专门委员会副主任、副秘书长、研究室主任、中央统战部副部长、地方政协主席合影。

政协第九届全国委员会常务委员会第二十次会议进行分组讨论。主要内容：常委会工作报告、提案工作情况的报告和提交审议的其他文件。杨汝岱、张思卿、毛致用、白立忱副主席参加分组讨论会。

钱正英副主席作为中国工程院《西北水资源配置、生态环境建设和可持续发展战略研究》项目组组长，在中南海向中共中央政治局常委、国务院副总理温家宝作了汇报。有关部委领导参加。当晚，钱正英副主席在政协机关宴请参加向国务院汇报的项目组两院院士和专家。

郑万通秘书长在政协机关主持召开政协第九届全国委员会常务委员会第二十次会议小组召集人会议。

人口资源环境委员会主任陈邦柱邀请全国人大环境与资源保护委员会、国土资源部第9部委领导，就如何进一步加强工作联系，在政协机关举行座谈并共进晚餐。李伟雄、杨纪珂、张洽、张春园、陈洲其副主任，范西成副秘书长，有关部委负责人叶如棠、叶冬松、汪光焘、陈雷、张宝文、王心芳、周生贤、郑国光等出席。

20日至28日

应法国经社理事会主席德尔马涅和欧盟经社委员会主席布雷什的邀请，全国政协副主席、中国经济社会研究会会长陈锦华一行5人赴法国和欧盟进行友好访问。

21日

政协第九届全国委员会常务委员会第二十次会议在政协常委会议厅进行分组讨论。主要内容：常委会工作报告、提案工作情况的报告和提交审议的其他文件。李贵鲜、毛致用、经叔平副主席参加分组讨论会。

政协第九届全国委员会常务委员会第二十次会议在政协常委会议厅举行第二次全体会议。李瑞环主席出席，宋健副主席主持。会议听取了中共中央统战部部长刘延东关于政协第十届全国委员会参加单位、委员名额和人选名单（草案）的说明。叶选平、杨汝岱、王兆国、阿沛·阿旺晋美、李贵鲜、张思卿、钱正英、丁光训、孙孚凌、霍英东、马万祺、朱光亚、万国权、胡启立、毛致用、白立忱、经叔平、罗豪才、张克辉、周铁农、王文元副主席,郑万通秘书长和常委共 230 人出席会议。政协各专门委员会负责人、副秘书长、研究室主任、中央统战部副部长、地方政协主席列席会议。

第二次全体会议后分组阅读材料并讨论。主要内容:政协第十届全国委员会参加单位、委员名额和人选名单(草案)。杨汝岱、李贵鲜、张思卿、钱正英、丁光训、孙孚凌、万国权、胡启立、毛致用、经叔平、罗豪才、张克辉、周铁农副主席参加分组讨论会。

22 日

政协第九届全国委员会常务委员会第二十次会议进行分组讨论。主要内容:政协第十届全国委员会参加单位、委员名额和人选名单(草案)。毛致用副主席参加上午的小组讨论会。

杨汝岱、宋健副主席在人民大会堂出席在京老同志迎春茶话会。

李瑞环主席主持召开政协第九届全国委员会第四十七次主席会议,听取各小组讨论情况汇报。叶选平、杨汝岱、王兆国、宋健、李贵鲜、张思卿、钱正英、丁光训、孙孚凌、霍英东、马万祺、朱光亚、万国权、胡启立、毛致用、白立忱、经叔平、罗豪才、张克辉、周铁农、王文元副主席,郑万通秘书长出席会议。中共中央统战部部长刘延东就各组汇报时提出的有关十届委员人选安排问题作了简要说明。政协各专门委员会负责人何光远、房维中、陈邦柱、刘忠德、王大明、黄璜、朱作霖、朱训、田曾佩,副秘书长王巨禄、李赣骝、宋金升、赵喜明、李昌鉴、张廷翰、吴明熹、保育钧、齐续春、孙怀山、李敏宽、陈洪、张梅颖、傅志煌、范西成、陈益群,研究室主任卞晋平列席会议。

经叔平副主席在钓鱼台国宾馆出席国务院参事、中央文史馆馆员迎春招待会。

罗豪才副主席,港澳台侨委员会主任朱训,副主任厉有为、朱培康、张伟超、俞晓松、唐树备、何添发、张道诚在人民大会堂出席由全国人大华侨委员会、全国政协港澳台侨委员会、国务院侨务办公室、致公党中央、中国侨联共同举办侨界新春茶话会。

23 日

政协第九届全国委员会常务委员会第二十次会议闭幕会。李瑞环主席主持并讲话。主要议题:一、通过关于召开政协第十届全国委员会第一次会议的决定;二、通过政协第十届全国委员会参加单位、委员名额和人选名单;三、通过政协第九届全国委员会常务委员会工作报告;四、通过政协第九届全国委员会常务委员会关于提案工作情况的报告;五、通过政协第十届全国委员会第一次会议议程(草案)和日程(草案);六、通过关于授权主席会议审议政协第九届全国委员会常务委员会第二十次会议未尽事宜的决定。叶选平、杨汝岱、王兆国、阿沛·阿旺晋美、任建新、宋健、李贵鲜、张思卿、钱正英、丁光训、孙孚凌、霍英东、马万祺、朱光亚、万国权、胡启立、毛致用、白立忱、经叔平、罗豪才、张克辉、周铁农、王文元副主席,郑万通秘书长和常委共 237 人出席会议。政协各专门委员会负责人、副秘书长、研究室主任、中央统战部副部长、地方政协主席列席会议。

郑万通秘书长主持召开政协第九届全国委员会常务委员会第二十次会议小组召集人会议。

全国政协在钓鱼台国宾馆举行招待会。李瑞环主席出席,叶选平副主席主持并致辞。杨汝岱、王兆国、阿沛·阿旺晋美、宋健、李贵鲜、张思卿、钱正英、丁光训、孙孚凌、霍英东、马万祺、朱光亚、万国权、胡启立、毛致用、白立忱、经叔平、罗豪才、张克辉、周铁农、王文元副主席,郑万通秘书长与出席会议的常委,列席会议的副秘书长、专门委员会副主任、研究室主任、中央统战部副部长、地方政协主席、机关各局室主要负责人出席招待会。

24日

中共中央台湾工作办公室、国务院台湾事务办公室、台盟中央、全国政协港澳台侨委员会、中国和平统一促进会、全国台联、海协会在人民大会堂联合举行纪念江泽民主席《为促进祖国统一大业的完成而继续奋斗》发表八周年座谈会。王兆国副主席主持会议,孙孚凌、经叔平、罗豪才、张克辉、周铁农副主席出席会议。副秘书长吴明熹、李敏宽,港澳台侨委员会副主任朱培康、张伟超、俞晓松、何添发、张道诚,人口资源环境委员会副主任张洽等参加会议。会后,港澳台侨委员会与台盟中央、全国台联、全国台湾研究会召开座谈会。

24日至25日

全国政协办公厅外宣工作座谈会在铁道大厦举行,外事委员会副主任秦华孙,副秘书长陈洪,研究室主任卞晋平等出席座谈会。

25日

中共中央统战部、全国政协民族和宗教委员会、国家宗教事务局在政协礼堂联合举办2003年宗教界人士迎春茶话会。丁光训副主席出席,金鉴主任,刀述仁、陈广元、洛桑赤耐副主任,齐续春副秘书长,统战部和国家宗教事务局有关负责人参加茶话会。

26日

阿沛·阿旺晋美、孙孚凌、万国权、经叔平、罗豪才、张克辉、周铁农、王文元副主席在中南海出席中共中央召开的党外人士迎春座谈会。

27日

张克辉副主席在钓鱼台国宾馆接见台湾小天使艺术团。

经济委员会在钓鱼台国宾馆举办迎新春茶话会。房维中主任主持,范西成副秘书长出席并讲话。史大桢、刘广运、刘鸿儒、赵维臣、桂世镛、董辅礽副主任及本委员会40余位委员参加茶话会。

郑万通秘书长在机关主持召开第八十次秘书长办公会议。主要议题:一、审议政协第十届全国委员会第一次会议预备会议日程(草案);二、审议政协第十届全国委员会第一次会议分组办法和小组召集人名单(草案);三、审议政协第十届全国委员会第一次会议提案审查委员会委员人选名单(草案);四、研究政协第十届全国委员会第一次会议选举办法(草案);五、研究关于政协第十届全国委员会第一次会议期间中外记者招待会的选题方案(讨论稿);六、研究政协第十届全国委员会第一次会议期间委员驻地安排问题。王巨禄、赵喜明、李昌鉴、齐续春、孙怀山、傅志煌、范西成副秘书长出席会议,研究室主任卞晋平和有关局室负责人列席会议。

28日

郑万通秘书长在机关召集李瑞环主席访问非洲筹备工作协调会议,李昌鉴副秘书长及全国政协办公厅、外交部、中办调研室、中办警卫局、民航总局等有关单位负责人参加会议。

李瑞环主席在政协机关听取访问非洲筹备情况的汇报,陪同出访的郑万通秘书长、北京市政协原主席陈广文、外事委员会副主任齐怀远、全国工商联主席黄孟复、外交部副部长刘古昌、李昌鉴副秘书长和外交部、民航总局等有关单位负责人参加汇报会。

29日

全国政协机关举行春节团拜会。李瑞环主席出席并讲话。李贵鲜、张思卿、孙孚凌、万国权、经叔平、罗豪才、周铁农副主席出席团拜会,郑万通秘书长致辞,王巨禄副秘书长主持,机关离退休同志和干部职工600余人参加团拜会。

郑万通秘书长在政协机关主持召开第二十七次秘书长会议。主要议题：一、审议政协第十届全国委员会第一次会议预备会议日程(草案)；二、审议政协第十届全国委员会第一次会议分组办法和小组召集人名单(草案)；三、审议政协第十届全国委员会第一次会议提案审查委员会主任、副主任、委员人选建议名单(草案)。王巨禄、张国祥、李赣骝、宋金升、赵喜明、吴明熹、保育钧、孙怀山、李敏宽、张梅颖、傅志煌、范西成、陈益群、陈明德副秘书长出席会议，有关局室负责人列席会议。

31日

李瑞环主席，王兆国、阿沛·阿旺晋美、任建新、宋健、李贵鲜、张思卿、孙孚凌、朱光亚、万国权、白立忱、经叔平、罗豪才、张克辉、周铁农、王文元副主席和郑万通秘书长在人民大会堂出席春节团拜会。

2月

5日至13日

应泰国国会副主席兼上议院议长玛嫩吉·鲁卡宗的邀请，全国政协副主席赵南起赴泰国进行友好访问。

8日

李瑞环主席访问非洲全体随行人员在政协机关召开会议。郑万通秘书长作动员报告，张国祥副秘书长主持。内蒙古自治区政协主席王占，贵州省政协主席王思齐，北京市政协原主席陈广文，外事委员会副主任齐怀远，外交部副部长刘古昌，全国政协副秘书长李昌鉴，全国政协委员李铎以及全国政协办公厅、外交部、中办调研室、中办警卫局、中航集团和各有关新闻单位的随行人员参加会议。

郑万通秘书长在政协机关主持召开政协十届一次会议秘书处第二次会议。副秘书长王巨禄、张国祥、赵喜明、齐续春、孙怀山、傅志煌、范西成，研究室主任卞晋平及秘书处各大组有关负责人参加会议。

9日

在京常委专题座谈会讨论《政府工作报告(征求意见稿)》。

中国经济社会研究会访问法国和欧盟代表团在政协机关召开总结会。全国政协副主席、中国经济社会研究会会长陈锦华出席并讲话。副秘书长、研究会副会长张国祥主持会议。

9日至19日

应坦桑尼亚国民议会、纳米比亚全国委员会和赞比亚国民议会邀请，李瑞环主席率团赴上述三国进行正式友好访问。国务院副总理钱其琛，全国政协副主席宋健、孙孚凌，副秘书长王巨禄、张国祥，中办副主任樊士晋，外交部副部长杨文昌以及三国驻华使节前往人民大会堂送行。

15日

宋健、朱光亚、经叔平副主席在人民大会堂出席中共中央举行的元宵节联欢晚会。

18日

孙孚凌副主席在中共中央统战部出席“学习宪法报告会暨双月座谈会”。

19日

张思卿副主席、赵喜明副秘书长在京西宾馆出席中共中央纪律检查委员会第二次全体会议。

20日至21日

全国人大办公厅、全国政协办公厅在深圳联合举办港澳全国人大代表、新任港澳全国政协委员学习活动，中共中央统战部部长刘延东作动员报告，中央党校原常务副校长郑必坚，全国人大法工委副主任张春生，全国政协副秘书长王巨禄，中共中央统战部副部长张廷翰等分别作辅导讲座。港澳全国人大代表、新任港澳全国政协委员123人出席。

21 日

孙孚凌副主席在中共中央统战部出席国际形势报告会。

24 日

“当代国画优秀作品展——天津作品展”开幕式在政协礼堂举行。李瑞环主席，宋健、张思卿副主席出席开幕式。胡启立副主席代表全国政协讲话。郑万通秘书长主持开幕式。天津市政协主席宋平顺致词。王巨禄、张国祥、李赣骝、赵喜明、李昌鉴、孙怀山、李敏宽、陈洪、范西成、陈益群副秘书长，部分在京常委和有关部委负责人及首都书画界知名人士300余人出席开幕式。

钱正英副主席在人民大会堂出席“大地之爱·母亲水窖”表彰大会暨国际论坛开幕仪式。

孙孚凌副主席在人民大会堂出席国家主席江泽民为摩尔多瓦总统沃罗宁访华举行的欢迎仪式和晚宴。

张克辉副主席在台盟中央出席“台盟中央提案、议案座谈会”。

26 日

陈锦华副主席在机关听取世界经济论坛和中国企业联合会关于共同举办“2003中国企业高峰会”筹备工作的汇报。

张克辉副主席在台盟中央机关出席“纪念台湾省人民‘二·二八’起义五十六周年”座谈会。

王文元副主席在人民大会堂出席国家主席江泽民为古巴国务委员会主席兼部长会议主席卡斯特罗访华举行的欢迎仪式和宴会。

郑万通秘书长在机关主持召开政协十届一次会议秘书处第三次会议，听取各大组关于大会筹备工作情况的汇报，研究布置大会工作。王巨禄、张国祥、赵喜明、李昌鉴、孙廷翰、齐续春、孙怀山、陈洪、傅志煌、范西成副秘书长和秘书处各大组负责人出席会议。

27 日

李瑞环主席在政协机关主持召开政协第九届全国委员会第四十八次主席会议。主要议题：一、审议政协十届一次会议主席团成员、常务主席、常务主席会议主持人和秘书长名单(草案)；二、审议政协十届一次会议预备会议日程(草案)；三、审议政协十届一次会议提案审查委员会主任、副主任、委员人选建议名单(草案)；四、推举李贵鲜、周铁农副主席代表九届全国政协在政协十届一次会议上分别作常委会工作报告和提案工作情况报告；五、审议政协十届一次会议分组办法和小组召集人名单(草案)；六、审议政协十届一次会议副秘书长名单(草案)；七、审议政协十届一次会议新闻发言人名单(草案)；八、听取郑万通秘书长关于政协十届一次会议筹备工作情况的汇报。叶选平、杨汝岱、阿沛·阿旺晋美、任建新、宋健、李贵鲜、张思卿、钱正英、孙孚凌、万国权、胡启立、陈锦华、赵南起、毛致用、白立忱、经叔平、罗豪才、张克辉、周铁农、王文元副主席出席会议。各专门委员会负责人何光远、房维中、陈邦柱、刘忠德、王大明、黄璜、朱作霖、朱训、田曾佩，政协十届一次会议秘书处副秘书长王巨禄、张柏林、张国祥、李赣骝、宋金升、赵喜明、李昌鉴、张廷翰、吴明熹、保育钧、齐续春、孙怀山、陈洪、张梅颖、傅志煌、范西成、陈益群、陈明德，研究室主任卞晋平列席会议。

28 日

宋健、钱正英、胡启立、陈锦华、赵南起副主席在人民大会堂出席2002年度国家科学技术奖励大会，会前接见获奖代表并合影。

罗豪才副主席在政协礼堂出席由全国政协委员、著名艺术家韩美林向全国政协捐赠“九龙宝鼎”仪式。

按照中央的统一安排，由中央提名的

在京全国人大代表和新任全国政协委员在京西宾馆学习十六大精神,学习宪法、有关法律及政协章程。政协十届一次会议副秘书长、中组部副部长张柏林主持学习,中共中央党校原副校长郑必坚作《十六大的意义和中国特色社会主义在新世纪的根本走向》辅导报告,中国人民大学教授许崇德在京西宾馆作《认真贯彻实施宪法和全面建设小康社会》辅导报告,1000 多位新任全国政协委员参加学习。

由全国政协人口资源环境委员会主办的"同享一片蓝天,共建绿色家园"2003——北京市民大型绿化植树活动新闻发布会在北京举行,张洽副主任出席并讲话。

3 月

1 日

郑万通秘书长在政协礼堂为新任全国政协委员作"中国人民政治协商会议章程与中国共产党领导的多党合作和政治协商制度"辅导报告。王巨禄副秘书长主持会议,1058 名新任全国政协委员出席报告会。

中共中央政治局委员、书记处书记、中组部部长贺国强在京西宾馆为由中央提名的在京全国人大代表和新任全国政协委员中的中共党员作报告,中共中央书记处书记、中央纪律检查委员会副书记、监察部部长何勇主持,568 名新任全国政协委员出席报告会。中共中央统战部部长刘延东在人民大会堂小礼堂为由中央提名的在京全国人大代表和新任全国政协委员中的非中共党员作报告,国家民委主任、中共中央统战部副部长李德洙主持,464 名新任全国政协委员出席报告会。

2 日

新任全国政协委员在各委员驻地就贺国强、刘延东、郑万通、郑必坚和许崇德同志的报告进行分组讨论。

政协十届一次会议全体委员预备会议在人民大会堂举行。会议由九届政协主席李瑞环主持,中共中央政治局常委贾庆林同志出席会议。九届政协副主席叶选平、杨汝岱、阿沛·阿旺晋美、钱伟长、任建新、宋健、李贵鲜、张思卿、钱正英、丁光训、孙孚凌、霍英东、朱光亚、万国权、胡启立、陈锦华、赵南起、毛致用、白立忱、经叔平、罗豪才、张克辉、周铁农、王文元,秘书长郑万通出席并在主席台就座。会议共有三项议程:一、审议通过政协十届一次会议主席团、主席团会议主持人和秘书长名单;二、审议通过政协十届一次会议议程;三、审议通过政协十届一次会议提案审查委员会名单。共有 2043 名委员出席预备会议。

预备会后,政协十届一次会议主席团第一次会议在人民大会堂西大厅举行。会议由主席团会议主持人贾庆林主持,会议共有六项议程:一、审议通过政协第十届全国委员会第一次会议主席团常务主席名单和常务主席会议主持人名单;二、审议通过政协第十届全国委员会第一次会议日程;三、审议通过政协第十届全国委员会第一次会议各次全体会议执行主席和主持人名单;四、审议通过政协第十届全国委员会第一次会议分组办法和小组召集人名单;五、审议通过政协第十届全国委员会第一次会议副秘书长名单;六、审议通过政协第十届全国委员会第一次会议秘书处机构设置和工作任务。常务主席王忠禹、阿沛·阿旺晋美、帕巴拉·格列朗杰、李贵鲜、张思卿、丁光训、霍英东、白立忱、罗豪才、张克辉、周铁农,大会秘书长郑万通出席并在主席台就座。共有 306 名主席团成员出席会议。

政协十届一次会议在人民大会堂举行新闻发布会,新闻发言人张国祥向中外记者发布会议情况,并回答记者的提问。

政协十届一次会议提案审查委员会在政协机关召开第一次会议，讨论通过政协第十届全国委员会第一次会议期间提案工作方案(草案)。提案审查委员会主任傅杰主持会议。

3日

“两会”中共党员负责人会议在人民大会堂举行，胡锦涛总书记作重要讲话。九届政协党组成员和政协十届一次会议党的领导小组成员及中共党员小组召集人出席会议。

政协十届一次会议开幕会在人民大会堂召开。主席团常务主席会议主持人贾庆林主持会议，主席团常务主席李贵鲜代表政协第九届全国委员会常务委员会作工作报告，主席团常务主席周铁农代表政协第九届全国委员会常务委员会作关于提案工作情况的报告。主席团常务主席王忠禹、阿沛·阿旺晋美、帕巴拉·格列朗杰、张思卿、丁光训、霍英东、马万祺、白立忱、罗豪才、张克辉、周铁农和大会秘书长郑万通等2150名委员出席会议。党和国家领导人江泽民、胡锦涛、李鹏、朱镕基、李瑞环、李岚清、吴邦国、温家宝、曾庆红、黄菊、吴官正、李长春、罗干等在主席台就座，在主席台就座的还有王乐泉、王兆国、回良玉、刘淇、刘云山、吴仪、张立昌、张德江、陈良宇、周永康、俞正声、贺国强、郭伯雄、曹刚川、王刚、田纪云、迟浩田、张万年、姜春云、钱其琛、乔石、尉健行、徐才厚、何勇、邹家华、王光英、布赫、铁木尔·达瓦买提、吴阶平、彭珮云、何鲁丽、周光召、曹志、丁石孙、成思危、许嘉璐、蒋正华、司马义·艾买提、肖扬、韩杼滨、叶选平、杨汝岱、钱伟长、任建新、宋健、钱正英、孙孚凌、朱光亚、万国权、胡启立、陈锦华、赵南起、毛致用、经叔平、王文元等。

中共中央、国务院有关部门负责人应邀列席开幕会，各国驻华使节应邀旁听开幕会。

陈锦华副主席在钓鱼台国宾馆主持博鳌亚洲论坛中方联席协调会议，研究2003年年会筹备事宜。外交部副部长王毅，海南省省长汪啸风，副省长李礼辉，博鳌亚洲论坛秘书长龙永图出席会议。

4日

政协十届一次会议分组讨论政协第九届全国委员会常务委员会工作报告和政协第九届全国委员会常务委员会关于提案工作情况的报告。

中共中央总书记、国家副主席胡锦涛，中共中央政治局常委、政协十届一次会议主席团常务主席会议主持人贾庆林到友谊宾馆看望民族界委员并听取联组讨论意见。胡锦涛总书记作重要讲话。政协十届一次会议主席团常务主席王忠禹、阿沛·阿旺晋美，秘书长郑万通，副秘书长王巨禄、李昌鉴、朱维群、傅志煌，政协办公厅研究室主任卞晋平陪同看望委员并参加联组讨论会。中央统战部副部长、国家民委主任李德洙，中央政策研究室主任王沪宁，中央办公厅副主任令计划等也参加了联组讨论会。

中共中央政治局常委、国务院副总理吴邦国到华润饭店看望民革、台盟界委员，听取联组讨论并作重要讲话。政协十届一次会议主席团常务主席张克辉、周铁农，副秘书长赵喜明、齐续春陪同看望委员并参加联组讨论会。全国人大常委会副委员长何鲁丽，中央统战部部长刘延东、中央台办主任陈云林、中央外宣办副主任王国庆、教育部副部长周济、劳动和社会保障部副部长王东进、卫生部副部长马晓伟、西部开发办副主任李子彬等也参加了联组讨论会。

中共中央政治局常委、国务院副总理温家宝到京丰宾馆看望经济界委员，听取联组讨论并作重要讲话。政协十届一次会议主席团常务主席李贵鲜，副秘书长范西成陪同看望委员并参加了联组讨论会。财政部部长项怀诚、劳动和社会保障部部长张左己、人民银行行长周小川、国务院研究室主任魏礼群、证监会主席尚福林、国家计委副主任刘江、国家经贸委副主任李盛霖、国务院副秘书长尤权等也参加了联组讨论会。

中共中央政治局常委、书记处书记曾庆红到铁道大厦看望共青团、总工会、妇联、青联界委员，听取联组讨论并作重要讲话。政协十届一次会议主席团常务主席白立忱，副秘书长张国祥、孙怀山陪同看望委员并参加了联组讨论会。共青团中央第一书记周强、全国妇联副主席顾秀莲、黄晴宜等也参加了联组讨论会。

中共中央政治局常委黄菊到中土大厦看望科协、科技界委员，听取联组讨论并作重要讲话。政协十届一次会议主席团常务主席罗豪才，副秘书长陈洪陪同看望委员并参加了联组讨论会。中国科协副主席张玉台、国务院副秘书长高强、国家计委副主任张国宝、科技部副部长李学勇、财政部副部长楼继伟等也参加了联组讨论会。

5 日

十届全国人大第一次会议开幕会在人民大会堂召开。朱镕基总理作政府工作报告。政协十届一次会议主席团常务主席会议主持人贾庆林，主席团常务主席王忠禹、阿沛·阿旺晋美、帕巴拉·格列朗杰、李贵鲜、张思卿、丁光训、霍英东、马万祺、白立忱、罗豪才、张克辉、周铁农，秘书长郑万通，九届政协主席李瑞环，副主席杨汝岱、钱伟长、任建新、宋健、钱正英、孙孚凌、朱光亚、万国权、胡启立、陈锦华、赵南起、毛致用、经叔平、王文元应邀出席会议并在主席台就座。全体委员列席会议。

中共中央政治局常委、政协十届一次会议主席团常务主席会议主持人贾庆林到友谊宾馆看望中共界委员，听取联组讨论并作重要讲话。政协十届一次会议主席团常务主席王忠禹、李贵鲜、张思卿、白立忱，秘书长郑万通，副秘书长王巨禄、朱维群、傅志煌，政协办公厅研究室主任卞晋平陪同看望委员并参加了联组讨论会。

政协十届一次会议分组讨论政府工作报告。

6 日

十届全国人大第一次会议在人民大会堂召开第二次全体会议。主要内容：一、听取国家发展计划委员会主任曾培炎作国务院关于 2002 年国民经济和社会发展计划执行情况与 2003 年国民经济和社会发展计划草案的报告；二、听取财政部部长项怀诚作国务院关于 2002 年中央和地方预算执行情况及 2003 年中央和地方预算草案的报告；三、听取国务委员兼国务院秘书长王忠禹作关于国务院机构改革方案的说明等。政协十届一次会议主席团常务主席会议主持人贾庆林，主席团常务主席李贵鲜、张思卿、丁光训、霍英东、白立忱、罗豪才、张克辉、周铁农，秘书长郑万通，九届政协副主席杨汝岱、任建新、宋健、钱正英、孙孚凌、朱光亚、万国权、胡启立、陈锦华、赵南起、经叔平应邀出席会议并在主席台就座。全体委员列席会议。

政协十届一次会议分组讨论政府工作报告、计划报告、预算报告和国务院机构改革方案。

陈锦华副主席在钓鱼台国宾馆分别会见美国通用电器公司副董事长罗杰斯先生和日本三菱重工社长西冈乔先生。会见后出席中、美、日三方燃气轮机设备采购和技术合作合同签字仪式。国家计委副主任王春正、张国宝参加会见。

7 日

政协十届一次会议分组讨论政府工作报告。

中共中央总书记、国家副主席胡锦涛，

中共中央政治局常委、政协十届一次会议主席团常务主席会议主持人贾庆林到政协礼堂看望香港、澳门地区全国政协委员并听取联组讨论意见。胡锦涛总书记作重要讲话。政协十届一次会议主席团常务主席王忠禹、霍英东、马万祺，秘书长郑万通，副秘书长王巨禄、李昌鉴、傅志煌，政协办公厅研究室主任卞晋平陪同看望委员并参加了联组讨论会。中央统战部部长刘延东、国务院港澳办主任廖晖和中办副主任令计划等也参加了联组讨论会。

中共中央政治局常委吴官正到华润饭店看望民盟、民进界委员，听取联组讨论意见并作重要讲话。政协十届一次会议主席团常务主席张思卿，副秘书长张国祥陪同看望委员并参加了联组讨论会。全国人大常委会副委员长丁石孙、许嘉璐等也参加了联组讨论会。中央统战部副部长胡德平、国家环保总局副局长王玉庆、国务院参事室副主任陈鹤良应邀列席了联组讨论会。

中共中央政治局常委李长春到二十一世纪饭店看望文艺界委员，听取联组讨论意见并作重要讲话。政协十届一次会议主席团常务主席白立忱、周铁农，副秘书长赵喜明、陈洪陪同看望了委员并参加了联组讨论会。中共中央政治局委员、中宣部部长刘云山等也参加联组讨论会。文化部部长孙家正、中宣部副部长李从军、国家广电总局副局长赵实、国家文物局副局长张柏应邀列席了联组讨论会。

中共中央政治局常委罗干到京丰宾馆看望社会福利和社会保障界委员，听取联组讨论意见并作重要讲话。政协十届一次会议主席团常务主席张克辉，副秘书长齐续春陪同看望了委员并参加了联组讨论会。中国残联主席邓朴方、社保基金理事会理事长刘仲藜等也参加了联组讨论会。民政部副部长李宝库、劳动和社会保障部副部长刘永富应邀列席了联组讨论会。

中共中央政治局常委、政协十届一次会议主席团常务主席会议主持人贾庆林到华润饭店分别看望民建、工商联界委员，听取联组讨论意见并作重要讲话。政协十届一次会议主席团常务主席李贵鲜，秘书长郑万通，副秘书长王巨禄、傅志煌，政协办公厅研究室主任卞晋平陪同看望委员并参加联组讨论会。全国人大常委会副委员长成思危也参加了联组讨论会。公安部部长助理孟宏伟、国家税务总局副局长郝昭成应邀列席了民建界联组讨论会；国家经贸委副主任李盛霖、国家工商总局副局长甘国屏应邀列席了工商联界联组讨论会。

中共中央政治局委员、中央军委副主席郭伯雄到京丰宾馆看望特邀(军队)界委员，听取联组讨论意见并作重要讲话。政协十届一次会议副秘书长孙怀山陪同看望了委员并参加联组讨论会。总参谋部副总参谋长熊光楷、总政治部副主任唐天标、总后勤部副部长孙志强、总装备部副部长李安东、军委办公厅主任谭悦新等也参加了联组讨论会。国防科工委副主任张维民、民政部副部长罗平飞应邀列席了联组讨论会。

政协十届一次会议进行界别联组讨论和小组讨论政府工作报告。政协十届一次会议主席团常务主席王忠禹、张思卿、白立忱、罗豪才分别到二十一世纪饭店、铁道大厦、京丰宾馆、政协礼堂参加教育、社科、农业、致公、侨联界的联组讨论会。中共中央、国务院 27 个部委办局负责人应邀列席了中共、民革、台盟、妇联、台联、科技、经济、医卫、民族、宗教和特邀界别的联组讨论会，听取委员意见和建议。

政协十届一次会议在人民大会堂举行“充分发挥民主党派参政党作用”为主题的记者招待会。各民主党派中央负责人万鄂湘、张梅颖、陈昌智、张怀西、李蒙、程津培、韩启德、林文漪出席记者招待会并回答了记者提问。

8日

政协十届一次会议第二次全体会议在人民大会堂举行。政协十届一次会议主席团常务主席会议主持人贾庆林出席会议，主席团常务主席张思卿主持会议。林毅夫、萧灼基、黄孟复、陈洲其、王钦敏、厉有为、朱树豪、陈明德、张圣坤、方兆本、刘民复、陈耀邦、刘枫委员先后作大会发言。政协十届一次会议主席团常务主席王忠禹、阿沛·阿旺晋美、帕巴拉·格列朗杰、李贵鲜、丁光训、霍英东、白立忱、罗豪才、张克辉、周铁农，秘书长郑万通等1702名委员出席大会。中共中央政治局委员、国务委员吴仪，中共中央和国务院有关部门负责人应邀到会听取委员大会发言。

政协十届一次会议在人民大会堂举行以“扶贫与西部开发”为主题的记者招待会。吕飞杰、王志宝、齐景发、任启兴、郑跃文委员出席记者招待会，回答了记者提问。

9日

政协十届一次会议分组讨论政协工作。

政协十届一次会议主席团常务主席会议第一次会议在政协机关会议楼举行，主席团常务主席会议主持人贾庆林主持会议。主要议题：一、审议政协第十届全国委员会第一次会议选举办法（草案）；二、审议政协第十届全国委员会主席、副主席、秘书长、常务委员候选人名单（草案）；三、审议政协第十届全国委员会第一次会议政治决议（草案）；四、审议政协第十届全国委员会第一次会议关于政协第九届全国委员会常务委员会工作报告的决议（草案）；五、审议政协第十届全国委员会第一次会议关于政协第九届全国委员会常务委员会提案工作情况报告的决议（草案）。政协十届一次会议主席团常务主席王忠禹、阿沛·阿旺晋美、帕巴拉·格列朗杰、李贵鲜、张思卿、丁光训、霍英东、马万祺、白立忱、罗豪才、张克辉、周铁农，秘书长郑万通出席会议。大会副秘书长、政协办公厅研究室主任及大会秘书处有关组负责人列席会议。

政协十届一次会议主席团第二次会议在政协常委会议厅举行，主席团常务主席会议主持人贾庆林主持会议。主要议题：一、审议政协第十届全国委员会第一次会议选举办法（草案）；二、审议政协第十届全国委员会主席、副主席、秘书长、常务委员候选人名单（草案）；三、审议政协第十届全国委员会第一次会议政治决议（草案）；四、审议政协第十届全国委员会第一次会议关于政协第九届全国委员会常务委员会工作报告的决议（草案）；五、审议政协第十届全国委员会第一次会议关于政协第九届全国委员会常务委员会提案工作情况报告的决议（草案）。政协十届一次会议会议主席团常务主席王忠禹、阿沛·阿旺晋美、帕巴拉·格列朗杰、李贵鲜、张思卿、丁光训、霍英东、马万祺、白立忱、罗豪才、张克辉、周铁农，秘书长郑万通出席会议并在主席台就座。共有303名主席团成员出席会议。大会副秘书长、政协办公厅研究室主任、部分委员小组负责人、地方政协主席，秘书处各组负责人列席会议。

政协十届一次会议主席团第二次会议后，政协十届一次会议主席团常务主席会议主持人贾庆林、主席团常务主席王忠禹到政协机关看望政协十届一次会议秘书处工作人员。郑万通秘书长及部分副秘书长陪同看望秘书处工作人员。

10日

十届全国人大第一次会议在人民大会堂召开第三次全体会议，全国人大常委会委员长李鹏作全国人民代表大会常务委员会工作报告。政协十届一次会议主席团常务主席会议主持人贾庆林，主席团常务主席王忠禹、帕巴拉·格列朗杰、李贵鲜、张思卿、丁光训、白立忱、罗豪才、张克辉、周铁农，九届政协副主席杨汝岱、任建新、宋健、钱正英、孙孚凌、万国权、胡启立、赵南起、经叔平应邀在主席台就座。

政协十届一次会议分组讨论选举办法草案、候选人名单草案并推举监票人。

政协十届一次会议第三次全体会议在人民大会堂举行。政协十届一次会议主席团常务主席会议主持人贾庆林出席会议，主席团常务主席罗豪才主持会议。吴正德、赵乃岩、吴伯明、董力、黄璜、赵勇、陈宗兴、江蓝生、郝文明、张海迪、刘亦铭、杨孙西、颜延龄、潘贵玉委员先后作大会发言。政协十届一次会议主席团常务主席王忠禹、帕巴拉·格列朗杰、李贵鲜、张思卿、丁光训、白立忱、张克辉、周铁农，秘书长郑万通等 1754 名委员出席会议。中共中央政治局委员、书记处书记刘云山、周永康，中共中央和国务院有关部门负责人应邀到会听取委员大会发言。

提案审查委员会在政协常委会议楼召开分组会议，对提案进行分类审查。

11 日

十届全国人大第一次会议在人民大会堂召开第四次全体会议，最高人民法院院长肖扬作最高人民法院工作报告；最高人民检察院检察长韩杼滨作最高人民检察院工作报告。政协十届一次会议主席团常务主席会议主持人贾庆林，主席团常务主席王忠禹、李贵鲜、张思卿、丁光训、白立忱、罗豪才、张克辉、周铁农，秘书长郑万通，九届政协副主席任建新、宋健、钱正英、孙孚凌、万国权、赵南起、经叔平应邀在主席台就座。全体委员列席会议。

政协十届一次会议分组讨论“两高”报告和政治决议等各项决议草案。政协十届一次会议主席团常务主席王忠禹、张思卿分别出席了中共 1 组、中共 2 组委员小组讨论会。最高人民法院副院长万鄂湘，最高人民检察院副检察长梁国庆、邱学强、胡克惠、赵登举、张穹，以及“两高”有关方面负责人列席了 12 个委员小组的讨论会。

提案审查委员会在政协会议楼召开关于“深化分配制度改革，缩小收入分配差距”的提案协商办理座谈会。政协十届一次会议主席团常务主席白立忱出席会议。提案审查委员会主任傅杰主持会议，副主任朱培康、杨振杰、范宝俊、俞泽猷、贾军、倪豪梅、高强，副秘书长傅志煌，部分提案审查委员会委员、相关提案人以及国家计委、科技部、财政部、人事部、劳动和社会保障部、国家税务总局有关负责人参加会议。

政协十届一次会议主席团常务主席会议主持人贾庆林、主席团常务主席王忠禹在政协会议楼看望并慰问了参加秘书处第四次会议的全体工作人员，充分肯定了大会前期工作，并对大会后期几项主要工作作重要指示。

郑万通秘书长在政协会议楼主持召开政协第九届全国委员会第二十八次秘书长会议暨政协十届一次会议秘书处第四次会议。主要议题：一、听取秘书处各大组工作情况的汇报；二、审议政协第十届全国委员会常务委员会第一次会议议程、日程（草案）；三、审议政协第十届全国委员会常务委员会关于设置专门委员会的决定（草案）；四、审议政协第十届全国委员会专门委员会主任、副主任名单（草案）；五、审议提交主席会议通过的《关于委托担任全国政协委员的京外省级政协主席为所在地全国政协委员活动召集人的意见（稿）》。政协十届一次会议副秘书长王巨禄、张柏林、张国祥、李赣骝、赵喜明、李昌鉴、朱维群、吴明熹、齐续春、孙怀山、李敏宽、陈洪、张梅颖、傅志煌、范西成、陈益群、陈明德出席会议，政协办公厅研究室主任卞晋平和各组有关负责人列席会议。

提案审查委员会在政协会议楼召开第二次全体会议,讨论通过《关于政协第十届全国委员会第一次会议提案审查情况的报告》(稿)。提案审查委员会主任傅杰主持会议。

11 日至 12 日

应国际行动理事会邀请,九届政协外事委员会副主任张毅君在印尼首都雅加达出席国际行动理事会高级专家小组会议,就有关"文明冲突"等主题与国外政治、宗教领袖及专家学者进行研讨。

12 日

政协十届一次会议分组讨论政协工作。

孙中山先生逝世 78 周年纪念仪式在中山公园中山堂举行。政协十届一次会议主席团常务主席周铁农主持了纪念仪式,主席团常务主席张思卿代表政协全国委员会向孙中山先生像敬献花篮。政协十届一次会议主席团常务主席罗豪才、张克辉,九届政协副主席钱伟长、孙孚凌、朱光亚、万国权、经叔平及部分大会副秘书长参加了纪念活动。

政协十届一次会议主席团常务主席会议第二次会议在政协会议楼举行,主席团常务主席会议主持人贾庆林主持会议。主要议题:一、听取中共中央统战部部长刘延东关于政协十届全国委员会主席、副主席、秘书长、常务委员候选人名单(草案)讨论情况的说明;二、听取大会秘书长郑万通关于小组讨论情况的综合汇报;三、审议政协十届一次会议提案审查委员会关于提案审查情况的报告(草案)。政协十届一次会议主席团常务主席王忠禹、阿沛·阿旺晋美、帕巴拉·格列朗杰、李贵鲜、张思卿、丁光训、霍英东、马万祺、白立忱、罗豪才、张克辉、周铁农出席会议。大会副秘书长、政协办公厅研究室主任及大会秘书处有关负责人列席会议。

政协十届一次会议主席团第三次会议在政协常委会议厅举行,主席团常务主席会议主持人贾庆林主持会议。主要议题:一、通过政协第十届全国委员会第一次会议选举办法;二、通过政协第十届全国委员会主席、副主席、秘书长、常务委员候选人名单;三、审议通过监票人、总监票人名单;四、通过政协第十届全国委员会第一次会议政治决议(草案);五、通过政协第十届全国委员会第一次会议关于政协第九届全国委员会常务委员会工作报告的决议(草案);六、通过政协第十届全国委员会第一次会议关于政协第九届全国委员会常务委员会提案工作情况报告的决议(草案);七、审议通过政协第十届全国委员会第一次会议提案审查委员会关于政协十届一次会议提案审查情况的报告(草案)。政协十届一次会议主席团常务主席王忠禹、阿沛·阿旺晋美、帕巴拉·格列朗杰、李贵鲜、张思卿、丁光训、霍英东、马万祺、白立忱、罗豪才、张克辉、周铁农,秘书长郑万通出席会议并在主席台就座。共有 307 名主席团成员出席会议。大会副秘书长、政协办公厅研究室主任、部分委员小组负责人、地方政协主席、秘书处各组负责人列席会议。

中共中央统战部、全国人大民族委员会、国家民族事务委员会、全国政协民族和宗教委员会在人民大会堂共同举行十届全国人大一次会议、全国政协十届一次会议少数民族代表、委员茶话会。政协十届一次会议主席团常务主席会议主持人贾庆林,主席团常务主席王忠禹、阿沛·阿旺晋美、帕巴拉·格列朗杰、白立忱,九届政协副主席赵南起,秘书长郑万通,出席政协十届一次会议的地方政协主席和少数民族委员及五个自治区的政协委员出席茶话会。

13 日

提案审查委员会在政协会议楼召开关于"加强城市灾害应急管理能力建设"的提

案协商办理座谈会。政协十届一次会议主席团常务主席张思卿、周铁农出席会议。提案审查委员会副主任范宝俊主持会议。提案审查委员会主任傅杰,副主任宋宝瑞、张岳琦,副秘书长傅志煌,提案审查委员会部分委员以及公安部、民政部、财政部、建设部、水利部、卫生部、中国地震局、中国气象局,北京市政府有关部门负责人参加会议。

政协十届一次会议第四次全体会议在人民大会堂举行,选举政协第十届全国委员会主席、副主席、秘书长、常务委员。政协十届一次会议主席团常务主席会议主持人贾庆林出席会议,九届政协主席李瑞环到会祝贺,主席团常务主席白立忱主持会议。政协十届一次主席团常务主席王忠禹、阿沛·阿旺晋美、帕巴拉·格列朗杰、李贵鲜、张思卿、丁光训、霍英东、马万祺、罗豪才、张克辉、周铁农,秘书长郑万通等2152名委员出席会议。贾庆林当选为政协第十届全国委员会主席,王忠禹等24人当选为副主席,郑万通当选为秘书长,一诚等299人当选为常务委员。

全国政协办公厅和中共中央统战部在钓鱼台国宾馆共同宴请出席全国政协十届一次会议的香港、澳门特别行政区的全国政协委员。贾庆林主席出席并致词,王忠禹、廖晖、刘延东、霍英东、罗豪才、张克辉副主席,郑万通秘书长,部分副秘书长出席宴会。国务院副总理钱其琛,中央人民政府驻香港、澳门联络办负责人应邀出席宴会。

14日

上午,政协十届一次会议闭幕会在人民大会堂举行。贾庆林主席致闭幕词,王忠禹副主席主持会议。会议议题:一、通过政协十届一次会议政治决议;二、通过政协十届一次会议关于政协第九届全国委员会常务委员会工作报告的决议;三、通过政协十届一次会议关于政协第九届全国委员会常务委员会提案工作情况报告的决议;四、通过政协十届一次会议提案审查委员会关于政协十届一次会议提案审查情况的报告。廖晖、刘延东、阿沛·阿旺晋美、帕巴拉·格列朗杰、李贵鲜、张思卿、丁光训、霍英东、马万祺、白立忱、罗豪才、张克辉、周铁农、郝建秀、陈奎元、阿不来提·阿不都热西提、徐匡迪、李兆焯、黄孟复、王选、张怀西、李蒙副主席,郑万通秘书长和委员共2103人出席会议。党和国家领导人江泽民、胡锦涛、李鹏、朱镕基、李瑞环、李岚清、吴邦国、温家宝、曾庆红、黄菊、吴官正、李长春、罗干等在主席台就座。出席闭幕会的领导同志还有:王乐泉、王兆国、回良玉、刘淇、刘云山、吴仪、张立昌、张德江、陈良宇、周永康、俞正声、贺国强、郭伯雄、曹刚川、曾培炎、王刚、迟浩田、张万年、姜春云、钱其琛、乔石、尉健行、徐才厚、何勇、邹家华、王光英、布赫、铁木尔·达瓦买提、吴阶平、彭珮云、何鲁丽、周光召、曹志、丁石孙、成思危、许嘉璐、蒋正华、司马义·艾买提、肖扬、韩杼滨、杨汝岱、钱伟长、任建新、钱正英、孙孚凌、朱光亚、万国权、胡启立、陈锦华、赵南起、经叔平等。中办副主任由喜贵,全国人大常委会秘书长何椿霖,国务院副秘书长马凯,国务院27个部委局办的负责人列席闭幕会。各国驻华使节应邀旁听闭幕会。

闭幕会后,党和国家领导人与全体委员在人民大会堂宴会厅合影。

政协第十届全国委员会第一次主席会议在政协会议楼举行,贾庆林主席主持。主要议题:一、审议政协第十届全国委员会常务委员会第一次会议议程(草案);二、审议政协第十届全国委员会常务委员会关于设置专门委员会的决定(草案);三、审议政协第十届全国委员会专门委员会主任、副主任、委员名单(草案)并通过了委员名单;

四、审议政协第十届全国委员会副秘书长名单(草案);五、审议通过《关于委托京外省级政协主席为所在地全国政协委员活动召集人的意见》。王忠禹、廖晖、刘延东、帕巴拉·格列朗杰、李贵鲜、张思卿、丁光训、霍英东、马万祺、白立忱、罗豪才、张克辉、周铁农、郝建秀、陈奎元、阿不来提·阿不都热西提、徐匡迪、李兆焯、黄孟复、王选、张怀西、李蒙副主席和郑万通秘书长出席会议。大会副秘书长、政协办公厅研究室主任和相关局室负责人列席会议。

政协十届全国委员会常务委员会第一次会议在政协常委会议厅举行开幕会,贾庆林主席主持会议。主要议题:一、审议通过政协第十届全国委员会常务委员会第一次会议议程;二、听取关于政协第十届全国委员会常务委员会关于设置专门委员会的决定(草案)的说明;三、听取关于政协第十届全国委员会专门委员会主任、副主任名单(草案)的说明。王忠禹、廖晖、刘延东、帕巴拉·格列朗杰、李贵鲜、张思卿、丁光训、霍英东、马万祺、白立忱、罗豪才、张克辉、周铁农、郝建秀、陈奎元、阿不来提·阿不都热西提、徐匡迪、李兆焯、黄孟复、王选、张怀西、李蒙副主席,郑万通秘书长和常委共306人出席会议。大会副秘书长,政协研究室主任,中央统战部副部长、地方政协主席列席会议。

开幕会后,郑万通秘书长在政协会议楼主持召开政协第十届全国委员会常务委员会第一次会议小组召集人会议。

15日

政协第十届全国委员会常务委员会第一次会议在政协会议楼进行分组讨论。主要内容:讨论设置专委会的决定、人事问题和常委会工作。王忠禹、刘延东、张思卿、周铁农、徐匡迪、黄孟复副主席参加分组讨论会。

政协第十届全国委员会第二次主席会议在政协会议楼举行,贾庆林主席主持会议。主要议题:听取政协十届一次常委会各小组讨论关于设置专委会的决定、各专委会主任和副主任名单、副秘书长名单、本年度常委会工作情况的汇报。王忠禹、廖晖、刘延东、阿沛·阿旺晋美、帕巴拉·格列朗杰、李贵鲜、张思卿、霍英东、马万祺、白立忱、罗豪才、张克辉、周铁农、郝建秀、陈奎元、阿不来提·阿不都热西提、徐匡迪、李兆焯、黄孟复、张怀西、李蒙副主席,郑万通秘书长出席会议。副秘书长、研究室主任和相关局室负责人列席会议。

在政协常委会议厅举行政协十届全国委员会常务委员会第一次会议闭幕会。贾庆林主席出席并讲话,王忠禹副主席主持会议。主要议题:一、通过政协第十届全国委员会常务委员会关于设置专门委员会的决定;二、通过政协第十届全国委员会专门委员会主任、副主任名单;三、通过政协第十届全国委员会副秘书长名单。廖晖、刘延东、阿沛·阿旺晋美、帕巴拉·格列朗杰、李贵鲜、张思卿、霍英东、马万祺、白立忱、罗豪才、张克辉、周铁农、郝建秀、陈奎元、阿不来提·阿不都热西提、徐匡迪、李兆焯、黄孟复、张怀西、李蒙副主席,郑万通秘书长和常委共291人出席会议。副秘书长、研究室主任、中央统战部副部长和地方政协主席列席会议。

政协十届一次常委会议闭幕后,贾庆林主席在政协礼堂金厅主持召开地方政协主席座谈会,在与地方政协主席简要座谈政协工作后,结合传达十届政协第一次主席会议通过的《关于委托京外省级政协主席为所在地全国政协委员活动召集人的意见》精神发表讲话。王忠禹、廖晖、刘延东、阿沛·阿旺晋美、帕巴拉·格列朗杰、李贵鲜、张思卿、霍英东、马万祺、白立忱、罗豪才、张克辉、周铁农、郝建秀、陈奎元、阿不来提·阿不都热西提、徐匡迪、李兆焯、黄孟复、张怀西、李蒙副主席，郑万通秘书长，地方政协主席和副秘书长出席座谈会。会后全体与会人员合影并共进晚餐。

人口资源环境委员会在政协机关召开主任会议，传达中央人口资源环境工作座谈会精神，研究本专委会2003年度工作安排。陈邦柱主任主持会议，马国良、王克英、叶青、江泽慧、刘成果、杨魁孚、张洽、张人为、张宝明、张榕明、陈洲其、温克刚副主任出席会议。

社会和法制委员会在政协机关召开主任会议讨论本专委会2003年度工作计划。李其炎主任主持会议，王建伦、江蓝生、朱治宏、刘家琛、祁培文、李奇生、肖建章、张绪武、周子玉、赵登举、曹克明、萧灼基、谭耀宗副主任出席会议。

16日

由中国绿化基金会，全国政协人口资源环境委员会联合主办的“同享一片蓝天，共建绿色家园”2003——北京市民大型绿化植树活动启动仪式在北京朝来森林公园举行，人口资源环境委员会副主任张洽出席并讲话。

文史资料委员会在政协机关召开主任会议，传达政协十届全国委员会常务委员会第一次会议精神；听取九届政协文史资料委员会主任朱作霖介绍文史资料工作情况；研究本专委会2003年度工作安排及五年工作设想。桂世镛主任主持会议，刘枫、刘济民、李仁臣、金开诚、龚心瀚、崔占福副主任，齐续春副秘书长，九届政协文史资料委员会副主任宋堃等出席会议。

17日

外事委员会在政协机关召开主任会议研究近期工作。刘剑锋主任主持会议，万永祥、马振岗、王淑贤、李北海、杨正泉、陈昊苏、张国祥、周可仁、原焘副主任出席会议。

经济委员会在政协机关召开主任会议研究2003年度工作安排。刘仲藜主任主持会议，石万鹏、厉以宁、叶连松、刘立清、刘永好、刘廷焕、吴敬琏、陈耀先、陈耀邦、邵奇惠、郑家纯、段应碧、洪绂曾、程安东副主任和范西成副秘书长出席会议。

第七、八届全国政协副主席苏步青因病于今日下午4时45分在上海华东医院逝世，享年101岁。

18日

十届全国人大第一次会议在人民大会堂举行闭幕会。贾庆林主席，王忠禹、廖晖、刘延东、阿沛·阿旺晋美、帕巴拉·格列朗杰、李贵鲜、张思卿、霍英东、马万祺、白立忱、罗豪才、张克辉、周铁农、郝建秀、陈奎元、阿不来提·阿不都热西提、徐匡迪、李兆焯、黄孟复、王选、张怀西、李蒙副主席，郑万通秘书长应邀出席并在主席台就座。

19日

民族和宗教委员会在政协机关召开主任会议，听取九届政协民族和宗教委员会主任金鉴介绍情况；研究本专委会2003年度工作计划。钮茂生主任主持会议，李晋有、杨同祥、陈广元、闵智亭、金日光、黄璜副主任，齐续春副秘书长和九届政协民族和宗教委员会副主任刀述仁、赵延年、洛桑赤耐出席会议。

傅志煌副秘书长代表政协办公厅赴上海市苏步青同志家中吊唁。

19日至20日

应亚洲宗教和平委员会秘书长金星坤邀请，余振贵委员率中国宗教界和平委员会代表团一行7人赴韩国首都汉城出席亚洲宗教和平委员会会议，就有关“宗教与和平”等主题与各国宗教界知名人士交换意见，并就美英对伊拉克动武发表了反战联合声明。

20日

王忠禹副主席出席提案委员会全体会

议并对进一步搞好全国政协提案工作发表了重要意见。

罗豪才副主席在中国国家博物馆出席《求学海外、建功中华——百年留学历史文物展》开幕式。

外事委员会在政协机关召开主任会议就美国等国家攻打伊拉克发表声明问题进行研究。刘剑锋主任主持会议,马振岗、王淑贤、李北海、杨正泉、陈昊苏、张国祥、周可仁副主任出席会议。

20 日至 21 日

政协十届一次会议提案交办会在常委会议厅举行。王忠禹副主席出席并讲话。傅志煌副秘书长作"关于办理政协十届一次会议提案的意见"的说明。提案委员会主任傅杰主持会议。秘书长郑万通、副秘书长王巨禄,国务院副秘书长尤权,提案委员会副主任朱培康、杨振杰、宋宝瑞、张工、张岳琦、郑社奎、范宝俊、俞泽猷、贾军、高强、倪豪梅,各专门委员会负责人以及在京120 个提案承办单位的有关负责人出席会议。会后提案委员会在中协宾馆继续开会,审看提案并提出今年重点提案办理的意见。与各承办单位具体承担提案办理工作的同志进行提案交办。

21 日

王忠禹、张思卿、周铁农、李蒙副主席,郑万通秘书长在政协机关与出席人口资源环境委员会第一次全体会议的委员合影。王忠禹副主席发表讲话。

人口资源环境委员会在机关召开第一次全体会议,传达中央人口资源环境工作座谈会精神,安排 2003 年度本专委会各项工作。陈邦柱主任主持会议。马国良、王克英、叶青、江泽慧、刘成果、杨魁孚、张洽、张人为、张宝明、张榕明、陈洲其、温克刚副主任,人口资源环境委员会委员、副秘书长李昌鉴、潘贵玉,副秘书长范西成,本专委会委员共 70 余人出席会议。

外事委员会代表参加全国政协的各党派、各团体和各族各界人士发表声明,对美国等国家对伊拉克发起军事行动表示震惊和关切。

24 日

王忠禹副主席,郑万通秘书长、张梅颖副秘书长赴上海龙华殡仪馆向苏步青同志遗体送别。

教科文卫体委员会在政协机关召开主任会议,讨论本专委会五年工作设想和本年度工作计划。刘忠德主任主持会议,于友先、韦钰、方祖岐、孙隆椿、杨伟光、宋金升、赵喜明、徐善衍、栾恩杰、覃志刚、傅庚辰、翟泰丰、蔡睿贤副主任,齐续春副秘书长出席会议。

王忠禹副主席,郑万通秘书长在上海出席上海市政协工作座谈会,讨论政协如何履行三项职能。上海市政协主席蒋以任,副主席宋仪侨、黄跃金,秘书长吴汉民出席座谈会。

外事委员会副主任马振岗、张国祥和外事委员会委员资华筠应"外交官之家"协会的邀请,在波兰驻华使馆出席研讨会,向40 多个国家的驻华使馆首席馆员介绍中国共产党领导的多党合作和政治协商制度以及新一届中国政协的情况。

24 日至 25 日

社会和法制委员会在海南省海口市召开全国政协社会和法制委员会工作座谈会,学习贯彻中共十六大和政协十届一次会议精神,研究本专委会五年工作构想及本年度工作思路。周铁农副主席出席并讲话。王建伦、刘家琛、祁培文、肖建章副主任,全国各省、区、市和副省级市政协社法委负责人出席会议。

25 日

经济委员会在政协机关召开第一次全体会议研究本专委会工作。王忠禹、李贵鲜、白立忱、郝建秀、黄孟复副主席,王巨禄、范西成副秘书长在会前和与会委员合影留念。王忠禹副主席出席会议并讲话。刘仲藜主任主持会议。石万鹏、厉以宁、叶连松、刘立清、刘永好、吴敬琏、陈耀先、陈耀邦、邵奇惠、洪绂曾、段应碧、程安东副主任,范西成副秘书长和本专委会50余位委员出席会议。

25日至4月16日

李贵鲜副主席率中国国际交流协会代表团赴越南、澳大利亚、斐济三国访问。

26日

政协第十届全国委员会第三次主席会议在政协会议楼召开,贾庆林主席主持会议。主要议题:一、讨论《政协全国委员会主席会议工作规则(稿)》;二、讨论十届全国政协工作思路及十届政协第二次常委会议议题。王忠禹、廖晖、刘延东、阿沛·阿旺晋美、张思卿、白立忱、罗豪才、周铁农、陈奎元、阿不来提·阿不都热西提、徐匡迪、李兆焯、黄孟复、王选、张怀西、李蒙副主席和郑万通秘书长出席会议。副秘书长王巨禄、赵喜明、李昌鉴、张梅颖、孙怀山、傅志煌、范西成、刘民复、潘贵玉、陈抗甫、张龙之,各专门委员会负责人傅杰、刘仲藜、张治、翟泰丰、赵登举、钮茂生、郭东坡、刘剑锋、桂世镛列席会议。

27日

郑万通秘书长在政协会议楼主持召开政协第十届全国委员会第一次秘书长办公会议。王忠禹副主席出席并作重要讲话。会议主要议题:一、驻会副秘书长分别汇报各自分管工作的情况;二、审议关于十届全国政协委员视察工作的安排意见;三、协调本年度委员视察和专委会调研课题计划。王巨禄、赵喜明、李昌鉴、齐续春、孙怀山、陈洪、傅志煌、范西成副秘书长出席会议,机关研究室和有关局室主要负责人列席会议。

港澳台侨委员会在政协机关召开主任会议,传达政协第十届全国委员会第三次主席会议精神,讨论本年度工作计划和主任、副主任工作分工,并决定近期召开全体委员会。郭东坡主任主持会议,王永海、李赣骝、何少川、何添发、张伟超、张廷翰、张道诚、陈玉益、郭荣昌副主任出席会议。

文史资料委员会在政协机关召开主任会议,传达政协第十届全国委员会第三次主席会议精神,研究本专委会年度工作计划。桂世镛主任主持会议,李仁臣、龚心瀚、崔占福副主任等出席会议。

王忠禹副主席在人民大会堂出席国家主席胡锦涛为欢迎圭亚那总统巴拉特·贾格迪奥访华举行的欢迎仪式,并出席欢迎晚宴。

郑万通秘书长在政协会议楼主持召开政协第十届全国委员会第一次秘书长会议。贾庆林主席出席并作重要讲话。会议主要议题:一、通报驻会副秘书长的工作分工;二、汇报本年度委员视察计划和各专委会重点调研课题初步协调情况;三、听取兼职副秘书长关于在十届政协期间更好地发挥作用的意见和建议。王忠禹副主席,王巨禄、赵喜明、李昌鉴、张梅颖、齐续春、孙怀山、陈洪、傅志煌、范西成、朱维群、刘民复、潘贵玉、陈抗甫、张龙之副秘书长出席会议,机关研究室和各局室主要负责人列席会议。

28日

文史资料委员会在政协机关召开全体会议,传达十届政协第一次常委会议和第三次主席会议精神,研究本专委会五年工作构想及本年度工作计划。王忠禹、徐匡迪副主席,郑万通秘书长,王巨禄、齐续春、陈洪副秘书长在会前和与会委员合影留念。桂世镛主任主持会议,刘枫、刘济民、李仁臣、金开诚、龚心瀚、崔占福副主任,陈洪副秘书长出席会议。

张思卿副主席在钓鱼台国宾馆出席费

孝通教育基金会成立大会。

31 日

政协第十届全国委员会第一次专门委员会主任会议在政协礼堂召开。王忠禹副主席主持会议，贾庆林主席出席并作重要讲话。会议听取了各专门委员会主任关于本年度调研设想及开展工作的意见和建议。刘延东、张思卿、白立忱、罗豪才、周铁农、陈奎元、徐匡迪、黄孟复、王选、张怀西、李蒙副主席，郑万通秘书长，各专门委员会主任、在京副主任，驻会副秘书长和研究室主任出席会议。各专门委员会办公室主任列席会议。座谈会后全体与会人员合影并共进午餐。

4 月

1 日

李雪峰同志遗体送别仪式在八宝山革命公墓大礼堂举行。张思卿副主席，郑万通秘书长，赵喜明、李昌鉴、齐续春、傅志煌、范西成副秘书长参加送别仪式。

罗豪才副主席在人民大会堂出席“依法诚信纳税，共建小康社会”高层研讨会。

外事委员会在政协机关召开全体会议，传达十届政协专委会主任会议精神，讨论本专委会 2003 年度工作计划。刘剑锋主任主持会议，马振岗、王淑贤、李北海、杨正泉、陈昊苏、张国祥、周可仁、原焘副主任，李昌鉴副秘书长和本专委会部分委员出席会议。

文史资料委员会在政协机关召开主任会议，研究本委员会主任、副主任分工及近期工作安排。桂世镛主任主持会议，刘济民、李仁臣、金开诚、龚心瀚、崔占福副主任出席会议。

2 日

经济委员会副主任吴敬琏在政协机关主持召开国企与国有资产管理体制改革专题组会议，讨论工作计划。

经济委员会副主任程安东在陕西省驻京办事处主持召开沿黄地区全面小康建设专题组会议，讨论工作计划。

人口资源环境委员会在政协机关召开会议，研究配合十届二次常委会议议题开展调研工作。江泽慧、张洽、温克刚副主任及国家环保总局有关负责人出席会议。

3 日

罗豪才副主席在八宝山革命公墓为司徒美堂先生扫墓。

人口资源环境委员会主任陈邦柱，全国人大环境与资源保护委员会主任毛如柏在全国人大共同商讨进一步加强两个委员会加强工作联系等事宜。

纪念人民政协报创刊 20 周年座谈会在人民政协报社举行。王忠禹、张思卿、罗豪才、张怀西副主席，郑万通秘书长出席座谈会。王忠禹副主席，郑万通秘书长分别讲话，对人民政协报认真贯彻党的十六大和“两会”精神，进一步加强人民政协宣传工作提出要求。孙怀山、陈洪、傅志煌副秘书长，外事委员会副主任张国祥，办公厅研究室主任卞晋平出席座谈会。

教科文卫体委员会副主任翟泰丰在政协机关主持召开文化组会议，研究 2003 年度工作计划。杨伟光、傅庚辰副主任等出席会议。

周铁农、徐匡迪、李蒙副主席在政协礼堂出席纪念人民政协报创刊 20 周年交响音乐会。

4 日

郑万通秘书长在机关主持召开第二次秘书长办公会议。主要议题：一、研究全国政协领导和专门委员会主任、副主任办公用房安排意见（草案）；二、审议全国政协机关 2003 年按经济适用住房价格向职工出售住宅实施办法细则（草案）；三、研究全国政协 2003 年度工作要点。王巨禄、李昌鉴、齐续春、孙怀山、傅志煌、范西成副秘书长出席会议,办公厅研究室主任卞晋平和各局室主要负责人列席会议。

教科文卫体委员会副主任孙隆椿在政协机关主持召开医卫组会议,学习贾庆林主席在专门委员会主任会议上的讲话,研究2003年度工作计划。

王忠禹副主席,郑万通秘书长在机关同北京市市长孟学农、副市长刘敬民就全国政协基本建设问题进行座谈。王巨禄、孙怀山副秘书长,北京市有关部门和全国政协办公厅相关部门负责人参加座谈。

5日

中共中央政治局常委、全国政协主席贾庆林在政协礼堂南侧的政协广场参加植树活动。全国政协副主席王忠禹、廖晖、刘延东、张思卿、张克辉、周铁农、陈奎元、徐匡迪、黄孟复、张怀西、李蒙,秘书长郑万通,北京市政协主席程世娥,全国政协副秘书长王巨禄、赵喜明、李昌鉴、齐续春、孙怀山、陈洪、范西成,北京市政协副主席王长连,办公厅研究室主任卞晋平,各局室负责人参加了植树活动。

罗豪才副主席在陕西省黄陵县出席"癸未年清明公祭轩辕黄帝典礼",敬献花篮,并瞻仰黄帝庙、祭扫黄帝陵。

6日

全国政协办公厅发表公告:全国政协办公厅受贾庆林主席委托,向在全国政协十届一次会议选举贾庆林为全国政协主席后,来电来函祝贺的各国家、各政党领导人、友好团体和友好人士,谨表示衷心的感谢。

7日

提案委员会在政协机关召开主任会议,研究本专委会2003年度工作要点。傅杰主任主持会议,朱培康、杨振杰、宋宝瑞、张工、张岳琦、郑社奎、范宝俊、俞泽猷副主任,傅志煌副秘书长出席会议。

8日

提案委员会主任傅杰在机关主持召开全体会议,传达贾庆林主席有关讲话精神及王忠禹副主席对提案工作的几点意见,并讨论本年度工作要点和活动安排。朱培康、杨振杰、宋宝瑞、张工、张岳琦、郑社奎、范宝俊副主任等出席会议。

经济委员会主任刘仲藜在政协机关主持召开主任会议,审议并协调今年本专委会各专题调研组的工作计划。石万鹏、厉以宁、叶连松、刘廷焕、吴敬琏、陈耀先、陈耀邦、邵奇惠、段应碧、洪绂曾、程安东副主任出席会议。

外事委员会主任刘剑锋在政协机关主持召开主任会议,研究本年度工作计划。王淑贤、李北海、张国祥、周可仁、原焘副主任出席会议。

经济委员会主任刘仲藜在政协机关主持召开投融资体制改革专题组会议,研究调研计划。叶连松副主任出席会议。

8日至11日

全国政协视察工作研讨会在江苏省南京召开。张思卿副主席、赵喜明副秘书长、江苏省政协主席许仲林出席研讨会。全国政协办公厅有关局室及各省政协有关方面负责人约70人出席会议。

8日至16日

中共中央政治局常委、全国政协主席贾庆林在陕西、宁夏、甘肃三省(区)就学习贯彻中共十六大和"两会"精神、加快西部地区经济社会发展和民族宗教工作等问题进行考察。中共中央统战部副部长、国家民委主任李德洙和全国政协副秘书长王巨禄等陪同考察。

9日

人口资源环境委员会主任陈邦柱在政协机关与国家环保总局局长解振华就环境保护工作沟通情况,并就双方的进一步合作交换了意见。

人口资源环境委员会与河北省政协人口资源环境委员会有关负责人在机关就加强新一届委员会的工作协作交换意见。陈邦柱主任出席会议。

9 日至 15 日

王忠禹副主席赴云南省大理州出席第四届中国昆明国际旅游节开幕式,并在昆明市召开了云南省和昆明市政协负责同志以及省级各民主党派的同志参加的座谈会。

10 日

港澳台侨委员会在中协宾馆召开全体会议,传达十届政协主席会议和专委会主任会议精神,学习胡锦涛总书记在"两会"期间有关港澳台方面的讲话,讨论委员会本年度工作计划,并对今后工作提出意见和建议。郭东坡主任,王永海、厉有为、刘亦铭、李赣骝、何少川、张伟超、张道诚、俞晓松、郭荣昌副主任和本委员会部分委员出席会议。

办公厅"人大十届一次会议代表建议、政协十届一次会议委员提案交办会"在政协机关举行,傅志煌副秘书长出席并讲话,办公厅研究室、有关局室负责人和提案承办人参加会议。

郑万通秘书长在机关召开专门委员会主任会议,研究十届政协第二次常委会议议题。各专门委员会主任,李昌鉴、齐续春、傅志煌、范西成副秘书长,办公厅研究室主任卞晋平出席会议,各专门委员会办公室主任列席会议。

11 日

郑万通秘书长在政协机关召开会议,研究十届政协第二次常委会议议题。各民主党派中央、全国工商联、全国总工会、全国青联、全国妇联的有关负责人,齐续春、傅志煌、范西成副秘书长出席会议,办公厅研究室和秘书局有关负责人列席会议。

人口资源环境委员会副主任江泽慧、陈洲其在人民大会堂出席由全国人大环境与资源保护委员会和全国政协人口资源环境委员会共同主办的"中国城市森林建设研讨暨经验交流会"。江泽慧作主题发言。

社会和法制委员会在政协机关召开全体会议,学习贾庆林主席在十届政协第一次常委会议上的讲话和在专委会主任会议上的讲话,讨论决定本委员会年度工作计划。李其炎主任主持会议,王建伦、江蓝生、朱治宏、刘家琛、李奇生、肖建章、周子玉、赵登举、萧灼基副主任,齐续春、孙怀山副秘书长出席会议。会后,陈奎元副主席,郑万通秘书长和与会委员合影留念。

外事委员会在政协机关举办报告会,邀请外交部副部长杨文昌作"关于伊拉克问题"的报告。刘剑锋主任主持会议,马振岗、王淑贤、李北海、杨正泉、张国祥、周可仁、原焘副主任,部分专门委员会主任、副主任及委员出席会议。

社会和法制委员会副主任王建伦在政协机关召开会议,讨论筹备以社会和法制委员会与中国经济社会研究会名义联合举办"社会政策论坛"的有关事宜。萧灼基副主任等出席会议。

14 日

上午,人口资源环境委员会邀请国家发展和改革委员会、科技部、国家环保总局有关负责人,就我国经济发展中的环境保护问题分别介绍情况。陈邦柱主任主持会议,周铁农、李蒙副主席,江泽慧、刘成果、杨魁孚、张洽、张人为、张宝明、张榕明、陈洲其、温克刚副主任,范西成副秘书长及部分委员出席会议。

人口资源环境委员会主任陈邦柱、副主任张洽,范西成副秘书长在政协机关与北京市政协副主席王长连和北京市政协城建环保委员会负责人就进一步加强工作联系进行座谈。

郑万通秘书长在政协机关主持召开

“关于做好非典型肺炎防治工作会议”，对机关防治工作提出七点要求。孙怀山副秘书长传达了国务院召开的“全国非典型肺炎防治工作会议”精神。赵喜明、李昌鉴、齐续春、傅志煌、范西成副秘书长，办公厅研究室、各局级单位主要负责人出席会议。

人口资源环境委员会主任陈邦柱，副主任杨魁孚、张洽、张榕明到国家人口和计划生育委员会与张维庆主任就加强双方在人口和计划生育工作方面的交流与合作进行座谈。

14日至17日

应全国政协外事委员会和中国经济社会研究会邀请，以鹤健市会长为团长的日本社会教育团体碧波会代表团一行3人来华访问。刘延东副主席在政协机关会见该代表团。外事委员会刘剑锋主任、原焘副主任，李昌鉴副秘书长等在政协机关会见并宴请代表团。

14日至18日

文史资料委员会副主任刘枫、龚心瀚率“温州民营企业的发展”专题考察和专题史料征集组在浙江省考察。

15日

教科文卫体委员会在政协礼堂召开全体会议，传达学习贾庆林主席在专门委员会主任会议上的讲话，讨论通过了本年度工作计划。刘忠德主任主持会议，于友先、韦钰、孙隆椿、杨伟光、张发强、赵喜明、徐善衍、栾恩杰、覃志刚、傅庚辰、翟泰丰、蔡睿贤副主任，齐续春副秘书长和本委员会60多位委员出席会议。

郑万通秘书长在政协机关主持召开座谈会，与机关部分干部交流探讨对政协理论的思考和认识，并提出今后全国政协机关要加强对政协理论的研究，以适应并推动政协工作的发展。李昌鉴、傅志煌副秘书长，办公厅研究室主任卞晋平，机关部分干部出席会议。

教科文卫体委员会医卫组在政协机关举办报告会，邀请卫生部有关领导介绍我国城市卫生服务体系的有关情况。孙隆椿副主任主持会议，部分委员出席会议。

社会和法制委员会副主任王建伦在政协机关主持召开会议，研究“就业问题及对策”和“完善社会保障体系的对策”专题调研活动事宜。萧灼基副主任等出席会议。

人口资源环境委员会主任陈邦柱，副主任张洽、陈洲其到国家林业局与周生贤局长就加强双方在生态环境和天然林保护工作方面的交流与合作进行座谈。

15日至17日

经济委员会副主任陈耀先率金融专题组在辽宁省沈阳市调研农村金融问题。

文史资料委员会副主任刘济民率“昆山开发区的建设”专题考察和史料征集组在江苏省考察。

16日

港澳台侨委员会承办的第十三次“五侨”领导联席会议在中国国际商会会馆举行。罗豪才副主席，港澳台侨委员会副主任何添发、俞晓松，全国人大华侨委员会、国务院侨办、致公党中央和中国侨联主要负责人出席会议。

郑万通秘书长在政协机关主持召开第三次秘书长办公会议，审议政协第十届全国委员会常务委员会2003年度工作要点(草稿)。赵喜明、李昌鉴、齐续春、孙怀山、傅志煌、范西成副秘书长，办公厅研究室主任卞晋平，各局级单位负责人出席会议。

办公厅研究室新闻局在人民政协报社召开办公厅所属新闻出版机构负责人座谈会，传达中共中央《关于进一步改进会议和领导同志活动新闻报道的意见》，讨论全国政协贯彻《意见》的实施办法(征求意见稿)。李昌鉴副秘书长，研究室主任卞晋平出席会议。

16日至25日

人口资源环境委员会主任陈邦柱率“旅游资源开发利用中的生态环境保护问题”调研组一行11人赴四川省成都、雅安等地进行调研。

17日

港澳台侨委员会在京津地区的委员赴天津市经济技术开发区和津南经济开发区考察，听取了两个开发区的情况介绍，参观了摩托罗拉（中国）电子有限公司和雷盛德奎（天津）实业公司。

外事委员会副主任周可仁在华润饭店主持召开关于中国企业“走出去”问题座谈会。张国祥副主任，部分大型国有企业负责人出席会议。

齐续春副秘书长在机关主持召开办公厅2003年视察和调研工作协调会。主要议题：一、听取研究室关于视察、调研选题的协调意见；二、听取秘书局关于视察、调研时间、地点的协调意见；三、听取各专门委员会办公室、联络局、老干部局关于视察、调研工作安排情况的说明。傅志煌、范西成副秘书长，办公厅研究室、秘书局、各专门委员会办公室、联络局和老干部局有关负责人出席会议。

17日至18日

黄孟复副主席在湖南省长沙出席全国大中城市民营企业（长沙）合作交流会及中国民营企业家管理论坛。

17日至20日

民族和宗教委员会在河北省廊坊召开第一次全体会议。主要议题：一、传达、学习贾庆林主席在专门委员会主任会议上的重要讲话；二、请国家民委主任李德洙，国家宗教局局长叶小文就我国民族和宗教工作分别作专题报告；三、研究通过本委员会2003年度工作计划。王忠禹副主席出席并作重要讲话。钮茂生主任主持。巴桑、邓福村、刘柏年、克尤木·巴吾东、李晋有、杨同祥、闵智亭、陈广元、金日光、香根·巴登多吉、夏日、黄璜副主任，刘续春副秘书长和本委员会50多名委员出席会议。河北省政协主席赵金铎，省民宗委主任尹文儒，廊坊市政协主席连树臣应邀参加了会议。

17日至29日

提案委员会主任傅杰、副主任杨振杰一行5人在陕西省、浙江省和上海市就“我国就业领域面临的问题及对策”进行调研。

18日

港澳台侨委员会“海峡两岸空中直航”专题调研组召开会议，邀请国务院台湾事务办公室常务副主任李炳才，国家民航总局副局长高宏峰介绍情况。张克辉副主席，王永海等副主任和调研组成员出席会议。

21日

贾庆林主席，刘延东、罗豪才、张克辉、张怀西、李蒙副主席，齐续春、陈明德副秘书长在八宝山革命公墓大礼堂参加九届政协常委、台盟中央原主席蔡子民同志遗体送别仪式。

社会和法制委员会在政协机关召开“就业问题及对策”调研组会议，听取全国总工会书记处书记董力介绍有关情况。王建伦副主任主持，本委员会部分委员参加。

郑万通秘书长在机关主持召开第四次秘书长办公会议。主要议题：一、传达中共中央关于“非典”防治工作的有关精神，研究机关“非典”防治工作；二、审议关于进一步改进全国政协会议和领导同志活动新闻报道的实施办法（草案）。王巨禄、赵喜明、李昌鉴、齐续春、孙怀山、傅志煌、范西成副秘书长出席会议，办公厅研究室主任卞晋平，各局室负责人列席会议。

23日

社会和法制委员会在政协机关召开“就业问题及对策”专题调研组会议，听取中国社会科学院有关专家介绍情况。王建伦副主任主持会议，江蓝生副主任等出席会议。

25 日

全国政协办公厅在政协礼堂举行邓兆祥同志诞辰 100 周年纪念座谈会。中共中央政治局常委、全国政协主席贾庆林出席会议。王忠禹副主席主持会议。全国政协副主席、中共中央统战部部长刘延东讲话。海军司令员石云生、邓兆祥同志生前友好代表王颐桢、亲属代表邓汝棣先后发言。中共中央政治局委员、中央军委副主席郭伯雄，全国人大常委会副委员长蒋正华，全国政协副主席张克辉，秘书长郑万通，全国政协办公厅、中共中央统战部、海军、各民主党派中央、全国工商联等有关单位负责同志以及邓兆祥同志的亲属、生前友好代表等近百人出席会议。

贾庆林主席在政协会议楼主持召开政协第十届全国委员会第四次主席会议。主要议题：一、传达中共中央关于非典型肺炎防治工作的有关精神；二、审议《政协全国委员会主席会议工作规则〈试行〉(草案)》；三、审议《政协第十届全国委员会常务委员会 2003 年度工作要点(草案)》；四、审议关于进一步改进全国政协会议和领导同志活动新闻报道的实施办法(草案)；五、研究关于对《中国人民政治协商会议章程》进行部分修改的请示。王忠禹、廖晖、刘延东、阿沛·阿旺晋美、李贵鲜、张思卿、白立忱、罗豪才、张克辉、周铁农、陈奎元、阿不来提·阿不都热西提、徐匡迪、黄孟复、张怀西、李蒙副主席，郑万通秘书长出席会议。各专门委员会负责人和副秘书长及研究室主任列席会议。

28 日

机关“非典”防治工作领导小组召开会议，贯彻落实中央保健委主任会议精神，进一步研究机关防治“非典”工作。王巨禄、赵喜明、孙怀山、傅志煌副秘书长和机关“非典”防治工作领导小组成员出席会议。

29 日

郝建秀副主席到青岛国棉六厂，看望全厂职工，希望大家抓住机遇，多出好纱，为中国纺织业再创辉煌。

黄孟复副主席在北京市政协出席苏宁电器集团、环三环家居商业中心、远大空调公司、洛娃集团、京奥港公司等民营企业支持北京市抗击非典型肺炎捐赠仪式。

郑万通秘书长在政协机关主持召开第五次秘书长办公会议。主要议题：一、研究政协信息工作；二、研究关于新办内部刊物《政协情况》的建议；三、审议全国政协外事工作审批程序和管理办法的规定(修订稿)；四、研究关于办公厅研究室工作的几个问题和建议；五、研究十届政协书画室、京昆室主任、副主任安排建议；六、研究经济委员会办公室关于将《国是建言》移交办公厅综合部门编辑的请示。王忠禹副主席出席并做重要指示。王巨禄、赵喜明、李昌鉴、齐续春、孙怀山、傅志煌、范西成副秘书长出席会议，办公厅研究室主任卞晋平和各局室负责人列席会议。

5月

6 日

王巨禄副秘书长主持召开政协机关防控“非典”工作领导小组扩大会议，传达国务院办公厅《紧急通知》，研究部署机关防控“非典”工作。赵喜明、齐续春、孙怀山、傅志煌、范西成副秘书长出席会议，办公厅研究室、各局级单位负责人参加会议。

7 日

各民主党派中央、全国工商联负责人和各界统战人士到北京市慰问抗击“非典”一线的干部群众和医务人员，并向北京市捐款 192 万元和价值 1370 万元的药品器材。王忠禹副主席受贾庆林主席委托向广大干部群众和医务人员表示慰问，并代表全国政协就政协委员在防治"非典"中如何发挥作用发表讲话。刘延东副主席主持并讲话。中共中央政治局委员、北京市委书记刘淇对此表示感谢。全国人大常委会副委员长丁石孙、蒋正华、韩启德，全国政协副主席罗豪才、张克辉、周铁农、黄孟复、张怀西、李蒙，秘书长郑万通，北京市委副书记、代市长王岐山，中共中央统战部副部长胡德平，全国政协副秘书长张梅颖、李敏宽、陈抗甫出席。

10日

受贾庆林主席和全国政协办公厅委托，中央人民政府驻香港联络办主任高祀仁、副主任邹哲开代表贾庆林主席和全国政协办公厅到家中看望霍英东副主席并祝贺80寿辰，全国政协办公厅发贺电祝寿。

11日

周铁农、张怀西、李蒙副主席在中华世纪坛出席北京市委、市政府感谢全国各族人民、社会各界支持北京市抗击"非典"工作大会。周铁农副主席代表各民主党派中央、全国工商联、无党派人士、民族宗教界人士讲话。张梅颖、李敏宽、陈抗甫、张龙之副秘书长参加会议。

11日至19日

中共中央政治局常委、全国政协主席贾庆林赴河北、广西就贯彻落实中共中央、国务院关于"一手抓非典防治、一手抓经济建设"总体要求的工作情况进行考察。

其间，贾庆林主席先后到河北省涿州、保定、石家庄、邢台、邯郸和广西壮族自治区的百色、北海、南宁等地，考察了当地医院、防疫站、机关、学校、企业、城市社区和农村乡镇，走访了医务人员和干部群众，召开了两省（区）统战、政协系统座谈会，听取了当地党委和政府的工作汇报。贾庆林主席发表了重要讲话。全国政协副秘书长赵喜明、中共中央统战部副部长朱维群、卫生部副部长黄洁夫等陪同考察。

全国政协副主席李兆焯参加了广西的考察。

12日

港澳台侨委员会副主任、香港合和实业有限公司主席胡应湘为支援内地抗击"非典"，捐款2000万元港币给广东省和北京市有关部门。

港澳台侨委员会副主任、澳门康泽工商有限公司董事长廖泽云，驻澳门全国政协委员马有礼、陈明金、林金城、柯为湘、曹其真、崔世昌、颜延龄为支援内地抗击"非典"，表达对内地同胞的关爱之情，以"一群澳门居民"的名义，捐赠10部西门子呼吸机，总价值230万元港币。

王忠禹副主席在政协机关主持召开会议，研究全国政协信息工作。就全国政协信息工作如何为中央和全国政协领导服务、为政协委员履行职能服务、为地方政协工作服务以及改进全国政协内部刊物作了重要指示。郑万通秘书长，李昌鉴、傅志煌副秘书长，办公厅研究室主任卞晋平出席会议，有关部门负责人参加会议。

13日

郑万通秘书长在政协机关主持召开秘书长碰头会，听取有关局室对修改《政协章程》的意见，并对修改《政协章程》的有关工作进行了部署。王巨禄、李昌鉴、傅志煌副秘书长出席会议，办公厅研究室主任卞晋平，有关局室负责人列席会议。

14日

王忠禹副主席在政协机关主持召开专门委员会主任座谈会。听取经济委员会和人口资源环境委员会围绕常委会议题开展工作的情况汇报。郑万通秘书长，经济委员会主任刘仲藜，副主任厉以宁、陈耀先、陈耀邦，人口资源环境委员会副主任江泽慧、张洽、张宝明，副秘书长王巨禄、李昌鉴、齐续春、范西成,办公厅研究室主任卞晋平出席会议。经济委员会委员孙树义、陈清泰列席会议。

15日

王忠禹副主席在人民大会堂出席由国务院召开的贯彻实施《突发公共卫生事件应急条例》座谈会并讲话。

王忠禹副主席在政协机关主持召开专门委员会主任座谈会。听取教科文卫体委员会、社会和法制委员会围绕常委会议题开展工作的情况汇报,以及在目前防治"非典"情况下进一步做好常委会准备工作的意见和建议。教科文卫体委员会主任刘忠德,副主任韦钰、孙隆椿、徐善衍,社会和法制委员会主任李其炎,副主任王建伦、刘家琛、萧灼基,秘书长郑万通,副秘书长王巨禄、李昌鉴、齐续春、范西成,办公厅研究室主任卞晋平出席会议。

16日

王忠禹副主席在政协机关主持召开专门委员会主任座谈会。听取提案委员会主任傅杰、民族和宗教委员会主任钮茂生、港澳台侨委员会主任郭东坡、外事委员会主任刘剑锋、文史资料委员会副主任崔占福关于本委员会围绕常委会议题开展工作的情况汇报,以及在目前防治"非典"情况下进一步做好常委会准备工作的意见和建议。秘书长郑万通,副秘书长王巨禄、李昌鉴、齐续春、傅志煌、范西成,办公厅研究室主任卞晋平出席会议。

黄孟复副主席率全国工商联领导班子成员到北京东方集团东方家园有限公司就"民营企业抗击'非典'和坚持生产经营情况"进行考察,并号召广大民营企业积极响应党中央号召,充满信心防治"非典",鼓足干劲发展经济。

20日

人口资源环境委员会主任陈邦柱在政协机关主持召开主任会议,传达专委会主任座谈会精神,研究本委员会围绕常委会议题的准备工作,决定近日召开若干小型座谈会,进行重点专题发言的起草和修改。叶青、江泽慧、刘成果、李伟雄、杨魁孚、张洽、张人为、张宝明、张榕明、陈洲其、温克刚副主任出席会议。

黄孟复副主席率全国工商联领导班子成员视察北京信远大厦、当代万国城工地,对两家民营企业的建筑工地落实防治"非典"措施,确保农民工健康安全,确保正常施工给予充分肯定,并要求不能松懈,善始善终。

20日至23日

受贾庆林主席委托,阿不来提·阿不都热西提副主席代表全国政协赴新疆喀什地区、克孜勒苏柯尔克孜自治州考察地震后的重建工作和民族宗教工作。

阿不来提·阿不都热西提副主席先后深入到巴楚县、伽师县、疏勒县、阿图什市和喀什市受灾最重的乡村、学校看望受灾群众和在校师生,考察了房屋重建和农牧民生产生活情况,并与当地的宗教界人士亲切交谈,询问民族宗教政策的贯彻落实情况,他强调指出,搞好民族团结、维护社会稳定是促进经济发展和社会各项事业进步的基础和关键。

22日

王忠禹副主席,郑万通秘书长在中南海列席了中共中央政治局常委会。郑万通秘书长汇报了全国政协党组关于对《中国人民政治协商会议章程》进行部分修改的建议。

23日

王忠禹副主席,郑万通秘书长在中南海列席了中共中央政治局会议。郑万通秘书长汇报了全国政协党组关于对《中国人民政治协商会议章程》进行部分修改的建议。

人口资源环境委员会"经济发展中的

环境保护”专题组在政协机关召开会议，研究修改拟提交十届政协第二次常委会议的《走新型工业化道路，促进经济与环境协调发展》大会发言初稿。江泽慧副主任主持会议，陈邦柱主任，刘成果、温克刚副主任，汪纪戎常委等出席会议。

教科文卫体委员会在政协机关召开会议，邀请教育部部长周济介绍“今后教育工作的总体思路及高等教育改革与发展的若干问题”。会后，韦钰副主任召集部分委员，就十届政协第二次常委会议“科教兴国”专题的准备工作进行专门研究。蔡睿贤副主任，齐续春副秘书长和20多位委员出席会议。

经济委员会主任刘仲藜在政协机关主持召开主任会议。主要内容：1. 传达专委会主任座谈会情况，研究本委员会为十届政协第二次常委会议所作的准备工作；2. 传达温家宝总理在国务院第二次全体会议上的讲话；3. 审议金融专题组提交的《关于深化农村信用社改革的政策建议（草案）》。石万鹏、厉以宁、刘立清、吴敬琏、陈耀先、陈耀邦、邵奇惠、段应碧、洪绂曾副主任，范西成副秘书长出席会议。

24日

张克辉副主席在台盟中央就台湾“非典”疫情接受人民日报、新华社、中央电视台、中新社、人民政协报的联合采访。

26日

王忠禹副主席，郑万通秘书长在政协机关听取教科文卫体委员会围绕十届政协第二次常委会议议题所作准备工作情况的汇报，并就进一步做好工作提出要求。刘忠德主任，韦钰、孙隆椿、张发强、徐善衍、翟泰丰副主任，王巨禄、齐续春副秘书长出席会议。

经济委员会“国企改革和国有资产管理体制改革”专题组召开会议，讨论《国有资产管理委员会成立后如何推进国有经济改革的若干问题（稿）》。吴敬琏副主任等出席会议。

人口资源环境委员会副主任叶青在政协机关主持召开会议，研究拟提交十届政协第二次常委会议的《能源对经济发展和全面实现小康目标的支撑度问题》大会发言准备工作及专题调研具体安排。张洽、张人为、张宝明、陈洲其副主任出席会议。

27日

王忠禹副主席，郑万通秘书长在政协机关听取秘书局工作情况汇报，指出秘书局在政协工作中发挥窗口、枢纽作用，要求秘书局的工作要尽快到位，注重程序，保证质量，提高效率。王巨禄、傅志煌副秘书长出席会议，办公厅人事局、管理局、服务局主要负责人参加会议。

社会和法制委员会的“政府在就业工作中的职能定位”专题组在政协机关召开会议，邀请劳动和社会保障部有关负责人介绍“当前就业再就业形势”等情况。周铁农副主席，王建伦、江蓝生副主任等出席会议。

28日

王忠禹副主席，郑万通秘书长在政协机关听取办公厅研究室关于资料摘编等问题的汇报，并作重要指示。王巨禄副秘书长等出席会议。

郑万通秘书长在政协机关主持召开第六次秘书长办公会议。主要议题：一、审议十届政协第二次常委会议议程和日程（草案），通报专题设计、讨论要点、工作机构及分工的安排情况，并对下一步重点准备工作提出具体要求；二、研究关于修改政协《章程》和《规定》工作方案的设想；三、审议《关于加强和改进政协信息工作的若干意见（草案）》；四、郑万通秘书长就机关组织“七一”表彰活动、部分局室向王忠禹副主席汇报工作的安排等事宜作了布置。王巨禄、赵喜明、齐续春、孙怀山、傅志煌、范西成副秘书长出席会议，办公厅研究室和各局室负责人列席会议。

29 日

人口资源环境委员会和中国气象局在政协机关召开"气候变化与生态环境"研讨会筹备组第一次会议，就研讨会的日程安排、主题报告和会务工作等问题进行了初步研究。温克刚副主任主持会议。中国气象局副局长郑国光出席会议。

人口资源环境委员会办公室和人民政协报邀请部分委员在政协机关召开座谈会，围绕"六·五"世界环境日 2003 年主题"水——二十亿生命之所系"进行座谈。江泽慧、刘成果、温克刚副主任出席会议。

教科文卫体委员会副主任徐善衍在政协机关主持召开科技组会议，围绕十届政协第二次常委会议议题，研究"制定国家中长期科技发展规划问题"。栾恩杰、蔡睿贤副主任和部分科技组委员出席会议。

社会和法制委员会的"政府在就业工作中的职能定位"专题组在政协机关召开会议，邀请国家发展和改革委员会社会发展司有关负责人介绍我国就业再就业基本情况、主要问题及对策措施。王建伦副主任等出席会议。

30 日

教科文卫体委员会副主任翟泰丰在政协机关主持召开文化组会议，邀请文化部副部长赵维绥、广电总局副局长张海涛、新闻出版总署副署长柳斌杰就"完善文化产业政策，促进文化产业发展"分别介绍相关情况。会后，翟泰丰副主任召集会议，就十届政协第二次常委会议的相关专题进行了研究。于友先、杨伟光、覃志刚、傅庚辰副主任，齐续春副秘书长和部分委员出席会议。北京大学等有关单位的专家、学者应邀参加会议。

郑万通秘书长在政协会议楼主持召开第二次秘书长会议。主要议题：一、审议政协第十届全国委员会常务委员会第二次会议议程和日程(草案)，并听取了兼职副秘书长通报各民主党派中央、全国工商联关于第二次常委会议的准备情况；二、审议关于部分修改《中国人民政治协商会议章程》的决定(草案)。王忠禹副主席出席会议并发表重要讲话。他指出，修改章程工作是今年政协的一项重要政治任务，在修改工作中要坚持中国共产党的领导，充分发扬民主、广泛听取各党派、团体、广大政协委员和地方政协的意见，全力以赴把这件事情办好。王巨禄、赵喜明、吴明熹、张梅颖、齐续春、孙怀山、李敏宽、陈明德、傅志煌、范西成、朱维群、陈抗甫、张龙之副秘书长出席会议，民革中央、民进中央、农工党中央有关负责人，政协办公厅有关局室负责人列席会议。

6 月

2 日

贾庆林主席结束对黑龙江省的考察回到北京。5 月 27 日至 6 月 1 日，贾庆林主席就即将召开的全国政协十届二次常委会议议题，赴黑龙江省佳木斯、伊春、齐齐哈尔、大庆、哈尔滨等地考察了国有大中型企业、非公有制企业、国有林区、湿地自然保护区、石油博物馆、建筑艺术馆和农业科学院，同广大基层干部职工、科研人员交谈，了解生产经营、改革创新、防治非典和科研等方面的情况。听取了黑龙江省委、省政府的工作汇报，同省政协和民主党派、工商联负责人进行了座谈。贾庆林主席作了重要讲话。全国政协经济委员会主任刘仲藜、人口资源环境委员会主任陈邦柱、副秘书长李昌鉴、办公厅研究室主任卞晋平等陪同考察。

经济委员会"国企改革和国有资产管理体制改革"专题组在机关召开会议，讨论

《对于国资委成立后国有经济改革的若干建议(草稿)》。会议围绕继续推进国有经济改革、进一步推进国有经济布局的战略性调整、加快国有企业的公司化改制、国资委如何依法行使所有者权利等问题进行了讨论。吴敬琏副主任主持会议,本委员会部分委员出席会议。

3日

贾庆林主席在全国政协接见厅会见了香港特别行政区部分全国政协委员,代表全国政协对港澳委员支援内地抗击非典型肺炎表示感谢。他强调指出,港澳同胞有着优良的爱国主义传统。我国发生"非典"疫情以来,港澳地区的全国政协委员和内地广大人民群众一道,以极大的热情投身到抗击"非典"的斗争中来,积极捐款捐物、捐医捐药,表现出和衷共济、血浓于水的深厚情谊,弘扬了以爱国主义为核心的伟大民族精神。王忠禹、廖晖、刘延东副主席,郑万通秘书长,全国政协办公厅、民政部、卫生部、中央政府驻港联络办公室、中华慈善总会的负责人参加会见。会见结束后全体合影。

"和衷共济　抗击非典"——香港特别行政区全国政协委员向内地捐款仪式在全国政协礼堂举行。王忠禹副主席出席并讲话。他强调指出,香港地区全国政协委员的这一报国义举,再次体现了中华民族乐善好施、扶危济困的传统美德,充分体现了高尚的爱国主义和人道主义精神,展示了全国政协委员的良好风范。让我们紧密团结在以胡锦涛同志为总书记的中共中央周围,坚持一手抓防治非典型肺炎这件大事不放松,一手抓经济建设这个中心不动摇,为夺取全面胜利作出更大的贡献。廖晖、刘延东副主席出席捐款仪式,郑万通秘书长主持捐款仪式。港区全国政协常委张永珍、杨孙西、陈永棋、余国春、黄光汉和九届全国政协常委李东海、九届全国政协委员陈瑞球代表捐赠方,向河北、山西、内蒙古民政厅和中国疾病预防控制中心捐赠了4000多万元港币。港区十届和九届全国政协委员代表陈永棋、河北省人民政府副省长才利民、山西省人民政府副省长王昕、内蒙古自治区政协常务副主席傅守正、中国疾病预防控制中心党委书记朱志南分别发言。全国政协办公厅、民政部、卫生部、中央政府驻港联络办公室、中华慈善总会的负责人,河北省、山西省、内蒙古自治区政府、政协负责人,中国疾病预防控制中心的负责人出席捐款仪式。捐赠结束后全体合影。

5日

民族和宗教委员会主任钮茂生在政协机关主持召开座谈会。部分宗教团体负责人和宗教界人士围绕新形势下宗教如何进一步与社会主义相适应问题进行了深入交流。王忠禹副主席出席并发表重要讲话。郑万通秘书长,陈广元、闵智亭、刘柏年、杨同祥副主任,齐续春副秘书长出席座谈会。

贾庆林主席在全国政协接见厅会见了香港特别行政区全国政协委员陈晓颖和杨孙西,通过他们向积极捐助内地抗击"非典"的香港同胞表示敬意和感谢。他在讲话中指出,在抗击"非典"斗争中,中华民族伟大的凝聚力得到了充分展现和升华。一方有难、八方支援,各界人士慷慨解囊、捐款捐物,在受赠地区和广大群众中产生了积极影响。越是在出现困难的时候,大家的心贴得就越近;越是在发生灾害的时候,人民就越是团结。在抗击"非典"斗争中形成的万众一心、众志成城,团结协作、和衷共济,迎难而上、敢于胜利的伟大精神,一定能够成为我们全面建设小康社会的强大精神动力。在会见仪式上,全国政协委员陈晓颖向北京市人民政府捐赠了价值1200万元的保健食品;全国政协常委杨孙西代表香港特别行政区委员向天津市人民政府捐赠了120套价值300万元的高精度测温仪。北京市代市长王岐山、天津市副市长张俊芳分别接受了捐赠物资，他们对香港地区全国政协委员关心和支持北京、天津的“非典”防治工作表示衷心感谢。王忠禹、廖晖、刘延东副主席，郑万通秘书长，全国政协办公厅、民政部、卫生部、北京市政协、天津市政协的有关负责人参加会见。会见结束后全体合影。

6日

教科文卫体委员会副主任徐善衍在政协机关主持召开座谈会，邀请国家发展和改革委员会、教育部、国土资源部、信息产业部、农业部、卫生部、国家环保总局等部门科技司负责人，就制定国家中长期科技发展规划问题进行座谈。科技界20余位委员出席座谈会。

赵喜明副秘书长代表全国政协办公厅在北京市政府向北京市转赠10台由香港委员捐赠的高速、高精度温度检测仪。

9日

贾庆林主席在政协会议楼主持召开政协第十届全国委员会第五次主席会议。会议审议通过了政协第十届全国委员会常务委员会第二次会议议程草案和日程，审议通过了关于部分修改《中国人民政治协商会议章程》的决定草案，原则通过了《全国政协外事工作审批程序和管理办法的规定(修订稿)》。贾庆林主席宣布王忠禹为全国政协常务副主席，协助主席主持日常工作。贾庆林主席发表重要讲话。他强调指出，在抗击非典型肺炎的斗争中，各级政协组织和广大政协委员，积极响应党中央、国务院的号召，围绕中心、服务大局，为防治“非典”工作积极建言献策，不少建议引起了政府的高度重视，并被及时采纳。包括港澳地区在内的全国政协委员还踊跃捐款捐物，为抗击“非典”和促进经济发展作出了积极的贡献。在以胡锦涛同志为总书记的党中央坚强领导下，只要全国人民共同努力，一手抓防治“非典”这件大事不松懈，一手抓经济建设这个中心不动摇，就一定能够夺取抗击“非典”和促进经济发展的双胜利。王忠禹、廖晖、刘延东、阿沛·阿旺晋美、李贵鲜、白立忱、罗豪才、张克辉、周铁农、郝建秀、陈奎元、阿不来提·阿不都热西提、李兆焯、黄孟复、王选、张怀西、李蒙副主席，郑万通秘书长出席会议。各专门委员会负责人傅杰、陈耀邦、张洽、翟泰丰、肖建章、陈广元、郭东坡、刘剑锋、崔占福，副秘书长王巨禄、赵喜明、李昌鉴、吴明熹、齐续春、孙怀山、李敏宽、陈洪、陈明德、傅志煌、范西成、刘民复、潘贵玉、陈抗甫、张龙之，办公厅研究室主任卞晋平列席会议。

教科文卫体委员会副主任徐善衍在政协机关主持召开座谈会，邀请北京大学、清华大学等北京地区8所高校有关负责人与科技界委员座谈“研究制定国家中长期科技发展规划问题”。栾恩杰副主任和科技界委员30余人出席会议。

9日至14日

全国政协常务副主席王忠禹赴上海、江苏两省市就“国有企业改革与国有资产管理体制改革情况”和贯彻落实《中共中央关于转发〈政协全国委员会关于政治协商、民主监督、参政议政的规定〉的通知》情况进行考察。10日至11日，王忠禹副主席与上海市委、市政府、市政协领导和有关部门负责人，上海和江苏一些大型国有企业负责人分别进行了座谈，并考察了宝钢集团公司。12日至13日，王忠禹副主席与江苏省政协和南京市委、市政协、部分专门委员会负责人分别进行了座谈。其间还委托地方政协有关负责人分别看望了巴金和丁光训副主席。王巨禄副秘书长、经济委员会副主任吴敬琏、全国政协常委陈清泰、全国政协委员孙树义等分别陪同考察。

10日

陈奎元副主席在人民大会堂出席中宣部等八家单位组织召开的《“三个代表”重要思想学习纲要》出版座谈会,并以《“三个代表”重要思想是马克思主义在当代中国的新发展》为题发言。

张怀西副主席在民进天津市委员会慰问在抗击“非典”一线的民进会员代表并召开座谈会,对天津民进组织和广大会员在抗击“非典”中所作出的努力给予了充分肯定,要求民进会员要进一步坚决贯彻中共中央“两手抓”的精神,继续发挥民进会员的智力优势,履行参政党职能,为抗击“非典”继续作出新的贡献;中共天津市委副书记、市政协主席宋平顺,市政协副主席叶厚荣、姚建铨参加座谈会。

提案委员会主任傅杰在政协会议楼主持召开“我国就业领域面临的问题及对策”提案协商办理座谈会。对《关于我国就业领域面临的问题及对策的调研报告(初稿)》进行修改,并责成办公室综合会议意见修改定稿后报第二次常委会议审议。朱培康、倪豪梅副主任,部分提案委员会委员,有关提案人,劳动和社会保障部、北京市政府和市劳动和社会保障局有关负责人参加座谈会。

提案委员会副主任张岳琦在政协会议楼主持召开“加强物种引进的监管,防止外来生物入侵”提案协商办理座谈会。会议认为,相关部门要加强物种引进的监管,采取切实有效的措施,努力促进问题的解决。罗豪才副主席出席座谈会,傅志煌副秘书长,部分提案委员会委员,有关提案人,农业部、海关总署、国家林业局、国家质量监督检验检疫总局有关负责人参加座谈会。

教科文卫体委员会副主任徐善衍在政协机关主持召开座谈会,邀请中国汽车工业总公司、中国航空工业第一集团公司等11家国有和民营企业负责人与科技界委员座谈“研究制定国家中长期科技发展规划问题”。科技界25位委员出席座谈会。

11日

经济委员会主任刘仲藜在政协会议楼主持召开“投融资体制改革”专题组会议,邀请国家发展和改革委员会、财政部和国务院发展研究中心有关负责人,就政府在投融资中的地位、作用和职能,国有企业投资项目审批与自主投资决策、民间投资潜力与投融资体制性障碍等问题进行座谈。叶连松副主任,范西成副秘书长和专题组部分委员出席座谈会。

社会和法制委员会副主任刘家琛在政协会议楼主持召开“为非公有制经济的发展创造良好的法制环境”专题组会议,听取全国工商联、农业部、国家税务总局和国家工商总局有关负责人的情况介绍。肖建章副主任,齐续春、孙怀山副秘书长出席会议。

民族和宗教委员会副主任黄璜在政协会议楼主持召开会议,就“民族地区农村经济发展和农民增收问题”听取了国务院西部地区开发领导小组、国务院扶贫开发领导小组、国务院发展研究中心和科技部等有关部门负责人及专家的意见和建议。钮茂生主任,齐续春副秘书长出席会议。

黄孟复副主席在北京视察UT斯达康(中国)有限公司并进行座谈。他对留学生创办的企业近年来潜心开发、不断创新取得的卓越成绩给予了充分肯定。他指出,长远来讲,留学生出国深造对国家的发展是大有益处的,归国留学人员是国家重要的人才资源,留学生回国创造的高科技企业是民营科技企业的重要组成部分。他希望公司再接再厉,不断提高竞争力,抓住机遇,加快发展,为国家经济和社会发展作出更大贡献。

教科文卫体委员会副主任徐善衍在政协会议楼主持召开会议,邀请在京的部分科技界、科协界委员就“研究制定国家中长期科技发展规划问题”进行座谈。人口资源环境委员会副主任温克刚等出席会议。

11日至16日

郑万通秘书长在广东省就“政协履行职能情况”和“促进非公有制经济发展问题”进行调研,先后在广州、深圳召开座谈会,考察了一些企业的生产经营情况,分别听取了在粤的部分全国政协委员、省市政协负责人和非公有制经济代表人士的情况介绍和意见建议。郑万通秘书长还代表全国政协和贾庆林主席分别在广州和长沙看望了全国政协九届副主席叶选平、毛致用。

12日

经济委员会主任刘仲藜在政协会议楼主持召开“投融资体制改革”专题组会议,邀请中国证监会、国家电网公司、中国石油天然气集团公司、中国石油化工集团公司、中国建设银行、中国电信集团公司的有关负责人,就政府在投融资中的地位、作用和职能,国有企业投资项目审批与自主投资决策、民间投资潜力与投融资体制性障碍等问题进行座谈。叶连松副主任,范西成副秘书长和专题组部分委员出席会议。

教科文卫体委员会体育组在政协会议楼举行报告会,邀请国家体育总局有关负责人介绍我国全民健身服务业现状及发展目标。报告会后,委员们就如何搞好“我国全民健身服务业”专题进行了座谈。张发强副主任主持会议,齐续春副秘书长,体育组12位委员和北京市政协部分委员出席会议。

外事委员会主任刘剑锋在政协会议楼主持召开会议,讨论修改《关于加快实施‘走出去’战略的有关问题》调研报告。白立忱副主席出席并讲话,他指出,外事委员会调研题目紧扣常委会主题,有些问题还可以继续深化,搞系列调研。今后要进一步拓宽思路,加强与其他专门委员会的合作,充分利用政协的人才优势。马振岗、王淑贤、李北海、杨正泉、陈昊苏、张国祥、周可仁、原焘副主任和部分委员参加会议。

陈奎元副主席在人民大会堂出席中共中央总书记、国家主席胡锦涛为欢迎老挝党和国家主席坎代访华举行的欢迎仪式,并出席欢迎晚宴。

13日

人口资源环境委员会在政协机关召开纪念“世界防治荒漠化与干旱日”座谈会,围绕“沙漠治理资源化”专题,就科学防沙治沙,适度开发利用沙区资源等内容发表了意见。陈邦柱主任主持会议并讲话。

陈奎元副主席在国务院出席温家宝总理主持召开的国家中长期科学和技术发展规划领导小组第一次全体会议。

张怀西副主席在河北省石家庄市慰问抗击“非典”一线的河北省民进会员代表并召开座谈会,对河北省民进各级组织和广大会员在抗击“非典”斗争中作出的努力给予了充分肯定,要求民进会员要进一步坚决贯彻中共中央“两手抓”的精神,继续发挥民进会员的智力优势,履行参政党职能,为抗击“非典”继续作出新的贡献。

社会和法制委员会副主任王建伦在政协会议楼主持召开“政府在就业工作中的职能定位”专题组会议,讨论提交十届政协第二次常委会议发言材料初稿。萧灼基副主任,齐续春副秘书长出席会议。

16日

经济委员会主任刘仲藜在政协会议楼主持召开“投融资体制改革”专题组会议,就政府在投融资中的地位、作用和职能,国有企业投资项目审批与自主投资决策、民间投资潜力与投融资体制性障碍等问题展开座谈,并对下一步调研工作作出部署。本委员会部分委员出席会议。

教科文卫体委员会副主任徐善衍在政协会议楼主持召开座谈会,邀请科技部秘书长、党组成员石定环向委员们介绍“关于制定国家中长期科学和技术发展规划工作的有关情况”。齐续春副秘书长，科技界、科协界委员近 20 人出席座谈会。

17 日

教科文卫体委员会副主任栾恩杰在政协会议楼主持召开科技界、科协界部分委员座谈会，邀请科技部条件财务司有关负责人介绍“科技资源共享问题”有关情况。

外事委员会在政协会议楼举办报告会，邀请外交部副部长刘古昌介绍国家主席胡锦涛访问欧亚四国的情况。罗豪才、张克辉、周铁农、陈奎元、张怀西副主席出席报告会，张国祥副主任主持报告会，王淑贤、李北海、陈昊苏、周可仁、原焘副主任，张梅颖、陈明德副秘书长，部分专委会主任、副主任和委员出席报告会。

18 日

经济委员会副主任石万鹏在政协会议楼主持召开现代物流专题组座谈会，邀请 11 家国内有影响的大型物流企业负责人，就我国物流发展现状、管理体制和产业政策等问题进行座谈。刘立清副主任，范西成副秘书长和本委员会部分委员出席座谈会。

张怀西副主席在人民大会堂出席国家主席胡锦涛为欢迎科摩罗总统阿扎利访华举行的欢迎仪式，并出席欢迎晚宴。

18 日至 7 月 2 日

应突尼斯经社理事会主席卡阿比和经社理事会及其类似组织国际协会主席、阿尔及利亚全国经社理事会主席蒙杜里的邀请，中国经济社会研究会会长陈锦华赴上述两国进行友好访问，并于 24 日至 25 日出席在阿尔及尔召开的国际协会第八次会议。人口资源环境委员会主任、中国经济社会研究会副会长陈邦柱随行。

19 日

徐匡迪副主席在科技会堂出席中国数字电视地面传输标准方案评估会议。

提案委员会主任傅杰在政协会议楼主持召开主任会议，学习贯彻中共中央关于印发《“三个代表”重要思想学习纲要》的通知，传达十届政协第四、第五次主席会议精神，听取办公室关于上半年工作汇报，研究讨论下半年有关活动安排的调整方案。最后，与中央电视台新闻频道有关制片人、主持人一起观看并座谈电视片《声音》栏目的相关内容。朱培康、杨振杰、宋宝瑞、张工、张岳琦、范宝俊、俞泽猷、贾军、倪豪梅副主任，傅志煌副秘书长出席会议。

经济委员会在政协会议楼召开座谈会，邀请部分全国政协委员和国内知名经济学家就“非典”对经济的深远影响与对策进行座谈。王忠禹常务副主席出席并讲话。他指出，“非典”对我国经济的影响是明显的，对社会的有些影响是深远的。这些影响有些已在近期暴露，有些则需要一段时间；有些是表层的，有些是深层的，但不会改变我国经济发展的走势。政协委员人才荟萃，位置超脱，时间充裕。要发挥政协的优势，注重研究一些长远的、深层次的问题，为完成中共十六大提出的全面建设小康社会的宏伟目标建言献策，作出应有贡献。会议由厉以宁副主任主持。郑万通秘书长，王巨禄、李昌鉴、范西成副秘书长，刘仲藜主任，刘廷焕、邵奇惠、段应碧、洪绂曾副主任及社会和法制委员会副主任萧灼基出席会议。

经济委员会副主任石万鹏在政协会议楼主持召开“现代物流”专题组座谈会，邀请国家发展和改革委员会、财政部、国土资源部、铁道部、交通部、商务部、海关总署、国家税务总局和国家邮政局有关负责人进行座谈，对目前我国物流发展在管理和产业政策等方面的问题进行了深入讨论。刘立清副主任和本委员会部分委员出席座谈会。

19日至24日

19日至22日，黄孟复副主席在上海市就进一步完善社会主义市场经济体制等问题进行调研，先后与有关专家学者、政府部门和行业协会负责人以及企业家代表进行座谈，并到民营企业考察。23日至24日，黄孟复副主席在江苏省南通市出席张謇先生诞辰150周年纪念大会并考察民营企业。

19日至25日

贾庆林主席就即将召开的全国政协十届二次常委会议议题，赴山东省济南、泰安、淄博、潍坊、青岛、威海、烟台等地，考察了高新技术开发区、农业科技示范园、国有企业和非公有制企业、外资企业、港口、城建工程、博物馆等，就深入学习贯彻"三个代表"重要思想、加快经济结构调整、推进城市化进程、推动农业产业化经营、实现区域经济协调发展、扩大对外开放、促进国民经济持续快速健康发展和完善社会主义市场经济体制等问题进行了调研。听取了山东省委、省政府的工作汇报，同省政协和民主党派、工商联负责人进行了座谈。贾庆林主席发表了重要讲话。全国政协提案委员会主任傅杰、经济委员会副主任陈耀邦、副秘书长齐续春、办公厅研究室主任卞晋平等陪同考察。

19日至28日

罗豪才副主席，郭东坡主任率港澳台侨委员会调研组一行10人赴浙江省就吸引海外侨胞参与当地经济和社会发展情况进行专题调研。调研组先后听取了温州、丽水两市及瓯海、文成、乐清、永嘉、青田等县(市、区)的情况汇报，参观了侨资、侨属企业，与当地投资兴业、建设家乡的海外侨胞代表座谈，并深入瓯海区、王壶镇的"华侨之家"看望侨胞，了解侨情，走访了为家乡建设和侨务工作作出贡献的归国老华侨及侨眷。

20日

郑万通秘书长在政协会议楼主持召开十届政协第三次秘书长会议，讨论修改《中国人民政治协商会议章程》的有关问题。王忠禹常务副主席出席并讲话，他指出，当前要集中做好两件事，一是做好十届政协第二次常委会议的各项准备工作；二是常委会议后，工作重点转移到修改《章程》上来。修改《章程》是人民政协的一件大事，也是各民主党派、工商联等政协参加单位的一件大事，是重要的政治建设，要认真思考，充分酝酿，反复协商。要按照十六大精神，充分吸收各方面的意见，与时俱进，提出修改《章程》的意见。王巨禄、赵喜明、李昌鉴、吴明熹、张梅颖、孙怀山、陈洪、陈明德、傅志煌、范西成、朱维群、刘民复、潘贵玉、张龙之副秘书长，农工中央、台盟中央有关负责人出席会议，办公厅研究室和各专门委员会办公室负责人列席会议。

21日

陈奎元副主席在中宣部出席新一届全国哲学社会科学规划领导小组第一次全体会议。

为慰问在抗击"非典"斗争中做出巨大贡献的白衣战士，全国政协办公厅和中华慈善总会在政协礼堂联合举办"凝聚每份爱"《同一首歌》政协特别演出。王忠禹、刘延东、周铁农、张怀西、李蒙副主席，郑万通秘书长及部分副秘书长，专门委员会主任，各民主党派中央、全国工商联负责人，中共中央统战部、民政部、卫生部、广电总局、北京市委、北京市政府、解放军总后勤部和中华慈善总会等单位的有关负责人及部分一线医务工作者代表观看了演出。部分文艺界全国政协委员参加了演出，以此表达各级政协组织，各民主党派和工商联以及广大政协委员对奋战在抗击"非典"一线的医务工作者的崇高敬意和亲切慰问。

张怀西、李蒙副主席代表全国政协分

别向卫生部和北京市政府捐赠了由 36 位在京书画界全国政协委员集体创作的书画作品,并展示了全国政协委员、著名美术家韩美林创作的抗击“非典”纪念雕塑作品。

22 日至 7 月 2 日

应美国非洲合作理事会邀请,中国经济社会研究会秘书长、外事委员会办公室主任王胜洪一行 3 人,在美国华盛顿出席“美国——非洲商务峰会”并访问美国。

23 日

徐匡迪副主席在京西宾馆出席“国家中长期科学和技术发展规划战略论坛”。

陈奎元副主席在中南海出席中央宣传思想工作领导小组第七次会议。

为纪念全国第十三个“土地日”,人口资源环境委员会围绕“保护土地资源,规范土地市场,促进可持续发展”主题在政协会议楼召开座谈会。陈洲其副主任主持会议。李贵鲜副主席出席并讲话,他指出,推行和完善土地市场制度必须坚持“依法治地”,加强法制建设;要切实保护弱势群体,让农民能够充分行使土地财产权;要完善土地市场调控,完善土地收购储备制度,增强政府对土地市场的调控能力;要加强土地市场的监控,推进相关配套改革。张人为副主任,范西成副秘书长和部分在京委员出席会议。

23 日至 30 日

为落实王忠禹常务副主席传达的国务院领导“关于改善宗教团体办公条件和宗教院校校舍建设问题”的批示精神,民族和宗教委员会主任钮茂生先后走访了 4 个全国性宗教团体,考察了十几个宗教活动场所,就改善宗教团体办公条件和宗教院校校舍建设以及进一步落实宗教团体房产政策问题,深入了解情况,充分听取宗教界人士意见。

24 日

提案委员会副主任宋宝瑞在政协会议楼主持召开“加强农产品、食品安全生产标准体系建设”提案协商办理座谈会。提案人和与会委员围绕该专题充分发表了意见,有关单位负责人介绍了相关情况,并听取了委员们的意见和建议。杨振杰副主任,傅志煌副秘书长和本委员会部分委员以及农业部、卫生部、国家工商总局、国家质量监督检验检疫总局有关负责人参加会议。

外事委员会与欧盟各国驻华使节在北京饭店举行座谈会。刘剑锋主任主持并致辞,张国祥副主任简要介绍了人民政协的性质、地位和主要职能。马振岗、周可仁、原泰副主任和李昌鉴副秘书长,欧盟 15 个成员国驻华使节、欧盟欧洲委员会驻华代表团官员出席会议。

25 日

郑万通秘书长在政协机关主持召开十届政协第七次秘书长办公会议。主要议题:一、听取了各专门委员会办公室和联络局关于调整后的 2003 年委员视察计划和专门委员会调研计划的通报;二、听取了管理局关于全国政协办公楼附属配套用房设计方案的汇报;三、听取了管理局关于全国政协办公厅 2003 年预算分配情况的汇报。王巨禄、赵喜明、李昌鉴、孙怀山、陈洪、傅志煌、范西成副秘书长出席会议,办公厅研究室和有关局室负责人列席会议。

教科文卫体委员会副主任徐善衍在政协会议楼主持召开座谈会,邀请部分科技界、科协界委员,就提交十届政协第二次常委会议的专题发言材料“要重视解决我国科技发展中的体制性问题”进行座谈。

教科文卫体委员会副主任翟泰丰在政协会议楼主持召开会议,讨论提交十届政协第二次常委会议“发展文化产业”专题组发言稿。

26 日

阿不来提·阿不都热西提副主席在新

疆维吾尔自治区乌鲁木齐市出席“新疆国际大巴扎”竣工仪式。

提案委员会副主任朱培康在政协会议楼主持召开“引进市场机制,大力推进环保产业发展”提案协商办理座谈会。民进中央有关负责人作为提案人介绍了提案有关情况,有关部委负责人与委员们进行座谈。张怀西副主席,傅志煌副秘书长,部分提案委员会委员出席会议,国家发展和改革委员会、财政部和国家环保总局有关部门负责人参加会议。

全国政协机关举行庆祝中国共产党成立82周年暨学习“三个代表”重要思想交流大会。中共中央政治局常委、全国政协主席贾庆林出席会议并发表重要讲话。贾庆林主席在讲话中回顾了我党82年的奋斗历史,党的统一战线工作的伟大实践;强调了学习贯彻“三个代表”重要思想的战略意义。要求政协机关积极响应中共中央关于在全党兴起学习贯彻“三个代表”重要思想新高潮的号召,紧密联系政协工作实际和广大党员干部的思想实际,真正把“三个代表”重要思想作为统领全局、贯穿政协工作的根本指针,不断增强实践“三个代表”重要思想的自觉性和坚定性。强调要始终坚持中国共产党的领导,保证政协事业沿着正确的政治方向前进。要始终坚持把围绕中心、服务大局作为人民政协履行职能必须遵循的原则,牢牢抓住发展这个党执政兴国的第一要务,紧紧围绕团结和民主两大主题,发挥人民政协的作用。要求广大党员要真正成为实践“三个代表”重要思想的模范。要求进一步落实中央精神,一手抓防治“非典”这件大事不放松,一手抓经济建设这个中心不动摇,发挥政协的优势,为夺取防治“非典”和经济建设双胜利做好服务工作。全国政协秘书长郑万通讲话。他就认真贯彻落实贾庆林主席、王忠禹副主席指示精神,在政协机关兴起学习贯彻“三个代表”重要思想新高潮,进一步做好机关工作提出五点意见:一是要把握正确的政治方向;二是要加强学习;三是要规范工作程序;四是要突出工作重点;五是要切实改进机关作风。赵喜明副秘书长主持会议,王忠禹副主席,王巨禄、李昌鉴、齐续春、孙怀山、陈洪、傅志煌、范西成副秘书长,办公厅研究室主任卞晋平,机关离退休干部和党员干部500多人出席会议。

27日

教科文卫体委员会主任刘忠德在政协会议楼主持召开主任会议。主要内容:1.传达第五次主席会议精神;2.讨论并通过调整后的本委员会工作计划;3.审议并通过本委员会提交十届政协第二次常委会议大会发言。于友先、韦钰、孙隆椿、杨伟光、张发强、徐善衍、栾恩杰、傅庚辰、翟泰丰副主任出席会议。

王巨禄副秘书长在机关邀请中国法学会有关负责人和部分法学专家,就修改政协《章程》的有关问题进行座谈。李昌鉴副秘书长,办公厅研究室主任卞晋平出席会议。

30日

中共中央政治局常委、全国政协主席贾庆林在人民大会堂出席由中共中央统战部召开的“统一战线纪念‘七一’座谈会”。贾庆林主席指出,要把“三个代表”重要思想作为统一战线的行动指南,不断巩固和发展新世纪爱国统一战线,为中华民族的伟大复兴提供更加广泛的力量支持。刘延东副主席主持会议,民革中央主席何鲁丽、民盟中央主席丁石孙、民建中央主席成思危、民进中央主席许嘉璐、农工民主党中央主席蒋正华、致公党中央主席罗豪才、九三学社中央主席韩启德、台盟中央主席张克辉、全国工商联主席黄孟复、中国天主教爱国会主席傅铁山、无党派人士章祥荪等先后发言,祝贺中国共产党成立82周年,一致表示要认真学习“三个代表”重要思想,进一步增强坚持中国共产党领导的自觉性和坚定性，为全面建设小康社会，实现中华民族的伟大复兴贡献力量。周铁农、张怀西、李蒙副主席出席会议。会前，贾庆林主席接见了党外人士抗击“非典”先进个人代表并与他们合影。

经济委员会农村扶贫专题组在政协会议楼召开会议，听取国务院扶贫办和国务院发展研究中心有关负责人关于国家扶贫工作的情况介绍。陈耀邦副主任主持会议，刘仲藜主任，民族和宗教委员会副主任黄璜等出席会议。

王忠禹常务副主席在政协机关主持召开会议，听取各专委会办公室关于十届政协第二次常委会议专题准备情况的汇报。他对各专委会克服“非典”疫情的影响，围绕第二次常委会议专题所做的各项前期筹备工作给予了肯定，并就继续做好下一步工作提出要求：一、认真抓好各专题组已确定的重点题目；二、切实组织好大会发言，主动挖掘和发现高水平的稿件，确保大会发言的质量；三、各专委会和办公厅各部门要通力协作、周密安排，把会议的各项准备工作进一步做细、做扎实，切实保证常委会议的顺利进行；四、办公厅安排常委会专题学习讲座。郑万通秘书长，王巨禄、李昌鉴、齐续春、傅志煌、范西成副秘书长，办公厅研究室主任卞晋平出席会议，秘书局和各专委会办公室负责人参加会议。

罗豪才副主席在钓鱼台大酒店出席中国国际交流协会第九次理事会议。

教科文卫体委员会副主任徐善衍在政协会议楼主持召开座谈会，邀请部分科技界、科协界委员就提交十届政协第二次常委会议的专题发言“要重视解决我国科技发展中的体制性问题”进行座谈。

社会和法制委员会主任李其炎在政协会议楼主持召开“政府在就业工作中的职能定位”专题组会议，讨论提交十届政协第二次常委会议发言稿的修改事宜。

7月

1日

贾庆林主席，王忠禹、刘延东、白立忱、陈奎元、徐匡迪副主席，郑万通秘书长，王巨禄、赵喜明、孙怀山、陈洪、傅志煌、范西成副秘书长，办公厅研究室主任卞晋平在中南海怀仁堂出席学习贯彻“三个代表”重要思想理论研讨会。

2日

徐匡迪副主席在钓鱼台大酒店出席中国人民争取和平与裁军协会第七届会员团体联席会议。

提案委员会副主任范宝俊在政协会议楼主持召开“鼓励、支持、了解民营企业家健康成长”提案协商办理座谈会。该提案由中组部、统战部、全国工商联承办，阎纯德委员作为提案人同承办单位有关部门负责人交换意见。会议认为，鼓励、支持、了解民营企业家健康成长，是一项非常重要的工作，提案委员会还要继续配合党政部门，进一步关注、引导、支持和帮助民营企业家健康成长。傅杰主任，傅志煌副秘书长，本委员会部分委员及承办单位有关部门负责人出席会议。

经济委员会在政协会议楼召开主任会议，对7个专题组受“非典”影响的调研计划分别作出了推迟调研时间、压缩调研项目的调整。会议还讨论了国企改革和国有资产管理体制改革专题组及金融专题组为十届政协第二次常委会议准备的发言稿《对于国资委成立后国有经济改革的建议》、《完善农村金融服务体系，切实加大金融对“三农”的支持力度》，并提出了修改意见。刘仲藜主任主持会议，石万鹏、厉以宁、叶连松、刘永好、刘廷焕、吴敬琏、陈耀先、陈耀邦、邵奇惠、段应碧副主任出席会议。

人口资源环境委员会副主任温克刚在北京出席由国家环保总局召开的全国重点流域区域污染防治工作会议。

2日至3日

教科文卫体委员会副主任张发强率本委员会与国家体育总局组成的联合调研组一行20人赴天津市就“全民健身服务业现状”进行专题调研。

2日至5日

张怀西副主席赴安徽省肥东、舒城、怀宁、池州等地就生态家园富民计划进行考察。其间,听取了省市有关负责人的汇报,考察了农村一池三改、生态家园富民计划示范村建设、小型公益设施农村能源项目村建设和生态果园、蔬菜的建设等。张怀西副主席在考察中指出,生态家园富民计划是解决“三农”问题的一个很好的切入口,是全面建设小康社会的重要措施,是实践落实“三个代表”重要思想的具体体现,是我国可持续发展的一项主要内容,也是使我国农民的生产生活逐步走向现代化的重要一步,具有重要的战略意义。

3日

港澳台侨委员会“海峡两岸空中直航情况”专题调研组在首都机场国航飞行训练中心,听取了民航华北管理局、中国国际航空公司、首都机场集团公司负责人的情况介绍,考察了首都机场指挥塔台和国际进出港流程情况。张克辉副主席,王永海、刘亦铭副主任等参加了调研。

王忠禹常务副主席在政协机关同中央政府驻澳门联络办公室副主任李勇武一行座谈,听取了有关澳门委员的工作情况介绍,并就今后加强港澳委员的有关工作交换了意见。郑万通秘书长,王巨禄副秘书长参加了座谈会。

4日

陈邦柱主任率人口资源环境委员会一行40人,围绕“我国经济发展中的环境保护”专题,在北京水泥厂和小汤山现代农业示范园进行考察。

5日

罗豪才副主席在北京饭店出席“中华遗珍重现北京”暨“国宝工程”启动仪式。这次活动是人民政协报社与中华社会文化发展基金会“抢救海外流失文物专项基金”共同主办的。联合国教科文组织中国总代表青岛泰之先生应邀出席了此项活动。

外事委员会主任刘剑锋出席外交部在钓鱼台举办的对美国会工作内部协调机制首次部级联席会议。刘剑锋主任介绍了全国政协外事委员会关于开展对美国会工作的设想及建议。外交部副部长周文重主持会议,外交部部长李肇星在会后午餐上讲话。全国人大外事委员会、国家发展和改革委员会、教育部、财政部、商务部、文化部、国务院台办、国务院新闻办、对外友协、外交学会等单位负责人出席了会议。

6日

黄孟复、张怀西副主席在政协礼堂出席“华宝斋书院”开业典礼。孙怀山副秘书长,文化部、浙江省政协、新闻出版总署、国家图书馆、中国记协、中国作协、中国书协、中国人民大学等部门和单位负责人出席开业典礼。

7日

经济委员会副主任厉以宁在政协会议楼主持召开“非公有制经济专题组”会议,就下半年调研重点和调研方式进行了讨论。会议认为应重点调研非公有制经济发展中的思想障碍、政策落实、领域准入、融资、上市和社会负担等问题。邵奇惠、刘永好、郑家纯副主任和本委员会部分委员出席会议。

社会和法制委员会主任李其炎在政协会议楼主持召开主任会议,讨论“政府在就业工作中的职能定位”和“为非公有制经济发展创造良好的法制环境”两个专题组为十届政协第二次常委会议准备的发言稿，并提出了修改意见。会议还听取了办公室主任对委员会下半年工作计划调整的说明，并通过了工作计划。王建伦、江蓝生、刘家琛、祁培文、肖建章、张绪武、周子玉、萧灼基副主任出席会议。

港澳台侨委员会主任郭东坡在机关听取国务院侨办有关部门关于华侨祖坟问题的情况介绍。

港澳台侨委员会主任郭东坡在机关会见以林加者先生为团长的法国华侨华人会经济考察团一行。何添发、张道诚副主任等出席会见。

李贵鲜副主席在人民大会堂出席国家主席胡锦涛为韩国总统卢武铉举行的欢迎仪式，并出席欢迎晚宴。

徐匡迪副主席在人民大会堂出席中韩两国政府间合作签字仪式。

人口资源环境委员会主任陈邦柱在政协会议楼主持召开纪念“世界人口日”专题座谈会。李蒙副主席出席并在讲话中指出，研究我国的人口与可持续发展问题意义重大，我国的计划生育工作成就很大，但解决好人口问题任务还很艰巨，要长期坚持抓好，加大宣传力度，决不能放松懈怠；本着与时俱进原则，要进一步完善法律法规，不断调整和协调好人口与经济社会发展的关系；要重视研究人口老龄化、男女性别比例失调、独生子女教育等问题，不断提高党和政府在人民群众中的威信。范西成副秘书长出席会议。全国政协常委中共党员全体会议在政协礼堂召开，王忠禹常务副主席传达了中共中央《关于全国人大常委会委员、全国政协常务委员中的中共党员转移临时组织关系的意见》的通知，宣布成立全国政协常委中共党员临时党支部，并发表重要讲话。贾庆林主席，刘延东、白立忱、陈奎元、阿不来提·阿不都热西提、李兆焯副主席出席会议。郑万通秘书长主持会议。之后，临时党支部书记郑万通主持召开了支部委员会议，研究讨论了临时党支部的工作。副书记卢荣景，支部委员王蒙、王东明、张俊九、陈清泰、邵华泽、赵喜明、梁金泉出席会议。

8日

在政协常委会议厅举行政协第十届全国委员会常务委员会第二次会议开幕会。贾庆林主席主持会议。主要议题：一、审议通过政协第十届全国委员会常务委员会第二次会议议程；二、听取中共中央政治局常委、国务院副总理黄菊关于经济发展和抗击“非典”工作情况的报告。王忠禹、廖晖、刘延东、阿沛·阿旺晋美、李贵鲜、丁光训、霍英东、马万祺、白立忱、罗豪才、张克辉、周铁农、郝建秀、陈奎元、阿不来提·阿不都热西提、徐匡迪、李兆焯、黄孟复、王选、张怀西、李蒙副主席，郑万通秘书长和常委共283人出席会议。中办、国办、发展改革委、教育部、科技部、民政部、财政部、劳动保障部、农业部、商务部、文化部、卫生部、国资委、税务总局、工商总局、广电总局、新闻出版总署、国研室、银监会、证监会、国务院西部开发办的负责人，地方政协主席，全国政协副秘书长、各专门委员会负责人，全国政协办公厅研究室主任列席会议。会议专题组邀请的部分政协委员参加了会议。

开幕会后，王忠禹常务副主席在政协会议楼第九会议室主持召开政协第十届全国委员会常务委员会第二次会议小组召集人会议。

副秘书长、全国政协书画室副主任赵喜明在政协机关主持召开十届政协书画室第一次主任会议。会议听取了书画室办公室关于九届政协书画室的工作情况汇报，研究十届政协书画室工作计划。全国政协书画室副主任白雪石、吴冠中、靳尚谊、刘炳森、王成喜、王明明出席会议，办公厅联络局有关负责人参加会议。

政协第十届全国委员会常务委员会第二次会议进行分组学习讨论。主要内容：1.《中共中央关于在全党兴起学习贯彻“三个代表”重要思想新高潮的通知》、《胡锦涛总书记在“三个代表”重要思想理论研讨会上的讲话》、《“三个代表”重要思想学习纲要》和《关于学习贯彻“三个代表”重要思想和胡锦涛同志重要讲话精神的决定》；2.《贾庆林主席近期关于政协工作的若干讲话》和中共中央政治局常委、国务院副总理黄菊关于经济发展和抗击“非典”工作情况的报告；3. 关于部分修改《中国人民政治协商会议章程》的决定(草案)。贾庆林主席，王忠禹、刘延东、李贵鲜、白立忱、罗豪才、张克辉、周铁农、陈奎元、阿不来提·阿不都热西提、徐匡迪、李兆焯、黄孟复、张怀西、李蒙副主席，郑万通秘书长分别参加小组讨论会。

全国政协副主席、京昆室主任王选在机关主持召开十届政协京昆室第一次主任会议。会议听取了京昆室办公室关于九届政协京昆室的工作情况汇报，研究十届政协京昆室工作方针。全国政协京昆室副主任刘忠德、李世济、叶少兰、张国祥、叶朗、张永珍出席会议。

9 日

政协第十届全国委员会常务委员会第二次会议进行专题分组讨论。主要内容：1. 完善社会主义市场经济体制；2. 促进农业和农村经济全面发展；3. 促进非公有制经济健康发展；4. 坚持走可持续发展道路；5. 做好扩大就业和社会保障工作；6. 实施科教兴国战略；7. 实现经济和社会的协调发展。贾庆林主席，王忠禹、刘延东、李贵鲜、白立忱、罗豪才、张克辉、周铁农、陈奎元、阿不来提·阿不都热西提、徐匡迪、李兆焯、黄孟复、王选、张怀西、李蒙副主席，郑万通秘书长分别参加各专题组讨论会。中共中央和国务院 15 个部门负责人应邀出席专题讨论会听取意见和建议。

提案委员会与北京市政协提案委员会在政协会议楼举行座谈会，交流提案工作情况。傅杰主任，杨振杰副主任，傅志煌副秘书长，北京市政协副主席黄承祥及市政协提案委员会有关负责人出席会议。

贾庆林主席，霍英东副主席，郑万通秘书长和部分全国政协常委在北京国际会议中心参观了国家体育场、国家游泳中心设计方案和五棵松文化体育中心规划方案。北京市委书记刘淇、代市长王岐山、副市长刘敬民和秘书长孙政才陪同参观。

全国政协办公厅和中共中央统战部在政协礼堂共同宴请出席政协十届二次常委会议的港澳地区全国政协常委。贾庆林主席出席宴会。王忠禹常务副主席主持宴会并讲话。廖晖、刘延东、霍英东、黄孟复副主席，郑万通秘书长和中央统战部梁金泉副部长出席宴会。

10 日

政协第十届全国委员会常务委员会第二次会议进行专题分组讨论。主要内容：1. 完善社会主义市场经济体制；2. 促进农业和农村经济全面发展；3. 促进非公有制经济健康发展；4. 坚持走可持续发展道路；5. 做好扩大就业和社会保障工作；6. 实施科教兴国战略；7. 实现经济和社会的协调发展。王忠禹、白立忱、罗豪才、周铁农、阿不来提·阿不都热西提、徐匡迪、李兆焯、黄孟复、王选、张怀西、李蒙副主席分别参加各专题组讨论会。中共中央和国务院 18 个部门负责人应邀出席专题讨论会听取意见和建议。

在政协常委会议厅举行政协第十届全国委员会常务委员会第二次会议的第二次全体会议。贾庆林主席出席会议。罗豪才副主席主持会议。吴敬琏、夏日、江纪戎、吴明熹、叶青、傅杰常委，周可仁、陈耀先、刘家琛、刘枫、王建伦委员分别作大会发言。王忠禹、刘延东、李贵鲜、丁光训、马万祺、白立忱、张克辉、周铁农、郝建秀、陈奎元、阿不来提·阿不都热西提、徐匡迪、李兆焯、黄孟复、王选、张怀西、李蒙副主席，郑万通秘书长和常委共228人出席会议。发展改革委、教育部、科技部、民政部、财政部、劳动和社会保障部、农业部、商务部、文化部、国资委、国研室的负责人，地方政协主席，全国政协副秘书长、各专门委员会负责人，全国政协办公厅研究室主任列席会议。会议专题组邀请的部分政协委员参加了会议。

民族和宗教委员会主任钮茂生在机关主持召开主任会议，对本委员会上半年的工作进行总结，研究、安排下半年工作。巴桑、刘柏年、江家福、克尤木·巴吾东、李晋有、杨同样、肖作福、闵智亭、陈广元、金日光、香根·巴登多吉、夏日、黄璜副主任出席会议，齐续春副秘书长参加会议。

港澳台侨委员会主任郭东坡在政协机关主持召开主任会议，主要内容：1. 研究落实王忠禹常务副主席关于信息工作的谈话精神和《全国政协办公厅关于改进信息工作的若干意见》；2. 听取研究室信息局负责人就加强政协信息工作的情况介绍；3. 本委员会办公室向主任会议汇报前一阶段的工作情况和下半年的工作计划。王永海、厉有为、刘亦铭、李赣骝、何少川、何添发、张伟超、张廷翰、张道诚、俞晓松、郭荣昌副主任出席会议。

外事委员会主任刘剑锋在政协机关与黑龙江省政协主席韩桂芝、上海市政协主席蒋以任、海南省政协副主席洪寿祥和新疆维吾尔自治区政协副主席朱振中就加强相互协作进行座谈。张国祥、周可仁副主任出席座谈会。

贾庆林主席在政协会议楼第九会议室主持召开政协第十届全国委员会第六次主席会议。主要议题：一、听取专题组召集人吴敬琏、陈耀邦、任文燕、陈邦柱、李其炎、刘忠德、翟泰丰关于本组讨论情况的汇报；二、听取郑万通秘书长关于部分修改《中国人民政治协商会议章程》决定草案讨论情况的综合汇报。王忠禹、刘延东、李贵鲜、丁光训、马万祺、白立忱、罗豪才、张克辉、周铁农、郝建秀、陈奎元、阿不来提·阿不都热西提、徐匡迪、李兆焯、黄孟复、王选、张怀西、李蒙副主席出席会议。全国政协副秘书长和各专委会负责人及全国政协办公厅研究室主任卞晋平列席会议。

11日

政协第十届全国委员会常务委员会第二次会议进行分组讨论。主要内容：围绕促进国民经济持续快速健康发展和完善社会主义市场经济体制两大任务建言献策。

王忠禹常务副主席，郑万通秘书长在机关约见人民日报社有关部门负责人，就人民日报摘登政协十届二次常委会议大会发言、更好地宣传会议成果提出建议。办公厅研究室主任卞晋平参加约见。

在常委会议厅举行政协第十届全国委员会常务委员会第二次会议闭幕会。贾庆林主席出席并讲话，王忠禹常务副主席主持会议。主要议题：一、大会发言，翟泰丰、张梅颖、陈广元常委，韦钰委员分别发言；二、通过关于部分修改《中国人民政治协商会议章程》的决定。廖晖、刘延东、李贵鲜、丁光训、马万祺、白立忱、罗豪才、张克辉、周铁农、郝建秀、陈奎元、阿不来提·阿不都热西提、徐匡迪、李兆焯、黄孟复、王选、张怀西、李蒙副主席，郑万通秘书长和常委共266人出席会议。中办、国办、发展改革委、教育部、科技部、民政部、财政部、劳动和社会保障部、农业部、商务部、文化部、卫生部、国资委、税务总局、工商总局、广电总局、新闻出版总署、国务院研究室、银监会、证监会、国务院西部开发办等有关部门负责人,地方政协主席,全国政协副秘书长、各专门委员会负责人,全国政协办公厅研究室主任及会议专题组邀请的部分政协委员列席了会议。

政协十届二次常委会议闭幕后,贾庆林主席在政协礼堂招待出席政协十届二次常委会议的地方政协主席。郑万通秘书长主持并致词。王忠禹、刘延东、李贵鲜、白立忱、罗豪才、张克辉、周铁农、阿不来提·阿不都热西提、李兆焯、张怀西、李蒙副主席,地方政协主席,全国政协部分副秘书长、办公厅研究室主任出席了招待会。

2003年度在京全国政协委员视察报名工作结束,共有442位在京委员报名参加今年的视察活动。

11日至21日

教科文卫体委员会副主任孙隆椿率"城市医疗服务体系"专题调研组一行17人赴黑龙江、吉林省调研。

12日

李贵鲜副主席代表全国政协到八宝山革命公墓礼堂参加张爱萍同志遗体送别仪式。

贾庆林主席在政协礼堂接见了出席人口资源环境委员会召开的"2003年关注森林活动启动大会"的会议代表并发表重要讲话。贾庆林主席向2003年关注森林活动的启动表示祝贺。他指出,开展关注森林活动,是实践"三个代表"重要思想的具体行动,对于进一步提高全民的生态意识,动员全社会关心林业建设,支持林业建设,参与林业建设,加快我国林业发展,具有重大意义。林业不但是一项重要的社会公益事业,还是一项重要的基础产业,承担着生态建设和林产品供给的重要任务,事关全面建设小康社会和可持续发展的战略全局,事关中华民族伟大复兴的长远大计。关注森林,就是关注人民的根本利益,就是关注中华民族的未来。他希望关注森林组委会发扬成绩,再接再厉,与时俱进,开拓创新,把关注森林活动深入持久地开展下去,为再造秀美山川、全面建设小康社会、实现经济社会可持续发展作出更大的贡献。郑万通秘书长、范西成副秘书长参加了接见。

人口资源环境委员会在政协礼堂召开"2003年关注森林活动启动大会",陈邦柱主任主持会议,并对2003年关注森林活动作出了部署。江泽慧、张洽副主任,国家林业局局长周生贤等出席会议。关注森林活动是由全国政协人口资源环境委员会、全国绿化基金会、国家林业局等六家单位联合开展的一项公益宣传活动。今年的宣传主题是"林业历史性转变与全面建设小康社会"。

12日至20日

黄孟复副主席率调研组赴浙江省台州、温州等地就"进一步促进民间投资"进行调研。黄孟复副主席对浙江省各级党委和政府尊重、保护和引导民间投资积极性,拓宽民间投资领域,毫不动摇地鼓励、支持和引导民营经济的健康发展取得的突出成就给予了充分肯定和高度评价。他指出,浙江经验值得认真总结和大力推广。这些年来,民营经济的发展改变了地方面貌,改善了人民生活,民营经济发展好的地区也是民间投资非常旺盛的地区,促进民间投资是扩大内需的有效手段,也具有重要的战略意义。目前,各地民间投资的潜力还非常大,如何引导民间投资与产业调整相结合,更好地发挥民间投资的作用,既有金融改革的问题,也还有进一步放手发展的问题。政府要真正转变职能,积极发展社会中介组织,各种商会、协会要充分发挥作用,为进一步完善社会主义市场经济体制作出积极贡献。

13日

王忠禹常务副主席在北戴河出席全国

政协第36期政协干部培训班开学典礼,并作重要讲话。他强调,深入学习贯彻“三个代表”重要思想,是当前和今后一个时期政协干部培训工作的首要政治任务,要用“三个代表”重要思想指导政协干部培训的各项工作,进一步开创政协干部培训工作新局面。赵喜明副秘书长主持开学典礼,来自全国各地政协的500多名学员参加了培训班。

周铁农副主席代表全国政协在北京龙潭公园出席中共北京市委、市人民政府、北京奥组委为庆祝北京申奥成功两周年联合举办的“健康北京、激情奥运”市民日主会场开幕式活动。

13日至16日

贾庆林主席赴云南省大理白族自治州、丽江市和昆明市考察了少数民族地区农村经济、国有企业和民营企业及高新技术开发区,并就兴起学习贯彻“三个代表”重要思想新高潮,促进少数民族地区经济社会发展、做好统一战线和人民政协工作等问题进行调研。

贾庆林主席在听取了云南省委、省政府的工作汇报后作了重要讲话。在云南省期间,贾庆林主席接见了云南省各民主党派和工商联负责人,并到省政协机关看望了全体机关干部,与省政协机关和省委统战部的干部合影留念。全国政协副主席、中央统战部部长刘延东,国家民委主任李德洙,中央统战部副部长朱维群等陪同考察。

13日至18日

港澳台侨委员会与国务院侨办组成联合调研组,就“海外侨胞反映强烈的珠江三角洲清坟事宜”在广东省江门、中山、深圳等市了解情况。何添发、郭荣昌副主任及国务院侨办有关部门负责人参加调研。

13日至19日

提案委员会副主任范宝俊一行8人赴湖南省就“建立财政困难省份公安干警伤亡抚恤、医疗保障机制”进行调研。

14日

罗豪才副主席在人民大会堂出席“全球华侨华人推动中国和平统一大会·莫斯科大会”新闻发布会。

郑万通秘书长在政协机关主持召开第八次秘书长办公会议。主要议题:一、研究十届政协第二次常委会议后续工作,确定以中共政协全国委员会党组名义向中央的综合报告和7个附件由研究室牵头负责,各专题组协助;二、启动政协章程修改领导小组和办公室的有关工作,要求研究室尽快准备领导小组第一次会议和全国政协领导人调研的方案;三、通过《秘书长和驻会副秘书长参加活动的安排办法》;四、布置政协常委会学习讲座活动的准备工作;五、研究全国政协办公厅关于表彰防治“非典”工作先进集体和先进个人的有关事宜。齐续春、孙怀山、傅志煌、范西成副秘书长出席会议,办公厅研究室主任和有关局室负责人列席会议。

14日至18日

人事局在机关举办全国政协机关干部初任培训班。2002年和2003年新招录的16名机关干部参加了培训。

14日至21日

张克辉副主席赴福建省厦门市出席台盟中央七届三次中常会,并于21日率台盟调研组赴广东省就近年台商在大陆投资的新动向、新特点、新要求以及如何增进两岸经济合作和发展、推动两岸三通进行调研。

15日

张克辉副主席在厦门市出席台盟中央七届三次中常会开幕会并讲话。

陈奎元副主席在中南海出席中共中央宪法修改小组全体会议。

陈奎元副主席在中南海出席由王刚主持召开的有关修改宪法工作协调会。

15 日至 17 日

外事委员会副主任马振岗在青岛市出席由中国人民外交学会与德国阿登纳基金会举办的“外交与安全政策对话”研讨会，并围绕研讨会专题“预防冲突及维护和平：大规模杀伤性武器及国际恐怖主义的新威胁，以朝核问题为例阐述解决或预防冲突的战略”作会议发言。

15 日至 22 日

周铁农副主席率民革中央调研组赴云南省就“农村医疗卫生工作”进行专题调研。

15 日至 28 日

阿不来提·阿不都热西提副主席率经济委员会“农村扶贫”专题组一行 12 人赴广西壮族自治区和贵州省进行调研。调研组先后在广西南宁市、百色市、河池市、防城港市，贵州省贵阳市、黔西南自治州、安顺市、遵义市等地区的部分县、乡、村就新时期农民脱贫致富问题进行调研，并分别听取了两省区党委、政府关于扶贫工作的专题汇报。阿不来提·阿不都热西提副主席分别就两省区在实施“八七”扶贫攻坚计划中取得的成绩、经验，新时期扶贫工作面临的机遇、困难，进一步做好扶贫工作需要重点抓好的工作，与两省区有关领导交换了意见。

16 日

张克辉副主席在福建省厦门出席“台湾爱国先烈翁泽生同志诞辰 100 周年纪念大会”。

外事委员会主任刘剑锋在政协会议楼主持召开主任会议研究下半年工作计划。李北海、杨正泉、陈昊苏、张国祥、周可仁、原焘副主任出席会议。

全国政协机关团委被共青团中央授予“全国防治非典型肺炎工作先进基层团组织”荣誉称号。

16 日至 17 日

王忠禹常务副主席参加了由教科文卫体委员会与国家体育总局组成的联合调研组，就“我国全民健身服务业现状”在北京市进行调研。北京市政协主席程世娥，副主席黄承祥、张和平，副市长牛有成陪同调研。在参观了龙潭湖公园全民健身体育活动和颐方园体育健康城，并听取北京市政府有关部门的情况介绍后，王忠禹指出，发展全民健身服务业反映了人民群众的要求，体现了最广大人民群众的利益，这是一件有前途的事业，大有可为。全国政协教科文卫体委员会此次调研题目选得好，反映了广大人民群众的现实要求，也体现政协履行职能的出发点和落脚点，是个亲民、便民、利民的好题目，符合与时俱进的精神。十六大报告把明显提高全民族的思想道德素质、科学文化素质、健康素质并提，并强调要形成比较完善的全民健身体系，这对我们发展全民健身事业提供了新的理论依据和更加广阔的空间，同时也对我们的工作提出了更高的要求。希望调研组深入调查，加强研讨，为发展我国全民健身服务业向决策部门提供有价值、可操作的建议。

16 日至 22 日

罗豪才副主席赴山东省考察并于 18 日在蓬莱市出席“妈祖文化公园”奠基仪式。

16 日至 27 日

陈邦柱主任率人口资源环境委员会和国家环保总局联合调研组一行 14 人赴天津、山东、辽宁就我国经济发展中的环境保护、循环经济问题进行调研。

16 日至 28 日

人口资源环境委员会副主任温克刚率专题组一行 7 人赴西藏自治区就草场退化及保护问题进行调研。

17 日

郑万通秘书长召集研究室和秘书局有关干部研究政协章程修改领导小组第一次会议的有关事宜。赵喜明、傅志煌副秘书长出席会议。

李蒙副主席在中央统战部出席中央智力支边扶贫协调小组全体会议。

全国政协办公厅在政协礼堂三楼为经叔平举办85岁生日晚宴。徐匡迪副主席、齐续春副秘书长代表办公厅为经叔平祝寿。

18日

提案委员会在政协会议楼召开座谈会,就席裕庚、王钦敏、高文等52位委员提出的"关于全国政协机关办公自动化建设问题"提案进行协商办理。孙怀山副秘书长代表办公厅就提案办理情况以及机关办公自动化建设的进程、现状、建设规划等问题作了介绍。与会委员就如何改进和加强机关办公自动化建设提出了具体意见和建议。会议认为,应加快全国政协机关办公自动化建设步伐,统筹规划、科学设计、分步实施,以加强信息服务为突破口,为方便委员查询提案、发言等信息资料创造条件。杨振杰副主任主持会议,傅杰主任,傅志煌副秘书长,部分提案委员会委员和提案参与人,政协机关有关局室负责人出席会议。

全国政协主席、政协章程修改领导小组组长贾庆林在政协会议楼第九会议室主持召开政协章程修改领导小组第一次会议。会议听取了郑万通秘书长关于政协章程修改领导小组及其办公室情况的说明和关于政协章程修改筹备工作情况的汇报,审议并原则通过了政协章程修改领导小组职责、政协章程领导小组办公室职责、修改政协章程工作安排,以及关于征求对《中国人民政治协商会议章程》修改意见的通知。贾庆林主席就做好政协章程修改工作发表了重要讲话。全国政协常务副主席、领导小组副组长王忠禹,全国政协副主席、领导小组成员刘延东、李贵鲜、白立忱、郝建秀、陈奎元、徐匡迪、王选、张怀西、李蒙,全国政协秘书长郑万通,全国政协副秘书长张梅颖,民建中央副主席张榕明出席会议,全国政协副秘书长、领导小组办公室副主任赵喜明、李昌鉴及副秘书长孙怀山、傅志煌、范西成、研究室主任卞晋平参加会议。

贾庆林主席、王忠禹、张怀西副主席在政协礼堂出席"当代国画优秀作品展——山东作品展"开幕式。李蒙副主席代表全国政协讲话。山东省委副书记、省政协主席吴爱英致辞。郑万通秘书长主持开幕式。赵喜明、孙怀山、傅志煌副秘书长和有关部委负责人及首都书画界知名人士300多人参加开幕式。

19日至25日

李蒙副主席赴上海市参加农工民主党中央组织的关于"调整消费结构,拓宽国内市场"专题考察,参观了汽车制造、房地产开发、商品零售等相关企业。听取了上海市政府和市计委、经委、商委、旅游委及国资办等部门的情况介绍。

20日至8月6日

经济委员会副主任石万鹏、刘立清率现代物流专题组赴浙江省、上海市、江苏省和广东省就我国物流业发展现状、物流管理体制、物流产业政策等问题进行调研。

21日

中国经济社会研究会会长陈锦华在政协机关会见日本新日铁公司董事长千速。

陈奎元副主席在中南海怀仁堂参加中央政治局"党的思想理论与时俱进的历史考察"学习讲座。

港澳台侨委员会副主任王永海与来访的台湾客人王晓波教授一行在专委会楼会议室举行座谈。

全国政协副主席、中国工程院院长徐匡迪在北京会见德国BASF公司董事局负责亚洲事务的董事凯迈亚博士和BASF公司东亚地区总裁倪宣德博士。

21日至25日

民族和宗教委员会主任钮茂生应中国

基督教协会、中国基督教三自爱国运动委员会邀请赴上海参加华东六省一市神学思想建设联合研讨会及全国各省、区、市基督教两会负责人会议,研究如何进一步推进神学思想建设工作。

21日至30日

人口资源环境委员会副主任陈洲其率“三峡库区地质灾害防治问题”调研组一行14人赴湖北省、重庆市进行调研。

22日

贾庆林主席和王忠禹、黄孟复副主席,郑万通秘书长在人民大会堂出席中国共产主义青年团第十五次全国代表大会开幕会。会前接见了团十五大全体代表并合影。

李昌鉴副秘书长在中协宾馆看望了出席“人民政协报第六次记者站工作会议”的与会人员,对做好人民政协的宣传工作提出了要求。

陈奎元副主席在中南海出席中央宪法修改小组会议。

22日至31日

人口资源环境委员会副主任杨魁孚率“扶助农村计划生育贫困家庭”专题组一行8人赴江西省、安徽省进行调研。

22日至8月3日

社会和法制委员会“为非公有制经济发展创造良好的法制环境”和“司法体制改革”两个专题组一行16人赴江苏省、浙江省和上海市进行调研。刘家琛、肖建章、曹克明、萧灼基副主任参加了调研。

23日

张怀西副主席出席中国美术馆重新开馆展览开幕式。

郑万通秘书长代表全国政协办公厅到八宝山革命公墓大礼堂参加邓六金同志遗体送别仪式。

23日至8月4日

以钮茂生主任为顾问、肖作福副主任为团长的民族和宗教委员会考察团一行20人赴黑龙江、吉林两省就当地经济社会发展和民族宗教工作情况进行考察。

24日

贾庆林主席在人民大会堂会见尼泊尔前首相比斯塔夫妇。比斯塔夫妇是应外交学会邀请访华的。

贾庆林主席在人民大会堂会见乌干达运动全国政委兼不管部长克里斯普斯·基永加一行。乌干达客人是应中联部邀请访华的。

罗豪才副主席在中央统战部出席《“三个代表”与统一战线》出版座谈会。

全国政协秘书长、政协章程修改领导小组办公室主任郑万通在机关主持召开政协章程修改领导小组办公室第一次会议。研究贯彻政协章程修改领导小组第一次会议精神,听取了各组的汇报。郑万通秘书长就做好政协章程修改领导小组办公室的各项工作提出明确要求。全国政协副秘书长、政协章程修改领导小组办公室副主任李昌鉴,办公厅研究室主任、政协章程修改领导小组办公室副主任卞晋平出席会议,政协章程修改领导小组办公室全体成员参加会议。

提案委员会副主任宋宝瑞率本委员会部分委员和提案人走访了国家环保总局,了解国家环保总局办理全国政协十届一次会议提案工作情况及贯彻中共中央办公厅、国务院办公厅关于转发《全国政协办公厅关于办理政协提案的意见》的通知情况,并听取国家环保总局对提案委员会工作的意见。

赵喜明副秘书长出席机关团委、机关青联举办的机关青年表彰座谈会,并为获得“中直机关十杰青年”、“中直机关优秀团干部”、“中直机关优秀共青团员”、“中直机关五四红旗团支部”荣誉称号的个人和集体以及“战胜非典——全国政协机关青年征文比赛”获奖者颁奖。

中央社会主义学院常务副院长、党组副书记朱晓明，副院长甄小英带领部分社会主义学院教授走访办公厅研究室，就多党合作和参政党建设等问题进行了研讨。办公厅研究室主任卞晋平等参加研讨。

24日至27日

应中国经济社会研究会和全国政协外委会邀请，以日本社会教育团体碧波会会长鹤健市为团长的碧波会代表团一行5人访问北京。在京期间，中国经济社会研究会会长陈锦华会见。陈锦华会长对碧波会创建30周年表示祝贺，对鹤健市先生多年来为发展中日民间友好事业表示感谢。鹤健市先生向陈锦华会长介绍了今年在日本福冈所举办的首届中日儿童画展情况和今后在文化环保方面的合作计划，并邀请中国经社研究会派团出席今年11月在日本福冈举行的碧波会成立30周年庆典。外事委员会副主任、研究会副会长张国祥出席上述活动并宴请代表团。

25日

罗豪才副主席在政协机关出席由外事委员会举办的报告会，听取外交部副部长王毅作关于当前亚洲形势的报告。张国祥副主任主持报告会。马振岗、李北海、杨正泉、陈昊苏、周可仁、原焘副主任和部分专门委员会负责人参加报告会。

张怀西副主席在政协机关出席社会和法制委员会“灵活就业人员社会保障问题”专题组会议，听取劳动和社会保障部副部长步正发介绍情况。

人口资源环境委员会副主任刘成果在人民大会堂出席由国家林业局召开的“中国可持续发展林业战略研究”总结大会。

民族和宗教委员会副主任李晋有出席国家民委委员全体会议并代表民宗委发言。中共中央政治局委员、国务院副总理回良玉在会上作了重要讲话。

社会和法制委员会“灵活就业人员社会保障问题”专题组在政协机关举行会议，听取全国人大常委、中国人民大学教授郑功成介绍有关情况。

港澳台侨委员会主任郭东坡率本委员会在京委员考察北京经济技术开发区富士康精密组件有限公司、京精医疗设备有限公司和华联印刷有限公司，并听取了有关情况汇报。北京市副市长陆昊，北京市政协副主席黄承祥等陪同考察。

25日至26日

贾庆林主席，王忠禹常务副主席在北戴河全国政协干部培训中心看望参加全国政协第36期干部培训班的全体学员，并同他们合影留念。郑万通秘书长，赵喜明副秘书长，办公厅研究室主任卞晋平陪同看望。

25日至8月2日

黄孟复副主席率全国工商联代表团出席在马来西亚首都吉隆坡召开的第七届世界华商大会，并访问新加坡。

在第七届世界华商大会上，黄孟复副主席作了题为“华商是促进世界经济发展的重要力量”的演讲，出席了马来西亚首相马哈蒂尔会见各代表团团长的活动，并与世界各国华商进行了广泛接触和交流。

访问新加坡期间，吴作栋总理在总统府会见了黄孟复副主席一行，黄副主席向吴作栋总理介绍了中国成功控制非典疫情的情况和上半年经济运行的良好形势，他指出，中新两国交流合作领域十分广阔，已取得多项实质性成果，中新两国在经济上具有很强的互补性，新加坡是中国企业走向海外的首选落脚点之一。他表示，中华全国工商业联合会愿意在两国加强经贸合作中积极发挥作用。吴作栋对中国在短期内战胜非典型肺炎疫情表示钦佩，他说，新加坡希望看到一个繁荣富强的中国，中国的繁荣和发展将使新加坡等东盟国家受益。中国全国工商联代表团这次对新加坡的访问非常重要，向其他国家发出了一个明确信息——中国政府鼓励本国企业走向海外，新加坡欢迎中国企业前来寻找发展机会。访新期间，全国工商联代表团还与新加坡中国工商联合会、新加坡中华总商会、新加坡国际企业发展局、新加坡中资企业协会就加强合作等具体问题进行了交流。

27日至31日

以周铁农副主席为组长、杨振杰副主任为副组长、部分提案委员会委员和公安部有关负责人参加的专题调研组赴河北省张家口市就“关于建立健全城市应急机制的建议”提案进行调研。

28日

贾庆林主席，王忠禹、廖晖、刘延东、白立忱、陈奎元、徐匡迪副主席，郑万通秘书长在京西宾馆出席全国防治“非典”工作全体会议。

贾庆林主席，王忠禹、廖晖、刘延东、李贵鲜、白立忱、郝建秀、陈奎元、阿不来提·阿不都热西提、徐匡迪、李兆焯副主席，郑万通秘书长在中南海出席胡锦涛总书记主持的重要会议。

28日至8月8日

罗豪才副主席率致公党中央考察团赴辽宁省考察。

29日

郑万通秘书长主持召开会议，传达胡锦涛总书记、温家宝总理在全国防治“非典”工作会议上的重要讲话。会议要求，全国政协机关要按照中央统一部署，认真学习贯彻会议精神，结合政协工作实际，做好下半年的各项工作。副秘书长赵喜明、齐续春、孙怀山、傅志煌，办公厅研究室主任卞晋平和各局室负责人出席会议。

经济委员会主任刘仲藜在机关主持召开“投融资体制改革”专题组会议，就投融资体制改革中涉及的几个重点问题进行了研究。

30日

徐匡迪副主席在政协机关会见美国商务部副部长助理李凡，齐续春副秘书长参加会见。

30日至8月11日

张怀西副主席率社会和法制委员会“灵活就业人员社会保障问题”专题组赴辽宁、黑龙江省调研。王建伦、朱治宏副主任参加调研。

31日

港澳台侨委员会在政协机关主办第九次“六台”联席会议。国务院台办副主任王在希介绍了台湾近期局势、两岸关系情况和我有关政策，与会单位代表分别发言。何鲁丽副委员长代表民革中央出席会议。郭东坡主任主持会议。中共中央统战部副部长梁金泉，民革中央副主席李赣骝、童傅，台盟中央副主席李敏宽，全国台联会长杨国庆等40人出席会议。

人口资源环境委员会副主任陈洲其在中南海出席国务院召开的全国进一步治理整顿土地市场秩序电视电话会议。

港澳台侨委员会主任郭东坡、外事委员会副主任张国祥分别在政协机关与天津市政协副主席蔡世彦、天津市政协港澳台侨和外事委员会主任李清和等就加强相互协作进行了工作交流。

全国政协京昆室在江苏省南京市召开昆曲剧目曲谱整理出版座谈会，就昆曲上演剧目曲谱整理出版问题及目前各院团现状进行研讨。部分全国政协委员及来自全国七个昆剧院团(所)的代表参加了会议。全国政协常委、京昆室副主任刘忠德出席并讲话。

31日至8月5日

贾庆林主席在陕西省西安、杨凌等地就经济社会发展和统战政协工作进行考察。考察团一行先后考察了国有大中型企业、中外合资企业、开发区软件园、农业高科技公司、高等院校科研单位、历史博物馆、宗教寺院及历史文化遗址,同基层干部职工、科研人员、宗教界人士交谈,了解企业发展、科学研究、文物保护等方面的情况。听取了陕西省政协和统战工作的汇报,与陕西省各民主党派、工商联负责人进行了座谈。看望了陕西省政协机关干部职工。贾庆林主席发表了重要讲话。王忠禹常务副主席,郑万通秘书长,办公厅研究室主任卞晋平等陪同考察。

8 月

1 日

陈奎元副主席在京西宾馆出席 2003 年度国家社科基金项目评审全体大会。

外事委员会论坛小组在机关召开会议,研究"21 世纪论坛"的筹备工作。张国祥副主任主持会议。马振岗副主任出席会议。

1 日至 2 日

全国政协主席、政协章程修改领导小组组长贾庆林在西安市主持召开政协章程修改工作座谈会(西北、西南片)并发表重要讲话。全国政协常务副主席、政协章程修改领导小组副组长王忠禹就修改政协章程的提出、已经开展的主要工作和今后工作的安排等情况作了通报。全国政协秘书长、政协章程修改领导小组成员、办公室主任郑万通,全国政协办公厅研究室主任、政协章程修改领导小组办公室副主任卞晋平,西北、西南十省区市政协主席或副主席,联系政协工作的党委副书记或党委常委兼统战部长,省级政协秘书长、研究室主任,在陕的全国政协常委和在西安的全国政协委员,陕西省各民主党派、工商联负责人、无党派人士代表等 70 余人出席座谈会。29 人在座谈会上发言,就政协章程反映"三个代表"重要思想和十六大确立的重大理论观点、重大方针政策以及中共中央关于人民政协工作的精神,体现近年来各地政协工作实践的新成果,推进人民政协履行职能的制度化、规范化和程序化建设等问题提出了意见和建议。

贾庆林主席在会议结束时的讲话中指出,修改政协章程是关系坚持和完善中国共产党领导的多党合作和政治协商制度的一件大事,是关系巩固和发展爱国统一战线的一件大事,是人民政协加强自身建设的一件大事。修改政协章程工作,必须有利于加强和改善中国共产党的领导,必须有利于发挥我国社会主义政治制度的特点和优势,必须有利于维护和扩大共同的政治基础,必须有利于巩固和发展最广泛的爱国统一战线。修改章程工作要充分发扬民主和广泛听取意见,严格按规定程序进行。要使修改政协章程的过程成为总结经验、研究问题的过程,成为学习理论、宣传政协的过程,推动人民政协事业的新发展。

3 日

王选副主席在人民大会堂出席"中国十大科技前沿人物"颁奖仪式。

李蒙副主席在北京天坛祈年殿出席第二十九届奥林匹克运动会会徽发布仪式。

4 日

人口资源环境委员会和国家林业局在政协礼堂召开《中国树木奇观》一书出版座谈会,李蒙副主席出席并讲话。他说:此书的出版无疑对保护我国的珍奇古树、森林生态,提高广大群众对我国珍奇树木的热爱,增强人与自然和谐共处的信念有重要的意义。我们要进行大力宣传,使这本书在弘扬我国先进文化方面发挥积极的促进作用,为全面建设小康社会做出积极贡献。国家林业局局长周生贤出席会议。

人口资源环境委员会"三峡库区地质

灾害防治"调研组召开会议,听取国土资源部有关部门负责人介绍情况。陈洲其副主任主持会议。

4日至9日

文史资料委员会副主任龚心瀚等赴青海省西宁市出席"西北五省(区)暨西安市政协文史资料工作第十七次协作会议"。

4日至10日

教科文卫体委员会副主任张发强率本委员会与国家体育总局组成的联合调研组一行16人赴浙江省就"我国全民健身服务业现状"进行专题调研。

4日至14日

教科文卫体委员会副主任孙隆椿率卫生组一行13人赴山东、浙江省就"城市医疗服务体系"进行专题调研。

5日

全国政协提案委员会与湖北省政协提案委员会在政协机关举行座谈会,交流提案工作情况。傅杰主任,杨振杰副主任,傅志煌副秘书长,湖北省政协副主席翁行德及省政协提案委员会有关负责人出席会议。

5日至17日

李蒙副主席率无党派界委员视察团一行17人赴西藏自治区就"西藏旅游业发展与农牧民增收问题"进行视察。

6日

罗豪才副主席在人民大会堂出席司法部主办的"为实现公平和正义——法律援助在中国"大型公益活动并发表讲话。

王忠禹常务副主席在政协机关主持召开会议,研究政协章程修改有关工作。郑万通秘书长,赵喜明、李昌鉴、陈洪副秘书长,办公厅研究室主任卞晋平等参加会议。

6日至17日

人口资源环境委员会"东北湿地和天然林保护工程"专题调研组赴黑龙江、吉林省调研。陈邦柱主任带队,马国良、王克英、刘成果副主任参加调研。

7日

王选副主席在国家图书馆出席"全民参与,共护国宝——国家图书馆珍贵典籍修复认捐活动"正式启动仪式。

8日

外事委员会主任刘剑锋出席新加坡驻华使馆在北京嘉里中心饭店举办的新加坡国庆38周年招待会。

11日至16日

全国政协机关第二期综合处干部培训班在北戴河干部培训中心举办。培训内容:"如何做好计算机互联网保密工作"。国家保密局和机关有关部门负责人分别为培训班授课。机关综合处干部40余人参加培训。

11日至17日

应中国基督教协会和中国基督教三自爱国运动委员会邀请,民族和宗教委员会主任钮茂生赴浙江省杭州市出席神学思想建设专题写作班子第一次会议、各神学院校讲授圣经课教师的神学思想建设研讨会和各神学院校负责人会议。

12日

贾庆林主席在人民大会堂会见斯里兰卡民主社会主义共和国总理拉尼尔·维克拉马辛哈一行。李昌鉴副秘书长,外交部副部长王毅,中国驻斯里兰卡大使孙国祥参加会见。维克拉马辛哈是应国务院总理温家宝的邀请对我国进行工作访问的。

周铁农副主席在人民大会堂出席已故全国政协常委、民革中央副主席刘仲容同志诞辰100周年纪念座谈会。

提案委员会召开提案办理座谈会,就《关于用兼并重组的办法解决兴义卷烟厂关停问题,确保民族地区的经济和社会稳定建议案》进行沟通交流。国家烟草局拟适时组织调研组进行考察,根据考察情况制定切实可行的措施解决兴义卷烟厂关停问题。朱培康副主任主持。部分委员、提案人及国家烟草局有关负责人出席。

经济委员会农业产业化专题组在政协会议楼召开会议，邀请国内九家具有代表性的龙头企业代表座谈进行农业产业化的经验、困难和问题，就“公司+农户”方式的改革、拓展产业化链条及解决地区分割等问题进行了深入讨论。段应碧副主任主持会议。刘仲藜主任，陈耀邦副主任及部分委员，农业部副部长刘坚和农业部农业产业化办公室有关负责人出席会议。

外事委员会在政协机关与美国国会议员助手代表团举行座谈会。马振岗副主任主持会议。外事委员会和人口资源环境委员会部分委员出席会议。座谈中，委员们向美国客人介绍了中国共产党领导的多党合作和政治协商制度，并就中美关系及对方感兴趣的问题进行了交流。该团是应外交学会邀请、由美国美中政策基金会组织访华的。

13日

提案委员会会同科技部组织本委员会部分委员和提案人，考察了天津市津南国家农业科技园区，分别听取了天津市和科技部有关负责人的情况介绍，并进行了座谈。委员们充分肯定了国家农业园区建设的重要意义和作用，并就园区建设的可持续发展以及国家对农业科技的经费投入等问题提出了意见和建议。杨振杰副主任带队。科技部秘书长石定环参加了座谈。

港澳台侨委员会主任郭东坡在北京华侨大厦出席由中国侨联、福建省侨联、福建省新闻出版局举行的《陈嘉庚故事》出版座谈会。

孙怀山副秘书长代表办公厅在政协机关向欧盟浙江联谊总会会长吴昌文先生、副会长胡振广先生颁发证书，对其在“非典”期间通过全国政协办公厅向我国有关部门捐赠电子高温消毒机表示感谢。港澳台侨委员会办公室、机关“防非典办”有关负责人参加颁发仪式。

13日至16日

罗豪才副主席赴内蒙古自治区呼和浩特市出席国务院法制办举办的“依法行政”研讨会。

13日至17日

周铁农副主席在山东省莱州市参加民革山东省委活动。

13日至17日

黄孟复副主席在吉林省延边朝鲜族自治州出席全国工商联参政议政委员会会议。

13日至21日

张怀西副主席在江苏省扬州市出席民进中央常委会议。

14日

受贾庆林主席委托，郑万通秘书长代表全国政协在中央人民政府驻香港联络办向香港地区不再连任的九届全国政协委员颁发荣誉证书、纪念牌并致词。中联办副主任邹哲开主持颁牌仪式，中联办主任高祀仁，中央统战部副部长梁金泉，中联办副主任陈凤英和32位不再连任的香港地区全国政协委员出席颁牌仪式。

郑万通秘书长首先转达了贾庆林主席的指示：“向港澳地区原任全国政协委员表示亲切的慰问和衷心的感谢，希望他们为港澳地区的繁荣、稳定和祖国的完全统一，继续作出新的更大的贡献”。郑万通秘书长在致词中代表全国政协高度评价并衷心感谢他们在担任全国政协委员期间做出的重要贡献，并简要通报了全国政协近期的主要工作。他希望各位老委员继续高举爱国爱港的旗帜，继续保持、加强同全国政协的联系，一如既往地关心、支持全国政协的工作。

九届全国政协常委庄世平先生代表不再连任的九届全国政协委员致答词。他衷心感谢全国政协的亲切关怀和深切勉励。

他说，尽管我们离开了政协，但国家没有忘记我们，政协没有忘记我们，我们会一如既往地弘扬人民政协的崇高宗旨，继续关心国家和香港的发展，以各自不同的方式继续为国家的富强进步、为香港的稳定繁荣尽心尽力。郑万通秘书长还设宴招待了与会人员。

15日

张克辉副主席在人民大会堂出席电视纪录片《台湾往事》首映式。

15日至16日

王忠禹常务副主席在京西宾馆出席由中共中央办公厅和国务院办公厅联合召开的全国再就业工作座谈会。社会和法制委员会主任李其炎、副主任王建伦和齐续春副秘书长出席会议。提案委员会主任傅杰、经济委员会副主任刘立清、教科文卫体委员会副主任傅庚辰、民族和宗教委员会副主任金日光列席会议。

15日至24日

阿不来提·阿不都热西提副主席率经济委员会"农村扶贫"专题调研组一行13人赴甘肃、陕西两省进行调研。在分别听取了两省有关负责人关于扶贫工作情况的汇报后，深入天水、商洛、延安等地区贫困乡、村和贫困户家中了解情况，并就扶贫工作已经取得的成就和经验、面临的形势与任务、存在的突出问题以及政策建议等方面进行了多层次的座谈与讨论。通过7月份的西南之行和这次的西北之行，调研组已完成"农村扶贫"专题调研计划。

17日

受贾庆林主席委托，郑万通秘书长代表全国政协在澳门新竹苑向澳门地区不再连任的九届全国政协委员颁发荣誉证书、纪念牌并致词。马万祺副主席，8位不再连任的澳门地区全国政协委员出席颁牌仪式。中央政府驻澳门联络办副主任李勇武主持颁牌仪式。

郑万通秘书长首先转达了贾庆林主席的指示："向港澳地区原任全国政协委员表示亲切的慰问和衷心的感谢。希望他们为港澳地区的繁荣、稳定和祖国的完全统一，继续作出新的、更大的贡献。"郑万通秘书长在致词中代表全国政协高度评价和衷心感谢各位老委员在担任全国政协委员期间所做出的重要贡献，并简要通报了全国政协近期的主要工作。他希望各位老委员继续高举爱国爱澳的旗帜，继续保持、加强同全国政协的联系，一如既往地关心、支持全国政协的工作。

九届全国政协委员吴荣恪先生代表不再连任的九届全国政协委员致答词。他衷心感谢全国政协的亲切关怀和深切勉励，并表示将一如既往地秉承人民政协的宗旨，努力不懈，以不同方式为祖国的繁荣富强，为澳门的繁荣稳定和经济发展尽心尽力，忠诚服务。郑万通秘书长还设宴招待了与会人员。

全国政协经济委员会与资本市场研究会在北京四季金源大饭店共同举办"中小企业融资暨多层次资本市场建设高级论坛"。全国人大常委会副委员长成思危出席并作重要讲话。经济委员会金融专题组成员出席会议。陈耀先副主任作了总结发言。

18日

周铁农、陈奎元副主席在人民大会堂出席中央文献研究室主办的黄金版《毛泽东诗词手迹》出版座谈会。

阿不来提·阿不都热西提副主席在乌鲁木齐市出席"2003国际维吾尔医药学术会议"开幕式，并为维吾尔医药发展成就展览会剪彩。

徐匡迪副主席在北京塔里木宾馆出席中国可持续发展油气资源战略研究课题组咨询委员会全体会议。

18日至25日

张克辉副主席陪同以王义郎先生为团

长的台湾彰化高级商校校友会访问团一行66人赴哈尔滨、长春、沈阳、鞍山、大连等地考察。该团是应台盟中央邀请来大陆考察的。

19日

黄孟复副主席在政协机关出席提案委员会召开的《关于制定〈中华人民共和国调解法〉的提案》协商办理座谈会。部分全国政协委员、提案人和全国人大法工委、商务部、贸促会有关部门负责人就该提案办理情况交换了意见。会议建议提案委员会进一步做好此件提案的跟踪办理工作。倪豪梅副主任主持会议。

20日

王忠禹常务副主席在政协机关与中国经社研究会访问巴拿马等拉美四国代表团座谈。外委会主任刘剑锋,副主任李北海、原焘和李昌鉴副秘书长参加座谈。

周铁农副主席在北戴河出席全国政协第2003年第二期全国政协干部培训班(总第37期)开学典礼并讲话。赵喜明副秘书长主持开学典礼。来自全国各地政协的520多名学员参加培训班。

港澳台侨委员会副主任张道诚在机关会见以颜宝玲主席为团长的香港仁爱堂第24届董事局访京团一行。

王忠禹常务副主席在人民大会堂出席国家主席胡锦涛为欢迎罗马尼亚总统伊利埃斯库访华举行的欢迎仪式和欢迎宴会。

20日至28日

以李兆焯副主席为团长的全国政协委员视察团一行54人赴青海省视察。

20日至30日

以夏日副主任为组长、李晋有副主任为副组长的民族和宗教委员会专题调研组就“退牧还草政策实施情况”赴内蒙古自治区调研。

21日

人口资源环境委员会在中国气象局召开会议,商讨将于今年11月份召开的“气候变化与生态环境研讨会”有关筹备事宜。温克刚副主任出席会议。

社会和法制委员会“为非公有制经济发展创造良好的法制环境”、“司法体制改革”专题组在政协机关召开会议,讨论赴苏、浙、沪调研情况和赴吉林、新疆调研计划。刘家琛、肖建章、赵登举、萧灼基副主任参加会议。

港澳台侨委员会主任郭东坡在政协机关会见并宴请美国扬创国际股份有限公司董事长萧隆昌先生一行,就加强两岸经济往来和探讨该公司在大陆投资意向进行交谈。

22日

中共中央政治局常委、全国政协主席贾庆林,王忠禹、刘延东副主席在人民大会堂出席中国妇女第九次全国代表大会开幕会并接见全体代表。

贾庆林主席,郑万通秘书长到301医院看望杨成武、洪学智同志。

外事委员会在政协机关举行报告会,请美国驰华特伙伴事务所总裁约翰·驰华特先生介绍美国国会情况及其涉华案例和美国院外活动的情况。外事委员会副主任马振岗主持报告会。外事委员会主任刘剑锋、副主任张国祥和部分专门委员会副主任以及国务院台办、新闻办、财政部、商务部、外交学会和对外友协等有关部门负责人出席报告会。

22日至9月9日

应尼加拉瓜工商会、巴拿马国际关系和外交政策研究中心、厄瓜多尔及哥伦比亚驻华使馆邀请,以外事委员会副主任、中国经济社会研究会常务理事李北海为团长,外事委员会副主任、研究会常务理事原焘为副团长的研究会代表团一行11人赴上述四国进行友好访问。

23日

郝建秀副主席在北京中日青年交流中

心出席第二届全国残疾人职业技能竞赛闭幕式并接见参赛选手。

23 日至 24 日

全国政协主席、政协章程修改领导小组组长贾庆林在大连市主持召开政协章程修改工作座谈会(华北、东北片)并发表重要讲话。全国政协常务副主席、政协章程修改领导小组副组长王忠禹就修改政协章程的提出、已经开展的主要工作和今后工作的安排等情况作了通报。全国政协副主席、政协章程修改领导小组成员李贵鲜,全国政协秘书长、政协章程修改领导小组成员、办公室主任郑万通,全国政协副秘书长、政协章程修改领导小组办公室副主任王巨禄、李昌鉴,全国政协办公厅研究室主任、政协章程修改领导小组办公室副主任卞晋平,华北、东北八省、区、市政协主席或副主席,联系政协工作的党委副书记或党委常委兼统战部长,省级政协秘书长、研究室主任,在辽的全国政协常委、在大连的全国政协委员,辽宁省各民主党派、工商联负责人、无党派人士代表等 50 余人出席座谈会。25 人在座谈会上发言,就政协章程反映“三个代表”重要思想和十六大确立的重大理论观点、重大方针政策以及中共中央关于人民政协工作的精神,体现近年来各地政协工作实践的新成果,推进人民政协履行职能的制度化、规范化和程序化建设等问题提出了意见和建议。

贾庆林主席在会议结束时的讲话中指出,这次修改政协章程总的原则是:坚持中国共产党的领导,贯彻“三个代表”重要思想,落实中共十六大精神,与宪法修改相衔接,适应新形势对人民政协工作的新要求,努力反映各级政协工作实践中取得的成熟经验,推进政协履行职能的制度化、规范化和程序化。

24 日

外事委员会主任刘剑锋参加国务院总理温家宝接见“驻外使节小型座谈会”与会代表的活动。

24 日至 30 日

外事委员会主任刘剑锋、副主任周可仁出席在云南省昆明市举办的云南海外经济合作促进会一届三次理事会,并在会后赴迪庆调研。

25 日

全国政协在深圳市举行政协十届二次常委会议情况通报会。刘延东副主席向香港地区全国政协委员通报了内地经济发展形势,传达了政协十届二次常委会议精神,并希望港区政协委员发扬爱国爱港的优良传统,坚持“一国两制”,按基本法办事,珍惜和维护团结稳定的大局,支持董建华先生及特区政府的工作,努力把公众注意力集中到香港经济的发展上来。傅志煌副秘书长主持会议并通报了港区全国政协委员支持内地抗击“非典”捐款的落实情况。全国政协副主席霍英东,中央统战部副部长梁金泉,国务院港澳办副主任徐泽,中央人民政府驻香港联络办副主任郑坤生等出席通报会。香港地区全国政协委员 108 人参加通报会。

25 日至 9 月 3 日

全国政协常委视察团一行 17 人,就“民营经济发展及参与国企改革情况”赴陕西省进行视察。

26 日

郝建秀副主席在人民大会堂出席中国妇女第九次全国代表大会闭幕会。

李蒙副主席在人民大会堂出席国家主席胡锦涛为欢迎厄瓜多尔总统卢西奥·古铁雷斯·博武阿访华举行的欢迎仪式和欢迎宴会。

经济委员会农业产业化专题组在政协机关召开会议,通报将于 9 月召开的“农业产业化”论坛的前期筹备情况,并讨论论坛的主题报告(初稿)。段应碧副主任主持会议，陈耀邦、洪绂曾副主任，农业部有关部门负责人参加会议。

26 日至 9 月 8 日

社会和法制委员会“政府在就业工作中的职能定位”专题组一行 10 人赴广东、河南调研。张绪武副主任带队。周铁农副主席参加了河南期间的调研活动。

27 日

张怀西副主席在北京塔里木石油宾馆出席由劳动和社会保障部与中国职工教育和职业培训协会联合举办的贯彻《民办教育促进法》推动民办职业培训事业发展座谈会。

郑万通秘书长在政协机关北楼十层会议室召开第九次秘书长办公会议。主要议题：一、审议十届政协第三次常委会议议程和日程（草案）；二、研究全国政协 2003 年下半年的出访计划；三、研究并原则通过全国政协口 2004 年预算编制（草案）；四、研究并同意下发《关于做好〈人民政协报〉、〈中国政协〉2004 年度宣传征订工作的通知》；五、听取关于安徽省无为县防汛抗灾救灾情况的汇报；六、听取中协服务开发中心关于在萧山筹建委员活动中心的情况汇报；七、研究全国政协机关信息化建设有关问题，听取《全国政协机关信息化状况评估报告》、《全国政协信息化系统工程建设规划纲要》。郑万通秘书长简要通报了近期政协章程修改工作进展情况和下半年全国政协重要会议、活动安排情况，并要求办公厅有关局室做好各项准备工作。副秘书长赵喜明、孙怀山、傅志煌、范西成出席会议，办公厅研究室主任卞晋平和各局室负责人列席会议。

27 日至 9 月 6 日

外事委员会专题调研组一行 10 人就“对外宣传和边境、边贸管理情况”赴西藏自治区进行调研。马振岗副主任带队。

28 日

教科文卫体委员会在政协机关召开座谈会，讨论全国人大教科文卫委员会的《中华人民共和国民族民间传统文化保护法（草案）》，并提出修改意见。翟泰丰副主任主持会议。

29 日

罗豪才副主席在政协礼堂会见以高宝龄先生为团长的香港特别行政区九龙社团联合会访京团一行 39 人。

张怀西、李蒙副主席在人民大会堂出席 2003 年中国技术市场协会年会暨“金桥奖”颁奖大会。

29 日至 31 日

文史资料委员会副主任龚心瀚在山东省日照市出席山东省政协文史干部培训班，并作“关于如何做好新形势下的政协文史工作”主题报告。

29 日至 9 月 8 日

经济委员会副主任叶连松应邀赴乌鲁木齐市出席 2003 年乌洽会暨中西亚经贸合作高层论坛会。

29 日至 30 日

全国政协主席、政协章程修改领导小组组长贾庆林在苏州市主持召开政协章程修改工作座谈会（华东、中南片）并发表重要讲话。全国政协常务副主席、政协章程修改领导小组副组长王忠禹就修改政协章程的提出、已经开展的主要工作和今后工作的安排等情况作了通报。中共江苏省委书记李源潮，江苏省省长梁保华；全国政协副秘书长、政协章程修改领导小组办公室副主任李昌鉴，办公厅研究室主任、政协章程修改领导小组办公室副主任卞晋平；华东、中南十三省、区、市政协主席或副主席，联系政协工作的党委副书记或党委常委兼统战部长，省级政协秘书长、研究室主任；在苏的全国政协常委、在苏州的全国政协委员；江苏省各民主党派和工商联负责人、无党派人士代表等 70 余人出席座谈会。22 人在座谈会上发言，就政协章程反映

“三个代表”重要思想和十六大确立的重大理论观点、重大方针政策以及中共中央关于人民政协工作的精神，体现近年来各地政协工作实践的新成果，推进人民政协履行职能的制度化、规范化和程序化建设等问题提出了意见和建议。

贾庆林主席在会议结束时的讲话中指出，修改政协章程是一项光荣的任务。我们必须把政协章程修改工作切实抓紧抓好。章程修改领导小组要认真贯彻中央有关精神，按照章程修改工作的部署，分阶段、有步骤地狠抓落实。领导小组办公室要广泛收集、研究、整理各方面意见建议，认真进行修改。政协各参加单位、各级组织和广大委员要热情关心、积极参与，地方各级党委、政府和有关部门要高度重视、大力支持。要通过各方面的共同努力，把修改政协章程的任务完成好。

30日

罗豪才副主席在北京会议中心出席由中国侨联举办的“中国侨联华商联谊会成立大会暨新侨创业成果交流会”开幕会。

张克辉副主席在人民大会堂出席由中国企业文化促进会主办的“中国职业经理人”大会。

范西成副秘书长代表贾庆林主席、王忠禹常务副主席和办公厅到北京医院看望赛福鼎·艾则孜同志。

罗豪才副主席在钓鱼台国宾馆会见几内亚比绍社会革新党代表团。该团是应中国国际交流协会的邀请来华访问的。

30日至9月11日

社会和法制委员会“为非公有制经济发展创造良好的法制环境”、“司法体制改革”专题组赴吉林、新疆调研。刘家琛、肖建章副主任带队，赵登举、曹克明副主任参加调研。

31日至9月10日

以程安东副主任为组长的经济委员会“沿黄河地区全面建设小康”专题调研组赴青海、内蒙古就沿黄河地区经济与社会发展现状、影响其发展的主要因素和困难及加快发展的突破口等问题进行调研。

9月

1日

王忠禹常务副主席在政协机关听取安徽省政协常务副主席秦德文关于全省及政协系统遭受水旱等自然灾害情况的汇报，并就如何开展灾后重建工作作出指示。

郝建秀副主席在人民大会堂出席第三届“安康计划西部行”大型公益活动发车仪式。

港澳台侨委员会主任郭东坡，副主任何添发在政协机关与山东省政协副主席乔延春等就港澳台侨工作交换意见。

港澳台侨委员会主任郭东坡，副主任何添发在华侨大厦出席中央“五侨”领导工作联席会议。

1日至3日

全国副省级市政协提案工作研讨会在杭州召开。李兆焯副主席出席闭幕式。提案委员会主任傅杰、副主任张岳琦、傅志煌副秘书长及部分在浙提案人走访浙江省政府，了解浙江省人民政府办理全国政协十届一次会议提案工作情况及贯彻中共中央办公厅、国务院办公厅《关于转发〈全国政协办公厅关于办理政协提案的意见〉的通知》情况，并听取浙江省人民政府对提案委员会工作的意见和建议。

1日至7日

应我会邀请，赞比亚前总统卡翁达一行5人来华访问北京、西安和上海。贾庆林主席，王忠禹常务副主席会见并宴请。

1日至9日

以王思齐委员（贵州省政协主席）为团长的驻贵州省全国政协委员视察团一行

15人就“国企下岗职工再就业”情况赴辽宁省视察。

2日

郝建秀、陈奎元副主席在北京京西宾馆出席中央电视台建台45周年纪念大会。

全国政协委员赴黑龙江省视察团在政协机关召开组团会。国家发改委王小涛副司长就“资源枯竭型城市产业接续问题”作情况介绍。

张克辉副主席在北京紫玉山庄出席“在京台胞中秋联谊会”。

2日至6日

全国政协办公厅政协信息工作先进单位和先进个人表彰会暨第六期政协信息采编工作培训班在山西省太原市举行。会议表彰了在九届全国政协期间连续五年荣获政协信息工作先进单位荣誉称号的12个单位和连续三年荣获政协信息工作先进个人荣誉称号的5位同志。李昌鉴副秘书长出席并作了题为“总结经验、落实《意见》、锤炼队伍,努力开创十届政协信息工作新局面”的讲话。会议对与会14个单位的25位同志进行了政协信息采编工作的业务培训。

2日至15日

教科文卫体委员会“科技资源共享问题”专题调研组一行11人赴湖北、四川、陕西等地调研。栾恩杰副主任带队。

3日

受贾庆林主席委托,王忠禹常务副主席在武汉出席全国15个副省级市政协修改政协章程专题研讨会并发表重要讲话,讲话充分肯定了15个副省级市政协的工作,总结了十届全国政协开局以来的主要工作,强调了下半年全国政协的重点工作,并通报了全国政协修改政协章程的有关情况。办公厅研究室主任卞晋平参加研讨会。15个副省级市政协主席、秘书长、研究室主任围绕会议议题进行了讨论。

贾庆林主席、张克辉、郝建秀副主席在政协礼堂出席“当代国画优秀作品展—福建作品展”开幕式。王选副主席代表全国政协讲话。福建省政协主席陈明义致开幕词。赵喜明副秘书长主持开幕式。孙怀山、范西成副秘书长和有关部委负责人及首都书画界知名人士200多人参加开幕式。

张克辉副主席在人民大会堂出席“2003年在京台胞中秋茶话会”。

3日至12日

以黄璜常委为团长、谭庆琏委员为副团长的全国政协委员视察团一行40人就“资源枯竭型城市的产业接续问题”赴黑龙江省视察。

4日

徐匡迪副主席率教科文卫体委员会部分委员到北京市第三聋人学校慰问教职员工。中共北京市委常委朱善璐,北京市政协副主席张和平陪同慰问。

民族和宗教委员会主任钮茂生应中国道教协会邀请在北京白云观出席中国道教学院2003年宫观管理专业暨首届研究生班开学典礼。

港澳台侨委员会副主任张道诚在政协礼堂会见以杨超成主席为团长的香港东华三院董事局访问团一行40人。

徐匡迪副主席在人民大会堂分别会见香港青年才俊访问团和香港工程界访问团。

4日至8日

以林用三委员为团长的在京全国政协委员视察团一行26人就“发展职业教育”问题赴天津视察。

4日至10日

贾庆林主席赴新疆喀什、阿勒泰、吐鲁番、昌吉、石河子、乌鲁木齐等地就深入学习贯彻十六大精神和“三个代表”重要思想,做好新世纪新阶段的统一战线和民族、宗教工作，积极推进西部大开发，加快全面建设小康社会步伐等问题进行调研。贾庆林主席深入到农村牧场、企业车间和农牧民家庭，同各族干部群众交谈，并召开了民族、宗教界代表人士座谈会，听取了自治区党委、政府的工作汇报。全国政协副主席、中央统战部部长刘延东参加调研。

5日

黄孟复副主席在人民大会堂会见香港经贸商会访问团。

5日至7日

文史资料委员会在中协宾馆召开全国政协文史资料工作研讨会。王忠禹常务副主席看望与会代表并讲话。他指出，文史资料工作是政协工作的重要组成部分，是政协的特色。文史资料是留给后人的，一定要力求准确、实事求是。

此次研讨会主要内容是，新形势下文史资料工作的指导思想、方针、原则、任务及工作重点；本届政协文史资料工作的目标和协作选题；文史资料工作为现实服务和与政协委员履行职能相结合问题。桂世镛主任主持会议。邓成城等6位副主任和部分省级政协文史委员会或文史委员会办公室负责人共30多人出席会议。

5日至9日

提案委员会在浙江省德清召开全国政协部分承办单位提案办理工作座谈会，座谈贯彻中办、国办《关于转发〈全国政协办公厅关于办理政协提案的意见〉的通知》情况，交流提案办理工作的情况和经验，听取承办单位对提案工作的意见和建议。李兆焯副主席出席开幕式并讲话。傅杰主任，杨振杰、张岳琦、俞泽猷副主任，傅志煌副秘书长出席会议。提案委员会部分委员及部分承办单位有关部门负责人参加会议。

5日至15日

陈邦柱主任率人口资源环境委员会和国家林业局“关注森林”联合考察组一行10人赴河北、山西、陕西考察退耕还林实施情况。

6日

郝建秀副主席在人民大会堂出席“抗非典英雄儿女婚礼大典”活动。

王选副主席、京昆室顾问万国权在政协机关出席孙毓敏委员舞台生活50年展演活动新闻发布会。孙怀山副秘书长，京昆室副主任李世济、叶少兰参加发布会。

民族和宗教委员会主任钮茂生，齐续春副秘书长在北京灵光寺出席全国政协常委、民族和宗教委员会委员、中国佛教协会副会长圣辉大和尚方丈晋院升座典礼。

白立忱、阿不来提·阿不都热西提副主席在银川市宁夏人民大会堂接见参加第七届全国少数民族传统体育运动会的56个民族的体育代表并合影，在宁夏体育场出席运动会开幕式。

6日至9日

阿不来提·阿不都热西提副主席在宁夏回族自治区银川、吴忠等地就农村经济、商贸及旅游等工作进行考察。

7日至16日

驻湖北省全国政协委员视察团一行12人就“生态省建设情况”赴吉林省进行视察。

8日

王忠禹常务副主席、陈奎元副主席在人民大会堂出席中国残联第四次全国代表大会开幕式，会前接见与会代表并合影。社会和法制委员会副主任祁培文出席开幕式。

民族和宗教委员会主任钮茂生，齐续春副秘书长在北京法源寺出席全国政协常委、民族和宗教委员会委员、中国佛教协会会长一诚大和尚方丈晋院升座典礼。

港澳台侨委员会主任郭东坡在政协礼堂会见以全国政协委员、香港新界区原区事顾问协会永远名誉会长兼主席廖正亮先生为团长的香港新界区原区事顾问协会北京访问团一行 32 人。

王忠禹常务副主席在政协机关听取外交部欧亚司、西欧司负责人介绍罗马尼亚、匈牙利、芬兰等国情况。吉林省政协主席王国发、民族和宗教委员会主任钮茂生、王巨禄副秘书长等出席会议。

8 日至 24 日

应"全球华侨华人推动中国和平统一大会"莫斯科大会组委会邀请，港澳台侨委员会副主任张伟超一行 3 人赴莫斯科参加"全球华侨华人推动中国和平统一大会"。并对奥地利、意大利进行工作访问，慰问侨胞，了解侨情，宣传我国经济和社会发展的新形势，介绍中国共产党领导的多党合作和政治协商制度及人民政协工作。

9 日

王忠禹常务副主席在政协礼堂会见保加利亚国防部长尼科拉伊·斯维纳罗夫，积极评价了中保关系并向客人简要介绍了我国国内建设情况。斯维纳罗夫是应我国防部邀请访华的。

徐匡迪副主席在北戴河出席 2003 年第三期全国政协干部培训班（总第 38 期）开学典礼并讲话。赵喜明副秘书长主持开学典礼。来自全国各级地方政协的 467 名学员参加培训班。

王选副主席在人民大会堂接见全国农村中小学优秀教师代表和第一届高等学校教学名师奖获得者并合影，随后出席了全国农村中小学优秀教师代表座谈会。

周铁农副主席在北京出席第二届北京什刹海国际旅游文化节开幕式。

京昆室在中协宾馆召开全国昆曲剧目曲谱编辑委员会第一次会议，审议通过编委会名单，研究曲目入选原则，讨论出版计划及编辑经费筹措等事宜。刘忠德副主任主持会议。部分政协委员和全国现有 7 个昆曲院团负责同志出席会议。

10 日

徐匡迪副主席在政协机关分别会见以全国政协常委、香港协进联盟主席刘汉铨为团长的香港协进联盟访京团一行 36 人和以全国政协委员、香港新界社团联会会长张学明为团长的香港新界社团联会访京团一行 40 人。徐匡迪副主席对两个社团的来访表示欢迎，对他们高举爱国爱港旗帜、支持特区政府依法施政所做的大量工作给予了充分肯定，并与访问团成员就他们关心的问题进行了交流，鼓励他们继续团结香港各界人士，发挥更大作用，依靠香港自身优势，解决好香港的问题，把香港建设得更加美好。港澳台侨委员会主任郭东坡参加会见。

香港协进联盟成立于 1994 年，是一个主要由工商界和专业人士组成的爱国爱港政治团体。现有会员 311 人，大都在香港和内地担任各种公职。

香港新界社团联会成立于 1985 年，是一个大型综合性爱国爱港社团。现有属会 151 个，会员 83000 余人。

张思卿副主席在政协机关接见出席十届政协书画室第一次全体会议的成员。赵喜明副秘书长出席会议并讲话。

徐匡迪副主席在人民大会堂出席庆祝 2003 年教师节暨纪念《中华人民共和国教师法》颁布 10 周年座谈会。

全国政协副主席、京昆室主任王选在政协机关主持召开十届政协京昆室第一次全体成员会议，并对今后工作提出要求。会议宣布了十届政协京昆室组成人员名单。京昆室办公室汇报了十届政协京昆室工作要点。京昆室顾问万国权，副秘书长赵喜明，京昆室副主任李世济、叶少兰、叶朗、张永珍出席会议。

港澳台侨委员会主任郭东坡，副主任刘亦铭、何添发、张道诚、俞晓松与委员会部分在京委员在北京紫玉山庄出席"港澳台侨委员会2003年中秋联谊会”。

王选、李蒙副主席在政协机关出席“全国政协书画室、京昆室委员中秋联谊会”。郑万通秘书长代表办公厅致词。赵喜明、吴明熹、齐续春、孙怀山、李敏宽副秘书长，各民主党派中央部分在京负责人和全国政协书画室、京昆室委员及部分地方政协同志200余人参加了联谊活动。

10日至24日

应罗马尼亚参议院、匈牙利国会和芬兰议会邀请，王忠禹常务副主席率全国政协代表团一行10人赴三国进行友好访问。吉林省政协主席王国发，全国政协民族和宗教委员会主任钮茂生，副秘书长王巨禄等参加了代表团。

11日

贾庆林主席在人民大会堂会见出席第六届“京台科技论坛暨京台科技合作研讨洽谈会”的“2003年大陆科技交流考察团”团长黄崇仁及部分台商代表，对台湾企业家在中华民族传统的中秋佳节来京出席“京台科技论坛暨京台科技合作研讨洽谈会”表示欢迎，向各位台湾朋友，并通过他们向广大的台湾同胞致以节日的问候。贾庆林主席说，进一步发展两岸经济关系、尽快实现两岸直接“三通”，符合两岸同胞的根本利益。两岸中华儿女携起手来，各展优长，相互扶持，对于两岸经济的共同繁荣、实现中华民族的伟大复兴具有重大意义。

徐匡迪副主席在人民大会堂出席国家主席胡锦涛为欢迎德国总统约翰内斯·劳访华举行的欢迎仪式和欢迎宴会。

张克辉副主席在厦门出席“两岸中秋庆团圆”活动。

11日至20日

以周铁农副主席为组长、提案委员会副主任杨振杰为副组长、提案委员会部分委员和提案人以及公安部有关负责人参加的专题调研组赴广东、广西就“关于建立健全城市应急机制的建议”提案进行调研。

12日

白立忱副主席到北京宣武医院看望病情危重的九届政协常委、中国伊斯兰教协会原会长沈遐熙。

社会和法制委员会主任李其炎率委员会部分委员在司法部燕城监狱考察。司法部副部长范方平介绍了当前我国监狱管理工作的情况并陪同考察。肖建章、萧灼基副主任参加了考察。

陈奎元副主席在人民大会堂出席中共中央召开的专家学者座谈会。会议内容为征求对《中共中央关于修改宪法部分内容的建议(草案)》的意见。

无党派界委员举行中秋联谊活动。齐续春副秘书长出席并宴请参加活动的委员及其夫人。

12日至18日

经济委员会副主任石万鹏率现代物流专题组一行11人赴湖北、河南、山东调研，内容是解决我国物流管理体制分散、物流市场分割、政府部门加强对物流的管理和市场的有效监管等问题。

12日至22日

以提案委员会副主任宋宝瑞为组长，提案委员会部分委员、提案人以及国家发展和改革委员会、教育部、财政部、农业部、卫生部等有关部门负责人参加的专题调研组赴江西、福建就“农村卫生改革与发展”提案进行调研。

13日

张克辉副主席在福建省泉州出席第二届闽南文化研讨会开幕会。

13日至15日

港澳台侨委员会副主任何少川、陈玉益在福建省泉州出席由福建省炎黄文化研究会与泉州市政协联合举办的第二届闽南文化研讨会。

13日至20日

以吴福常委为团长的全国政协澳门委员视察团一行33人赴四川视察当地经济与社会发展情况，视察内容主要为经济开发区的建设、教育事业、旅游资源开发及生态环境保护等。

14日

郝建秀副主席在钓鱼台国宾馆出席由国务院发展研究中心和经济日报社共同主办的“中国特色城镇化论坛”。

15日

中共中央政治局常委、全国政协主席、政协章程修改领导小组组长贾庆林主持召开政协章程修改工作座谈会，听取各民主党派中央、全国工商联和有关人民团体主要负责人及无党派人士代表对修改政协章程的意见和建议。全国人大常委会副委员长、民革中央主席何鲁丽，全国人大常委会副委员长、民盟中央主席丁石孙，全国人大常委会副委员长、民建中央主席成思危，全国政协副主席、民进中央副主席张怀西，全国人大常委会副委员长、农工党中央主席蒋正华，全国政协副主席、致公党中央主席罗豪才，全国政协副主席、九三学社中央副主席王选，全国政协常委、台盟中央副主席李敏宽，全国工商联副主席孙晓华，共青团中央书记处第一书记周强(代表团中央和全国青联)，全国总工会副主席、书记处书记倪豪梅，全国妇联党组书记、副主席、书记处第一书记黄晴宜，中国科协党组成员、书记处书记宋南平，全国台湾同胞联谊会会长杨国庆，中国侨联党组书记、主席林兆枢，全国政协常委、全国政协人口资源环境委员会副主任、无党派人士代表张洽，全国政协委员、无党派人士代表文喆等在会上发言。全国人大常委会副委员长、九三学社中央主席韩启德，全国政协副主席、政协章程修改领导小组成员刘延东，全国政协副主席、农工党中央副主席李蒙，全国政协秘书长、政协章程修改领导小组成员、办公室主任郑万通，全国政协常委、民建中央副主席张榕明，政协章程修改领导小组办公室副主任和驻会副秘书长李昌鉴、齐续春、孙怀山、傅志煌、范西成、卞晋平等出席了会议。

贾庆林主席在讲话中指出，修改政协章程是各参加单位和全体委员共同的大事。只有依靠政协各参加单位、各级政协组织和广大委员共同努力，充分发扬民主，广泛征求意见，严格履行程序，才能做好这件大事。大家在发言中着眼于全党全国工作的大局，结合统一战线和人民政协工作的实际，认认真真地研究问题，实实在在地讲心里话，表现出了团结民主的优良作风、对政协事业高度负责的精神和求真务实的态度。会后，章程修改领导小组办公室要对这些意见和建议认真整理，逐条研究，在章程修改中尽可能采纳。

港澳台侨委员会副主任张道诚在政协机关会见以陈振彬主席为团长的香港博爱医院癸未年董事局访京团一行12人。社会和法制委员会委员王立忠等参加会见。香港博爱医院是香港六大慈善团体之一，每年均来我会拜访。

全国政协秘书长、政协章程修改领导小组成员、办公室主任郑万通在中协宾馆主持召开政协章程修改领导小组办公室第二次全体会议，研究讨论前一阶段各地方政协和有关方面对修改政协章程的意见和建议。副秘书长、政协章程修改领导小组办公室副主任李昌鉴，办公厅研究室主任、政协章程修改领导小组办公室副主任卞晋平等出席会议。

15日至19日

港澳台侨委员会主任郭东坡赴湖北省武汉市出席国务院侨办举办的“第三届华侨华人专业人士回国创业成果报告暨高新技术项目洽谈会”。

16日

受贾庆林主席委托，全国政协秘书长、政协章程修改领导小组成员、政协章程修改领导小组办公室主任郑万通主持召开政协章程修改工作座谈会，听取部分专家学者对修改政协章程的意见和建议。十届全国政协常委、中国社科院世界经济与政治研究所原副所长徐更生，十届全国政协委员、全国人大法工委原副主任卞耀武，十届全国政协委员、中国社科院政治学研究所原所长、学术委员会委员白钢，十届全国政协委员、中央党校副校长李君如，十届全国政协委员、中华全国律师协会会长高宗泽，九届全国政协常委王大明、王厚德，中央统战部研究室原主任黄铸，国家行政学院法学部教授任进，中国社科院法学研究所教授、所长助理、中国行政法学研究会副会长冯军，中国政法大学教授、博士生导师王人博在会上发言。政协章程修改领导小组办公室副主任和副秘书长李昌鉴、范西成、办公厅研究室主任卞晋平等出席会议。

16日至29日

社会和法制委员会“灵活就业人员的社会保障问题”专题组一行9人赴福建、江西调研。王建伦副主任带队。朱治宏副主任参加。

17日

受贾庆林主席委托，全国政协秘书长、政协章程修改领导小组成员、政协章程修改领导小组办公室主任郑万通主持召开政协章程修改工作座谈会，听取部分中央党政机关负责人和全国政协机关部分参加过历次政协章程修改工作的负责人对修改政协章程的意见和建议。中共中央办公厅副主任毛林坤，国务院副秘书长焦焕成，中共中央组织部副部长沈跃跃，中共中央统战部副部长陈喜庆，中共中央政策研究室副秘书长赵涛，八届全国政协秘书长朱训，六、七、八届全国政协副秘书长朱作霖，七、八届全国政协副秘书长卢之超，全国政协原学习委员会工作组办公室主任、中央社会主义学院原秘书长朱真，全国政协原学习委员会工作组办公室副主任杨季川在会上发言。政协章程修改领导小组办公室副主任和驻会副秘书长李昌鉴、傅志煌、范西成、卞晋平，十届全国政协常委、外事委员会副主任张国祥出席会议。

全国政协(无党派)委员赴贵州省视察团在政协机关召开会议，邀请教育部部长助理陈小娅介绍目前我国基础教育的有关情况。

全国政协秘书长、政协章程修改领导小组成员、领导小组办公室主任郑万通，继续主持召开政协章程修改领导小组办公室第二次全体会议，研究讨论前一阶段各地方政协和有关方面对修改政协章程的意见和建议，并在会议结束讲话中充分肯定了政协章程修改领导小组办公室前一阶段的工作，对下一阶段的工作进行了部署，要求继续认真整理好几次政协章程修改工作座谈会上的意见和建议，突出研究一些反映比较集中、比较强烈的重要问题，抓紧修改出一份有良好基础的草稿及修改说明稿，供政协章程修改领导小组参考，并为政协章程修改领导小组第二次会议作好准备。郑万通秘书长希望与会人员继续努力，发扬不怕疲劳、连续作战的作风，完成好组织交办的任务。办公厅研究室主任、政协章程修改领导小组办公室副主任卞晋平等出席会议。

傅志煌副秘书长代表办公厅到八宝山革命公墓参加十届政协委员王家柱遗体送别仪式。

17日至19日

外事委员会在政协机关召开关于2005年“21世纪论坛”选题研讨会。张国祥副主任主持会议。马振岗、王淑贤、杨正泉、吴建民副主任和委员会部分委员及有关方面专家学者出席会议。

17 日至 20 日

龚心瀚副主任率文史资料委员会宝钢史料征编组赴上海考察并与上海市政协、宝钢集团商讨征集宝钢建设史料的有关问题。

17 日至 25 日

以胡富国常委为团长、任玉岭常委为副团长的全国政协(农业界)委员视察团一行 15 人赴山东省济南、烟台等地就"农业产业化经营与农民增收情况"进行视察。

18 日

王选副主席在北京大学出席《胡适全集》新书首发式暨胡适学术思想研讨会。

李蒙副主席赴河南省郑州市出席农工党中央全国宣传思想工作会议并讲话。他指出,农工党的宣传思想工作是保证农工党积极履行参政党职能的一个重要部分。各级宣传部门要及时、有效地学习、宣传、贯彻"三个代表"重要思想,提高认识,振奋精神,紧紧围绕发展这个第一要务和爱国统一战线的新形势、新要求、新任务,围绕农工党中央的有关决定,积极拓展新思路,开创农工党宣传思想工作的新局面;要面向基层,面向实际,做中共中央联系农工党广大成员的桥梁和纽带。农工党各级组织和成员对宣传思想工作要充分理解、积极支持,要从政治上、思想上、工作上、生活上关心宣传思想工作干部,为他们的学习、工作创造良好条件。

全国政协秘书长、机关党组书记郑万通结合参加中央举办的省部级主要领导干部学习贯彻"三个代表"重要思想专题研讨班的学习体会,为机关 300 多名党员干部、事业单位党员及处级以上干部作了关于深入学习贯彻"三个代表"重要思想的辅导报告。

经济委员会主任刘仲藜在政协机关主持召开委员会第六次主任会议,讨论国家发改委《投资体制改革方案(草案)》。叶连松、刘立清、陈耀先、陈耀邦副主任出席会议。

教科文卫体委员会副主任张发强、港澳台侨委员会副主任张道诚在政协机关会见以香港康体局副主席胡晓明先生为团长的香港运动精英 2008 考察团一行 37 人,向来宾介绍了中国人民政治协商会议制度和体育界委员参政议政的有关情况,并鼓励他们做香港青年的楷模。

外事委员会主任刘剑锋在政协机关会见美中政策基金会负责人王翼教授。

18 日至 27 日

以周铁农副主席为团长,齐续春、张治常委为副团长的全国政协无党派委员视察团一行 22 人赴贵州省就农村义务教育情况进行视察。

18 日至 10 月 1 日

应港澳台侨委员会邀请,美国费城侨领商务国庆观光团来我国广东、福建、上海、浙江、北京等地参观。张道诚副主任全程陪同。

19 日

郝建秀副主席在政协机关会见以泰国文化部长乌莱婉·天通为团长的泰国文化代表团。该团是应文化部邀请访华的。

教科文卫体委员会医卫组一行 15 人赴重庆就"城市医疗卫生服务体系"进行调研。孙隆椿副主任带队。

19 日至 20 日

范西成副秘书长、经济委员会副主任洪绂曾、教科文卫体委员会委员陈文博在北京国谊宾馆参加国务院召开的全国农村教育工作会议。

19 日至·21 日

应中国宗教界和平委员会邀请,以非武装与和解委员会委员长安田映胤为团长的世界宗教和平会议日本委员会访问团一行 3 人来京访问。双方举行座谈,民族和宗教委员会副主任、“中宗和”副主席陈广元出席座谈会。

20 日

李蒙副主席赴河南省鹤壁市出席2003年海峡两岸台商投资论坛开幕式。

21 日

李蒙副主席在浙江富阳出席农工党中青年党员培训班开学典礼并讲话。他指出,加紧培养造就一大批适应新世纪要求的高素质的民主党派中青年干部队伍,是关系到多党合作全局的一项战略性任务,是坚持和完善中国共产党领导的多党合作和政治协商制度的基本保证,是民主党派进一步实现政治交接的有力措施,是更好地发挥民主党派的人才和智力优势,提高民主党派参政议政水平,建设面向新世纪的参政党的迫切需要。要借学习“三个代表”重要思想的高潮来推动培训工作,把中青年后备干部培训班的培训质量、培训水平提升到一个新的高度。他希望学员们珍惜机会,认真学习,力求在理论学习上有较大的收获,在思想认识上有较大的飞跃。

徐匡迪副主席在钓鱼台国宾馆会见荷兰鹿特丹市市长伊沃·奥普斯泰尔坦先生率领的大型代表团。该团是应对外友协邀请访华的。

21 日至 24 日

张怀西副主席赴浙江省杭州市出席民进全国宣传思想工作会议并视察了杭州市第一人民医院和第三人民医院,听取了医院创建全国“百姓放心医院”活动情况的汇报。

22 日

贾庆林主席,罗豪才、郝建秀、徐匡迪副主席,郑万通秘书长在人民大会堂出席中国工会第十四次全国代表大会开幕会并接见与会代表。

贾庆林主席在人民大会堂会见泰国枢密院大臣、前总理他宁·盖威迁。他宁是应外交学会邀请访华的。

提案委员会与河北省政协提案委员会在政协机关举行座谈会交流提案工作情况。傅杰主任,张工副主任,傅志煌副秘书长,河北省政协副主席赵铁练及省政协提案委员会有关负责人出席会议。

罗豪才副主席在人民大会堂出席国家主席胡锦涛为欢迎喀麦隆总统保罗·比亚访华举行的欢迎仪式和欢迎宴会。

郑万通秘书长在机关北楼十层会议室召开第十次秘书长办公会议。主要议题:一、研究关于组团赴欧洲考察经济社会问题的初步安排;二、通报第三次常委会议工作机构及各组负责人名单;三、研究关于政协全国委员会常务委员会会议请假的规定(试行稿);四、研究关于常委会第一次学习讲座活动的内容及主讲人等问题;五、研究十届全国政协在京委员活动日改进方案(草案);六、研究关于出售人民政协报大厦部分楼层的请示;七、研究全国政协信息化系统建设工程组织机构问题。办公厅研究室主任卞晋平简要通报了有关政协章程修改工作的进展情况。赵喜明、李昌鉴、陈洪、傅志煌、范西成副秘书长出席会议。各局室负责人列席会议。

六届全国政协委员,七、八、九届全国政协常委,中国伊斯兰教协会顾问、原会长哈吉·伊里亚斯·沈遐熙在北京逝世,享年82岁。

22 日至 28 日

应我会邀请,波兰参议长隆金·帕斯图夏克率波兰参议院代表团一行13人(此外还偕33位企业家、12位记者随行)访华。全国人大常委会委员长吴邦国会见;贾庆林主席会见并举行欢迎宴会;国家副主席曾庆红会见;李蒙副主席出席中国—波兰商务经济合作研讨会开幕会并致词。郑万通秘书长,外事委员会主任刘剑锋,经济委员会副主任石万鹏,外事委员会副主任周可仁，副秘书长李昌鉴分别出席上述活动。外事委员会主任刘剑锋到机场迎送，副主任周可仁陪同代表团访问北京、成都、广州和深圳。

23日

李兆焯副主席在中央民族干部学院出席国家民委举办的中央民族干部学院揭牌仪式暨开学典礼。

罗豪才副主席在政协机关会见以吴进忠会长为团长的厦门市台商投资企业协会访京团一行15人，对他们多年来所做的工作予以肯定，鼓励他们继续努力，团结更多台商，为促进海峡两岸关系发展做出更大贡献。该协会成立于1992年，现有会员企业600多家。

全国政协秘书长、机关党组书记郑万通为机关全体党员和干部职工作了关于深入学习贯彻“三个代表”重要思想辅导报告的第二部分，并就坚持用“三个代表”重要思想指导政协工作的实践，谈了几点体会和认识。

罗豪才副主席在钓鱼台国宾馆会见并宴请应中联部邀请访华的津巴布韦非洲民族联盟代表团。

24日

贾庆林主席在政协礼堂出席由港澳台侨委员会和中国侨联联合举办的“纪念庄希泉同志座谈会”。罗豪才副主席主持会议。刘延东副主席，郑万通秘书长出席会议。港澳台侨委员会主任郭东坡、中共中央统战部副部长梁金泉、庄希泉同志亲属和生前友好代表在会上发言。出席座谈会的还有谷牧、迟浩田、王汉斌、陈慕华、王光英、经叔平，港澳台侨委员会副主任何添发，李昌鉴、傅志煌副秘书长，全国人大华侨委员会主任陈光毅、国务院侨办主任陈玉杰、致公党中央副主席吴明熹及福建省有关负责人等。

徐匡迪副主席在政协机关会见美国国家地理学会副总裁罗伯特·赫南德兹。罗伯特·赫南德兹一行是应北京市文化发展基金会邀请访华的。

罗豪才副主席在钓鱼台国宾馆会见并宴请美国纽约侨界回国访问团伍焕鹏先生一行。

郑万通秘书长在政协机关北楼十层会议室召开第四次秘书长会议。主要议题：一、审议政协第十届全国委员会常务委员会第三次会议议程和日程(草案)；二、审议政协第十届全国委员会常务委员会第三次会议有关文件草案；三、其他事项。赵喜明、李昌鉴、张梅颖、李敏宽、陈洪、陈明德、傅志煌、刘民复、陈抗甫、张龙之副秘书长出席会议。办公厅研究室主任卞晋平和有关局室负责人列席会议。

24日至26日

由经济委员会和农业部联合主办的“农业产业化论坛”在大连开幕。李贵鲜副主席在开幕会上就农业问题发表讲话，阿不来提·阿不都热西提副主席在闭幕会上发表《群策群力，共同推进农业产业化迈上新台阶》的讲话。经济委员会主任刘仲藜，副主任陈耀邦、洪绂曾、段应碧，范西成副秘书长，国务院有关部门负责人，农业产业化龙头企业代表等近200余人出席会议。刘仲藜主任致开幕词，段应碧副主任作了“认清形势，抓住关键，全面提高农业产业化经营水平”的主题报告。农业部部长杜青林，辽宁省和大连市的有关负责人出席开幕会并讲话。

25日

刘延东、白立忱副主席，傅志煌、朱维群副秘书长在中国伊斯兰教协会礼堂参加原全国政协常委、中国伊斯兰教协会顾问沈遐熙遗体送别仪式。

26日

贾庆林主席在政协会议楼第九会议室召开十届全国政协第七次主席会议。主要议题：一、审议政协第十届全国委员会常务委员会第三次会议议程、日程和有关文件草案；二、听取郑万通秘书长关于政协章程修改工作座谈会情况的汇报；三、审议《关于政协全国委员会常务委员会会议请假制度的规定(试行)》草案。王忠禹常务副主席，廖晖、刘延东、阿沛·阿旺晋美、张思卿、白立忱、罗豪才、周铁农、郝建秀、陈奎元、阿不来提·阿不都热西提、李兆焯、黄孟复、王选、张怀西、李蒙副主席出席会议。副秘书长王巨禄、赵喜明、李昌鉴、吴明熹、齐续春、孙怀山、李敏宽、陈洪、陈明德、傅志煌、刘民复、潘贵玉、陈抗甫，专委会负责人傅杰、刘立清、陈邦柱、傅庚辰、肖建章、钮茂生、郭东坡、李北海，办公厅研究室主任卞晋平列席会议。

贾庆林主席在政协机关出席由机关老干部局和团委、青联举办的《激情岁月》照片展开幕式。王忠禹常务副主席，刘延东、白立忱、罗豪才、周铁农、郝建秀、陈奎元、阿不来提·阿不都热西提、李兆焯、李蒙副主席，郑万通秘书长，王巨禄、赵喜明、李昌鉴、齐续春、孙怀山、陈洪、傅志煌副秘书长等陪同出席。

张怀西副主席在北京民族文化宫出席全国工商联50周年华诞庆典暨中国光彩事业成果展开幕式。

郑万通秘书长在政协机关会见以全美华裔共和党联盟主席、美国共和党全国族裔委员会副主席苏丽凰女士为团长的全美华裔共和党联盟来访团一行13人。郑万通秘书长对该团成员为发展中美关系和促进海峡两岸和平统一所做的工作给予肯定。港澳台侨委员会副主任张伟超出席会见。

罗豪才副主席在北京饭店会见并宴请香港震雄集团主席兼执行总裁、蒋氏工业慈善基金会主席蒋震博士一行6人。14日至23日，港澳台侨委员会与蒋氏工业慈善基金会在香港共同主办了为期10天的“中国人力资源管理高级培训班”，主要来自中西部地区从事政协港澳台侨工作的29名学员参加了培训班。

26日至28日

应浙江省人民政府邀请，徐匡迪副主席率中国工程院11位院士赴浙江省温州、绍兴、杭州等地就浙江省制造业进行考察。

27日至28日

傅志煌副秘书长，人口资源环境委员会主任陈邦柱在北京国谊宾馆出席国务院召开的全国林业工作会议。

28日

罗豪才副主席在人民大会堂出席音乐电视剧《我是中国人》新闻发布会。

贾庆林主席在人民大会堂会见全国政协邀请的2003年港澳台侨人士国庆观光团和美国费城侨领商务国庆观光团全体成员。贾庆林主席对国庆观光团全体成员来京参加国庆活动表示欢迎。他说，团结港澳台同胞、海外侨胞和国内归侨侨眷是人民政协的一项重要任务。各级政协组织要努力做好这项工作，团结一切可以团结的力量，共同为全面建设小康社会，为早日实现祖国的完全统一做出贡献。郑万通秘书长和港澳台侨委员会主任郭东坡参加会见。

全国政协办公厅和中共中央统战部在人民大会堂联合举办国庆招待会，宴请应邀来京参加国庆观光活动的港澳台侨人士。贾庆林主席出席招待会，王忠禹常务副主席致祝酒词。全国政协副主席、中共中央统战部部长刘延东主持招待会。全国人大常委会副委员长何鲁丽、成思危、蒋正华、韩启德、傅铁山，国务委员唐家璇，全国政协副主席张思卿、白立忱、罗豪才、周铁农、郝建秀、陈奎元、阿不来提·阿不都热西提、李兆焯、王选、张怀西、李蒙，秘书长郑万通，部分副秘书长和港澳台侨委员会负责人等出席招待会。

28日至29日

黄孟复副主席在北京出席全国工商联成立50周年庆祝活动和中国光彩事业促进会二届三次理事会议。并在北京饭店会见新加坡中华总商会、新加坡工商联合会和泰国工商总会负责人;出席中国民营企业文化论坛和光彩事业促进会国际扶贫研讨会并发表讲话。

29日

贾庆林主席在人民大会堂出席全国工商联成立五十周年纪念大会并讲话。王忠禹常务副主席,刘延东、黄孟复副主席,郑万通秘书长出席会议。

罗豪才副主席在人民大会堂出席"2002—2003年度全国百家明星侨资企业"表彰大会。

贾庆林主席,王忠禹常务副主席,廖晖、刘延东、罗豪才副主席在人民大会堂出席国务院侨办、港澳办和台办举办的2003年华侨、港澳台同胞和外籍华人国庆招待会。

30日

王忠禹常务副主席,郑万通秘书长,李昌鉴副秘书长到北京301医院看望赵南起同志。

贾庆林主席,王忠禹常务副主席,廖晖、刘延东、阿沛·阿旺晋美、张思卿、白立忱、罗豪才、周铁农、郝建秀、陈奎元、阿不来提·阿不都热西提、李兆焯、黄孟复、王选、张怀西、李蒙副主席,谷牧、杨汝岱、任建新、宋健、钱正英、孙孚凌、万国权、胡启立、陈锦华、经叔平、王文元同志,郑万通秘书长在人民大会堂出席国务院以温家宝总理名义举行的2003年国庆招待会。

10月

4日

王忠禹常务副主席在中国国际展览中心出席第13届中国国际体育用品博览会开幕式。

7日至14日

以徐展堂常委为团长,郭炳湘、伍淑清常委,施子清、李祖泽委员为副团长的香港特区全国政协委员视察团一行49人赴江西省南昌、井冈山、九江、景德镇等地视察,重点了解农村经济改革、历史文化遗产保护与继承、旅游资源开发、生态环境保护及教育事业发展等情况。

7日至15日

马万祺副主席赴甘肃省兰州、张掖、酒泉、嘉峪关和敦煌等地考察西部大开发情况,并听取当地工作情况汇报。他充分肯定了甘肃各地落实西部大开发战略三年来所取得的显著成绩,希望各级领导和群众充分利用自己的优势,抓住机遇,解放思想,更新观念,加大改革开放力度,大力营造招商引资的软硬环境,密切与全国各地以及港澳台侨方面的关系,按照社会主义市场经济规律办事,促进甘肃省经济社会的更快发展。

8日

黄孟复副主席在北戴河出席全国政协第39期干部培训班开学典礼并作动员讲话。赵喜明副秘书长主持开学典礼。来自全国22个省、自治区、直辖市的各级政协干部和部分省市政协委员近200人参加培训班。

徐匡迪副主席在人民大会堂会见韩国青年会所代表团。该团是应共青团中央邀请来华访问的。

外事委员会主任刘剑锋在北京东方君悦大酒店出席韩国驻华大使馆举办的韩国国庆招待会。

8日至9日

李蒙副主席赴江苏省无锡市就"培育有效竞争机制、规范市场运行秩序"进行专题调研。

9日

王忠禹常务副主席在政协北楼十层会议室召开会议,研究第三次常委会议大会发言等准备工作。郑万通秘书长,李昌鉴、齐续春、傅志煌副秘书长及相关局室负责人出席会议。

刘延东副主席在人民大会堂出席国家主席胡锦涛为欢迎爱尔兰总统玛丽·麦卡利斯访华举行的欢迎仪式和欢迎宴会。

白立忱副主席在政协机关会见莱索托旅游、环境与文化大臣恩齐尼。恩齐尼一行是应文化部邀请访华的。

9日至12日

罗豪才副主席赴广东省出席由致公党中央、广东省政协、江门市政协和开平市政协联合举办的纪念著名侨领司徒美堂先生诞辰135周年系列活动并讲话。港澳台侨委员会主任郭东坡、副主任郭荣昌出席纪念大会。

9日至15日

应外事委员会邀请,以李荣一为团长的韩中文化协会代表团一行12人访华。白立忱副主席、文化部副部长周和平分别会见,外事委员会刘剑锋主任会见并举行欢迎宴会。代表团访问了北京、云南和上海。

9日至16日

人口资源环境委员会"加强西部地区计划生育服务网络建设"专题组一行9人赴甘肃省调研。杨魁孚副主任带队,潘贵玉副秘书长参加。

10日

李蒙副主席在浙江省杭州市出席农工党全国社会服务工作座谈会。

经济委员会主任刘仲藜在北京出席国务院召开的出口退税机制改革工作座谈会。

外事委员会主任刘剑锋在德国驻华大使馆出席薄德磊大使举办的德国国庆招待会。

10日至12日

人口资源环境委员会副主任马国良、王克英在湖南省长沙市出席长江流域11省市政协联合召开的"长江水环境保护第四次研讨会"。

13日

李蒙副主席在浙江省温州出席首届世界温州人大会开幕式。

外事委员会主任刘剑锋在政协机关会见并宴请来访的乌克兰副总理塔巴奇尼克。外事委员会副主任周可仁、教科文卫体委员会副主任翟泰丰等出席。该代表团是应商务部邀请访华的。

13日至18日

提案委员会副主任倪豪梅在武汉出席中南六省(区)政协提案工作座谈会。

14日

罗豪才副主席在政协机关会见黄炽雄理事长率领的香港九龙总商会访京团一行60人,他对访问团的来访表示欢迎,对香港九龙总商会在坚持一个中国原则,支持董建华先生为首的香港特区政府依法施政,繁荣香港经济,推动香港与内地、香港与台湾及海峡两岸经贸交流等方面所做的工作表示赞赏,并鼓励他们继续团结香港各界人士,支持特区政府,在推动港九与内地的经贸关系,促进两岸关系进一步发展等方面发挥更大作用。

阿不来提·阿不都热西提副主席在中协宾馆出席中国维吾尔历史文化研究会第三届学术研讨会闭幕式并讲话。

14日至29日

应波兰参议院外交和欧洲一体化委员会主席格拉鲍夫斯卡、希腊帕潘德里欧战略和发展研究所、马耳他议会外事委员会主席兰多邀请,以外事委员会主任刘剑锋为团长的全国政协外事委员会代表团对上述三国进行访问。李昌鉴副秘书长、外事委员会副主任马振岗等参加访问。

15 日

贾庆林主席、郑万通秘书长在北京航天城航天指挥控制中心观看我国首次载人飞船发射。

郑万通秘书长在政协机关召开会议，传达中共十六届三中全会精神。

经济委员会和云南省政协经济委员会就农产品质量安全生产问题进行座谈，并商定于 12 月在昆明市召开全国地方政协经济委员会主任会议的相关事宜。经济委员会副主任陈耀邦、洪绂曾、刘立清出席座谈会。

云南省政协主席杨崇汇在全国政协机关与全国政协信息化建设领导小组和机关有关局室负责人介绍云南省政协信息化建设情况。副秘书长、全国政协信息化建设领导小组副组长孙怀山、傅志煌出席会议。

贾庆林主席，刘延东、白立忱、阿不来提·阿不都热西提副主席在人民大会堂出席中国伊斯兰教协会成立 50 周年庆祝大会。

王忠禹常务副主席在政协机关召开会议，研究中国宗教界和平委员会有关工作。民族和宗教委员会主任钮茂生，副秘书长齐续春，中央统战部副部长黄跃金，国家宗教事务管理局副局长王作安等出席会议。

徐匡迪副主席在政协机关会见瑞典教科大臣奥斯特罗斯。奥斯特罗斯一行是应科技部邀请访华的。

郑万通秘书长在机关主持召开贾庆林主席访问南亚筹备工作协调会议。办公厅、外交部、中央警卫局、民航总局等有关单位负责人出席会议。

白立忱、阿不来提·阿不都热西提副主席在北京国际饭店出席庆祝中国伊斯兰教协会成立 50 周年招待会。

16 日

刘延东、罗豪才副主席在人民大会堂出席“何鸿燊博士抢救圆明园国宝捐赠仪式”。

提案委员会“城市应急机制建设”调研组召开座谈会，讨论修改《关于我国城市应急机制建设中的问题及对策的调研报告》(草稿)。周铁农副主席，杨振杰副主任出席座谈会。

徐匡迪副主席在钓鱼台国宾馆会见由美国旧金山市市长威利·布朗率领的旧金山市工商界人士访问团一行 33 人。该团是应中国外交学会邀请访华的。

提案委员会就政协十届一次会议有关“切实解决城市化进程中对失地农民免征农业税以及农民减负问题”的提案办理召开座谈会，为促使问题的进一步解决进行沟通和交流。张工副主任主持会议，农工党中央有关负责人、部分提案委员会委员、相关提案人及财政部、劳动和社会保障部、国土资源部、农业部等有关部门负责人出席会议。

16 日至 24 日

文史资料委员会副主任龚心瀚一行 3 人赴重庆出席西南、中南地区政协文史工作协作会第四次会议。

17 日

政协十届全国委员会常务委员会第三次会议开幕会在政协会议楼常委会议厅举行。贾庆林主席主持会议。会议主要议题：一、审议通过政协第十届全国委员会常务委员会第三次会议议程；二、听取中共中央政治局常委、国务院总理温家宝关于学习十六届三中全会《关于完善社会主义市场经济体制若干问题的决定》的报告。王忠禹常务副主席，刘延东、阿沛·阿旺晋美、帕巴拉·格列朗杰、李贵鲜、张思卿、丁光训、霍英东、白立忱、罗豪才、张克辉、周铁农、郝建秀、陈奎元、阿不来提·阿不都热西提、徐匡迪、李兆焯、黄孟复、王选、张怀西、李蒙副主席，郑万通秘书长和常委共 259

人出席会议。中共中央办公厅、国务院办公厅、发展改革委、教育部、科技部、财政部、商务部、人民银行、国资委负责人，地方政协主席，全国政协副秘书长、各专门委员会负责人，办公厅研究室主任列席会议。会议邀请的部分政协委员参加了会议。

政协第十届全国委员会常务委员会第三次会议进行分组讨论。主要内容是阅读中共十六届三中全会文件。刘延东、白立忱、罗豪才、周铁农、陈奎元、黄孟复、李蒙副主席分别参加小组讨论。

港澳台侨同胞共建北京奥运场馆工作指导委员会荣誉主席贾庆林、刘延东、刘淇在人民大会堂出席全国政协副主席、港澳台侨同胞共建北京奥运场馆工作指导委员会名誉主席霍英东向港澳台侨同胞共建北京奥运场馆委员会捐赠两亿元港币仪式。这是迄今为止港澳台侨同胞共建北京奥运场馆委员会接受的最大一笔捐赠。北京市代市长王岐山，全国政协委员、国际奥委会委员、香港奥委会会长霍震霆等出席捐赠仪式。

罗豪才副主席在钓鱼台国宾馆会见并宴请美国旧金山中国和平统一促进会代表团。

18日

政协第十届全国委员会常务委员会第三次会议进行小组讨论。主要内容是：一、三中全会文件、领导报告；二、关于学习贯彻《中共中央关于完善社会主义市场经济体制若干问题的决定》的意见（草案）。贾庆林主席，王忠禹常务副主席，刘延东、李贵鲜、张思卿、白立忱、罗豪才、张克辉、周铁农、陈奎元、阿不来提·阿不都热西提、李兆焯、黄孟复、王选、李蒙副主席分别参加各小组的讨论。

第十二届政协好新闻（万里健杯）颁奖仪式在机关举行。王忠禹常务副主席，李蒙副主席，郑万通秘书长，陈洪副秘书长，办公厅研究室主任卞晋平等出席颁奖仪式。这次共评出获奖作品104件，海南省政协等6家单位获组织奖。

刘延东、李贵鲜、周铁农副主席在中央统战部会见并宴请出席政协十届三次常委会议的港澳地区常委。中央统战部副部长梁金泉、楼志豪，全国政协副秘书长孙怀山出席。

罗豪才副主席在政协礼堂会见并宴请陈嘉庚后裔回国参访团一行26人。

18日至25日

应外事委员会邀请，以美国伊利诺州参议院议长埃米尔·琼斯为团长的伊州参议院代表团一行16人对我国进行友好访问。全国人大常委会副委员长成思危会见了代表团；周铁农副主席会见代表团并举行欢迎宴会；张国祥副主任主持外事委员会与代表团座谈会。外事委员会、教科文卫体委员会及民族和宗教委员会部分委员分别参加上述活动。外事委员会委员王昌义陪同代表团访问北京、西安和上海。

18日至27日

以刘泽民委员为团长，薛荣哲、聂向庭委员为副团长的驻山西省全国政协委员视察团一行21人就“外向型经济发展情况”赴福建省福州、厦门、泉州等地进行视察。

18日至28日

应外事委员会邀请，美国犹太人大会主席杰克·罗森一行2人来华访问。国务委员唐家璇会见；罗豪才副主席会见并举行欢迎宴会；外事委员会副主任原焘在机关会见并宴请。民族和宗教委员会主任钮茂生，傅志煌副秘书长等分别参加上述活动。罗森主席访问了北京和上海。

19日

政协第十届全国委员会常务委员会第三次会议进行小组讨论。主要内容是：学习讨论中共十六届三中全会文件和领导报告。王忠禹常务副主席，刘延东、李贵鲜、张思卿、白立忱、罗豪才、张克辉、周铁农、陈奎元、阿不来提·阿不都热西提、李兆焯、黄孟复、王选、李蒙副主席分别参加各小组的讨论。

贾庆林主席在政协会议楼第九会议室召开政协第十届全国委员会第八次主席会议。主要议题是:听取各小组讨论《关于学习贯彻〈中共中央关于完善社会主义市场经济体制若干问题的决定〉的意见(草案)》的综合汇报。王忠禹常务副主席,刘延东、阿沛·阿旺晋美、帕巴拉·格列朗杰、李贵鲜、张思卿、丁光训、白立忱、罗豪才、张克辉、周铁农、郝建秀、陈奎元、阿不来提·阿不都热西提、李兆焯、黄孟复、王选、张怀西、李蒙副主席,郑万通秘书长出席会议。王巨禄、吴明熹、张梅颖、齐续春、李敏宽、陈洪、陈明德、傅志煌、范西成、刘民复、潘贵玉、陈宗兴、陈抗甫副秘书长,各专委会负责人傅杰、刘仲藜、张洽、翟泰丰、李其炎、钮茂生、郭东坡、原焘、李仁臣,办公厅研究室主任卞晋平列席会议。

港澳台侨委员会副主任何添发应邀出席北京燕京华侨大学建校 20 周年暨新校舍落成庆祝大会。

政协第十届全国委员会常务委员会第三次会议第二次全体会议在政协会议楼常委会议厅举行。贾庆林主席出席会议。周铁农副主席主持会议。朱培康、梁荣欣、陈昌智、潘贵玉、张大宁、许克敏、洪绂曾、李敏宽、张宏伟、刘仲藜常委,朱治宏、张卓元、肖万钧、林毅夫委员分别代表各民主党派中央、全国工商联、部分专门委员会和常委个人,围绕完善社会主义市场经济体制问题发言。王忠禹常务副主席,刘延东、帕巴拉·格列朗杰、李贵鲜、张思卿、丁光训、白立忱、罗豪才、张克辉、郝建秀、陈奎元、阿不来提·阿不都热西提、李兆焯、黄孟复、王选、李蒙副主席,郑万通秘书长和常委共 240 人出席会议。中共中央办公厅、国务院办公厅、发展改革委、教育部、科技部、财政部、商务部、人民银行、国资委的负责人,地方政协主席,全国政协副秘书长、各专门委员会负责人和办公厅研究室主任列席会议。会议邀请的部分政协委员参加了会议。

罗豪才副主席在钓鱼台国宾馆会见并宴请出席北京燕京华侨大学建校 20 周年暨新校舍落成庆典活动的海外董事。

20 日

政协十届全国委员会常务委员会第三次会议闭幕会在政协会议楼常委会议厅举行。主要议题是:一、听取各小组学习和讨论情况的汇报,任玉岭、范宝俊、张梅颖、王鹤龄、刀述仁、宗顺留、俞云波、张平常委分别代表各小组作讨论情况汇报;二、通过政协第十届全国委员会常务委员会第三次会议《关于学习贯彻〈中共中央关于完善社会主义市场经济体制若干问题的决定〉的意见》;三、贾庆林主席讲话。王忠禹常务副主席主持会议。廖晖、刘延东、阿沛·阿旺晋美、帕巴拉·格列朗杰、李贵鲜、张思卿、丁光训、马万祺、白立忱、罗豪才、张克辉、周铁农、郝建秀、陈奎元、阿不来提·阿不都热西提、李兆焯、黄孟复、王选、李蒙副主席,郑万通秘书长和常委共 252 人出席会议。中共中央办公厅、国务院办公厅、发展改革委、教育部、科技部、财政部、商务部、人民银行、国资委的负责人,地方政协主席,全国政协副秘书长、各专门委员会负责人和政协办公厅研究室主任列席会议。

政协第十届全国委员会常务委员会第一次学习讲座在政协会议楼常委会议厅举行。贾庆林主席主持并作重要讲话。国务委员唐家璇作题为《当前国际形势和我国外交工作》的报告。王忠禹常务副主席,刘延东、帕巴拉·格烈朗杰、李贵鲜、张思卿、丁光训、马万祺、白立忱、罗豪才、周铁农、郝建秀、陈奎元、阿不来提·阿不都热西提、李兆焯、黄孟复、李蒙副主席，郑万通秘书长，出席第三次常委会议的全国政协常委，列席常委会议的地方政协主席，全国政协各专委会副主任、部分副秘书长及机关干部参加报告会。

贾庆林主席在政协礼堂三楼大厅招待列席政协十届三次常委会议的地方政协主席。郑万通秘书长主持招待会。王忠禹常务副主席，刘延东、帕巴拉·格列朗杰、李贵鲜、张思卿、白立忱、罗豪才、陈奎元、阿不来提·阿不都热西提、李兆焯、李蒙副主席，地方政协主席，曾任地方政协主席的常委、专委会副主任，全国政协部分副秘书长、办公厅研究室主任出席招待会。

20日至21日

民族和宗教委员会在中央民族干部学院举办学习日活动，钮茂生主任主持并传达中共十六届三中全会及政协十届常委会第三次会议精神。巴桑、刘柏年、江家福、克尤木·巴吾东、李晋有、杨同祥、肖作福、闵智亭、陈广元、夏日、黄璜副主任及部分京外常委，在京委员参加此项活动。

20日至27日

应经济委员会邀请，以赞比亚国民议会农业和土地委员会主席奎斯特·蒙坦加为团长的农业考察团一行5人访华。周铁农副主席会见了考察团；经济委员会副主任洪绂曾主持与考察团座谈会并举行欢迎宴会。考察团访问了北京、济南、潍坊和青岛。

20日至30日

应南非全国省级事务委员会和赞比亚国民议会邀请，张怀西副主席率全国政协代表团一行10人对上述两国进行友好访问。代表团成员有云南省政协常务副主席孟继尧，全国政协副秘书长、教科文卫体委员会副主任赵喜明和港澳台侨委员会副主任何少川等。

21日

王忠禹常务副主席在政协礼堂会见罗马尼亚国防部长帕什库一行6人。中国人民解放军副总参谋长钱树根上将，罗马尼亚驻华大使伊斯蒂乔亚等参加会见。帕什库一行是应国防部邀请访华的。

刘延东、周铁农副主席在京西宾馆接见黄埔军校同学会第三次会员代表会议全体代表并合影留念。齐续春副秘书长出席。

傅杰主任在政协机关主持召开提案委员会第三次全体会议，传达贯彻政协第三次常委会议精神，听取提案委员会办公室关于前一段时间提案工作情况和下一步工作的汇报。朱培康、杨振杰、宋宝瑞、张工、张岳琦、范宝俊、贾军副主任，傅志煌副秘书长出席会议。

港澳台侨委员会副主任张伟超、张廷翰在福建省厦门集美学校出席"纪念陈嘉庚先生创办集美学校90周年大会"。

王忠禹常务副主席在政协礼堂会见以广东省政协常委、香港四洲集团主席戴德丰为团长的广东省政协香港委员访京团一行。王忠禹对参访团的来访表示欢迎，对委员们在支持以董建华先生为首的香港特别行政区政府依法施政、维护香港的长期稳定繁荣、推动香港与广东和内地的经济文化教育等方面的交流与合作所做的工作表示赞赏。他向委员们介绍了中共十六届三中全会通过的《中共中央关于完善社会主义市场经济体制若干问题的决定》的有关情况和政协全国委员会十届三次常委会议的精神。郑万通秘书长，港澳台侨委员会主任郭东坡，副主任厉有为、王永海、张道诚参加会见。

罗豪才副主席在人民大会堂出席中国海外交流协会第三届理事会第一次会议。

李蒙副主席在中国国家博物馆出席台湾黄永川书画展开幕式。

郑万通秘书长代表办公厅到 301 医院看望赵南起同志。

罗豪才副主席在钓鱼台国宾馆会见并宴请南非中华总工会访华团。

21 日至 27 日

中共中央政治局常委、全国政协主席贾庆林在贵州省委书记钱运录、省长石秀诗、省政协主席王思齐等的陪同下,先后到遵义、安顺、黔东南苗族侗族自治州、毕节、贵阳等地就深入学习贯彻十六届三中全会精神,做好新世纪新阶段的民族、宗教工作,积极推进西部大开发,全面建设小康社会,进行调查研究。调研期间,瞻仰了遵义会议会址,考察了一些工业企业和交通、电力等基础设施建设项目,并走进村间地头和少数民族村寨,与各族群众交谈,了解当地群众的生产生活情况。贾庆林主席还听取了贵州省委、省政府的工作汇报,并与贵州省各民主党派、工商联和统战、政协部门的负责人座谈,对贵州近年来改革开放和现代化建设取得的成绩给予了充分肯定,要求统一战线和人民政协工作要始终坚持围绕中心、服务大局,把促进发展摆在首要位置,充分发挥优势,切实履行职能,为改革开放和现代化建设献计出力。中共中央统战部副部长胡德平、全国政协副秘书长孙怀山等陪同调研。

21 日至 11 月 4 日

以办公厅研究室副主任刘正东为团长的中国经济社会研究会考察团一行 15 人赴法国、德国、荷兰、比利时和卢森堡就五国的经济和社会情况进行考察。

22 日

外事委员会副主任原焘在政协机关与广东省政协港澳台侨外事委员会主任巢振威一行就今后进一步加强合作与交流进行座谈。

22 日至 23 日

以王选副主席为团长的全国政协委员视察团对北京市留学人员归国创业情况进行视察。中共中央政治局委员、北京市委书记刘淇,北京市代市长王岐山、政协主席程世峨等与视察团全体成员举行座谈。王忠禹常务副主席,郑万通秘书长,傅志煌副秘书长出席座谈会。

22 日至 24 日

经济委员会副主任程安东在政协机关主持召开"沿黄河地区全面建设小康社会"专题组座谈会,邀请国务院扶贫办、农业部、水利部、中国电力投资集团公司、文化部、广电总局、国家气象局、中国石油天然气集团公司、神华集团、国家发改委、国务院西部开发办、教育部、交通部、国家林业局有关负责人分别介绍情况并进行座谈。民族和宗教委员会副主任黄璜和专题组部分成员参加座谈会。

22 日至 28 日

以赵金铎委员为团长、陈秀芳委员为副团长的驻河北省全国政协委员赴上海市视察团一行 17 人就"电子政务建设情况"进行视察。

23 日

黄孟复副主席在中南海出席温家宝总理主持召开的经济形势分析座谈会并发表意见。

23 日至 25 日

李蒙副主席赴重庆就三峡库区二期移民后期扶持和三期移民工作情况进行考察。

23 日至 30 日

经济委员会非公有制经济专题组赴辽宁省大连、营口、鞍山、沈阳等地就非公有制经济进一步发展所面临的障碍及突破障碍的措施进行调研。邵奇惠、刘永好副主任带队。

24 日

贾庆林主席为宋美龄逝世发唁电,并送花圈。

黄孟复副主席在中央统战部会见香港

上市公司商会访京团。

外事委员会副主任原焘在政协机关会见玻利维亚新任驻华大使奥古斯托·阿格达斯先生。

罗豪才副主席在政协机关会见伊朗亚兹德省省长卡朗塔里一行。卡朗塔里一行是应中国人民对外友好协会邀请访华的。

罗豪才副主席在政协机关会见美国英语学会董事会主席福斯特一行。福斯特一行是应国家外国专家局邀请访华的。

阿不来提·阿不都热西提副主席在中央民族大学出席民族大学预科部成立50周年庆祝大会。

24日至11月2日

以山东省政协副主席王久祜委员为团长、李良辉常委为副团长的驻山东省全国政协委员赴江西省视察团一行26人就“长江流域湿地保护情况”进行视察。

25日

白立忱副主席在北京世纪金源大饭店出席中国环境文化促进会新一届理事会成立大会。

海南省政协、上海市政协、海南省文昌县政协为宋美龄逝世发唁电,并送花圈。

25日至28日

李蒙副主席在湖北省考察国家光电子信息产业基地建设情况。

25日至11月5日

以阿不来提·阿不都热西提副主席为团长,范宝俊常委,苏立清、康义委员为副团长的全国政协委员赴浙江省视察团一行55人就“中介组织的发展及管理情况”在杭州、义乌、温州、宁波等地视察。

26日

郝建秀副主席在人民大会堂出席中华儿童文化艺术促进会成立10周年庆祝大会。

26日至27日

罗豪才副主席,港澳台侨委员会主任郭东坡、副主任张道诚在河南省新郑出席世界客属第十八届恳亲大会开幕式及“根在中原”祭祖仪式。

27日

傅志煌副秘书长在中南海出席中央领导同志会议活动安排协调会议。

27日至11月1日

社会和法制委员会在南京召开“政府在就业工作中职能定位”和“非公有制经济发展的法制环境”专题研讨会。主要内容是:学习贯彻中共十六届三中全会和十届政协第三次常委会议精神,围绕就业和非公有制经济发展的法制环境两个专题进行研讨,并对政协社法委换届以来的工作经验和体会及2004年工作设想进行座谈。曹克明副主任主持开幕会,李其炎主任讲话,王建伦、朱治宏、刘家琛、祁培文、肖建章、张绪武、萧灼基副主任,江苏省政协主席许仲林、副主席林玉英和43个省、区、市、副省级市政协的社会和法制委员会负责人共130人参加会议。

教科文卫体委员会在上海召开“科技资源共享问题研讨会”。栾恩杰副主任,部分科技界委员,部分省市政协专门委员会、科技厅、高等院校、科研机构等单位代表50余人参加会议。

28日

郝建秀副主席,郑万通秘书长,王巨禄、傅志煌副秘书长,人口资源环境委员会副主任张洽在机关出席“全国政协机关第二届摄影展”开幕式并参观展览。

马万祺副主席委托甘肃省政协向甘肃张掖地震灾区捐款人民币10万元。捐款仪式在兰州举行。

经济委员会副主任刘立清在北京出席国务院农业和粮食工作会议。

经济委员会副主任段应碧在北京出席国务院治淮工作会议。

文史资料委员会政协在机关召开第二

次全体会议，学习贯彻十六届三中全会精神，传达贯彻十届政协第三次常委会议精神，通报前一阶段工作进展情况并研究近期工作。刘济民副主任主持会议。

29 日

齐续春副秘书长代表办公厅和郑万通秘书长到北京医院看望阿沛·阿旺晋美副主席。

齐续春副秘书长到北京协和医院看望全国政协常委、民族和宗教委员会副主任，中国道教协会会长闵智亭。

30 日至 31 日

王忠禹常务副主席在安徽省无为、枞阳等地考察扶贫工作，听取了两县的工作汇报，先后考察了一些工业企业、建材和水产养殖等项目，并深入乡村了解农户的生产和生活状况，还代表全国政协向两县转交了捐款和一批图书。在安徽考察期间，王忠禹常务副主席还看望了安徽省政协机关工作人员，听取了省政协领导的汇报。安徽省省长王金山、省政协主席方兆祥、全国政协副秘书长孙怀山等陪同考察。

31 日

王忠禹常务副主席在安徽省安庆出席纪念赵朴初先生诞辰 96 周年暨赵朴初故居修复竣工典礼、纪念章首发式，并为“赵朴初故居”揭牌。民族和宗教委员会主任钮茂生，副秘书长齐续春、孙怀山，全国政协常委、中国佛教协会副会长圣辉等出席此项活动。

11 月

1 日

王忠禹常务副主席在安徽省安庆出席中国安庆第三届黄梅戏艺术节开幕式。

3 日

徐匡迪副主席在中央组织部、中央统战部和中央党校举办的“三个代表”重要思想统一战线专题研究班上作题为“飞速发展的现代科技与工程技术”的讲座。

文史资料委员会副主任刘济民在机关主持召开“名人故居的保护和纪念馆的建设”座谈会，邀请国家文物局有关负责人介绍全国名人故居的保护和纪念馆的建设情况。

白立忱副主席在人民大会堂出席国家主席胡锦涛为欢迎巴基斯坦总统佩尔韦兹·穆沙拉夫访华举行的欢迎仪式和欢迎宴会。

受贾庆林主席的委托，赵喜明副秘书长代表贾庆林主席和全国政协办公厅到北京医院看望阿沛·阿旺晋美副主席，并就有关工作与院方进行沟通；同时看望马文瑞同志，祝贺他 91 岁寿辰。

应瑞典驻华大使邀请，徐匡迪副主席在瑞典驻华大使馆出席 SEB2003 年(北京)北欧企业家峰会晚宴。此次峰会由中国商务部和瑞典驻华使馆联合举办。

3 日至 11 日

以程安东副主任为组长的经济委员会“沿黄河地区全面小康建设”专题组在甘肃、宁夏等地就沿黄河地区的经济与社会发展现状、影响发展的主要因素和困难及加快发展的突破口等问题进行调研。

4 日

社会和法制委员会与中国红十字会联合组织的“《红十字会法》贯彻实施情况”考察组在政协机关召开会议，邀请中国红十字会常务副会长王立忠介绍情况。李其炎主任出席并主持会议。

贾庆林主席在人民大会堂会见巴基斯坦总统穆沙拉夫。郑万通秘书长参加会见。穆沙拉夫总统是应国家主席胡锦涛邀请来华访问的。

徐匡迪副主席在中国科技会堂会见英国伦敦大学帝国学院中国访问团。

4日至5日

陈奎元副主席率文史资料委员会“名人故居的保护和纪念馆的建设”考察团在京考察。

4日至6日

以经济委员会副主任石万鹏为组长的“现代物流”专题组在天津、北京调研。调研组分别听取了天津市、北京市关于物流工作的汇报,并深入天津市物资集团公司、摩托罗拉公司、中储股份有限公司和中邮物流股份有限公司、中铁快运有限公司了解情况。

5日

罗豪才副主席在人民大会堂出席中国法学会第五次全国会员代表大会并接见与会代表。

5日至6日

应天津市委、市政府邀请,徐匡迪副主席在天津塘沽出席“天津市港口贸易经济区发展战略研讨会”。

5日至19日

社会和法制委员会与中国红十字会联合组织的“《红十字会法》贯彻实施情况”考察组赴山西、云南考察。李其炎主任带队。张怀西副主席、朱治宏副主任参加了云南期间的考察活动。考察组听取了两省有关部门的情况介绍,考察了红十字会备灾救灾中心、有关红十字项目的执行情况。张怀西副主席在考察中指出,《红十字会法》颁布10年来,我国红十字会工作有了长足发展,在经济发展、社会稳定和易受损害群体救助工作中发挥了积极作用。红十字会工作是社会主义精神文明建设的重要组成部分。今后,各级政府和有关部门应加大执法力度,对违反《红十字会法》和侵犯红十字会合法权益的行为依法追究;加强宣传工作,吸收更多会员和志愿者参与到这个崇高而伟大的事业中来;市、县级红十字会管理体制应当依法理顺,使其真正成为独立自主开展工作的社会团体。

6日

港澳台侨委员会主任郭东坡在政协礼堂会见并宴请美国人和总会馆访华团一行37人。

贾庆林主席在人民大会堂会见塞尔维亚总理佐兰·日夫科维奇。日夫科维奇是应国务委员唐家璇邀请访华的。

王忠禹常务副主席在政协北楼十层会议室召开政协十届二次会议筹备工作协调会。主要议题:一、研究布置十届政协常委会工作报告稿和十届政协一次会议以来提案工作情况报告稿的起草准备工作;二、研究布置十届政协二次会议和十届政协四次常委会议的有关准备工作。郑万通秘书长,王巨禄、赵喜明、李昌鉴、齐续春、陈洪、傅志煌、范西成副秘书长,办公厅研究室主任卞晋平和有关局室负责人出席会议。

张怀西副主席在人民大会堂出席国家主席胡锦涛为欢迎赞比亚总统利维·姆瓦纳瓦萨访华举行的欢迎仪式和欢迎宴会。

7日

贾庆林主席,王忠禹常务副主席,刘延东、白立忱、罗豪才、张克辉、周铁农、陈奎元、阿不来提·阿不都热西提、徐匡迪、李兆焯、黄孟复、王选、张怀西、李蒙副主席,朱光亚同志,郑万通秘书长,范西成副秘书长在人民大会堂出席中共中央、国务院、中央军委举行的庆祝我国首次载人航天飞行圆满成功大会。

经济委员会主任刘仲藜在政协机关主持召开委员会第七次主任会议,讨论修改《我国现代物流发展政策》(草稿)、《关于农业产业化论坛情况的报告》(草稿)和《关于在黄河中上游地区大规模实施淤地坝建设工程的建议》(草稿),研究今年工作总结框架和明年工作思路。石万鹏、叶连松、刘立清、陈耀邦、段应碧、洪绂曾副主任和部分专题组成员出席会议。

港澳台侨委员会副主任何少川在福建省福清市出席"世界福清同乡联谊会第四次会员代表大会"。

贾庆林主席在人民大会堂出席中央组织部、中央统战部、中央党校联合举办的学习贯彻"三个代表"重要思想与统一战线专题研究班结业座谈会并讲话。他在讲话中指出,要用"三个代表"重要思想统领统战工作全局,进一步把各民主党派、工商联、无党派人士和各族各界群众的智慧和力量凝聚起来,自觉维护改革发展稳定大局,共同致力于全面建设小康社会的伟大实践。全国政协副主席、中央统战部部长刘延东主持座谈会并介绍了研究班学习情况。黄孟复、李蒙副主席,叶朗常委等畅谈了学习体会。罗豪才、张克辉、周铁农、张怀西副主席等出席座谈会。

7 日至 14 日

应日本社会教育团体碧波会邀请,中国经济社会研究会代表团一行 8 人赴日本访问。中国经济社会研究会副会长、外事委员会副主任张国祥任团长,齐续春副秘书长,中国经济社会研究会理事、外事委员会委员王昌义、石愚等参加访问。

7 日至 19 日

以钮茂生主任为团长、刀述仁常委为副团长的民族和宗教委员会考察团一行 11 人赴云南省就"如何发挥民族宗教界团结、稳定作用"进行考察。

9 日

罗豪才副主席在人民大会堂接见出席中华民族文化促进会第二次代表大会与会人员。

阿不来提·阿不都热西提副主席在北京国际饭店出席由中华慈善总会等多家公益机构共同举办的"跨国公司与公益事业高级论坛暨公益项目展示会"开幕会。

王选、李蒙副主席在人民大会堂出席第十五届国际科学与和平周开幕式。

贾庆林主席、刘延东副主席在河北省石家庄市出席第九届中国吴桥国际杂技艺术节闭幕式。

9 日至 16 日

以厉以宁副主任为组长的经济委员会非公有制经济专题组赴广东省深圳、中山、珠海等地就非公有制经济发展所面临的障碍及突破障碍的措施进行调研。

9 日至 20 日

以阿不来提·阿不都热西提副主席为顾问,黄璜副主任为组长的民族和宗教委员会"城市民族工作"专题组一行 19 人赴上海和江苏考察。

10 日

王忠禹常务副主席在深圳看望叶选平同志,赵喜明副秘书长陪同看望。

提案委员会主任傅杰在政协机关召开委员会第三次主任会议,讨论修改《政协第十届全国委员会第一次会议以来提案工作情况的报告》(草稿)。朱培康、杨振杰、张工、张岳琦、范宝俊、倪豪梅副主任,傅志煌副秘书长出席会议。

人口资源环境委员会主任陈邦柱,副主任刘成果、温克刚在中国气象局听取"气候变化与生态环境研讨会"筹备情况的汇报。

10 日至 12 日

由全国政协新闻办、人民政协报社、《中国政协》杂志社共同组织召开的第四次全国地方政协报刊宣传工作座谈会在政协礼堂召开。陈奎元、黄孟复副主席接见与会代表并合影留念,李昌鉴、陈洪副秘书长参加座谈会。陈洪副秘书长出席座谈会并讲话。

11 日

贾庆林主席在人民大会堂会见奥地利联邦议会议长汉斯·阿格尔。郑万通秘书长参加会见。阿格尔议长是应对外友协邀请访华的。

王忠禹常务副主席到广东省政协看望机关工作人员，并与处以上干部座谈。赵喜明副秘书长陪同看望。

周铁农副主席在政协机关出席全国政协（妇联界）委员赴广东省视察团组团会。全国妇联副主席、书记处书记，全国政协委员莫文秀就“城市流动人口中妇女儿童权益保护问题”向与会委员作了情况介绍。

外事委员会主任刘剑锋出席波兰驻华大使馆为纪念波兰重获独立85周年而举办的招待会。

贾庆林主席在政协机关听取关于访问南亚五国筹备情况的汇报。郑万通秘书长主持汇报会。中央外办主任刘华秋，提案委员会主任傅杰，李昌鉴副秘书长，民革中央副主席万鄂湘和外交部副部长王毅等出席汇报会。全国政协办公厅、外交部、中央警卫局、民航总局、商务部等有关单位负责人汇报了出访筹备工作情况。贾庆林主席作了重要指示。

王忠禹常务副主席在广州出席第二届中国——东盟企业家交流研讨会并致词。赵喜明副秘书长陪同出席研讨会。

徐匡迪副主席在中华世纪坛出席“美国国家地理百年摄影作品精选展”开幕式并会见美国地理学会副总裁特里·阿达姆森等。

11日至16日

以提案委员会副主任张岳琦为组长，杨振杰副主任为副组长，部分提案委员会委员、提案人和交通部及海关总署有关负责人参加的专题调研组赴云南就“关于批准西双版纳州关累、橄榄坝两码头为景洪港，进一步扩大开放码头”的提案进行调研。

教科文卫体委员会“构建城市医疗服务体系，为全面建设小康社会服务”研讨会在福建召开。

11日至22日

以人口资源环境委员会副主任江泽慧为组长的“我国湿地保护”专题调研组赴山东、江苏、上海三省市调研。

11日至27日

应我驻荷兰、法国和西班牙大使馆邀请，港澳台侨委员会主任郭东坡一行6人到上述三国慰问侨胞、了解侨情。

12日

全国政协在中山公园中山堂举行仪式，纪念孙中山先生诞辰137周年。李贵鲜副主席主持纪念仪式。白立忱副主席代表政协全国委员会，全国人大常委会副委员长、民革中央主席何鲁丽代表民革中央，中共中央统战部副部长楼志豪代表中共中央统战部，北京市副市长孙安民代表北京市人民政府分别向孙中山先生雕像敬献花篮。盛华仁、傅铁山副委员长，周铁农、陈奎元、王选、李蒙副主席，陈明德、傅志煌、刘民复、陈宗兴、陈抗甫副秘书长，部分在京常委、委员，在京民革中央委员以及北京市各界人士代表出席纪念仪式。

郑万通秘书长在政协北楼十层会议室召开十届政协第十一次秘书长办公会议。主要议题：一、简要通报政协章程修改工作的有关情况和下一步工作安排；二、听取新年茶话会文艺节目的初步考虑；三、审议2003年—2007年政协系统干部教育培训规划(讨论稿)；四、郑万通秘书长布置近期工作。王巨禄、李昌鉴、孙怀山、陈洪、傅志煌、范西成副秘书长，办公厅研究室主任卞晋平出席会议。机关有关局室负责人列席会议。

全国政协委员赴湖南视察团在机关召开组团会。李蒙副主席出席会议。文化部文化产业司王永章司长介绍了我国文化产业的有关情况。

贾庆林主席在人民大会堂会见马其顿前总统基罗·格利戈罗夫。基罗是应中国人民外交学会邀请访华的。

《纵横》创刊20周年纪念座谈会在政协礼堂举行。王忠禹常务副主席,李贵鲜、徐匡迪、王选副主席题词祝贺。陈奎元、李蒙副主席出席座谈会。郑万通秘书长发表讲话。李昌鉴、孙怀山、陈洪、范西成副秘书长,办公厅研究室主任卞晋平,文史资料委员会副主任刘济民,文史资料委员会委员,机关各局室负责人以及首都学术界、出版界和知名报刊负责人近100人参加座谈会。

受贾庆林主席委托,郑万通秘书长代表贾庆林主席和全国政协办公厅到北京医院看望马文瑞同志。

12日至17日

以蒋以任委员为团长的全国政协驻上海市委员赴四川省视察团一行19人就"城市化建设"情况进行视察。

13日

傅杰主任,傅志煌副秘书长和提案委员会部分委员走访中央机构编制委员会办公室,了解中编办办理政协十届一次会议提案工作情况及贯彻《中共中央办公厅、国务院办公厅关于转发〈全国政协办公厅关于办理政协提案的意见〉的通知》情况,并听取中编办对提案委员会工作的意见和建议。

13日至14日

以文史资料委员会副主任刘济民为组长的"名人故居的保护和纪念馆的建设"专题组赴天津考察。

13日至22日

以李蒙副主席为团长,何添发常委、艾青春和徐锡安委员为副团长的全国政协委员赴湖南视察团一行34人就"文化产业发展情况"在长沙、湘西、张家界等地进行视察。

13日至23日

以周铁农副主席为团长的全国政协(妇联界)委员赴广东视察团一行23人在广州、东莞、惠州和深圳就"城市流动人口中的妇女儿童权益保护问题"进行视察。

14日

王忠禹常务副主席在深圳向港澳特区全国政协委员传达全国政协十届三次常委会议精神。王忠禹常务副主席向委员介绍了中共十六届三中全会的主要精神,祖国内地当前的经济形势和政协十届一次会议以来的主要工作及政协十届二次会议之前的工作安排。王忠禹说,在不久前召开的全国政协十届三次常委会议上,常委们对中共十六届三中全会给予了高度评价,一致认为十六届三中全会是中共中央在重要时刻召开的一次十分重要的会议,对于全面推进我国改革开放和社会主义现代化建设,把中国特色社会主义伟大事业继续推向前进,具有重大的现实意义和深远的历史意义。王忠禹常务副主席传达了贾庆林主席在常委会上的重要讲话精神,并就如何发挥港澳委员作用,贯彻好政协常委会精神提出了希望。郑万通秘书长主持会议。赵喜明副秘书长,广东省政协副主席石安海,深圳市政协主席李德成,港澳委员100余人出席会议。全国政协办公厅和深圳市委、市政府、市政协共同宴请与会的港澳委员。

15日

贾庆林主席、罗豪才副主席在中国现代文学馆出席《巴金百岁喜庆艺术大展》开幕式。

民族和宗教委员会副主任李晋有在浙江省出席"中国普陀山南海观音文化节"活动。

16日

阿不来提·阿不都热西提副主席在人民大会堂出席第九届中华大地之光征文评选颁奖大会。

徐匡迪副主席在钓鱼台国宾馆出席

“中国发展高层论坛:中国的能源战略和改革研讨会”开幕会并作题为“中国能源形势及展望”的演讲。

王选副主席在人民大会堂出席第十五届国际科学与和平周闭幕会,为获奖代表颁奖并讲话。

罗豪才副主席在人民大会堂出席欧美同学会主办的“新时期留学人员的历史使命和发展机遇”研讨会并发表讲话。

17日至24日

应贾庆林主席邀请,斐济参议长万加瓦卡通加和夫人一行3人对我国进行友好访问。贾庆林主席会见并举行欢迎宴会,罗豪才副主席在政协机关会见并举行便宴,郑万通秘书长,外事委员会副主任马振岗,外交部副部长王毅,范西成副秘书长及斐济驻华大使图沃凯等参加上述活动。外事委员会副主任马振岗陪同万加瓦卡通加参议长访问了北京、浙江、广东等地。

18日

张克辉副主席在福建省晋江出席纪念施琅将军暨清廷统一台湾320周年大会。

贾庆林主席在政协会议楼第九会议室主持召开政协章程修改领导小组第二次会议。郑万通秘书长传达胡锦涛总书记在听取政协章程修改工作情况时的谈话要点,汇报章程修改工作的进展情况、修改的主要内容以及下一步工作安排。贾庆林主席指出,胡锦涛总书记在听取政协章程修改工作情况汇报时的重要讲话,无论是对政协章程修改的要求,还是对政协工作的希望,都对做好新形势下的人民政协工作具有很强的针对性、指导性。我们要认真学习领会,切实贯彻落实。会议对政协章程修改初稿进行了认真讨论,提出一些修改意见,对下一阶段修改政协章程的工作进行部署,并提出明确要求。政协章程修改领导小组副组长王忠禹,政协章程修改领导小组成员刘延东、李贵鲜、白立忱、罗豪才、周铁农、陈奎元、阿不来提·阿不都热西提、徐匡迪、李兆焯、黄孟复、张怀西、李蒙、郑万通、张梅颖、张榕明出席会议。政协章程修改领导小组办公室副主任和驻会副秘书长王巨禄、赵喜明、李昌鉴、齐续春、孙怀山、陈洪、傅志煌、范西成、卞晋平以及修章办有关人员参加会议。

受贾庆林主席委托,陈洪副秘书长代表贾庆林主席,王忠禹常务副主席和全国政协办公厅与文史资料委员会有关负责人一同去北京佑安医院看望桂世镛主任。

教科文卫体委员会召开座谈会,请国家税务总局有关负责人介绍全民健身服务业税收政策和管理方面的情况,并就有关适用税率问题进行座谈。张发强副主任主持会议,部分体育界委员参加会议。

18日至30日

以陈奎元副主席为团长的文史资料委员会“名人故居的保护和纪念馆的建设”考察团一行18人赴广东、湖南考察。

19日

徐匡迪副主席在京丰宾馆出席我国可持续发展矿产资源战略研究咨询会议。

贾庆林主席在人民大会堂会见印度驻华大使苏里宁。郑万通秘书长参加会见。

20日

由全国政协京昆室、天津市民族文化促进会、天津市文化局联合召开的《中国京剧音像集萃》新闻发布会在政协礼堂召开。李瑞环同志到会并讲话。全国政协副主席、京昆室主任王选主持发布会。全国人大常委会副委员长蒋正华,王忠禹常务副主席,京昆室顾问万国权,郑万通秘书长,王巨禄、赵喜明、孙怀山副秘书长,中国文联党组书记李树文、文化部副部长周和平、国家广电总局副局长胡占凡、中央电视台副台长胡恩,天津市委副书记、政协主席宋平顺,天津市政协副主席、市中华民族文化促进会常务副会长叶厚荣,天津市委常委、宣传部长肖怀远，天津市中华民族文化促进会会长方放，以及京津两地著名表演艺术家、戏曲评论家、著名导演、优秀青年演员代表和有关新闻单位100余人出席发布会。

贾庆林主席在人民大会堂会见巴基斯坦驻华大使里亚兹。王巨禄副秘书长和外交部副部长王毅参加。

王忠禹常务副主席在政协礼堂会见冰岛国家审计署审计长西古多尔·索尔达尔松一行3人。国家审计署审计长李金华等参加会见。西古多尔一行是应国家审计署邀请访华的。

阿不来提·阿不都热西提副主席在埃及驻华使馆出席埃及驻华大使阿里·侯塞姆丁·希夫尼举行的开斋活动。

范西成副秘书长代表全国政协办公厅去北京医院看望赛福鼎·艾则孜同志。

20日至24日

全国政协系统信访工作座谈会在北京召开。王忠禹常务副主席接见与会代表、与代表合影留念并作重要讲话。中纪委委员、国家信访局党组书记、局长周占顺作了《以十六大和"三个代表"重要思想为指导，进一步做好新形势下的信访工作》的报告。郑万通秘书长就如何搞好政协信访工作作专题报告。办公厅信访局，天津、辽宁、上海、浙江、云南、新疆、长春、青岛、广州等9个省级和副省级市政协办公厅负责人作了大会发言。赵喜明副秘书长主持开幕式并在闭幕会上作总结讲话。全国31个省级政协和3个副省级市政协办公厅分管信访工作的领导及信访部门负责人出席座谈会。

21日

贾庆林主席出访南亚五国的全体随行人员会议在政协机关举行。郑万通秘书长作动员报告，李昌鉴副秘书长主持会议。提案委员会主任傅杰，云南省政协主席杨崇汇，全国政协常委、最高人民法院副院长万鄂湘以及办公厅、外交部、中办调研室、中办警卫局、国航和有关单位的随行人员参加会议。

22日

陈奎元副主席在广州出席第三届广州国际茶文化节开幕式。文史资料委员会副主任刘枫等参加开幕式。

23日

受贾庆林主席委托，赵喜明副秘书长代表贾庆林主席和全国政协办公厅前往北京医院看望病情危重的赛福鼎·艾则孜和马文瑞同志，并就治疗和有关事宜与院方沟通。

23日至12月7日

应印度副总统兼联邦院议长谢卡瓦特、斯里兰卡议长佩雷拉、孟加拉国议长西卡尔、尼泊尔国务委员会主席乔杜里、巴基斯坦参议院主席苏姆罗的邀请，贾庆林主席赴上述五国进行正式友好访问。陪同贾主席访问的有：秘书长郑万通，中央外办主任刘华秋，全国政协提案委员会主任傅杰，云南省政协主席杨崇汇，新疆维吾尔自治区政协主席艾斯海提·克里木拜，全国政协常委、民革中央副主席、最高人民法院副院长万鄂湘，外交部副部长王毅等。王巨禄、李昌鉴副秘书长到机场送迎。

24日

贾庆林主席在出访途中向赛福鼎·艾则孜同志治丧办公室发来唁电，对赛福鼎·艾则孜同志不幸逝世表示沉痛哀悼，并向家属表示亲切慰问。

王忠禹常务副主席，刘延东副主席，钱正英同志，赵喜明、范西成、朱维群副秘书长到北京医院看望弥留之际的赛福鼎·艾则孜同志，并看望家属。政协第八届全国委员会副主席赛福鼎·艾则孜同志在北京医院病逝，享年88岁。

人口资源环境委员会和中国气象局共

同主办的“气候变化与生态环境研讨会”在政协常委会议厅开幕。贾庆林主席在出访途中向会议发贺信指出：“实现可持续发展，促进人与自然的和谐，是我国社会主义现代化建设的一项基本方针。加强对气候变化问题的研究，为国家制定应对气候变化的总体战略提供科学依据，是人民政协建言献策的重要内容。”徐匡迪副主席出席开幕会并讲话。人口资源环境委员会主任陈邦柱，副主任江泽慧、刘成果、杨魁孚、张洽、陈洲其、温克刚，副秘书长范西成，中国气象局局长秦大河、国家林业局副局长李育才等出席会议。

王忠禹常务副主席在政协机关会见并宴请芬兰伊纳里县议会主席土沃·涅麦拉。民族和宗教委员会主任钮茂生等出席。客人是随芬兰奥林匹亚旅行团来华访问的。

24日至26日

孙怀山副秘书长代表办公厅陪同中共中央政治局常委李长春在上海出席“巴金副主席百岁华诞纪念活动”。

24日至12月4日

以龚心瀚副主任为组长的文史资料委员会“名人故居的保护和纪念馆的建设”考察组一行9人赴江苏、上海考察。

25日

外事委员会主任刘剑锋在政协机关会见由蒙古大呼拉尔安全和对外政策常设委员会主席龙戴姜仓率领的代表团。外委会副主任原焘和部分委员参加会见。该团是应全国人大外事委员会邀请访华的。

王巨禄副秘书长受贾庆林主席、王忠禹常务副主席委托，代表贾庆林主席、王忠禹副主席和全国政协办公厅到赛福鼎·艾则孜同志家中吊唁，并向家属表示慰问。

25日至26日

罗豪才副主席在广州出席“全球越老柬华侨华人恳亲大会暨世界越棉寮华人团体联合会第十一届会员代表大会”开幕会。港澳台侨委员会副主任郭荣昌参加开幕会。

26日

赛福鼎·艾则孜同志遗体送别仪式在八宝山革命公墓举行。李瑞环同志，王忠禹常务副主席，刘延东、李贵鲜、白立忱、陈奎元副主席，谷牧、杨汝岱、任建新、钱正英、孙孚凌、朱光亚、万国权同志，王巨禄、赵喜明、范西成副秘书长前往送别。仪式后，范西成副秘书长随专机护送赛福鼎·艾则孜同志遗体回新疆安葬。

外事委员会在政协机关就筹办“21世纪论坛：中国与世界贸易组织(2003)研讨会”召开会议。刘剑锋主任主持会议。经济委员会主任刘仲藜，外事委员会副主任张国祥，副秘书长李昌鉴，港澳台侨委员会副主任、中国世界贸易组织研究会副会长俞晓松，外事委员会委员、中国世界贸易组织研究会副会长谷永江等出席会议。

王忠禹常务副主席在政协北楼十层会议室召开专门委员会主任会议。会议传达了胡锦涛总书记关于修改政协章程工作的谈话要点和国务院第27次常务会议提出的2004年经济工作基本思路的意见，研究了2004年政协调研工作。王忠禹常务副主席要求办公厅和各专门委员会根据胡锦涛总书记对政协调研工作的指示精神和即将召开的中央经济工作会议的精神，抓紧研究2004年的视察和调研计划，并拟于12月中旬再召开一次会议进行研究。专门委员会负责人刘仲藜、李其炎、钮茂生、刘剑锋、杨振杰、张洽、孙隆椿、王永海、刘济民，副秘书长王巨禄、赵喜明、李昌鉴、齐续春、孙怀山、傅志煌等出席会议，办公厅有关局室负责人参加会议。

徐匡迪副主席陪同回良玉副总理在中南海会见联合国亚太经社会执行秘书金学洙并于当晚在钓鱼台国宾馆宴请金学洙一行。

26日至12月2日

中国经济社会研究会会长陈锦华一行4人赴法国巴黎出席第一届可持续发展全球论坛。

27日

外事委员会副主任吴建民在政协机关宴请韩国驻华大使金夏中。

受贾庆林主席和王忠禹副主席委托，赵喜明副秘书长代表贾庆林主席、王忠禹常务副主席和全国政协办公厅到北京佑安医院吊唁桂世镛同志并向其家属表示慰问。

阿不来提·阿不都热西提副主席在乌鲁木齐烈士陵园出席赛福鼎·艾则孜同志遗体安葬仪式。

27日至12月4日

应全国政协邀请，以朝鲜祖国统一民主主义战线（简称“祖国战线”）中央委员会书记长曹奎一为团长的朝鲜祖国战线访华团一行6人对我国进行友好访问。中共中央政治局常委、中央纪律检查委员会书记吴官正会见曹奎一一行，周铁农副主席与曹奎一团长进行工作会谈并举行欢迎宴会。副秘书长李昌鉴、外交部副部长王毅等参加上述活动。外事委员会委员谷永江陪同代表团访问了北京、上海和武汉等地。

27日至12月6日

社会和法制委员会与中国残联联合组成考察组就残疾人保障法的贯彻实施情况赴广东、海南进行考察。肖建章副主任带队，部分社法委委员及中国残联有关负责人共13人参加考察。

30日

李贵鲜副主席，杨汝岱、王文元同志在政协礼堂出席“马学鹏山水画展”开幕式暨《中国当代名家马学鹏》画集首发式。

张怀西副主席在国务院新闻办出席由中国关心下一代工作委员会和联合国儿童基金会共同举办的关怀受艾滋病影响儿童社会动员座谈会。

港澳台侨委员会主任郭东坡会见并宴请新加坡华人社团负责人访华团一行17人。

12月

1日

王忠禹常务副主席在政协北楼十层会议室主持召开政协常委会工作报告起草工作座谈会，研究起草政协常委会工作报告的思路和框架。王忠禹常务副主席结合与会同志的意见，对下一步工作提出了要求。王巨禄、赵喜明、李昌鉴、齐续春、孙怀山、傅志煌、范西成副秘书长，办公厅研究室主任卞晋平和有关局室负责人出席会议。座谈会上，王忠禹常务副主席还要求认真做好传达学习中央经济工作会议精神的工作。

1日至12日

以黄孟复副主席为组长，提案委员会副主任杨振杰、倪豪梅为副组长，部分提案委员会委员、提案人及商务部、中国贸促会有关负责人参加的专题调研组赴四川、浙江、山东就“尽快制定中华人民共和国调解法”的提案进行调研。

2日

王忠禹常务副主席在政协机关听取外事委员会关于“21世纪论坛：中国——世界贸易组织（2003）”研讨会筹备工作情况以及外事委员会拉美小组关于访问拉美未建交国家情况的汇报。外事委员会主任刘剑锋，副主任李北海、张国祥、原泰，副秘书长李昌鉴，中国世贸组织研究会会长佟志广，港澳台侨委员会副主任、中国世贸组织研究会副会长俞晓松等出席汇报会。

罗豪才副主席在云南省昆明出席外交部、中国人民对外友好协会与云南省人民政府举办的“中国昆明·东亚城市市长论坛”开幕式并讲话。他指出，该论坛的举办为东亚的区域合作增添了新的活力和内容，为东亚国家城市间进行直接对话和开展合作提供了一个新的平台，并将在推动“10+3”合作由政府主导向政府和民间共同参与、相互促进的转变中发挥积极的作用。

徐匡迪副主席在北京凯宾斯基饭店会见德国总理施罗德并出席“中德投资环境论坛”。

王选副主席在中央电视台出席少儿频道咨询委员会成立大会。应中央电视台邀请，王选副主席担任该委员会名誉主任。

由教科文卫体委员会、教育部、中国残疾人联合会共同举办，联合国儿童基金会支持的“关注残疾人教育研讨会”在政协礼堂举行。张怀西副主席，中国残联主席邓朴方，副秘书长赵喜明，教育部原副部长张天保，中宣部、发改委、财政部、全国妇联、团中央等有关部门负责人等80余人出席会议。教科文卫体委员会副主任翟泰丰主持会议。会议为来自西部12省区的特教老师颁发了“江民特教园丁奖”。

外事委员会主任刘剑锋在政协机关会见并宴请波兰、希腊和马耳他三国驻华使节，对外事委员会代表团今年10月访问上述三国期间受到热情接待表示感谢。李昌鉴副秘书长，马振岗副主任出席宴会。

2日至5日

应我会办公厅邀请，世界贸易中心协会总裁杜苏里一行来访。刘延东副主席在政协礼堂会见并宴请，黄孟复副主席在京城大厦出席世界贸易中心协会与全国工商联签署合作备忘录仪式并出席杜苏里总裁举行的答谢宴会，外事委员会副主任吴建民、港澳台侨委员会副主任俞晓松等参加上述活动。代表团访问了北京和上海。

3日

李蒙副主席在人民大会堂出席司法部举办的“12·4”全国法制宣传日座谈会。

4日

罗豪才副主席在中国美术馆出席由湖南省政协、中国书法家协会等单位联合举办的“鄢福初书法展览”开幕式。

周铁农副主席在国家博物馆出席司法部举办的“12·4”全国法制宣传日书画大赛作品展开展仪式。

罗豪才副主席在人民大会堂会见以郑荣文为团长的深圳台商协会赴京参访团。

张克辉副主席在政协礼堂会见深圳台商协会赴京参访团。

5日

王忠禹常务副主席，刘延东、李贵鲜副主席，陈锦华同志在八宝山殡仪馆礼堂参加文史资料委员会主任桂世镛同志遗体送别仪式。

罗豪才副主席在中央统战部会见香港各界联合会访京团。

周铁农副主席在人民大会堂出席民政部举办的全国社区志愿者先进单位和先进个人表彰大会。

人口资源环境委员会在广西南宁召开“全国暨地方政协人口资源环境委员会工作会议”，学习贯彻中央关于人口资源环境工作的指示精神，总结交流工作经验，并进行工作研讨。李兆焯副主席出席会议并讲话。他指出，要认真贯彻十六大和十六届三中全会精神，进一步增强工作责任感；要深入调查研究，围绕全面建设小康社会的目标，充分发挥政协委员的特长，为可持续发展战略的实施建言献策；要认真总结经验，发挥优势，开创政协人资环工作的新局面。陈邦柱主任作工作报告。李伟雄、杨魁孚、张洽、张人为、张宝明、陈洲其副主任，范西成副秘书长，广西壮族自治区政府副主席李金早、刘新文，自治区政协副主席王汉民、邓浦东，全国各省、自治区、直辖市及副省级市政协人口资源环境委员会负责人近140人出席会议。

王选副主席在北京钓鱼台国宾馆出席科技部举办的何梁何利基金2003年度颁奖大会。

李蒙副主席在政协礼堂会见苏丹国防部长巴克里·萨利赫少将。熊光楷副总参谋长参加会见。巴克里·萨利赫少将一行是应国防部邀请访华的。

外事委员会主任刘剑锋在京出席泰王国驻华大使敦·帕马威奈举办的泰王国国王普密蓬·阿杜德76岁寿诞招待会。

5日至7日

应山东省政协邀请，民族和宗教委员会副主任夏日赴山东出席省政协民族和宗教工作座谈会。

6日

张怀西副主席赴湖南省长沙市出席国家环保总局举办的“首届中国绿色产品与技术国际展示会暨首届可持续消费与可持续生产国际论坛”开幕会。

8日

王选副主席在人民大会堂出席文化部举办的“纪念京剧表演艺术家程砚秋先生诞辰100周年座谈会”。

李蒙副主席在河北省围场出席农工民主党中央与河北省围场县合作扶贫座谈会暨捐赠医疗物资仪式。

9日

2004年新年茶话会文艺节目筹备工作情况汇报会在政协北楼十层会议室召开。王忠禹常务副主席，郑万通秘书长，王巨禄、赵喜明、孙怀山、陈洪、傅志煌副秘书长出席汇报会。教科文卫体委员会主任刘忠德及节目主创人员作了汇报，机关有关局室负责人参加会议。

罗豪才副主席在中央统战部会见香港证券界访京团一行。

社会和法制委员会与全国妇联联合举办讨论会，邀请部分社法委委员、在京妇联界委员就修改《妇女权益保障法》(专家试拟稿)进行讨论。

港澳台侨委员会组织部分在京委员参观飞腾中国制作有限公司、北京统一食品有限公司、东方冠捷电子有限公司三家在京台资企业，并听取北京市台办关于引进台资企业及贯彻《中华人民共和国台湾同胞投资保护法》的有关情况汇报。港澳台侨委员会主任郭东坡带队参观。北京市委副书记龙新民、副市长张茅参加座谈会，市政协副主席黄承祥等陪同参观并出席座谈会。

10日

徐匡迪副主席在政协常委会议厅出席第八次李四光地质科学奖颁奖大会。

北京市西城区选举第十三届人民代表大会代表全国政协选区投票工作在政协礼堂举行。贾庆林主席，王忠禹常务副主席，刘延东、张思卿、白立忱、罗豪才、张克辉、陈奎元、徐匡迪、黄孟复、王选、张怀西、李蒙副主席，钱正英、孙孚凌、万国权、经叔平同志，郑万通秘书长，王巨禄、赵喜明、齐续春、孙怀山、陈洪副秘书长，办公厅研究室主任卞晋平参加投票。廖晖、阿沛·阿旺晋美、李贵鲜、周铁农、郝建秀、阿不来提·阿不都热西提副主席，马文瑞、杨汝岱、钱伟长、任建新、胡启立、陈锦华、赵南起、王文元同志，李昌鉴、傅志煌、范西成副秘书长因工作或身体原因委托他人代为投票。机关全体干部职工参加或委托他人投票。

10日至12日

经济委员会在云南省昆明召开全国地方政协经济委员会主任会议，学习中央有关文件精神，总结交流工作经验，探讨明年工作思路，并就明年调研专题的协作、配合进行沟通。刘仲藜主任，石万鹏、刘立靖、刘廷焕、吴敬琏、陈耀先、陈耀邦、邵奇惠、段应碧、洪绂曾副主任，范西成副秘书长，云南省政协主席杨崇汇、副省长李新华和省级地方政协经济委员会主任或副主任出席会议。

10日至20日

由周可仁副主任任组长的外事委员会调研小组赴广西壮族自治区就"走出去"战略、边贸以及边境口岸管理等问题进行调研。龚谷成常委,谷永江、李静杰委员等参加调研。

11日

郑万通秘书长在政协北楼十层会议室主持召开政协第十届全国委员会第十二次秘书长办公会议。主要议题:一、研究政协十届二次会议秘书长、副秘书长名单(草案)、秘书处组织机构设置方案和各组组长名单(草案)、秘书处各组第一副组长名单(草案);二、研究政协十届二次会议新闻发言人建议名单(草案)和两会新闻组负责人名单(草案);三、听取政协十届一次会议以来提案工作情况报告起草情况的说明;四、研究关于做好中央新闻单位驻全国政协记者站的意见;五、研究政协机关春节团拜会方案。赵喜明、李昌鉴、齐续春、陈洪副秘书长,办公厅研究室主任卞晋平等出席会议。

11日至12日

政协系统电子政务建设研讨会在云南召开,重点就全国政协机关信息系统建设进行研讨。孙怀山副秘书长出席并讲话。部分省市政协有关领导,全国政协信息化工作领导小组成员和有关局室负责人出席会议。

12日

张思卿、陈奎元副主席在人民大会堂出席中央文献研究室举办的大型电视连续剧《延安颂》首映座谈会。

文史资料委员会副主任刘济民等在八宝山革命公墓参加文史资料委员会专员朱洛筠遗体送别仪式。

13日

白立忱副主席在浙江省台州市出席中国民(私)营经济研究会2003年年会暨首届中国(台州)民营经济发展论坛开幕会。

14日

徐匡迪副主席在北京会见并宴请全球人寿保险集团董事会主席及首席执行官唐仕德先生一行。

15日

郝建秀副主席在人民大会堂出席民政部举办的全国社会捐助表彰大会。

15日至18日

张怀西副主席在北京中苑宾馆出席民进中央十一届三中全会。

16日

文史资料委员会在政协机关召开《文史资料选辑》编委会第一次会议,通报《文史资料选辑》编辑工作进展情况,审定《文史资料选辑》第151、152辑,研究开展文史资料征集工作等具体事项。刘济民副主任主持会议,龚心瀚副主任,陈洪副秘书长等出席会议。

贾庆林主席在政协礼堂出席"当代国画优秀作品展——河北作品展"开幕式。陈奎元副主席代表全国政协讲话。河北省政协主席赵金铎致词。郑万通秘书长主持开幕式。王忠禹常务副主席,黄孟复副主席,赵喜明、齐续春、陈洪副秘书长,办公厅研究室主任卞晋平和有关部委负责人及首都书画界人士200余人出席开幕式。

16日至22日

应贾庆林主席邀请,泰国上议院议长玛暖吉·鲁宗卡率上议院代表团一行79人访华。全国人大常委会委员长吴邦国会见,全国政协主席贾庆林会见并举行欢迎宴会,国务委员唐家璇会见。周铁农副主席,郑万通秘书长,全国人大外事委员会副主任吕聪敏、副秘书长曹卫洲,全国政协民族和宗教委员会主任钮茂生,副秘书长李昌鉴和外交部副部长王毅等分别参加上述活动。钮茂生主任主持全国政协专门委员会负责人与泰国上议院专门委员会主席及上议院议员的座谈会，经济委员会主任刘仲藜、提案委员会副主任杨振杰、人口资源环境委员会副主任温克刚、教科文卫体委员会副主任蔡睿贤、社会和法制委员会副主任肖建章、港澳台侨委员会副主任张伟超、外事委员会副主任马振岗、文史资料委员会副主任龚心瀚等参加座谈会。钮茂生主任到机场迎送并陪同玛暖吉上议院议长在京访问。玛暖吉·鲁宗卡一行 17 人于 19 日结束访华离京回国代表团其他成员 19 日至 22 日访问海南和广东后回国。

应香港华侨华人总会邀请，港澳台侨委员会副主任郭荣昌一行 3 人赴香港特别行政区出席该会成立十周年庆典活动。

17 日

张怀西副主席在人民大会堂出席由中共中央文献研究室、国家林业局联合召开的《毛泽东论林业》(新编本)出版座谈会并讲话。他指出，实现全面建设小康社会的宏伟目标，林业建设任重道远。我们要深切缅怀毛泽东同志对林业事业的关心和重视，进一步理解和体会毛泽东思想的丰富内涵，以高度的责任感和使命感，建设好、发展好林业，为国家的生态安全和经济社会可持续发展提供保障。

提案委员会邀请各民主党派中央、全国工商联和政协各专门委员会在政协机关召开提案工作座谈会，总结工作经验，交流和探讨如何进一步提高提案质量，并对政协提案工作提出意见和建议。张思卿副主席出席并讲话，傅杰主任主持。傅志煌副秘书长，提案委员会副主任朱培康、杨振杰、张岳琦、俞泽猷、倪豪梅和部分委员，各民主党派中央和全国工商联分管提案工作的负责人，人口资源环境委员会副主任李伟雄、教科文卫体委员会副主任孙隆椿、社会和法制委员会副主任肖建章、外事委员会副主任马振岗及各专门委员会办公室负责人参加座谈会。

齐续春副秘书长代表全国政协办公厅到北京协和医院看望十届全国政协常委、中国道教协会会长闵智亭。

罗豪才副主席在钓鱼台国宾馆会见并宴请泰国国会执政党议员友好代表团。该代表团是应中联部邀请访华的。

徐匡迪副主席在北京凯宾斯基饭店出席“首届中德环境论坛”并讲话。

全国政协办公厅办理人大代表建议、政协委员提案工作座谈会在政协机关召开。傅志煌副秘书长出席并讲话。他指出，要通过建立完善的办理工作程序和各项制度，使办公厅办理人大代表建议和政协委员提案工作跨上一个新的台阶。秘书局有关负责人通报了今年办公厅办理人大代表建议和政协委员提案工作情况。办公厅研究室和各局级承办单位有关负责人分别介绍各自办理工作情况和经验体会，并对《关于政协全国委员会办公厅承办提案工作的若干规定(试行)》提出一些修改建议。

17 日至 18 日

由外事委员会、经济委员会，中国世界贸易组织研究会、中国经济社会研究会共同主办的“21 世纪论坛”2003 会议在政协常委会议厅举行，会议的主题是“投资中国：世界的选择和中国的政策”。贾庆林主席出席开幕会并发表讲话，常务副主席、本次论坛会议主席王忠禹主持开幕会和主题会议。贾庆林主席在开幕前会见部分中外方与会者。论坛开幕当晚，常务副主席、本次论坛主席王忠禹在政协机关举行欢迎晚宴招待与会来宾。郝建秀、徐匡迪副主席，郑万通秘书长，本次论坛会议副主席刘剑锋、陈耀邦、张国祥、俞晓松，王巨禄、李昌鉴副秘书长，办公厅研究室主任卞晋平，各专门委员会部分负责人及中外专家学者、企业家，部分国家驻华使节和中外新闻记者400余人分别出席了为期两天的会议。

18日

社会和法制委员会在机关召开会议，讨论明年的调研课题。

罗豪才副主席在人民大会堂出席国家主席胡锦涛为欢迎以色列总统摩西·卡察夫访华举行的欢迎仪式和欢迎宴会。

罗豪才副主席在人民大会堂出席教育部举办的曾宪梓教育基金会2003年度优秀大学生奖学金颁奖大会。

民族和宗教委员会副主任刘柏年代表中国宗教界和平委员会在政协机关会见越南宗教代表团一行。

18日至21日

黄孟复副主席在香港出席由全国工商联和大公报等单位主办的第二届中国民营企业发展(香港)论坛。黄孟复会见了董建华特首并就内地与香港更紧密经贸关系安排实施后香港经济发展等问题交换了意见;参加了香港青年工业家协会新一届领导就职典礼;访问了香港中华总商会、香港厂商联合会等友好商会组织,并会见香港地区的全国工商联执委。

19日

教科文卫体委员会组织科技、教育、文化、卫生、体育等界别的委员参观北京航天城。徐善衍副主任带队,张发强副主任等近50人参加了此项活动。

傅志煌副秘书长代表办公厅到北京医院看望吴学谦同志并祝其82岁寿辰。

19日至20日

贾庆林主席,王忠禹常务副主席,刘延东、陈奎元、徐匡迪副主席,郑万通秘书长,赵喜明副秘书长在京出席全国人才工作会议。

20日

周铁农副主席在人民大会堂出席2003中国乡镇企业高峰会议暨中国乡镇企业十大新闻、中国乡镇企业十大新闻人物、中国十大特色乡镇企业家揭晓仪式。

张思卿、白立忱、周铁农、徐匡迪副主席在北京展览馆参观“中国名牌战略推进成果展览”。

20日至22日

张怀西副主席在京出席中华职业教育社八届五次理事会议。

20日至21日

欧美同学会第五届理事会第一次会议在北京举行。齐续春副秘书长出席会议。会议选举产生了韩启德为会长的第五届理事会会长会。

21日

贾庆林主席在人民大会堂会见出席欧美同学会第五届理事会第一次会议的全体理事,代表党中央向新当选的全体理事和刚产生的新一届会长会表示祝贺,希望广大留学人员为全面建设小康社会,为实现中华民族的伟大复兴作出更大的贡献;希望欧美同学会认真学习贯彻胡锦涛总书记的讲话精神,以邓小平理论和“三个代表”重要思想为指导,围绕中心、服务大局,立足国内、放眼海外,转变作风、搞好服务,努力成为党联系广大留学人员的桥梁,成为党和政府做好留学人员工作的助手,成为广大留学人员之家。全国人大常委会副委员长丁石孙、韩启德,全国政协副主席、中央统战部部长刘延东参加了会见。

22日

王忠禹常务副主席在常委会议楼第九会议室召开专门委员会主任会议,对明年专门委员会专题调研工作发表了意见。他指出,明年专委会调研的选题,要贯彻胡锦涛总书记对政协调研工作的指示精神,紧密围绕经济发展,注重社会统筹发展,关注国计民生;要突出长远性,带有倾向性,着力抓好重点题目的调研。各专门委员会负责人汇报了本委员会2004年工作计划和调研题目的初步安排。郑万通秘书长,专门委员会负责人傅杰、刘仲藜、陈邦柱、刘忠德、郭东坡、杨振杰、陈耀邦、张洽、翟泰丰、刘家琛、肖建章、萧灼基、李晋有、张道诚、张国祥、周可仁、崔占福，副秘书长赵喜明、李昌鉴、齐续春、孙怀山、陈洪、傅志煌和办公厅研究室主任卞晋平出席会议，办公厅有关局室负责人列席会议。

李蒙副主席在江苏省常州市看望、慰问农工党老同志并召开了座谈会。

张思卿副主席在人民大会堂出席新闻出版总署举办的纪念毛泽东同志诞辰110周年图书出版座谈会。

港澳台侨委员会主任郭东坡在政协机关会见美中经贸投资总商会会长周荘钐钧一行4人。

22日至23日

人口资源环境委员会副主任张人为在北京国谊宾馆出席国务院三峡工程建设工作会议。

23日

周铁农副主席在政协机关会见以吴振昌会长为团长的广州市台资企业协会访京团一行16人。

郑万通秘书长代表办公厅到北京医院看望孙孚凌同志。

郑万通秘书长，王巨禄、赵喜明、李昌鉴、齐续春、孙怀山、陈洪、傅志煌副秘书长，办公厅研究室主任卞晋平参加机关老干部局举办的第八次老干部活动日，听取老同志意见，并向老同志致以节日的问候，祝愿老同志身体健康、生活幸福。

提案委员会副主任朱培康和部分委员走访商务部，了解商务部办理政协十届一次会议提案情况及贯彻《中共中央办公厅、国务院办公厅关于转发〈全国政协办公厅关于办理政协提案的意见〉的通知》情况，并听取对提案委员会工作的意见和建议。

外事委员会副主任张国祥在机关与湖南省政协港澳台侨和外事委员会主任孙青乃、副主任廖湘泉等座谈，就加强相互协作进行工作交流。

24日

赵喜明副秘书长与联络局(信访局)有关负责人研究如何进一步做好政协的信访工作，并提出具体要求。

24日、25日上午

李昌鉴副秘书长在政协机关主持召开部分政协委员、民主党派成员反映社情民意信息工作座谈会，座谈社会分配问题。办公厅研究室主任卞晋平出席会议。

25日

经济委员会副主任陈耀邦在京出席中央农村工作会议。

社会和法制委员会就《中华人民共和国残疾人保障法》的贯彻实施情况在北京考察。肖建章副主任，齐续春副秘书长及部分社法委委员参加考察。中国残联党组书记王新宪、北京市政协副主席王长连陪同考察。

25日至26日

2003年度全国政协委员视察团团长座谈会在京召开。部分担任本年度视察团团长、副团长的在京全国政协常委、委员出席会议并就委员视察工作进行总结。赵喜明、齐续春副秘书长出席并讲话。

26日

贾庆林主席，王忠禹常务副主席到毛主席纪念堂瞻仰毛主席遗容。

贾庆林主席，王忠禹常务副主席，刘延东、罗豪才、陈奎元、黄孟复、李蒙副主席在人民大会堂出席纪念毛泽东同志诞辰110周年座谈会。

李蒙副主席在人民政协报大厦出席《人民政协报·绿色家园》周刊出版50期座谈会并讲话。陈洪副秘书长，经济委员会副主任洪绂曾、教科文卫体委员会副主任徐善衍，任玉岭常委和部分委员出席会议。

人口资源环境委员会和国家林业局在

政协机关联合召开“关注森林——加快林业发展座谈会”。全国政协副主席、关注森林组委会主任张思卿出席并讲话。他指出，当前林业面临着加快发展的艰巨任务，必须充分调动社会各方的力量，关注林业发展，参与林业建设。过去五年的关注森林活动受到了社会各界的广泛关注，产生了良好的社会影响，取得了明显成效，为林业发展创造了很好的舆论氛围。现在林业生态建设已成为全面建设小康社会的重要内容，必须加大宣传力度，广泛动员和组织全社会各界力量投身到加快林业发展、再造秀美山川的伟大事业中来。人口资源环境委员会主任、关注森林组委会副主任陈邦柱，人口资源环境委员会副主任、关注森林组委会副主任张洽，人口资源环境委员会副主任温克刚，人口资源环境委员会委员、山西省政协副主席薛荣哲，国家林业局和广电总局负责人，河北和山西省政协人口资源环境委员会负责人出席会议。

提案委员会主任傅杰在政协机关主持召开委员会第四次全体会议，传达贾庆林主席对提案工作的批示及第五次主任会议研究的贯彻落实意见，听取办公室关于委员会第三次全体会议以来提案工作的简要汇报，讨论修改《政协第十届全国委员会第一次会议以来提案工作情况的报告》(稿)和《进一步提高提案质量宣传提纲》(稿)。

港澳台侨委员会与国务院台办、中央统战部、民革中央、台盟中央、全国台联在中央统战部召开第10次“六台”联席会议。国务院台办副主任王在希介绍了前一阶段开展反对台“公投立法”、打击岛内“台独”分裂势力的斗争情况。与会者就下一阶段遏制台湾当局企图发动“防卫性公投”等分裂行径进行研讨，并就如何做好对台工作提出意见和建议。

孙怀山副秘书长代表办公厅到聂真同志家中看望聂真同志并祝其95岁寿辰。

罗豪才副主席到燕京华侨大学和陈爱莲舞蹈艺术学校考察，看望慰问师生员工，并向他们致以节日问候。港澳台侨委员会主任郭东坡等参加了考察和慰问。

28日

刘延东副主席在人民大会堂出席纪念梁希先生诞辰120周年大会。

王选副主席在人民大会堂出席信息产业部和北京市政府举办的星光数字多媒体芯片产业化成果报告会并讲话。

张怀西副主席在人民大会堂出席人民出版社《红色音乐家——劫夫》出版首发式。

李蒙副主席在云南省德宏出席德宏傣族景颇族自治州建州50周年庆典活动。

受罗豪才副主席委托，文史资料委员会副主任龚心瀚出席“北京大学985工程盛唐研究丛书出版座谈会”。

29日

黄孟复副主席在人民大会堂出席纪念《中小企业促进法》施行一周年座谈会并讲话。

港澳台侨委员会主任郭东坡，副主任何添发在京出席中央“五侨”领导联席会议。会议通报了各单位2004年工作要点和调研思路，并就“五侨”联合主办的重要活动进行沟通。

研究室新闻局召开各民主党派中央和全国工商联宣传部长座谈会，请各民主党派中央和全国工商联宣传部长介绍一年来的主要工作和参政议政的重要成果，对全国政协十届二次大会新闻宣传工作提出意见和建议，并讨论大会记者招待会选题。李昌鉴副秘书长、外事委员会副主任张国祥、办公厅研究室主任卞晋平出席会议。

30日

人口资源环境委员会在政协机关召开会议，研究2004年环境方面的专题调研计划。江泽慧、刘成果副主任出席。

社会和法制委员会在京召开全体会议,审议通过 2003 年度工作总结,研究讨论 2004 年工作计划。李其炎主任主持会议,王建伦、朱治宏、刘家琛、祁培文、李奇生、肖建章、周子玉、曹克明、萧灼基、谭耀宗副主任,齐续春、陈洪副秘书长及社法委委员 40 余人出席会议。

31 日

中共中央政治局候补委员、书记处书记、中央办公厅主任王刚,王忠禹常务副主席到政协礼堂检查新年茶话会现场。郑万通秘书长,中办副主任令计划,王巨禄、齐续春、孙怀山副秘书长陪同。

地 方 委 员 会 篇

政 协 北 京 市 委 员 会

程世峨　主　席

黄以云　副主席

黄承祥　副主席

韩汝琦　副主席

朱相远　副主席

傅铁山　副主席

满运来　副主席

王长连　副主席

张和平　副主席

陈难先　副主席

陈建生　副主席

叶文虎　副主席

唐晓青　副主席

李建华　秘书长

【全体委员会议】

十届一次会议　2003年1月11日至17日举行，本次大会应出席委员720名，实到668名，缺席52名。会议以邓小平理论和“三个代表”重要思想为指导，认真贯彻中共十六大和市第九次党代会精神，总结了九届常委会五年来履行政治协商、民主监督、参政议政职能，促进首都社会主义物质文明、政治文明和精神文明建设所做的工作，审议并通过了黄以云副主席代表第九届委员会常务委员会所作的工作报告；审议了第九届委员会常务委员会关于提案工作情况的报告；与会委员列席了北京市第十二届人民代表大会第一次会议，听取并讨论了刘淇市长所作的《政府工作报告》，讨论了《北京市2002年国民经济和社会发展计划执行情况与2003年国民经济和社会发展计划草案的报告》、《北京市2002年财政预算执行情况和2003年财政预算草案的报告》、《北京市高级人民法院工作报告》、《北京市人民检察院工作报告》；民革北京市委等8个民主党派、市工商联和2位委员先后就首都经济、城乡建设、教育、医疗、社会保障以及人文奥运、绿色环保、法制建设、实现祖国统一等方面作了大会发言。会议选举产生了政协北京市第十届委员会主席、副主席、秘书长和常务委员。通过了政治决议和常务委员会工作报告的决议。会议期间共收到提案1199件，经审查，立案1017件，其中民主党派和工商联提案44件，有关人民团体提案10件。

全国政协、中共北京市委、市人民政府、市人大常委会等有关领导出席了大会开幕式和闭幕式。会议期间，市委、市政府及有关部门的负责同志参加了大会和小组讨论会。中共中央政治局委员、中共北京市委书记刘淇在闭幕式上讲话，程世峨主席致闭幕词。

【常务委员会会议】

第1次会议　2003年1月17日召开，应出席常委140名，实到126名，程世峨主席主持会议并讲话。会议主要研究如何加强十届市政协常委会自身建设。

第2次会议　2003年3月28日召开，应出席常委140名，实到101名，黄以云副主席主持会议。会议传达了全国政协十届一次会议精神；审议通过了《政协北京市第十届委员会常务委员会2003年工作要点》、《政协北京市第十届委员会常务委员会关于加强思想作风建设的意见》、《政协北京市第十届委员会常务委员会关于任命副秘书长的决定》、《政协北京市第十届委员会常务委员会关于设置专门委员会的决定》、《政协北京市第十届委员会常务委员会关于任命专门委员会主任、副主任、委员的决定》、《政协北京市委员会常务委员会工作规则》、《政协北京市委员会专门委员会通则》。程世峨主席就做好市政协常委会2003年工作发表讲话。

第3次会议 2003年6月20日召开，应出席常委140名，实到117名，黄承祥副主席主持会议。会议听取了张茅副市长关于北京防治非典工作的情况通报；就本市进一步做好防治非典工作和保持国民经济持续健康发展问题进行了大会发言；听取了提案委员会关于2003年上半年提案工作情况的报告，书面汇报了政协北京市第十届委员会2003年上半年工作情况；听取并审议了《关于2003年常委会工作要点确定的调研课题作部分调整的意见》。黄以云副主席就做好市政协下半年工作发表讲话。

第4次会议 2003年8月28日至29日召开，应出席常委140名，实到102名，王长连、陈建生副主席分别主持会议。会议审议通过了《关于优化发展环境，加快首都经济发展的建议案》和《关于加快推进本市社会救助体系建设的建议案》及相关调研报告。刘志华副市长到会听取意见并讲话。程世峨主席就进一步做好市政协工作发表讲话。

第5次会议 2003年12月4日至5日召开，应出席常委140名，实到101名，朱相远、张和平副主席分别主持会议。会议传达学习了刘淇同志在中共北京市委领导与市政协领导座谈会上的讲话精神，审议通过了《关于召开中国人民政治协商会议北京市第十届委员会第二次会议的决定》，审议通过了《关于推进北京节水型城市建设的建议案》和《关于进一步加强首都公共卫生建设与管理的建议案》及相关调研报告。程世峨主席出席会议并讲话，刘敬民副市长到会听取意见并讲话。

【专门委员会工作】

提案委员会 截至2003年10月底，共收到提案1396件，经审查，立案1239件，平均办复率为99.7%，其中超过七成提案的建议得到采纳或部分采纳。2003年调整提案交办方式，将提案改为直接交到市委、市人大、市政府、市政协、市高级人民法院和市人民检察院等机关的主管部门，再由他们交所属部门承办，增强提案交办的权威性；召开市情通报会，将政府部门有待科学决策的问题提供给党派、团体和每位委员，充分发挥人民政协的人才优势，提高提案的针对性；发放《委员意见征询表》，了解委员对提案办理工作的意见。就加强党派提案工作向中共北京市委提出意见、建议，受到市领导重视，市委办公厅印发了《关于进一步加强党派提案工作暂行办法》的通知。选择关涉广大群众利益的全市重点提案，以及委员多年提出体现政协特点的提案，加强督办力度。制定了《提案工作信息化工作方案》，与市政协办公厅合作实现了机关局域网上的提案数据库资源共享，完善了因特网上的提案工作网页，推进了市人大、市政府、市政协的建议提案系统三网合一工作。对优秀提案评选办法进行修订，优秀提案比例扩大为5—10%。

学习委员会 分别就认真学习和全面把握“三个代表”重要思想、抗击非典先进事迹、伊拉克危机与大国关系、现阶段台湾局势与两岸关系等内容，组织6次学习报告会和情况通报会。围绕优化发展环境，开展以提高市民文明素质、克服不文明陋习为主题的考察研讨活动，提出了“提高市民法治观念，加强首都公共文明建设的意见和建议”，报送市委、市政府参考，受到市有关领导重视。组建了新一届新闻舆论导向和舆论监督民主评议组，对本市新闻媒体的舆论导向情况和发挥舆论监督作用情况进行评议；与市新闻学会联合召开了“抗非典的新闻宣传经验”研讨会。就群众关心的社会问题，召开社情恳谈会和社会心态研讨会,积极反映社情民意。与市政协研究室、办公厅联合举办了三期十届新任委员学习培训班。还召开了学习胡锦涛总书记在"三个代表"重要思想理论研讨会上的讲话座谈会,与研究室联合召开了学习中共十六届三中全会精神座谈会;编辑内部刊物《学习》10期。

文史资料委员会 围绕北京历史文化名城保护开展调查研究。组织委员先后两次对《北京历史文化名城保护条例》进行讨论,提出修改意见,供有关部门研究参考;召开"北京四合院与历史文化名城保护"研讨会,形成研讨会纪要提交市委、市政府参考;关注戒台寺和东岳庙西院保护问题,提出《关于禁止开山采石、保护戒台寺的紧急建议》、《关于东岳庙西院保护问题的调查与建议》和关于缓建戒台寺千佛阁的建议,受到有关方面的重视并采纳;与民宗委联合提出了《建议市文物局、市民委等部门更加重视通州清真寺的修缮问题》的团体提案;还对天坛坛墙保护等进行了视察,并通过信息渠道反映社情民意。加大建国后史料征集工作力度,全年共征集文史资料171篇、105.5万字,编辑出版了《北京文史资料》第67辑、《尚堪回首》和《名人与老房子》;举办了区县政协、民主党派和工商联文史干部培训班;出席了全国政协文史工作研讨会,接待了全国政协文史委考察团。

经济科技委员会 围绕优化首都发展环境,与有关民主党派联合就改善政府行政行为问题进行专题调研,形成了《关于改善政府行政行为,优化首都经济发展环境的调研报告》,从四个方面提出16条具体建议。经常委会议审议通过,与其他报告共同形成了《关于优化发展环境,加快首都经济发展的建议案》,受到市领导高度重视,对此,多位市领导作出批示。就北京工业发展问题,组织经济界委员视察、座谈,分析北京工业发展的前景和存在的问题,起草了"关于北京市级工业开发区发展情况的分析",送有关部门研究参考。与民盟市委共同开展对大型商业街区规划建设的调查,形成联合建议书送市委、市政府,为政府部门调整、改善城区大型商业街区规划提供了决策参考。市政协财政预算民主监督小组重点围绕市财政预算问题进行认真研究,提出意见建议。围绕"科技奥运"开展系列活动,与市科协联合举办了"科技奥运论坛"。就保障失地农民利益问题,组织通报会、座谈会、研讨会和考察,提出意见建议。与民建市委联合召开了"抗击非典与首都经济发展研讨会"。

城建环保委员会 围绕城市可持续发展,与有关民主党派联合就北京节水型城市建设问题开展重点调研,在完成调研报告基础上形成常委会《关于推进北京节水型城市建设的建议案》,报送市委、市政府。非典时期,通过书面、网络形式征求委员有关"非典"对城市建设、管理、发展的影响及对策的意见,并及时上报信息部门。与民建市委、中国环境报社联合召开"绿色奥运与生态城市建设"研讨会,提出意见建议。就全市重点工作和委员关心的热点问题开展日常通报和视察活动。配合市城管执法局等有关部门和单位,聘请了29位市政协委员担任特约监督员,并协助市交通委等部门开展相关座谈、视察工作。还接待了全国政协人口资源环境委员会在京视察活动。

教文卫体委员会 与有关民主党派组成联合调研组,就进一步加强首都公共卫生的建设与管理问题进行重点调研,在完成调研报告基础上形成常委会《关于进一步加强首都公共卫生建设与管理的建议案》,受到市领导重视。召开"抗非典与讲卫生"研讨会,提出《对如何进一步做好抗击非典工作的建议》,报送市委、市政府。

组织教育、体育和文化方面的情况通报会，帮助委员了解政情。与市教委联合举办了教育界委员暑期联谊活动，加强委员之间、委员与政府部门之间的沟通和交流。组织部分委员对高考考场和考务工作、网上远程高招录取情况以及中考情况等进行了考察。就本市部分艺术院、团改革情况，组织部分文艺界委员进行参观、考察，提出意见建议。与市体育局等部门共同举办了北京第十七届卢沟桥醒狮越野跑“元亨杯”比赛；召开教育界委员座谈会，欢度教师节；还看望和慰问了非典期间工作在一线的医卫界委员，承办了市政协对战斗在抗非典一线的医卫界委员表彰会。

社会和法制委员会 与有关民主党派联合就社会救助体系建设问题进行重点调研，在完成调研报告基础上形成常委会《关于加快推进本市社会救助体系建设的建议案》，报送市委、市政府，得到市领导重视。就进一步优化私营个体经济司法保障环境问题，与有关民主党派进行联合调研，作为常委会“关于优化发展环境，加快首都经济发展”重点联合调研的子课题，与其他报告共同形成建议案，报送市委、市政府。就本市部分困难企业退休人员生活困难情况进行调研，提出意见建议，促进了政府对一些具体问题的解决。成立工会、妇女儿童、法律等小组，发挥界别作用；成立首都社会治安综合治理工作民主监督小组，加强民主监督；向市政法委等单位和部门推荐特约监督员 24 名；召开特约监督员工作座谈会，交流经验和体会。就“严打”整治斗争情况等社会热点问题召开情况通报会、研讨会和座谈会；组织委员就重要问题和涉及群众切身利益的法规进行立法协商，提出意见建议；开展专项视察活动，提出意见建议；坚持建章立制，形成委员会工作简则等 6 项制度；还接待了全国政协社法委来京视察活动。

民族和宗教委员会 采取多种形式组织委员学习贯彻“三个代表”重要思想和胡锦涛同志“七一”重要讲话；举办了佛教、道教、伊斯兰教、天主教、基督教等中国五大宗教知识的专题讲座；邀请国家宗教局负责人作“社会主义的宗教论”的专题报告。分别与市天主教爱国会和市基督教三自爱国会合作，组织了抗非典物资和书画捐赠仪式。与市民委等部门合作，开展了“加快少数民族乡村经济发展”的系列视察活动；组织部分委员就贯彻落实《少数民族权益保障条例》及清真饮食品的生产经营、管理供应情况进行了视察。坚持走访委员制度，促进有关宗教房产问题的解决；与市民族联谊会联合举办了“首都民族和宗教界国庆联谊会”，增进委员间的沟通与交流；还接待了全国政协和外省市政协的考察团。

港澳台侨委员会 与有关民主党派合作，围绕优化北京投资与发展环境开展调查研究，提出关于优化北京投资与发展环境的调研报告，经常委会议审议通过，与其他报告共同形成建议案，报送市委、市政府。召开台情和对台工作通报会、台情漫谈会和庆中秋话统一座谈会，促进京台经济文化交流；以“建设新北京、办好新奥运”为题，组织通报会、座谈会和视察等，积极建言献策；首次召开特邀工作顾问和海外朋友为首都建设献计献策座谈会。组织港澳台侨界委员和香港狮子会等境外团体为北京抗击非典捐款捐物；全年共接待来访团组 35 批次、314 人次；邀请海外华侨华人和港澳台朋友来京参加国庆活动 54 人次；为政协委员和港澳台侨胞排忧解难、促办实事 30 余件。

【重要活动】

举办十届新任委员学习培训班 2003 年 3 月 24 日至 29 日，本会举办十届新任委员学习培训班，就中共十六大报告、政协章程、履行职能的方式和方法等进行学习。程世峨主席作了学习动员，中共中央党校教授严书瀚等作了学习中共十六大报告的辅导，全国政协研究室负责人作了学习政协章程的辅导，本会朱相远副主席、研究室主任、提案委副主任分别作了关于如何当好政协委员、如何做好反映社情民意工作、如何利用好提案履行政协职能的报告。委员们进行了分组讨论，有14位新任委员代表本组和个人作了学习交流发言，满运来副主席作了总结讲话。黄承祥、王长连、张和平等副主席看望了参加学习班的委员。学习培训班共分三期，每期两天，共有260余位新委员参加了学习。通过学习，委员们进一步提高了政治素质和参政议政能力，增强了履行职能的责任感和使命感。

学习胡锦涛总书记在“三个代表”重要思想理论研讨会上的讲话座谈会 2003年7月2日，学习委员会和研究室共同召开。委员们认真阅读了胡锦涛总书记在“三个代表”重要思想理论研讨会上的讲话。一致认为，胡锦涛总书记对“三个代表”重要思想作了深刻阐述，对进一步兴起学习贯彻“三个代表”重要思想新高潮作了动员。委员们在发言中纷纷表示，对于“三个代表”重要思想和胡总书记讲话的学习还需要继续深入，更好地理解和掌握；学习贯彻“三个代表”重要思想关键在于落实，要落实到实际工作中去，落实到维护群众的切身利益中去。近30位委员参加了座谈会，10余位委员作了发言。

议政会 市政协办公厅与中共北京市委统战部共同组织召开3次议政会。2003年7月17日、10月14日、12月19日，本市各民主党派、人民团体负责人和民族宗教界代表人士分别听取了牛有成副市长关于郊区农业现代化和农村城市化工作的情况通报并进行座谈；听取了孙安民副市长关于优化本市发展环境工作的情况通报并进行座谈；听取了市纪委副书记冯书亮关于2003年全市党风廉政建设和反腐败工作的情况通报并进行座谈，与会各界人士提出了许多意见和建议。

组织常委视察 2003年9月18日、11月14日，本会常委就北京市农业现代化工作、北京经济技术开发区工作进行了视察。分别听取了大兴区和通州区负责人关于农业现代化工作的情况介绍，视察了绿得金现代生态园、北京资源集团食品城、精品梨园、大运河蔬菜配送中心、蒙牛乳业股份有限公司，并与市政府领导和有关部门负责人进行了座谈；听取了北京经济技术开发区管委会负责人的情况介绍，视察了中国网络通信公司、北京纬晓生物技术开发有限责任公司、SMC(中国)公司和北京康宁科技光缆有限公司，参观了开发区区容区貌，并就开发区的建设与发展召开座谈会，与市政府领导交换意见。

成立首都社会治安综合治理工作民主监督小组 2003年11月28日成立。监督小组的主要任务是，围绕首都社会治安综合治理委员会不同时期的工作重点，适时组织监督小组成员进行视察、考察和调研等活动，积极反映社情民意，提出意见和建议；适时组织监督小组成员考察本市有关地区或部门社会治安综合治理工作情况，组织评议，促进社会治安综合治理领导责任制的实施，为首都社会治安综合治理工作建言献策。监督小组成立后，邀请市委政法委秘书长、首都社会治安综合治理委员会办公室副主任李万钧通报首都社会治安综合治理工作情况并进行了座谈。

学习贯彻“三个代表”重要思想，推进新时期人民政协工作研讨会暨北京市人民政协理论与实践研究会二届二次理事大会 2003年12月12日至13日召开，市政协副主席、研究会副会长叶文虎和市政协秘书长、研究会副会长李建华分别主持会议。

市政协主席、研究会会长程世峨，九届市政协主席、研究会名誉会长陈广文，全国政协研究室主任卞晋平，市政协副主席、研究会副会长满运来和常务理事、名誉理事、理事、特邀人士等近百人出席了大会。会议听取了常务副会长张平夫所作的研究会工作报告和副监事长孟江波所作的监事会工作报告；16位同志就新时期人民政协工作的特殊地位和作用、以“三个代表”重要思想为指导全面推进新时期人民政协工作、加强对新的社会阶层人士的统战工作、加强人民政协的民主监督、以法律形式规范人民政协工作、完善政协委员的推选制度等作了研讨发言。卞晋平主任在讲话中强调了人民政协在我国政治体制中所具有的特殊的、不可或缺的地位，人民政协的理论研究工作必须与时俱进，应以新的理论语言来阐释新时期人民政协的性质、地位和特殊作用。程世峨会长在讲话中强调，做好对人民政协理论与实践的研究，对推动新时期人民政协工作具有十分重要的意义；指出研究会工作的基本思路，就是以“三个代表”重要思想统领人民政协理论与实践研究工作，始终保持正确的研究方向；善于运用多种研究形式，调动各方面的力量，形成开展人民政协理论与实践研究的强大合力；在提高各界委员和政协工作者统战与政协理论水平、建设学习型政协组织方面发挥更大作用；加强研究会自身建设，努力为各位理事开展理论研究提供更好的服务。

【重要文件】

常务委员会工作报告(2003年1月12日)(摘要)　第一部分：九届市政协五年工作情况：

(一)围绕本市大政方针和重要问题协商议政，提高政治协商水平。在九届召开的五次全体会议上，委员们对各年度市政府工作报告、国民经济和社会发展计划报告、财政预算报告以及市高级人民法院、市人民检察院等工作报告，认真进行协商讨论，通过大会发言、专题座谈和分组讨论，对本市大政方针和全局性工作提出意见建议。中共北京市委、市人民政府的主要领导和其他市领导均出席历次大会，市领导和有关委办的负责同志到会听取意见，共商首都改革开放和现代化建设大计。制定北京市国民经济和社会发展第十个五年计划，是关系新世纪之初首都发展的全局性问题。对此，各界委员在九届四次会议之前和会议期间进行了专题协商和集中协商，向市委、市政府积极建言献策，提出了9个方面、200余条意见和建议，为制定好新世纪北京市第一个五年计划作出贡献。九届五次会议期间政协委员对北京市工作的主要意见、建议汇总报送市委、市政府后，市委书记作了批示，市委、市政府两个办公厅按照批示要求，制定办理方案，明确承办单位，并认真督促检查，将办理结果及情况汇总反馈给市政协，体现了对委员协商意见的重视。每年全会以后根据市委和市政府的中心工作，市政协主动与市委、市政府有关部门商量，制定全年协商计划，并逐项落实。同时，根据形势的发展，及时就本市改革、发展和稳定中的一些重要问题，向市委、市政府提出协商建议。五年来，经常委会协商讨论形成建议案22项，主席会议协商讨论形成建议案10项，内容包括建立现代企业制度、加快发展民营科技企业、深化住房制度改革、发展北京市社会力量办学、加快北京城区危旧房改造、认真落实党的宗教政策、进一步推进北京文化产业发展、推进本市依法行政工作、北京历史文化名城保护等重要问题。这些建议案充分展示了协商的成果，报送市委、市政府后，许多意见和建议被采纳，对促进首都物质文明、精神文明建设和推进民主法制建设起到积极作用。各专委会还对口协商，积极参与一些重要地方性法规、规章、政策出台前的讨论论证，提出意见建议，体现了协商于决策之前。九届市政协建立了议政会制度。由市政协与市委统战部联合举办，请本市各民主党派、人民团体负责人和无党派代表人士、少数民族和宗教界代表人士参加，同时邀请市委、市政府有关领导和主管部门负责人到会，就本市大政方针和改革、发展、稳定中的重要问题进行通报和协商讨论，既体现政治协商，又体现参政议政，更具针对性和实效性。九届以来，已先后就本市经济工作、环境综合整治、参与西部大开发、重大工程建设、党风廉政建设与反腐败、社会保障措施实施、应对加入世贸组织工作、加强食品卫生安全等问题召开14次议政会，与会各界人士围绕上述问题发表真知灼见，反映社情民意，有利于党与政府科学决策，促进了首都各项事业的健康发展。

（二）积极探索民主监督的有效途径和方法，加大民主监督力度。本届组织政协委员视察、考察活动600余次。通过视察、考察，委员们对本市整顿市场经济秩序、城市建设重点工程、文物保护、城区危旧房改造、文明社区建设、民族宗教、高考与招生录取等方面工作和本市各项事业的发展有了进一步了解，在此基础上提出了许多改进工作的意见和建议，较好地履行了民主监督职能。九届市政协在原有新闻舆论导向和财政预算两个民主监督小组的基础上，又成立了首都大气污染治理民主监督小组和教育民主监督小组，拓宽监督领域，并不断完善监督小组工作机制。新闻舆论导向民主监督小组坚持每季度开展一次评议活动，对改进本市新闻宣传工作发挥了独特的监督作用。财政预算民主监督小组每年都认真听取和研究本市财政预算执行情况及存在问题，提出书面意见和建议。首都大气污染治理民主监督小组围绕城市环境治理以及筹办2008年奥运会等重要工作，利用多种形式开展民主监督活动，为促进首都环境改善发挥了作用。教育民主监督小组围绕本市教育方针的贯彻、教育执法和教育发展规划的落实，加大民主监督力度，收到实效。五年来，200多位政协委员被推荐担任本市政府、公检法等部门的特约监督员，着重加强了对党政机关和司法、执法部门及其工作人员工作的监督检查，在政法、经济、教育、文化、城市管理等领域发挥了重要的监督作用。制定了《关于推荐政协委员担任特约工作人员的程序规定》，与有关民主党派市委联合开展了“完善特约工作，推进民主监督”的调研，走访聘任单位，使特约监督工作不断改进和完善。组织委员就《中关村科技园区条例》、《中华人民共和国消防法》、《北京市少数民族权益保障条例》等有关法律法规的执行情况进行民主监督，促进依法行政与依法治市。组织委员对一些新出台改革政策执行情况进行检查，提出有关建议，维护群众的切身利益。组织委员对政法系统开展作风教育整顿情况进行考察评议，对党政部门加强廉政建设情况进行民主监督，促进廉政建设。注重把民主监督与舆论监督结合起来，增强民主监督的效力和社会影响力。

（三）运用多种形式，拓展参政议政领域。常委会依托各专委会组织各界委员，围绕市委、市政府的中心工作，抓住全市改革、发展、稳定中的重要问题，抓住带有全局性、战略性、前瞻性的问题和群众关注的热点、难点问题进行调查研究，提出了许多建设性的意见和建议，得到市委、市政府乃至中央有关部门的重视，对实际工作起到推动作用，在社会上产生了广泛的影响。五年来，常委会确定重点专题调研22项，各专委会确定专题调研46项，共形成68项调研报告，其中有10项调研报告获得市委、市政府评选的北京市优秀调研成果奖。常委会加强对调查研究工作的领导和组织协调，认真研究和确定每年的重点调研课题，每项重点调研课题都由主席或副主席牵头负责，进行具体指导。主席会议和常委会会议认真研究讨论重点课题调研报告，提出修改意见。各专委会和各界委员调研的热情高，平均每年开展调研活动130余次、3000余人次参加，选题范围广，调研形成的成果多，调研报告质量好，为党和政府科学决策提供了依据。市政协注重举办或与有关民主党派市委联合举办专题研讨会，就一些重要问题参政议政、建言献策。五年来，编发了反映社情民意的信息1500余件，被市委、市政府和全国政协采用的占60%以上，共有20余位市领导作出批示240余人次，有的信息还得到中央领导的批示。在市政协委员中开展了以"表民意、话实情、议大事、献良策"为主旨的"两个一"活动，即提出一条有质量的建议，反映一条有价值的信息，积极主动向市委、市政府反映社情民意。还开创了"交友漫谈会"、"社情恳谈会"、"社会心态研讨会"等新的形式，为委员反映社情民意、发表意见创造宽松和谐的环境，使市政协反映社情民意工作不断加强，促使一些群众关心的问题及时解决，发挥了政协作为党与政府同人民群众联系的桥梁纽带作用。

（四）注重发挥提案作用，创造性地开展提案工作。为推动提案工作，提高提案的质量，制定了提案立案标准，加强了对提案的综合分析。各界委员运用提案履行职能的积极性非常高，为提好提案深入调查研究；为促使问题得到解决，就同一个问题几次提出提案，体现了高度的责任感和锲而不舍的精神。五年来，共收到提案6492件，经审查立案6212件。其中，委员提案5903件，党派、团体、专委会提案229件，参与提出提案的委员占全体委员的90.03%。这些提案内容涉及首都经济、政治、科教、城市建设与管理、申办与筹办奥运、社会保障体系建立与完善、党风廉政建设等诸多领域，反映了社会生活的各个方面，是极为丰富的信息资源、智力资源，也是履行政协职能的重要成果。这些提案提出许多高质量的意见建议，通过党政和有关部门的认真办理，促进了实际问题的解决，推动了工作，密切了党和政府与群众的关系。为加强对提案工作的领导，主席会议和常委会每半年听取一次提案工作情况汇报，还建立了常委会向全体会议报告提案工作的制度。从规范化、制度化建设入手，注重研究提案工作新情况、解决新问题，先后修订了提案工作条例；建立了提案审查立案制度、市政协领导重点督办提案的工作制度、提案办理情况的检查评议制度；完善了提案分析制度；改革提案交办方式，市政府有关负责同志将每年向市政协常委会通报提案办理情况。还加强了对提案工作理论和实践的研讨，探讨提案在我国民主政治建设中的地位和作用；召开了北京市政协第三次提案工作座谈会，促进了社会各界对提案工作的认识和支持。

（五）在建立健全和执行规章制度上下功夫，推进履行职能的规范化、制度化、程序化。市政协在深入调查研究、广泛听取各方面意见的基础上，为制定《中共北京市委关于加强人民政协工作的决定》提出了具体建议。市委的决定从进一步提高做好新时期人民政协工作重要性的认识等五个方面作出23条规定，明确规定了政协履行政治协商、民主监督、参政议政职能的内容、方式和程序等，成为指导本市政协工作的重要依据和规范性文件。在中共北京市委领导下，制定了《关于办理民主党派提案的工作程序》和《关于办理政协建议案的工作程序》，分别以市委、市人大、市政府、市政协秘书长会议纪要和市委办公厅文件转发，使委员们长期关注的民主党派提案和政协建议案的办理及反馈问题有了明确规定。修订了《政协北京市委员会专委会通则》，制定了《政协北京市委员会关于调查研究工作的规定（试行）》、《关于加强工作协调的有关规定》等20余项规章制度，对于进一步规范政协工作起到重要作用。市政协办公厅还建立、补充、完善了68项工作制度，进一步规范了机关工作。全市政协工作会议召开之后，常委会对贯彻落实《中共北京市委关于加强人民政协工作的决定》作出部署，提出开创工作新局面的要求，并适时对本会贯彻情况进行自查，组织区县政协交流贯彻落实会议精神的经验，查找问题，督促落实市委关于加强政协工作的各项措施，推进了政协工作。在市委领导下，市政协配合有关部门认真执行办理市政协建议案和民主党派提案的工作程序。驻会领导坚持每月召开各专委会和机关各部门负责人协调会，避免组织活动交叉重复，落实了加强工作协调的有关规定，提高了政协组织活动的实效。

（六）发挥政协优势，为维护首都团结稳定和推进祖国统一大业贡献力量。利用多种形式，加强委员之间、委员与政协机关工作人员之间的沟通和交流。组织42次委员活动日；举办三期委员暑期联谊活动；召开35次交友漫谈会；政协主席率队先后到清华大学、北京大学、中央民族大学、中国人民大学等委员比较集中的单位走访；坚持政协领导走访党派、团体，看望委员和各专委会分工联系委员。通过这些沟通、联谊活动，增进共识，加深友谊，增强了政协的亲和力和凝聚力，促进了统一战线内部的团结。举办庆祝北京市政协成立50周年大会，组织委员参与庆祝中华人民共和国成立50周年、澳门回归、迎接新千年新世纪、北京申办奥运成功、纪念中国共产党成立80周年等重大政治活动，弘扬爱国主义和社会主义精神，增强民族自豪感，广泛团结了各界人士。认真做好民族宗教工作。先后开展关于认真落实党的宗教政策、促进本市宗教活动正常开展和尊重信奉伊斯兰教少数民族风俗习惯的调研，为做好本市民族宗教工作建言献策；关注本市少数民族乡的发展，加强首都和边远少数民族地区的联系，呼吁并促进本市宗教团体房产政策的落实；走访民族宗教界代表人士，加强同他们的联系和沟通，促进了首都各族各界人士的大团结、大联合。协助党和政府做好维护稳定的工作。围绕社会保障等关系首都稳定的重要问题开展调研，促使有关政策的出台兼顾各方面利益；主动多做协调关系、化解矛盾、理顺情绪、凝聚人心的工作，维护首都的社会稳定。做好港澳台侨工作，为推进祖国统一大业贡献力量。认真组织委员学习宣传"和平统一、一国两制"的基本方针和江泽民主席关于现阶段发展两岸关系、推进祖国和平统一进程的八项主张，学习宣传党和国家关于港、澳、台、侨工作方针和政策。先后就港澳台侨同胞在京投资环境问题、台湾学生在京就读情况等专题进行调研；就做好政协港澳台侨工作召开研讨会，推动有关问题的解决。发挥政协优势，加大对台工作力度，扩大民间交流交往，从不同层面做争取台湾民心的工作，推动反独促统。进一步密切同港澳委员的联系，组织专项视察，及时通报情况，促进京港、京澳之间的交流与合作，为维护香港、澳门的长期稳定、繁荣与发展和首都现代化建设服务，为促进祖国统一贡献力量。聘请政协港澳台侨工作顾问，加强与港澳台、海外华侨华人社团和留学生的联系与交往。采取请进来、走出去等多种形式，了解侨情，听取侨声，凝聚侨心，发挥侨力，以侨联台，以侨促统，推进祖国统一大业。九届以来，通过市政协及委员牵线搭桥，港澳及海外同胞捐助了京郊贫困地区9所乡级卫生院、2所中小学建设。

(七)突出党派作用和界别特点,加强和推进政协工作。加大与本市各民主党派合作的力度。加强与各民主党派的联系,通过召开民主党派座谈会,经常就统一战线和政协工作中的重大问题交换意见,增进共识;每年就常委会工作报告、常委会工作要点、重点调研课题的选定,以及其他重要工作进行讨论协商,共同做好人民政协工作。市政协几乎所有的重点调研课题都是与各民主党派市委联合进行、合作完成的,在视察、考察、座谈、研讨等诸多方面都加强了与民主党派的合作。为民主党派在政协发挥作用创造条件。驻会主席、副主席分别走访各民主党派市委和市工商联,听取意见、建议。为本市各民主党派以组织名义发表主张提供场所,在市政协全委会上安排民主党派代表作大会发言,在政协的各种会议上为民主党派成员提供发言的机会。加大征集和办理民主党派提案的力度,每件民主党派提案均由政协主席阅批,并送市委、市政府领导阅批。所有这些,使民主党派在政协中的作用得到较为充分的发挥。九届市政协专门设立了民族和宗教委员会,注重发挥民族宗教界的作用;各有关专门委员会按照界别把委员划分不同的工作小组,开展有界别特点的活动,活跃了政协工作。重视反映界别特点的社情民意,特别是有特殊要求的界别、群体意见,帮助他们解决问题。大力推动团体和专委会提案工作,主动征集团体和专委会提案,发挥界别在提案工作中的作用。开展了关于新时期政协界别设置和委员构成问题的专题调研,对界别合理设置和优化委员构成提出建议,引起市委领导的重视,在换届工作中采纳了政协的有关建议。通过深入研讨,广泛征求意见,制定了《关于进一步发挥政协界别作用的意见》,调动了各党派、团体和各界委员履行政协职能的积极性、主动性和创造性,进一步推动了政协工作。

(八)加强自身建设,不断提高政协履行职能的水平。先后举办了"学习邓小平理论,纪念党的十一届三中全会二十周年"、"纪念中国共产党成立八十周年"、学习中共十六大精神等一系列座谈会,组织委员深入学习党的基本理论、基本路线、基本纲领和基本经验。通过举办委员学习班、报告会等形式,组织委员学习统一战线和人民政协理论、学习政协章程;召开"政协工作研讨会"、"人民政协理论与实践研讨会"、"新世纪的人民政协工作理论研讨会"、"发展社会主义民主政治研讨会"等,深化对人民政协理论和政协工作的认识,为委员履行职责奠定了思想和理论基础。组织委员学习政治理论及现代经济、科技、法律、历史等方面知识,举行情况通报会,帮助委员开阔视野、增长才干,为委员知情议政创造条件,调动了委员参政议政的积极性,提高了委员参政议政的水平。在中共北京市政协党组和机关局处级党员干部中开展了以"讲学习、讲政治、讲正气"为主要内容的党性党风教育,增强了党组成员和机关党员干部的政治意识、大局意识和责任意识,促进了机关思想政治建设。积极稳妥地搞好机关机构改革工作,从考核、选拔任用、轮岗交流、培训等方面入手,加强机关干部队伍建设,为履行职能提供可靠的组织保障。主席和多位副主席先后到区县政协视察、走访;各专委会加强与区县政协专委会的对口联系、业务交流与合作,加大工作联络和指导力度。举办区县政协领导干部学习培训班和工作研讨班,召开专题研讨会、经验座谈会,推动区县政协工作整体水平的提高。与中共北京市委宣传部共同召开北京市政协新闻宣传工作座谈会,对加强和改进政协的新闻宣传工作作出规定。接待了由12家中央新闻单位组成的北京市政协工作采访团,各新闻媒体集中宣传了本市政协工作和各方面的建设成就;规范政协新闻报导程序,改进政协新闻组织工作,五年来各新闻媒体刊发与播发各类政协新闻稿件达5400余篇,扩大了政协在社会上的影响。《北京观察》注重办刊质量,扩大社会影响力,进入了国家新闻出版总署组建的"中国期刊方阵"的名牌期刊行列。编辑出版《荣誉与责任——我是政协委员》一书,总结交流履行政协职能的经验和作法,宣传政协委员的事迹和风采。五年内共征集史料900余篇、560万余字,编辑出版文史资料选辑和专题史料20种、1148万字,发挥了文史资料"存史、资政、团结、育人"的作用。五年来,市政协先后接待了18个国家46个代表团来访及部分国家常驻联合国使节文化旅游团来京访问;组团和随团出访日本、俄罗斯、美国、加拿大、澳大利亚、土耳其、叙利亚、南非等国家和地区,广泛宣传中国共产党领导的多党合作和政治协商制度,宣传我国和北京市改革开放以来取得举世瞩目的成就,增进同各国人民的了解和友谊,扩大人民政协和北京在国际上的影响。

九届市政协工作在历届政协工作的基础上取得新的进展,有以下几方面体会:(一)要坚持以邓小平理论和"三个代表"重要思想为指导;(二)要牢牢把握人民政协的性质、地位和作用;(三)要坚持与时俱进、开拓创新的工作思路;(四)要坚持围绕中心、服务大局的原则;(五)要突出团结和民主两大主题;(六)要注重发挥政协界别作用、委员主体作用和专委会基础作用;(七)要努力营造政协履行职能的良好环境和条件;(八)要自觉地坚持中国共产党的领导。

第二部分:对十届市政协工作的建议和希望:(一)深入学习贯彻中共十六大精神,以"三个代表"重要思想指导政协工作;(二)围绕全面建设小康社会和北京率先基本实现现代化的奋斗目标,富有成效地履行政协职能;(三)突出团结、民主两大主题,巩固和壮大最广泛的爱国统一战线;(四)进一步贯彻落实全市政协工作会议精神,全力推进政协工作;(五)努力加强自身建设,夯实做好政协工作的基础。

程世峨主席在政协北京市第十届委员会第一次会议闭幕式上的讲话(2003年1月17日)(摘要)　在新的形势下,我们一定要在中共北京市委的领导下努力工作,依靠全体委员的智慧和才干,同心协力,认真贯彻中共十六大精神,以邓小平理论和"三个代表"重要思想为指导,高举爱国主义、社会主义两面旗帜,牢牢把握团结、民主两大主题,认真履行政治协商、民主监督、参政议政职能,落实中共北京市第九次代表大会和中共北京市委召开的全市首次政协工作会议精神,落实刘淇同志刚才讲话时所提出的各项工作任务和要求。在今后的工作中,要继续坚持与时俱进、开拓创新的工作思路,与全党、全国的工作大局结合得更紧,与北京市改革开放和现代化建设的实践贴得更紧,与本市各民主党派、人民团体、无党派代表人士和广大群众联系得更紧,力求本届政协工作有所作为、有所前进,再上新台阶。要努力营造政协履行职能的良好环境和条件,为参加政协的各党派、团体和各族各界人士提供民主、和谐的工作氛围,努力使市政协成为学习的大学校、参政议政的大舞台、温馨团结的大家庭。

本届委员会的任期,是我国进入全面建设小康社会、加快推进社会主义现代化的新的发展阶段,也是北京市贯彻中共十六大精神,按照发展要有新思路,改革要有新突破,开放要有新局面,各项工作要有新举措的要求,加快在全国率先基本实现现代化和全力筹办2008年奥运会的重要时期，为实现中共十六大和市九次党代会确定的各项目标而奋斗，是全市人民的共同任务，也是市政协义不容辞的责任。面对艰巨而光荣的任务，我们一定要找准自身位置，明确前进方向，抓住工作重点，充分发挥人民政协联系广泛、位置超脱、人才荟萃、上通下达的优势，创造性地履行职能，为促使党和国家方针政策的全面落实服务，为促进决策的民主化、科学化服务，为推动党政部门提高工作效率和执政为民的水平服务，为维护广大人民群众的根本利益服务，为实现大团结、大联合服务。我们要将政协工作全面融入北京现代化建设的大业之中，为加快建设现代化国际大都市、共创全市人民的幸福生活和美好未来贡献力量。

推进市政协工作，就要深入学习贯彻中共十六大精神。十六大将“三个代表”重要思想同马列主义、毛泽东思想和邓小平理论一道确立为中国共产党要长期坚持的指导思想，提出了全面贯彻“三个代表”重要思想的明确要求。我们要全面深刻地领会“三个代表”重要思想的科学内涵和精神实质，用“三个代表”重要思想指导政协履行职能的全过程，为推动先进生产力发展献计出力，为促进先进文化前进建言立论，为维护广大人民群众根本利益出谋划策。中共十六大提出了全面建设小康社会的奋斗目标和把发展作为党执政兴国第一要务的要求，作出了本世纪头二十年是一个重要战略机遇期的科学判断。我们要发挥各界委员的聪明才智，围绕北京率先基本实现现代化和实现“新北京、新奥运”战略构想，广谋良策，积极建言，推动各项事业的加速发展。中共十六大将发展社会主义民主政治、建设社会主义政治文明作为全面建设小康社会的重要目标，提出政治建设和政治体制改革的任务，具有重要意义。我们要在积极参与物质文明、精神文明建设的同时，自觉参与政治文明建设。要坚持和完善共产党领导的多党合作和政治协商制度；把积极稳妥地推进政治体制改革作为履行职能的一个重要内容；努力营造宽松和谐的民主环境，广开言路，广开才路，广辟渠道，使各界委员的意见、建议、愿望和要求得到充分表达；加强履行职能的规范化、制度化和程序化建设，为推动首都社会主义物质文明、政治文明和精神文明的协调发展作出积极贡献。

推进市政协工作，就要在提高履行职能的质量和实效上下功夫。履行政治协商、民主监督、参政议政职能，既要规范有序，又要讲求实效，坚持形式与内容的统一，切实有利于发扬民主、增进团结；既要坚持过去行之有效的经验、办法和方式，又要坚持与时俱进，适应新形势积极探索新的途径和方法，努力使政治协商经常有序，民主监督切实有效，参政议政富有成果。提高履行职能的质量和实效，要认真做好基础性工作。调查研究是我们了解国情、市情，搞好政治协商、民主监督和参政议政的重要基础。要在选择调查研究题目上、充实调查研究内容上和提高调研报告质量上下功夫。选择题目要贴近国计民生，了解情况要全面准确，分析问题要深入透彻，意见建议要切实可行。提案是政协履行政治协商、民主监督、参政议政职能的一个重要方面，是参加政协的党派、团体和各界委员履行职能最为经常、便捷、规范的形式。我们要继续在提高提案的质量上做文章，鼓励各党派团体和各界委员多提提案，提好提案；进一步加大督办提案的力度，使政协提案在推动本市各项工作中发挥更大作用。了解和反映社情民意是政协履行职能的重要基础和关键环节。我们要不断加大了解和反映社情民意的力度，及时把握社会发展动态，广泛吸纳各界有识之士的真知灼见，切实关注困难群众的生产生活，为党政决策提供有价值的参考。

推进市政协工作，就要发挥委员主体作用。充分发挥各界委员的积极性、主动性和创造性，是做好政协工作的关键。经过这次换届，市政协委员队伍的代表性、广泛性有了进一步提高，知识、年龄、界别等构成进一步优化，为履行职能提供了良好基础。各位委员要增强做好新时期人民政协工作的责任感和使命感，认真学习统一战线和人民政协理论，学习政协章程，熟悉政协工作，尽快进入角色；要处理好本职工作与政协工作的关系，积极参加政协活动，发挥应有的作用。老委员具有丰富经验，是我们的宝贵财富，要热心指导和帮助新委员；新委员具有蓬勃朝气，是我们的生力军，要虚心向老委员学习、请教。新老委员要互相帮助，携手并进。政协机关要切实加强思想建设、组织建设和作风建设，树立全局意识、整体意识和协作意识，加强部门之间的协调配合，不断提高服务水平，为委员履行职责提供保障。

推进市政协工作，就要争取人心、凝聚力量，为实现国家和首都的发展目标共同奋斗。团结是我们各项事业成功的保证。我们要把实现首都各界人士的广泛团结作为自身的重要使命，努力促进各党派、团体和各个界别的团结，各界委员及其所联系的群众的团结，全市各族人民的团结。特别要注意做好团结社会各阶层和各个特殊群体的工作，调动他们为国家和首都的发展贡献力量的积极性。我们要在共同的政治基础上实现团结，以深入细致的工作来增进团结，以真诚质朴的情感来维护团结，努力形成全市人民共图大业的良好局面。

《关于优化发展环境加快首都经济发展的建议案》（2003年8月29日政协北京市第十届委员会常务委员会第4次会议通过）（略）

《关于加快推进本市社会救助体系建设的建议案》（2003年8月29日政协北京市第十届委员会常务委员会第4次会议通过）（略）

《关于推进北京节水型城市建设的建议案》（2003年12月5日政协北京市第十届委员会常务委员会第5次会议通过）（略）

《关于进一步加强首都公共卫生建设与管理的建议案》（2003年12月5日政协北京市第十届委员会常务委员会第5次会议通过）（略）

【组织概况】

主　席

程世峨（女）

副主席

黄以云　黄承祥　韩汝琦

朱相远　傅铁山　满运来（回族）

王长连　张和平　陈难先

陈建生　叶文虎　唐晓青（女）

秘书长

李建华

常务委员名单（以姓氏笔画为序）

丁仲礼　于新粒　马有建　王　琳（女）

王凤江　王文英　王灿炽　王荔茹（女）

王惠文（女）　王耀平　王耀东

尹幼奇　邓小虹（女）　卢学勇

卢咸池　田小平　田少成　白宗全

白崇智　冯美云（女）　宁长庆

司马小萌（女）　朴　英（女，朝鲜族）

吕浩材　朱　钢　朱尔澄（女，满族）

朱维究（女）　朱蓉先（女）

传　印　任殿华　刘　伟　刘　焱（女）

刘　磊（女）　刘士英

刘东风（女，赫哲族）　刘雨生

刘宝成　刘新成　衣锡群　孙　聿（女）

孙志强（女）　孙宝启　杜金香（女）

李少华　李巧云（女）　李江洲

李晓松（女）　李森恺　李雅清

杨广枝　杨文良　杨春萍(女)
杨胜战　杨晓东　连　廉(蒙古族)
吴　江　吴玉中　吴绪玉　何平山
何卓新　何厚炤　汪承灏　沈致远
张　闯　张　彤(女,蒙古族)
张　沅　张　范　张大中　张仁尧
张平夫　张寿全　张延庆　张国良
张和平　张钟宁　张济山　张继民
张惟英(女)　张新建　张嘉兴
陈广元(回族)　陈立群　武秉陶(女)
林　义　林国胜　林海涵　欧阳华
罗　强　金连经(满族)　金毓嶂(满族)
金德珍(女)　周建军　周淑真(女)
郑胜利　郑海泉　郑绪军　孟秀勤(女)
赵龙飞　赵荣国　胡　坚(女)
施天涛　洪亚敏(女)　姚　飞
姚春平(女)　贺燕铭　耿学超
贾庆国　柴　岭(女)　徐　平
高　扬　高春锦(女)　高起祥
郭　理(女)　黄　薇(女)
黄卫东　曹学坤　崔顺年　屠舜耘
彭于发　董东庆　蒋春凤(女)
韩荣代(女)　谢　郁(女)
谢正观　鲍玉桐　潘承彪
戴　维(女,回族)

委员名单(以姓氏笔画为序)

中国共产党

王长连　王仁根　王荔茹(女)
王梦龙　任殿华　刘寿海　孙志强(女)
衣锡群　张和平　张增福　李廷芝
李建华　李雅清　陈继如　孟秀勤(女)
姜宜茂　耿学超　黄以云　黄承祥
程世峨(女)　韩铁城　满运来(回族)

中国国民党革命委员会

万建中　吕植中　朱维究(女)
邬倩倩(女)　何小威　张仁尧
张寿全　张建国　张惟英(女)
张绮曼(女)　陆德山　林志远(女)
欧阳泽华绛　云(女)　郭　耕

谢　郁(女)　韩汝琦
穆麒茹(女,回族)

中国民主同盟

丁仲礼　马万昌(回族)　王纪选
王蓉蓉(女)　刘玉芳(女)
朱尔澄(女,满族)　何福胜　宋正纯
李复来　周玲玲(女)　金纪广(回族)
姚　飞　施天涛　贾庆国　彭于发
董险峰　谢经荣　鲁安怀

中国民主建国会

王永庆　王惠文(女)
方　明(女,回族)　叶　青　朱相远
孙宝启　李晓松(女)　李晓林
何平山　张和平　张树华
杨志刚(回族)　谷树忠　郑天玮(女)
郑福双　顾红雅(女)　强　磊
曾广宇

中国民主促进会

史　朝　尹幼奇　刘新成　安仰东
朱蓉先(女)　吴文凯　张秀平(女)
张德祥(满族)　李焕喜　肖鸣政
陈难先　孟雁君(女)　罗　强
蒋国华

中国农工民主党

王树芳(女)　孙铁英(女,满族)
张　沅　张晓林　张新建　肖燕军(女)
陈建生　周永增　季冬生(女)
欧阳华　罗国安　赵荣国　高彦彬
甄占川

中国致公党

王华民　叶文虎　何　宁(女)
沈小红(女)　林　义　郑胜利
施祖麟

九三学社

王　琳(女)　王文贤(女)
方　炎　何厚夫　吴　明(女)
张　闯　张三力　张延庆　张钟宁
李庆言　杜修力　陆杰华　周建军
蔡少青

台湾民主自治同盟

王　粟　杨晓东　肖　燚　邱　琦(女)
郭　理(女)　　彭京玉(女)
谢正观

无党派民主人士

王安耕　王凯军　田瑞华　白崇智
刘雨生　孙维绚(女)　　张　范
汪承灏　陈慰峰　唐晓青(女)
徐　沁(女)　　黄　艳(女)
葛晓音(女)　　甄　贞(女)

中国共产主义青年团

于鹫隆　王红艳(女)　　赵　文(白族)
赵宏生　雷宏宇　戴　维(女,回族)

总工会

王　彬　王春虎　王振华(女)
左立臣(回族)　　田少成　刘丽臣
刘宝玲(女)　　孙　玲(女)
孙　琪　齐敬宁　何丽华(女)
何恩兰(女)　　张　强　张东升
张建业　张树玲(女,回族)　张振民
张喜更　张德全　李　丽(女)
杜小平　杨明兴　邵小青(女)
陈汉明(女)　　岳其徽(女)
姜贵平(女)　　娄国光　赵奎明
徐　萍(女)　　顾九如　高　扬
崔国旗　闫俊岭(女)　　黄鹏良
韩荣代(女)

妇女联合会

史静寰(女)　　乔世红(女)
孙　力(女)　　权忠敏(女)
齐丽华(女)　　佟　新(女,满族)
张金凤(女)　　李　艳(女)
李　敏(女)　　李巧云(女)
李彦梅(女)　　杨明明(女)
周　红(女)　　郭俊琴(女)
黄　薇(女)

青年联合会

王　辰　王廷月　伊　梦(女)
刘　伟　闫俊杰　余　声(女)
沈　杰　胡雪峰(蒙古族)　徐生恒
曹　文(女)

工商业联合会

王子华　王宝军　宁长庆　安冬梅(女)
宋叔意　张大中　张志铭　李少华
李慧玲(女)　　武　力　杨景林
陈立群　周一晨　赵瑞海　徐春生
翦英海(维吾尔族)

科学技术协会

王如松　田小平　刘金刚　刘培温
朱广瑾(女)　　许达哲　吴思诚
张妙弟　李里特　罗道友

台湾同胞联谊会

卢咸池　叶　芳(女)　　张　宁
林贤顺　高　峰　鲁　军

归国华侨联合会

于　敏(女,满族)　王汉光　王德煌
石向阳　华　生　孙炳日　李　瑛(女)
林少迈　林国胜　罗福元

文化艺术界

牛振华　王玉珍(女)　　丛　薇(女)
卢　平(女)　　叶小钢　石晓玲(女)
边士法　刘　敏　刘玉玲(女)
刘庆邦　吕浩材　孙力力(女)
牟炫甫　许　伟　许立仁　何玉琴(女)
吴　江　吴玉中　李元华(女,回族)
谷建华　孟大鹏(满族)　　林丽芳(女)
郑洞天　金连经(满族)　　种玉杰
梁冠华　傅家宝　温　骧　阚丽君(女)
德德玛(女,蒙古族)

科学技术界

马国馨　冯　平　冯煜芳　平永泉
田溯宁　刘一兵　刘鸿飞　华平澜
孙　狄　孙步新　安庆衡　庄逢源
曲际水　朱宪宁　朱嘉广　汤兰祥
纪世瀛　严望佳(女)　　何　兵(女)
吴　双(女)　　吴绪玉　张　翎
张　斌　张国良　张征宇　张继民
李光男(朝鲜族)　李成桐　杨　钦(女)

杨文良　陈　慧(女)　武秉陶(女)
郑利纺(女)　阜柏楠(蒙古族)
侯唯一　柳百新　洪学锴　贺燕铭
唐俊杰(女)　徐　平　柴俊彝
高久长(满族)　曹　红　龚涵智
彭伟民　赖平安雷鸣山　鲍玉桐
潘辛平　魏而巍

社会科学界

马　戎(回族)王灿炽　王耀庭
卢　风　叶上诗　刘子华　吴文彦(女)
宋大川　陈庆英　周伯琦　林文娟(女)
钱满素(女)　高起祥　琚存旭
鲁哈达(蒙古族)

经济界

王敏达　王耀东　王耀平　付　彦(女)
古红梅(女,回族)任志强　刘　彬
刘　琦　刘友皋　刘长青
刘东风(女,赫哲族)　孙志强
张国利　时念洋　李　明　李戈美(女)
李志辉　李幸福　李树田　李崇璞(回族)
杨春萍(女)　沈致远　苏　钢
陈天宝　陈东升　陈建国　陈济民
林　豹　林文滢(女)　罗先彬
郑　清　金德珍(女)　姜广东
洪亚敏(女)　胡克勤　胡志鹏
赵　勇(满族)　赵晓晨　郝建民
夏　敏　徐定茂　袁双梅(女)
郭迎明　钱宏伟　曹　钢　曹学坤
梁晓华　富子荣(满族)　董东庆
韩志军

农业界

王凤江　王志广　王俊英(女)
王燕飞(女)　刘永泰　刘汉桂
刘志仁　刘福海　朱　钢　冷如新(女)
张　军　张　彤(女,蒙古族)
张　耕　张　强　张世光　李　武
李庆余　李瑞和　杜宏谋　陈瑞钧
范少辉　闻宝恒　郭万库　黄卫东
蔡　劲

教育界

马一平(女)　马红民(女)
马叔平　王　东　王　钢　王子镐
王汉长　王训练　王昆扬　王诗宬
王晋堂　尹栋年　邓洁英(女)
冉　红(女)　巨　勇　田晓君(女)
白广忱　再帕尔·阿不力孜(维吾尔族)
刘　焱(女)　刘长铭　刘贵龙
刘绮菲(女)　刘彭芝(女)
刘德顺　刘耀威　孙绍棠(女)
孙剑华　朱　晞　朱小健　朱小娟(女)
朴　英(女,朝鲜族)　祁岳宽(满族)
何玉存(女)　吴　锋　吴平东
吴树勋　吴统慧　张　凯　张启翔
张国华　张岱霞(女)　张杰庭
张济山　张德庆　李　湧　李　烈(女)
李有毅(女)　李江洲　李怀方
杜金香(女)　汪　平　沈　愉
邹正方　陈　方(女)　陈平原
卓　立　周　晔(女,满族)周国彪
周淑真(女)　图　娅(女,蒙古族)
孟　焰　岳忠强　林　林(女,蒙古族)
林金桐　林崇德　姚春平(女)
客雅南(女)　柯惠新(女)
柳　茹(女)　洪道德　胡　坚(女)
胡　月(女)　胡东成　胡永欣(女)
唐　兢(女)　夏　芳(女)
徐秀萍(女)　徐素芝(女)
袁济喜　诸　平(女)　郭卫平(藏族)
陶春辉(满族)　屠舜耘　黄念辉
黄贺生　彭彧华(女,满族)程文华
董守平　蔡安妮(女)　潘承彪

体育界

冯美云(女)　江永华(女)
张仲霖　李　隼　李海生　杨　凌
孟强华　柴　岭(女)

新闻出版界

王树成　司马小萌(女)　刘宗明
安建军(裕固族)　何卓新

罗晓路(女) 和龑(回族) 陶信成

医药卫生界

王金城 邓小虹(女) 刘 谦
刘 磊(女) 吕 璠(女)
孙美平(女) 吴乐山 张 霆
张 澍 张洪亮 李建军 李森恺
杨 晔 邹义壮 闵 燕(女)
陈仲强 季加孚 罗 雯(女)
降丽娟(女,满族) 贾继东 赵春惠(女)
凌 锋(女) 夏 军(女)
高春锦(女) 梁金銮(女)
黄慧南(女) 董小平 董宝玮
雷燕妮(女) 戴建平

对外友好界

王瑞美(女) 李俊雄 周茂非
周焱云 蒋春凤(女)

社会福利与社会保障界

于艳华(女) 毛 健 刘宝成
赵春莺(女) 富剑萍(回族)

少数民族界

王 静(女,回族)
艾克拜尔·米吉提(哈萨克族)
全恩如(女,蒙古族)
那仓·向巴昂翁·丹曲成来(藏族)
李晓童(女,回族) 李惠英(女,彝族)
李锦芳(壮族) 金毓嶂(满族)
季文渊(满族) 徐楚德(苗族)
薛夫彬(回族) 戴月琴(女,满族)

宗教界

于新粒 传 印 刘克杰(回族)
陈广元(回族) 怡 学
英木兰(女,满族) 高 英(女)
黄信阳 傅铁山

特别邀请人士

马 元 马万海 马有建 马清煜
王 胜 王文英 王玉兰(女)
王玉辉 王再云 王孝彬 王珍明
王晓芝(女) 区炜铨 区宗杰
邓予立 卢中坚 卢学勇 石伟奎
石洪喜 田小琳(女) 叶启明
白 涛 白宗全 冯国熙 冯柏栋
冯藏淑(女) 匡国良 安兴柱
毕玉玺 乔 卫 刘士英 刘国泰
刘德明 郝守谱 江 星 孙 聿(女)
孙振刚 齐德学 杨广枝 杨文忠(回族)
杨莉珊(女) 杨超成 杨胜战
李 明 李 胥 李加里(女)
李汉良 李岩岭 李宝浚(女,满族)
李宝祥 李泽楷 李彦田 芦德才
连 廉(蒙古族) 张文伶 张世俊
张平夫 张延枫 张庭祥 张跃莉(女)
张嘉兴 吴历山 吴弘勇 吴依孚
何厚炤 何超琼(女) 佟永贵(满族)
闵丽华(女) 沈玉宝 沈柏铭
陈永燊 陈丽华(女,满族) 陈宝珠(女)
林海涵 周大齐 周来升 周建和
庞 鸿 郑文奇(回族) 郑亚娟(女)
郑明明(女) 郑国强 郑海泉
郑绪军 郑维志 柯君恒 胡 文
胡玉才 赵 诚 赵龙飞 赵以忻
赵志安 赵续尧 施荣怀 顾阿朝
贾凯林(女) 贾晓明 唐大威
夏连生(满族) 钱端伟 高毓才
郭孔丞 郭炳联 郭瑞敏(女)
陶宝金 曹荣恒(回族) 黄光辉
黄泽兴 梁中庸 梁凤仪(女)
梁仲伟 梁思谋 崔永年 崔顺年
韩凤武 韩国龙 韩敬民 程祥徽
曾正麟 曾海生(女) 曾智雄
游来柱 鲍顺新 鲍家钰 蔡 怡
蔡文显 谭志峰 薛 滨 穆德荣(女)

【机构概况】

根据2003年3月28日政协北京市第十届委员会常务委员会第二次会议决定,设置以下9个专门委员会,即提案委员会、学习委员会、文史资料委员会、经济科技委员会、城建环保委员会、教文卫体委员会、社会和法制委员会、民族和宗教委员会、港澳台侨委员会。

市政协机关设办公厅，下设办公厅办公室（外事办公室）、秘书处、财务处、保卫处、机关事务管理处、计算机服务中心、车队、中山堂管理服务办公室、基建办公室、产业管理办公室、大楼服务中心、文化俱乐部、会议中心；研究室，下设综合处、信息处、宣传处（对外称北京市政协新闻中心），管理《北京观察》杂志社；人事联络室，下设人事处、联络处、老干部处；机关党委；机关工会。

【北京市各区县政协主席名单】

东城区　吴弘勇
西城区　张世俊
崇文区　王再云
宣武区　郑文奇（回族）
朝阳区　李　明
海淀区　王珍明
丰台区　穆德荣（女）
石景山区　刘国泰
门头沟区　赵志安
房山区　游来柱
通州区　王玉辉
顺义区　陶宝金
昌平区　刘德明
大兴区　马万海
平谷区　韩凤武
怀柔区　石伟奎
密云县　郑亚娟（女）
延庆县　王孝彬

北京市各级政协组织和委员数

（截至2003年底）

项目 \ 级别	直辖市	市辖区	县	合计
组织数	1	16	2	19
委员数	718	3697	296	4711

（王晓欣　编写　张平夫　审稿）

政 协 天 津 市 委 员 会

宋平顺 主席

卢金发 副主席

叶厚荣 副主席

周绍熹 副主席

姚建铨 副主席

曹秀荣 副主席

赵克正 副主席

蔡世彦 副主席

王家瑜 副主席

朱 坦 副主席

陆锡蕾 副主席

陈福顺 秘书长

【全体委员会议】

十一届一次会议 2003年1月16日至23日在天津大礼堂举行。十一届政协委员780人,实到718人。大会主席团常务主席宋平顺主持开幕式并致开幕词。他说,市政协十一届一次会议是在全市人民深入贯彻落实中共十六大、市第八次党代会和市委八届三次全会精神,团结一致,万众一心,各项工作向着更高目标奋力迈进的大好形势下召开的一次盛会,也是在天津发展进入新阶段召开的一次承前启后、继往开来的重要会议。这次会议的指导思想是:以邓小平理论为指导,全面贯彻"三个代表"重要思想,在中共天津市委的领导下,认真贯彻落实党的十六大精神和市第八次党代会、市委八届三次全会的部署,紧紧围绕市委确定的"三步走"战略、五大战略举措、两条基本途径、一个根本保证,坚持新阶段要树立新标准,制定新目标,展现新面貌的工作要求,团结和动员广大政协委员和各族各界人士,高举爱国主义、社会主义旗帜,认真履行政治协商、民主监督和参政议政职能,把市政协十一届一次会议开成一个团结、民主、求实、奋进的大会,为促进实现我市新阶段的奋斗目标,开创天津更加美好的未来,做出新的贡献。他指出,这次会议的主要任务是,听取和审议市十届政协常委会工作报告和提案工作报告,认真总结经验,明确今后政协工作的任务和要求;选举产生市十一届政协领导机构,实现新老交替;听取和讨论市政府工作报告和其他报告,为实现"三步走"战略、加快天津发展献计献策。会议主席团常务主席张好生受市十届政协常务委员会委托向大会作常委会工作报告;会议主席团常务主席张永根受市十届政协常委会委托向大会作提案工作报告。会议认为,在过去的五年中,市十届政协在中共天津市委的领导下,以邓小平理论和"三个代表"重要思想为指导,深入贯彻中共十五大精神,与时俱进,开拓创新,高举爱国主义、社会主义两面旗帜,牢牢把握团结和民主两大主题,围绕中心,服务大局,切实履行政协职能,在全市工作大局中发挥了应有的作用,为促进天津的改革发展稳定做出了重要贡献。市十届政协积累的宝贵经验,为新一届政协工作提供了有益的借鉴。会议期间,与会委员列席了市十四届人大一次会议,听取并讨论了戴相龙代市长所作的《政府工作报告》及其他报告,一致表示赞同。委员们认为,过去的五年,全市人民乘势而上,顽强拼搏,开拓创新,改革开放和社会主义现代化建设取得了巨大成就,"三五八十"四大奋斗目标提前一年全面实现。国民经济持续快速发展,综合实力跃上新台阶;嫁接改造调整取得重大成果,经济结构发生深刻变化;社会主义市场经济体制初步建立,增强了发展活力;对外开放实现新突破,滨海新区基本建成;危陋平房改造取得巨大成效,城市面貌明显改观;各项社会事业全面进步,文明程度不断提高;群众收入不断增长,生活质量进一步改善;民主法制继续加强,廉政建设成效显著,各个方面都发生了重大的历史性变化。《政府工作报告》实事求是地总结了过去五年取得的成绩和基本经验,认真分析了存在的问题,对实现"三步走"战略做出具体部署,体现了市委提出的新阶段要树立新标准,制定新目标,展现新面貌的工作要求,反映了全市人民思进求快的共同愿望,鼓舞人心、催人奋进。报告提出的目标任务,经过努力是完全可以实现的。会上委员们充分发扬民主,畅所欲言,各抒己见,紧紧围绕实现"三步走"战略目标,提出了许多有价值的意见和建议。会议采取无记名投票方式选举宋平顺为市十一届政协主席,选举卢金发、叶厚荣、周绍熹、姚建铨、曹秀荣、赵克正、蔡世彦、王家瑜、朱坦、陆锡蕾为副主席，选举陈福顺为秘书长，同时选举出市十一届政协常委 143 人（不含主席、副主席、秘书长）。会议期间，委员递交大会发言材料 114 篇，提交提案 956 件，经提案委员会审查立案 924 件。会议审议通过了《中国人民政治协商会议天津市第十一届委员会第一次会议决议》。中共天津市委、市人大常委会、市政府有关领导同志，市高级人民法院、市人民检察院的主要负责同志，历届市政协副主席，市各民主党派、工商联和有关人民团体的主要负责同志，在津全国政协委员及特邀海外华人华侨应邀出席了大会开幕式和闭幕式。中共中央政治局委员、中共天津市委书记张立昌和市政协主席宋平顺分别在闭幕式上作了重要讲话。

【常务委员会会议】

十届第 18 次会议　2003 年 1 月 6 日在市政协举行。会上传达学习了中共中央政治局委员、市委书记张立昌给市政协党组的一封信。市委副书记、市政协主席房凤友出席并讲话。市政协副主席张好生主持会议。会议审议通过了《关于召开中国人民政治协商会议天津市第十一届委员会第一次会议的决定》、《市十届政协常务委员会工作报告》、《市十届政协常务委员会提案工作报告》及有关事项。

十一届第 1 次会议　2003 年 2 月 25 日在市政协举行。会议审议通过了《市十一届政协常务委员会关于设置专门委员会的决定》、《市十一届政协专门委员会主任、副主任名单》、《市十一届政协副秘书长任命名单》和《政协天津市委员会 2003 年工作要点》。市委副书记、市政协主席宋平顺出席会议并讲话。市政协副主席卢金发主持会议。

第 2 次会议　2003 年 7 月 17 日在天津大礼堂举行。会议深入学习胡锦涛总书记“七一”重要讲话精神，贯彻落实中共天津市委八届四次全体会议的部署要求，围绕海河两岸综合开发改造，进行专题协商议政、建言献策，并就全市政协系统兴起学习贯彻“三个代表”重要思想新高潮进行动员部署。会上，先后有 10 位委员作了大会发言，28 个单位和个人作了书面发言。委员们在发言中，分别就发展海河经济、海河两岸规划建设、海河文化带开发、海河水质水量保障等一系列重大问题，畅所欲言，各抒己见，提出了许多有见地、有价值的意见和建议。市政协副主席卢金发、叶厚荣分别传达了市委八届四次全会和十届全国政协常委会第二次会议精神。会议还审议通过了有关人事任免事项，通报了市政协机关调整内设机构情况。市委副书记、市政协主席宋平顺出席会议并讲话。副市长陈质枫到会听取委员意见并讲话。市政协副主席卢金发主持会议。

第 3 次会议　2003 年 11 月 18 日在市政协召开。会议贯彻落实中共十六届三中全会和市委常委扩大会议精神，围绕发展海洋经济进行专题协商。9 位委员作了大会发言，17 个单位和个人作了书面发言。委员们就发挥港口经济优势、加快盐化工业发展、创建海水淡化与综合利用高新技术和产业、大力发展海洋渔业、重视海洋生态安全、努力发展船舶及海洋工程制造业、发展滨海旅游等问题，积极建言献策。市委副书记、市长戴相龙，市委副书记、市政协主席宋平顺出席会议并讲话。市政协副主席卢金发主持会议。

【专门委员会工作】

提案委员会　市政协十一届一次会议以来，共收到提案 999 件，经审查立案 966 件，其中民主党派和有关人民团体提案 125 件，已全部办复完毕。主要工作：一是注重夯实提案工作基础，通过举办新委员提案工作知识讲座、印发《提案工作通报》、组织知情视察等活动，切实提高提案质量。二是加大重点提案领导促办力度，高质量完成了“关于改进青少年精神健康的对策研究”、“关于进一步完善我市医疗保险制度的建议”等13个重点提案的促办工作，提高了提案办理工作的质量和水平。三是创新委员活动方式，充分发挥委员主体作用。四是与新闻媒体密切合作，先后开辟“提案追踪报道”、“热点提案追踪”栏目，广泛宣传，扩大影响。五是加强自身建设，制订了《政协天津市委员会评选表彰优秀提案实施办法》和《天津市政协办公厅关于办理政协提案的意见》，积极推进提案工作制度化、规范化建设。

学习委员会 一是组织委员深入学习邓小平理论、“三个代表”重要思想、党的十六大和十六届三中全会精神，召开了学习“三个代表”重要思想座谈会。二是采取多种形式开展学习活动。多次邀请有关专家学者作国际形势报告，定期编印《学习参考资料》，播放新华社“每周聚焦”，编辑出版《天津市政协学习工作经验交流会材料汇编》，赴外省市学习交流，提高学习工作水平。三是围绕实施“三步走”战略，组织视察并召开社情民意座谈会，就海河综合开发、环境生态保护等一系列重要问题建言献策。四是按照中共天津市委的统一部署，深入开展“三五八十”四大奋斗目标回顾总结活动，使广大委员深受鼓舞，进一步增强加快天津发展的信心。五是认真开展新委员培训工作，先后举办了3期培训班，使新委员尽快了解和熟悉政协工作，增强履行政协职能的责任感、使命感和自觉性。

经济委员会 全年共开展专题调研、视察、座谈等活动75项次，形成调研报告14篇。非典期间，围绕“海河两岸综合开发改造”常委会协商议题，组织委员和专家学者深入基层进行调研，形成了《关于大力发展海河经济的九点建议》、《海河两岸开发和产业结构调整》等4篇调研报告。围绕“发展海洋经济”议题进行调研，形成了《对大力发展海洋经济的几点建议》、《发展天津新型海洋渔业的思考与建议》、《关于加快我市盐化工业发展的建议》等6篇调研报告，并汇总常委会上的26篇调研报告，编辑出版了《建言献策文集》。围绕主席会议拟定的“改善我市投资环境”议题进行综合性调研，就政府服务环境、天津市场环境、产业环境等方面问题提出具体意见和建议。另外，还就加快我市国有中小企业改革等经济发展中的重点和难点问题开展调研，并精心安排和组织了一些针对性强、覆盖面较大的专题视察活动，为委员参政议政积极创造条件。

科技教育委员会 一年来共开展调研、视察、座谈会、报告会等各类活动48项次，撰写调研报告等建议材料12篇。围绕“发展海洋经济”议题，联合有关单位开展调研，多次召开通报会、座谈会、研讨会和论证会，形成4篇调研报告，并在专题协商常委会上作了重点发言。就营造人才环境进行专题调研，形成了“实施人才强市战略，为改善投资环境，实现‘三步走’战略目标，提供强有力的人才保证”的调研报告。针对我市重点学科建设、发展高等职业教育、基础教育均衡发展、中外合作办学以及国家《民办教育促进法》和《中外合作办学条例》的出台和落实情况开展调研，提出许多有前瞻性和针对性的建议，进一步推动我市教育事业健康快速有序发展。为促进我市高新技术产业向优势产业转变，先后组织委员视察了绿色能源基地、信息产业部第十八研究所、和平海湾电源公司等单位，共同剖析问题，探讨发展思路，积极献计出力。此外，多次开展咨询服务和慰问活动，并联合企业为贫困大学生捐赠了价值12万元的生活用品。

城建环境委员会 全年共组织开展各类活动112项次。一是围绕全市中心工作积极建言献策。针对海河两岸综合开发改造工程，多次召开情况通报会和知情报告会，并组织委员走访、视察、座谈、论证，最终形成38篇调研报告，受到市委、市政府高度重视，许多建议被采纳。编辑出版了《海河两岸综合开发改造建言献策论文集》。围绕"发展海洋经济"开展专题调研，形成《充分发挥港口经济优势，加快我市海洋经济发展》、《倡导循环经济，促进海洋经济发展》等6篇调研报告。以推动我市三年创建"国家环境保护模范城市"为主线开展调研，形成了《关于加快环境建设和综合治理，改善我市投资环境的建议》。二是围绕市容公共卫生、垃圾处理及非典医疗垃圾处置现场、道路卡口改造工程等人民群众关注的热点问题组织视察，拓宽委员参政议政视野。三是做好反映社情民意工作。有些社情民意专报受到市委主要领导同志的高度重视。四是配合有关专委会联合促办重点提案。五是参加全国政协暨地方政协人口资源环境委员会工作研讨会议。

医卫文体委员会 一年来组织专题视察17次，座谈16次，完成调研课题9个。一是积极为抗击非典献计出力。多次组织委员到有关单位视察、座谈，为建立健全我市疾病预防控制体系建言献策。深入群众，宣传中央和市委指示精神以及科学防治知识，消除惊慌恐惧心理，协助党委和政府维护社会稳定。二是围绕市委、市政府中心工作，开展专题调研，提出了《关于加强我市体育场地的建议》、《对实施海河文化带开发的思路与建议》、《关于加快建设我市新药GLP安全评价中心的建议》等多篇调研报告，受到市委、市政府高度重视。三是积极配合全国政协科教文卫体委员会来津开展全民健身服务业、构建城市医疗服务体系等专题调研工作。四是努力拓展工作领域，组织委员视察医科大学总医院、医科大学PET-CT中心和生命科学实验室、梁启超故居及饮冰室等数十家单位，了解情况，及时反映社情民意。五是组织委员赴成都市、重庆市、武汉市考察，并向市委、市政府报送《学习兄弟省市经验，完善我市城镇困难企业职工医疗保险的建议》，为完善我市医保工作提出意见和建议。

社会及法制委员会 全年共开展活动56项次。一是为加强社会主义民主法制建设积极建言献策。围绕"创造天津经济发展的法制环境"以及《劳动法》、《红十字会法》等有关法律法规的贯彻实施情况开展调研，形成了《公正、高效，为天津经济发展创造良好的法制环境》、《关于加快发展我市红十字事业的意见建议》等多篇报告，得到有关部门重视和采纳。二是拓展民主监督领域，开展"政协委员协助政法系统加强队伍建设"活动。动员组织在津全国政协委员和市、区县政协委员近5000人到我市各级公检法司部门走访、视察、座谈，听取情况汇报，通过评述工作、肯定成绩、找出问题、提出建议、推荐典型的五结合办法，提出意见和建议105条，并推荐了百名好警官、好检察官、好法官、好律师先进典型。年底召开了"政协委员协助政法系统加强队伍建设活动总结暨先进个人事迹报告会"，树立先进、弘扬正气，产生了良好的社会效果。三是认真做好特邀监督员工作。先后向市人民检察院、市高级人民法院等14个单位推荐近百名特邀监督员，制定《政协天津市委员会特邀监督员工作办法》(草案)，进一步规范特邀监督员工作。四是发挥本委界别多、委员层次高的优势，广泛联系少数民族群众和信教群众，积极反映社情民意，为维护社会稳定，促进民族团结做贡献。

文史资料委员会 一是围绕"历史海河"和"发展滨海旅游"两个课题，组织委员考察，形成了《综合开发改造海河要在历史海河建设上做文章》和《关于发展滨海旅游的几点建议》的调研报告，在常委会上作了专题发言。二是为迎接天津设卫建城600周年，组织创作编辑了大型画册《画说天津600年》，编辑《历史文化名城——天津》，拍摄该书影视版《走近天津》，并与有关单位联合举办大型系列报道《600轮岁月，600年天津》等活动。三是完成文史资料征编工作。征集各类史料96篇，出版文史资料选辑4册，出版《近代天津八大军事名人》和《近代天津九大银行家》，完成《中国著名老字号》(暂名)编辑和《天津著名歌唱家》(暂名)组稿工作。总计300多万字。四是加强与兄弟省区市政协的交流。参加了华北地区政协文史工作协作会第16次会议，接待全国政协文史委和武汉市政协来津考察，协助区县政协开展编辑地方名人专集、"宝地三岔口"征文等活动。充分发挥了文史资料工作以文会友、广交朋友的作用。

港澳台侨委员会 全年共组织调研、视察、座谈会、报告会等活动36次。一是加强对外联络和交往工作。接待了美国、荷兰等9个国家和港澳地区团组27个，约300人次；组团出访了俄罗斯、波兰、越南、柬埔寨、马来西亚等国家，积极宣传天津，推动相互间经济和文化交流。二是发挥港澳委员作用，为我市经济发展和社会稳定献计出力。组织委员参加在珠海举办的天津投资环境推介会，为委员在津投资新建项目牵线搭桥。据统计，全年新增项目十余个，资金10亿元。在抗击非典斗争中，港澳委员捐款捐物80多万元。三是围绕"改善投资环境"议题，组织委员先后走访近20家外资企业，并考察了一批港澳台资企业，在深入调研，反复论证基础上，形成了《进一步转变政府职能，不断改善投资环境》的调研报告，提交主席协商会议。四是加强横向联系，努力拓展工作领域。组织委员赴全国政协外事委员会和港澳台侨委员会学习，并走访我市台盟、台联等党派团体，交流工作情况，听取意见建议。召开区县政协港澳台侨工作交流会。

【重要活动】

主席促办提案工作 2003年，市政协继续开展主席领衔促办提案工作。市政协主席宋平顺，副主席卢金发、叶厚荣、周绍熹、姚建铨、曹秀荣、赵克正、蔡世彦、王家瑜、朱坦、陆锡蕾，分别完成了各自重点提案的促办工作。这些提案是：关于改进青少年精神健康的对策研究；关于进一步完善我市医疗保险制度的建议；日报、电视台应有计划地报道民主党派参政议政活动；关于构建天津企业信用认证体系的建议；关于我市中小学生身体机能和健康状况下降问题不可忽视的提案；关于加快天津市中药现代化建设的建议；关于吸取非典教训，加强基础研究投入的建议；关于进一步改善我市投资环境的若干建议；关于综合治理天塔湖周边环境的建议；关于加强城市生态建设，增强我市可持续发展能力的建议；关于发展我市会展经济的对策与建议；关于支持鼓励私企参与国有企业改革的建议；关于西站定位及西站地区规划建设的建议。

当代国画优秀作品展——天津作品展 由天津市政协和全国政协书画室联合举办，于2003年2月24日至28日在全国政协礼堂隆重开幕。全国政协主席李瑞环出席开幕式，并亲切会见与会的天津画家。全国政协副主席胡启立在开幕式上讲话，全国政协秘书长郑万通主持开幕式，天津市政协主席宋平顺致辞。全国政协副主席宋健、张思卿，文化部部长孙家正，中国文联党组书记、常务副主席李树文，市委常委、市委宣传部部长肖怀远，市政协副主席卢金发、曹秀荣、老同志陆焕生，市政协秘书长陈福顺以及全国政协有关方面负责同志、书画界知名人士和入选画家等出席了开幕式。作品展受到全国美术界人士和广大观众的广泛关注和好评。

2003年4月19日至28日，在天津艺术博物馆举行了“当代国画优秀作品展——天津作品汇报展”。这是该展览在北京全国政协礼堂成功展出后，首次在天津公开展出。市委副书记、市政协主席宋平顺出席开幕式并讲话。市领导同志肖怀远、俞海潮、叶厚荣、曹秀荣、王家瑜，老同志张好生、陆焕生，市政协秘书长陈福顺出席开幕式，并与各界群众一起观看展览。

常委学习会 2003年3月21日在市政协召开，传达贯彻十届全国人大一次会议和全国政协十届一次会议精神。市政协主席宋平顺主持会议并讲话。全国人大代表、市政协副主席蔡世彦传达了十届全国人大一次会议精神。全国政协委员、市政协副主席叶厚荣传达了全国政协十届一次会议精神。市政协副主席周绍熹、曹秀荣、赵克正、王家瑜、朱坦、陆锡蕾，秘书长陈福顺出席会议。

新任委员培训班 2003年3月31日至4月10日，市政协、市委统战部和市社会主义学院联合举办了3期新任委员培训班。培训期间，市政协副主席周绍熹、秘书长陈福顺及市委党校、市委统战部、市政协等有关部门负责同志从党的十六大精神、中华人民共和国宪法、中国人民政治协商会议章程、全国政协十届一次会议精神、人民政协工作和统一战线理论等方面分别对新任委员进行了专题辅导。

区县政协主席研修班 2003年4月21日至24日，市政协举办区县政协新任主席、驻会副主席、秘书长研修班。市委副书记、市政协主席宋平顺在研修班上作了重要讲话，市政协副主席卢金发、曹秀荣、王家瑜、周绍熹和秘书长陈福顺出席了研修班的开幕式和闭幕式，曹秀荣和卢金发副主席分别作了动员讲话和总结讲话。周绍熹副主席，陈福顺秘书长和市委统战部、市政协有关部门负责同志及有关专家学者分别就党的十六大精神与政治文明建设，全国政协十届一次会议精神，新时期的统战理论，学习政协章程和怎样当好政协委员，实施依法治国方略、树立宪法权威以及政协信息、提案和专门委员会工作等方面作了专题辅导，收到了很好的效果。

同心协力，抗击非典 2003年4月，面对突如其来的非典疫情，市政协及时召开局级领导干部会、全体干部会、委员座谈会，学习贯彻中央和市委的有关决定和部署，并发出致全体委员的一封信，号召全市各级政协组织、广大政协委员和各族各界人士，积极投入抗击非典的斗争，为夺取我市防治非典和经济建设双胜利献计出力。“非典”期间，市政协组织委员先后视察了潘楼垃圾转运站、双口生活垃圾卫生填埋厂、市一中心医院扩建工程、河东区医学观察点、市卫生防病中心、天津医科大学第二附属医院感染所、附属总医院PET－CT中心等单位，听取有关情况汇报，了解掌握防治非典的基本情况，积极提出意见建议，并多次深入基层、深入群众做好化解疑虑、维护稳定的工作；开设接收、编辑、发送社情民意的“绿色通道”，及时向市委、市政府报送防治情况和意见建议；组织广大政协委员和机关干部为抗击非典的医护人员捐款捐物，约合人民币1000多万元；医务界委员更是恪尽职守，日夜奋战在第一线，以实际行动履行了自己的神圣职责，做出了自己应有贡献。

在津全国政协委员视察海河开发工程 2003年6月18日，全国政协委员、市委副书记、市政协主席宋平顺与在津的全国政协委员视察海河两岸综合开发改造工程。副市长陈质枫同志陪同视察。全国政协委员、市政协副主席、市委统战部部长叶厚荣，全国政协常委、市政协副主席周绍熹，市政协副主席王家瑜，全国政协委员、市政协副主席朱坦,全国政协常委、市政协副主席陆锡蕾,市政协秘书长陈福顺参加了视察活动。

中秋联欢会 2003年9月10日在天津大礼堂举行。市委副书记、市政协主席宋平顺与部分市政协委员、各民主党派成员和各族各界人士代表欢聚一堂,共庆佳节。出席联欢会的还有:市政协副主席卢金发、叶厚荣、曹秀荣、赵克正、蔡世彦、王家瑜、陆锡蕾,老同志刘晋峰、何国模、杨辉、李长兴、陆焕生。市政协秘书长陈福顺主持联欢会。晚会还特别邀请了参加抗击非典斗争的医护人员代表、海河综合开发改造工程施工单位和建设人员代表及在津台资企业家代表。出席晚会的还有在津全国政协委员,市各民主党派、工商联、台联、侨联及各区县政协负责人。

实施"三五八十"四大奋斗目标情况回顾总结报告会 2003年10月24日,市政协召开回顾总结本市实施"三五八十"四大奋斗目标情况报告会。市计委有关负责同志向委员们汇报了"三五八十"四大奋斗目标的实现历程,取得的成就和经验。部分市政协委员、在津全国政协委员、"政协之友"会员出席了报告会。市政协副主席王家瑜及秘书长陈福顺到会听取了报告。

主席会议 2003年12月24日在市政协召开,就改善本市投资环境问题进行协商。市委副书记、市长戴相龙到会听取意见建议并讲话。市委副书记、市政协主席宋平顺主持会议并讲话。市委副书记、常务副市长黄兴国及市政府有关部门负责同志出席会议听取意见和建议。主席会议组成人员分别作了题为"进一步改善我市投资环境的几点建议"、"公正高效,为天津经济发展创造良好的法制环境"、"提高对诚信和公共道德的认识"、"关于进一步改善我市外商投资环境和社会环境的几点建议"、"加快环境建设和综合治理,改善我市投资环境"、"关于天津人才发展战略的几点建议"的发言,提出了很多意见和建议。

市长座谈会 2003年12月,市政协组织部分委员分别与市长戴相龙,常务副市长黄兴国和副市长孙海麟、杨栋梁、崔津渡、陈质枫、只升华、张俊芳就海洋生态保护、提升文化品位、食品安全、加快环渤海区域经济合作等问题进行座谈,提出了许多意见和建议。市政协副主席曹秀荣、赵克正、王家瑜、陆锡蕾,市政协秘书长陈福顺等分别出席座谈会。

【重要文件】

常委会工作报告(2003年1月16日)(摘要) 报告分三个部分。

第一部分回顾了十届政协任期五年的工作。五年来,在市委的正确领导下,在全国政协的指导下,常委会坚持以邓小平理论和"三个代表"重要思想为指导,深入贯彻中共十五大精神,按照市委提出的"与时俱进,力争上游,抢抓机遇,跨越发展"的要求,高举爱国主义、社会主义两面旗帜,牢牢把握团结民主两大主题,围绕中心,服务大局,切实履行政治协商、民主监督、参政议政职能,在全市工作大局中发挥了应有的作用,为促进天津的改革发展稳定做出了重要贡献。一、大力推进理论学习,保持正确的政治方向。二、认真履行政协职能,建言立论上了新水平。三、勇于开拓创新,提案工作取得新突破。四、积极反映社情民意,不断拓宽民主渠道。五、促进大团结大联合,形成加快天津发展的合力。六、加强自身建设,提高整体素质。

第二部分是主要经验和体会。一、做好政协工作,必须自觉地坚持党的领导。二、做好政协工作,必须围绕中心,服务大局。三、做好政协工作,必须突出团结民主两大主题。四、做好政协工作,必须充分发挥委员主体作用。五、做好政协工作,必须加强调查研究。六、做好政协工作,必须与时俱进、开拓创新。

第三部分是对今后工作的建议。一、加强学习,增进共识。二、围绕全市工作大局,认真履行政协职能。三、高举两面旗帜,突出两大主题。四、不断加强自身建设,全面提高整体素质。五、坚持与时俱进,把政协工作提高到新水平。

市政协十一届一次会议决议(2003年1月23日)(摘要) 会议同意张好生同志所作的市十届政协常委会工作报告和张永根同志所作的市十届政协常委会提案工作报告。会议赞同戴相龙代市长所作的《政府工作报告》及其他报告。会议强调,天津的发展正处在一个关键时期,市十一届政协肩负着光荣而重大的历史使命。各级政协组织和全体政协委员要认真学习贯彻中共十六大、市第八次党代会和市委八届三次全会精神,真正把思想认识统一到市委八届三次全会精神上来,把市委的决策变成全市各族各界群众的共同意志和自觉行动,围绕全市工作大局,紧紧抓住实施"三步走"战略的关键性问题,充分发挥政协优势,切实履行政协职能,为加快天津发展做出新贡献,不断开创政协工作的新局面。会议号召,各级政协组织和全体政协委员,高举邓小平理论伟大旗帜,全面贯彻"三个代表"重要思想,紧密团结在以胡锦涛同志为总书记的中共中央周围,在中共天津市委的领导下,同心同德,群策群力,与时俱进,开拓创新,为促进我市实现"三步走"战略目标,率先基本实现现代化而努力奋斗。

中共中央政治局委员、市委书记张立昌在市政协十一届一次会议闭幕会上的讲话(2003年1月23日)(摘要) 市政协十一届一次会议,开得很好,很成功。全体委员认真履行职责,积极建言献策,表现出了高度的责任感和使命感。大会选举产生了市政协新一届领导机构。在此,我代表中共天津市委,对会议的圆满成功,并向新当选的市十一届政协领导班子成员表示热烈的祝贺!向为天津发展做出贡献的十届政协委员表示衷心的感谢!向因年龄和工作变动等原因不再担任政协委员的同志们致以诚挚的敬意!以"三五八十"四大奋斗目标的提前实现为标志,天津的现代化建设进入了一个新阶段。新阶段的最显著特征,就是工作标准更高了。我们能不能站得更高一些、看得更远一些,在高基数、高难度上实现新的突破,坚持什么样的标准至关重要。标准问题,既是一个重要的思想方法问题,也是一个重要的实践问题。坚持高标准是天津工作的宝贵经验。不论有多大的风险,有多大的困难,我们从来没有放弃过对高标准的追求。坚持高标准,是天津发展进入新阶段的必然要求。新阶段,各项工作的起点更高了,人民群众的期望更大了,加快发展的任务更重了。我们唯一的选择是:树立新的标准,制定新的目标,展现新的面貌。我们确定的"三步走"战略,是一个坚持高标准、瞄准领先水平的目标,是一个既有一定难度、经过努力又是可以达到的目标。全市各方面、各级领导干部一定要坚持高标准,乘势而上,阔步前进,让天津再发生一个重大的历史性变化。新的形势,繁重的任务,对政协工作提出了更高的要求。希望新一届的政协组织和政协委员,要发扬优良传统,进一步增强使命感和责任感,充分发挥自身的优势,广泛凝聚各方面的智慧和力量,形成加快发展的强大合力。全市各级党委一定要从建设社会主义政治文明的高度,切实加强和改善对政协工作的领导,加强同民主党派的合作共事,坚持重大问题协商于决策之前,进一步拓宽参政议政的渠道,巩固和发展同心同德干事业的大好局面。

市委副书记、市政协主席宋平顺在市政协十一届一次会议闭幕会上的讲话(2003年1月23日)(摘要) 中国人民政治协商会议天津市第十一届委员会第一次会议，经过全体委员和同志们的共同努力，圆满地完成了各项议程，开成了一次团结、民主、求实、奋进的大会，开成了一次动员全市各族各界群众向着更高目标阔步前进的大会。感谢委员们的信任，选举我们组成新一届政协常委会，我们决不辜负大家的信任和期望，一定要加强学习，努力实践，密切配合，尽职尽责地把工作做好。大会以后，最重要的就是认真贯彻会议精神，把会议提出的各项任务和要求真正落到实处。为此，我想强调以下几点：一、加强学习，把思想认识统一到市委八届三次全会精神上来。二、围绕“三步走”战略，切实履行政协职能。三、加强自身建设，发挥政协整体功能作用。四、与时俱进，不断开创政协工作新局面。市十一届政协正站在新的起点，肩负着光荣的历史重任，我们要不负众望，不辱使命，为加快天津发展做出新的贡献。让我们紧密地团结在以胡锦涛同志为总书记的中共中央周围，高举邓小平理论伟大旗帜，以“三个代表”重要思想为指导，深入贯彻中共十六大精神，认真落实市第八次党代会和市委八届三次全会的各项部署，在中共天津市委的领导下，同心同德，群策群力，与时俱进，奋力拼搏，为促进实现“三步走”战略目标，加快天津发展而努力奋斗。

市政协关于学习贯彻市委八届四次全会精神兴起学习贯彻“三个代表”重要思想新高潮的决定(2003 年 7 月 12 日 政协天津市第十一届委员会第三次主席会议通过)(略)

政协天津市委员会主席会议工作规则(试行)(2003 年 7 月 12 日 政协天津市第十一届委员会第三次主席会议通过)(略)

关于建立主席办公会议制度的意见(2003 年 7 月 12 日　政协天津市第十一届委员会第三次主席会议通过)(略)

政协天津市委员会关于学习贯彻中共十六届三中全会和市委常委扩大会议精神的决定(2003 年 10 月 23 日　政协天津市第十一届委员会第六次主席会议通过)(略)

天津市政协办公厅关于办理政协提案的意见(津党厅[2003]17 号　经市委办公厅、市政府办公厅转发　2003 年 11 月 14 日　政协天津市第十一届委员会第七次主席办公会议通过)(略)

政协天津市第十一届委员会主席会议关于改善我市投资环境的建议案(2003 年 12 月 24 日　政协第十一届委员会第八次主席会议通过)(略)

政协天津市委员会关于加强对区县政协工作指导的意见(2003 年 12 月 29 日　政协天津市第十一届委员会第九次主席会议通过)(略)

政协天津市委员会专门委员会通则(2003 年 12 月 29 日　政协天津市第十一届委员会第九次主席会议同意提交常委会议审议　2004 年 1 月 2 日政协天津市第十一届委员会第四次常委会议通过)　全文共四章，17 条。第一章总则，4 条；第二章组织机构，6 条；第三章工作制度，5 条；第四章附则，2 条。

【机关机构概况】

设置提案、学习、经济、科技教育、城建环境、医卫文体、社会及法制、文史资料、港澳台侨(外事)9 个委员会。设置提案委员会办公室、学习委员会办公室、经济委员会办公室、科技教育委员会办公室、城建环境委员会办公室、医卫文体委员会办公室、社会及法制委员会办公室、文史资料委员会办公室、港澳台侨(外事)委员会办公室。办公厅下设处室 5 个：秘书处、干部处、行政处、老干部处、书画工作联络室。研究室下设处室 3 个：综合处、宣传处、区县政协工作联络处。设置机关党委、工会。

【组织概况】

主　席

宋平顺

副主席

卢金发　叶厚荣　周绍熹

姚建铨　曹秀荣(女)

赵克正　蔡世彦　王家瑜

朱　坦　陆锡蕾(女)

秘书长

陈福顺

常务委员名单(以姓氏笔画为序)

于　辉(女)　于　静(女)

于伯海　于培田　才家瑞　马友来

马丽娣(女)　从希斌(回族)

方伯敬　王　东　王　健　王玉佩

王全文　王全来　王庆成　王连金(女)

王宝林　王宪成　王晓敏(女)

王崇义　王德荣　王德强　乐国安

冯学棣　史宝龙　史晓成　母国光

田秀海　石学敏　石鸿臣　边润强

任福贵　刘又礼　刘开兰(回族)

刘文魁　刘众钦　刘红昇(女)

刘凯华(女)　刘昌俊　刘胜玫(女)

匡文昇　华　梅(女)　孙保存

孙惠玲(女)　成大功　朱理玮

江　涛　汤　华　许长安　许增朴

严建伟(女)　吴　荣(女)

吴仁彪　吴吉栋　吴国瑞　吴树民

吴洪明　吴福林　宋天豹(回族)

宋文喜　宋诗铎(女)　宋阔均

张　克　张　环(女)　张　璞

张玉兰(女)　张玉忠　张克俊

张社荣　张春生　张炳学　张维铭(回族)

张铜龙　张肇毅　张德明　李　虹(女)

李　莉(女)　李　琪(女)

李乃彦　李占通　李永安　李伦炳

李清和　李瑞营　杨国栋　杨冀平

汪　波　沈奎林　沈家燊　陆铁栋

陈　卫(女)　陈　敬(女,满族)

陈　雍　陈天仑(女)　陈淑珍(女)

陈清霞(女)　陈惠彬(女)

陈锦英(女)　单长寿　周思纯

周根会　岳宝山　庞学光　武恒业

罗小明　范恩源　郑汉钧　郑先进

金昌烈(朝鲜族)　侯欣一　南炳文

胡洽经　赵　辉(女)　赵建民

赵树华　赵炳俭　郜国光　倪晋尧

夏晓阳(女)　徐　勇　聂洪起

袁　直(女)　贾炳公　郭迎秋(女)

郭宝印　崔　锦　康岫岩(女)

曹小红(女,回族)　盛黎明　阎德意

黄　田　董维忠　董维玲(女)

董景周　蒋子龙　谢延滨(女)

韩忠朝　韩振镖　韩振起　詹高越

鲍元恺　蔡国雄　翦　安(女,维吾尔族)

委员名单(以姓氏笔画为序)

中国共产党

王全文　王家瑜　卢金发　史晓成

叶厚荣　龙运祥　刘凤银　刘红旻(女)

吴吉栋　吴国瑞　宋平顺　张　环(女)

张云鹏　张永根　张好生　张克俊

张炳学　张福林　张德铨　李乃彦

李清和　杨希禄　杨冀平　苏兰洲

陈福顺　姜国华　姜喜瑞　徐德学

郭迎秋(女)　曹秀荣(女)

中国国民党革命委员会

毛树森　王庆成　刘凯华(女)

孙　江　孙世圃　张思骞　杨大峥

陆锡蕾(女)　徐　勇　谢延滨(女)

鲍元恺　潘怀伟(满族)

中国民主同盟

卢俊瑞　边维茹(女)　刘昌俊

孙保存　宋阔均　李文增　沈奎林

姚素薇(女)　封毓中

赵国锋(土家族)郭景平(女)盛黎明

中国民主建国会

文　飚　王　健　王凤春　史宝龙

刘又礼　刘淑珍(女)

张士敏(女,回族) 李庆林 杨国栋
周绍熹 赵建民 倪晋尧

中国民主促进会

王建忠 孙惠玲(女) 成大功
李 莉(女) 李 新(女)
李敏龙 陈义逑(女) 罗小明
范秀成 范恩源 姚建铨 赵炳俭

中国农工民主党

王 瑛(女) 王美萍(女,回族)
张玉忠 张春生 张春田(回族)
张维铭(回族) 沈中阳 陈淑珍(女)
侯欣一 姚 琲 赵克正 徐学文

中国致公党

边 海 边润强 朱 坦 张社荣
阎德意 傅利平(女)

九三学社

元晓平(女) 刘小兰(女)
刘焕礼 孙丰源 江 涛 阮国岭
严建伟(女) 宋永昌 岳宝山
常力方 康 军 韩忠朝

台湾民主自治同盟

叶惠丽(女) 孙昌隆 吴洪明
郑月晨(女) 廖京华(女)
蔡世彦

无党派人士

刘海坤 华 梅(女) 许增朴
吴 荣(女) 吴仁彪 张洪千
赵定成 夏晓阳(女) 徐民良
崔 锦

中国共产主义青年团

丁秉志(女) 冯 晖 吴玉凯
李 虹(女) 杨秉魁(回族)
金 虹(女,满族) 赵昌林 傅 强

工会

于凤梅(女,藏族) 马友来 马志德(回族)
王 建 王 碧 王开建 王平生
王玉颖(女) 王连金(女)
付永宏 田彩玲(女) 刘士合
孙 胜 孙守权 江 河(女)
邢连华 闫立本 宋愿兵
张 悦(女,回族) 张仁海 张伟华(女)
张金英(女) 张春鹏 张津策
张素华(女) 张雷洪 李泮祥
杨文慧(女) 杨佩英(女)
杨国军 邱汝舜 陈 莉(女)
陈靖宇 范玉恕 秦超良(侗族)
顾月海 崔文姬(女,朝鲜族)
崔玉龙 黄晓云(女)
穆怀琴(女,回族)

妇女联合会

于 静(女) 于文梅(女)
马永成(女) 马白玉(女)
马秀兰(女,回族) 马金华(女)
卞岭年(女) 孔晓艳(女)
王 梅(女) 王晓敏(女)兰文云(女)
冯俊霞(女) 卢永琇(女)叶家静(女)
刘春芬(女) 刘爱琴(女)吉瑞芝(女)
毕志明(女) 闫凤英(女)
吴迺峰(女,蒙古族)
吴桂琴(女,满族) 宋诗铎(女)
张学红(女) 张恩平(女,回族)
张喜坤(女) 李 新(女)
咸淑文(女) 娄壮志(女)
徐绪玲(女) 殷淑严(女)
铁丽彬(女,回族) 葛树芸(女)
董 玲(女) 董维玲(女)
韩志琴(女)

青年联合会

许丹丹(女) 李 响 李家森
李莉娟(女) 罗世龙 赵振岭
倪音海 曹学斌 释妙贤(女,满族)
鲁 杰 黑振桐(回族) 翟欣翔

工商业联合会

么志山 于学军 王永正 王国瑛(女)
王学利 王俊元 王树生 王树林
王崇义 王德强 冯学棣 田秀海
白桂才 刘运斌 刘艳明 吕 超
孙太利 许长安 宋复明 应泽从

张文军　张桂宗　张素芳(女,回族)
张雪冰　李　琪(女)　李之和
李占通　杨印海　谷　强　庞建平
郑志文　赵树钢　郝树强　唐建宇
徐树山　耿　伟(满族)　阎　明
董景周　董霄龙　谢云起

科学技术协会

王　东(回族)　母国光
关乃佳(女,满族)　刘维跃　吴　凡
杨志刚　陈惠彬(女)　周时悌
宣栋生　赵风清　赵国敏　戴锡孟(女)

台湾同胞联谊会

叶武贤　吕晓亮(女)　张肇毅
章　中　詹高越

归国华侨联合会

王生田　王立子　刘永顺　许　匡
汪　波　沈建业(女)　陈思良
林心宪　林金坤　黄骁卓(回族)

文化艺术界

马　路(回族)　孔祥玉　方伯敬
王桂花(女)　王梦玉(女)
刘　颖(女)　孙福海　庄　征
吴若增　张　克　张幼麟　张金元
张铜龙　李　凯　李　青(女)
李　瑛(女)　李佩红(女)
李建忠　李泽润　李经文(女)
肖克凡　陈　春(女)　陈　雍
孟宪硕　尚明珠(女)　郑天庸
祖　光　赵海鹏　高　岚(女)
高春丽(女)　康万生　曾昭娟(女)
滑富强　蒋子龙　韩宏飞　窦锡珍
籍　薇(女)

科学技术界

于　辉(女)　王　东　王心航
王玉佩　王宝林　王建英　王金铎
王洪星　王艳萍(女)　包应中
左　晔(回族)　田建国　刘士宽
刘众钦　刘成义　刘红光(回族)
刘英奎　刘振强　刘耘超　向鑫芳
吕国环(女)　许　荧(女)
宋天豹(回族)　张　征　张　舰
张　磊　张军劳　张绪绶　张瑞祥
张德明　李　静(女)　李凤芹(女)
李志颖(女)　李明智　李绍武
陆亚宁　陈树生　单长寿　周宁宇
宓丹丹(女)　罗纪生　罗家均
范兰英(女)　姚　学　姜立超
段传俊　段希芳(女)　胡习华
胡洽经　胡家郁(女)　赵　巍
赵国庆(女)　郜国光　倪传流
徐宗佩(回族)　徐福泰　聂洪起
贾炳公　高自明　曹开朗　黄　靖
黄文强　龚锁柱　曾凡喜　韩振镖
鲁长万　路　平　翟国君　翟林琮(女)

社会科学界

万新平　王宝发　乐国安　张景荣
李宝梁　周根会　南炳文　廖　竞

经济界

万忠发　于同群　于春富　于培田
门继萍(女)　马泽元　马春波
马海波　王天举　王天鍪(女)
王志忠　王恩德　王继民　王盛珍(女)
王增义　史建华　叶黎芳(女)
石玉颖　任玉华　刘文魁　刘柏廷
刘桂洲　刘惠文　孙　健(女)
齐茂忠　吴春节　吴树民　张　沛
张　靖(女)　张　璞　张士明
张云宝　张长久　张玉兰(女)
张荣华(女)　李永安　李伦炳
李金元　李智祥　杜金皋　杨建英(女)
连良桂　迟英杰(女,蒙古族)
陆铁栋　陈玉璋　陈洪林　单耀珠(女)
周思纯　周晓丰(女)　季宝华
武恒业　金昌烈(朝鲜族)　胡丽云(女)
胡国振　胥家宏　赵　黎(女)
赵国瑞　钟淑敏(女)　徐　恺(女)
栗庆林　陶象恒　高　爽　(女)
崔洪金　康　美(女,锡伯族)

梅　炜(女)　彭子勤　董维忠
谢津秋(女)　韩文彬　窦汝广
翟津强　蔡吉祥　黎维彬

农业界

于　光　王宝义　王春玉　王家仲
冯祥生　白乐志　艾玉锟　乔万义
任福贵　刘聿旺　刘家安　孙洪森
齐成喜　齐逢昌　吴凤来　吴福林
宋文喜　张宝成　张俊生　张殿瑛
李文海　李东海　李国文　李海锋
李喜宏　李瑞营　杨春东(满族)
陈章伟　周潮洪(女)　练达仁
苗文秀(女)　侯　隽(女)
钟有龙　郭文通　郭宝印　郭春祥
钱连达　高孝德　韩才有　韩景田
路凯旋　魏积良(回族)

教育界

于连会　于洪文　才家瑞　马丽娣(女)
从希斌(回族)　王　锐　王迎军
王宪成　王悦群(女)　王涤清
冯文明　史学忠　叶松海　田蕴章
刘　盾(女)　刘　强　刘文辉
刘淑敏(女)　匡文旻　曲丽敏(女)
朱经白　朱梓光　余志芳(女)
吴桐水　张文勤　张月华(女)
张世平(回族)　张华云　张桂婷(女)
张琪昌　李　荣　李中林　李永丹
李全生　李洪远　李晓久　杜　纲(女)
杜金岭　杨金元　杨荣圃　杨桂华
肖天友　苏　芃　苏长来　陈　卫(女)
陈天仑(女)　孟庆国
宛少甫(回族)庞学光　林克难
罗永泰　哈全安(回族)姚盛昌
姜　陆　姜新泉　胡龙桥　胡爱新(女)
赵金惠(女)　袁　直(女)
康岫岩(女)　曹小红(女,回族)
黄　田　黄积涛　焦　玮(女)
窦梦茹(女)　蔡秀慧(女)
薛留增　霍春阳　魏荣宝

体育界

于根伟　王　敏(女)刘云涛刘树文
刘树华　吴卫凤(女)　张　勇
李　楠(女)　郎荣标　董　震

新闻出版界

万　克　于伯海　王　奕　王全来
李英华(女)　邱允盛　郑　凯
郑先进　郭长久　傲　腾(蒙古族)

医药卫生界

卞学钺　王　欣(女,回族)王大鹏
王学芝(女)　王寒松　石学敏
石建华　刘万春　刘发明　刘吉祥
孙中堂　朱理玮　毕　楷　江国虹(女)
汤　华　齐　新(女)
初桂兰(女,满族)宋　力(女)
宋德成　张　慧(女,回族)张云亭
张仲一　李锡东　杜元灏　杨建平
邱　奇　陈祖培　陈锦英(女)
周启宇　范宝利　侯庆昌　赵　辉(女)
赵凤喜　赵炳让　倪守强　夏　群
黄永旺　潘力佳(女)

对外友好界

王　彬　王德荣　李广达　陈　伯
陈忠新　金　建　赵树华　赵燕南(女)

社会福利与社会保障界

王　元　刘　洪　李　淳(女)
花绍曾　陈立新　郝印平　黄　萍(女)

少数民族界

马　竞(回族)　甘一平(女,壮族)
龙翔云(女,哈尼族)
向望华(土家族)　李昌熙(朝鲜族)
杨立成(回族)　陈　敬(女,满族)
英　英(女,蒙古族)
爱新觉罗·毓芈云(满族)
韩若宾(锡伯族)　蒯　安(女,维吾尔族)
穆瑞安(回族)

宗教界

王剑非　王洪兴(回族)　石鸿臣
刘开兰(回族)　刘胜玟(女)

张　良　陈克威　演　龙

特别邀请人士(港澳)

于明强　王树成　邓月玲(女)
刘春华　阮志雄　余光晨(女)
吴旭茉(女)　吴晓光　吴港平
张　翮　张永霖　张连兴　张国星
张舜尧　李乃尧　李吴伊莉(女)
李和鑫　李金启　李香涛　杜伟强
杨东辉　沈家燊　肖志伟　邹永平
陈清霞(女)　林伟濠　林树田
林增荣　郑世吾(女)　郑汉钧
施时德　胡　明　郝永宽　郭志桁
郭栋昌　曹继信　萧云昇　黄显辉
谢古源　谢国维　蔡国雄　魏振荣

特别邀请人士

么庆顺　于忠诚　马明基　马洁泉
孔令莉(女)　王长寿　王怀凤
王国柱　王殿起　卢凤华　田福泉(女)
申日光　白成甫　石永明　艾　军
刘　刚　刘正顺　刘现云(女)
刘俊生　孙　禹　孙凤年　孙玉满(女)
朱　勇　朱家庆　吴庆云(女)
吴桂林　张林元　张秉银　张金方
张润浦　张耀武　李金城　杨明正
杨拯湘　沈树和　谷正义　陈柏龄
易水金　武立金　郑汝铨(女)
胡静江　荣　华　赵天皓　赵长明
赵金水　赵振华(满族)　郝随亮
袁家倜(女)　郭子林　崔　杰(女)
崔治凤　常　昭(女)　黄克永
董方林　蒋志贤　韩华民　韩振起
韩晓溪　颜雅芬(女)　霍　然
魏志祥

【天津市各区县政协领导人名单】

和平区　孔令莉(女)
河东区　崔治凤
河西区　沈树和
南开区　陈柏龄
河北区　张林元
红桥区　魏志祥
塘沽区　谷正义
汉沽区　张耀武
大港区　谢克俭
东丽区　陈章伟
西青区　刘聿旺
津南区　李国文
北辰区　魏积良
武清区　冯祥生
宝坻区　侯　隽(女)
蓟　县　王春玉
宁河县　李东海
静海县　刘家安

天津市各级政协组织和委员数

(截至2003年底)

项目＼级别	直辖市	市辖区	县	合计
组织数	1	15	3	19
委员数	779	3321	615	4715

(张景田　武涛　贺玉虹　编写　张迎春　审稿)

政 协 河 北 省 委 员 会

赵金铎 主 席

杨 迁 副主席

赵 燕 副主席

刘健生 副主席

秦朝镇 副主席

王建忠 副主席

赵铁练 副主席

刘德忠 副主席

李有成 副主席

段惠军 副主席

丛 斌 副主席

解玉琦 秘书长

【全体委员会议】

九届一次会议 2003年1月8日至15日在石家庄举行。本次大会应出席委员772名,实到739名。主席团常务主席刘健生主持开幕会。会议听取了中共河北省委副书记刘德旺代表中共河北省委所作的重要讲话,听取并审议了主席团常务主席会议主持人赵金铎代表省政协八届常务委员会所作的工作报告和主席团常务主席赵燕代表省政协八届常务委员会所作的提案工作报告。出席会议的委员列席了河北省十届人大一次会议,听取并协商讨论了季允石代省长所作的《政府工作报告》和会议期间的其他重要报告。会议审议通过了《政协河北省第九届委员会第一次会议政治决议》、《关于政协河北省第九届委员会第一次会议提案审查情况的报告》、《关于政协河北省第八届委员会常务委员会工作报告的决议》、《关于政协河北省第八届委员会常务委员会提案工作报告的决议》。会议选举产生新一届省政协主席、副主席、秘书长和常务委员。会议期间,提案审查委员会共收到提案644件,立案621件,其中集体提案93件,筛选重要提案13件,编印《提案选登》,中共河北省委、省政府领导对其中11件作了重要批示。中共河北省委、省政府领导及有关部门负责同志听取了大会发言,分别参加了港澳委员座谈会和各有关界别小组讨论,听取意见。会议结束时,新当选的九届省政协主席赵金铎作了重要讲话,提出了九届省政协工作的指导思想和主要任务,强调要重点抓好四项工作。

【常务委员会会议】

第1次会议 2003年3月18日至19日在石家庄举行。出席会议的常务委员会组成人员125名。会议传达学习了全国政协十届一次会议精神和中共河北省委六届三次全会精神;听取了省政协秘书长解玉琦关于政协河北省第九届委员会副秘书长名单(草案),政协河北省第九届委员会常务委员会关于设置专门委员会的决定,政协河北第九届委员会专门委员会主任、副主任名单(草案)和省政协2003年工作要点(草案)的说明。会议审议通过了《关于学习贯彻中共河北省委六届三次全会精神的决议》,政协河北省第九届委员会副秘书长名单,政协河北省第九届委员会常务委员会关于设置专门委员会的决定,政协河北第九届委员会专门委员会主任、副主任名单和省政协2003年工作要点。会议结束时,赵金铎主席讲话。

第2次会议 2003年6月24日至25日在石家庄举行。出席会议的常务委员会组成人员137名。会议听取了省政府副省长柳宝全《关于我省城市社区建设情况的介绍》,省政协社会和法制委员会主任唐树钰《关于我省城市社区建设情况的调研报告》,省政协秘书长解玉琦关于政协河北省委员会常务委员会工作规则修正案(草案)、政协河北省委员会专门委员会通则修正案(草案)和有关人事事项的说明。会议同意将社会和法制委员会《关于我省城市社区建设情况的调研报告》作为常委会议建议案报送中共河北省委、省政府。会议审议通过了《政协河北省委员会常务委员会工作规则》(修正案)、《政协河北省委员会专门委员会通则》(修正案)和有关人事事项。会议结束时,赵金铎主席讲话。

第3次会议 2003年9月1日至3日在廊坊举行。出席会议的常务委员会组成人员117名。会议听取了省政协财政经济委员会主任萧风来《关于进一步优化环境加快河北民营经济发展的调研报告》,省政协农业委员会主任贵新喜《关于加快我省小城镇建设的几点建议》,省政府常务副秘书长赵国昌关于省政府系统办理省政协九届一次会议以来提案工作进展情况的报告和省政协秘书长解玉琦关于人事事项的说明。会议期间，11 名常委、委员就加快河北民营经济和小城镇建设作了大会发言，省政府柳宝全副省长到会听取了发言。与会人员还视察了廊坊市民营经济和小城镇建设情况。会议同意将《关于进一步优化环境，加快河北民营经济发展的调研报告》和《关于加快我省小城镇建设的几点建议》作为常委会议建议案报送中共河北省委、省政府。会议还通过了人事事项。会议结束时，赵金铎主席讲话。

第 4 次会议　2003 年 12 月 24 日至 26 日在石家庄举行。出席会议的常务委员会组成人员 123 名。会议听取了中共河北省委常委、统战部长陈秀芳关于调整增补委员情况的说明，省政府龙庄伟副省长《关于我省职业教育情况的介绍》，省政协教科文卫体委员会主任谭玉琛《关于进一步加快我省职业教育改革和发展的调研报告》，省政协秘书长解玉琦关于起草政协河北省第九届委员会常务委员会工作报告(草案)、关于九届一次会议以来提案工作报告(草案)和有关人事事项的说明；听取了中央党校教授、研究生院副院长赵长茂关于《中共中央完善社会主义市场经济体制若干问题的决定》的辅导报告。会议审议通过了《关于进一步加快我省职业教育改革和发展的调研报告》，并同意作为常委会议建议案报送中共河北省委、省政府；审议通过了关于召开政协河北省第九届委员会第二次会议的决定(草案)，政协河北省第九届委员会第二次会议议程、日程(草案)、政协河北省第九届委员会常务委员会工作报告(草案)及报告人、关于九届一次会议以来提案工作报告(草案)及报告人，政协河北省第九届委员会第二次会议大会秘书长、副秘书长名单(草案)、小组召集人(草案)和列席单位名单(草案)。协商增补王光龙等 7 人为省政协第九届委员会委员。会议还审议了省政协各专门委员会 2003 年工作总结(书面)。会议结束时，赵金铎主席讲话。

【专门委员会】

提案委员会　通过组织对新委员培训、召开全省政协提案工作会议和党派团体集体提案座谈会等多种形式，努力提高提案质量。全年共收到提案 723 件，立案 699 件，其中省各民主党派、有关人民团体提出的集体提案 101 件，提案质量进一步提高。继续加大督办力度，采取协助主席会议集体督办，协助主席、副主席督办，参与现场办案，邀请省政府领导向省政协常委会议报告提案办理情况等形式，促进提案的办理和落实。截至 2003 年 12 月底，共办复 635 件。制定了《省政协办公厅关于办理政协提案的意见》，中共河北省委、省政府办公厅予以转发。制定或修改了《关于审查立案的实施办法》、《关于党派团体集体提案的实施意见》、《关于督办政协提案的实施办法》等 11 项规章制度，进一步推进了提案工作的制度化、规范化和程序化。从省直有关部门和省级各民主党派、工商联、有关人民团体等 81 个单位，聘请了 81 名提案工作联络员。

人口资源环境委员会　为推进海洋资源合理保护开发利用，促进海洋经济发展，与省国土资源海洋局、省环保局组织有关委员和专家学者对河北省海洋环境保护工作进行了视察，形成的视察报告，经省政协九届三次主席会议审议，报送省政府，省长和二位副省长作出重要批示。联合省民进、省建设厅、省环保局、石家庄市政协，组织有关委员和专家学者，对省会石家庄市大气环境治理情况进行了追踪视察，形成视察报告，报送省政府，受到省长和主管副省长的高度重视。抗“非典”期间，召开了“革除陋习，创建健康文明生活环境”座谈会。配合教科文卫体委员会就全省创建文明生态村情况进行调研，提供了有关资料。

与省人大城环委、省建设厅联合举行河北省城市容貌“燕赵杯”竞赛检查活动。参加了全国政协与国家林业局联合组织的“关注森林”活动,对河北省平山县和灵寿县退耕还林和生态建设工作进行考察,形成《关于全国政协在我省考察林业工作的情况报告》,报送中共河北省委、省政府。参加了全国政协人口资源环境委员会、中国矿业联合会和中国城市研究会共同举办的“第五届中国矿业城市论坛”,全国政协人口资源环境委员会召开的全国暨地方政协人口资源环境委员会工作研讨会。

文史资料委员会 研究修订了《河北建国后文史资料工作征集参考大纲》。开展了《邓小平与河北》、《气壮山河—纪念1963年抗洪斗争40周年》、《战斗在敌后的“日人反战同盟”》、《“光彩事业”在河北》的文史资料专题征集工作。其中1963年抗洪斗争专题的征编工作圆满完成,在《文史精华》增刊上发表。其他三个专题的征集工作取得阶段性进展。全年共编辑出版《文史精华》月刊13期140万字(含一期增刊)。出版了《文史精华珍品书系》,共6本,240万字,进一步扩大了《文史精华》的社会影响。

财政经济委员会 重点就促进河北民营经济发展问题进行专题调研,形成的调研报告,经省政协九届三次常委会议协商讨论,作为常委会议建议案报送中共河北省委、省政府,省长季允石等4位省领导分别作了重要批示。省民营经济领导小组按照省领导批示要求,对《建议案》认真进行了分析研究,将梳理出的十几个方面的问题,以正式文件通知省直16个部门,要求他们按照省领导批示要求,提出解决问题的意见和办法。省政府还召开专题会议,邀请省政协领导参加,听取16个部门落实情况的汇报。《人民政协报》、《河北日报》、《河北经济日报》、河北电视台等新闻媒体对此均作了专题报道,在社会上引起较大反响。抗“非典”期间,召集有关委员、专家和大型企业负责人“迎难而上求发展”座谈会。与办公厅联合组织部分委员赴邯郸市就加大重点项目建设投资力度情况进行视察,中共河北省委常委、常务副省长郭庚茂对《视察报告》作了重要批示。召开省政协民营经济发展研讨会和全省各市政协经济委员会主任联系会议。参加了全国十八省区市政协经济委员会联系会议,并在会上作了重点发言。参加了全国地方政协经济委员会主任会议,交流了工作经验,密切了工作联系。编印《情况交流》7期,通报情况、交流信息。

农业委员会 重点就小城镇建设问题进行专题调研,形成的调研报告,经省政协九届三次常委会议审议通过,作为常委会议建议案报送中共河北省委、省政府,省政府领导作了重要批示。省建设厅等部门在制定有关政策和措施中,认真研究采纳了《建议案》中提出的意见、建议。组织召开“提高农民组织化程度专题研讨会”,形成《关于提高我省农民组织化程度的建议》,经主席会议审议通过,作为主席会议建议案报送中共河北省委、省政府,省政府有关领导作了批示,其中不少建议被中共河北省委、省政府办公厅《关于鼓励支持农民专门合作经济组织加快发展的若干意见》所采纳。组织有关委员、专家、学者及基层农技人员近百人,编辑《农产品无害化生产实用技术手册》,共10册,120万字。组织开展“非典”疫情对农民收入影响的调研,形成调研报告。配合教科文卫体委员会就文明生态村创建问题进行调研。与省扶贫办、河北农业大学联合举办科技培训班,对临城、顺平、赤城、易县的农业技术人员、种养大户等进行了系统的科技培训活动。

教科文卫体委员会 组织了全省文明生态村创建、加快职业教育改革和发展两项专题调研。形成的《关于我省开展文明生态村创建活动的几点建议》，经主席办公会议讨论，报送中共河北省委。中共河北省委主要领导对《建议》予以充分肯定，并作了重要批示，责成有关部门认真研究办理，其中不少建议被省文明办吸收到《关于在全省广泛开展创建文明生态村活动的实施意见》之中。与中共河北省委农村工作领导小组办公室联合召开了“全省文明生态村现场参观及研讨会”，形成《情况报告》。《关于进一步加快我省职业教育改革和发展的调研报告》，经省政协九届四次常委会议审议通过，作为常委会议建议案报送中共河北省委、省政府。抗“非典”期间，组织部分医药卫生界委员对全省防治“非典”提出意见、建议，通过《社情民意》内刊报送中共河北省委、省政府。召开“重视科学防治，打好防治非典第二战役”座谈会，形成《情况报告》。与省科协联合组织“河北省 SARS 防治论文征集”活动。与石家庄市政协教科文卫体委员会联合组织部分教育界委员赴辛集市开展教育下乡活动。撰写了《关于进一步加大磁县食管癌防治研究工作力度的几点建议》和《中国(高阳)赴法留学预备班旧址的保护和利用工作亟待加强》两份委员会提案。

社会和法制委员会 重点就城市社区建设问题进行专题调研，形成的调研报告，经省政协九届二次常委会议审议通过，作为常委会议建议案报送中共河北省委、省政府。省长和主管副省长作了批示，有关部门认真研究，在决策中采纳了《建议案》中不少意见、建议。会后编印了《发展中的河北社区建设——省政协九届二次常委会议城市社区建议资料汇编》。组织委员分别就《中华人民共和国监狱法》和《中华人民共和国人民防空法》的贯彻实施情况进行了视察，形成视察报告报送省政府及有关部门供决策参考。推荐 15 名委员担任全省政法系统党风党纪监督员。与省人大内司委、省残联等有关部门联合提交了《关于进一步做好残疾人法律服务和法律援助的工作意见》。参加了全国政协社会和法制委员会召开的工作座谈会和优化非公有制经济发展法制环境专题研讨会，提交了《关于优化非公有制经济发展环境的几点思考和建议》，并作大会发言。

民族和宗教委员会 组织开展了对推动少数民族地方经济和社会发展情况的调研视察活动。向全省 6 个自治县、2 个民族县、55 个民族乡进行了书面调查；组织部分委员对部分自治县、民族县、民族乡进行视察。在此基础上，形成《关于推进民族乡经济和社会发展的意见和建议》，报送中共河北省委、省政府供决策参考。组织省直有关部门负责人、省五大宗教负责人、各市政协分管民族和宗教工作的副主席，以及有关专家和学者，召开引导宗教与社会主义社会相适应经验交流会，交流经验文章 25 篇，对团结宗教界人士更好地参与全面建设小康社会起到了积极推动作用。组织部分民族宗教界委员赴西藏就民族和宗教工作进行考察，形成考察报告，报送中共河北省委、省政府。按照全国政协民族和宗教委员会的要求，会同省民族宗教事务厅对河北省宗教房产落实情况进行调查，形成调查报告，报送全国政协民族和宗教委员会。走访省五大宗教团体，看望宗教界委员，参加民族和宗教界的有关活动，加强与民族宗教界委员的联系，反映他们的意见和呼声。组织召开全省各市政协民族和宗教委员会主任座谈会，交流工作经验和体会。

港澳台侨和外事委员会 为切实推进“走出去”战略的实施，进一步提高河北对外开放水平，组织部分委员就“走出去”战略问题进行调研，形成调研报告，报送中共河北省委、省政府。组织省政协工作访问团专访港澳，并参与河北省经济代表团在港澳的活动，增进了解，扩大交往，推进了冀港冀澳经济技术的交流与合作。接待和参与接待香港、台湾、法国等来访团组，大力宣传“和平统一、一国两制”基本方针，广泛推介河北，积极为招商引资牵线搭桥。积极开展对外友好交往，组织河北省友好代表团访问日本。积极参加抗击非典斗争，通过函电，慰问港澳台侨同胞，并由省政协领导带队，看望在河北投资的部分港澳委员，及时将港澳委员捐赠的270多万元款物送到抗击非典第一线。编印《播撒希望》画册，宣传港澳委员捐资助教事迹。圆满完成了河北省海外同胞教育基金会换届工作，顺利实施了第十一次颁奖，颁发奖金12.4万元，奖励河北贫困地区优秀师生280名。加强了与全国政协港澳台侨委员会、外事委员会以及兄弟省区市政协对口委员会的联系。召开全省政协港澳台侨工作研讨会，交流经验，推动工作。

【重要活动】

为河北省防治非典献计出力 非典疫情在河北发生以后，省政协高度重视，为防治非典作了大量力所能及的工作。及时向全体省政协委员转发了全国政协致全国政协委员的一封信，号召广大省政协委员充分发挥人才荟萃、智力密集的优势，为防治非典献计出力。根据疫情的变化，多次召开主席会议和主席办公会议，两次组织部分医卫界委员进行座谈，并适时组织经济界委员举行“迎难而上求发展”专题座谈会，就全省防治非典和经济建设工作向中共河北省委、省政府提出意见和建议。广泛收集、迅速反映全省各级政协组织、政协各参加单位、广大政协委员关于防治非典和经济建设的意见和建议，为党委和政府科学决策提供了依据或参考。省政协领导多次带领督查组，对部分市的防治非典工作进行了督查，提出了指导性意见。开展向抗击非典一线的广大医务工作者送温暖、献爱心活动，组织和发动政协委员和机关干部职工广泛开展了捐款捐物活动。据不完全统计，省政协委员和机关工作人员捐款捐物共折合人民币700多万元。

当代国画优秀作品展——河北作品展 2003年12月16日至20日在北京全国政协礼堂举行。本次河北作品展是全国政协“当代国画优秀作品(系列)展”第八次展出，由河北省政协和全国政协书画室联合举办。为筛选高水平的画家，省政协遵循民主、公正、团结的原则，先后召开了4次座谈会，经过反复座谈、协商和比较，最后筛选出赵贵德、李明久、张文学(问雨)、钟长生、刘克仁等10位国画家的69幅作品。这些作品描绘了燕赵大地的雄厚壮美，反映了河北人民古朴淳厚的生活理念，具有浓郁的北方画风。全国政协主席贾庆林，副主席王忠禹、陈奎元、黄孟复等为画展剪彩并参观了画展，陈奎元发表讲话。开幕式由全国政协秘书长郑万通主持。本次画展组委会主任、省政协主席赵金铎致开幕词。在京部分全国政协常委、委员，各民主党派中央、文化部、中国文联等部门的负责人，部分首都美术界知名人士出席开幕式并参观了展览。

【重要文件】

第八届委员会常务委员会工作报告 (2003年1月8日)共分三部分(摘要) 第一部分，五年工作回顾：

一、围绕我省改革、发展中的重大问题参政议政，建言立论取得显著成效。

八届省政协着力抓了节约和保护城市水资源、进一步发展区域特色农业、加快高新技术开发区建设、加强公务员道德建设、扶持工业名牌、加快饲草业发展等18个重点课题的调查研究。在此基础上，经过常委会议专题协商讨论，形成13份常委会议建议案，不少成果成为党政领导决策的重要依据或转化为有关部门的工作措施。

有关专门委员会根据自身工作特点，就扩大外贸出口、高校科技成果转化、股份制企业发展、省会大气环境治理、促进农产品流通、加强政法工作和政法队伍建设、推进依法行政、人口与可持续发展等十几个课题，进行一系列专题调研、研讨，形成了水平较高的调研成果。

二、积极探索，努力实践，民主监督力度逐步加大。

提案是政协参政议政和进行民主监督最直接、最有效的形式。五年来，共收到提案3747件，经审查立案3513件，其中集体提案415件，委员提案和集体提案数量都超过以往各届，整体质量也明显提高。在提高提案质量的同时，八届省政协坚持把着力点放在督办上，狠抓提案的办理和落实。截至2002年底，办复3510件，提案的社会效益和经济效益进一步提高。

八届政协把了解和反映社情民意作为履行职能的重要基础和关键环节，摆在更加突出的位置。广大政协委员、各民主党派、工商联、有关人民团体和各级政协组织从改革、发展、稳定的大局出发，通过视察、调研、提案、大会发言等，及时主动地反映各界人士的意见、要求和呼声。五年中，通过《社情民意》内刊，比较准确、真实、快捷地向全国政协报送信息424条，向中共河北省委、省政府领导报送信息356条。

组织委员广泛开展视察、考察活动，是加强民主监督的重要渠道。五年来，共组织委员视察、考察40余次。组织驻各市省政协委员进行异地视察11次。驻各市省政协委员活动小组每年也都选择当地经济社会发展中的重要问题进行多次视察。

三、高举大团结、大联合旗帜，维护团结稳定的工作不断加强。

八届省政协通过多种形式，广泛团结各民主党派、人民团体、广大政协委员和各族各界人士，积极投入抗议以美国为首的北约轰炸我驻南斯拉夫大使馆、批判李登辉分裂祖国的“两国论”、揭批“法轮功”邪教组织等重大政治斗争，坚决拥护和支持中央在维护国家主权、祖国统一和社会稳定方面所采取的一系列重大决策。

关注社会热点、难点问题，就国有企业下岗职工基本生活保障和再就业问题，两次召开部分常委、委员专题座谈会，主席会议发出倡议，号召委员为解决国有企业下岗职工问题，献爱心、办实事。还就加强流动人口管理、预防青少年犯罪等事关社会稳定的重大问题进行专题调研。就《河北省清真食品管理条例》，中共河北省委、省政府《关于加快少数民族和民族地区经济社会发展若干政策的意见》的贯彻落实情况进行调查、视察，提出意见和建议。

与中共河北省委统战部、省各民主党派、工商联、有关人民团体共同组织召开河北省第六次各界人士为两个文明建设服务经验交流暨表彰大会，交流各界人士为两个文明建设服务的新经验、新成果，表彰先进代表人物，进一步凝聚统一战线各方面的力量。

继续注重发挥文史资料工作在“存史、资政、团结、育人”方面的独特作用。共征集出版《河北近代经济史料》、《血色冀中》、《中华人民共和国减灾实录》等专著7部，近1800万字；编辑出版《文史精华》70期，约700万字。

四、发挥优势，扩大交往，海外联谊和促进祖国统一工作更加活跃。

通过录制《台湾同胞在河北》电视专题片，接待台湾工党访问团，举办“燕赵故乡行”等活动，促进海峡两岸经济、文化等方面的交流与合作。通过组织委员观看台情资料片，召开各界人士学习《一个中国原则与台湾问题》白皮书座谈会、举办台湾形势报告和对台工作成就图片展等活动，促进政协委员和各界人士对“和平统一、一国两制”基本方针和“八项主张”的理解，进一步坚定实现祖国统一大业的信心。

与新华社澳门分社等单位于1998年联合举办“澳门宣传周”活动，1999年，与澳门归侨总会和澳门中华教育联合会共同举办“澳门回归话统一”冀澳中学生作文比赛，出版《澳门回归话统一》优秀作品集，宣传澳门回归的重大意义，弘扬爱国主义精神。

成立港澳委员活动小组，积极开展走访、慰问、联谊等活动，进一步加强与港澳委员的联系，支持他们为港澳长期繁荣稳定和促进祖国统一贡献力量。

积极开展对外友好交往活动，加强与有关国家和地区的交流与合作，为河北扩大对外开放和经济建设发挥了积极作用。

五、创造条件，推动工作，人民政协的社会影响日益扩大。

1999年，省政协建议并协助中共河北省委筹备召开了全省政协工作会议。会后，中共河北省委作出《关于进一步做好跨世纪人民政协工作的决定》。2000年，由省政协党组成员带队，中共河北省委有关部门参加，组成5个检查组，分赴全省各市及20多个县(市、区)，对会议精神和《决定》的贯彻落实情况进行了全面检查。

1999年和2000年，先后召开庆祝人民政协成立50周年大会和省政协成立50周年座谈会，并利用《人民政协报》、《河北日报》新闻媒体刊发文章等形式，多渠道、多角度、深层次地回顾了人民政协和省政协半个世纪的光辉历程，进一步提高了全社会对新时期人民政协重要地位和作用的认识。

通过《人民政协报》，省“两报”、“两台”及《乡音》杂志等媒体，突出宣传政协履行职能的重大活动和参政议政的重要成果，大力讴歌政协委员中的典型人物和先进事迹。2000年，与中共河北省委宣传部联合召开了全省政协宣传工作座谈会，制发了《关于进一步改进和加强政协宣传工作的意见》。

六、加强联系，密切合作，政协整体功能得到较好的发挥。

坚持主动走访，积极参加全国政协组织的有关会议和活动，密切与全国政协的联系和沟通，争取指导与支持。2000年，倡议并主办了京津冀政协水资源合理开发、利用与保护研讨会。2001年和2002年，又与京津两市政协联合召开了生态环境建设、防风治沙绿化工作研讨会和水体保护、污水资源化研讨会。

七、采取有效措施，自身建设进一步加强。

委员学习工作进一步加强，增强了委员的政治责任感、历史使命感和参政议政能力。政协理论建设取得丰硕成果。1998年，成立河北省人民政协理论研究会。先后组织召开了纪念党的十一届三中全会召开20周年政协理论研讨会、人民政协成立50周年理论研讨会和提高政协例会质量专题研讨会。制度建设取得新进展。重点修订了《常委会工作规则》、《专门委员会通则》和《提案工作条例》。机关建设取得明显成效。认真开展了“三讲”教育和“回头看”活动；顺利完成机关机构改革，建立健全工作制度，加强思想政治工作。

第二部分，主要体会：一、必须坚持和依靠中国共产党的领导；二、必须牢牢把握团结和民主两大主题；三、必须始终围绕党和政府的中心任务履行主要职能；四、必须充分发挥委员作用；五、必须坚持与时俱进、开拓创新。

第三部分，今后工作建议：一、深入学习中共十六大精神，全面贯彻“三个代表”重要思想；二、紧紧围绕全面建设小康社会的奋斗目标履行职能；三、牢牢把握团结和民主两大主题，努力维护和发展民主团结、安定和谐的政治局面；四、积极推进政协履行职能的制度化、规范化和程序化；五、进一步加强委员工作，充分发挥委员的主体作用。

关于学习贯彻中共河北省委六届三次全会精神的决议(2003年3月19日政协河北省第九届委员会常务委员会第1次会议通过) 主要内容：落实好中共河北省委六届三次全会精神，加快河北改革与发展，全面建设小康社会，是全省参加人民政协的各党派、各团体、各族各界人士面临的共同任务。全省各级政协组织要在中共河北省委的领导下，切实履行政治协商、民主监督、参政议政职能，为实现这一共同任务而努力奋斗。一、全面学习、深刻领会省委六届三次全会精神；二、凝聚各方力量，为全面建设小康社会共同奋斗；三、紧紧围绕加快发展，切实搞好建言献策；四、为三大文明建设多做工作、多办实事。

中国人民政治协商会议河北省委员会常务委员会工作规则(2003年6月25日政协河北省第九届委员会常务委员会第2次会议修订) 共四章二十二条。第一章总则，第二章常务委员会会议，第三章文件，第四章附则(具体内容略)。

中国人民政治协商会议河北省委员会专门委员会通则(2003年6月25日政协河北省第九届委员会常务委员会第2次会议修订) 共五章十九条。第一章总则，第二章组织，第三章工作制度，第四章办事机构，第五章附则(具体内容略)。

中国人民政治协商会议河北省委员会主席会议工作规则(试行)(2003年8月12日政协河北省第九届委员会第3次主席会议通过) 共十八条，对主席会议的主要任务、召开时间、议题的确定、议事原则、文件的签发等作出了明确规定(具体内容略)。

河北省政协委员视察工作条例(2003年8月12日政协河北省第九届委员会第3次主席会议通过)共四章十九条。第一章总则，第二章视察活动的实施，第三章视察的后勤保障，第四章附则(具体内容略)。

【组织概况】

主　席

赵金铎(满族)

副主席

赵　燕(女)　杨　迁(女)
刘健生　秦朝镇　王建忠
赵铁练　刘德忠　李有成
段惠军　丛　斌

秘书长

解玉琦

常务委员名单(以姓氏笔画为序)

丁　仁　于　钢　于刃刚　于贵林
马　达　马大敏　马占元(省农林科学院)
马占元(省劳动和社会保障厅)
马洪骏　王　刚　王娟(女，满族)
王云英(女)　王中联(女)
王玉锁　王亚洲(蒙古族)　王运芳
王克杰　王丽红(女)　王绍玉
王高鹏　王铭维(女)　王福强
邓泽洪　孔小均　尹文儒　卢晓光(满族)
史书娥(女)　冯志远　弘　川
司徒荻林　吕维彬(女)　乔松茂
华筑信　刘　苏　刘永瑞　刘志明
刘伯芳　刘建业　刘景和　刘慰慈
池作清　许　皞　祁兰夫　孙大业
孙建恒　杨　勋　杨芬朝　杨其洪
杨振田(满族)　杨振科　杨静之
李　鹏　李书和　李世文　李守信
李寿龄　李远征(女)　李和明
李春来　李春岩　李瑞林(女，满族)
吴　兴　吴以岭　吴铁汉　何文杰
辛宝山　宋马成　宋佳城　张三发
张汉兴　张永泉　张利平(女)
张金瑞　张春来　张桂勇　张铁铮

张焕祯　张锦禄　陈子华　陈立文
陈百成(满族)　陈彦明(女)
陈海鱼　武义青　武四海(回族)
罗兰格　金佩莹(女)　净　慧
郑一民　郑世钧　郑汉先　郑灿金
郑树枝(女)　孟庆尊　封志强
赵新爱(女)　赵　星　赵国昌
赵桂英(女)　赵振国(回族)
赵银海　贵新喜　郜更顺　闻德生
洪天敏　姚树坤　贺国庆(白族)
贺建功　袁树峰　铁　凝(女)
郭富荣(女)　高宏志　高国祥
高喜同　唐树钰　姬藏舟　萧凤来
黄　荣　黄国强　黄信阳　黄洪钦
黄耿辛　黄维坚　黄鹏章　曹忠廉(回族)
阎纯德　阎宗彪　梁伟浩　梁润田(回族)
隋伟三　韩瑞改(女)　葛会波
董大泉　董作仁　释延才　谢建增
靳云鹏　蒲天惠　裴晓鹏　廖　波
彰无忌(满族)　谭玉琛　翟久玉
霍兴文　魏　华

委员名单(以姓氏笔画为序)

中国共产党

马　达　王杰志(满族)王建忠
王建雄　田结实　刘健生　刘德忠
杨文宝(回族)　杨振田(满族)
杜国荣　李书和　李宏英　李瑞昌
连树臣　张玉书　张国斌　张金瑞
张春富　张振存　郑宝林　郑治国
孟宪昌　赵国昌　赵金铎(满族)
赵　星　赵铁练　高喜同　崔宝玉
秦朝镇　韩瑞改(女)　解玉琦
蔡　华

中国国民党革命委员会

孔小均　卢晓光(满族)　李又成
李晓英(女)　李惠玲(女)
张大杰　张秀兰(女)　肖　楷
辛宝山　陈　潮(女)　胡晓红
夏玉颖　高国祥　郭镜心(女)
韩雪松(蒙古族)　甄树青　蒲天惠
翟志海

中国民主同盟

马洪骏　王绍玉　牛玉芝(女)
田茂怀　田　咏　杨凤虎　杨玉成
李博文(回族)　李雁鸣　宋晓光
陈百成(满族)　郑一民　南　云(满族)
闻德生　袁绍祥　曹　凯　黄国强
程爱国

中国民主建国会

王亚洲(蒙古族)　王连灵(女)
王秀清(女)　王　庚　张铁铮
陈伯良　武四海(回族)　范社岭
郑树枝(女)　赵桂英(女)
赵　燕(女)　姚曾驰　徐光泰
梁润田(回族)　董金皋　霍国仁
魏　华

中国民主促进会

王　刚　王丽红(女)　王君清
王黔平(女)　孔庆龙(蒙古族)
刘树人　池作清　李有成　张兆伟
张国立　吴是云　何　兰(女)
赵新爱(女)　姚树坤　雷金池

中国农工民主党

王建一　王彦英　孙建恒　杨渤彦(女)
李寿龄　吴铁汉　陈丽茹(女)
陈海鱼　赵汝东　段惠军　郭登洲
雷　威　霍兴文　魏向东

九三学社

于　钢　史书娥(女)　丛　斌
吕铁铮　刘希勤(女)　刘林平(女)
郑世钧　贾珍山　徐铁麟　黄　荣
隋伟三　葛会波　董大泉
戴云霞(女,回族)

无党派人士

王中联(女)　王世利　王仲民
王晋堂　王海波　刘运琦　刘荷香(女)
刘海珠　孙振甫　杨　迁(女)
杨芬朝　李海平(女,石家庄)

张再月　肖明地　胡静霞(女)
赵祥军　柴占聪　高立仓　韩长华

中国共产主义青年团

付振波　张泽峰　张跃峰　武卫东
高宏志　高树民　高　薇(女)
盛庆功

工会

冬文礼　吕桂茹(女)　朱立新
关景发　汤彰明　张亚军(女)
张君海　张希瑾　张绍兴　张家学
宋书舫　武金琢　赵明晨　侯荣芳(女)
姬藏舟　董喜平　潘建全

妇女联合会

史玉芬(女)　白玉香(女)
吕爱英(女)　吕炳素(女)
刘慧敏(女)　孙　晔(女)
孙慧敏(女)　李艳军(女)
李益民(女)　李淑芹(女)
李瑞林(女,满族)　芦新菊(女)
张　聪(女)　姚秀珍(女)
徐建芳(女)　高瑞华(女,满族)
秦博勇(女)

青年联合会

王兴华　刘书英(女)　刘延云
陈千豁　耿梓轩　郭士刚　郭玉红(女)
曹　郁

工商业联合会

王云英(女)　王玉锁　刘现考
刘明磊　江伟年　杜宪光　李志宏
李振华　张春来　张　楷　宋佳城
罗恒钊(满族)　赵　发(满族)
赵桂良　耿建明　阎纯德　裴晓鹏
管保顺　翟久玉

科学技术协会

马怀琳　王和平　王剑平　白淑凤(女)
刘秀华(女)　刘维佳　杜　江
李敬忠　芦　杰　张书田　张玉果
张克范　何文杰　陆长福　陈宝玲(女)
金学申　郑灿全　赵绍林　徐红芹(女)
蒋介明　窦永华(女)

台湾同胞联谊会

王耀冀　许　亮　杨方若　郑汉先
徐庆昌　徐胜美(女)

归国华侨联合会

马大敏　王秀英(女)　王俊阁
包　东　刘志敏(女)　麦相贤(壮族)
杨全社　杨宏伟　张　华　郑朝晖
赵宝玉　赵振国(回族)　赵银海
莘亦宾

文化艺术界

于　民　于金生　王利人(女)
王素华(女)　王辅捷　王福山
白云乡　冯思德　刘月卯　刘丽霞(女)
许荷英(女)　李世文　李　刚
李　丽(女)　李　英(女)
张艳玲(女)　何香久　宋聚丰
陈茂才　陈　虹(女)　苗文华(女)
罗慧琴(女)　周淑英(女)
贺跃进　袁淑梅(女)　铁　凝(女)
高向东　黄耿辛　龚德龙　梁一玲
梁维玲(女)　彭惠蘅(女)
韩石子　蒋宝英(女)　靳玲展(女)
滕雨峰　魏力群　魏　麟

科学技术界

丁　仁　王文杭　王世海　王立发
王英英(女)　王茂甫　王钟山
王祖安　王福强　双秀丽(女)
邓泽洪　艾润飙　石凤桐　田英之
史恒志　纪　伟　牟金玲(女)
刘孟雨　刘树煌　齐树亭　祁　峰
安海忠　孙大业　杨庆新　杨惠恒
李玉国　李和明　李俊义　李保章
李瑞峰　张志海(回族)　张利平(女)
张　杰　张国恩　张季　张焕祯
吴以多　吴以岭　吴学礼(满族)
何玉铭　宋马成　宋水山　宋绍孔
陈子华　陈国鹰　陈　荣(女)
林建法　苗成进　罗兰格　周　明

秦庚仁　赵文伟(满族)　赵麦庆
赵　利　赵国忠　赵清华　赵慧菊(女)
贺建功　祝淑钗(女)　姜稚清
贯永新　贯丽霞(女)　徐骁力
郭　斌　宿清和　常　健　崔宝才
彭战果　韩桂茹(女)　葛瑞江
董长榕(女)　董国臣　程桂胜
廖　波　翟际栋　滕福泉

社会科学界

王长华　王运芳　王林茹(女)
左淑芳(女)　田荣凤(女)
申振川　史建平(女)　邢　铁
刘胜杰　刘海阳　刘清芳　刘　朝
杨连云　杨其洪　杨新丽(女)
李红阳　李振台　张永泉　张志欣
张桂勇　吴国英(女)何秉群何　焱(女)
武义青　金佩莹(女)　袁树峰
高文英(女)　郭金平　黄鹏章
常素霞(女)　蒋书峰

经济界

于　林　于桂亭　马瑞勇　马德春
王小跃　王长林　王双进　王玉楼
王克杰　王社平　王　茂　王高鹏
王海生　王海沙　王维贤　王新勇
王德功　毛立德　尹亚力　孔和平
邓海平　田泽生　白学林　冯志远
冯春保　吕毅华(女)　任连锁
刘云泽　刘凤云　刘玉青　刘巨山
刘庆忠　刘均利　刘志山　刘志全
刘建业　刘建军　刘彭龄　许长友
米维伟　孙丙河　孙占启　杨　军
杨卓舒　杨金庆　李天佑　李凤堂
李向文　李远征(女)　李克义
李春波　李　鹏　李新元　张三发
张友芳　张永昌　张永增　张廷起
张秀明　张国英(女)　张春华(女)
张荣彬　张彦杰　张锦禄　张增光
吴刊峰　邹世华　何庆丰　邱建武
邱衍彬　宋文勤　陈金城　邵雪凌(女)
范顺田　周春林　周晓蒙　郑二发
郑庆和　孟庆尊　赵晓英　郜更顺
姚宝德　姚维平　宣振富　洪天敏
栗建国(女)　夏　辉　徐岳游
徐德宏　郭书政　郭有利　郭富荣(女)
曹怀刚　曹满贵　梁　伟　梁朝群
傅春奎　谢建增　靳　暖(女)
靳新彬(女)　樊海斌　潘孟义
薛德成　魏少军

农业界

马占元(省农林科学院)　王家源
支恩波　艾文礼　冯世斌　刘兆亮
刘伯芳　刘树强　祁兰夫　许
安保政　闫仲会　杨双牛　杨学诚
杨振科　李正文　李东明　李荣刚
张树旺　张荣华　张彦斌　何广跃(壮族)
陈安增　陈秀娟(女)　周庆华
周海涛　殷佳伟(满族)　庞其莉(女)
孟庆祥　封志强　胡金城　赵良才
赵胜建　贵新喜　洪兴华(回族)
高友林　高文正　萧凤来　阎宗彪
董志平(女)　董跃中　甄彦苍
路富裕

教育界

于刃刚　于奕峰　马仁会　王凤巧(女)
王书长　王金海　尹桂芳(女)
包志忠(满族)　吕秀兰(女)
朱　纬　华筑信　刘永瑞　刘仲喜
刘志明　刘殿武(满族)　许建国
安建军　孙厚生　李存龙　李建强
李敬忱　张丹参(女)　张心昊
张艳丽(女)　吴　兴　肖贺田
汪晋宽　陈立文　邵爱军　庞其清
赵　莉(女)　郝玉荣　贺国庆(白族)
侯维芝(女)　徐树楠　高惠娟(女)
高　蒙　高　巍　郭正山　曹振峰
黄加朝　黄增国　韩爱丽(女)
董　允　董作仁　赖涤泉　雷造民
谭玉琛

体育界

王志海　王国强　乔松茂　齐大征(满族)
李海平(邯郸)　张肖平　赵颖慧(女)
常静春　释延才

新闻出版界

王文杰　王亚民　闫燕平(女)
李文海　赵　芳(女)　郝荣国
段录沛　顾玉青(女)　郭增培
甄树声　潘贵梁

医药卫生界

于笑霞(女)　王　娟(满族,女)
王铭维(女)　元小冬　台立稳(女)
冯　继　乔占英(女)　刘　苏
刘　颖(女)　刘聚良　李明新
李春岩　李济清(女,苗族)　张　赟(女)
张金廷　谷景书　邵新中　范振增
赵素娥(女)　荀凤阁　俞　玎(女)
贾春华　贾健民　徐　山(满族)
郭志军(女)　梁君奎　梁金凤
梁祖琪(女)　潘进社

社会福利与社会保障界

马占元(省劳动和社会保障厅)
毛玉林　尹文儒　张绳武　张景德
施延京　唐树钰　郭　彦

少数民族界

于昌玉(满族)　于跃明(蒙古族)
丹志民(回族)　石　平(女,回族)
白　钰(女,蒙古族)
刘鉴新(女,满族)　杨文革(回族)
杨德相(侗族)　李和平(回族)
张宝瑞(回族)　张惠娟(女,满族)
吴爱军(回族)　吴连枝(回族)
沈　瑾(满族)　庞志锋(满族)
孟宪明(回族)　封捷然(满族)
赵月芬(女,回族)　哈米莎(女,回族)
姚　华(满族)　班　柯(满族)
郭为民(回族)　董艳玲(女,满族)
爱新觉罗焘健(满族)　魏宝增(回族)

宗教界

马英林　王永林　方建平　石同强(回族)
弘　川　代　林(蒙古族)　刘玉文
刘景和　杨文阁(回族)　杨益存
李连贵　张士江　张珍山(回族)
张清廉(回族)　吴国柱　陈泉州
明　海　净　慧　曹忠廉(回族)
黄信阳　康瑞峰(回族)　崔新魁
彭鉴道　韩树军(回族)　程宝山
释真广　靳云鹏　潘德世

特别邀请人士

于贵林　么继志　马占云　王元芳(回族)
王少刚　王　成　王华清(女)
王志国　王贵国　王振全　王新军
王福林　司徒荻林吕维彬(女)
任保山　刘　力　刘本立　刘振法
刘智广　刘慰慈　杨国荣　杨　勋
杨静之　李大民　李万福　李庆安
李守信　李春来　李象岳　李惠民
迟占山　张汉兴　张西铭　张有洪
张　学　苏斐华　吴镇涛　邱允慎
宋庆权　陈　玉　陈民亮　陈彦明(女)
陈健英　栾松江　苑宝运　屈　恩(女)
周金生　周振德　柴冠景　聂玉峰
高正起　郭志刚　曹文治　萧圣立(女)
黄宗直　黄洪钦　黄维坚　龚　长
康永才　梁伟浩　梁洪杰　梁维特
崔启慧　甄岳东　蔡　程　彰无忌(满族)
谭伟雄　魏茂鑫

不再担任委员名单(政协河北省第九届委员会常务委员会第4次会议通过)

于　刚　王杰志(满族)　王辅捷
艾文礼　刘彭龄　刘永瑞　刘志山
刘智广　刘孟雨　李瑞林(女,满族)
程桂胜　高喜同　姬藏舟　郭志刚
唐树钰　杨庆新　栗建国(女)

增补委员名单(2003年12月26日政协河北省第九届委员会常务委员会第4次会议通过)

王光龙　孙建群　张宝岩　张素珍(女)
郭东海　常丽虹(女)　臧其臣

【河北省各市、县(市、区)政协领导人名单】

石家庄市

市政协主席　李宏英
县(市、区)政协主席
长安区　李士奎
桥东区　田玉芬(女)
桥西区　路中林
新华区　周玉林
裕华区　陈小凤(女)
辛集市　刘存柱
藁城市　牛振友
晋州市　张务卿
新乐市　杨运良
鹿泉市　田栓锁
正定县　徐　玲(女)
栾城县　高梅淑(女)
井陉县　赵二军
无极县　胡海江
深泽县　郝建农
行唐县　赵大水
灵寿县　郝建英(女)
平山县　张大平
赵　县　李丰贵
元氏县　史全斌
高邑县　陈金锁
赞皇县　秦三梅(女)
矿　区　康贵春

承德市

市政协主席　张振存
县(区)政协主席
双桥区　郭晓波(满族)
双滦区　李长银
鹰手营子矿区　何庆云
兴隆县　刘丽珍(女)
平泉县　付　贵(满族)
承德县　吕凤岭
隆化县　孙凤高
丰宁满族自治县　张清艳(女)
滦平县　孔祥臣(满族)
围场满族蒙古族自治县　孙　祥(满族)
宽城满族自治县　郎　青(满族)

张家口市

市政协主席　王建雄
县(区)政协主席
桥东区　王桂海
桥西区　董德增
宣化区　李翠莲(女)
下花园区　刘金泉
宣化县　李明芝(女)
怀来县　李英田
赤城县　蒋瑞海
涿鹿县　刘秉生
蔚　县　蔡德新
阳原县　李树恩
怀安县　李俊来
万全县　杨　树
崇礼县　范振雄
张北县　李银生
沽源县　马文林
尚义县　田丽亚(女)
康保县　李进财

秦皇岛市

市政协主席　张玉书
县(区)政协主席
海港区　王振生
北戴河区　高连永
山海关区　王德立
抚宁县　王连成
昌黎县　卞国林
卢龙县　孟凡林
青龙满族自治县　刘玉宗(满族)

唐山市

市政协主席

郑宝林

县(市、区)政协主席

古冶区 赵　锋

开平区 孙占友

丰润区 孟卫国

丰南区 崔振兴

路北区 宋桂荣(女)

路南区 鲍中和

遵化市 赵久明

迁安市 任秀成

滦南县 姚凤华(女)

滦　县 李晓光

迁西县 杨广田

玉田县 马淑芹(女)

唐海县 王金生

乐亭县 阴淑芬(女)

廊坊市

市政协主席 连树臣

县(市、区)政协主席

安次区 田继连

广阳区 张千祥

三河市 邢文柱

霸州市 杜印忠

香河县 刘玉海

文安县 刘瑞起

大城县 杜连元

大厂县 杨德忠

固安县 张德军

永清县 韩金斗

保定市

市政协主席 李瑞昌

县(市、区)政协主席

新市区 张跃华

北市区 张国安

南市区 石光第

涿州市 张英歌

高碑店市 李恩友

定州市 赵国军

安国市 陈克祥(兼)

清苑县 丛国栋

满城县 范福生

顺平县 苑振玉

望都县 安进喜

高阳县 林海泉

定兴县 文大华

涞水县 张桂才

涞源县 李文喜

容城县 张国栋

阜平县 白宗纲

唐　县 马庆山

易　县 贾延清

安新县 徐彩玲(女)

蠡　县 齐国振

博野县 郭泽民

曲阳县 陈建勋

雄　县 庞福学

徐水县 张建国

沧州市

市政协主席 蔡　华

县(市、区)政协主席

新华区 刘纯才

运河区 张明发

任丘市 姜东胜

泊头市 刘增琴

黄骅市 刘靖亭

河间市 贾瑞琪

沧　县 张景怀

孟村回族自治县 肖振华

献　县 回学勇

东光县 刘长池

肃宁县 王炳申(兼)

南皮县 庞树旺

吴桥县 孙兰贵

青　县　欧世发
盐山县
郭建英
海兴县
张振海

衡水市

市政协主席　田结实
县(市、区)政协主席
桃城区　李振水
冀州市　胡广利
深州市　崔晓卓(女)
枣强县　高新会(女)
武邑县　周新起
武强县　于彩凤(女)
饶阳县　许素云(女)
安平县　王占民
故城县　郭居娥(女)
景　县　邓文华
阜城县　多方如

邢台市

市政协主席　崔宝玉
县(市、区)政协主席
桥西区　郝明建
桥东区　鲁继田
沙河市　刘玉贵
南宫市　平　然(女)
邢台县　关学峰
清河县　钱士合
内邱县　齐朝文
临城县　郭秋生
隆尧县　张华兴
任　县　黄金花(女)
柏乡县　李顺谦
南和县　薛秀杰
宁晋县　刘月斗
巨鹿县　贾春英
平乡县　霍贵山
新河县　赵秋静(女)
广宗县　李云豪
威　县　罗兆群
临西县　甄志国

邯郸市

市政协主席　王光龙
县(市、区)政协主席
丛台区　关清江
复兴区　刘景元
邯山区　韩法刚
峰峰矿区　王云岩
武安市　李午明
鸡泽县　安树森
邱　县　李宝林
永年县　李志科
曲周县　冯怀林
邯郸县　王怀章
肥乡县　王援朝
馆陶县　宋向华
涉　县　樊爱国
广平县　王保岭
成安县　薄清林
魏　县　路爱荣(女)
磁　县　秦玉亮
临漳县　郭庆昌
大名县　高连生

河北省各级政协组织和委员数

（截至 2003 年底）

级别 项目	省	设区的市	县(不设区的市、市辖区)	合计
组织数	1	11	172	184
委员数	761	5107	29508	35376

（齐为民　编写　张桂勇　审稿）

政 协 山 西 省 委 员 会

刘泽民　主　席

薛荣哲　副主席

吴锦文　副主席

聂向庭　副主席

张正明　副主席

边鸣涛　副主席

吕日周　副主席

阎爱英　副主席

韩儒英　副主席

吴博威　副主席

周　然　副主席

田喜荣　秘书长

【全体委员会议】

九届一次会议 2003年1月8日至15日在太原举行。应出席委员538名,实到481名。八届省政协主席郑社奎作了题为《与时俱进,求实创新,不断开创全省政协工作新局面》的工作报告。八届省政协副主席宋绍华作了提案工作报告。会议期间,委员们列席了山西省第十届人民代表大会第一次会议,听取刘振华省长所作的《政府工作报告》及其他报告。委员们在讨论中赞同《政府工作报告》和其他报告。委员们认为,当前,我国进入了全面建设小康社会、加快推进社会主义现代化建设的新的发展阶段。中共山西省委《关于贯彻党的十六大精神,全面建设小康社会的意见》和政府工作报告,根据新形势新任务,对我省全面建设小康社会作了安排部署,确定了今后国民经济和社会发展的目标和任务,指明了继续前进的方向,体现了全省人民的根本利益和共同愿望。委员们对我省抓住重要战略机遇期,实现跨越式发展充满信心,对事关我省改革、发展、稳定的一些突出问题深表关注,认为形势逼人,时不我待,面对全省全面建设小康社会这一艰巨繁重的任务,必须进一步增强紧迫感和责任感,坚持把发展作为兴晋富民的第一要务,埋头苦干,奋起直追,必须进一步增强忧患意识,倍加顾全大局,倍加珍视团结,倍加维护稳定。

会议选举刘泽民为政协第九届山西省委员会主席;薛荣哲、吴锦文、聂向庭、张正明、边鸣涛、吕日周、阎爱英、韩儒英、吴博威、周然为副主席;田喜荣为秘书长;会议还选举卫小春等92人为常委。会议通过了《关于学习和贯彻中国共产党第十六次全国代表大会精神的决议》、《政协第九届山西省委员会第一次会议政治决议》、《关于政协第八届山西省委员会常务委员会工作报告的决议》、《关于政协第八届山西省委员会常务委员会提案工作报告的决议》。

刘泽民主席在闭幕会上讲话。他指出,学习贯彻中共十六大精神,按照"三个代表"重要思想的要求,继往开来,与时俱进,把政协工作推向一个新的阶段,是九届省政协为之奋斗的目标和努力的方向。围绕这一问题,我们必须深入学习中共十六大精神,必须紧紧抓住"三个代表"重要思想这一灵魂,必须牢牢把握解放思想、实事求是、与时俱进的思想路线这一精髓,必须始终坚持理论联系实际的马克思主义学风。他强调,把政协工作推向新的阶段,必须围绕中心,服务大局,突出主线。当前和今后一个较长的历史时期内,党和国家的中心任务就是全面建设小康社会。政协的全部工作必须围绕这一中心去展开,特别是要紧紧扭住经济建设这个中心不动摇,把发展作为参政兴省的第一要务,为实现我省的跨越式发展和全面建设小康社会参政议政、建言献策。

【常务委员会议】

第1次会议 2003年1月16日在太原举行。省政协主席刘泽民主持会议。会议讨论通过《政协第九届山西省委员会2003年工作要点》。省政协副主席薛荣哲在讲话中指出,从政协工作的特点和实践看,政协工作要不断向前推进,必须发挥好政协委员的主体作用、政协常委的骨干作用、主席班子的领导作用和政协机关的服务作用。常委的骨干作用处于承上启下、举足轻重的重要地位,希望常委们在履行三项职能上发挥积极主动作用;在做好经常性、基础性工作中发挥骨干带头作用;在突出团结和民主两大主题中发挥联系沟通作用。

第2次会议 2003年4月14日至16日在太原举行。会议听取了吴锦文副主席传达的政协第十届全国委员会第一次会议精神;审议通过了《政协山西省委员会关于与时俱进、开拓创新、不断提高履行职能水平的若干意见》及有关制度;通过了关于设立调研室和专门委员会的决定;通过了九届省政协副秘书长名单;通过了九届省政协调研室主任、副主任名单和九个专门委员会主任、副主任名单。省政协主席刘泽民在闭幕会上讲话时强调,与时俱进、着力创新,必须把握政协工作的方向和尺度。必须遵循以下几个重大原则:第一,必须坚持中国共产党的领导,有利于增强党委“统揽全局、协调各方”的能力。第二,必须围绕中心,服务大局,有利于为实现全面建设小康社会的奋斗目标服务。第三,必须找准位置,发挥优势,发扬政协工作“贵在主动”的精神。

第3次会议 2003年8月13日至15日在阳泉市举行。刘泽民主席传达了全国政协十届二次常委会议精神;审议通过了《关于推进我省走新型工业化道路的几点建议》。会议决定李盘盛为政协吕梁地区工作委员会主任,程玉珍、张弦、王立安、张根成为副主任。省长刘振华到会祝贺,省委副书记侯伍杰到会听取委员发言并讲话,副省长靳善忠向会议作了《按照新型工业化要求,加快山西工业结构调整》的情况通报。边鸣涛副主席作了《关于推进我省走新型工业化道路的几点建议》(讨论稿)的说明。省计委、省经贸委、省科技厅、省劳动厅、省国土资源厅、省环保局、省乡镇局、省煤炭工业局的主要负责人到会听取意见。

第4次会议 2003年12月3日至5日在太原举行。副省长梁滨通报了我省农村全面建设小康社会的有关情况;省政协副主席吕日周传达了全国政协十届三次常委会议精神,并作了《关于以农民增收为核心,促进农村全面建设小康社会的建议》(讨论稿)的说明。本次常委会还举行了专题报告会,省委宣传部常务副部长申存良就学习贯彻中共十六届三中全会精神作了辅导报告。会议还通过了《政协山西省委员会关于学习贯彻中共十六届三中全会和中共山西省委八届五次全会精神的意见》、《关于以农民增收为核心,促进农村全面建设小康社会的建议》、《政协第九届山西省委员会常务委员会关于召开政协第九届山西省委员会第二次会议的决定》。刘泽民主席在闭幕会上讲话。他指出,促进我省农村全面建设小康社会,要切实提高各级党政领导干部对“三农”问题的认识;要抓住主要矛盾,千方百计提高农民收入;要增加政府对农业的投入,建立农业保护机制;要加大农村教育卫生投入,提高农民的文化科技素质,改善农民的医疗条件;要动员全社会善待农民工,逐渐改革和取消隔离农民进城的户籍制度。

【专委会工作】

提案委员会 全年共提出592件提案。其中党派团体提案52件,委员提案540件。经提案委员会审查,立案处理的有457件,作为意见处理的有135件。在立案处理的提案中,属于经济建设方面的153件,占立案总数的33.5%;属于科教文卫体方面的151件,占立案总数的33%;属于统战、政法、劳动人事等方面的153件,占立案总数的33.5%。以上提案按照分口交办的原则分别送请中共山西省委、省人大、省政府、省高级人民法院、省检察院、省工商联所属的70个单位和本会办公厅进行办理。作为意见处理的135件也及时送交有关部门参考。在承办单位的共同努力下,截至2003年12月底,这457件提案已全部办复完毕,办复率为100%。其中,建议被有关单位采纳,已经解决和正在解决的333件,占已办总数的72.9%;建议合理但因条件所限暂时不能解决的94件,占已办总数的20.6%;因种种原因不能采纳的30件,占已办总数的6.5%。

经济和人口资源环境委员会 一、完成了九届省政协换届后经济和人口资源环境委员会的组建工作，为顺利开展工作打下了基础。二、完成了九届三次常委会主要议题“关于我省走新型工业化道路”的调研任务，通过常委会讨论审定后向省委、省政府提交了《关于推进我省走新型工业化道路的几点建议》。三、积极开展委员会工作制度建设，修订了经济和人口资源环境委员会工作细则和有关规章制度。四、积极参与组织省政协首届“山西发展论坛”的筹备活动。五、和企业开展多方面的联系和合作，为企业发展排忧解难办实事。与省经贸委、省科技厅和山西创同科技发展有限公司共同举办了“ABB低压电气技术交流推广会”。应太原登利国际有限公司邀请考察了筹备中的中外合资办学项目，并就项目筹办中遇到的困难和问题向太原市委写了专题调研报告。

农村委员会 一、较好地完成省政协九届四次常委会议题《关于以农民增收为核心，促进农村全面建设小康社会的建议》的调研和材料准备工作。二、积极组织政协委员和市地政协开展民营企业情况的视察活动，由刘泽民主席、吕日周副主席带领省政协农业界委员和部分经济、科技界以及各市地政协负责人50余人，沿大运路一线对全省8个市地，20个县(市、区)，30户民营企业进行了视察。三、配合经济、人口和资源环境委员会完成了《关于新型工业化》议题的调研工作，由农村委员会起草的《关于全省农产品加工业发展情况的调查报告》作为九届三次常委会材料印发会议。四、进一步加强与对口厅局的联系，使专委会的工作步入规范化、制度化轨道。五、较好地完成了省委交办的政协工作督查调研任务，并起草了《关于大同市政协工作督查调研情况的报告》。

教科文卫体委员会 一、完成了换届后委员会的组建工作，召开了第一次主任会议，制定了2003年工作要点。二、积极投入抗“非典”工作。向在省城的省政协委员发出抗“非典”问卷调查提纲150份，从中汇总了抗击“非典”的13条具体意见和建议，为抗击“非典”献计献策。三、关注“非典”期间的招生考试工作，邀请省招生考试管理中心负责人介绍全省高考工作准备情况，并对太原市的考场进行视察。四、集中精力完成常委会议题的调研工作，参与并协助农村委员会讨论制定九届四次常委会议题——农村小康建设专题调研方案，分两个组赴晋城市、临汾市、大同市和忻州市对17个县(市、区)的30多个乡、70多个行政村听取意见。向常委会提交两份专题建议。五、积极反映社情民意，撰写了《关于“理顺工资关系，依法解决企业教师退休金待遇”的建议》。六、履行民主监督职能，适时安排相关视察。

社会法制委员会 一、加强理论学习，不断提高政协委员和工作人员的综合素质。二、围绕中心工作，积极履行“政治协商、民主监督、参政议政”三项主要职能。积极参与立法协商，为推动依法治省进程发挥作用，组织委员参与《山西高速公路条例(草案)》、《山西省高新技术产业化项目及企业认定办法(草案)》等四部地方法律法规的修改；组织法律界委员10余人到省高级人民法院调研；参加由省委组织的信访督查工作，到太原、大同、忻州、吕梁四个市地了解情况；与省政协办公厅共同组织了省长接待委员活动。三、深入调研，为履行职能做好基础性工作，写出了《关于对吕梁地区政协工作督查调研的报告》、《民营经济的发展呼唤法律保障》、《发挥政府职能，强化服务意识，千方百计做好就业再就业工作》的调研报告。四、精心组织了山西省“光大杯”政协统战知识竞赛。五、圆满完成了其他任务。参与九届二次常委会的筹备工作，与省工商联共同筹备“山西省工商联法律维权咨询服务中心”。反映社情民意，提出了《依法关闭非法煤矿的几点建议》，并在《人民政协报》刊登。组织召开了北方八省（市、区）政协社法工作联系会暨专题研讨会等。

民族宗教委员会 一、结合实际学习中共十六大精神和“三个代表”重要思想，促进党的民族宗教政策贯彻落实。二、对晋中市宗教工作情况进行了调研，努力做好民族宗教的团结进步工作。与晋中市政协组成联合调研组，深入宗教工作重点县的榆次、太谷、平遥、介休等地了解情况，撰写了《关于做好新时期宗教工作的几点建议》和《关于平遥县宗教事务管理的经验和启示》。三、积极开展民族宗教文化活动，努力为社会主义三个文明建设做贡献。

文史资料委员会 一、搞好换届后文史委员会的组建工作，研究制定了本届文史委的工作计划。二、努力开好两次会议，促进全省政协系统文史资料工作的发展。于9月22日至26日在运城市召开了华北地区文史工作协作会议，总结交流了各省（市、区）政协征集出版建国后文史资料的经验，研究新形势下文史资料工作面临的新情况、新问题，以及文史书刊走市场化的新课题。10月15日至17日在阳泉市平定县召开了全省政协文史工作研讨会，对文史资料工作如何适应新形势进行了深入的研究和探讨。三、全面启动史料征集工作，按计划编辑出版了文史书刊。出版12期《文史月刊》、两期《文史导刊》、一期《山西文史》。四、认真组织调查考察活动，为科学决策提出意见和建议。向省委、省政府提出了《关于开发山阴县广武汉墓群旅游区的建议》；五、配合省政协机关完成了统一安排的各项任务。

学习宣传委员会 一、编印了12期《学习资料》。二、举办了两期学习培训班。3月23日至28日，承办了在省委党校举办的九届省政协第一期学习培训班，9月21日至26日，承办了在忻州市举办的全省市县级政协主席学习培训班。针对全省县级政协普遍换届的实际，组织有关专家，分赴大同、介休、晋城、沁县等地作了20余场人民政协知识辅导报告。三、组织了两次“电视议政会”。围绕山西全面建设小康社会这一主题，组织30多位省政协委员献计献策。四、主办两期图片展，宣传党的十六大精神和全国“两会”精神。五、配合抗击“非典”，与省工商联和太原世乐药业有限公司向抗非一线的新闻工作者捐赠20万元的药品。六、参加机关组织的调研工作。

港澳台侨和外事委员会 一、抓好基础建设，建立规章制度。确立服务观念，强化服务意识；制定《港澳台侨和外事委员会工作任务和责任》、《港澳台侨和外事委员会办事程序》等；加强工作网络建设。二、深入学习“三个代表”重要思想，努力提高政协工作理论水平，把组织委员学习作为工作的主要内容，组织专题报告会；搞好对外对台宣传。三、扩大交流交往领域，积极开展省内外联谊交友活动，组织人员外出考察。四、充分发挥委员作用，积极开展参政议政活动。参加省委政协工作督查调研组对太原市进行督查。为山西经济建设办实事；走出去，请进来，认真做好服务工作。

【重要活动】

全省政协系统第十次信息工作会议 2003年1月9日在太原召开。主要议题是以党的十六大精神和省政协九届一次会议精神为指导，总结交流八届政协以来全省开展反映社情民意工作的经验，安排部署2003年反映社情民意的工作。八届省政协副主席赵凤翔提出信息工作要实现“三个转变”：一是要由数量型向质量型转变；二是要由个体型向群体型转变；三是要由传统型向网络型转变。会上还对22个政协信息工作先进单位、4名委员、22名先进信息工作者颁发了奖牌和证书。

全国政协副主席孙孚凌来晋视察 2003年3月13日至16日，全国政协副主席孙孚凌来晋视察。孙孚凌副主席与省委统战部、省工商联进行了座谈。他在听取我省同业公会情况汇报后指出，没有经济功能的同业公会就不成其为同业公会，没有同业公会也就不成其为商会。同业公会是市场经济的必然产物，是党和政府加强对市场经济秩序宏观管理的必然要求，同业公会对于非公有制经济和混合经济的健康发展具有不可替代的作用。中共山西省委书记田成平、省政协主席刘泽民、省政协副主席薛荣哲、吴锦文看望了孙孚凌副主席。省政协副主席边鸣涛和副秘书长杨继楷陪同视察。

部分全国政协委员在并视察 2003年2月17日，在并全国政协委员先后深入到省地税局、省建设银行和太原铁路分局听取汇报，进行座谈。委员们对群众关心的依法治税、推进税收改革以及金融如何支持地方经济建设，政府、银企共建"信用山西"等问题，同省地税局和省建行的负责人进行了座谈，在太原铁路分局调度运行中心，委员们了解了铁路运营的有关规程和一些高科技安全检查手段。

全省市地政协主席(主任)座谈会 2003年2月18日在太原召开。省政协主席刘泽民主持座谈会。这次会议旨在加强联系，强化责任意识，各市地政协主席(主任)在回顾几年来本地区政协工作的基础上，总结各自在履行职能方面的经验和体会，并对全省政协工作提出了建议和意见。

九届省政协举办第一期学习培训班 2003年3月24日在省委党校举行。这次学习培训班是针对九届省政协新委员人数过半和相当一部分连任委员未参加过政协理论和基本知识系统学习的实际而举办的。刘泽民主席在开学典礼上讲话强调，省政协举办这次学习培训班，是九届省政协开局之年的一项重要工作。它是提高委员的思想政治素质，增强委员履行职能能力，加强委员队伍建设的重要举措，对于我省政协继承以往历届政协的好传统，努力开创政协工作新局面，具有十分重要的意义。

召开学习贯彻"三个代表"重要思想动员大会 2003年6月30日在太原召开。省政协主席刘泽民出席并讲话。他指出，中共中央印发了由中组部组织编写的《"三个代表"重要思想学习纲要》，并发出《通知》，号召全党兴起学习贯彻"三个代表"重要思想新高潮。这是推动党的事业继往开来、与时俱进的战略任务，关系到党和国家工作的全局，关系到中国特色社会主义事业的长远发展。兴起学习贯彻"三个代表"重要思想新高潮，首要的是要在提高认识上下功夫。要端正学风，坚持理论联系实际。要切实加强组织领导，把学习《纲要》纳入"三个代表"重要思想的学习计划，作为当前的首要政治任务。

全国政协副主席李蒙来晋视察 2003年7月5日，全国政协副主席、农工民主党中央常务副主席李蒙来晋视察，并看望和慰问了参加抗击"非典"的山西省农工党部分成员。省政协副主席、省农工党主委周然在座谈会上向李蒙副主席汇报了农工党山西省各级组织抗击"非典"的工作，听取了抗击"非典"先进工作者冯玫等七位同志的事迹介绍，向抗击"非典"的山西农工党成员致慰问信，并向抗击"非典"立功人员赠送了鲜花和慰问品。中共山西省委副书记侯伍杰、省政协主席刘泽民、省政府副省长张少琴、省政协副主席、省委统战部部长吴锦文和省政协秘书长田喜荣参加了座谈会。

举办省长接待委员日活动 2003年7

月22日在太原举行。副省长梁滨受刘振华省长委托,带领省政府、省建设厅有关人员,就我省城镇化建设听取驻并部分省政协常委、委员的意见和建议。针对我省城镇化建设的现状和存在的问题,委员们就加强城镇化建设与法制建设同步发展、城镇化建设要全面提升城镇的综合竞争力为目标、城镇化建设要有超前意识等提出了意见和建议。梁滨副省长听了委员的发言后发表讲话。省政协副主席薛荣哲、阎爱英、周然出席了接待日活动并讲话。

视察省高级人民法院 2003年7月25日,省政协主席刘泽民率领在并部分省政协委员,对省高级人民法院进行视察并座谈。省高级人民法院院长李玉臻和副院长左世忠向委员们通报了法院工作情况。刘泽民主席在座谈中指出,当前执法环境差是制约司法公正的主要因素,而执法环境差首要的原因是群众的法制观念淡薄。各级法院在加强自身建设的同时,要认真抓好普法教育,加强人们的法制观念。要坚持执政为民、维护司法公正。

全国政协人口资源环境委员会来山西调研 2003年7月29日至8月2日,全国政协人口资源环境委员会副主任张宝明一行11人,就我省煤炭工业发展状况进行专题调研。调研组听取了山西省副省长靳善忠关于山西煤炭工业发展情况的汇报,还听取了省煤炭工业局、省煤矿安全监察局、山西焦煤集团公司、大同煤矿集团公司和太原市、大同市煤炭管理部门的汇报,考察了大同煤矿集团燕子山矿。调研组建议山西省委、省政府要进一步解放思想,不受地域的限制,巩固扩大现有集团优势,组建发展新集团优势,让大集团率先行动起来,做大做强做精做长煤炭产业链,积极引导企业向健康可持续的方向和目标发展。

全国政协副主席白立忱来我省视察 2003年9月18日至22日,全国政协副主席、中华全国供销合作总社理事会主任白立忱率团视察我省供销社工作。副省长王昕向白立忱副主席汇报了我省供销社工作,省政协副主席聂向庭等陪同白立忱视察了朔州市旺发苜蓿饲料加工厂、应县供销社乳品厂、奶牛厂等。在座谈会上,白立忱副主席听取了晋中市、吕梁地区、运城市供销社、省棉麻公司、省农资公司等基层供销社的汇报。

举办全省市县级政协主席学习培训班 2003年9月22日,由中共山西省委、省政协共同在忻州市举办全省市县级政协主席学习培训班。省政协主席刘泽民在开学典礼上作动员报告。他指出,这次培训班要以邓小平理论和"三个代表"重要思想为指导,认真学习贯彻胡锦涛同志"七一"重要讲话精神,深刻领会"三个代表"重要思想的基本精神,努力掌握人民政协工作的基本理论知识,研究、探索政协工作的新情况、新问题、新经验,为新世纪新阶段人民政协工作的发展做出贡献。

召开全省政协文史工作研讨会 2003年10月15日至17日,省政协在平定县召开全省政协文史工作研讨会。会议议题是:传达华北地区政协文史工作协作会精神和全国政协文史工作研讨会精神;探讨新时期如何做好政协文史工作问题;介绍平定县政协文史工作经验;表彰文史工作先进单位和个人。省政协副主席阎爱英在会上作了题为《大力弘扬民族精神,全面推进新时期政协文史资料工作》的讲话。省政协文史委主任赵政民对今后文史工作作了部署。刘泽民主席从北京转来题为《关于做好新时期文史工作的几个问题》的书面讲话。省政协秘书长田喜荣及170位文史工作者出席了会议。

全国政协社法委考察我省红十字会工作 2003年11月5日至8日,全国政协常委、社会法制委员会主任李其炎率领全国政协社法委赴晋考察团13人，对我省红十字会工作进行了考察。省政府副秘书长郭慧民及省红十字会、省编办、省财政厅、省教育厅向考察团汇报了关于贯彻《中华人民共和国红十字会法》的情况。省委书记田成平、省委副书记云公民、省政协主席刘泽民、副省长宋北杉、省政协秘书长田喜荣到驻地看望了考察团成员。

中共山西省委政协工作会议 2003年11月24日至25日在太原召开，出席会议的有省委、省人大、省政府和省有关委办厅局负责人，在晋全国政协委员、省政协常委、各市(地)委书记、政协主席(主任)、统战部部长，各县(市、区)委书记、政协主席。中共山西省委书记田成平作了题为《以“三个代表”重要思想为指导，努力开创新时期全省政协工作新局面》的讲话。他指出，1996年省委政协工作会议以来，全省各级党委坚持总揽全局、协调各方的原则，切实加强对政协工作的领导，积极支持各级政协履行职能，有力地促进了政协制度化、规范化和程序化建设，各级政府不断加大对政协工作的支持，各级政协积极主动地开展工作，呈现出党委重视、政府支持、政协努力的生动局面。他强调指出，当前和今后一个时期，全省政协工作要坚持以邓小平理论和“三个代表”重要思想为指导，在中共山西省委的领导下，切实履行职能，调动一切积极因素，团结一切可以团结的力量，为全面建设小康社会做出新贡献。

刘泽民主席在会上作了题为《贯彻“三个代表”重要思想，把全省政协工作提高到新的水平》的汇报讲话。中共山西省委常委、秘书长申联彬宣读了《中共山西省委关于表彰党委政协工作先进集体的决定》。对太原市委等23个单位进行了表彰，并授予“全省党委政协工作先进集体”荣誉称号。刘振华省长在闭幕会上作了重要讲话。他在讲话中指出，各级政府要站在建设小康社会的高度，不断提高对政协工作重要性的认识，积极为政协履行职能创造条件，这次会议讨论即将出台的省委《关于进一步加强政协工作的决定》，是我们在新时期进一步做好政协工作的重要文件。各级政府要认真贯彻省委《决定》精神，积极加强与政协的联系，更好地支持政协履行职能，充分发挥政协参政议政作用，自觉接受政协的民主监督。

【重要文件】

常委会工作报告(2003年1月8日)(摘要) 政协第八届山西省委员会的五年，是在世纪之交承前启后、阔步前进的五年。五年来，省政协在中共山西省委的领导下，高举邓小平理论的伟大旗帜，以“三个代表”重要思想为指导，认真贯彻中共十五大和十六大精神，团结全省政协委员和各界人士，在历届政协工作的基础上，抓住机遇，踏实工作，开拓创新，为我省的改革和社会主义现代化建设做了新的贡献。一、突出重点，围绕中心履行职能。五年来，省政协召开专题性常委会议、研讨会议30多次，其中与结构调整有关的近20次；向省委、省政府送建议、考察、视察等报告100余份，受到省委、省政府的重视。二、贴近群众，积极反映社情民意。五年中，省政协反映的社情民意信息达5000多条，为各级领导机关了解情况，正确决策提供了重要依据，特别是一些关系全局和群众利益的重要信息，引起了党中央、国务院和省委、省政府的高度重视，推动了一些问题的解决。三、发挥优势，努力促进团结稳定。坚持共产党领导的多党合作和政治协商制度，团结各民主党派、工商联和各族各界人士一道工作。鼓励支持党派、团体和委员在政协会上发表意见，提出提案。五年来，办理提案3000件，总采纳率达83%。充分发扬社会主义民主，组织广大委员深入基层和群众，协助党委和政府认真做好化解矛盾、增进共识、凝聚人心、维护稳定的工作。团结联系海内外各界人士,促进祖国和平统一。积极组织重大政治纪念活动,促进爱国统一战线的大团结。四、认真探索,不断拓展工作渠道。在拓展民主监督渠道方面,尝试与媒体合作的新路子,使政协委员的意见和建议有声音、有形象、有反响,提高了民主监督的实效。与山西电视台合作,在《内陆看谈》栏目中开辟专题节目,政协委员和各界人士就全省的中心工作和群众关心的热点,讲观点、谈方法;与《山西日报》合作,登载委员反映的重要信息。在改革常委会议形式方面,视议题需要,把一些常委会开到基层,与现场观摩、经验交流结合起来。在委员视察方面,组织委员跨市、地视察,既开阔了委员视野,又促进了地区间的沟通和联系。同时,还加强了在晋全国政协委员视察和提案的组织工作。五、提高素质,切实加强自身建设。通过"三讲"教育,加强了省政协领导班子的建设,促进了领导干部思想作风的改进,并解决了一些群众反映强烈的突出问题。通过多种形式,不断增强委员队伍的整体素质。通过机构改革和公开选拔干部,形成了正确的用人导向。

省政协九届一次会议政治决议 中国人民政治协商会议第九届山西省委员会第一次会议,于2003年1月8日至15日在太原隆重举行。会议以中共十六大精神为指导,高举邓小平理论伟大旗帜,全面贯彻"三个代表"重要思想,认真总结了八届省政协的工作和基本经验,全面部署了今后政协工作的目标任务;同时紧紧围绕全面建设小康社会,加快推进我省现代化建设这一主题,同商大计,共谋良策,竭忠尽智,坦诚建言。会议开得紧张热烈,生动活泼,富有成效,始终洋溢着求真务实、和衷共济的气氛,充分展现了九届省政协继往开来、与时俱进的风貌。会议真正开成了一次团结的大会、民主的大会、奋进的大会。

会议赞同刘振华省长作的政府工作报告,赞同省高级人民法院工作报告、省人民检察院工作报告以及其他报告。

会议认为,在过去的五年中,全省人民在中共山西省委的领导下,以发展为主题,围绕经济结构调整这一主线,不断推进改革和经济社会发展,经济建设和各项事业都取得显著成就,实现了现代化建设的第二步战略目标,为我省全面推进小康社会建设奠定了良好的基础。

会议认为,当前,我国进入了全面建设小康社会,加快推进社会主义现代化建设的新的发展阶段。中共山西省委《关于贯彻党的十六大精神,全面建设小康社会的意见》和政府工作报告,根据新形势新任务,对我省全面建设小康社会作了安排部署,确定了今后国民经济和社会发展的目标和任务,指明了继续前进的方向,体现了全省人民的根本利益和共同愿望。委员们对我省抓住重要战略机遇期,实现跨越式发展充满信心,对事关我省改革、发展、稳定的一些突出问题深表关注,认为形势逼人,时不我待,面对我省全面建设小康社会这一艰巨繁重的任务,必须进一步增强紧迫感和责任感,坚持把发展作为兴晋富民的第一要务,埋头苦干,奋起直追;必须进一步增强忧患意识,倍加顾全大局,倍加珍视团结,倍加维护稳定。

会议指出,中共十六大报告是新世纪新阶段中国共产党领导全国各族人民继续奋进的政治宣言和行动纲领,也是政协工作适应新形势开创新局面的工作指南。全省各级政协组织当前和今后一个时期的首要政治任务,就是深入学习、全面贯彻十六大精神,把参加政协的各党派、各团体和各族各界人士的智慧和力量进一步凝聚到实现全面建设山西小康社会的宏伟目标上来。

会议要求,深入学习贯彻十六大精神,必须以"三个代表"重要思想统领政协的各项工作,解放思想,实事求是,与时俱进,努力开创政协工作的新局面。要始终坚持围绕中心、服务大局的工作方针,牢固树立"发展是第一要务"的意识,切实履行政治协商、民主监督、参政议政的职能;要继续坚持和完善中国共产党领导的多党合作和政治协商制度,进一步巩固和发展新时期爱国统一战线,为发展社会主义民主政治,促进我省社会主义物质文明、政治文明和精神文明协调发展,为完成祖国和平统一大业,实现中华民族的伟大复兴做出贡献;要突出团结和民主两大主题,密切联系各族各界人士,体察民情,关注民生,反映民意,协助党和政府做好协调关系、化解矛盾的工作,努力维护团结稳定的社会政治局面;要保持与时俱进的精神状态,不断总结经验,不断创新政协履行职能的内容和形式,积极推进政协工作制度化、规范化。

会议号召,我省各级政协组织和参加政协的各党派、各团体、各族各界人士,紧密地团结在以胡锦涛同志为总书记的中共中央周围,高举邓小平理论伟大旗帜,全面贯彻中共十六大精神,忠实实践"三个代表"重要思想,在中共山西省委的领导下,团结一切可以团结的力量,调动一切积极因素,同心同德,群策群力,为实现全面建设山西小康社会的宏伟目标而努力奋斗!

2003 年工作要点(2003 年 1 月 16 日山西省政协九届一次常委会通过)(摘要) 一、加强学习,提高委员素质,全面贯彻中共十六大精神。把深入持久地学习中共十六大精神作为首要的政治任务抓紧抓实。邀请著名专家、学者兼办各类专题讲座、报告会等。要开展理论研究工作,以省政协调研室为依托,联合省政协理论研究会、研究所等相关单位和组织,同省内外有关部门协同配合,开展统战政协理论的研讨。办好《山西政协报》、《政协之友》、《文史月刊》、《学习资料》等刊物。根据我省各级政协换届的情况,做好对委员的教育、培训活动,提高委员的整体素质。创造条件召开一次全省政协工作会议。二、围绕中心履行职能,提高建言献策水平。开好三次常委会,筹办两次专题研讨会。各专门委员会要选好角度,发挥优势,除三次常委会和两次专题研讨会外,就常委会工作报告中提出的九届省政协献计献策、建言立论的 10 个方面,进行深入调研,提出建议报告。三、拓展民主监督渠道,强化力度,注重实效。围绕环境保护和改善人居环境、规范市场经济秩序、优化发展环境、转变政府职能、减轻城乡居民和企业负担、党风廉政建设和促进社会治安好转等问题,组织好视察活动。在实践中不断探索民主监督的新形式和新方法。进一步完善政协主席接待政协委员制度。做到接待规范、记录详细、办理认真、反馈及时。加强与电台、电视台、报社、杂志、互联网站等媒体的合作,办好政协自己的网站。四、做好办理提案和反映社情民意的工作,夯实政协工作基础。提案工作要进一步规范化、制度化。组织好"省长接待委员日"和现场办理政协委员提案工作。五、突出团结、民主两大主题,促进社会稳定。坚持每季度一次省政协领导与省各民主党派、工商联、各团体负责人座谈会,每季度一次省政协秘书长与各民主党派、工商联、各团体秘书长联系会议制度。重视群众关注的反腐倡廉、社会治安、困难职工生活保障、下岗再就业、农民利益保护及改革中各种利益关系变化等热点、难点问题。开辟和扩大联谊渠道,加强省际之间的联系,做好与港澳台同胞、海外侨胞及其家属的沟通和联系,进一步宣传"一国两制"的方针,积极推进祖国和平统一大业。六、加强对市(地)、县(市、县)政协工作的联系与指导。七、进一步加强机关建设，不断提高服务水平和质量。

关于与时俱进，开拓创新，不断提高履行职能水平的若干意见（2003年4月6日九届二次常委会通过）《意见》分5个部分，共16条。一、政协工作创新的指导思想、原则和思路，共3条。二、切实搞好大事协商，拓展民主监督渠道，丰富参政议政形式，共4条。三、继续推进政协履行职能的制度化、规范化、程序化，共2条。四、提高调查研究和建言立论的水平，共4条。五、不断加强自身建设，共3条。

中共山西省委关于进一步加强新时期人民政协工作的决定（2003年12月1日）《决定》分五个部分共17条。一、进一步提高对新时期人民政协工作重要性的认识，共2条。二、进一步加强和改善党对政协工作的领导，共2条。三、积极推进人民政协履行职能的规范化、制度化、程序化建设，共3条。四、努力为政协创造良好的工作条件，共6条。五、各级政协要充分发挥优势，努力开创工作新局面，共4条。

【组织概况】

政协第九届山西省委员会

主　席

刘泽民

副主席

薛荣哲　吴锦文　聂向庭
张正明　边鸣涛　吕日周
阎爱英　韩儒英　吴博威
周　然

秘书长

田喜荣

常务委员名单（以姓氏笔画为序）

卫小春　王　宁　王万杰　王永安
王芷芳（女）　王经文　王贵平
王俊忠　王艳梅（女）　王爱萍（女）
牛建业　亢官文　邓永武　田　畛
申瑞涛（女）　白世镇（回族）
邢德川　巩玉生　成继东　成锡峰
毕怀恕　曲成毅　任存孝　刘占中
刘继华（女）　刘蓉华（女）
刘增民　庄金洲　关存先　杨社堂
李才旺　李光明　李守缄　李枝荣
李京陆　李武章　李思温　李章宏
宋德晋　张　恒　张　政　张一萍
张九萍（女）　张吉兆　张并生
张泽宇　张建豪　张效洲　陈喜旺
苗元礼　范小玲（女）　范文标
范明远　金春子（女，朝鲜族）
周汉昌　周运宁　周新玉　郑仰林
郝建秀　赵文斌　赵玉泉　赵生荣
赵命柱　赵政民　赵震寰　姚俊良
姚建民　秦作栋　根　通　贾和平
贾鸿鸣　柴瑞霭　徐永华　徐改清（女）
郭国太　郭新志（女）　高淑平（女）
曹文龙　阎电山（女）　阎全鲁
阎美珍（女）　梁文海　梁宪英（女）
谌长瑞　葛旭元　靳道远　雷　霆
蔡中祜　裴玉林　薄应贤　霍成福
魏　武（女，回族）

委员名单（以姓氏笔画为序）

中国共产党

王俊忠　卢维邦　田　畛　田喜荣
巩玉生　吕日周　刘泽民　刘政宪
纪友伟　李天祥　李玉清　李海恒
李盘盛　吴锦文　宋林岭　张　凯
张岗望　张效洲　陈喜旺　周新玉
赵命柱　贾鸿鸣　殷理田　郭国太
高月梅（女）　曹文龙　常福江
阎爱英（女）　蔡中祜　薛荣哲
籍振芳

中国国民党革命委员会

王照光（女）　孔德慧（女）
尹苓苓（女）　冯振华　毕继诚
任绣稼（女）　刘　美　刘太平
刘占中　刘振民　杜恒斌　杨俊和
李守缄　李建民　辛　琰（女）
赵玉泉　赵通儒　徐　波　曹立仁

曹利军 谌长瑞 蔡 祺

中国民主同盟

王万杰 王全龙 王俊良 亢官文
史海涌 冉莉萍(女) 曲成毅
刘玉玺 杨益民 李永旺 李进宝
吴天昌 周佩玉(女) 赵永红(女)
聂向庭 康立勋 阎应福 韩俊文
傅建荣 蔡智敏 翟纲绪

中国民主建国会

王 宁 王茂春 王岳飞 王宪英(女)
左天佑 申守中 白家祥 成安科
成继东 刘兆林 阎瑞生 庞军兴
姚宪华 韩儒英 焦惠生

中国民主促进会

王正选 方淑坤(女) 朱玉杰
任衍钢 李永昌 李光明 张 恒
张正明 张汉谦 张庆珍(女)
张建豪 蒋德宁 谭建国

中国农工民主党

王世贺 王宏珉(女) 王爱萍(女)
王喜华 杨玉峰 李旭东 张泽全
周 然 郑仰林 高昌荣 焦艳军(女)

九三学社

马国英 田学勤 任存孝 阎义勇
杨社堂 杨明生 李可风 吴博威
姚二云 郭一峰 郭宝玉 韩晓奇
谢武生

无党派人士

马吉增 马德和 王轶哲(女)
石金鸣 丛培华(女) 阎全鲁
孙 革 孙旭峰 苗元礼 尚春树
赵进宏 秦喜顺 郭长江 曹惠斌

总工会

王建伟 王彦平 双少敏(女)
石海平 吕占军 吕留运 李世杰(女)
张书庆 张作明 张建平 周日贵
段卫国 贺贵元 晋珊元 徐改清(女)
郭新志(女) 谌苏陵(女)
董建堂

妇女联合会

丰新兰(女) 田 梅(女)
冯 玫(女) 邢林先(女)
朱明媚(女) 刘蓉华(女)
阎电山(女) 安新平(女)
孙红梅(女) 杨左卿(女)
李华玲(女) 李树林(女)
李悦娥(女) 吴滨江(女)
张 锦(女) 张小鱼(女)
张传春(女) 张晋先(女)
张翠兰(女) 张慧玲(女)
徐广玲(女) 高淑平(女)
康淑芬(女) 蒋丽梅(女)

中国共产主义青年团

邢 斌 邢国明 孙满仓 李兴武
李喜元 吴建功 张九萍(女)
张焕梅(女) 高 波 程腊生
鲁 涛(满族)

青年联合会

王建中 王艳梅(女) 刘龙祥
刘晓红(女) 远勤山 杨临生
张 悦 张 维 段学良 梁文海
梁丽萍(女)

工商业联合会

王永安 王怀荣 王建国 邓永武
边鸣涛 朱纯国 李生祥 何俊民
陈福喜 范明远 段青山 姚俊良
秦诗禄 郭 锐(女) 郭生泽
樊保家 潘路标 薛靛民

台湾同胞联谊会

杨循进 陈晋云 林彦华 梁宪英(女)

归国华侨联合会

江立开 李利明 李冠瑶(女)
张兰萍(女) 范安龙 周运宁
徐本宁 黄超群 廖 军

科学技术协会

关原成 李文英(女) 李春虎
李锦生 谷淑梅(女) 张志新(女)
郭有录 曹长庆 章竞思(女)

雷　霆

教育界

王茂林　王尚义　方　熔　邓　并(女)
卢准炜　冯国发　成锡锋　刘玉存
刘玉清　刘卓拉　阎美珍(女)
孙　蕾(女)　孙晓青(女)
杨硕平　李远程(满族)　李俊平
肖　扬　张　政　张丽华(女)
张卓玉　张亮有　张晓云　范文标
郝利平(女)　赵政民　秦作栋
秦良玉　贾坚毅　徐永华　郭平毅
郭咏梅(女)　高国顺　容和平
陶功定　董玉明　魏并生

科学技术界

马有根　王立忠　王秀顺　尹芝禄
石晶莹　左　寻　刘玉德　刘胜章
刘继华(女)　关存先　许　鸿
李佩佳　李金鳌　吴伯荣　张建民
周汉昌　周建中　姚建民　贾和平
柴杰生　柴海波　柴瑞霭　殷卫宁
郭　辉　高英武　阎秉权　温泽先
薛志新　薛维梁　霍成福　魏　俊

社会科学界

王文娅(女)　王继伟　王源恒
刘　正　齐莲英(女)　孙丽萍(女)
杨　璇(女)　张成德　陈纪遥
赵庆臣　侯文正　原建民　梁中堂

文化艺术界

田树苌　白　波(女)　成葆德
朱　丽(女)　杜　桦(女)
杨志刚　李　锐　李才旺　李桂琴(女)
宋转转(女)　周振义　陕　军(女)
郝中树　钟道新　班　安　栗桂莲(女)
贾粉桃(女)　高翠英(女)
崔俊恒　谢启源(回族)　裴玉林

农业界

王贵平　王银娥(女)　王福水
邢志权　刘德宝　杨晖颖(女)
芦晋梅(女)　张一萍　陈远新
周明定　郝　旭　药二俊　赵生荣
赵恒寿　姚高宽　高志信　韩　迅
葛旭元　董志秀

体育界

杨振龙　李光明　何　洋　秦金亮
贾惠卿(女)　郭仁立　薄建伟

新闻出版界

卢仲云(壮族)　刘团圆　刘致远
安　洋　张剑波　郑安洁　赵文斌
董晓阳

医药卫生界

卫小春　王国平　王建国　王象礼
任武贤　任晋斌　孙贺英(女)
杜永成　杨春燕(女)　李　平
李　保　李青山　李俊峰　肖传实
张并生　邵淑丽(女)　范小玲(女)
郝　敏(女)　赵震寰　洪维英(女)
郭兰峰(女)　梅志强　黄　玲(女)
梁淑仙(女)　韩雁林　焦安国

宗教界

马志旺(回族)　王经文　白世镇(回族)
如　瑞(女)　李建堂　根　通
章祥摩兰(蒙古族)韩通义　童以强
靳道远　霍　成

对外友好界

田锡钊　刘宪军　尚阿涛　席卫建

社会福利界

毕怀恕　李京陆　张子泉　张向明

少数民族界

马　莉(女,藏族)　马俊林(回族)
王志新(女,回族)　白临生(回族)
吴丽萍(女,满族)　金春子(女,朝鲜族)
赵伟聘(回族)　钟志孟(畲族)
博继春(满族)　魏　武(女,回族)

经济企业界

卫宝麟　王大高　王建设　王建明
王福柱　申瑞涛(女)　仝立祥
冯长洪　邢德川　朱文斌　刘　岩
李中华　李永红　李守礼　李建明

李思温　李章宏　吴建宏　沙万里
张松林　张泽宇　孟育轰(女)
郝建秀　赵严虎　骆耕清　曹仪山
曹建军　崔小胧　麻禄斗　梁福成
冀颖伟

特别邀请人士

丁松林　万良适　王芷芳(女)
王宏斌　王茂全　王建武　王春元
王振国　王爱枝　牛建业　孔宪信
石国臣　白志平(女)　成占一
刘　今(女)　刘　宽　刘永斌
刘建平　刘道友　刘增民　庄金洲
阎润德　安双全　米光明　祁寿椿
杜善学　杨　礼　杨世源　杨继楷
李天祥　李玉燕(女)　李永旺
李武章　李枝荣　李建勋　李逢达
吴建昌　吴慧琴(女)　何令祚
宋绍华　宋德晋　张吉兆　张有陞
张贵元　张婵萍(女)　陈金宝
陈保京(女)　武锦福　林盛梁
罗山荣　岳纪安　郑世明　郑社奎
荀义贵　赵凤翔　赵兰田　赵志忠(回族)
姜玉麟　徐大毅　徐佩文(女)
郭　东　郭　明　郭裕怀　梁庆海
梁克义　梁淑云(女)　程少贤
程玉珍(女)　靳承序　解玉才
翟　隽　薄应贤

【山西省各级政协领导人名单】

太原市

市政协主席　李海恒
县(市、区)政协主席
迎泽区　张文跃
杏花岭区　潘保杰
尖草坪区　王秀珍
万柏林区　李智凯
小店区　吴黑保
晋源区　王　海
清徐县　杨拴保
阳曲县　白海林
娄烦县　赵润元
古交市　王志忠

大同市

市政协主席　孙辅智
县(市、区)政协主席
城　区　崔建中
矿　区　张玉信
新荣区　任　祥
南郊区　贾兴宪
大同县　白　日
阳高县　安　鹏
灵丘县　王寿山
天镇县　贺儒庆
浑源县　陈新华
广灵县　邓以作
左云县　曹德龙

阳泉市

市政协主席　宋林岭
县(区)政协主席
城　区　刘　江(女)
矿　区　赵德华
郊　区　潘焕梅
盂　县　胡耀斌
平定县　李铭魁

长治市

市政协主席　常福江
县(市、区)政协主席
城　区　杨栖莺(女)
郊　区　李秋莲(女)
长治县　傅永祥
潞城市　张书平
襄垣县　段保庆
武乡县　王建华
黎城县　蔡雷飚
平顺县　申树森

壶关县 李彦忠
长子县 常爱文
屯留县 李文斌
沁源县 赵海军
沁　县 张俊芳

晋城市
市政协主席 殷理田
县(市、区)政协主席
城　区 陈厚明
泽州县 申和金
高平市 廖沁平(女)
沁水县 马刘勤
阳城县 杨军茂
陵川县 常振华

朔州市政协
主　席 卢维邦
县(区)政协主席
城　区 李再塘
平鲁区 焦　文
山阴县 王　双
应　县 张美容(女)
怀仁县 解　瑜
右玉县 刘　义

忻州市
市政协主席 李玉清
县(市、区)政协主席
忻府区 樊春喜
原平市 任先艇
代　县 程耀邦
繁峙县 李凤岐
定襄县 刘子恒
五台县 卢斌卿
静乐县 王心田
岢岚县 任保顺
保德县 康文全
五寨县 林步森

河曲县 王满仓
偏关县 郝　涌
神池县 冯　耀
宁武县 李应成

晋中市
市政协主席 李儒敏
县(市、区)政协主席
榆次区 郑先华(女)
寿阳县 刘迎春
昔阳县 张世英
榆社县 李云生
太谷县 王江峰
左权县 韩卫平
和顺县 范乃文
祁　县 张礼明
平遥县 王维钢
灵石县 蔺计爱(女)
介休市 董世勇

吕梁地区
县(市)政协主席
离石市 高侯英(女)
孝义市 任张广
汾阳市 郝玉珠
文水县 关庆武
临　县 阎金英
交口县 王贵双
柳林县 曹大斌
交城县 侯恩印
兴　县 白文毅
方山县 薛永泽
石楼县 孟纯林
中阳县 郭润保
岚　县 赵志忠

临汾市
市政协主席 张岗望
县(市、区)政协主席

尧都区 王九菊(女)
侯马市 张永文
隰　县 王有才
永和县 任启玉
安泽县 刘金龙
洪洞县 刘绍康
霍州市 伍瑞昌
翼城县 张保安
浮山县 杨红旗
曲沃县 吴宪堂
吉　县 张锦中(女)
襄汾县 张拽牛
大宁县 贺寅生
乡宁县 阎灵娣(女)
古　县 李进裕
蒲　县 殷仲玺
汾西县 马五锁

运城市

市政协主席 李天祥

县(市、区)政协主席

盐湖区 牛建平
永济市 刘临生
河津市 王锡义
临猗县 邹通玺
万荣县 畅启仁
稷山县 马寅录
新绛县 马怀茂
绛　县 田茂忠
垣曲县 靳建邦
闻喜县 王渊平
夏　县 王　琨
平陆县 陈苹果(女)
芮城县 王民当

山西省各级政协组织和委员数

(截至2003年底)

项目＼级别	省	市	县(不设区的市、市辖区)	合计
组织数	1	11	119	131
委员数	536	3230	16782	20548

(郭玉玺　编写　杨临生　审稿)

政协内蒙古自治区委员会

王　占　主　席

傅守正　副主席

包俊臣　副主席

乌　兰　副主席

许柏年　副主席

罗锡恩　副主席

奇英成　副主席

盖山林　副主席

刘芝兰　副主席

韩振祥　副主席

郇宝恒　副主席

王玉山　秘书长

【全体委员会议】

九届一次会议 2003年1月9日至19日在呼和浩特召开。会议应出席委员488人,实到委员460人。自治区党委书记储波、人大主任刘明祖、政府主席乌云其木格、八届政协主席会议部分组成人员、驻我区全国政协常委和部分委员、长期在我区工作的老同志应邀出席会议。自治区有关委办厅和有关方面的负责人,民主党派、各盟市政协和统战部负责人列席会议。王占主席主持开幕会。会议听取并审议了政协内蒙古自治区第八届委员会常务委员会工作报告和政协内蒙古自治区第八届委员会常务委员会五年来提案工作情况的报告。列席内蒙古自治区第十届人民代表大会第一次会议,听取并讨论《政府工作报告》、自治区2002年国民经济和社会发展计划执行情况与2003年计划报告、自治区2002年财政预算执行情况和2003年财政预算报告及法检两院报告。选举产生了政协内蒙古自治区第九届委员会主席、副主席、秘书长、常务委员;审议通过了政协内蒙古自治区第九届委员会第一次会议政治决议,审议通过了关于政协内蒙古自治区第八届委员会常务委员会工作报告的决议、提案工作情况报告的决议和九届委员会第一次会议提案审查委员会关于九届一次会议提案审查情况的报告。大会闭幕时,新当选的九届政协主席王占作了重要讲话。

【常务委员会会议】

第1次会议 2003年1月17日在呼和浩特召开。王占主席主持开幕会。会议审议通过了政协内蒙古自治区第九届委员会副秘书长名单、专委会主任和副主任建议名单;审议通过了政协内蒙古自治区第九届委员会常务委员会关于专委会机构设置的决定;审议通过了关于政协内蒙古自治区第八届委员会常务委员会工作报告的决议、五年来提案工作情况报告的决议(草案);审议通过了内蒙古自治区第九届委员会第一次会议政治决议(草案);审议通过了政协内蒙古自治区第九届委员会第一次会议提案审查委员会关于九届一次会议提案审查情况的报告(草案)。

第2次会议 2003年6月26日至28日在呼和浩特召开。王占主席主持开幕会。会议听取关于自治区政协九届一次会议以来主席会议工作情况的报告;围绕建设民族文化大区建言献策;审议通过了政协内蒙古自治区第九届委员会常务委员会第二次会议关于在全区深入持久开展爱国卫生运动的几点建议;审议自治区政协九届一次会议以来提案工作情况的报告;审议通过了《政协内蒙古自治区委员会常务委员会工作规则》;《政协内蒙古自治区委员会专门委员会通则》;《政协内蒙古自治区委员会关于充分发挥政协委员作用的意见》;审议通过了人事任免事项。

第3次会议 2003年9月1日至4日在巴盟临河市召开。王占主席主持开幕会。会议审议通过了政协内蒙古自治区第九届委员会常务委员会第三次会议《关于深化文化体制改革、加快文化产业发展的建议案》;围绕自治区当前经济和社会发展的突出问题建言献策;组织委员视察。会议闭幕时傅守正副主席做了重要讲话。他强调,建设民主文化大区是一项宏伟的战略目标。我们应当参与其中,把这件大事抓紧抓好。当务之急是抓好《建议案》的督办落实,使我们提出的意见能够进入党政决策程序。

第4次会议 2003年12月19日至21日在呼和浩特召开。王占主席主持开幕会。会议学习了中共十六届三中全会和自治区党委七届五次全委会议精神,结合我区实际建言献策;听取自治区政府通报全区经济社会发展情况;听取自治区政府关于政协九届一次会议以来提案办理情况的通报;审议通过了关于召开政协内蒙古自治区第九届委员会第二次会议的决定;审议通过了提交政协内蒙古自治区第九届委员会第二次会议的政协内蒙古自治区第九届委员会常务委员会工作报告及报告人名单、九届一次会议以来提案工作情况的报告及报告人名单;审议通过了政协内蒙古自治区第九届委员会第二次会议议程(草案)、日程(草案)、秘书长和副秘书长名单(草案);审议通过了政协内蒙古自治区第九届委员会第二次会议编组办法和小组召集人名单;自治区政协各专门委员会年度工作报告(书面);讨论《政府工作报告》征求意见稿;审议通过了有关人事事项;表彰奖励2003年度优秀提案和2000年至2003年政协好新闻。

【专门委员会工作】

提案委员会 九届一次会议以来,共提出提案426件。根据《中国人民政治协商会议内蒙古自治区委员会提案工作条例》的有关规定,提案委员会对这些提案进行了认真审查,共立案415件,其中6个民主党派和工商联78件,政协九届一次会议讨论组2件,政协专门委员会2件。未予立案的11件,已转作委员来信处理。提出提案的委员188人,占委员总数的38.5%。截至2003年9月11日,已全部审理交办完毕。在催办和督办工作中,特别注意与自治区党委、政府办公厅督察室的联系、沟通和协作,在一些重点提案、紧急提案的办理工作中,把政协的催办、督办与党委和政府的督查工作结合起来,推动了提案的落实,收到了很好的效果。至9月10日,交办的415件提案全部办理完毕。从提案的办理情况看,办理进度、办理质量均好于往年,仅上半年就办复提案85%,比往年高出23个百分点。经主席会议审议,确定15件重点提案,以《重要提案摘报》的形式,向自治区党政主要领导和有关承办单位通报。这些重点提案由自治区政协主席、副主席分别负责催办和督办。王占主席对自己负责的001号提案进行了认真督办,先后两次召开协商办理座谈会,听取自治区发改委、呼和浩特市委、市政府、呼和浩特经济开发区以及如意、金川二区关于开发区建设的汇报,交换意见,并进行了考察。其他各位副主席也十分关注重点提案的办理,提出办理的具体意见,听取办理情况汇报,有些提案根据负责督办副主席的意见,进行了二次办理。15件重点提案已全部办复,提案者对办理结果表示满意。

经济委员会 按照自治区党委"把2003年作为自治区对外开放环境建设年"的部署,今年7月至9月,组织调研组,先后赴鄂尔多斯市、包头市、呼市、乌兰察布盟、呼伦贝尔市、兴安盟、通辽市、赤峰市、锡林郭勒盟等9个盟市15个旗县41个企业和19个工业园区进行优化投资环境视察。4月,对56名经济企业工商界的委员进行电话慰问,了解委员们参与防治"非典"情况,对他们及所属企业为防治非典捐款捐物的爱国主义、集体主义精神表示感谢。如:政协委员、蒙牛乳业股份有限公司牛根生代表内蒙古各族各界人士向首都北京捐款捐物1160万元;政协常委、集通铁路公司白斯楞,政协委员、联通内蒙古分公司周世孝,政协常委、包头东宝公司王海,政协委员、赤峰市冰皇公司王冰,政协委员、通辽市飞翔公司李金翔等都坚持在抗击"非典"和经济建设第一线。据统计,自治区政协经济企业工商联届共有41名委员,他们代表企业或个人为抗击"非典"捐款捐物,累计总价值约3242.01万元。

人口资源环境委员会 按照《人口资源环境委员会2003年工作要点》所确定的目标,认真作了加强自身建设、完善工作制度和组织委员视察、开展专题调研、反映社情民意等工作。一是选好配齐委员会组成人员。二是按照职能设立了三个专业小组，由具有一定组织能力和专业特长的委员担任召集人，开展人口、资源、环境方面的相关工作。三是走访委员，建立了“委员走访档案”，将每位委员的基本情况、工作现状和服务需求登记造册，实行全方位的服务。四是从工作实际出发修改完善了《人口资源环境委员会工作简则》、《人口资源环境委员会主要职责》和《人口资源环境委员会办公室工作制度》、《人口资源环境委员会办公室职责》，使工作走上了制度化、规范化的轨道。7月上旬开始，组织调研组先后到巴盟、乌海市、阿盟、鄂尔多斯市、通辽市、赤峰市，就水土流失现状进行专题调研。在调研中，认真听取了当地有关部门的情况介绍，与专家及在一线工作的干部职工进行座谈，查看了水土流失治理工程，了解掌握当地干部群众迫切希望解决的问题，形成了《防止水土流失，实现可持续发展》的调研报告。8月22日至23日，组织部分委员和有关专家组成视察组，由自治区政协副主席许柏年带队，对包头的生活环境、居住环境和生产环境进行了视察。通过听取汇报，走访群众，实地查看以及召开座谈会等有效形式，比较全面地了解了相关情况。提交了《关于尽快搬迁包头市石拐煤矿滑坡塌陷区居民的提案》，由政协提案委员会上报自治区党委，引起自治区主要领导的高度重视，迅速落实了部分搬迁资金，将平硐滑坡的65户居民实施搬迁，所遗房屋就地推倒拆除。10月上旬，我们组织相关政协委员，会同自治区党委政研室、自治区发改委和国土资源厅组成联合调研组，对全区煤炭行业矿城(镇)、矿业、矿山、矿工四个方面的问题，进行了专题调研。我们先后走访了10个国有大型或地方煤炭企业，涉及呼伦贝尔、通辽、赤峰、鄂尔多斯、包头五个市和准格尔等10多个旗县。通过座谈，视察，以及听取当地政府和企业及干部职工的情况介绍，较为全面地了解了全区煤炭行业的“四矿”问题，并形成调研报告。

科教文卫体委员会 换届后，及时召开了第一次委员会主任会议和全体委员会议，传达了自治区政协九届二次常委会议精神，修改完善并通过了教科文卫体委员会工作简则，修订了办公室工作制度，划分了教育、科技、文化、医药卫生、体育五个专业组。4月份，调研组先后赴呼市、锡盟、赤峰等盟市的6个旗县市，就我区出版业改革及发展情况和北方草原民族文化旅游业的发展现状、存在问题进行了调研，形成了《我区出版业改革及发展情况的调查与思考》、《创建北方草原民族文化旅游大区》两份调查报告。8月中旬，由许柏年副主席带队赴自治区新闻出版局有关新闻单位，对我区新闻出版业的体制改革情况进行调研，并形成了《关于〈北方新报〉发展情况的调查报告》。今年10月，组织参加了由刘芝兰副主席带队的考察组，赴湖南省、贵州省、重庆市对三省市的文化体制改革和文化产业情况进行了考察。在抗击“非典”的斗争中，我委积极响应自治区党委和政协党组的号召，积极投入到抗击“非典”的斗争中去，按照王占主席指示，先后与医药卫生界、科技界、科协界和社科界的委员们进行电话联系，向战斗在抗击“非典”一线的全区医务人员表示慰问。还通过电话，向委员们征求关于防治“非典”工作的意见和建议，主动走访卫生厅有关处室了解情况，及时给政协领导和有关部门反馈了委员们的建议和意见。国务院第七次常委会议通过的《突发公共卫生事件应急条例》颁布后，我委给教、科、文、医卫、体等界别的150多名政协委员发出通知，征求对我区贯彻落实《条例》的具体意见和建议，将收集到的各方面建议报送有关方面，并选择重点意见和建议由信息调研处编发了信息。委员们还积极参加政协组织的捐款、捐物活动。7至9月间,我委和自治区教育厅联合对我区职业教育发展情况进行专题调研,对其发展现状、存在的问题进行全面了解,形成了题为《内蒙古自治区职业教育现状的调研与思考》的调研报告,对今后我区职业教育的发展提出了意见和建议。九届全国人大常委会通过的《民办教育促进法》于9月1日正式实施。同日,我委参加了教育厅组织的学习贯彻《民办教育促进法》座谈会,就我区如何贯彻这部法律进行座谈、讨论。我委教育组经过深入调研,针对我区普通高中教育的现状、发展趋势以及存在的主要问题,形成了《内蒙古自治区普通高中教育发展分析报告》。该报告的重要建议被自治区政府办公厅转发教育厅《关于我区普通高中教育建设和发展的意见》的文件中采纳。

民族和宗教委员会 按照自治区政协的统一部署,2月初,草拟了《关于建设“内蒙古民族文化大区”调研课题的建议方案》。2月底,就建设民族文化大区问题组织召开了一次高层研讨会。自治区政府副主席连辑、自治区政协各主要领导,自治区社科院、文化厅、宗教局、旅游局和长期在内蒙古工作的老领导及有关专家学者应邀参加了研讨会。与会人员就弘扬先进文化,建设民族文化大区的重要意义;民族文化大区的特定内涵与基本内容;地区经济、自然文化的特点和潜力等问题进行了深入的探讨。4月初至5月间,组成调研组,在呼市、包头和鄂尔多斯市等地,对内蒙古民族歌舞剧院及盟市文化艺术团体事业发展情况进行调研,向九届二次常委会提交了《对内蒙古民族歌舞剧院,包头、鄂尔多斯市文化艺术事业发展状况初步调查的汇报》,围绕开发区的建设和发展建言献策是年度工作重点之一。3月中旬至10月底,相继考察了呼和浩特的经济技术开发区和旅游开发区、包头稀土高科技园区、二连边境经济合作区、满洲里进口资源加工区和边境经济合作区、鄂尔多斯成陵开发区、呼伦贝尔的巴彦托海开发区等5个国家级和6个盟市旗县级开发区,还考察了二连、满洲里与额尔古纳市的口岸建设情况,了解经济开发区和口岸建设对拉动、促进地方经济发展的作用,存在的困难、问题及对策性的意见和建议,形成了《关于我区开发区建设情况的调查报告》。年内,委员会主要领导以提案的形式,先后提交了《关于建议自治区党委、政府在落实十六大精神,推动我区新型工业化进程中重视抓好开发区(含各类工业园区)作为实现工业化突破点的提案》、《关于请求解决呼市经济技术开发区管理委员会行政级别的提案》、《关于中央及自治区金融部门对内蒙古自治区29个开发区加大信贷,促进开发区基础设施建设的建议的提案》等。7月中旬,组织委员赴呼伦贝尔市,就边境牧业旗的经济社会发展状况进行调研,同时了解有关旗市贯彻民族宗教政策的情况。邀请自治区教育厅、卫生厅、扶贫办和计委的负责人共同研究视察中发现的问题,形成了《对我区边境牧业旗市经济社会发展状况的视察报告》。8月,配合全国政协民宗委调研组赴锡盟、二连浩特市、乌盟、鄂尔多斯市等地,对退牧还草政策的贯彻落实情况进行了协同调研。5月16日,配合政协办公厅,召集呼市地区的民族宗教界高层人士,就进一步贯彻落实党中央、国务院和自治区党委、政府有关抗击“非典”的决策及部署举行座谈,引导和动员民族宗教界代表人士发挥其特殊的影响,为阻击“非典”疫情的蔓延做出贡献。我区少数民族代表人士和我区天主教、基督教、佛教、伊斯兰协会和呼市佛教协会的代表人士参加了会议,民族宗教界代表人士一致表示,要在各自的岗位上充分发挥作用,为维护社会稳定积极工作。

文史资料委员会 按照自治区政协2003年的工作安排，进一步对内蒙古牧区在民主改革时期实行的“不分、不斗、不划阶级，牧工、牧主两利”（简称“三不两利”）政策和在社会主义改造时期实行的“步子要稳、政策要宽、时间要长”（简称“稳宽长”）政策的史料进行征集和调查研究，组织全区各级政协文史资料工作队伍及社会力量，在三个层面展开工作。一是历史文献资料的搜集、研究和选编，包括中央和自治区的有关文件，中央和自治区领导的讲话、重要文稿等。二是访谈录，包括对牧区民主改革及合作化时期在牧区工作过的老同志和知情人的访问，散于各种文稿中的回忆文章和评价文章的搜集整理。三是历史与现实相统一的研究，包括对牧区经济、政治、文化三个方面进行综合性研究，征集论文，向党委政府提出牧区全面建设小康社会的政策建议。一年来，已搜集查找到档案文献资料近40万字；采访了30多位老领导、老同志，征集到录音资料15万字；召开了两次理论研讨会，深入到部分盟市和牧业旗进行调查，确定了研讨专家名单，积累了有关资料，开始了报告和论文选的框架设计。10月，举办了由自治区政协委员和各盟市政协组成的全区政协文史工作研讨班，通过认真研讨，开阔了视野，受到了教育，对全区文史资料工作是一个很好的促进。8月份，文史资料委员会组织委员和有关专家学者对五原县的爱国主义教育基地进行了考察，提出了促进五原县域经济与文化共同发展繁荣的意见建议。10月，自治区政协文史委和巴盟政协共同主办了吕布及巴盟五原历史文化研讨会，邀请了中国社科院科研所、北京师大科学院历史研究所及自治区社科院、内蒙古图书馆等专家学者及有关人士50多人参加了研讨会，并就五原地区的文化历史及爱国主义教育基地建设发表了论文和意见建议。年内，出版了《内蒙古各级政协文史资料篇目索引》。这套目录高度浓缩和集中显示了四十年来自治区各级政协文史资料工作结下的丰硕成果，为社会各界人士和广大读者查阅使用文史资料提供了便利条件。与政协办公厅共同征编了《内蒙古九届政协委员名典》，出版了《内蒙古近现代总管录》和蒙文版《内蒙古近现代王公录》，形成一套完整地记录近现代史上内蒙古蒙旗制度的史料。

港澳台侨联络和外事委员会 根据储波书记在九届一次会议会见港澳委员时“让委员在届中把12个盟市走一遍，先知情，再出智、出力，为内蒙古产业层面提供些经验，为内蒙古改革开放、各项建设献计出力，多做贡献”的讲话精神，我委和党委统战部共同组织港澳委员和海联会理事，分两批对自治区东部地区进行视察。其中，8月9日至8月13日，由韩振祥副主席带队，赴呼伦贝尔市、兴安盟，到伊敏煤电集团露天煤矿、红花尔基国家森林保护区、阿尔山连池、抗战遗址等地视察。9月11日至13日，又组织赴通辽市对育肥牛、畜产品加工、药业和生态建设等项目进行了视察。委员们在视察期间，对旅游业、文化产业、机场建设、电力能源建设、乳业、农畜产品加工等项目非常感兴趣，并对东部各盟市的经济建设、招商引资项目、产业结构调整、生态建设等工作提出了很多宝贵的意见和建议。组织委员对《外商投资企业法》、《台湾同胞投资保护法》等法律法规贯彻落实情况开展专项调研。10月，在呼市政协、市外经贸局的积极配合下，组织部分委员对呼市地区部分外资企业实地考察，对《外商投资企业法》、《台湾同胞投资保护法》等法律法规落实情况专题调研。随中国侨联代表团出访美国、墨西哥，拜会侨领80多人，访问侨团120多个。所到之处，积极宣传内蒙古,扩大内蒙古在海外的影响。对于来我区考察、访问的世界各国和地区华人华侨,热情接待,介绍我区的情况,年内共接待华人华侨9批48人,为内蒙古捐建6所“侨心”小学,捐款145万元人民币。“非典”期间,政协常委谭百业,得知自治区是重点疫区后,随即倡议驻澳门的5位委员向自治区捐款10万元人民币。今年以来,委员会还参与接待了埃及、日本、澳大利亚、韩国、英国、法国等友好人士,国际金融公司和北欧THA—商务咨询有限公司负责人及港澳台的客人10批50余人次。以罗锡恩副主席为团长的自治区政协友好访问考察团一行7人,对西班牙、意大利、德国、法国等西欧9国进行了友好访问和考察,与华人华侨界广泛接触,参观了一些企业,并交流座谈,带回来一些合作项目。

社会和法制委员会 制定了《社会和法制委员会工作简则》,完善了办公室工作制度。把就业、再就业和非公有制经济发展的法制环境列为重点课题,组织委员展开了积极的调研,形成了《关于我区就业和再就业工作现状及应对措施的调查报告》。调研报告从六个方面估价了当前我区就业和再就业的形势和基本现状,重点分析当前存在的四个方面的问题,提出了我区做好就业再就业工作应重点协调和处理好八个方面的关系和五点建议。《报告》报自治区党委送政府及有关部门后,引起高度重视。通过关于“非公有制经济发展的法制环境”课题的调研,提出了制约自治区当前非公经济发展的四大问题和促进非公经济发展的四项建议。此外,还完成了全国政协社会和法制委员会关于“政府在就业工作中的职能定位问题”的调研课题。由于“非典”疫情的特殊情况,不宜集中组织委员就此进行调研。因此我们采用电话和传真的方式,与自治区劳动和社会保障厅及有关盟市密切协作和配合,完成了“政府在就业工作中的职能定位”的专题调研材料。按要求及时报送全国政协社会和法制委员会,并在全国社法委南京研讨会上印发。主动与自治区执法执纪等部门联系,推荐自治区政协委员担任特邀监督员。现已有四位政协委员正式被公安、检察、法院等部门聘请为特邀监督员,有的部门正在落实中。组织和参与情况通报会、座谈会、交流会等各种会议。8月,自治区检察院向自治区政协通报全区检察工作情况,委员们就超期羁押、错案追究、律师会见、提高干警素质等问题提出了意见和建议,并提请检察机关关注农村土地流转和城镇房屋拆迁过程中出现的一些问题。10月,组织部分委员参加了自治区高院召开的征求政协委员对审判工作和队伍建设的意见建议座谈会,委员们就关于牢固树立司法为民思想,提高办案质量和效率,提高法官队伍素质,建立长效机制,加强法院管理等方面提出了意见和建议。

【重要活动】

自治区政协召开传达贯彻全国政协十届一次会议精神大会 2003年3月26日,自治区政协召开传达贯彻全国政协十届一次会议精神大会。自治区政协党组副书记、副主席傅守正,自治区政协副主席许柏年、罗锡恩、奇英成、刘芝兰、韩振祥、郎宝恒和秘书长王玉山出席会议。驻呼部分全国政协委员应邀出席了会议。许柏年副主席传达了全国政协十届一次会议概况和主要精神。傅守正副主席受主席会议的委托讲了话,他主要讲了两个问题:(一)认真抓好“两会”精神的贯彻落实。(二)紧紧围绕团结和民主两大主题,积极履行政协职能。提出了七点意见:第一、必须始终坚持中国共产党的领导;第二、坚持维护自治区团结稳定的大好局面;第三、围绕自治区改革开放和经济建设中心,切实履行政协职能;第

四、加强调查研究，努力提高参政议政水平；第五、发扬创新精神，创造性地做好政协工作；第六、进一步加强联系和扩大对外交往；第七、继续加强政协自身建设，不断提高履行职能的能力。

内蒙古政协宣传工作会议 2003年7月16日在呼市召开，内蒙古党委宣传部、内蒙古政协办公厅在呼和浩特召开内蒙古政协宣传工作会议。内蒙古党委常委、宣传部长张国民，内蒙古政协副主席傅守正、包俊臣、韩振祥和秘书长王玉山出席会议。内蒙古新闻出版局、广播电视局、各大新闻媒体、中央驻内蒙古各新闻单位负责人，以及部分盟市宣传部长、政协秘书长和政协机关的全体干部参加了会议。张国民部长、傅守正副主席作了重要讲话。包俊臣副主席主持会议。张国民部长在讲话中就努力提高政协宣传工作水平，为全面开创政协工作新局面呐喊助威，提出了三点意见：一、会议报道要加强深度、新颖活泼、喜闻乐见。二、日常宣传报道要结合政协职能，体现政协特色。三、加强领导，密切合作，形成政协宣传工作的合力。傅守正副主席就加强政协宣传工作讲了五点意见：一是要认识到人民政协的宣传工作是政协工作重要组成部分，又是党的宣传工作的一个重要方面。二是做好政协宣传工作，必须明确指导思想，围绕中心，把握主题，体现特色，突出重点。三是做好政协宣传工作，必须加强联系，主动配合，完善机制，明确任务，强化措施，四是做好政协宣传，必须发扬政协优良传统，坚持与时俱进，增添宣传内容。五是做好政协宣传工作，必须要有一支热衷于政协事业和宣传工作的写作队伍。六是做好政协宣传工作，必须加强领导。

北方七省区政协工作研讨会第十六次会议 2003年8月4日至8日，北方七省区市政协工作研讨会第十六次会议在我区锡林浩特市开幕，赤峰市闭幕。北京市政协副主席满运来，天津市政协副主席曹秀荣，山东省政协副主席王久祜，山西省政协常务副主席薛荣哲，河南省政协秘书长余保江，河北省政协秘书长解玉琦，内蒙古自治区政协主席王占、副主席郄宝恒，秘书长王玉山，副秘书长、办公厅主任杨舜才和七省区市政协机关负责人及有关工作人员参加了会议。与会同志围绕在全面建设小康社会的进程中，如何进一步发挥政协优势，增强履行职能实效等问题进行了探讨和交流。

自治区政协召开学习中共十六届三中全会精神报告会 2003年11月25日下午，自治区政协召开学习中共十六届三中全会精神报告会。报告会由傅守正副主席主持，许柏年副主席作了专题辅导报告。自治区政协副主席包俊臣、奇英成、刘芝兰、韩振祥、郄宝恒出席，驻呼全国政协委员，部分驻呼和浩特的自治区政协委员、常委和政协机关全体干部职工参加了会议。许柏年副主席就《中共中央关于完善社会主义市场经济体制若干问题的决定》所作的辅导报告分为两部分：一是关于《决定》产生的时代背景和重大意义。二是《决定》是理论和实践结构上的重大突破和创新。他从科学的发展观、改革观、行政观三个方面，对做好“五个统筹”、“五个坚持”、改革的五个“相协调”进行了系统分析，并就重视我国基本国情和经济增长质量、坚持社会主义市场经济的改革方向、注重制度建设和体制创新、建立现代产权制度、注重对社会关系的统筹协调方面进行了深入阐释。

【重要文件】

第八届委员会常务委员会工作报告（2003年1月10日）（摘要）

第一部分。五年来，在中共内蒙古自治区委员会的领导和全国政协的指导下，自治区政协八届委员会紧紧围绕经济建设中心和全党工作大局，发挥优势，求真务实，开拓创新，为促进我区改革开放和经济建设，为推动社会主义民主政治建设，做出了积极贡献。一、紧紧围绕改革开放和经济建设，不断提高履行职能的实效。八届政协坚持把全党工作中心和全区工作大局作为出发点，选准角度，发挥优势，紧紧围绕自治区改革开放和经济建设，创造性地履行基本职能，参政议政实效显著提高。五年来，八届政协共举行5次全体会议、21次常委会议、82次主席会议。八届政协在探索常委会议专题议政方面走出了一条新路。九、十两次常委会议围绕国家实施西部大开发战略和自治区“十五”计划的制定进行了专题协商讨论，向党委政府提供了及时有效的智力支持。特别是经过深入调研和周密论证，我们以《西部大开发不能没有内蒙古》为题撰文立论，为内蒙古被明确列入西部大开发“重点区域”尽责出力。生态建设和环境保护是实施可持续发展战略的一个重要而紧迫的问题。八届政协用了将近两年的时间，持续深入地对我区生态农业、草原森林和城市环保进行调查研究，经过第六次常委会议专题讨论，形成了《关于我区生态建设和环境保护若干问题的建议案》，就优惠政策、投资体制、依法治理等方面提出了32条建议，对随后西部大开发战略的制定和实施产生了具有前瞻性的积极作用。八届政协把“三牧”问题列为十四、十五两次常委会议的专门议题并以常委会名义向区党委报送了《关于我区“三牧”问题的几点建议》。《建议》就进一步加强对“三牧”工作的领导、全面实行休养生息政策、继续加快改革和发展等提出了若干建议。自治区党委书记储波、政府主席乌云其木格先后作了重要批示，政府有关部门将建议逐项分解研究，提出落实意见。2002年4月，自治区党委和政府办公厅专门就建议的落实情况函复我会，并责成自治区政府督查室继续跟踪督办。经过多方共同努力，“三牧”工作中许多紧迫问题更加引起国家和自治区的重视，有的问题正在着手解决。二、把握团结和民主两大主题，维护民族团结和社会稳定。维护团结是政协工作的重要着力点。八届政协从边疆少数民族地区的实际出发，在维护民族团结和社会稳定方面做了大量工作。我区牧业旗大多地处偏远，经济社会发展相对滞后。1998年，自治区政协会同有关部门和基层政协，对我区牧业旗的经济发展状况进行了全面调查，组织召开了全区加快牧业旗经济发展座谈会，对牧区经济可持续发展提出了若干有价值的建议。1999年，集中对三个少数民族自治旗经济社会发展和民族政策贯彻情况进行调研，提出了十几条政策性建议。在自治区领导的重视下，三个自治旗经济社会发展方面的一些突出问题较快得到解决。五年来，多次组织少数民族和宗教界委员，调查了解民族教育、民族食品、民族语言文字的使用及宗教工作情况，宣传党和国家的民族宗教政策，反映民族宗教工作中存在的问题，为民族地区经济和社会各项事业健康发展献计出力，促进民族团结和社会稳定。三、不断提高提案质量和督办力度，推动提案工作上水平。八届政协共收到政协委员和各党派、团体、政协专委会提案2375件，确定立案处理的2331件。这些提案，内容涉及政治、经济、社会等各个领域，集中反映了政协委员对自治区物质文明、政治文明和精神文明的极大关注，体现了政协委员参政议政的高度热情。提案办理是提案工作的中心环节和落脚点。为提高提案办理质量，在继续采取跟踪办理、现场办案等方式的同时，在特案特办、急案急办、难案联办方面做出一些有益的尝试，变一次性交办为经常性督办，既“文来文往”，也“人来人往”,办复数量明显增多,办理质量明显提高。从五年来立案处理的2331件提案的办复情况看,自治区各承办部门均能够按期办复,办复率达99.2%,采纳率达85.1%,当年落实率达28.8%,委员满意率达80%以上。四、强化信息工作,畅通反映社情民意渠道。反映社情民意是政协最具特色的工作之一。八届政协十分重视反映社情民意工作,坚持通过调研和视察、听取和反映各方面意见、受理群众来信来访等多种渠道,以提案、发言、信息专报等多种形式,向党委和政府反映基层的真实情况,反映不同阶层、不同群体的意见和要求,为党委、政府科学决策提供参考。信息作为反映社情民意的一个重要途径,不仅弥补了提案和调研工作的局限,而且为委员参政议政开辟了更便捷的渠道。八届政协重视加强信息工作,2001年,组织召开了全区政协系统信息工作专门会议,制定出台了关于加强信息工作的意见及相关制度,确定了24个旗县(市区)为自治区政协信息直报点,重点联系和聘请一批政协委员和政协机关工作人员为自治区政协特邀信息员。五、充分发挥委员主体作用和专委会基础作用,履行职能取得新成效。发挥委员的主体作用和专门委员会的基础作用,是改进和加强政协工作的重要环节,也是衡量政协工作整体水平的重要尺度。五年来,共组织调查、考察、视察160多次,形成调研视察报告140多篇。六、加强联系指导,扩大对外交往,增强政协的社会影响力。八届政协适应人民政协事业日趋发展的新形势,通过各种方式主动争取全国政协的工作指导,积极参加省际政协区域性工作联系和研讨活动,与兄弟省市区政协互派团组学习考察,进一步加强了相互间的横向联系。不断探索新方法、新途径,加大对盟市旗县政协工作指导力度。坚持邀请盟市旗县政协负责人列席全委会议和常委会议,召开盟市政协主席座谈会,应邀参加盟市旗县政协有关会议和活动。1998年、2002年,我们先后两次召开了全区政协工作经验座谈会,自治区政协和各地政协互相交流,深入探讨,使一些新鲜经验得以总结推广。我们还把干部培训作为指导工作的重要环节,五年间先后举办了五期政协领导干部理论培训班,盟市旗县政协领导150多人接受了培训。进一步扩大对外交往,广泛开展同台港澳地区和友好国家州议会的友好往来。五年间,自治区政协先后邀请和接待台港澳和国际友人1000多人次,为他们来内蒙古观光、考察、投资和援助牵线搭桥。组织300多名各界人士赴台港澳和友好国家进行考察。五年来,在驻区记者站的辛勤努力下,仅《人民政协报》刊发有关我区的报道达数千篇、约40万字,并首次刊发了内蒙古政协专版。办公厅和有关专委会密切配合,先后完成了《政协委员风采录》(内蒙古卷)、《内蒙古近现代总管录》的征稿编辑工作,编辑出版了《内蒙古自治政府成立前后》、《延水情深》、《名人眼中的内蒙古》、内蒙古政协15年《大事记》、《环境与发展》、《鄂尔多斯经济现象研究》等多本有影响、有价值的史料和专论书籍,社会反响较好。七、改进作风,规范服务,加强常委会和政协机关自身建设。八届政协常委会注重加强自身建设,在健全制度、规范议政、转变会风等方面取得较大进展,工作效率进一步提高,会议形式有很大改进,履行职能实效明显增强。按照规范化、制度化的要求,修订完善了《政协内蒙古自治区委员会常务委员会工作规则》、《政协内蒙古自治区委员会专门委员会通则》等若干制度,强化了对专委会工作的领导和督查力度。常委会议在坚持专题议政的同时,尝试安排会中集体视察,虚实结合、内外结合,有效提高了会议质量。五年来,政协机关认真学习贯彻“三个代表”重要思想，按照“讲质量、讲效率、讲规范、讲协作”的要求，以“三讲”教育活动为契机，全面加强机关的思想建设、组织建设、作风建设和制度建设。努力营造浓厚的学习风气，加强理论业务学习，提高干部队伍的整体素质。回顾八届政协五年工作，在充分肯定成绩的同时，也要看到我们的工作还有许多不足之处，需要在实践中不断改进。一是民主监督仍然是个比较薄弱的环节。二是委员活动开展得不够活跃。特别是驻基层委员，由于我们方式单一，组织不力，使得他们没有更多的机会参政议政。三是反映社情民意工作仍然比较滞后，尤其是信息工作水平还需要进一步提高，力争使编发上报的信息多一些带有警示性的社情民意和前瞻性的意见建议。四是政协机关干部队伍存在年龄和知识结构不尽合理等问题，综合素质、服务意识、工作效率还有一些不尽如人意的地方。所有这些，都需要在今后工作中努力改进。

第二部分。总结五年来的经验和体会，主要有以下几条：一、坚持中国共产党的领导，是做好政协工作的根本保证。二、牢牢把握团结和民主两大主题，是做好政协工作的必然要求。三、搞好专题调研，是做好政协工作的重要基础。四、倡导开拓创新，是做好政协工作的活力源泉。五、发扬积极主动精神，是做好政协工作的必要条件。

第三部分。我们国家正处在全面建设小康社会的重要时期，统一战线和人民政协事业也进入了一个蓬勃发展的新阶段。我们要认真学习十六大精神，深入宣传十六大精神，自觉贯彻十六大精神，用十六大精神武装头脑，把十六大确定的各项任务落实到我们的行动中。中共十六大对统一战线和人民政协工作提出了新的、更高的要求。十六大报告中明确指出：“坚持和完善共产党领导的多党合作和政治协商制度。坚持‘长期共存、互相监督、肝胆相照、荣辱与共’的方针，加强同民主党派合作共事，更好地发挥我国社会主义政党制度的特点和优势。保证人民政协发挥政治协商、民主监督和参政议政的作用。巩固和发展最广泛的爱国统一战线。”这段论述，进一步强调了人民政协在我国社会主义现代化建设和民主政治中的地位、方针和任务，对于做好新世纪新阶段政协工作具有重要的指导意义。我们要深刻领会十六大精神，站在建设社会主义现代化、社会主义民主政治和社会主义政治文明的高度，充分认识人民政协的性质、地位和作用，积极探索新时期政协工作的新特点、新思路，努力使政协工作取得新突破。

中国人民政治协商会议内蒙古自治区第九届委员会第一次会议政治决议（2003年1月17日） 中国人民政治协商会议内蒙古自治区第九届委员会第一次会议，赞同乌云其木格主席所作的《政府工作报告》，赞同《关于内蒙古自治区2002年国民经济和社会发展计划执行情况与2003年国民经济和社会发展计划草案的报告》，赞同《关于2002年预算执行情况和2003年预算的报告》，赞同自治区高级人民法院和人民检察院的工作报告。会议认为，过去五年中，在自治区党委领导下，自治区政府团结和带领全区各族人民，坚持以邓小平理论和“三个代表”重要思想为指导，抓住国家扩大内需和实施西部大开发的机遇，解放思想，实事求是，与时俱进，经受了考验，克服了困难，圆满完成了自治区九届人大一次会议确定的各项目标和任务，取得了改革开放和现代化建设的新成就。全区政治稳定，民族团结，国民经济持续快速健康发展，人民生活进一步改善，各项事业不断取得新成绩。在充分肯定成绩的同时，会议对一些前进中存在的问题和困难表示极为关注。比如，经济发展总体水平还比较低，经济结构和经济体制的深层矛盾还没有得到有效解决，基础设施仍然比较薄弱，生态环境恶化的势头尚未得到根本遏制，投资环境尚需进一步改善，城乡居民收入水平不高，等等。针对这些问题，委员们坦陈己见、建言献策，提出了许多富有建设性的意见和建议，希望自治区政府继续采取有力措施，进一步做好各方面工作，圆满完成今年乃至今后五年的各项任务。会议指出，今后五年，是我区加快发展，全面建设小康社会的关键时期，也是向第三步战略目标迈进的重要时期。面临新的机遇和挑战，我们对未来充满信心。全区各级政协组织和政协委员要认真学习贯彻中共十六大和自治区党委七届三次全委会议精神，认真借鉴以往政协工作的成功经验，紧紧围绕全面建设小康社会的奋斗目标，自觉服从和服务于全区改革、发展、稳定的大局，积极探索新时期新阶段政协工作的新特点、新思路，切实履行政治协商、民主监督和参政议政职能，把新一届政协工作提高到新水平。会议号召，全区各级政协组织和政协委员紧密团结在以胡锦涛同志为总书记的中共中央周围，在自治区党委领导下，高举邓小平理论伟大旗帜，全面贯彻"三个代表"重要思想，坚持和完善中国共产党领导的多党合作和政治协商制度，围绕经济建设中心和全区工作大局，同心同德，群策群力，为推动我区社会主义物质文明、政治文明和精神文明建设，做出更大的贡献。

中国人民政治协商会议内蒙古自治区第九届委员会第一次会议关于八届政协常务委员会工作报告的决议（2003 年 1 月 17 日） 中国人民政治协商会议内蒙古自治区第九届委员会第一次会议，同意许柏年副主席代表八届委员会常务委员会所作的工作报告。会议认为，《报告》对五年来政协工作的总结是实事求是的，所概括的经验是富有特色的，对于今后的政协工作具有重要的指导意义。过去五年，自治区政协八届委员会常务委员会，在自治区党委的领导和全国政协的指导下，高举邓小平理论伟大旗帜，全面贯彻"三个代表"重要思想，坚持和完善中国共产党领导的多党合作和政治协商制度，广泛团结各党派、团体和各族各界人士，紧紧围绕经济建设中心和全区工作大局，认真履行政治协商、民主监督、参政议政职能，为促进我区经济发展和社会进步，推进社会民主政治建设，不断加强政协工作的规范化、制度化、程序化建设，付出了卓有成效的努力，各项工作取得了新进展。会议同意《报告》提出的今后工作要点和总体思路，希望九届委员会常务委员会认真组织实施，努力开创我区政协工作新局面。

王占主席在自治区第九届委员会第一次会议闭幕会上的讲话（2003 年 1 月 17 日）（摘要） 我受新当选的九届政协主席会议的委托，着重就学习贯彻中共十六大精神、突出团结和民主两大主题、发挥委员主体作用等三个方面讲些意见。一、学习贯彻中共十六大精神，是全国上下当前和今后一个时期首要的政治任务，也是各级政协组织当前和今后一个时期首要的政治任务。新一届政协领导机构一定要更加扎实有效地把这个关乎全局的头等大事抓紧抓好。从总体上说，本届政协各参加单位、组成界别、工作机构和各位委员，都应按照《决议》要求，结合各自实际，在学习贯彻十六大精神方面做出新的努力，取得更大成效。我们学习贯彻十六大精神，不能不顾及政协的性质和特点，不能不正视政协内部一致性前提下的多样性。既不可放任自流，又倡导自觉自愿，既要加强领导，又不强求一律。这里，最重要的一条是主席会议、常委会议的成员要带好头，各参加单位、组成界别、工作机构的领导人、负责人要带好头,政协委员中的共产党员要带好头。二、人民政协讲团结,是在社会主义、爱国主义旗帜下,坚持求同存异、体谅包容的大团结,是以建设中国特色社会主义为目标的大陆范围各族人民与拥护祖国完全统一的港澳同胞、台湾同胞的大团结,是所有企盼我们祖国自立自强的海内外中华儿女的大团结。过去,人民政协致力于这种大团结,在近现代人类文明的史册上留下了许多许多可歌可泣的光辉篇章。今天,我们面对全新的形势和任务,不仅应该而且能够在促进空前广泛的大团结方面,比以往任何时候都做得更加完美、更加出色。团结和民主是相辅相成、不可或缺、既相对又统一的两个方面。我们所讲的团结,是建立在充分发扬民主基础上的团结。从这个意义上说,民主是团结的条件,也是团结的保证。我们讲民主,就要切实坚持和不断完善共产党领导的多党合作和政治协商制度,认真贯彻执政党与参政党"长期共存、互相监督、肝胆相照、荣辱与共"的方针;就要切实把履行政治协商、民主监督、参政议政三项主要职能作为一个有机整体,作为建设社会主义政治文明的一种有效形式,逐步制度化、规范化;就要切实尊重每位委员履行职责的权利,鼓励大家在调查研究的基础上如实反映社情民意,敢讲真话、实话、心里话,不管是建言立论、提出批评、献计献策,都能畅所欲言,各抒己见,充分发表各自的意见,而绝不允许随便扣帽子、抓辫子、打棍子。三、政协委员是人民政协的主体。充分发挥委员的主体作用,是搞好九届政协工作的重要环节,也是九届政协自身建设的重要环节。在我们现有的487名政协委员中,既有一定比例的中共党员,又囊括各民主党派、各人民团体、各族各界有代表性人士。与八届政协比较,委员的平均年龄下降了,文化程度更高了,集中了各个领域的专家学者,来自新的社会阶层和来自香港澳门特别行政区的委员也比历届都多。这反映了内蒙古经济发展、文化进步的客观需要,也反映了新世纪爱国统一战线的不断壮大,为九届政协的工作奠定了良好的组织基础。我们的主席会议、常委会议、专委会、办公厅都是为委员服务的。为委员服务,要认真不要敷衍,要规范不要随意,要热情和蔼不要有衙门作风。在政协机关工作的同志特别是共产党员,不但要有好人品,而且要有好人缘,这样才能广交友,交诤友。政协领导机构和各个工作机构都应当给委员们行使权利创造民主和谐、宽松活跃的环境,这样才能使我们的委员愿意进政协的门、愿意见政协的人,使政协机关成为名副其实的"委员之家"。我们各位委员也应当进一步提高自身素质,树立"主体"意识。政协的职能要通过委员的共同努力来实现,政协的优势要通过委员共同努力来发挥。大家作为各党派、各团体、各族各界的代表参加政协,既是荣誉,更是责任;既有权利,也有义务。衷心希望每位委员都以"当仁不让"的满腔热情,履行自己的职责,尽到自己的义务,心怀爱民之情,力行爱民之举,不图虚名,不负众望,以自己的实际行动,为人民政协事业增光添彩,为全区的改革、发展、稳定奋力拼搏。人民政协事业凝聚着一届又一届政协委员的心血和汗水,我们新中国从成立到现在的每一点成就,都与一大批闪光的政协委员的名字连结在一起。作为自治区九届政协的成员,作为他们的后来人,我们应该以他们为榜样,爱岗敬业,克己奉公,用无限忠诚,在历史上留下无愧于人民,无愧于组织,无愧于时代的值得纪念、值得称道的一页。

【组织概况】

主 席

王 占

副主席

傅守正　包俊臣(蒙古族)
乌　兰(蒙古族)　许柏年
罗锡恩　奇英成(蒙古族)
盖山林(满族)　刘芝兰(女)
韩振祥　邬宝恒

秘书长

王玉山(蒙古族)

常务委员名单(以姓氏笔画为序)

卜范达　马占新(蒙古族)
云治厚(蒙古族)　云淑贤(女,蒙古族)
云福俊(蒙古族)　王石彤　王延彬
王希贤　王明勤　王　南　王　海
王富祥　扎木苏(蒙古族)
乌·图雅(女,蒙古族)　平子良
布和朝鲁(蒙古族)石新生
叶喜扎木苏(鄂温克族)　卢　挺
田　震　白　兰(女,鄂伦春族)
白斯楞(蒙古族)　包庆贺(蒙古族)
宁　铨　边占喜　邢永明　邢洁晨
吐　嘎(蒙古族)　吕纪俄　乔岐山
任远国　任英超　刘玉蓉(女)
刘恩情(蒙古族)　刘　斌(蒙古族)
阮景海　孙忠泰　孙　炯　杨凤英(女)
杨树森　杨舜才　苏尤乐玛(女,蒙古族)
苏世雄　苏雅拉图(蒙古族)李子清
李占荣　李　秀　吴永刚(蒙古族)
宋振国　张元凯　张志公(蒙古族)
张伯群　张建国　张　珉(蒙古族)
张茂林　张树义　张　钢　张维民
张福宽　陆　阳　呼和巴特尔(蒙古族)
罗·莫日根(女,蒙古族)
图布登尼玛(蒙古族)
金　华(女,蒙古族)　郑锦春
郑福田　宝笑平(女,蒙古族)
胡其图(蒙古族)　郝继宽
赵　云(蒙古族)　赵心力(女)
赵永亮　赵　慧　赵德政(锡伯族)
哈斯乌拉(蒙古族)钟玉堂　郜丰平
贺银凤(女)　秦国庆
莫日根(蒙古族)　苇文印
莎　娜(女,达斡尔族)　聂延秋
钱灵犀　徐　翔(女)　郭洪成
高凤林　高昆生　黄　文
黄雅琴(女,蒙古族)
斯琴其木格(女,蒙古族)　景锡恩(回族)
锁占荣(回族)　富子荣(满族)
靳明龙　照日格图(蒙古族)臧海民
谭百业　黎　明(鄂温克族)

委员名单(以姓氏笔划为序)

中国共产党

王　占　傅守正　盖山林(满族)
刘芝兰(女)　韩振祥　邬宝恒
王玉山(蒙古族)　云淑贤(女,蒙古族)
王铁小(蒙古族)　龙忠久
乌云毕力格(蒙古族)
白　锁(蒙古族)　孙桂芳
苏　和(蒙古族)　李占荣　李光席
李　秀　杨舜才　吴永刚(蒙古族)
张　玉(蒙古族)　张立华(满族)
陈相华(蒙古族)　赵山根　钟玉堂
贾荣昌　韩　钢　朝伦巴特尔(蒙古族)

中国国民党革命委员会

奇英成(蒙古族)　牛长贵
刘　斌(蒙古族)　杜建明　张广平
张元凯　彭皓方(女)　靳明龙

中国民主同盟

许柏年　卜范达　马　冀　任国芳(女)
朱德礼　赵学友　钱灵犀　徐　翔(女)

中国民主建国会

王建华(女)　吕纪俄　张国民
范凌华(女)　郑锦春　赵浩沁
祖建国　敖淑清(女,达斡尔族)

中国民主促进会

盖山林(满族)　平子良　邢洁晨
刘玉蓉(女)　张天志(女)
周俊秋　赵玉凤(女)　章　也

中国农工民主党

于伟光(满族)　云治厚(蒙古族)

齐　琳(女,蒙古族)　孙兰柱
李世华　张伯群　陈庆春(满族)
赵　慧

九三学社

罗锡恩　包庆贺(蒙古族)　边占喜
许宏然　李晓东(蒙古族)　张秀峰
高昆生　黄雅琴(女,蒙古族)

无党派民主人士

王喜忠　包正兴(蒙古族)
吐　嘎(蒙古族)　刘　颖(女)
李秉荣　宋锡波　张　珉(蒙古族)
张维民　陆永德　陈秀芳(女)
武再厚　苑德存(蒙古族)
宝力稿(蒙古族)　宝新民(蒙古族)
赵永华(蒙古族)　郜丰平　苇文印
黄宝平

中国共产主义青年团、青年联合会

千亚丽(女,蒙古族)
王晓辉(蒙古族)　娜仁图雅(女,蒙古族)
孟晓冰(蒙古族)　胡达古拉(女,蒙古族)
姚丽萍(女)　曹　洁(女)
常志刚(蒙古族)　谭百业
德力格尔(蒙古族)

工会

车立志　刘廷俊　李冶红
金　华(女,蒙古族)　裴　绪

妇女联合会

马素英(女,蒙古族)　方桂琴(女)
白光琴(女,满族)　苏木雅(女,蒙古族)
苏尤乐玛(女,蒙古族)
李梅荣(女,蒙古族)
张丽华(女,蒙古族)
陈晓鸽(女,蒙古族)
宝笑平(女,蒙古族)　樊小平(女)

工商业联合会

王石彤　王恭敏　王维峰　刘俊林
刘恩情(蒙古族)　苏世雄　李炅峰
张云飞　张树义　武希慧　赵永亮
秦国庆　秦学敏　莽志宏(蒙古族)

高　娃(女,蒙古族)　渠绍春
富子荣(满族)　靳登永
霍庆华(蒙古族)

农牧界

王　欣　王守陆　王志峰　王补在
王俊平　王继跃　王喜春　石连安
田　柖　田　震　田自华
托　娅(女,蒙古族)　任远国
刘士和　刘惠忠　李庆峰　张玉堂
张启坤　张福宽　陈绍钧
岱庆格日乐(女,蒙古族)　郝尚华
郝桂娟(女)　赵小勇　赵心力(女)
郜彦茹(女)　敖　伦(蒙古族)
敖日布(蒙古族)　敖秀田(蒙古族)
徐建新　殷玉珍(女)
曹永欣(女,蒙古族)
斯琴朝克图(蒙古族)　程满金
薄志慧(女,蒙古族)

科学技术界

王树东　王钰国　田常录　田富春
白渌水(蒙古族)　刘　晔(女)
刘　源　闫瑞峰　阮景海
杨　劼(女,蒙古族)
苏雅拉图(蒙古族)李　清　李春龙
汪立勤(女)　张云卫　张东利
张和平　邵光洁(女)　范德元
呼和巴特尔(蒙古族)　周欢敏
郝文华　贺银凤(女)　贾　柯
贾秀兰(女)　高扬杰　黄根喜
崔小平　韩秀荣(女,蒙古族)
韩秀峰

社会科学界

丁文英(女,蒙古族)　王言波
白凤娟(女,蒙古族)
白　兰(女,鄂伦春族)　白金祥
包　儒(女)　邢连珠　任英超
刘惊海　杨淑岚(女)　张志忠
阿斯林(蒙古族)　陈　强(蒙古族)
郝存柱(蒙古族)　贾　莉(女)

常作然　康永恒(满族)
赛音巴图(蒙古族)

经济企业界

丁新民(蒙古族)　于清国(满族)
马万良　马占新(蒙古族)
云文广(蒙古族)　王　冰　王　浩
王　南　王　海　王文彪　王智广
扎木苏(蒙古族)　牛根生
尹相林(蒙古族)　白斯楞(蒙古族)
白福易　冯宝君　吉子文　毕建华(满族)
朱廷海　乔岐山　向　东(蒙古族)
刘志慧　刘春杰　刘德光　杜海军
李一明　李元真　李金翔
李建平(蒙古族)　李政达　时素珍(女)
宋　军　宋文代　宋国宏　宋振国
张庆义　张庆宗　张利军　张秀根
张茂林　张　钢　张剑平　张晓凤(女)
武世荣　周世孝　周　杰
胡雪峰(蒙古族)　赵　勇　姜月忠
秘雪峰　徐守义　徐健力　高凤林
郭洪成　黄　文　曹兴田　董进全
董晓民　程方庆　锁占荣(回族)
鲍晓英(蒙古族)　窦连玺　裴登泰
额尔德尼(蒙古族)冀秉峰

科学技术协会界

王林和　宁　铨　邢永明　孙　炯
李洪瑞(女)　林川令　周培勤
胡淑萍(女)　洪　晏(女,蒙古族)
袁　术

文化艺术界

王德恭　王新民　仁钦那木吉拉(蒙古族)
乌云达来(蒙古族)乌热尔图(鄂温克族)
刘幻真　刘兆和　刘良慧
齐·宝力高(蒙古族)　孙志忠
麦丽丝(女,蒙古族)
何其耶徒(蒙古族)张景彬　陆　阳
阿拉腾其木格(女,蒙古族)武利平
尚静波(满族)　罗·莫日根(女,蒙古族)
图娅(女,蒙古族)周荣生
哈斯乌拉(蒙古族)海日汗(蒙古族)
涂　们(鄂温克族)康　庄
塔　娜(女,蒙古族)　程旭光
额其木格(女,蒙古族)

新闻出版界

万唯兵(女,朝鲜族)　王明勤
巴雅尔图(蒙古族)苏日娜(女,蒙古族)
张　慧(女,蒙古族)　孟喜元
贺京生　郭卫红(女)
黄爱民(女,蒙古族)
戴　鸿(女,蒙古族)

教育界

云福俊(蒙古族)　王延彬
乌尼尔(女,蒙古族)　尹正业
布尔库特(蒙古族)布和特木尔(蒙古族)
白布和(蒙古族)　白洪波(蒙古族)
任　英　刘文霞(女)　齐　广
杨　勇(回族)　李化中
李学东(蒙古族)　何　江　何成保
迟光明(女)　张建国　武振耀
郑福田　孟霞荣(女,达斡尔族)
郝兆兴　赵艳萍(女,回族)
哈斯朝鲁(蒙古族)姜文革　祖凤云(女)
袁德正　柴庆孚(女)　曹丽荣(女)
梁　瑞　照日格图(蒙古族)

医药卫生界

王　才　王毅杰　乌苏日勒特(蒙古族)
乌力吉特古斯(蒙古族)　卢计成
刘树涛(满族)　刘树清　刘景文
孙国玉(满族)　贡布斯布腾(蒙古族)
苏　荣(女,蒙古族)
丽　娜(女,达斡尔族)
吴秀兰(女,蒙古族)
阿拉腾图雅(女,蒙古族)
拉布杰(蒙古族)　单忠元(满族)
房建华(女)　胡　江　聂延秋
曹玉海　斯琴其木格(女,蒙古族)
傅明光　臧宪凌(女,蒙古族)
霍洪军

体育界

陈　明　忠　乃(蒙古族)
朋子兴(蒙古族)　郑忠义　郭厚诚
朝　鲁(蒙古族)

台胞台属界

王伟春　石新生　史文娟(女)
任　涌　杜建平　李亚西　李　荪(女)
陈　晓　陈丽卓(女)　赵丽云(女)
秦湘灵(女)　翁志敏(女)
焦　民

侨联界

王佳音(女,蒙古族)
乌·图雅(女,蒙古族)
卢世翔(蒙古族)　成　功(蒙古族)
杨丽萍(女)　张　剑(女)
张建方(回族)

社会福利界

吉如木图(蒙古族)达喜道尔吉(蒙古族)
武巧英(女)　赵　云(蒙古族)
赵德政(锡伯族)　鲁剑钧

少数民族界

云布霓(蒙古族)　布和朝鲁(蒙古族)
叶喜扎木苏(鄂温克族)
那　顺(蒙古族)　李文昌(满族)
吴　涛(鄂伦春族)张文奎(蒙古族)
张志公(蒙古族)　阿木古冷(蒙古族)
胡其图(蒙古族)　革　命(蒙古族)
赵仁钦(蒙古族)　袁金莲(女,藏族)
莎　娜(女,达斡尔族)
萨希荣(鄂温克族)常　国(蒙古族)
鄂金玲(女,达斡尔族)
韩布和(蒙古族)　黎　明(鄂温克族)
德继民(蒙古族)

宗教界

王希贤　乌　兰(蒙古族)　杨凤英(女)
图布登尼玛(蒙古族)
宝音达来(蒙古族)孟克巴图(蒙古族)
孟清录　赵九九(蒙古族)　常振杰
景锡恩(回族)

特别邀请人士

王玉成(蒙古族)　王富祥　王登山(回族)
乌兰巴拉(蒙古族)巴建光(蒙古族)
卢　挺　卢瑞安　田学臣
白金海(蒙古族)　刘挺军　许文曲
汤子亮　孙忠泰　杨树森　李子清
李秀芝(女)　李佳林　李复瀚
何宋婉真(女)　何荣祥　何蒋棠
张宏煜　陈士民(蒙古族)　陈毅民
金二毛(蒙古族)　周廷芳　胡景光
郝继宽　莫日根(蒙古族)
钱荣旭(蒙古族)　高启柏
斯热文(达斡尔族)朝　鲁(蒙古族)
程树祥　蔡彬彬　臧海民　黎祖森

【内蒙古自治区各盟(市)、旗(县、区、市)政协领导人名单】

呼和浩特市

市政协主席　王铁小
县(旗、区)政协主席
新城区　朱祥福
回民区　白　云(回族)
玉泉区　郭受成
塞罕区　云东贵(蒙古族)
土默特左旗　李建新
托克托县　康小虎(蒙古族)
清水河县　邢振悦
和林格尔县　伊明士(蒙古族)
武川县　宋征和

包头市

市政协主席　李玉然(女)
县(旗、区)政协主席
东河区　龙　梅(女,蒙古族)
昆都仑区　张福荣
青山区　路　健
石拐矿区　董淑贤(女,蒙古族)
白云鄂博矿区　张桂英(女)
九原区　张宏伟
土默特右旗　张柱柱(蒙古族)

固阳县 李秀连
达尔罕茂明安联合旗
陈玉玲(女,蒙古族)

乌海市

市政协主席 云高怀(蒙古族)
区政协主席
海勃湾区 石 瑛
海南区 王培林
乌达区 王根明

赤峰市

市政协主席 张立华(满族)
县(旗、区)政协主席
红山区 郝庆云(女)
元宝山区 孟繁臣
松山区 张明华
阿鲁科尔沁旗 鞠喜玲
巴林左旗 范长才
巴林右旗 崔 义
林西县 王俊山
克什克腾旗 宋喜岭
翁牛特旗 张俊昌
喀喇沁旗 刘长华
宁城县 李显良(蒙古族)
敖汉旗 宁士清

呼伦贝尔市

市政协主席 赵山根
县(旗、区)政协主席
海拉尔市 乌兰巴拉(蒙古族)
满洲里市 尤中久(蒙古族)
扎兰屯市 常秀峰(蒙古族)
牙克石市 马守士
额尔古纳市 戎占祥
根河市 王文明
阿荣旗 郭 英(女)
莫力达瓦达斡尔族自治旗
楚士成
鄂伦春族自治旗 赛 林(鄂伦春族)
鄂温克族自治旗 杜 刚(鄂温克族)
新巴尔虎右旗 长 明(蒙古族)
新巴尔虎左旗 段节民(蒙古族)
陈巴尔虎旗 吴长贵(蒙古族)

兴安盟

盟政协主席 白 锁(蒙古族)
县(旗、区)政协主席
乌兰浩特市 额尔敦力高(蒙古族)
阿尔山市 任忠民
科尔沁右翼前旗 卢玉玺(蒙古族)
科尔沁右翼中旗 庄 子(蒙古族)
扎赉特旗 乌力吉(蒙古族)
突泉县 张秀兰(女)

通辽市

市政协主席 王佐玉
科尔沁市区 华 俊(蒙古族)
霍林郭勒市 刘胜彬(蒙古族)
科尔沁左翼中旗 王玉兴(蒙古族)
科尔沁左翼后旗 刘 祥
开鲁县 闫淑云(女)
库伦旗 闫存武
奈曼旗 包喜全(蒙古族)
扎鲁特旗 杜 辉

锡林郭勒盟

盟政协主席 朝伦巴特尔(蒙古族)
县(旗、区)政协主席
锡林浩特市 褚延祺
二连浩特市 乌云毕力格(蒙古族)
阿巴嘎旗 李力量(蒙古族)
苏尼特左旗 孟 赫(蒙古族)
苏尼特右旗 宝德巴雅尔(蒙古族)
东乌珠穆沁旗 东布日乐(蒙古族)
西乌珠穆沁旗 赛音吉雅(蒙古族)
太仆寺旗 云成山(蒙古族)
镶黄旗 道尔吉扎布(蒙古族)

正镶白旗　李福强(蒙古族)
正蓝旗　布仁巴图(蒙古族)
多伦县　冯绵俊

乌兰察布盟

盟政协主席　张　玉(蒙古族)
县(旗、区)政协主席
集宁市　刘挺军
丰镇市　杨鸿钧
卓资县　霍元宏(满族)
化德县　贾　军
商都县　潘学礼
兴和县　包淑珍(女,蒙古族)
凉城县　刘常在
察哈尔右翼前旗　冀　聪
察哈尔右翼中旗　彭　悦
察哈尔右翼后旗　梁建军
四子王旗　张改娥(女)

鄂尔多斯市

市政协主席　王德宝(蒙古族)
市(旗)政协主席
东胜市　梁清海
达拉特旗　董志强
准格尔旗　淡　憨
鄂托克前旗　千·敖云达来(蒙古族)
鄂托克旗　李月珍(月)
杭锦旗　李清义
乌审旗　阿迪雅(蒙古族)
伊金霍洛旗　那木吉拉(蒙古族)

巴彦淖尔盟

盟政协主席　韩　钢
县(市、旗)政协主席
临河市　刘耕晓
五原县　斐世忠
磴口县　李再和
乌拉特前旗　杨秀梅(女)
乌拉特后旗　刘建中
乌拉特中旗　皇甫义
杭锦后旗　钱达楞太(蒙古族)

阿拉善盟

盟政协主席　苏　和(蒙古族)
旗政协主席
阿拉善左旗　哈斯巴托(蒙古族)
阿拉善右旗　张勉仁
额济纳旗　永　红(蒙古族)

内蒙古自治区各级政协组织和委员数

(截至2003年底)

项目＼级别	自治区	盟(市)	县(旗、不设区市、市辖区)	合计
组织数	1	12	101	114
委员数	487	2669	10092	13248

(徐　柏　编写　杨舜才　审稿)

政 协 辽 宁 省 委 员 会

张文岳　主　席

董万德　副主席

张成伦　副主席

赵新良　副主席

张毓茂　副主席

姜笑琴　副主席

王植时　副主席

张传庆　副主席

贺　旻　副主席

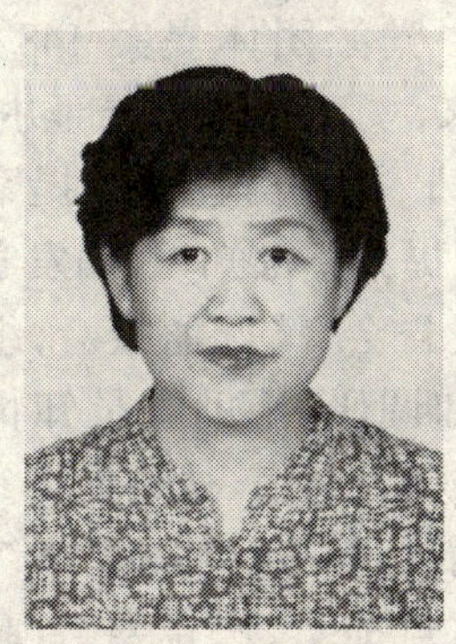
孙桂芬　副主席

金国生　副主席

宁培秀　秘书长

【全体委员会议】

九届一次会议 2003年1月18日至23日在沈阳举行。应出席委员750人，实到667人。会议主席团常务主席张文岳主持开幕大会。会议期间，委员们听取并审议通过了董万德副主席所作的《政协辽宁省第八届委员会常务委员会工作报告》和张成伦副主席所作的《政协辽宁省第八届委员会常务委员会关于八届五次会议以来提案工作情况的报告》；列席了省十届人大一次会议，听取并讨论了薄熙来省长所作的《政府工作报告》及其他报告；选举产生了政协辽宁省第九届委员会主席、副主席、秘书长和常务委员；审议通过了政协辽宁省第九届委员会第一次会议的各项决议；审议通过了政协辽宁省第九届委员会提案委员会关于九届一次会议提案审查情况的报告。会议认为，过去五年，在中共辽宁省委的领导下，八届省政协常委会坚持以邓小平理论和“三个代表”重要思想为指导，高举爱国主义和社会主义旗帜，把握团结和民主两大主题，充分发挥人民政协最广泛爱国统一战线组织的作用，切实履行政治协商、民主监督、参政议政职能，动员和团结全省各民主党派、工商联、各人民团体和各族各界人士，为我省改革开放和现代化建设献计出力，为坚持和完善中国共产党领导的多党合作和政治协商制度，巩固和发展爱国统一战线，推动我省物质文明、政治文明和精神文明建设，做出了积极贡献。张文岳主席在闭幕会上讲话。

【常务委员会会议】

第1次会议 2003年1月23在沈阳召开。会议由董万德副主席主持。会议审议通过了政协辽宁省委员会常务委员会2003年工作要点；审议通过了政协辽宁省第九届委员会常务委员会关于设置专门委员会的决定；审议通过了政协辽宁省第九届委员会任免名单。省委副书记、省政协主席张文岳在会上讲话。

第2次会议 2003年6月25至26日在沈阳召开。会议的主要议题是围绕发展文化产业和深化文化体制改革问题献计献策。会议审议通过政协辽宁省第九届委员会任免名单；审议通过省政协主席会议关于调整省政协九届三次常委会议议题的建议。滕卫平副省长通报了深化文化体制改革和发展文化产业的设想；辽宁社会科学院介绍了发展文化产业方面的研究成果；辽宁出版集团介绍了集团发展经验。18个单位或个人在大会上发言。原则通过了《政协辽宁省委员会常务委员会关于发展文化产业和深化文化体制改革问题的建议案》。

第3次会议 2003年9月22至23日在沈阳召开。会议以加快辽宁老工业基地调整改造振兴为中心议题。副省长胡晓华向与会常委作了关于辽宁老工业基地调整改造振兴规划纲要的说明，并通报了省政协九届一次会议提案办理工作情况。省委常委、省政府常务副省长许卫国听取大会发言并讲话。会议原则通过了《关于辽宁老工业基地调整改造和振兴的建议案》；审议通过了政协辽宁省第九届委员会任免名单。

【专门委员会工作】

提案委员会 省政协九届一次会议以来，提案委员会共征集提案627件，经审查立案617件，其中党派团体提案148件。到2003年12月末，立案的提案全部办结。举办新委员培训班、在《友报》开辟提案平台专栏，系统介绍提案基础知识；编发学习资料，举办专题报告会、情况通报会，组织委员视察、考察和调研，帮助委员知情明政；印发致全体委员一封信、征集提案参考题目、提案办理情况选编。撰写提案综合分析报告、筛选重点提案，送省委、省政府领导阅批。与省委、省政府办公厅联合召开重点提案座谈会，会同省人大、省政府相关部门对提案办理工作进行联合检查，对列入计划逐步解决的重点提案实行建档跟踪办理。首次实行由省政协主席领办重点提案。在省直各承办单位和各级政府中开展提高提案办理质量征文活动，引导承办单位提高办案质量。商请省委、省政府以两办名义印发《省政协提案工作条例》，请省政府向省政协常委会通报提案办理情况，推进提案工作制度化、规范化、程序化。

经济委员会　围绕非公有制经济发展开展专题调研和考察，先后到江苏、浙江考察，并到省行政执法部门、司法部门、综合部门及大连、营口、丹东、阜新四个市进行调研，形成《关于赴江苏、浙江省学习考察在省内四市调查的报告》，反映近年来辽宁非公有制经济发展成就，针对在发展非公有制经济中存在的问题，提出建议。围绕辽宁老工业基地调整改造振兴开展专题调研，提出《积极探索辽宁老工业基地改造与振兴的市场化道路》、《抓住机遇，努力实现辽宁船舶工业大发展》的建议。围绕文化产业发展到铁岭、阜新就文化旅游资源开发问题进行调研，形成《关于发展文化旅游产业的几点建议》和《文化事业单位投入体系亟待变革》两篇常委会大会发言。构建了由东北大学、辽宁大学、辽宁省社科院、辽宁经济发展研究中心部分专家组成的专家咨询网络体系。2003 年赵新良副主席主编，由专家系统编著出版了《让源泉涌流——民营经济发展的理性思辨》、《创新创业——辽宁省民营企业案例》。注意发挥委员的积极性，让更多的委员参与调研、考察、视察，到各市调研视察请在该市的委员参加，一年里，有 100 多人次参加了委员会和活动组组织的各种活动，委员参与活动面达到 60% 以上。先后组织了秦沈高速铁路客运专用线建设和对辽宁经济的拉动和影响、固定电话收费中欠费问题与辽宁通信事业发展情况、邮政如何为辽宁经济建设服务等视察。开展委员活动组活动，农业、工业、金融和城建交通活动组分别召开了“三农”问题、财政金融部门支持辽宁非公有制经济发展座谈会及物流业发展视察。

人口资源环境委员会　就人口资源环境问题，开展了 4 次专题调研和 2 次视察活动。为推动辽河流域水污染防治工作，组成委员先后赴 8 个市，对城市污水处理厂建设和运营情况进行调查，提出了加大投入确保城市污水处理厂建设进度、加强污水处理费的征收和管理、加快城市污水处理的立法工作等意见和建议，形成《关于辽河流域城市污水处理厂建设和运营情况的调查报告》，报送省委、省政府。就提升辽宁旅游业文化品位、发展壮大辽宁石油化学工业、水资源问题分别开展调查，形成《提高旅游产品文化含量促进旅游产业加快发展》、《关于发展壮大我省石油化学工业的调查》、《关于振兴辽宁老工业基地如何解决水资源问题的调查报告》。视察辽宁防震减灾工作情况和西北部土地沙漠化防治情况，形成视察报告《关于我省西北部土地沙漠化防治工作的几点建议》，报送省委省政府领导参阅。参与组织了辽宁省人口与计划生育条例实施宣传月、2003 年度城镇“绿叶杯”竞赛检查活动。制定了《人口资源环境委员会调查研究工作五年规划》，确定了调研重点。

教科文卫体委员会　举办“深化文化体制改革和加快文化产业发展”专题报告会、研讨会和情况通报会，邀请政府相关部门领导、部分专家、学者就什么是文化产业、目前国内外发展文化产业的形势、发展文化产业的意义及辽宁文化产业的现状等问题作专题报告；邀请部分省政协委员和有关专家及文化工作者就相关问题进行研讨；请省直相关部门通报辽宁省发展文化产业和体制改革情况。围绕文化体制改革和文化产业发展情况调查研究，形成《关于深化文化体制改革与加快文化产业发展的调研报告》。提交九届二次常委会议《我省电影业发展的优势、隐忧及应对措施》、《从赵本山现象看文化产业发展的巨大潜力》和《打造“文化强省”必须解决的两个问题》3份大会发言材料。视察辽宁省城镇医疗卫生服务体系建设情况、农村义务教育管理体制建设情况，形成《关于城镇医疗卫生体系建设的视察报告》和《关于我省农村义务教育管理体制建设情况的视察报告》，分别以辽宁省政协办公厅文件的形式报送省委、省政府。对省政协八届十七次常委会《关于我省人才有关问题的建议案》的落实情况进行跟踪视察。在省政协多功能厅举办杨仁恺、幺喜龙、庄廷伟书法联展。组织教育、医药卫生界省政协委员下乡送教、送医药，作示范课观摩教学，为老复员军人、老劳模、老干部义诊，通过这些活动扶贫帮困。

社会和法制委员会 组织委员对依法信访问题开展专题调研，形成《积极推进依法信访，切实做到执政为民》调研报告，为维护社会稳定建言献策，报告的部分意见和建议被纳入省委、省政府决策之中。围绕企业并轨职工经济补偿问题和低保费计算办法等问题开展调研，形成《关于我省社会保障工作中弱势群体问题的调查报告》。就政府在就业工作中的职能定位开展调研。围绕为民营经济发展创造良好的社会和法制环境问题，在省内调研，到兄弟省考察，形成《充分发挥民营经济在振兴辽宁老工业基地中的重要作用》和《营造良好的社会氛围，努力实现民营经济的跨越式发展》，分别作为省政协九届三次常委会大会发言和全国政协专题研讨会汇报材料。就突发公共卫生事件应急条例、辽宁省土地使用权交易管理规定、辽宁省国有土地租赁办法等6部地方性法规和政府规章，召开立法协商会议，提出修改意见和建议涉及条文90余条。按照省法院和省检察院的聘请条件，推荐51名委员，担任“两院”的民主监督员和人民监督员。

民族和宗教委员会 就新宾满族自治县依托清前文化史迹资源，大力发展特色文化旅游产业情况调查研究，提出充分开发利用辽宁清前文化史迹资源，做大做强辽宁清前文化旅游品牌的建议。以“一宫三陵”申报世界文化遗产问题为主要内容，形成《关于开发清前文化史迹资源的几点意见》报省委、省政府。就民族自治县县域工业经济发展情况赴本溪和宽甸两个满族自治县视察，形成《关于本溪宽甸满族自治县县域工业经济发展情况的视察报告》，从进一步完善发展思路、调整所有制结构、优化产业布局、拓宽招商引资渠道等方面提出建议。省委书记闻世震、省长薄熙来等对报告作出批示，要求有关部门在研究民族地区经济社会发展问题时充分加以吸纳。调查研究沈阳、大连等10个市基督教现状，形成《关于我省基督教现状的调研报告》。组成宗教工作考察组，重点考察神学思想建设情况，结合辽宁实际，向省委、省政府提出《关于进一步加强我省基督教神学思想建设几点建议》的专题报告。就加快辽宁民族地区发展，全面建设小康社会进行理论研讨。

港澳台侨(外事)委员会 召开有港澳委员及特邀列席人士参加的“开创辽宁对外开放新局面”座谈会，就在辽宁港澳企业在投资中遇到的问题提出意见和建议，报送省委、省政府，省政府有关厅局专程到省政协联合召开“辽宁对外开放通报协商会”，听取意见和建议，与港澳委员进行双向交流。组织以省政协副主席为团长的四个省政协团组分别赴英国、意大利、埃及、土耳其、美国、加拿大及台湾地区考察，促进辽宁与上述地区教育、经贸和华侨华人社团的交流与合作。接待港澳台侨和外国友人 11 个团组,150 多人次。接待台湾“立法委员”参访团和彰化商校参访团,组织以省政协委员为主体的考察团赴台湾考察、招商引资,开展经贸交流。非典发生后先后向非典疫情严重的香港、台湾等地的港澳委员及各界友好人士发出慰问信 100 多封,走访慰问了在沈阳投资的部分港澳企业。撰写《关于外向型文化产业的调查报告》、《充分发挥辽宁在东北老工业基地对外开放中的作用》、《港澳地区投资企业情况的调查报告》、《关于我省实施“内地与香港更紧密经贸关系的安排”的建议》。做好招商引资工作,促成香港泓峰集团与大连旅顺口区政府就房地产开发进行合作。

学习宣传和文史委员会 把“三个代表”重要思想和十六大精神的学习放在各项工作的首位。编印《中心组学习参阅件》、《省政协学习中心组简报》,2003 年省政协理论学习中心组共进行了 5 次集中学习讨论。起草《政协辽宁省委员会关于贯彻〈中共中央关于在全党兴起学习贯彻“三个代表”重要思想新高潮的通知〉的意见》和《政协辽宁省委员会关于在全省各级政协组织和政协委员中开展向郑培民同志学习活动的意见》。与省委统战部、省社会主义学院联合举办新委员培训班,39 名来自基层单位的政协委员参加了培训。省委副书记、省政协主席张文岳与培训班学员座谈并听取学员们的意见和建议。编印《学习之友》6 期。做好省政协重要例会和日常宣传报导工作,开展第十届辽宁省政协好新闻评选。2003 年各新闻单位共播发宣传省政协工作的稿件 650 余篇(条)。召开“缅怀抗日义勇军伟业,弘扬中华民族精神”专题协商会。完成回忆萧军、萧红等东北作家、知名人士《历史珍忆》和车向忱回忆录《一代师表》两部文史专辑的征稿、编辑工作。围绕文化产业发展和文化体制改革有关问题先后到省广播电视局、省新闻出版局、省出版集团和辽宁日报报业集团调查研究,建言献策。

【重要活动】

省政协委员培训班 2003 年 4 月 21 日至 25 日在沈阳举办。培训班就十六大精神、人民政协的性质地位作用、统一战线基本理论、政协委员的政治责任、提案工作及信息工作等,进行了专题辅导。40 位省政协委员参加了培训。张文岳主席,董万德、张毓茂副主席分别讲话。

参加和支持抗击非典斗争 2003 年的非典疫情发生后,省政协多次召开主席会议和秘书长会议,就认真贯彻中央和省委关于防治非典的重要决策进行研究部署。号召全省各级政协组织、政协委员、各民主党派、工商联和各族各界人士行动起来,协助省委、省政府打好防治非典这场硬仗。一是发挥政协人才众多的优势,为全省防治非典工作想办法、出主意。政协委员和各参加单位通过提案、信息、会议等多种形式,向各级党委和政府提出了许多有价值的意见和建议。医药卫生界委员对沈阳市城镇医疗卫生体系建设情况进行视察,提出了关于加大卫生执法监督力度、确保对城镇医疗机构和公共卫生服务体系特别是市县疾病控制中心建设投入的建议。二是千方百计维护社会稳定。把防治非典的重要意见和建议作为反映社情民意的重点,向省委、省政府报送了近百份有关信息和提案,为省领导科学决策提供了重要依据。以各种形式协助省委省政府做好群众的思想工作,消除恐慌心理,稳定人心。三是动员全体政协委员和各参加单位忠于职守,在各自岗位上为抗击非典献计出力。全省各级政协组织和政协委员、各民主党派、工商联等各参加单位坚决贯彻中央和省委的决策,一些卫生界委员冒着生命危险参加救治病人和科研攻关,宣传预防知识，广大委员和机关职工慷慨解囊、捐款捐物，表现了良好的职业道德和高尚的思想情操。由于部署周密、措施得力、效果显著，省政协机关被有关方面评为非典防治工作贡献单位。

省政协机关机构改革　贯彻辽宁省委关于政协机关机构改革的部署和要求，按照有利于加强和改进省政协机关工作和“精简、统一、效能”的原则，2003年10月，省政协机关完成了机构改革任务。在机构改革中，调整了机构设置、完善了职能配置、理顺了职责关系，实现中层干部竞聘上岗、一般干部双向选择和定编定岗定员。机构改革后省政协机关机构设置如下：办公厅，内设秘书处、联络接待处、人事处、行政处、保卫处、老干部处；研究室，内设综合处、调研处；提案委员会办公室、经济委员会办公室、人口资源环境委员会办公室、教科文卫体委员会办公室、社会和法制委员会办公室、民族和宗教委员会办公室、港澳台侨(外事)委员会办公室、学习宣传和文史委员会办公室。

在辽全国政协委员就民营经济发展在辽宁视察　11月17日至20日，省委副书记、省政协主席张文岳召集部分在辽全国政协委员，赴本溪、丹东、铁岭就发挥民营经济在老工业基地振兴中的作用开展专项视察。听取了所到市民营经济基本情况的汇报。听取副省长鲁昕关于辽宁民营经济发展情况的通报。视察团就加快辽宁民营经济发展提出意见和建议，形成《在辽全国政协委员视察辽宁民营经济发展情况的报告》报送全国政协，形成《在辽全国政协委员关于加快发展民营经济的建议》报送辽宁省政府。

加强网站建设　政协辽宁省委员会网站于2001年7月采用主机租用方式开始组建，于2002年1月31日正式开通试运行。网址为：www.lnzx.gov.cn 网站栏目有：政协简介、政协委员名录、会议动态、政协提案、市、县(区)政协、民主党派、委员风采、调研与视察、政协检索、政协理论与实践等。2003年，省政协加强对网站的建设，积极筹划改版，进一步发挥网站宣传政协工作的窗口作用。

【重要文件】

常委会工作报告(2003年1月18日)(摘要)

第一部分，五年来的工作回顾。中国人民政治协商会议辽宁省第八届委员会任期的五年，正值世纪之交。这是我国人民在以江泽民同志为核心的中共中央领导下，团结一致、开拓进取，改革开放和现代化建设取得巨大成就的五年，也是我省经济建设和社会各项事业取得长足进展的五年。五年来，在中共辽宁省委的领导下，八届省政协常委会坚持以邓小平理论和“三个代表”重要思想为指导，高举爱国主义和社会主义旗帜，把握团结和民主两大主题，充分发挥人民政协最广泛爱国统一战线组织的作用，切实履行政治协商、民主监督、参政议政职能，动员和团结全省各民主党派、工商联、各人民团体和各族各界人士，为我省改革开放和现代化建设献计出力，为坚持和完善中国共产党领导的多党合作和政治协商制度，巩固和发展爱国统一战线，推动我省物质文明、政治文明和精神文明建设，作出了积极贡献。一、围绕全省改革开放和现代化建设的重大问题开展政治协商。五年来，常委会针对我省经济建设和社会发展的实际，先后把“十五”计划编制、促进非公有制经济发展、农业和农村经济发展、国有企业改革、人口资源环境与可持续发展、增加农民收入、人才队伍建设、完善社会保障体系和促进再就业等事关我省改革发展稳定的重大问题，作为履行职能、参政议政的重点，动员组织全体委员和各参加单位，广泛深入地开展调查研究和视察、考察活动，运用专题常委会和专题协商会等形式，认真协商讨论，积极建言献策。二、积极稳妥地推进民主监督。充分发挥委员在履行民主监督职能中的主体作用，把民主监督寓于参政议政的各项活动之中，使民主监督经常化；积极探索政协民主监督与其他形式监督相结合的途径；通过高层评议的形式开展民主监督。三、加大提案征集办理工作的力度。抓好提高提案质量这个基础环节，做好党派团体提案工作，加强提案办理的组织协调工作，加强提案工作的规范化、制度化建设，召开了优秀提案表彰会。四、了解和反映社情民意，努力为人民群众办实事。制定了《关于加强信息工作的意见》，创办了《辽宁政协信息》，开设了联通全体委员和各级政协的信息网络。五、拓展文史工作领域，弘扬爱国主义精神。六、活跃港澳台侨联谊，扩大对外友好交往。七、密切同市县（区）政协的联系。八、加强和改进政协的自身建设。作出了《加强理论学习的决定》和《关于加强同委员联系，充分发挥委员作用的实施意见》。

第二部分，主要经验和体会。一、必须紧紧依靠党委领导和政府支持。二、必须紧扣发展主题履行政协职能。三、必须把群众观点贯穿于政协工作的始终。四、必须坚持与时俱进，不断探索新时期政协工作的规律和方法。五、必须发挥民主党派、工商联的重要作用。

第三部分，对今后工作的几点建议。一、深入学习贯彻中共十六大精神，努力开创政协工作新局面。二、坚持与时俱进，做好履行职能的各项工作。三、围绕实现全面建设小康社会的大目标，发展大团结和大联合。四、进一步发挥政协委员的主体作用。

中共辽宁省委副书记、省政协主席张文岳在省政协九届一次会议闭幕会上的讲话(2003年1月23日)(摘要)

一、九届省政协正处于我省全面建设小康社会的关键时期。在全面建设小康社会、推进社会主义现代化建设中，人民政协肩负着重要的历史责任。人民政协坚持团结和民主两大主题，可以广泛联系各族各界群众，在动员全社会力量，调动一切积极因素，为全面建设小康社会服务方面发挥重要作用；人民政协集中了社会各界的优秀分子和代表人士，可以通过协商讨论，促进党政决策的科学化、民主化；人民政协负有民主监督的职能，可以通过多种途径，提出批评建议，推动党的方针政策的贯彻执行；政协委员位置超脱，与各界群众联系紧密，可以充分地反映社情民意，协调关系，化解矛盾，促进社会稳定；人民政协高举爱国主义社会主义旗帜，可以广泛地团结和动员海内外中华儿女，为祖国统一和对外开放服务；人民政协还具有对外交往的职责，可以根据具体情况，积极主动地开展人民外交活动，为扩大开放和招商引资服务。人民政协所具有的这些职能和特点，决定了人民政协完全可以在促进团结稳定、推进改革开放和现代化建设、全面建设小康社会中大显身手、大有作为。我们要认清肩负的历史责任，牢记党和人民的重托，以饱满的热情和百倍的努力，全身心地投入到全面建设小康社会的伟大事业中，努力为推进我省改革开放和现代化建设作贡献，开创政协工作的新局面。

二、我们要以“三个代表”重要思想为指导，解放思想，实事求是，与时俱进，开拓创新，在八届省政协工作的基础上，不断推动政协工作跨上新的台阶。要紧紧围绕全面建设小康社会的目标履行职能。要把维护人民群众的根本利益作为政协工作的出发点和归宿。要积极稳妥地推进政协民主监督。要充分发挥民主党派、工商联在政协工作中的重要作用。要坚持与时俱进，推进政协工作开拓创新。

三、新的形势和任务,对政协组织和政协委员提出了更高的要求。希望每一位政协委员都要从讲政治的高度要求自己,不辱使命,不负众望,努力为全面建设小康社会献计出力。一是认清肩负的重要责任,增强紧迫感和使命感。二是积极履行委员的义务。三是正确行使委员的权利。四是努力提高参政议政的能力和水平。五是做所在工作战线的模范。

关于在全省各级政协组织和政协委员中开展向郑培民同志学习活动的意见(2003年4月8日)(略)

关于贯彻《中共中央关于在全党兴起学习贯彻"三个代表"重要思想新高潮的通知》的意见(2003年7月11日)(略)

关于发展文化产业和深化文化体制改革问题的建议案(略)

关于辽宁老工业基地调整改造和振兴的建议案(略)

【组织概况】

常务委员名单(以姓氏笔画为序)

丁玉学　丁峻峰　于永祥　于建华(女)
于秉治　马世侠　王　松　王公聚
王正刚　王立斌　王永学　王永保
王全林　王秀杰(女)　王佳才
王祖申　王振纲　王恩惠　王淑媛(女)
王植时　王福康　邓　欧(女)
孔昌俊　尹布民　宁培秀　卢　柯
卢　铿　田树军　史建平　丛玉文(女)
邢春和　吕宗泽　朱　涛　朱伟勇
朱朝岱　伍威全　伍秋才　刘　新
刘廷耀　刘全芳　刘希贵　刘忠德
刘宝林　刘政奎　刘保国　刘宏达
刘鸿雁(女)　刘景茹(女)
刘福昌　刘德兴　齐文彬　庄　严
米志芳(女)　许连臣　许锡武
孙中俊　孙文庆　孙国财　孙桂芬(女)
孙景隆　孙嘉诚　杜　铁　杨宝善
杨冠兴　杨冠英　李　经　李　訔
李　瑞　李正德　李兰凤(女)
李发美(女)　李向东(女)
李进兴　李茂芝(女)　李英鹏
李英璋　李雨川　李国鹏　李宝南
李学仁　李荣刚　李振亮　李晓安
李宴清　李绩学　吴　炽　吴庆元
吴国功　吴登庸　何尔立　佟钟时
余献朝　宋大悦　宋达人　宋雨桂
宋铁军　宋道堂　初正坤　迟金山
张　琪(女)　张中英　张文岳
张文纲　张永福　张权华　张成伦
张传庆　张克刚　张英华(女)
张恩华　张营富　张毓茂　张鹤龄
陆迎一　陈　晞　陈永满　陈政夫
武献华　林光烈　林安西　林晶民(女)
苑振铎　范　例　尚大军　金一丞
金国生　金沛献　金晏山　周　涛
周海杰(女)　郑宏伟　单　伟
贺　旻(女)　郎业丕　南朝明
赵　澍　赵子祥　赵广今　赵军秦
赵新良　赵延庆　施中岩　闻大中
洪凤桐　洛桑·义希成来坚措
宫云湘(女)　姜　军　姜齐韬
姜连英　姜笑琴(女)　敖凤玲(女)
索艳丽(女)　袁文华　贯东辉
钱光浒　钱国良　倪琢明　徐　明
徐建源　徐继舜　郭成友　郭景芬(女)
高　炜　高雅坤(女)　唐凤君
唐建武　梅　冬　曹爱华(女)
崔　征　崔建忠　商向东　康广明
康文设　寇有国　尉端恩　董　文
董万德　董树兴　富　强　谢广仁
谢正谦　谢冠军　照　元　简国树
赫恩龙　赫冀成　臧文昌

委员名单(以姓氏笔画为序)

中国共产党

王立斌　王恩惠　宁培秀　刘金树

邢春和　余献朝　张文岳　张传庆
张成伦　李学政　陈文清　陈政夫
赵新良　徐文才　钱国良　董万德

中国国民党革命委员会

史春元　刘福昌　庄　严　张晓波
杨一墨　周　晓　金一丞　施中岩
赵　澍　赵广今　闻大中　索艳丽(女)
温雪琼(女)　谢冠军　魏炳杰

中国民主同盟

孔昌俊　王宏光(女)　邓　欧(女)
田树军　伍秋才　刘　虹(女)
张　琪(女)　张权华　张毓茂
李　罡　李晓安　洪凤桐　郭士相
崔文成　曹洪涛

中国民主建国会

王兴邦　王佳才　王明佳　刘全芳
孙文庆　朱朝岱　严升超
李艳玲(女)李绩学姜庆春　姜笑琴(女)
赵延庆　郭　艳(女)　富　强
滕自治

中国民主促进会

于景宁　王振纲　王淑媛(女)
王斯芬(女)　刘宏达　李　冰(女)
李国鹏　李振亮　苏子瑜　陆迎一
姜　军　贺　旻(女)　海淑兰(女)
贾东辉　梅　冬

中国农工民主党

王　静(女)　王海学　石晶莹(女)
孙中俊　许连臣　岳惠卿(女)
金国生　唐建武　栾明拥　袁文华

中国致公党

王公聚　刘玉华(女)　吴一侃
李向东(女)　李茂芝(女)
李敏建　尚大军　郭成友　谢　琳
裴达树

九三学社

于建华(女)　王永学　王祖申
史建平　刘政奎　刘景茹(女)
孙玉良　成会明　朱涵华　米志芳(女)
张和平(女)　姜齐韬　唐可心
高雅坤(女)

台湾民主自治同盟

台湾同胞联谊会

王　松　孙桂芬(女)　吴庆元
张克刚　林绍贤　简国树

无党派人士

曲　维　李锦彪　杨景云(女)
陈永满　董树兴

中国共产主义青年团

张燕维　肖　坤(女)　姜大光
胡彦茹(女)　曹爱华(女)
路永利

总工会

王国林　史国安　刘瑞梅(女)
吕宗泽　吕家福　余振海　张永福
张金城　金群峰(女)　徐晓莉(女)

妇女联合会

丁　梅(女)　丛玉文(女)
刘玉华(女)　朱　莉(女)
江润黎(女)　宋萌荣(女)
李玉棠(女)　杨玖瑛(女)
邹丽华(女)　赵国红(女)

青年联合会

尹为民　王亚忠　仲维良　宋爱国
李　团

工商业联合会

马世侠　王植时　刘希贵　孙维广
宋世友　李卓然　李学仁　李英璋
杨冠兴　陈宏辉　陈效良　单　伟
范　例　金晏山　臧　克

科学技术协会

王少文　王佩军　李　力　夏吾勇
商向东

归国华侨联合会

卢育波　孙常强　张华柱　李天来
肖奎杰　黄聚发

文学艺术界

么喜龙　王　辉　王玉文　王秀杰(女)

王树清 王崇仁 王登科 冯玉萍(女)
刘文艳(女) 刘兆林 刘忠诚
刘震力 吕晓禾 庄廷伟 朱 玉(女)
吴云华 宋国锋 宋雨桂 张 涛
李 刚 李世威 李秀忠 李倩胜(女)
杜 铁 杨 赤 郎亦农(女)
南朝明 姜荣贵 宫云湘(女)
祝安宝 赵 奇 赵振胜 聂成文
高满堂 崔 凯 崔霭华(女)
董 文 潘兆和 薛 涛

科学技术界

丁 桦(女) 于宗涛 于耀国
马 思 尹 华 王正刚 王立军
王宝华 王忠心 王洪礼 王德福
卢 柯 卢建文 刘 预 刘仁杰
刘冬雪 刘庆堂 刘善文 孙大康
孙雅忠 朱 涛 汤庆华 祁晓明
邬 毅 吴 炽 吴国功 宋达人
张建化 张念哲 张健民 张景胜
时成文 李三喜 李长绵 李荣刚
杜玉芳 杨 波 杨 滨 陈 力
陈国义 陈春芳 周 涛 周洪明
孟令章 孟庆波 林光烈 林炳昌
罗海珠 郑 凯 侯明哲 胡知之
赵 海 赵必先 赵晓林 姬兰柱
徐心同 栾江南 郭东明 郭景芬(女)
高永德 崔树钧 康文设 黄其励
谢 维(女) 韩成业 韩贵岩
鲁墨武 雷震霖

社会科学界

于治贤 支运亭 方晓林 王广林
王东勋(女) 车轲轶(女)
刘笃才 巩恩普 曲宏明 吴世良
张为永 张本义 张绍山 张英华(女)
李布焰 李殿魁 杨占家 陈 英
陈伯礼 周世翰 武 斌 赵子祥
赵东岩 凌志军 唐凤君 徐继舜
郭志福 郭雅丽(女) 傅 波
储铁军 蒋文夫 解金凯

经济界

于万源 王 屹 王 昆(女)
王 朝 王立营 王昌绪 王青洲
王路顺 宁钢成 平安俊 申 义
白 洋 白宝玉 白剑光 白燕君
石俊庆 任利刚 关玉波 关歧生
刘 新 刘宝林 刘明汉 刘秉强
刘保国 刘树元 刘贵文 刘继维
刘景贺 刘新盛 孙兆林 孙国良
孙国财 朱洪滨 池元杰 祁玉民
纪洪邦 许锡武 何玉双 宋云东
宋铁军 宋道堂 张文纲 张玉森
张宝山 张绍轼 张俊义 张俊卿
张贵新 张海舟 张航军 张鹤龄
李 闯 李 君 李 明(女)
李 钢 李 铮 李兰凤(女)
李安民 李庆龙 李连科 李英俊
李青山 李宴清 李福东 杨国贵
邵荣第 邹建平 陈 禾 陈文彬
陈巨余 陈永利 陈宝岩(女)
陈明艳 单 凯 周广军 周景祯
周福悦 房德柱 林海波 武 肃(女)
罗 瑞 郑宏伟 金 鑫 金占忠
姚 辉 姜 立 姜 伟 姜玉仁
姜连英 姜青山 姜恩鸿 宫贤斌
胡存美 胡汝金 胡海洋 赵清洁
郝荣安 徐 明 贾 毅 郭学文(女)
高占奎 崔玉莲(女) 曹万才
富义泰 温贵纯 程利国 董 达
韩吉连 韩有贵 潘广超

农业界

丁宝建 马广照 勾维民 王 甦
王旭光 王志海 王国晨 司龙亭
付景昌 刘志香(女) 孙宝俊
朱 林 闫红伟 何尔立 张宏翔
李 志 李正德 李秀杰(女)
李洪彦 李艳杰(女) 李景林(女)
李福绵 汪孝男(女) 邵国军
依艳丽(女) 赵奎华 唐志云

夏春辉 敖凤玲(女) 郭海涛
崔玉玲(女) 舒兴第

教育界

于志培 王军 王宇 王立久
王列东 王克新 王国栋 王宝纯
王晓平(女) 王德真 车佳丽(女)
邓晓春 卢昌崇 田丽(女)
田维实 由广琴(女) 白刚
艾华(女) 刘力(女)
刘书芝(女) 刘天佑 刘永生
刘鸿雁(女) 吕中枢 吕红军(女)
孙丽君(女) 孙宗光 曲丰金
曲德来 朱伟勇 朱传枝(女)
朱程清(女) 宋晓宇 宋润丰
宋溪明 张哲 张冰冰(女)
张明鸣(女) 李玉光 李树森
李铁民 李淑云(女) 李淑惠(女)
杨学锋 汪琦 肖林久 陈保东
周海杰(女) 林安西 武献华
范凤祥 姜晓娟(女) 施志辉(女)
赵平(女) 赵大宇 唐春玲(女)
徐建源 徐爱秋(女) 栾曼(女)
郭明顺 郭嗣琮 高丽峰(女)
高瑞兰(女) 崔仑 崔建忠
傅庭林 董安新 鲍鹏飞 赫冀成
薛秀云(女) 魏进臣

体育界

孙福明(女) 李纯昌 李维国
武国钊 金东翔(女) 郝海东

新闻出版界

王荣国 刘坤(女) 孙刚
张恩华 李刚 李巍(女)
李英健 李厚朴 杜凤宝 房明震
曹瑞来(女) 谢正谦

医药卫生界

于连京 于秉治 马骥 马晓春
王玉 王刚 王庆元 王道新
甘宁(女) 刘忠德 刘淑妹(女)
安忠贤 朱恩新 许恕中(女)
何伟 佟玉田 张丽(女)
张树森 李彦(女) 李智(女)
李发美(女) 李铁燕(女)
李萌娇(女) 李敬林 苏纪武
陈安林 孟祥志 岳泽慧(女)
林原 林晶民(女) 姚文庆
姜学钧 徐桂荣(女) 徐锦春(女)
聂大理 康广明 裴媛(女)
薛辛东 魏存年

对外友好界

孙相权 李瑞 李世俊 姚伟

社会福利界

马晓红(女) 王德地 刘琳娜(女)
孙景隆 闫保平 张连君 周志敏
柳奇武

少数民族界

于永祥 王艳(女) 包玉华(女)
包玉梅(女) 白浩波 龙源(女)
纪波(女) 关和通 关福军
关嘉禄 朱承玉(女) 邢鹤林
闵英根 佟钟时 李国强 李英鹏
李铁军 陈庆霞(女) 陈福生
范勇 表成龙 金涛 金春莲(女)
高炜 崔征 扈恒伟 曹友波

宗教界

王全林 白元生 吴爱恩(女)
杨冠英 孟崇然(女) 金沛献
侯幼文(女) 洛桑·义希成来坚措
郭树民 寇有国 照元

特别邀请人士

香港

卜啸龙 王彼得 王海泉 王锦彪
卢铿 伍威全 吕冯美仪(女)
李宝南 李雨川 陈寿同 陈海雄
陈锦祥 周敏学(女) 林飞康
林介明 范日新(女) 侯聪
徐积良 黄汝璞(女) 臧文昌

澳门

许健全 陈汝琛 赵军秦 倪琢明

郭栋举

内地

丁玉学　丁峻峰　于　捷　于书今
于成德　马　俊　尹布民　尹学义
牛　丹　牛成厚　王　琮　王义信
王业滨　王冬梅(女)　王永保
王玉侠(女)　王福康　王淑雅(女)
邓午辰　叶诚华　田祖鸿　仲跻权
刘廷耀　刘知良　刘英华(女)
刘海欧　刘德兴　孙志学　孙明堂
孙嘉诚　齐文彬　初正坤　初志忠
吴　华(女)　吴东升　吴伯秋
吴登庸　宋大悦　张　才　张　犁
张中英　张文辉　张克伟　张忠华
张绍文　张荣昌　张营富　张慎行
李　明　李　经　李　楷　李中亚
李风云　李克明　李进兴　李宝昌
李树民　李振声　杨　彪　杨宝善
迟金山　邹晓辉　陈　晞　陈　德
陈广君　陈日泉　陈家洱　单志瀛
周立元　屈光生　林庆民　苑振铎
郎　英　郎业丕　赵　杰　赵金城
徐泽林　徐振宇　栾守华(女)
钱光浒　尉端恩　温志达　谢广仁
韩　武　韩文华　臧振廉　蔡国强
赫恩龙

【辽宁省各级政协领导人名单】

主　席
张文岳
副主席
董万德　张成伦　赵新良(满族)
张毓茂　姜笑琴(女)
王植时　张传庆　贺　旻(女)
孙桂芬(女)　金国生
秘书长
宁培秀

沈阳市(副省级)
主　席
赵金城
副主席
王声溢　刘祁涛　王洁纯
周勇顺　汪　宙　闻大中
金厚家(回族)　姜克让
洪建生
秘书长
张德佑
县(市、区)政协主席
和平区　杨玉保
沈河区　常永秋
铁西区　甘　泉(女)
皇姑区　杨　光
大东区　卢八均(朝鲜族)
东陵区　金正九(朝鲜族)
于洪区　王永葆
新城子区　李忠
苏家屯区　孙琪富
新民市　白文德
辽中县　杨先范
康平县　王凤仁(蒙古族)
法库县　毕恩江

大连市(副省级)
主　席
林庆民
副主席
李信忠　田树军　谭中印
郑全慈(女)　董长海
王业滨　唐建武　朱朝岱(满族)
施中岩
秘书长
刘善芳
县(市、区)政协主席
中山区　陈克勤
西岗区　王有台
沙河口区　李金孛
甘井子区　赵元敏
旅顺口区　刘永斌

金州区 曲国滨
瓦房店市 刘英华(女)
普兰店市 王秀兰(女)
庄河市 张凤全
长海县 刘福章

鞍山市

市政协主席 郎 英
县(市、区)政协主席
海城市 吕明胜
台安县 赵岩富
岫岩满族自治县 曹友波(满族)
铁东区 陈际腾
铁西区 王韶云(女)
立山区 隋利(女)
千山区 赵洪胜

抚顺市

市政协主席 陈家洱
县(区)政协
抚顺县 郝传德
清原满族自治县 张立春(满族)
新宾满族自治县 胡金印(满族)
新抚区 高滨德
望花区 刘元祥
东洲区 刘远征
顺城区 陈庆霞(女,满族)

本溪市

市政协主席 田祖鸿
县(区)政协主席
本溪满族自治县 董玉珍(女,满族)
桓仁满族自治县 黄柏栋
平山区 蔡殿双
明山区 董崇生
溪湖区 陈忠贵
南芬区 闫荣仕(满族)

丹东市

市政协主席 单志嬴
县(市、区)政协主席
东港市 王春兰(女)
凤城市 卢尚志
宽甸满族自治县 李公昌(满族)
振兴区 王国复
元宝区 董 群
振安区 任延发

锦州市

市政协主席 张绍文(满族)
县(市、区)政协主席
黑山县 马桂兰(女)
北宁市 孙世华(女)
凌海市 陈砚田
义 县 刘荣林
凌河区 王树仁
古塔区 翟云风
太和区 王玉满

营口市

市政协主席 李凤云
市(区)政协主席
站前区 苏金发
西市区 刘丽华(女)
老边区 杨洪明
鲅鱼圈区 张天放
大石桥市 石恩扬
盖州市 杨兴华

阜新市

市政协主席 王 琼
县(区)政协主席
阜新蒙古族自治县 李来棠
彰武县 赵庆新
海洲区 张继民(女)
太平区 王景春
新邱区 高永成

细河区　李秀山
清河门区　李继荣(女)

辽阳市

市政协主席　王义信
县(市、区)政协主席
辽阳县　刘　斌
灯塔市　薛德义
白塔区　高元华(满族)
文圣区　李志俭
宏伟区　苏吉田
弓长岭区　富长顺(满族)
太子河区　杜习智

铁岭市

市政协主席　邓午辰
县(市、区)政协主席
铁岭县　祁绍福
开原市　张景涛
昌图县　李运启
西丰县　贺文升
调兵山市　张国忱
银州区　姜权友
清河区　张印通

朝阳市

市政协主席　牛成厚
县(市、区)政协主席
北票市　邱忠春
凌源市　郭树平
朝阳县　李　野
建平县　张兴芳
喀左蒙古族自治县　李天龙
双塔区　张含国
龙城区　李焕新

盘锦市

市政协主席　于　捷
县(区)政协主席
盘山县　赵长山
大洼县　李炳成
兴隆台区　张海东
双台子区　杨春光

葫芦岛市

市政协主席　刘知良
县(市、区)政协主席
兴城市　康　伟
建昌县　蔡振鹏
绥中县　田树槐
连山区　支剑峰(满族)
龙港区　王德瑞
南票区　孟兆林(满族)

辽宁省各级政协组织和委员数

(截至2003年底)

级别 / 项目	省	副省级市	设区的市	县(不设区的市、市辖区)	合计
组织数	1	2	12	100	115
委员数	750	1034	4463	19056	25303

(梁笑颖　编写　尹学义　滕蓬勃　审稿)

政 协 吉 林 省 委 员 会

王国发　主　席

魏敏学　副主席

赵家治　副主席

阎洪臣　副主席

常万海　副主席

伍龙章　副主席

李慧珍　副主席

孙耀廷　副主席

修福金　副主席

别胜学　副主席

段成桂　副主席

王富远　秘书长

【全体委员会议】

九届一次会议 2003年1月8日至14日在长春召开。本次大会应出席委员520人,实到447人。政协吉林省第九届委员会第一次会议主席团常务主席王国发主持开幕式。中共吉林省委书记、吉林省人大主任王云坤、省长洪虎等省领导到会祝贺。委员听取并讨论了省委书记王云坤在开幕式上所作的讲话;审议并通过了吉林省政协八届委员会副主席刘希林所作的常务委员会工作报告和郑龙喆副主席所作的关于五年提案工作情况的报告。列席了吉林省第十届人民代表大会第一次会议。听取并讨论了省长洪虎所作的政府工作报告、吉林省国民经济和社会发展计划报告、财政预算报告以及省高级人民法院和省人民检察院的工作报告。会议期间,审议并通过了选举办法和总监票人、副总监票人、监票人名单。选举王国发为政协吉林省第九届委员会主席,魏敏学、赵家治、阎洪臣、常万海、伍龙章、李慧珍、孙耀廷、修福金、别胜学、段成桂为副主席,王富远为秘书长,丁铁夫等105人为常务委员。通过了《中国人民政治协商会议吉林省第九届委员会第一次会议决议》。印发委员大会书面发言53份。王国发主席在闭幕式上作了讲话。

【常务委员会会议】

第1次会议 2003年1月15日在长春召开。会议审议通过了政协吉林省第九届委员会机构设置;审议通过了政协吉林省第九届委员会各专门委员会主任、副主任名单;审议通过了2003年吉林省政协工作要点。王国发主席在闭幕会上作了讲话。会后,与会常委在副省长杨庆才、省政府秘书长矫正中陪同下视察了省政府政务大厅。

第2次会议 2003年3月31至4月1日在长春召开。会议的主要议题是:学习贯彻全国"两会"精神。王国发主席传达了全国政协十届一次会议精神,同时强调要认真学习"两会"重要文件,要把"两会"精神切实贯彻到政协工作中去。会议审议通过了吉林省政协《关于加强省政协委员自身建设的意见》,听取了长春市政协、吉林市政协、通化市政协关于加强委员自身建设情况的介绍。在长全国政协委员、各市州政协主席、省政协办公厅、研究室、各专门委员会负责人、省委统战部、组织部有关负责人列席会议。

第3次会议 2003年6月23日至24日在长春召开。会议的主要议题是:加快我省中小企业发展。会议经过充分讨论,通过了省政协经济科技委员会提交的《关于推动我省中小企业加快发展的建议》,并作为建议案报送省委、省政府。费贵麟、王茂祥、郎正、潘国立、吴义春、程德龙等常委和委员及九台市市长高凤昌等作大会发言。会议审议通过了何宛英、许九君为省政协第九届委员会副秘书长,王国发主席在闭幕会上讲了话。在长全国政协委员、各市州政协主席、省政协副秘书长及办公厅、研究室、各专门委员会负责人、省政府有关厅局负责人列席会议。

第4次会议 2003年10月14日至15日在长春召开。会议审议通过了省政协人口资源环境委员会提交的《对生态省建设中需要解决的几个问题的建议》,并作为建议案报送省委、省政府;听取了长春市政府和东辽县政府关于生态市、生态县建设情况的汇报。张桂焱、刘润华、张福有、赵树华常委代表各讨论小组作了大会发言,傅兴、宋玉祥委员分别就加强水资源保护和自然保护区管理、我省西部"荒漠化"现状与防治问题作了大会发言。会议审议通过了有关人事事项。王国发主席在闭幕会上讲了话。各市(州)政协主席、省政协副秘书长及办公厅、研究室、各专门委员会负责人、省政府有关厅局负责人列席会议。

【专门委员会工作】

提案委员会　一、认真征集与办理九届一次会议提案。九届一次会议共收到提案252件，其中党派团体提案67件。经提案委员会审查立案242件，作为来信处理10件。截止2003年12月底，已基本办复。1.做好知情、引导、服务，提高提案质量。2003年是吉林省政协换届的第一年，为了进一步提高提案质量，编发了《政协委员如何撰写政协提案》、《如何提高党派团体提案质量》、《提案选编》、《委员提案须知》供委员参阅。2.综合利用提案资源，注意发挥提案的整体功能。编发了《提案内容综述》供委员及政协组成单位参阅，同时送省委、省政府、省政协领导参阅。3.规范办理工作。2003年8月，省委办公厅、省政府办公厅联合转发了《吉林省政协办公厅关于办理政协提案的意见》，进一步提高提案工作的规范化、制度化。4.参与"开门办案"，促进提案办理。组织政协委员参加省政府政务公开协调办公室等单位组织的提案公开办理现场会。使承办单位与提案人直接沟通，促进提案的落实。5.扩展办案渠道，加大督办力度。组织政协委员对省政府办公厅等7个单位的提案办理工作进行视察，通过听取汇报、现场座谈等形式，促进提案办理工作。召开全省提案工作研讨会。赵家治副主席到会并讲了话，省委督查室、省政府议案处负责人出席会议，通过交流、研讨，推动了全省提案的办理质量。二、深入延边、四平、通化调研，帮助基层政协解决提案工作中出现的新问题。加强与全国政协提案委员会的联系，与北京市政协和辽宁省政协提案委员会交流经验，进一步改进提案办理工作。

经济科技委员会　一、组织省政协委员、党派团体及省政府有关部门就加快我省中小企业发展，促进工业省建设，到闽浙两省考察，形成了《关于推动我省中小企业加快发展的建议》，并报送省委、省政府。二、在王国发主席带领下，组织部分省政协委员及在长春的全国政协委员对大成、吉林燃料乙醇等四户玉米深加工龙头企业进行视察，并同省政府相关部门及四平、松原负责同志座谈，形成了《关于我省玉米深加工龙头企业的视察报告》，报送省委后，受到高度重视。三、深入长春、吉林、通化等地区进行专题调研，提出了加快我省医药工业发展的建议。由省政协副主席孙耀廷、修福金带队，省政协常委、委员及省农委、财办、牧业局等有关部门参加，就我省农产品加工和"粮变肉"工程实施情况进行调研，并提出建议。四、制订《委员联系制度》、《会议制度》，推进工作规范化、制度化。

人口资源环境委员会　一、围绕生态省建设搞好调查研究。1.由王国发主席，魏敏学、孙耀廷副主席分别带队，组织政协委员和省国土资源厅、省环保局、省生态办公室相关业务负责人及有关专家对我省九个市(州)的18个县(市)进行调研，形成了《对生态省建设中需要解决的几个问题的建议》，经省政协九届4次常委会议审议通过，报送省委、省政府。2.就延边州安图县福满林场发展生态经济中存在的问题进行调研，提出意见和建议，并会同省政府有关部门帮助企业解决实际困难。二、通过座谈、走访等多种形式，组织委员围绕社会热点问题建言献策。三、接待了全国政协人口资源环境委员会主任陈邦柱为团长的"东北湿地和天然林保护工程"专题调研组、天津市政协城建环境委员会考察团、重庆市城乡建设环境保护委员会调研组及甘肃省政协人口资源环境委员考察组，并与来访团组座谈，交流情况。四、加强自身建设，夯实工作基础。1.走访省环保局等相关厅局并收集资料，学习业务知识；赴辽宁省政协人口资源环境委员会学习并交流经验。2. 制定了《委员视察、调查工作制度》、《与委员联系制度》等规章制度，规范工作程序。

文化教育卫生委员会 一、由常万海副主席带队，就我省城镇职工基本医疗保险制度、药品生产体制和医疗卫生体制三项改革问题，组织部分常委、委员对长春、吉林、四平进行视察，听取了省劳动和社会保障厅、省卫生厅、省药品监督管理局及当地政府相关部门的情况介绍，考察了部分医院及医保经办中心和药店、制药企业。形成了《关于我省医药卫生"三项改革"进展情况的视察报告》，报送省委、省政府。二、围绕发展职业教育问题，由常万海副主席带队，赴苏、浙、沪考察。三、组织两次通报协商会。由省教育厅和卫生厅通报我省教育和卫生工作情况。组织委员视察，为委员参政议政创造活动平台。四、与全国政协及其他省市书画院进行交流，加强联系，并做好接待工作。

社会法制宗教委员会 一、抓好调查、视察。1. 由赵家治、段成桂副主席分别带队，组织部分常委、委员，会同省民委、省财政厅、水利厅、交通厅、扶贫办、省民进组成两个调研组，先后对延边、白城和前郭县、伊通县、长白县就我省少数民族县(市)、乡(镇)的脱贫解困情况进行调研，并赴西北少数民族地区进行考察，结合我省实际情况，形成了《关于我省少数民族县(市)、乡(镇)脱贫解困情况的调查报告》，报送省委、省政府。2. 会同省总工会组织本委全体委员就长春恩福油封有限公司和吉林省荣发服装厂贯彻落实《工会法》和职工的权益保障情况进行了视察，听取情况介绍，召开职工代表座谈会，为委员知情参政创造条件。二、作好立法前协商工作。1. 先后组织委员就《吉林省实行〈工伤保险条例〉规定》等法规提出修改意见。2. 参加了全国司法体制改革座谈会。三、邀请委员中的法律专家、学者，对来信来访中反映的重要问题进行分析研究，并提出意见和建议；组织委员参加由省高级人民法院和省委、省政府信访局举办的听证会。四、参加了全国各省(市)、副省级城市政协社法委工作座谈会并交流了工作情况；参加了全国政协社法委召开的"就业再就业"和"为非公有制经济发展创造良好的法制环境"专题研讨会。

文史资料委员会 一、认真贯彻全国政协文史委海南会议精神。召开全省政协文史工作会议，研讨本届政协文史工作的基本思路和主要任务。二、编辑出版了《吉林省政协九届委员名录》。收集了516名委员，字数约80万，照片700余幅。三、举办《日本制造伪满洲国图片巡回展》。先后在长春、九台、通化、集安等4个市展出，紧紧围绕爱国主义教育主题，拓展文史工作领域。四、加强自身建设，建立健全规章制度。

港澳台侨和外事委员会 一、开展专题调研，加强信息收集。1. 开展对新华侨情况的专题调研。先后分两个组，到我省部分地市(州)、县(区)就外商投资企业的设立、数量、规模，新华侨数量，所在国家、侨眷的海外亲属情况进行调研，为建立我省海外华人华侨人才数据库提供资料。2. 收集、整理吉林省政协港澳委员工作简历和事业发展资料并输入微机。3. 向全体省政协委员、各市(州)政协发了征求意见函，了解政协委员，尤其是民营企业的政协委员及其所在单位，对涉外经济的想法和要求，为招商引资、牵线搭桥工作奠定基础。二、配合政府招商引资，做好涉外服务。1. 与省政府协办"吉林省第二届海外华人华侨专业人士恳谈及项目对接会"，共签约项目79项。2. 会同省政府外办及有关部门接待了日本九州农业代表团和日本育英学院代表团，就合资项目进行了广泛探讨。3. 完成了以省政协副主席赵家治为团长的吉林省友好代表团出访匈牙利的服务工作。三、扩大交往，向兄弟省市政协学习。1. 完成了对台湾彰化高级商校校友会来访接待工作。2. 完成了对福建省、浙江省、云南省政协考察团的接待工作。3. 在赵家治副主席率领下，对新疆维吾尔自治区政协工作进行考察。

【重要活动】

防治"非典"建言献策专题会议 一、2003年4月30日，省政协在长春召开主席专题会议。会议号召全省各级政协组织、各级政协委员在抗击"非典"中，积极发挥作用，与全国人民同舟共济，做好防治"非典"工作。会议由王国发主席主持，省政协副主席魏敏学、赵家治、阎洪臣、常万海、伍龙章、李慧珍、孙耀廷、修福金、别胜学、段成桂及秘书长王富远出席会议。二、2003年5月22日，省政协在长春召开第二次主席专题会议。听取吉林省副省长李斌关于我省非典型肺炎防治工作情况通报和省卫生厅厅长李殿富介绍我省非典疫情形势。会议围绕我省防治非典工作进行了讨论并提出建议。省政协副秘书长和各专委会、厅、室负责人列席会议。

政协委员建一言 为进一步调动政协委员参政议政的积极性，为吉林省全面建设小康社会建言献策，省政协在《吉林日报》开辟"政协委员建一言"专栏。一年来，就"非典疫情"、"吉林环保"、"社会就业"、"吉林省经济发展战略"和"老工业基地改造"等专题，在《吉林日报》刊出12期，在《协商新报》刊出6期，征集"建言"文章55篇。

协商恳谈会 一、2003年6月10日，省政协召开第一次协商恳谈会，专题协商民营经济发展问题。会议由省政协副主席别胜学主持，部分省政协委员与省乡企局、省经贸委、省工商局、省国税局、省地税局、省政府议案处等有关部门负责人就我省民营经济发展问题进行座谈并提出许多意见和建议。省政协副主席赵家治、秘书长王富远出席了会议。二、2003年8月5日，省政协召开第二次协商恳谈会。专题协商我省农村义务教育问题。省政协副主席常万海出席会议，秘书长王富远主持会议，部分省政协委员与省教育厅等有关部门负责人就改革农村办学模式、提高教师队伍素质、增加农村义务教育资金投入等问题进行座谈并提出许多意见和建议。

发展论坛 一、2003年7月30日，省政协首次发展论坛在长春举行。论坛的主题：城市化建设。论坛由省政协副主席魏敏学主持。来自省内的专家学者、政协委员围绕城乡规划与城市化、经济发展与城市化、资源保护与城市化等议题坦诚进言，出谋划策。省长洪虎、省委副书记林炎志、副省长李介车等到会听取意见和建议。建设部副部长仇保兴作了《中国城镇化高速发展期面临的若干挑战》的报告。省政协主席王国发、副主席赵家治、常万海、伍龙章、李慧珍、孙耀廷、修福金、秘书长王富远出席论坛。省直有关部门和各市、州分管城建工作的负责人，在吉林省的全国政协委员，省政协常委、部分委员，各界专家学者200余人以及吉林省和长春市的20余家新闻媒体应邀出席论坛。本次论坛共收到书面发言16份。二、2003年12月3日，省政协第二次发展论坛在长春举行，论坛主题：民营经济发展。论坛由省政协副主席赵家治主持，省委副书记唐宪强、副省长陈晓光出席论坛。本次论坛邀请浙江省委统战部副部长、省工商联党组书记夏益昌和中国广厦集团董事局主席、浙江省工商联副会长楼中福就民营经济发展问题发表讲话。论坛围绕吉林省民营经济自身如何把握机遇，实现跨越式发展，在振兴东北老工业基地中发挥应有的作用等问题进行了探讨。部分驻吉林省的全国政协委员、省政协委员和省直有关部、委、厅、局的负责人,各市、州政府、政协及部分县(市)政府、政协的有关负责人、省级民主党派、工商联负责人,部分专家学者和民营企业家近300人出席论坛。本次论坛收到书面发言9份。

省长与委员共商省是 2003年9月1日,省长洪虎、副省长李锦斌、矫正中与省政协委员座谈会在长春召开。王国发主席主持会议并讲了话。洪虎向与会委员通报了全省经济社会发展情况和关于我省老工业基地调整改造的相关问题。省政协副主席李慧珍、别胜学和马璐亚等6位省政协委员分别就科教兴省、发展民营经济、加快发展汽车电子产业、防治"非典"等问题提出了意见和建议。王国发主席在讲话中指出,省政府领导和综合部门的负责人到政协来,向委员通报情况,听取委员意见建议的做法,已经坚持几年,并形成了制度。这不仅为我们政协委员参政议政、知情出力提供了很好的机会和条件,而且充分体现了省政府对政协工作的重视和支持,也为全省各级政府支持政协履行职能做出了表率。新一届省政协工作能有一个良好的开局,是省委加强领导、省政府大力支持和各界委员共同努力的结果。我们要珍惜这样好的民主政治氛围,进一步增加大局意识和责任意识,充分发挥政协优势,围绕建设"工业省、科教省、生态省"中的重大问题和人民群众关心的热点问题,建言献策,帮忙出力,协助省委、省政府做好各项工作,共同推进我省全面建设小康社会的进程。

全省政协信息工作座谈会 2003年10月29日在长春召开。省政协副主席魏敏学、秘书长王富远,各市(州)政协、部分县(市)、区政协主管信息工作的负责人,省级民主党派、工商联、台联、侨联有关负责人,省政协各专委会、厅、室负责人出席会议。座谈会上,与会人员认真学习了《政协全国委员会关于进一步加强反映社情民意工作的若干意见(试行)》、《政协全国委员会办公厅关于改进信息工作的若干意见》等文件精神,围绕如何拓展和深化信息工作进行了交流与探讨,长春市政协等6个单位在座谈会上介绍了本单位信息工作的经验和体会。魏敏学副主席在会议结束时就继续做好全省政协信息工作强调指出,政协信息工作要注重质量,突出特点;要紧紧围绕发展是第一要务开展信息工作,为党政部门科学决策服务;反映社情民意是政协信息工作的一个重要方面,要充分发挥委员反映社情民意的积极性,依法保护政协委员反映社情民意的民主权利,让委员敢讲真话;政协信息工作要突出敏锐性,超前性;要坚持实事求是,解放思想开拓创新,要做到务实、活跃、有成效。

【重要文件】

中共吉林省委书记王云坤在政协吉林省第九届委员会第一次会议上的讲话(2003年1月8日)(摘要) 省政协九届一次会议在我们党的十六大精神指引下,高举爱国主义和社会主义的旗帜,突出团结和民主两大主题,认真贯彻"统筹兼顾,全面安排"的方针,积极稳妥地进行新老合作与交替。这次换届会议是我省政治生活中的一件大事。这一届省政协的整体结构、政治结构、年龄结构和知识结构更加具有科学性和合理性,团结性和代表性更为广泛,安排这样一个阵容的基本考虑,就是要在政协这个最广泛的爱国统一战线组织中,更好地贯彻我们党的十六大精神,发挥政协在我省物质文明、精神文明和政治文明建设中的特殊作用。新的时代,新的发展目标,对人民政协提出了新的要求,赋予了新的使命,也提供了大有作为的广阔天地,人民政协工作应该提高到一个新水平,迈上一个新台阶,在新的发展阶段上,做出新的更大的贡献,省委希望全省各级政协组织和广大政协委员要把学习、贯彻好十六大精神作为当前和今后一个时期的首要任务,把参政议政的思想和行动统一到十六大精神上来。要增强政治意识、大局意识、责任意识、服务意识,着力做好以下几项工作:第一,多做团结稳定工作。第二,多做决策协商工作。第三,多做民主监督工作。第四,多做反映社情民意工作。我们相信,在全面建设小康社会、加快推进社会主义现代化新的发展阶段中,我们省各级政协组织和广大政协委员,一定会做出更大的贡献。

省政协主席王国发在九届一次会议闭幕式上的讲话(2003年1月14日)(摘要) 吉林省政协已经走过了近半个世纪的光辉历程。过去的五年里,八届省政协紧紧围绕团结、民主两大主题,切实履行政治协商、民主监督、参政议政职能,不论是在围绕中心、服务大局,还是在政协自身建设上,都付出了艰苦努力,做出了重要贡献,积累了宝贵经验,为我们这一届政协的工作奠定了坚实的基础。中国人民政治协商会议吉林省第九届委员会作为进入新世纪的第一届政协,面临着加快发展、全面建设小康社会的重要历史时期,承担着维护团结稳定、发展壮大统一战线的重大历史任务。我们要深入学习、认真贯彻中共十六大精神,以邓小平理论和“三个代表”重要思想为指导,在历届政协工作的基础上,与时俱进,奋发有为,努力开创政协工作新局面。一、充分认识新的历史时期人民政协的重要地位和作用,增强做好政协工作的自觉性。二、围绕全面建设小康社会的目标任务,认真开展政治协商、民主监督和参政议政。三、切实加强政协自身建设,为履行政协职能提供有力保障。

常务委员会工作报告(2003年1月8日)(摘要) 五年来在中共吉林省委的领导下,省政协各参加单位和全体政协委员,振奋精神,开拓进取,切实履行政治协商、民主监督、参政议政职能,为推进全省经济跨越式发展和社会全面进步做出了积极的贡献。一、围绕全省大局,认真履行政治协商职能。二、积极实践探索,不断加大民主监督力度。三、拓展工作领域,努力增强参政议政实效。四、促进团结稳定,巩固发展爱国统一战线。五、坚持党的领导,主动争取各界支持配合。六、适应形势发展,切实加强政协自身建设。五年来,八届省政协以邓小平理论和“三个代表”重要思想为指导,坚持党的基本理论、基本路线、基本纲领和基本经验,注重实践,在开拓中前进,逐步形成了一些基本的工作思路和方法。一、把握方向,找准位置。二、选好角度,发挥优势。三、发扬民主,增进团结。四、与时俱进,开拓创新。五、委员为主,积极参政。六、狠抓机关,重在服务。

《关于加强省政协委员自身建设的意见》(2003年4月1日吉林省政协九届2次常委会议通过)(摘要) 政协委员是人民政协工作的主体。加强委员队伍自身建设,是充分发挥委员作用的一项基础性工作,是做好人民政协工作的重要保障。按照中共十六大精神和“三个代表”重要思想的要求,依据政协章程和有关文件规定,现就加强省政协委员自身建设提出如下意见:一、自觉加强学习。1. 委员要认真学习马列主义、毛泽东思想、邓小平理论和“三个代表”重要思想,学习中共十六大精神,学习中共统一战线理论、方针、政策,学习全国政协有关文件和政协章程,学习省委、省政府有关重要文件精神,学习政治、经济、宪法和法律及现代科学文化知识。2. 要积极参加省政协组织的培训活动。3. 要积极参加省政协召开的形势报告会、专题讲座、学习辅导和省委、省政府及有关部门召开的情况通报会，积极参加省政协组织的各种调查、视察、考察活动。4. 要充分利用《人民政协报》、《中国政协》和《协商新报》、《学习》、吉林省政协网以及有关资料，了解信息，丰富知识，拓宽视野。二、认真履行职责。5. 委员要认真参加省政协和当地政协组织的会议和各项活动，积极协商、讨论，提出建议。6. 要通过视察、检查、评议等方式进行民主监督。要敢于讲实话，讲真话，同违法乱纪等社会上的不良现象作斗争。7. 要按照“五个一”的要求(即一年至少提一件提案、反映一条社情民意、搞一次持证视察、参加一次政协活动、在政协会议上作一次发言)，积极参政议政，建言立论。三、树立和维护委员良好形象。8. 委员要增强政治意识、责任意识、大局意识，积极拥护、宣传和贯彻党的路线、方针、政策，谦虚谨慎、不骄不躁、遵纪守法、珍惜荣誉。9. 要遵守所在单位的各项规章制度，努力完成承担的各项任务，认真做好本职工作。要紧密联系所在地方、界别、团体的群众，听取他们的意见，及时反映他们的要求，维护人民群众的利益。四、保障委员的民主权利。10. 切实保障委员在政协会议上的表决权、选举权和被选举权，保障委员知情参政和对政协工作提出批评、建议的权利。11. 保障委员自行持证视察的权利。对委员提出的意见，省政协办公厅要协助并推动有关部门认真研究处理。12. 鼓励和支持委员积极提出提案、反映社情民意。对于委员正当的批评、举报过程中遇到阻挠、干扰、打击报复等行为，省政协要会同有关部门进行调查，对情节严重和影响恶劣的事件，提出处理建议。13. 省政协党组按照中共中央政法委的规定，在各级公安机关、人民检察院、人民法院对有涉案嫌疑的委员采取刑事拘留、逮捕等强制性措施之前，听取有关情况的通报，并提出意见。14. 省政协办公厅要协调委员所在单位，保障委员参加政协会议、活动所需的必要条件；协调交通、铁路、航空、航运和各类社会服务部门，对委员的公务活动提供方便和良好服务。五、加强制度建设。15. 建立省政协例会的考勤制度。不到会也不请假，即为无故缺席。委员的出席情况，会后由省政协办公厅通报。16. 建立对委员的考核制度。省政协办公厅将对委员参加政协会议、活动及参政议政情况进行统计建档，并定期公布。在本届期内，无故缺席常委会议、无故缺席全体会议，未能履行政协职责的委员，省政协可依据政协章程和有关规定对其进行提醒谈话、给予警告或提出撤销其委员资格的建议。17. 建立表彰制度。对于积极履行职责做出突出贡献的委员，省政协应适时给予宣传、表彰和奖励。18. 建立与委员单位的联系制度。19. 建立通报制度。省政协及时把委员参加政协会议、活动和履行职责的情况，以及省政协在对委员考核后作出的评价和鉴定及时通报给省委组织部、统战部、委员所在单位、党派、团体及推荐单位。20. 建立委员接待日制度。

《关于加强省政协委员自身建设的意见》中相关制度的实施细则（试行）(2003年5月12日吉林省政协九届5次主席会议通过)(摘要)　政协吉林省委员会《关于加强省政协委员自身建设的意见》中提出，要加强相关制度建设。为把这项工作落实好，现制定如下实施细则：一、例会考勤制度的实施细则(共8条)。二、委员参政议政考核制度的实施细则(共6条)。三、表彰制度的实施细则(共5条)。

《关于加强省政协政务性信息工作的意见》(摘要)(2003年8月25日)　政协政务性信息工作是政协全局工作的重要组成部分。做好政务性信息工作，对于服务领导决策、加强工作指导、密切工作联系、相互学习提高，具有十分重要的意义。一、完善报送机制。1. 省政协研究室是负责省政协政务性信息工作的职能部门。2. 各市(州)政协,省级各民主党派、工商联、台联、侨联,省政协各专门委员会,都要安排相对固定的工作人员作为联络员,具体负责所在单位和部门的政务性信息工作。3. 要坚持和完善省政协信息直报点制度。4. 上述单位和部门所办的会刊、工作简报、文件汇编均应及时报送或抄送省政协研究室信息处。二、提高简报质量。1. 办好《情况交流》工作简报;2. 加强对政务性信息的综合分析;3. 开展政务性信息工作的调查研究;4. 规范信息稿件的工作程序;5. 做好《情况交流》工作简报及其他有关信息与各省级政协组织间的交流。三、加强队伍建设。1. 要建立政务性信息工作的领导分工负责制。2. 要关心信息工作干部的成长。3. 信息工作干部要热爱本职工作,提高思想政治素质和业务工作能力,更好地适应工作需要。4. 要通过交流经验、奖励先进、组织培训等多种方式,不断提高政协政务性信息工作的水平。

《关于建立反映社情民意座谈会制度的意见》(2003 年 9 月 3 日吉林省政协九届 9 次主席会议通过)(摘要) 一、目的和内容:人民政协是由不同界别组成的爱国统一战线组织。发挥界别作用是保持政协特色、发挥政协优势、活跃政协工作的重要途径。通过界别渠道反映各阶层群众的意见和要求,协助党和政府协调关系、化解矛盾、维护稳定,具有重要的现实意义。建立反映社情民意座谈会制度,就是结合一个时期内全省的中心工作和热点问题,组织相关界别的政协委员反映社情民意。二、组织形式:每年召开 3 至 4 次会议,每次邀请 2 至 3 个界别的部分委员参加。三、意见反映和宣传:对委员反映的意见和建议进行归纳综合,以《社情民意》简报形式向全国政协办公厅和省委、省政府及有关部门报送。

【组织概况】

常务委员名单(以姓氏笔画为序)

丁铁夫 于一成 王 源 王 旗(女)
王好明 王江滨(女) 王茂祥
王宝柱 王建国 王树华 支建华
车秀兰(女) 车黎明 尹郁山(满族)
丛连彪(回族) 玄 湧(朝鲜族)兰云升
冯守华 吕钦文 曲逸绪 任文双
刘作斌 刘国枢 刘剑桥 刘润华
许九君 孙乃民 孙兴凯 孙焕华(女)
杜兆清 杨金顺 杨清廷(回族)
郘 正 李天源 李云奎 李玉良
李前宽 李胜武 李虹霖(满族)
李振华 李嘉音(女) 李耀民
肖 荣 肖世荣(女) 吴义春
何宛英(女) 张天鹏 张书局
张永钧 张守信 张远军 张伯军
张桂焱(女) 张福有 张福堂
张德生 张翰民 陈 巳 陈振虎
陈谟开 武宝山 易洪斌 周国韬
周建华 孟繁智 胡 平
胡利华(女,蒙古族) 胡春周
赵 争 赵友三 赵长盛 赵树华
奎 速(女,满族) 段奇玉 禹治洪
洪建民 费贵麟 贾晓东 徐学海
徐彦夫 郭乃硕 常小平 康立国
韩真发 董百合 释成刚 谢京江
雷献禾 蔺学政 管 欣 樊玉国
潘国立 冀 生

委员名单(以姓氏笔画为序)

中国共产党

王立章 王国发 王富远 尹传科
吕钦文 刘 敏(女) 孙耀廷
李耀民 张绪明 张福堂 陈凯峰
赵家治 赵锡水 荆南飞 徐学海
黄 铄 常万海 常小平 冀 生
魏敏学

中国国民党革命委员会

于一成　于学舜　马璐亚(女)
兰云升　闫保刚　李　瑞(女)
宛祝平(回族)　修福金　袁桂琴(女)
樊友平

中国民主同盟

于鹏翔　申德振　任文双　杨克非
杨金顺　李丽娜(女)　李悦生
何宛英(女)　袁清华　樊玉国

中国民主建国会

王成义　车秀兰(女)　伍龙章
刘润华　杨万君　李国英　张国志
张荣生　胡寿元　贾晓东

中国民主促进会

毛国平　卢尔滨　关翎菲(女,满族)
孙世才　杜爱群　李前宽　张　星(女)
肖世荣(女)　邱安昌　段成桂

中国农工民主党

王好明　车　兰(女)　毕胜利
刘忠宝　李玉斌　李胜武　邵立华(女)
赵吉光　阎洪臣　臧伟峰

九三学社

许九君　李振华　李慧珍(女)
张铁山　张赛民　陈　东　金中浩
胡　平　高雅娴(女)　潘佳加

台湾民主自治同盟

庄　萌(女)　张永钧　雷献禾
蔡　胜(女)　蔡国铭

无党派爱国人士

田　坚　田惠臣　田锡军(满族)
冯守华　孙兴凯　李　泳　张万喜
张伯军　吴柄权(朝鲜族)　陈振虎

中国共产主义青年团

王　亮(女)　刘剑桥　孙　辉(女)
张晓东(回族)　单　纯　祝庆俊
崔香丹(女,朝鲜族)　韩君华(女)

总工会

马平超　马红新　王玉成　王树华
刘梦华　张景平　金窗爱(女,朝鲜族)
郭　丽(女)　扈宝军　董珊梅(女)

妇女联合会

王　瑛(女)　王江滨(女)
孙晓萍(女)　杜丽华(女)
张岱英(女)　张桂焱(女)
秦　和(女,满族)　徐先蕊(女)
韩秋红(女)　路长琴(女)

青年联合会

王华巍　王建国　任　伟　张学军
金吉春(朝鲜族)　彭　华

科学技术协会

王献红　左　斌　曲逸绪　刘大有
吴长明　弥　宏(女)　蒋大鹏
程德龙

工商业联合会

王远征　王茂祥　张远军　别胜学
辛战士　宋　勇　陶广海　韩真发
詹尔基　潘国立

台湾同胞联合会

吴　进　陶　川　谢玉书　谢翠霞(女)

归国华侨联合会

王廷双　杨凤翔　李　勇　李云奎
李永生　张守信　张春成(女)
康大伟

农业界

卫长发　王伟刚　王逸禄　卢宪发
卢润田　刘延春　刘志孝　孙焕华(女)
杨金江(朝鲜族)　杨福合　杜　志
李　斌　李春山　苏秀侠(女)
吴义春　肖　荣　陈　巳　周广春(满族)
金振浩(朝鲜族)　段维智　姜　深(女)
姜雪鹰　高成堂　高慧艳(女,满族)
盛　发　薛玉山

经济界

丁日新　于收成　于晶华(女,满族)
马兴龙　马振东　王丽娟(女,回族)
王秀红(女)　王启民　王学峰
尹维君　厉正强　龙　燕(女,苗族)
丛连彪(回族)　吕　森　曲慧霞(女)

全龙万(朝鲜族) 刘韧 刘权太
刘树生 刘铁果 刘醒民 安有良
闫荣杰(女) 关大伟(满族)
那永卓(满族) 孙玉祥 孙宏伟
孙国富 孙庚洁(女) 孙炜光
孙宝群 杨秀增 李忠玉 李虹霖(满族)
张立 张大松 张立新 张瑞利
邹继平 邹继宏(女) 佟伟
陈卿 陈立学 陈殿甲 屈丰华
郑万起 宗国富 柳青 胡春周
赵晓明(回族) 袁玉岫 晁政祥
徐广君 徐立光(满族) 徐江运
徐周文 徐柏玉 徐保政 徐彦夫
高大权(女) 郭永泉 郭春生
曹家兴 黄飞建 黄庆惠 谢霆福
臧全业

文学艺术界

刘丹(女) 刘盛春 闫淑平(女)
杨廷玉 李玮(女) 李俊敏
张福有 吴竞 陈香兰(女,朝鲜族)
林百石 周维杰 赵彩霞(女,满族)
禹光勋(朝鲜族) 洪建民 唐明珍(女)
曹保明 景喜猷

科学技术界

丁铁夫 于洪涛 马福安 王中平
王占信 王钲强 车黎明 石要武
毕小伟 朱兰香(女) 邬家禄
刘治平 刘俊来 许英洙(朝鲜族)
杨秀荣(女) 杨忠义(回族)
杨建东 李世平 李吉林 李和跃
李跃年 李景虹(蒙古族) 李瑞惇
张荣谦 张显平 张梅生 吴振国
宋玉祥 宋志义 陈菲菲(女)
陈燕洲 陈耀忠 范强 周圣传
周清村 金光(朝鲜族)
金在浩(朝鲜族) 战高峰 赵争
赵明远 姚春明 祖兴楹 宣丽(女)
黄河 康立国 常万福
梁春秀(朝鲜族) 傅兴 谢京江
管欣

社会科学界

丁四保 孙乃民 杜少先 郈正
李长太 李培德 苏胜利 赵友三
费贵麟 禹治洪 雷庆
赫然(女,满族)

教育界

于学刚 王芳(女) 王颖(女)
王丽君(女) 王淑平(女)
朴玉明(女,朝鲜族) 朱再新
任露泉 刘明福 阎吉昌(满族)
孙秀云(女) 孙佳宾 杨明
李军 李莉(女,白族) 李丽英(女)
张天鹏 张书局 张伟森 张治国
张德江 肖振岭 陈波升 陈谟开
罗凤娟(女) 周国韬 岳学军
郑立国 宫志忠 徐冰 高玉玺
郭先志 展秀华(女) 盛连喜
梁建(女) 谢夫成 裘式伦

体育界

王源 王春露(女) 刘国丽(女)
宋继新 陈双喜

新闻出版界

王弋(女) 史峻峰 毕政
任凤霞(女) 刘燕(女)
李兴国(朝鲜族) 易洪斌 钟起福
郭乃硕 蓝军

医药卫生界

于春江 王兴顺 王志义 王振国
王淑琴(女) 王富春 孙立中
杨枫 杨明信 李坚 李芳生
张正国 辛平 宋崇巍(女)
邵春杰 所剑 金磊 孟晓东
胡利华(女,蒙古族) 胡国华
赵树华 段奇玉 郭星(朝鲜族)
葛凤祥 董震 鲁沿坪 詹柏华(女)
蔡鹏飞(满族)

对外友好团体

王来福 刘浩 赵杰(女)

蔡长清

少数民族界

马占江(回族) 尹郁山(满族)
玄 湧(朝鲜族) 刘福田(满族)
关 今(女,锡伯族)
李元春(朝鲜族) 李智信(回族)
季函智(满族) 周德祯(蒙古族)
金喜在(朝鲜族) 南 亿(朝鲜族)
奎 速(女,满族) 陶永福(满族)

宗教界

曲维鹏 刘仁利(回族) 杨清廷(回族)
严太俊(朝鲜族)张翰民 孟繁智
赵理修(满族) 曹鸿轩 释成刚

特别邀请人士

马明欣 王 旗(女) 王凤兰(女)
王凤树 王文成(蒙古族) 王志龙
王忠仁 王季祥 王宝柱 王治忠
王清文(蒙古族) 王喜光(女)
支建华 包 伟 刘 雷 刘作斌
刘国枢 刘宝泉(蒙古族) 刘俊刚
刘保伟 刘保忠(满族) 刘洪发
孙慧志(女) 杨 铎 杜兆清
邴玉贵 李天源 李玉良 李吉顺
李有如 李安东 李京生 李宝林
李春新 李景涛 李嘉音(女)
张 云(女) 张光霁 张兴福
张志宏 张金锁 张铁军 张德生
吴玉珊 吴荣康 何山鹰 佘长锦
辛耀权 宋馀财 陆倚云(女)
陈少雄 邵 军 武宝山 林家礼
林德华 范新早 周任赤 周建华
尚云翔 单毅平 赵万弟 赵长盛
赵焕起 柴荣喜 钟培秀
姜光子(女,朝鲜族) 唐端仪(女)
徐 莉(女) 高元财 浦生林
容永祺 萧建国 黄永谦 黄国胜
戚发祥 崔玮德(朝鲜族) 董百合
蔡印时 蔺学政 臧忠生 黎 明
魏鸿雁

【吉林省各级政协领导人名单】

吉林省政协

主 席
王国发
副主席
魏敏学 赵家治 阎洪臣
常万海 伍龙章 李慧珍(女)
孙耀廷 修福金 别胜学
段成桂
秘书长
王富远

长春市(副省级)

主 席
张绪明
副主席
战月昌 毛连方 樊玉国
范新早 宛祝平(回族)
薛 康 赵吉光 宋 勇
刘化文
秘书长
崔玮德(朝鲜族)

县(市、区)政协主席

朝阳区 孙宝和
南关区 邹宝华
宽城区 薛秉新
二道区 李柏林
绿园区 赵国峰
榆树市 宋志学
农安县 崔立群
德惠市 赵文杰
九台市 李文波
双阳区 胡玉荣(女)

吉林市

主 席 赵锡水
县(市、区)政协主席
昌邑区 张文祥
船营区 吴连瑞

龙潭区　杨玉林
丰满区　王新伟
永吉县　高印才
舒兰市　刘启田
磐石市　裴　生
蛟河市　王德荣
桦甸市　张宜兴

四平市

主　席　李有如
县(市、区)政协主席
铁东区　刘　鹏
铁西区　秦　祥
公主岭市　李梓臣
梨树县　李　彦
双辽市　田　才
伊通县　赵炳顺

通化市

主　席　钟培秀
县(市、区)政协主席
东昌区　吕新生
二道江区　邹古秀
梅河口市　于　信
集安市　杨德令
通化县　李云凤(女,满族)
柳河县　刘　勇
辉南县　高　安

白城市

主　席　刘宝泉(蒙古族)
县(市、区)政协主席
洮北区　马建义
洮南市　张利民
大安市　耿继民
镇赉县　朱力学
通榆县　白长祯(蒙古族)

辽源市

主　席　李宝林
县(市、区)政协主席
龙山区　孙国敏
西安区　张凤兰(女)
东丰县　韩振文
东辽县　尤　才

松原市

主　席　王凤树
县(市、区)政协主席
宁江区　盖子臣
扶余县　张绍文
前郭县　刘加绪
长岭县　欧祥正
乾安县　孙介文

白山市

主　席　刘洪发
县(市、区)政协主席
八道江区　李政珍(女)
临江市　郑振海
江源县　吴增良
靖宇县　邢学忠
长白县　金顺子(女,朝鲜族)
抚松县　张祥学

延边朝鲜族自治州

主　席　黄　铄
县(市、区)政协主席
和龙市　顾才德
敦化市　王保民
图们市　董克敏
龙井市　李江海
延吉市　马文学(朝鲜族)
珲春市　李春禄(朝鲜族)
汪清县　杨慎东
安图县　艾忠厚

吉林省各级政协组织和委员数

（截至 2003 年底）

项目＼级别	省	副省级市	设区的市（自治州）	县(市、区)	合计
组织数	1	1	8	60	70
委员数	520	459	2583	11947	15509

（梁红建　编写　周建华　审稿）

政 协 黑 龙 江 省 委 员 会

韩桂芝　主　席

曹广亮　副主席

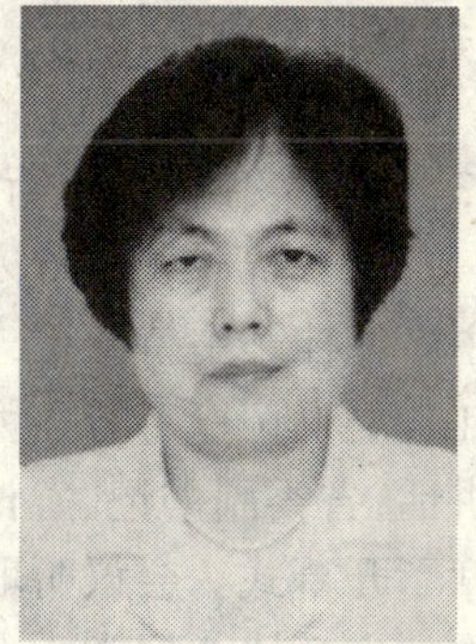
曹亚范　副主席

欧阳吟　副主席

刘文泮　副主席

迟建福　副主席

张树平　副主席

王涛志　副主席

陈述涛　副主席

梁荣欣　副主席

何小平　副主席

白树清　秘书长

【全体委员会议】

九届一次会议 2003年1月8日至13日在哈尔滨市举行。九届委员会委员747人,出席委员706人。大会主席团常务主席韩桂芝主持开幕式并致词。中共黑龙江省委书记徐有芳在大会开幕式上作重要讲话;省委副书记、省长宋法棠等省领导出席了开幕式。会议听取了谭方之副主席所作的省政协八届常委会工作报告和曹亚范副主席所作的省政协八届委员会提案工作报告。与会人员列席了省十届人大一次会议开幕式,听取了宋法棠省长所作的《政府工作报告》,并进行了充分的协商讨论。会议还就黑龙江省2003年国民经济和社会发展计划(草案)、2002年预算执行情况和2003年预算的报告(草案)、省高级人民法院及省人民检察院工作报告(草案)进行了协商讨论。会议选举韩桂芝为省政协九届委员会主席,曹广亮、曹亚范、欧阳吟、刘文泮、迟建福、张树平、王涛志、陈述涛、梁荣欣、何小平为副主席,白树清为秘书长,于智玲等144人为常务委员。会议审议通过了省政协九届一次会议政治决议和关于省政协八届常委会工作报告的决议;审议通过了省政协八届五次会议提案审查情况的报告;对2003年度委员在“五个一”活动中成绩优异者予以表彰。《政治决议》指出:“政府工作报告符合中共十六大和省九次党代会精神,符合我省实际,是切实可行的,一致表示赞同。”《关于常委会工作报告的决议》指出:“会议对常委会五年来的工作表示满意,对取得的成绩给予充分肯定。”新当选的九届委员会主席韩桂芝在大会闭幕会上讲话。

【常务委员会会议】

第1次会议 2003年1月13日在哈尔滨市举行。会议协商通过了省政协副秘书长名单;协商通过了省政协各专门委员会主任、副主任名单和政协大兴安岭地区工委主任、副主任名单;协商讨论并原则通过了省政协2003年工作要点。省委副书记、省政协主席韩桂芝在会上讲话。

第2次会议 2003年6月20日至21日在哈尔滨市举行,应出席常委144名,实到114名。会议主题:(1)传达中共中央政治局常委、全国政协主席贾庆林视察黑龙江时在省政协机关召开的座谈会上的重要讲话;(2)副省长王东华通报《黑龙江省全面建设小康社会纲要》;(3)协商通过关于《黑龙江省全面建设小康社会纲要》建议案;(4)协商通过有关人事问题;(5)举行省政协第十届好新闻颁奖仪式。省委副书记、省政协主席韩桂芝在闭幕会上作题为《群策群力谋划加快发展大计,同心同德全面建设小康社会》的总结讲话。

第3次会议 2003年10月10日至11日在哈尔滨市举行,应出席常委144名,实到113名。会议协商讨论了《关于我省依法行政、优化经济发展环境情况的调查报告》,并通过建议案。省委常委、副省长张成义到会通报了全省依法行政、优化经济发展环境的有关情况。省法院院长徐衍东列席会议。韩桂芝在闭幕会上就进一步推进“依法行政、优化经济发展环境”发表讲话。

第4次会议 2003年12月18日至19日在哈尔滨市举行,应出席常委144名,实到117名。会议听取了副省长申立国关于我省农村富余劳动力转移促进县域经济发展情况的通报;通过了省政协九届二次全会召开的日程、议程;通过了《政协黑龙江省委员会关于表彰在2003年“五个一”活动中成绩优异委员的决定》;韩桂芝作了《要把研究解决“三农”问题作为人民政协参政议政常抓不懈的课题》的讲话。

【专门委员会工作】

经济委员会 组织了省政协“关于加快我省农村富余劳动力转移促进县域经济

发展”的重点调研，形成了《关于加快农村富余劳动力转移促进县域经济发展的调查报告》。针对“天保工程”中的退耕还林情况进行了调查，形成了《关于我省退耕还林情况的调查报告》并报送省政府。先后组织委员进行了北药开发、奶业发展情况、煤矿安全生产情况以及搞好物流园区规划建设改善哈尔滨市交通状况的视察，形成了视察报告。报告中所提出的意见和建议均受到省政府及有关部门的高度重视，许多建议被采纳。召开了加快东北老工业基地调整改造研讨会，形成了《关于坚持走新型工业化道路调整改造振兴我省老工业基地的建议》，报送省委省政府。对省政府起草的《黑龙江省老工业基地调整改造实施方案》进行了协商，委员们对《方案》提出了许多修改意见和建议，得到有关部门的充分肯定，很多意见和建议被《方案》吸收。同时，为全国政协定向捐建的黑龙江省齐齐哈尔市梅里斯区雅尔塞镇哈拉新村（达斡尔民族村）办了四件实事。一是协调有关部门对该村的农业示范观光园区的开发项目进行了论证，为该项目立项做了一些协调服务工作；二是通过牵线搭桥帮助招商引资，对村办渔场进行了改造，呼兰阳光集团拟投资10万元，渔场改造正在规划中；三是为加快养牛基地建设，协助筹资50万元，现已完成40万元的牛舍建设；四是争取有关单位支持，帮助新村小学购置了5万元电教设备。

提案委员会 九届一次会议以来，共收到提案543件，立案502件。截至10月30日，提案办复率高达100%，提前一个半月完成了全年提案办理工作。在办复的提案中，提案所提问题已经解决的A类提案共计133件，占提案总数的26%；被列入采纳计划的B类提案共计298件，占提案总数的59%，形成了提案质量好，办复速度快，办理质量高的局面。在提案办理工作中，重点抓了三项工作：一是抓提案精品意识不放松，严把提案审查立案关。在提案审查立案中严格坚持提案标准和有关规定，确保承办单位有足够的精力把优秀的提案办得更好。对未予立案的41件提案，及时与提案者进行耐心细致的解释。将其中的一部分转为信访办理，一部分委托全国政协委员作为全国政协提案向中央国家机关提出。这一做法得到了党派、团体和委员们的充分理解与支持。二是坚持主席督办重点提案制度。提案委员会筛选出围绕快速实现我省小康社会奋斗目标的11件重点提案，分别由省政协主席、副主席亲自督办，起到了督办力度大，办理质量好的效果。三是坚持下大力气抓好提案的督办环节不放松。在具体办理中，强调在办复时限上突出一个“快”字，要求承办单位即收即办，一般政策咨询性的提案不超过一个月，其他性质的提案答复一般不超过三个月。在办理结果上突出一个“好”字。在今年全省提案工作座谈会上，推广了省公安厅多年坚持回头自检自查提案落实情况的经验。坚持了特事特办的原则。在防治非典的重要时期，对办理防治非典的提案，做到立案后即以电传的方式送达承办单位。比如，张国杰等委员提出的《做好我省大专院校“非典”预防工作》的紧急提案，提出了迅速封闭我省大专院校，以防治非典的建议，在提案报送的当天就得到了圆满的落实。先后组织开展了省政协提案工作座谈会、党派团体提案工作座谈会、全省市地政协提案委办主任会议。在两个座谈会上，共组织4名委员、2个党派、7个承办单位代表发言或作书面发言介绍提案工作经验，编发了两期《提案工作》，推动了提案工作的规范化、制度化、程序化建设。

科教文卫体委员会 主要开展了三项调研活动：一是围绕《民办教育促进法》实施后面临的机遇和实现跨越式发展所需解

决的主要问题进行调研，就进一步发展我省民办教育提出5条建议。二是对城市医疗服务体系建设情况进行调研，就构建城市医疗服务体系的思路提出五条建议，并形成了《关于我省城市医疗服务体系情况的调查报告》。三是组织委员对黑龙江省民营类全民健身服务业发展情况进行调研，针对黑龙江省民营类全民健身服务业的情况提出4条建议并形成专题调查报告，呈送全国政协。同时，于8月份召开了十三个地市科教文卫体委员会负责人及主管主席联席会议，交流了专委会工作情况和经验，提高了专委会工作水平。

台港澳侨联络和外事委员会 一是充分发挥港澳、海外委员作用，为黑龙江省经济社会发展献计出力。组织港澳委员就黑龙江省进一步扩大招商引资和对外经贸合作，更好地利用外资和外贸促进家乡经济发展以及进一步加快国家大豆工程技术研究中心建设等项议题提出了意见和建议，得到省委、省政府领导的高度重视和充分肯定。二是积极牵线搭桥，大力开展招商引资工作。邀请福建省政协港澳委员考察团来黑龙江就资源情况、投资环境等进行考察。考察团就木材加工、纺织服装及硅钢片生产、招聘员工、城市污水处理、国企改造以及共同开拓俄罗斯市场等项目与有关方面达成了初步意向。接待了马来西亚经贸考察团，该团与齐齐哈尔、大庆两市签订了4亿多元的经济合作意向性合同。三是发动、协调港澳、海外委员开展捐资助学活动。袁歆、孙恩光、杨世民、赖亚成、朱廷财五位港澳、海外委员为黑龙江省东宁县教育事业捐款60万元人民币，并举行了捐资助学仪式；福建省政协港澳委员考察团团长孙树哲为富锦市新旭村小学重建校舍捐资50万元人民币，并向牡丹江市文化局捐助了3万元人民币。四是加强海峡两岸交流，积极开展对台工作。接待了台湾彰化高级商校校友会参访团，客人们听取了黑龙江省经济社会发展情况介绍，参观了哈尔滨哈飞集团、中央大街步行街、虎园、龙塔和极乐寺等。举办了台湾情况报告会，向各市地政协和省政协机关各委办处室印发了关于正确使用涉台宣传用语的材料。五是召开了全省各市政协港澳台外事工作联席会议，交流了经验，探讨了进一步做好台港澳侨和外事工作的思路。

社会和法制委员会 组织省政协委员对省直部分单位加强党风廉政建设和工作作风建设情况进行视察，就如何深入持久搞好“两风”建设，建立长效机制，强化治本措施提出了意见和建议，形成了视察报告。省委书记宋法棠在视察报告上作了“请常委同志阅，视察认真，所提建议也很好，在今后工作中予以吸收”的重要批示；组织委员就依法行政，优化经济发展环境进行专题调研，形成了《关于我省依法行政，优化经济发展环境情况的调查报告》，并在省政协九届三次常委会议上，通过充分吸纳常委会议协商讨论的意见，形成了建议案；就公安机关看守场所执行法律、法规情况进行视察。委员们就执行法律存在的问题以及监所管理提出了意见和建议，得到有关部门的肯定；组织委员进行立法前协商。先后就《黑龙江省2003—2020年依法治省纲要》（征求意见稿）、《黑龙江省测绘管理条例》等草案，组织委员进行讨论，提出了修改意见和建议。同时，对省法院、文化厅等4个单位的行风进行了评议，分别形成评议报告。先后为省公安厅、司法厅、质量技术监督局推荐了一批政协委员任特邀监督员；协助和参与全国政协法制委关于灵活就业人员的社会保障问题的调研。

人口资源环境委员会 今年6月人口资源环境委员会成立以来，在机构、人员、任务“三新”的情况下，按照“打好基础，理顺关系，突出重点，循序渐进”的要求，主要做了四项工作：一是抓了基础建设。制定了工作计划和工作简则。召开了第一次全体委员会会议。二是对哈尔滨市城市环境状况进行了专题调研，形成了《关于哈尔滨市城市环境状况几个主要问题的调查与对策建议》，报送省政府后，引起有关领导重视。三是接待了陈邦柱主任率领的全国政协人口资源环境委员会东北湿地和天然林保护工程专题调研组，配合调研组圆满完成了任务。四是加强了学习交流。应邀参加了长江水环境保护第四次研讨会，并赴湖南、湖北、重庆等省市政协考察，开阔了视野，学到了经验。

文史和学习委员会 制定了九届政协文史资料征集出版规划。初步选定的题目是：解放战争时期的后方基地，黑龙江省老工业基地建设，知识青年在黑龙江等。代省新闻出版局审阅各市县政协文史资料书稿80万字。编辑出版了近15万字的《政协委员手册》。承办了省政协第十五期市地县（区）政协主席、委员培训班。完成了全年6期《学习与交流》杂志的编发工作，总计45万字。与省政协办公厅共同承办了贯彻落实全国政协十届一次会议精神报告会。同时，完成了省政协2003年重点调研课题之一，即：《关于深入开发历史文化资源，促进旅游产业发展》，形成了调查报告，已报送省委、省政府。

民族和宗教委员会 根据中共十六大提出的全面建设小康社会的宏伟目标，组织委员对全省18个县（市、区）所辖22个少数民族聚居村和杜尔伯特蒙古族自治县等少数民族地区当前生产、生活状况进行专题调研，形成了《关于全省民族地区和少数民族加快全面建设小康社会若干问题的调研报告》，提出了8个方面存在的问题和4条对策建议，已报送省政府。组织委员对鄂伦春族下山定居五十周年庆祝活动的筹备工作，清真寺、极乐寺、教堂等宗教活动场所和民族企业，杜蒙王府新村经济发展情况等进行了三次视察。加强了与民族宗教界上层人士和爱国宗教团体的联系，坚持元旦、春节和宗教节庆日走访慰问宗教界上层人士。通过与省宗教局、市宗教局以及有关部门协调，圆满解决了省天主教堂部分活动场所长期被挤占问题。积极反映省天主教堂破旧问题，省政府已决定投资重新翻建天主教堂。

【重要活动】

开展"爱我龙江，共建小康"网上论坛活动。 2003年4月15日至5月18日在黑龙江东北网络台举办。根据中共十六大提出的全面建设小康社会的战略构想，为集思广益，广泛发动各级政协委员、专家学者、全省各界人士为全面建设小康社会建言献策，省政协与《黑龙江东北网络台》联合开展了"爱我龙江，共建小康"网上论坛活动。此项活动，共收到政协委员和各界人士撰写的论文115篇，上网91篇，并编辑出版了《爱我龙江，共建小康论坛征文选编》一书。这些论文紧紧围绕黑龙江省全面建设小康社会、农业结构调整、产权制度改革、老工业基地改造、大项目建设、资源型城市可持续发展、发展非公有制经济、扩大再就业等问题提出了许多意见和建议，为我省全面建设小康社会做出了积极贡献。

中共中央政治局常委、全国政协主席贾庆林来黑龙江省考察 2003年5月27日至6月2日，中共中央政治局常委、全国政协主席贾庆林一行先后赴佳木斯、伊春、齐齐哈尔、大庆和哈尔滨，深入企业、油田、林区和科研院所考察。在听取了省委书记、省人大常委会主任宋法棠的工作汇报后，贾庆林说，经过50多年的建设，黑龙江发展成为国家重要的粮食、煤炭、石油、林业和机械工业基地。对黑龙江做出的重大贡献，我们党不会忘记、全国人民不会忘记。贾庆林指出,今年以来黑龙江省委、省政府带领全省广大干部群众,深入学习贯彻党的十六大精神,自觉实践"三个代表"重要思想,无论是防治非典型肺炎还是保持经济社会发展都取得了可喜的成绩。5月31日下午,贾庆林一行看望省政协机关干部,并与省政协和民主党派、工商联负责人座谈。座谈会由省委书记宋法棠主持,省委副书记、省政协主席韩桂芝汇报了省政协工作。全国政协委员、全国政协人口资源环境委员会副主任、省政协原主席马国良,九三学社省委主委、省人大副主任沈根荣,省工商联会长、省政协副主席欧阳吟,省政协副主席张树平,民盟省委主委、省政协副主席梁荣欣分别在座谈会上发言。贾庆林听取汇报后说,黑龙江省政协工作"取得可喜成绩,积累了宝贵经验"。他强调指出,统一战线和人民政协要把促进发展作为参政议政的首要任务,要努力为促进发展创造良好的社会环境,要加强政协自身建设。

就《黑龙江省全面建设小康社会纲要》进行论证 2003年2月26日至6月15日,由省委副书记、省政协主席韩桂芝和有关副主席带队,组织省政协委员、各民主党派、工商联及有关专家学者200多人,组成8个调研组,围绕14个专题分赴省内外进行深入调查研究,撰写出26篇有深度、有分析、有建议的调研报告和论文,其中很多重要建议被《黑龙江省全面建设小康社会纲要》吸纳。

《黑龙江省老工业基地调整改造实施方案》协商会 2003年6月5日,黑龙江省老工业基地调整改造实施方案协商会在哈尔滨市召开。会议由省政协副主席迟建福主持,省委副书记、省政协主席韩桂芝、副省长张成义及政府有关部门负责人30余人参加了会议。会上,张殿印、杨铭铎、林尚杨、袁启宏、袁乐平等十几位委员先后发言,提出了许多有价值的修改意见和建议,其中很多重要建议被吸纳到《黑龙江省老工业基地调整改造实施方案》中。

新闻宣传工作联席会议 2003年5月20日,新闻宣传工作联席会议在哈尔滨市召开。会议由省政协副主席曹广亮主持,省委常委、宣传部长孙启文和各新闻媒体负责人及秘书长白树清等省政协有关同志出席了联席会议。会上,白树清作了中心发言。他从坚持共产党领导的多党合作和政治协商制度的高度,全面分析了政协宣传工作面临的形势和任务,明确提出了充分认识政协宣传报道的特殊性,阐述了切实加强民主党派和工商联的宣传报道工作要从实际出发,解决好几个实际问题。印发了省委副书记、省政协主席韩桂芝的书面讲话。孙启文作了总结讲话,对新闻单位加强人民政协宣传工作提出了具体要求。

全国政协科教文卫体委来黑龙江省调研 2003年7月11日至16日,全国政协科教文卫体委以副主任孙隆椿为组长的"构建城市医疗服务体系,为全面建设小康社会服务"专题调研组一行20人,先后在哈尔滨、伊春、牡丹江市进行调研,省政协副主席张树平会见调研组一行。

全国政协民宗委来黑龙江省考察 2003年7月23日至30日,全国政协民宗委以副主任肖作福为团长的全国政协民宗委考察团,先后在哈尔滨市、大庆市、牡丹江市考察,省政协副主席欧阳吟会见考察团一行。

全省提案工作座谈会 2003年7月24日在哈尔滨市召开。省委副书记、省政协主席韩桂芝出席会议并讲话,曹亚范副主席主持会议,梁荣欣副主席、白树清秘书长、部分提案承办单位和党派团体委员及有关人员参加会议。会议通报了省政协九届一次会议以来提案征集和办理情况,部分党派、政协委员和承办单位就政协提案工作发表了意见。

全国政协副主席张怀西来黑龙江省调研 2003年8月5日至11日，全国政协副主席张怀西一行来我省就“灵活就业人员的社会保障”问题先后赴哈尔滨、大庆、齐齐哈尔市进行专题调研。省政协副主席梁荣欣全程陪同。张怀西一行听取了省劳动和社会保障厅、省总工会、省民政厅、省农垦总局的汇报。省委副书记、省政协主席韩桂芝、副省长王东华、副主席曹亚范、梁荣欣、秘书长白树清参加了汇报会。

全国政协视察团来我省考察资源枯竭型城市持续发展问题 2003年9月3日至12日，以全国政协常委黄璜为团长的全国政协视察团来我省视察资源枯竭型城市的产业情况、就业情况、持续发展情况。视察团在省政协副主席刘文泮陪同下，视察了哈尔滨、大庆、伊春、鹤岗、鸡西、牡丹江等地部分企业，听取了有关部门的情况汇报。召开了座谈会，并同省委、省政府、省政协有关部门负责同志交换了意见。视察团充分肯定了我省抓资源枯竭型城市发展所取得的成就，同时提出了建议。视察团认为，黑龙江要继续抓紧对资源型城市持续发展问题进行研究和规划，明确发展的主攻方向，摆正主业和副业的关系，在发挥比较优势和发展多种所有制经济方面多下功夫；对于资源型城市的体制，要按市场经济运行机制做深入探索，进一步理顺关系，促使资源型企业和资源型城市协调发展；振兴老工业基地是重大决策，必然造就一个持续健康发展的新局面，要认清形势，紧跟中央的战略部署，从国企的深化改革、人才的培养和引进、环境保护的立法和建设、对外招商引资以及发展和应用科学技术等方面加大工作力度；拓宽工作思路，提高工作标准，充分运用市场经济规律，面向市场、面向民众，提高驾驭市场经济的能力。

组织委员开展提案视察 2003年9月4日至9日，由省委副书记、省政协主席韩桂芝、副主席曹广亮、曹亚范带队，分别组成三个提案办理工作视察组，赴哈尔滨市政府、省教育厅、省旅游局进行提案办理工作视察。哈尔滨市副市长史文清、省教育厅厅长张永洲，省旅游局局长宁士敏，分别向视察组汇报了所在单位的提案办理情况。在视察中，委员们还就一些社会普遍关注的热点问题，与有关部门交换了意见。韩桂芝就如何做好提案工作讲了三点意见：一要进一步提高对提案工作重要性的认识；二要紧紧抓住政协提案的办理工作，多为群众办实事、办好事，切实促进经济社会的不断发展和进步；三要加强政协与提案承办单位的联系与沟通，共同做好提案工作。

实施第二轮城市“一帮一”扶贫解困工程 2003年12月26日，省政协主席韩桂芝率领政协在家领导及部门负责人到齐齐哈尔市的黑龙江汽车改装厂，与该厂20名困难职工进行第二轮城市“一帮一”扶贫解困对接活动。韩桂芝强调，解困要坚持标本兼治，既要注重解决燃眉之急，更要注重从长计议，发展经济，从根本上脱贫。

【重要文件】

中共黑龙江省委书记徐有芳在省政协九届一次全会上的讲话(2003年1月8日)(摘要) 五年来，省政协八届委员会坚持中国共产党的领导，深入学习邓小平理论和“三个代表”重要思想，牢牢把握团结和民主两大主题，自觉服从和服务于全省改革发展稳定的大局，充分发挥优势，认真履行职能，在参政议政、民主监督、建言献策、协调关系、化解矛盾、反映民意、对外交往等方面做了大量工作，创造了许多新鲜经验，在我省“二次创业，富民强省”的伟大实践中做出了突出贡献。省政协八届委员会的业绩必将载入我省人民政协事业发展的光辉史册。全省各级政协组织要把深入学习贯彻中共十六大精神作为当前的首要任务,坚持以邓小平理论和“三个代表”重要思想为指导,按照“发展要有新思路,改革要有新突破,开放要有新局面,各项工作都要有新举措”的要求,用创新精神全面审视人民政协工作面临的新形势和新问题,认真研究政协工作的新特点和新规律,积极探索履行职能和发挥作用的新思路和新途径,在全面建设小康社会,加快推进“二次创业、富民强省”战略的伟大实践中有新的更大作为。一、要在围绕中心、服务大局上有新的更大作为。加快推进“二次创业、富民强省”,确保与全国同步并力争提前实现全面建设小康社会的目标,是我省全部工作的中心,是全省工作的大局。各级政协组织要紧紧围绕这个中心,自觉服从服务于这个大局,积极协商议政、主动建言献策、热情搞好服务。二、要在凝聚人心、增强团结上有新的更大作为。团结和民主是人民政协永恒主题。各级政协要牢牢把握这两大主题,充分调动一切积极因素,把各方面的力量更广泛地团结起来。在加强社会各界人士的联系方面,要利用自身代表性强、信息量大、下通各界、上通各级领导层的优势,主动加强与社会各界、各阶层成员和代表人士的联系。在维护社会稳定方面,要针对社会经济成分、组织形式、就业方式、生活方式、利益关系和分配方式日益多样化的新情况,针对经济结构和社会关系的新变化,针对我省作为老工业基地和农业大省,城市下岗职工多、再就业难度大和农民增收缓慢等实际问题,充分发挥各级政协组织的协调疏导作用,积极协助党委和政府做好理顺情绪、化解矛盾、鼓舞士气工作,努力营造倍加顾全大局、倍加珍视团结、倍加维护稳定的良好氛围。三、要在发扬民主、加强监督上有新的更大作为。发展社会主义民主政治、建设社会主义政治文明,是政协工作的重要内容,为开创政协工作新局面提供了良好条件。要充分发挥人民政协作为各民主党派、工商联、人民团体和无党派人士参政议政的重要渠道和场所作用,努力营造敢做诤友、敢于谏言、敢讲真话、勇于坚持真理的民主氛围。要积极协助党委、政府贯彻党的民族、宗教政策,加快少数民族地区的经济发展,坚决反对各种邪教活动,巩固和发展平等团结互助的社会主义民族关系,引导宗教与社会主义相适应。要做好非公有制经济代表人士和有代表性非中共知识分子的工作,毫不动摇地支持、鼓励非公有制经济发展。要加强与台港澳地区和海外侨胞的联系,扩大对外交往,广交海内外朋友,为实现祖国的完全统一争取力量。要切实发挥好民主监督的重要作用。重点围绕对宪法、法律的实施情况,党委、政府重大决策的贯彻落实情况,行政执法和司法部门依法行政、公正司法情况,党政机关工作人员勤政廉政情况等积极大胆地实施民主监督,客观公正、实事求是地提建议、作批评。要进一步做好提案征集和反映社情民意的工作,帮助党和政府体察民情、了解民意、集中民智、解决民需。

常委会工作报告(2003 年 1 月 8 日)(摘要) 报告分三部分。第一部分回顾了八届委员会五年来的常委会工作:五年来,省政协常委会在中共黑龙江省委的领导下,在省政府的大力支持以及社会各方面的积极配合下,高举邓小平理论伟大旗帜,认真贯彻“三个代表”重要思想,充分发挥爱国统一战线组织的重要作用和人民政协的自身优势,切实履行政治协商、民主监督、参政议政的重要职能,为实现省八次党代会提出的“二次创业,富民强省”的任务,做出了应有的贡献。(一)加强学习,自我教育,实践“三个代表”重要思想的自觉性不断增强。认真组织委员学习邓小平理论和“三个代表”重要思想、党的十五大和省八次党代会精神，自觉地把智慧和力量凝聚到省委提出的“搞好二次创业，实现富民强省”的奋斗目标上来。2001年12月召开了邓小平人民政协理论研讨会，交流了研究成果，推动了全省政协理论研究的深入开展。先后组织了第五至第九届全省宣传人民政协好新闻评选工作。编辑出版了黑龙江文史资料第35辑《委员春秋》，完成了第36辑出版准备工作。(二)围绕中心，服务大局，政治协商、参政议政水平不断提高。省政协召开的五次全体会议，就全省经济和社会发展、改革开放中的重大问题，认真进行协商讨论，提出了许多重要的意见和建议，得到了省委、省政府的高度重视，主要领导都做了重要批示。其中关于我省生态环境总体布局到2010年应大体保持“五林、一水、一草、三分田”的重要建议，被纳入我省“十五”规划纲要当中。先后就省政府有关部门转交的几十件法规(草案)，进行认真协商讨论，提出的许多重要意见和建议被吸收采纳到正式法规当中。(三)拓宽渠道，突出重点，民主监督进一步加强。一是发挥提案作用；二是积极开展民主评议工作；三是认真组织灵活多样的委员视察活动；四是充分反映社情民意；五是主动配合有关部门开展监督检查。(四)选准角度，发挥优势，为经济建设服务成果显著。积极开展调查研究，建言立论成果丰硕。五年来组织各种调研活动45次，形成调查报告和建议案51份。热切关心群众疾苦，扶贫解困成绩突出。1998年抗洪救灾中，组织委员和机关干部共捐款物价值3600余万元；落实了全国政协捐助建设的四个新村。省政协包扶的呼兰县康金镇小赵村，已成为发展多种经营致富的示范村；包扶的黑龙江汽车改装厂，摆脱了连续7年经营亏损的局面，使企业重现生机。(五)增强团结，发扬民主，为维护稳定促进发展做出了积极贡献。积极推动大团结大联合，发展统一战线；充分发挥民主党派作用，推进合作共事；积极开展海外联谊活动，促进祖国统一；加强民族和宗教工作，增强团结促进发展；发挥联谊会的特殊作用，扩大了政协联系面。(六)开拓创新，政协自身建设取得了新进展。履行职能规范化、制度化取得了新进展。在原有政治协商坚持“三在前，三在先”的基础上，又总结了民主监督实行“三通报、三倾听”和参政议政实行“三提供、三主动”经验。政协组织间的联系与交流有新发展。省政协坚持每年举办一次市县政协主席培训班，各专门委员会通过每年召开一次工作联系会议，加强对口指导。工作作风有了新转变。机关建设出现了新气象。第二部分总结了八届委员会常委会五年来的工作经验：紧紧依靠党的领导是做好新时期人民政协工作的根本保证；坚持团结和民主是政协工作的永恒主题；围绕中心，服务大局是做好政协工作的重要原则；与时俱进、开拓创新是做好政协工作的不竭动力；发挥委员的主体作用是做好政协工作的坚实基础；坚持“切实而不表面”是做好政协工作的基本要求。第三部分对九届省政协工作提出了建议：深入学习贯彻十六大精神，用“三个代表”重要思想指导政协各项工作；认真履行政协职能，围绕我省全面建设小康社会的奋斗目标积极建言献策；突出团结和民主两大主题，继续巩固和发展新时期的爱国统一战线；进一步开展对外交往和联谊工作，促进祖国统一大业的早日实现；切实加强自身建设，进一步开创全省政协工作新局面。

政协黑龙江省委员会关于报送《关于论证〈黑龙江省全面建设小康社会纲要〉的建议案》的报告(2003年6月21日政协黑龙江省第九届委员会常务委员会第2次会议通过)(摘要) 《建议案》就《黑龙江省全

面建设小康社会纲要》提出了5条建议：一、从省情实际出发，科学确定全面建设小康社会的指标体系；二、坚持城乡统筹发展的方针，切实解决“三农”问题；三、实施大项目带动战略，加快全省经济发展；四、坚持全面建设，实现“三个文明协调发展”；五、充分调动各方面力量，共同为《纲要》的全面落实而奋斗。

关于我省依法行政、优化经济发展环境问题的建议案(2003年10月21日政协黑龙江省委员会第九届委员会第3次会议通过)(摘要) 就我省依法行政、优化经济发展环境问题提出了6条建议：一、增强法律意识，强化执法队伍建设；二、加快行政立法步伐，提高立法质量；三、进一步改革行政执法体制；四、进一步改善行政执法环境；五、健全机制，强化行政执法监督；六、认真做好《中华人民共和国行政许可法》实施的准备工作。

【组织概况】

主 席

韩桂芝(女)

副主席

曹广亮 曹亚范(女)
欧阳吟 刘文泮 迟建福
张树平 王涛志 陈述涛
梁荣欣 何小平

秘书长

白树清

常务委员名单(以姓氏笔画为序)

于智玲(女) 马立群 马秀芝(女)
马松波 马淑珠(女) 王 宏(女)
王 峰 王静(女)王文襄
王玉文(蒙古族) 王玉杰(蒙古族)
王亚军 王伟奇 王志山 王启民
王学文 王桂文(女) 王桂兰(女)
王恒军 王振生 王艳萍(女)
卢禹舜 石殿忠 叶怀义 田振坤
白淑贤(女) 乔 谷 伊忠义
关国亮(满族) 刘 平 刘 鲲
刘长生 刘则刚 刘国兴 刘春华(女)
刘思久 刘继维 孙东生 孙伟正
孙兆贵 孙和义 孙柏林 孙洪志
孙恩光 曲之平 曲秀芬(女)
朱成富 朱效利 朱晓峰 毕克新
江廷科 祁佩时 纪效民 许 安
邢美珠(女) 闫永华 吴丽莹(女)
吴国华(女) 吴焕军(达斡尔族)
宋立权 宋兆琴(女) 张仕良
张庆祥 张成秀 张红力 张克忠
张金凯 张剑峰 张显友 张洪升
张恩亮(满族) 张振华 张晓伟
张爱民(女) 张素梅(女)
张惠芳(女) 张景儒 张福春
时 翔 李龙吉(朝鲜族) 李永顺
李成库 李传模 李庆芬(女)
李贵德 李鹏宇 杨松(满族)
杨世民 杨更新 杨延波 杨国俊
杨健平(白族) 杨铭铎 肖建敏
肖鸿麟 谷振春 陈永才 孟繁旭
庞 达 林志国 林盛中 武永高
苑立波 范玉仁 贯昌福 郑秋鹏
郑德清 姚明远 姚建亭 姜亦栋
姜兴泽 洪英华(满族) 洪袁舒(女)
贺全宾 赵向东 赵伯超 赵雨森
赵春莲(女) 赵隽明 钟震宇
倪书学 唐新伟 徐衍民 徐德复
栾 莹(女) 栾今伟 袁 歆
袁乐平 袁启鸿 贾竞波 贾福林
郭 霁 郭克海 郭春景 高振富
崔 强 曹 震 曹香滨(女)
曹重光 曹滨顺 梁宝德 盛祖宏
黄晓山 傅道彬
普列·阿里格(鄂伦春族)舒 展(满族)
董洪宪 蒋贤云 韩慧峰 解应龙
赖 伟 赖亚成 翟福生 静 波
潘春良 薛 伟 薛 坤

委员名单(以姓氏笔画为序)

中国共产党

孔祥君 王涛志 白树清 刘长生
刘春华(女) 刘殿武 师伟杰
闫永华 张心愿 张建发 张树平
张铁军 李永军 李传模 李宏臣
李福民 杨国俊 迟建福 邱玉泉
陈 兴 孟宪斌 罗文孝 贺全宾
徐申田 徐维众 郭克海 钱茂忠
曹广亮 曹亚范(女) 韩 伟
韩树礼 韩桂芝(女) 褚 凤(女)
潘乃仓 潘春良

中国国民党革命委员会

万学臣 马虹宇(女) 王 波
王文襄 王丽芬(女) 王志臣
王景华(女) 王耀华(女)
叶 非 乔 谷 伊忠义 刘晓为
刘淑珍(女) 孙丽伟(女)朱荣科
何小平 张仕良 李洪波 谷振春
陈 健 陈嘉斌 姚建亭 施锦秀
唐新伟 夏富祥 栾 莹(女)
秦铁生 曹力群(女)
普列·阿里格(鄂伦春族) 薛 坤

中国民主同盟

刁秋庭 马佳毓(女) 王延亮
王志山 王科俊 王宽宇 石振广
吕 诚 孙建平 朱成富 毕克新
祁佩时 佟为明 劳雅民(女)
张贵学 张景儒 罗云霞(女)
贯昌福 姚 杰 祝天旭 胡文韬
郝东山 倪红伟 袁正岱 崔 强
戚大伟 曹重光 梁荣欣 谢景安
解应龙 鲍卫平 霍贵成

中国民主建国会

卞清德 王长伟 王国璇 王桂文(女)
母香斌 刘文泮 刘忠臣 刘家寿
孙东生 孙晓东 孙逢仁 安久维
何 平 张 岭 张洪升 李铁民
杜树海 杨弘智(女) 肖建敏
肖鸿麟 陈小平(女) 郑 君
祖国强 胡春生 徐有和 徐锦明(女)
徐德全 徐德复 柴振山 郭 霁
黄国亮 曾宪章 董洪宪 韩雅莉(女)

中国民主促进会

于智玲(女) 冯永志 刘 华(女)
刘清田 曲 政 朱效利
佟建民 张宏志 张显友 张铁成(满族)
张福春 李万俊 杨 松(满族)
杨剑尘 杨健平(白族) 陈凯(满族)
陈希滨 陈炳玲(女) 周雪菲
林 昆 罗振亚 金 益 赵殿举
倪书学 徐秋云(女) 莫淑华(女)
梁 岚(女) 韩慧峰

中国农工民主党

刁恩英(女) 马玉国 马立群
王和平(女) 王振宇 王婕芯
(女) 刘 平 朱元廷 纪效民
吴 岩(女) 宋立权 张守信
李荐中 邹兴淮 陈述涛(满族)
易志宏(女) 林志国
金成民(朝鲜族) 钟震宇(满族)
秦海涛 郭春景 谭灵芝(女)
薛英威 戴晓霞(女)

九三学社

王亚军 计东海 刘世荣(女)
刘冰熔(满族) 刘景民 孙柏林
曲秀芬(女) 朱晓峰 张世雄
张国安 张恩厚 张淑霞(女)
李鹏宇 沙英华 陈松林 周元生(回族)
庞 达 范玉仁 郑秋平(女)
姚明远 施 平 胡青原 赵宝权
赵彦玲(女) 赵春莲(女)
徐先启 栾今伟 袁邦泰 贾竞波
戚国强 阙连胜

无党派民主人士

于江洋 王 祁 王会民 王学文
王勇进 王政权 田玉忠 田振坤
严 明 宋 文 张 宁 张匀华

张彩辉 张硕明 李 允 李庆芬(女)
杨振敏(女)肖志敏邵俊鹏 陆怀民
周 真 洪袁舒(女) 项福波
徐 宽 徐贵成 桑艳玲(女,满族)
盛祖宏 黄德波

中国共产主义青年团

于沐林(女) 王 平(女)
张利君 张恩亮(满族) 宫镇江

工会

万朝顺 文乾义 刘玉芝(女)
阴凤丽(女) 时 静(女)
李永顺 杨维华(女) 沙乃学
孟雪梅(女) 武永合 曹殿富

妇女联合会

王凯霞(女) 刘 红(女)
刘忠华(女) 刘春英(女)
孙赛男(女) 吴丽莹(女)
张丽欣(女) 张爱民(女)
李金荣(女) 李顺宝(女)
栾 芳(女) 黄素英(女)

工商业联合会

马松波 王 云 王 宏(女)
王书雅(女) 王长平 王伟奇
王启民 王振生 王新文 车千里
由广龙 关国亮(满族) 刘小刚
刘国强 曲之平 朱滨利 江廷科
邢耀军 闫文富 初真仕 张大军
李 和 李 范(女) 李小宇(女)
李中兴 李祝成 杨福臣 肖明渊
陈宏敏 岳佐胜 欧阳吟 姜兴泽
柏德禄(满族) 钟广廷 钟继革
栾庆华 高振富 曹滨顺 盛万山
傅 平(女) 鲁春娅(女)

科学技术协会

王 栗(女) 王志法 刘秀杰(女)
冷有芹(女) 张素梅(女)
李 宁(女) 李 涛 李 冀
杨建德 陈伊里 林尚扬 苑立波
姜亦栋 徐晓飞(满族) 舒 展(满族)

台湾同胞联谊会

刘继维 张 岩 张大忠
张云虎(高山族) 张华玺 杨 瑾(女)
吴国华(女) 姚世军 洪 菱(女)
洪雅丽(女) 黄 芙(女)
满伟男

归国华侨联谊会

于景双 刘世文 刘兴玉(女)
刘思久 华大真(女) 纪 岩(女)
吕 薇(女) 佟 春(满族)
冷振海 张万泉(回族) 张广跃
李 融 迟国强 陈晓东 赵玉兰(女)
唐洪铭 高 蓓(女) 矫恒绘
蒋贤云 韩玉泉 魏天保 魏大斌
苏建贵

青年联合会

王兆力 王富龙 车承军 刘 流
衣俊卿 张 宏(女)
李大伦(蒙古族) 杜慧杰(女)
杨 晶(女) 韩杰才

文化艺术界

于国圣 方智诺 王明喜 王艳萍(女)
兰铁成 冯建福 冯健民 卢禹舜
田卫平 白淑贤(女) 曲冬梅(女)
邢美珠(女) 吴团良(达斡尔族)
吴宝三 张朝阳 李永生 李陈奇
陈玉平 宗成滨 郎纯惠(满族)
娄正纲(女) 宫建华(女)
高庆春 曹香滨(女) 蔡锦政

科学技术界

王亚东 王耀羽 叶怀义 刘凤凯
刘瑞堂 孙秀冬(女) 初洪岩
宋守业 张姗姗(女) 张洪林
张振华 杜少军 陆文达 陈洪岩
庞景君 罗甫梁 郑秋鹏(女)
赵旦峰 赵季赋 赵雨森 袁乐平
郭洪鑫 高晏飞 彭喜元 董沛武
谢春茹(女) 韩一宝 赖 伟
路金铭 翟福生 颜承达 魏 霞

社会科学界

于　祥　王传邃　王国栋　王贵祥
邓文彬　冯东海　刘　嬿(女)
刘永斗　刘则刚　刘忠志　孙洪志
延凤翼(女)　许　安　何伟志
张九如　张军民　张成秀　张国杰
张金凯　张剑峰　张晓伟　张淑珍(女)
张燕燕(女)　李　猛　李成库
李惠群　杨延波　杨更新　杨育光
陈　霞(女)　陈永才　孟繁旭
庞可培(女)　武永高　郑建强
郑德清　赵阿黛(女)　赵培兴
唐铁威　徐晓凤　贾福林　蓝承烈
慕黎强

经济界

于文复　马贵霖　尹志坤　毛京华
毛春生　王　计　王　峰　王广会
王东航　王玉林　王成波　王状一
王宝山　王治贵　王春元　王洪涛
王洪基　王贺民　王桂兰(女)
丛　林　丛林章　付长明　史连有
白沐阳(满族)　刘　颋　刘　鲲
刘国兴　刘家滨　刘海林　孙　静(女)
孙德义　张书栋　张庆祥　张金沛
张殿印　时　翔　李乃昌　李振国
李海涛　李喜忠　李福源　杨　毅(女)
杨保红(女)　苏凤军　陈光福
陈丽娜(女)　周玉琦　林凤廷
林法亮　范宏志　姜红君(女)
荣　幸　赵凤山　赵伯超　赵秀民
赵国林　钟　杰(女)　倪洪雁
徐衍民　袁启鸿　郭永孝　高　铁
常大光　常广义　曹福顺　梁文弟
逯　霖(女)　黄志杰　焦德新
韩乃寅　韩国信　鲁　涛　廉耀庭
穆　竞(女)　穆凤楼　薛兴发

农业界

丁淑芬(女)　于艳杰(女)
马淑珠(女)　王应海　王思再
付刚(赫哲族)　冯　伟　刘英龙
刘洪伟　吉新文　孙东江(女)
安瑞强　张　卫　张　军　张亚田
张富广　张惠荣　李忠奎　李彦丰
杨增明　苏　俊　武凤祥　赵向东
陶　波　黄晓山　黄德身　董景铎
韩小兵　霍兴林(蒙古族)

教育界

刁诗贤　于松岭　马秀芝(女,满族)
王少杰　王玉文(蒙古族)　王晓明
付亚洲　申　林　石渭涛　乔红光
刘巨保　匡海学　孙和义　孙雪夫
朱立人　许师东　张东飚　张永洲
张美雷(满族)　张惠芳(女)
张智全(满族)　李　坚　李法尧
李金峰　杨名声　杨宝峰　杨荫双
杨铭铎　邱　松　陈　力　陈光海
陈光琦　孟北明　尚　杰(女)胡建良
徐小平(女)　秦慧贤(女,回族)
贾正轩　梁成田　傅道彬
韩家宝(蒙古族)　鲁建壮

体育界

孔祥智　王殿林　刘志圣　刘忠武
刘海云　李学林(朝鲜族)　洛自修
赵玉华(女)　赵英刚　赵洪博(满族)

新闻出版界

李曙光　陈凤跃　陈树春　徐忠平
张克忠　杨南欧　杨殿军　陈春江
林永万(朝鲜族)　郭嘉志

医药卫生界

王　莉(女)　王孝平　王学军
王桂照　王喜军　王献臣　任　旭
刘爱武(女)　刘惠明　刘福生
孙伟正　李乃新　李明石　李德崇
杨日和　单丽华(女)　周广刚
林盛中　郁淑霞(女)　徐美菊(女)
栗德林　崔　浩

少数民族界

于爱君(女,蒙古族)

马少弘(女,回族) 马秉忠(回族)
元光秀(朝鲜族) 尤秀珍(女,赫哲族)
巴爱众(蒙古族) 王玉杰(蒙古族)
王鸿志(回族) 卢范植(朝鲜族)
关立卓(满族) 关金红(女,鄂伦春族)
刘杰(赫哲族) 刘丽馥(女,回族)
刘德全(鄂伦春族)安牧尔(蒙古族)
闫沙庆(鄂温克族)吴占柱(柯尔克孜族)
吴焕军(达斡尔族)李为民(锡伯族)
李龙吉(朝鲜族) 李金富(蒙古族)
杨敏(女,回族) 杨继君(达斡尔族)
孟淑贤(女,鄂伦春族)
宝尔夫(蒙古族) 金仁汉(朝鲜族)
金英子(女,朝鲜族) 洪英华(满族)
赵阿平(女,满族) 赵隽明(赫哲族)
夏杰(女,回族) 徐鹤东(朝鲜族)
敖令焕(达斡尔族)涂申廷(鄂温克族)
莫雅茹(女,鄂伦春族)
康广胜(蒙古族) 魏春华(女,鄂伦春族)

宗教界

王静(女) 刘桂林(回族)
孙兆贵 李孟东 李美兰(女,朝鲜族)
贾福祥 圣光(女) 鲁绍斌
满春学(回族) 静波

对外友好团体

于长河 王万贵 王佩杰(女)
冯洪滨 左方 孙向真(女)
朱志敏(女) 何文安 李明
李贵德 杨世民 肖刚 孟宪成
袁歆 彭壮

社会福利与社会保障团体

王军 白家骏(满族) 石殿忠
刘书发 刘瑞华(女) 宋兆琴(女)
张抒(女) 张广兴 李金铠
杜临涛(女) 汪琪 谷震(满族)
林剑非 林维彬(女) 金连弘
郭英俊 崔洪斌 曹震 梁宝德
薛伟

特别邀请人士

马士和 孔石 王宝山 王恒军
王桂梅(女) 王福春 宁铁夫(满族)
关艳芝(女,满族) 刘臣 刘恩嘉
刘燕铭 孙恩光 朱廷财 纪万斌
齐燕滨 张士勇 张红力 张雨浦(回族)
张灏宸 李苑辉 李钜林 杜晓华(女)
沈明 肖云升 陈华增 陈鹤友
庞维仁 林镇伦 赵义强 徐宝荣
郭桂荣(女) 曹占林 曹振远
彭如川 赖亚成 靳文学 赫荣晨(满族)

【黑龙江省各市、县(市、区)政协领导人名单】

哈尔滨市(副省级)

主席
杨国俊

副主席
王华放 谢英梅(女)
齐燕摈 杨亚光 姚建亭
肖鸿麟 张郑婴 解应龙
纪效民

秘书长
宋建滨

县(市、区)政协主席

道里区 王小保
南岗区 周祥彬
道外区 孙玉坤(女)
香坊区 孙凤祥
太平区 张首强
动力区 李荣安
平房区 张益相
五常市 柴万林
双城市 王明才
阿城市 何广录
尚志市 安武顺(女)
巴彦县 张景兴
木兰县 张润田
通河县 孙秀林
依兰县 张树霖

延寿县 于素华(女)
呼兰县 牛长发
宾县 王晓光
方正县 郎治国

齐齐哈尔市

主　席 罗文孝
县(市、区)政协主席
龙沙区 邵秀英
建华区 刘忠宝
铁锋区 张玉齐(女)
富拉尔基区 刘忠山
碾子山区 韩建国
梅里斯达斡尔族区 韩鸿山
昂昂溪区 刘文义
讷河市 马贵友
克山县 黄　印
拜泉县 王洪丽(女)
依安县 辛元珠
克东县 董保才
富裕县 孙国才
甘南县 孙英杰
龙江县 郭淑云(女)
泰来县 宫淑琴(女)

牡丹江市

主　席 李永军
县(市、区)政协主席
东安区 张玉香(女)
西安区 蒋学君(女)
爱民区 许景文
阳明区 石砚章
海林市 计砚东
绥芬河市 刘　欣
东宁市 陈德祥
穆棱市 梁兆宽
林口县 崔因贵

佳木斯市

主　席 韩树礼
县(市、区)政协主席
郊区 魏律民
永红区 吕桂琴(女)
向阳区 王选友
前进区 龚万学
东风区 李灿龙
富锦市 王恒勋
同江市 顾士文
桦南县 李广兴
汤原县 孙希平
桦川县 黄金华
抚远县 史月英(女)

大庆市

主　席 李福民
县(市、区)政协主席
龙凤区 刘　杰
大同区 李若臣
萨尔图区 李春丰
红岗区 孙如增
让胡路区 王兆君
肇州县 于淑范(女)
肇源县 姜文河
林甸县 林亚民
杜尔伯特蒙古族自治县李忠惠

鸡西市

主　席 刘殿武
县(市、区)政协主席
鸡冠区 韩桂兰(女)
城子河区 于世兰(女)
滴道区 薄启云
恒山区 张立升
梨树区 李殿君
麻山区 姚利芳(女)
密山市 张吉秀
虎林市 张廷炬

鸡东县 刘继东

双鸭山市

主　席 徐维众

县(市、区)政协主席

尖山区 栾广明
宝山区 刘喜全
岭东区 段旭武
四方台区 邵海林
饶河县 张敬德
宝清县 邓国奎
友谊县 沈明文
集贤县 高喜文

伊春市

主　席 孟宪斌

县(市、区)政协主席

乌马河区 岳洪明
美溪区 任春芝(女)
西林区 张武权
翠峦区 刘利敏
友好区 周凤武
带岭区 李春野
南岔区 戴　翔
伊春区 夏景涛
金山屯区 苗德义
乌伊岭区 李荣华
新青区 赵福志
汤旺河区 冯焕贵
红星区 孟繁华(女)
五营区 高云学
上甘岭区 焦培太
铁力市 郭忠彬
嘉阴县 田文惠

七台河市

主席 潘乃仓
桃山区 白景文
新兴区 白　羽
茄子河区 董吉太
勃力县 李国福

鹤岗市

主席 李宏臣

县(市、区)政协主席

东山区 张国钧
向阳区 杨　荣
工农区 刘相柱
南山区 杜凤友
兴山区 张友发
兴安区 李来兴(女)
绥滨县 高崇武
萝北县 宿兴华

黑河市

主席 韩　伟

县(市、区)政协主席

爱辉区 朱家明
北安市 刘金恒
嫩江县 孙广文
孙吴县 德爱勤(女,蒙古族)
五大连池市 赵宪英
逊克县 何长江

绥化市

主席 张建发

县(市、区)政协主席

肇东市 任松龄
安达市 黄金文
海伦市 赵树芳
兰西县 王俊峰
庆安县
绥棱县 李亚有
望奎县 马洪海
明水县 刘晓光
青冈县 王国栋
北林区 于文学

大兴安岭地区

县(市、区)政协主席

加格达奇区 王云峰

松岭区 雷金荣(女)

新林区 李泽君

呼中区 王东宽

漠河县 钱 鹏

塔河县 李玉才

呼玛县 陈守德

黑龙江省各级政协组织和委员数

(截至 2003 年底)

项目 \ 级别	省	副省级市	地级市	县(市、区)	合计
组织数	1	1	11	134	147
委员数	780	572	3401	19707	24460

(李玉成 编写 何伟志 审稿)

政 协 上 海 市 委 员 会

蒋以任　主　席

宋仪侨　副主席

黄跃金　副主席

王生洪　副主席

谢丽娟　副主席

左焕琛　副主席

俞云波　副主席

黄关从　副主席

石四箴　副主席

王荣华　副主席

王新奎　副主席

吴汉民　秘书长

【全体委员会议】

十届一次会议 2003年2月14日至19日，在上海展览中心中央大厅举行。本次会议应出席委员785名，实到743名。会议主席团常务主席蒋以任主持会议。中共上海市委副书记刘云耕致辞。会议审议通过九届市政协副主席宋仪侨代表常务委员会所作的工作报告、九届市政协副主席谢丽娟代表常务委员会所作的关于提案工作情况的报告。与会委员列席市十二届人大一次会议，听取并讨论市政府工作报告、市高级法院工作报告、市检察院工作报告及其他重要报告。中共中央政治局委员、上海市委书记、市长陈良宇，全国政协副主席钱伟长和市领导陈铁迪、王力平等出席开、闭幕会，并参加联组讨论，听取大会发言，与政协委员共商上海改革开放、现代化建设之大计。会议审议通过《政协上海市第十届委员会第一次会议决议》。《决议》指出，要在以胡锦涛同志为总书记的中共中央领导下，高举邓小平理论伟大旗帜，全面贯彻“三个代表”重要思想，坚持和完善中国共产党领导的多党合作和政治协商制度，在中共上海市委领导下，围绕团结和民主的主题，切实履行政治协商、民主监督、参政议政的职能，密切联系社会各界人士，团结一切可以团结的力量，调动一切积极因素，与时俱进，开拓创新，为全面建设小康社会、为上海加快现代化国际大都市建设作出新的贡献。会议选举蒋以任为十届市政协主席，宋仪侨、黄跃金、王生洪、谢丽娟、左焕琛、俞云波、黄关从、石四箴、王荣华、王新奎为副主席，吴汉民为秘书长，于晨等120人为常务委员。会议期间，共收到提案905件。

【常务委员会会议】

九届第33次会议 2003年1月24日举行，王力平主席主持。会议协商通过政协上海市第十届委员会委员名单，审议通过政协上海市第十届委员会第一次会议议程建议、日程建议，并决定将上述建议提交市政协十届一次会议审议。会议决定由宋仪侨作《政协上海市第九届委员会常务委员会工作报告》，谢丽娟作《政协上海市第九届委员会常务委员会关于提案工作情况的报告》，并审议通过政协上海市第十届委员会第一次会议出席、列席及邀请范围。会议决定授权主席会议审定相关未尽事项。会议还传达了全国政协九届二十次常委会议精神。

十届第1次会议 2003年2月26日举行，蒋以任主席主持。会议审议通过《政协上海市委员会常务委员会工作条例》、《上海市政协2003年工作要点》，明确了本届市政协主席、副主席、秘书长侧重联系有关工作的安排。会议决定王荣华兼任市政协提案委员会主任，陈祥麟任市政协经济委员会主任，李佳能任市政协人口资源环境建设委员会主任，周鹤龄任市政协教科文卫体委员会主任，洪林珍任市政协社会和法制委员会主任，沈善初任市政协民族和宗教委员会主任，钟修身任市政协文史资料委员会主任，金闽珠任市政协港澳台侨委员会主任，宋仪侨兼任市政协学习指导组组长，陈士杰任市政协区县政协联络指导组组长。

第2次会议 2003年4月11日举行，蒋以任主席主持。会议讨论确定市政协重点调研课题方案，通报市政协十届一次会议闭幕以来重要工作情况，通报十届市政协特邀监督员推荐情况。会议决定周骏羽、梁国扬、刘毓海、龙启虎、张亚培、项斯文、周燮鹏、黄震任市政协副秘书长。

第3次会议 2003年7月5日举行，蒋以任主席主持。会议传达中共上海市委八届三次全会精神和市委书记陈良宇到市政协调研时的讲话精神，通报市政协上半年工作情况，部署市政协下半年工作任务。

会议审议并原则通过《政协上海市委员会专门委员会工作条例》,并决定对《条例》进行修改完善,提交市政协十届八次主席会议审议通过后颁布实施。会议审议并原则通过《关于世博会与长江三角洲经济共同发展的若干建议》,并决定对《建议》进行修改后,以常委会建议案的形式,报送中共上海市委、市政府参考。会议还通报了市政协2003年年中委员视察主要情况和第二批市政协特邀监督员推荐情况。

第4次会议 2003年8月18日至19日举行,蒋以任主席主持。会议听取中共中央文献研究室常务副主任冷溶关于"认真学习胡锦涛同志'七一'讲话精神,兴起学习贯彻'三个代表'重要思想新高潮"的辅导报告,并就领会"三个代表"重要思想的时代背景、实践基础、科学内涵、精神实质和历史地位,进一步发挥市政协常委会作用,推动上海政协各项工作进行讨论。会议审议并原则通过《关于进一步发挥上海市政协常务委员会作用的若干意见》。会议决定增设市政协对外友好委员会,江上舟任市政协对外友好委员会主任。会议还传达了全国政协主席贾庆林在全国政协十届二次常委会议闭幕会上的讲话。

第5次会议 2003年10月22日举行,蒋以任主席主持。会议传达全国政协十届三次常委会议精神,对市政协学习贯彻十六届三中全会精神作出部署。会议审议通过《关于上海郊区规划布局与发展战略的若干建议》、《促进科技、教育、经济互动,形成"科教兴市"合力》课题报告,并决定对《建议》和课题报告进行修改后,以常委会建议案的形式,报送中共上海市委、市政府参考。会议审议通过《政协上海市委员会关于进一步加强提案工作的意见》,并通报了近期重要工作安排。

第6次会议 2003年12月22日举行,蒋以任主席主持。会议传达学习中共上海市委八届四次全会精神。会议决定市政协十届二次会议于2004年1月11日召开,会期5天。会议审议了市政协十届二次会议议程(草案)、日程(草案),并决定提交市政协十届二次会议预备会议审议。会议审议通过市政协十届二次会议秘书长、副秘书长建议名单,审议通过市政协常委会工作报告和提案工作报告,审议通过《关于加强城市软环境建设,培育和塑造城市精神的若干建议》。会议决定黄跃金、徐佩莉、姜耀中、蔡世民、鲍凯歌不再担任市政协委员,增补沈红光、刘春先、胡可一、王禄宁、林凯文、丁建勇、耿海成、定慧、吉宏忠、刘瑞旗、李维屏11人为市政协委员,并决定将陈燮阳的委员界别由特别邀请人士调整到文艺界。

【专门委员会工作】

提案委员会 完成新一届委员会的组建,全体委员51人(市政协委员49人,在沪全国政协委员1人,专职副主任1人)。全年共收到提案1066件,经审查立案1019件,全部办复。主要工作:一、重视做好提案征集工作。一是在全会召开前,通过市政协新委员学习会宣传介绍提案工作,走访民主党派市委和有关人民团体了解提案意向,主动提供服务。二是在年中先后举办两期专题学习会,帮助委员进一步了解提案性质、作用,掌握提案撰写规范和要求。先后有108名新委员参加学习会。三是召开提案工作学习研讨会和座谈会,组织委员参加提案办理协商座谈会和提案办理跟踪调研,为委员知情明政,写好提案服务。二、进一步规范完善提案工作制度。配合市政协办公厅及时提出《关于进一步做好本市提案办理工作的意见》,由中共上海市委办公厅和市政府办公厅联合转发,就进一步规范提案办理程序,提高办理质量提出要求。起草形成《政协上海市委员会关于进一步加强提案工作的意见》、《政协上海市委员会关于提案审查工作的实施细则》,就努力提高提案质量和提案办理实效,规范提案审查工作等方面提出明确意见。承办市政协2003年提案工作会议,为提案工作在新形势下的发展奠定基础。三、努力提升提案工作信息化水平。配合市政协信息中心更新改造提案信息管理系统,充实提案库内容,将提案内容上网,方便委员和党派团体的查询。进一步改进提案传输技术,倡导网上递交提案,年内通过电子传输系统递交提案258件,占提案总数24%。四、加强督促办理,提高提案工作实效。一是探索促进重点提案办理取得实效的新途径。组织召开由主席会议成员参加的重点提案办理协商会,并实施市政协主席、副主席每人促办一件重点提案的新方法。先后召开食品安全与卫生、降低商务成本和加强物业管理等专题重要提案办理协商会,开展对发展经济和促进就业、推进国有资产管理体制改革、加强道路交通管理、建设无障碍城市等提案的跟踪调研活动13次。二是召开同类提案归并办理协商座谈会和提案情况通报会。三是组织由提案者、提案承办单位领导和提案委员会负责人三方参加的提案办理小型协调会15次,就委员对提案答复反馈不满意的情况、提案建议的采纳和实施进行交流恳谈,促进问题解决。四是将视察市绿化局、市文广影视局提案办理情况列入市政协年中视察专题,对提案办理工作进一步实施民主监督。五是积极配合市政府有关部门,根据议题安排委员参加由市长、副市长主持召开的办理座谈会11次,参加委员100多人次。五、加强对提案的综合分析,加大对提案的宣传力度。对重要提案及时整理报送中共上海市委、市政府。在《联合时报》上开辟"提案回声"栏目,推荐委员在东方广播电台"政协之声"栏目担任嘉宾与市民交流6次。编印《上海市政协十届一次会议提案目录》(一、二)、《上海市政协十届一次会议提案选编》、《提案工作学习材料》和《提案工作会议材料汇编》,编写提案工作动态12期,推荐委员在东方广播电台"政协之声"栏目担任嘉宾与市民交流6次。

经济委员会 完成新一届委员会的组建,全体委员211人(市政协委员173人,在沪全国政协委员17人,特邀委员20人,专职副主任1人)。主要工作:一、组织实施市政协"世博会与长江三角洲经济共同发展"重点课题调研。牵头组成市政协课题组,赴江苏、浙江考察长江三角洲经济发展情况,赴欧亚五国考察世博会和世博经济情况,承办市政协"世博会与长江三角洲经济共同发展"专题研讨会,形成市政协常委会建议案《关于世博会和长江三角洲经济共同发展的若干建议》,汇编《展望明天》论文集。组织力量参与市政协"实施'科教兴市'战略,增强上海城市综合竞争力"重点课题调研。二、开展"降低本市商务成本的分析与对策"课题调研,形成市政协主席会议建议案《关于积极调控本市商务成本的若干建议》。开展"增强国有经济主导竞争力"、"进一步推动本市私营工业企业发展的对策研究"课题调研,赴黑龙江、吉林考察国有资产管理和国企改革情况,完成课题调研报告。组织委员先后考察了本市市场化建设情况、传统服务业改造情况、中小企业信息化建设情况、农业功能开发和农民收入情况、金融中心建设情况和工业经济宏观管理情况。在市政协年中和年末委员视察中,组织"上半年本市经济运行情况"、"本市降低商务成本扩大吸引外资情况"、"本市现代装备业的建设和发展情况"等专题视察。三、参与市政协"加强孵化器成果的辐射效应"课题调研,参与承办市政协"加强孵化器成果的辐射效应"专题研讨会。与港澳台侨委员会、市政府法制办公室、香港法律教育信托基金会等联合举办沪港商贸和个人诚信法律论坛。参与举办“上海合作组织:经济合作与上海”国际研讨会。与市物资回收利用商业行业协会联合召开“废旧物资管理问题”座谈会,与华夏文化经济促进会共同举办“企业实施‘走出去’战略”报告会。就国资营运机构领导人员管理制度改革方案、上海旅游工作条例的制定实施组织专题协商。开展2003年本市经济运行情况评估和2004年本市经济形势的预测工作。年内提交委员会提案5件。四、加强自身建设与协作交流。建立健全委员会学习制度、主任会议和全体委员会议制度、委员联系制度、活动通报制度,注意对新委员资料信息的收集整理,并通过各种形式帮助委员了解职责,熟悉情况。与中共上海市委研究室、市政府研究室、市政府发展研究中心、市社会科学界联合会和市人大财经委员会进行联谊座谈。先后与全国政协经济委员会以及北京、湖南、浙江、西藏、四川等省市政协访沪考察团组进行工作交流。

人口资源环境建设委员会 完成新一届委员会的组建,全体委员102人(市政协委员81人,在沪全国政协委员9人,特邀委员11人,专职副主任1人)。主要工作:一、抓好学习,统一思想。召开全体会议、主任会议,学习“三个代表”重要思想,学习胡锦涛同志在“三个代表”重要思想理论研讨会上的重要讲话,学习中共上海市委重要会议精神,传达全国人口资源环境工作座谈会和上海市人口资源环境工作座谈会精神。二、组织实施市政协“关于上海郊区规划布局与发展战略”重点课题调研。牵头组成市政协课题组,深入郊区调查了解情况,赴本市周边城市考察,赴欧洲考察国际大都市和小城镇建设情况。先后召开专题座谈会和调研组工作会议近30次,撰写调研简报16期,完成调研总报告1份及分报告4份,有近500人次参加调研活动。在调研的基础上,形成市政协常委会建议案《关于上海郊区规划布局与发展战略的若干建议》。参与市政协“世博会与长江三角洲经济共同发展”、“加强城市软环境建设,培育和塑造城市精神”重点课题调研。三、开展专题调研。就本市产业政策问题、战略水源问题进行专题调研,形成调研报告《关于上海新一轮发展中的产业政策》、《关于开发新桥水道水库战略水源的建议》。与同济大学合作开展专题调研,完成市政府发展研究中心的招标课题,形成论文《关于上海郊区“三个集中”深化研究》。四、组织协商议政。就《上海市人口和计划生育条例(草案)》、《上海市物业管理条例》(修订稿)、《上海市城市规划条例》(修订稿)、《上海市滩涂管理条例》(修订稿)等,组织协商讨论。提出提案《关于苏州河底泥疏浚问题的若干建议》、《呼吁停止填没闵行区樱桃河下游河段》,并对提案办理情况进行跟踪了解。参与组织主席与委员座谈会,就上海郊区规划布局与发展战略、2010年世博会与上海新一轮发展问题提出意见建议。参与对市政府关于本市物价调整、机关事业单位工资调整方案的协商讨论。五、组织专题视察和考察。组织委员考察本市抗震救灾工作,参观卢浦大桥和外环隧道,视察本市道口防“非典”工作,视察大治河水闸、杨思水闸。赴崇明岛考察,跟踪了解2002年市政协常委会建议案《关于崇明岛发展定位的若干建议》的落实情况。组织参观东郊宾馆基地、张江高科技园区、浦东体育休闲中心。赴贵州、云南考察救助适龄少数民族失学女童上学项目和帮助贫困母亲脱贫的“幸福工程”项目。在市政协年中、年末视察中,负责组织“本市郊区试点城镇建设及工业园区建设情况”、“苏州河支流水环境整治”、“本市居民住宅小区物业管理”、“本市房地产建设和价格情况”等专题视察，参与组织“本市大气环境的治理、检测和执法情况”等专题视察。并对近郊工业园区产业结构梯度转移的问题进行跟踪调研。六、加强工作协作与交流。参加全国政协暨地方政协人口资源环境建设委员会工作交流会，参加长江十一省市政协水环境保护研讨会。先后与全国政协加强湿地保护调研组、湖南省政协长江十一省市政协水环境保护研讨会筹备组、山东省政协长江河口治理情况考察团、沈阳市政协黄浦江两岸综合开发情况考察团、厦门市政协房地产现状考察团、重庆市城市改造考察团、宁波市政协考察团进行座谈交流。结合课题调研，两次召开市和区县政协人口资源环境建设委员会联席会议。赴市规划局进行工作交流。

教科文卫体委员会 完成新一届委员会的组建，全体委员 364 人（市政协委员 265 人，在沪全国政协委员 47 人，特邀委员 51 人，专职副主任 1 人）。主要工作：一、加强学习，提高认识。以各类主任会议和委员学习班为载体，组织委员认真学习中共十六大和十六届三中全会精神，学习“三个代表”重要思想，提高思想认识和理论水平，在一系列重大问题上形成共识，增强履行职能的自觉性。二、深入调研，举办论坛，建言献策。组织实施市政协“实施‘科教兴市’战略，增强上海城市综合竞争力”重点课题调研，牵头组成课题组深入开展调研，先后赴 20 余家企业考察，召开专题座谈会 40 余次，承办市政协实施科教兴市战略系列论坛——“关于创新人才的培养”论坛、“科技创新与上海新一轮发展”论坛，形成市政协常委会课题报告《促进科技、教育、经济互动，形成“科教兴市”合力》。教育、科技、文化、医卫四个方面组织力量，分别参与市政协“世博会与长江三角洲经济共同发展”、“加强城市软环境建设，培育和塑造城市精神”重点课题调研，参与市政协“加强孵化器成果的辐射效应”课题调研。年内开展委员会课题调研 10 项，完成调研报告 10 份。教育方面，就如何发挥教育在提升城市综合竞争力中重要作用、培养高技术人才开展调研；科技方面，围绕优化创新环境提升企业核心技术竞争力、推动科技创新、发展科普教育开展调研，并赴新疆考察科技发展和资源利用情况，赴山西考察科技创新情况；文化方面，就本市剧场建设情况进行调研，并赴江西考察旅游文化资源开发和保护情况；医卫方面，围绕加强传染性疾病预防、改善郊区卫生工作情况、推进中药现代化发展开展调研，并赴四川考察中药产业发展情况，赴黑龙江考察农村卫生建设情况；体育方面，就完善全民健身体系进行调研，并赴山西考察体育场馆和社区全民健身运动建设情况。为配合全市抗击非典的斗争，与农工市委联合召开肺纤维化研讨会，向市领导提出意见建议。承办全国政协教科文卫体委员会在沪举行的科技资源共享研讨会，并协助其在沪进行“促进我国文化产业发展”专题调研。年内提交委员会提案 1 件。三、参与成立上海科技成果转化促进会的筹建工作，筹办科技成果转化展示会。四、积极探索，勇于创新。创办《委员会双月工作动态》，建立工作信息交流平台。建立委员活动小组，扩大委员参政议政的活动面。教育、科技、文化、医卫方面分别成立四个委员活动小组，体育方面分为 4 个提案小组。根据委员会的特点，对主任会议、委员会议、调研活动、论坛、研讨会、座谈会、讲座的组织实施方法作了规定。还制定了按专业进行的每月工作安排表、每季度的主任和常务副主任会议轮值制等。五、加强与有关方面的联系和交流，为开拓工作奠定基础。前往市人大教科文卫体委员会进行工作拜访。采取“走出去”，“请进来”的方式，与市政府有关部门密切工作联系。通过各类座谈会、通报会、联谊会等形式，经常与各民主党派市委、区县政协进行工作交流。

社会和法制委员会 完成新一届委员会的组建，全体委员73人（市政协委员58人，在沪全国政协委员3人，特邀委员11人，专职副主任1人）。主要工作：一、组织实施市政协“加强城市软环境建设，塑造城市精神”重点课题调研。牵头组成市政协课题组，前往社区、企业开展调研，召开专题座谈会20次，发出课题调研征文函1200余封，承办市政协“城市，让生活更美好——城市精神”论坛，形成市政协常委会建议案《关于加强城市软环境建设，培育和塑造城市精神的若干建议》，汇编《城市精神》文集。二、组织专题调研和协商议政。开展关于“养老工作”、“非公经济发展的法制环境”、“促进本市劳动就业工作”和“本市企业使用劳务工情况”等专题调研，撰写调研报告4篇。组织力量参与市政协“世博会与长江三角洲经济共同发展”重点课题调研。就本市贯彻国务院《城市生活无着的流浪乞讨人员救助管理办法》及其《实施细则》的有关情况和关于规范司法委托拍卖工作的设想进行协商讨论，提出改进工作的意见和建议。参加对市政府工作报告、市高级法院工作报告和市检察院工作报告等文稿的协商讨论。三、结合实际进行视察和学习考察。年中，结合本市抗击“非典”斗争的胜利开展，组织委员进行“本市关于处理社会突发事件的法规建设情况”专题视察。与市法制宣传教育领导小组办公室联合进行“关于‘四五普法’（指上海市第四个五年普法规划）期间本市青少年法制宣传教育情况”的专题视察。开展“关于本市流浪乞讨人员救助管理情况”专题视察，并结合“城市精神”重点课题调研内容，赴新疆学习考察。四、配合全国政协社会和法制委员会开展关于“政府在劳动就业中的职能定位”、“加强非公经济的法制环境建设”两个专题调研，撰写调研文章。参加全国政协社会和法制委员会召开的专题研讨会，作题为“关于上海市促进劳动就业工作的实践和思考”的大会交流发言。五、加强协作交流，为拓展工作奠定基础。分别与中共上海市委政法委、市人大法制委、市政治文明办、市高级法院、市检察院、市公安局、市司法局、市综治委、市劳动社保局、市民政局、市劳教局加强联系，交流工作思路与信息。走访市委政法委、市综治委、市司法局，听取意见和建议，商讨合作事宜。先后与全国政协和四川、青海、宁夏、新疆、河北等省区政协访沪考察团组进行工作交流。

民族和宗教委员会 完成新一届委员会的组建，全体委员48人（市政协委员32人，在沪全国政协委员6人，特邀委员10人）。主要工作：一、开展理论学习，提高思想认识。组织委员学习“三个代表”重要思想，召开学习“三个代表”重要思想交流会，撰文24篇。参加市政协学习贯彻“三个代表”重要思想交流会，作题为“学习贯彻‘三个代表’重要思想，团结民族和宗教界群众，为全面建设小康社会提供广泛的力量支持”的发言。开展“世博会与上海新一轮发展大讨论”，就民族、宗教界人士如何宣传“世博会”、服务“世博会”献计献策。组织委员学习《社会主义的宗教论》，听取伊斯兰教、道教、基督教的有关情况介绍，进一步提高对宗教长期性、群众性、特殊复杂性的认识。结合国际局势，组织“当前伊拉克局势及西亚各国的国际关系”专题报告会；结合学习中共十六届三中全会精神，组织“当前国际经济形势”专题报告会。编印委员会会讯5期，选编民族和宗教方面的学习资料5期。二、开展民主监督。先后对《上海市清真食品管理条例》、《本市宗教事务管理条例》实施情况进行跟踪监督。

分别召开少数民族委员和部分清真饮食供应单位负责人、宗教界委员和部分宗教界人士座谈会，具体了解两个条例贯彻执行的实际情况，分析遇到的问题和困难，向有关部门提出改进工作的建议。三、开展专题调研，反映社情民意。针对宗教界人士反映的突出问题开展三项调研。一是开展对宗教教职人员社会保障情况的调研。召开专题座谈会，走访部分宗教团体负责人，将各教教职人员情况制表汇总并进行综合分析。会同提案委员会，与市劳动和社会保障局、市医疗保险局、市民族和宗教事务委员会进行专题协商。二是开展对宗教房产情况的调研。对全市天主教、基督教、佛教、道教、伊斯兰教的房产情况进行调查并汇总分析。三是开展对宗教团体建设情况的调研。分别对五大宗教团体及部分宗教场所进行调查，着重了解分析各宗教场所的布局和管理、信教群众的信仰状况、教职人员的构成、自养等情况。5月至9月，开展"上海高校在校少数民族学生情况"的课题调研。向高校少数民族学生发放调查问卷3000份。在复旦、交大等8所高校，召开学生座谈会8次，统战部长、学工部长座谈会2次，个别访谈学生辅导员、教师23人，考察了清真食堂和学生宿舍。课题调研共提出三个方面12项建议，并形成委员会提案3件。四、面向基层，拓展工作领域。分批召开区县政协民族和宗教委员会主任会议，了解区县政协民族和宗教委员会的组织结构、工作职责，并对区县清真饮食供应情况和宗教场所布局，宗教教职人员队伍状况等共性问题进行探讨。设立市区县政协民族和宗教委员会信息员，建立工作网络。专程赴长宁区华阳街道考察开展民族工作情况。此外，在民族宗教界募捐30万元，资助江西省吉安市青原区改建东固畲族乡希望小学。

文史资料委员会 完成新一届委员会的组建，全体委员42人（市政协委员30人，在沪全国政协委员1人，特邀委员10人，专职副主任1人）。主要工作：一、做好编辑出版工作。编辑出版《上海文史资料选辑》第106辑，20余万字；与上海欧美同学会合作，编辑出版《上海文史资料选辑》第107辑——《民国海军赴美赴英受训接舰纪实》，30余万字。为开拓文史工作新领域，与上海世纪集团上海书店出版社合作，编辑出版《张瑞芳画传》，4万余字，收录照片240多幅。与上海古籍出版社和上海摄影家协会合作，编辑出版大型摄影画册《上海360°》，反映新世纪上海城市经济、金融、交通、文化、科技、社会等诸方面风采。二、组织专题调研视察，履行基本职能。开展"上海博物馆文化建设"课题调研，视察本市综合性艺术类博物馆、行业博物馆、私人博物馆和收藏馆10家，赴浙江杭州和江苏南京、南通参观了解当地博物馆建设情况，赴土耳其、希腊、埃及三国考察博物馆文化建设状况，形成调研报告。在市政协年中和年末视察中，组织"上海传统建筑、特色建筑的保护"、"上海郊区古镇水乡的保护"专题视察。组织委员赴江西学习考察文史工作。组织区县政协文史工作者和史志工作者赴广西参观学习。三、开展征集编写建国后史料的工作。与全国政协文史资料委员会合作，征编宝钢史料；与新疆维吾尔自治区政协文史资料委员会合作，征编上海儿女在新疆史料；和上海汽车工业（集团）总公司合作，征编上海汽车工业史料。举行上海金融界老领导、老同志座谈会3次，征集新上海金融史料，尤其是改革开放后上海银行业、证券业、期货业、保险业等方面的史料。四、开展编纂《上海人民政协志》（续编）的工作。召开《上海人民政协志》（续编）编纂工作动员会，指导部署编纂工作。在开展正常编纂工作的同时，走访机关处室和19个区县政协，进行业务指导。五、加强协作交流，为开拓文史工作服务。参加全国政协文史工作研讨会，就新一届文史工作的开拓创新作交流发言，参加浙江省11个市政协关于“先进文化和文史工作”研讨会。在昆山举办文史工作学习班，培训民主党派市委、区县政协文史工作者。参加浦东新区政协文史资料委员会的成立活动并指导工作。协助全国政协文史资料委员会开展“关于建国后史料的征集”和“名人故居的保护”的专题考察，与浙江、南京、杭州、宜兴、舟山、宝鸡、镇江等省市政协来沪学习考察团座谈交流工作。

港澳台侨委员会 完成新一届委员会的组建，全体委员100人（市政协委员72人，在沪全国政协委员5人，特邀委员9人，台胞联络组成员14人）。主要工作：一、组织学习，知情明政。与市台办、台盟市委、市台联会联合召开上海各界人士纪念江泽民同志《为促进祖国统一大业的完成而继续奋斗》重要讲话发表八周年座谈会，重温江泽民同志推进祖国和平统一进程的八项主张。召开主任会议，学习市政协专委会工作条例。根据两岸形势变化，及时组织台情报告会。参加市政协学习贯彻“三个代表”重要思想交流会，作题为“为中华民族的根本利益，努力做好港澳台侨委员会工作”的发言。在深圳组织港澳地区新委员学习会，学习人民政协的性质、地位和作用以及政协委员的权利和义务，帮助新委员了解职责，熟悉情况，自觉履行职能。在香港召开全体港澳委员会议通报工作情况，定期向港澳委员传达市政协常委会议精神。二、围绕中心，切实履行职能。注意发挥港澳委员参政议政的积极性。组织港澳委员与市长座谈，就上海经济建设和社会发展及在CEPA（CEPA是英语缩写，指《内地与香港更紧密经贸关系安排》和《内地与澳门更紧密经贸关系安排》）框架下沪港、沪澳合作交流提出建议和意见。组织港澳委员回沪考察建设中的卢浦大桥、大连路隧道、外高桥港区和外高桥造船基地等重大工程；组织港澳委员赴贵州考察，为贵州希望工程捐款55万。参与举办沪港商贸和个人诚信法律论坛，与有关方面合作，协办沪港大都市发展研讨会，在沪港两地产生很大影响。组织港澳委员出席韩正市长在港举行的与香港商界恳谈会。4月至8月，以在沪投资的港澳台房地产商为重点，对上海房地产投资环境开展专题调研。先后考察了上海东方金马房地产有限公司、上海永龙房地产有限公司、世茂集团、上海豪都房地产开发经营有限公司、香港新世界中国地产有限公司、鼎邦置地（上海）有限公司、兆丰国际集团，并以问卷形式调查了新鸿基、嘉华、明鸿以及华天等房产公司的情况，形成调研报告。5月至10月，会同市侨办、市侨联对在沪港澳台侨胞子女就读现状进行专题调研，赴市教委、市台办、市人事局及徐汇区、长宁区、闵行区调查了解情况，并在市政协年中视察中组织“在沪港澳台侨胞子女就读现状”的专题视察，形成调研报告。三、推进沪台民间交往，做好在沪台胞工作。有选择地做好台湾岛内在政治上有影响的民间社团、上层知名人士及代表人物的工作，先后接待了台湾青年菁英团、台湾中华教授参访团、台湾公职人员助理大陆参访团、台湾中国租赁公司执行长辜仲立等重要团组，共计100余人次。安排台胞联络组成员列席市政协十届一次会议开、闭幕会，参加与市领导的座谈。组织台胞联络组成员专题座谈会，听取台胞对上海投资环境的意见和建议。在市政协年末视察中，组织对台资企业情况的专题视察。向市政府有关部门反映台商在税收、电力供应、就医、子女入学等方面遇到的问题。考察上海龙通工艺礼品有限公司、上海迪比特实业有限公司、统一企业(中国)投资有限公司,了解台资企业在沪经营状况,帮助解决实际困难。有重点地与在沪台胞建立联系,关心他们的生活和工作,通过走访、电话问候、节日慰问、邀请参加市政协重要节庆活动等方式,联络感情,增进了解,发展友谊。四、重视开展海外华人、华侨的联谊工作。先后接待了美国费城侨领商务国庆观光团及澳大利亚侨领金凯平、罗马尼亚侨领耿健、香港华侨华人总会会长古宣辉等;赴张江高科技园区考察了解留学生回国创业情况。五、加强委员会自身建设和工作交流。修订委员会及其办公室的工作规范和制度。与全国政协和云南丽江、四川、江苏、安徽、江西、甘肃等省市政协来访团组进行工作交流。赴四川学习考察改善投资环境、吸引外资工作及政协港澳台侨联谊工作。

对外友好委员会 完成委员会的组建,全体委员 31 人(市政协委员 30 人,市政协办公厅助理巡视员 1 人)。主要工作:一、组织学习,加强联系,为开拓工作奠定基础。以专题形式,组织学习市政协党组会议、主席会议和常委会议精神,进一步明确工作职责、任务和要求,提高认识,统一思想。加强与全国政协外事委员会等有关部门的工作联系。专程赴京向全国政协外事委员会汇报工作,建立对口联系。并与市有关部门和外国驻沪总领事馆建立联系,通报工作情况。二、履行基本职能,开展对外友好活动。在经济委员会协助下,与上海国际问题研究所联合举办第四届中亚形势与上海合作组织国际研讨会,来自俄罗斯、哈萨克斯坦、美国、日本等 8 个国家和北京、上海的专家学者、企业家出席会议。与市对外友好协会、上海多仑现代美术馆共同主办中斯当代艺术交流展,斯洛文尼亚总理安东·罗普出席并致辞。在市政协年末视察中,组织"大气环境治理监测和执法情况"专题视察。组织委员参观南汇临港新城、上海国际医学园区。三、建章立制。根据有关规定,进一步明确工作职责,细化办公室及各个工作岗位的职责分工,制订了市政协对外友好委员会工作职责、市政协对外友好委员会工作制度、市政协对外友好委员会主任职责、市政协对外友好委员会办公室工作职责等 7 项规章制度,为委员会开展工作提供了制度保证。

学习指导组 完成新一届指导组的组建,全体成员 26 人(市政协委员 20 人,在沪全国政协委员 2 人,特邀组员 4 人)。主要工作:一、做好市政协换届新委员的学习培训工作。年初换届后,先后组织两次市政协新委员学习会,学习中共统一战线和人民政协的重要理论,学习《政协章程》和有关文件,听取关于人民政协基本知识讲座,帮助新委员了解人民政协的性质、地位和作用,明确政协委员的权利和义务,以尽快适应政协工作,自觉履行职能。新委员 360 余人参加。二、做好市政协中心组学习会的组织工作。年内共组织中心组学习会 8 次。根据胡锦涛同志在中共十六届二中全会和全国"两会"党员负责人会议上关于建设社会主义政治文明和做好政协工作的讲话精神,先后邀请中共上海市委宣传部副部长郝铁川、复旦大学社科基础部主任桑玉成、复旦大学国际关系与公共事务学院副院长林尚立作"我国社会主义政治文明建设和西方政治文明比较研究"、"现代化进程中的政治文明"、"在社会主义政治文明建设中进一步发挥政协作用"等专题报告。为了贯彻中共中央关于在全党兴起学习"三个代表"重要思想新高潮的要求,邀请中共上海市委宣传部助理巡视员周锦蔚作《"三个代表"重要思想学习纲要》的导读报告。十六届三中全会召开后,又及时邀请复旦大学党委宣传部部长石磊作"我国经济体制中的几个深层次矛盾与党的发展观的重大调整"专题报告。根据形势发展的需要，邀请上海社会科学院宗教研究所所长业露华作“积极引导宗教与社会主义社会相适应”的报告，了解新时期宗教工作面临的新情况、新问题；邀请上海东亚研究所所长章念驰作“两岸关系问题”报告，及时了解海峡两岸关系的发展态势。三、协助安排市政协常委专题学习会。根据中共十六大精神和中共中央关于在全党兴起学习贯彻“三个代表”重要思想新高潮的要求，按照市政协党组的部署，邀请中共中央文献研究室常务副主任冷溶在市政协常委专题学习会上作学习“三个代表”重要思想辅导报告，进一步提高委员对“三个代表”重要思想的时代背景、实践基础、科学内涵、精神实质和历史地位的认识。四、开展学习指导和交流工作。就新形势下做好专委会学习工作提出意见，要求联系工作实际开展学习活动，把学习活动与参政议政结合起来。年中，召开市区县政协分管学习工作的副主席联席会议，探讨政协学习工作如何与时俱进、适应新形势的要求。此外，为区县政协提供学习工作信息，推荐学习会报告内容和报告人。参加华东、中南地区政协学习宣传工作研讨会第八次会议，作题为“与时俱进，做好人民政协的学习工作”的交流发言。五、做好《学习参考资料》选编工作。根据各个阶段的学习要求，编发《学习参考资料》6辑，共计21000册。为了帮助委员加深理解“三个代表”重要思想，连载“干部群众关心的25个理论问题”，并编印了“兴起学习‘三个代表’重要思想新高潮”专辑。六、加强指导组自身建设，为委员履行职能服务。先后就胡锦涛同志《在“三个代表”重要思想理论研讨会上的讲话》和政治文明建设等专题开展学习研讨。参加市政协学习贯彻“三个代表”重要思想交流会，作题为“学习贯彻‘三个代表’重要思想，积极开拓创新政协工作”的发言。建立政协学习工作专家库。在市政协年中视察中，参与组织“本市今年经济运行情况”专题视察。赴浙江、云南考察，交流新形势下做好政协学习工作的经验。

区县政协联络指导组 完成新一届指导组的组建，全体成员21人（市政协委员13人，特邀组员8人）。主要工作：一、认真组织学习，增强使命感。根据区县政协换届的实际情况，及时举办市区县政协党组专题学习会，组织区县政协领导深入学习胡锦涛同志关于建设社会主义政治文明和推进政协工作的重要讲话精神，学习中共中央领导同志关于统一战线和人民政协的重要论述，座谈交流学习贯彻十六大精神，开展新一届政协工作的做法和体会，为开拓创新，做好新时期政协工作奠定基础。9月底10月初，就如何进一步推进政协工作、提高政协工作实效等问题，先后4次组织召开区县政协主席座谈会，进行讨论，并归纳出新形势下政协工作中12个有待探索和深化的课题，以新的观念推进区县政协工作的新发展。二、开展调研，注重实效性。4月至6月，针对区县政协在开展区县政协之友社工作中遇到的新情况进行调研，两次召开区县政协主席座谈会，分析全市19个区县政协之友社的情况和问题，撰写调研报告《关于当前各区县政协之友社的情况》，形成了指导性的意见和建议。5月至11月，根据区县政协带有共性特点的调研课题，从把郊区建设成为体现上海实力和水平重要区域的要求出发，开展“进一步改善本市郊区投资软环境”的专题调研，先后召开指导组组长会议、区县政协主席例会进行专题讨论，并与经济委员会联合撰写《关于进一步改善本市郊区投资软环境的若干建议》。10月至12月，根据区县政协反映的问题，调查了解各区县政协不驻会副主席的职级和享受待遇情况，在听取区县政协意见并了解参考外地部分省市区县政协领导职级情况的基础上提出建议，报送中共上海市委有关部门。此外，汇编区县政协优秀课题调研报告，展示各区县政协工作特色，做到资源和成果共享。三、加强联系，发挥桥梁作用。主动加强与区县政协的联络交流，不断探索政协履行职能的新途径、新成效。先后召开指导组组长会议6次，召开区县政协主席例会2次、秘书长例会3次，并召开了区县政协工作交流会，及时传达全国政协、中共上海市委和市政协党组的会议文件及重要讲话精神，通报市政协工作和活动情况，推广新鲜经验，探索和交流开展政协工作的新思路、新方法、新举措。先后组织区县政协主席赴杭州、苏州考察交流有关工作，组织区县政协秘书长赴内蒙古考察政协工作。分别走访虹口区政协、闵行区政协和徐汇区政协，了解工作情况，征求工作建议。

【重要活动】

举行九届市政协工作总结表彰大会 2003年1月18日，市政协在文化俱乐部会议厅举行九届市政协工作总结表彰大会，全面总结九届市政协工作成果和基本经验，并表彰九届市政协优秀建议案、调研报告、提案、《建言》和《社情民意》。王力平主席讲话，朱达人副主席作九届市政协工作总结报告，宋仪侨副主席宣读表彰名单。黄跃金副主席主持会议，市政协委员、在沪全国政协委员700余人出席。

开展“加强孵化器成果的辐射效应”课题调研并召开专题研讨会 2003年4月中旬，在蒋以任主席提议下，由宋仪侨副主席牵头，市政协组成由经济委员会、科教文卫体委员会、提案委员会和研究室参加的“加强孵化器成果的辐射效应”课题组。4月至6月，课题组先后赴张江高科技园区、杨浦高新技术创业服务中心及孵化基地、电器集团研究中心、广电集团中央研究院进行调研，听取上海产权交易所、上海技术产权交易中心的情况介绍，并与理论工作者、实际管理工作者交流和探讨加强孵化器成果辐射效应的相关问题，先后召开座谈会5次。5月28日，市政协在江海厅召开“孵化器成果的辐射效应”专题研讨会，旨在从科技创新层面探讨“科教兴市”的对策思路。有关方面专家学者、政协委员70余人出席，从孵化器发展存在的问题和对策、加强孵化器成果辐射效应、国有企业接受孵化器成果辐射、风险投资与孵化器成果的辐射效应等方面建言献策。蒋以任主席、严隽琪副市长出席并讲话，宋仪侨副主席主持会议。在调研和研讨会的基础上，形成市政协主席会议建议案《上海加强孵化器建设和促进科技成果转化为现实生产力的若干建议》。

开展“世博会与长江三角洲经济共同发展”课题调研并举行专题研讨会 “世博会与长江三角洲经济共同发展”是市政协重点调研课题，也是上海市“世博会与上海新一轮发展”大讨论的重要论题之一。2003年3月，市政协组成由经济委员会牵头，有关方面专家学者参加的课题组。3月至7月，课题组开展调研。先后召开专题座谈会9次，分别听取市发展和改革委员会、市合作交流办公室与宁波、无锡、苏州等15个相关城市驻沪办事处及有关方面专家学者的意见建议；赴杭州、绍兴、舟山、南京、扬州、常州、镇江、湖州考察长江三角洲经济发展情况，了解当地对利用世博会契机，推动区域合作向纵深发展的对策建议；赴德国、西班牙、葡萄牙、日本、韩国考察世博会和世博经济情况。6月12日，市政协在文化俱乐部丽都厅举行“世博会与长江三角洲经济共同发展”研讨会。蒋以任主席出席并讲话。姜斯宪副市长致辞。有关方面专家学者、政协委员100余人出席，围绕以世博会为契机，推进长江三角洲经济合作和上海未来发展主题，就经济、金融、贸易、教育、会展、信息等领域的合作与发展进行深入研讨，发表论文20篇。在调研和专题研讨会的基础上，形成市政协常委会建议案《关于世博会和长江三角洲经济共同发展的若干建议》。

开展“实施‘科教兴市’战略，增强上海城市综合竞争力”课题调研并举办系列论坛 “实施‘科教兴市’战略，增强上海城市综合竞争力”是市政协常委会重点调研课题，也是上海市决策咨询研究重大课题。2003年4月至11月，市政协组成由教科文卫体委员会牵头、经济委员会和有关方面专家学者参加的课题组，内设教育、科技、经济三个分课题组，开展深入调研。课题组分别听取市国有资产监督管理委员会、市经济委员会、市科学技术委员会、市建设和管理委员会、上海高新技术成果转化服务中心、上海技术产权交易中心等的情况介绍，赴上海电气集团研究中心、上海广电集团中央研究院、上海仪电控股(集团)公司、上海汽车工业(集团)总公司等20余家企业考察，召开专题座谈会40余次，撰写简报11期。8月30日，市政协在文化俱乐部丽都厅举办实施科教兴市战略系列论坛——“关于创新人才的培养”论坛。宋仪侨副主席致辞，谢丽娟副主席主持会议。来自复旦大学、上海中学、《成才与就业》杂志社、宝山钢铁(集团)公司、上海师范大学、杨浦区教育局、闸北区第八中学和上海市教育科学研究院的专家学者在论坛上建言立论，围绕创新教育和教育创新、创新人才的培养、教育制度和管理体制的创新等问题进行深入探讨。各界人士100余人出席。11月5日，市政协在文化俱乐部丽都厅举办实施科教兴市战略系列论坛——“科技创新与上海新一轮发展”论坛。王荣华副主席致辞，王新奎副主席主持会议。来自国务院发展研究中心、上海科学院、上海大学、华东理工大学、上海石油化工股份有限公司、上海广电集团、上海白猫(集团)有限公司等有关方面的专家学者在论坛上发表演讲，从完善技术服务体系建设、建立促进科技创新的机制和体制、提升企业国际竞争力、科技创新与核心竞争力、科教兴市的历史地位等方面进行深入探讨，为科技创新与上海新一轮发展建言献策。在调研和论坛的基础上，形成市政协常委会课题报告《促进科技、教育、经济互动，形成“科教兴市”合力》及其分报告三篇、附件八篇。

开展“加强城市软环境建设，培育和塑造城市精神”课题调研并举办论坛 “加强城市软环境建设，培育和塑造城市精神”是市政协重点调研课题。2003年年初，市政协组成由社会和法制委员会牵头，提案委员会、经济委员会、人口资源环境建设委员会、教科文卫体委员会、学习指导组等有关方面专家学者参加的课题组。4月至6月，课题组进行深入调研，先后召开由市工商行政管理局、市财政局、市建设和管理委员会、市环境保护局、市市容环境卫生管理局、市旅游事业管理委员会、市公安局、上海海关、市商业委员会和市政府法制办公室及其有关部门领导参加的座谈会20次，赴黄浦区、静安区、上海新世界股份有限公司、上海汽车工业(集团)总公司调查了解情况，向市政协委员、在沪全国政协委员和中共上海市委宣传部、市精神文明建设委员会办公室、共青团上海市委、中共上海市委党校、上海社会科学院、市社会主义学院及高等院校、区县党委宣传部等有关部门和单位发出课题调研征文函1200余封，广泛征求社会各界的意见和建议。9月18日，市政协在文化俱乐部丽都厅举办“城市，让生活更美好——城市精神”论坛，俞云波副主席主持，包括专家学者在内的各界人士180余人出席。围绕培育和塑造上海城市精神这一主题，从加强城市软环境建设中的经济秩序、法制建设、文化氛围、公德风尚、文明关爱等不同方面深入探讨，建言立论。市政协主席蒋以任，中共上海市委常委、市委宣传部部长王仲伟先后讲话。论坛共发表论文14篇。10月，课题组赴英国、法国专题考察城市软环境建设情况。在调研考察和论坛的基础上，形成市政协常委会建议案《关于加强城市软环境建设，培育和塑造城市精神的若干建议》。

组织年中、年末集中视察 2003年5月29日至6月20日，市政协组织以民主监督为主的年中视察。分13个专题，对本市今年经济运行情况、科研成果产业化情况、降低商务成本扩大吸引外资情况、落实国务院关于高考按期举行的准备工作情况、中医中药事业发展情况、苏州河支流水环境整治情况、住宅小区物业管理情况、处理社会突发事件的法规建设情况、郊区试点城镇建设及工业园区建设情况、城市绿化养护情况、在沪港澳台侨胞子女就读现状、近代历史特色建筑修缮和保护情况、市建委和市文广影视局提案办理情况进行视察。12月8日至15日，组织以知情参政为主的年末视察，为市政协十届二次会议作准备。分13个专题，对本市改善交通秩序和缓解交通拥堵情况、“城市雕塑”状况、公共卫生体系建设及农村合作医疗卫生情况、郊区“三个集中”和重点开发区情况、现代装备业的建设和发展情况、外来民工子女教育情况、全民健身和体质监测状况、药品降价情况、房地产建设和价格情况、古镇风貌保护和建设开发情况、台资企业情况、大气环境治理监测和执法情况、对流浪乞讨人员救助管理情况进行视察。两次视察约有1700人次参加，提出建议300余项。政协委员在视察中提出的意见和建议，经整理归纳报送中共上海市委、市政府及有关部门参考。

开展关于修改政协章程的调研 2003年7月至8月，根据全国政协的要求，结合推进市政协履行职能制度化、规范化和程序化的实际，市政协组织以研究室为主的专门班子，就修改政协章程开展调研。先后征求19个区县政协、8个民主党派市委和市工商联的意见，召开在沪全国政协委员、市政协委员和有关专家学者的座谈会6次，听取社会各界的意见建议。编写调研简报6期。中共上海市政协党组对调研中汇总整理的意见建议专门进行了讨论。8月29日，市政协主席蒋以任、中共上海市委副书记王安顺参加全国政协《章程》修改工作座谈会，对政协《章程》的修改提出具体建议。12月，市政协十届十六次主席会议又对《章程》(修正案)征求意见稿进行讨论并提出修改建议，上报全国政协。

上海市政协2003年提案工作会议 2003年11月6日，市政协在文化俱乐部会议厅召开2003年提案工作会议，回顾市政协十届一次会议以来提案工作情况，交流探讨新形势下推进政协提案工作创新发展的思路和经验。蒋以任主席出席并讲话，王荣华副主席作题为《解放思想、与时俱进、促进提案工作新发展》的报告，王生洪副主席主持会议。市政府秘书长杜家毫在会上就政府部门进一步重视政协提案，加强提案办理工作作了讲话。民建市委、民进市委、市政协民族和宗教委员会、市公安局、市建设和管理委员会、闸北区政协与市政协委员屠海鸣、章继浩等，分别围绕加强调研，重视提案质量；完善提案办理机制，注重提案的实效性等问题进行交流发言。中共上海市委办公厅、市政府办公厅、市人大常委会人事代表工作委员会和市政协有关部门的负责同志，部分市政协委员，各民主党派市委和市工商联、区县政协、部分提案承办单位等有关方面负责同志300余人出席。

召开学习贯彻“三个代表”重要思想交流会 2003年11月10日，市政协在江海厅召开学习贯彻“三个代表”重要思想交流会，总结交流用“三个代表”重要思想统领、指导政协工作的经验，以进一步推进学习活动向纵深发展。市政协学习指导组常务副组长武克全、民建市委副主委朱德瀛、市工商联副会长唐豪、卢湾区政协主席翁蕴珍、民革徐汇区委主委严诚忠、市政协民族和宗教委员会主任沈善初、杨浦区政协副主席徐方瞿、市侨联主席杨玉环、闸北区政协主席张丽丽、市总工会副主席吴申耀与市政协副主席、台盟市委主委石四箴在会上发言，联系各自工作实际和特点，交流学习贯彻“三个代表”重要思想的主要经验和体会。蒋以任主席在会上讲话，宋仪侨副主席主持会议。各界人士200余人出席。

【重要文件】

常务委员会工作报告(2003年2月14日)(要点) 报告分三部分。一、五年工作回顾：(一)以邓小平理论和“三个代表”重要思想为指导，明确政协工作的方向和使命。认真学习、增进共识是政协工作的优良传统。五年来，加强了对学习的指导工作，通过组织中心组学习会、专题交流会、委员活动日、界别委员座谈会、专门委员会学习会等多种形式，把学习活动贯穿于政协工作的始终。同时结合每个阶段的形势和任务，组织有针对性的学习，及时传达中共中央和中共上海市委的有关精神，邀请党政领导和有关专家分析形势、介绍情况，了解国内外的大势大局，在重大问题上同中共中央和中共上海市委保持高度一致。(二)积极履行政协职能，对本市的重要工作提供具有广泛民主基础的支持。政治协商、民主监督、参政议政是政协的主要职能。五年来，共举行全体委员会议5次，常务委员会会议33次，主席会议53次，专题协商会20多次。政协委员围绕全市每年的主要任务和“一府两院”的工作，围绕完成“九五”计划及“十五”计划的制定和实施，围绕重要改革措施的制订和实施，围绕加快推进社会主义现代化国际大都市建设等问题，进行充分协商讨论，广泛发扬民主，积极建言献策。市政协常委会议选择本市发展的重点问题和群众关心的热点问题进行专题讨论。先后组织委员对本市十多项改革方案进行专题协商。每年年中召开常委扩大会议，听取和讨论政府半年工作情况报告，为全面完成各项任务献计出力。不少委员还参与制定和修订地方性法规规章的论证和讨论，促进有关法规规章的充实和完善。通过提案、专题视察、特邀监督员活动和反映社情民意等形式组织委员进行民主监督。不断推进提案工作的规范化、制度化和程序化，修订了《提案工作条例》，努力探索和提高提案质量、提案办理质量和提案委员会工作质量。五年中经审查立案的提案共5658件，75%以上的提案提出的意见和建议得到采纳，其余提案也受到承办单位的重视。按照“小型、专题、实效”的原则，广泛深入地开展视察工作，五年中组织集中视察10次，视察专题近百个，共有4000多人次参加，提出各类意见和建议800余条。特邀监督员工作也有新的拓展，在实践的基础上，制订了《特邀监督员工作简则》，规范了特邀监督员的工作，担任这项工作的委员从届初的80人增加到150多人，聘请单位从21个增加到39个。配合有关部门组织政协委员参与行风评议、廉政检查等工作，受到聘请单位和社会的好评。反映社情民意工作得到加强，增设了《社情民意》和《建言》专报，编发社情民意400余条、委员建言60多件，及时向市党政领导及有关部门反映群众的意见和建议，促进了有关问题的妥善解决。(三)发挥人才库、智囊团作用，主动为上海的改革和发展建言立论。围绕中心、服务大局是政协工作的基本要求。根据全市重点工作,常委会每年确定若干重点调研课题,组织相关专门委员会和委员参加,进行集中调研。1998年,开展了关于“优化产业结构”、“调整所有制结构”、“转变经济活动组织协调机制及增强快速反应能力”、“完善劳动力市场和人才市场”、“促进本市传统产业高新技术改造”和“创建上海优美环境、优良秩序、优质服务”等课题调研;1999年,开展了关于“国有经济控制力”、“多元化办学”、“素质教育”和“上海郊区城镇建设”等课题调研;2000年,开展了关于“参与西部开发”、“WTO与上海”、“上海‘十五’计划编制工作”和“创新教育”等课题调研;2001年,开展了关于“实施‘走出去’战略”、“增强上海城市综合竞争力”、“健全社会救助机制”和“加强公务员道德建设”等课题调研;2002年,开展了关于“长江三角洲地区经济互动发展”、“加强上海中介机构和行业协会建设”、“崇明岛发展定位”和“人口与发展”等课题调研。凡常委会重点调研课题,形成建议案前,一般都举办专题论坛会,进一步开阔思路,集思广益,提高建议案质量。九届政协期间,形成常委会和主席会议建议案22个,各专门委员会调研报告80余份,其中8个建议案和2份调研报告获上海市重大决策咨询成果奖,2份调研报告被全国政协编入专报中共中央、国务院领导参阅的文件中。(四)坚持大团结大联合,努力巩固和扩大广泛的爱国统一战线。促进大团结大联合是政协工作的宗旨。五年来,九届市政协从有效形成合力出发,积极扩大团结面。加强同各民主党派、工商联和人民团体的合作,通报市政协重要情况,联手开展重点提案跟踪调研和重点课题调研,为各民主党派、工商联和各界委员反映社情民意、建言立论提供渠道。加强港澳台侨工作,建立与港澳委员经常联系的制度,关心支持港澳委员和港澳人士在沪的投资经营和从事文化、教育等社会活动,组织港澳委员来沪视察和到兄弟省市特别是中西部地区视察,使港澳委员更多了解情况,从而有利于为经济和社会发展献计出力。港澳台侨委员会还建立了在沪台胞联络组,与在沪定居、经商、求学的台湾同胞加强沟通;接待台湾各界来访团组40余批600多人次,广泛接触台湾各界人士;通过上海华夏文化经济促进会,先后组织7批68人次访台,多渠道地宣传“和平统一、一国两制”方针。加强与上海籍人士为主的海外侨团、侨领及海外留学生代表人士的联系,在原有基础上,又与澳大利亚、德国、加拿大等国有关侨团建立了关系。重视发挥新的社会阶层和群体的作用,经中共上海市委同意,届中增加50个市政协委员名额,主要吸收非公有制经济和留学回国人员中的代表人士参加政协工作。五年来,九届市政协结合上海解放50周年、人民政协成立50周年、建国50周年、中国共产党成立80周年、辛亥革命90周年、十一届三中全会召开20周年、香港回归周年、澳门回归等重大庆典和纪念活动,组织一系列座谈会、报告会、文艺演出等活动;举办《上海当代国画优秀作品展》,并赴京参展,弘扬爱国主义和社会主义精神。(五)发挥专门委员会的基础作用,努力丰富和深化市政协的经常性工作。专门委员会是政协工作的基本单位。九届市政协重视专门委员会建设,先后两次召开专门委员会工作会议,总结交流经验。在实践中形成了主席会议定期听取专门委员会工作汇报制度、每月一次专门委员会主任例会制度等。为适应形势发展的需要,将原来14个专门委员会调整为8个专门委员会和两个工作指导组,配备专职副主任,设专职办公室和综合办公室,从组织措施上保证了专门委员会工作的正常开展。五年来,各专门委员会根据全体委员会议、常委会和主席会议的要求,结合各自实际,共组织学习、调研、考察和座谈等活动4000余次。文史资料委员会贯彻“存史、资政、团结、育人”的精神,认真做好文史资料的征集清理、编辑出版工作,五年来,在原有工作的基础上,编辑出版了《上海文史资料选辑》21辑600余万字,《20世纪上海文史资料文库》10卷320万字,《上海文史资料存稿汇编》12卷440万字,还清理审读了全国政协工商类文史资料1000万字,为推进新时期统一战线和人民政协工作提供了可资借鉴的史料。(六)适应新形势的要求,努力推进政协工作的规范化、制度化建设。规范化、制度化是推进政协工作的重要保证。九届市政协在工作实践中把一些行之有效的措施,用制度加以规范。2000年开展了“推进政协工作新发展”的调研,制定了《关于推进政协工作发展若干意见》,经常委会审议通过,作为加强和推进市政协工作的规范性文件。五年来,制定和修订了《上海市政协关于政治协商民主监督参政议政的规定》、《上海市政协常委会工作条例》等工作制度,还形成了《关于加强和改进提案工作的意见》、《关于加强民主监督的意见》、《关于加强和深化反映社情民意的意见》等指导性文件。各专门委员会都相应制定和健全了工作制度,市政协机关健全了干部管理和交流、岗位职责制度和加强思想政治工作的规定等,努力使各项工作基本做到有章可循。同时制定并基本落实了加强政协宣传工作的措施。在《文汇报》、上海东方电台开辟了政协工作专版和专题节目,在上海东方网开设了市政协网页。在办好《联合时报》的同时,创办并定期出版了《浦江纵横》杂志,编辑出版了《上海政协年鉴》,扩大宣传领域。(七)加强与各方面的联系,努力促进政协工作的有效开展。政协工作是全局工作的重要组成部分,开展政协工作必须了解全局,加强与社会各方面的联系。在中共上海市委的领导和关心下,市委、市政府及有关部门的领导经常到政协通报情况,听取意见。市政协也主动与市人大、市政府及有关部门加强联系,应邀参加市政府工作会议及其他重要会议,了解掌握全市工作情况。在开展视察、调研和有关活动时,加强与有关部门的沟通,取得支持和配合。注重发挥市和区县政协的整体合力,加强对区县政协的联络指导工作,市政协有关会议邀请区县政协负责人列席,定期召开区县政协主席、秘书长例会,及时传达贯彻中共中央和中共上海市委的有关精神,共同开展对面临新情况新问题的专题调研,交流政协工作情况,形成相互学习、相互促进的工作局面。九届市政协与兄弟省市政协的联系更加密切,五年中主办了华东六省一市政协工作座谈会、华东六省一市提案工作座谈会、长江流域十省市政协关于长江水环境保护研讨会。围绕做好新时期的政协工作,组织200多个团组2000多人次,到兄弟省市政协学习,接待全国政协及兄弟省市来沪考察团组1800多批11000多人次,学习各地政协的先进经验。认真做好对外交往工作,九届以来,接待了国外来沪访问团组和有关人士50多批近500人次,政协领导参加本市重要外事活动400余次。(八)加强机关的思想、组织和作风建设,努力提高机关服务水平和办事效率。

二、主要工作体会:(一)坚持共产党的领导,在中共上海市委“总揽全局、协调各方”的工作格局中,发挥政协的作用。(二)坚持与时俱进,适应新形势,研究新问题,推进新发展,创造性地开展工作。(三)坚持以专门委员会为依托,发挥委员的主体作用,增强履行政协职能的实效。(四)坚持把调查研究作为参政议政的基础,按照宏观性、前瞻性、拾遗补缺的原则,为经济发展和社会进步献计出力。(五)坚持团结和民主主题,营造和谐舒畅、活跃有序的氛围,发扬民主,增进团结。

三、今后工作建议:(一)面对世界多极化、经济全球化曲折发展和国内改革开放的不断深化,政协应加强增进共识、凝聚人心的工作。(二)面对我国社会阶层构成的变化和统战工作领域的不断拓展,政协应进一步扩大代表性和团结面。(三)面对发展是执政兴国的第一要务,政协应始终围绕中心服务大局,为改革开放和现代化建设献计出力。(四)面对经济结构和社会关系的新变化,政协应积极反映社情民意,协助党和政府进一步做好协调关系、化解矛盾的工作。(五)面对建设社会主义政治文明的新要求,政协应不断与时俱进,进一步推进规范化、制度化和程序化建设。

【组织概况】

主　席

蒋以任

副主席

宋仪侨　黄跃金　王生洪
谢丽娟(女)　左焕琛(女)
俞云波　黄关从　石四箴(女)
王荣华　王新奎

秘书长

吴汉民

常务委员名单(以姓氏笔画为序)

于　晨　卫志明　马春雷　王龙兴
王海兵　石印玉　左学金　龙启虎
史孝进　白润生　冯德康　吕　元
乔　榛　乔志刚　朱易安(女)
朱树英　任先正　华耀增　刘　俊
刘幸偕　刘奕民　刘铁成　刘桂林
江上舟　孙正心　孙超才　杜惠愷
杨代葳　苏忠伟　李　鸣　李名慈
李克让　李克欣　李忠萌　李念政
李炳淑(女)　李新洲　严定邦
严诚忠　吴申耀　吴光伟　吴冲锋
余红仙(女)　余源培　汪均益
沈祖炜　张　晢(女)　张文蔚
张亚培　张志群　张泓铭　陈　竺
陈　荣　陈　瑜(女)　陈士杰
陈文泉　陈文禄　陈志龙　陈步林
陈祥麟　邵嘉裕　林　华　林有锦
林明月(女)　范　铠　范大政
范滇元　金长荣　金由辛　金国祥
金闽珠(女)　周亦卿　周杏英(女)
周肖吾　周秀芬(女)　周剑萍(女)
周鹤龄　周燮鹏　宗福先　项斯文
胡大邦　胡晓明　查蓓莉(女)
赵国靖　钟修身　侯志俭　段祺华
俞位恩　施德容　洪林珍(女)
姜义华　祝墡珠(女)　姚俭建
顾明亮　夏毓灼　倪正茂　徐方瞿
徐本力　徐益超　徐佩莉(女)
郭开荣　郭礼和　郭炳江　高叔平
高凯生　唐　豪　黄　珹　黄　震
曹其东　章念驰　章继浩　韩正之
葛均波　葛剑雄　程锡元　傅克诚(女)
谢绳武　雷啸霖　照　诚　蔡建国

委员名单(以姓氏笔画为序)

中国共产党

王生洪　王荣华　王海兵　龙启虎
吕淑萍(女)　江上舟　杜春才
杨　军　杨登华　李佳能　吴汉民
沈善初　沈懋兴　宋仪侨　张明德
张家品　陈士杰　陈金海　金炳荣
周鹤龄　赵国君(女)　姜　洋
顾明亮　黄汉文　黄玉凤(女)
黄跃金　盛家荣　蒋以任　道书明
蔡世民

中国国民党革命委员会

方　方(女)　朱建国　任先正
李世耀　李忠萌　邱华云　陈天平
陈永亮　罗华荣(女)　周和平
周忠菲(女)项斯文郭士征　葛剑雄
董　波　蒋　健　解　放(女)

中国民主同盟

马莉莉(女)　王　勇　王家东
计镇华　田伟生　乐胜利　冯德康
朱植宙　李海量　吴冲锋　吴建荣
沈恒根　陈大康　周燮鹏　徐方瞿
黄发荣　曹欣渊(女)

中国民主建国会

白晓江　朱易安(女)　庄子群
杨大安　李忠铮　严定邦　吴光伟
吴惠源　邹军利　张立仁　陈宏民
陈鸿德　赵增川　夏善晨　黄关从
葛俊杰

无党派民主人士

丁晓枚　王跃林　王新奎　任自中
李　鸣　沈祖炜　张琳琳(女)
陈克权　周秀芬(女)　郑　龙
桂水发　钱耀忠　翁思庆　翁新楚
黄　文

中国民主促进会

刘奕民　吴长福　岑国桢　余源培
张文龙　张静娴(女)　陈强努
金良年　黄　震　黄山明　屠　杰
程霄玉(女)　熊衍元

中国农工民主党

丁金宏　邓　康　左焕琛(女)
朱邦贤　刘仲苓　沈荣祥　周骏羽
洪建国　祝墡珠(女)　姚俭建
顾国柱　梁　鸿　梁谷音(女)

中国致公党

王宗尧　冯　涛(回族)　李松坚
忻元龙　张恩迪　俞云波　顾利霞(女)

九三学社

华　峰　李忠涌　吴健生　金　瑜(女)
周允中　胡学超　胡忠泽　侯志俭
顾亚平　倪正茂　曹正文　谢丽娟(女)
谢荣兴

台湾民主自治同盟

石四箴(女)　石学耕　吴　敏(女)
余碧娥(女)　张莉菁(女)
林真意(女)　高美琴(女,高山族)

中国共产主义青年团

马春雷　王　桢　麦　挺　吴仁杰
陆　莺(女)　陆培明　武　舸
林尚立　金　梅(女,朝鲜族)

总工会

于剑平　马　强　王少炯　王逢祥
吕健康　朱从余　杨伟健　杨宝琴(女)
杨爱华(女,回族)　苏玉芳(女)
吴　敏(女)　吴力坚　吴申耀
吴建融　汪孝安　宋美红(女)
陈　旭　陈柳宏　陈惠莹　周　炜(女)
顾永才　夏玲英(女)　陶雪华(女)
谢中全　黄鸿强　蔡根发

妇女联合会

马百龄(女)　杨詠曼(女)
何静芝(女)　宋忆宁(女)
张培琳(女)　金　佩(女)
徐佩莉(女)　翁文磊(女)
高境梅(女)　彭　靖(女)
傅正建(女)　裘锦兰(女)
谭茀芸(女)　缪林凤(女)

青年联合会

王圣民(女)　乔志刚　刘慧敏
李佳鸣(女)　何猷龙　沈晓明
林旭明　姚祖辉　徐　军　黄豆豆
黎瑞刚

工商业联合会

王岳祥　朱政平　刘幸偕　孙安民
苏　霖　李念政　李维德　邹德礼
宋长根　张　刚　张亚培　陈　荣
陈平田　陈志龙　陈庭贤　陈海汶
陈惠琴　武剑华　郁为泽　周跃进
郑承志　郑淑贤(女)　胡成国
胡伯鸿　段祺华　施有毅　姚金泉
桂秋白　顾维民　钱建蓉　徐锦鑫
唐　豪　陶新康　蒋学明　童锦泉
谢　毅　潘玉明　魏中浩

科学技术协会

于　晨　卫志明　王晓东　兰先德
朱炎苗　庄松林　孙德炜　杨广生
时俭益　张其标　陆　卫　陈凯先
陈积芳　郁　竑　郑时龄　施志健
姚诗煌　钱　锋　徐洪杰　郭礼和
葛均波　谢　玮　潘迎捷

归国华侨联合会

王依婷(女)　李克欣　沈伟娟(女)
尚　健　周小弟　俞位恩　贺　林
唐恩余　梁玉书　薛洪玉(女)

台湾同胞联谊会

卢丽安(女)　杨　健　林伟华(女)
林明月(女)　欧国苏

农业界

朱全忠(朝鲜族)　杨长锁　李建颖
陈文泉　尚　云　南　民　钟政用
洪　涛　姚志展　唐祖德　唐海根
龚学德

经济界

万建华　马兆楠　王志雄　王宗发
王忠明　王晓平(女)　王绪亮
邓日燊　邓国坤　尹　灏　厉家俊
叶毅干　邢　普　吕耀东　刘育长
刘铁成　江　敏　孙鉴政　苏忠伟
李立峰　李克麟　李亮佐　吴国庆
沈祥荣　宋振东　宋超麒　张　宇
张文蔚　张兆安　张志熔　张建华
张爱民　张桂娟(女)　张曾基
陈步林　陈国余　陈宗达　陈泽武
陈祥麟　范大政　金　鑫　金大建
金寿南　周亦卿　胡宗正　胡楚南
封亚培　荣智权　赵国靖　钟华君(女)
姚　原　袁天凡　顾　青　夏大智
钱建中　徐柏章　郭炳江　高凯生
唐仑千　唐英年　凌孔山　黄庆荣
黄建清　曹其东　屠海鸣　董绍诚
董增平　蒋卫东　粟刚兵(侗族)
景　莹(女)
童文贤(2003 年 4 月 19 日逝世)
曾乐才　鲍沫西　詹金源　蔡　佳(女)
熊成培　戴元永　戴伟钟

文学艺术界

于本正　马晓辉(女)　王永吉
王诗槐　尤继舜　毛时安　石钟琴(女)
史　敏(女)　达式常(回族)
乔　榛　江海洋　杨遗华(回族)
杨燕迪　苏乐慈(女)　李炳淑(女)
李蓉蓉(女)　严顺开　吴　竞(女)
吴慧明(女)　余丹红(女)
余红仙(女)　张　渊(女)
张显平　张曦仑　陈　瑜(女)
陈燮君　林　华　金复载　宗福先
荣广润　赵志刚　赵国华　俞逊发
洛　秦　钱　程　钱惠丽(女)
徐建融　徐惠新　曹　丁　曹　雷(女)
梁伟平　蒋正平　魏　松(满族)

科学技术界

马新生　王　华(女)　王　育
王向朝　王国俭　王绍华　火恩杰(回族)
尹京苑　包起帆　冯永祥　华耀良
江来珠　许中伟　阮康成　孙正心
孙超才　孙敏卿(女)　麦永懿
杨玉良　杨荣华　李关良　李守臣
李韶平　吴　捷　吴声雷　吴家睿
何序新　何建华　沈以华　沈志平
沈建华　张　峰　张启华　张金仓
陆益平　陈　竺　陈　琪(女)
陈妙法　陈建华　陈益梁　邵亦波
武俊青(女)　范　铠　范滇元
季　琦　季晓烨　金由辛　金忠贤
金荣得　周鸣方　周哲玮　周崇道
茅关兴　胡大邦　钟元秋(女)
俞力航　姚　基　顾国强　钱仲裘
徐迪民　徐益超　郭　翔　郭揆常
郭耀平　高小峻　高承勇　黄　珹
龚　诚　常　清　常兆华　韩生廉
蒋天纵　蒋鸿翼　幸昌基　程　东

程锡元 曾纪骝 雷啸霖 蔡宏伟
蔡家琪 裴 钢

社会科学界

王小耘 左学金 冯正权 朱树英
刘天华 汤志平 杨 钢 李 琪
肖沪卫 吴绍中 吴振标 邹传纪
汪寿明 沈国权 张 颖(女)
张泓铭 张新华 陈 军 陈 江
陈建安 武克全 周育民 姜波克
费成康 顾晓鸣 徐小迅(女)
徐葵君(女) 黄仁浩 黄源深
章念驰 章继浩 游 伟 臧广陵
熊月之 戴炜栋

教育界

丁毓珠(女) 王秀美(女)
王建磐 王祥荣 印 杰 边陈之娟(女)
叶温金燕(女) 朱守正 朱传琪
任忠鸣 刘京海 祁学银 孙兴旺
杨以雄 杨思远 李 进 李新洲
李瑞阳 严壮志 严诚忠 吴大器
吴文源(女) 邹 申(女)
汪叔阳 沈 灏 张 帆(女)
张 扬(女) 张大同 张功镀
张民生 张怀琼 张康庭 陆 苹(女)
陈 群 陈英南 陈康民 邵光宇
邵志勇 邵嘉裕 林正国 季国强
周应祺 周洪琪(女) 郑华耀
姜义华 耿文秀(女) 袁 园(女)
顾大僖 顾爱玉(女) 钱世超
钱君律(满族)徐 枫 殷啸虎
常 青 韩正之 蒋伟忠 傅坚敏(女)
谢绳武 鲍凯歌 蔡建国 谭文松
薛喜民

体育界

叶蓓伦(女)李建新邱丕相 沈建青
张臣吉 林有锦 金国祥 胡荣华
徐本力

新闻出版界

毛用雄 卢辅圣 邬鸣飞 杨展业
李名慈 李蓓蓓(女) 陈 昕
查蓓莉(女) 钟修身 顾国良
徐海清 翁经义 郭开荣 雷国芬(女)
缪国琴(女)

医药卫生界

马树新 王红阳(女) 石印玉
叶胜龙 冯希平 吕 元 刘 俊
孙宝贵 严世芸 沈一基(女)
张 皙(女) 张一楚 张庆华
张胜年 陆宗兴 陈绍行(女)
陈炳文 范关荣 周 梁
周剑萍(女)查 波赵 强 宣正荣
贾伟平(女) 倪语星 徐玲玲(女)
郭家钢 凌昌全 曹新妹(女)
蔡继红(女)

对外友好界

汪均益 陈先进 俞新天(女)

社会福利与社会保障界

叶明忠 施德容 徐凤建 黄红蓝(女)
章桂红(女) 蔡金萍(女)

少数民族界

白润生(回族) 白敬真(回族)
乐 霆(维吾尔族)金石琦(女,满族)
金国新(满族) 哈木提(维吾尔族)
高向东(蒙古族) 曹 斌(维吾尔族)

宗教界

丁常云 王良全 艾祖炯 史孝进
邢文之 华耀增 沈宝肃 沈承恩
陈志民 周肖吾 周富根 胡建宁
徐圣洁(女) 照 诚

特别邀请人士

丁善华 马定华 王龙兴 王安德
王汝宽 王沪鹰 王美新(女)
王韵兰(女) 王雅萍(女)
毛荣发 孔耀洲 艾柏英 叶龙蜚
叶维华 卢志强 史习陶 兰书金
吕凤太 曲光辉 朱永康 刘桂林
刘毓海 刘瀛萍(女) 齐 奇
齐允海 关 怀(满族) 关百豪

许福明　孙大明　孙金富　杜惠愷
杨　森　杨代葳　李小棠　李民权
李玉华(女)　李克让　李俊民
李焯麟　李德桢　李赣驹　吴　岭(女)
吴柏森　吴思远　沈　思(女)
沈秋余　沈树华　沈效良　张　敏
张　旗　张汝皋　张丽丽(女)
张声华　张志群　张金泉　张茵青(女)
张胜军　张浩亮　张海棠　张德才
张慧珠(女)　陆建铭　陆象娟(女)
陈文禄　邵煜栋　陈燮阳　范陈杰
罗云芳(女)　金天任　金长荣(回族)
金闽珠(女)　金福安　周永年
周杏英(女)　周明权　周德海
胡晓明　胡镇寰　郝铁川　荣如德
赵国雄　洪林珍(女)　姜耀中
姚全福　袁佳平　顾建中　夏斯德
夏毓灼　晏小宝　翁蕴珍(女)
郭建华　高叔平　高韵斐　黄森林
黄霄鹰(女)　曹一丁　曹晓兰(女)
龚　权　梁沅凯　梁国扬　葛文卿
董有福　蒋一鸿　程云华(女)
傅克诚(女)

增补委员名单(以下为2003年12月22日市政协十届六次常委会议通过)

沈红光　刘春先　胡可一
王禄宁(女,回族)　林凯文　丁建勇
耿海成　定　慧(女)　吉宏忠
刘瑞旗　李维屏

辞免委员名单(以下为2003年12月22日市政协十届六次常委会议通过)

黄跃金　徐佩莉　姜耀中　蔡世民
鲍凯歌

界别调整委员名单(2003年12月22日市政协十届六次常委会议通过)

陈燮阳(由特别邀请人士调整到文艺界)

区县政协主席名单

黄浦区　李俊民(至2003年7月)
　　　　赵　矛(自2003年7月)
卢湾区　翁蕴珍(女)
徐汇区　张　旗
长宁区　齐允海
静安区　施耀新
普陀区　叶维华(至2003年7月)
　　　　林爱娟(女,自2003年7月)
闸北区　张丽丽(女)
虹口区　葛文卿
杨浦区　曹一丁
闵行区　罗云芳(女)
嘉定区　周关东
宝山区　沈秋余(至2003年7月)
　　　　杜玉英(女,自2003年7月)
金山区　沈效良
松江区　曹伟达
青浦区　周德海
浦东新区　林泉璋
南汇区　吴　岭(女)
奉贤区　胡镇寰
崇明县　范陈杰

上海市各级政协组织和委员数

（截至 2003 年底）

级别 / 项目	直辖市	市辖区	县	合计
组织数	1	18	1	20
委员数	790	4652	173	5615

（沈培端　编写　杨奇庆　审稿）

政 协 江 苏 省 委 员 会

许仲林 主 席

王荣炳 副主席

林玉英 副主席

吴冬华 副主席

陆 军 副主席

赵京玉 秘书长

【全体委员会议】

九届一次会议 2003年2月16日至22日在南京举行。中共江苏省委书记李源潮在会议开幕时发表题为《团结一切积极力量,调动一切积极因素,为全面建设小康社会、率先基本实现现代化合力奋斗》的重要讲话。林玉英受八届政协常委会委托作省八届政协常委会工作报告,陈凌孚受八届政协常委会委托作关于提案工作情况的报告。委员们认为,李源潮书记的讲话突出了加快发展的主题,弘扬了团结创新的精神,反映了执政为民的宗旨,并对新一届政协工作提出了殷切希望,对开创江苏现代化建设以及政协工作新局面具有重要指导意义。委员们同意省八届政协常委会工作报告和提案工作报告,并对今后更好地开展工作提出了建议。会议期间,委员们列席省十届人大一次会议,听取并讨论梁保华代省长所作的政府工作报告及其他有关报告。委员们对省政府过去五年的工作表示满意,并对全省改革发展稳定的若干问题深为关注,提出许多意见和建议。会议收到大会发言材料39篇,省各民主党派、工商联分别以党派、团体组织名义在大会上作了发言。举行8个联组讨论会。省委、省政府领导及有关部门负责人分别听取大会发言和参加联组讨论。会议选举许仲林为省九届政协主席,王荣炳、林玉英、闵乃本、朱兆良、冯健亲、陈凌孚、李仁、吴冬华、林祥国、陆军、曹卫星、黄因慧为副主席,赵京玉为秘书长,丁午寿等136人为常务委员。会议通过省政协九届一次会议决议和提案审查委员会关于一次会议提案审查情况的报告。新当选的省政协主席许仲林致闭幕辞。会议决议号召全省各级政协组织和政协委员,紧密团结在以胡锦涛同志为总书记的中共中央周围，高举邓小平理论伟大旗帜，全面贯彻“三个代表”重要思想，在中共江苏省委的领导下，齐心协力，扎实工作，为富民强省、在全面建设小康社会基础上率先基本实现现代化作出更大的贡献。

［常务委员会会议］

八届第23次会议 2003年1月25日至26日在南京举行。会议审议通过政协江苏省第九届委员会参加单位、委员名额和人选名单。通过省政协九届一次会议主席团成员和秘书长名单(草案)，决定提交省政协九届一次会议预备会议审议。通过在省政协九届一次会议上作常务委员会工作报告的报告人名单和常务委员会提案工作报告的报告人名单。通过关于授权主席会议审议八届常委会第二十三次会议未尽事宜的决定。委员们还对即将提交省十届人大一次会议审议的《政府工作报告》(征求意见稿)进行讨论，提出了修改的意见和建议。

九届第1次会议 2003年2月22日在南京举行。会议通过《政协江苏省第九届委员会常务委员会关于设置专门委员会的决定》和各专门委员会主任、副主任名单。根据赵京玉秘书长的提议，会议任命罗有康、郑建和、丁泽生、潘吉森、殷志强、于琨奇、马新生、肖渡、戈琳、史苑芗10位同志为省九届政协副秘书长。省政协主席许仲林就加强政协常委会自身建设、做好专门委员会工作等讲了话。

九届第2次会议 2003年7月16日至17日在南京举行。省政协主席许仲林主持会议开幕式并在会议结束时讲话，省政协副主席王荣炳主持闭幕会。会议学习讨论胡锦涛总书记7月1日在“三个代表”重要思想理论研讨会上的重要讲话。听取和讨论省政府关于全省非典型肺炎防治工作和上半年经济社会发展情况的通报，并提出意见和建议。讨论通过关于推动民营经济进一步发展的建议案。会议决定任命朱慈尧为省九届政协副秘书长，撤销张伯端省九届政协委员资格。

九届第3次会议 2003年9月27日至28日在南京举行。省政协主席许仲林主持开幕会议并在会议结束时讲话。省政协副主席王荣炳主持闭幕会议。会议听取和讨论省政府关于关心群众切身利益、解决群众实际困难的情况通报，共收到发言材料38篇，21位委员在大会上作了发言，提出许多意见和建议。会议还听取和讨论省纪委关于全省党风廉政建设和反腐败工作的情况通报，以及省政府办公厅关于省政协九届一次会议提案办理情况的通报。

［专门委员会工作］

提案委员会 共收到委员提案755件，立案746件。推动提案办理工作。坚持和完善主席督办重点提案制度，确定了8件重点提案，由主席、副主席进行督办；还选择10件提案，由提案委员会主任、副主任和有关专委会主任一起督办。截至年底，提案全部办复。其中，被承办单位采纳、有关问题已经解决或基本解决的136件，占总数的18.2%；被承办单位列入规划、准备逐步解决的494件，占总数的66.2%；受条件限制，一时难以解决的116件，占总数的15.6%。

学习委员会 落实主席会议提出的《关于兴起学习贯彻“三个代表”重要思想新高潮的意见》，组织和推动委员认真学习邓小平理论和“三个代表”重要思想。编发《学习资料》12期。举办两期省政协新委员学习研讨班和一期市县政协新任主席学习研讨班。举办学习讲座。承办华东、中南地区政协学习宣传工作研讨会第八次会议。召开全省13个地级市政协学习工作座谈会。

文史委员会 编好《钟山风雨》刊物，

加强文史资料的征集、编辑、出版、发行工作。组织委员就保护和发展全省“百年老店”和“老字号”进行视察，向省委、省政府提交了视察报告。召开全省政协文史资料工作座谈会和全省十三市第十次文史工作理论研讨会。完成了《江苏省志·政协志》的出版任务。

经济委员会 组织委员就全省沿江开发战略、民营经济发展、非典对我省经济的影响、农民增收减负等课题进行专题调研和视察5次，形成书面报告。在对沿江开发视察的基础上，举办委员论坛。召开全省政协经济委员会工作座谈会。举行各类协商座谈会、学习和联谊活动20余次，参加活动的委员300余人次。接待全国政协和外省市区政协考察团3批。

科技委员会 组织委员就全省特色优势产业科技创新、农产品和食品安全等问题，分别开展调研和视察，形成专题调研、视察报告2份。邀请省有关部门通报情况3次，召开专题座谈会4次，组织委员联系小组活动5次，参加活动的委员379人次。

人口资源环境委员会 参与沿江开发视察和沿江十一省、市政协第4次长江水资源保护研讨会。组织委员就全省海洋环境保护和徐州煤矿塌陷区复垦利用情况进行调研，牵头组织各民主党派、工商联委员就全省环境保护问题进行集中视察，向省委、省政府提交了调研、视察报告。举办了关于加强农村环境污染治理的委员月谈会和农产品质量安全的对口协商会。召开全省政协人口资源环境委员会工作座谈会。

教育文化委员会 组织委员就保护和扶持地方戏曲、促进民办高等教育发展、加强职业教育和培训、促进义务教育均衡发展进行专题调研，向省委、省政府及有关部门提交调研报告4份。举办教育界、文化艺术界、社会科学界、新闻出版界委员联系小组活动6次。举办委员月谈会、情况通报会、座谈研讨会10次。接待全国政协、外省政协考察团4批。

医卫体育委员会 组织委员就做好非典防治工作、整顿规范农村医药市场进行专题调研，就加快医药企业发展和南京奥体中心工程建设进行视察。就加强和防止非典工作，举办委员月谈会。与省工商局联合召开关于整治虚假违法医药广告的座谈会。开展委员联系小组活动7次。

社会法制委员会 民族宗教委员会参与省政协关于非典对江苏经济社会发展影响及对策的调研。组织委员对全省下岗失业人员再就业优惠政策落实、城市社区建设、城市少数民族贫困居民基本生活保障、农村宗教突出问题专项治理等进行调研、视察，提出意见和建议。协助全国政协社会和法制委员会对非公有制经济发展的法制环境和司法体制改革进行专题调研。应邀参加各类工作会议及组织各类座谈会、通报会、委员联系小组活动21次。接待全国政协和外省市区政协调研考察团9批。

港澳台侨委员会 外事委员会 组织委员就非典对江苏招商引资工作的影响和对策、实施“走出去”战略进行调研。组织省政协港澳特区委员来省内视察沿江开发情况。参加港澳特区委员例会，促进港澳特区委员活动制度化。组团赴台交流，接待台湾来江苏考察团组8批72人次。召开全省政协港澳台侨(外事)工作座谈会。接待来江苏访问的国际友人和国外侨领9批102人次。

[重要活动]

全国政协副主席王忠禹来江苏调研

2003年6月12日至13日，全国政协副主席王忠禹来江苏就贯彻落实中共中央1995年13号文件和全国政协《关于政治协商、民主监督、参政议政的规定》的情况进行调研。王忠禹对江苏贯彻落实的做法给予肯定,并指出要进一步推动政协履行职能的规范化、制度化和程序化。中共江苏省委书记李源潮、省长梁保华看望了调研组一行。

举行以“三个代表”重要思想指导政协工作实践研讨会 2003年11月28日至29日,省政协举行以“三个代表”重要思想指导政协工作实践研讨会,学习贯彻“三个代表”重要思想和中共十六大、十六届三中全会精神,交流研讨做好新时期政协工作的思路和措施。各省辖市政协、省政协各专委会的负责人分别作了交流发言。省政协主席许仲林出席会议并在会议结束时发表讲话,要求全省各级政协把学习贯彻“三个代表”重要思想新高潮不断推向深入,并在指导政协工作实践上下功夫,努力开创政协工作新局面。

组织委员抗击非典 2003年,突如其来的非典疫情对经济、社会发展和群众生命安全带来很大影响。省政协积极行动起来,把为夺取抗击非典和经济建设双胜利献计出力作为中心任务。先后召开两次主席会议,听取关于防治非典情况的通报,向各界委员提出了积极投入抗击非典斗争的要求。举办关于抗击非典的委员月谈会,向省委、省政府报送有关抗击非典的《社情民意》简报20多期,组织各专委会就非典对江苏经济和社会发展的影响及对策进行重点调研,对做好防治非典工作、促进经济发展等,提出了许多建议。同时,协助省委、省政府做好各项群众工作、维护社会稳定。广大委员捐款捐物,支持抗击非典。很多医药界委员义无反顾地走上抗击非典第一线,忘我工作,为夺取抗击非典胜利作出贡献。

组织委员集中视察 2003年,省政协改进委员视察方式,选择省委省政府高度重视、群众普遍关心的重大课题,由主席、副主席带队组成较大规模的视察团进行集中视察。在4月、7月和10月,组织委员分别就沿江开发、民营经济发展、环境保护三个专题进行重点视察。在此基础上提出加快实施沿江开发战略的主席会议建议案和推动民营经济发展的常委会议建议案,其中很多建议被省委、省政府及有关部门采纳。

召开全省政协社情民意工作会议 2003年10月14日至15日,省政协在盐城召开全省政协社情民意工作会议。13个省辖市政协和部分社情民意信息联系点县(市)政协的负责同志参加会议,并就如何做好社情民意工作进行了大会交流。会议要求,全省各级政协要结合新形势、新任务,在总结以往经验的基础上,进一步解放思想,提高认识,增强主动性自觉性,把反映社情民意工作引向深入。省政协副主席王荣炳出席会议并讲话。他指出,要把了解和反映社情民意工作与政协履行职能的各项工作紧密结合起来,更好地为党委、政府建言献策。

[重要文件]

中共江苏省委书记李源潮在省政协九届一次会议上的讲话《团结一切可以团结的力量,调动一切积极因素,为全面建设小康社会、率先基本实现现代化合力奋斗》(2003年2月16日)(摘要) 五年来,省八届政协牢牢把握团结和民主两大主题,围绕中心,服务大局,积极进取,勇于创新,切实履行政治协商、民主监督、参政议政职能,各项工作都取得了很大成绩。江苏经济和社会发展的成就,是与全省各级政协卓有成效的工作分不开的,凝聚着广大政协委员的汗水和智慧。

我们要完成新的使命,必须团结一切积极力量,调动一切积极因素,同心同德、群策群力地为之奋斗。这是我们党和政府始终坚持的基本方针,也是人民政协工作的出发点和着力点。

要以发展为中心，调动一切积极因素。要充分调动全省上下的积极性，把所有人的热情、所有人的追求、所有人的智慧和力量，都汇聚到富民强省的伟大实践中去。要充分调动城乡各类市场经济主体的积极性，充分调动全省各地的积极性，进一步形成全省三大区域各展所长、竞相发展的生动局面。

要以创新为动力，调动一切积极因素。始终高扬创新的旗帜，在全省兴起新一轮的思想解放热潮，把十六大精神所蕴含的解放思想的容量充分地发挥出来，推动各项工作与时俱进。要把思想解放的成果落实在加快改革、加快开放、加快发展上，以发展论英雄，让勇于改革、勇于创新的人得到尊重、得到利益、得到地位，让全社会崇尚创新、敢于创新、乐于创新。

要以团结为基础，调动一切积极因素。坚持大团结大联合的方针，巩固和发展新时期最广泛的爱国统一战线。广开思路，广开言路，广开材路，把一切社会力量，包括政治的力量、经济的力量、文化的力量、思想的力量、道德的力量等调动起来，形成富民强省的强大合力。

要以让人民得实惠为落脚点，调动一切积极因素。牢固树立执政为民的思想，对人民负责，为人民办事，受人民监督，让人民满意，坚决杜绝劳民伤财的“形象工程”，坚决克服形式主义、官僚主义，坚决反对消极腐败现象。各级领导干部务必保持谦虚谨慎、不骄不躁的作风，务必保持艰苦奋斗的作风，清正廉洁，实干为民，集中心思把人民群众的根本利益实现好、维护好、发展好。

希望省九届政协坚持以中共十六大精神为指导，增强团结合作的政治基础；充分履行职能，发挥自身优势，积极为全省改革开放和现代化建设献计出力；牢牢把握团结和民主两大主题，进一步巩固和发展新时期最广泛的爱国统一战线；切实加强自身建设，与时俱进，开创政协工作新局面。

省八届政协常委会工作报告（2003年2月16日）（摘要） 一、五年工作回顾。

五年来，省八届政协在中共江苏省委领导下，积极进取，努力创新，各项工作取得新成效。认真履行政治协商、民主监督、参政议政职能。召开全委会议5次、常委会议23次、主席会议55次，各类专题协商会、通报会、座谈会450次。完成调研、视察课题169项，形成16件常委会议、主席会议建议案和130多份调研、视察报告。省委、省政府领导对许多建议案和调研、视察报告作出批示，有关部门大都认真采纳落实。积极做好提案和反映社情民意工作。提案立案2854件，编印社情民意简报223期，为委员向省委、省政府及时提出建议，反映情况，畅通了渠道。对省政协七届五次会议以来的110件优秀提案，进行了表彰。努力巩固和扩大爱国统一战线。省各民主党派、工商联在省政协全委会、常委会议、主席会议上以组织名义发言55次，提出提案510件，参政议政和民主监督作用进一步发挥。各界委员参与政协工作的面更加广泛，参加例会、调研、视察、座谈、论坛、月谈、学习研讨班的委员达1.2万人次。发挥了政协文史资料存史资政、团结育人的积极作用。加强了与港澳台侨的联谊，共同致力于现代化建设和祖国统一大业。不断加强自身建设。把组织委员学习放在重要位置，编印《学习资料》73期，举办报告会64次，举办学习研讨班14期。加强政协领导班子队伍建设，发挥各专门委员会在推进委员经常性活动中的重要作用。

（一）围绕改革开放和经济发展建言献策。第3次、第8次常委会议分别听取和讨论了省政府负责人关于农村经济工作情况、农民增收减负和农村小城镇建设情况的通报,提出积极建议。第11次、第12次常委会议分别对省委"十五"计划建议征求意见稿、省政府"十五"计划纲要征求意见稿,进行了决策前的协商。第10次、第17次常委会议分别通过了关于加快农业结构调整、巩固和发展农村税费改革成果建议案。就国有、城镇集体小企业深化改革、加快发展进行调研,提出主席会议建议案。就私营个体经济的发展环境、政策措施问题进行调研。发起召开了十省市政协长江流域水环境保护工作座谈会。

(二)为实施科技兴省战略和建设文化大省献计出力。第3次常委会议提出关于推进工业企业技术创新工作和关于加快医药工业发展建议案。第6次常委会议提出关于加快高等教育发展与改革的建议案。第17次常委会议提出了关于高等教育可持续发展的建议案。第18次常委会议就发展文化产业进行了协商讨论。主席会议提出关于进一步发展风险投资和关于发展民办高校、在农村税费改革中确保我省九年义务教育发展的建议案。还对发挥农技推广队伍作用、加强基层科普工作、搞好科研院所体制改革、推行新型农村合作医疗制度等进行调研,提出建议。

(三)关心群众疾苦和维护社会稳定。第17次常委会议提出关于保障城市贫困群众基本生活的建议案。第20次常委会议及主席会议分别就建立农民最低生活保障制度、加强法律援助问题,提出了建议案。还组织委员对国有企业下岗职工基本生活保障和再就业工作、维护司法公正、加强公安队伍作风建设、推进法院检察院司法改革等进行调研,提出建议。

(四)积极开辟履行职能的新途径。主席会议深入基层召开。主席督办重点提案。创办委员论坛、委员月谈。突出委员界别作用,发挥政协界别优势。

(五)逐步推进政协工作的规范化制度化程序化。规范履行职能。建立健全制度。注重工作程序。

(六)充分发挥民主党派、工商联在政协中的作用。认真贯彻"长期共存、互相监督、肝胆相照、荣辱与共"的方针,加强合作共事,尊重和维护民主党派、工商联的权利和职责,为他们参政议政创造更好条件。

(七)切实加强与港澳台胞海外侨胞以及各界人士的团结联谊。接待港澳台侨人士共110批1200人次。组团出访一些国家,与当地侨团侨领建立联系,并增进对外友好交往。还通过举办各种活动加强与民族宗教人士和各界人士的团结。

(八)努力加强政协自身建设。积极组织和推动委员学习。加强专委会建设。重视政协工作的宣传。注重对市县政协工作的指导。加强省政协机关建设。

二、五年工作体会。

(一)必须坚持党对政协工作的领导。

(二)必须坚持围绕中心,服务大局。

(三)必须坚持弘扬团结和民主两大主题。

(四)必须坚持群众观点,关注民生,反映民意。

三、今后工作建议。

(一)把学习贯彻十六大精神不断引向深入。

(二)切实提高政治协商、民主监督、参政议政的水平和实效。

(三)努力促进在爱国主义和社会主义旗帜下的大团结大联合。

《关于加快实施沿江开发战略的建议案》(2003年5月22日)(摘要) 经省政协第九届委员会第四次主席会议审议通过,提出以下意见和建议:1.抓紧制定并尽快出台沿江开发总体规划。2.增强规划的前瞻性、科学性。充分考虑长三角地区经济一体化的发展要求,充分考虑促进苏南、苏中、苏北三大区域共同发展的要求,高起点、科学地制定沿江开发的总体规划，并抓紧编制沿江岸线、环境资源保护、产业布局等专项规划。3. 切实维护规划的严肃性和权威性。修改规划要以法定程序进行。同时，要发挥人大、政协的作用，加强规划执行情况的监督。4. 加强对沿江地区开发的组织领导。尽快建立省级沿江开发领导机构，同时要明确一个部门牵头具体负责沿江开发的组织和督查工作。5. 改革不利于沿江联动开发的体制。一是要根据区域经济发展的要求，适时考虑调整行政区划，改革行政管理体制。二是要改革干部考核指标体系。既要有GDP、财政收入、税收等经济发展指标，又要有居民收入和人居环境以及资源保护、社会文明程度等环境、社会发展指标。三是苏南地区企业跨江开发，要妥善处理企业产生的经济效益的合理分配问题。6. 研究出台鼓励南北联动的有关政策。促进项目向苏中流动。对苏中开发有必要的倾斜政策。7. 抓紧启动一批南北联动的骨干工程。目前应以江阴市与靖江市联合建立的江阴经济开发区靖江园区为个案，出台有利于南北联动的政策措施，以利于指导面上的南北联动。8. 沿江开发要坚持走以科技含量高、经济效益好、资源消耗低、环境污染少、人力资源优势得到充分发挥为主要特征的新型工业化道路。9. 慎重研究产业发展的资源、环境承载力。重点考虑水资源、能源、原材料的支撑能力。10. 注重发挥苏南、苏中各自的比较优势，把自己的优势产业做大做强。11. 把加快发展现代服务业，特别是现代物流业，放在突出的位置。12. 继续抓好交通设施建设。13. 下大决心整合港口资源。重审港口规划，合理确定沿江各港口功能，在错位竞争中求发展。重点建设若干个主枢纽港。推进企业兼并、重组，以资产为纽带组建跨江、跨地区港口集团，下决心调整布局不合理的港口，实现港口效益最大化。14. 综合考虑能源布局，调整能源结构。电厂布点应向苏中地区倾斜。同时，要根据沿江地区作为生态环境敏感区的实际情况，大力调整能源结构。15. 充分重视水资源的保护。明确上下游饮用水源、排污口的合理分布。对工业项目要坚持环保第一审批权。进一步重视城镇生活污水处理设施建设。16. 珍惜土地资源，维护失地农民利益。高度警惕新一轮圈地热的升温和蔓延，继续从紧控制土地供应量。注意维护失地农民的利益。17. 处理好岸线资源保护和开发的关系。尽快编制岸线资源保护、利用、开发的专项规划。重视长江湿地生态系统的保护。做好长江河势的监测工作，加大长江防洪、河势稳定工程的投资。18. 推行清洁生产，发展循环经济。在企业层面优先采用清洁生产技术。把工业园区建设成为生态工业园区。19. 切实重视沿江开发中的文物等历史文化资源的开发和保护。大力推进城乡文化建设。进一步发展卫生事业。

《关于推动我省民营经济进一步发展的建议案》(2003年7月17日)(摘要) 省九届政协第二次常委会议通过，提出以下建议：

1. 把进一步解放思想作为当前发展民营经济的一项重大任务。充分认识加快发展民营经济是我省实现“两个率先”的重要举措和必然选择。2. 加大宣传教育力度，努力营造创业光荣、鼓励致富的社会氛围。3. 召开推进民营经济发展大会，制定关于进一步加快发展民营经济的决定。4. 扩大领域，降低门槛，切实解决民营经济的市场准入问题。5. 加大财政对民营经济发展的扶持力度。6. 认真落实税收优惠政策。允许民营企业与外资企业同等享受固定资产加速折旧政策。7. 解决民营企业发展的用地问题。对民营企业依法获得的土地使用权，在不改变土地使用性质和土地增值部分照章纳税的前提下,可依法转让、抵押、出租、折价入股。8. 建立信用体系,加强金融支持。各类商业银行进一步转变观念,为民营企业参与国有企业改革改制,提供金融支持。扩大对优质民营企业的授信服务,降低贷款的担保比例,并积极推行非全额担保和非完全抵押贷款服务项目。大力支持符合条件的民营企业以各种方式上市融资、发行债券。9. 为民营企业发展开放型经济创造必要条件。进一步降低民营企业开展外经贸业务的门槛,降低和取消有关收费。在生产型企业实行出口免、抵、退税政策,出口退税托管帐户贷款贴息资金安排等方面,应享有与国有企业同等待遇。10. 研究边界地区的政策,提高江苏边界地区的竞争力。11. 加强督查工作,提高行政效率。努力建设公共服务型政府。12. 切实减轻民营企业负担,坚决治理"三乱"行为。进一步全面清理行政事业性规费,严格执行"收支两条线"的规定,彻底割断政府部门与所办中介机构的联系,规范中介机构的中介行为和收费行为,严肃查处中介机构强行代理、强制服务及乱收费行为。严肃查处垄断部门强制购买指定产品,指定施工单位等行为,坚决制止强行向民营企业要求捐资、赞助、加入学会、发布广告、征订报刊等乱摊派行为。13. 本着公正公平的原则,切实保护民营企业的合法权益。14. 整顿市场秩序,净化市场环境。严厉打击侵占民营企业财产,扰乱民营企业经营活动的犯罪行为。15. 解决"肠梗阻"问题,提高政策效应。加大政策贯彻落实力度,保证已有政策落实到位。增加地方政府对垂直管理部门的监督权,严格对国家工作人员的检查、考核,使好的政策产生好的效应。16. 理顺管理体制,形成工作合力。17. 制定民营经济发展规划,引导民营经济可持续发展。18. 建立公共服务平台,加快社会服务体系建设。19. 加强对民营企业及其经营人员的教育和管理。20. 充分发挥工商联及行业协会(商会)的作用。

关于进一步加强专门委员会工作的意见(2003 年 5 月 22 日)(摘要)　省政协九届 4 次主席会议通过,提出如下意见:

一、认真学习,提高政治业务水平。各专委会要以"三个代表"重要思想为指导,通过理论、政策、专业知识的学习,增强做好工作的责任感,提高政治业务水平。努力做到学习工作化,工作学习化。发扬理论联系实际的优良学风,以学习促进各项工作的开展。

二、完善组织建设,建立健全各项工作制度。根据工作需要,合理设置专委会机构,配备精干的领导班子,并根据委员变化情况,及时调整和补充专委会组成人员。根据委员会实际情况,修改、完善专委会工作简则,规范专委会工作内容、程序和方法。

三、围绕中心,扎实有效地开展工作。要结合本专委会的职能和优势,积极开展五个方面的工作:搞好专题协商,加强民主监督,开展专题调研,做好提案、社情民意信息方面的工作,积极推动委员小组的活动。

四、加强联系和协作,增强工作合力。

五、注重作风建设,树立良好形象。专委会的一切工作要贯穿团结和民主两大主题的要求。担任专委会领导职务的同志,要始终牢记"两个务必",端正思想作风,转变工作方式,适应政协工作的特点和要求。

六、加强领导,创造良好的工作环境。政协常委会议和主席会议要充分重视专委会工作,加强领导。省政协领导要实行分工负责制,以高度的责任感切实抓好分管的专委会工作。各专委会办公室要不断增强服务意识,提高业务素质和服务水平。

关于进一步发挥委员主体作用的意见

(2003年5月22日)(摘要) 省政协九届4次主席会议通过,提出如下意见:

一、加强委员学习,努力提高参政议政水平。大力推进委员学习,把政协建设成学习型组织。积极探索适合政协特点的多种学习形式。发扬理论联系实际的学风,做到学有所获,学以致用。

二、认真组织委员参加各项会议,充分发挥政协会议在履行职能中的主渠道作用。认真组织委员参加政协全委会议、常委会议、专门委员会会议等各项会议。切实改进会风,提高会议质量,增强会议实效。

三、围绕中心履行职能,深入开展"三个一"活动。要求每个委员紧紧围绕省委、省政府中心工作,认真履行职责,努力做到每年至少参加一次政协组织的视察或专题调研等活动,提出一件有较高质量的提案,反映一条社情民意。省政协办公厅对委员参加"三个一"活动的情况要加强督促,定期检查,每两年开展一次评选,表彰先进。

四、推动委员经常性活动,调动委员参政议政积极性。突出政协界别特点,推进委员界别活动。每年举办两次委员活动日。加强与宁外委员的联系,定期开展活动。

关于发挥政协界别作用的意见(2003年6月27日)(摘要) 省政协九届5次主席会议通过,提出如下意见:

一、充分认识发挥界别作用的重要性。要从我国社会主义民主政治建设全局的高度,充分认识政协由界别组成的特点和优势,认真研究发挥界别作用的方法和途径。

二、发挥界别作用的主要要求和重点。以邓小平理论和"三个代表"重要思想为指导,牢牢把握团结和民主两大主题,突出政协特点,发挥界别优势,充分调动各界别委员的积极性,认真履行职能,为我省实现"两个率先"积极献计出力。

三、发挥界别作用的方法。按照省政协《界别委员联系小组活动办法》,在宁委员按界别建立委员联系小组,每季度至少进行一次活动。必要时,也可联组开展活动。界别委员活动每年至少进行一次,重点是组织好界别的参政议政。省各民主党派、工商联界别及其委员联系小组的活动分别委托省各民主党派、工商联负责组织。其他界别及其委员联系小组活动,分别由办公厅和各专门委员会加以联系、协助和推动。

四、加强领导,为发挥界别作用创造条件。省政协主席会议要把发挥界别作用放在重要位置,及时了解和研究新情况、新问题,加强指导,推动工作不断发展。省政协机关要做好联络、协调和后勤保障等工作,为委员界别活动搞好服务。

中共江苏省委办公厅、省政府办公厅关于认真做好省政协提案办理工作的通知(2003年7月1日)(摘要) 一、充分认识做好政协提案工作的重要性。各提案承办单位要从贯彻"三个代表"重要思想,加快推进我省改革开放和现代化建设,实现"两个率先"的高度,进一步提高对政协提案办理工作重要性的认识,把提案办理工作列入议事日程,不断提高办理工作质量。

二、完善提案办理工作制度。办理提案是一项长期的、经常性的工作,必须进一步完善办理工作制度:(一)交办接办。(二)办理期限。(三)独办、分办和会办。(四)办理要求。(五)复文(含协办件)要求。

三、抓好重点提案的办理。对省政协确定的重点督办提案,各承办单位的领导要高度重视,积极支持,自觉接受省政协委员的民主监督。

四、重视委员的反馈意见。各承办单位要主动征询提案者对办理工作的意见,通过多种方式加强沟通。

五、做好办理总结工作。各承办单位要在每年7月底前完成省政协提案办理工作,并进行总结。

六、做好优秀提案推荐工作。承办单位在办复提案的同时,要做好当年优秀提案的推荐工作。

[组织概况]

常务委员名单(以姓氏笔画为序)

丁午寿 丁泽生 于琨奇 马 军
马忠礼 马新生 孔庆鹏 戈 琳
方 铿 王义斌 王占宝 王汝成
王荣生 王海棠 王稳卿 包宗顺
卢德馨 史苑芗 乔 旭 任 杰
任大新 刘洪祺 刘海平 吉文辉
孙永如 孙观懋 孙建方 安信义
成 虎 朱同广 朱晓进 汤晓东
许长新 严晓群 何永康 余伯阳
吴仁宝 吴汝信 吴报强 吴国彬
吴昌瑞 吴经起 吴胜兴 张十庆
张桂平 张耀明 李之渭 李国华
李晓布 李熙诚 杨 休 杨 群
杨 森 杨 锐 杨玉生 沙家豪
肖 渡 苏慧心 邵建东 陆承平
陆素洁 陆慧琴 陈 圻 陈 琪
陈凤鸣 陈少夫 陈佩度 陈根兴
陈惠仁 周 游 周加才 周佐良
周京新 周勋初 季剑虹 庞自洁
明 学 林萍华 武晓松 罗有康
范小青 范之俐 范忠华 郑建和
姚庆六 姜映梅 施教明 柏志英
柯广坚 洪慧民 胡 刚 胡上治
胡有清 胡国祥 赵 铨 赵长遂
赵庆侠 赵杰文 赵奇僧 须建明
徐 强 徐 雁 徐 燕 徐宝文
徐福涛 徐澄圻 殷云飞 殷志强
秦小麟 秦振华 翁振进 莫砺锋
陶克中 陶幸蓉 陶思炎 顾惠生
高志兰 黄 煌 黄文虎 黄玉生
彭世揆 舒华忠 葛维礼 董 瑾
蒋传丰 谢庆健 谢秀兰 窦希萍
虞志敏 熊宁宁 翟韶均 蔡 伟
蔡捷敏 蔡镜浩 潘吉森 魏绍芬

委员名单(以姓氏笔画为序)

中国共产党

丁泽生 王荣生 王荣炳 车文毅
汤以伦 刘洪祺 孙炳辉 许仲林
沈 旗 宋宝林 李小平 李熙诚
吴冬华 吴汝信 张永康 杨兆亮
杨承志(女) 陆 军 陈凤鸣
陈惠仁 林玉英(女) 林祥国
罗有康 周 游 周加才 周和平
周明生 郑 坚 柯广坚 赵京玉
赵庆侠 徐国柱 姚晓东 翁振进
陶培荣 费伟康 黄玉生 董 瑾
韩 杰 谢秀兰(女)

中国国民党革命委员会

王 萍(女) 王鸿声 冯健亲
朱学波 刘小纯(女) 孙达华
杨玉生 李孟星 严介和 宋颂康
张华贤 陈 圻 陈方正 陈文垲
陈星莺(女) 范之俐(女)
赵 波 赵英凯 赵彭城 贾 鲁
徐 雁 殷志强 章德基 程 刚
潘长海

中国民主同盟

丁德成 于琨奇 王竹平 王汝成
李 申 李永达 李江蛟 李成群
李嘉曾 吴应宁 汪连兴 陆桂华
陈如山 林振山 范忠华(女)
单殿元 俞未一(女) 姚文兵
荀德麟 徐民友 徐宝文 徐保国
曹卫星 蒋 琦(女) 蔡镜浩
潘浩泉

中国民主建国会

王正平 王克胜 六以方 孔本余
田 鸣 华博雅(女) 刘邦彦
许建樟 孙大亮 孙锡初 苏慧心(女)
李 洪(女) 严晓群 张 民

张雨歌 张墨新 金文骞 郑建和(女)
苟少华 胡上治 赵闻斌 洪慧民
郭晓山 陶克中 谢建民

中国民主促进会

卜健民 马新生 朱永新 朱寿桐
朱晓进 刘海平 孙汝建 孙观懋
吴报强 吴国新 陈 华(女)
陈义鑫 陈凌孚 林明德 范毓周
金元兴 府采芹(女) 徐振源
舒小平 章 青 倪菊葆(女)
高 云 解信鹏 谭海樵 熊 宁(女)

中国农工民主党

卜 秋(女) 王 水 凤以良
朱兆良 孙建方 孙晓青 肖 渡(女)
何小元 宋方敏 张沂泉 陆志奋(女)
陆慧琴(女) 陈绍良 陈建国
周幽心 郑金旭 赵庆荣 浦 东
高志兰(女) 黄 煌 曹尔渊
曹锡荣 董淑旺 景 亮 傅 雷

中国致公党

王 忠 戈 琳 方泰惠(女)
卢章平 杨德才 张云云(女)
季正明 赵鹤鸣 钮永梁 徐利明
唐引荣(女,白族) 陶思炎 黄因慧
颜福星

九三学社

马 云 王小林 王宗元 王贵成
平其能 平钰贞(女) 史苑芗
刘贤金 汤新竑 杨湘宁 吴 君(女)
吴承祯(女) 何永康 闵乃本
陆承平 陈怀堂 陈建生 邵汉琦(女)
罗立民 季金虎 周 坚 赵维炳
隋旺华 蔡捷敏 魏绍芬(女)

无党派人士

吕 建 朱昌亮 刘国定 许崇正
束永前 汪旭东 林伯泉 杨孝平
庞自洁(女) 唐爱平 徐 强
徐艺乙 徐海英(女) 赵长遂
高 抒 章维益 陶幸蓉(女)
蔡祖聪

工商业联合会

丁佐宏 于跃于 常洁(女)马金芳(女)
井明章 王立占 王金良 任 杰
许林生 许尚龙 孙志安 杨 休
李 仁 李之渭 李界元 严旭明
吴建发 张桂平 陆云芳(女)
郑 莅 胡大贵 荣 毅 须建明
姚东明 夏一忠 夏守春 夏振宇
徐守清 徐晔宇 栾志耘 曹 成
雍树标 蒋学明 潘吉森

中国共产主义青年团、青年联合会

王天琦 叶敬言 邢正军 朱雪梅(女)
许 华 许网保 李 燕(女)
李国华 吴胜兴 何启明 沈 坚
陈红红(女) 陈素琴(女)
武晓松 金太军 钱建蓉 曾焕沙
储富祥 傅 阳

总工会

王正方 王成龙 李晓布 沈惠丽(女)
周国华 周素明 赵凤琦 徐阿大
谢恒满

妇女联合会

于丽华(女) 吴剑清(女)
柏志英(女) 贾宝中(女)
程 静(女) 韩素芬(女)
惠淑君(女) 窦希萍(女,满族)
鲍意华(女)

科学技术协会

王 文(女) 王雨时(满族)
方定法 江 南 华仁民 乔 旭
汪 凯 李清河 李新南 严寿宁
吴国彬 沙家豪(回族) 陈孟荦
陈佩度 周佐良 姜树海 周世忠
柴文光 赵 铨 陶再荣

归国华侨联合会

史 宇 吉文辉 刘 一(女)
孙文瑜 吴育杭 张乃平 施金陵(女)
侯龙春 舒华忠 戴澄东

台湾同胞联谊会

刘晓华(女) 李鹭扬 胡有清
赵学松 黄山 瞿鸿辰 蔡宪沙(女)

文化艺术界

王建伟 石小梅(女) 邢晏春
朱雅(女) 朱昌耀 朱栋霖
言恭达 吴锡兴 张寄蝶 陈社
陈建平 陈根兴 范小青(女)
竺小招(女) 周京新 胡发贵
赵庆泉 赵绪成 姚恭林 顾风
莫砺锋 陶泽如 倪同芳(女)
徐志兴 徐源绍 高英(女)
黄惇惇 黄蓓佳(女) 崔新
凌继尧 梁国英(女) 董瑞华
虞志敏(女) 薛亮 蒲亨强
蔡伟 鞠伏强

科学技术界

丁春华 于婷(女) 于建武
王建 王道五 王德诚(女)
朱焕培 任之明 汤晓东 刘卫宁(女)
孙照渤 李梦侠 汪云甲 杨锐(女)
杨群 杨莲芳(女) 吴沛成
吴昌瑞 吴森荣 何林池 余伯阳
汪琦(女) 张十庆 张祖忠
张俊智 张培毅 张赣道 张耀明
陆兆新 陈峰 陈正宁 陈胜海
周松流 胡辛陵 赵利复 赵竟成
赵家林 姜文韬 秦小麟 夏冰
徐雷 徐国斌 殷云飞 袁亚非
黄咏梅(女) 曹安国 章微微
程黎放(女) 蔡立国 蔡晓方
管恒禄 管爱国 戴新

社会科学界

王锡荣(女) 王耀樑 刘钰
刘向东 汤惠生 孙永如 孙南申
宋践 邵建东 邵涌泉 李建生
肖梦龙 钱怡(女) 徐忆农
徐晋麻 徐湖平 顾亚平 浦志强
曹辉 蒋伟平(女) 樊和平

经济界

王益民 王晨曦 王稳卿 王德善
刘百铭 刘政焕(女) 许长新
杨红 杨海泉 苏国新 李平
李开涛 李双成 李纪国 李学勤
李旭升 吴百灵 吴经起 吴晓白
吴国樑 邹国忠 汪奕义 张伯端
张晓东 张维功 张援朝 陆岷峰
陈子京 陈永战 邵明 陈奕熙
苗敬柱 林岱仁 周金伦 周金鸿
周脉廷 赵国桢 侯立军 施炎
施伯香 施黄彬 钱红一 徐翔
徐连宽 黄志伟 曹德法 龚国钧
符银生 梁东黎 董化礼 董启彬
葛维玲(女) 蒋其龙 嵇华光
傅兴堂 谢明(女) 谢庆健
潘祥生(女) 潘剑秋 翟韶均
(张伯端 2003.7.17 除名
周脉廷 2004.1.12 除名)

农业界

包宗顺 朱天晓 朱伟新(女)
刘铁铮 江琪祥 孙启善 还学东
李明生 李国平 吴亚生 余瑞坤
张爱民 陆作楣 陈萍(女)
林富平 姚曼君(女) 徐希珍(女)
徐俊仁 唐炳泉 高联义 侯正宇
程宏杰 顾建平 顾荣明 席胜福
龚海涛 蒋传丰 蒋来清 彭世揆
韩桂荣

教育界

丁强 王占宝 王卓君 王建民
王嘉华 方国才 孔庆宛 孔国娣(女)
冯年华 卢德馨 成虎 朱五华
朱金荣 江志红(女) 许世茂
孙小菡(女) 杨礼宾 汪小洋
沈美萍(女) 宋永忠 张秀荣(女)
张昕 张建琮(女) 张逸新
陈之芥 陈林森 陈亭华 明晓
易仁萍(女) 林萍华 金生鋐

周德藩　郑　正　郭　彬　赵杰文
赵忠令　施钟林　洪　韩　姜　华
姜映梅(女)　　　柳袁照　常　征
姚庆六　顾　强　钱培德　徐复铭
徐澄圻　谢　玲　韩　涛　谭振亚

体育界

孔庆鹏　任大新　孙　森　李俊岗
阿英嘎(蒙古族)　林　莉(女)
赵　斌　顾洪星

新闻出版界

石启忠　朱同广　朱铭佐　杨金荣
吴建宁　徐启平　黄文虎　章近儒
颜晓群

医药卫生界

丁义江　丁新生　王迎伟(女)
毛季琳　左言富　吉寿如　朱　妍(女)
刘王明　刘功俭　杨明华(女)
李玉峰　肖　伟　吴晓明　何忠正
张洪祖　张颖冬　陆少林　陈　琪
陈连生　陈少夫　陈建国　胡　刚
周震球　郑义通　侯瑞兴　俞　军
徐福涛　唐维新　眭元庚　葛惠男
熊宁宁

对外友好界

王　珣(女)　　　汤文俭　严敦志
陆素洁(女)　　　李音强　林　坚
施作雄　徐　燕(女)　　　唐建年
龚世贵

少数民族界

马　军(女,回族)　杨田英(女,回族)
苏永进(壮族)　　李　明(彝族)
郑　清(女,回族)　张薇丽(女,满族)
鄂云翔(满族)

宗教界

弘　法　安信义　沈　斌　张克运
张凤麟　陆新平　季剑虹　明　学
袁鹤冠　能　修　隆　相　脱建明(回族)
葛维礼(回族)

特别邀请人士

王　琦　王义斌　王广德　王元奎
王东辉　王海棠　计高成　冯瑞渡
吕顺洪　朱玉振　朱福生　刘　璞
杨　森　杨大伟　杨根荣　杨增夫
李向群(女)　　　吴仁宝　何祖大
邱忠辉　伍卓明　汪正生　张　晔(女)
胡正生　张永凯　张志坚　张金荣
陈大伟　陈从亮　陈克勤　陈爱平
金　明　周大平　周书国　周光明
周忠信　周勋初　胡振龙　赵奇僧
俞素娥(女)　　　洪志爱　秦振华
袁普泉　顾玉彬　顾惠生　徐庆祥
徐兆文　徐益民　钱继红(女)
萧　平　程亚民　程志有　曾华洋
曾明高　曹锦成　韩　军　鄞祥林
丁午寿　马忠礼　王　怡　王钦贤
方　铿　朱恩馀　刘学进　庄悦禄
江天锡　孙大伦　孙福林　纪辉娇(女)
何桂铃(女)　　　岑展平　张宁武(女)
张纪严(女)　　　张赛娥(女)
陈少琼(女)　　　陈炳霖　林健忠
郑昭明　胡国祥　胡慧中(女)
荣智丰(女)　　　施荣怡　施教明
徐方正　郭次仪　高荣辉　萧晖荣
黄　镒　黄建华　黄柏龄(女)
盛毓凤　曾宇佐　鲍国麟　潘嘉雄
蔡志斌　颜康龄

[江苏省各级政协领导人名单]

江苏省政协

主　席

许仲林

副主席

王荣炳　林玉英(女)
闵乃本　朱兆良　冯健亲
陈凌孚　李　仁　吴冬华
林祥国　陆　军　曹卫星
黄因慧

秘书长

赵京玉

南京市(副省级)

市政协主席

汪正生

副主席

张伯兴 于基汾 穆西南

孙南雄 徐纪根 吕庆继

钱继红(女) 陈 圻

朱晓进 严以新

秘书长

陈五一

县(市、区)政协主席

玄武区 吴金珠(女)

鼓楼区 于化亭

白下区 季守法

秦淮区 丁长森

建邺区 杨炎明(女)

下关区 梁学明

雨花台区 赵 轮

栖霞区 黄玉兰(女)

浦口区 李传邦

江宁区 詹双定

六合区 张春华

溧水县 江 萍

高淳县 王来兴

无锡市

市政协主席 韩 军

县(市、区)政协主席

江阴市 孙福康

宜兴市 吴国成

锡山区 薛文荣

崇安区 黄汉林

南长区 荀天海

北塘区 胡传华

滨湖区 周富梁

惠山区 徐菊培

徐州市

市政协主席 胡振龙

县(市、区)政协主席

丰 县 史亚林

沛 县 吴天英(女)

铜山县 姚香远

睢宁县 胡守军

邳州市 王效先

新沂市 吴淑芬(女)

鼓楼区 付立华

云龙区 孟宪芳(女)

泉山区 魏 静(女)

九里区 郑群德

贾汪区 刘厚远

常州市

市政协主席 曹锦成

县(市、区)政协主席

金坛市 陆美凤(女)

溧阳市 房惟辛

武进区 杨锡根

天宁区 吴伯瑜

钟楼区 孟东杰

戚墅堰区 黄彩华(女)

新北区 杨建忠

苏州市

市政协主席 冯瑞渡

县(市、区)政协主席

常熟市 王伟民

张家港市 钱学仁

太仓市 金世明

吴江市 沈恩德

昆山市 沈卫群

吴中区 陈忠南

平江区 袁以新

沧浪区 潘 霖

金阊区 刘古锵

相城区 顾梅生

虎丘区 王仁元

南通市

市政协主席 程亚民

县(市、区)政协主席

海安县 翟厚才

如皋市 刘桂江

如东县 翁士豪

通州市 张秀兰(女)

海门市 徐永兵

启东市 范成昌

崇川区 朱洁莲(女)

港闸区 高庆森

连云港市

市政协主席 俞素娥(女)

县(市、区)政协主席

赣榆县 杨淑之

东海县 刘桓益

灌云县 刘佩让

灌南县 史耀晴

新浦区 吴新明

连云区 赵雨军

海州区 窦延忠

淮安市

市政协主席 陈从亮

县(市、区)政协主席

涟水县 张学明

洪泽县 周长林

金湖县 胡 进(女)

盱眙县 王 斌

淮阴区 王祥生

清浦区 王留生

清河区 朱 涛

楚州区 朱国仁

盐城市

市政协主席 计高成

县(市、区)政协主席

响水县 高兆项

滨海县 顾正岚

阜宁县 陈世明

射阳县 陆体才

建湖县 唐修国

大丰市 朱达丰

东台市 王业频

盐都区 崔 军

亭湖区 张德楼

扬州市

市政协主席 徐益民

县(市、区)政协主席

高邮市 朱德辉

宝应县 韩国柱

江都市 倪玉泉

仪征市 陈广喜

邗江区 钱德永

广陵区 马桓宝

维扬区 吴 红(女)

镇江市

市政协主席 周大平

县(市、区)政协主席

丹阳市 巢纪顺

扬中市 孙金林

句容市 王远根

丹徒区 龚玉华

京口区 贾国祥

润州区 倪惠民

泰州市

市政协主席 陈克勤

县(市、区)政协主席

靖江市 苏增耀

泰兴市 刘军林

姜堰市 高永明

兴化市 范学忠

海陵区 王向红

高港区 刘时根

宿迁市

市政协主席 朱玉振

县(市、区)政协主席

沭阳县 丁建平

泗阳县 张理惠

泗洪县 王益和

宿豫区 程欣然

宿城区 张福泉

江苏省各级政协组织和委员数

（截至2003年底）

级别 项目	省级	副省级市	设区的市	县[不设区的市、市辖区]	合计
组织数	1	1	12	106	120
委员数	756	447	4706	21854	27763

（刘松汉 常成宝 编写 丁泽生 审稿）

政 协 浙 江 省 委 员 会

李金明　主　席

龙安定　副主席

李　青　副主席

陈昭典　副主席

张蔚文　副主席

王玉娣　副主席

吴国华　副主席

徐鸿道　副主席

彭图治　副主席

冯培恩　副主席

徐冠巨　副主席

俞文华　秘书长

【全体委员会议】

九届一次会议 2003年1月14日至21日在杭州召开。会议应出席委员665名,实到631名。会议由大会主席团常务主席李金明主持。会议听取并审议了省政协副主席龙安定所作的政协第八届浙江省委员会常务委员会工作报告和八届省政协副主席丁德云所作的政协第八届浙江省委员会常务委员会关于提案工作情况的报告;听取并审议了政协第九届浙江省委员会第一次会议提案审查委员会关于九届一次会议提案审查情况的报告;表彰了2002年度全省政协系统反映社情民意和信息工作先进单位、先进个人。与会委员列席了省十届人大一次会议,听取并讨论了习近平代省长所作的《政府工作报告》,以及其他有关报告。会议共收到委员提案670件,经提案审查委员会审查立为提案的661件,其中党派团体提案101件,委员提案560件。会议共收到大会发言材料91篇。会议选举产生了政协第九届浙江省委员会主席、副主席、秘书长、常务委员。会议审议通过了《中国人民政治协商会议第九届浙江省委员会第一次会议决议》。《决议》指出,八届浙江省政协在过去的五年里,坚持以邓小平理论和"三个代表"重要思想为指导,在中共浙江省委的领导下,在省人大、省政府的支持和各方面的配合下,依靠全体委员,团结各民主党派、工商联、人民团体、无党派人士和各族各界代表人士,坚持和完善中国共产党领导的多党合作和政治协商制度,高举爱国主义和社会主义两面旗帜,牢牢把握团结、民主两大主题,围绕中心、服务大局,突出重点、讲求实效,解放思想、勇于开拓,政协各项工作都有了新的进展,为浙江的改革开放和社会主义现代化建设事业作出了积极的贡献,为九届省政协履行职能、开展工作提供了宝贵的实践经验。《决议》要求,全省各级政协组织和政协委员,在全面建设小康社会、加快推进社会主义现代化的新的发展阶段,更加紧密地团结在以胡锦涛同志为总书记的中共中央周围,在中共浙江省委的领导下,努力继承和发扬人民政协的优良传统和作风,进一步坚持和完善中国共产党领导的多党合作和政治协商制度,认真贯彻"长期共存、互相监督、肝胆相照、荣辱与共"的方针,牢牢把握团结和民主两大主题,紧紧围绕党和政府的工作大局,万众一心,团结奋斗,开拓进取,扎实工作,为全面完成中共十六大和省第十一次党代会提出的各项任务,为振兴中华、早日完成祖国统一大业,作出新的更大贡献。

省党政军领导出席会议开幕式和闭幕式。九届浙江省政协主席李金明作闭幕讲话,中共浙江省委书记习近平出席闭幕会并讲话。

【常务委员会会议】

八届浙江省政协第25次常委会议 2003年1月2日至3日在杭州召开。刘枫主席主持会议并讲话。会议主要议程:审议通过政协第八届浙江省委员会常务委员会工作报告及报告人;审议通过政协浙江省委员会常务委员会关于提案工作情况的报告及报告人;审议通过政协第九届浙江省委员会委员名单;审议通过关于召开中国人民政治协商会议第九届浙江省委员会第一次会议的决定;审议通过政协第九届浙江省委员会第一次会议议程(草案);协商讨论《省政府工作报告》(征求意见稿)。

九届浙江省政协第1次常委会议 2003年1月22日在杭州举行。李金明主席主持会议。会议主要议程:审议通过关于政协第九届浙江省委员会专门委员会设置的决定,审议通过政协第九届浙江省委员会专门委员会主任、副主任名单。

第2次会议 2003年5月12日在杭州举行。李金明主席主持会议并讲话。会议主要议程:听取吕祖善省长作关于我省非典型性肺炎防治工作情况的通报;就进一步做好我省非典型性肺炎防治工作提出意见建议。省政协委员毛江森、郑树森和省政协常委陈亚岗先后作专题发言,就做好我省非典型性肺炎防治工作提出了意见和建议。省人大常委会副主任叶荣宝应邀出席会议,省直有关部门负责人列席会议。

第3次会议 2003年6月17日至19日在杭州举行。李金明主席主持会议并讲话。会议主要议程:听取陈加元副省长作关于推进长江三角洲地区合作与交流情况的报告;协商讨论推进长江三角洲地区合作与交流问题,并就此议题与省直有关部门负责人进行双向交流;审议通过《中国人民政治协商会议浙江省委员会常务委员会工作规则(修订案)》和《中国人民政治协商会议浙江省委员会专门委员会通则(修订案)》;审议通过有关人事事项。会议增补杨明、余明海、陈立钻、范匡夫、周子正、黄镇中、道慈为九届省政协委员。

第4次会议 2003年9月23日至24日在杭州举行。李金明主席主持会议并讲话。会议主要议程:协商讨论我省加快建设先进制造业基地问题,并就此议题与省直有关部门负责人进行双向交流;审议通过有关人事事项。会议增补陈金寿为政协第九届浙江省委员会副秘书长,同意钱兴中辞去政协第九届浙江省委员会常务委员、委员职务。副省长陈加元及省直有关部门负责人到会听取大会发言。

第5次会议 2003年12月24日至26日在杭州举行。李金明主席主持会议并讲话。中共浙江省委书记习近平到会并作重要讲话。会议主要议程:学习贯彻中共十六届三中全会精神、中央经济工作会议精神和中共浙江省委十一届五次全体(扩大)会议精神;关于对治理教育、医药、道路交通、涉农等领域乱收费与不合理收费问题进行民主监督、建言献策;审议通过政协第九届浙江省委员会常务委员会工作报告及报告人;审议通过政协第九届浙江省委员会常务委员会关于九届一次会议以来提案工作情况的报告及报告人;审议通过关于召开政协第九届浙江省委员会第二次会议的决定及会议议程;协商讨论省政府工作报告(四稿);审议通过其他有关事项。会议同意王霞惠、余钟夫、陈国军、卓祥[illegible]辞去政协第九届浙江省委员会委员职务;同意宋云祥、郭学焕辞去政协第九届浙江省委员会常务委员、委员职务。会议增补杨建军、陈凤姣、鲍娴萍为政协第九届浙江省委员会委员。会议首次邀请群众代表旁听,并请部分群众代表在会上发言。

【专门委员会工作】

提案委员会 一是根据中共中央办公厅、国务院办公厅转发的《全国政协办公厅关于办理政协提案的意见》精神,起草《省政协办公厅关于办理政协提案的意见》,并由省委办公厅、省政府办公厅联合转发,进一步明确提案办理工作的组织领导、责任机制、重点提案办理和考核制度等各项要求,明确提案交办会由省委、省人大常委会、省政府、省政协办公厅联合召开。二是会同省政府办公厅开展提案办理督查工作,分系统召开11次办理工作片会,邀请省直10个厅局领导和杭州市政府有关负责人与委员现场交流,研究解决有关问题,推动提案承办单位提高办理质量和进度。三是召开各市政协提案工作座谈会,研究探讨提案工作新思路、新方法;会同省人大常委会办公厅、省政府办公厅联合举办“全省建议和提案办理工作研讨班”,85家省、市承办单位的96位办公室主任和经办人员参加培训。四是继续运用主席督办重点提案、“三见面”办案会、提案追踪、“回头看”、协商座谈、视察等多种有效形式和方法,促使提案办理落到实处,同时注重在提案办理的各个环节,加强与新闻媒体的联系和合作,加大提案的宣传力度,不断扩大政协提案的社会影响。

经济委员会 一是围绕"加快我省先进制造业基地建设"重点调研课题,与省政协有关专委会、办公厅有关处室一起,从3月中旬开始,组织委员先后赴全省各地和江苏、上海等省市,深入开展调查研究,提出"实施三大整合、培育三大优势;提升四大水平、培育四大竞争力"及6条具体对策建议,受到省委、省政府领导和有关部门的高度重视。二是举行委员约谈会,就人才引进培养、行业协会建设、物流基地建设、土地和税收等问题,广泛征询委员意见建议,并邀请省直有关部门负责人出席,与委员们进行双向交流。三是协助省政协企业家之友社做好换届工作。四是召开全省政协经济委员会工作会议,传达学习全国政协地方经济委员会主任会议精神,认真总结工作,交流经验体会,加强省市政协的联系与配合。五是积极开展联络联谊,为全国政协以及北京、吉林、辽宁、江西、河南、江苏、重庆等省市政协考察团组对我省的考察,提供服务。

农业和农村工作委员会 一是完成省政协重点课题"主动接轨上海,积极参与长江三角洲地区合作与交流"农业子课题调研任务,形成《进一步开拓浙江农产品供沪市场的若干建议》调研报告,并在省政协九届三次常委会上作了专题发言。二是围绕建设海洋经济强省,联合有关部门和市政协,组成调研组赴沿海市、县(市),深入开展调查研究,形成三个调查报告和一个专报信息,省委书记习近平、省长吕祖善、副省长章猛进分别在报告和信息上作了重要批示,许多意见建议被吸纳到全省海洋经济工作会议有关文件中。四是开展"粮食安全体系建设"专题调研,形成《关于进一步加强与东北三省粮食主产区合作的调查报告》和《浙江省粮食安全体系建设研究报告》。五是组织委员就涉农领域乱收费及不合理收费问题开展民主监督,形成《加强农村建房收费治理,切实保障农民安居乐业》调研报告,并在省政协九届五次常委会议上作专题发言,反映的2个案例引起省有关部门的高度重视。六是讨论通过专委会《工作细则》,制定和完善主任办公会议、主任会议、全体会议、委员联系制度等各项工作制度。

人口资源环境委员会 一是围绕"主动接轨上海,积极参与长江三角洲地区合作与交流"、"建设先进制造业基地"两个重点调研课题,认真组织委员开展调查研究,完成"长江口及杭州湾海域生态环境保护和修复对策"、"大力加强职业技术教育,为先进制造业基地提供人力支持"子课题的调研任务,形成调研报告,并分别在省政协九届三次、四次常委会上作专题发言。二是组织部分委员,邀请省环保局、省海洋与渔业局有关人员,对杭州湾工业园区企业排污情况进行考察,并以此为主题召开委员约谈会。三是就上届专委会提出的"钱塘江源头生态环境保护"和"全省地理信息建设"两个重点提案,进行跟踪调查。四是参加由省环保局等七个职能部门组织的关于开展清理整顿不法排污企业、保障群众健康环保行动突击检查活动;出席由省人口学会召开的关于全面建设小康社会、提前基本实现现代化进程中的人口与发展问题研讨会,并提交《关于提高我省出生人口素质的对策和建议》的专题发言。五是先后走访省人大农业和资源环境委员会、省发展计划委等十多家职能部门,建立工作联系,及时交流信息,为专委会工作创造良好外部条件。

科技教育委员会 一是联合省级各民主党派开展"制止教育乱收费与不合理收费"民主监督,形成《关于赴宁夏、四川学习治理教育乱收费工作经验的汇报》、《关于我省高校收费情况的调研报告》、《关于义务阶段和高中阶段教育乱收费情况的调研报告》等报告，受到省委、省政府领导和有关部门的高度重视。二是以“如何加强我省高、中等职业教育”为主题，举行委员约谈会，邀请副省长盛昌黎和有关厅局负责人到会，听取委员们的意见建议。三是组织委员赴永康市生产力促进中心等地调研，形成《推进科技创新体系建设，为打造先进制造业基地服务》的常委会书面发言材料。四是协助绿城教育集团“宏志”高中班做好贫困学生的招生工作；与省革命老区建设办公室、省革命老区建设促进会、浙江教育学院共同举办第7期教育扶贫班。四是组织委员视察省高等学校招生现场并慰问工作人员；视察杭州杨绫子实验学校（智残）和杭州聋哑学校，形成《建议扶持我省特殊教育事业》的情况反映和提案。五是出席全国政协教科文卫体委员会召开的“科技资源共享专题问题研讨会”；协助配合全国政协教科文卫体委员会赴我省有关高校就高等教育结构层次问题开展调研。

文化卫生体育委员会 一是充分发挥自身优势，积极为我省非典防治工作献计出力。设立“金点子”电话，广泛征求委员对“非典”防治工作的意见和建议；与浙江电视台联合举办抗击非典特别节目，组织5位资深专家作专题讲座，介绍预防“非典”相关知识；综合整理上报《关于我省传染性非典型肺炎防治工作的几点思考与建议》，供省委、省政府决策参考。二是组织14位资深专家，成立省政协医疗队，赴松阳县开展医疗扶贫义诊活动，诊治患者600余人，示范查房16人次，手术10余例，发现疑难病症10余例，举办学术讲座2次。三是围绕我省文化体制改革试点工作，组织委员和有关专家学者，积极就我省艺术院团体制改革建言献策；组织部分委员视察在建的运动员训练基地、黄龙体育中心二期工程、社区健身广场、省广电集团、省艺术职业学院以及部分影剧院，就加快我省体育、文化体制改革，提出意见建议。五是组织委员视察“红十字会法”贯彻落实情况，考察红十字会社区服务和创办便民药店情况。六是开展对医药领域乱收费和不合理收费民主监督，形成《加大改革力度，降低医药费用》的调研报告，引起有关部门、新闻媒体和广大群众的广泛关注。七是积极配合、协助、参与全国政协教科文卫体委员会赴我省就“如何发展全民健身服务业”、“构建城市医疗服务体系，为全面建设小康社会服务”、“昆曲艺术现状问题”开展的调研。

社会法制委员会 一是制订《政协浙江省委员会社会法制委员会工作细则》，修订《浙江省政协社会法制委员会办公室工作制度》，进一步规范工作机制。二是牵头组织协调省政协“制止乱收费与不合理收费”民主监督工作，负责制定《关于对乱收费与不合理收费问题进行民主监督的实施方案》；组织开展“减轻农民负担问题”专题调研，形成《减轻农民负担，关于维护被征地农民合法权益》调研报告，并在省政协九届五次常委会议上作专题发言。三是就“创造我省非公有制经济发展良好法制环境”问题，组织委员开展专题调研，形成《关于为我省非公有制经济发展创造良好的法制环境》调研报告，省委书记习近平在报告上作了重要批示。四是根据全国政协社会和法制委员会关于做好“政府在就业工作中的职能定位”调研工作的要求，克服“非典”带来的各种困难和不利因素，圆满完成调研任务，形成上报《关于对开发浙江社区、企业就业潜力的分析与建议》的调研报告。五是组织委员先后就《中华人民共和国民法》（草案）、《浙江省失业保险条例》（草案）等数十部全国和地方性法律、法规的制定和修改，进行研究讨论，提出意见和建议。六是召开宗教工作座谈会，听取宗教界人士对我省宗教工作的意见和建议，积极配合全国政协民族和宗教委员会开展有关宗教房产政策落实情况的调研。六是参加省综合治理委员会全体会议，组织委员开展相关视察；聘请省公安厅、省出入境检验检疫局等单位的行风监督员，并参与省统计局组织的统计执法专项检查；组织委员就妇女权益保障的法律法规实施情况及妇女权益保障问题进行调研和视察；认真做好“四五”普法宣传教育，制定《省政协机关“四五”普法教育2002年工作总结和2003年工作安排》，组织政协机关副厅级以上领导干部参加法制征文活动。

文史资料委员会 一是修改完善《政协浙江省第九届委员会文史资料委员会工作简则》；聘请5位专家学者为文史资料委员会特邀委员，进一步充实和完善委员队伍。二是走访省出版联合集团和省档案局，召开全省政协文史工作第13次协作会，加强与有关部门和市、县(市)政协文史委的联系。三是开展“我省海防遗址保护、开发和利用情况”视察和“我省博物馆改革与发展情况”调研，形成《关于浙江海防遗址保护、开发和利用情况的视察报告》和《关于推进我省博物馆改革与发展的调研报告》，受到省委、省政府领导的重视。四是以“文化大省建设和文化体制创新”为主题，举行委员约谈会，邀请副省长盛昌黎和省委宣传部、省文化厅负责人参加会议，听取委员们意见建议。五是积极配合全国政协文史委调研组赴我省民营企业开展专题调研，承担调研报告的起草工作，得到全国政协副主席王忠禹的充分肯定，并在全国政协十届二次常委会议上作专题发言。六是完成《浙江文史资料目录》186万字的校对、出版任务和《史林珍闻》约30万字的史料征集工作，为市、县(市)政协办理准印证13个，审稿255万字；配合省政协办公厅启动《浙江省政协志》编纂工作，修改完善编纂目录，完成1950年—2002年有关资料的查阅、收集和整理以及“政协大事记”(初稿)的编写。七是应邀出席马一浮先生诞辰120周年纪念座谈会；与国外同行共同研究探讨抗日战争史料的收集、整理、出版、交流工作。

港澳台侨委员会 一是及时调整委员队伍，增补3名专委会委员，扩大委员会特邀委员队伍，使本届特邀委员达到53名，并首次邀请台湾知名人士为特邀委员；制定《政协浙江省委员会港澳台侨委员会特邀委员工作条例》，加强特邀委员工作的制度化、规范化、程序化。二是组织委员赴嘉兴、绍兴、金华等地，考察由港澳委员、特邀委员及港澳台侨同胞投资的8家企业，视察华侨和台商投资园区，完成《加强长江三角洲地区的经济合作和发展》重点调研课题中的《充分利用上海国际平台扩大利用外资》子课题调研工作。三是以“改善投资环境”为主题，举行委员约谈会，邀请省直9个部门负责人到会，与委员们进行双向交流。四是协助举办“2003青田·华侨经济”论坛；鼓励和支持特邀委员组织侨商赴青海、甘肃考察；协助组织欧洲温州籍侨胞回乡参加第一届世界温州人大会；发动港澳侨委员、本委特邀委员动员港澳同胞、海外侨胞及所在侨团企业，为抗击“非典”捐款捐物共47笔，共计人民币2228万元。五是先后组织3个团组分别赴西欧、南美、乌克兰和埃及等地，开展华侨委员和专委会海外特邀委员的约谈联络工作；先后接待港澳台侨同胞22批146人次。六是组织15名港澳委员，赴丽水、温州两地视察，为委员参政议政创造条件。

【重要活动】

新任委员培训班 2003年4月18日至19日，省政协在杭州举办新任委员培训班，邀请全国政协秘书长郑万通作辅导报告；邀请吕祖善省长介绍我省改革开放、经济社会发展的形势和任务；邀请4位八届省政协委员介绍搞好考察视察、撰写政协提案、反映社情民意和调查研究的经验、体会。省政协主席李金明作总结讲话。通过深入的理论学习，使新委员进一步认清了人民政协工作的政治方向，进一步了解了人民政协的历史、性质、地位和作用，进一步熟悉了人民政协工作的方式、方法和内容，进一步明确了人民政协工作的重点、方向和目标。

为防治“非典”献计出力 面对突如其来的“非典”疫情，省政协认真贯彻中共中央和中共浙江省委的指示精神，及时部署政协系统的“非典”防治工作，动员全省政协系统迅速行动起来，积极投入抗击“非典”的斗争。以政协委员会的名义，向全体委员发出了公开信，号召广大政协委员以高度的政治责任感和紧迫感，为抗击“非典”，出谋划策，献计出力；召开九届二次常委会议，专题协商讨论“非典”防治工作；发挥人才密集、联系广泛的优势，专门组织我省5位资深医学、体育、心理专家，在浙江电视台举办了5场防治“非典”系列讲座，向全省人民宣传科学预防和治疗“非典”的知识；通过政协信息、政协提案等各种渠道，及时向各级党委、政府反映“非典”防治工作中出现的各种新情况、新问题，促进各项防治措施得到全面落实，协助党和政府做好排忧解难、稳定人心的工作；积极组织开展公益活动，动员和引导政协系统、社会各界、海内外友人为抗击“非典”奉献爱心。据不完全统计，仅我省的全国政协委员、省政协委员及所在单位捐款捐物就达1000多万元；港澳华侨委员和港澳台侨委员会特邀委员及其所联系的港澳同胞和海外侨胞捐款捐物达2228万元；省工商联发动会员单位和成员为“非典”防治工作捐款捐物达6000多万元。

“主动接轨上海，积极参与长江三角洲地区合作与交流”重点课题调研 根据中共浙江省委的要求，从2003年3月份起，省政协组织或联合有关专委会、研究室、市政协、省级各民主党派和工商联、省有关部门，以及高校专家学者等五方面的力量，组成一个综合调研组和八个子课题调研组，克服“非典”疫情造成的困难和不利因素，历时两个多月，形成专题调研报告40份。召开九届三次常委会议，就推进长江三角洲地区经济合作与交流问题进行专题协商讨论，向省委、省政府报送了《关于贯彻省委决定，主动接轨上海，积极参与长江三角洲经济合作与交流的若干建议》和《专题性建议》，省委习近平书记批示：“省政协围绕省委关于积极参与长江三角洲地区合作与交流的决策，充分发挥自身优势，认真开展调查研究，还召开常委会议专题协商，并有针对性地提出了具体的意见建议。这份材料很好，有关部门要认真研究”，省委、省政府和有关部门认真采纳省政协提出的有关意见建议，促进了我省与沪、苏在人才、科技、交通、旅游等方面的合作与交流。

“加快我省先进制造基地建设”重点课题调研 按照中共浙江省委要求，省政协联合各方力量，组成一个综合调研组和六个子课题调研组，在三个多月时间里，先后赴江苏、上海等省市以及全省各地、各部门，深入开展调查研究，形成专题调研报告25份，并召开九届四次常委会议进行专题协商讨论，会后向省委、省政府报送了关于《依托传统产业，整合提升块状经济，加快浙江先进制造业基地建设的建议》。习近平书记批示：“省政协结合省委中心工作，按照省委十一届四次全会提出的‘发挥八个优势、推进八项举措’的要求，充分发挥自身的专业优势和智力优势，围绕我省建设先进制造业基地展开调研，选题很好，针对性很强。这份材料主题鲜明、内容充实、富有见地。说明调研很深入，准备很充分，下了很大的功夫。文中提出的有关建议值得采纳，请省政府，省计委、省经贸委及有关部门认真研究。”吕祖善省长批示：“该调研报告，就我省如何加快建设先进制造业基地，提出‘依托传统优势产业，整合提升块状经济’的建议，结合浙江实际，发挥了现有特色和比较优势，又提出通过整合、提升、培育块状经济三大新优势，增强四大竞争力的意见，针对性、操作性强，特别对政府应发挥作用提出的意见很有见地”。

开展以制止乱收费和不合理收费为重点的民主监督 根据中共浙江省委的要求，自7月份以来，省政协成立了四个民主监督组，着重就教育、医药、道路交通和农民负担等四个领域的乱收费与不合理收费问题，开展专项民主监督。在充分借鉴和运用以往各种有效形式和途径基础上，积极探索扩大公民有序的政治参与新途径，努力把民主监督与行风监督、舆论监督、社会监督和群众监督结合起来，形成监督合力，增强监督实效。12月1日，省政协与省有关部门联合召开了听证会，重点就医药领域乱收费与不合理收费问题倾听民众心声、积极开门纳谏，引起社会各界的强烈反响，报名群众达200多人，23家中央和省市新闻媒体作了专题报道。省有关部门根据人民群众的意见建议，及时在全省医药系统开展了行风教育和专项整治，加大医药领域乱收费与不合理收费问题的治理力度。省政协九届五次常委会议，就我省教育、医药、道路交通、农民负担方面存在的乱收费和不合理收费问题，进行专题协商讨论，提出批评和建议。同时，还首次邀请40名群众代表旁听常委会议，并请部分群众代表在会上发言，扩大了群众有序的、直接的政治参与，初步探索了政协民主监督的新形式。

征求修改政协章程意见建议 根据全国政协十届二次常委会议《关于部分修改〈中国人民政治协商会议章程〉的决定》和全国政协《关于征求修改政协章程意见建议的通知》要求，及时作出部署，8月中旬分别召开省政协主席会议、秘书长会议、各专门委员会主任座谈会和各市政协秘书长座谈会，广泛征求我省广大政协委员、各级政协组织以及各民主党派、工商联和各界人士，对政协章程的修改意见和建议，及时整理上报。

【重要文件】

常务委员会工作报告（2003年1月15日）（摘要） 一、政治协商不断深入。五年来，省政协共召开全委会议5次，常委会议25次，主席会议38次，主要对我省中长期发展规划、省政府年度工作报告、省国民经济和社会发展情况报告、省财政预决算报告、省高级人民法院和省人民检察院工作报告，以及我省经济、政治、文化和社会生活中的重大问题，在决策之前进行协商，提出意见建议。省政协八届二次常委会议围绕加快利用外资进行专题协商讨论，向省委、省政府提出了《关于加快利用外资步伐促进我省经济发展的建议案》，其中许多意见建议被吸收到省政府《关于进一步改善外商投资软环境的决定》和《关于鼓励外商直接投资的若干政策》中；八届二十一次常委会议专题协商讨论民营科技企业的发展问题，向省委、省政府提出了《关于加快民营科技企业发展的建议案》，省委、省政府随后出台的《关于进一步加快民营科技企业发展的若干意见》吸纳了政协提出的许多意见建议；省政协八届七次、十六次、十七次、二十三次常委会议，先后就调整农村产业结构、做好农民减负增收工作、粮食购销市场化改革和推进农业产业化经营等问题，深入开展协商讨论，提出的许多意见建议进入省委、省政府的决策程序。

二、民主监督取得新的进展。八届省政协和各市县政协针对民主监督薄弱的问题，积极探索、大胆实践，努力探索民主监督的新途径、新方法，组织委员就转变机关作风、深化行政审批制度改革、减轻农民负担、报刊摊派征订、乱收费等问题，开展民主监督，使民主监督这一难点工作有了新进展。2001年，省政协按照省委的要求，组织200多名省政协委员，组成10个民主监督小组，对省直30个厅局的作风建设集中开展民主监督，有力地促进了省直机关的作风建设。2002年，省政协又紧紧围绕全省开展的转变作风年和调查研究年活动，紧密配合我省第二轮行政审批制度改革，与全省各市政协上下联动，对我省深化行政审批制度改革开展专项民主监督。在监督过程中，积极探索扩大公民有序的政治参与、把权力行使置于人民群众监督之下的方式方法，与省有关部门联合召开了行政审批制度改革听证会，重点就人民群众意见较大的机动车辆年检问题开门纳谏，引起了社会的广泛关注，省有关部门根据人民群众的批评建议，及时在全系统开展了行风教育和专项整治，省政协与省有关部门召开了新闻发布会，扩大社会影响，使我省车辆年检工作得到了改进。

三、参政议政成效明显提高。五年来，八届省政协不断拓展参政议政领域，紧紧围绕省委、省政府中心工作和改革、发展、稳定大局，从政协的特点、优势出发，坚持“少而精、专而深”的原则，先后在改善和优化经济社会发展环境、坚持可持续发展战略、推进城市化进程、区域经济协调发展、保护生态环境、加快科技教育事业的发展、改进行业协会工作、下岗职工再就业、关心社会弱势群体、正确处理人民内部矛盾、维护社会稳定等众多领域，广泛深入地开展参政议政，共形成调研视察报告150余份、专题建议20余份、会议发言材料415份，提出的许多意见建议得到省委、省政府及有关部门的重视和采纳，促进了决策的科学化民主化。对改善和优化我省经济社会发展环境问题开展调研，是2000年省委交给省政协的一项重要任务。为了搞好这次重点调研，省政协集中办公厅、各专委会和省级各民主党派、工商联、各市政协的力量，组成8个调研组，先后分赴全省11个市及有关县(市)深入开展调查研究，召开座谈会80余个，发放调查问卷1500余份，形成8个分报告和1个综合报告。省委主要领导在省政协报送的《我省经济社会发展环境存在的突出问题及若干对策建议》的综合调研报告上，作了重要批示。随后，省委、省政府相继制定出台了10个政策文件，广泛采纳省政协提出的意见建议。

四、提案作用进一步发挥。五年来，省级各民主党派、工商联，有关人民团体，省政协各专委会和省政协委员，共提出提案4000件，其中党派团体提案369件，通过各方面的共同努力，提案已全部办复，许多意见建议得到较好落实。八届省政协为充分发挥提案的作用，积极探索提高提案办理质量的新途径。一是建立重点提案主席分工督办制度。二是就热点问题开展“三见面”现场办案。三是与调研相结合。实践证明，政协提案在我省经济社会发展中的作用越来越显著。如《关于加快建立和完善最低生活保障办法》的委员提案，不少内容被吸收到省政府颁布的《浙江省最低生活保障办法》中。

五、反映社情民意的渠道更加畅通。八届省政协始终把了解、反映社情民意作为政协履行职能的基础和关键环节来抓，通过多年的实践探索，已形成了一套具有自身特色的做法。一是健全反映社情民意工作网络，发动省级各民主党派和工商联、省政协各专委会、各市县(区)政协和各级政协委员，深入实际，体察民情，积极反映群众的呼声和要求。二是创立委员约谈制度，省政协主席、副主席、秘书长、各专委会和各应邀参加会议的省党政部门有关领导定期与委员开展双向交流。三是制订反映社情民意工作办法，进一步推进反映社情民意工作的规范化制度化。四是加强社情民意的编报工作。五年来，省政协共编报反映社情民意的《政协信息(专报)》2100余期，其中有400余期通过全国政协信息中心报送中共中央和国务院有关领导；有700余期报送省委、省政府领导，得到领导批示500余则，不少社情民意引起了有关领导和部门的重视，反映的一些突出问题得到了较好解决。省政协办公厅本届连续五年荣获全国政协系统反映社情民意和信息工作一等奖。

六、联络联谊和对外交往领域日益拓展。五年来，省政协共组织专项出访10批71人次，接待港澳台侨同胞90批385人次，接待有关国家的访问团组8批65人次。一是结合浙江实际，加强对台工作，积极宣传“和平统一、一国两制”方针，推动浙台两地的交流与合作，促进祖国统一大业。二是加强与港澳和海外华侨委员的联系。组织他们赴内地考察，了解祖国建设情况。省政协领导亲赴香港和海外看望委员，举行约谈会，沟通情况，听取意见。三是根据工作需要，聘请了39位海外华侨和香港知名人士为省政协港澳台侨委员会特邀委员，进一步密切了港澳同胞、海外华侨华人与我省的联系。四是组团赴港澳、欧洲、北美洲和大洋洲等地进行友好访问，拓宽了对外交往渠道，扩大了人民政协的影响。五是热情为归侨侨眷、在浙台商和外商做好服务工作。六是积极为港澳台同胞和海外华侨参与家乡建设牵线搭桥。

七、文史资料和促进文化建设的工作做出新的成绩。八届省政协充分发挥自身优势，积极为发展社会主义先进文化想实招、鼓实劲、办实事。一是为发展文化力建言立论。组织委员就加强良渚文化遗址的保护、重视和提高城市文化品位、消除“电视空白行政村”等20余个有关文化建设的问题开展专题调研，提出有针对性的意见建议。二是做好文史资料工作。五年来，共征编、审校各类史料稿件2166万字，出版文史资料书籍11部计419万字，并实现了文史资料征编重点工作由建国前向建国后的转移；圆满完成了全国政协文史委交办的500万字的文史资料清库协作任务；承担了全国政协文史委《农村改革大潮的兴起》等5个协作课题的征编和复审工作。三是推动浙江国画艺术的发展。2002年，根据李瑞环主席的倡导，省政协和全国政协书画室在北京联合举办了“当代国画优秀作品展”首展——“浙江当代国画优秀作品展”，李瑞环主席出席开幕式并发表重要讲话。

八、政协自身建设不断加强。认真开展以“讲学习、讲政治、讲正气”为主要内容的党性党风教育，结合政协工作实际，针对查摆出来的问题，认真落实整改措施，使政协领导班子的思想作风、工作作风有了明显转变，政治意识、大局意识、服务意识、统战意识和群众观点明显增强；通过理论中心学习组、委员活动日、主席读书班等多种形式，深入学习贯彻党的十五大和十六大精神、江泽民同志在人民政协成立50周年大会上的重要讲话、“七一”重要讲话和“五·三一”重要讲话精神，统一思想，提高认识。在重视政协思想理论建设的同时，重视抓好制度建设、组织建设和机关建设。制订和修订了有关政协工作规章制度，调整了专委会工作机构。通过开展“树正气、正厅风、讲团结、作奉献”活动，加强机关思想和作风建设,进一步调动了机关干部职工的积极性,服务水平和质量不断提高。密切与宣传部门、新闻单位的联系和配合,及时宣传报道省政协的重要工作和活动,努力营造良好的政协工作舆论环境。省政协主办的《联谊报》,坚持正确的办报方向,突出政协工作特点,加大舆论监督力度,扩大办报规模,提高报纸质量,成为全省各级政协和广大政协委员建言献策的论坛、反映社情民意的窗口、交流工作的园地、宣传政协的阵地。

回顾五年来的工作实践,常委会深深体会到,在新的历史时期,要不断提高政协履行职能的水平,不断开创政协工作的新局面,必须坚持与时俱进,探索创新,善于总结经验,用经验推动工作,真正做到在开拓中前进,在前进中开拓。一、必须坚持党的领导,形成良好工作格局。二、必须紧紧围绕中心,自觉服务大局。三、必须牢牢把握两大主题,努力建设政治文明。四、必须坚持与时俱进,增强政协工作活力。五、必须充分发挥专委会和全体委员的作用,提高政协工作整体水平。六、必须重视调查研究,提高履行职能实效。七、必须加强制度建设,规范工作程序。八、必须密切政协上下的联系,推进全省政协工作的发展。

向九届省政协建议:第一,深入学习贯彻中共十六大精神,进一步开创政协工作新局面。第二,围绕党和政府的中心任务开展工作,进一步提高履行职能的质量和水平。第三,坚持团结和民主两大主题,进一步巩固和发展最广泛的爱国统一战线。第四,适应新形势新任务的要求,进一步加强政协自身建设。

【组织概况】

主　席

李金明

副主席

龙安定　李　青　陈昭典
张蔚文　王玉娣(女)
吴国华　徐鸿道
彭图治(土家族)　冯培恩
徐冠巨

秘书长

俞文华

常务委员名单(以姓氏笔画为序)

万　健　马光武　马庆国　方法全
方剑乔　王万里　王德植　计时华(女)
车晓端(女)　吕志宏　孙玉安(回族)
庄志清　成岳冲　朱祖德　朱惠珍(女)
朱森良　朱德峰　朱震鹤　祁茗田
许梓荣　邬兴华　齐宽明　严　巍(女)
何兆浦　何福清　余　海　余建荣
吴　鸿　姒健敏　宋云祥　张　波(女)
张　浩　张玉书　张建武　张昌义
张解放　杜　卫　汪银华(女)
汪瀛士　沈才土　沈立江　陆惠明
陈　浩　陈大中(女)　陈亚岗
陈励君(女)　陈振濂　陈剩勇
陈遇龙　周永清　郁嘉玲(女)
郑明川　郑胜涛　郑继伟　金乐琦
金永汉(回族)　洪复初　胡贵生
茹宝麒　贺一诚　赵　玲(女)
赵万兴　赵士芳　赵光育　项有绍
项性平　夏益昌　徐　辉　徐士英
徐长福　徐林德　涂　强　郭学焕
郭基达　钱兴中　陶君毅　顾耕华
曹一家　曹大立　曹其镛　盛颂恩
盛静生　睦孝忠　黄小杭　黄书孟
黄建中　黄济华　董石麟　韩国焘
韩春根　鲁锦森　蓝资霞(女,畲族)
蔡秀军　魏真柏

委员名单(以姓氏笔画为序)

中国共产党

王玉娣(女)　王卓辉　龙安定
杨建新　李　青　李金明　张玉书
张蔚文　何福清　宋云祥　陈　川

陈海玫　庞学铨　项有绍　俞文华
洪复初　钱中贤　钱兴中　徐长福
郭学焕　黄子钧　蒋云峰　虞荣仁

中国国民党革命委员会

马庆国　王德植　计时华(女)
史习民　朱新力　齐宽明　杨　华(女)
李圣文　严　格　张解放　吴锡根
吴翰桂　沈　乾　欧阳建华(回族)
俞建民　俞慈英(女)　　徐小椿(女)
章民建　魏贤超

中国民主同盟

王文中　成岳冲　刘文漪(女)
刘国安　刘炳炎　许建平　李树河
张正煜　陈振濂　林祖藻　罗卫东
周洁萍(女)　　赵士芳　茹宝麒
夏　平　徐向东　黄济华　韩　平
傅克昌　滕启文(女)　　潘海天

中国民主建国会

丁国玉(女)　　马梅芝(女)
车晓端(女)　　方新旗　冯　娴(女)
朱贵远　齐育华　江最新　孙土金
杨志清　严维鹏　吴国华　陈小平
陈智敏(女)　　郑明川　项性平
柯正侃　胡向东　胡齐乾　黄小杭
隗斌贤

中国民主促进会

王天祥　王　淳(女)　　庄志清
杨　扬　张　铭　肖　锋　余　海
陈　韬　陈亚岗　陈伯怀　陈叔虞
林　机(女)　　林华东　赵光育
钱燕翔(女)　　韩国熹　谢惊春(女)
穆建平

中国农工民主党

方丽槐　许培华　许梓荣　李江波
连庆泉　张　波(女)　　何兆浦
何嘉琳(女)　　陆国钦　金成胜
郑勇军　郑淳理　姚越健　顾耕华
徐鸿道　常敏毅　梁月荣　詹亚园

中国致公党

王大能　吴琨树　陈国荣　郁嘉玲(女)
盛培林　彭图治(土家族)　裘云庆

九三学社

计　翔　冯培恩　朱祖德　朱森良
刘祥官　孙新耀　杨永乐　严　巍(女)
姒健敏　宋海棠　陆景林　黄兆鸽
梁文权　韩伟明　董　耿　程梦骅(女)
傅　丹(女，畲族)　傅承新

台湾民主自治同盟

陈昭典　郑博光　柯　青(女)
蔡惠华(女)

无党派人士

王　磊　杜　卫　来汶阳　宋必卫
汪银华(女)　　陈大中(女)
罗建红　郑继伟　郑颖君(女)
胡勇平　喻景权　颜钢锋

中国共产主义青年团

张洪国　何瑶伟　应　飚　陈国军
陈　浩　周建荣　胡　侠

总工会

马慧芬(女)　　左　军(女)
叶国良　冯吉荪　江跃进　张群英(女)
吴加茂　吴伟荣　沈利华(女)
陈幼荣　陈永良　陈爱瑛(女)
林曼莉(女)　　施恩庭　袁泉利
陶君毅　曹雨虹　傅　铭　詹长根
翟勇富(女)　　鞠　勇

妇女联合会

王惠琴(女)　　王霞惠(女)
王麟敏(女)　　毛雪非(女)
毛愫璜(女)　　叶烈窑(女)
许兰英(女)　　张慧慧(女)
邱　昱(女)　　宋伊丽(女)
陈建华(女)　　邵霞飞(女)
周　利(女)　　赵　玲(女)
俞巧仙(女)　　祝美华(女)
黄新艳(女)　　盖爱萍(女)
蒋亚红(女)　　曾燕如(女)

雷华英(女,畲族)

青年联合会

赵仁川　黄洁敏(女)　　崔　蒙

马伟杭　阮　舟　郑金都

工商业联合会

王玉书　尤　源　余进华　钱来标

徐国生　郭金林　鲍世甲　洪　正

王建沂　何春雷　郑胜涛　徐冠巨

盛静生　鲁锦森　鲍迎建　潘挺宇

汤为平(女)　　李任治　邱继宝

郑坚江　夏益昌

科学技术协会

张昌义　钮学新　仇增永　陈少勤

陈锦清　徐子伟　徐立华　曾宪纯

丁康生　毛江森　叶国珍　吕志宏

刘化章　金永祥　项新建

台湾同胞联谊会

邵诚辉　刘胜欣　刘徐生　陈淑桦(女)

苏剑谷　林　楠(女)

归国华侨联合会

汤春甫　励建民　吴森荣　陈遇龙

林志健　郑　耀　施克文(女)

胡玲玲(女)　　王　坚　毛伟达

陈励君(女)　　陈耀东　赵向前

文艺界

王　挺(女)　　钱林森　魏真柏

何赛飞(女)　　胡素银(女)

姚百青　夏　真(女)　　王小军(女)

王连生　王肇达　方卫平　叶瑜荪

吴海燕(女)　　邹成基　沈利亚(女)

施小琴(女)　　晓　其　崔　巍(女)

程建中　曾　宓　叶文玲(女)

刘建宽　张　浩　吴燕琳(女)

何　斌　陈　军　邵小眉(女)

翁国生

科技界

杜青云(女)　　徐一鸣　朱震鹤

王荣华　周谢东　李太武　陈万平

万　健　石钟韶　叶邦策　曹一家

董石麟　蒋家新　许祝安　俞　立

冯晓宇　陈岳林　陈宝华　俞　锐

黄鸿煜　潘之才　马光武　王文序(女)

王光明　方银军　叶杭治　李永江

严晓浪　邱国栋　应国兴　周日良

金胜荣　郑国民　赵如龙　姚盛德

郭基达　涂　强　黄庆平　程家安

鲁志强　谢春山　潘德炉

社会科学界

杨　艳(女)　　徐良雄　陈惠民

钟家瑞　高　杰(女)　　桂栖鹏

陈剩勇　林来梵　黄廉熙(女)

丁燮富　方德根　史及伟　牟高望

祁茗田　张宝贵　余钟夫　周云安

郑新浦　胡建淼　高　军　曹锦炎

魏皓奔

经济界

周永清　陆惠明　宓雪军　孙海翔

丁庆平　王文龙　王　谦　张国祥

何建秋　应军毅　林小冬　林秀才

胡红兵　梁治初　戴寅寅　王万里

王俊豪　叶朴勇　叶志翔　纪根立

张达洋　张承缨　吴中校　吴　健(女)

余健尔　应友君　陆培成　陈克温

周震武　胡江潮　胡贵生　赵大贤

赵万兴　姚炳甫　俞仲达　钱巨炎

徐志祥　徐　林　郭剑彪　蒋绍忠

农业界

王兴国　王　珂　朱德峰　孙祥良

吴　鸿　黄传平　苏卫琴(女)

蓝丽华(畲族)　　朱启鸿　骆雨文

郜海燕(女)　　黄建中　王国安

王贤勇　朱国法　李更基　李妙寿

严成其　张建人　吴黎华　何钧潮

邱金元　金天寿　倪勇强　崔相富

鲁成银　谢中富　潘志峰　乔立智

许尚春　杨国强　张金如　陈金娣(女)

陈修民　陈叙达　林志华　郑根龙

项芬娇(女)　　赵利民　徐海初

席国耀　黄祖辉　蒋志华　蒋学基
蔡洪法

教育界

冯巧根　张云电　邵金菊(女)
盛颂恩　汤有祥　陈洪逵　徐林德
彭群生　葛伯军　鲁　奋(女)
王曜君　孙　勤　郑岳青　徐士英
徐　辉　魏元喜　翁诞宪　丁建江
王嘉良　叶　超　叶景梅　闫　彦(女)
李岳林　张直心　吴先武　董　明
蔡天新　马　健　王先强　毛华岳
叶　明　阮忠训　杨树锋　张金山
张惠康　吴次芳　吴聚芳　应建华(女)
陈　杰　郑　强　贺建时　徐亚芬(女)
徐宪民　徐嘉木　高浩其　黄书孟
程惠芳(女)　傅　衍　解新邦
蔡馥生(女)

体育界

张蕴华(女,满族)　吴霞君(女)
汪瀛士　余明亮　王　铭　张纯良
钱志兴　吴　耘　邱宇尔(女)
金长征(女,回族)　黄　伟

新闻出版界

张宝珍(女)　孙建江　范景中
马雨农　张　燕(女)　何亚妮(女)
沈立江　陆　熙　陈金寿　胡瑞庭
侯玉琪　俞剑明

医药卫生界

黄求理　高彦伟　蔡秀军　王勤美
方剑乔　叶德宝　谷定英　竺芝芬(女)
周智林　袁岳军　黄迎春(女)
谢　恬　林晓华(女)　周建庆
赵小英(女)　姚美芬(女)
陶筱娟(女)　詹福初　曹永葆
牛国忠　叶再元　伊素珍(女)
严力行　吴水珍(女)　陈惠生
金国建　郑树森　郑筱祥(女)
赵正言　喻华芝(女)　黎豫杭(女)
魏克民

对外友好界

朱惠珍(女)　俞雪忠　施森炎
慎仁安

社会福利界

刘曙亮　陈国民　金燕敏(女)
黄永正　韩春根

少数民族界

雷丽红(女,畲族)　龙惠珍(女,苗族)
次登央金(女,藏族)
陈集双(土家族)　胡寿荣(布依族)
李　莉(女,朝鲜族)　毕彦河(回族)
金永汉(回族)　蓝晓光(畲族)
白同平(女,满族)　李　炯(回族)
蓝资霞(女,畲族)

宗教界

广　修　方法全　可　明　孙玉安(回族)
孙锦炜　余建荣　应维贤　胡龙建
胡贤德　俞昶熙　倪光道

特邀香港人士

王孝仁　王启翔　车越乔　包培庆(女)
刘志锋　刘意成　杨麟振　李中方
李贤良　李洁仪(女)　李敬天
李德麟　何荣标　陆　伟　陆增镛
邵传伟　林笑云(女)　范鸿龄
周光晖　金乐琦　金维明　胡总旗
查懋成　贺一诚　顾东华　顾国华
顾家麒　倪伟豹　高月明　曹其镛
董　明　詹耀良　陈国伟

特邀澳门人士

冯定献　季志海　周立康　胡元绍
胡志光　徐松华　郭胜华

特别邀请人士

毛翼虎　胡亚力　王学信　毛根芝
孔祥楷　田更生　叶子挺　邢越生
吕福林　朱福初　任光礼　邬兴华
齐德全　杨祖成　李成昌　张向北
张建武　吴永水　邱云龙　沈才土
沈云姑(女)　沈荣林　沈震元
陈笑华(女)　林招娣(女)

卓祥騋　金向阳　赵平安　姚庆云
洪吉根　贾振宇　徐良骥　徐松林
徐显伏　凌晓光　曹大立　黄庆河
眭孝忠　傅纪成　童效武　蔡福根

副秘书长增补名单(2003年9月24日第4次常委会议通过)

陈金寿

委员增补名单(2003年6月19日第3次常委会议通过)

杨　明　余明海　陈立钻　范匡夫
周子正　黄镇中　道　慈

(2003年12月26日第5次常委会议通过)

杨建军　陈凤姣　鲍娴萍

辞去常务委员名单(2003年9月24日第4次常委会议通过)

钱兴中

(2003年12月26日第5次常委会议通过)

宋云祥　郭学焕

辞去委员名单(2003年9月24日第4次常委会议通过)

钱兴中

(2003年12月26日第5次常委会议通过)

王霞惠　余钟夫　陈国军　卓祥騋
宋云祥　郭学焕

【浙江省各级政协领导人名单】

浙江省政协(见组织概况)

杭州市(副省级)

市政协主席

虞荣仁

副主席

马时雍　施锦祥　蒋福弟
鲍世甲　曾东元　俞国庆
陈振濂　韩国熹　郁嘉玲

秘书长

徐泉海

县(市、区)政协主席

上城区　杨全岁
下城区　赵洁生
江干区　蒋妙玉
拱墅区　毛　宏(女)
西湖区　柳宗宝
萧山区　沈奔新
余杭区　李小花(女)
富阳区　胡志坚
建德市　刘志新
桐庐县　徐国相
临安市　方金贵
淳安县　沈建平

宁波市(副省级)

市政协主席

王卓辉

副主席

李秀琍　陈守义　周子正
项性平　陈云金　励奎铭
范　谊　傅　丹

秘书长

谢永康

县(市、区)政协主席

海曙区　江伟利
江北区　胡德法
江东区　王兴国
镇海区　郑信才
北仑区　汪友诚
鄞州区　朱禹宝
奉化市　丁传良
余姚市　魏新友
慈溪市　胡惠强
象山县　张雪明
宁海县　杨加和

温州市

市政协主席　蒋云峰

县(市、区)政协主席

鹿城区　金宝禄

龙湾区 朱文松
瓯海区 虞文成
瑞安市 张女珍
乐清市 周必华
永嘉县 汪大清
洞头县 苏彩环
平阳县 王纪树
苍南县 雷必贵
文成县 徐世征
泰顺县 夏志笔

湖州市
市政协主席 沈荣林
县政协主席
德清县 柴志良
安吉县 肖金莲
长兴县 张全镇

嘉兴市
市政协主席 徐良骥
县(市)政协主席
平湖市 陆致远
海宁市 金富荣
桐乡市 徐八斤
嘉善县 吴金林
海盐县 袁世和

绍兴市
市政协主席 沈云姑
县(市、区)政协主席
越城区 金绍轩
诸暨市 黄灿荣
上虞市 章永志
绍兴县 赵六四
新昌县 王学洪
嵊州市 朱钦苗

舟山市
市政协主席 徐显伏
县政协主席
嵊泗县 邬志林
岱山县 叶宽宏

金华市
市政协主席 李成昌
县政协主席
婺城区 吴振华
金东区 楼碧文
兰溪市 黄升太
义乌市 万关华
东阳市 康益民
永康市 应兰玉(女)
浦江县 朱金祥
武义县 钟明祥
磐安县 张瑞晋

衢州市
市政协主席 童效武
县(市、区)政协主席
柯城区 吴永康
衢江区 陈锦标
江山市 陆洪涛
常山县 余鹤樑
开化县 吴水松
龙游县 谢森炎

台州市
市政协主席 朱福初
县(市、区)政协主席
椒江区 钟夫寿
黄岩区 王富友
路桥区 罗小通
临海市 尤福初
温岭市 张学明
天台县 杨廉素
三门县 李先琦
玉环县 吴德美
仙居县 滕显木

丽水市

市政协主席　张向北

县(市、区)政协主席

莲都区　朱祖新

龙泉市　俞福尧

松阳县　张增礼

云和县　符香环(女)

青田县　郑朝多

缙云县　杨大平

庆元县　包建平

遂昌县　吴维生

景宁县　彭岳舜

浙江省各级政协组织和委员数

（截至 2003 年底）

级别 项目	省	副省级市	设区的市	县[不设区的市、市辖区]	合计
组织数	1	2	9	83	95
委员数	668	908	3503	15519	20598

（王洪中　编写　蒋学基　审稿）

政 协 安 徽 省 委 员 会

方兆祥　主　席

秦德文　副主席

卢家丰　副主席

陈心昭　副主席

方兆本　副主席

俞祖彭　副主席

王鹤龄　副主席

战秋萍　副主席

郑牧民　副主席

赵培根　副主席
兼秘书长

刘光复　副主席

【全体委员会议】

九届一次会议 2003年1月16日至24日在合肥举行。本届共有委员740人,出席会议的委员688人。大会主席团常务主席方兆祥、王鹤龄主持开幕会。会议听取了大会主席团常务主席秦德文所作的省政协八届常委会工作报告。与会人员还列席了省十届人大一次会议,听取并讨论了省政府工作报告和其他重要报告。会议选举方兆祥为省政协主席,秦德文、卢家丰、陈心昭、方兆本、俞祖彭、王鹤龄、战秋萍、郑牧民、赵培根、刘光复为副主席,赵培根兼秘书长,丁明等123人为常委。会议通过了《政协安徽省委员会九届一次会议政治决议》。《决议》号召全省各级政协组织和全体政协委员,参加政协的各党派团体和各族各界人士,以邓小平理论和"三个代表"重要思想为指导,深入学习贯彻中共十六大精神,紧密团结在以胡锦涛同志为总书记的中共中央周围,在中共安徽省委的领导下,高举爱国主义和社会主义两面旗帜,卓有成效地履行政治协商、民主监督、参政议政职能,倍加顾全大局,倍加珍视团结,倍加维护稳定,同心同德,群策群力,为加快发展、富民强省、全面建设小康社会,为实现祖国的完全统一和中华民族的伟大复兴而努力奋斗。方兆祥在闭幕会上作了重要讲话,他要求全体委员要不断加强学习、不断积累经验,努力提高参政议政能力和水平。要不图虚名、不负众望,积极为全省改革、发展和稳定建言献策,尽智出力。要坚持大团结、大联合,进一步在理顺情绪、化解矛盾方面发挥应有的作用,为各行各业的创造性劳动鼓劲加油。要出色地做好各自的本职工作,以实际行动,在政协史册上写下值得纪念的一页。

【常务委员会会议】

第1次会议 2003年1月24日在合肥举行。省政协主席方兆祥主持会议。副主席秦德文作了讲话,介绍了人民政协的性质、主要职能、地位、作用和工作主题,介绍了省政协常委会的职权和使命,着重就做好九届省政协的工作提出了希望和要求。

第2次会议 2003年3月26日至28日在合肥举行。会议传达了全国政协十届一次会议精神,任命了九届省政协副秘书长和各专门委员会负责人,听取了省人民政府关于全省经济和社会发展情况的通报、省纪委关于全省反腐倡廉情况的通报、省委宣传部关于全省精神文明建设情况的通报、省委政法委关于全省社会治安和维护稳定情况的通报。

第3次会议 2003年6月27日在合肥举行。会议审议通过了省政协加快民营经济发展资政会提交的《政协安徽省委员会常务委员会关于加快我省民营经济发展的建议案》,并审议通过了有关人事任免事项。

第4次会议 2003年10月9日至11日在合肥举行。会议的中心议题是研究探讨我省走新型工业化道路问题。会议听取了省人民政府关于我省走新型工业化道路、推进工业化进程的情况通报,讨论通过了报送省委、省政府的关于我省走新型工业化道路发展思路的调研报告。

第5次会议 2003年12月24日至26日在合肥举行。会议主要是为九届二次会议作准备。审议通过了九届常委会工作报告(审议稿)、九届常委会关于九届一次会议以来提案工作情况的报告(审议稿),讨论了省政府工作报告(征求意见稿),协商通过增补省政协九届委员会委员名单和增选常委候选人建议名单(草案)等。省政协副主席秦德文就深入学习领会中共十六届三中全会和省委七届五次全会精神,进一步做好政协工作作了重要讲话。

【专门委员会工作】

提案委员会 九届一次会议以来,广大政协委员和省政协各参加单位，积极运用提案形式参政议政。提案委员会共收到提案 604 件，经审查，立案 591 件，立案率达 97.85%。提案的内容广泛，重点突出，贴近百姓，牢牢把握我省改革、发展、稳定和“三个文明”建设的大局，紧紧围绕省委、省政府的中心工作和人民群众普遍关心的热点、难点问题，充分发挥各自的优势，为推动我省经济发展和社会进步，为省政协更好地履行职能，发挥了积极的作用。这些提案得到了各级党政领导的重视，全年提案办结率达 100%。提案委员会继续在提高提案质量、办理质量和服务质量上下功夫，注重提案办理实效，突出重点提案办理，运用主席领衔督办、座谈会、现场督办等多种形式，加大舆论宣传，加强调研，进一步提高了提案办理质量，扩大了政协提案工作的社会影响。

经济委员会 紧紧围绕省委、省政府工作中心和省政协工作部署，以“走新型工业化道路”专题常委会为重点，开展了调研、视察、情况通报、专题座谈等活动，为全面建设小康社会作出了积极贡献。先后开展了我省走新型工业化道路发展思路的调研、农业产业化发展情况调查、我省开发区和工业园区建设情况调查、民营经济发展环境调查，视察了扶贫开发工作。向省政协“走新型工业化道路”专题常委会提交了《关于我省走新型工业化道路发展思路的报告》。同时，加强了与委员的联系，加强了与省政府有关部门的密切联系和交流，编发《情况交流》6 期。

教科文卫体委员会 按照全年工作部署，组织委员积极履行职能，加强自身建设，较为充分地发挥了专委会的职能作用。积极投入抗击非典的斗争，向省防非指挥部提交了《关于阜阳市非典防治工作情况的报告》，提出了一些有价值的建议。开展了民办高校情况、全民健身服务业现状、城市医疗服务体系建设的调研。组织委员视察了合肥市部分餐饮、食品等部门卫生情况、阜阳市药品市场管理情况。考察了海南、广西两省农业产业结构调整和农业科技推广情况。组织专家送医下乡，慰问洪涝灾区的群众。

社会和法制委员会 围绕社会关注的焦点和热点问题，对预防和遏制未成年人违法犯罪、扩大就业、社区建设和管理进行了专题调研。组织委员对社会治安和综合治理进行专题视察，向省委、省政府提交了《关于宿州市社会治安和综合治理情况的视察报告》。参加了全国政协组织的“政府在就业工作中的职能定位”的专题研讨会，向全国政协社法委提交了《关于政府在就业工作中职能定位的几点思考》的专题研讨报告。参加了在海南召开的全国政协社法委工作研讨会，与兄弟省市政协交流工作经验。同时，积极参加省政府政风评议、公安五项禁令贯彻情况等活动。

民族和宗教委员会 团结民族和宗教界委员及有关人士，宣传贯彻党的民族宗教政策，围绕党的中心工作开展调研、视察、考察等工作。先后考察了合肥市宗教活动场所和学校，视察了九华山佛教工作情况、亳州市道教文化资源的保护与开发、民族乡水灾及灾后重建情况、蚌埠市清真食品生产、经营和管理情况。还赴新疆、陕西学习考察民族团结、社会稳定和民族地区经济发展方面的好经验、好作法。针对民族宗教工作中的重点问题开展调查研究，先后对民族乡农业产业结构调整和我省基层宗教管理工作存在的问题进行调查，提出了许多合理化意见和建议。

人口资源环境委员会 围绕人口资源环境领域的一些重要课题，积极组织委员建言献策。进一步加强与委员及有关厅局的联系，强化自身建设。开展了对合肥市城市规划和创建国家环保模范城市工作的考察，赴山东、河南两省区考察学习城市规划和环境建设的经验与做法。视察了马鞍山、芜湖城市环境综合治理情况。开展了4次专题调研，关于出生人口性别比升高问题综合治理情况的调查、关于“两山一湖旅游总体规划”实施情况的调查、退耕还林工程实施情况的调查、农民集体所有建设用地使用权流转试点工作情况的调查，都提交了有价值和分量的调研报告。

文史资料委员会 一是制定了6个方面、55个选题的《建国后文史资料征集选题参考提纲》。二是探索为现实服务的新途径，《江淮文史》开辟了“史苑杂谭”栏目和“走进徽州”专栏。《江淮文史》入选中国学术期刊统计源期刊和中国期刊全文数据库全文收录期刊。三是组织委员对寿县楚文化历史遗存的保护管理和开发利用情况进行了视察和座谈，提出了有价值的意见和建议。四是库存史料和已出版史料的清理、利用工作，印成《安徽省政协文史书刊篇目索引》。五是文史发行取得新的突破，获得较好的社会效益和经济效益。六是召开了全省第八次政协文史工作会议。

港澳台侨和外事委员会 积极开展调查研究和海外联谊及对外交往工作。一是深入开展加快民营经济发展专题调研，参与筹备省政协资政会。二是组织委员视察了淮南市煤电基地建设情况，考察了合肥市安徽大市场开发经营及环境情况和芜湖、安庆开发区建设情况，并赴新疆、青海考察引进外资工作。三是促进皖台交流与合作，依法维护在皖投资台胞的合法权益，加强与台湾友人的联系，为促进祖国早日统一服务。举办中秋茶话会、台湾形势报告会。四是加强海外联谊，对外交往活动取得新发展。五是加强与全国政协、省直涉外等部门、各省政协交流与合作。

【重要活动】

加快民营经济发展资政会 2003年6月25日至27日在合肥召开。会议重点围绕我省民营经济发展问题，反映省委、省政府相关政策在基层落实的情况，反映关于民营经济发展方面的社情民意。省政协发放问卷12000份，委托省统计局分析有效问卷10488份，形成问卷分析报告。会议听取了关于制约我省民营经济发展思想障碍、关于民营经济发展环境、关于扩展民间投资领域等4份专题报告。省政协主席方兆祥主持会议并讲话。会议得到了省委和省政府的高度重视，省委书记王太华出席会议并讲话。会议形成的建议案从4个方面提出了15条具体建议，受到省委省政府高度重视，有关部门进行了认真办理。

全省政协专门委员会工作研讨会 2003年7月31日至8月1日在合肥召开。会议就新形势下如何更好地发挥政协专门委员会作用，提高专门委员会工作水平及专门委员会的地位、作用、工作规律和创新进行了理论探讨和经验交流。省政协主席方兆祥讲话。会议在广泛征求意见的基础上形成了《政协安徽省委员会关于加强和改进专门委员会工作的若干意见》，提出了5个方面共21条具体意见，中共安徽省委办公厅转发了这个文件。

“政协工作江淮行”活动 2003年9月，组织了由7家新闻媒体联合参加的第二次“政协工作江淮行”新闻采访团。先后赴巢湖、安庆、六安、淮南等4市2县开展系列采访，重点报道政协履行主要职能的先进经验和政协委员中的先进典型。安徽日报、省广播电台、省电视台等媒体同时推出系列报道，发稿46篇，人民政协报以及新华社《安徽内参》、《光明日报内参》发稿11篇。编辑了《2003年政协工作江淮行》作品集，产生了较大的社会反响。

政协论坛 省政协以“全面建设小康社会”为主题，邀请部分委员和专家谈对该问题的思路和见解。在省委宣传部、省委政研室、省委党校、省统计局和省社科院等部门的通力合作下,完成了“安徽全面建设小康社会的现状”、“安徽全面建设小康社会的有利条件和不利因素”、“全面建设小康社会与物质文明建设”、“全面建设小康社会与政治文明建设”、“全面建设小康社会与精神文明建设”等5集电视专题片《政协论坛》,稿件也在省内主要新闻媒体的重要版面、重要时段上集中刊播,取得了较好效果。

抗击非典 为配合省委、省政府抗击非典的斗争,省政协及时发出《致全省政协委员的信》,希望广大政协委员为打好防治非典的攻坚战作出应有贡献。同时,组织防非专家,积极为抗击非典献计献策。省政协主要负责同志还分赴阜阳市第二人民医院、省肺科医院等救治单位,慰问战斗在一线的医务人员,并送去15万元药品和资金。

政协好新闻评选活动 省政协办公厅、研究室与省委宣传部、省新闻工作者协会联合举办了第三届宣传政协好新闻评选活动。中央驻皖新闻单位、省新闻单位和省辖市政协积极选送稿件,共有51篇作品获奖,5个省辖市政协获得组织奖,对于宣传中国共产党领导的多党合作和政治协商制度以及政协组织在建设中国特色社会主义事业中的重要作用,起到了积极的推动作用。

【重要文件】

第九届委员会常委会工作报告(2003年1月16日)(摘要) 报告分三个部分。第一部分回顾了八届省政协五年的工作。一、深入学习,坚持政协工作正确的政治方向。认真学习、深刻领会中共十五大、十六大精神,八届二次常委会议作出了《关于深入学习邓小平理论的决议》,八届二十四次常委会议作出了《关于学习贯彻中共十六大精神的决议》。认真学习江泽民同志在建党80周年大会上的重要讲话精神、“5·31”重要讲话精神和《江泽民论有中国特色社会主义》(专题摘编),以及中共安徽省第七次党代会精神、党中央三代领导集体关于政协工作的重要论述,特别是认真学习江泽民同志在庆祝人民政协成立50周年大会上的讲话精神。扎实开展了“三讲”教育活动。通过学习,进一步增强了高举邓小平理论伟大旗帜、全面贯彻“三个代表”重要思想的自觉性,增强了贯彻执行共产党领导的多党合作和政治协商制度的自觉性,增强了与中共中央在政治上保持高度一致的自觉性,在涉及社会主义初级阶段经济、政治、文化重大原则问题上,始终保持了清醒的认识和坚定的立场,保证了政协工作正确的政治方向。二、围绕中心,为加快发展建言献策。紧紧围绕“加快发展、富民强省”目标和我省“九五”、“十五”计划的制订实施,运用调研、视察、考察、论坛、会议等形式,组织委员开展多层次的协商讨论和参政议政活动。五年来共召开5次全委会议、25次常委会议、49次主席会议,开展了100多项视察调研活动。围绕优化经济发展环境、扩大内需、农业结构调整、国有企业改革、加快县域经济发展、大力发展民营经济、台资企业发展状况、农村税费改革、水资源的保护、煤矿塌陷区资源开发利用、环保“一控双达标”、城市流动人口计划生育管理、中小学素质教育、竞技体育发展等事关全省经济和社会事业发展的主要问题,进行深入细致的调研论证,提出可供决策参考的意见和建议。不少参政议政的成果质量比较高,受到省委、省政府以至中央有关方面的高度重视和充分肯定。三、持之以恒,大力推进“科教兴皖”。紧扣“科教兴皖”战略参政议政,每年选择一个重点、召开一次专题常委会议进行研究,组织委员建言立论,推进“科教兴皖”战略的实施。1998年,针对我省在实施“科教兴皖”

工作中存在的一些突出问题，在省内外开展调研，与科技、教育和企业界人士深入交流，形成了《关于实施"科教兴皖"战略若干问题的建议》。1999年，省政协专题研究了科技兴农问题，形成《关于进一步促进我省科教兴农的建议》。2000年，省政协专题研究了科技兴企问题，形成了《关于我省科技兴企工作的若干建议》。2001年省政协开展了对高校人才队伍建设的专题研究，并在专题常委会议上，就高校人才培养、引进、使用与保护问题提出建议案。省委、省政府6位领导分别作了批示，要求各地各部门及高校研究落实。2002年7月，省政协常委会议专题研究了科技成果转化问题。会议形成《关于加快我省科技成果转化的建议》上报后，省委、省政府及有关部门高度重视，认真吸收和采纳了有关建议。四、把握主题，促进安定团结的政治局面。进一步密切与民族宗教界人士的联系，组织开展系列调研和视察活动，促进党的民族宗教政策的落实。广泛开展海外联谊和与台港澳的交往活动。与许多国家的政府、社会团体和企业建立了广泛的联系，海外联谊对象已发展到800余人。特别是进一步加强了与台湾各界人士的交往，编写出版了《台湾皖籍人物》，先后两次组团赴台访问，同时也注意做好台湾各阶层人士来皖的接待工作，开展招商引资和促进祖国统一工作。积极推进民主法制建设，维护社会稳定。加强反映社情民意工作。制定了《关于进一步加强反映社情民意工作的意见》，五年来共编发社情民意1000多条，其中许多内容被全国政协和省委、省政府采用。充分发挥文史资料的"存史、资政、团结、育人"的作用。五年来共编辑出版文史书刊达2150万字，发行各种文史书籍达120余万册。五、开拓创新，积极探索民主监督新形式。2001年7月，召开了全省政协民主监督研讨会，创造了运用"资政会"和"政协论坛"开展民主监督的新形式。六、精心组织，着力提高提案工作质量。本届政协共收到提案3342件，立案3195件，立案率达95.6%，办结率100%。紧紧抓党派团体提案，进一步坚持和完善了省委、省政府、省政协三家办公厅联合交办提案制度、联合督促检查制度，每年选择一、两个在提案中反映比较集中的问题，组织部分委员和提案人共同进行专题视察，重点提案，由主席、副主席领衔督办，开展提案工作评选表彰活动，举办全省政协优秀提案成果展。七、加强宣传，为政协工作营造良好氛围。与省委宣传部联合发出《关于加强政协宣传工作的意见》，在《安徽日报》等省内主要新闻媒体上开办"人民政协"专栏，与省委宣传部、省新闻工作者协会联合举办了两次宣传政协工作好新闻评选活动，从2000年起，连续3年在全国政协会议期间，组织省主要新闻媒体赴京，及时报道在皖全国政协委员的参政议政情况，组织省内主要新闻媒体开展"政协工作江淮行"宣传活动，不断提高《江淮时报》的办报质量等，进一步扩大了政协的影响。八、改进作风，切实加强省政协机关建设。本届省政协机关呈现出"一个增强、两个提高"的局面，即为委员服务的意识进一步增强，机关人员的素质进一步提高、工作质量进一步提高。连续5年被评为"省直三优文明机关"，2002年又被评为"省级文明单位"。加强思想作风建设，制定了《关于加强省政协领导班子自身建设的意见》、《关于进一步加强和改进机关思想政治工作的意见》、《关于加强和改进省政协机关党的作风建设的意见》等，同时还制定了《领导干部廉洁自律工作目标及实施措施》，机关成立了行政财务民主监督小组。加强干部队伍建设，制定了《关于加强机关干部工作的意见》，此外，机关还定期选送干部到党校和行政学院学习；选派年轻同志到基层挂职锻炼，还多次举办各种类型的短期培训等等，通过这些措施，较好地提高了机关干部的政治素质和业务水平。加强机关创建工作，认真贯彻《公民道德建设实施纲要》，机关办公自动化建设步伐进一步加快。第二部分总结了八届省政协工作的几点体会。一、始终坚持党的领导，是做好政协工作的根本保证。省委的正确领导和省政府的大力支持，为政协有效履行职能奠定了基础，省政协也注意摆正位置，自觉接受省委的领导，积极争取省政府的支持。二、始终服从服务于经济建设，是政协工作的第一要务。紧紧围绕经济建设这个中心，紧紧围绕省委、省政府的中心工作，认真履行职能，积极建言献策，是省政协的优良传统。三、始终坚持解放思想，实事求是，与时俱进，是做好政协工作的不竭动力。四、始终坚持民主协商、平等议事，是做好政协工作的必要前提。五、始终坚持发挥委员的主体作用，是做好政协工作的坚实基础。第三部分对九届政协的工作提出了建议：以中共十六大精神为指导，高举邓小平理论伟大旗帜，全面贯彻“三个代表”重要思想，牢牢把握团结和民主两大主题，认真履行政治协商、民主监督、参政议政职能，为大力实施科教兴皖战略、大开放战略、城镇化战略和可持续发展战略，推进农业大省向农业强省、资源大省向加工业大省、人口大省向经济大省的跨越，实现加快发展、富民强省、全面建设小康社会的奋斗目标，作出新的更大的贡献。要紧紧抓住深入学习领会中共十六大精神这个重点，为更好地履行职能打下坚实的思想基础；要紧紧抓住经济建设这个中心，为全面建设小康社会出主意献良策；要紧紧抓住最广泛最充分地调动一切积极因素这个任务，为加快发展、富民强省争取人心、凝聚力量；要紧紧抓住顺应民心这个要求，努力维护人民群众的根本利益；要紧紧抓住坚持与时俱进这个关键，始终保持政协工作的生机与活力。

方兆祥主席在省政协九届一次会议闭幕会上的讲话（2003年1月24日）（摘要）

全面建设小康社会，是一项伟大的事业，也是一项艰巨的任务。我们要树立崇高的精神、坚定的自信心和强烈的责任感。首先，对安徽的未来要充满信心。就安徽发展而言，我们有改革开放以来奠定的物质基础和积累的丰富经验，有得天独厚的资源优势和区位优势，有把发展潜力转变为发展动力的巨大空间，特别是我们的干部群众历来具有不甘落后的志气、百折不挠的勇气和奋力开拓的锐气。这些都是我们应该保持乐观的根据和充满自信的理由。其次，对战胜困难要坚定信心。困难无处不在、无时不有，但是任何困难都不应成为悲观失望、无所作为的理由，而应成为团结一致、艰苦奋斗的动力；不应成为心烦气躁、怨天尤人的借口，而应成为磨炼意志、施展才干的机会。第三，对本职工作要极其用心。我们有一些工作，之所以没有做好，不是失之于方向不明、道理不清、招数不对，而是失之于用心不够、抓得不紧、落实不好。全面建设小康社会，是一项需要全省上下倾心奋斗的伟大事业，人人都应该是“责任人”，而不是“局外人”；个个都应该是“当事者”，而不是“旁观者”，都应该脚踏实地、心无旁骛，认真负责地把分内事做好。广大干部尤其是领导干部，更要对本职工作切实负起责任，模范地带领群众，共创安徽的美好未来。

方兆祥主席在省政协加快民营经济发展资政会上的讲话（2003年6月27日）（摘要） 讲话分二个部分。第一个部分提出加快民营发展必然和民意、民生、民智、民资等相联系。一、发展民营经济顺应了民意。全面建设小康社会，是全国和全省人民的创造性事业，群众的意愿如何，精神状态如何，直接决定这项宏图伟业的进程。发展民营经济，也必须牢牢把握住这一点。因为民营经济是一种民有、民办、民营、民管的经济形式，同人民群众的根本利益直接融汇，本身就是一种典型的老百姓经济。二、发展民营经济关注了民生。社会主义市场经济的本质是民生经济，建设中国特色社会主义的根本目的就是为了民生。而民生问题，只有通过发展来解决。抓民营经济发展，就是坚持发展是硬道理，就是抓发展这个第一要务，就是实践“三个代表”的重要思想。充分发挥民营经济在解决民生问题方面的作用，最重要的是两个方面：一是提供有效供给，不断改善人民生活。二是转移农村剩余劳动力，扩大城市就业。三、发展民营经济发挥了民智。在普普通通的社会成员中的确蕴含着巨大的生产力，只要政策对头，措施得当，就会迸发出来，就会形成巨大的社会财富。搞好服务，呈现出让一切劳动、知识、技术、管理和资本的活力竞相迸发，一切创造社会财富的源泉充分涌流的良好局面。四、发展民营经济激活了民资。随着社会主义市场经济的深入发展，民间资本正在发挥着越来越重要的作用，我们必须按照十六大的要求，放宽民间资本的市场准入领域，在投融资、税收、土地使用和对外贸易等方面采取措施，实现公平竞争。第二部分提出加快发展民营经济还要关注三个方面：一、要提升一种境界，即公众承载财富的境界。大力发展民营经济，对于民营企业经营者来说，既能够实现自身价值，同时又能创造财富、造福社会。因此只要是合法取得的收入，不管是劳动收入，还是非劳动收入，都应该得到尊重和保护。企业家要懂得扶贫，社会各界要懂得“帮富”，从而形成亲商、尊商、扶商的社会氛围，这样的社会经济才会充满生机和希望。二、要提高一种能力，即发展民营经济的领导能力。应该提高对政府职能的认知能力；提高快捷高效的服务能力；提高信用承诺能力；提高中介组织的应用能力。三、要培育一种精神，即现代企业家精神。为了推动我省民营经济更大发展，我们不仅要重视资金和技术的有效供给，尤其要重视企业家及其精神的有效供给。要培育不断追求产品创新的精神；要培育不断追求技术创新的精神；要培育不断追求开拓市场的精神；要培育不断追求进行组织和制度创新的精神。

方兆祥主席在全省政协专门委员会工作研讨会上的讲话（2003 年 8 月 1 日）（摘要） 讲话共分两个部分。一、要深化对专门委员会的性质、特点和任务的认识。对于专委会性质、特点和任务的认识和理解，可以用“五个一”来概括。即：一个基础—专委会是政协履行职能的重要基础，政协工作的状况，委员作用的状况，与专委会的工作状况密切相关。一个围绕—专委会的各项工作都必须紧紧围绕党委、政府的中心工作，而不能偏离这个中心。一个联系—专委会的所有活动都要与全委会议、常委会议、主席会议的重要议题联系起来，按照会议提出的主要任务开展工作。一个提出—各专委会都要发挥委员的主体作用，加强与有关各方面的联系与沟通，适时提出具有建设性的意见、建议、提案和建议案。一个转化—办公厅和各专委会都应加强对意见建议的追踪了解，注意抓好反馈，努力促进参政议政成果的转化。二、要发挥专门委员会作用，应从以下几个方面努力：一是以加强领导为前提，进一步为专委会开展工作创造良好条件。二是以政协委员为主体，进一步形成专委会工作的活跃局面。三是以调研课题为纽带，进一步形成专委会工作的整体合力。四是以注重实效为目的，进一步推动专委会工作多出精品。五是以总结经验为手段，进一步推动专委会工作与时俱进。六是以自身建设为基础，进一步提高做好专委会工作的能力。

政协安徽省委员会关于加强和改进专门委员会工作的若干意见(2003年8月1日第七次主席会议通过)(摘要) 意见为5个部分共21条。一是进一步明确专门委员会的性质和任务。1. 专门委员会是在常务委员会和主席会议领导下，组织委员进行经常性活动的工作机构，是政协广泛联系委员和各界人士的桥梁和纽带，是把政协委员的个体优势转化为政协工作整体优势的重要载体，是政协履行政治协商、民主监督、参政议政职能的重要基础。2. 专门委员会要以邓小平理论和“三个代表”重要思想为指导，遵循社会主义初级阶段的基本理论、基本路线、基本纲领、基本经验，以经济建设为中心，围绕中心，服务大局，切实履行人民政协的职能。3. 专门委员会要通过举办报告会、研讨会、座谈会、提供学习材料、传递学习信息等形式，组织委员和有关人士，学习党和政府的方针政策，学习统一战线和人民政协理论，学习相关的业务知识，加深对世情、国情、省情、社情和民情的了解，不断增强委员的责任感和使命感，提高委员参政议政的能力和水平。4. 专门委员会要坚持以发展为第一要务，以“实现好、维护好、发展好最广大人民的根本利益”为出发点，组织委员围绕党委、政府的中心工作和群众普遍关心的热点、难点问题开展专题调研、专题视察、专题考察、专题协商、专题研讨和专题座谈等活动，提出意见、建议和提案，为社会主义物质文明、政治文明和精神文明建设服务，为加快发展、富民强省、全面建设小康社会献计出力。5. 专门委员会的各项工作都要体现统一战线和人民政协的性质特点，加强与政协委员和社会各界人士的联系，坚持团结合作、民主协商、平等议事、集思广益，协助党委、政府做好协调关系、化解矛盾的工作，积极维护社会稳定和民族团结，充分调动一切积极因素，形成政协工作的整体合力。二是进一步明确专门委员会的工作程序。6. 明确工作程序。7. 确定专题程序。8. 规范报送程序。三是切实做好专题调研和建言立论工作。9. 精心选择调研课题。10. 认真组织好调研。11. 注重打造精品。12. 做好成果转化工作。四是充分发挥政协委员的主体作用。13. 认真组织好各种活动。要以全心全意为委员服务为主旨，积极为委员履行职责拓展更大空间，充分发挥委员参政议政的积极性和创造性。14. 充分发挥整体优势。15. 积极反映社情民意。16. 建立联系委员制度。17. 建立委员专题座谈会制度。五是进一步加强专门委员会的建设。18. 切实加强对专门委员会工作的领导。19. 加强与有关方面的联系合作。20. 加强思想理论建设。21. 加强专门委员会办公室建设。

【组织概况】

主 席

方兆祥

副主席

秦德文 卢家丰 陈心昭
方兆本 俞祖彭 王鹤龄
战秋萍(女) 郑牧民
赵培根 刘光复

秘书长

赵培根(兼)

常务委员名单(以姓氏笔画为序)

丁 明 丁伯华 丁厚慈 马康盛
王士雄 王世清 王安生 王进华
王克金 王泽平 王晓玉 王家琰
王盛榜 王康健 牛立文 牛和桂(女)
方 才 孔庆福 石 红(女)
石 楠(女) 叶冬青 田至敏
包素兰(女) 仲学锋(女)
刘 宏(女) 刘永欣(女)

刘先平　刘淑娟(女)　刘景龙
江山立　许冠荪　阮良之　牟坤林
纪良华　杨业利　杨　屹　杨春光
李　霞(女)　李卫华　李中元
李仁鼐　李龙斌　李志远　李晓秋
李爱青　李继学　李福增　吴亚玲(女)
吴庆玲(女)　吴春梅(女)
吴俊保　吴诸添　邱章乐　汪永平
汪兆钧　沈德凯　宋兆海　张　宏
张　俊　张　毅　张东安　张金荣
张铁弓(回族)　张靖华　陆履珊(女)
陈　栋　陈　真　陈广文
陈月娟(女,壮族)陈业夫　陈发仁
陈昌茂　周　杰　周元菊(女)
周建生　周建强　周蜀生　项纯文
项建华　胡安美(女)　胡劲富
胡继铎　胡德春　赵　韩
赵友胜　俞嘉第　姚志刚　耿小平
耿蔚华(女)　顾章根　夏　涛
夏传浩　钱念孙　徐　炎
徐建平　徐登元　殷绍唐
高玉骅　唐国贵　凌观根
黄林龙　黄家声　曹天守　龚存玲(女)
屠筱武　韩　卉(女)
董　群(女)　蒋厚琳(女)
程　剑　程文显　程必定
程伯勤　程备久　释妙安　释慧庆
谢　群　虞吉林　蔡维艳(女)
潘啸龙　潘忠孝　潘朝晖　檀结庆
戴光强

委员名单(以姓氏笔画为序)

中国共产党

丁厚慈　马　萍(女)　马康盛
方兆祥　卢家丰　巩志钧　刘纯洁
刘景龙　杨立威　杨春光　李宏鸣
李宏塔　李继学　李献敏　李福增
严桂夫　张　俊　张世云　张东安
吴庆玲(女)　陈发仁　陈怀安
陈昌茂　陈宜家(女)　林文森
周富如　周蜀生　郑大发　郑牧民
胡玉贤　胡传玲(女)　胡继铎
赵培根　唐国贵　凌观根　黄林龙
黄家海　雅中庆　程世龙　秦德文

中国国民党革命委员会

马昭华　王俊松　王家琪　吕则刚
光嘉元　刘晶磷　江近生　李　晋(苗族)
李　影(女)　李子文　李志远
李晓梅(女)　吴延利　吴万春
吴少文　吴而立　肖　明　宋家筠
沈志柱(回族)　金小干(回族)
战秋萍(女)　项思可(女)
胡　然　胡劲富　赵纯钢　夏　涛
徐登元　彭瑜翔(女)　程　凤(女)
谢德裕　强惠元　蔡伟平　潘德荣
魏　昕(女)

中国民主同盟

方心棣(女)　田战雷　吕洪升
刘光复　刘淑娟(女)　许万祥
孙国正　李　雷　李少聪　李仁鼐
李荣光　李泰山　李理化　张　群
吴观茂　邱章乐　汪　宏　汪友林
汪筱敏　沈学明　陈　蕾(女)武志萍(女)
周　杰　金　垭　金葆康　胡启中
姚志刚　唐泽恩(女)　唐懋勋
钱念孙　徐建平　郭永芳(女)
韩　卉(女)　董　成　储全根
鲍子雨　樊美珍(女)　魏　臻
魏建忠

中国民主建国会

王世清　王进华　王家华　方兆本
叶　萍(女)　西汝泽　朱友刚
华中生　汤先觉　李　霞(女)
李瑛霞(女)　张永侠(女)
吴学平　汪家权　陈广文　项长淦
姜和龙　晏文胜　徐昌友　梁天生
葛昕厂　蒋明才　谭志鹏

中国民主促进会

丁大章　马　露(女,回族)尤忠毅

华绪昌　孙文植　李万民　李卫华
汪树福　陈　酉(女)　项纯文
高玉骅　蒋中福(回族)　薛惠祥

中国农工民主党

王士荣　毛光祥　牛立文　方纯瑕
孔庆福　刘　平(女)　刘芝璋(女)
许冠苏　江叶青　李光曙　张文中
吴　健　吴成荣　吴国进　汪洪杰(女)
沈玉华(女)　赵泽祥　俞祖彭
耿小平　唐桂华(女)　徐志达
黄　杰　黄　玲(女)　梁清宇(回族)
崔兴国　董　群(女)　蒋厚琳(女)
程树珏(女)　储昭平

中国致公党

王泽平　冯春国　江效尧(女)
阮良之　吴　欣(女)　骆顺蓁(女)
曹天守　盛吉琛　秦德美　戴兆贵

九三学社

王克金　田至敏　杨在乾　李益湘
苏学云(女,回族)　肖　箭　汪　渊
陈　栋　陈心昭　陈春林　陈乾旺
季学枫　周　军　周元菊(女)
胡安美(女)　胡蕙露(女)
赵　韩　章　甲(女)　詹云超

无党派人士

王建国　石　红(女)　刘吉祥
刘荣玉(女)　许云瑞　李玉成
苏更生　余　旭　罗季重　殷绍唐
胡维玲(女)　袁忠杰　聂保国
高雪松(女)　梁祖彬　鲍金桥
潘忠孝

中国共产主义青年团

方东玲(女)　杨　蓉(女)
李明鲁　李梅梅(女)
完颜长征(满族)　陈　砚(女)
贺　东　洪　渊　黄　珍(女)
黄晓武　嵇　文　潘朝晖

总工会

王青山　王颍州　牛和桂(女)
卢　干　史建宇　刘小童(女)
刘东奎　孙学龙　杨庆红　杨腊梅(女)
杜昌寿(女)　李士云(女)
李庭信　迟建平　张惠民　张黎光(女)
肖福全　周驰军　金炎兆　胡新安
赵玉萍(女)　赵年观　秦　武
倪永培　黄曙峰　鲁昌杰　谢　力
戴先进

妇女联合会

万　新(女)　王家莹(女)
方　敏(女)　石　楠(女)
包素兰(女)　伍东平(女)
刘　进(女)　刘　苹(女)
刘　薇(女)　刘永欣(女)
刘素珍(女)　张　怡(女)
张秀兰(女)　陈月娟(女,壮族)
罗晓锦(女)　周天虹(女)
周莲香(女)　赵玉秀(女)
俞书华(女)　洪　剑(女)
耿蔚华(女)　高长侠(女)
高红妹(女)　海显荣(女,回族)
曹云霞(女)

青年联合会

王伟新　伍美珍(女)　杨　锦(女)
严建文(回族)　张忠义　吴春梅(女)
何宗文　姜　茹

工商业联合会

王青松　王康健　王鹤龄　方　浩
叶秀华(女)　伍克和　牟坤林
刘士强　刘家升　许天锡　孙　新
孙宝金　李永青　李晓秋　苏兴佳
张玉洁(女)　吴　涛　吴成贵
佘恩有　宋岗梧　汪　慧(女)
陈先保　周玉生　周夏耘　胡荣华(女)
赵怀建　曹国强　程文显　储荣生
冀　光　魏春干

科学技术协会

王　平　王大文(回族)　王家捷
杜先能　李增智　束龙胜　张学军

吴永发　汪永东　汪兆钧　陈仙辉
欧阳伯康周建强　宗　琦　段转建(女)
徐家声　雷广宁(畲族)　简文乐
樊高定　魏　伟

台湾同胞联谊会

王安生　叶伟明　仲宏斌(女)
刘大雄　陈伟旭　陈青海　林邦和
魏壬臻(女)

归国华侨联合会

马俊美(女)　王爱平(女)
卢　凌(女)　申保山　刘　刚
许时升　孙道玉　吴诸添　黎少鸣

文学艺术界

万惠明(女)　马自俊(回族)
王　涛　王　斌　王秀琴(女)
王家琰　韦君琳　方茂鸿　朱红英(女)
朱志武　朱秀坤　朱松发　刘先平
刘学馥(女)　许　辉　许春樵
许梅花(女)　杨　屹　杨其鹏
李　文(女)　李少田　李龙斌
张　平(女)　吴亚玲(女)
何　懿(女)　何连华(回族)
余国松(回族)　完颜海瑞(满族)
陈国金　陈雪峰　胡积英　赵世对
哈尔宜(回族)　姚尚友　秦锦章
唐大康　徐子芳　梁　钧(女)
蒋法武(回族)　程连琨

科学技术界

王行翔　王翔通　韦世强(仫佬族)
刘大成　刘文清　刘正士　刘志澄
江山立　孙立广　孙建华(女)
杨培芝(女)　李中元　李爱青
张国枢　张钧安　宋兆海　陆　欣
陈上正　陈长琦　林钟高　周正中
郑治祥　孟祥瑞　胡兆球　赵皖平
饶益刚　俞书勤　施万中　夏传浩
唐欣昀　唐承沛　徐长征　郭　超
陶　洪　陶方泽　黄田庚　崔兴柏
蒋　伟　程备久　焦发兆　薛胜雄

社会科学界

丁　放　王长安　王邦虎　方成生
纪健生　许　鹏　孙小著　张育瑄
何根海　沈世培　陈晓玲(女)
陶新民　黄家声　彭凤莲(女)
程必定　熊小奇

经济企业界

马有慧(女)　王　斌　王子玉
王汉文　王晓玉　王盛榜　水华章
仇旭东　计承江　朱　明　朱德金
纪良华　刘汉生　祁泽瑞　孙运才
孙国华　孙毅彪　李非列　张天保
吴俊保　汪永平　陈　鹰(女)
陈升斌　邵林生　苗　蔚　卓培迟
周　明　金　鹏　郑维奇　项仕安
胡　炯　胡玉庭　胡立文　赵　猛
赵圣洁　赵建明　姚国安　袁善春
顾章根　徐　炎　高晓兵(女)
高敏坚　郭　庶　谈理平　黄建生
程伯勤　程晋玲(女)　谢　群

农业界

丁俊先　马传喜　王　军　王玉林
尤加林　刘少民　刘善清　杨传友
杨俊宇　吴金节　汪　强　陈　真
陈士龙　陈业夫　胡德春　唐怀民
程　剑　程太平　慈世春　蔡建平
魏国平

教育界

丁　明　丁伯华　马锦明　王士雄
王士槐　王爱民　尹朝华　柴冬英(女)
冯声祖　朱士群　汤健伟　李　缜
李作新　张　济(女)　张　毅
张小平　张兰芬(女)　张保华(女)
张惠恩　肖国庆　汪尊伟　陈正发
陈忠卫　陈贤忠　陈瑞君　姚多忠
袁世年　倪致祥　徐　杰　高　隽
高家保　陶　玲(女)　曹　雷
曹有挥　章　泽　蒋继发　程　艺
虞吉林　樊秀龙　潘　峰　潘啸龙

体育界

王新胜　冯潮　刘宏(女)刘　勇
孙　刚　杨洪洲　李俊录　吴庆华
苑玉宝　周仁志　周志俊　钱　杰
黄望清(女)　蔡维艳(女)

新闻出版界

刘　杰　汤达祥　芮必峰　沈祖润
陈　强　陈小潮　胡从经　赵国华
龚存玲(女)

医药卫生界

于在诚　方　才　尹士慧(女)
叶冬青　仲学锋(女)　刘自林
刘进竹　孙爱炎　杨成春　杜少陵
李　孳(女)　李光早　李远珍(女)
李晓广　严仍林　张长乐　张玉才
张俊兰(女)　张捍东　张靖华
沈德凯　陈光亮　陈兆钧　周建生
孟翔凌　段　齐(女)
唐戌平(女,回族)徐培坤　曹恩泽
阎保林　梁　炜(女)　韩　真
韩咏竹　韩新继　葛　敏(女)
葛　霞(女)　傅　佳(女)
蔡　鑫　戴光强　戴培东

对外友协

王郭培　仲建成　崔武梅　檀结庆

少数民族界

马美红(女,回族)白友涛(回族)
许广全(回族)　米常胜(回族)
关荣才(锡伯族)张铁弓(回族)
何文明(回族)　汪　平(女,蒙古族)
林树森(女,壮族)哈继先(回族)
蓝金辉(畲族)　端木宪维(回族)
穆世荣(回族)　穆可法(回族)
穆华国(回族)

宗教界

项建华　俞嘉第　聂恒友　释圣明
释妙安　释慧庆　詹达礼

特别邀请人士

万相改(女)　王仁发　王兴如
方　成　方涛荣　叶祖贵　包先斌
冯金水　朱志林　刘叶根　刘宗玉
江　勇　孙东兴　杨　泳　杨玉华
杨世强　杨业利　李　奎　李　猛
李　静　李苏清　李继周　苏泽泉
严纪华　张　宏　张　勇　张本渝(女)
张西政　张和敬　张金荣　时方廷
吴子波　吴国栋　吴图平　宋菊英(女)
汪沪敏(女)　陆履珊(女)
陈思迅　陈美德　陈维灿　欧阳克家
罗法荣　罗熙贤　周庆木　金静芳(女)
宓建毅　孟永范　柳友伦　赵友胜
赵国屏　姚安海　施行觉　姜典法
顾福生　桂梅生　夏　鹤　夏邦文
钱　铭　钱维道　倪修明　徐　君(女)
徐华利　高传海　高蔚青　郭云修
陶成群　陶登松　曹明扬　常启武
屠筱武　彭朝东　蒋克水　程　杰
程秉州　曾晓辉　甄长丰　虞爱华
蔡文龙(回族)　魏志光

【安徽省各市、县(区)政协领导人名单】

合肥市

市政协主席　周富如
县(区)政协主席
肥东县　杨炳华
肥西县　解正荣
长丰县　曹光忠
瑶海区　郝敬勉
庐阳区　杨善安
蜀山区　朱士林
包河区　王春生

淮北市

市政协主席　郭云修
县(区)政协主席
濉溪县　刘　勇
烈山区　亓　森
杜集区　欧阳林芝(女)
相山区　李光普

亳州市

市政协主席 雅中庆

县(区)政协主席

谯城区 赵凤岐

涡阳县 范新安

蒙城县 张俊民

利辛县 张洪星

宿州市

市政协主席 武秀玲(女)

县(区)政协主席

砀山县 韩爱云(女)

萧　县 吴忠领

灵璧县 刘家生

泗　县 戴朝华

甬桥区 赵允明(女)

蚌埠市

市政协主席 郑大发

县(区)政协主席

怀远县 年汉东

五河县 韩宏忠

固镇县 王正武

东市区 李振明

中市区 张永春

西市区 龚成张(女)

郊　区 李成喜

阜阳市

市政协主席 林文森

县(市、区)政协主席

界首市 牛　魁

临泉县 李玉玺

太和县 于文印

阜南县 刘金宇

颍上县 白　飚

颍州区 蒋荣贵(女)

颍东区 颜廷斌

颍泉区 赵德才

淮南市

市政协主席 姜典法

县(区)政协主席

凤台县 缪纯新

八公山区 吴常明

谢家集区 余家全

潘集区 李正好

田家庵区 朱满亭

大通区 宫传林

滁州市

市政协主席 陈维灿

县(市、区)政协主席

天长市 戴长生

明光市 韦守柱

来安县 潘汉年

全椒县 柏桂泉

定远县 张世清

凤阳县 张运江

琅琊区 孙　协

南谯区 陈学志

六安市

市政协主席 程世龙

县(区)政协主席

寿　县 戴克奎

霍邱县 桑永宽

舒城县 曾家友

金寨县 周其成

霍山县 张家海

金安区 王积田

裕安区 张令铸

马鞍山市

市政协主席 顾章根

县(区)政协主席

当涂县 赵皖生

金家庄区 陈国光

花山区 傅玉琴(女)

雨山区　　魏来源

巢湖市

市政协主席　　刘纯洁

县(区)政协主席

庐江县　　徐济银

无为县　　邢献宝

含山县　　周能武

和　县　　章恒清

居巢区　　廖新民

芜湖市

市政协主席　　方　成

县(区)政协主席

芜湖县　　陈济堂

繁昌县　　严孝进

南陵县　　杨梅生

镜湖区　　曹天民

新芜湖　　邢昌海

鸠江区　　陶贤宝

马塘区　　朱成霞(女)

宣城市

市政协主席　　胡传玲(女)

县(市、区)政协主席

郎溪县　　赵荣新

广德县　　夏忠德

宁国市　　张贤南

泾　县　　王沪生

绩溪县　　任启平

旌德县　　黄学龙

宣州区　　柴元孝

铜陵市

市政协主席　　孟永范

县(区)政协主席

铜陵县　　葛群英

铜官山区　　汪小照

狮子山区　　许先睦

郊　区　　胡家仓

池州市

市政协主席　　巩志钧

县(区)政协主席

东至县　　钱继发

青阳县　　孔晓宝

石台县　　胡松柏

贵池区　　耿绪良

安庆市

市政协主席　　张世云

县(市、区)政协主席

桐城市　　陈谋德

怀宁县　　孙云林

枞阳县　　钱门胜

潜山县　　丁伯祥

太湖县　　王中华

宿松县　　朱治平

望江县　　汪进舟

岳西县　　方留印

大观区　　刘宜彪

迎江区　　倪申礼

郊　区　　丁邦华

黄山市

市政协主席　　杨立威

县(区)政协主席

屯溪区　　余登成

徽州区　　杜臣武

黄山区　　孟　涛

歙　县　　仇家灏

休宁县　　程本焕

黟　县　　余重阳

祁门县　　徐子铎

安徽省各级政协组织和委员数

（截至 2003 年底）

级别 项目	省	设区的市	县[不设区的市、市辖区]	合计
组织数	1	17	105	123
委员数	740	5968	17204	23912

（任吉梅　编写　杨玉华　审稿）

政 协 福 建 省 委 员 会

陈明义　主　席

潘心城　副主席

王良涛　副主席

金能筹　副主席

王耀华　副主席

李祖可　副主席

陈家骅　副主席

苍震华　副主席

叶家松　副主席
兼秘书长

吴新涛　副主席

王钦敏　副主席

【全体委员会议】

九届一次会议 2003年1月6日至12日在福州举行。九届省政协委员682人,出席会议667人。委员们听取和审议了八届省政协常委会工作报告和八届省政协提案工作情况的报告,列席了省十届人大第一次会议,听取和讨论了卢展工省长所作的政府工作报告,省计划、预算报告和省法院、检察院的工作报告,审议通过了省政协九届一次会议决议和提案审查情况的报告。省政协各专门委员会分别向会议提交了五年工作总结报告。全会期间,共收到提案657件,经审查立案618件,未立案的提案作为委员来信或情况反映,转请有关部门处理;共收到大会发言材料107份,14位委员作大会发言。

会议安排了"三条战略通道"、"建设生态省"、"就业与再就业"、"人才战略"等四个专题座谈会。省政府和有关部门负责人分别到会通报有关情况,认真听取委员的意见和建议,并对有些问题作了答复。会议选举陈明义为省政协主席,潘心城、王良汚、金能筹、王耀华、李祖可、陈家骅、苍震华、叶家松、吴新涛、王钦敏为省政协副主席,叶家松为省政协秘书长(兼),马金魁等122人为省政协常务委员。全会期间,省委书记宋德福、省长卢展工和在榕的省委常委、副省长自始至终参加了全会的每一次大会,坚持下组听取委员讨论,与委员进行双向交流,还出席了大会期间举行的省政协港澳侨委员和港澳列席人员座谈会,听取意见和建议,共商福建发展大计。在闭幕会上,宋德福书记作了重要讲话,充分肯定了八届省政协工作,阐述了新形势下做好人民政协工作的重要意义,并就人民政协如何更好地履行职能提出了要求。

【常务委员会会议】

第1次会议 2003年1月12日在福州举行。会议主题是协商有关人事事项。根据秘书长的提名,协商通过了宋克宁、陈新华、陈维山任九届福建省政协副秘书长;金惠钦、史炳奇、刘以籁、赵向华、郑永祥、林强、金铁平、陈美光、陈峰、林大坚兼任九届福建省政协副秘书长;协商通过了九届省政协专门委员会的设置和主任人选。陈明义主席在会上作重要讲话,强调要从五个方面加强省政协常委会自身建设:一要提高理论水平,二要增强责任意识,三要坚持团结民主,四要树立良好作风,五要不断开拓创新。

第2次会议 2003年3月26日至27日在福州举行。会议主题是传达贯彻全国"两会"精神,学习关于人民政协和统一战线理论。中共福建省委副书记黄瑞霖作了关于统战理论的报告,中共福建省委常委、统战部部长陈营官传达了全国政协十届一次会议主要精神。会议邀请全国政协研究室主任卞晋平作关于人民政协理论与实践的报告。会议审议通过了九届福建省政协专门委员会副主任名单。陈明义主席在闭幕会上讲话,就贯彻全国政协十届一次会议精神,做好今年的工作,提出了五点要求。

第3次会议 2003年7月2日至3日在福州举行。会议的主要议题是以"三个代表"重要思想为指导,为加快我省经济发展和全面建设小康社会献计献策。会议听取了叶家松副主席关于省政协专门委员会通则的说明,听取了提案委员会负责人所做的省政协九届一次会议以来提案工作情况的报告,听取了省政协各专门委员会及省各民主党派、工商联负责人关于发展县域经济、促进我省外贸出口的思考、公正对待农民工等专题调研报告。会议审议通过了《福建省政协专门委员会通则》。省委、省政府领导陈营官、黄小晶、朱亚衍、叶双瑜分别到会听取意见。陈明义主席在闭幕讲话中总结了省政协半年以来的工作，强调指出：省政协下半年要继续围绕中心，认真履行政协职能。要兴起学习“三个代表”重要思想新高潮，推动政协工作取得新成效。

第4次会议 2003年12月16日至18日在福州举行。会议主要议题是学习贯彻中共中央和中共福建省委重要会议精神，协商通过关于召开省政协九届二次会议有关事项。中共福建省委副书记王三运传达了中共十六届三中全会、省委七届六次全体（扩大）会议和全省经济工作会议精神；听取了黄小晶副省长关于《省政府工作报告》（征求意见稿）起草情况的说明和省政府秘书长冯声康关于政府系统办理政协提案情况的通报；听取了省政协副主席叶家松关于《省政协常委会工作报告》（讨论稿）起草情况的说明、省政协九届二次会议筹备情况的说明及部分专委会更名的说明；还听取了提案委员会负责人关于省政协九届一次会议以来提案工作报告起草情况的说明。会议审议通过了《关于学习、贯彻中共十六届三中全会精神、落实省委七届六次会议（决议）的意见》，审议通过了关于召开省政协九届二次会议的有关事项。陈明义主席在会上讲话，对认真组织好省政协九届二次会议提出了具体要求。

【专门委员会工作】

提案委员会 2003年共收到提案701件，其中委员提案553件，党派团体提案148件。经审查立案656件，其余45件以委员来信等方式处理。参与提案的委员606人，占委员总数的84%。经85个承办单位及有关方面的共同努力，提案得到了认真有效的办理。一、加强学习，自觉运用“三个代表”重要思想指导提案工作，积极创新提案工作运行机制，使提案工作更具活力，更有实效。二、从提高提案质量入手，提高提案工作的整体水平。重视抓好党派团体提案工作，走访省各民主党派、工商联，征求对提案工作的意见和建议，召开各民主党派、工商联、有关人民团体提案工作座谈会，认真总结经验。积极配合办公厅和党派团体在鼓岭举办的两期新委员培训班，在省社会主义学院举办的民主党派成员学习班上讲授提案撰写知识。三、把推动提案的落实作为提案工作的重中之重。向省委、省政府报送《重要提案摘报》25期，省领导作了36件次批示。不断完善主席、副主席督办重点提案制度。省政协主席、副主席共督办重点提案13件，每件都得到较好的落实。提案委员会也有选择地督办重要提案，通过多种形式促进提案人与承办单位的相互沟通。四、加强提案工作的规范化、制度化、程序化建设。在广泛征求意见的基础上，起草了《福建省政协办公厅关于办理政协提案的意见》，并由省委、省政府办公厅转发了这个《意见》，推动各市县区、各单位认真贯彻执行，促进了我省提案工作的规范化建设。五、加强提案宣传，扩大提案成效。福建电视台定期在每周五《新闻纵横》栏目中播放一期《提案追踪》专题，《福建日报》在文明建设专版中开设《提案追踪》栏目，定期宣传提案办理成效。全省各新闻媒体报道提案办理工作的文章共100余篇。

经济科技委员会 一、认真组织调研。一是围绕省委关于加强县域经济发展的课题组织调研。联合省直有关部门、民主党派赴30多个县（市）深入调研，共召开几十场座谈会，广泛听取基层单位和群众的意见和建议，形成9篇质量较高的调研材料，其中许多意见和建议被吸纳到省委、省政府《关于加快县域经济发展的若干意见》中。二是围绕我省基层科技工作情况组织调研。深入三明、南平、莆田等地乡镇、企业，召开14场座谈会，与150多位基层科技人员交流意见，调研后提出了8条意见，报送省委、省政府，刘德章副省长对此作出了重要批示。三是围绕我省风力发电情况组织调研。组织委员赴我省东山、平潭两个县和广东省南澳等地考察风力发电情况。调研后，委员们就充分利用风力资源、加快发展风电产业，向省政府提出了若干建议。二、开展视察和考察活动。组织委员赴漳州市视察生态农业、旅游生态和生态防护林的建设与保护情况。赴蕉城、霞浦、福鼎及浙江舟山等地考察闽浙两省海洋与渔业发展情况。考察后所提意见和建议受到政府有关部门的重视和采纳。三、多次召开情况通报会。邀请省政府有关部门负责人先后8次前来通报我省海洋与渔业发展、开发区建设、建设生态省等方面情况，为委员知情参政、履行职能服务。四、组织全省政协经济科技委员会工作联系会议，交流各地在实施项目带动和工业园区建设以及合理利用土地资源、促进工业园区健康发展等方面的经验，并对今后我省工业园区建设提出若干建议。五、加强自身建设。及时修订了《福建省政协经济科技委员会工作简则》，举行两次全体委员会议，坚持每月召开一次主任会议，认真研究本专委会工作。

文教卫体委员会 一、围绕中心，深入调研，积极建言献策。组织部分委员就社区建设问题分别赴厦门、泉州及福州、莆田开展调研，提出了4点意见和建议报送有关领导和部门。组织部分委员并协同福州、三明、南平、宁德、莆田和龙岩6个市政协相关委员会就我省农村义务教育发展情况进行调研，提出了解决问题的8点建议，《人民政协报》专版刊发了这项调研报告。围绕构建城市医疗服务体系问题，赴厦门、泉州福州及福清等地调研，调研报告提交给全国政协召开的“专题研讨会”进行交流，并受到了好评。二、关注热点问题，积极参政议政。组织部分在榕委员视察了大学城建设情况，就大学城建设的资金投入、资源共享和整体配套工作等问题提出了若干意见和建议。邀请省高招办负责人和福州市部分教师就加强我省高考考风考纪工作进行座谈，并组织委员视察了福州、莆田部分考场和高招网上阅卷工作，促进了高招工作的公正、公开和公平。三、召开工作联系会，用经验推动工作。在平潭县召开了全省政协文教卫体委员会工作联系会，9个设区市政协相关委员会分管领导和负责人40余人出席了会议。四、积极参与福建当代国画优秀作品展的组织工作。在北京召开了由首都各大美术单位20多位著名画家、理论界权威人士参加的“福建当代国画优秀作品展”研讨会，并在福州画院举行了“福建当代国画优秀作品汇报展”。

社会法制委员会 一、加强政治理论学习。认真学习“三个代表”重要思想和中共十六大及十六届三中全会精神。提高对政协的性质、地位、作用、职责、职能等方面的认识。二、搞好专题调研工作。赴南平、福州、泉州、莆田、厦门等地，就“公正对待进城务工农民问题”开展调研，形成调查报告，报送省委、省政府。组织开展“坚持和完善共产党领导的多党合作和政治协商制度，不断推进我省的政治文明建设”课题的调研。积极配合全国政协社会法制委员会开展“灵活就业人员的社会保障问题”调研。三、开展专题视察工作。组织委员在福州视察了“严打”整治斗争工作情况，福州市委对视察报告十分重视，市政法委专门召开书记办公会议，对省政协视察团提出的5条建议进行专题研究，提出了整改措施。四、协助办公厅组织常委会专题会议。邀请省法院、省检察院主要负责人在会上分别作工作情况通报，邀请省公安厅负责人作我省禁毒工作情况报告。通过专题会议，使委员更多地知情明政。五、开展立法前协商工作。加强与省人大内司委、法工委和省政府法制办的联系，主动协调各专委会、省各民主党派、工商联、人民团体参与有关法规条例的协商和论证工作。对《福建省特种行业和公共场所治安管理办法》、《福建省促进行业协会发展条例》等7部地方性法规进行了协商，为法规条例的修改完善提出意见和建议。

学习宣传委员会 一、编发12期《学习资料》。内容涉及人民政协基本理论、基本知识，经济、科技知识以及法律法规政策等诸多方面。二、举办两期省政协委员、市县政协主席培训班，近百名省政协委员和市县政协主席、副主席参加了培训，重点学习"三个代表"重要思想、统一战线和人民政协理论。三、举办暑期读书会。省政协负责人和常委等50多人参加该项活动。四、开展农村可持续发展专题调研，调研报告全文刊发在省委《调研内参》上，报告中提出的关于林业发展的一些建议，得到省有关部门的重视和采纳。五、组织省新闻记者采访团赴宁德市采访政协工作。福建日报社、省电台、省电视台、福建画报社等新闻单位派记者参加了采访团，对当地政协工作进行了广泛宣传，共发稿30多篇。六、开展新闻舆论导向评议工作。省委宣传部、福建日报社、省电台、省电视台和福州市委宣传部负责人在新闻导向评议会上认真听取委员们的意见。七、开展学习宣传工作的调研。赴漳州、三明、南平等地，召开了7场座谈会，听取当地省、市政协委员，市县政协领导和机关工作人员的意见，努力改进政协宣传工作。

台港澳侨联络委员会 一、认真学习理论，加强自身建设。召开7次主任会议和省、市政协联络工作会议，认真学习"三个代表"重要思想、中共中央、中共福建省委和省政协有关文件精神，提高了理论素养和工作水平。二、发动委员为抗击"非典"献计出力。闽籍港澳全国政协委员、省政协港澳委员向国家卫生部和省、市有关部门捐款捐物合计约1600万元人民币。三、走访福州、莆田、三明等市的部分台资企业，与台商座谈，了解经营情况，加强联谊。组织台情报告会。四、积极履行政协职能，调动委员参政议政积极性。赴福州、厦门、漳州、莆田、宁德等地开展促进我省外贸出口调研活动，召开12场座谈会，走访30多家各种类型的出口企业。调研后提出八条促进外贸出口的建议，其中一些建议被吸纳到省政府出台的《关于进一步支持外贸出口若干意见》文件中。组织港澳委员赴黑龙江和甘肃两省考察，为黑龙江省教育事业捐赠50万元人民币，为甘肃捐建1所"希望工程"小学并资助500名贫困生。促进闽港科教文界人士交流，组织香港科技人员和专业人士来闽参观考察。在深圳召开港澳委员、海联会理事座谈会。五、开展海外联谊，拓宽对侨工作渠道。在对外交流中，注重加强与各地的华侨新生代（新移民）联系。与福州市政协联合邀请印尼中青年企业家105人组团来闽访问。积极参与省"五侨"联合举办的各项活动，积极督促办理涉侨提案的落实。

民族宗教委员会 一、认真组织学习。召开民宗委全体委员会议和主任会议，学习省委、省政府重要文件和领导讲话。举办"走近宗教"报告会，省政协领导、有关部门负责人及专家、学者等200多人参加了会议。二、召开全省政协民族宗教工作座谈会，认真总结交流民族宗教工作经验，统一思想认识。省政协民宗委负责人和九个设区市政协负责人等40多人参加了会议。三、深入开展调查研究，促进少数民族地区经济社会发展。组织委员赴罗源、霞浦、福鼎、福安等市（县）调研县域经济和少数民族地区经济情况。调研工作历时三个多月，深入全省18个民族乡、50个民族村，调研后向省委、省政府提出8条建议。四、认真协办重点提案，继续推进宗教房产政策落实。组织委员赴南平市视察闽北宗教文化。会同省政协提案委员会，与省建设厅、福州市政府、省轻纺(控股)有限公司三家承办单位多次沟通和协商，促进重点提案的办理。组织委员赴漳州市视察宗教房产政策落实情况，促进了漳州市两处宗教房产遗留问题的解决。组织医卫界委员专家赴福鼎市硖门畲族乡开展义诊活动，有200多位畲汉群众接受专家诊治。五、注重与各方面的联系和交往，努力探索做好政协民族宗教工作的有效途径。组织委员深入福州崇福寺、西禅寺、林阳寺、涌泉寺等重点寺庙调研，了解宗教界人士生活情况和依法管理寺庙的情况。

文史资料委员会 一、抓好编辑出版工作。编辑出版了约32万字的《文史资料选编·政治军事编第三册》，收文37篇。编辑出版了约72万字的《福建省各级政协文史资料咨询指南(续)》，内有条目1.7万多条。完成约30万字的《政治军事编》第四册初编工作。二、推进协作交流工作。召开2次协作会议，成立专题协作编审委员会，按计划与9个设区市政协及省文物局协作开展征编文史资料工作。与省文化厅、省文物局、省摄影家协会联合开展“八闽文物”摄影大赛活动，共收到应征作品2000多幅，共有127幅(组)作品入选参展，省、市多家新闻单位对此进行了报道。三、积极开展视察、调研工作。组织委员先后赴宁德、三明、福州三市对我省爱国主义教育基地建设情况进行调研。联合提案委就林则徐故居问题进行调研，视察文物保护情况，调研和视察后所提意见建议受到省、市有关部门的重视。四、加强自身建设。印发政治、法律等方面材料，供委员学习。召开委员会主任会议和全体委员会议，修改制定了《文史资料委员会工作简则》，使各项工作有章可循。

【重要文件】

中共福建省委书记宋德福在省政协九届一次会议闭幕会上的讲话(2003年1月12日)(摘要) 省政协九届一次会议期间，委员们以高度的责任感，认真履行职责，反映社情民意，积极建言献策，提出了许多很好的意见和建议。面对新的形势，新的任务，人民政协的地位更重要了，任务更繁重了，履行职能的要求也更高了。全省各级政协组织和广大政协委员，要继续高举邓小平理论伟大旗帜，以“三个代表”重要思想为指导，在中共福建省委的领导下，牢牢把握团结和民主两大主题，切实履行好政治协商、民主监督、参政议政职能，为福建全面建设小康社会作出新的贡献。第一，政协作用重要，要进一步增强光荣感、责任感。各级政协一定要增强光荣感和责任感，不图虚名，不辱使命，不负众望。各位委员都是各个领域的代表人士，在业务上有突出成就，在本界别有较高的威望，不仅要努力发展自己的事业，而且要认真履行政协章程规定的职责，努力提高参政议政的能力，以实际行动为我省改革开放和现代化建设作出自己的贡献。第二，政协主题鲜明，要进一步促进团结、集聚力量。团结和民主是政协工作的两大主题，各级政协组织和广大政协委员都要紧紧围绕这个主题履行职能。团结就是大局，团结就是力量。政协应通过求同存异、体谅包容、协调关系，把不同党派、不同阶层、不同民族、不同信仰的人凝聚起来，最大限度地调动各方力量，共同致力于我省的现代化建设。各级政协一定要充分发扬民主，通过政治协商，增进理解，扩大共识，凝聚人心，把各党派团体和各族各界人士的积极性和创业热情充分地调动起来。团结和引导台港澳同胞、海外侨胞、留学人员来我省投资创业，团结和引导拥护祖国统一、赞成发展两岸关系的海内外同胞和各界人士，为推动我省经济社会更快发展，为推动祖国和平统一大业早日实现，作出积极贡献。第三，政协人才荟萃，要进一步开展专题调研、建言献策。各级政协要继续发挥智力密集的优势，组织委员多开展一些专题调研，摸实情，讲真话，出实招，积极建言献策。要围绕全面建设小康社会，构建三条战略通道，加快九市三层面的发展，围绕经济和社会发展中的重点、难点、热点问题，深入开展调查研究，以提案、调研报告、信息等形式，提出有价值、有分量的意见和建议，当好党委、政府决策的参谋和助手，不断提高参政议政的水平。第四，政协联系广泛，要进一步做好反映民意、协调关系的工作。各级政协要高度重视界别的特点，充分发挥联系广泛的优势，把了解和反映社情民意作为履行职能的基础性工作，畅通联系渠道，完善信息网络，反映社会真实情况和群众的意见呼声。要加强同社会各界的联系，积极协助党委和政府正确处理新形势下的人民内部矛盾，多做增进了解、加深理解、消除误解、达到谅解的工作，多做协调关系、化解矛盾、理顺情绪、鼓舞士气的工作，进一步巩固和发展我省安定团结的政治局面。第五，政协新老交替快，要进一步加强学习、搞好培训。政协要努力适应形势的发展变化，不断加强和改进自身建设。通过培训班、学习会、专题讲座、学习考察等多种形式，加强对委员的学习培训，组织委员认真学习党的十六大精神，学习邓小平理论和“三个代表”重要思想，学习党和国家的方针政策，学习统一战线理论，学习社会主义市场经济知识、现代科技知识和法律法规。通过学习，统一思想认识，坚定不移地坚持共产党领导，牢牢把握正确的政治方向，增强自身素质，更好地履行各项职责。政协委员中的中共党员要带头实践“三个代表”重要思想，带头讲学习、讲政治、讲正气，始终保持共产党人的蓬勃朝气、昂扬锐气、浩然正气。全省各级党委一定要按照十六大的要求，认真贯彻《中共福建省委关于进一步加强人民政协工作若干问题的决定》，进一步加强和改善对政协工作的领导，切实重视和支持政协工作，积极为政协履行职能、开展工作提供良好的环境和条件。各级政协党组要保证党的路线、方针、政策和同级党委的决定在政协工作中的贯彻落实，要主动争取党委的领导和政府的支持。

常委会工作报告（2003 年 1 月 6 日）（摘要） 报告分为三个部分。第一部分：五年工作回顾。一、认真组织学习，坚持以邓小平理论和“三个代表”重要思想指导政协工作。五年来，共组织专题报告会 78 场（次），举办暑期读书班 5 期，举办委员、机关干部培训班 18 期，培训委员、机关干部 1046 人（次），编印《学习资料》60 期 11 万多册。通过各种形式的学习活动，使政协委员增强了做好政协工作的责任感和使命感，提高了参政议政的水平。二、紧密围绕中心，政治协商取得新进展。一是围绕全省重大决策、部署及大政方针进行协商。每年举行的全会，围绕省政府工作报告以及其他重要报告，进行充分的讨论协商。二是围绕社会关注、群众关心的若干重点问题进行协商。八届二次至五次会议期间，安排了社会保障制度、少数民族地区经济与社会发展、生态林的保护与管理等 20 个专题，与省政府及有关部门进行对口协商。三是围绕地方性法规的出台，进行立法前协商。五年来组织委员对《福建省促进科技成果转化条例》、《福建省禁毒条例》等 58 部地方法规进行立法前协商，所提意见受到重视和采纳。三、努力拓宽渠道，民主监督力度进一步加大。第一，发挥提案在民主监督中的作用。五年来共收到提案 4069 件，立案 3874 件，提案意见、建议被采纳、部分采纳或有关部门纳入计划逐步解决的共 3196 件。第二,发挥委员视察在民主监督中的作用。组织委员分别就司法公正、行政执法、水污染和粉尘污染防治、宗教房产政策落实等群众关注的热点问题开展专项视察,提出意见和建议。第三,发挥反映社情民意工作在民主监督中的作用。五年来,共向省委、省政府领导和全国政协信息中心报送《政协信息》专报件 437 期,省领导 178 人次作了批示。第四,在参与执法检查等活动中发挥民主监督的作用。101 名省政协委员被省直有关部门聘为特约监察员、特约检察员、特约审计员和特约教育督导员等,直接参与各类监督和检查。四、深入调查研究,提高参政议政水平。以专委会为依托,以课题为纽带,就实施科教兴省战略、增进精神文明建设实效、国有企业改革、推进农业产业化、发展非公有制经济等诸多重要问题,组织开展调查研究。共提交 144 份调研报告和 73 份视察(考察)报告,许多意见和建议得到省委、省政府及有关部门的重视和采纳。五、突出两大主题,不断巩固和发展爱国统一战线。组织各民主党派、工商联、人民团体参加政协的重大活动,努力营造民主协商、合作共事的氛围。五年来,各民主党派、工商联、有关人民团体共提交全会发言 353 篇,集体提案 800 件。扩大同台港澳侨人士的联谊,促进我省现代化建设和祖国和平统一大业。积极开展对外交往,省政协组团或参加其他代表团出访了 25 个国家和地区。六、加强联系协作,用经验推动和指导市县(区)政协工作。省政协领导经常深入市、县(区)政协调研,听取意见,指导工作。加强市、县(区)政协领导的培训工作,5 年共有 381 位市、县(区)政协领导参加全国政协和省政协培训班的学习。召开两次全省政协工作经验交流会,举行 4 次全省设区市政协主席座谈会。七、重视自身建设,努力提高服务质量。认真贯彻落实《中共福建省委关于进一步加强人民政协工作若干问题的决定》精神,推进履行政协职能规范化、制度化和程序化建设。按照中共中央的部署和省委的要求,开展党性党风教育活动,加强了省政协领导班子建设。专委会的基础性作用进一步得到发挥,机关工作总体水平和服务质量进一步得到提高。第二部分:主要经验和体会。一、坚持党的领导,加强理论学习,把握政协工作的正确方向。二、坚持紧紧围绕省委省政府的中心工作履行职能,注重工作实效。三、坚持营造民主和谐的工作氛围,充分发挥各方面作用。四、坚持深入调研,努力提高参政议政质量。五、坚持与时俱进,不断探索履行职能的内容和形式。六、坚持加强委员队伍和专委会建设,发挥委员的主体作用和专委会的基础作用。第三部分:今后工作的建议。一、认真学习中共十六大精神,全面贯彻"三个代表"重要思想。二、紧紧围绕提前实现全面建设小康社会的奋斗目标,努力为我省改革开放和现代化建设献计出力。三、把握政协工作主题,在加强团结、维护稳定中多做贡献。四、开拓创新,与时俱进,创造性地开展政协工作。五、加强自身建设,提高整体素质。

中国人民政治协商会议第九届福建省委员会第一次会议决议(2003 年 1 月 12 日政协第九届福建省委员会第一次会议通过) 过去的五年,在中共福建省委领导下,我省认真贯彻中共中央重大决策部署,围绕加快发展主题,突出结构调整主线,全面推进改革开放和现代化建设,努力提高人民生活水平,国民经济持续快速健康发展,社会主义民主法制建设和精神文明建设全面推进,各项事业取得了可喜的成绩。会议对省政府五年来的工作表示满意。会议认为,《政府工作报告》对工作的回顾是实事求是的,对存在问题和困难的分析是客观的,提出我省全面建设小康社会目标和今后五年的任务及今年工作安排，符合福建实际，措施是可行的。八届省政协在中共福建省委的领导和全国政协的指导下，坚持以经济建设为中心，自觉服从和服务于改革发展稳定的大局，认真开展政治协商，重视加强民主监督，积极组织参政议政，为巩固和扩大爱国统一战线，维护团结稳定的政治局面，推进我省改革开放和现代化建设，做出了积极的贡献。八届省政协取得的成绩和积累的经验，为新一届省政协做好工作奠定了良好的基础。会议指出，全省各级政协组织要把学习、宣传、贯彻中共十六大和中共福建省委七届四次全会精神作为当前和今后一个时期首要的政治任务。把思想和行动统一到中共十六大精神上来，自觉用“三个代表”重要思想指导政协的各项工作。按照“发展要有新思路、改革要有新突破、开放要有新局面、各项工作要有新举措”的要求，努力开创政协工作的新局面。

关于兴起学习贯彻“三个代表”重要思想新高潮的意见（摘要） 一、认真学习，提高认识，深刻领会“三个代表”重要思想的基本精神，进一步把全省各级政协组织、政协委员的思想和行动统一到“三个代表”重要思想上来。全省各级政协组织和广大政协委员要从国家工作的全局、从实现全面建设小康社会的宏伟目标、从中国特色社会主义事业的长远发展、从中华民族的伟大复兴、从推动人民政协在新世纪新发展的高度，充分认识兴起学习贯彻“三个代表”重要思想新高潮的重大意义。要准确把握“三个代表”重要思想的基本精神，在学习和实践“三个代表”重要思想上取得新成效。二、把学习贯彻“三个代表”重要思想与履行政协职能结合起来，在围绕中心、服务大局上做出新贡献。全省各级政协要按照省委七届五次全会精神，紧紧围绕省委、省政府关于“四个专题”决策调研，就构建三条战略通道，按三个层面、分三个阶段、比全国提前三年实现全面建设小康社会目标等问题积极参政议政。继续做好省委交办的关于加强社会主义民主政治建设的调研任务，为我省社会主义物质文明、政治文明、精神文明协调发展做出应有的贡献。三、把学习贯彻“三个代表”重要思想与把握团结和民主两大主题结合起来，为我省全面建设小康社会提供最广泛的力量支持。各级政协组织要加强同各民主党派、工商联和人民团体及各族各界人士的联系，促进大团结、大联合，共同致力于实现我省全面建设小康社会的奋斗目标。积极开展对外友好交往和联络工作，动员、引导台港澳同胞、海外侨胞、留学人员和各方面人士来我省投资、创业，推动我省经济和社会各项事业更快发展。四、把学习贯彻“三个代表”重要思想与加强政协自身建设结合起来，推进政协履行职能的制度化、规范化、程序化建设。要落实“两个务必”，按照“八个坚持，八个反对”的要求，进一步加强政协领导班子和专委会建设，建立健全各项工作制度。要加强政协机关思想建设、组织建设、作风建设和制度建设。五、精心组织，加强督促，把学习贯彻“三个代表”重要思想活动不断引向深入。坚持和发扬理论联系实际的优良学风，把学习理论与统一思想、提高认识结合起来，把学习理论与总结经验、推动工作结合起来，把学习理论与武装头脑、提高能力结合起来，增强学习贯彻的实效。要及时总结各级政协贯彻“三个代表”重要思想的经验和做法，大力宣传广大政协委员学习实践“三个代表”重要思想的先进人物和先进事迹。

【重要活动】

福建当代国画优秀作品展 9月3日至10日，福建省政协和全国政协书画室在北京共同主办“福建当代国画优秀作品展”。中共中央政治局常委、全国政协主席贾庆林,全国政协副主席张克辉、郝建秀、王选,省政协主席陈明义、副主席王良汽,全国政协副秘书长赵喜明、孙怀山,全国政协港澳台侨委员会副主任何少川以及首都书画界同仁共200多人参加了开幕式。全国政协副主席王选致开幕辞,省政协主席陈明义在开幕式上讲话,贾庆林主席等全国政协领导和福建省政协领导一起参观了画展。参展的曾贤谋等10位画家分别向来宾介绍了自己的作品及创作经历。

首届"政协工作论坛" 11月14日在福州举行。省政协主席陈明义,副主席潘心城、王良汽、金能筹、李祖可、苍震华、叶家松、吴新涛出席了论坛。省各民主党派、工商联、人民团体和各设区市政协的代表围绕推进县域经济发展中发挥政协组织和政协委员的作用、提高政协履行职能的水平和成效、进一步加强政协自身建设等三个课题向论坛提交了32篇论文,有9个单位和个人在大会上作了专题发言。陈明义主席在会上发表讲话,强调要紧密结合我省实际,把政协理论研究与工作实践相结合,努力开创我省政协工作新局面。

全省各界人士新年茶话会 12月30日在福州西湖宾馆举行。中共福建省委、省人大常委会、省政府、省政协领导和省部级老同志等约300人出席了茶话会。省政协主席陈明义主持了茶话会,省政协副主席、九三学社省委主委陈家骅代表省各民主党派、工商联、无党派爱国人士在茶话会上讲话。受省委书记宋德福的委托,省委副书记、省长卢展工在会上发表了热情洋溢的新年祝辞。他指出,过去一年取得的成绩,是全省广大干部群众解放思想、开拓创新,面对挑战、迎难而上,凝聚力量、增强合力,聚精会神搞建设,一心一意谋发展的结果,其中凝聚着全省各级人大代表、政协委员、各民主党派、工商联、无党派爱国人士和各条战线干部群众的心血和汗水。在新的一年里,我们要始终坚持发展第一要务,以发展为大、发展为先、发展为重,倍加珍惜当前发展的良好态势,紧紧扭住经济建设这个中心,保持经济持续快速健康发展。

【组织概况】

主 席

陈明义

副主席

潘心城 王良汽 金能筹

王耀华 李祖可 陈家骅

苍震华 叶家松 吴新涛

王钦敏

秘书长

叶家松(兼)

常务委员名单(以姓氏笔画为序)

马金魁 尤 珩 方 群 王彬成
王豪杰 卢温胜 史炳奇 史新开
刘 珂(女) 刘大林(女)
刘以籁 刘贤儒 刘群英(女)
吕凯明 孙君梅(女) 孙绍振
庄文才 庄绍绥 朱国平 汤仙虎
汤金华 许开瑞 许奇锋 许荣茂
许健康 阮五崎 阮诗玮 何友荣
何富强 何融融 吴志明 宋克宁
张 武 张同盟 张启琛 张明星
张鹏飞 李力利 李天森 李庆洲
李纯粹(女) 李育兴 李贤义
李琳梅(女) 李新炎 杜 民(女)
杜 建 杨峥嵘 沈长福 邱季端
邱惠珍(女) 陈 冬 陈 奇
陈大明 陈少妹(女) 陈兴生
陈向先 陈庆元 陈进强 陈奋武
陈忠信 陈明金 陈绍军 陈昭强
陈美光(女) 陈桂宗 陈逸清
陈隆基 陈裕秀(女) 陈辉庚
周卓为 官 成 华明敏(女)
林 寿 林 峰(女) 林 强
林万植 林大坚 林文秀(女)

林方磊　林国清　林学甫　林树哲
林铭森　林祝光(女)　林爱枝(女)
林景华　林葆荣　林德冠　郑永祥
金铁平　金惠钦　侯伟生　俞贤光
柳国荣　洪长水　洪捷序　洪锡熙
胡明辉　赵向华　钟　安　夏玉瑚
徐一帆　袁锦贵　郭永建　高诚辉
康　英(女)　商少平　梁茂淦
黄诗筠　黄健儿　黄维礼　舒　婷(女)
游冠洲　蒋方斌　蒋细定　辜建德
释本性　路　平(女)　蔡玉兰(女)
颜纯炯　薛金炼

委员名单(以姓氏笔画为序)

中国共产党

史新开　叶家松　刘贤儒　宋克宁
李育兴　苍震华　陈向先　陈明义
林万植　金能筹　金惠钦　袁锦贵
黄诗筠　潘心城

中国国民党革命委员会

方　群　王良沩　史炳奇　叶少珍(女)
苏文菁(女)　陈忠信　陈作良
林俊山　林惠中　郑世平　洪锡熙
夏先鹏　黄健儿　赖钟雄

中国民主同盟

王耀华　叶必勇　刘以籁　许永玉(女)
阮诗玮　吴小南　张启琛　邹自振
陈　榕(女)　周子澄　林金水
徐一帆　黄维礼　蔡登阂

中国农工民主党

刘献祥　江一平　何友荣　吴新涛
沈长福　陈　巧(女)　陈兴生
陈宜中　陈　勇　陈　益(女)
陈辉庚　郑伟达　赵向华　赵剑曦

中国民主建国会

王代忠　王宗华　何融融　吴志明
张同盟　李力利　李茂胜　林旭健(女)
林　强　郭国华　黄建国

中国致公党

王钦敏　刘　珂(女)　杨俐丽(女)
林大华　林玉莲(女)　郑永祥
胡明辉　徐平东　蔡耀平

台湾民主自治同盟

张秀兰(女)　纯粹(女)李珊珊(女)
陈昭强　陈美光(女)　骆沙鸣
蔡振翔

九三学社

张玉珍(女)　李子林　李新春
陈立人　陈家骅　林大坚　林葆荣
蔡　峰

中国民主促进会

庄瓦金　何　强　杜　民(女)
陈　奇　林荣光　金铁平　钟隐芳(女)
翁国星

无党派人士

韦昌荣　朱国平　宋建华　张杏谷(女)
李　晖　陈小慰(女)　林祝光(女)
郑振满　侯伟生　蓝建杭

工商业联合会

丁水波　丁响亮　王子林　王秀成
王育民　邓如宝　卢元健　许明金
阮希玮　吴汉杰　吴荣源　张宗真
张春福　张就延　李祖可　李新炎
陈大明　陈发树　陈存明　陈庆元
陈银清　林定强　林建平　林院冰
郑锦安　柯遵昶　柳国荣　洪长水
胡　钢　梁一峰　傅光明

总工会

王少昆　冯诚忠　朱生垣　何雪芬(女)
汪长清　陈乐昌　欧阳小菁(女)
郑　捷(女)　柯银河　莫雪平(女)
黄金木　黄朝晖　曾衍祥　温克仁
路　平(女)　缪耕山

中国共产主义青年团

陈　冬　官明辉　杭　东　龚晓云

青年联合会

许天楚　李顺堤　涂崇禹　黄其森
游克龙

妇女联合会

叶美兰(女) 叶根轩(女)
伍秀枞(女) 刘慧宇(女)
孙惠玉(女) 杨轶琴(女)
陈裕秀(女) 林文秀(女)
柯达权(女) 赵景璋(女)
赵 静(女) 黄 平(女)
黄亚惠(女)

归国华侨联合会

王建坤 王建忠 刘建标 江宇园
汤如旭 吴小敏(女) 吴远康
张子平 杜辉雄 杨峥嵘 杨贻芬
陈勇生 陈秋菊(女) 陈翠美(女)
林文聘 郑金云 郑炳章 徐凌云
郭焰山 黄志英(女) 黄国铭(女)
黄家正 童家彬 鄞荣源 蔡玉兰(女)

台湾同胞联谊会

卢葛覃(女) 朱家麟 吴芳檀
陈 基 柯连妹(女) 黄永寿

科学技术协会

王泽生 王 闽(女) 刘国英
刘群英(女) 江文清 阮五崎
陈元仲 林 寿 林思翔 商少平

科学技术界

马金魁 王元生 王金阳 孙海山(女)
朱国庆 江全孚 牟建勇 严可仕
何清水 吴景良 宋祥文 张琳茂
李云孝 李祖协 李琳梅(女)
杨仁惠 杨锦炎 连文成 陈文辉
陈 民 陈国平 陈端钦(女)
陈 澍 林旭光 林国清 林思诚
林秋云 林荣达 林桂开 林湘平
洪捷序 唐汉清 夏玉瑚 郭根和
曹德旺 黄天火 黄文凤(女)
黄肖青 黄赛琴(女) 谢翠娅(女)
赖潭平 阙炎和 廖斯增

教育界

丁志聪 王春庭 王豪杰 王豫生
邓天杰 邓利娟(女) 冯开辉
任 勇 刘 平(女) 刘 塨
孙绍振 许伟林 许景期 余 轮
吴敏生 吴智园 张木清 张性雄
张金栋 张 馨 李 迅 李泽辉
李金华 李燕燕(女) 杨文金
沈如吉 迟 岩 陈丽冰(女)
陈奋策 陈忠文 陈绍军 陈荣斯
陈维振 陈雅芳(女) 易中天
林占熺 林寿桦 林俐达(女)
林炳章 林 群 林榕华 郑保东
柯金锁 赵志华(女) 夏荣强
翁家宝 翁乾明 郭银土 高诚辉
梁家顺 黄小宁 傅孙双 游振平
董卫华 辜建德 蔡炳河 蔡振雄
裴晓敏(女) 戴 绮(女)

文化艺术界

刘小龙 朱以撒 朱 光 齐建华
严 凤(女) 吴 光 李木教
李尚清 李 敏(女) 苏笑容(女)
邱惠珍(女) 陈乃春 陈玉峰
陈扬坤 陈奋武 陈济谋 林水德
林仲文 林 瑛(女) 林德冠
郑一仙 郑礼阔 郑修钤 唐晓燕(女)
夏 青(女) 袁荣昌 曹 澄
黄玉坤 舒 婷(女) 董希源

医药卫生界

王少元 白 平(女) 伊琴华(女)
刘 通 吕凯明 庄建良 朱东海
江家骥 许志福 闫福华 严延生
何 明(女) 吴家柿 张俊卿
张鹏飞 李惠长 杜 建 陈明非
陈美华(女) 陈晓春 陈烈平
陈崇宏 季晓林 林才经 林伯滢
林建华 林欧文 林绍彬 林 玲(女)
林 楠(女) 欧阳守 郑天荣
郑瑞招(女) 战 榕(女)
洪黎蓉(女) 郭永建 黄 玲(女)
黄绳跃 游泳宜(女) 戴春福
魏仲南

社会科学界

王碧秀(女)　严　正　余则镜
张林生　李建平　杨大祖　杨华泰
陈少妹(女)　陈　锐　林少川
林方磊　林　琛　林端宜(女)
范美先　金惠敏(女)　康　英(女)
黄建龙　董启清　董帝銮　蒋方斌
蒋细定　谢文华　赖纪锐　廖益新
蔡元庭

经济界

王亚植　兰益江　庄树新　许开瑞
吴荣南　吴德厚　李天森　李建超
李锦华　苏　靖　陈良富　陈桂宗
周培建　林　峰(女)　林　勤
郑宗杰　凌玉章　唐庆霖　悦胜利
黄建民　黄政云　蒋杰宏　谢长安
谢兴福　谢作民　谢海南　薛金炼
王亚植　兰益江　庄树新　许开瑞
吴荣南　吴德厚　李天森　李建超
李锦华　苏　靖　陈良富　陈桂宗
周培建　林　峰(女)　林　勤
郑宗杰　凌玉章　唐庆霖　悦胜利
黄建民　黄政云　蒋杰宏　谢长安
谢兴福　谢作民　谢海南　薛金炼

新闻出版界

王华伟(女)　王过渡(女)
邹　云　陈伟鸿　陈逸清　林爱枝(女)
俞金树　黄种生　蔡小伟

农业界

尤　珩　王邦波　包章泰　刘大林(女)
江仁党　汤金华　吴建华　张文勤
张生福　杨有志　杨维生　苏锦平
邱树彬　陈美琼(女)　陈德贵
林庆荣　茅同庆　徐登峰　郭　浩
黄思兴

体育界

孙君梅(女)　汤仙虎　陈文斌
陈忠和　林文侨　林家成　林景华
罗福群(女)　郑幸红(女)
蔡天初

少数民族界

丁思强　钟　安　钟晓娟(女)
郭文圣　郭萍萍(女)　粘为江
蓝存安　蓝运全　雷光秀　雷金兰(女)

宗教界

任菊生　庄静城　苏伟垣　岳清华
林志华　林　清　徐子晖　黄朝章
谢荣增　释本性　释如妙(女)
释赵雄　释理文　释道元　詹思禄
蔡炳瑞

特别邀请人士(一)

王文贵　王长仓　王兴喜　王孝忠
王志民　王国贤　王　玲(女)
白鸿辉　吕少郎　许和农　何少川
何国栋　余险峰　吴德训　张守臣
张　武　张剑珍　张　健　李卫平
李庆洲　李金贤　杨金龙　陈　飞
陈修茂　陈荣春　陈　峰　陈维山
陈新华　陈增光　陈耀中　周卓为
周　畅　周厚稳　官成华　宫维祺
明　敏(女)　林文麟　林　逸
林碧华(女)　郑世雄　郑　武
郑昱荣　俞贤光　姚智梅(女)
项张根　栾开军　翁毅彪　郭星达
高纯福　梁茂淦　黄文石　黄昌平
黄信熀　黄春生　黄顺乐　黄海英(女)
黄焕忠　傅圆圆(女)　游冠洲
游婉玲(女)　程童一　董玉祥
韩卫国　蔡望怀　滕国际

特别邀请人士(二)

丁良辉　万碧莲(女)　王文荣
王国标　王明洋　王正伟　王宗德
王彬成　卢温胜　吕荣义　吕联发
朱　正　刘与量　庄文才　庄丽华(女)
庄绍绥　关荣丰　许光荣　许其昌
许奇锋　许荣茂　许健康　孙仁坤
何萍萍(女)　何富强　佘德聪
余文聪　吴文拱　吴良好　吴在权

吴　林　吴锡琛　宋忠官　张上顶
张文光　张明星　李天赏　李明治
李贤义　杨伯淦　苏千墅　邱季端
邱祥坤　陈子珍　陈天堆　陈长环
陈永斌　陈成秀　陈亨利　陈孝钦
陈志烽　陈进强　陈杭生　陈明金
陈泽盛　陈金霖　陈隆基　陈瑞添
陈聪聪(女)　周年茂　林民盾
林华英(女)　林志胜　林学甫
林忠成　林经纬　林树哲　林铭森
罗兴祥　罗清源　姚明摺　施少文
施世筑　施学顺　施学概　施荣恒
施展望　施振衔　施维雄　胡士寅
骆志鸿　凌友诗(女)　唐良贤
徐伟福　郭加迪　黄飞虎　黄书法
黄友嘉　黄玉山　黄达群　黄共流
黄其他　黄宗辉　黄绍基　黄若虹
黄健源　黄梓钦　黄雄飞　清　洪
董清世　蔡宗生　蔡树荣　蔡素玉(女)
颜纯炯　金　炜　颜家谟　颜乾成
魏可英

【福建省各市、县、区政协领导人名单】

厦门市(副省级)

市政协主席

陈修茂

副主席

陈维钦　叶天捷　林智忠
陈耀中　庄　威　郑兰荪
林仁川　江曙霞(女)
桂其明

秘书长

陈　韬

区政协主席

思明区　江韵兰(女)
湖里区　吴仁福
同安区　杨宏祥
集美区　汤养初
翔安区　林国耀
海沧区　纪　军

福州市

市政协主席　王文贵

县(市、区)政协主席

鼓楼区　邱顺生
台江区　高珠英(女)
仓山区　陈朝明
晋安区　陈　涟
马尾区　洪星光
福清市　陈维忠
长乐市　林衍利
闽候县　谢光星
闽清县　郑振连
永泰县　吴秋惠(女)
平潭县　翁晓岚(女)
连江县　郑厚雄
罗源县　吴仁晃

漳州市

市政协主席　林碧华(女)

县(市、区)政协主席

芗城区　张庆宗
龙文区　邹三分
龙海市　周阿份
漳浦县　陈黎明
华安县　杨甲生
东山县　高爱明
长泰县　林瑞兴
云霄县　方加群
南靖县　王两火
平和县　张添火
诏安县　沈耀喜

泉州市

市政协主席　傅圆圆(女)

县(市、区)政协主席

鲤城区　黄金辉
丰泽区　苏解放
洛江区　谢定昌

泉港区　　吴建民
晋江市　　邱华谋
南安市　　姚重贺
石狮市　　吴清含
惠安县　　吴龙昭
安溪县　　苏宇霖
德化县　　李孝仪
永春县　　林金星

三明市

市政协主席　　吕少郎
县(市、区)政协主席
三元区　　武爱民
梅列区　　林　熹
永安市　　叶培坤
清流县　　胡登良
宁化县　　罗朝祥
建宁县　　徐水泉
泰宁县　　盛福江
明溪县　　陈奋志
将乐县　　游永涌
沙　县　　赖忠厚
尤溪县　　黄希秋
大田县　　周隆超

莆田市

市政协主席　　翁毅彪
县(区)政协主席
城厢区　　郑文凤
涵江区　　陈文泉
荔城区　　何益中
秀屿区　　康乃良
仙游县　　陈金敏

南平市

市政协主席　　宫维祺
县(市、区)政协主席
延平区　　陈鼎璋
邵武市　　赵金印
武夷山市　　肖天喜
建瓯市　　卓吉卿(女)
建阳市　　邱运财
顺昌县　　郑作纯
浦城县　　刘水金
光泽县　　杨道喜
松溪县　　梅显德
政和县　　叶榅枫

龙岩市

市政协主席　　杨金龙
县(市、区)政协主席
新罗区　　郑江湖
漳平市　　杨德鑫
永定县　　余德辉
上杭县　　陈永炘
武平县　　吴桂康
长汀县　　童大炎
连城县　　罗土卿

宁德市

市政协主席　　姚智梅(女)
县(市、区)政协主席
蕉城区　　陈俊丹
福安市　　阮妙容(女)
福鼎市　　洪恒钗
霞浦县　　曾　春
寿宁县　　连德仁
周宁县　　潘陈秋
柘荣县　　游丹清
古田县　　包海妹
屏南县　　林梅珠(女)

福建省各级政协组织和委员数

（截至 2003 年底）

级别 项目	省级	副省级	地级市	县(市、区)	合计
组织数	1	1	8	84	94
委员数	682	377	2748	12792	16599

（程润江　编写　吴建春　审稿）

政 协 江 西 省 委 员 会

钟起煌　主　席

韩京承　副主席

王林森　副主席

黄懋衡　副主席

黄定元　副主席

刘运来　副主席

张华康　副主席

金　异　副主席

殷国光　副主席

雍忠诚　副主席

倪国熙　副主席

一　诚　副主席

蒋如铭　秘书长

胡建平　代秘书长

【全体委员会议】

九届一次会议　2003年1月13日至17日在南昌市召开。九届委员会共有委员683名，出席开幕大会的委员630名。大会主席团常务主席钟起煌主持开幕大会。省委副书记王君在开幕大会上讲话。会议听取并审议了韩京承代表八届省政协常委会所作的常务委员会工作报告和金异代表八届省政协常委会所作的提案工作情况的报告。出席会议的委员列席了十届省人大一次会议，听取并分组讨论了省长黄智权所作的《政府工作报告》。会议期间，中共江西省委书记孟建柱、省长黄智权分别到小组参加讨论听取委员的意见；举行了大会发言和分组专题座谈会，孟建柱到会听取大会发言并作讲话，省委、省政府和有关部门负责人分别到会听取委员意见。会议选举钟起煌为主席，韩京承、王林森、黄懋衡、黄定元、刘运来、张华康、金异、殷国光、雍忠诚、倪国熙、一诚为副主席，蒋如铭为秘书长，王一民等99人为常委。韩京承副主席主持闭幕大会，大会通过了《政协江西省第九届委员会第一次会议决议》和《政协江西省第九届委员会第一次会议关于提案审查情况的报告》。《决议》认为，中共江西省委充分肯定了八届省政协在促进改革开放和现代化建设中所作的工作和发挥的重要作用，对九届省政协提出了更高的要求，并寄予了殷切的期望，充分体现了省委对政协工作的一贯重视。《决议》要求九届省政协常务委员会要切实加强自身建设，坚持以邓小平理论和“三个代表”重要思想为指导，努力把“三个代表”重要思想贯彻到政协工作的各个领域，体现在政协工作的各个方面，使新世纪新阶段的政协工作坚持正确的政治方向，在前进中开拓，在开拓中前进。钟起煌在闭幕会上作了讲话。他说，九届省政协任期的五年，将是中共江西省委团结带领全省人民，实现江西在中部地区崛起，全面建设小康社会的战略机遇期。新的形势、新的任务，对人民政协提出了新的更高要求。我们一定要深入学习、贯彻和落实中共十六大精神，始终保持坚定正确的政治方向；一定要围绕中心，服务大局，为加快江西发展充分发挥作用；一定要坚持和完善中国共产党领导的多党合作和政治协商制度，继续推进社会主义民主政治建设；一定要坚持解放思想、与时俱进，不断创新履行职能的内容和形式；一定要切实加强自身建设，不断提高履行职能的能力和水平。

【常务委员会会议】

第1次会议　2003年2月25日在南昌召开。会议听取了王林森作关于九届省政协设置专门委员会和人事事项的说明；听取了韩京承作关于起草九届省政协常委会2003年工作要点的说明。会议审议通过了政协江西省第九届委员会设置专门委员会的决定,决定设立提案委员会、经济科技委员会、教文卫体委员会、文史委员会、港澳台侨委员会。会议同意蒋如铭同志辞去政协江西省第九届委员会常务委员会秘书长职务,免去其省政协办公厅主任职务。决定胡剑平同志任代秘书长。

第2次会议 2003年6月10日至12日在南昌召开。会议的主要议题是协商讨论工业园区建设问题。听取了南昌市政府、奉新县政府、上饶县旭日工业园介绍园区建设的情况;听取了省政协副主席雍忠诚所作的关于我省工业园区建设情况的调研报告及其他委员的发言。省委书记孟建柱听取了发言,并作了讲话。钟起煌主席向常委通报了省政协九届一次会议以来的主要工作情况,并就下半年的工作提出了要求。会议通过了有关人事事项。

第3次会议 2003年9月25日在南昌召开。专题讨论农村医疗卫生体制改革问题。会议听取了副省长胡振鹏作的关于农村医疗卫生体制改革情况的报告;听取了南昌市政协关于构建和完善南昌市公共卫生体系的调研报告;听取了吉安县关于抗击非典的情况介绍;听取了崇义县全面推行新型农村合作医疗试点工作的情况介绍。下午,韩京承副主席作了关于建立新型农村合作医疗制度的调研报告;刘运来副主席作了关于农村医疗卫生工作的调研报告;省政协农村医疗卫生体制改革调研专家组副组长袁兆康作了关于国内外农村社区卫生的比较和启示的发言;省政协常委刘晓庄作了关于"大病统筹"的理性思考的发言。省委副书记王君、副省长胡振鹏到会听取发言并作了讲话。会议结束时,钟起煌主席作了讲话。

第4次会议 2003年12月24日在南昌召开。会议议程是:协商讨论《政府工作报告(征求意见稿)》;审议通过政协江西省第九届委员会常务委员会工作报告;审议通过政协江西省九届一次会议以来提案工作情况的报告;审议通过关于召开政协江西省第九届委员会第二次会议的决定;审议通过江西省第九届委员会第二次会议议程(草案)和日程。

【专门委员会工作】

提案委员会 提案征集数量实现了历史性突破。采取多项措施,在开局之年征集大会提案542件,平时提案141件,共计683件,达到了委员人均1件。督办重点提案的数量、力度和效果多于、大于、好于以往任何一年。数量达到25件;省政协主席首次亲自督办重点提案,省委书记孟建柱、省长黄智权等8位领导对提案办理工作作出批示;通过重点督办,催生了委员盼望长达十年之久的《江西省劳动模范管理办法》;出台了《城市低保对象家庭收入评估指导意见》,受到群众的欢迎;省工商局等6厅局就整治虚假医药广告联合发文,并于11月份开展联合检查活动,引起媒体和百姓的广泛关注;邀请省政府分管领导出席《阻击有害生物入侵》提案办理协商座谈会,促成有关部门建立定期联系会议制度和专家小组等。围绕贯彻中央和省两级办公厅有关提案办理工作文件的情况进行专题调研,进一步推动了我省的提案办理工作。通过对省直15个厅局为期一个月的调研活动,发现了一批先进典型,总结了经验,评选了19个省政协提案办理先进单位,调动了各承办单位的积极性。提案工作的制度化、规范化和程序化建设取得了新成果,一年中出台规范性文件4个:研究制定了《政协江西省委员会提案委员会关于评选表彰优秀提案、先进承办单位、先进提案工作者的试行办法》并由省政协办公厅转发;省委办公厅、省政府办公厅、省政协办公厅一年内三次就贯彻中央、国务院"两办"和省委、省政府"两办"有关提案办理工作文件联合发文。

经济科技委员会 牵头组织的工业园区建设调研,为省政协九届二次常委会议专题协商的成功奠定了基础。成立了推进江西信息化建设专家组,向省政府、省委组织部、南昌市委、市政府提出了推进信息化建设建议。省政府信息化工作领导小组及时召开会议,逐条研究采纳,省委组织部、南昌市市委、市政府给予认真答复,并认真办理,有力地推动了信息化建设。开展粮食风险基金补贴改革试点调研,提出了6条建议,受到省委、省政府主要领导的高度注重。省领导在调研报告上作出批示,并督促落实。成功地承办了全国十八省市区政协经济委员会第十一次联系会议。

教文卫体委员会 牵头组织了关于农村卫生工作的调研,为省政协九届三次常委会议专题协商的成功奠定了基础。开展关于建立职业教育体系的调研,省委书记孟建柱作了批示,调研报告作为全省教育工作会议的材料在会上交流,所提意见、建议有些吸收到省政府有关文件中。两次组织以参观昌东高校新园区建设和参观体育训练设施为内容的委员活动日。在全省人民万众一心抗非典斗争中,组织了慰问活动,并代拟了省政协致全省各级政协组织及全体政协委员的一封信,产生了良好的社会效果。

社会和法制委员会 全年开展了多次调研、视察活动:关于行政审批制度改革情况的调查,关于非公有制经济发展的法制环境问题的调查,就城市低保工作进行调研,组织委员视察南昌女子监狱。形成的调研、视察报告均得到了有关方面的肯定。组织委员、专家参与《宪法》等8个法律法规草案协商,提出了修改意见。对铅山县某私营企业主反映某市公安局违法行为进行民主监督,促成问题的解决。与省政府法制办和省工商局沟通,着手起草《江西省实施〈中华人民共和国广告法〉细则》。在《法制日报》开辟委员风采栏目,展示委员风采。

文史委员会 召开"全省政协文史工作研讨会",确定了"围绕中心,突出特色,抓住重点,出好成果"的工作思路和本届文史委工作计划。围绕江西"后花园"战略的实施,启动"江西名文化"工程,完成《江西名文化》图书出版和电视专题片的摄制工作,举办了电视首映式。针对近年来我省一些地方在城市、交通和经济开发区建设中暴露出来的文物保护问题,结合我省开展第三次文物普查工作,开展了"文物保护情况"、"我省古民居保护与利用情况"两项专题调研。组织省政协委员就"南昌市城市建设文化品位"问题进行视察,取得较好的效果。对《文史大观》的栏目设置、组稿、编辑、出刊计划等进行调整,全年出刊5期。

港澳台侨委员会 以"做强做大江西旅游产业"为主题,组织港澳特别行政区省政协委员赴庐山、武宁、婺源等地视察,形成《关于我省旅游业发展情况的视察报告》,报送省委、省政府。省委书记孟建柱专门批示,要求分管副省长组织有关部门进行研究,并提出改进措施。综合整理《香港特别行政区全国政协委员赴赣视察反馈的主要意见和建议》,报送省委、省政府。协助省政府先后在北京、上海、香港等地开展招商引资和联谊交友活动,得到了省委、省政府主要领导的高度评价,并荣获省政府授予的"服务开放型经济先进单位"称号。在香港、澳门分别成立了省政协委员联络组,走访了香港、澳门的省政协委员。进一步加强了港澳委员之间的联系。举办了全省政协港澳台侨干部学习座谈会。接待来赣考察、投资、旅游等海内外朋友约40来批,共320人次。

【重要活动】

举行各界人士迎春文艺晚会 2003

年1月25日,由省委宣传部、省政协办公厅、省军区政治部、省文化厅、省广播电视局联合主办的“春潮颂”全省各界人士迎春文艺晚会在江西艺术剧院举行。省委副书记王君致新年贺辞,省政协主席钟起煌主持仪式。中共江西省委、省人大、省政府、省政协领导同志以及社会各界人士2000余人参加了迎春文艺晚会。

召开市县政协工作委员会暨省政协委员联络组工作会议 2003年6月11日,省政协在南昌召开第一次市县政协工作委员会暨省政协委员联络组工作会议。钟起煌主席在会上作了讲话。

举办全省市县政协新任主席学习研讨班 2003年7月21日至26日,全省政协新任主席学习研讨班在南昌举办。学员们系统学习了胡锦涛同志关于学习“三个代表”重要思想讲话精神和中共江西省委十一届四次全会精神以及政协统战理论知识。王君副书记到会并讲话。

举办常委暑期学习研讨班 2003年8月18日至22日,九届省政协第一期常委暑期学习研讨班在武宁县举办。学习研讨班认真学习贯彻“三个代表”重要思想和省委十一届四次全会精神,联系省政协工作实际,学习了政协统战理论知识和政协委员履行职责的基本态度、基本内容以及基本方法,研讨了如何进一步做好省政协常委会工作。学习研讨期间,韩京承、王林森、殷国光副主席分别为学习研讨班授课。

举行各界人士中秋茶话会 2003年9月9日,由省政协主办,省政协办公厅、省委统战部承办的中秋茶话会在南昌举行。省委、省人大、省政府、省政协负责人出席了会议。钟起煌主席作了讲话。

举行2003中国“五会”(南昌)经贸恳谈会 2003年10月9日在南昌举行。由省委统战部牵头组织。省委书记孟建柱宣布开幕,省长致开幕词。省政协主席钟起煌等出席。

香港全国政协委员到赣视察 2003年10月7—13日,以全国政协常委徐展堂为团长,全国政协委员郭炳湘、伍淑清、施子清、李祖泽为副团长的香港特别行政区全国政协委员视察团深入江西4个设区市的企业、学校和旅游景点,进行调查研究。

驻鲁全国政协委员视察江西省长江流域湿地保护工作并召开座谈会 2003年11月,驻鲁全国政协委员视察了江西省长江流域湿地保护工作。11月2日,在南昌召开座谈会。钟起煌主席主持会议,视察团从不同角度畅谈了对江西省湿地保护工作的感受,提出了一些意见和建议。省委副书记王君、副省长蔡安季到会并讲话。

在赣全国政协委员组团考察广西 2003年11月14日至22日,以钟起煌主席为团长、倪国熙副主席为副团长的在赣全国政协委员考察团,赴广西壮族自治区考察文化产业发展情况。

省政协教育文化代表团赴意大利、德国考察 2003年11月8日至23日,以刘运来副主席为团长的省政协教育文化代表团一行6人赴意大利、德国考察教育文化产业。

全省政协宣传工作暨人民政协报江西记者站成立会议 2003年12月19日在南昌举行。会议的中心内容是认真学习贯彻全国宣传思想工作会议精神,进一步加强政协宣传工作。省政协主席钟起煌、全国政协副秘书长齐续春、省委宣传部部长刘上洋出席会议并讲话。会议举行了人民政协报江西记者站授牌仪式。钟起煌、齐续春授牌。全国政协办公厅发来贺信。

【重要文件】

在政协江西省第九届委员会第一次会议上的讲话(2003年1月13日)(摘要) 省委副书记王君代表省委向大会表示热烈祝贺,指出开好大会的重要性。对八届省政协五年来的工作,给予了充分的肯定。对九届省政协提出了新的希望,并提出了四点要求。最后,号召全省政协组织紧密团结在以胡锦涛同志为总书记的党中央周围,高举邓小平理论伟大旗帜,全面贯彻“三个代表”重要思想,认真学习、贯彻和落实十六大精神,在中共江西省委的领导下,万众一心,团结奋进,为开创政协工作新局面,为实现江西在中部地区崛起、全面建设小康社会而努力奋斗。

常务委员会工作报告(2003年1月13日)(摘要) 五年来,在中共江西省委的直接领导下,八届省政协牢牢把握团结和民主两大主题,围绕中心,服务大局,认真履行政治协商、民主监督、参政议政职能,各项工作在以往各届的基础上取得了新的发展,为促进我省经济发展和社会进步作出了贡献。报告从3个方面总结了八届省政协的主要工作。一、围绕加快我省经济发展履行职能,取得明显成效。二、努力促进了我省社会全面进步,维护了团结稳定。三、不断改进和创新,稳步推进了履行职能的各项工作。谈了4点体会:一、坚持和依靠共产党的领导。二、围绕经济建设履行职能。三、充分发挥委员主体作用和专门委员会的基础作用。四、注重实践,与时俱进,开拓创新。报告衷心祝愿九届省政协努力开创政协工作新局面,为实现江西在中部地区崛起,全面建设小康社会,作出新的最大贡献。

常务委员会2003年工作要点(2003年3月19日省政协九届四次主席会议审定) 要点提出了本届省政协要实现五个新的总体要求,即履行职能的各项工作有新进展,各专门委员会工作有新开拓,发挥委员主体作用有新成效,政协工作制度化规范化程序化建设有新探索,为经济建设和社会发展服务有新贡献。要点提出2003年要完成14个方面的主要任务。

关于在省政协委员中开展履行职能“四个一”活动的意见(2003年3月20日政协江西省第九届委员会第4次主席会议通过)(摘要) 意见要求每位省政协委员在广泛知情和认真调研的基础上,围绕改革、发展、稳定的重要问题,每年要参加一次专题调研或视察活动;至少提一件有较高质量的提案;至少反映一条有价值的社情民意;至少提一条加强和改进政协工作的建议。

关于省政协领导与各设区市政协建立定点联系工作的意见(2003年3月20日政协江西省第九届委员会第4次主席会议通过)(摘要) 按照“调查研究、掌握情况、督促检查、互通信息、交流经验、推动工作”的思路,省政协主席、副主席与设区市政协定点联系。其中,主席和秘书长共同联系一个设区市,每位副主席各联系一个设区市。了解当地党委、政府重视和支持政协工作的情况;总结交流政协履行职能的新成绩、新做法、新经验;了解工作中存在的困难和问题,提出改进的建议和意见。

关于成立“市县政协工作委员会”的意见(2003年3月20日政协江西省第九届委员会第4次主席会议通过)(摘要) 为加强对市县政协的联系与指导,省政协决定设立“市县政协工作委员会”。《意见》对市县政协工作委员会的指导思想、组成方式、工作任务与活动形式作出了规定。

关于在各设区市成立省政协委员联络组的意见(2003年3月20日政协江西省第九届委员会第4次主席会议通过)(摘要) 为了切实加强与在各设区市省政协委员的联系,更好地发挥委员参政议政的作用,决定在各设区市成立省政协委员联络组。意见指出了成立省政协委员联络组的指导思想、组织形式、工作内容和活动方式,并公布了设区市省政协委员联络组组长、副组长、委员名单。

【组织概况】

主　席

钟起煌

副主席

韩京承　王林森　黄懋衡(女)

黄定元　刘运来　张华康

金　异　殷国光　雍忠诚

倪国熙　一　诚

秘书长

蒋如铭(政协江西省九届一次会议选举产生,政协江西省九届一次常委会同意其辞去九届省政协秘书长职务和免去省政协办公厅主任职务。)

代秘书长

胡剑平(政协江西省九届一次常委会通过)

常务委员名单(以姓氏笔画为序)

王一民(女)　王火茂　王世兰(女)

王东林　王国良　王忠桐　毛庆生

方正平　史书愚　包尚贤　冯登洪

兰　赟　朱光辉　刘政民　刘晓庄

江向东　汤　彬　许仕贞　孙　汉

孙海浪　杜喜学　杨福运　李义海

李以镔　李安山　李志跃　李季仁

李建中　李贤瑜　李保乐　李海泉

严　平　肖　山　吴仕珍　吴志清

何大欣　何昌明　邱小林　闵佑林

汪玉奇　汪重阳　张立群　张庆亮

张丽华(女)　张国轩　张鼎新

张毓梓　陈　协　陈长安　陈汉杰

陈海晏　陈清华　邵　鸿　周　浪

周立文　赵　玲(女)　钟华仁

钟志生　钟健生　饶良信　洪三国

桂水金(女)　贾益纲　徐　奔

徐尤南　徐良平　徐俊如　徐晓泉

徐桂芬(女)　郭有明　涂　建

勒中坚　黄日高　黄菊花(女)

龚林儿　戚善宏　康　泰　彭中天

释辉悟　傅敏先　温　锐　温发星

温显来　曾华新　雷元江　虞梅生

蔡　超　蔡新贵　廖世槐　廖县生

熊　毅　熊小江　黎明中　黎俊初

颜剑彬　戴兴临　魏家凤

委员名单(以姓氏笔画为序)

中国共产党

王际贤　王林森　方正平　史之汉

包尚贤　江国镇　孙清儒　杜喜学

苏多寿　李品行　李海泉　李懋奎

严　平　吴同国　张桂生　陈世国

陈守朴　周日扬　周立文　周谷生

胡应良　胡国铤　胡剑平　荣宪国

钟起煌　桂水金(女)　袁定强

倪贤伍　殷国光　黄定元　龚农民

戚善宏　韩京承　彭焕恭　蒋如铭

童水仙(女)　雍忠诚　蔡新贵

廖世槐　黎明中

中国国民党革命委员会

王　华　王　勤　王一民(女)

王守之　王际民　王筱琴(女)

方国光　邓　斌(女)　卢胜平(女)

乐伯乐(女)　许小欢　李季仁

李家祥　肖建萍　吴文娱(女)

何昌正　张华康　陈　平　陈清华

易志文　罗文华　罗时民　胡　忠

饶良信　贾洪生　贾益纲　徐天慧(女)

翁海光　涂世钊　黄　英(女)

黄　海　章跃进　彭中天　彭志刚

缪丽华(女)

中国民主同盟

万国华　王东林　毛庆生　邓丽明(女)

邓启明　朱乐耕　朱清仙　刘晓庄

刘益民　杜万安　何建洋　李承道

李萍文(女)　汪健民　陈　涛

陈云斐　陈秉正　陈富良　欧阳珊(女)

罗慧芬(女)　郑月慧(女)

钟华仁　郜海金　段显明　俞景陆

倪国熙　钱光涌　徐　奔　徐书生

涂予青(女)　黄　岚(女)

康　泰　童第云　温　锐　黎俊初

中国民主建国会

万宗明　万玲媛(女)　万筱安
左继生　卢晓勇　刘红林　李光荣
李秀香(女)　李建中　肖　山
沈昂千　张正海　张重阳　张爱萍(女)
陈长安　桂又华　顾承业　倪铮荣
徐良平　徐桂芬(女)　唐玉英(女)
梅彩玲(女)　黄廉忠　黄岩波(女)
程远涛　熊安生

中国民主促进会

万荣生　王世兰(女)　叶　柯
冯登洪　刘利民(女)　刘运来
孙　宪　严　峻　李志跃　肖　斌
张丽华(女)　陈宗楦　欧阳长城
胡显勇　饶爱京(女)　黄志坚
满瑾(女,回族)　戴兴临

中国农工民主党

万丽玲(女)　王祖庆　文师华
刘天伦　刘月辉　刘季春　刘建平
刘健民　刘精东　杜德胜　肖庆昌
吴亦丰　闵佑林　汪重阳　陈　协
陈东亮　陈玲珠(女)　幸志强
郑华萍(女)　孟灵源　徐　静(女)
涂　建　龚林儿　彭增源　舒梦陶
熊炎松　潘其乐

九三学社

刘铭容　关德华　李广振　何齐宗
沈　薇(女)　陈文培　陈汉杰
邵　鸿　周　浪　胡志亮　钟健生
俞子荣　夏承武　徐陵昌　黄日强
黄懋衡(女)　韩晓方　廖　亮

无党派人士

王火茂　叶存洪　汤　彬　张文海
陈　恳　易　青　徐晓良　黄明和
曾广兴　谢　茹(女)　詹有生
熊　毅　颜剑彬

总工会

王　耀　王淑敏(女)　文之周
李良仕　吴　涌　何昌明　汪当时(女)
张文标　周照华　柯进水　钟宜生
饶正国　徐三毛　徐爱民　徐辉广
梅　清　黄　平　黄平辉　符念平
傅玉芳(女)　温惠忠　谢云春
谢祚珍　赖启华　魏祥荣

中国共产主义青年团

于　丽(女)　刘　闯　江晓斌
李明生　何金铭　张龙飞　钟志生
饶利萍(女)　姚　虎　郭美荐
黄先才　廖奇志(女)

妇女联合会

丁　萌(女)　万绍裘(女)
王玉萍(女)　王亚丽(女)
文小平(女)　方家骊(女)
邓才秀(女)　甘月红(女)
左丽华(女)　左梅香(女)
刘晓燕(女)　刘莉芬(女)
刘菊娇(女)　孙雅光(女)
李电花(女)　吴　菊(女)
吴巧娥(女)　辛建华(女)
汪　霞(女)　张建华(女)
欧阳齐(女)　欧阳荣军(女)
罗淑兰(女)　金桂英(女)
周　玲(女)　胡　辛(女)
胡兰平(女)　徐云香(女)
涂宗勤(女)　黄菊花(女)
黄鹤翩(女)　梁莉莉(女)
彭群林(女)　赖叶青(女)
赖晓阳(女)　廖小明(女)
熊曼玲(女)

青年联合会

王安维　邬　成(女)　李期倩
邱小林　张玉清　陈　苏　欧阳世麟
柳和生　博玫(女,满族)　曾　新
解　丽(女)　魏寒柏

工商业联合会

王开贵　王华林　王健利　左　琦
叶　青　卢志鹏　冯炎木　邢星奎

李义海 吴侃君(女) 邹俐菁(女)
宋伟峰 陈 琪 林印孙 欧阳自强
罗邦平 金 昇 周永生 周明华
练新廷 胡聚文 赵子义 黄泽兰
黄荣福 梁春国 舒国华 温显来
雷元江 熊晓清 潘义忠

科学技术协会

王梦云(女) 朱星河 江向东
许惠云(女) 严超华 邹道文
张 彬 张云根 张泉鑫 郑在邦
查加智 姚晓明 徐英法 徐俊如
郭有朋 黄 勇 程 斌 舒斯会
雷敏生 薛振华

归国华侨联合会

包章日 池兴敏 池峰龙 许仕贞
陈海晏 胡彪斌 洪茂荣 黄劭刚
黄顺和 曾华新 普 建 赖招权
简淑卿(女)

台湾同胞联谊会

方和平 吕春华(女) 李小美(女)
李育蓉(女) 何大欣 沈 勇
邱建华 俞江松 徐友洪

文化艺术界

邓伟民 龙 红(女) 冯 杰
刘 平 刘国芳 刘欧生 孙海浪
孙雪玉(女) 杜 玲(女,壮族)
吴清汀 余达喜 陈伦元 陈海萍
林美岚 金 晨 胡飞翔 胡中泰
胡桔根 唐汤民 黄玉英(女)
黄良楷 黄焕义 詹祥生 蔡 超

科学技术界

于龙江 邓小安 邓国萍 吕百达
刘飞飞 刘高航 杨 辉 李满苗
吴 俐(女) 吴蔚东 邹晓红(女)
张青年 张维敏 张鼎新 陈俊卿
欧阳贵明金国庆 周天瑞 郑宗文
倪先平 倪忠民 徐尤南 徐世年
勒中坚 黄日高 黄建新 黄临平
廖维林 熊 晖 熊小星 戴民主

社会科学界

王 健 王国良 王德保 方宝璋
邓春元 刘维富 吴锋刚 张 辉
张金元 陈泽水 周尚超 钟志贤
徐 毅 徐佩英(女) 陶水平
韩振飞 虞梅生 詹开逊

经济界

王忠奖 方红光 史书愚 史忠良
朱美娥(女) 华人民 华有良
刘宗凡 杨 柳 李木林 李安山
吴中东 余木来 余当贵 汪 波
汪玉奇 张庆亮 张卓群 张玲君(女)
张继胜 陈 猛 陈华山 陈国华
陈国瑞 陈绵水 封明波 胡菊芬(女)
徐日进 徐叔衡 涂建民 陶武盛
程 晓 詹水和 廖县生 熊家森
蔺春林

农业界

马岩波 古祖亮 叶日民 冯健雄
刘极灿 刘政民 刘菊喜 吕小云
孙 汉 孙霞林 李小旭 李龙辉
吴志清 吴宗保 张子林 陈双溪
陈春平(女) 罗奇祥 周金生
侯乐锋 徐建生 彭济民 熊庆泰
缪 兵

教育界

于玉梅(女) 万继抗 王胜华
杨名权 杨福运 杨辑光 李 满
李以镔 李应春 李贤瑜 邹少兰(女)
汪长模 张少钦(女) 张安哥
张国轩 陈水秘 陈东有 陈梦雄(女)
林多贤 洪三国 饶祥明 姚 电
倪少成 郭慧玲(女) 傅江华
舒正新 熊耀祖 魏家凤

体育界

王 晖 冯上豹 甘 锋 毕 忠
杨志刚 吴纪饶 聂明阮 郭 翔

新闻出版界

王石水 许志锐 李 青 陈清华

项国雄 黄晔明 彭开天 彭春兰(女)
戴晓文

医药卫生界

王 建 王建中(女) 王柏群
石 浔(女) 吕辉章 朱光辉
朱培谦 许 靖 杨文龙 李远实
肖秩秩 吴朝阳 汪忠武 张文惠
苏 海 陈日新 欧阳锋 胡琼华
赵 玲(女,满族) 姚文豹 袁展群
徐仁根 盛洪流 程晓曙 熊小江

社会福利与社会保障界

王乐秋(女) 孙安银 杨小萍(女)
杨宏勋 胡来知 赵文庭 凌 智
傅敏先 熊印辉

少数民族界

马小文(女,回族) 王晓燕(女,回族)
兰 赟(畲族) 兰念瑛(畲族)
兰晓珍(畲族) 农红光(壮族)
郑坚东(土家族) 赵观胜(瑶族)
雷炳身(畲族) 雷美珍(女,畲族)

宗教界

叶至明 李保乐 李稣光 吴仕珍
陈卫民 林裘寿 海鹏俊(回族)
郭富有(回族) 释一诚 释辉悟

特别邀请人士(港澳)

马仲强 王再兴 王忠桐 王忠椒(女)
王波如(女) 王维邦 文富稳
邓声华 邓国容 叶凤英(女)
卢景昭 冯柏乔 冯毅庆 刘业强
阮建昆 苏家林 严大庆 张立群
张仲良 张良琛 张春华 陈 苏
陈汉强 陈铁生 林卫东 林昌平
钟国荣 周起鸿 冼炎深 施利亚
施能船 姚贻德 陶秀英(女)
黄朝阳 黄楚和 梁 麟 梁安琪(女)

特别邀请人士(省内)

马存才 王吉龙 王荣春 王晓媛(女)
石弘宝 龙德华(女) 吕录庭
许明秋 李友礼 肖建军 冷芬俊
沃祖全 沈运煊 张安南 张国华
张毓梓 陈溪能 赵登荣(女)
钟乐初 钟田力 钟国军 段火梅(女)
饶功旺 姚向红(女) 夏山东
徐运平 徐剑元 徐耀金 曹海龙
容乔生 龚绍林 梁闽春 喻长林
温发星 雷汉生 雷武江(女)
管正川 蔡华相 颜春宁 黎世伟

【江西省各级政协领导人名单】

江西省政协(见组织概况)

南昌市

市政协主席 陈守朴
县(市、区)政协主席
南昌县 王火生
新建县 胡邦金
进贤县 张茂华
安义县 张 芸
东湖区 赵 波
西湖区 余茂生
青云谱区 王 华
湾里区 兰玉华(女)
青山湖区 虞信远

九江市

市政协主席 史之汉
县(市、区)政协主席
瑞昌市 万文松
武宁县 刘品一
修水县 杨 健
都昌县 吴德春
湖口县 方志明
彭泽县 徐长青
星子县 欧阳勤喜
德安县 岳永香
永修县 戴会阶
九江县 徐隆凤
浔阳区 杨朱记
庐山区 廖济奎

景德镇市
市政协主席 龚农民
县(市、区)政协主席
乐平市 占冬生
浮梁县 张承龙
昌江区 李冬季
珠山区 余玉龙

萍乡市
市政协主席 陈世国
县(市、区)政协主席
安源区 曾书康
湘东区 彭长久
上栗县 柳晓元
芦溪县 张绵远
莲花县 陈丙娇

新余市
市政协主席 熊　巍
县(市、区)政协主席
分宜县 易荣秀(女)
渝水区 刘海清

鹰潭市
市政协主席 倪贤伍
县(市、区)政协主席
贵溪市 吴金荣
余江县 宋平先
月湖区 张周庭

赣州市
市政协主席 胡国铤
县(市、区)政协主席
章贡区 杨泽彬
赣　县 曹良海
南康市 谢福明
上犹县 刘烈德
崇义县 刘大新
大余县 许燕谏
信丰县 刘和秀(女)
龙南县 钟朋荣
全南县 邓诗海
定南县 利胜才
安远县 杜开荣
寻乌县 古西华
兴国县 刘开连
瑞金市 张茂棉
会昌县 刘庆生
于都县 张武兴
石城县 黄光庆
宁都县 邓宏志

宜春市
市政协主席 吴同国
县(市、区)政协主席
袁州区 黄亦祥
樟树市 傅顺秀
丰城市 熊生根
靖安县 邓琤珑
奉新县 邹仕镗
高安市 闵秀英
上高县 喻九根
宜丰县 程远明
万载县 王金根
铜鼓县 陈添菊

上饶市
市政协主席 王际贤
县(市、区)政协主席
信州区 曾祥水
上饶县 祝家炎
广丰县 周重明
玉山县 倪贤才
横峰县 姜寿福
弋阳县 周金才
德兴市 姜炳火
婺源县 戴月英(女)
铅山县 游天林

万年县 尤红根
余干县 张自生
波阳县 陈子峰

吉安市

市政协主席 周谷生
县(市、区)政协主席
吉州区 陈文惠
青原区 李炳华
井冈山市 贺福荣
吉安县 罗福祥
吉水县 唐富水
峡江县 罗晓军
新干县 苏仕彼
永丰县 毛国强
遂川县 黄明祈
万安县 谢水香
泰和县 徐海冲
安福县 郑莲华
永新县 周 浩

抚州市

市政协主席 李品行
县(市、区)政协主席
临川区 罗火生
南城县 邓水保
黎川县 张仕龙
南丰县 黄应根
崇仁县 张国英
乐安县 杨水生
宜黄县 曾建军
金溪县 喻怀祥
资溪县 余启明
广昌县 李金生
东乡县 辛象其

江西省各级政协组织和委员数

(截至 2003 年底)

项目＼级别	省	设区市	县(市、区)	合计
组织数	1	11	99	111
委员数	683	3630	16516	20829

(凌恭晴 编写 石弘宝 审稿)

政 协 山 东 省 委 员 会

吴爱英 主 席

王久祜 副主席

林书香 副主席

周鸿兴 副主席

朱 铭 副主席

张 敏 副主席

乔延春 副主席

王宗廉 副主席

齐乃贵 副主席

苗淑菊 副主席

王志民 副主席

袁义法 秘书长

【全体委员会议】

九届一次会议 2003年3月26日至4月5日在济南举行。政协第九届山东省委员会共759人，出席会议委员732人。3月25日举行预备会议，审议通过了省政协九届一次会议预备会议日程；审议通过了省政协九届一次会议主席团、主席团会议主持人和秘书长名单；审议通过了省政协九届一次会议议程；审议通过了大会提案审查委员会主任、副主任和委员名单。接着举行了大会主席团第一次会议，推举吴爱英为主席团常务主席会议主持人。3月26日，大会正式开幕。会议期间，听取并审议了崔惟琳代表八届常委会作的常务委员会工作报告和周鸿兴代表常委会作的提案工作情况的报告；列席了山东省第十届人民代表大会第一次会议，听取讨论了省政府工作报告和其他报告。审议通过了省政协九届一次会议政治决议、常委会工作报告的决议、提案工作情况的决议和提案审查情况的报告。大会以无记名投票方式选举吴爱英为九届省政协主席，王久祜、林书香、周鸿兴、朱铭、张敏、乔延春、王宗廉、齐乃贵、苗淑菊、王志民为副主席，袁义法为秘书长，丁文方等139人为常务委员。会议结束时，吴爱英作了讲话。

【常务委员会议】

八届常委会议

第24次会议 2003年2月18日在济南举行。会议听取了山东省政府工作报告(征求意见稿)起草情况的说明；听取了关于九届山东省政协委员人选情况的说明、省政协九届一次会议主席团人选安排原则的说明；审议并原则通过了八届省政协常务委员会工作报告和八届省政协常务委员会关于五年提案工作情况的报告；审议通过了政协第九届山东省委员会参加单位、委员名额、人选名单和山东省政协九届一次会议主席团人选安排原则；审议通过了关于召开省政协九届一次会议的决定及会议建议议程和日程(草案)；审议通过了省政协九届一次会议列席单位名单、关于授权主席会议审议省政协八届24次常委会议未尽事宜的决定及有关人事任免事项。省政协主席吴爱英主持了会议。

九届常委会议

第1次会议 2003年4月4日在济南举行。会议审议通过了政协山东省委员会专门委员会组织通则；审议通过了九届省政协关于设置专门委员会的决定；审议通过了九届省政协副秘书长名单；审议通过了政协山东省委员会常务委员会工作规则(修订稿)；审议通过了关于加强政协山东省委员会常务委员会自身建设的意见(修订稿)。会议结束时，吴爱英主席就如何做好新一届常委会工作作了重要讲话。

第2次会议 2003年7月2日在济南举行。会议传达学习了胡锦涛同志在“三个代表”重要思想理论研讨会上的重要讲话，传达学习了贾庆林主席在我省调研考察工作期间的重要讲话、省委工作会议和全省领导干部会议精神，研究了贯彻落实的意见。有33名委员围绕解决“三农”问题、提高山东高新技术产业竞争力问题作大会发言和书面发言。会议还审议通过了《政协山东省委员会关于认真学习胡锦涛同志重要讲话兴起学习贯彻“三个代表”重要思想新高潮的决议》、《关于城乡统筹解决“三农”问题的建议案》和《关于加快我省高新技术产业发展的建议案》，以及有关人事任免事项。省委副书记、省政协主席吴爱英作了重要讲话。

第3次会议 2003年10月9日至10日在济南举行。会议听取了副省长王仁元关于当前我省经济运行情况的通报；听取了关于我省旅游、餐饮、娱乐等服务业发展问题调研组调研情况和关于传统产业改造问题调研组调研情况的汇报，并围绕这两个问题作大会发言;审议通过了《关于加快我省旅游餐饮娱乐等服务业发展的建议案》和《关于加快传统产业改造升级的建议案》。省委副书记、省政协主席吴爱英作了重要讲话。

第 4 次会议 2003 年 12 月 25 日至 26 日在济南举行。省政协副主席王久祜主持会议。会议听取了省长韩寓群关于省政府工作报告起草情况的说明;审议通过了关于召开政协第九届山东省委员会第二次会议的决定;审议通过了省政协九届二次会议议程和日程(草案);审议通过了省政协常务委员会工作报告并推举报告人;审议通过省政协常务委员会关于提案工作情况的报告并推举报告人;审议通过了省政协九届二次会议秘书长、副秘书长名单,各组召集人名单,常委轮值名单;审议通过了其他事项。

【专门委员会工作】

提案委员会 一是加快了提案办理进度。共受理提案 836 件,经审查立案 775 件,送交 82 个单位办理,截至 2003 年底已全部办复, 有 61 件作为信件转送 41 个单位酌处。二是加大了提案宣传工作力度。继续在大众日报、山东电视台、山东广播电台开辟《提案追踪》、《今日报道》和《热点访谈》栏目,并在人民政协报发表有关山东省政协提案工作的报道 8 篇;与省委宣传部联合召开了省政协提案宣传工作座谈会。三是增强了提案办理的实效性。开展了四次提案协商办理活动;组织了对市县政协提案工作情况的调研;参与制定了《山东省政协办公厅关于办理政协提案的意见》,省委办公厅、省政府办公厅将其转发至县级。四是积极参与兄弟省市之间提案工作的交流与合作。先后出席了北方七省区和中南六省区政协提案工作研讨会,王久祜副主席及其他负责人分别作了书面发言;先后接待了湖北、天津、上海等省市政协提案工作考察团。

经济委员会 一是围绕中心,服务大局,积极开展调研活动。承担了省政协第 2 次常委会议“关于城乡统筹解决‘三农’问题”和第 3 次常委会议“关于加快传统产业改造升级问题”的调研和建议案的起草工作;组织了“关于加快我省会展业发展的专题调研”,形成了调研报告,并报送省政府。二是积极为我省经济发展献计出力。举行了全省政协经济委员会工作座谈会;参加了全省经济工作会议、全省开发区会议、农村工作会议、全省税收工作会议以及全国政协在大连召开的农业产业化论坛会议;与山东经济学院合作申请到了《山东半岛城市群及日韩产业协作区发展战略及模式研究》科研题目。三是组织委员到东北三省对经济问题进行了学习考察;组织部分委员赴俄罗斯、匈牙利等国家考察了中小企业发展问题。

人口资源环境委员会 围绕我省生态环境问题,组织部分常委、委员及有关专家学者赴济南、淄博等地,就加快污水资源化进程问题进行了专题调研,提出了《关于加快污水资源化进程,促进我省中水利用的建议》,报省政府后,受到高度重视;组织委员赴青岛、淄博、东营、烟台、济宁、泰安、德州、聊城等市就加强县乡计划生育服务机构建设问题进行专题调研,撰写了《关于加强县乡计划生育服务机构建设的若干建议》;与全国政协人资环委员会联合赴滨州、潍坊,就走新兴工业化道路,促进经济与环境发展问题共同进行调研;陪同全国政协“我国经济发展中的环境保护”考察组和“加强湿地保护”调研组在我省考察。

科教文卫体委员会 一是紧紧围绕常委会议题开展了深入细致的调研活动。组织委员赴济南、青岛就我省高新技术产业发展情况进行了专题调研,形成了《关于加快我省高新技术产业发展的建议案》,提交省政协九届2次常委会议审议通过后报送省委,受到高度重视;组织省政协常委和熟悉服务业情况的政协委员、专家学者组成调研组,对我省旅游、餐饮、娱乐等服务业发展情况进行了调研,起草了《关于加快我省旅游、餐饮、娱乐等服务业发展的建议案》,提交省政协九届3次常委会议审议通过后报送省委。二是上下联动,推动专委会工作的开展。组织委员配合全国政协教科文卫体委员会先后开展了“构建城市医疗服务体系,为全面建设小康社会服务”和“关于全民健身娱乐服务业现状”的调研,后一项调研形成的调研成果参加了全国政协和国家体育总局主办的有关研讨会的交流;与济南市政协科教文卫体委员会联合,对济南城市文化建设情况进行了调研,形成了《关于加快济南城市文化建设的若干建议》,韩寓群省长给予高度评价;召开了各市政协科教文卫体委员会工作座谈会。三是拓宽工作领域,广泛开展文化宣传活动。与济南市政协联合举办了省、市政协书画联谊会,在社会上引起很大反响。

社会法制委员会 一是开展了多项调研视察活动。组织委员就优化法制环境、推进非公有制经济发展问题进行了专题调研,写出了《关于优化法制环境推进非公有制经济发展问题的调查报告》,韩寓群省长作了重要批示;组成调研组就加强企业退休及失业人员教育管理问题到济南、淄博、潍坊等市听取了情况汇报,召开了7次座谈会,考察了部分企业和社区,提出了《关于加强企业退休人员教育管理的几点建议》;组织委员到青岛、济南、临沂对《中华人民共和国民办教育促进法》的宣传落实情况进行视察,并就加快发展民办教育提出了意见和建议;对《山东妇女发展纲要》和《山东儿童发展纲要》的实施情况进行了视察,在研究论证的基础上,写出了《关于贯彻实施〈山东妇女发展纲要〉、〈山东儿童发展纲要〉的视察报告》。二是积极参与地方立法协商。应省政府法制办的邀请,对《山东省失业保险规定》(草案)、《山东省就业促进条例》(草案)、《山东省科学技术普及条例》(草案)和《山东省南四湖保护条例》(征求意见稿)四部拟定中的地方法规提出了意见建议,不少被采纳。三是组织情况通报会和法制工作座谈会。邀请省检察院、省公安厅和省纪委负责同志通报全省检察工作、全省禁毒工作和党风廉政建设等情况;在河北召开了“全省政协优化法制环境推进非公有制经济发展专题研讨会暨政协社会法制工作座谈会”。四是向全国政协社法委报送了《优化法制环境推进非公有制经济快速发展》、《关于进一步做好就业再就业工作的建议》和《灵活就业人员社会保险关系管理的问题与对策》三份调研材料。

台港澳侨和外事委员会 一是积极参加抗击“非典”的斗争。充分发挥本专委会各界人士代表性强,联系面广的优势,积极组织委员宣传党和政府抗击“非典”的应对措施,为战胜“非典”建言献策。二是进一步加强了对港澳委员的联络服务工作。在深圳召开了港澳委员联谊座谈会,传达了省委工作会议精神,听取了委员们对山东经济和社会发展以及政协工作的意见和建议;研究制定并提请主席会议审议通过了《政协九届山东省委员会关于加强同港澳委员的联系办法》;聘请13位各界代表人士为委员会顾问。三是紧紧围绕中心工作,深入开展专题调研。着重对我省部分台资企业的发展状况进行了专题调研,初步摸清了台资企业在山东发展的基本情况;组成了由委员和省委台办等有关单位参加的联合调研组,对我省部分地市台资企业投资环境和经营发展情况进行了调研,撰写了《关于改善台资企业环境和吸引台资的调查报告》。四是积极开展联谊活动，促进对外友好合作。组织委员赴广西、云南等省区就如何做好“三胞”工作进行考察；先后接待了赞比亚国民议会农业考察团、广东省政协委员赴山东访问团以及应邀赴山东参加海峡两岸“孙子兵法”当代应用价值学术研讨会的台湾军政界《中华战略学会》的部分高层常务理事和会员。

民族和宗教委员会 一是加强了学习。组织召开了九届省政协民族和宗教委员会第一次全体会议，传达学习了贾庆林主席在十届全国政协专门委员会主任会议上的讲话和吴爱英主席在省政协九届二次主席会议、省政协专门委员会主任会议上的讲话精神，听取了山东省民委、省宗教事务局关于全省民族宗教工作情况的汇报。二是加强了制度建设。审议通过了《政协山东省委员会民族和宗教委员会工作简则》。三是推动委员认真履行职能。为加强和规范清真食品的管理，组织部分少数民族界委员，并邀请省委统战部、省民委先后赴泰安、淄博、临沂、青岛、济南五市就《山东省清真食品管理规定》的宣传、实施情况进行了专题视察；组织部分宗教界委员赴潍坊、莱芜两市(县、区)对我省庙宇和露天宗教造像的现状及管理情况进行了专题视察，形成了《我省庙宇和露天宗教造像的现状及管理情况的视察报告》，提出了解决问题的建议；先后组织召开了宗教与社会主义相适应研讨座谈会和全省政协民族和宗教工作座谈会。

文史资料委员会 一是积极组织委员开展活动。组织文史委员赴济南、泰安、济宁、菏泽等地就名人故居的保护和利用问题进行了专题视察；继续编辑《山东历史重要事件》；组织委员和部分市地政协文史干部到外省考察，交流文史工作经验。二是通过各种途径加强对文史干部的培训。8月底在日照举办了全省政协文史干部培训班暨文史工作研讨会和九届省政协文史委第一期文史干部培训班，对全省地市政协的文史干部进行了培训，邀请全国政协文史委的领导作了“如何做好新形势下文史资料工作”等专题报告。三是继续办好春秋杂志。经过有关方面和文史委的共同努力，《春秋》杂志获得了全国和国际公开出版刊号，全年共编辑出版6期。四是召开了有各界人士、专家学者参加的“日军侵华期间山东受害者座谈会”，就日军侵华期间山东受害者调查、取证及对日诉讼问题进行了座谈。

【重要活动】

省政协专委会主任会议 2003年5月27日，省政协专委会主任会议在济南举行。会议传达学习了贾庆林主席在全国政协专委会主任会议上的重要讲话。吴爱英主席就做好政协专委会工作作了讲话，王久祜副主席主持会议。省政协机关厅级干部、各处室负责同志参加了会议。

全国政协主席贾庆林来我省考察 2003年6月19日至25日，中共中央政治局常委、全国政协主席贾庆林来我省考察。省委书记、省人大常委会主任张高丽，省委副书记、省长韩寓群，省委副书记、省政协主席吴爱英陪同考察。贾庆林主席先后到济南、泰安、淄博、潍坊、青岛、威海、烟台等地，深入考察了高新技术开发区、农业科技示范园、城市规划建设、国有企业和非公有企业等。

“当代国画优秀作品展——山东作品展” 省政协与全国政协书画室联合举办的“当代国画优秀作品展——山东作品展”于2003年7月18日至22日在北京举行。中共中央政治局常委、全国政协主席贾庆林，全国政协副主席王忠禹、张怀西、李蒙及有关方面负责人和书画界知名人士出席了开幕式；全国政协秘书长郑万通主持开幕式；全国政协副主席李蒙和省委副书记、省政协主席吴爱英分别致辞。19日上午，召开了“当代国画优秀作品展—山东作品展研讨会”，全国政协副秘书长赵喜明主持了研讨会，省政协副主席王久祜出席研讨会并讲话。

九届省政协委员培训班 2003年8月11日至15日，省政协委员培训班在济南举办。省政协副主席王久祜在开班典礼上作动员讲话，省政协副主席乔延春在结业典礼上作总结讲话。近300名委员参加了培训。

全国政协副主席李蒙与省政协机关干部座谈 2003年9月2日，全国政协副主席李蒙来省政协看望机关干部并进行了座谈。吴爱英主席向李蒙介绍了我省经济社会发展形势，汇报了换届以来我省政协工作的情况。省政协副主席王久祜、林书香、周鸿兴、朱铭、张敏、齐乃贵、苗淑菊，秘书长袁义法参加了座谈。

全国政协农业界委员视察团来我省视察 2003年9月17日至25日，全国政协农业界委员视察团来我省就“农业产业化经营与农民增收情况”进行视察。省政协副主席朱铭、乔延春陪同视察团先后赴济南、东营、潍坊、烟台等地视察。

住鲁全国政协委员赴江西视察湿地保护和发展情况 2003年10月23日至11月2日，部分住鲁全国政协委员在全国政协委员、山东省政协副主席王久祜带领下，赴江西省就湿地保护和发展情况进行了视察。

全省政协经济委员会工作座谈会 2003年11月6日至8日，全省政协经济委员会工作座谈会在聊城举行。与会同志认真学习了中共十六届三中全会精神和省委八届六次全会精神，研讨了政协经济委员会如何进一步做好调查研究工作，并交流了各市政协经济委员会今年的工作情况和经验，研究了明年的工作思路。省政协副主席林书香出席会议并讲话。

全省政协民族和宗教工作座谈会 2003年12月5日至6日，全省政协民族和宗教工作座谈会在济南召开。全国政协常委、民族和宗教委员会副主任夏日，省政协副主席、省委统战部部长齐乃贵，及省政协民族和宗教委员会副主任、部分委员，17个市政协分管民族和宗教工作的副主席、有关专门委员会主任和办公室主任出席会议。

全国政协提案委员会来我省考察 2003年12月8日至12日，由全国政协副主席黄孟复率领的全国政协提案委员会考察组先后到济南、青岛两市，就制定《中华人民共和国调解法》的提案进行了考察。

【重要文件】

常委会工作报告（2003年3月26日）（摘要） 报告首先回顾了八届省政协五年来的工作。五年来，八届省政协在中共山东省委的领导下，高举邓小平理论伟大旗帜，以“三个代表”重要思想为指导，深入贯彻中共十六大和省八次党代会精神，认真履行政治协商、民主监督和参政议政职能，各项工作取得新的进展，为促进我省改革、发展、稳定作出了积极贡献。1. 坚持用邓小平理论和“三个代表”重要思想统领工作，保持政协工作的正确方向；2. 围绕中心履行职能，自觉为经济和社会发展服务；3. 发挥桥梁纽带作用，努力促进社会团结稳定；4. 高举爱国主义和社会主义旗帜，积极推进祖国和平统一与民族振兴；5. 适应新形势新任务需要，不断加强自身建设。报告对九届省政协工作提出了建议：（一）深入学习贯彻中共十六大精神，进一步统一思想；（二）紧紧围绕全面建设小康社会，建设“大而强、富而美”的社会主义新山东履行职能；（三）认真做好团结各界、凝聚人心的工作；（四）深入开展联系各界群众和反映社情民意的工作；（五）进一步加强政协自身建设。

吴爱英主席在省政协九届一次会议闭幕会上的讲话(2003年4月3日)(摘要) 关于九届省政协工作。一、要坚持和依靠中国共产党的领导,坚决贯彻党的基本理论、基本路线、基本纲领、基本经验和统一战线政策。要紧密团结在以胡锦涛同志为总书记的中共中央周围,在思想上、政治上同中共中央保持高度一致。要认真贯彻执行中共山东省委作出的决议、决定和部署,坚决维护省委的领导,努力完成省委提出的任务。要大力支持省政府的工作,多提有价值的意见和建议,更好地发挥政协的职能作用。二、要坚持围绕中心、服务大局。要按照"四大战略"、"三个坚持"、"三个关键"、"三个亮点"和"六个变化"的工作方针,充分发挥政协人才荟萃、知识密集、智力雄厚的优势和作用,深入调查研究,积极建言立论,献计献策,为党委、政府决策提供真实情况与科学依据。三、要牢牢把握团结民主两大主题。要高举大团结、大联合的旗帜,把增进团结作为政协工作的基本出发点,坚持多沟通、多商量、多联谊,加强与各党派、各团体和各族各界人士的联系,适应统一战线对象不断变化的新形势,努力增强包容性,扩大团结面,把不同党派、不同民族、不同阶层、不同信仰的人广泛团结起来,把方方面面的积极性和创造性凝聚起来,建立最广泛的爱国统一战线。要坚持广开言路,集思广益,求同存异,互相尊重,切实搞好与各民主党派、无党派人士、各人民团体和各族各界人士的合作共事。四、要把维护社会稳定摆在政协工作的突出位置。要经常深入基层,深入群众,真实了解民情,充分反映民意,多做统一思想、理顺情绪、协调关系,化解矛盾、排忧解难、鼓舞士气的工作,努力维护团结稳定和谐的政治局面。五、要为促进祖国和平统一贡献力量。要充分运用自身优势,加强海内外联谊工作,为坚持贯彻"和平统一、一国两制"的基本方针和江泽民同志关于现阶段发展两岸关系、推进祖国和平统一进程的八项主张,坚决反对台湾分裂势力,为实现祖国的完全统一作出新贡献。政协委员要大兴学习之风;要做联系群众的表率;要坚持与时俱进;要认真履行职责。

政协山东省委员会常务委员会关于加强自身建设的意见(2003年4月4日) 主要内容:(1)坚持共产党的领导,保持正确的政治方向;(2)加强学习,全面提高理论水平和参政议政能力;(3)紧紧围绕第一要务,为全面建设小康社会献计出力;(4)密切联系委员和各界群众,广泛反映社情民意;(5)营造民主和谐的议政氛围,切实增进常委会内部的团结;(6)坚持与时俱进,进一步促进履行职能的规范化、制度化、程序化;(7)牢记"两个务必",恪尽职守,廉洁自律。

【组织概况】

主　席

吴爱英(女)

副主席

王久祜　林书香　周鸿兴
朱　铭　张　敏　乔延春
王宗廉　齐乃贵　苗淑菊(女)
王志民

秘书长

袁义法

常务委员名单(以姓氏笔画为序)

丁文方(回族)　丁新甫　于　刚(女)
于永晖　于洪文(回族)　马论业
王　亚　王乃静　王士风(满族)
王方正　王可敏　王传礼　王伦善
王延山　王伯祥　王春法　王洁贞(女)
王琤华(女)　王景武　王鲁一
王福泰　王德昌　车金河　卞志良
孔宪铎　孔黛碧(女)　尹传义
叶武杰　卢希悦　田明宝　包祖善

邢德茂　吕玉明　吕明华　乔谊正
朱宜学　朱振铎(女)　朱铭泉
任宝祥　刘玉亭　刘玉彬　刘均刚
刘志钦　刘怀元　刘荫岛　刘冠凤(女)
刘振华　刘峰岫　刘培英(女)
刘喜敏　刘景铎　汤克仁　许钧祥
牟志美(女)　孙启松　孙培峰
杨宝友　杨宪法　杨瑞森(满族)
李万柱　李光泉　李树印　李德荣
邹增大　沙　峰(回族)　宋协秀
宋传杰　宋修岐　宋新强　张义泉
张曰武　张仁敬　张乐岭　张召盈
张执政　张光峰　张企华(女)
张合孟　张纪良　张志勇　张家纬
陆巽生　陈守国　陈启智　邵长明(女)
武钟恕　林新繁　苗丰振　竺苗龙
周惠敏(女)　郑汝智　房兴耀
孟昭科　胡述安　胡国赞　荣滋白
赵承福　赵家军　姜绍华　费云良
骆宝臻(女)　栗　甲　顾　枫(满族)
徐文方　徐延春　徐茂波　徐炳熹
徐家德　徐章练　殷允岭　郭元强
郭永军　郭振山　郭爱玲(女)
郭新民　高　峰　高存臣　高挺先
栾文通　陶滋年　黄　磊　黄天俊
黄成华　黄自伟　戚建波　商振永
梁文博　董志祥　董利忠　董香菊(女)
蒋兰田　程　林　傅永聚　傅其明
谢计达　谢硕文　蔡福安　魏本健
魏春香(女)

委员名单(以姓氏笔画为序)

中国共产党

于刚(女)王久祜　王伯祥　王宗廉
王建宗　孔祥雨　乔延春　刘龙光
刘峰岫　刘景铎　齐乃贵　许钧祥
李光泉　吴爱英(女)　张仁敬
张旭升　陈希玉　林书香　胡述安
袁义法　徐华东　徐炳熹　高挺先
董香菊(女)　蒋兰田

中国国民党革命委员会

马亮宽　王述功　王洁贞(女)
王鲁一　叶武杰　史　东　任怀平
刘世琦　杜章森　宋新强　张士璀
周鸿兴　赵承福　钟　敏(女)
祝发龙　饶明忠　盛玉麒　崔　瑜

中国民主同盟

王延山　包祖善　乔玉兰(女)
朱　铭　朱宗令　刘玉亭　刘荫岛
安利国　纪金海　闫承利　邱振亮
杨浩文　张红卫(女)　苗丰振
姜绍华　徐永平　梁　辉　梁云爱
董利忠　傅永聚

中国民主建国会

于永晖　王　炜　王可敏　王法亮
王福泰　史汝霞(女)　刘　杰(女)
吕永忠　吴国瑞(女)　李　莹(女)
张顺来　凯　扬　孟庆昌　郇起鸿
郑汝智　顾　枫(满族)　郭爱玲(女)
龚　闽　滕先森

中国民主促进会

马论业　亓发成　朱振铎(女)
刘振海　张志勇　陈立宝　荣　玮
骆宝臻(女)　郭永军　高存臣
康　庄

中国农工民主党

马　华　王　亚　王伦善　王冰芬(女)
吕善勇　乔俊良　汤克仁　张　敏
陈　震　周振安　董志祥

中国致公党

王志民　李　静(女)　肖培树
吴宗杰　张　慧(女)　林新繁
徐文方　贾光旭

九三学社

尹景尧　曲岩涛　任宝祥　李绍木
何　楠　张曰武　张培军　罗玉顺
孟庆伟　侯　婕(女)　徐志京
郭新民　曹新忠　韩　玮　傅瑞荣
曾振宇　解士杰

无党派民主人士

王方正　王传礼　王春法　王留锋
邓永和　田明宝　刘均刚　江志刚
孙培峰　宋兰会(女)　金德岭(回族)
郑经堂　贺艳丽(女)　栗　甲
郭佩芳　梁爱珍(女)　龚瑶琴(女)
蔡福安

中国共产主义青年团

苏　星　邱　旺　张光峰　陈　飞
党安涛　黄　波(女)

总工会

王书华(女)　王悦华(女)
孔庆源　朱自全　刘振华　杨乃瑞
李长宁　李玉华　李守凤(女)
李克智　张　骏　张永平　张召盈
张光泽　张家岭　武金贤　孟祥泰
荣滋白　赵联冠　黄明水(女)
章建辉　盖金香(女)　董丕久
满郭强(女)　蔡　绮(女)

妇女联合会

马亚娟(女、回族)　王宗兰(女)
公丕凤(女)　刘玉勤(女)刘东玲(女)
刘成俐(女)　刘丽萍(女)
刘冠凤(女)　刘培英(女)
杨　敏(女)　杨玉娥(女)
杨兴华(女)　李晓明(女)
宋　焱(女)　张　惠(女)
张乐欣(女)　张桂云(女)
尚秋云(女)　侯洪春(女)
韩丽华(女)　董新敏(女)
魏春香(女)

青年联合会

王　君　刘玉霞(女)　杨　越
李丙敬　张玉梅(女)　张德琦
孟富强　高　静(女)　程　林

工商业联合会

王永林　王兆文　王序晔　王晓炜
田　云(女)　刘　凤(女)
刘阿平　孙喜海　杨肖青　杨宝友
李传孝　李栋基　李树印　张庆明
张纪良　陈守国　林凡儒　苗淑菊(女)
周荣仁　胡少谊　栾文通　栾鲁闽
傅其明

科学技术协会

王士风(满族)　王以琳　吕爱钟
刘志坚　李奕伟　张　伟　张义泉
张锦卫　陆巽生　陈时军　胡维军
赵国群　赵铁军　段振昌　宫振法
徐家德

台湾同胞联谊会

吴　晨　沈玉英(女)　陈繁虎
孟祥居　高锦松

归国华侨联合会

马　磊(女)　巩乃炎　朱文华
刘　伟　吴玉明　吴佑实　张乃仁
张企华(女)　张悦英(女)
张福平　胡　辛　高兴顺　黄毓军
傅东岳　傅励昆

文化艺术界

丁勇岱　马　骏　马立华(回族)
马秀花(女)　王晓晖(女)
王魁章　亢清泉　孔庆生　孔祥林
孔维克　曲　祥　朱文凡(女)
刘玉凤(女)　刘玉民　刘翠芳(女)
苏积玉　李广元　李正文　李良森
吴　侃　张家纬　张登堂　陈　勇
陈雪云(女)　陈鹏同　周　峰
孟繁水　赵　燮　赵宇敏　聂鸿立
徐少华　徐贵岩(满族)　殷允岭
郭志光　戚建波　崔大庸　梁文博
韩乃舜　韩玄真　雷　岩　鞠小苏(女)
魏慧丽(女)

科学技术界

于泉德　马若新　亓久平　王成国
王洪光　王绪山　王富龙　王福润
王锦峰　方宝明　尹衍升　冯典英
毕东升　毕玉平　吕东岚　吕关仁
乔明琦　乔谊正　刘立强　刘志钦

刘希山 刘宗彬 刘喜敏 刘端举
许 敏(女) 许云飞 闫相祯
孙民波 杨 迅(女) 杨合同
苏冠凤(女) 李 平(女)
李小军 李秀华(女) 李忠印
李根生 李新民 迟万胜 宋心仿
宋传杰 张颂军 张鸿林 陈 强
陈万祥 陈启智 林趾祥 周 杰
周惠敏(女) 赵 方 赵广涛
赵东日 侯一筠 侯潇艳(女)
骆亚明 徐 清(女) 徐 群
徐茂波 黄太岭 黄自伟 商振敏
隋志光 董 杰 蒋伯仁 蒋德平
楚广明 蔺京玉 樊建修 魏正连

经济界

于树杰 王 旋 王乃静 王仁华
王凤朝 王廷艾 王秀丽(女)
王宗岱 王景春 车金河 田友海
刘玉彬 刘安平 齐德武 江家萱
米永法 苏敦玉 李万柱 李来付
李松群 邹乐平 张 伟 张昭珩
张荷弟(女) 张福廷 陆 锦
陈树明 武克松 庞师义 单国防
宗成林 房茂君 姜言礼 费云良
姚桂林 耿元柱 袁 杰(女)
徐延春 徐章练 郭元强 郭振山
高延军 黄 华 黄 磊 曹在堂
曹庆礼 韩方如(女) 彭德洲
温永林 谢训长

农业界

于玄德 于锡俊 马德茂 王兆华
王志学(回族) 王爱民 公茂田
刘玉欣 刘庆华 刘洪宝 牟志美(女)
牟春生 孙士水 孙孟全 孙建博
李宪文(女、回族) 李晓川 宋志乐
张万峰 张振舜 陆 峰 陈松林
周云善 郑守龙 赵洪林 段登选
祝德福 常宗琳 谢计达 魏本健

教育界

刁立华 王 敏 王万森 王化学
王凤顺 王筱利(女) 王群山
毛红旗 邓相超 石春玲(女)
卢希悦 田幼勤(女) 付鲁闽
冯殿美 吕鲁平 曲如晓(女)
朱新民 闫志强 刘大文 刘元刚
刘凤龙 刘书龙 刘立魁 刘吉纯
刘成卜 刘德胜 刘德增 牟文华
孙世春 孙家振 杜德新 李多川
李红婷(女) 李丽华(女)
李明泉 李恒进 何爱华(女)
邹增大 宋广文 宋聚轩 张友民
张书勤 张乐岭 张自南 张怡明
张洪全 张晓东 陈贞凯 陈尚胜
邵长明(女) 竺苗龙 郑年丰
孟庆春 胡积健 赵润生 赵景华
姜 生 耿玉松 贾玉忱 徐跃通
奚正楷 唐功友 崔秀山 崔胜军
宿献斌 葛金环(女)董业明鲁长保
解忠芬(女) 綦敦祥 戴伟娟(女)

体育界

马 鑫(回族) 卞志良 叶国雄
吕民政 刘春红(女) 李春兰(女)
吴述成 沙 峰(回族) 张志奇
张锡枝 张增惠 郝铁柱 徐中东
魏吉鸿

新闻出版界

叶兆信 朱宜学 刘文蓉(女)
齐宗连(蒙古族) 杨宪法 李旭茂
张合孟

医药卫生界

丁新甫 王 凌(女) 王子兴(回族)
王凤山 王庆宝 王琤华(女)
王德昌 白威勇 司淑芳(女)
邢德茂 任翠爱(女) 刘金同
刘树伟 初兆荣(女) 牟国营
孙广仁 孙启松 李心机 李平华
李光华 李光荣(女) 李建兴

肖力勇　吴爱华(女)　　宋长征
宋修崎　张　运　张文平　张贞丽(女)
张泽江　张荣新(女)陈焕新周春英(女)
郑贵宪　孟凡利　赵家军　姜汝明
贾堂宏　徐从高　郭洪敏　崔连群
梁绪国　董　蒨　谭明刚　樊兆民
潘洪增　薛金县　魏希启

对外友好界

王建功　孙渊鲲　张先达　张明鲁
武钟恕　曾凡功

社会福利和社会保障界

马连印(回族)　马金波(回族)
王　帆　王　涛　李宝智　张万连
常　毅　焦桂云(女)

少数民族

丁永峰(回族)　于洪文(回族)
马荣棣(回族)　王增琛(回族)
刘　军(蒙古族)　关立强(满族)
杨广勤(回族)　杨瑞森(满族)
李全福(回族)　李志勇(回族)
李海涛(回族)　张忠永(回族)
宛秋生(回族)　郭龙波(回族)
唐振方(满族)　黄静(女、壮族)
蓝先洪(畲族)

宗教界

丁文方(回族)　心　见　吕培森
刘怀元　陈天浩　房兴耀　觉　印
觉　照　高　峰　董延谅　霍德忠

特别邀请人士

丁圣光　于才年　于兰模　于国光
马志毅　王文波　王文奎　王正宝
王同和　王汝柏　王伯明　王坤英(女)
王学刚　王者元　王泉恩　王润廷
王家奎　王淑梓(女)　　王景武
孔令昌　孔宪铎　孔黛碧(女)
尹传义　卢彤书　冯梦令　宁宝辉
吕玉明　吕明华　朱星光(壮族)
朱铭泉　刘士凯　刘在德　刘金荣
刘爱丽(女)　　许志强　孙学刚
麦当雄　杜中武　杜学平　杜焕常
杨卫东　杨世杭　杨庆文　杨成训
杨淑信　李士来　李永毅　李怀喜
李培合　李敬武　李德荣　李德鑫
吴文宁　吴民明　吴霁雯(女)
汪　江(女)　　宋协秀　宋来君
宋建民　迟昭厚　张　岱　张永言
张成锦　张传建　张执政　张树禹
张洪涛　张殿洪　陈汉才　陈吟挥(女)
陈建国　陈锡山　陈梁悦明(女)
邵公田　邵长福　林则懋　罗新军
周德云　孟宪杰　孟昭科　孟祥伦
胡国赞　胡家利　赵立银　赵成道
赵振兰(女)　　钟文泽　宫瑞卿
姜永正　姜银浩　姚健池　袁　旭(女)
袁庆宏　聂海燕(女)　　贾丽建
顾海裕　夏晓峰　倪胜希　徐凡渠
徐文业　徐怀谦　徐滋滨　高大强
栾秉良　陶滋年　黄义满　黄天俊
黄成华　曹俊民　盛振坤　商振永
梁望东　蒋丽莉(女)　　傅淑芳(女)
谢硕文　臧健和(女)　　潘　澍(女)
潘立芳　戴展华

【山东省各级政协领导人名单】

山东省政协(见组织概况)

济南市(副省级)

市政协主席

徐华东

副主席

张印峰　饶曼妮(女)
吴泽浩　孟宪杰　李兴春
孟　涛　王可敏　刘子栋
包怡斐(女)　　高元坤

秘书长

王忠林

县(市、区)政协主席

历下区　　赵广忠
市中区　　高金同
槐荫区　　徐承鲁

天桥区 舒孝堂
历城区 谭传友
长清区 张化福
章丘市 刘家和
平阴县 韩明印
济阳县 骆合清
商河县 王兴怀

青岛市(副省级)
市政协主席
张旭升
副主席
邹立健 闵祥超 梁有新
张纪良 宋建民 展文良
麦康森 张培军 顾 枫
相建海 宋修岐
秘书长
王增元
县(市、区)政协主席
市南区 刘绪海
市北区 王华莉(女)
四方区 盛玉军(女)
李沧区 袁学法
黄岛区 张元禄
崂山区 尹典正
城阳区 崔永利(女)
胶州市 刘才栋
即墨市 李义安
平度市 徐韶功
胶南市 宋建文
莱西市 苏安平

淄博市
市政协主席 冯梦令
县(市、区)政协主席
张店区 周成国
淄川区 蒋宗海
临淄区 吴 军
博山区 李祖晨
周村区 张德业
桓台县 尹德喜
高青县 陈国华(女)
沂源县 周世莲(女)

枣庄市
市政协主席 杜学平
县(市、区)政协主席
市中区 张秀岭
山亭区 董沂峰
台儿庄区 张景福
峄城区 陈增玉
薛城区 谢云文
滕州市 孙云飞

东营市
市政协主席 陈锡山
县(市、区)政协主席
东营区 赵 幂(女)
河口区 孙学孟
垦利县 单连涛
利津县 高秀珍(女)
广饶县 钟景训

烟台市
市政协主席 栾秉良
县(市、区)政协主席
芝罘区 孙常兴
福山区 李来雁
莱山区 史兴雨
牟平区 孙学平
龙口市 吴长怀
莱阳市 刘文君
莱州市 李培刚
蓬莱市 罗仁康
招远市 张桂芬
栖霞市 刘玉耀
海阳市 徐国天
长岛县 王国强

潍坊市

市政协主席 迟昭厚

县(市、区)政协主席

潍城区 张元茂
坊子区 齐宝礼
寒亭区 玄克胜
奎文区 徐福生
青州市 田立胜
诸城市 郭金泰
寿光市 王守福
安丘市 李国祥
高密市 田绍义
昌邑市 张正德
昌乐县 杜介祥
临朐县 杨显伟

济宁市

市政协主席 王润廷

县(市、区)政协主席

市中区 张 煜
任城区 段常臣
曲阜市 柳亚峰
兖州市 张茂英(女)
邹城市 聂凤银
汶上县 杨作甫
泗水县 张怀莲(女)
微山县 朱先贵
鱼台县 闵华峰
金乡县 韩振中
嘉祥县 张金城
梁山县 臧凤柱

泰安市

市政协主席 张树禹

县(市、区)政协主席

泰山区 路少先
岱岳区 李来芳
新泰市 栾兆玺
肥城市 刘长香(女)
宁阳县 施桂民
东平县 张 辉

威海市

市政协主席 于兰模

县(市、区)政协主席

环翠区 曹旭波
荣成市 蔡殿慧
文登市 刘永忠
乳山市 赵维和

日照市

市政协主席 邵长福

县(市、区)政协主席

东港区 张 彦
五莲县 胡德新
莒 县 李建法

莱芜市

市政协主席 杜焕常

县(市、区)政协主席

莱城区 王 华
钢城区 朱致存

临沂市

市政协主席 张洪涛

县(市、区)政协主席

兰山区 颜景芳
罗庄区 李俊修
河东区 韩继霞(女)
沂南县 季保富
沂水县 杨忠来
莒南县 杨文明
临沭县 张守仕
郯城县 刘子和
苍山县 刘 霞(女)
费 县 崔现彬(回族)
平邑县 郑运明
蒙阴县 张 军

德州市

市政协主席　李怀喜

县(市、区)政协主席

德城区　盖学峰

乐陵市　王建民

禹城市　贾桂凤(女)

陵　县　王学云

宁津县　银连春

庆云县　于国明

临邑县　张　栋

齐河县　徐师孝

平原县　杨文平

夏津县　商庆文

武城县　王汉录

聊城市

市政协主席　赵振兰(女)

县(市、区)政协主席

东昌府区　赵松鹍

临清市　蒋保江

高唐县　李玉兰(女)

茌平县　般庆太

东阿县　崔玉琳

阳谷县　潘福章

莘　县　张晓民

冠　县　潘秀章

滨州市

市政协主席　林则茂

县(市、区)政协主席

滨城区　顾清森

沾化县　卢文芝

博兴县　李在军

邹平县　宫敬宝

惠民县　袁炳银

阳信县　张同祥

无棣县　马宝华

菏泽市

市政协主席　孔令昌

县(市、区)政协主席

牡丹区　彭合礼

鄄城县　任仲义

郓城县　徐淑珍

巨野县　吴天立

成武县　秦建国

单　县　孙培超

曹　县　武忠贵

东明县　杨芳相

定陶县　王彤宇

山东省各级政协组织和委员数

（截至2003年底）

项目＼级别	省	副省级市	市	县(市、区)	合计
组织数	1	2	15	139	157
委员数	759	1102	5684	27943	35488

（马素珍　邢晓东　编写　于国光　审稿）

政协河南省委员会

范钦臣　主　席

张洪华　副主席

郭国三　副主席

张　涛　副主席

张汉英　副主席

张广兴　副主席

张玉麟　副主席

曹维新　副主席

陈义初　副主席

毛增华　副主席

曹策问　副主席

余保江　秘书长

【全体委员会议】

九届一次会议 2003年1月7日至17日在郑州召开。本次会议应出席委员840人,实到委员782人。会议听取并审议了郭国三副主席代表常务委员会所作的工作报告,审议了八届一次会议以来提案工作情况的报告。与会委员列席了河南省十届人大一次会议,听取并讨论了李克强省长所作的《政府工作报告》和其他报告。会议编印委员发言材料45份,8位委员作大会发言。会议围绕河南国民经济和社会发展中的重大问题进行了协商讨论。中共河南省委、省政府及有关部门负责人到会听取大会发言。中共河南省委书记、省长李克强,省委副书记李成玉、支树平、王全书,副省长王明义、贾连朝等分别参加了委员联组讨论。大会期间,共收到提案319件,立案311件。会议审议通过了《中国人民政治协商会议河南省第九届委员会第一次会议政治决议》、《中国人民政治协商会议河南省第九届委员会第一次会议关于常务委员会工作报告的决议》和《中国人民政治协商会议河南省第九届委员会第一次会议提案审查委员会关于九届一次会议提案审查情况的报告》。会议选举主席1人,副主席10人,秘书长1人,常务委员158人。会议认为,过去的五年是我省改革开放和现代化建设取得显著成就的五年。今后五年是我省全面建设小康社会,加快推进社会主义现代化的重要时期。要紧紧抓住发展这个执政兴国的第一要务,扩大内需,调整结构,深化改革,加快开放,优化环境,维护稳定,促进国民经济持续快速健康发展和社会全面进步。会议号召,全省各级政协组织和委员要紧密团结在以胡锦涛同志为总书记的中共中央周围,高举邓小平理论伟大旗帜,深入学习中共十六大精神,全面贯彻"三个代表"重要思想,在中共河南省委领导下,进一步解放思想,实事求是,与时俱进,开拓创新,为推进我省社会主义物质文明、政治文明和精神文明建设,为实现全面建设小康社会的宏伟目标而努力奋斗。范钦臣主席作了《在全面建设小康社会的伟大进程中开创政协工作新局面》的讲话。

【常务委员会会议】

第1次会议 2003年1月17日在郑州举行。本次会议应到170人,实到169人。会议审议通过了中国人民政治协商会议第九届河南省委员会副秘书长名单、中国人民政治协商会议第九届河南省委员会专门委员会通则、中国人民政治协商会议第九届河南省委员会常务委员会关于设置专门委员会的决定、中国人民政治协商会议第九届河南省委员会常务委员会任命专门委员会主任、副主任名单。范钦臣主席就"切实加强常委会工作,充分发挥专门委员会的作用,不断提高政协办公厅工作水平"讲了话。

第2次会议 2003年3月27日至28日在郑州举行。本次会议应到170人,实到162人。会议传达学习了十届全国人大一次会议和全国政协十届一次会议精神,审议通过了省九届政协五年工作要点和2003年工作要点,增补关少锋、胡经文、乔建民、毛德福等4人为政协第九届河南省委员会副秘书长,通过了关于接受乔建民、魏一明同志分别辞去有关委员会副主任职务请求的决定,增补朱慧灵、刘德洲、马建千、祁葆珠、权力莉、张立新、吕振海等7人为政协第九届河南省委员会有关专门委员会副主任。会议围绕"两会"精神和政协第九届河南省委员会工作要点进行了认真讨论。范钦臣主席作了《一心一意谋发展》的讲话。

第3次会议 2003年9月15日至17日在郑州举行。会议应到170人,实到163人。会议审议了关于驻豫全国政协委员、省政协委员视察省重点工程建设情况的报告，提案委员会关于九届一次会议以来提案办理情况的报告，听取了北方七省区市政协工作研讨会第16次会议情况汇报。会议研究讨论了促进河南省非公有制经济发展和深化国有企业改革问题。编印委员发言材料48份，10位委员在会上发了言。范钦臣主席就大力发展河南省个体私营经济讲了话。

第4次会议 2003年12月23日至26日在郑州举行。会议应到169人，实到150人。会议学习了中共十六届三中全会、中共河南省委政协工作会议精神，并就如何贯彻提出了意见。听取并讨论了省政府关于河南省经济社会发展情况的通报。审议通过了《政协河南省委员会常务委员会2004年工作要点》、《政协河南省委员会关于省政协委员管理的暂行规定》、《政协河南省委员会关于评选表彰优秀提案和提案办理先进单位办法》，原则通过了《关于召开中国人民政治协商会议第九届河南省委员会第二次会议的决定》。审议通过政协第九届河南省委员会常务委员会工作报告并推举报告人，审议通过政协第九届河南省委员会常务委员会关于提案工作情况的报告、政协第九届河南省委员会第二次会议议程(草案)和日程、政协第九届河南省委员会第二次会议副秘书长名单、委员分组办法、委员组召集人名单和列席人员名单。会议对促进河南省旅游业发展问题进行了研究讨论，共编印委员发言材料35份，有10位委员在会上发了言。增补贾宏伟为政协第九届河南省委员会副秘书长，通过增补尹家喜等3人为政协第九届河南省委员会有关专门委员会副主任。会议结束时，范钦臣主席讲了话。

【专门委员会工作】

提案委员会 九届一次会议以来，共收到提案687件，经提案委员会审查立案671件，转为委员来信处理16件。其中有关经济建设方面的提案305件，教育、科技、文化、卫生、体育方面的提案170件，劳动、人事、政法、统战等方面的提案196件。截至2003年12月底，已经办复提案665件。提案委员会认真贯彻落实省政协九届一次会议对提案工作的要求，充分发挥提案在履行政协职能中的重要作用，坚持以提高提案工作质量为重点，主要做了以下工作：一是围绕中心、服务大局，努力提高提案质量。二是加大督查和协调力度，努力提高提案办理质量。三是发挥桥梁纽带作用，不断提高服务质量。四是进一步完善工作制度，推进提案工作的制度化、规范化和程序化建设。五是加大宣传力度，扩大政协提案的社会影响。

经济委员会 一是召开18个省辖市政协经济委员会主任会议，通报了情况，部署了调研任务，围绕国企改革和发展非公有制经济问题到有关市进行调查研究。向省政协第3次常委会议提交了《关于进一步推动我省国有企业改革的调查与建议》、《关于我省个体、私营经济发展情况的调查报告》，根据省政协九届三次常委会议委员讨论的情况，专题整理了省政协向省委、省政府报送的《关于进一步加快我省非公有制经济发展的建议案》和《关于深化我省国有企业改革的建议案》，两份建议案受到了省委省政府主要领导的高度重视，并作了重要批示。二是对调研中发现的洛阳市国企改革遇到的一些具体政策问题形成书面建议向有关部门反映。三是组织经济界委员赴开封市视察。四是为破解民营中小企业贷款难、融资渠道单一的发展瓶颈，促进银企双方的沟通与了解，邀请河南省三家股份制银行、三家地方非银行金融机构的负责人和部分民营企业家、专家学者进行座谈。

农业委员会 一是组织委员到郑州等

地就县域非公有制经济发展情况进行调研,针对存在的问题提出了四点建议。二是对河南省部分市粮食流通体制改革情况进行了调研。分别向省政协九届三次常委会提交了《县域非公有制经济发展情况调查》和《关于我省粮食购销市场化改革情况的调查报告》两份发言材料。三是分别对河南省畜牧业、饲料工业、供销社系统的发展情况以及黄河中下游综合治理开发情况进行视察。四是会同省农业厅、省委党史研究室拍摄大型电视片《富民强省看中原》,宣传河南农村改革发展取得的成就。五是以《政协信息》形式提交了《对黄河下游滩区治理和开发的建议》,积极反映社情民意,为制定我省黄河滩区治理规划提供了可靠的参考依据。

教科文卫体委员会 一是组织委员到郑州、洛阳、新乡、许昌、焦作等市就民营科技企业发展问题进行调研,向省政协常委会提交《把民营科技企业的发展放在更加重要的位置上》的调研报告,省委办公厅《工作情况交流》予以刊发。二是对河南省城市医疗服务体系建设情况进行调查,提出意见和建议。三是对河南省部分市县公益文化设施建设情况进行调研,提出了建议,其中一些建议已被省政府采纳,进入决策程序。四是组织委员分别对河南省高考、高招评卷和录取现场、对新乡、鹤壁两市科协工作情况、对上市医药企业运行情况、对运动员冬训情况、对省广播电台和电视台运行情况进行视察,并提出有关建议。其中,针对上市医药企业反映问题的建议经史济春副省长批示,交省有关部门研究解决;关于省体育馆二期工程建设问题的建议已被有关部门采纳。五是参加《民办教育促进法》(草案)的立法讨论、食品药品放心工程专项整治、高校重点学科建设评估验收,组织委员开展义诊讲学等活动。

人口资源环境委员会 一是对河南省流动人口计划生育管理情况进行调研,形成了《关于城镇流动人口计划生育管理情况的调研报告》。二是对信阳市国家级生态示范区试点建设情况进行调研,并形成了调研报告。三是组织委员到平顶山市、许昌市就集体建设用地和宅基地管理情况进行调查研究,为有关部门提供了决策参考。四是对豫北五市水污染防治工作情况进行了视察,既肯定了成绩也提出了建议。

社会和法制委员会 一是对河南省非公有制经济发展的法制环境进行了深入细致的调查研究,向省政协常委会提交了《关于我省非公有制经济发展法制环境的调研报告》,形成了《省委、省政府7号文件落实中存在问题及建议》报送省委、省政府,受到了省委领导同志的高度重视。二是对河南省进城务工人员权益保障情况进行调查,形成了调查报告,呼吁有关部门保障进城务工人员合法权益,维护社会稳定和公平。三是就河南省就业再就业工作进行调研,提出了今后工作值得注意的六个问题和四条建议。四是组织委员视察了郑州、安阳、鹤壁等地人民法院执行工作情况、《土地管理法》贯彻落实情况。五是对《河南省重大事故隐患排查治理责任追究规定》(草案)、《河南省实施〈中华人民共和国民办教育促进法〉办法》(草案)进行立法讨论和论证。

民族宗教委员会 一是和市级政协工作委员会组成联合考察团,赴浙江、江苏和安徽考察民营经济发展情况和旅游资源开发情况,并向常委会提交了考察报告。二是在非典时期向民族宗教界委员发出慰问信,鼓励他们坚守岗位,对宗教活动场所严加管理,防治非典。三是和省委统战部、省宗教局组成联合调研组,对河南省8个市宗教工作情况进行调研,并提出下一步工作的意见和建议。四是为民权县少数民族地区协调修公路资金69万元。动员宗教界人士在黄河汛期给兰考县谷营乡灾民送去价值13万元的衣服和食品。动员香港佛教慈善组织为鲁山县方山村希望小学捐资10万元,改善办学条件。

港澳台侨委员会 编印了河南省港澳台侨和外事基本情况参考资料。在非典时期向港澳地区委员发出慰问信。举办港澳台侨同胞暨眷属代表人士中秋联谊会。组织委员对新郑港区台商投资区和部分台资企业以及港澳委员在豫投资企业进行了视察,帮助他们解决实际问题。对归侨情况进行调查,提出对早期回国的困难归侨给予生活补助的建议。在世界客属第18届恳亲大会期间,广泛接触海外华人,增进了共识。就河南省旅游业发展情况进行了全方位的调研,向省政协常委会提交了《大力培育我省旅游产业,促进旅游经济快速发展》和《关于我省旅游业发展情况问卷调查报告》。

学习和文史资料委员会 征集文史稿件100余篇,编辑出版《河南文史资料》4辑计45万字,严把政治关、史实关、文字关,保持了《河南文史资料》河南省一级期刊和编校质量名列全省前茅的水平。清理库存史料300万字。应邀对驻马店、漯河、商丘、许昌、济源、荥阳政协文史工作人员及撰稿员队伍进行培训。邀请中国国际问题研究所叶如安研究员作《关于伊拉克和朝鲜问题》报告,编印学习资料2期。

市级政协工作委员会 组成四个调研组,分赴全省18个省辖市,对贯彻落实2000年省委政协工作会议精神的情况进行了全面深入的调查,为2003年省委政协工作会议提供了重要决策参考。组织召开了河南省辖市政协发挥委员作用经验交流会、河南省辖市政协主席联系会第七次会议。赴洛阳市、洛龙区对县级政协组织围绕中心、服务大局,发挥协商监督职能情况进行了调研,形成了《关于县级政协组织发挥职能作用情况的调研报告》。对焦作市发挥政协委员主体作用的做法进行调研,并形成了调查报告。组织有关省辖市政协主席赴海南、广西就两省(区)政协加强对市县政协的联系和指导工作进行考察。

【重要活动】

全省政协学习和文史工作会议 2003年3月12日至13日,全省政协学习和文史资料工作会议在郑州市召开。省政协副主席张洪华出席会议并讲话,省政协学习和文史委主任沈柏英和18个省辖市政协学习和文史委主任参加了会议。会议研讨了进一步拓展工作领域、使政协学习和文史工作更好地为现实服务、为三个文明建设服务等问题。

视察非典防治工作 2003年5月,省政协主席范钦臣和省委统战部、省各民主党派、工商联领导同志一起到省非典防治领导小组办公室、郑许高速公路入口处视察非典防治工作。省政协副主席张洪华、郭国三、曹维新、陈义初,分别到周口、驻马店、济源、焦作视察非典防治工作。

本年度委员视察活动 2003年6月5日至9日,省政协主席范钦臣带领省政协委员视察团,对郑州市城市建设情况进行了视察。委员们着眼于郑州的长远发展,提出了进一步增强经济实力,树立经营城市理念,建立科学的城市管理体制,把郑州建成现代化区域性中心城市等建议。不少意见和建议被郑州市采纳。2003年6月16日至17日,省政协组织经济界委员,邀请有关专家、银行负责人、民营企业家组成视察团,在范钦臣主席带领下对开封市属工业企业进行了实地调研和视察,就加大企业改革力度、加快工业化进程等与开封市党政领导班子交换了意见,并为民营企业家到开封投资办厂牵线搭桥。视察活动对开封市理清发展思路、解决发展中遇到的问题起到了积极的作用。2003年8月

11日至16日，张涛副主席带领法制委员会部分委员赴郑州、安阳、鹤壁及所辖市县对人民法院的执行工作进行了视察。视察团听取了全省法院执行工作情况汇报，召开了由当地党委、政府、政协领导同志，法院执行人员及案件当事人参加的座谈会，分析了法院执行难的成因，提出了解决执行难的对策和建议。2003年8月18日至21日，省政协组织部分驻豫全国政协委员和省政协委员，并邀请有关部门负责同志和专家学者参加，由范钦臣主席和9位副主席带队，分10个团对全省18个省辖市、85个在建和即将开工的重点工程进行了视察。视察结束后邀请省政府及有关厅局召开了视察情况反馈会，向省委、省政府报送了建议案。省委书记李克强、省长李成玉充分肯定这次视察活动，省委常委、常务副省长王明义要求有关部门认真研究省政协提出的意见和建议，逐条整改，切实发挥省重点工程在河南经济社会发展中的支撑和拉动作用。2003年9月1日至4日，省政协副主席张洪华带领人口资源环境委员会部分委员，对新乡、焦作、鹤壁、安阳、濮阳5市的水污染防治工作进行了视察，提出了一些意见和建议。2003年9月27日，张涛副主席带领社会和法制委员会部分委员视察郑东新区和郑州市经济技术开发区土地开发和利用情况，并与省、市国土资源部门进行了座谈。张涛副主席在座谈会上发表讲话，指出要使土地管理和建设发展协调一致，互相促进。要注意土地合理开发利用，提高土地的价值，推动经济发展。

省辖市政协发挥委员作用经验交流会 2003年9月8日至10日，河南省省辖市政协发挥委员作用经验交流会在安阳市召开。省政协副主席张洪华出席会议并讲话，安阳、焦作、郑州、驻马店、新乡、商丘、许昌七市政协作了发言，其他市政协提交了书面材料。会议重点围绕发挥政协委员主体作用，切实履行政协职能这一主题，对各地政协的做法和经验进行了认真的总结和交流，对新形势下各级政协如何更好地发挥政协委员的主体作用，不断开创政协工作新局面进行了深入探讨。

省辖市政协主席联系会第七次会议 2003年7月29日至30日，省辖市政协主席联系会第七次会议在濮阳市召开，18个省辖市政协主席出席会议。会议围绕深入贯彻中共十六大精神，进一步做好政协工作进行了认真研讨。省政协副主席张洪华出席会议并作了重要讲话。

范钦臣主席率团赴兰考抗洪一线慰问 2003年10月13日，省政协主席范钦臣带领省各民主党派、工商联、政协各专门委员会以及省地税局、广电局负责同志一行40余人，到兰考抗洪一线慰问抢险军民并察看了灾情和抢险工作。慰问团首先到兰考县坝头乡东坝头码头，看望了参加抢险的解放军驻豫某部指战员和武警官兵，向他们赠送了毛巾、保暖内衣、方便面、啤酒等慰问品。范钦臣代表省政协、各民主党派、工商联以及省地税、广电系统广大职工向抢险部队官兵表示衷心的感谢，并鼓励大家团结协作，继续战斗，坚持到底，夺取最后胜利。

中南六省区政协工作座谈会 2003年10月13日至17日，中南六省区政协工作座谈会第十一次会议在郑州举行。河南省政协主席范钦臣，副主席郭国三、张广兴、曹维新、陈义初，秘书长余保江和湖南省、湖北省、海南省、广东省、广西壮族自治区政协负责人出席了会议。与会人员围绕在全面建设小康社会进程中如何发挥政协优势，创新工作思路，提高履行职能的成效和水平等问题，进行了深入的探讨和交流。

中共河南省委政协工作会议 2003年10月24日至25日，中共河南省委政协工作会议在郑州召开。省领导李克强、李成玉、支树平、王全书、李清林、陈全国、范钦臣、张建中、李柏拴、李克、孙善武、张世军、张洪华、张涛、张汉英、张广兴、张玉麟、曹维新、陈义初、毛增华、李道民、王尚宇等出席了会议。各省辖市市委书记、政协主席、统战部长和省直有关部门负责同志参加了会议。省委书记李克强深刻阐述了做好新时期政协工作的重大意义,充分肯定了各级政协取得的成绩,对进一步加强和改善党对政协工作的领导提出了明确要求,对在全面建设小康社会进程中更好地发挥政协作用提出了殷切希望。李成玉、支树平、陈全国、李柏拴分别对全省各级党委、政府贯彻会议精神,支持政协工作,提出了明确要求,作出了具体的安排。范钦臣主席就政协系统贯彻本次会议精神作了部署。与会人员围绕《中共河南省委关于新时期继续加强政协工作的意见》和省委领导的讲话展开了热烈讨论,表示要认真贯彻落实会议精神,更好地发挥政协作用。

省辖市政协秘书长座谈会 2003年11月11日至13日,省辖市政协秘书长座谈会第三次会议在鹤壁召开。省政协秘书长余保江,副秘书长关少锋、贾宏伟,办公厅助理巡视员杨国珍,各省辖市政协秘书长参加了会议。会议以邓小平理论和"三个代表"重要思想为指导,认真交流了省市政协在机构改革、工作创新等方面的经验,探讨了政协工作在新形势下与时俱进、开拓创新的新思路、新方法、新途径。省政协秘书长余保江在会上讲了话。

全省政协宣传工作会议 2003年11月13日,全省政协宣传工作会议在鹤壁市召开。省政协副秘书长关少锋、贾宏伟、助理巡视员杨国珍出席会议,17个省辖市及济源市政协秘书长,分管宣传工作的副秘书长或办公室主任参加了会议。关少锋副秘书长传达了全国政协宣传工作会议精神,并结合我省政协工作实际,对贯彻会议精神提出了要求。表彰了2003年度《协商论坛》杂志宣传发行工作先进单位和个人,并为先进单位和个人颁发了锦旗和证书。

省会港澳台侨同胞暨眷属新年联谊会 2003年12月18日,省政协在中州皇冠假日酒店举行新年联谊会。在郑投资的台商、驻郑台胞台属、港澳同胞、海外侨胞、归侨及眷属、留学回国创业人员等应邀参加联谊会。省政协副主席陈义初、秘书长余保江、港澳台侨和外事委员会主任王玉英出席联谊会。陈义初副主席发表了热情洋溢的新年致辞。台商代表王任生、归侨代表王为工、奚亮等在会上发了言。

【重要文件】

常委会工作报告(2003年1月8日)(摘要) 五年来,省八届政协在中共河南省委领导下,坚持以邓小平理论和"三个代表"重要思想为指导,高举爱国主义和社会主义两面旗帜,牢牢把握团结和民主两大主题,按照"服从大局、服务中心、求真务实、开拓创新"的工作思路,围绕省委、省政府的中心工作,切实履行政治协商、民主监督、参政议政职能,较好地完成了党和人民赋予的使命,为我省改革开放和社会主义现代化建设事业做出了积极的贡献。1.服务改革发展稳定大局,认真履行协商监督职能。充分运用政协例会和专题座谈会等形式,对事关全局的重大事务进行协商讨论。共召开了5次全体会议,26次常委会议。每年的全会都认真协商讨论《政府工作报告》及计划、财政报告和两院报告。几年来,先后就我省经济建设、科教兴豫战略、农业结构调整、社会稳定、农业跨世纪发展思路、城市化建设、人才的培养和引进、高新技术产业发展、运用高新技术和先进适用技术改造传统产业、社区文化建设、"东引西进"战略、可持续发展战略、国民经济和社会发展"十五"计划纲要(草案)等重要问题议政献策,向省委、省政府报送建议案14件，提出的许多建议和意见得到采纳，为省委、省政府的科学决策提供了重要的参考依据。2. 深入开展调查研究，宽领域地推进参政议政。紧紧围绕我省经济和社会发展中的一些具有宏观性、战略性、前瞻性的重大问题，组织专题调研80多项，向省委、省政府报送调研报告120多份，为促进我省的改革、发展、稳定发挥了积极作用。3. 充分发挥民主渠道作用，积极反映社情民意。本届政协把了解和反映社情民意作为一项经常性工作，贯穿于政协履行职能的各个环节，建立了信息工作机构，配备了专职信息工作人员，改进了信息处理手段，逐步形成了及时有效地为委员反映社情民意服务的信息工作网络。创办了内部刊物《政协信息》，报送《政协信息》260余篇。4. 建立健全各项规章制度，推进履行职能的规范化和制度化，结合政协工作实际，省政协党组提出了《关于推进人民政协履行职能规范化、制度化建设的意见》，修订了《政协河南省委员会提案工作条例》，制定了《关于进一步加强信息工作的意见》，修订了常委会议事规则、主席会议事规则、专门委员会通则、委员守则等，政协工作逐步规范化、制度化、程序化。5. 加强同民主党派和各界人士的联系，巩固扩大了爱国统一战线。多次邀请各民主党派和工商联负责人座谈统一战线和政协工作，帮助解决工作中的实际问题；宣传贯彻党和国家的民族、宗教政策，充分发挥少数民族和宗教界政协委员的作用，加强了同港澳委员和各界同胞的团结联谊活动，热情接待香港特别行政区同胞、台湾同胞及海外侨胞来访团组，拓展了联络渠道，促进了相互沟通和交流，增进了友谊；积极反映"三胞"及眷属委员的意见和要求，组织考察港澳委员投资创办的企业，帮助港澳委员解决诸如办企业、维护投资权益等一些实际问题，为他们在河南发展事业排忧解难。6. 加强对市县政协工作的指导，密切了与各方面的联系与合作。省政协负责人多次带队深入到一些市县进行调查研究，指导工作。及时向各省辖市政协通报省政协的工作要点和进展情况，重点专题调研与省辖市政协联合进行。设立了市地政协工作委员会，明确了工作职责，健全了市地政协工作交流研讨机制。重视总结和交流全省各级政协的工作经验，探讨进一步做好各项工作的新思路和新方法。7. 拓宽对外交往领域，增进了与一些国家的友好往来。省政协负责人分别率团出访亚洲、大洋洲、北美洲、欧洲和非洲的有关国家，对城市化情况、国际消费品市场情况等进行考察，通过各类研讨会、合作洽谈会、贸易博览会等形式，积极宣传中国共产党领导的多党合作和政治协商制度，宣传人民政协的性质、地位和作用，宣传河南发展对外经济合作的优势，促进了我省对外经济贸易往来和文化交流。8. 注重学习，自身建设得到进一步加强。认真组织委员学习邓小平理论和"三个代表"重要思想，学习中共十六大精神和中央、省委有关重要会议精神，并结合政协实际，认真贯彻落实。加强了人民政协的宣传工作。加强了机关思想、组织和作风建设。十六大的召开，标志着我国进入全面建设小康社会，加快推进社会主义现代化的新的发展阶段，这不仅为人民政协发展提供了新的机遇，展示了良好的前景，也对人民政协工作提出了新的要求。为此提出以下建议：一是坚持以邓小平理论和"三个代表"重要思想为指导，高举社会主义和爱国主义两面旗帜，确保政协工作始终保持正确的政治方向。二是围绕我省全面建设小康社会的奋斗目标，努力提高履行职能的质量和成效。三是坚持突出团结和民主两大主题，努力维护团结稳定的社会政治局面。四是坚持和完善共产党领导的多党合作和政治协商制度，进一步推进履行职能的规范化、制度化、程序化。五是根据新的形势和任务，不断加强政协的自身建设。

范钦臣在九届一次会议闭幕会上的讲话(2003年1月17日)(摘要) 以十六大的召开为标志，我国进入了全面建设小康社会、加快推进社会主义现代化建设的新的发展阶段。新世纪新阶段为人民政协事业提供了新的发展机遇，也对人民政协工作提出了新的更高的要求。为此，今后五年政协工作总的要求是：全面贯彻中共十六大精神，以邓小平理论和“三个代表”重要思想为指导，高举爱国主义和社会主义两面旗帜，坚持团结和民主两大主题，围绕中心，服务大局，与时俱进，开拓创新，切实履行政治协商、民主监督、参政议政职能，在全面建设小康社会的伟大进程中开创政协工作新局面。我讲以下五点意见：一是认真学习贯彻中共十六大精神，把思想和行动统一到十六大精神上来。二是坚持党的领导，确保政协工作始终保持正确的政治方向。三是发挥优势，履行职能，为实现全面建设小康社会的目标贡献力量。四是坚持团结和民主两大主题，巩固最广泛的爱国统一战线。五是加强政协自身建设，不断推进工作创新。

【组织概况】

常务委员名单(以姓氏笔画为序)

万士峰　万明云　马仰峡　马志刚
马连兴　马建新　马培长(回族)
王　影　王天林　王月林　王玉英(女)
王正益　王伟平(女)　王观留
王应太　王宝贵　王银良(回族)
王渭泾　王新泉　牛学忠　毛德富
方　刚　尹爱萍(女)　孔红生
孔照英　左　军　布　坚(女)
卢育才　叶小峰　田　涛　史小红(女)
史孝孔　史宗坦　仝运科　冯启波(女)
冯晓仙(女)　巩国顺　吕大新
朱专兴　朱道圩　刘兰熙(女)
刘运珍　刘尚武　刘润文　刘惠生
刘雅敬　齐　飞　关爱和　池顺良
祁葆珠(女)　许　挺　许为钢
许仰民　阮仲亨　孙兰卿　孙永振
孙运锋　孙尚俭　花亚伟　李　萍(女)
李日旭　李志澄　李英杰　李国固
李金松　李宗保　李柳生　李保良
李清彪　杨子江　肖继业　时俊业
时振谦　何　祥　余　恒　余保民
邸怀志　邸瑛琪(满族)　狄美良
邹振华　闵　虹(女)　沈　伯
沈柏英　宋克耀　张万一　张子祥
张文平　张冬平　张全成　张武星
张国政　张秉义　张泽书　张建中
张绍本　张保俊　张俊华(女)
张彦森　张家顺　张德汝　陈　岩
陈庆禄　陈相成　陈钢印　陈捷申
陈锦生(女)　邵兰芳(女)
林诒勋　罗书印　岳同生
岳爱云(女，回族)　郑　稼　郑宗秀
房卫平　孟祥礼　封励行　赵兰英(女)
赵秀玲(女)　赵奋明　赵钟恒
侯振江　施卫国　祖松臣　袁世鹰
袁剑萍　袁鸿安　耿开昌　贾　跃
贾九宝　原思国　徐景稚　高国安
高雁卿　郭宽(回族)　郭正凌
郭雪莽　涂东明　陶明伦　黄至杰
崔承东　章　萍(女)　商民富
阎英地　阎振元　阎德政　梁光中
梁留科　蒋书铭　程远东　傅开道
释心广　谢世安　谢应权　蔡三元
廖长明(回族)　崔金城　樊　萍(女)
潘鸣钟

委员名单(以姓氏笔画为序)

中国共产党

马连兴　王玉英(女)　王田海
王岭群　王春生　王保斋(蒙古族)
王济晟　王流章　方　刚　左　军

史宁安 刘 伟 刘运珍 刘连超
刘尚武 刘金华(女) 刘洪涛
刘新献 许林章 杨 铎 杨子江
李日旭 李凤有 李庆贵 李汴霞(女)
李树铭 余保江 张全成 张绍本
张国臣 张洪华 陈义初 陈钢印
林景顺 范钦臣 罗书印 岳同生
郑宗秀 耿开昌 郭国三 陶振江
曹维新 崔承东 梁铁虎 蒋书铭
鲁献启

中国国民党革命委员会、中国农工民主党

王 平(彝族) 王月林 王应太
王新华 王新泉 毛增华 古小六
田 涛 史小红(女) 冯周琴
吕大新 刘惠生 花亚伟 李 岩(女)
李英杰 肖群兰(女) 时俊业
狄美良 闵 虹(女) 张 弓
张 驰 张万一 张广兴 张世峰
陈 清 陈卫平 陈进生 周新萍(女)
宗万志 荆 超(女) 赵洪勋
郭文涛 郭书文 高尚社 高雁卿
阎永胜 傅开道 傅月云(女)

中国民主同盟、中国民主促进会

万士峰 马四海 马同森 马绍周
王太阁 王光龙 毛德富 白金尧
冯宏顺 师清翔 朱专兴 刘兰熙(女)
安枫灵 许仰民 祁葆珠(女)
孙克勤 李文家 李绍彬 李柳生
李德民 吴来安 谷振堂 邹东坡
陆志奇 张民服 张保俊 邵兰芳(女)
罗 锐 孟 玲(女) 郝立富
赵秀玲(女) 娄源功 郭雪莽
阎德政 董文建 蒋志民 雷书声
潘民中

中国民主建国会、工商业联合会

马建新 王 影 王月季(女)
王克祥 王夏莲(女) 王家柱
王银良(回族) 方德英 尹爱萍(女)
冯晓仙(女) 巩国顺 孙永振
孙晓宁(女) 李 林 李国固
肖继业 何秋玲(女) 宋松继
张 林 张玉麟 张冬平 张汉英(女)
张建华 张武星 张晓林 张景林
张巍巍 陈世强 岳爱云(女因族)
周广聚 胡新向 赵奋明 栾汝斌
梁留科 程远东 程振齐 廖长明(回族)
谭世奇 穆家骥

九三学社、无党派人士

万明云 王水龙 王宝贵 叶小峰
仝运科 刘国相 刘孟挺 刘振亚
池顺良 朱诚身 孙运锋 杨孝治
李东冉(女) 李志澄 李清富
肖宏斌 吴宾格 余 键 邹振华
沈伯 宋丽英(女) 张 涛
张家顺 张德成 张德轩 陈 凯
陈常青(女) 林诒勋 周志勤(女)
郑泰森 郑高飞 赵厚宏 侯万生
侯合柱 姚 龙 施卫国 聂 勇
贾 跃 徐景稚 涂东明 阎英地
梁光中 蒋彦梅(女)

中国共产主义青年团、妇女联合会、青年联合会

于克珍(女) 万 英(女)
万正和 王 鸣 王永波 王合生(女)
孔红生 卢 伟 刘桂梅(女)
孙新富 杨武中 杨素芳(女)
李 征(女) 李 萍(女)
李 强 李变芬(女) 豆洪亮
何振华(女) 宋敬华(女)
张廷廷(女) 陈志伟 迟 军(女)
庞震凤(女) 孟 玮(女)
赵文峰 侯玉梅(女) 高香兰(女)
唐艳青(女) 陶明伦 黄元元(女)
常 莉(女) 葛爱荣(女)
董汉生 程志伟(女) 雷丽萍(女)

文学艺术界

王希玲(女) 王宏剑 毛鸿雁(女)

牛亚非　方可杰(回族)　左小枫
朱巧云(女)　刘忠河　刘晓燕(女)
刘清俭　齐　飞　李文红(女)
李松茂　李树建　李群力　张志泉
张雪帆　张富君　陈锦生(女)
周　虹　周　森　金　萍(女、回族)
孟祥礼　赵晓梅(女)　秦　俊
夏　雁(女)　徐　萍(女)
高国昌　曹　旭　常俭传　韩英珊
詹玉荣(女)　樊　萍(女)

科学技术界(一组)

马跃生　王玉庆　王晓军　邓　伟
孔照英　白立钟(回族)　朱国强
冯绍彬　刘一来　刘郑国　刘殿忠
杜　毅　杨　华(女)　苏同利
李水平　李兴佳　李建辉(女)
吴喜元　余保民　沈阿林　沈柏英
张又林　张俊华(女)　陈庆禄
陈捷申　罗继伟　郑定文　赵　琛
侯爱民　耿长清　原思国　徐之青
崔道山　程礼来　路留瑞　潘鸣钟

科学技术界(二组)

马得青　王天泽　王连成　邓志军
甘　冰(女)　白保君　邹恺夫
刘京训　刘信圣　汤广斌　孙尚俭
孙金陵　李　青(女)　李文合
李松芬(女)　李保良　李培育
严广柏　余守志　宋纯鹏　张明高
张振生　陈　岩　陈天源　陈俊武
孟建国　荣维华　赵苏冀　赵俊国
段治乾　袁鸿安　曹淑芬(女)
董桂萍(女)　傅建军
鲍超杰(女,回族)

总工会、科学技术协会

马仰峡　王安林　孔雪飞　田爱华(女)
史本国　邢合荣(女)　成定伟
吕明义　朱桂英(女)　伏秀霞(女)
任平原　刘海川　刘群星　孙宗会
李　华(女)　李俊贤　李建立

张遂兴　陈　民　苑增好　宗桂山
胡运生　赵兰英(女)　宫学昌
聂孟磊　袁秀芳(女)　袁剑萍
郭绍伟　郭国顺　黄兴维　曹庆元
曹祖松

经济界(一组)

马巧椴(女)　王　军　王咏梅(女)
王得霖　王富贤　王献安　尹家喜
冯树杰　匡宝珠　乔建民　任长旺
刘秉杰　杜宝峰　杨桂荣　李恩东
李雁羽　何仁义　沈为民　张全林
张国政　张彦森　张新纪　范立新
尚文河　罗和平　郑伯阳　赵九来
赵钟恒　姚保国　徐　平(女)
徐争游　徐建新　郭兰芳(女)
黄　伟　崔建国　董建敏　程康宁
谢应权　蔡三元　翟有忠

经济界(二组)

王炳祥　王淑君(女)　王献立
王璀英(女)　牛林河　毕福海
阮仲亨　乔百芳　朱振华(白族)
刘正民　孙国忠　孙勇娣(女)
李万军　李兴智　李国松　李清树
何　祥　郗怀志　张长森　张西营
张建新　陈志先　陈清波　范振国
畅　胜(女)　周　鹏　赵　亚
赵玉梅(女)　耿建国　贾玉禄
徐六生　徐西岭　郭建波　高国安
常凤波　董自文　谢世安　楚西坤
魏国钊

经济界(三组)

马庆刚　马志刚　王凤山　王安长
王杰士　王明德　尹　群(女)
丛光元　刘学泽　杨　勇　杨永庆
李　彪　李甫生　时振谦　吴启民
何观玉　邱新航　宋丰强　宋克耀
张占文　张国贤　张新玉　陈晓明
周国荣(女)　周武军　郑汉钿
施留河　秦太宏　秦水泉　夏景奇

钱晓玲(女) 徐文建 徐道豪
郭新富 黄全利(回族) 戚保国
葛 庆 蒋继明 鲍义军 翟金城
魏 友

农林界

王渭泾 王照平 牛学忠 史孝孔
乔应常 朱清孟 朱道圩 刘九香(女)
刘文进 刘法新 刘栓柱 许为钢
孙晓梅(女,回族) 杨 鸣 杨宝阁
李全鑫 李连栋 李国强 李明中
李洪连 李秋生 李富增(回族)
李新有 谷克仁 张卫宪 张开伦
张振元 张桂兰(女) 张淑敏(女)
陈 明(女) 陈海娥(女)
郑建立 宛振水(回族) 房卫平
胡玉岭 郝桃枝(女) 赵 勇
赵红光 赵爱国 贾连东 郭靖华
高九思 席正强 阎子鹏 董胜军
喻树迅 智乙巴 谢振生 路金镶
裴书群 霍清廉

社会科学界、体育界、新闻出版界

马培长(回族) 王 洋 王 媛(女)
王天林 王玉涵 王建国 王彦武
毛 宏(女) 冯 江 冯启波(女)
冯桂荣(女) 冯德卓 朱彤晖(女)
刘 东(女) 刘 徽 刘海科
刘德亮 李 杰 李希辉 李金豹
李静宜(女) 吴仲奇 何大明
张文军 张志伟 张放涛 张建荣(回族)
张艳佩(女) 张培勤(女)
陈卫华(女) 陈金萍(女)
陈桂珍(女) 封励行 侯振江
贾玉英(女) 徐金星 郭正凌
高蓉生 章 立 蔡全法 蔡泽恩

教育界

丁丽华(女) 马振海(回族)
马培芳(回族) 王 吉 王玄宾
王经武 方锡玲(女) 田 军(女)
白红梅(女) 乔建平 刘训昌
关爱和 许 挺 孙建中 孙洪臣
李永涛 李成全 连彦修 肖新生
吴 俊(女) 吴国梁 吴艳平(女)
吴雪莉(女) 邱 林 邸瑛琪(满族)
张 莉(女) 张亚伟 张秉义
张保国 陈 新 陈相成 林世选
范 萍(女) 岳中奇 周慧超
郑安琴(女) 胡国文 郝秀伦
赵邦屯 侯晓虹(女) 姚锡远
袁世鹰 高明俊 梅诗政 曹策问
戚世钧 董 彦(女) 董企铭
董其伍 焦守君 谢振山 赫巨成(满族)
蔡志发 潘 英(女) 魏一明

医药卫生界

于翠花(女) 王中全 王正益
王丽亚(女) 王国华(女)
王若愚 王晓瑜(女) 毛红伟
邓富英(女) 孔祥群 古全祥
东玺新 卢育才 卢明仁 田开喜
邢 莹 朱 琳(女) 刘西振
刘润文 孙海申(回族) 吴清平(女)
吴淑伦(女) 沈世鹏 宋亚辉
张力华 张玉林 张甫元 张泽书
陈志民 范军铭 尚 佳(女)
郑 稼 胡悦文(女) 秦亚萍(女)
高体健 曹 辉 章 萍(女)
阎振元 梁华龙 程四国 曾鹤军(女)

香港、澳门、台湾华侨界

王 荔(女) 王长利 王迎中
王卓祺 王淑芳(女) 王德扬
布 坚(回) 冯永臣 朱任发
朱展东 刘桂兰(女) 关颖琴(女)
杨中南 苏 珍(女) 李刚毅
李金松 李恒建 李新福 李福庆
励伟英(女) 邱慧云(女)
余 恒 张万成 张文平 张德汝
奚 亮(女) 张曦鹤(女)
林汉忠 胡总龙 钟送玑 徐宁生
郭 晴(女) 商民富 阎建勋

蒋旭东 蓝 晨(女) 雷兆光
路志欣 管苏平 管希明(女)
霍君荣 魏海伦(女)

少数民族界、宗教界

丁青云(女、回族) 马金永(回族)
马继全(回族) 王心东(蒙古族)
王全成(蒙古族) 王安慰(女)
王跃胜 白玛卓嘎(女、藏族)
白建德 朱延龄(回族) 刘诚山
刘雅敬 杨淑萍(女、回族) 李凤真(女)
李文章(回族) 何歧岗(回族)
宋保新 宋树林 陈鸿飞(回族)
虎 玲(女、回族) 虎学良(回族)
郑 煜(女、高山族) 贾九宝
柴玉梁 郭 宽(回族) 高学鸿
唐卫民 黄至杰 谢克选(回族)
谢恒燕(女、满族) 释心广 释延佛
释妙侠 靳印虎 窦庆品(回族)

特邀(一组)(军队委员)

于桂生 王太顺 王玉平 王家耀
朱学义 后同景 杨 鹏 杨中路
李成星 张中华 张光军 张秉德
张建中 陈西久 周丰峻 段京进
秦文廷 郭钦茂 高 俊 黄关庆
葛合元 潘 智 潘洪亮

特邀(二组)

王有仁 王伟平(女) 王观留
王相富 孔德钦 田有申 史宗坦
刘振岐 刘福兴 孙 明 孙兰卿
李传安 李志刚 李宗保 李祖卫
李清彪 李焕庭 李源河 宋布臣
张子祥 张兰印 张传文 张先康
张明亮 张春学 范正刚 房德仁
赵玉亭 赵国栋 祖松臣 姚玉明
唐聚圈 潘汉平 燕 来

特邀(三组)

邓来法 申延平 朱家臣 刘建华
汤宗领 安建军 杨兴贵 杨京伟
李柳身 吴宝志 何黎明 宋效忠
张庆义 张高登 陈振兴 胡经文
赵予辉 郭庆之 高凌芝(女)
唐家松 谢安顺 薛玉森

【河南省各级政协领导人名单】

河南省政协

主 席

范钦臣

副主席

张洪华 郭国三 张 涛
张汉英(女) 张广兴
张玉麟 曹维新 陈义初
毛增华 曹策问

秘书长

余保江

郑州市

市政协主席 祖松臣

县(市、区)政协主席

金水区 刘建峰
二七区 汪爱英(女)
中原区 乔秀花(女)
管城区 于秀兰(女)
邙山区 常万智
上街区 张福祥
新郑市 王贵欣
中牟县 杨保立
新密市 朱永森
荥阳市 杨福平
巩义市 魏新潮
登封市 李松坤

开封市

市政协主席 程广安

县(市、区)政协主席

鼓楼区 陈福祥
顺河区 虎 玲(女)
龙亭区 张俊英(女)
南关区 白 明
郊 区 王芳岭
开封县 张 立

兰考县　杨旗胜
杞　县　卞玉生
通许县　徐同君
尉氏县　任洪河

洛阳市

市政协主席　潘汉平
县(市、区)政协主席
西工区　李克印
涧西区　李忠国
老城区　杨振轩
瀍河区　符　强
洛龙区　魏立峰
吉利区　姚香兰(女)
孟津县　董宏道
伊川县　王须才
偃师市　牛文庆
宜阳县　卫中水
洛宁县　孙晓伟
新安县　王正辉
汝阳县　崔宏刚
嵩　县　李旭东
栾川县　郝明献

平顶山市

市政协主席　赵玉亭
县(市、区)政协主席
新华区　隋国忠
卫东区　王星聚
湛河区　王章记
石龙区　陈风云
汝州市　鲁更臣
舞钢市　高宝山
宝丰县　胡成义
鲁山县　郝元方
郏　县　李栓勤
叶　县　冯国堂

新乡市

市政协主席　赵胜修
县(市、区)政协主席
新华区　岳庚寅
红旗区　梁继平
郊　区　徐启领
北站区　张昌然
辉县市　张振贵
获嘉县　王建国
卫辉市　曹祖温
新乡县　陈志东
原阳县　刘宗训
延津县　王宝震
封丘县　程丁合
长垣县　米汉枝(女)

焦作市

市政协主席　张明亮
县(市、区)政协主席
解放区　牛学云
中站区　张爱武
马村区　买明亮
山阳区　刘永琪
孟州市　杨歪祥
修武县　浮习楼
博爱县　牛生霞(女)
武陟县　宋土生
温　县　周清水
沁阳市　陈敬如

安阳市

市政协主席　张锦堂
县(市、区)政协主席
北关区　李振武
文峰区　孙敬喜
龙安区　刘　钧
殷都区　路尚廷
安阳县　张奎堂
滑　县　柴学志

汤阴县 刘保印
林州市 梁雪山
内黄县 张五杰

鹤壁市
市政协主席 李福州
县(市、区)政协主席
山城区 李广平
淇滨区 侯保德
鹤山区 王维生
浚　县 王金明
淇　县 宋青山

濮阳市
市政协主席 孔德钦
县(市、区)政协主席
华龙区 韦付根
濮阳县 张广恩
清丰县 赵朝培
南乐县 张增习
台前县 赵中华
范　县 房延祥

三门峡市
市政协主席 张兰印
县(市、区)政协主席
湖滨区 廉　武
灵宝市 王　军
义马市 宋惠学
陕　县 员万印
渑池县 张忠厚
卢氏县 张润水

许昌市
市政协主席 唐聚圈
县(市、区)政协主席
魏都区 张广田
许昌县 刘根法
鄢陵县 陈晓多(女)
禹州市 董立民
襄城县 张　岗
长葛市 王庆绍

漯河市
市政协主席 王相富
县(市、区)政协主席
源汇区 于法友
舞阳县 王玉山
郾城县 藏纪周
临颍县 蒋学政

南阳市
市政协主席 褚庆甫
县(市、区)政协主席
卧龙区 宋志强
宛城区 程广宗
内乡县 薛章栓
镇平县 王凡斌
唐河县 乔栓阁
桐柏县 郭树宪
邓州市 杨德堂
方城县 单国成
西峡县 郭双才
新野县 张明甫
南召县 李顺堂
淅川县 王吉成
社旗县 赵中民

商丘市
市政协主席 张春学
县(市、区)政协主席
梁园区 刘进志
睢阳区 杜秀云(女)
民权县 刘世田
睢　县 刘继仁
宁陵县 张清爱(女)
柘城县 杨守和
夏邑县 曹长福

永城市 苏永新
虞城县 马传卿

周口市
市政协主席 田有申
县(市、区)政协主席
川汇区 李道灵(女)
郸城县 王洪轩
西华县 郭广禄
项城县 刘子旭
太康县 万进山
鹿邑县 陈万敏
沈丘县 郑西民
淮阳县 韩友谊
扶沟县 张国安
商水县 宋传修

驻马店市
市政协主席 李焕庭
县(市、区)政协主席
驿城区 王百川
遂平县 李云鹏
确山县 申明华
泌阳县 焦相贤
正阳县 王保庆
上蔡县 王立新
汝南县 贺国超
西平县 张泽泉
新蔡县 王守平
平舆县 李学俭

信阳市
市政协主席 余学文
县(市、区)政协主席
浉河区 张俊德
平桥区 高兴隆
罗山县 汪建成
潢川县 李秀明
固始县 梁万祥
息　县 何承惠
淮滨县 王文龙
光山县 郭殿远
商城县 徐　静(女)
新　县 曾宪森

济源市
市政协主席 范正刚

河南省各级政协组织和委员数

（截至2003年底）

级别 / 项目	省	设区的市	县(不设区的市、市辖区)	合计
组织数	1	18	157	176
委员数	840	6591	22695	30126

（牛海棠　编写　丁新娥　审稿）

政 协 湖 北 省 委 员 会

王生铁 主 席

丁凤英 副主席

蒙美路 副主席

王少阶 副主席

蔡述明 副主席

郑楚光 副主席

张荣国 副主席

翁行德 副主席

胡永继 副主席

郭生练 副主席

周宜开 副主席

陈春林 秘书长

【全体委员会议】

九届一次会议 2003年1月14日至20日在武汉召开。本次会议应到委员630人,实到585人,符合法定人数。开幕时,中共中央政治局委员、中共湖北省委书记俞正声致辞。会议听取并审议了政协湖北省第八届委员会常务副主席丁凤英代表八届省政协常务委员会所作的《政协湖北省第八届委员会常务委员会工作报告》和政协湖北省第八届委员会副主席郑楚光代表八届省政协常务委员会所作的《政协湖北省第八届委员会常务委员会提案工作报告》。会议通过了《政治决议》和《提案委员会关于省政协九届一次会议提案审查情况的报告》。委员们列席了湖北省十届人大一次会议,听取并讨论了罗清泉省长所作的《政府工作报告》和省高级人民法院、省人民检察院的工作报告以及计划、财政等工作报告。会议选举王生铁为政协湖北省第九届委员会主席,丁凤英(女)、蒙美路(女)、王少阶、蔡述明、郑楚光、张荣国、翁行德、胡永继、郭生练、周宜开为政协湖北省第九届委员会副主席,陈春林为政协湖北省第九届委员会秘书长,万卫星等107人为政协湖北省第九届委员会常务委员。会议认为,九届省政协任期的五年,是我国全面建设小康社会、开创中国特色社会主义事业新局面的关键时期。我们要正确认识和把握形势,坚持社会主义初级阶段的基本理论、基本路线和基本经验,广泛团结和依靠各民主党派、各人民团体和各族各界人士,紧紧围绕中共湖北省委的中心工作,切实履行政治协商、民主监督、参政议政职能,坚持在前进中开拓,在开拓中前进,不断增强省政协工作的实效。大会期间,委员们围绕继续推进湖北改革开放、调整优化经济结构、走新型工业化道路、解决好“三农”问题、大力发展县域经济和民营经济、维护社会稳定等问题畅所欲言,提出了许多建设性的意见和建议。会议闭幕时,新当选的政协湖北省第九届委员会主席王生铁作了重要讲话。

【常务委员会会议】

第1次会议 2003年1月21日在武汉召开。会议审议并原则通过了《政协湖北省第九届委员会常务委员会2003年工作要点》;会议决定九届省政协设8个专门委员会,即提案委员会、经济委员会、人口资源环境委员会、教科文卫体委员会、社会和法制委员会、民族和宗教委员会、文史资料委员会、港澳台侨和外事委员会。会议任命杨秋萍、仲惟昆、钟咏元、郭正明、黄向东、陈良才为九届省政协副秘书长。任命张玉权为提案委员会主任,尹光志、陈德贵、白元初、祝湘洲、计佑铭、白景义为提案委员会副主任;曾宪武为经济委员会主任,张道恒、张明修、沈福权、吴威先、韩学仲、宋德福、梁亮胜为经济委员会副主任;蔡述明为人口资源环境委员会主任(兼),曹安俊、王敬璋、纪洪盛、赵振宇、郭定东、张冬斌、苏征耀为人口环境资源委员会副主任;张明达为教科文卫体委员会主任,王宗贤、李文钊、潘涛、章默英、黄向东、林兴识、黄立国为教科文卫体委员会副主任;曾世民为社会和法制委员会主任,邓凡全、雷远宏、朱永法、陈菊生、王红玲、李仁真、毛家书为社会和法制委员会副主任;李云广为民族和宗教委员会主任,王述义、程剑、徐少杰、柳太康、叶梅、谷志孟、吴诚真为民族和宗教委员会副主任;胡嘉猷为文史资料委员会主任,陈昆满、邱久钦、张绪根、余茁芳、王文儒为文史资料委员会副主任;金启方为港澳台侨和外事委员会主任,唐振雄、游先胜、阮惠恩、马有恒、陈良才、乐成炳为港澳台侨和外事委员会副主任。王生铁主席在会议结束时作了重要讲话。

第2次会议 2003年4月2日至4日在武汉召开。会议的主要议题是“学习贯彻全国‘两会’精神，加强思想作风建设，全面推进政协工作”。常委们以高度的责任感和主人翁精神，就如何适应新形势、进一步发挥政协作用、提高政协工作实效等提出了 20 多条意见和建议。会议还审议通过了政协湖北省第九届委员会《常务委员会工作规则》、《主席会议工作规则》和《专门委员会组织通则》等；根据工作需要，会议任命程逖、王红玲、张冬斌、陈锋、王治化为九届省政协副秘书长，增补刘海新为教科文卫体委员会副主任、吴福海为港澳台侨和外事委员会副主任。王生铁主席在会议结束时作了重要讲话。

第 3 次会议 2003 年 7 月 21 日至 22 日在武汉召开。会议的主要议题是“落实省委决策，拓展县域经济”。常委们在听取了翁行德副主席《关于我省县域经济发展的认识与思考》的主题报告及有关专门委员会的调研报告后，根据自愿报名分成十个小组，分别就农业产业结构调整和农业产业化、依靠科技进步发展农业、县域经济发展中的信贷问题、非公有制经济发展的法制环境、中小企业发展中困难和对策等专题进行了讨论，提出了许多意见和建议。22 日，中共中央政治局委员、中共湖北省委书记俞正声，省委副书记、省长罗清泉，省委常委、常务副省长周坚卫和省发展计划委员会、省经济贸易委员会等部门负责人到会听取意见。俞正声在听取了大会发言后讲话指出，省政协常委会议把落实省委决策、发展县域经济作为主要议题，这是围绕中心、服务大局的实际行动。常委们提出的意见和建议对促进湖北县域经济发展具有重要参考价值。俞正声称赞九届省政协的工作开局很好，队伍精神振奋、工作思路明确、工作作风扎实。他希望全省各级政协组织要坚定不移地用“三个代表”重要思想统领政协工作；政协和民主党派、工商联要把促进发展作为履行职能的第一要务；各级政协要突出重点、发挥优势，深入开展调查研究；各级政协和广大政协委员要关注民生，积极反映社情民意，维护社会稳定。俞正声还要求各级党委要从党的事业全局、国家政治体制和社会长治久安的高度，充分认识人民政协工作的重要作用，高度重视和支持政协工作，保证人民政协作用的发挥；各级政府及职能部门，要更多地支持政协工作，认真听取政协委员的意见和建议，自觉接受来自人民政协、各民主党派、工商联和无党派人士的民主监督，把各项工作做得更好，让人民群众更加满意。会议期间，全国政协常委、副主席王少阶传达了全国政协十届二次常委会议精神。会议还协商讨论了《政协湖北省第九届委员会五年工作思路》、《政协湖北省委员会关于进一步发挥委员作用的意见》、《政协湖北省委员会关于进一步发挥各民主党派、工商联和无党派人士作用的意见》、《政协湖北省委员会关于进一步发挥界别作用的意见》，建议修改后由主席会议审定。会议协商通过了《政协湖北省委员会关于委员、常委参加会议的有关规定(试行)》。会议任命白景义、郭定东、祝湘洲为九届省政协副秘书长；任命郭大孝为九届省政协民族和宗教委员会副主任，周瑞超为九届省政协民族和宗教委员会专职副主任；免去白景义提案委员会专职副主任职务、毛家书社会和法制委员会专职副主任职务。王生铁主席在会议结束时作了重要讲话。

第 4 次会议 2003 年 11 月 10 日至 12 日在武汉召开。会议的主要议题是学习贯彻中共十六届三中全会、全国政协十届三次常委会议、中共湖北省委八届四次会议精神，协商讨论加快运用信息技术改造传统产业和开发利用“两江(汉江、清江)”资源及环境保护问题等。正在湖北进行考察的全国政协副主席张思卿到会看望了与会人员。省委副书记、省长罗清泉到会通报了当前湖北经济形势，重点介绍了《中共湖北省委关于贯彻〈中共中央关于完善社会主义市场经济体制若干问题的决定〉的意见》，并衷心希望省政协委员对省委、省政府的工作多提意见和建议。全国政协常委、副主席郑楚光传达了全国政协十届三次常委会议精神；副主席蔡述明作了《"两江(汉江、清江)"开发与湖北可持续发展》的专题报告。会议协商通过了《关于学习贯彻中共十六届三中全会〈决定〉和中共湖北省委八届四次全会〈意见〉的决议》。王生铁主席在会议结束时作了重要讲话。

第5次会议 2003年12月29日至30日在武汉召开。会议的主要议题是协商讨论《省政府工作报告(征求意见稿)》，听取了中共湖北省委常委、常务副省长周坚卫《关于政府工作报告起草情况的说明》；协商讨论并原则通过了《政协湖北省第九届委员会常务委员会工作报告》、《政协湖北省第九届委员会常务委员会关于提案工作情况的报告》、《关于召开政协湖北省第九届委员会第二次会议的决定》、《省政协九届二次会议议程、日程(草案)》、《省政协九届二次会议秘书长、副秘书长名单》、《省政协九届二次会议通过议案方式的决定》、《省政协九届二次会议列席人员范围》；会议推举丁凤英副主席代表九届省政协常务委员会向省政协九届二次会议作《政协湖北省第九届委员会常务委员会工作报告》，推举翁行德副主席代表九届省政协常务委员会向省政协九届二次会议作《政协湖北省第九届委员会常务委员会关于提案工作情况的报告》。根据工作需要，会议任命熊维明为九届省政协经济委员会专职副主任，彭尤弟为九届省政协提案委员会专职副主任，孙益山为九届省政协社会和法制委员会专职副主任；增补缪启明、黄波、祝新铭、周瑞超、洪永成、石文先、胡翔勇、韩爱萍(女)、马毅平(女)、何穗、张大有等11位同志为九届省政协委员。丁凤英副主席在会议结束时作了重要讲话。

【专门委员会工作】

提案委员会 省政协九届一次会议以来共收到提案633件，经审查立案589件，已全部办复。据统计，提案采纳率为93%。一年来，始终把提高提案质量和提案办理质量作为工作重点，常抓不懈。一、根据中共湖北省委意见，会同省人大办公厅、省政府办公厅和省政协办公厅召开了人大建议和政协提案交办会，省政府对98个承办单位提出了办理落实政协提案的具体措施和要求。二、针对换届后新委员多的情况，给全体委员印发了《提案工作手册》，宣传提案的性质、地位和作用，明确提案规范，提出写作要求，提高提案质量。三、坚持主席督办重点提案制度，确定了7件重点提案，经过有关主席督办，都取得了明显成效；并开展了18次有提案人参与的现场办理提案活动，加强了提案人与承办单位的沟通，提高了提案办理质量。四、选择重点内容，编辑《提案摘报》23期，省委、省政府领导对其中21期作了重要批示，加大了提案督办力度。五、根据省政协《提案工作条例》和《关于评选表彰省政协优秀提案的实施办法》，经承办单位推荐、提案委员会研究、主席会议审议批准，对31件优秀提案予以表彰。六、继续与湖北电视经济频道联合举办《提案追踪》专栏节目，共采编56期，播出52期，扩大了政协提案工作的社会影响。七、承办了中南六省区政协第十四次提案工作座谈会。

经济委员会 主要工作：一、组织委员就"落实省委决策、拓展县域经济"问题进行了专题调查，形成了5份专题报告即《关于我省县域经济发展的认识与思考》、《中小企业——县域经济的脊梁》、《发展轻纺工业是壮大县域经济的一个重要途径》、《深化县域金融体制改革推动县域经济快速发展》、《努力扩大县域外贸出口促进我省县域经济加快发展》和1份根据各县市反馈的调研成果形成的《湖北省县域经济问卷调查分析报告》，一并提交九届省政协第三次常委会议。二、根据委员建议，经与汉川市政府、市政协协商达成协议，在汉川市建立了县域经济联系点，作为九届省政协经济委员会跟踪调研县域经济发展问题的基地。三、组织委员对我省在建的孝感－襄樊和襄樊－荆州高速公路工程、黄冈市国有农场改革与发展情况进行了视察。四、组织委员对《湖北省新型工业化纲要（草案）》进行了座谈研讨，副省长任世茂及有关部门负责人到会听取了意见和建议。五、应湖北省纠正行业不正之风领导小组的邀请，推荐委员参加了我省行风评议工作，较好地发挥了政协的民主监督作用。

人口资源环境委员会 主要工作：一、为加强对南水北调中线工程水源地丹江口水库水质的监督与保护，组织委员对十堰市黄姜种植加工污染问题进行了专题调查，向中共湖北省委和省政府呈报了《关于十堰市黄姜产业发展中出现的生态环境问题的调查报告》。中共中央政治局委员、中共湖北省委书记俞正声批示："此报告很好，全面反映了十堰发展黄姜生产的成绩和面临的问题。省政府有关部门和十堰市政府应高度重视黄姜生产和加工的环境问题，采取有力措施，否则，将会造成灾难性后果。"省长罗清泉批示："黄姜生产关系很大，既影响南水北调水源问题，又关系十堰经济的可持续发展和生态环境保护，要高度重视，请考虑专题研究一次，贯彻正声同志的要求。"省委办公厅《决策参考》全文转发。省政府及有关部门和十堰市政府根据省领导批示精神组建了工作专班，进一步加大了对黄姜生产污染的综合治理工作。二、组织委员对三峡库区地质灾害防治工作进行了专题调查，向省委、省政府提出了专题报告，常务副省长周坚卫、副省长韩忠学作了批示，引起有关方面的重视。三、组织委员对汉江、清江流域开发利用和生态环境保护问题进行了历时半年之久的专题调研，形成了《抓住南水北调中线工程机遇，促进汉江中下游地区可持续发展》等5份调研报告，提交九届省政协第四次常委会议。四、组织委员对我省湿地保护情况进行了专题调查，形成了《加强湿地资源保护，促进湖北经济社会可持续发展》的调查报告，并在湖南长沙召开的长江流域十一省市政协长江水环境保护第四次研讨会上作了发言。五、组织委员就我省20万以上人口城市饮水源环境保护情况赴武汉和鄂州市进行了视察，提出了意见和建议。六、与省人大环境资源委员会联合举办了武汉东湖水污染治理研讨会。七、举办了城市生活垃圾处理研讨会，与会人员提交的近10万字的论文汇编成书，印发全体省政协常委和有关方面参考，省主管部门根据委员们的建议拟制定湖北省城市生活垃圾处理法规。

教科文卫体委员会 主要工作：一、组织委员对国家中药现代化科技产业（湖北）基地建设中存在的问题进行了调查，提出了《关于国家中药现代化科技产业（湖北）基地建设中存在的主要问题及建议》的调查报告，得到省委书记俞正声、省长罗清泉、省委副书记邓道坤、副省长任世茂、蒋超良和辜胜阻等6位省领导同志的重要批示和督办，对促进有关问题的解决起到了积极作用。二、组织委员对我省国家农业科技项目匹配资金缺口严重的问题进行了专题调查，向省委、省政府提出了专题报告，引起省领导的高度重视，省委副书记邓道坤、副省长辜胜阻作了重要批示，省科技厅、财政厅等部门根据领导指示和报告的建议，提出了关于加强我省国家农业科技项目匹配资金落实工作的具体意见。三、组织委员对依靠科技进步、加快我省农产品加工业发展、促进县域经济发展壮大的问题进行了专题调研，调查报告经九届省政协第三次常委会议讨论后报送省委、省政府，省委副书记邓道坤作了批示，引起有关方面的重视。四、组织委员就运用高新技术尤其是信息技术改造传统产业、促进经济发展的问题进行了专题调研，提出了《关于我省企业信息化建设的情况及建议》的调查报告，在九届省政协第四次常委会议上作了主题发言。省委副书记邓道坤、副省长任世茂、辜胜阻对调查报告作了重要批示，对促进企业信息化建设起到积极作用。五、组织委员对民办教师上访突出的问题进行了专题调查，形成了《关于落实我省民办教师政策工作中存在的问题与建议》的调查报告，省委书记俞正声批示："民师问题要高度重视，要进一步制定具体措施，能否在今年(2004年)内彻底解决。"省长罗清泉、副省长周坚卫、辜胜阻也作了批示。省政府专门召开了督办解决民办教师问题会议，对有关问题的解决起到了有力的推动作用。六、组织委员对我省新型农村合作医疗试点工作情况进行了专题调研，调查报告中提出的意见和建议引起分管副省长蒋超良和省有关部门的重视。七、在上年工作的基础上，对我省人才队伍建设情况进行了跟踪调查，提出了《关于加强新世纪我省高素质人才队伍建设的调查报告》。八、会同全国政协教科文卫体委员会，就构建城市医疗服务体系问题进行了调研，形成了《湖北省构建城市医疗服务体系的实践与探索》的调查报告，在全国政协教科文卫体委员会在厦门召开的构建城市医疗服务体系研讨会上作了发言。九、应全国政协教科文卫体委员会的邀请，对我省科技资源共享情况进行了调查并形成报告，在全国政协教科文卫体委员会在上海召开的科技资源共享问题研讨会上作了发言。

社会和法制委员会 主要工作：一、组织委员对我省非公有制经济发展的法制环境问题进行了专题调研，形成了《整治和改善法制环境，促进非公有制经济健康发展》的调研报告，并在九届省政协第三次常委会议上作了大会发言。《人民政协报》、《湖北日报》作了专题报道，引起省领导的重视。此专题还参加了在南京召开的全国政协社会和法制委员会专题研讨会。二、组织委员对黄石、鄂州两市就业再就业工作进行了专题调研，形成了《就业再就业工作中存在的问题与对策建议》的调研报告。省委书记俞正声批示："政协对再就业问题的专题调研很好，反映的问题应予重视，并采取适当办法通报各地。"副省长蒋大国批示给省劳动部门："请按照正声同志指示，对政协关于就业调查反映的问题及建议认真研究，制定加强措施及办法，报省委、省政府同意后下发。"对促进湖北就业再就业工作起到推动作用。《湖北日报》作了专题报道。三、召开了发挥律师作用、维护司法公正专题座谈会，就进一步加强律师队伍职业道德建设、妥善解决律师执业过程中的问题提出了对策和建议。四、组织委员对我省名牌战略的实施情况进行了视察，提交了《关于依法保护名牌，促进名牌战略实施的视察报告》。还组织委员对检察机关预防和查办职务犯罪、人民监督员工作情况进行了视察。五、召开了全省政协社会和法制委员会就业再就业问题和非公有制经济发展的法制环境问题专题研讨会暨工作会议，增强了各级政协社会和法制委员会之间的合作与交流。六、参加了中央政法委员会司法体制改革调研组在武汉召开的司法体制改革座谈会，就有关方面的问题提出了意见和建议，受到调研组的重视。

民族和宗教委员会 主要工作：一、加强学习，筹集了全国政协编印的《政协民族宗教工作者应知应会》以及有关单位编印的《宗教政策法规汇编》、《简明宗教知识读本》等资料发给委员学习，并召开了民族宗教工作政策法规和知识专题学习座谈会，进一步加深了委员对党的民族宗教工作方针政策的理解。二、组织委员对恩施州贫困山区县域经济发展情况进行了调查，向九届省政协第三次常委会议提交了《突出特色，加快贫困山区县域经济发展》的调查报告。中共湖北省委办公厅《决策参考》摘要转发各地，中国新闻出版社与北京华夏盛世行社调中心共同出版的《中华新世纪论坛》予以转载。三、组织委员对武汉、黄冈市十余处宗教活动场所进行了调查，提出了《关于我省重点宗教活动场所保护和利用的思考》的调查报告，关于进一步加强对重点宗教活动场所保护和利用的四点建议，引起省委副书记、省宗教工作领导小组组长杨永良的高度重视。四、召开了以"打造少数民族文化品牌，建设湖北文化强省"为主题的少数民族文化座谈会。《湖北日报》作了专题报道。五、组织委员对襄樊市宗教工作情况进行了视察。

文史资料委员会 主要工作：一、组织委员就发展县域文化产业问题进行了专题调查，形成了《关于加快我省县域文化产业发展问题的调查报告》，提交省政协九届第三次常委会议。二、组织委员对"进一步保护和建设好历史文化名城——恩施"的情况进行了视察。三、编辑出版了2辑《湖北文史》共35万字。四、承办了西南、中南地区政协文史工作第四次协作会议的组织联络工作，参加了在北京召开的全国政协文史资料工作研讨会，介绍了工作经验。

港澳台侨和外事委员会 主要工作：一、组织委员对长阳、巴东等地县域旅游经济进行了专题调查，形成了《加快县域旅游经济发展大有可为、迫在眉睫》的调查报告，提交九届省政协第三次常委会议。二、组织委员对海南、广西开发旅游资源、发展旅游经济的情况进行了考察，形成了《关于赴海南、广西两省学习考察情况的报告》。三、在分管副主席的带领下，对港澳委员和台商在湖北投资兴办的部分企业进行了专题调研。四、组织港澳委员回湖北，对清江流域梯级电站建设情况和仙桃市扩大对外开放、招商引资和民营经济发展情况进行了视察，就进一步解放思想、营造良好的投资环境、处理好招商引资与环境保护和保障劳动者权益的关系等提出了意见和建议。五、配合全国政协台联界委员首次以界别组团，对湖北实施《台湾同胞投资保护法》的情况进行了调查。

【重要活动】

积极参与抗击"非典"工作 2003年上半年，主席会议专题研究了协助党委政府做好非典防治工作问题，并决定向全省各级政协组织和广大政协委员发出了《协助党委政府做好非典防治工作的一封信》。按照省委统一部署，王生铁主席、丁凤英副主席分赴十堰、黄石"抗非"第一线，检查指导"抗非"工作，慰问战斗在第一线的医护人员，并提出抗击非典必须建立长效机制等指导性意见。委员们就药品生产供应、药品价格管理、宠物管理、网吧管理、公共卫生安全等方面提出5件提案，有效地支持了防治非典工作，为阶段性战胜非典做出了贡献。

全省政协委员视察工作会议 2003年7月9日在武汉召开。会议的主题是以邓小平理论和"三个代表"重要思想为指导，总结省政协委员视察工作，交流各地组织委员视察工作的经验，探讨新形势下提高委员视察工作质量的途径和方法。会议还传达了全国政协委员视察工作会议精神。副主席蒙美路到会作了重要讲话。会议讨论通过了政协湖北省委员会办公厅

《关于第九届省政协委员视察工作的安排意见》和《关于2003年省政协委员视察工作计划》。

组织委员开展视察活动 2003年，组织委员就南水北调中线工程、税费改革后农村义务教育、依法保护名牌及质量技术监督执法环境、在建高速公路建设情况、国有农场改革、恩施州扶贫开发工作、黄冈市招商引资情况、襄樊市宗教事务管理情况、历史文化名城保护等专题进行了视察，推动了有关工作的进展。

举办新委员培训班 2003年8月20日至22日，九届省政协新委员培训班在中共湖北省委党校举办，256名新委员参加了培训，学习了“三个代表”重要思想、人民政协基本知识、人民政协与宪法、人民政协与政治文明建设、怎样当好政协委员等课程。王生铁主席在培训班结业时发表了重要讲话。副主席蒙美路、秘书长陈春林出席开班典礼并讲了话。

积极参与修改《政协章程》征求意见工作 根据全国政协[2003]7号文件通知精神，成立了征求《政协章程》修改意见领导小组。通过组织座谈、发函征求意见等形式，广泛听取了全省各级政协组织、广大政协委员、各民主党派、工商联、无党派人士对《政协章程》的修改意见，经中共湖北省委批准报送全国政协。王生铁主席等领导出席了8月29日至31日在苏州召开的全国政协部分修改《政协章程》(华东区和中南区)座谈会和9月3日至4日在武汉召开的全国15个副省级城市政协修改《政协章程》研讨会，并在会上发言和讲话，提出了修改政协章程的重要意见。

湖北省人民政协理论研究会举办政治文明建设研讨会 2003年8月29日，湖北省人民政协理论研究会围绕“深入贯彻中共十六大精神，积极推进社会主义政治文明建设”举办研讨会，政协各参加单位、统战部门、大专院校和科研机构的专家30多人出席了研讨会。省政协副主席、研究会会长丁凤英讲话强调，广大政协委员和政协理论工作者要进一步加强对人民政协与社会主义政治文明建设的理论研究，为促进政治文明建设献计出力。

驻鄂全国政协委员视察吉林省生态省建设情况 根据全国政协工作安排，2003年9月7日至16日，驻鄂全国政协委员在全国政协委员、省政协副主席丁凤英和全国政协常委、省政协副主席郑楚光的带领下，对吉林省生态省建设情况进行了视察。通过视察形成的《关于吉林生态省建设情况的视察报告》，被全国政协办公厅以政全发[2003]64号文件报送中共中央办公厅和国务院办公厅，供党和国家领导人参阅。

全省市州政协主席座谈会 2003年11月13日至14日在武汉召开。来自全省17个市、州、省直管市和神农架林区的政协主席出席了会议，并在会上交流了各地学习贯彻“三个代表”重要思想、努力做好政协工作的经验和体会，探讨了如何进一步开创政协工作新局面等问题。省政协主席王生铁、副主席丁凤英在会上作了重要讲话。副主席蒙美路、蔡述明、翁行德、胡永继，秘书长陈春林出席了会议。

西南、中南地区政协文史工作第四次协作会议 2003年10月16日至19日在重庆、19日至23日在武汉召开。有关省、自治区、市政协负责联系文史资料工作的领导和文史资料委员会及办公室负责同志参加了会议。全国政协文史资料委员会副主任龚心海等有关负责同志莅临会议指导。会议学习了全国政协文史资料工作研讨会精神，围绕建国后史料征编、文史资料委员会履行政协职能和如何为现实服务等议题进行了座谈和交流，并探讨了新形势下政协文史工作面临的新情况和新问题。湖北省政协主席王生铁在闭幕会上作了重要讲话，蒙美路副主席、陈春林秘书长出席了会议。

中南六省区政协第十四次提案工作座谈会 2003年10月12日至18日在武汉召开。会议的主题是以"三个代表"重要思想为指导，交流座谈如何贯彻中办、国办《关于转发〈全国政协办公厅关于办理政协提案的意见〉的通知》，进一步提高提案质量、提案办理质量和服务质量。中南六省区政协负责联系提案工作的领导和提案委员会及办公室负责同志参加了会议。全国政协提案委员会副主任倪豪梅等有关负责同志莅临会议指导。省政协副主席郑楚光、翁行德，秘书长陈春林出席了会议。

湖北省政协宣传工作会议 2003年11月27日至28日在武汉召开。省政协宣传工作领导小组组长、省政协副主席蒙美路作了《总结经验，努力开创政协宣传工作新局面》的主题报告。会议传达了全国政协宣传工作会议精神，总结交流了全省各级政协组织、新闻单位近年来开展政协宣传工作的经验，研究了新形势下进一步加强政协新闻宣传工作的问题，讨论通过了《省政协宣传工作领导小组工作简则》。王生铁主席在会议结束时作了重要讲话。

湖北省各界人士迎新茶话会 2003年12月31日上午在省政协举行。湖北省各族各界人士300余人出席茶话会。茶话会由省政协主席王生铁主持。中共中央政治局委员、中共湖北省委书记俞正声在会上致辞。他首先代表省委、省政府，向全省广大工人、农民、知识分子、各级干部和社会各阶层的建设者，向各民主党派、工商联、无党派人士和人民团体，向驻鄂人民解放军指战员、武警官兵和公安干警，向所有关心、支持湖北改革开放和现代化建设的港澳台同胞、海外侨胞和国际友人，致以亲切的问候和衷心的祝愿。俞正声指出，过去的一年，是我省改革开放和现代化建设取得显著成就的一年。全省国民经济持续稳定协调发展，各项改革不断深化，实际利用外资大幅增长，基础设施建设取得重大进展，精神文明、政治文明建设继续加强，群众生活水平和质量进一步提高，全省呈现出经济发展、社会稳定、人民安居乐业的良好局面。这些成绩的取得，是在中共中央领导下，全省人民团结奋斗的结果，也凝聚着各级政协、各民主党派、工商联、无党派人士和各族各界人士的智慧和汗水。明年是贯彻落实中共十六届三中全会精神，深化改革、扩大开放、促进发展、保持物质文明、政治文明和精神文明协调发展的重要一年。希望全省各级政协、各民主党派、工商联、无党派人士和人民团体继续紧紧围绕改革发展稳定的大局，认真履行政治协商、民主监督、参政议政职能，多做建言献策、参政为民的工作，团结各族各界群众，调动一切积极因素，为湖北的改革和发展贡献力量。省民革主委鲍隆清代表各民主党派、工商联和无党派人士，团省委副书记肖菊华代表各人民团体在大会上发言。

拓展信息网络、积极反映社情民意 2003年共编发《各界反映》168期，许多信息击中时弊，言之有理，质量较高，得到中共湖北省委、省政府的肯定，并被全国政协评为信息工作先进单位。全国政协采用13期，中共湖北省委、省政府领导批示42期，省委书记俞正声批示8期。如《对我省县域新型工业化出路的思考》，俞正声批示发省委《工作简报》，供各地参阅。《各界反映》已经成为政协委员、各民主党派成员、无党派人士和各族各界人士向省委省政府及决策部门及时反映情况、履行民主监督和参政议政职责的"直通车"。

积极开展对港澳台工作和对外交往活动 王生铁主席2003年9月18日会见了以台湾知名人士许历农先生为团长的台湾新同盟会三峡行代表团，11月30日会见了朝鲜祖国统一民主主义战线中央委员会书记曹奎一率领的访华代表团,12月4日会见了新加坡华人社团负责人访华代表团;丁凤英副主席3月25日会见了澳大利亚澳洲华亨有限公司董事长梁进铭先生,12月1日至5日率湖北省政协代表团访问港澳;蒙美路副主席9月10日至21日率湖北友好代表团访问俄罗斯、德国等。通过一系列的联谊交友活动,进一步加强了港澳台同内地的联系,扩大了人民政协的对外交往,促进了湖北的对外宣传。

采取多种措施加强机关建设 换届后,在中共湖北省政协党组和省政协办公厅党组的领导下,进一步加强了组织、思想、作风、制度和基础设施建设,使机关各项工作取得新的进步。机关完成了机构改革的后续工作,经过竞岗轮岗,干部职工及时到职到岗。通过举行报告会、座谈会、知识讲座和开展学习郑培民先进事迹等活动,在机关大力倡导六种风气,即想全局、抓大事、比贡献的风气,公道正派、唯贤是举的风气,树立宽宏博大的胸怀、往前想、朝前看的风气,大事坚持原则、小事发扬风格的风气和以诚相待、各自多做自我批评的风气,机关干部职工的精神面貌、工作作风有明显改进,为委员服务的质量和水平有明显提高。还建立了一系列规章制度,机关办公条件也有所改善,保障了政协履行职能的各项工作顺利进行。政协办公厅(室)系统被评为全省档案工作先进系统。

【重要文件】

政协湖北省第八届委员会常务委员会工作报告(2003年1月14日)(摘要) 一、五年工作回顾。八届省政协在中共湖北省委的领导下,高举邓小平理论伟大旗帜,全面贯彻"三个代表"重要思想,牢牢把握团结和民主两大主题,紧密团结各民主党派、工商联等人民团体、无党派人士和各族各界人士,围绕中心,服务大局,认真履行政治协商、民主监督、参政议政职能,积极反映社情民意,为进一步巩固中国共产党领导的多党合作和政治协商制度,加强社会主义民主政治建设,促进湖北改革开放、经济发展、政治稳定和社会进步,做出了积极贡献。同时,也为政协的自身建设积累了一些新的经验。(一)紧密围绕中心,履行职能取得了新的成效。切实组织好历次全会和常委会议,使之成为议政集中、主题鲜明的协商活动。在五次全体委员会议上,分别协商讨论了湖北省国民经济和社会发展第十个五年计划纲要、"一府两院"工作报告及其他重要报告。委员们的许多有价值、有分量的意见和建议,得到省委、省政府领导的高度重视和社会各界的充分肯定。共召开了30次常委会议,着重就编制我省"十五"计划,落实中央关于灾后重建三十二字方针,中央实施西部大开发战略湖北怎么办,我国加入世贸组织对湖北经济发展的利弊影响和有关法律问题,促进国有企业改革和民营经济发展等20多个专题进行了协商,许多意见和建议具有超前性和可操作性。各专委会组织委员开展了广泛深入的专题调研、专题座谈和考察活动,共计形成100多份专题调查报告,组织了40多个专题视察。始终把落实委员提案、反映社情民意作为加大民主监督、参政议政力度的重要工作。五年来,共收到提案2800件,经审查立案2714件,全部办复完毕。共收集编报《各界反映》952期,向省委、省政府和全国政协反映政协委员的重要意见,其中一些重要建议和社情民意信息,被全国政协采用138条,中央、国家部委领导批示7期,省委、省政府领导批示261期,促使许多问题得到及时处理和解决。(二)发挥政协优势,为巩固和扩大爱国统一战线做出了新的贡献。为适应新时期人民政协的工作任务和要求,通过举行报告会、研讨会、座谈会、委员活动日、编发《学习与思考》资料等多种形式，组织委员学习中国共产党的统战理论和方针、政策，学习“三个代表”重要思想，促使共同政治基础上的团结与合作得到不断巩固和加强。在许多重大事件中，委员们始终能正确分析和把握形势，保持昂扬的爱国热情、坚定的政治立场、高度的历史使命感和社会责任感。加强同港澳委员的联系，以重要庆典为契机，开展宣传活动，促进祖国统一。积极宣传、贯彻党的民族、宗教政策，重视发挥民族宗教界委员的作用，关注少数民族地区的经济和社会发展。编辑出版六卷《湖北文史集粹》（390 万字）和 22 辑《湖北文史资料》（285 万字），完成了全国政协库存史料 265 万字的清理工作。（三）直接参与中心工作，做出了新的成绩。在 1998 年的抗洪救灾斗争中，按照省委的部署，省政协领导及时调整工作重心，把抗洪抢险作为突出的中心任务，积极动员、组织全体委员和各参加单位以抗洪抢险为己任，全力以赴投入抗洪救灾。省政协机关先后派出 44 人次到抗洪一线。政协委员中的专家、学者参与抗洪决策，为科学排险护堤献计献策。采取多种形式组织捐款捐物，积极参与筹办全省大型赈灾义演。政协委员、各界人士、特别是港澳委员捐赠了大量钱物。及时调整常委会议议题，研究讨论根治水患、重建家园的问题，组织灾后农村重建情况的专题调查，就灾民生活、思想情绪和社会治安等方面的问题提出建议。这些工作和建议，得到中央和省领导的充分肯定和高度重视。（四）拓展工作思路，改进工作方式和方法取得了新的进展。在调查研究中开拓新思路：2000 年，各驻会副主席带领六个调查组，分赴 14 个市、州、直管市，对各地贯彻执行《中共中央关于坚持和完善中国共产党领导的多党合作和政治协商制度的意见》、《中共湖北省委关于进一步加强人民政协工作若干问题的决定》的情况，进行了全面、深入、细致的调查研究，向省委提交了《关于全省政协工作情况的调查报告》，对带共性的突出问题提出了解决意见，为省委进一步加强对政协工作的领导提供了重要依据。2001 年，省政协党组向省委提交了《关于召开全省政协工作会议的报告》，并专题报告了需要解决的几个问题。省委高度重视，组织有关人员逐项研究，为省委召开政协工作会议作了充分的准备。省委下发的《关于进一步加强新时期人民政协工作的若干意见》采纳了政协党组的许多意见。在民主评议中深化民主监督：经报请省委同意，我们先后组织委员对我省公安系统、法院系统和检察院系统执法状况和队伍建设等情况进行了民主评议，做到在监督中支持、在支持中监督，得到被评议单位的肯定和社会各界的认同。探索民主监督与舆论监督相结合的新形式：与湖北电视经济频道联合举办《提案追踪》专题节目 61 期，组织省内主要新闻单位与委员一道，对重要提案的落实情况进行新闻调查、跟踪采访和宣传报道，不仅扩大了政协民主监督的社会影响，还推动了许多具体事项的督办落实。在改进工作方式和方法中提高工作质量和水平：政协全会和常委会议是政协履行职能的重要组织形式，为保证省党政领导与政协委员的广泛交流，除了组织好大会发言和小组讨论外，还突出界别特点，试行联组讨论。为加强政协领导、政协机关与委员的联系，除继续抓好委员活动日等主题活动外，还试行了主席接待日制度，主动邀请一些委员座谈，了解情况，研讨问题，并听取他们对政协工作的意见。为提高视察效果，改每年年底视察为全年有计划地适时视察等等，这些有益的改进和探索，都得到省委、省政府的重视和支持，得到委员的赞许和有关部门的欢迎。（五）加强自身建设，为提高整体工作水平打下了新的基础。

专门委员会的建设进一步得到加强。随着时代的发展，调整了专委会设置，新设了人口资源环境委员会，进一步充实了专委会的办事机构，建立健全了专委会的工作制度，专委会的活动经费、办公条件等逐步有所改善，促进了专委会基础作用的发挥。成立了湖北省政协宣传工作领导小组，省政协办公厅首次与省委宣传部联合下发《关于进一步加强政协宣传工作的意见》，使政协宣传工作走上规范化、制度化轨道。总之，在过去的五年里，八届省政协在省委的正确领导下，在各参加单位和全体委员的共同努力下，在各级党委、政府和社会各界的重视、支持与配合下，各项工作都有了新的进步，较好地完成了自己的历史使命。二、几点体会：1. 自觉坚持党的领导，是做好政协工作的重要保证。2. 坚持团结和民主两大主题，是做好政协工作的基本立足点。3. 加强规范化制度化建设，是做好政协工作的重要保障。4. 充分发挥委员主体作用，是做好政协工作的力量源泉。5. 与时俱进、开拓创新，是推进政协工作不断发展的不竭动力。

中共湖北省委书记俞正声在省政协九届一次会议开幕式上的致辞（2003 年 1 月 14 日）（摘要） 五年来，全省各级政协组织和广大政协委员，紧紧围绕经济建设中心，服务全省工作大局，充分发挥政协优势，切实履行政协职能，为实现我省经济持续快速健康发展和社会全面进步，发挥了不可替代的作用。省委对新一届政协寄予厚望。各级政协组织和广大政协委员要围绕党和政府关心、人民群众期盼的重大问题，认真开展调查研究，坦诚相见，畅所欲言，提出意见和建议，为科学决策民主决策献计出力；要积极反映社情民意，多做沟通思想、化解矛盾、增进团结、凝聚力量的工作，不断巩固和发展爱国统一战线；要积极探索政协工作的新思路、新方法，推进履行职能的规范化和制度化，不断开创政协工作新局面。各级党委和政府要从维护国家长治久安的战略高度，充分认识人民政协的重要地位和作用，真心实意地关心政协工作，真心实意地听取各界人士的意见，真心实意地接受政协的民主监督，进一步加强对政协工作的领导和支持。

省政协主席王生铁在省政协九届一次会议闭幕会上的讲话（2003 年 1 月 20 日）（摘要） 1. "三个代表"重要思想是新时期人民政协工作的指导思想。在政协的各项工作中，要坚持、体现和贯彻"三个代表"的要求，进一步把人民政协成员紧密地团结在中国共产党周围，为建设中国特色社会主义的经济、政治、文化服务，为维护安定团结的政治局面服务，为实现祖国完全统一服务，为维护世界和平与促进共同发展服务。2. 实践"三个代表"重要思想，人民政协大有可为。要围绕发展第一要务、发展先进文化、维护人民群众的根本利益，积极建言献策。3. 加强政协自身建设，认真履行政治协商、民主监督、参政议政职能。要自觉坚持党对政协工作的领导；要加强常务委员会自身建设；要加强政协委员队伍建设，不断提高履行职能的质量和水平。

政协湖北省委员会委员视察简则（2003 年 3 月 24 日）（内容略）

政协湖北省委员会秘书长、副秘书长工作规则（2003 年 3 月 24 日）（内容略）

政协湖北省第九届委员会常务委员会工作规则（2003 年 4 月 4 日）（内容略）

政协湖北省第九届委员会主席会议工作规则（2003 年 4 月 4 日）（内容略）

政协湖北省第九届委员会专门委员会组织通则（2003 年 4 月 4 日）（内容略）

政协湖北省委员会关于委员、常委参加会议的有关规定（试行）（2003 年 7 月 22 日）（内容略）

政协湖北省委员会委员关于进一步发

挥委员作用的意见(2003年8月22日)(内容略)

政协湖北省委员会委员关于进一步发挥各民主党派、工商联和无党派人士作用的意见(2003年8月22日)(内容略)

政协湖北省委员会委员关于进一步发挥界别作用的意见(2003年8月22日)(内容略)

政协湖北省第九届委员会五年工作思路(2003年8月22日)(内容略)

关于落实省委、省政府决策,加快拓展县域经济的建议案(2003年8月22日)(内容略)

【组织概况】

主　席

王生铁

副主席

丁凤英(女)　蒙美路(女)
王少阶　蔡述明　郑楚光
张荣国　翁行德　胡永继
郭生练　周宜开

秘书长

陈春林

常务委员名单(以姓氏笔画为序)

万卫星　万维东　马　力(回族)
马有恒　王文儒　王石平(女)
王红玲(女)　王述义　王佑民
王宗贤　王祥三　王敬璋　毛宗福
计佑铭　邓凡全　尹光志　卢先诚
田继林　成肇仁　吕应堂　朱永法
朱曙霞(女)　仲惟昆　刘松岳
刘海生　刘善壁　孙家寿(侗族)
杨　镇　杨占秋　李　午　李文钊
李仁真(女)　李委莎(女,回族)
李思慎　肖菊花(女)　吴人亮
吴冲龙　吴诚真(女)　吴威先
佟文西　余　凯　余茝芳(女)
谷志猛(白族)　汪　芳(女)
汪存信　汪振仁　沈福权　宋德福
张小柔(女)　张玉权　张巧珍(女)
张冬斌　张明达　张明修　张道恒
陈　军　陈　锋　陈劲松　陈妍桂(女)
陈良才　陈昆满　陈菊生　林兴识
欧阳建平　罗秉武(布依族)　金启方
周祯祥　柯玉亨　胡应明　胡家兴
胡嘉猷　胡霜红(女)　钟　珞
钟汉林　侯晓华　段亚辉
段绪慧(女,土家族)　祝湘洲
袁鑫昌　徐少杰　郭定东　郭跃进
高凯春　高洪银　唐振雄　黄向东
黄国庆　曹安俊　龚胜生　章默英(女)
梁亮胜　程　剑　程　犁(女)
程时杰　温　力　游先胜　游清泉
曾玉兰(女)　曾世民　曾宪武
谢天健　谢春光　谢秋云　詹永健
廖敏一　潘　涛　魏建国

委员名单(以姓氏笔画为序)

中国共产党

丁凤英(女)　万维东　王生铁
王佑民　王述义　王宗贤　王敬璋
邓凡全　白元初　朱永法　李　泉
李官喜　吴威先　沈福权　张明修
陈亚林　陈春林　陈菊生　金启方
胡永继　胡嘉猷　翁行德　郭义友
曹安俊　程　剑　曾世民　曾宪武
谢秋云　谢春光　蒙美路(女)

中国国民党革命委员会

万江平(女)　王红玲(女)
毛宗福　占传忠　吕学善　吴人亮
邹进文　张有信　陈邦利　范业宽
范良慰　范道宠(女)
欧阳美(女,侗族)　胡为之　胡春胜
南　平　高凯春　黄小中　彭立川
谢宝璇　雷明朗　潘巧莲(女)
魏文魁

中国民主同盟

王耀辉　甘爱萍(女)　石如澜(女)
朱才坤　刘予伟　孙云莲(女)

别必银　张华美　陈长洋　林永生
欧阳明德周国华　孟运莲(女)
赵作斌　钟国伟　侯晓华　段亚辉
殷　勇　郭生练　郭茂佳　黄向东
黄利鸣　黄剑云　游清泉　熊　熊
魏建国

中国民主建国会

王少阶　王祥三　刘　星　严奉宪
肖　静(女)　肖志峰　吴懿平
余　帆　张　亮　陈允平
赵　萍(女,回族)　姚源森(侗族)
贾庆生　郭定东　鲍贤咏(女)
谭建军

中国民主促进会

马业新　朱仕雄　朱传斌　朱曙霞(女)
李长安　余茝芳(女)　汪存信
张永红　张国荣　柯昌军　洪　波
祝湘洲　龚胜生　彭志敏　蔡述明

中国农工党

师　洪　朱书刚　纪本涛　杨　俊(女)
杨少杰　杨占秋　李德玲(女)
张冬斌　张有顺　邵中兴　林　芳(女)
周宜开　周祯祥　焦　红(女)
童惠娟(女)　曾宪初　熊承良

九三学社

万卫星　马　力(回族)　王　岐
王国基　许祖华　李思慎　吴　坚(女)
应楚洲　张华容　陈　锋　欧阳建平
易继林　金人夔　郑楚光　徐礼华(女)

台湾民主自治同盟

江燕萍(女)　张荣国　陈良才
胡霜红(女)

无党派民主人士

叶中章　卢德炎　田继林　仲惟昆
刘学勤　杨先基　李　鹏　李万清
李少忠　肖　纶　肖柏勋　张春和
周义成　郑礼昌　柯亨玉　胡仲军
胡铁松　姚　华　夏元义　郭朝红(女)
曹建萍(女)　彭光华　廖伯寿

熊竹寒　魏昌松

中国共产主义青年团

王天明　杨琼鹏　李清泉　肖菊华(女)
张文彤　张柏青　范晓岚(女)

总工会

丁　萍(女,回族)　丁德年　王　镭
朱宪国　向娟芬(女,土家族)
刘泽忠　刘维汉　杨占宇　杨德茂
李乐成　李建模　吴恩桃(女)
陈祖狄　林午玲(女)　周学文
徐圣贤　郭衍炳　黄国庆　龚家龙
雷腾芳　樊政炜

妇女联合会

王晓梅(女)　方昌荣(女)
付丽萍(女)　冯淑珍(女)
向东方(女)　刘　岚(女)
刘　萍(女)　汤春云(女)
杨秋萍(女)　李长爱(女)
严永梅(女)　肖红娟(女)
张太玲(女)　陈锦潮(女)
尚美功(女)　金琼娴(女)
段绪慧(女,土家族)
段新华(女,苗族)　黄秋菊(女)
黄德华(女)　崔　东(女)
粟道云(女)　程三荣(女)
傅小红(女)　曾玉兰(女)

青年联合会

邬剑刚　余建堂　陈　维(女)
郭　平　鄢烈文　魏正平

工商业联合会

马运凡　王元山　王先斌　王均豪
王治化　王道友　方清海　邓文振
许绮燕(女)　杨忠洲　李文华
邹仲华　邹昌浩　宋德福　张鸿毓
陈　军　陈卫东　陈燕鸣　林朝辉
罗昌兰(女)　周冠成　胡玮弘(女)
赵成伟　钟汉林　聂安康　徐　进
詹永健

科学技术界

王义杰　王本杰　卢正鼎　卢先诚
史久坤　刘　泉　苏征耀　李　强
李　楠　李成运　李至平　李新平
吴冲龙　沈晓鲤　陈妍桂(女)
钟　珞　傅　军　谢天健

台湾同胞联谊会

白晴显　施建茨　罗　鹰　曾　玲(女)
廖敏一

归国华侨联合会

王立新　邓鸿光(女)　杜式新
李　磐　谷士文　张小柔(女)
陈汉平　黄英来　程时杰

文化艺术界

马　榕　牛晓文　孔可立
叶　梅(女,土家族)　任金亭
刘三多　许志超　何祚欢　佟文西
汪　芳(女)　汪国新　沈海宁
张巧珍(女)　张慧芳(女)
陈运权　周德聪　孟德民　胡应明
祝建华　姚　强　徐奇武　徐勇民
涂廷多　黄中骏　程　犁(女)
焦立文

科学技术界

王　蒙　王必璠　王连生　毛祖国
方华京　艾桃山　龙雄华　叶朝辉
白汉芳　毕为民(女)　刘松岳
刘海生　刘海新　阮惠恩　孙家寿(侗族)
纪洪盛　李　午　李育杰　吴章胜
何　琳　余运清　陈　磊　陈少平
陈书奇　陈劲松　林观帝　罗　进
周许林　周孟波　周厚贵　周殿玺
郑永新　单　涛　赵伯涛　赵振宇
侯怀娜(女)　段世明　段恩西
袁内镇　袁鑫昌　莫易敏　涂光骞
梅祖怀　黄绍斌　黄金富　韩学仲
曾庆福　蔡昌文　廖冬初　黎　华

社会科学界

马哲军　王武德　毛家书　白景义
冯仁贵　刘嗣元　杨昌江　李仁真(女)
李委莎(女,回族)　李德才　吴长均
汪厚川　张玉权　张武洲　陈昆满
陈振裕　尚援朝　周长城　郭正明
高燕贞(女)　黄南珊　曹树钦
彭家录　谢科范　雷远宏　詹先宏
蔡学恩　熊战勋　潘　涛　潘世东

经济界

王乔生(女)　尹光志　艾路明
刘卫斌　刘锦钊　许　斌　苏笑海
李开万　吴福海　冷德雄　张　朝
张中国　张明达　张培增　林富强
范永康　郑平川　柳太康　胡安泰
胡家兴　钟咏元　郭跃进　黄天雄
黄立平　韩北平　詹才泳

农业界

王大秋　王石平(女)　石　山
刘永忠　刘华桥　刘江鹏　杨　洪
李忠云　李海军　吴福曾　邹世平
闵国雄　张元启　张绪根　陈德贵
邵圣才　柳国昌(土家族)　赵本元
饶辉福　彭超美(女)　童仕彬

教育界

马鹤龄　王威孚　冉先福　冯泽峰
吕应堂　朱　磊　朱玉泉　李　斐
李友清　李保峰　李朝辉　余训民
汪化云　张荣贵　张荣堂　张梦义
陈云生　陈少岚　陈禹九　林雨露(女)
罗　飞　罗永根　柯德馨　柳菊兴
胡亨魁　胡承群　饶水林　倭永兰(女)
徐晓明　徐景炫　黄　泓(女)
黄介生　章默英(女)　戢运宏
谭子曦

体育界

冯梦雅(女)　刘淦清　佘敏克
余国梁　袁慧敏(女)　高洪银
唐秀根(女)　温　力

新闻出版界

杨尚聘　李文钊　邱久钦　张润斌

张家厚　唐　瑾(女)　　黄立国

医药卫生界

王　平　王　兵　王传中　成肇仁
吕金海　汤光宗　杨　镇　吴　华
吴富常　余建华　张二明　张先觉
张昌军　陈能松　庞代文　郑国本
赵映前　夏小中　殷桂林　海光辉(回族)
黄从新　曹敬兰　蔡维立　谭　最

对外友好界

乐成炳　阮继清　唐振雄　游先胜

社会福利和社会保障界

李长功　徐少杰　傅德辉　潘志明

少数民族界

马奇明(回族)　王　芳(女,回族)
邓玲娜(女,土家族)
田太富(土家族)　田书勤(土家族)
向　钢(土家族)　李进(女,壮族)
李云广　李发兆(土家族)
李顺清(土家族)　谷志孟(白族)
张世为(土家族)　罗秉武(布依族)
段悦兰(女,土家族)
郭大孝(土家族)黄静(女,土家族)
龚青贵(土家族)　麻　杰(回族)
寇　莉(女,回族)覃有土(壮族)
傅理明(回族)　曾庆国(土家族)
蔡万顺(土家族)

宗教界

见　忍　刘从斌(回族)　李光富
吴诚真(女)　汪振仁　徐维友
隆　醒　舒自耕

特别邀请人士

马有恒　王文儒　王明宇　计佑铭
方显友　孔庆藻　叶长鸣　卢孝云
朱健健　刘士权　刘汉民　刘雪荣
刘彩木　刘善壁　江　仁　孙水娥(女)
杜兆麟(女)　杨俊苹(女)
苏福生　李子良　李正双(土家族)
李宏延　李旺盛　李厚义　李新民
严正军　肖孔斌、何木生　何正太
张云刚　张文启　张绍刚　张治国
张道恒　陈树杰　陈家法　林兴识
周正友　周旺生　郑文定　胡荃蓉(女)
饶　鹏　施维雄　姚祥栋　夏贤甫
徐才源　徐化贵　徐晓伟　郭凤祥
郭远东　郭筱鹏　高仕军　唐德厚
涂学生　黄为安　黄如楷　黄家碧
龚永尧　盛光荣　梁少培　梁亮胜
梁海明　景学镇　程　逖　傅桂初
鲁华容(女)　曾凡铭　曾昭发
蓝官衡　雷玉宁　路德林　蔡志龙
蔡冠明　廖春泉　熊汉生

委员增补名单(2003年12月30日政协湖北省第九届委员会常务委员会第5次会议增补)

缪启明　黄　波　祝新铭　周瑞超
洪永成　石文先　胡翔勇　韩爱萍(女)
何　穗　马毅平(女)　张大有

【湖北省各级政协领导人名单】

湖北省(见组织概况)

武汉市(副省级)

市政协主席

刘善璧

副主席

刘彩木　李昌禄　龚非力
梁守恕　贾震涛　杨付华(女)
肖志钢　陈振中　杨云彦

秘书长

周启新

各区政协主席

江岸区　段　静(女)
江汉区　张　骏
硚口区　宋环芝(女)
汉阳区　王　红(女)
武昌区　汪国辉
青山区　张三提
洪山区　纪大成
蔡甸区　周传荣

江夏区	涂才凤
东西湖区	余启田
汉南区	曾桂生
黄陂区	李志堂
新洲区	罗咏南

黄石市政协

市政协主席	郭远东
县(市、区)政协主席	
黄石港区	范国强
西塞山区	陈声信
下陆区	喻昌义
铁山区	史宾胜
大冶市	郭衍炳
阳新县	王义杰

十堰市

市政协主席	孔庆藻
县(市、区)政协主席	
张湾区	刘根生
茅箭区	刘厚才
郧　县	孔凡洲
郧西县	李大尊
竹溪县	洪自成
竹山县	章先友
房　县	罗志增
丹江口市	武发胜

荆州市

市政协主席	卢孝云
县(市、区)政协主席	
荆州区	黄　诚
沙市区	刘德玉
石首市	陈　阵
洪湖市	刘时耕
江陵县	胡荆琳(女)
松滋市	陈玉清
公安县	严厚英(女,至6月)
监利县	彭小平

宜昌市

市政协主席	李　泉
县(市、区)政协主席	
西陵区	杨万喜(至3月)
	李建民(3月起)
点军区	赵玉春
伍家岗区	冉隆群(女)
猇亭区	庞世益
夷陵区	袁启勋
当阳市	刘心海
枝江市	李先贵(至3月)
	谭克焕(3月起)
宜都市	张国伟
远安县	翟德益
兴山县	杜兴中
秭归县	宋发升
长阳自治县	林文铸(土家族)
五峰自治县	刘学华

襄樊市

市政协主席	姚祥栋
县(市、区)政协主席	
襄城区	徐正柱
樊城区	陈圣才
襄阳区	任光智
枣阳市	钟晓明
宜城市	石昌国
老河口市	舒心海
南漳县	李成运
谷城县	卢荣轩
保康县	赵厚文

荆门市

市政协主席	何木生
县(市、区)政协主席	
东宝区	肖永平
掇刀区	黄爱国

钟祥市 贺立秀(女)
京山县 常隆兴
沙洋县 刘仁松

孝感市
市政协主席 张文启
县(市、区)政协主席
孝南区 刘洪斌
汉川市 李显昌
应城市 朱木森
安陆市 涂文和
云梦县 张国哨
大悟县 黄金波
孝昌县 兰惠民

黄冈市
市政协主席 胡荃蓉(女)
县(市、区)政协主席
黄州区 杜东华
麻城市 冯福贤
武穴市 李至平
团风县 肖伯勋
红安县 梅祖怀
罗田县 马惠军
英山县 陈佑天
浠水县 吕国泰(至5月)
陈志远(5月起)
蕲春县 徐舟济
黄梅县 张心平

鄂州市
市政协主席 钟毓安
各区政协主席
鄂州区 吴竹林
华容区 胡 澜
梁子湖区 熊新文

咸宁市
市政协主席 饶 鹏
县(市、区)政协主席
咸安区 江仁春
赤壁市 葛国治
嘉鱼县 杨绍峰
通城县 周菊桃(女)
崇阳县 金耀华
通山县 陈敬初(女)

恩施自治州
州政协主席 李正双(土家族)
县(市、区)政协主席
恩施市 甘立友
利川市 覃太智(土家族)
建始县 苏志猛
巴东县 林廷芳
咸丰县 陈卫平(土家族,至2月)
宣恩县 曾宪凡(土家族)
来凤县 周新华(侗族)
鹤峰县 胡巨寿

随州市
市政协主席 徐晓伟
县(市、区)政协主席
曾都区 谭志勇
广水市 陈国均

仙桃市(省直管市)
市政协主席 郭凤祥
天门市(省直管市)
市政协主席 肖孔斌
潜江市(省直管市)
市政协主席 黄际纯
神农架林区(省直管林区)
区政协主席 张元启

湖北省各级政协组织和委员数

（截至 2003 年底）

级别 项目	省级	副省级	市州级	县(市、市辖区、林区)级	合计
组织数	1	1	12	102	116
委员数	640	565	3781	20946	25932

（杨延昭　编写　陈春林　审稿）

政 协 湖 南 省 委 员 会

胡　彪　主　席

李贻衡　副主席

袁隆平　副主席

姚守拙　副主席

卢光琇　副主席

章锐夫　副主席

阳宝华　副主席

王汀明　副主席

刘　晓　副主席

龙国键　副主席

谢　勇　副主席

李刚铤　秘书长

【全体委员会议】

九届一次会议 2003年1月12日至18日在长沙举行,应到委员728人,实到663人。中共湖南省委书记、省人大常委会主任杨正午代表中共湖南省委、省人民政府到会表示祝贺并作了重要讲话。大会听取并审议了李贻衡副主席代表政协湖南省第八届委员会常务委员会所作的题为《解放思想,实事求是,与时俱进,努力开创政协工作新局面,为我省全面建设小康社会作出新贡献》的工作报告,听取并审议了卢光琇副主席所作的《政协湖南省第八届委员会关于五年以来提案工作情况的报告》。委员们列席了湖南省第十届人民代表大会第一次会议,听取并协商了张云川省长所作的政府工作报告及其他重要报告。大会选举了政协湖南省委员会第九届委员会主席、副主席、秘书长和常务委员,协商了省人民政府、省高级人民法院和省人民检察院领导成员候选人名单。大会通过了中国人民政治协商会议湖南省第九届委员会第一次会议政治决议 、关于政协湖南省第八届委员会常务委员会工作报告的决议、关于提案审查情况的报告和政协湖南省第九届委员会第一次会议向八届省政协离任委员的致敬信。新当选的省政协主席胡彪在闭幕大会上作了重要讲话。

【常务委员会议】

第23次会议(第八届委员会) 2003年1月3日至4日在长沙举行。会议审议通过了《关于学习贯彻中国共产党第十六次全国代表大会精神的决议》、关于召开政协湖南省第九届委员会第一次会议的决定、政协湖南省第八届委员会常务委员会工作报告(草案)和关于提案工作情况的报告(草案);协商通过了政协湖南省第九届委员会参加单位、委员名额和委员人选及省政协有关人事任免事项。中共湖南省委副书记胡彪到会并作重要讲话,他高度评价了省政协第八届委员会所作的工作并对切实做好省政协第九届委员会人事安排工作提出了具体要求。

第1次会议(第九届委员会) 2003年1月19日在长沙举行。经过协商,会议通过了九届省政协常委会议关于人事变动的表决办法,通过了省政协办公厅主任、省政协副秘书长和省政协机构设置及其负责人名单。省委副书记、省政协主席胡彪在会上对省政协2003年的工作作了部署。他强调指出,充分发挥常委会的作用,是整个政协工作的关键。他希望各位常委充分认识自身肩负的责任,切实履行职责,不断增强历史使命感和政治责任感,为进一步提高常委会工作水平作出贡献。

第2次会议 2003年6月18日至20日在长沙举行。会上,全国政协研究室主任卞晋平作了关于人民政协知识的讲座,湖南省人民政府副省长甘霖通报了湖南省2003年上半年经济形势与防治非典型肺炎的有关情况,省政协副主席阳宝华传达了全省民营经济工作会议精神。会议审议通过了《关于进一步发挥省政协委员作用和完善省政协例会制度的决定》、《政协湖南省第九届委员会委员持证视察条例》和《政协湖南省委员会提案工作条例》,通过了《关于撤销彭晋镛省政协委员职务的决定》和《关于调整瞿优远、谢光祥2名同志专门委员会委员的决定》。郎艺珠等6位省政协常委作了大会发言。省委副书记、省政协主席胡彪作了讲话,总结了省政协上半年的工作,并对下半年的工作作了部署。

第3次会议 9月17日至19日在长沙举行。会议听取了湖南大学经济与贸易学院院长赖明勇教授关于开放型经济的知识讲座;审议通过了关于加快我省开放型经济发展向中共湖南省委、省人民政府的建议案;传达了全国政协苏州会议精神,并通过了有关人事事项。省委副书记文选德、副省长杨泰波以及省直各有关部门负责人到会听取常委们的意见和建议。省政协主席胡彪发表讲话强调，要进一步提高对政协性质、地位和作用的认识，增强政协工作的主动性；要围绕中心，服务大局，履行好政协职能，增强政协工作的开拓性；要从政协的特点和实际出发，增强政协工作的实效性。文选德代表省委、省政府讲话，他对省政协开展的加快湖南开放型经济发展调研课题予以高度评价，表示要对建议案中的建议认真研究，积极采纳落实。

第4次会议 12月10日至11日在长沙举行。会议审议通过了关于大力实施信息化带动工业化发展战略向中共湖南省委、省人民政府的建议案、关于召开政协湖南省第九届委员会第二次会议的决定、湖南省第九届委员会第二次会议议程(草案)、日程(草案)、政协湖南省第九届委员会常务委员会工作报告(草案)和关于九届一次会议以来提案工作情况的报告(草案)。省政协主席胡彪在会上发表讲话，充分肯定了省政协九届一次会议以来的工作，并对今后一个时期的政协工作提出了要求。省委副书记、常务副省长于幼军到会听取意见，并作了重要讲话，他强调指出，省政协以信息化带动工业化调研课题选题准、立意新，抓住了我省工业化的关键问题，希望省政协围绕产业发展问题继续调查研究，为加快湖南发展献计献策。

【专门委员会工作】

提案委员会 共收到提案804件，立案792件，已全部办复。一是委员满意率不断提高。为认真做好提案工作，九届一次会议前，提案委员会给每位委员寄发了提案书写要求和提案参考目录。会后，省政协、省人大、省政府联合召开了提案交办会。在分管副主席的带领下，还对提案在30件以上的承办单位进行走访，努力提高见面率、办复率、办结率和满意率。二是重点提案办理成效显著。先后分10批次对10个承办单位的11件重点提案进行了重点督办，对一些涉及湖南经济建设和社会发展的重点提案，会同相关承办单位现场办理，促进了问题的解决。如，为落实宁乡贫困乡旅游扶贫开发的提案，与相关职能部门深入考察，促使修建黄祖沩公路的500万元资金得以落实。三是重新修订了《湖南省政协提案工作条例》等制度，使提案工作进一步规范化、制度化。四是提案宣传工作的力度进一步加大。

经济科技委员会 一是会同省政协办公厅组织委员、有关厅局负责人和专家学者承担了省政协重点调研课题"以信息化带动和加快湖南工业化发展"的调研，撰写了20多万字的调研报告，并经省政协常委会协商通过，向省委、省政府提交了建议案，省委书记杨正午作了重要批示。二是对工商行政执法和市场管理等有关问题展开调研，并向省委、省政府提交了调研报告，省委副书记、代省长周伯华作了重要批示。三是随同胡彪主席就发展我省民营经济开展调研。四是与岳阳市、汨罗市政协一道就汨罗市磊石乡林纸一体化建设情况进行调研，并将调研报告专报省委书记杨正午，引起了省委主要领导的重视。

人口资源环境委员会 一是跟踪视察长沙市"放心菜"工程，提出了强化源头管理、完善市场准入制度等五条建议。二是组织委员对洞庭湖湿地的现状进行了调研，并筹备召开了长江流域十一省市政协水环境保护第四次研讨会。三是围绕"保护珍贵树木，维护生态平衡"这个主题，继续开展"保卫绿色，关注森林"视察宣传活动。四是对"关于进一步改善长沙大气环境质量的建议"的提案采取现场督办，在促进提案落实方面取得了实效。五是与省电视台联合摄制《天下洞庭》专题片。六是组织委员开展矿山地质环境保护情况调研及到日本学习考察。七是参加全国暨地方政协人口环境资源委员会工作研讨会，并作经验介绍。

文教卫体委员会 一是针对湖南农村义务教育中的突出问题，开展了对湖南农村义务教育投入情况的专题调研，并向省委、省政府提出了意见和建议。二是召开了在长沙的医卫界委员座谈会，就湖南防治非典工作进行了认真的研讨，提出了许多意见和建议，并协同省政协办公厅组成3个视察组，深入平江、浏阳、攸县农村视察非典防治工作，向省委、省政府提交了视察报告。三是组织委员视察了省会部分医院，推动了全省创建百姓放心医院活动。四是组织委员赴炎帝陵、井冈山、南京、江苏、上海、浙江等地进行考察。

法制群团委员会 一是组织委员对“湖南公安队伍执法情况”和“非公有制经济法制环境”开展调研，并提出了意见和建议。二是组织委员赴湘潭市对“残疾人就业”问题的提案进行了重点督办，赴衡阳市就企业与职工签订劳动合同、安排职工就业、维护职工合法权益等情况进行视察，并向相关职能部门提出了意见和建议。三是积极做好委员维权工作，办理维权和信访案件20多件。四是组织了省政协2003年第一次界别座谈会，就湖南公安队伍执法质量情况进行了深入的探讨。

民族宗教委员会 一是组织委员就湖南毗邻西部开发地区的民族地区经济发展情况和我省宗教活动场所情况进行调研，为促进我省实施大湘西开发战略，加快民族地区经济发展，促进我省宗教政策的落实和有关问题的解决发挥了积极的作用。二是认真组织委员学习，提高参政议政的能力。三是发挥委员主体作用，开展“五个一”工程。四是承办了省政协第五次界别座谈会，组织少数民族、中共、农业等界别的委员，就如何加快我省民族地区经济社会发展提出了许多意见和建议。五是建立健全了本委员会的工作制度，加强了与省直有关部门、市州政协和宗教团体的联系。

文史学习委员会 一是收集、整理、编辑、出版了《三湘私立名校》、《党和人民的骆驼任弼时》、《湖南历史图典》、《辛亥革命与中国近代社会》等文史资料。二是组织委员就湘东和安化旅游开发、加快湘菜产业发展等问题进行调研和协商，向省委、省政府提交了《关于加快湘菜产业发展的建议》、《安化拥有丰富的旅游资源》和《打造长沙后花园》等调研报告。三是编印《学习参考资料》，受到各方好评。四是加强了与党政部门、全国政协以及兄弟省市政协文史委的联系，不断拓宽文史学习委的工作面。五是针对湖南新一届政协文史干部队伍变动较大的情况，召开了全省文史学习工作会议，交流了各地文史学习工作经验，并对各市政协文史学习委负责人进行了业务培训。

港澳台侨和外事委员会 一是组织委员学习，邀请中共中央台湾工作办公室副主任王在希来省政协机关作目前台湾形势讲座，组织港澳委员来湘考察了株洲市高新技术开发园区和企业。二是协同省政协办公厅组织委员就加快湖南开放型经济发展进行调研，并向省委、省政府提交了建议案，受到了省委、省政府的高度重视。三是积极牵线搭桥，招商引资，促进了湖南的经济建设，如促成林德亮委员与祁阳县签订9亿元合同投资兴建白石城。四是竭诚为委员排忧解难，给港澳委员往返内地的商贸活动提供方便。五是加强交流，广交朋友，不断拓宽工作面，如组织湖南著名书法家颜家龙先生一行10人赴澳门开展了书画交流活动。

【重要活动】

加快湖南开放型经济发展问题调研

2003年3月至9月，省政协主席胡彪亲自参与，省政协党组副书记石玉珍、省政协副主席李贻衡、章锐夫牵头，组织部分委员、省直有关部门负责人和专家、学者组成课题组，就加快湖南开放型经济发展问题进行深入调研。课题组先后深入到全省11个市(州)、47个外资企业和外省8个企业，共召开座谈会37次，参加座谈会的外资企业近百家，个别访谈30余人次，问卷调查500人次，网上下载资料30万字，剪辑报刊资料13万字。在此基础上，形成了总课题报告、6个子课题报告和建议案等近20万字的调研成果。省政协九届3次常委会经过认真协商讨论，提交了《关于加快我省开放型经济发展向中共湖南省委、省人民政府的建议案》，得到了省委、省政府的充分肯定。

以信息化带动湖南工业化发展问题调研 2003年3月至12月，省政协主席胡彪、省政协党组副书记石玉珍、副主席李贻衡亲自参与，省政协副主席阳宝华、龙国键牵头，组织部分省政协委员、省直有关部门负责人、有关专家、学者组成课题组，就以信息化带动工业化发展问题进行调研。课题组先后深入到长沙、株洲、湘潭、衡阳、郴州、岳阳、益阳等工业基础相对较好的地市调研，并赴上海、浙江、广东、韩国、日本等信息化建设好的省份和国家考察。课题组还先后深入长沙烟厂、三一重工、中联重科、华为集团、上海华虹电子有限公司等49家企业，重点了解企业的信息化建设，并先后召开了7次部门座谈会和8次企业家座谈会，听取部门与企业的意见与建议。课题组还先后向近300家企业、17家科研院所进行了问卷调查，向30多个省直单位和14个市州进行了电子政务问卷调查，同时邀请14个市州政协参与调研。经过广泛深入的调研和考察，撰写了20多万字的子课题报告和6万多字的总课题报告，并提交了《关于大力实施以信息化带动工业化发展战略向中共湖南省委、省人民政府的建议案》，受到省委、省政府的高度重视。

长江流域11省市政协长江水环境保护第四次研讨会 2003年10月10日至12日在长沙召开。会议专题探讨了长江流域湿地保护与开发利用问题。11省市政协参加此次研讨会的代表指出，近年来，国家有关部门和长江流域各省市加大了对长江流域湿地的保护力度，取得了一定的成效，但由于重开发轻保护、工业污染加剧和滥捕滥杀野生动物，长江流域湿地保护和开发仍存在许多问题。与会代表一致认为，加强对长江流域湿地保护与治理已刻不容缓。会议建议，加强宣传教育，提高全民湿地保护意识；尽早出台《湿地保护法》，使湿地保护和管理有法可依；理顺管理机制，强化统一管理。与会代表还提出了增加湿地保护的投入和尽快实施"洞庭湖4350"系列工程等建议。全国政协人口资源环境委员会、国家水利部、环保总局、林业局等方面的负责人应邀出席会议。全国政协人口资源环境委员会副主任马国良、王克英，湖南省人民政府副省长许云昭，省政协副主席李贻衡、阳宝华、龙国键和秘书长李刚铤出席了会议。

全省市州政协秘书长联席会议 2003年10月18日至22日在湘潭、娄底、邵阳三市召开。会议传达学习了全国政协苏州会议精神，总结交流了各市州政协履行职能制度化、规范化和程序化的做法和经验。省政协副主席王汀明出席会议并发表讲话。与会同志一致认为，近些年来，在各级党委的正确领导和政府的大力支持下，全省各级政协履行职能制度化、规范化、程序化建设取得了较大的成绩，为推进全省政协工作不断开拓创新发挥了重要作用。会议指出，推进政协工作制度化、规范化、程序化建设，任重道远。全省各级政协必须紧紧依靠党委的领导和政府的支持，通过自身的努力，在实践中积极探索，不断创新，把全省政协履行职能的制度化、规范化、程序化建设提高到一个新的水平。

【重要文件】

第八届委员会常委会工作报告(2003年1月12日)(摘要) 政协湖南省第八届委员会任期的5年中，八届省政协在历届省政协工作的基础上，紧密团结全省各民主党派、工商联，各人民团体和各族各界人士，紧紧围绕全省工作大局，认真履行政协职能，为巩固和发展爱国统一战线，促进我省的改革开放和社会主义现代化建设，推进祖国的和平统一大业，作出了积极的贡献。一、围绕我省经济建设中心，深入开展调查研究，建言献策取得了新成果。5年中，省政协共开展了100余次调研、视察，向省委、省政府及有关部门报送专题调研、视察报告120余份，提交建议案8件，为促进党政领导的科学决策和党委政府重大方针、政策的贯彻落实，推动我省经济社会发展，发挥了积极的作用。一是围绕我省经济发展的战略问题建言献策。如，1998年，省政协认真贯彻中共十五大关于发展非公有制经济的精神，在充分的调查研究和协商讨论的基础上，提出了《关于加快我省个体私营经济发展的建议案》，得到省委、省政府的采纳。所提出的意见和建议，被吸收到省政府《加快我省个体私营经济发展的若干规定》之中，对全省个体私营经济的发展，起到了较好的促进作用。同年，还就实施科教兴湘战略中的问题，组织委员开展了重点视察，向省委、省政府提出了建议。2001年，就湖南文化产业发展战略问题，深入开展调查研究，提出了《关于大力发展我省文化产业的建议案》，受到省委、省政府的高度重视。省委常委召开专门会议，听取省政协及有关部门的汇报，对我省文化产业发展战略进行专题研究，提出了“大力发展文化产业，积极建设文化强省”的战略目标，并对全省文化产业的发展作出了具体部署。2002年，为深入贯彻省委、省政府提出的大力推进工业化、农业产业化、城镇化的战略决策，选择农产品深加工问题进行调研和协商，提出了把加快农产品加工业发展作为推进我省“三化”的结合点和着力点来抓等建议，受到党政领导的重视。二是围绕我省经济发展的环境问题建言献策。如，1999年，省委、省政府部署集中治理经济环境，省政协及时配合，就我省外商投资环境问题进行调研，向省委、省政府提出了建议。我国加入世界贸易组织前，省政协及时组织政协委员、省直有关部门的负责人和部分专家学者，成立课题组，开展专题调研，并将调研成果在省政协常委会议上进行专题协商讨论，向省委、省政府提交了《关于应对入世挑战，创建湖南省适应世界经济运行规则的软环境体系的建议案》，省委、省政府对《建议案》给予了充分肯定，将《建议案》印发全省县以上单位党政领导同志参阅。2002年又将私营经济发展环境问题作为当年的重点调研课题，全面调查了我省私营经济发展环境中存在的突出问题，深入研究了外省市和国外的先进经验，省政协常委会议对调研成果进行了专题协商讨论，提出了《关于优化我省私营经济发展环境的建议案》供省委、省政府决策参考。三是围绕关系我省可持续发展的重大问题建言献策。如，1998年，省政协组织27位在湘全国政协委员，在全国政协九届一次会议上，提交了《建议国家将〈湖南省洞庭湖蓄洪区安全建设补充规划报告〉尽快审批立项，于1998年起给予重点支持》的集体提案，得到全国政协领导和国家有关部委的高度重视，被列为会议的第1号提案，在会议现场办理。国家计委采纳提案建议，加大了对洞庭湖治理的资金扶持力度。1998年特大洪灾发生后,省政协积极参与抗洪斗争,并于灾后召开常委会议,对洪灾成因进行深刻反思,探讨根治之策,向省委、省政府提出了相关建议。2000年至2001年,省政协围绕"三峡工程运行后,长江水情变化对我省洞庭湖区的影响及其对策"这一前瞻性课题,开展了为期1年半的深入调研,并两次举行常委会议协商讨论,提出了《关于发挥三峡工程效益,进一步搞好洞庭湖区治理、开发若干重要问题的建议案》。省委、省政府认为,建议案着眼长远,为洞庭湖的治理提供了很好的思路。有关部门就建议案中所提出的一些问题,认真进行了研究落实。与此同时,省政协高度重视环境保护工作,于2000年初,设立了人口资源环境委员会,围绕环境保护问题开展了多次调研、视察。当年,组织委员就企业排污治污工作开展调研和视察,经常委会议协商讨论,提出了《关于我省环境保护问题的建议案》,受到省政府的重视,促进了我省的环境保护工作。四是围绕人民群众反响强烈的热点问题建言献策。如,1998年,省政协就我省国有企业下岗职工基本生活保障和再就业情况进行深入调研,经常委会议协商讨论,提出了《关于加快我省实施再就业工程的建议案》,受到省委、省政府的重视。1999年,针对我省一些地方农民收入增幅减缓、乡村负债不断增加、干群关系紧张等问题,省政协从加强农村基层政权建设的角度进行调研,提出了《关于巩固农村基层政权,加强和改进农村工作的建议案》,省党政领导对调研成果给予了充分肯定,认为建议案揭示了农业和农村工作中的深层次问题,并指示有关部门认真研究落实。2001年,省政协联合岳阳、常德、益阳三市政协,又专门就洞庭湖区农民增收问题开展调查研究,向省委、省政府提出了意见和建议,受到了重视和肯定。二、进一步畅通社会主义民主渠道,为推进民主政治建设发挥了积极作用。一是进一步增强了提案工作的实效。把提案工作列入主席会议议事日程,建立了集体讨论重要提案制度,主席亲自抓,分管副主席具体抓,其他副主席共同抓的工作机制。通过围绕中心出参考题,召开提案征集座谈会、组织小型调研,完善立案标准等措施,增强了委员的责任感,促进了提案质量的提高。5年来,省政协委员共提出提案3478件,立案3424件,办理3342件,占提案总数的97.6%。提案中提出的可行性建议,大部分被党政部门采纳,许多提案经过办理取得了一定的经济效益和社会效益。二是拓展了反映社情民意的渠道。建立了专门的信息机构和信息网络,创办了《社情民意》、《信息与参考》等内部刊物,畅通了向全国政协、省党政部门反映社情民意的渠道。5年来,全省各级政协和政协委员,各民主党派、工商联及其他有关部门共向省政协反映社情民意信息2200多条,就我省改革、发展、稳定中的重要问题以及人民群众关注的热点问题,提出了许多意见和建议,对党政领导了解民情民意和基层真实情况,起到了较好的作用。三是充分发挥政协例会的协商监督的作用。八届省政协积极改进会风和会议形式,努力营造团结、民主、和谐的参政议政氛围,加强了政协委员与党政领导面对面的协商,各种会议的协商监督质量有了较大的提高。5年来,各民主党派、工商联的代表在政协全会上作大会发言108人次,占委员发言总数的82.7%。每年政协全会对"一府两院"工作报告、计划和财政报告以及我省国民经济与社会发展十年规划和"十五"计划等,进行了认真的协商,提出了大量意见和建议。召开了常委会议23次,就重点调研课题以及积极参与西部大开发、推进我省"主要三化"进程及国有企业改革等重大问题进行了协商讨论。省政协主席会议多次召开专题协商座谈会,听取省法院、省检察院和省财政厅等部门的工作汇报，就省委、省政府即将出台的重要文件、重大改革措施进行了协商讨论。四是努力探索民主监督的新形式。采取灵活有效的调查、视察方式，及时发现问题，有的放矢地向有关部门提出改进意见。针对群众反映强烈的工程建设质量问题，采取前期小型调查与后期大规模视察相结合、明查与暗访相结合、定点检查与随机抽查相结合的办法，对我省公路、城市、水利建设情况工程质量进行了调查与视察，向省委、省政府提交了《关于我省重点工程质量的视察报告》，引起了省委、省政府和有关部门的重视；把政协民主监督与新闻舆论监督、人大法律监督、政府行政监督结合起来。同有关部门联合开展了"三湘环保世纪行"、"关注绿色、保卫森林"等视察、宣传活动，产生了广泛的社会影响；部分委员应邀担任特约执法监督员、教育督导员、行风评议员，在廉政建设和反腐败斗争中发挥了重要作用。三、坚持正确的政治方向，发挥政协优势，为促进社会稳定和祖国统一作出了新贡献。一是坚持正确的政治方向，做好凝聚人心的工作。中共中央、中共湖南省委的重要会议召开后，省政协都及时召开常委会议、主席会议或专题座谈会，组织学习贯彻，使广大政协委员提高认识，扩大共识，增强了共同政治基础上的团结。二是举办重要纪念活动，进一步做好文史资料编辑出版、扶贫帮困和赈灾救灾工作，维护我省的社会稳定。5 年中，省政协举办了庆祝人民政协成立 50 周年、中华人民共和国成立 50 周年、省政协成立 50 周年、纪念辛亥革命 90 周年和谭嗣同殉难 100 周年等重要的庆祝、纪念活动。编辑出版《二十世纪湖南文史资料文库》、《湖南文史》期刊等文史资料，弘扬了中华民族的优良传统和爱国主义精神。积极主动宣传和贯彻民族、宗教政策法规，通过各种途径，积极反映少数民族地区、贫困地区群众和宗教界人士及社会弱势群体的愿望与呼声，帮助他们解决了一些实际困难和问题。三是积极开展祖国统一和对外交往的工作。充分发挥港澳地区的省政协委员的作用，积极宣传《香港基本法》、《澳门基本法》，为澳门顺利回归和保持香港、澳门的稳定、繁荣作出了贡献。五年来，热情接待了包括全国政协港澳委员来湘考察团在内的港澳台同胞、外国友好组织与团体等境外客人 120 批、1000 余人次。四、推进政协履行职能的规范化、制度化，自身建设迈上了新台阶。一是政协履行职能的规范化、制度化建设不断加强。省政协协助省委于 2000 年召开了省委政协工作会议，出台了《中共湖南省委关于进一步加强政协工作的意见》。并认真督促全省各市、县贯彻落实会议和省委文件精神，坚持在政协工作中按章程、按规定、按制度办事。为推进全省政协工作的规范化、制度化建设，我们加大了政协宣传工作力度，进一步提高了《湘声报》的办报水平，设立了省政协新闻网站，广泛开展了宣传活动。二是委员素质有了新的提高。省政协采取多种形式，组织委员认真学习邓小平理论、"三个代表"重要思想和中共"十六大"精神，学习统一战线和人民政协的理论、方针和政策，学习时事政治、市场经济理论和科技知识，推动委员进一步解放思想，转变观念，提高了自身素质和参政议政的水平。三是机关建设上了一个新的台阶。省政协机关以"搞好服务，当好参谋"为目标，全面加强了思想、组织、作风和制度建设。

总结八届省政协的工作，有五点基本经验：一、坚持中国共产党的领导，保证政协工作正确的政治方向。二、坚持团结、民主两大主题，充分发挥人民政协的优势和作用。三、坚持围绕中心、服务大局，把履行职能的着力点放到促进经济社会的发展上来。四、坚持解放思想、实事求是、与时俱进,不断推进政协工作开拓创新。五、坚持群众路线,充分发挥政协委员密切联系群众的桥梁纽带作用。

九届省政协是新世纪产生的第一届省政协。对九届省政协的工作提出的建议是:一、深入学习贯彻中共十六大精神,不断推进政协工作的开拓创新。二、切实履行政协职能,为湖南全面建设小康社会献计出力。三、高举爱国主义、社会主义的旗帜,努力促进全省各族各界人士的大团结大联合。四、从推进社会主义政治文明的高度,不断加强政协工作的规范化、制度化、程序化建设。

中共湖南省委书记杨正午在九届一次会议上的讲话(2003年1月12日)(摘要)

过去五年中,省八届政协始终坚持正确的政治方向,自觉服从服务于党和国家的大局,紧紧围绕我省改革开放和现代化建设中的重大问题,广泛团结省各民主党派、工商联、各人民团体和各界人士,积极履行政治协商、民主监督、参政议政的职能,为巩固和扩大新时期的爱国统一战线,促进改革开放、经济建设、精神文明建设和民主政治建设,做了大量卓有成效的工作,发挥了积极作用。五年来,省政协发动和组织委员积极开展调查视察,提出了不少很有价值的议案和调研视察报告,许多重要意见和建议被省委、省政府采纳,促进了决策的民主化和科学化。注重加强委员提案工作,积极反映社情民意。积极开展海外联谊工作和对外友好交往活动,推动了我省经济、文化、科技领域的对外交流合作。同时,政协组织的自身建设得到进一步加强,政协委员的参政议政水平不断提高。中共十六大描绘了本世纪头二十年我国全面建设小康社会的宏伟蓝图。前不久召开的中共湖南省委八届三次会议,制订了我省全面建设小康社会的规划。新世纪、新阶段、新任务,对人民政协工作提出了新的更高的要求,人民政协发挥作用的天地将更加广阔。我们要从坚持和完善中国共产党领导的多党合作和政治协商的基本政治制度,建设社会主义政治文明,实现全面建设小康社会目标的战略高度,充分认识人民政协的重要地位和作用,把我省政协工作提高到一个新的水平。

对新一届政协的工作提出几点希望:一、认真组织和推动委员深入学习"三个代表"重要思想和中共十六大精神,增强在共同政治基础上的团结合作。各级政协组织要把组织和推动委员加强学习放在工作的突出位置,进一步兴起学习马克思列宁主义、毛泽东思想、邓小平理论、"三个代表"重要思想和中共十六大精神的新高潮。各级政协组织的领导要带头学习,带头实践"三个代表"重要思想,以十六大精神指导政协工作。二、切实履行政治协商、民主监督、参政议政职能,为我省全面建设小康社会献计出力。全省各级政协是一个多层次的人才库、智力库。要把广大政协委员组织和发动起来,更广泛地凝聚大家的智慧和力量,有组织、有计划地把政治协商引向深入,切实有效地开展民主监督,进一步拓宽参政议政的领域。要围绕我省改革开放中的重大问题和全面建设小康社会的宏伟目标,广泛深入地开展调查研究,推进决策的民主化和科学化。要充分发挥政协委员与海外联系广泛的优势,为扩大我省与海外的经济交流与合作,加快开放型经济的发展,发挥更大的作用。三、牢牢把握团结和民主两大主题,积极发挥民主渠道的重要作用。实现全面建设小康社会的奋斗目标,必须进一步加强我们党与各民主党派和无党派人士的团结合作。全省各级政协组织要把最大限度地团结各方面人士作为自己的一项重要任务,在爱国主义和社会主义的旗帜下,不断巩固和扩大爱国统一战线，充分调动一切积极因素，共同致力于振兴中华、促进祖国统一的伟大事业。人民政协要充分发挥代表性强、联系面广的优势，积极反映社情民意，协助党委、政府多做相互沟通、协调关系、化解矛盾、凝聚人心的工作，切实维护社会政治稳定。要始终坚持"长期共存、互相监督、肝胆相照、荣辱与共"的方针，积极为民主党派参政议政创造更好的条件，支持他们围绕团结和民主两大主题更好地履行职能。四、进一步加强政协自身建设，推动政协工作再上新台阶。各级新一届政协要根据形势要求，坚持解放思想，开拓创新，积极探索和努力掌握新时期政协工作规律。要认真贯彻中共中央和省委有关文件精神，继续推进政协履行职能的规范化和制度化。进一步加强政协的组织建设，完善各项工作制度，组织政协委员开展经常性活动。广大政协委员要以高度的责任感和使命感，积极参加政协的各项活动，密切同本界群众的联系，切实认真履行职能。政协机关工作人员要努力提高政治和业务素质，牢固树立为政协工作服务，为政协委员履行职能服务的观念，坚持求真务实，不断提高工作水平和服务质量。人民政协工作是党的全局工作的重要组成部分。各级党委必须进一步加强和改善对政协工作的领导，把政协工作摆上重要议事日程。要认真执行政治协商、民主监督、参政议政的有关规定，对重大决策和经济社会生活中的重大问题，积极在政协进行协商。政协中的中共党员必须坚决执行党委的决定和指示，与党外人士搞好合作共事，在政协的各项活动中起好模范作用。党政有关部门要积极支持政协开展各项参政议政活动，对政协提出的建议案、提案要认真办理，并主动为政协开展工作提供必要的条件。

省政协主席胡彪在九届一次会议闭幕会上的讲话(2003 年 1 月 18 日)(摘要) 九届省政协任期的五年，是我国改革开放和现代化建设十分重要的五年，也是我省全面建设小康社会十分关键的五年。放眼当今世界，经济全球化步伐加快，科学技术日新月异，知识经济来势迅猛，综合国力竞争日趋激烈。我们既面临难得的机遇，又面临严峻的挑战。我们一定要认清形势，找准位置，发挥优势，苦干实干，在新的伟大实践中作出自己的贡献，不断开创我省政协工作的新局面。一、必须与时俱进，认真履行职能，为党的工作大局服务。要围绕中心搞好政治协商。要紧紧围绕中共湖南省委和省政府的中心工作，精心组织好对我省政治、经济、文化和社会生活的大政方针以及重要问题的协商。要进一步完善协商方式，拓宽协商渠道，提高协商实效。在协商过程中，要听取并如实反映社会各界的意见和建议，以利于中共湖南省委和省政府决策的民主化和科学化。要加大民主监督的力度。要积极组织开展对国家宪法、法律、法规的实施和重大方针政策的贯彻落实以及国家机关及其工作人员的民主监督；建立健全民主监督的规范和程序，更好地运用提案、建议案、调查、视察和反映社情民意等多种形式实施监督，着力提高监督的实效。要进一步提高参政议政的水平。要根据中共湖南省委和省政府的工作部署，从实际出发，不断丰富参政议政的内容，努力拓宽参政议政的领域，抓住物质文明、政治文明和精神文明建设中的重要问题，围绕改革开放中的难点问题和群众普遍关注的热点问题，开展广泛深入的调研和视察，积极主动地为党委、政府的决策及其实施献计献策，力求提出更多更好的意见和建议。要充分发挥政协人才荟萃、智力密集、联系广泛等优势，积极开展智力支边、兴教助学、光彩事业以及协助政府有关部门引进资金技术人才等活动，为改革开放和社会主义现代化建设服务。要继续协助党委、政府做好协调关系、理顺情绪、化解矛盾的工作,为湖南改革和建设创造安定团结的社会政治环境。二、必须牢牢把握团结和民主两大主题,团结一切可以团结的力量,为实现共同目标而奋斗。要把学习十六大精神放在首位,增进政协各参加单位和各界人士政治上的共识和团结。要继续把组织委员深入学习邓小平理论、“三个代表”重要思想和中共十六大精神放在政协工作的重要位置,使委员更加全面深刻地领会十六大报告的主题、灵魂和精髓,把大家的思想统一到党的基本理论、基本路线、基本纲领上来,统一到中共十六大精神上来,统一到全面建设小康社会目标上来。要充分发挥各民主党派、工商联在人民政协中的重要作用。要坚持“长期共存、互相监督、肝胆相照、荣辱与共”的方针,尊重宪法和政协章程规定的、各民主党派享有的权利和职责,为民主党派、工商联参政议政创造更好的条件,以充分发挥各民主党派、工商联在人民政协中的重要作用。要使政协真正成为中国共产党团结各界的重要渠道。要通过多种形式,使委员之间、委员与各界群众之间广泛接触,密切联系,加深友谊。要进一步创造条件,使各党派、各界人士能对党的方针政策以及改革和建设中的重大问题、重要举措,及时交流思想,求得共识。要在政协内部创造民主和谐的气氛,贯彻民主协商的原则,坚持求同存异,切实保障委员发表意见、提出批评的权利,保证委员能够各抒己见,畅所欲言。三、必须进一步增强历史使命感,努力加强政协自身建设。要进一步提高素质,更好地发挥政协委员的主体作用。面对新的形势,我们所有政协委员都要加强学习,不断提高自身素质和参政议政水平,才能无愧于这个时代,无愧于党和人民的期望。全体委员特别是新进政协的委员,要认真学习党的统战理论和政协工作知识,正确领会中共十六大精神,努力掌握法律、历史、现代科技和经济知识,不断提高履行职能的水平。要进一步发扬人民政协的优良传统,树立良好的工作作风。坚持群众路线,关注民生,体察民情,反映民意,解除民忧。坚持重实际,察实情,说实话,办实事,求实效。政协委员中的共产党员特别是党员领导干部,要做勤奋学习的表率,团结合作的表率,履行职能的表率,以宽阔的胸襟、包容的态度和良好的形象,为人民政协工作增光添彩。要进一步加强制度建设,不断提高政协工作水平。政协机关要进一步改进工作,提高工作效率,为政协委员履行职能提供优质高效的服务。各专门委员会要加强协作和配合,增强活动实效,发挥在履行职能中的基础作用;要加强同委员的联系,不断丰富服务内容,改进服务方式,提高服务水平,为发挥委员的主体作用创造好的条件。要认真贯彻落实中共中央批转的《政协全国委员会关于政治协商、民主监督、参政议政的规定》和《中共湖南省委关于进一步加强政协工作的意见》,根据人民政协的性质和职能,规范政协各项工作,进一步加强履行职能的规范化、制度化和程序化建设。

【组织概况】

主 席

胡 彪

副主席

李贻衡 袁隆平 姚守拙

卢光琇(女) 章锐夫

阳宝华 王汀明 刘 晓

龙国键 谢 勇

秘书长

李刚铤

常务委员名单(以姓氏笔画为序)

丁来文 卜铁洪 于德介 万茂华

马 扬 马昌忠(回族) 马勇奇

马崇彪 王 键 王仁祥 王凤飞

王成菊(女) 王远明 水运宪
方卯发 尹大春(女) 龙云彰
龙金碧(苗族) 石建农(苗族)
田伏隆 印遇龙 乐寿长 乐根成
匡代科 朱龙驹 朱建军 朱道弘
向岳明 刘长庚 刘学文 刘征国
刘能华 刘健安 刘继清 齐美成
汤恢焕 孙青乃 严尧卿 杜远明
杨永华(女) 杨淑兰(女)
李宁 李夕兵 李长庚 李志国
李定坤 李松龄 李桂芬 李振川
吴志宪 吴金明 吴晓伟 吴瑞端(女)
何报翔 何清华 但德池 邹捷中
邱六安 张垚 张正奇 张佩霞(女)
张济民 张家良 陈敬(女)
陈本洪 陈幼平 肖芝泉(女)
肖克宇 林德亮 欧阳晨之欧阳耀祥
易法建 罗云鹏 罗新星 周艾华
周阳生 周传博 周宏灏 周绍明(女)
周秋光 周培谦 周群初 赵元灏
胡金亮 胡望宇 郎艺珠(女,满族)
骆伟 姚中亮 徐仲溪 徐国清(女)
徐绍勤(土家族) 凌天牖 郭晋云
唐德元 曹监湘 章彦武 彭坚
彭军良 彭茂吾 彭爱华 彭诗来
舒适 程不吾 程咏斌 傅国良
逯复兴(女) 雷鸣强 蔡胜定
蔡测海(土家族) 谭平 谭谈
谭世延 谭兴和 滕焕昭(土家族)
潘春跃 颜家壬 戴晓凤(女)

委员名单(以姓氏笔画为序)

中国共产党

丁来文 马崇彪 王汀明 王春秀(女)
王秋沙 毛善刚 文秋林 匡代科
刘征国 齐美成 阳宝华 李正桥
李刚铤 李贻衡 张济民 张家良
吴立明 吴志宪 吴晓伟 陈本洪
欧阳耀祥罗海燕(女) 周阳生
周培谦 胡彪 胡金亮 钟兴祥
段林毅 唐德元 章彦武 章锐夫
彭军良 彭茂吾 曾晋成

中国国民党革命委员会

马扬 尹周澜(女) 史铁尔
朱尔瞻 朱建军 伍可鸣 刘晓
刘鄂 刘春生 李玲(女)
李志国 余建安 邹克忠 沈燕(女)
宋学文 肖芝泉(女) 周红勤
封金祥 胡望宇 段桂生 贺加添
贺显海 敖敏龙 徐米弟(女)
凌水成 蒋林 曾虹燕(女)
廖树帜

中国民主同盟

丁时祺 甘润良 乐乔生 向洋
刘启静 刘建平 汤浊(女,土家族)
杨君武 杨维刚 杨鹏程 吴宏斌
何清华 邹明玉(女) 张正奇
张惠芳(女) 陈洪 陈幼平
肖巧平(女) 肖克宇 武思元
罗双临(女) 罗树根(女)
周继承 郑曙斌(女)
贾明忠(土家族) 钱荣棠
唐世洪(土家族) 阎建辉 蒋科荣
曾阳素 谭世延

中国民主建国会

丁亮 万正凡 王善平 龙国键
伍晓芹(女) 向征(女,土家族)
刘长庚 刘正明 刘扩军 孙俊三
杨新辉 张文辉 张伟莉(女)
张佳林(女) 陈怡 陈荣俊
周艾华 周传博 徐国清(女)
唐祥龙 梁志军 彭庆光 斯洪标
程不吾 曾东楼 雷明智 谭建成
戴卫丁

中国民主促进会

万成贞(女) 马石城 王东
石建农(苗族) 李长庚 李建凤(女)
陈敬(女) 陈士平(女)
欧阳展之金颖春 周罗轩 周秋光

徐美辉(女) 黄本固 黄险峰
隋国庆 蒋建纯(女) 谢勇
潘碧灵(土家族) 魏春雨

中国农工民主党

王远明 王建琼 申玉华(女)
刘应凯 汤恢焕 杨飞涛 李松龄
吴长云 汪辉 陈三定 邵旭东
林坚实 周恕 姚守拙 夏宏宇
徐仲溪 郭晋云 黄顺玲(女)
黄策群 龚英甫 彭夷安(女)
曾建平 鲁猛厚(女) 谭凤姣(女)
魏万之

中国致公党

王义高 卢妹香(女) 刘日煊
苏健全 李光华 吴春雪(女)
余炳锐 张怡(女) 欧阳润平(女)
罗新星 骆伟 熊海斌

九三学社

于新民 王力力 王懂文 方卯发
邓正春 卢光琇(女) 刘能华
刘寒波 刘德寿 苏营 杨殿
李云才 李少阳 吴金明 张国浩
陆登科 陈安华 唐展宜 蒋治材
颜家壬

无党派民主人士

卜铁洪 帅运良 向前 刘邦翼
李庭 李应友 何青萍 张健
张佩霞(女) 张新菊(女)
陈书玲(女) 陈庆元 陈作群
周绍明(女) 胡定福 柳建新
袁隆平 彭爱华 蔡少池 戴传德

中国共产主义青年团

于祥成 朱卫兵 刘素月(女)
许石林 吴康达 陈棠 蒋永清
蒋康俭 谭平 滕森林(苗族)

总工会

王绍康 杜狄松 杨启雄 李伟聪
李明三 李秋林 李桂芬 李桂英(女)
邱善湘 沈湘黔 陈宜玲(女)
柳少牧 聂建楚 郭宁 曾国武
温国庆(女) 谢光祥
谢茂璜(土家族) 谭波

妇女联合会

马继凤(女) 王小辉(女)
尹大春(女) 朱海燕(女)
刘彦(女) 刘时贵(女)
汤菊花(女) 严腊英(女)
李金才(女) 吴桐(女)
吴忆萍(女) 邹毅(女)
张达(女) 陈慈英(女)
肖雅珩(女) 林玉珍(女)
钟金莲(女) 段小云(女)
徐德元(女) 郭小沅(女,土家族)
唐淑娥(女) 彭淑云(女)
傅绍平(女) 逯复兴(女)

青年联合会

何艳(女) 张哲 张大红
罗劲军 黄青柳 傅胜龙 雷鸣强

工商业联合会

于建初 王尤仁 王亚戈(女)
毛建华 龙云彰 乐根成 朱镇建
向礼光 刘国思 齐建湘 杨力
杨雪生 李静 李文金 李艳归
何报翔 陈长新 陈振东 易志奇
周千才 胡德平 钟生林 秦希午
徐载满 黄伏良 彭诗来 傅军
曾民生 曾佑桥

科学技术协会

王凤飞 龙昭玲(女) 卢向阳
申小青 刘佳文 刘振海 李夕兵
李效羽 吴伊平 陈火旺 陈绍林
陈建军 肖雪葵 林原斌 罗云鹏
钟福生 姚志钢 蒋金成 葛乐军(女)
雷刚

台湾同胞联谊会

白树仁 江明晖 林云华(女)
林华生(女) 黄铮(女)
赖世伟 蔡胜定

归国华侨联合会

刘爱环(女)　杨文涛(女,苗族)
李　宁　张泰然　肖小龙　胡明月
钟志华　程建武　谢鼎华

文化艺术界

水运宪　叶俊武　向本贵(苗族)
刘细云　刘保鲁　刘健安　刘翠玲(女)
杨　霞(女)　吴小玲(女)
何立伟　沈继安　汪筱玲(女)
张富光　张锡良　陈　阵　陈亚先
俞小玲(女)　贺小汉(女)
徐卜泰(女)　彭见明　曾湘洪
鄢福初　蔡测海(土家族)　谭　谈
颜梅魁　魏文彬

科学技术界

王仲强　乐寿长　冯建明　匡乐满
刘健灵　杨华林(侗族)　李　平
李仁发　李圣怡　李求长　李源湘
吴瑞端(女)　陈建军　陈彰清
周宏灏　周定伍　赵宝瑞
郎艺珠(女,满族)　贺跃辉　姚中亮
袁婺洲(女)　徐　平　徐建新
龚世益　彭　晓　曾湖汉　雷希文
雷学军　谭春华　潘春跃

社会科学界

万　里　王晓天　古祖雪　朱道弘
刘定华　李培超　胡锦昌　贺　刚
袁　准　曹监湘　康笃华(女)
蔡四桂

经济界

王　辉　王大开　王利明(女)
毛叙保　仇为发　孔令志　龙德发
朱龙驹　向世林(土家族)　刘继清
江水波　杜　翔　李长庚　李后祥
邹贻谋　张平华　金　辉　周重揆
钟建国　俞志成　聂新勇　莫耀强
唐未兵　徐晓明　跃佳(女)卿渐伟
彭培炳　程咏斌　谢光球　颜培英
戴志强　戴晓凤(女)

农业界

王　振　王仁祥　王成菊(女)
邓华凤(苗族)　龙金平　皮祖玉
印遇龙　孙一平(苗族)　杜远明
杨金其　李希发　佘国云　谷文龙
何铁林　宋再钦　张卫民　罗耀国
周昌贡　周晓红(女)　周群初
赵爱群(女)　胡海平　柳才春
祝燕德　徐迎春　黄维意　韩丙波
蔡建华　廖立安　廖柏寒　谭兴和
魏美才

教育界

于正生　王　键　文仕知　龙启群
刘　元　杨　勇　李岳军　何彬生
邹捷中　张　垚　张传福　张放平
张建仁　张建永(苗族)　张智军
陈启元　肖海波　欧阳钟瑞易法建
罗丽菊(女)　钟　宏(畲族)
贺安生　夏国华　徐晨光
彭　坚(土家族)　彭一慧(女,土家族)
彭建武　喻长庚　舒　适　缪富民

体育界

李晓莲(女)　佘季平(瑶族)
陈　逵　周志宏　贺益成　傅国良
熊　倪　瞿优远

新闻出版界

万茂华　王　维　王伏虎　卢斌华
刘鸣泰　何誉军　陆恒玉　周启予
侯严峰　姚　勤

医药卫生界

王　智　刘伏友　杨永华(女)
李国亮　吴汉江　吴金术　吴科政
张芙蓉(女)　陈小春　陈汉娜(女)
陈曼娜(女)　陈铸亮　陈裕旭
周智广　郑慧侠(土家族)　赵安民
胡炳强　祝益民　徐绍勤(土家族)
凌天牖　郭仲篪　梅秀森　梁清华(女)
廖怀章　滕焕昭(土家族)

对外友好界

冯丹藜(女) 李　曦(女)
但德池 庞力平 梁叔全

社会福利与社会保障界

江　伟 李定坤 邹麦秋(女)
易再跃 周孝辉(女)

少数民族界

马子美(回族) 马青兰(女,回族)
马昌忠(回族) 王双勤(白族)
王贵武(苗族) 贝小义(瑶族)
龙金碧(苗族) 石远明(苗族)
石煌远(苗族) 田继芳(苗族)
向佐谊(土家族) 杨永芳(女,土家族)
杨芳尧(苗族) 杨建军(土家族)
杨桂武(侗族) 李进军(回族)
吴志明(苗族) 吴呈呈(苗族)
张正跃(苗族) 尚环归(女,土家族)
罗秋云(女,侗族) 黄祖国(回族)
梁远邦(苗族) 盘文学(瑶族)
彭昌兴(土家族) 彭泽愿(苗族)
覃大钰(土家族) 覃仕斌(土家族)
蓝光明(畲族) 蓟金婵(女,维吾尔族)

宗教界

马亮生(回族) 马勇奇 杨志翔
邱六安 赵元灏 胡祖新
姚增谊(女,满族) 黄信(回族)
释怀梵 释惟正

特别邀请人士

于德介 马志列 马志标 马清楠
王兰 王云松 王红霞(女)
王运强 王剑平 王亲生 王晓生
王雄飞 王道生 区芙蓉(女)
毛昌德 文　胜 文承保 邓　定
邓象庭 甘跃华 田伏隆 申路杨
吕　斌 朱国斌 向后兴(土家族)
向岳明 刘正莲(女) 刘志刚
刘学文 刘肇礼 刘增科 汤永乔
汤泽培 许文帛 孙　海 孙青乃
阳树青 严尧卿 苏可知 苏永强
杨流芳 杨淑兰(女) 李　立
李三元 李龙华 李伏初
李壮丽(女,土家族) 李咏芳(女)
李国胜 李荣华 李美蓉(女)
李振川 李海江 吴太和 吴光辉
吴志良 吴盛灿 吴维欣 余敦旭
佘友文 邹伯伦 邱祥平 张伟基
张进成(侗族) 张学文 张治雄
陆国柱 陈兰萍(女) 陈官炼
陈树林(瑶族) 陈恒祥 林世荣
林德亮 欧长伏 易亮如 罗四虎
周进宇 周建国 周朗华 郑　蓬(女)
郑祖凌 郑强辉 单春芽 赵占一
赵丽莎(女) 赵建喜 胡兰桂
胡伟林 胡池庚 柳明心 钟克明
侯李平 饶文浩 贺　韧 贺翠莲(女)
袁爱平 钱德喜 殷正海 徐肇玲(女)
凌叙文 高战军 郭应斌 郭振华
唐中元 曹迎春(女) 黄　明
黄志明 黄志峰 梁石安 谌晓燕
彭　德 彭官田 彭学文 彭晋镛
董观明 蒋令贤 蒋桃生 葛洪元
程谦逊 曾传国 简用超 谢凤龄
蔡建和 廖湘泉 谭小强 谭建辉
熊道善 滕万翠(女,土家族)
戴桂东

【湖南省各市州、县(市、区)政协主席名单】

长沙市

市政协主席 简用超
县(市、区)政协主席
长沙县 李世安
望城县 杨万平
浏阳市 李中琪
宁乡县 贺应辉
芙蓉区 李宗范
天心区 郑　蓬
岳麓区 易定明
开福区 罗姝华
雨花区 杜正国

衡阳市

市政协主席 刘增科

县(市、区)政协主席

衡南县 贺庚华

衡阳县 廖新生

衡山县 李朝生

衡东县 谭泽银

祁东县 匡德轩

常宁市 刘志湘

耒阳市 陈纪琪

雁峰区 邹学润

石鼓区 阳新华

珠晖区 彭彰松

蒸湘区 毛菊桂

南岳区 王铁雄

株洲市

市政协主席 赵占一

县(市、区)政协主席

炎陵县 李秋明

茶陵县 谭国元

攸 县 夏玉珠

醴陵市 许若云

株洲县 何宗琪

天元区 粟蒲先

芦松区 李关生

荷塘区 言忠良

石峰区 单月林

湘潭市

市政协主席 殷正海

县(市、区)政协主席

湘潭县 徐启明

湘乡市 贺金荣

韶山市 赵正坤

雨湖区 郭特强

岳塘区 张松泉

邵阳市

市政协主席 刘志刚

县(市、区)政协主席

邵东县 何友成

新邵县 周少臣

隆回县 王成华

洞口县 刘千苟

绥宁县 刘郁金

城步县 李德文

武冈市 肖时雄

新宁县 谢道圻

邵阳县 吕敬忠

双清区 刘解放

大祥区 胡水清

北塔区 袁晓星

岳阳市

市政协主席 张治雄

县(市、区)政协主席

平江县 李志辉

岳阳县 余振东

华容县 张祖荣

湘阴县 罗月英

临湘市 方友华

汨罗市 彭 祥

岳阳楼区 于其化

云溪区 刘祖赐

君山区 余岳良

常德市

市政协主席 彭晋镛

武陵区 陈杏元

鼎城区 许忠诚

汉寿县 施隆庭

桃源县 熊文龙

临澧县 涂绪德

石门县 周其桂

澧 县 贺家斌

安乡县 龚德湘

津市市 贺修双

张家界市

市政协主席 杨流芳

县(市、区)政协主席

永定区 王立章

武陵源区 袁祖荣

慈利县 罗政吾

桑植县 王真明

益阳市

市政协主席 陆国柱

县(市、区)政协主席

安化县 夏尔安

桃江县 刘 萍

资阳区 黄凤阁

赫山区 彭静云

沅江市 张映芳

南 县 郭履平

郴州市

市政协主席 周建国

县(市、区)政协主席

北湖区 王 梅

苏仙区 王火生

资兴市 李宙华

桂阳县 邹玉成

宜章县 陈木松

永兴县 何孝德

嘉禾县 李 峰

临武县 胡开元

汝城县 朱惠芳

桂东县 黄金庆

安仁县 李勇材

永州市

市政协主席 蒋桃生

县(市、区)政协主席

冷水滩区 陈开明

芝山区 吴起军

祁阳县 钟上元

东安县 沈生国

双牌县 刘石清

道 县 李显昌

江永县 邓道恒

江华县 蒙长清

宁远县 欧阳维西

新田县 葵竹英

蓝山县 黄楚政

怀化市

市政协主席 张进成

县(市、区)政协主席

沅陵县 黄茂林

辰溪县 向金云

溆浦县 荆 华

麻阳县 张时华

新晃县 张忠勇

芷江县 邱云桂

中方县 田友兴

鹤城区 周有庚

洪江市 周长生

洪江区 李任斌

会同县 丁光文

靖州县 刘 辉

通道县 粟明坤

娄底市

市政协主席 谢凤龄

县(市、区)政协主席

娄星区 邓国雄

冷水江市 康承贵

涟源市 廖保生

双峰县 李和平

新化县 康新阶

湘西自治州

州政协主席 向后兴

县(市、区)政协主席

吉首市	石家文	花垣县	石昌明
龙山县	彭大旺	古丈县	向邦金
永顺县	刘纯玺	泸溪县	张大智
保靖县	彭正辉	凤凰县	吴凤齐

湖南省各级政协组织和委员数

（截至2003年底）

项目＼级别	省	市(州)	县(市、区)	合计
组织数	1	14	123	138
委员数	732	4472	23003	28207

（廖国豪　编写　厉化南　审稿）

政 协 广 东 省 委 员 会

刘凤仪　主　席

石安海　副主席

彭禹贤　副主席

韩大建　副主席

王珣章　副主席

王兆林　副主席

朱小丹　副主席

周天鸿　副主席

罗富和　副主席

姚志彬　副主席

陈蔚文　副主席

琚立铭　秘书长

【全体委员会议】

九届一次会议 2003年1月11日至17日在广州举行。本次会议应出席委员854人,实到786人,占委员总数的92%。大会主席团推举刘凤仪、石安海、彭禹贤、韩大建、王珣章、王兆林、朱小丹、周天鸿、罗富和、姚志彬、陈蔚文为常务主席,石安海兼秘书长。会议听取和审议了石安海副主席代表八届委员会常务委员会所作的工作报告和王兆林副主席代表八届常务委员会所作的提案工作报告。与会委员列席了省十届人大一次会议,听取并讨论了省政府工作报告及有关报告,并对省政府工作以及政协工作提出了意见和建议。会议选举刘凤仪为省政协第九届委员会主席,石安海、彭禹贤、韩大建、王珣章、王兆林、朱小丹、周天鸿、罗富和、姚志彬、陈蔚文为副主席,琚立铭为秘书长,选举王则楚等160人为常务委员。表彰了省政协八届五次会议以来的26件优秀提案。会议共收到提案438件,其中省各民主党派提出的提案54件,港澳特邀委员提出的提案11件。会议期间,有21位委员在大会上发言,其中有9位委员分别以省各民主党派、省工商联的名义发言。会议审议通过了省政协九届一次会议决议。会议同意省政协常委会工作报告和提案工作情况的报告,赞同卢瑞华省长所作的政府工作报告。会议号召,参加政协的各党派、各人民团体、各族各界代表人士紧密地团结在以胡锦涛同志为总书记的中共中央周围,在中共广东省委的领导下,高举爱国主义和社会主义两面旗帜,为我省率先基本实现社会主义现代化,为实现我国新世纪新阶段的宏伟目标,为早日实现祖国完全统一和中华民族伟大复兴而共同奋斗。中共中央政治局委员、广东省委书记张德江,中共广东省委、省人大常委会、省政府、省军区、省纪委、省法院、省检察院的领导同志到会祝贺。省委、省政府领导还参加了综合组座谈会、专题座谈会和小组讨论会。

【常务委员会会议】

第1次会议 2003年1月17日在广州举行。会议通过了有关省政协第九届一次会议选举事项。任命林亚杰、黄国建、陈一珠、陈华一、李振华、杜重年6位同志为省政协副秘书长。任命答朝心为提案委员会主任,欧阳冬、程良洲、王相国、饶胜华、王智琼、温洋为提案委员会副主任;任命纪力清为经济委员会主任,吴晓峰、汤彤海、邓惠珍、杨芹溪、陈海燕、欧卫东、黄成柱为副主任;任命陈书燕为人口资源环境委员会主任,江东海、薛建枫、周蒂、李若建、梁国昭、杨中艺、姚宇翔为副主任;任命周明理为教科文卫体委员会主任,刘人怀、张孝娟、胡中梅、蔡齐祥、余其铿、陈树华、吴明兴为副主任;任命邱金用为学习和文史资料委员会主任,曾庆榴、何善心、王继群、王则楚、邱捷、陈忠烈、肖蔚彬为副主任;任命刘文炎为社会和法制委员会主任,黎柳莲、李万国、刘清海、王广寿、周丽琼、郑红、释新成、李凤英为副主任;任命巢振威为港澳台侨外事委员会主任,劳文浩、陈毓铮、甘兆胜、吕伟雄、黄荣标、甄瑞文、孔令人、艾特莎为副主任。

第2次会议 2003年6月17日至18日在广州举行。会议听取了宋海副省长关于我省高等教育发展情况的通报,听取了省政协专题调研组关于我省高等教育发展调研情况的汇报,形成了《广东省政协九届二次常委会议关于加快广东省高等教育发展若干问题的建议》。会议任命彭秋野为政协广东省第九届委员会副秘书长,任命唐晓萍为政协广东省第九届委员会提案委员会副主任,免去陈华一政协广东省第九届委员会副秘书长职务。石安海副主席在闭幕会上作了讲话。

第3次会议 2003年10月9日至10

日在广州举行。会议听取了许德立副省长关于我省推进城镇化情况的通报，听取了省政协专题调研组关于“加快城镇化步伐，促进我省农村经济更快发展”的调研报告，形成了《广东省政协常委会议关于加快我省城镇化发展若干问题的建议》。会议同意任命黄绍龙为政协广东省第九届委员会副秘书长。

【专门委员会工作】

提案委员会 九届一次会议以来，共收到提案516件，经审查立案491件，其中以党派、团体名义提出的提案54件。至年底，提案全部办复。围绕农村土地流转、民营经济发展、中山市实施十项民心工程等问题开展8次调研。坚持重点提案由主席督办，规范重点提案的选题、督办、办理程序，提高提案办理质量。编印优秀提案范例、提案参考提纲、提案目录。积极拓宽宣传渠道，做好提案信息及宣传报道工作。采写43篇信息送省委办公厅，有关提案方面的新闻稿件280余篇。

经济委员会 组织委员就“加快城镇化步伐，促进我省农村经济更快发展”进行调研，为常委会议政提供第一手材料。开展“关于加快广东会展业发展情况”的调研，为专题协商作准备。就广东创建林业生态县、广湛高速公路的兴建、第九十三届中国商品出口交易会、农村税费改革、佛山清远两市实施十项民心工程等问题开展专题调研、视察。加强与各级政协相关部门的联系沟通。发挥监督职能，派员参与省直机关作风建设年考评工作，推荐有关部门的行政督导员。

人口资源环境委员会 召开3次本委全体委员会议，加强理论与业务学习，传达中央人口资源环境工作会议、全省政协工作会议精神。围绕珠江三角洲城乡生活污水与垃圾处理情况进行专题调研。就《广东省人口与计划生育条例》的实施、农村严重缺水地区饮水难、揭阳梅州两市实施十项民心工程等问题开展专题视察。重视与全国政协及兄弟省市政协的交往。编印32万字的《人口资源环境政策、法规选编》。

教科文卫体委员会 围绕常委会议政专题，开展“加快我省高等教育发展”的调研。就我省精神卫生状况、民营科技企业发展情况、科技体制改革进行专题调研。就体育彩票发行、农村合作医疗、汕头潮州两市实施十项民心工程等问题开展专题视察。召开“文化大省建设和文化体制改革”座谈会。召开医卫界委员座谈会，围绕做好非典防治工作提出意见建议。与省直属机关老龄委联合组织送戏下乡活动。与佛山市政协联合承办第六届广东政协杯台球友谊赛。

学习和文史资料委员会 承办学习贯彻全国“两会”精神座谈会。组织学习中共十六大及十六届三中全会、省九次党代会及省委九届二次全会精神，学习胡锦涛总书记在“三个代表”重要思想理论研讨会上的讲话精神。举办“政治文明与人民政协”专题研讨会。出版《伏魔战歌》，编辑校对《广东政协五十年》、《广东文史资料存稿选编》等书。就我省文物保护与利用、佛山清远两市实施十项民心工程、“三农”问题、农业产业化、南海海洋资源保护、企业文化建设等问题开展调研、视察。

社会和法制委员会 开展关于我省禁毒工作情况的专题调研，为专题协商座谈会做好准备。与省民建就非公有制经济的法制环境问题开展联合调研。就公安机关警务公开化及规范化建设、法律援助工作、惠州汕尾两市实施十项民心工程等问题进行视察。与省歌舞剧院组织省政协“情系山区演出团”赴五华、兴宁、梅县等地开展送戏下乡活动。与省妇联联合举办广东省各界已故知名人士亲属迎春茶话会。接待和协助全国政协社法委来粤调研。

港澳台侨外事委员会 就加快台资企业在我省的发展开展调研，为专题协商座谈会做准备。就东深供水工程建设、加强澳门与粤西地区经济合作、珠海实施十项民心工程等问题进行视察。加强与港澳委员及有关社团的联络工作。组织港区委员拜访全国政协、中央统战部等部门，并赴山东考察。组织港澳委员考察韶关、开平、惠州等地的投资环境。组团赴台湾就教育问题进行考察、交流。与致公党中央委员会等部门联合举办纪念司徒美堂诞辰135周年活动。举办第六届政协杯高尔夫球友谊赛。接待全国政协邀请来访的波兰参议院代表团、泰国上议院代表团和斐济议长一行等外宾访问团组8批185人次。

【重要活动】

举行专题协商座谈会 2003年4月至12月，省政协在深入调研的基础上，先后召开了珠江三角洲城乡生活污水与垃圾处理、促进我省会展业健康快速发展、禁毒、文物保护和利用、加快台资企业在广东的发展的专题协商座谈会。这5次专题协商座谈会都邀请省委、省政府领导及有关部门负责人参加，进行双向交流，提出了有针对性的意见和建议，并分别形成主席会议建议报送中共广东省委、省政府。

“政治文明与人民政协”专题研讨会 2003年6月在广州举行。省内外130多名专家学者出席。研讨会对政治文明的内涵和表现、政治文明建设的重要性及其实现形式、人民政协在政治文明建设中的地位与作用、政协的民主监督与人大的法律监督如何相互配合、相互补充、形成合力等重大理论与实践问题进行了认真深入的探讨，深化了对人民政协在社会主义政治文明建设中的作用和优势的认识。会后编辑出版了《政治文明与人民政协专题研讨会论文集》。

召开全省政协工作会议 2003年7月31日至8月1日，中共广东省委召开了全省政协工作会议。这是我省政协成立以来第一次由省委召开的全省政协工作会议。会议的主题是：以“三个代表”重要思想和党的十六大精神为指导，全面贯彻落实胡锦涛总书记“七一”重要讲话和视察广东重要讲话精神，总结我省政协工作的经验，分析政协工作面临的形势和任务，进一步加强和改善党对政协工作的领导，动员全省各级政协组织和广大政协委员，围绕全面建设小康社会、率先基本实现社会主义现代化的总目标、总任务，积极履行政治协商、民主监督、参政议政职能，团结各界别、各阶层群众，形成强大的合力，为我省加快发展、率先发展、协调发展，当好排头兵作出积极的贡献。参加会议的有：中共中央政治局委员、省委书记张德江，省领导黄华华、卢钟鹤、陈绍基、欧广源、蔡东士、钟阳胜、佀志广、王宁生、宋海、石安海、彭禹贤、韩大建、王珣章、王兆林、朱小丹、周天鸿、罗富和、姚志彬、陈蔚文，原省政协主席吴南生、郭荣昌，省各民主党派负责人，副省级和地级市联系政协工作的市委副书记、市政协主席、市委统战部长、市政协秘书长，部分县(市、区)政协主席，省直有关单位、有关高等学校、省政协机关和各专门委员会负责人共280多人。省委副书记欧广源主持了会议，张德江、黄华华发表了重要讲话，石安海同志代表省政协作了讲话。中共广州市委、深圳市政协等七个单位代表作了大会发言。欧广源同志作会议总结。为开好这次会议，省政协积极配合省委进行了认真筹备。2003年4至6月，省政协办公厅会同省委统战部、省委政策研究室、省政府调研室组成联合调研组，在省内展开了深入广泛的调研，广泛听取各地党委加强对政协工作领导的情况介绍、各地政协工作的经验体会和对新时期做好政协工作需要解决的若干重大问题的看法。在此基础上，形成了针对性较强的调研材料，提出新时期做好政协工作必须解决八个方面问题的报告上报省委。会后，根据省委、省政府主要领导同志的讲话精神，省委下发了《广东省政协工作会议纪要》。

抗击非典 2003年上半年，全国暴发了罕见的非典型肺炎疫情。我省各级政协组织和广大政协委员按照省委、省政府的统一部署，积极投入到抗击非典的斗争中，发挥了重要作用。向在抗击非典第一线的政协委员发出了慰问信。由省政协副主席带队，组织委员视察了第九十三届中国出口商品交易会，对参展单位和工作人员表示慰问和鼓励。召开医卫界部分委员座谈会，围绕做好非典防治工作提出很多很好的意见、建议，并报送省委、省政府。广大政协委员慷慨解囊，踊跃捐款捐物。省政协港区委员捐资200万元作为广东中西医结合抗击非典的专项基金。为讴歌战斗在抗"非"第一线的广大医护人员，省政协出版了《伏魔战歌》一书，并向一线医护人员赠送8000多册。

视察督办十项民心工程的实施 2003年11月，根据省委主要领导同志的意见，为推动省委、省政府"十项民心工程"的实施，省政协组织5个视察组，由8位副主席带队，对珠海等10个市实施"十项民心工程"的情况进行视察。经过深入细致的视察、了解，形成10份专题报告送省委参考。

视察督办省直机关作风建设年活动 2003年，按照省委的要求，省政协选派部分委员，由副主席带队，参加省直机关作风建设年活动督查组，对70个重点单位开展作风建设年活动的情况进行全过程指导、督查，帮助省直单位查找和解决机关作风存在的问题，并及时向省直机关作风建设年活动领导小组反馈意见。这次督查活动促进了有关单位改进工作、转变作风，是对民主监督形式的一次有益探索。

组织委员视察 2003年省政协组织了23个视察团，就农村税费改革、规范农村土地流转、加快我省民营经济发展、《广东省人口与计划生育条例》的实施、解决群众饮水难问题、司法系统开展法律援助等群众关心的热点问题进行了视察。并根据省委的意见，由省政协副主席带队，分别就我省开展农村合作医疗、公安机关开展警务活动公开化制度化规范化建设、部分山区市县落实减免农村贫困学生书杂费政策、东深供水工程建设、广湛高速公路建设等方面的情况组织委员进行了5次专题视察。

开展人民外交活动 接待了全国政协邀请来访的波兰参议院代表团、泰国议会代表团和斐济议长一行。组团赴南非等国进行了友好访问。

【重要文件】

广东省政协工作会议纪要(2003年9月9日)(摘要) 一、会议充分肯定近年来我省政协工作所取得的成绩。全省各级政协组织和委员在各级党委领导和政府支持下，高举团结、民主两大旗帜，围绕党委、政府的中心工作，认真履行政治协商、民主监督、参政议政职能，为推进我省改革开放和现代化建设、维护和发展安定团结的政治局面、促进祖国和平统一大业做了大量卓有成效的工作。主要有四个特点：一是服务大局的意识强；二是履行职能的热情高；三是不断创新履行职能的方式方法；四是在服务经济社会发展方面作出了重大贡献。会议指出，做好新时期政协工作，必须坚持以"三个代表"重要思想为指导。胡锦涛总书记"七一"重要讲话，深刻阐发了党的十六大关于"三个代表"重要思想的论述，为新时期人民政协工作指明了方向，提出了新的任务，同时也为政协焕发活力、发挥更大作用开辟了广阔的天地。各级党委、政府、政协认真学习胡锦涛总书记"七一"重要讲话精神，从全面贯彻落实"三个代表"重要思想的高度，充分认识人民政协的性质、地位和作用，自觉按照"三个代表"重要思想的要求，努力做好新时期人民政协工作。会议充分阐述了做好新时期政协工作的重大意义。1. 做好新时期政协工作，是推动我省社会主义政治文明建设的内在要求，是建设社会主义政治文明的重要内容和途径，有利于充分吸纳各民主党派和社会各界的意见，有利于拓宽人民群众发表意见的渠道，有利于实现党委政府决策的民主化、科学化，有利于加强和改善党的领导，有利于落实依法治国基本方略，从而实现好、维护好、发展好最广大人民群众的根本利益。2. 做好新时期政协工作，是我省全面建设小康社会、率先基本实现社会主义现代化的重要保证。人民政协作为共产党领导的多党合作和政治协商的重要机构，对全省经济社会发展的重大问题进行充分协商、监督和参政议政，有利于正确决策的作出与贯彻、落实。人民政协作为爱国统一战线组织，对于调动各界群众的积极性和创造性，实现外源型经济与内源型经济协调发展，对于扩大开放，实施外向带动战略，对于动员更多的港澳台同胞和海外侨胞参与和支持现代化建设、促进祖国统一具有重大意义。3. 做好新时期政协工作，是建设文化大省，推进我省精神文明建设的迫切需要。全省科技、教育、卫生、艺术、体育、新闻等文化领域的一万多名各级政协委员和其他领域的政协委员，在发展文化事业，深化文化体制改革，弘扬民族精神，加强思想道德建设，推进文化与经济的结合等方面作出了重大贡献，是发展社会主义先进文化，建设文化大省的一支重要力量。二、会议要求，各级政协必须遵循围绕中心、服务大局的原则，坚持共产党的领导不动摇，坚持高举团结、民主旗帜不动摇，坚持履行三大职能不动摇，按照"三个代表"重要思想的要求和法律赋予的权力责任谋创新、谋发展、谋作为，努力开创我省政协工作的新局面。1. 要积极主动，努力在履行政治协商、民主监督、参政议政三大职能方面取得新的成绩。一是主动围绕党委、政府的中心工作参政议政、建言献策。紧紧围绕我省全面建设小康社会、率先基本实现社会主义现代化这一中心任务，围绕我省发展中面临的一些全局性、规律性的问题，围绕广大群众关心的热点、难点问题，组织委员开展调查研究，建言献策。二是主动参与重大决策的协商。对党委、政府准备出台的决策，要通过协商议政，广泛吸收各方面的合理意见和建议。对党委、政府已经作出的决策，要通过深入细致的调查研究，不断完善，贯彻落实。三是主动开展民主监督。各级政协组织和委员应树立高度的责任感，克服无所作为的思想积极主动开展民主监督，体现政协组织的活力和作为。四是主动做好维护社会稳定的工作，为我省的发展和祖国统一凝聚力量。鼓励民主党派、工商联、无党派人士对我省的大政方针和重大问题发表意见、建议，不断增进政协组织与各民主党派和社会团体之间、委员与群众之间的团结与合作。加强与港澳台同胞、海外侨胞及其眷属的沟通和联系，促进粤港澳三地共同繁荣，促进祖国和平统一大业早日完成。2. 要大胆探索，努力在创新政协工作方法和工作机制上有新的成果。积极探索协商议政的有效方式与措施。发挥政协组织人才荟萃、联系面广的优势，选准选好协商议政的题目，开展深入的调查研究。完善多年来行之有效、有广东特色的专题议政、专题协商、专题视察、专题调研、专题研讨的做法，努力提高协商议政水平。3. 要积极探索民主监督的有效形式。所提出的监督题目，要认真研究，制定措施，抓好落实，抓出成效。主动选择监督的课题，把对党委决策、机关作风、依法行政、司法公正等方面的监督，作为各级政协组织履行民主监督职能的着力点。进一步坚持和完善建议案、提案、视察、反映社情民意等有效监督形式。继续探索通过民主评议开展监督的形式，把帮助部门、行业改进作风，提高效率作为民主监督的目标，选择若干群众关心、意见较为集中的部门和行业作为试点，积累经验后逐步推开。进一步拓宽委员反映社情民意的渠道，完善委员向党委、政府主要领导直接反映重要情况、提出重要建议的"直通车"制度。积极探索履行职能制度化、规范化、程序化的有效途径，按照政协《章程》以及中央和省委的有关规定，结合工作实际，制定和完善各项制度和工作规范，并认真执行。4. 要提高水平，努力在加强政协自身建设上有新的成效。一是提高广大政协委员的思想政治素质，增强责任感、使命感。各级政协委员要深入学习"三个代表"重要思想，学习中国特色社会主义理论、统一战线理论和政协理论，珍惜"政协委员"荣誉，积极参加政协的活动，认真履行委员的义务。二是提高政协委员的政策理论水平，提高履行职责的能力。政协委员要适应新形势的要求，了解党和国家的方针政策，了解国情省情，使自己成为参政议政的博才善议者。三是提高政协委员的专业水平。委员要立足本职工作，以自身的工作贡献影响带动所联系的界别群众，共同为实现宏伟目标而奋斗。四是不断提高机关的工作水平和服务质量。树立围绕中心、服务大局的意识和热情为委员服务的观念，完善机关的各项规章制度，努力实现机关工作的制度化、规范化和程序化。各级政协机关工作人员要加强学习，提高工作效率、质量和服务水平。要加强政协理论研究，以理论创新指导政协工作创新。三、会议强调，加强和改善党对政协工作的领导，是做好政协工作的关键，是政协工作全面贯彻落实"三个代表"重要思想的政治保证。对政协地位、作用认识到不到位，政协的作用发挥得好不好，是检验各级党委执政能力、执政水平和主要领导政治素质、领导水平、决策能力的一个重要标志。不重视政协工作，不懂得发挥政协作用的领导干部，不是高明的领导干部。各级党委要切实加强和改善党对政协工作的领导，自觉支持政协履行职能。1. 要自觉将政协工作纳入党委工作的全局，为政协履行职能提供坚强的组织保证。要把加强和改善党对政协工作的领导摆上党委重要议事日程。党委主要领导要重视关心政协工作。各级党委要有一名副书记联系政协工作。党委每年要定期听取政协党组的工作汇报，专题研究部署政协工作，切实解决政协工作中遇到的困难和问题。围绕党委一个时期的重要工作，给政协出题目、交任务、提要求。充分发挥政协党组的领导核心作用，加强政协班子建设，把认真贯彻"三个代表"重要思想，坚持党的基本路线，熟悉党的统战政策，热爱政协工作，责任心强，威望较高，作风民主，善于与党外人士合作共事的优秀干部选配到政协党组中来。保持政协领导班子合理的知识结构、年龄结构与党内外比例，有计划、有目的地培养政协领导的后备力量。政协换届时，要在党委的领导下，由党委负责同志、政协党组负责同志和组织部、统战部负责同志组成换届人事工作安排领导小组，政协党组要参与人选名单的酝酿，有关部门要认真听取、充分尊重政协党组的意见。届中委员增补时也应如此。按照省委的要求，认真落实政协领导参加有关会议的制度，不担任党委常委的政协主席或党组书记应列席同级党委常委会议。党委班子成员要主动和政协委员中的各党派、各团体、各界别的代表性人物交流沟通。一些地方实行的党委、人大、政府、政协秘书长联席会议制度,有利于协调党委、人大、政府与政协的工作,各地可参照办理。2. 要自觉坚持政治协商制度,保证决策的民主化、科学化。各级党委要增强自觉协商的观念,建立、健全协商制度,避免协商的随意性、形式化,尤其要注意避免以通报代替协商的做法。凡是关系经济社会发展的重大问题,都要与政协进行协商,广泛听取各方面意见。制定经济和社会发展规划、出台重大改革措施、决定事关人民群众生产生活的重大建设项目等,要先协商后决策;党委提出的重要人事安排及需要公示的干部,要先协商后决定;制定地方重要政策法规,要先协商后通过。努力做到重大问题协商在党委决策之前、人大通过之前、政府实施之前。有关重大问题,党委除了与民主党派、工商联、无党派人士进行民主协商外,也应与政协进行政治协商,广泛听取各方面的意见。3. 要自觉接受民主监督,确保党的各项方针政策贯彻落实。各级党委要自觉欢迎监督、自觉支持监督、自觉接受监督。及时向政协通报有关国家法律、法规和地方性法规的实施情况、重大方针政策的贯彻执行情况、党政机关及其工作人员履行职责、遵纪守法、廉洁从政等方面的情况。4. 要自觉支持政协履行职能,努力为政协工作提供良好的条件。加大对政协机关干部的培养、使用、交流力度。有计划安排一些政治素质好、业务能力强的政协机关干部到省直单位或地方任职,也可从党政部门交流一些干部到政协机关任职。按照有关规定,落实政协人员编制,落实各级政协党外副主席的政治待遇和生活待遇。党委组织、宣传、统战部门和党校、行政学院,要把统一战线和人民政协的理论和知识列入党员教育、干部培训的内容。新闻媒体要把宣传政协作为一项重要任务来抓,积极宣传统战、政协知识,宣传政协工作和委员风采。政协委员所在部门和单位,要积极支持委员参加政协组织的活动,在时间、经费、工作条件等方面提供保障。四、会议要求,各级政府要积极主动支持政协履行职能,欢迎政协开展民主监督,促进政府改进工作。1. 要坚持重大问题主动与政协协商的制度。重大方针政策及部署,政府工作报告、财政预算,国民经济和社会发展年度计划及中长期计划,重大行政措施和重要政府规章草案,以及关系群众生产生活的重大问题,要主动与政协协商。要根据不同时期政府工作的重点和安排,提出协商计划,改进协商形式,提高协商效果。政府召开涉及经济建设和社会发展全局的重要会议以及大型业务会议,要邀请政协或专门委员会的负责同志参加。一些重要的检查或调研,也要邀请政协有关领导同志和民主党派负责人参加。2. 要增强接受民主监督的意识,认真听取政协的意见和建议。政协召开的全体会议、常委会议以及其他重要的协商座谈会,政府及有关部门领导凡被邀请参加的,应积极参加。认真研究解决政协委员提出的意见建议,并作出负责任的答复。认真办理政协委员提案。政府各部门要有一名领导负责提案办理工作,落实专人督办提案制度,对重要提案,部门领导要亲自办理。承办单位应认真负责,抓好落实,及时反馈办理结果,虚心听取提案人对办理情况的意见。事关全局的重要提案,领导同志要亲自批阅,并责成有关部门认真研究落实。政府每年要主动向政协常委会通报一次提案办理情况。支持政协参与评议政府部门工作。政府各部门要继续在政协委员和民主党派、工商联成员中聘请特约监察员、审计员、教育督导员等。要尊重政协委员和民主党派的民主权利,大力支持配合政协组织的视察、调研等专题活动。3. 要为政协履行职能创造良好条件。政府主要领导同志要重视政协工作,要有一名副职领导联系政协工作,政府班子成员要主动与各界别的政协委员交流沟通。建立健全政府同政协的联系制度和情况通报制度。坚持每半年向政协通报一次政府工作情况。政府职能部门要与政协专门委员会建立健全对口联系制度。建立重大课题共同调研制度,邀请政协委员中的有关专家、学者参与调研和论证。凡政府发出的重要文件、行政规章,应抄送政协机关。要注意研究、解决政协在开展工作中遇到的实际问题。努力改善各级政协机关特别是经济欠发达市县政协机关的工作条件。会议要求,各级党委、政府、政协及各部门要认真传达贯彻会议精神,落实会议提出的各项要求和措施,努力开创我省政协工作的新局面,为全面建设小康社会、率先基本实现社会主义现代化作出新的更大的贡献。

常委会工作报告(2003 年 1 月 11 日)(摘要) 一、五年工作的回顾。1. 围绕中心积极开展协商议政工作。五年来,共召开全体会议 5 次,常委会议 21 次,主席会议 65 次,专题协商座谈会 19 次。每次全会都坚持做到全面协商与重点协商相结合。对"十五"计划草案、每年的省政府工作报告等事关全局的重大方针、政策,组织委员认真讨论,提出意见和建议,并就涉及全省经济和社会发展的突出问题,以及人民群众关心的热点问题,积极组织委员进行大会发言。坚持围绕中心议大事,就全省经济和社会发展的重大问题进行专题议政和专题协商。每年底,都安排一次常委会议讨论省政府工作报告(征求意见稿),提出修改意见,体现了协商在决策之前;还安排了 9 次常委会议,先后就做好国有企业下岗职工基本生活保障和再就业工作、深化科技体制改革、加快山区经济发展、加强粤港澳之间的交流与合作等进行了专题议政,形成了 9 件《常委会议建议》。还分别就加强政法队伍建设、贫困县脱贫奔小康、计划生育工作、高校扩招、雷州半岛改水治旱和农业结构调整、韩江水资源的保护和利用、保护外资和民营企业工人合法权益等问题开展了 19 次专题协商,在此基础上形成了《主席会议建议》19 件。专题调研和专题研讨工作不断深入。本届省政协共组织专题调查、考察近 200 项,提交调研报告 150 多份。五年来,省政协先后举办了 6 次地区性发展研讨会和经济发展战略专题研讨会,撰写论文 147 篇,对推动有关地区和行业的发展起到了积极的作用。2. 积极探索民主监督的有效形式。几年来,我们按照政协章程,通过协商讨论和提出意见建议开展民主监督,充分利用会议、提案、视察、反映社情民意等形式,提倡和鼓励委员坦诚直言,把民主监督与政治协商、参政议政有机地结合起来,取得了较好的效果。提案工作质量明显提高。本届省政协在提高提案工作质量上重点抓了两个方面:一是在提高提案质量上下功夫。通过制定提案工作的规章制度、编发提案汇编、表彰优秀提案,调动委员的积极性。五年共收到提案 2537 件,立案 2337 件,提出或参与提出提案的达 9846 人次。二是在提高提案的办理质量上下功夫。2000 年,建立了副主席领衔督办重点提案制度。近两年,由副主席领衔督办的 14 件重点提案,大多已经落实,有的正在组织实施。为进一步推动提案的承办工作,还颁布试行了《政协广东省委员会评选表彰承办提案先进单位、个人的办法》,促进了提案办理质量的提高。按照"力求真实、注重质量、争取快速、突出特色"的要求,省政协加强了对反映社情民意工作的领导。五年来,共向省委报送《广东政协信息》905 期,通过"直通快车"报送委员重要意见建议 127 件。这些信息反映了大量的社会基本情况和人民群众的意见愿望,对党政领导了解民心、体察民情、集中民智，促进决策的民主化、科学化，产生了良好的效果。我会主办的《同舟共进》杂志，积极反映群众呼声，深入开展理论探讨，扩大了政协工作的影响。本届政协继续坚持"小型、专题、节约、实效"的原则，共组织了116个视察团，深入基层视察。根据省委的要求，先后开展了对广州火车站地区社会治安综合整治情况，汕头、潮州、揭阳等市整顿和规范市场经济秩序情况，野生动物保护情况等24个专题视察，写出了专题视察报告。3. 广泛深入开展团结联谊工作。五年来，我们高举爱国主义和社会主义两面旗帜，密切与各方面的联系与合作，通过各种有效形式，维护祖国的团结稳定，促进爱国统一战线的巩固和发展。充分发挥民主党派、工商联在政协中的作用。通过邀请省各民主党派、工商联负责人参加省政协学习中心组的学习和定期召开座谈会等方式，省政协与省各民主党派、工商联之间互通了情况。并就一些共同关心的问题，联合开展调研、协商座谈，省各民主党派、工商联也积极提出提案、在政协大会上发言，形成了良好的合作氛围，增进了在共同政治基础上的团结，充分发挥了省各民主党派、工商联在省政协中的作用。八届省政协期间，正值戊戌维新100周年，中华人民共和国和人民政协成立50周年，抗日战争胜利55周年，"九·一八事变"70周年，中国共产党成立80周年，辛亥革命90周年，"淞沪抗战"70周年，省政协举办了各种形式的纪念活动。此外，省政协每年都举行纪念孙中山先生诞辰等活动。这些活动，在海内外产生了积极的影响，对弘扬爱国主义精神、推进祖国统一具有积极意义。加强与港澳台同胞和侨胞的联谊，积极开展人民外交工作。通过邀请港澳台同胞和侨胞及有关社团赴祖国大陆参观考察，坚持派员参加港澳地区省政协委员的聚会，走访港澳委员及在粤投资的台湾工商界人士等一系列活动，加强了同港澳台侨人士及有关社团的联系。五年来，共接待港澳台侨团组及外国访问团210批4000多人次。五年来，省政协组团访问了加拿大、日本、南非、俄罗斯、巴西等22个国家和地区，开展了人民外交活动，加强了与海外华人华侨的联系。我们还成功举办了五次有外国驻穗总领事馆官员和部分港澳委员、台商参加的政协杯高尔夫球友谊赛。通过这些活动，进一步加深了友谊，扩大了团结面。充分发挥文史资料在"存史、资政、团结、育人"等方面的特殊作用，对库存文史资料进行了清理，完成了2450万字库存史料的初审、复审和编校工作。新征史料695万字，完成了《马万祺传》、《广东民主人士传》、《南方大学之光》、《经济特区的由来》、《魂系黄花》、《新西兰华侨史》等专题的编辑出版工作。五年来，省政协坚持每季度举办一次委员活动日；每年组织一次广东省各界人士迎春茶话会、广东省各界已故知名人士亲属迎春茶话会及台球友谊赛；支持省政协历届委员联谊会开展联谊活动和反映社情民意。我们积极开展对贫困地区的对口扶持工作，坚持开展"送戏、送科技、送医送药下乡"活动。2002年，与全国政协书画室联合举办了"当代国画优秀作品展——广东作品展"。通过这些形式和渠道，加强与委员和社会各界的联系，促进了爱国统一战线的巩固和发展。4. 加强了对市县政协的联系和指导。八届省政协先后召开了两次全省政协工作座谈会，一次全省政协理论研讨会，总结交流各地政协的工作情况和经验，研讨做好政协工作带共性的问题。五年来，省政协坚持邀请市县政协主席列席省政协全会，各市政协主席列席省政协常委会议，认真听取市县政协的意见。通过与市县政协联合开展调研、视察，加强了与市县政协的联系与合作。省政协机关和各专门委员会也加强了与各市县政协机关和对口专门委员会的联系，先后召开了全省政协秘书长座谈会，提案、经济、社会法制、教科文卫体、学习、文史、港澳台侨胞联谊等方面的工作座谈会，交流和研讨各市政协机关及相关部门工作情况。本届政协还把提高我省各级政协干部素质当作一项重要工作来抓，分别与省委党校和省社会主义学院联合举办了政协干部培训班12期，培训干部450余人次，组织各级政协干部19批340人次参加全国政协干部培训班的学习。5. 政协的自身建设得到加强。一是适应新形势的需要，加强了履行职能的规范化制度化建设。重新修订了《政协广东省委员会提案工作条例》。在实践的基础上，对进一步做好专题议政、专题协商、专题视察、专题调研、专题研讨和专门委员会等工作进行了总结和规范，进一步完善了会议、活动、视察、调研、提案等各项工作，明确和规范了履行职能的内容、形式、方法、步骤和程序，保障了各项工作规范有序地进行。二是加强学习，努力提高委员的综合素质。省政协学习中心组坚持每季度举行一次学习活动，学习邓小平理论和"三个代表"重要思想，学习党和国家的重大方针政策。常委会根据形势和任务的需要，适时举办报告会、学习班、座谈会，组织委员学习党和国家的各项方针政策，学习统一战线和人民政协理论及有关规章制度，学习经济、法律、历史和现代科技知识，并积极开展对现实问题的研究，提高履行职能的能力。三是重视机关建设，把全心全意为委员履行职能服务作为首要任务。省政协调整充实了机关领导班子，深入开展"三讲"教育和"三个代表"学习，加强了思想建设和作风建设。按照省委统一部署，对政协机关进行了机构改革和干部人事制度改革，通过任前公示、竞争上岗、轮岗等方式，进一步优化了干部结构。二、主要经验和体会。1. 必须始终不渝地坚持中国共产党的领导。坚持中国共产党的领导，是巩固和发展爱国统一战线的根本保证，是多党合作和政治协商这一基本政治制度的前提。坚持中国共产党的领导，就是在思想上、政治上同党中央保持高度一致，坚定不移地贯彻党的路线方针政策。在履行政治协商、民主监督、参政议政职能工作中，按照中共中央、中共广东省委的要求，根据政协的特点来确定工作思路和工作的重点。2. 必须牢牢把握团结、民主两大主题。团结和民主，是人民政协性质的集中体现，是人民政协产生和发展的历史根据，是政协事业继往开来的方向和使命。3. 必须积极主动地开展工作。对政协工作，省委是非常重视的，省政府是大力支持的。在这种良好的政治氛围中，政协能否更好地履行政治协商、民主监督、参政议政职能，关键在于我们是否始终围绕全省的中心任务，积极主动地开展工作。4. 履行职能要重点做好"五个专"。省政协始终按照"围绕中心、协商大事、注重现实、适度超前、建言献策、讲求实效"的工作思路，根据全省经济社会发展面临的重点、热点、难点问题，认真抓好专题议政、专题协商、专题视察、专题调研和专题研讨，把它作为履行职能的着力点，投入了大量的时间、精力，取得了显著成效。5. 必须充分发挥委员的积极性和创造性。充分调动委员的积极性和创造性，必须抓好以下几个环节：充分发挥专门委员会的基础作用；积极探索参政议政的新形式；尊重和维护委员的各项权利，努力营造民主和谐的参政议政环境，鼓励委员说真话、讲实情、进诤言。三、对今后工作的几点建议。1. 加强学习，适应政协工作的新要求。2. 认真履行职能，为加快我省率先基本实现社会主义现代化献计出力。3. 做好团结联谊工作，维护社会稳定，促进祖国统一。4. 加强政协自身建设,提高履行职能的水平。5. 进一步加强对市县政协的指导和联系。

【组织概况】

主　席

刘凤仪

副主席

石安海　彭禹贤　韩大建(女)
王珣章　王兆林　朱小丹
周天鸿　罗富和　姚志彬
陈蔚文

秘书长

琚立铭

常务委员名单(以姓氏笔画为序)

王则楚　王兆林　王初明　王启仪(女)
王学成　王珣章　王铁文　王继武
王继群　王智琼(女)　方兴起
孔令人　邓北生　甘兆胜　古华民
石安海　卢伟硕　丘泰球　成良玉(女)
毕英佐　吕玉波　朱小丹　朱正贤
朱海军　朱德义　伍启中　伍新尧
华　贲　刘　发　刘人怀　刘长银
刘凤仪　刘文炎　刘焕彬　刘清海
刘斯奋　闫敬华(阿昌族)　江东海
汤彤海　许长青　许光超　许家瑞
许瑞生　纪力清　麦智南　劳文浩
苏东斌　苏祖兰(女)　李　强
李　嘉　李伟建　李沛霖　李若建
李国泰　李定安　李德成　杨　懂
杨正根　杨志红(女)　吴汉良
吴至强　吴晓峰(女)　邱　玫(女)
邱　捷　邱金用　何问陶(女)
余其伟　余其铿　沈尧天　宋海(满族)
张玉其　张桂光　张崇德　张淑荣(女)
陆地　陆大祥　陆惠兴　陈　刚
陈　坚　陈丁福　陈开枝　陈书燕
陈北光　陈成才　陈汝筑　陈步涛
陈国安　陈忠烈　陈桥顿　陈维信
陈蔚文　陈毓铮　邵学言　林生珠(女)
林亚杰　林伦伦　林社后　欧卫东
欧显华　欧阳冬(女)　欧阳昌琼
罗小平(女)　罗兴华　罗香珠(女)
罗颂平(女)　罗富和　周蒂(女)
周天鸿　周志荣　周丽琼(女)
周明理　郑雪　郑尤坚　屈良鹄
胡中梅　胡学强　胡明森　胡品津
钟小健　施业辉　洪少虎　姚志彬
莫海鸿　徐志达　徐远通　高永中
涂辉龙　陶凯元(女)　黄少雄
黄庆勇　黄国建　黄晓涛　黄福永
龚维钊　康北笙(女)　阎宪奇
梁戈文　梁栋华　梁振锋　梁锦祥
巢振威　彭禹贤　彭洁卉(女)
韩大建(女)　琚立铭　程良洲
答朝心(回族)　释新成　温洋
温兰子(女)　赖世隆　雷盛武
蔡松琦　黎宝松　黎柳莲(女)
潘家栋　霍震寰　戴庆元　戴德丰
魏　昕(女)

委员名单(以姓氏笔画为序)

中国共产党

王兆林　王继武　王铁文　邓北生
甘兆胜　石安海　刘凤仪　刘文炎
刘长银　刘清海　朱小丹　汤彤海
纪力清　许光超　劳文浩　张淑荣(女)
李任杰　李国泰　杨　懂　杨正根
邱金用　陈　坚　陈书燕　陈开枝
陈朝礼　陈毓铮　周明理　欧阳冬(女)
施业辉　洪少虎　胡中梅　黄峰军
黄福永　龚维钊　彭禹贤　温兰子(女)
琚立铭　程良洲

中国国民党革命委员会

方展伟　王继群　刘守桂(女)
刘纪显　成良玉(女)　吴　翰(女)
吴明　张秉钊　李　希　苏祖兰(女)
邹月照　周天鸿　庞　勇　唐　彪
黄雪艳(女)　詹昭重(女)
潘莎莎(女)

中国民主同盟

万　捷　于相业　王则楚　王晓华
关翰琴(女)　吴　鹏　李若建
李振明　李竞先(女)　杨兰馥
沈　忠　陈章和　林鸿伟　林燕华(女)
郑尤坚　徐宗玲(女)　梁栋华
黄樟翰　彭洁开(女)　韩大建(女)

中国民主建国会

王伟阳　吕　平　余健明(女)
宋　海(满族)　李建浔(女)
邵学言　陈国隆　陈敏标　陈　曦
庞友国　林万泉　林冠棠　徐志达
黄庆勇　曾　涛　廖建航

中国民主促进会

王光护　叶一鸣(女)　伍超标
张中林　张效民　肖裕钦　陈国安
林亚杰　罗富和　曹　彪　梁　平
董超凤(女)　雷近芳(女)樊锁海
潘史扬

中国农工民主党

王启仪(女)　王远东　王智琼(女)
刘冠贤　张横柳　李力强　邹浩元
陈　炼　林生珠(女)　梁祥提

中国致公党

王中民　王桂元　王珣章　古华民
李思东　李靖国　杨　英　曾　志

九三学社

孟　浩　郑丰任　姚志彬　胡恩福
曾文曲　温　洋　熊豪品　黎宝松

台湾民主自治同盟

孔令人　陈蔚文　谢丽玲(女)

无党派民主人士

王初明　许家瑞　张瑞坤　李建芬(女)
杨伟民　肖蔚彬　陆大祥　陈良海
陈培臣　屈良鹄　欧阳昌琼陶凯元(女)
黄　伟　黄国建　黄晓涛

中国共产主义青年团

李　嘉　袁宝成　蓝海林

总工会

毛晓碚(女)　李　萍(女)
李雨松(壮族)　罗雪芹　蚁美玲(女)
黎柳莲(女)　黎维贤

妇女联合会

朱小蔚(女)　苏薇薇(女)
周丽琼(女)　胡利群(女)
翟美卿(女)

青年联合会

方冬生　庄铮凯　唐永汉

工商业联合会

邝瑞康　朱海军　吴南明　岑永生
岑润洪　张玉其　张新辉　李　伟
李锡宏　苏枝桓　陈永弟　陈伟标
陈成才　陈俊雄　陈桥顿　陈海燕
陈　熹　巫秋峰　林小桦(女)
林华焕　郑成业　徐　闻　袁洪生
郭梓文　黄少雄　黄晨光　廖榕就
蔡妈辉　蔡金乐　戴庆元

科学技术协会

区国惟　刘识今　刘建峰　毕英佐
李　捷(回族)　杨业熙　苏宜香(女)
陈汝筑　周　蒂(女)　周永章
欧卫东　赵树培　钟世伦　莫海鸿
康北笙(女)　梁　明　黄贤樟
曾瑞凤(女)　蓝崇钰

台湾同胞联谊会

江中君(女)　陈俊康　黄　高(女)

文化艺术界

丁　义(满族)　王璜生　冯兆平
冯　峥　古运泉　叶献民　伍启中
关　伟　刘　晶(女)　刘斯奋
祁　海　何初树　何　萍(女)
余其伟　余其铿　张润华　李公明
李仙花(女)　李昭淳　李筱孙
杨宏海　陈永泉　陈晓薇(女,回族)
尚　涛　林寻稳　欧阳滨(女)
罗小平(女)　郑健英(女)
段享明　徐南铁　袁　玫(女)

曹淳亮　梁浩泉　梅小萍(女)
阎宪奇　黄　勇　惠德毅
普超英(女,彝族) 程大兆　程存洁
董小明　谭天玄

科学技术界

马　坚　马　竞　马达弟　马志刚
叶玉诚　宁艳梅(女)　全国崧
关建基　刘　发　刘　昕　刘焕彬
华　贲　朱必凤　汤　才　许志良
许瑞生　何锦超　吴　毅　吴有必
张　凌　张晓丹(女)　张崇安
张湘民　李　棠　李　毅　李适宇
李道帆(女)　杨惜敏　杨新潮
苏卫国　邱　玫(女)　陈　敏
陈仪本　陈来泉　陈学道　陈冠雄
陈奕标　陈思平　陈春贻　周克崧
周厚立　庞积伟　林少敏(女)
林文灿　林兴流　林茂光　胡日章
赵　英(女)　赵同顺　赵淑华(女)
耿安松　郭喜泉　高建华　崔跃建
梁立治(女)　梁国昭　梁振锋
隋　军　黄步明　傅和亮　彭文晋
彭俊彪　程仰贤　蔡齐祥　潘家栋
魏　昕(女)

经济界

卜新民　马赖洪　仇水旺　王庆茂
叶华能　邝康业　刘伟宏(女)
吕成贤　吕　兢　庄　耀　余国治
余国珍(女)　吴火豪　吴哲歆
张仕伍　张光进　李明端　杨大行
杨天泰　沈康生　肖七妹(女)
连晓南(回族)　陈云贤　陈汉杰
陈凯旋　陈妹妮(女)　陈俊平
麦智南　林义鸿　林文安　林瑞亿
欧显华　罗坚生　范骏业　施伟民
胡明森　赵新文　钟永森　饶胜华
梁广镇　梁益华　梁耀文　黄伟深
黄顺源　黄鸿宏　彭晓明　曾建荣
曾茂娣(女)　曾桂祥　董富胜

谢新民　廖　勇　蔡　苗　蔡如青
潘　力

社会科学界

王卫红(女)　乐　正　石宗崑
刘泽生　朱征夫　李子彪　苏东斌
邱　捷　陈忠烈　蓝燕霞(女)
廖红球

农业界

邓惠珍(女)　刘锡梧　年　海
江东海　何广兴　何生根　吴　鸿
吴朝旭　张业光　李珠江　杨幸注
陈日远　陈北光　陈维信　陈德华
陈毅锋　周日方　林仰南　欧壮喆(壮族)
欧晓明　罗必良　郑永光　郑镜明
姚振华　骆世明　梁　帆　黄俐晔(女)
程永东(女)　赖诗仁

教育界

王竹立　王宋荣　王绵宁　邓婉球(女)
乐　军(壮族)　甘巧林(女)
龙小敏(女)　刘　丽(女)
刘人怀　刘许国　江潭瑜　何问陶(女)
余之德　余永权　余庆安　余国慧(女)
吴佑军　张　焜　张治安　张　波
张信和　张桂光　李定安　杨中艺
杨中芳(女)　杨耀明　沈尧天
陈万鹏　陈年强　陈运森　陈春声
林　健　林一平　林立芳　林伦伦
林　勇　林维明　郑　雪　俞仲文
柳柏濂　钟　韶　钟纯林　倪梁康
党　志　夏　伟　徐远通　徐真华
徐颂军　翁宗奕　常会友　梁朝林
黄炎真　黄家祥　黄朝阳　黄赞发
答朝心(回族)　谢可滔　谢维信
廖伟群　蔡松琦　谭炳和　潘　炬
潘梅英(女)　颜光美　颜泽贤

体育界

孙淑伟　朱征宇　吴乃文　杨新芳(女)
陈树华　罗兴华　胡　佳　赵　戈
钟秀娥(女)　徐培道　黄坤城

新闻出版界

吴至强　李伟建　李婉芬(女)
杨　健　陈　佳　陈海烈　周晓瑾(女)
范以锦　胡慧乔(女)　潘伟文
戴玉庆

医药卫生界

方晓源　王　颀　王一鸣(女)
贝抗胜　冯运兴　伍　卫(女)
伍新尧　吉　喆(女)　吕玉波
孙筱放(女)　江立敏　吴书林
吴淑卿(女)　张丽丽(女)
张孝娟(女)　张德志　李　劲(女)
李　苹(女)　李文勇　李惠德
肖学钧　邱海航　邹仲之　陆惠兴
陈　刚　陈文敏(女)　陈志澄(女)
林　锋　林仲秋　林界伟　罗颂平(女)
罗　翌(女)　郑子弘　姚　远
胡学强　胡品津　高永中　梁　仁
梁志鹏　黄明太　彭　炜(女)
曾其毅　曾骏文　赖世隆　管英瑄
蔡越秀(女)　潘甜美(女)

对外友好界

叶　耀　艾特莎(女)吴晓峰(女)
巢振威　黄子强

社会福利界

方潮贵　余　正　李凤英(女)
林社后　梁宏正

少数民族界

马建钊(回族)　马毓钧(回族)
韦家贵(壮族)　朱　城(土家族)
赵鹏飞(白族)　盘永花(女,瑶族)
盘建梅(女,瑶族)阎敬华(阿昌族)
蓝若谋(畲族)

归国华侨联合会

马文丽(女)　丘泰球　冯邦彦
卢素心(女)　邝家驹　伍锦棠
吕伟雄　佘树进　李和隆　沈冰虹
肖明辉　卓　胜　郑德埕　胡小强
徐建平　涂辉龙　梁锦祥　黄世展
黄光苗　赖炳辉　蔡明招(女)
蔡型乞　薛声荣(女)

宗教界

安玉山(回族)　杨　棠(回族)
陈以诺　陈逸鲁　林国贞　钟标发
梁　明　释宏满　释新成　释慧海

特别邀请人士

丁富华　刁学武　文炮田　方兴起
王广寿　王　华(女)　王克明
王学成　王相国　冯　雄　冯兆荣
冯惠敏(女)　卢小平(女)
卢小周　叶志光　田晓韧　全裕国
刘　创　刘大济　刘文东　刘伟铿
刘剑明　吕强光　朱小黄　朱振民
朱德义　江林洋　纪少雄　严锦华
何善心　吴世煌　吴明兴　吴　森
张玉庭　张伟平　张伟乔　张兆宽
张光发　张利民　张崇德　张敬石
张鉴林　张锦墙　张耀中　李　心(女)
李　礼　李万国　李汉松　李若虹
李振华　李舜昭　李楚章　李德成
杜重年　杨芹溪　杨绍森　肖汉健
苏松勤　邱淑英(女)　陈　敏(女)
陈　强　陈　静(女)　陈一珠(女)
陈丁福　陈小川(女)　陈宁江
陈华一　陈如海　陈桐荣　陈继军(女)
陈清田　陈超菊(女)　陈潮填
陈耀武　周裕光　孟　华(女)
林永青　范小兵　范金樯　郎　波
郑　红　郑少伟　郑通扬　郑通亮
郑睦鑫　姚作芝　洪祥盛　赵万立
赵善祥　赵耀年　倪锦辉　唐　晓
徐大章　徐小英(女)　徐惠兴
袁懋振　郭会平(女)　崔　河
梁戈文　梁玉珍(女)　梁金城
梁海峰(女)　梁海森　盛南方
黄双花(女)　黄永东　黄成柱
黄达德　黄利泉　黄均伟　黄国威
黄明祥　黄荣标　黄继豪　黄感芳

黄楚标　龚庆韶　彭以忠　曾庆榴
曾志军　曾炯坚　游敏达　焦太山
谢凤良　谢仕强　谢惠鹏　谢鹏飞
韩泽生(女)　韩黎珍(女)
甄灿球　甄瑞文　詹德华　雷盛武
廖军文　廖志刚　蔡高声　阚延泉
颜金尧　薛建枫　魏潘尧

(香港人士)

云维熹　区永熙　方　和　方文雄
王国强　王振声　王敏贤(女)
叶庆良　叶顺兴(女)　田北辰
龙子明　刘如成　刘湛源　庄成鑫
庄声源　朱正贤　许长青　何俊康
何掌邦　余鹏春　吴汉良　张　静
张华峰　张成雄　张国荣　张恭泰
张晴云　张慧燊(女)　李　强
李贵辉　李聪德　杨　金　杨光华
杨志红(女)　杨罗观翠(女)
邱浩波　邹灿林　陆　地　陈　劲
陈伟能　陈庆梓　陈红天　陈步涛
陈国荣　陈绍祥　麦桂圃　周志荣
周振基　周莉莉(女)　林世铿
林伟华　林国兴　英永祥　郑合明
郑李锦芬(女)　郑楚杰　钟立强
徐振华　郭秀萍(女)　梁富华
黄士心　黄丽群(女)　黄定光
黄海琨　温学濂　温悦昌　谢　浪
简松年　廖汤慧霭(女)　霍震寰
戴德丰

(澳门人士)

马有仁　卢伟硕　江美芬(女)
许礼坚　阮毓明　吴利勋　吴柱邦
吴素宽(女)　李沛霖　李祥立
李莱德　杨道匡　陆　波　陈炳华
林金城　罗香珠(女)　胡顺谦
钟小健　容永恩(女)　莫均益梁庆球
梁冠峰　梁树森　梁智生　黄宇光
黄树森　蓝华缨

【广东省各级政协领导人名单】

广东省政协(见组织概况)

广州市(副省级)

市政协主席

陈开枝

副主席

王德业　廖志刚　陈纪萱
冼若瑶　张学政　李勤德
林生珠　傅汉洵　黎宝松

秘书长

黄继胜

区(市)政协主席

越秀区　宋江澎
东山区　官展平(女)
海珠区　庄国平
荔湾区　黄丽嫦(女)
天河区　杨南聪
白云区　邝振标
黄埔区　杨　勇
芳村区　陈延铭
花都区　黄水记
番禺区　梁柏楠
从化市　李玉宜
增城市　徐金贵

深圳市(副省级)

市政协主席

李德成

副主席

刘　涛　廖军文　周长瑚
刘家琛　吴井田　王正明
邱　玫　陶笃纯　李连和

秘书长

姚欣耀

区政协主席

福田区　吴连成
罗湖区　陈耀辉
盐田区　张全方
南山区　彭文德

宝安区　彭晋行
龙岗区　苏品宗

珠海市
市政协主席　张耀中
县(区)政协
香洲区　林伟明
金湾区　王定一
斗门区　黄景湖

汕头市
市政协主席　赖益成
县(市、区)政协主席
金平区　蔡廷和
龙湖区　林展宏
澄海区　陈细雄
濠江区　郭春兴
潮阳区　连少如(女)
潮南区　江蟹
南澳县　柯锡春

佛山市
市政协主席　甄灿球
县(市)政协主席
禅城区　肖少华
南海区　谢兆铿
顺德区　杨肖英(女)
高明区　吕耀光
三水区　刘宁

韶关市
市政协主席　刘创
县(市、区)政协主席
北江区　廖承永
浈江区　赵炎伟
武江区　杨应光
乐昌市　李雄涛
南雄市　曾昭佑
仁化县　施大江
始兴县　阳日成
翁源县　刘卫标
新丰县　王必梅
曲江县　叶汉辉
乳源瑶族自治县　邓运良

河源市
市政协主席　张伟乔
县(市、区)政协主席
源城区　刘耿
东源县　魏阳兴
和平县　朱文金
龙川县　张志君
紫金县　叶就成
连平县　余金照

梅州市
市政协主席　魏潘尧
县(市、区)政协主席
梅江区　丘琳昌
兴宁市　彭旺贤
梅县　李定凯
平远县　刘达裕
蕉岭县　宁全兴
大埔县　钟校柱
丰顺县　陈修想
五华县　傅运彬

惠州市
市政协主席　叶月坚
县(市、区)政协主席
惠城区　林玉坤
惠阳市　魏志业
惠东县　刘桂儒
博罗县　林畅雄
龙门县　杨绍冲

汕尾市
市政协主席　丁富华

县(市、区)政协主席
城区 吴通
海丰县 洪胜顿
陆丰市 黄陆火
陆河县 叶佐略

东莞市
市政协主席 李汉松

中山市
市政协主席 苏松勤

江门市
市政协主席 赵善祥
县(市)政协主席
蓬江区 张秀萍
江海区 李灼冰
新会区 甄沃南
台山市 黄小玲(女)
开平市 周松镇
鹤山市 郭华超
恩平市 侯才长

阳江市
市政协主席 周裕光
县(市)政协主席
江城区 黄力平
阳春市 王其中
阳东县 余天胜
阳西县 贺石明

湛江市
市政协主席 黄国威
县(市、区)政协主席
赤坎区 叶　春
霞山区 汪　洋
麻章区 余康培
坡头区 叶振宏
雷州市 陈秀琴
廉江市 宋圣金
吴川市 吴卫国
遂溪县 程南成
徐闻县 王天爱

茂名市
市政协主席 李　瑞
县(市、区)政协主席
茂南区 黎锐泰
信宜市 刘显昌
高州市 陆植槐
化州市 陈有毅
电白县 杨景秀

肇庆市
市政协主席 蔡仁秀
县(市、区)政协主席
端州区 陈　华
鼎湖区 李　昌
四会市 吴水日
高要市 甘雄伦
广宁县 杨沛容(女)
德庆县 李广宋
封开县 易维成
怀集县 钱卓先

清远市
市政协主席 梁戈文
县(市、区)政协主席
清城区 张春贤
英德市 吴树森
连州市 周永信
佛冈县 缪树森
清新县 苏桂明
连山壮族瑶族自治县
韦承林(瑶)
连南瑶族自治县 房卫民(瑶)
阳山县 廖松华

潮州市

市政协主席　　潘春青

县(区)政协主席

湘桥区　　陈启茂

饶平县　　余宣楷

潮安县　　黄楚臣

揭阳市

市政协主席　　欧汉波

县(市、区)政协主席

榕城区　　谢炳芝

普宁市　　刘惠光

揭东县　　沈丁汉

揭西县　　高银林

惠来县　　朱炳坤

云浮市

市政协主席　　梁海森

县(市、区)政协主席

云城区　　李宜佳

罗定市　　朱子文

新兴县　　梁锦波

郁南县　　莫以哉

云安县　　朱祖球

广东省各级政协组织和委员数

（截至 2003 年底）

项目＼级别	省	副省级市	设区(县)的市	县(不设区的市、市辖区)	合计
组织数	1	2	19	121	143
委员数	847	956	5782	20737	28322

（李　军　编写　梁　川　审稿）

政协广西壮族自治区委员会

马庆生 主 席

王汉民 副主席

姜兴和 副主席

俞曙霞 副主席

梁超然 副主席

卢湖山 副主席

邓浦东 副主席

梁裕宁 副主席

徐文彦 副主席

潘鸿权 副主席

章崇任 副主席

区品秋 秘书长

【全体委员会议】

九届一次会议 2003年1月9日至15日在南宁举行。本届委员由30个界别组成,委员名额695人,已协商产生委员662人(缺额待后增补),应出席会议的委员662人,实到644人。大会主席团常务主席马庆生主持了开幕式。八届政协主席陈辉光受八届政协常委会的委托在会上作了工作报告,大会主席团常务主席梁裕宁受八届政协常委会的委托在会上作提案工作情况报告。中共广西壮族自治区委员会书记曹伯纯在会上作了重要讲话。

出席会议的全体委员列席了自治区十届人大一次会议,听取自治区主席李兆焯所作的政府工作报告和其他重要报告,进行分组讨论。在讨论常委会工作报告和提案工作情况报告时,委员们认为,八届政协工作积极、活跃、有成效,提案工作质量有了新的提高,并表示发扬八届政协开拓进取的精神,使九届政协工作有所创新。在讨论政府工作报告及其他报告时,委员们认为,过去五年,我区坚持以经济建设为中心,大力实施“三大战略、六大突破”决策,社会主义现代化建设的各个方面都取得了显著成绩。全区经济发展、社会稳定、民族团结、人民安居乐业。委员们还对事关全局发展的重大问题,提出了意见和建议。

会议通过了自治区政协九届一次会议政治决议和关于八届政协常务委员会工作报告的决议、关于八届政协常务委员会提案工作情况报告的决议和自治区政协九届一次会议提案审查委员会关于提案审查情况的报告。会议选举马庆生为自治区九届政协主席,王汉民等10人为副主席,区品秋为秘书长,马远骕等91人为常委,组成了新一届自治区政协常委会。

马庆生主席在大会闭幕会上作了重要讲话。他指出,我区人民政协事业要在新世纪新阶段有新的发展,必须高举邓小平理论伟大旗帜,全面贯彻“三个代表”重要思想,保持与时俱进精神状态,坚持在解放思想中统一思想,在统一思想中开拓前进。要围绕中共广西壮族自治区委员会八届三次会议作出的加快富民兴桂新跨越步伐,全面建设小康社会的总体部署,开展新一届政协履行政治协商、民主监督、参政议政职能的各项工作。

【常务委员会会议】

第1次会议 2003年1月16日上午在南宁举行。应出席103人,实到85人。马庆生主席主持会议并作了讲话。会议通过了政协广西壮族自治区第九届委员会常务委员会关于专门委员会设置的决定和政协广西壮族自治区第九届委员会各专门委员会主任、副主任名单。

第2次会议 2003年4月10日至11日在南宁举行。应出席103人,实到80人。马庆生主席主持会议。会议的主要议题是传达全国“两会”精神、研讨广西人力资源开发与利用问题。会议听取了姜兴和副主席传达全国“两会”精神、邓浦东副主席关于广西人力资源开发与利用情况的调研报告,并围绕主要议题进行了讨论,从深化体制改革,优化人才开发和使用环境,设立广西人力资源开发基金等方面提出建议。会议任命文子忠、黄科良、陈崇法、陆荣甫、韦保建、邱龙华为第九届委员会副秘书长。马庆生主席在闭幕会上作了讲话。

第3次会议 2003年8月28日至29日在南宁举行。应出席103人,实到76人。马庆生主席主持会议。会议的主要议题是学习胡锦涛总书记在“三个代表”重要思想研讨会上的讲话、讨论广西大力发展民营经济扩大就业渠道的问题。会议听取了自治区副主席杨道喜关于上半年广西经济发展情况的通报,梁裕宁副主席传达全国政协十届二次常委会会议精神,章崇任副主席作关于大力发展民营经济是扩大就业重要渠道的调研情况报告。会议就广西大力发展民营经济扩大就业渠道进行了专题讨论,从拓宽就业空间,优化法制环境、政务环境等方面,为促进广西民营经济的发展提出了建议。会议增补范乃武为第九届委员会委员。马庆生主席在会议闭幕会上的讲话中强调,要认真学习贯彻"三个代表"重要思想,推进人民政协事业新发展;要积极为推进就业政策的全面落实建言献策;要努力为发展民营经济扩大就业渠道献计出力。

第4次会议 2003年12月10日至12日在南宁举行。应出席103人,实到77人。会议的中心议题是:学习贯彻中共十六届三中全会和自治区党委八届四次全会精神;讨论广西农民增收问题;审定自治区政协第九届常务委员会工作报告及报告人;审定自治区政协第九届常务委员会关于自治区政协九届一次会议以来提案工作情况报告及报告人;通过召开自治区政协第九届委员会第二次会议的决定;审议通过自治区政协第九届委员会第二次会议议程(草案)、日程、编组办法、小组召集人名单;审议通过自治区政协第九届委员会第二次会议秘书长、副秘书长名单;审议自治区政协委员视察贵港、梧州、柳州、河池、南宁市的报告及自治区政协领导出访考察的情况报告。会议听取了梁裕宁副主席关于统筹城乡发展提高广西农民收入的调研情况报告,并就如何提高广西农民收入进行了讨论,形成了建议案报送自治区党委、政府。会议增补王建明、苏燕玲、李浪辉、欧阳斌南、廖庆宁为第九届委员会委员,通过了韦启韬不再担任第九届委员会委员的决定。马庆生主席在闭幕会上作了讲话。

【专门委员会工作】

提案委员会 全年收到提案590件,经审查立案的544件,其中民主党派提案89件、人民团体提案6件。除6件提案未到办复期限外,已办复提案共538件,办复率为100%。组织委员学习政协章程、提案工作条例及提案工作相关文件。走访自治区各民主党派、工商联,就进一步做好民主党派、人民团体的提案工作进行座谈和交流。走访自治区教育厅、交通厅、卫生厅、财政厅、农业厅、南宁市政府等有关承办单位,了解提案办理情况。举办全区政协提案工作研讨班,全区地级市政协提案委员会负责人、部分县区市政协分管提案工作的副主席参加了研讨班,共同研讨如何提高提案工作质量问题。赴靖西、大新、龙州、凭祥、东兴等县考察政协提案工作情况。参加中南六省区政协第14次提案工作座谈会,并赴新疆、甘肃等省考察政协提案工作。

经济委员会 组织委员赴百色市考察百色银海铝业有限责任公司、百色水利枢纽工程、澄碧河水库、平果亚洲铝业有限责任公司,了解铝业发展及水利建设情况。召开全区政协经济委员会工作会议,研究探讨广西民营经济发展、推进广西工业化进程问题,交流经济委员会履行职能的经验,讨论2004年的工作思路;对广西东向通道建设情况进行研究,沿南宁经邕宁、横县、灵山、浦北高等级公路立项和加快浦宝公路建设进行实地考察和调研,并就上述问题提出提案。组织委员就自治区发展计划委员会《关于广西当前缺电情况和应对措施的报告》进行专题协商讨论,并提出要确保"西电东送"战略目标的实现、统筹规划我区电力工业的发展、切实做好节能工作等意见和建议,并就缓解2003年、2004年电力供需矛盾提出了加快电力体制改革、加强电网的合理调度、加快在建电力项目的进度、保证火电燃煤供应、严格限制高耗能小企业向我区转移等应对措施。对政府有关部门送交的《加快发展广西汽车产业的报告》、《我区煤炭供求情况及对策建议》、《进一步深化基本建设投资项目审批制度改革的若干意见》、《进一步深化价格和收费管理体制改革的方案》等征求意见稿，分别组织委员进行座谈，并将意见及时反馈。

农业委员会 召开委员知情通报会，邀请自治区农业厅、水产牧畜局、林业局、农行广西分行等部门负责人介绍广西农业、林业、水产牧畜业、农村金融情况以及广西农村税费改革情况。组织专题调研组，就如何增加农民收入问题赴桂林、来宾、钦州、百色、河池六市及所辖12个县进行调研，赴四川、江西、安徽等省进行考察，向常委会提交统筹城乡发展提高农民收入水平的调研报告。与自治区党委政策研究室、自治区人大农业和农村委员会、自治区水产牧畜局联合开展广西水产牧畜发展情况的调研活动。

人口资源环境委员会 组织专题调研组，就人力资源开发与利用情况赴南宁市以及重庆、湖北等省市进行调研和考察，向常委会提交广西人力资源开发与利用情况的调研报告。与南宁市政协城建管理委员会联合考察了南宁市相思湖，与自治区人大资源保护委员会联合组织对广西自然博物馆情况进行调研，向有关部门就加大投资加快治理相思湖污染问题及博物馆搬迁事宜提出建议和提案。组织委员对《中华人民共和国宪法》、《中华人民共和国放射性污染防治法》、《广西壮族自治区防震减灾条例》等法律法规的草案和修正案草案进行研讨，提出了意见和建议。赴玉林等地对"3·17"贩婴大案进行调研。协办全国暨地方政协人口资源环境委员会工作研讨会。

教育科技文化卫生体育委员会 召开防治非典工作专题座谈会，邀请自治区卫生厅、防治非典工作领导小组负责人通报情况，与会委员就防治非典工作提出意见和建议。与自治区卫生厅、全区14个地级市政协联合组织调研组，赴柳州、河池两市就城市医疗服务体系建设情况进行调研。参加全国政协教科文卫体委员会构建城市医疗服务体系专题研讨会。考察南宁市高考考场、高考无纸化阅卷、高校网上录取情况，并就保障高校招考的公平公正提出了建议。邀请北京师范大学教授到广西大学、广西师范学院、南宁二中就中学教改问题进行演讲。组织27万元药品送给东兰、巴马、凤山革命老区群众；继续做好基础教育奖学金的发放、管理工作，为大化瑶族自治县牵线搭桥，修建希望小学及资助贫困生完成学业。与自治区人大教科文卫委员会共同听取自治区科技厅有关广西科技立法的情况介绍，并就进一步加强科技立法、建立和完善广西科技法规体系进行座谈。召开全区各市政协教科文卫体委员会联席会议，交流工作情况，探讨工作新思路新方法。赴山西、河南两省考察文化产业情况。

社会和法制委员会 组织专题调研组，就发展民营经济扩大就业渠道专题赴柳州、玉林等市及江苏、浙江、天津等省市进行调研和考察，向常委会提交大力发展民营经济是扩大就业重要渠道的调研报告。组织委员对《中华人民共和国民法》、《广西壮族自治区实施〈中华人民共和国乡镇企业法〉办法》、《广西壮族自治区收据管理办法》等法律法规的草案和修正案草案及自治区政法委《2003年政法工作思路》讨论稿进行讨论，提出了修改意见和建议。参加全国政协社会和法制委员会在海南、江苏省召开的政协社会和法制工作研讨会。

民族和宗教委员会 组织委员赴玉林、钦州、防城港等市就落实宗教房产政策情况进行考察，提出了促进宗教事务管理逐步规范化、法制化的意见和建议；赴崇左、来宾等市考察民族文化资源开发利用保护情况。协助全国政协民族和宗教委员会开展民族地区农村经济和农民增收问题调研工作,根据广西实际情况提供相关材料。举办全区部分市县政协民族和宗教工作学习研讨班,学习民族政策和宗教政策,交流工作经验,研究如何进一步做好政协民族和宗教工作的新思路。

港澳台侨和外事委员会 就台资企业问题,会同14个市政协对口专门委员会进行为期3个月的调研,在充分论证的基础上,从改革和发展的战略高度,提出了大力优化投资环境、推动广西对外开放的建议,调研报告被《广西日报》摘要刊载,广西电视台将台资企业调研情况拍摄成新闻专题片,在广西政协九届二次会议期间专题报道。召开了全区政协联谊委员会工作座谈会,交流调研工作情况和工作经验。走访港澳委员,通报情况、听取意见,协助解决一些实际问题。组织和安排自治区政协领导出国访问。接待港澳台侨胞和外国友人200多人次。参与全国政协外事委员会对广西企业实施"走出去"战略及边境贸易情况的调研,参与自治区"五侨"协调会议,并到武鸣华侨农场参观考察;与自治区有关部门共同参与中央"五侨"赴广西考察组等活动。

文史和学习委员会 召开学习"三个代表"重要思想座谈会,参与自治区解放思想再讨论活动。编印《学习参考资料》12期。组织委员赴百色市对保护和利用革命、历史文物情况进行调研。清理库存文史资料110万字,编辑《新桂系纪实续编》。召开全区政协文史工作座谈会,传达有关会议精神,统一思想,明确工作思路。赴重庆、江苏参加有关文史、学习协作会议。

【重要活动】

全国政协领导考察广西 2003年5月15日至19日,中共中央政治局常委、全国政协主席贾庆林考察广西。考察期间,贾庆林主席与自治区各民主党派、工商联负责人和无党派人士进行了座谈,对进一步做好新形势下的政协工作和统一战线工作提出了要求,希望广西各民主党派、工商联和无党派人士进一步为非典型肺炎防治提供有力支持;为进一步促进广西经济发展作出积极贡献;为加强民族团结,促进民族共同繁荣进步多做工作。自治区政协主席马庆生陪同考察并参加座谈会。2003年7月15日至22日,全国政协副主席阿不来提·阿不都热西提率全国政协经济委员会"农村扶贫"专题调研组对广西的扶贫工作进行调研。2003年9月15日至20日,全国政协副主席周铁农率全国政协"城市应急机制建设"调研组到广西调研。

驻陕、赣全国政协委员视察广西 2003年12月4日至13日,以全国政协委员、陕西省政协主席艾丕善为团长,全国政协常委、陕西省委原书记、省政协原主席安启元,全国政协常委、经济委员会副主任、陕西省政府原省长程安东为副团长的驻陕全国政协委员赴桂视察团,对广西旅游资源开发利用情况进行了为期10天的专题视察。视察团先后视察了南宁、崇左、北海、柳州、桂林五市的旅游资源开发利用情况,还参观了一些工业企业。自治区党委副书记马铁山,自治区政协副主席王汉民、梁超然、邓浦东分别陪同视察团视察。2003年11月15日至19日,以江西省政协主席钟起煌为团长、副主席倪国熙为副团长的驻赣全国政协委员赴桂视察团在广西的南宁、柳州、桂林、北海等市视察文化产业情况。

全区政协委员视察工作座谈会 2003年8月7日至8日在南宁召开。会议议题是传达全国政协委员视察工作研讨会精神,总结交流全区各市政协组织委员视察的经验,探讨在新形势下如何更好地发挥委员视察工作的作用。各市政协分管视察工作的副主席、负责组织委员视察工作的秘书长出席了会议。王汉民副主席在会上作了重要讲话，区品秋秘书长作了总结讲话。

自治区政协专门委员会工作座谈会 2003年9月12日在南宁召开。座谈会的主要议题是交流各专门委员会工作情况，探讨如何加强和改进专门委员会工作的思路和方法。马庆生主席，王汉民、姜兴和、俞曙霞、梁超然、卢湖山、邓浦东、梁裕宁、徐文彦、潘鸿权、章崇任副主席，区品秋秘书长，各专门委员会负责人出席了会议。马庆生主席、王汉民副主席在会上作了重要讲话。

全国暨地方政协人口资源环境委员会工作研讨会 2003年12月5日至7日在广西南宁召开。会议就整体推进政协的人口资源环境工作进行了研讨。全国政协副主席李兆焯在会上作了重要讲话。自治区党委常委、自治区副主席李金早和自治区副主席刘新文在会上分别介绍了广西经济发展和自然资源状况及人口与计划生育、环境保护工作情况。

委员视察 全年共组织常委视察团、委员视察团、界别视察团21个，360名委员参加了视察，形成视察报告18份，涉及工业化城镇化、信息产业、对外开放、国有企业改革、农民增收、整顿市场秩序、实施科教兴桂战略、重点项目建设、旅游资源开发、城市建设管理、老区基础设施大会战等方面，并就政策环境、服务环境、城市环境、法制环境中存在的问题提出意见。马庆生主席，俞曙霞、梁超然、卢湖山、邓浦东、徐文彦、章崇任副主席分别率团赴南宁、柳州、梧州、贵港、河池等市视察。

对外交往活动 2003年11月7日至22日，以梁超然副主席为团长的广西政协考察团赴英国、法国考察文物、古建筑保护和利用情况。2003年11月20日至12月3日，以徐文彦副主席为团长的广西政协考察团赴英国、德国就新城建设和港口现代化建设进行了考察。2003年12月14日至28日，以卢湖山副主席为团长的广西政协考察团赴澳大利亚考察经济贸易等情况。接待德国、澳大利亚、加拿大、西班牙等国家的团组及人士来访。

【重要文件】

八届政协常委会工作报告(2003年1月9日)(摘要) 五年来，各项工作都取得了新的进展；(一)紧密围绕工作大局，不断推进政治协商。重视开好每年一次的全体委员会议，就年度政府工作报告、“十五”计划纲要、实施西部大开发战略、实现富民兴桂新跨越等事关全局的大政方针和国计民生的重大问题，组织委员进行充分地讨论协商，积极建言献策，反映各界呼声，提出意见和建议。就住房制度改革、建设高新技术开发区、教育扶贫、发挥大西南出海通道作用、文化事业、农村小康建设、实施西部大开发战略、增加农民收入、保护生态环境、沿海开放地区投资软环境、城镇医疗三项改革、个体私营经济发展、海洋资源合理开发、竞技体育等问题开展专题调研，召开14次常委会议，分别对上述专题深入讨论协商，形成建议案或专项报告报送自治区党委和政府。专门委员会分别就有关问题与政府有关部门对口协商，听取情况通报，了解工作的进展情况，或邀请政府有关部门参与专题调研活动，做到通报情况、知情明政和提出建议相结合，督促落实、联合调研和帮助办实事相结合。(二)积极探索有效形式，切实加强民主监督。每年确定若干重点提案，通过现场办案、跟踪办案和联合办案，加强对重点提案的检查督办，提高整体办理效率和质量，促进了政府有关部门的工作，推动了决策的科学化民主化，产生了较好的社会效益和经济效益。五年间共收集社情民意3328条，编报《广西政协信息》183期,《广西政协信息专报》38期,共编发社情民意694条,有115条得到自治区领导的批示,促进了一些事关我区改革发展稳定大局的问题得到解决。每次全会期间,与主要新闻单位密切合作,组织记者招待会和委员论坛、委员访谈活动,邀请部分委员就我区国民经济与社会发展问题发表意见,就人民群众关注的热点问题展开讨论。利用《广西政协报》等媒体,突出政协工作为经济建设服务的特色,围绕专题调研、视察活动开展重点报道;对反映强烈、影响深远、关系全局的重要提案、重要社情民意进行跟踪报道。参与法律法规修改和执法等工作检查。(三)充分发挥委员作用,广泛开展参政议政。各专门委员会结合各自特点,按界别组织委员,分别就科教文卫体改革、法制建设、开发人力资源、保护天然林水源林、石山区生态扶贫、自然保护区生态建设、发展“三资”企业、古代民居的保护利用等123项专题开展调查研究。在调研中,深入了解民情,充分反映民意,广泛集中民智,以调研综合报告反映问题提出建议。继续在全区政协系统广泛开展“为自治区和本地区的经济社会发展献出一条良策、提供一条重要信息、举荐一个人才、帮助解决一个难题”的“四个一”活动。重视发挥少数民族和宗教界委员的作用,对少数民族地区经济和社会发展进行专题调研,并尽力协助解决一些实际问题。共组织94个委员或常委视察团,就农业产业结构调整、国有企业改革、生态环境保护、城镇医疗体制改革、非公有制经济发展、城市基础设施建设、边境贸易和港区建设、旧城改造和旅游开发、边境建设大会战、库区移民安置、退耕还林等专题进行了视察。视察情况及重要建议综合报送党政部门。(四)突出团结民主主题,增强政协凝聚力。发挥民主党派、人民团体在政协中的作用。五年全会期间,以民主党派、人民团体名义提交的大会发言材料207份。五年间,民主党派、人民团体提交提案442件,确定为重点提案的有84%是民主党派、人民团体的集体提案。坚持与民主党派、工商联的联系制度,不定期召开各民主党派广西区委会、自治区工商联秘书长联席会,沟通情况,协商问题,听取意见,帮助解决实际问题。就一些共同关心的问题联合开展协商座谈、专题调研或提案督办活动。加强和港澳委员的联系,派员参加港澳委员联谊活动、通报我区经济建设及政协工作情况,组织港澳委员对我区高新技术园区、沿海经济走廊和港口建设、国企改革、旧城改造进行视察,反映他们的意见和建议,并协助他们解决一些实际问题。召开了庆祝人民政协成立50周年座谈会、举办纪念新中国成立50周年和人民政协成立50周年文艺晚会以及纪念人民政协成立50周年暨迎澳门回归书画展和纪念人民政协成立50周年宣传月、召开广西各界人士庆祝澳门回归座谈会等重要活动。编辑出版了《同心谱》、《难忘的历程》、《老桂系纪实》、《文史资料存稿选编》分卷《国民党军事派系》及《文史春秋》杂志。(五)大力拓展联谊工作,扩大对外友好交往。组团参加世界广西同乡联谊会、香港广西联谊会和台湾广西同乡会等活动,接待港澳台同胞和海外侨胞来访团组,加强了与港澳台同胞和海外侨胞的联系,协助他们来我区投资办实业、捐资扶贫和兴办公益事业。组织了13个出访团组访问了20多个国家,接待了国外15个应邀来访团组。4个专委会组团出国考察,与出访国相关机构进行交流。(六)不断加强自身建设,提高政协工作水平。召开了全区政协工作座谈会,总结和交流市县政协工作经验,研讨全区政协工作的共性问题,积极探索新形势下政协履行职能的新方法和新途径。举办报告会、座谈会等形式多样、内容丰富的学习活动。邀请地级市政协负责人列席常委会议、举办市县政协主席学习班、自治区政协领导深入地市县考察或调研，了解市县政协工作情况，为市县政协协调改善工作条件。及时通报自治区政协工作计划和有关情况，邀请市县政协负责人出席各专门委员会召开的全区性业务会议、参加联合调研、组织地市县政协负责人参加全国政协干部培训班。八届政协探索积累了一些有益的经验：坚持中国共产党的领导；坚持团结和民主两大主题；坚持实事求是地履行职能；坚持发挥专门委员会的基础作用；坚持发挥委员的积极性和创造性；坚持用实践经验推动工作。向自治区九届政协建议：认真学习和贯彻中共十六大精神；围绕实现富民兴桂新跨越献计出力；积极推进履行职能的规范化制度化程序化；努力维护民族团结和社会稳定；积极促进祖国完全统一，继续扩大对外友好往来；切实搞好政协自身建设。

中共广西壮族自治区委员会书记曹伯纯在自治区政协九届一次会议开幕式上的讲话(2003年1月9日)(摘要) 自治区政协第八届委员会在邓小平理论和“三个代表”重要思想指引下，紧紧围绕全党全国工作大局以及自治区党委的各项决策与工作部署，服从和服务于经济建设中心，认真履行政治协商、民主监督、参政议政职能，深入调查研究，积极建言献策，为推进我区的物质文明、政治文明和精神文明建设做了大量卓有成效的工作，作出了重要贡献。全区各级政协组织和政协委员，要深入学习贯彻中共十六大精神，坚持以邓小平理论和“三个代表”重要思想为指导，进一步认识人民政协在新世纪新阶段肩负的历史使命，牢牢把握团结和民主两大主题，认真履行政治协商、民主监督、参政议政职能，为实现我区改革与发展的新突破做出新的更大贡献。要坚持以经济建设为中心，抓住改革和发展中的重点、难点、热点问题，把参政议政的着力点放到关系全区经济社会发展的全局性问题上，抓大事、议大事、促全局。要深入开展调查研究，提出更多更好的意见和建议，为党委、政府决策提供科学依据，促进决策民主化、科学化。要充分发挥人民政协人才荟萃、智力密集、联系面广的优势，最大限度地团结、凝聚社会各方面力量，加强与海内外的联谊工作，拓宽合作与交流领域，大力引进资金、技术、人才和先进管理经验，加快我区的现代化建设。要积极做好反映社情民意、疏通思想、理顺情绪、化解矛盾的工作，消除各种不稳定因素，维护社会稳定。要增强监督意识，完善监督方式，加大监督力度，做到既敢于监督，又善于监督，坚决与腐败现象和社会不良风气作斗争，确保全区改革开放、经济建设和各项社会事业的健康发展。

【组织概况】

主　席

马庆生(回族)

副主席

王汉民　姜兴和　俞曙霞(女)
梁超然　卢湖山(壮族)
邓浦东　梁裕宁(女，壮族)
徐文彦　潘鸿权(壮族)
章崇任(回族)

秘书长

区品秋(壮族)

常务委员名单(以姓氏笔画为序)

马远騄　王　晖(女)
王　嬢(女，回族)　王武陵　王荣慈(壮族)
王瑞文　韦肇晋　文子忠　尹意求
邓瑞安　甘　霖　龙观水　龙翔云
田代琳　白先进(回族)　邝满维(女)
吕　虹　朱小林　朱贯莲(女)
邬善康　刘小凤(女)　刘代文
刘延刚　刘咸岳　麦永雄　李　力
李　宁(壮族)　李文川　李世荣

杨政中　吴　华(女)　吴小龙
吴旭敦　岑鸿平　何　劳　何玉棠
何源浩(壮族)　沈礼森　宋德生(回族)
张发良　张师超　张道德(回族)
陆瑞华　陈进超　陈听正　陈福兴
奉　江(瑶族)　林　瑛(女)
欧　伦(壮族)　罗　铭　金仁寿
周　郑(女)　周　嫣(女)
周凯旋(女)　郑军里(瑶族)
郑忠诚　郑恒受　孟　刚　胡经昌
柯子卿　香灼玑　秦汉武
莫玉和(女,壮族)　莫玲玲(女)
莫崇高(毛南族)　莫雁诗　顾乃峰
倪龙生　凌　军　凌云志(壮族)
凌榜雄(壮族)　高宪瑞
唐玉梅(女,瑶族)　唐济武　黄日富
黄格胜(壮族)　黄健斌(壮族)
黄湫鲁　彭　钊　蒋升湧　蒋纯基
蒋和生　粟永华(侗族)　程贞生
曾令山　曾绍群(女)　温祖贞(女)
蔡联岔　蔡新荫　廖建平　谭锦球

委员名单(以姓氏笔画为序)

中国共产党

马庆生(回族)　王汉民　王其鹏
区品秋(壮族)　文子忠　石然龙(壮族)
邬善康　刘代文　刘延刚　刘树森
刘咸岳　杨多铭　杜　森　张　敢(女)
张智礼　肖芳佐(瑶族)　何利顺
陈业益　陈福兴　郑忠诚　姜兴和
徐文彦　袁光荣　耿文福　高宪瑞
覃义成(壮族)　覃敬东(壮族)
蒙平友　蔡联岔　潘鸿权(壮族)

中国国民党革命委员会

于桥生(壮族)　于超平　马亦龙(回族)
王　狮　王承之　许绍才　吴景峰
李　琳(女)　李世荣　李永华
林高翔　周　豪　郑　平　赵相忠
秦大鹏　莫小莎(女,壮族)　顾乃峰
唐济武　凌　军　廖之士

中国民主同盟

丁竟原　王德明　韦建邦(壮族)
毛水清　石　昆(壮族)　吕嘉健
阳　山　孙祖东　李　聪(壮族)
沈礼森　胡玄邦　莫雁诗　唐建军
凌云志(壮族)　涂　珂(女,壮族)
崔建国　麻先德(回族)　梁兴泉
梁超然　覃　雄(女,壮族)
覃琼送(女,壮族)

中国民主建国会

王武陵　龙翔云　卢湖山(壮族)
邝健雄　刘启东　吴　华(女)
陈立强　陈国祥　林国泉　罗静斌
郑　毅(满族)　姜岳明　钱学明
梅　煊　黄荣森　龚永辉(壮族)
蒋升湧　谢小麟　赖立志
熊瑞江(土家族)

中国民主促进会

邓庭宣　李延凌　吴中任　吴泽荣
何　玲(女)　陆瑞华　陈自力
陈建东　陈绍钧　林焕新　柯　涛
胡钟生　俞曙霞(女)　袁爱萍(女)
徐欢澜(女)　容作信　黄湫鲁
常捷燕(女)　温祖贞(女)
魏少卿

中国农工民主党

韦祖醒(壮族)　关建国　关键康
李伟强　何源浩(壮族)　沈炜良
宋承铮　张可可(女)　张美芳(女)
陈启焕　周永尧(壮族)　孟　刚
钟建军　秦汉武　彭　钊　蒋和生
雷　迅　廖从武　潘春惠(女)
潘桂泉

中国致公党

方　芳(女,苗族)　杨　军(壮族)
吴彤峰　吴学今(女)　何登旭
罗志芳(女)　柯子卿　黄子威(壮族)
黄格胜(壮族)　梁凤应(女,壮族)
覃　菁(女,壮族)　蔡新荫　黎小如(女)

九三学社

王　晖(女)　王瑞文　韦文智(壮族)
邓浦东　卢丽芬(女,壮族)　刘新兰(女)
许新国　杨志远　林育樑(壮族)
赖定凡(侗族)　廖　坚　戴红兵

无党派人士

邓崇荣　艾　兰(女)　邝满维(女)
刘功余(女)　李　智　李颖瑶(女)
陈康乐(女)　罗知颂　金大刚
周　郑(女)　黄文龙
梁裕宁(女,壮族)　程洪升(壮族)
雷志英(女,壮族)

中国共产主义青年团

甘　霖　严　霜(女)　宋震寰(回族)
陆海平　陆祥红(壮族)　罗试坚(壮族)
黄振辉　覃黎魁(壮族)　廖立勇

总工会

王兆钧　王秀娟(女)　王相民
卢　伟(女,回族)　卢庆树　刘永胜
麦振光　杨克斌　李绍基　李晟宽
何大英(壮族)　沈　捷　陈　凌
陈日汉　陈玉霞(女)　钟维荣(瑶族)
莫玲玲(女)　覃孟佳(壮族)
蔡霓虹(女)

妇女联合会

韦丽萍(女,壮族)　刘小凤(女)
孙小迎(女)　孙黎明(女)
吴　平(女)　宋小玲(女)
张小玲(女)　林　瑛(女)
林家燕(女)　周　游(女)
莫秀球(女)　唐英(女,壮族)
唐　晓(女)　黄丽娟(女)
梁秀香(女,壮族)　覃坚丽(女,壮族)
廖桂兰(女)　廖晨伊(女,苗族)
滕　华(女,壮族)

青年联合会

韦　波(女,壮族)
韦启韬(2002.12—2003.12)　田代琳
肖启明　吴维民　欧　波(壮族)
金宁运　周继实(壮族)
黄春艳(女,壮族)　廖翰廷

工商业联合会

王国强　方秋潮　江建伟　农长效(壮族)
杨柏寿　李伟林(女)　李家善
李德裕　吴小龙　邹中放
陆月兰(女,壮族)　陈丽丽(女)
陈宗鹏(壮族)　林虹君　林家荣
罗　铭　秦福新　章崇任(回族)
董　沂

科学技术协会

王安有　韦树英(壮族)　韦新平(壮族)
方　平(壮族)　邓晓安　邓瑞安
李秉鸿　何德儒(壮族)　邱建强
张　驰(女)　林　中(壮族)
曹传吉

台湾同胞联谊会

沈桂萍(女,高山族)
陈元姮(女,回族)　黎建康
潘海龙(高山族)

归国华侨联合会

卢丽霞(女)　李文川
唐玉梅(女,瑶族)　黄任来(女)
蒋晓筠(女,壮族)　温庆松　廖建平
黎上日　薛丽容(女)

文学艺术界

凡一平(壮族)　王　捷(回族)
韦永键(壮族)　龙杰锋
白　翎(女,回族)　杨江东
苏秀玲(女,壮族)　李寿平　李格训
张永兰(女,壮族)　张树萍(女)
张复兴　张效东　陈中华　陈沛彬
林万里(壮族)　郑军里(瑶族)
柯天国　翁　葵(壮族)　郭　进(女)
唐佩珠(女,壮族)　黄　堃(壮族)
黄继树　傅　磬　蓝汉东(瑶族)

科学技术界

马　明(女,壮族)　马运生　马远騄
韦英才(壮族)　尹意求　石德顺

白先进(回族) 冯天寿(瑶族)
吕 虹 朱其明 朱贯莲(女)
刘心宇 关小蓉(女) 李 彬
李杨瑞 肖景铁(满族) 吴伯麟
汪志斌(壮族) 宋永华 张师超
张启奎 张桂宜 陈 聪 陈国全
林 霞(女) 林少雄 林居章
范航清 罗建国(侗族) 季绒倩(女)
金 龙 秦明英(女) 袁家治
莫世海 徐 东(女) 郭纯青
郭淑琴(女) 黄 武 黄文威
黄志琳 黄健斌(壮族) 龚强洁
崖巨钊(壮族) 覃彦瑞(壮族)
曾 涛(女) 蔡少平(女)
黎四龙 黎明智(壮族) 潘心红(瑶族)
潘炳业(壮族)

社会科学界

韦克义(壮族) 龙观水 吕 池(土族)
杨伟嘉(女) 宋德生(回族)
罗志发(壮族) 黄宗炎 覃乃昌(壮族)
谢荣贵 蓝日基(瑶族)

经济界

王义鑫 王志仁 韦秉振(壮族)
甘 耘(壮族) 甘悦才 叶学明(壮族)
白志中 朱小林 华 葵(女,回族)
刘秉涛 刘维身 江佩珍(女)
许朱鸿 农贞民(壮族) 牟善良
孙俊彦(壮族) 杜国荣
杨兰萱(女,侗族) 杨林忻(壮族)
苏道俨 李 宁(壮族) 李 森(壮族)
李丽娜(女,壮族) 吴一波 吴殿禄(壮族)
余昌文(瑶族) 言胜斌(壮族)
张小源 张振东 张家炳 张家蔚
张灌林(女) 陈大光 陈进超
陈秋华 易映森 罗 毅 金仁寿
周 杰(女) 周礼民(瑶族)
项延满 赵芝峰 姜健生 姜笑波
姚鸿业(壮族) 莫韦骥(壮族)
莫玉和(女,壮族) 倪龙生 黄 涛
黄日富 黄凤莲(女,瑶族) 黄名汉
黄守政 黄健清 曹纪宏 梁国坚
蒋志刚 曾绍群(女) 管炳六(苗族)
廖新华(女)

农业界

韦肇晋 卢少坤(壮族)
兰凤林(女,壮族) 杨政中 李 克
李信贤(侗族) 李洁维(女)
岑鸿平 何 劳 何国忠(壮族)
张霍德 陈英姿(女,瑶族) 罗建举
郑恒受 徐培玲(女) 陶玉清(女)
黄树芬 梁雨祥 蒋伟梅(女)
蒋济雄 黎梅松(壮族) 樊小林

教育界

车芳仁 韦红佩(女,壮族)
韦嘉滢(女,壮族) 龙鼎复 叶弥坚
包建明 乔增芳(女,瑶族) 伍时华
全永兰(女,仫佬族)
邬 玫(女,瑶族) 刘业信 刘唐威
麦永雄 李良云 李明伟
吴 晓(女,京族) 何 平 何炎明
张玉玲(女) 陆玉团(壮族)
陈志伟 林 梅(女) 奉 江(瑶族)
赵红旗(壮族) 钟夏平 祝炳宏(壮族)
莫崇高(毛南族) 郭 娟(女,壮族)
凌榜雄(壮族) 黄 友(壮族)
黄开庆(壮族) 黄介山
黄玉金(女,壮族) 梁 华 梁 颖(壮族)
梁戈夫(壮族) 梁曼秋(女)
彭 炫(女) 蒋孟博 曾凡平
甄汉深 潘永钟(壮族) 魏敦友

体育界

冯振仁 肖建咏(壮族)
吴艳艳(女,壮族) 岑汉康(壮族)
陈旭红(女) 周 蜜(女)

新闻出版界

文衍修 杜 新 苏新生 郑盛丰
黄奇志(壮族) 黄著诚(壮族)
程贞生

医药卫生界

王荣慈(壮族)　韦秀英(女,壮族)
尹　碧(女)　石朝晖(女)
刘文海(壮族)　李　力　严啸华
吴志坚　何伟生　张　玲(女,瑶族)
张法灿　张慧勤(女)　欧　伦(壮族)
周　嫣(女)　周健强
赵爱香(女,壮族)　黄曙海　黄巍巍
曾　方　曾宪彪　蓝以舟(畲族)
谭仁强(壮族)　谭明杰(壮族)
黎海峰(壮族)　樊志勇

对外友好界

马田林(壮族)　王慧才(女)
陈听正　钟国仕　段伟庆　黄永强(壮族)
曹玉明　谢焕周

少数民族界

王　嬢(女,回族)　韦东国(壮族)
韦永坤(仫佬族)　韦陆海(壮族)
韦祖林(壮族)　邓　卓(瑶族)
以善性(回族)(2002.12—2003.4)
吴金敏(侗族)　何小玲(女,壮族)
何正安(仡佬族)　何国显(壮族)
张刘远(女,壮族)　陈争鸣(女,壮族)
陈荣贵(京族)　罗　彤(女,侗族)
罗树丰(瑶族)　罗修文(瑶族)
周　红(女,壮族)　周众意(壮族)
周盈新(壮族)　胡泽刚(苗族)
胡德才(瑶族)　莫兰明(女,壮族)
莫金梅(女,瑶族)　黄日勇(壮族)
黄文斌(彝族)　黄华宽(壮族)
黄克贵(回族)　康美荣(女,水族)
梁　鸿(壮族)　彭元力(壮族)
覃　萍(女,壮族)　覃文录(壮族)
覃树楠(壮族)　覃格知(壮族)
覃惠益(壮族)　粟永华(侗族)
谢明学(瑶族)　蓝海芬(壮族)
蓝翠玉(女,瑶族)　谭学军(女,毛南族)
磨敏嫦(女,壮族)

宗教界

马永强(回族)　王伟东(京族)
李恒全　张道德(回族)
覃凤珍(女,壮族)　释怀善　谭燕全

特别邀请人士

马庆丰　王惠贞(女)　邓清河
叶方强　叶伦伟　叶邵生　刘一川
刘文炜　刘志荣　刘鸿书　李君豪
李家诚　苏开鹏　肖炎坤　何志佳
汪林冰　汪林佳　张利平　张明敏
张德昌　陈健生　陈智思　林怡仲
林贵昌　林健锋　周凯旋(女)
胡经昌　侯东海　施仪锚　香灼玑
郭琳广　黄武良　常　识　梁君彦
程万琳　程练传　曾协泰　谭锦球
戴保清　尹　根　刘永年　苏香玫(女)
李睿恒(女)　何玉棠　何美华(女)
陆　曦　冼志扬　胡家仪　徐永智
温深文　丁木生　卜国球　韦保建(壮族)
卢新贵(瑶族)　田晓明　宁　铿
朱祚荣　刘国铧(壮族)　刘积松
江文术(壮族)　关远芳(女,满族)
苏荣纲　吴旭敦　吴道业　邱龙华(壮族)
张发良　陆荣甫　陈永立　钟学荣(壮族)
宾成富　黄　丹(女)　黄荣明(壮族)
黄科良　黄桂宁(壮族)　黄惠松
梁业钦　梁家智　彭庆伟　蒋纯基
覃绍明(壮族)　曾令山　赖国荣
蒙玉光(瑶族)　廖春林　廖毅民
熊武疆

(以下为2003年8月29日第3次常委会议增补)

范乃武

(以下为2003年12月12日第4次常委会议增补)

王建明　苏燕玲(女,壮族)　李浪辉
欧阳斌南　廖庆宁

【机构设置情况】

自治区政协第九届常委会第一次会议

决定设置9个专门委员会。即:提案委员会、经济委员会、农业委员会、人口资源环境委员会、教科文卫体委员会、社会和法制委员会、民族和宗教委员会、港澳台侨和外事委员会、文史和学习委员会。

【广西壮族自治区各市、县(市、区)政协领导人名单】

南宁市

市政协主席 张发良

县(市、区)政协主席

兴宁区 杨崇振
新城区 张宝昌
城北区 杨庆佳
江南区 杜惠南
永新区 李乃玲
邕宁县 邓锋
武鸣县 莫兰明(女,壮族)
横县 梁达溪
宾阳县 韦春林
上林县 韦日兴
隆安县 韦才团
马山县 梁正荣

柳州市

市政协主席 蒋纯基

县(市、区)政协主席

城中区 梁鉴泉
鱼峰区 马晓生
柳南区 覃宣贤
柳北区 林杰党
柳江县 钟冠强
柳城县 张青
鹿寨县 郑一鸣
融安县 龙功积
三江侗族自治县 韦宗超
融水苗族自治县 石统权

桂林市

市政协主席 吴旭敦

县(区、市)政协主席

秀峰区 邹瑞应
叠彩区 梁尚林
象山区 夏可忠
七星区 陆新元
雁山区 刘德本
阳朔县 邹延勇
临桂县 李恩旺
灵川县 卢新忠(瑶族)
全州县 蒋良嘉
兴安县 韩志华
永福县 徐元声
灌阳县 文家合
龙胜各族自治县 李兴业(苗族)
资源县 唐纯武
平乐县 赖善华
荔浦县 朱名江
恭城瑶族自治县 林中贤

梧州市

市政协主席 梁家智

县(市、区)政协主席

万秀区 何启树
蝶山区 罗超明
长洲区(郊区) 蒙丽群(自2003年5月起)
苍梧县 李盛球
藤县 陈华
蒙山县 徐惠兰(女,壮族)
岑溪市 梁树青

北海市

市政协主席 宁铿

县(市、区)政协主席

海城区 辛继斌
银海区 林秀霞(女)
铁山港区 黄润军
合浦县 王伦才

防城港市

市政协主席 黄荣明(壮族)

县(市、区)政协主席

港口区 阮茂兴

防城区 佘立棠

上思县 袁振华

东兴市 毛 炎

钦州市

市政协主席 熊武疆

县(市、区)政协主席

钦南区 陈树清(至2003年2月)

钦北区 秦惠珍(女)

灵山县 梁多英(女)

浦北县 蒙子干

贵港市

市政协主席 廖毅民

县(市、区)政协主席

港北区 陆云松

港南区 李林先

覃塘区 蔡天秀

平南县 彭雅联

桂平市 许小红(女)

玉林市

市政协主席 苏荣纲

县(市、区)政协主席

玉州区 杨伟广

容 县 黄汉生

陆川县 王志娟

博白县 凌世耀

兴业县 黄万强

北流市 张向明

百色市

市政协主席 卢新贵(瑶族)

县(市、区)政协主席

右江区 韦宗涛(壮族)

田阳县 黄大章(壮族)

田东县 罗有助(壮族)

平果县 许忠实(壮族)

德保县 梁 平(壮族)

靖西县 赵庆廷(壮族)

那坡县 莫启政(壮族)

凌云县 罗 谦(壮族)

乐业县 罗永交(壮族)

田林县 李可田(壮族)

隆林各族自治县 杨光富(苗族)

西林县 黄少仑(壮族)

贺州市

市政协主席 赖国荣

县(市、区)政协主席

八步区 黄国翰

昭平县 罗业祯

钟山县 贝光辉

富川瑶族自治县 唐辉文

河池市

市政协主席 覃绍明

县(市、区)政协主席

金城江区 余广知

罗城仫佬族自治县 谢士骞(女)

环江毛南族自治县 周众意

南丹县 马世荣

天峨县 韦汉群

凤山县 王子开

东兰县 陈耀灵

巴马瑶族自治县 韦高新

都安瑶族自治县 蓝翠玉(女)

大化瑶族自治县 姚昌群

宜州市 罗启贵

来宾市

市政协主席 廖春林

县(市、区)政协主席

兴宾区 覃文录(壮族)
象州县 陈启文(壮族)
武宣县 罗骏和(壮族)
金秀瑶族自治县 莫金梅(女,瑶族)
忻城县 黄维安(壮族)
合山市 谭尚仕(壮族)

崇左市
市政协主席 范乃武(自2003年7月起)

县(市、区)政协主席
江州区(崇左县) 李志林(自2003年8月起)
扶绥县 雷莲青(女)
大新县 梁华新
天等县 许汉丰
宁明县 陈维金(女)
龙州县 赵国忠
凭祥市 黄伟荣

广西壮族自治区各级政协组织和委员数

(截至2003年底)

级别 / 项目	自治区	地级市	县	合计
组织数	1	14	109	124
委员数	666	4217	15819	20702

(彭燕萍 编写 陆荣甫 审稿)

政 协 海 南 省 委 员 会

王广宪　主　席

洪寿祥　副主席

李明天　副主席

吴葵光　副主席

王辉丰　副主席

林安彬　副主席

伉铁保　副主席

符气浩　副主席

林栖凤　副主席

肖若海　副主席

邱国虎　秘书长

【全体委员会议】

四届一次会议 2003年1月15日至20日在海口举行。共有委员325名,出席会议312名。开幕大会由大会主席团常务主席会议主持人王广宪主持。大会主席团常务主席陈玉益代表第三届常委会作工作报告。中共海南省委书记王岐山等省领导应邀出席会议。与会委员听取和审议了常委会工作报告;列席海南省三届人大一次会议,听取和讨论了《政府工作报告》和其他报告。会议通过了《四届一次会议政治决议》。会议号召,全省各级政协组织、政协各参加单位和政协委员,高举邓小平理论伟大旗帜,全面贯彻"三个代表"重要思想,紧密团结在以胡锦涛同志为总书记的中共中央周围,在中共海南省委的领导下,同心同德,群策群力,与时俱进,开拓进取,为加快我省经济发展、社会进步和维护安定团结的政治局面,促进祖国统一大业作出新的更大的贡献。会议选举王广宪为主席,洪寿祥、李明天、吴葵光、王辉丰、林安彬、伉铁保、符气浩、林栖凤、肖若海为副主席,邱国虎为秘书长,王永春等39人为常务委员。王广宪主席在闭幕会上作了讲话。

【常务委员会会议】

第1次会议 2003年2月25日在海口举行。应出席的常委会组成人员50名,到会35名。会议主要议程是:审议通过政协海南省委员会常务委员会工作规则、政协海南省委员会专门委员会通则和政协海南省委员会2003年工作要点;审议通过政协海南省委员会第四届委员会常务委员会关于设置专门委员会的决定。决定设置:提案委员会、经济委员会、人口资源环境委员会、教科文卫体委员会、社会和法制委员会、民族和宗教委员会、文史资料委员会、港澳台侨外事委员会等八个专门委员会;审议通过政协海南省委员会第四届委员会专门委员会主任、副主任和政协海南省委员会副秘书长任命名单。

第2次会议 2003年6月17日至18日在海口举行。应出席的常委会组成人员50名,到会41名。会议议题是:听取中共海南省常委、常务副省长吴昌元通报全省防治非典工作情况和当前全省"三农"工作情况;听取八个专门委员会和二个市县政协专题调研情况汇报;围绕海南防治"非典"工作和进一步做好海南"三农"工作建言献策;审议人事事项,免去陈东威的教科文卫体委员会主任职务。洪寿祥副主席作了总结讲话,伉铁保副主席在会上作了关于"三农"问题的讲话。

第3次会议 2003年10月30日至31日在海口举行。应出席的常委会组成人员50名,到会34名。会议议题是:听取王广宪主席传达全国政协十届常委会第三次会议精神;围绕在创新中加快海南发展建言献策;审议人事事项,增补王宇田为教科文卫体委员会副主任。王辉丰副主席在会上作了讲话。

【专门委员会工作】

提案委员会 一是做好提案征集、审查、交办和催办工作。四届一次会议以来,共收到提案349件,经审查立案317件,并案5件,建议转为全国政协提案1件。截至12月底已全部办复,其中,所提问题已经解决或基本解决的93件,正在解决或列入计划解决的141件,因条件限制或其他原因需要以后解决的55件,未被采纳的28件。二是组织召开市县政协提案工作座谈会,加强对市县政协工作的指导。三是结合重点提案的办理组织委员对海南省无规定动物疫病示范区建设、农产品加工、国有企业产权制度改革和创新等进行调研,形成3篇调研报告。

经济委员会 组织委员对海南南药开发及综合利用、创新非公有制经济监督和管理机制等进行调研，形成2篇调研报告，为常委会专题议政提供意见和建议；组织委员就提高境外游客比例问题进行调研；组织委员对海南海文高速公路出口问题、海口金盘工业区汽车城等进行视察；参与省经济技术合作促进会评选和表彰省优秀企业及经济工作先进个人等活动。

人口资源环境委员会 组织委员对生态环境保护、自然资源保护与补偿机制、退耕还林、创新企业发展机制等问题进行调研，形成5篇调研报告，为常委会专题议政提供意见和建议；组织委员对海口市城市社区流动人口计划生育管理情况进行调研；参与对尖峰岭国家森林公园采石场毁林案件的调查处理工作；组织委员活动日，为委员增进相互了解和沟通信息提供平台，并走访部分委员，征集委员意见。

教科文卫体委员会 组织委员与农工党海南省委员会、九三学社海南省委员会联合对海南农村卫生状况、基层文化建设情况进行调研，形成2篇调研报告，为常委会专题议政提供意见和建议；组织委员对海南中学和海南师院两校发展情况、海南电大办学状况、全民健身服务业现状等进行调研；配合和参与全国政协教科文卫体委员会专题调查组对促进我国文化产业发展问题在海南进行调查；参加省政协办公厅和提案委员会联合举办的协商办案会，与海口市政府有关部门协商办理海口大学园区建设问题的提案；组织医疗专家送医送药下乡，开展扶贫义诊活动；组织委员参加全国政协教科文卫体委员会举办的诗书画、摄影、征文评选活动。

社会和法制委员会 组织委员对提高农产品订单履约率问题、非公有制经济发展现状等进行调研，形成2篇调研报告，为常委会专题议政提供意见和建议；联合农工党海南省委员会、省边防医院、省戒毒指导中心等单位举办禁毒工作座谈会；组织委员对我省戒毒工作进行视察；协助全国政协社会和法制委员会在海口召开全国政协社会和法制委员会工作座谈会；协助全国政协社会和法制委员会与全国残疾人联合会联合考察组赴琼考察《中华人民共和国残疾人保障法》的贯彻执行情况。

民族和宗教委员会 组织委员对民族地区卫生状况、"非典"防治工作情况、科技工作情况进行调研，形成3篇调研报告，为常委会专题议政提供意见和建议；组织委员对旅游景区内的宗教活动场所进行调研；与省人大民族宗教工委、省民族宗教厅等共同做好《中国黎族》一书的编辑出版工作；组织委员到陵水县参加委员活动日，视察一些省重点扶贫项目。

文史资料委员会 完成第十八辑海南文史资料《海南土改运动亲历记》的编辑、出版和发行工作；组织委员对文明生态村建设情况、文物保护工作情况进行调研，为常委会专题议政提供意见和建议；参加西南、中南政协文史第四次协作会议；协助上海中国慰安妇研究中心向海南幸存的慰安妇发放生活援助金。

港澳台侨外事委员会 组织委员对海峡两岸（海南）农业合作试验区情况、侨乡文化事业等进行调研，形成2篇调研报告，为常委会专题议政提供意见和建议；与省政协办公厅联合组织港澳地区委员回琼视察；与中共海南省委统战部、省对台工作办公室、民革海南省委员会、台盟海南省委员会、省台湾同胞联谊会等联合举办"六台"工作部门联席会议；配合省政协办公厅、省政府外事侨务办公室接待10批、130多人次的港澳台侨客人；应邀参加澳门海南同乡总会第五届理事会就职典礼，国际华商协进会、香港台湾工商协会、港澳台湾同乡会在香港举办的庆中秋庆典活动，世界琼海同乡联谊会香港分会第一届会董就职典礼庆典活动；为港澳台侨同胞排忧解难，处理了港澳台侨同胞来信来访反映各类问题十多件。

【重要活动】

组织新委员学习 2003年4月17日至18日在海口进行。新任省政协委员、部分市县政协主席、省政协机关干部等100多人参加了学习活动。活动内容是学习"三个代表"重要思想和中共十六大精神、宪法知识、人民政协理论知识等。林安彬副主席作动员讲话,邱国虎秘书长主持学习活动。

召开市县政协主席座谈会 2003年4月18日在海口召开。王广宪主席,李明天、吴葵光、林安彬、肖若海副主席,邱国虎秘书长,18个市县政协主席参加了会议。王广宪主席在会上作了发言。与会同志总结了上一届市县政协履行职能的主要经验和体会,对2003年的政协工作进行了认真讨论。会议由林安彬副主席主持。

为防治"非典"工作献计出力 面对2003年的"非典"疫情,省政协分别向省政协委员和从事医务工作的省政协委员发出了公开信和慰问信,并积极组织委员进行调研视察,提出了做好防治"非典"工作的意见和建议。省政协领导还深入所联系的党派、团体、界别和联系点,号召全体省政协委员为"非典"防治工作献计出力,广大委员和党派成员积极投身抗击非典的公益活动,有的献计献策,有的捐资捐物,据不完全统计,共计捐资捐物1823.4万元。

修改政协《章程》工作 2003年8月中下旬进行。按照全国政协对政协《章程》修改意见通知的要求,省政协办公厅向全体省政协委员发出了书面征求《章程》修改意见函,王广宪主席主持召开了全省各市县政协主席座谈会,邱国虎秘书长分别主持召开了8个民主党派和总商会秘书长座谈会、部分省政协委员座谈会和部分历届政协委员座谈会,广泛征求意见,形成对《章程》修改的意见和建议,经中共海南省委审批后上报全国政协。

【重要文件】

常委会工作报告(2003年1月15日)(摘要) 报告分三大部分:

一、五年工作回顾:(一)认真进行政治协商,积极建言献策。五年来,委员们对省政府工作报告和其他报告共提出672条意见和建议;以大会发言形式,就我省改革、发展、稳定的重点、热点、难点问题进行协商,提交大会发言稿209篇。省委、省政府领导对其中的152份作出批示。(二)抓住重点课题深入调研视察,发挥参政议政作用。常委会组织委员及有关人士参加调研活动的人数达607人次,形成调研报告108篇;组织视察活动86次,参加的委员和有关人士557人次,报送视察报告33件。(三)加强民主监督,促进社会主义民主政治建设。一是充分发挥提案在民主监督中的作用。五年来,交办提案1398件,立案办理1307件,通过加强集体提案、"面对面"协商办案、督办重点提案等多种形式促进了提案的办理和落实。二是把反映社情民意信息作为加强民主监督的一项重要内容。共编发《政协信息》206期,《社情民意摘报(专报)》133期,受理政协委员和人民群众来信260余件。三是运用协商、讨论的形式开展民主监督。四是重视民主监督与舆论监督的有效结合,不断扩大民主监督的社会效果。(四)加强联谊工作,促进大团结大联合。切实加强与各党派、人民团体、各族各界人士的联系与合作,发挥政协作为中国共产党领导的多党合作和政治协商重要机构的作用;加强对市、县政协工作的联系与指导;认真贯彻党的民族、宗教政策,积极引导宗教与社会主义社会相适应;努力做好台港澳和海外联谊工作,巩固和发展最广泛的爱国统一战线;加强与各省、市、区政协联系;注重政协文史资料"存史、资政、团结、育人”的作用,编辑出版4辑文史资料,共计90万字。(五)积极探索,加强履行职能的规范化制度化建设。先后制定和修订了12项履行政协职能和加强政协工作及机关管理的制度规定,严格了履行职能运作程序,保证各项工作顺利地开展。(六)加强自身建设,努力提高政协的整体素质。通过主席会议、常委会议、专委会和机关党委的学习,以及组织专题讲座、辅导报告会、考察、参观、视察、委员活动日等形式,积极推动省政协系统学习邓小平理论,学习“三个代表”重要思想,学习中共十五大、十六大精神、统战理论、人民政协知识以及党的方针政策;省政协领导班子和中共党员领导干部开展了“讲学习、讲政治、讲正气”活动;切实加强专委会建设;省政协机关加强思想、组织作风和制度建设,不断提高机关工作的总体水平和服务质量。

二、主要工作体会:(一)深入学习邓小平理论和“三个代表”重要思想,坚持正确的政治方向,才能推动政协工作不断前进。(二)自觉坚持和维护党对政协工作的领导,才能保证人民政协事业的健康发展。(三)解放思想、开拓创新,才能保持政协工作的生机和活力。(四)牢牢把握团结和民主两大主题,才能巩固和发展最广泛的爱国统一战线。(五)紧紧围绕中心工作履行职能,深入调研搞好建言献策,才能充分发挥人民政协的作用。(六)充分发挥专委会的基础作用和委员的主体作用,才能使政协工作产生实效。

三、以中共十六大精神为指导,努力开创政协工作新局面。用“三个代表”重要思想指导和统揽政协工作;紧紧围绕十六大提出的发展这个执政兴国第一要务,努力为我省加快发展、全面建设小康社会的奋斗目标贡献力量;要不断健全和完善规章制度,努力推进政协履行职能工作的规范化、制度化和程序化建设;要进一步营造民主和谐的工作氛围。

王广宪主席在省政协四届一次会议闭幕会上的讲话(2003年1月20日)(摘要)

讲话对四届省政协提出了总体要求。第一,加强学习,注重实效。一是深入学习中共十六大精神,进一步学习领会“三个代表”重要思想;二是学习党的统战工作理论、方针、政策,学习政协章程和有关知识;三是向老委员、老同志学习;四是向群众学习。第二,积极主动,履行职能。要进一步发扬主动精神,主动坚持省委的领导;主动争取省政府的支持;主动争取有关部门的配合;主动围绕中心,建言献策、尽职尽力;主动了解社会各界的情况和群众意愿,反映社情民意。第三,发扬民主,增强团结。要广开言路、集思广益、求同存异、增进共识;要紧密团结,同心协力,搞好合作共事。第四,求真务实,开拓创新。要积极倡导求真务实作风,力戒空谈,不做表面文章,不搞形式主义,务求紧贴社会实际,有的放矢,讲求实效;尽力为党和政府分忧,为人民群众解难,实实在在做一些事情;要深入调查研究,敢于实事求是地反映各界群众的愿望和要求,认真负责地提出自己的意见和建议;要围绕制度创新、扩大开放、加快发展和保持稳定等问题,创造性地做好省政协的工作;要在履行职能的各项工作中,在选择题目、组织活动、提出建议等各个环节上,在加强自身建设的各个方面,都有针对性地创新工作机制、改进工作方法,不断开创政协工作新局面。

政协海南省四届一次会议政治决议(2003年1月20日)(摘要) 会议认为,过去的五年,在中共海南省委领导下,省政府认真贯彻中共十五大、十六大精神,全省广大干部群众艰苦奋斗、团结拼搏,使我省国民经济持续稳步发展,各项社会事业全面进步,经济体制改革稳步推进,对外开放继续扩大,经济实力进一步增强,人民生活水平不断提高,社会主义精神文明和民主法制建设取得新成就。省政府工作报告提出的今后五年经济社会发展目标和采取的措施符合海南实际,切实可行,相信经过全省各族人民的共同努力,这些目标一定能够实现。会议对当前我省经济和社会发展中存在的困难和问题,如加快经济发展、经济特区的制度创新和扩大开放、调整经济结构、增加农民收入、发展非公有制经济、优化发展软环境、推进生态省建设、加快中部和少数民族地区发展以及农垦改革、依法治省等深表关注,并提出了积极的意见和建议。会议要求,新一届省政协要深入学习、全面贯彻中共十六大精神,紧紧围绕全面建设小康社会、加快海南经济社会发展的目标任务,切实履行职能,努力推进履行职能的规范化、制度化、程序化建设,加强自身建设,更广泛地凝聚广大政协委员和参加政协的各党派、各团体、各族各界人士的智慧和力量,就经济、政治、文化建设和改革开放深入调研,献计出力,不断开创政协工作新局面。

【组织概况】

主　席

王广宪

副主席

洪寿祥　李明天(苗族)

吴葵光　王辉丰　林安彬(回族)

伉铁保　符气浩　林栖凤(女)

肖若海

秘书长

邱国虎

常务委员名单(以姓氏笔画为序)

王永春　王希龙　王桂兰(女,黎族)

王振江　王毅武　叶　斌　叶保存

迟福林　毕　华　庄水莲　李文俊

李琼才　吴月珍(女)　吴伟雄

吴振芳　张　超　张壮林　张伯敏

张德安　陈东威　陈永德

陈洪娟(女,黎族)　林方略　林青山

冼笃信　胡长河　胡经纬　黄玉梅(女)

黄进先　黄华康　康　健　章汝先(女)

梁振发　韩宇东　彭振明　童石军

蒙晓灵(女)　潘正洲　潘惠丽(女)

委员名单(以姓氏笔画为序)

中国共产党

王广宪　王永春　王盛雄　叶　斌

叶保存　张　超　张文瑞　张春秀

张德强　肖若海　邱国虎　陈全义

林安彬(回族)　洪寿祥　徐　刚

中国国民党革命委员会

丁　竹(女,仡佬族)　王　兵

陈海平　林道芸　周学而　房　方(女)

高荣奉　符气浩　梁振发

中国民主同盟

左传生　伉铁保　刘平量　刘毅恒

张壮林　柯向渔　曹定爱(土家族)

黄　霞(女)　潘　骏

中国民主建国会

吴明哲　冷明权　林栖凤(女)

周　阳　康　健　葛茂增　蒙晓灵(女)

中国民主促进会

张德安　吴葵光　沈有健　黄飞舟(女)

黄炳光　游长江　潘惠丽(女)

中国农工民主党

王　洁(女)　代　红(女)

毕　华　陈良刚　周庆年　韩宇东

中国致公党

陈家悦　林方略　黄　勃　符史干

潘成立

九三学社

王辉丰　张伯敏　陈　恒　章汝先(女)

韩长日

台湾民主自治同盟

庄琼菊(女)　李琼才　连介德

吴琼开

无党派人士

王汉昌　王希龙　沈宁江　陈　勉

赵学武　傅　勤　漆绮慧(女)

中国共产主义青年团

宁虹雯(女)　刘燕妮(女,黎族)

郑作生(黎族)

总工会

龙田仲　刘忠奕　林芳明　覃碧霞(女)

妇女联合会

孙瑷琳(女)　李　平(女)

高正霞(女)　黄玉梅(女)

章　汎(女)　詹素华(女)

潘杏元(女)

青年联合会

丁式江　杨少林　夏春友

工商业联合会

杨其元　张会强　陈琼月(女)

唐　阔　符史钦　童石军　曾宪云

黎规群

科学技术协会

刘　丹(满族)　李妮亚(女)

李格明(女)　宋　杨(女)

黄俊忠

台湾同胞联谊会

李琼妹(女)　张权跃　蒙荣乙

归国华侨联合会

白志明　张　平　宋　维　陈经雄

郑庭锦　符华儿(女)　梁振功

雷德万(畲族)　詹道文

文化艺术界

丁孟芳(女)　王宏夫　邢增仪(女)

吴东民　邹海平(女)　陈育明

武亚安(女)　莫　柯(瑶族)

曹时娟(女)　黄进先

蒙麓光(女,回族)

科学技术界

王肃强　王道儒　方家珍　甘炳春

兰　恒　孙令昭　许　明　李　旭

李志远　李学谦　张乙坤　张士忠

张锡炎　宋恩昌　陆　鹏　陈东威

陈国诚(黎族)　施耀忠　黄俊生

韩　斌　蔡小惠(女)　颜　浩

社会科学界

李仁君　李柏青　迟福林　何永梅(女)

何洪彬　陈文锋　詹长智　廖　逊

经济贸易界

王　力　王为民　王思勤　王福生

王毅武　刘伯泉　庄子通　许环球

关金生　李　维　吴　勇　吴振芳

沈成相　陈嘉会　林康宁　冼笃信

袁玉岷　郭海冬　梁鸿辉　彭振明

蒋会成　戴肇辉

农业界

王豫章(女)　仇厚援　刘国道

刘福堂　庄南生　杨小波　李　燕(女)

吴立煌　吴伟雄　陈　理　林青山

彭隆荣　漆智平

教育界

王海星　史贻云　吉万松　过建春(女)

毕光明　许家煌　孙达远　刘和忠

杨玉权　张春发　吴月珍(女)

陈大勇(黎族)　林　虎　林国辉

体育界

卢　炜(女)　史　东　冯川建

杨毅光　陈亚雄(白族)　莫泽海

新闻出版界

邓全施　李　木　李升召　张义华(女)

钟业昌　唐凤林　黎义荣

医药卫生界

王宇田　王海东　邢孔祥　朱伟业

刘明生　李新洲　吴　明　吴中虎

吴燊荣　陆士娟(女)　陈少仕

林天东　俞承洛

对外友好人士

杜康玲(女)　吴士存　彭瑞林

社会福利与社会保障界

邓桂琴(女)　刘阿明(女)

麦发强　钟　健　唐锦钟

少数民族界

王永兴(黎族) 王桂兰(女,黎族)
邢诒全(黎族) 刘宪章(满族)
杨 峰(回族) 杨文平(黎族)
李运才(黎族) 李明天(苗族)
李彩花(女,苗族) 苏光明(黎族)
陈洪娟(女,黎族) 陈家东(黎族)
郑金莲(女,黎族) 高国才(黎族)
黄照良(黎族) 符桂和(黎族)
符儒定(黎族)

宗教界

王振江 杨海龙 胡长河 蒲宗礼(回族)

特别邀请人士

丁赛珠(女) 王 健 王守仁
王安松 王若娴(女) 王春海
王振芳 王琼珠(女) 王禄安
文丁开 文其光 卢业梁 古广祥
冯和顺 邢福寨 朱南生 刘志强
刘明炎 庄水莲 关锦添 杨坚浩
李文俊 李世忠 李伟斌 张茂勇
张乾造 吴多旺 吴多雄(黎族)
吴秉坚 何和熙 邱育斌 陈大超
陈永德 陈明谦 陈显春 陈焕康
陈植群 林吉文 林明利 欧阳顺林
郑世能 胡志雄 胡经纬 赵晓航
钟文诚 钟文秋(女) 洪大华
聂家全 黄华康 黄良会 龚旭光
符传军 符和积 符雅芳(黎族)
梁定民 韩兰丰 韩阳光 董新月
蒋应雄 曾 能 蔡 敏 裴行荣
谭 兵 潘正洲

【海南省各市、县(市)政协领导人名单】

海口市

市政协主席 郑绍儒

三亚市

市政协主席 苏庆兴

县(市)政协主席

五指山市 王永兴
文昌市 林明利
琼海市 王振芳
万宁市 欧德荣
儋州市 张乾造
东方市 文其光
澄迈县 文丁开
乐东黎族自治县 林吉文
定安县 洪大华
屯昌县 王仕锦
临高县 刘志强
陵水黎族自治县 苏光明
昌江黎族自治县 钟文秋
白沙黎族自治县 符儒定
琼中黎族苗族自治县 邱育斌
保亭黎族苗族自治县 周 云

海南省各级政协组织和委员数

(截至2003年底)

项目 \ 级别	省	地级市	县(县级市)	合计
组织数	1	2	16	19
委员数	325	451	2282	3058

(王龙壮 编写 钟 彪 审稿)

政 协 重 庆 市 委 员 会

刘志忠 主 席

陈邦国 副主席

李 兵 副主席

许忠民 副主席

窦瑞华 副主席

黄立沛 副主席

辜文兴 副主席

李 明 副主席

夏培度 副主席

王孝询 副主席

尹明善 副主席

王长寿 秘书长

【全体委员会议】

二届一次会议 于2003年1月7日至12日在重庆举行。会议应出席委员822名，实到807名，因病因事请假15名。中共重庆市委、市人大常委会、市人民政府及驻渝部队和政协原重庆市第一届委员会的主要领导出席了开幕式和闭幕式。市级各主要部委办局负责人和在渝的十届全国政协委员列席了会议。

大会开幕式由市政协二届一次会议主席团常务主席刘志忠主持。会议听取并审议了李兵代表政协第一届委员会常务委员会所作的工作报告，李明代表政协第一届委员会常务委员会所作的提案工作报告；列席了市二届人大一次会议，听取并协商讨论了市政府工作报告及计划、财政、移民工作报告，市高级人民法院工作报告和市人民检察院工作报告；选举产生了新一届政协主席、副主席、常务委员；审议并通过了市政协二届一次会议、常委会及提案工作报告决议。大会共收到65篇发言稿，24位委员小组召集人或小组推选的代表在大会上作了小组讨论情况综合汇报。大会共收到提案1206件，经提案委员会审查立案1175件，其中集体提案208件。召开了提案现场办理会。在闭幕式上，中共重庆市委书记黄镇东和新当选的政协主席刘志忠分别作了重要讲话。

【常务委员会会议】

第1次会议 2003年1月12日召开。会议审议通过了二届市政协专委会机构设置和主任、副主任名单；通报了二届政协主席、副主席分工；讨论了政协重庆市委员会2003年工作要点。刘志忠主席主持会议并讲话。

第2次会议 2003年3月26日召开。会议审议通过了《政协重庆市委员会地区委员小组组织简则》以及有关人事事项；传达了全国政协十届一次会议精神；通报了市委对市政协党组和市政协机关党组的批复。刘志忠主席主持会议并讲话。

第3次会议 2003年6月25日召开。会议审议通过了政协重庆市委员会常务委员会工作规则、主席会议工作规则、专门委员会工作规则以及有关人事事项；听取了市政府常务副市长黄奇帆关于2003年上半年重庆市“非典”防治工作和经济发展情况的通报。刘志忠主席主持会议并讲话。

第4次会议 2003年9月25日召开。会议审议通过了有关人事事项；听取了市政府副市长吴家农关于我市新型工业化发展情况的通报及市政府副秘书长崔坚关于2003年政协提案办理情况的通报；讨论了加快我市对外开放和推进新型工业化进程问题。刘志忠主席主持会议并讲话。

第5次会议 2003年12月5日召开。会议听取了市政协二届二次会议筹备工作情况汇报；审议了二届市政协常委会工作报告(草案)、决定了报告人；审议了二届市政协常委会关于提案工作情况的报告(草案)、决定了报告人；审议了市政协二届二次会议议程(草案)；审议通过了市政协二届二次会议日程、列席范围、各次大会执行主席名单和主持人名单、关于召开市政协二届二次会议的决定、关于加强政协重庆市委员会常务委员会自身建设的意见以及有关人事事项。会议由市政协主席刘志忠、副主席陈邦国主持。

【专门委员会工作】

提案委员会 二届一次会议以来共收到提案1373件，立案1324件。截止2003年12月31日，所有提案全部办复。其中，所提问题得到解决或基本解决的为22%，列入工作计划正在或即将解决的为62%，以后解决或留作参考的为16%。市政协主席会议、主席、副主席和专门委员会分别对23件重点提案进行了督办；市政协有关领导对9份重点提案进行了阅批；先后派员参加了承办单位组织的各类办理座谈会、协商会50多次，协助承办单位办理落实提案建议；首次开展了提案点评活动，选择质量较高的提案，就其格式、选题、内容等进行点评；召开了集体提案征集会、提案工作片区会；对优秀提案、承办提案先进单位进行了通报表彰；制订了《重庆市政协办公厅关于办理政协提案的意见》、《提案委员会会议规则》。

学习及文史委员会 组织开展了“三峡工程重庆库区文物保护利用”专题调研，形成了《关于三峡工程重庆库区文物保护利用存在的问题及对策》综合报告和7个子报告；启动了《三峡工程重庆库区纪实》、《重庆旅游文史系列丛书》两套丛书和《重庆市民营企业发展纪实》专辑编辑工作；督办了《把磁器口古镇打造成重庆市面向世界的旅游品牌》、《关于保护和抢救市级文物保护单位弹子石摩崖造像》2件重点提案；组织召开了西南、中南第四次文史工作会议、区县政协文史工作会；组织委员赴贵州省政协进行考察；组织开展了三峡博物馆建设和布展情况、重庆历史文化名城保护中存在的问题及对策专题视察，提出了意见建议；研究修订了《工作制度》；编辑出版了《重庆文史资料》第7辑。

经济委员会 同有关专委会和市级部门，于2003年4至11月开展了“加快重庆新型工业化发展”专题调研，并向市政府报送了《关于加快重庆新型工业化发展的建议意见》；组织了加强地方政府国有资产管理、国有商业企业改革、商业对外开放等专题调研，向市政府及有关部门报送了相关专题调研报告；组织委员赴重庆烟草工业集团、重庆机电控股集团、重庆百货站、重庆药友制药有限责任公司、重庆南岸茶园新区、渝北空港园区、出口加工区、重庆高新技术开发区等企业和部门进行视察，提出了意见建议；组织或牵头组织了“建立企业信用体系、加强企业信用监管”情况通报会、“重庆北部新区招商引资项目论证会”；督办了“依法规范政府部门行为，促进我市非公有制经济健康发展”、“城市建设投融资体制改革”2件提案。

农业委员会 组织了“进一步搞好我市农村富余劳动力转移就业”、“建立新型基层农业服务体系”、“实施‘百强镇工程’”等专题调研，向市政府及有关部门报送了相关的专题调研报告；组织委员对市农垦经济工作、农业综合开发、退耕还林工作情况进行了视察，提出了意见建议；督办了“妥善解决进城务工农民子女就学问题”、“切实抓好市农业产业化十个百万工程的实施建议”、“关于组织政协委员视察外迁安置移民的建议”3件提案；参与了扩大重庆对外开放工作的专题调研，提出了意见建议；2003年9月组织委员赴云南省考察。

城乡建设环境保护委员会 组织开展了“加快重庆城镇化进程”专题调研，在有市委、市政府领导及有关部门参加的专题协商会上提出了意见和建议，并向市委报送了《关于大力提高我市城镇化发展水平的调研报告》；组织了“改善重庆市人居环境质量”、“加强库区城镇安全体系建设”、“深化城市建设投融资体制改革”、“改善我市对外开放投资硬环境”、“加强交通物流设施建设”和“重庆市外经贸委服务基层情况”等专题调研，并向市政府及有关部门报送了相关专题调研报告；组织召开了主城区环线高速路收费改革方案、“五管齐下”净空工程的情况通报会；督办了“关于加强我市主城区绿化工作的建议”、“加强生态环境建设，进一步改善长寿湖水质”2件提案；组织委员对城市道路改造情况、城区社客中巴车营运情况和市水务集团、城投及高速公路发展公司进行了视察，提出了意见建议；参加了2003年10月在长沙举行的长江流域十一省市政协水环境保护研讨会，并提交了专题发言材料；组织委员先后赴黑龙江、吉林、云南、山东、上海、浙江、福建、广东等省市政协调研走访；制定了城环委工作规则。

科教文卫体委员会 组织开展了“加强疾病预防控制”专题调研，形成了《关于加强我市疾病预防控制工作的意见建议》及16个子报告，在市政协二届十次主席会议上与政府进行了协商，并向市委、市政府及市级有关部门报送了相关的意见建议；配合全国政协开展了“构建城市医疗服务体系，为全面建设小康社会服务”协作调研，形成了相关调研报告，并在全国政协教科文卫体委员会召开的研讨会上进行了交流发言；承办了市政协防治SARS座谈会，召开了城镇卫生环境综合整治座谈会，并报送了相关材料；组织委员对重庆市有线数字电视系统建设、中医研究院建设、教育卫生行评工作、市疾控中心、农村新型合作医疗试点、“金桥工程”项目等进行了视察，提出了意见建议；督办了“大力发展职业教育，积极应对入世的挑战”、“关于支持重庆艺术学校搬迁的建议”2件提案；召开了对口单位(部门)办公室主任联席会议；制定了本委工作制度。

社会法制委员会 组织了“就业与再就业工作”、“城市社区社会保障平台建设”、“法律援助”、“关于进一步改善重庆市投资软环境”、“重庆市职工技能状况”等专题调研，并向市政府报送了相关调研报告；根据全国政协社会和法制委员会的统一部署，开展了“为公有制经济发展创造良好的法制环境”、“政府再就业工作中的职能定位”专题调研，并向全国政协社会和法制委员会办公室报送了调研报告；配合全国政协社会和法制委员会开展了“司法体制改革”专题调研，并报送了相关材料；组织委员对重庆市消防总队，社会福利事业发展和“星光计划”实施情况、老年公寓、劳动力市场、重庆市涪陵区公安“三所”(看守所、拘留所、强制戒毒所)的建设情况进行了视察；督办了“关于解决低保和再就业问题的几点建议”、“关于进一步推进我市法律援助工作的建议”2件提案；参加了全国政协社会和法制委员会在海口市召开的工作座谈会和在南京召开的专题研讨会；召开了《中华人民共和国廉政法(草案)》的起草(框架结构)座谈会；组织了委员赴东北三省学习考察；制定了本委工作细则。

民族宗教委员会 组织了“少数民族乡经济社会发展情况”、“城市少数民族工作情况”、“少数民族地区教育发展问题”、“市委市政府第三次民族地区经济社会发展现场办公会精神的贯彻落实情况”等专题调研，形成了相关专题调研报告并报送市委、市政府及有关部门；组织委员赴湘鄂黔民族地区考察民族工作，并向市政府及有关部门报送了考察报告；组织委员视察了梁平县石马山鸣钟寺、双桂堂，南岸区南山寺、老君洞，就我市宗教活动场所、寺观建设与管理工作提出了意见建议；召开了有市委统战部、市政府民宗委、市委秘书处、市政府秘书处、市人大民宗侨外委参加的对口单位联席会；督办了“建议我市将市级宗教团体工作人员纳入社会保险统筹范围”提案；制定了本委工作规则。

海外联谊委员会 会同有关专委会，对重庆市对外开放情况进行了专题调研，并向市政府报送了《关于进一步提高我市对外开放水平的调研报告》和5个子课题报告；组织了“进一步加快重庆市北部新区的发展”专题调研，并向市委、市政府报送了《关于进一步加快重庆北部新区发展的调研报告》；组织协调了市政协民主评议市外经贸委工作；召开了对口单位联席会议；组团赴天津、陕西、四川学习对外开放、招商引资、改善投资环境经验；组织委员走访了市台办、侨办、台联、侨联和市老干局及涪陵、长寿、垫江、江津、永川、铜梁、江北等区县(市)政协,了解了情况;与有关部门联合举办了"渝台书画花艺交流会";会见并与美国西雅图市友好代表团座谈;修订和完善了《海联委工作制度》、《办公室工作制度》。

政协工作联络委员会 组织了"促进我市农村富余劳动力转移"和"加快小城镇建设"专题调研,并在各区县政协和委员小组调研的基础上,形成了调研情况的综合报告;配合市政协办公厅和研究室,参与了"两班一会"(区县政协主席研究班、区县政协机关干部培训班和区县政协经验交流会)的筹备工作;组织委员走访了九龙坡区、合川市、潼南、綦江、巫山、武隆、石柱等20个区县(市)政协,视察了合川和永川等市县的乡镇企业,江津和綦江等市县的农业产业化龙头企业,万盛、巫山和奉节等区县的旅游产业;分别出席了在江津市政协召开的川黔渝毗邻18县市政协工作联席会议和在彭水县政协召开的湘鄂渝黔18县市政协工作联席会议;组织了部分区县政协负责人赴河南、安徽考察;督办了"关于大力提高农民收入的几点意见"、"践行'三个代表'思想,做好外迁移民工作"2件提案;修改和完善了《关于进一步加强对区县政协工作联系指导的意见》和《地区委员小组组织简则》,制定了《联络委工作简则》、《关于开展片区联系工作的意见》。

【重要活动】

学习贯彻中共"十六"大精神 2003年4月10日、11月18日和6月19日组织中心组学习会议和开展"深入学习贯彻十六大精神,开创政协工作新局面"理论研讨,动员和组织市政协各组成单位、专门委员会、政协委员和机关,认真学习了《"三个代表"重要思想学习纲要》、胡锦涛同志"七一"重要讲话、十六大和十六届三中全会精神。进一步提高了对"三个代表"重要思想的时代背景、实践基础、科学内涵、精神实质和历史地位的认识,加深了对中国共产党基本理论、基本路线、基本纲领和基本经验的理解,增强了坚持和完善共产党领导的多党合作和政治协商制度的自觉性,坚定了做好新世纪新阶段人民政协工作的信心。

开展"集中走访市级各民主党派、工商联和区县政协"活动 2003年3至6月开展了市政协领导走访市级各民主党派、工商联,39个区县(自治县、市)政协和万州区3个政协工委的活动。走访活动中,市政协领导听取了市级各民主党派、工商联的工作情况汇报和对市政协工作的意见建议,听取了各区县(自治县、市)政协、万州区3个政协工委对市政协工作的意见建议和区县党政领导关于经济社会发展情况的介绍,看望了市级各民主党派、工商联和区县政协机关的同志、在区县的市政协委员。

举办"开创政协工作新局面"理论研讨会 2003年6月19日召开。市政协主席刘志忠在会议结束时就抓好六个"新",开创政协工作新局面作了重要讲话。会议由市政协副主席李兵主持。副主席陈邦国、许忠民、窦瑞华、黄立沛、夏培度、王孝询,秘书长王长寿出席会议。市级各民主党派、工商联、人民团体负责人参加了会议。

举办委员培训班 2003年8月25日至29日,9月1日至5日,9月8日至12日,9月15日至19日,分别举办了4期委员培训班,组织学习了"三个代表"重要思想、十六大精神、党的三代中央领导关于统一战线和人民政协的论述、统一战线理论和政协基本知识等,对近400名新任委员进行培训。

召开"两班一会" 2003年7月21日至22日举办了二届市政协第一期区县(自治县、市)政协主席研究班,就"怎样当好政协主席”进行了深入的研讨。市政协主席刘志忠，副主席黄立沛在研究班上作了重要讲话。副主席陈邦国、李兵分别主持了大会。副主席许忠民、窦瑞华、辜文兴、李明、王孝询，秘书长王长寿，市政协各专委会主任，机关副局级以上领导以及39个区县政协主席（副主席）参加了研究班的学习。2003年10月10日至11日，举办了“区县政协机关干部培训班”，就统一战线理论与实践，人民政协的历史及性质、地位、特点、作用，主要职能和主要工作，人民政协的组织和优良传统以及加强政协机关建设等知识进行了学习。80名区县（自治县、市）政协机关干部参加了培训班。2003年12月6日召开了区县（自治县、市）政协暨市政协地区委员小组工作经验交流会。部分区县政协、地区委员小组及委员在会上交流了经验。

开展民主评议市外经贸委工作 2003年9月中旬开始至11月下旬结束。民主评议工作分准备、调研、评议和总结4个阶段进行，由市政协领导分别带领5个评议调研小组，深入到23个市级单位、17个区县、34个企业进行调查研究，召开了52个座谈会，向市政协委员发放调查问卷805份，并赴陕西、四川、天津等省市考察，召开了市政协民主评议市外经贸委工作动员会和评议会，形成了《政协重庆市委员会关于对市外经贸委工作的评议意见》和3个评议材料、5份调研报告，并向市委报送了《政协重庆市委员会关于民主评议市外经贸委的情况报告》。

主办西南、中南地区政协文史工作第四次协作会议 2003年10月16日在重庆召开。市政协主席刘志忠到会致词并介绍重庆市情和市政协二届一次会议以来的主要工作情况，市委副书记邢元敏、市政协副主席陈邦国、李兵和秘书长王长寿到会祝贺，市政协分管文史工作的李明副主席主持开幕式并参加会议。文史委主任罗茂材作了大会发言，与会20个省市政协文史工作者交流了文史工作经验。

开展年终视察活动 2003年11月中旬至12月上旬，市政协组织委员对经济体制改革、农业结构调整、就业和再就业、工业园区建设、招商引资、交通设施建设、林业发展及退耕还林、农村新型合作医疗、劳动力市场建设、三峡博物馆建设、重庆历史文化名城保护、宗教场所管理等进行了年终视察。在渝全国政协委员、市区及近郊区县有关委员参加了年终视察。

【重要文件】

常委会工作报告（2003年1月7日）（摘要） 报告分三个部分。一、一届市政协主要工作回顾：（一）政治协商、民主监督、参政议政取得显著成效；（二）专题调研、提案工作和反映社情民意工作得到加强；（三）履行政协职能的制度化、规范化建设有了新进展；（四）政协作为统一战线组织的作用得到较好发挥；（五）为促进团结稳定做出了积极贡献；（六）对外联系与交往不断扩大；（七）对区县政协的联系与指导明显加强；（八）自身建设取得明显成绩。二、一届市政协工作的主要体会：（一）坚持正确的政治方向；（二）坚持服务中心议大事、参大政；（三）坚持以民为本、团结各界、凝聚人心；（四）坚持重调研、知真情、讲实话；（五）坚持不断探索、勇于创新。三、今后工作的建议：（一）深入学习贯彻中共“十六”大精神；（二）围绕全面建设小康社会的奋斗目标开展工作；（三）充分调动各族各界人士的积极性；（四）努力推进履行政协职能的制度化、规范化、程序化；（五）不断加强自身建设。

中共重庆市委书记黄镇东在市政协二届一次会议闭幕会上的讲话（2003年1月12日）（摘要） “讲话”的题目为《在市政协二届一次会议闭幕时的讲话》，主要就直辖六年来全市国民经济和各项社会事业的发展及市政协取得的主要成绩、2003年全市所面临的形势及对二届市政协的希望两个方面作了讲话。一届市政协在市委的领导下，坚持以邓小平理论和“三个代表”重要思想为指导，团结和组织全体政协委员，牢牢把握团结、民主两大主题，紧紧围绕全市改革发展稳定大局，认真履行职能，积极参政议政，实现了届初提出的“打好两个基础，树立新的形象，开创新的局面”的工作目标。一是坚持抓好政协工作的规范化和制度化建议，保证了政治协商、民主监督、参政议政职能的全面履行，促进了市委、市政府决策的科学化和民主化；二是围绕涉及全市经济社会发展和群众生活的重大问题，开展专题调研，积极提出提案，及时准确地反映了人民群众的心声、愿望和要求，畅通了全市人民群众同各级党政之间对话、交流和解决问题的渠道；三是发挥人民政协联系广泛、人才荟萃、渠道畅通、信息量大的独特优势，切实加强与社会各界的联系，进一步激发了各族各界人士热爱新重庆、建设新重庆、振兴新重庆的热情；四是以加强政协机关工作作风和组织制度建设为重点，完善制度，强化纪律，规范程序，政协机关政治素质、工作效率和服务水平明显提高；五是广泛开展对外交往和联谊交友活动，促进了重庆与全国和世界的经济文化交流，扩大了新兴直辖市的对外影响。对二届市政协的几点希望：第一，深入学习贯彻落实党的十六大精神，牢牢把握政协工作的政治方向。第二，紧紧围绕全面建设小康社会履行职能。第三，坚持团结和民主两大主题，进一步做好调动各界人士积极性的工作。第四，不断加强自身建设，更好地适应新形势新任务的需要。

市政协主席刘志忠在市政协二届一次会议闭幕会上的讲话（2003年1月12日）（摘要） 重庆直辖以来，一届市政协领导集体和全体委员，在中共重庆市委的领导下，坚持共产党领导的多党合作和政治协商制度，坚持团结民主主题，切实履行政治协商、民主监督、参政议政职能，卓有成效地开展工作，实现了打好基础、树立形象、开创新局面的目标，为促进重庆的改革、发展和稳定作出了重要贡献，为本届市政协工作提供了宝贵的经验，奠定了良好的基础。重庆市二届市政协要站在新的起点上，继往开来，与时俱进，锐意创新，团结奋斗，不断把我市政协工作推向前进。一、始终坚持正确的政治方向。二、牢牢把握团结民主两大主题。三、不断提高履行职能的水平和实效。四、努力加强自身建设。

《政协重庆市委员会常务委员会工作规则》（1997年6月13日政协重庆市第一届委员会常务委员会第1次会议通过。2003年6月25日政协重庆市第二届委员会常务委员会第3次会议修订） 《规则》分总则、常委会会议、常委会决定的实施、常委会组成人员、附则五章共二十条。（略）

《政协重庆市委员会主席会议工作规则》（1997年6月13日政协重庆市第一届委员会常务委员会第1次会议通过。2003年6月25日政协重庆市第二届委员会常务委员会第3次会议修订） 该《规则》共十五条。（略）

《政协重庆市委员会专门委员会工作规则》（1997年6月13日政协重庆市第一届委员会常务委员会第1次会议通过。2003年6月25日政协重庆市第二届委员会常务委员会第3次会议修订） 《规则》分总则、组织、主要任务、工作制度、办事机构、附则共二十八条。（略）

《政协重庆市委员会秘书长、副秘书长工作规则》（1997年11月17日政协重庆市第一届委员会第5次主席会议通过。2003年5月20日政协重庆市第二届委员会第5

次主席会议修订） 该《规则》分总则、会议、制度、附则四章十六条。（略）

《政协重庆市委员会地区委员小组组织简则》(2003年3月26日政协重庆市第二届委员会常务委员会第2次会议通过)

该《简则》共十一条。(略)

《政协重庆市委员会关于加强政协重庆市委员会常务委员会自身建设的意见》(2003年12月5日政协重庆市第二届委员会常务委员会第5次会议通过) 该《意见》分坚持用“三个代表”重要思想统领政协工作;主动为服务党政工作大局献计出力;不断增进团结促进民主;切实增强履行职能的自觉性四个部分。(略)

《政协重庆市委员会办公厅关于办理政协提案的意见》(2003年8月28日政协重庆市第二届委员会第8次主席会议通过) 该《意见》分提高认识,加强领导;具体办理工作;重点提案的办理;加强与提案人的联系;办理工作总结;推荐优秀提案共五个部分。(略)

《关于充分发挥市级各民主党派、工商联、人民团体在人民政协中的作用的意见》(2003年9月24日政协重庆市第二届委员会第9次主席会议通过) 该《意见》分支持各民主党派、工商联和人民团体通过政协的各种会议切实有效地参政议政;坚持和完善加强与各民主党派、工商联和人民团体联系的各种制度;支持各民主党派、工商联、人民团体加强专题调研、提案和反映社情民意等履行政协职能的基础性工作;为各民主党派、工商联、人民团体知情参政创造宽松的环境和条件共四个部分十五条。(略)

《政协重庆市委员会关于开展民主评议市级有关部门工作的实施办法》(2003年8月28日政协重庆市第二届委员会第8次主席会议通过) 该《办法》分民主评议的指导思想;民主评议的基本原则;民主评议的对象和主要内容;民主评议的主要步骤和方法;民主评议的组织领导共五个部分。(略)

【机构设置】

常务委员会下设 提案委员会、学习及文史委员会、经济委员会、农业委员会、城乡建设环境保护委员会、科教文卫体委员会、社会法制委员会、民族宗教委员会、海外联谊委员会、政协工作联络委员会和办公厅、研究室。

机关工作部门有 办公厅秘书处、政治处、党委办、信息处、接待处、保卫处、行政处、离退休人员工作处,研究室综合处、理论宣传处,提案委办公室、文史委办公室、经济委办公室、农业委办公室、城环委办公室、科教文卫体委办公室、社法民宗委办公室、联络联谊委办公室,《重庆政协报》社(属事业性质的处级单位)。

【组织概况】

主 席

刘志忠

副主席

陈邦国 李 兵 许忠民

窦瑞华 黄立沛 辜文兴

李 明 夏培度 王孝询

尹明善

秘书长

王长寿

常务委员名单(以姓氏笔画为序)

丁载宽 文 波 方晓先 王 钊

王 娟 王开达 王群生 冯文二

卢晓钟 史若飞 叶 明 左宗申

白一波 皮开鉴 皮晓青 边其善

龙泽渊 任国胜 刘江龙 刘启明

刘建国 孙志芳 许大卫 许仕伦

况 平 吴 刚 吴 刚(同名委员)

吴云汉 吴连帆 吴凯琦 吴晓光

张 牛 张 玲 张克敏 张学文

张学良 张宗顺 张岩青 张钟灵

李少林　李学亭　李宗群　李荣强
李晞朦　杜黎明　杨　进　杨成理
杨晓碧　沈长富　沈铁梅　连英俊
邱道持　陈万志　陈克明　陈荣生
陈荣华　陈景秋　陈耀华　周世义
周志仁　屈　谦　罗中立　罗茂材
金起农　胡振业　荣儒璧　唐民伟
夏明宪　徐登全　秦少容　秦树艺
袁兴邦　郭君稳　郭渝平　顾庭勇
常　亮　曹和才　梁建平　梁复明
梅　霞　黄　挺　黄　翔　黄济人
傅相锴　傅钟鼎　傅唯泉　彭永辉
彭邦兴　彭哲英　程志璞　舒永清
葛君伟　董瑞葆　蒋国昌　谢德体
释常慧　鲁　成　蓝钧鳌　詹　真
雷亨顺　廖长光　熊　笃　熊一娣
熊长泉　缪光奎　裴丽珍　谭　挺
谭家玲　潘复生　黎晓敏　魏益章
魏朝贵　瞿开厚

委员名单(以姓氏笔画为序)

中国共产党

丁载宽　王开达　王长寿　叶　明
边其善　龙泽渊　刘志忠　许大卫
许仕伦　许忠民　吴连帆　吴锡鹏
张宗顺　张岩青　李　兵　李学亭
李宗群　杨成理　陈邦国　周世义
周志仁　罗茂材　金起农　胡振业
顾庭勇　黄立沛　傅钟鼎　彭永辉
舒永清　蒋国昌　辜文兴　熊长泉
缪光奎　魏益章　魏朝贵　瞿开厚

中国国民党革命委员会

冯文二　乔　伟　任　宁　刘建国
孙传良　何建明　宋晓菊(女)
李银国　杨　明　杨剑虹　陈文杰
陈昌齐　周新民　林必忠　郑显潭
禹荣全　胡　章　夏培度　徐雪荚
秦远好　傅相锴　鲁相平(女)
裴丽珍(女)

中国民主同盟

方晓先　王　钊　邓世军　许明月
何　其　吴　刚　吴德本　张明举
李　秋(女)　杨才明　杨世辉
杨明成　陈万志　陈昌国　陈荣生
周　婷(女)　郑泽根　荆　瑜
黄荣华(女)　黄燕平(女)
韩健敏(女)　熊　笃　颜　哲

中国民主建国会

马德禄　韦云隆　叶定坎　刘江龙
向远道　江　舸　吴云汉　宋代军
张建渝　张树森　张遇鸣　李晞朦
杨　光　杨　春　沈金强　陈红兵
罗凉鹰　胡光志　荣儒璧　陶永珍(女)
喻定蓉(女)　曾益成　谢纯孝

中国民主促进会

邓昌金　甘　红　刘占芳　刘光才
何光煜　宋志强　张　洪　李元林
李宗曦　陈景秋　钟代华　秦树艺
袁金英(女)　程志璞(女)
黄　硕　程新跃　谢　平　窦瑞华

中国农工民主党

丁域庆　王本朝　王德寿　韦思琪
刘治中　刘渝民(女)　吴　刚
李荣亨　杜黎明　陈钢建　周光凡
周铁军　郭剑华　曾扬华　程昌福
董洪川　蒲晓东

中国致公党

丁时勇　王孝询　刘惠君(女)
况　平　张　玲(女)　李姣军(女)
林正伟　章高炎　谭　净　戴国欣

九三学社

王　佳　王绍朴　王筱欣(女)
刘绍璞　朱晓容　张　川　李　航
邱道持　陈谦应　周伯安　屈　谦
柳恩梅　徐宗俊　郭劲松　黄爱龙
童明伟　蓝钧鳌　潘复生

中国台湾民主自治同盟

连英俊　骆亚非(女)　曾　燕(女)

无党派人士

王群生 任　红 任国胜 吕志清
江礼盛 李　明 李生龙 罗中立
黄　翔 黄希庭 黄济人 韩德云

中国共产主义青年团

马　佳(女) 田贵祥 张　勇
陈善春 周　亚 罗小璐(女)
聂　华 龚天荣 葛　欣(女)
谭家玲(女)

总工会

马　川 马跃岗 乔　平 刘长安
刘绍渝 许　玲(女) 许东梅(女)
阮响明 何玉琼(女) 吴　敏(女)
时玉宝 李代建 陈吉集 贺凤兰(女)
钟　渝(女) 唐世宇 唐金全
唐常毅 夏浙平 常　亮 傅显芳(女)
傅洁民 彭永福 彭哲英(女)
潘向宇

妇女联合会

万祖俊(女) 王科芬(女)
卢华语(女) 史亚萍(女)
皮晓青(女) 刘庆瑞(女)
刘崇梅(女) 朱　丹(女)
许　泉(女) 严　琦(女)
何　平(女) 吴　音(女)
吴安鸣(女) 张克敏(女)
张楠华(女) 李　军(女)
李　青(女) 杨　华(女)
杨红英(女) 汪　夏(女)
汪泉弟(女) 周红梅(女)
周顺悌(女) 易　华(女)
秦少容(女) 梅亚雪(女)

青年联合会

王　娟(女) 刘　战 刘光宇
吴正茂 张明渝 孟东方 彭　静(女)

工商业联合会

丁祥龙 尹明善 王一霏 付中秋
冯秀乾 左宗申 白一波 刘　飞
刘文辞(女) 刘章毅 朱豫东
吴永富 吴晓光 宋晓平 张乐勇
张林东 张振宇 李亚琼(女)
杜邦夔 杨　霄 苏定瑞 陈韦名
陈先琦 陈兴文 陈成宽 陈克明
周定贵 周英明 林良快 罗其胜
赵久学 凌泽欣 唐　亮 徐登全
聂先华 顾　涛 韩　桦 廖长光
薛应弟

科学技术协会

万立华 王力军 王平义 王隆生
任晓常 朱　正 朱华荣 张太雄
张成永 张洪松 杨　斌 杨新民
夏明宪 徐　青(女) 徐庆杨
黄　云 谢德体 蒲勇健 薛荣生
霍仕平

台湾同胞联谊会

吴凯琦(女) 林　洪 黄丽华(女)

归国华侨联合会

孔令红(女) 张庆林 李百战
陈为唐 陈延风 贺伦江 唐伯明
郭渝平(女) 薛　明

合作社

刘兆良 张公振 张茂杰 李远斌
李海峰 周　冰(女) 袁明杰
高进进

文化艺术界

文万立 王川平 王亚非(女)
王志刚 王定天 冉　冉(女)
厉　华 刘沛沛 刘豫川 孙志芳(女)
阳　晓 余德庄 吴应骑 张　雪
张永安 李伯清 杨　明 杨必位
沈铁梅(女) 邵康庆 陆大献
陈可之 周永健 郑建鸥 柳春鸣
凌宗魁 康　宁 庹纯双 黄　嘉(女)
蒋永康 谢关键 熊少华 黎方银
戴政生 魏靖宇

科学技术界

丁　敏(女) 丁良旭 尹华川
毛敬华 王　玉(女) 王　杰

王　槐　王金山　卢小冬　叶向东
司马文霞(女)　龙　琼　刘渝新
朱　飞　吴俊祥　吴锡渝(女)
宋毕春　张　远　张龙义　张宝均
张德胜　李　理　李关荣　李荣强(女)
杨大雄(女)　杨宗金　汪林林
陈中义　陈文满　陈荣华　陈耀华
郑兴东　郝　明　钟庆昭　钟成华
唐安明　唐鑫政　徐道生　袁　滨
郭小平　梁复明　黄　林　黄文明
黄荣光　傅开鑫　詹　真　雷亨顺
戴　涌　戴右铭　魏治国

经济界

冯　宇　卢晓钟　田茂贤　皮开鉴
石　诚　任渝欣　伍顺文　刘义红(女)
刘晓勤　华渝生　何世斌　吴　曦
吴应禄　张学文　张谊森　张逸屏
李大明　李国强　李嘉陵(女)
杨中富　沈长富　邹小剑　陈武林
周　勇　罗　广　祝俊辉　唐民伟
翁　宇　袁兴邦　郭君稳　曹和才
梅伯皋　黄　挺　黄叔平(女)
傅文俊　彭钊惠(女)　韩泰军
雷　友　谭远胜　魏　璐

社会科学界

冉光海　何华敏　宋玉波　张　牛
张凤琦(女)　李　怡　李禹阶
李继才　杜继淑(女)　邹学荣
周　勇　胡继明　赵修渝(女)
戴孝庆　魏　刚

农业界

邓明鉴　冉隆述　田时炳　任启福
刘　涛　刘启明　刘茂文　华昌明
朱利泉　朱宪生　宋登举　张学良
张忠民　张洪成　张钟灵　李　虹
杜海燕　杨志平　汪兴平　陈华林
周金华　罗　颖(女)　罗恩德
段永国　贺道培　赵中金　徐　泽(女)
黄文章　童晓莉(女)　董延衣
鲁西平　谭正棋　颜崇席　黎晓敏(女)
翼春楼

高等教育界

巴朝平(女)　王新强　邓　山
邓　明　刘云艳(女)　汤仕龙
严忠志　宋乃庆　张国林　李　伟
李勤耕　杨　丹　杨　恬　杨　欣(女)
邹昌平　陈　迅　周庆忠　周希贤
周泽扬　郑建宏　金先庆　姚木远
姚维志　赵元著(女)　赵心宪
涂植光　梁乃兴　黄　伟　黄顺康
黄益华　傅克辉　喻　翔　葛君伟
鲁　成　薛新力

普通教育界

文　波　石怀湘　刘　林(女)
刘邦耀　宋　璞　张洁琳(女)
杜洪超　杨亚丽(女)　肖建国
肖胜田　邱正宇　陈　颖(女)
欧祥明　夏　冬(女)　莫裕全
钱祖荣　高大智　龚春燕　傅唯泉
彭智勇　曾富蓉(女)　谢元德
谢建强　廖文胜

体育界

刘艳艳(女)　张运兰(女)
李晓艳(女)　杨　一　杨　进
段　杰　郭莎莎(女)　高　健
梁建平　黄晓夏(女)　彭国龙

新闻出版界

叶麟伟(女)　刘雪雁(女)
何　为　张小川　陈美茁(女)
赵　莹(女)　郝成竹(女)
陶　勇　熊青菁(女)　谭　挺

医药卫生界

丁光跃　王代永　王亚平　仝蜀生
史若飞　刘松涛　吴　勇　吴小翎
张淑蓉(女)　李少林　李志伟
李坤吉　李祥龙　李德如　杨小伶(女)
肖颖彬　陈　沅(女)　陈庆伟
陈茂长　周　琦(女)　周红玲(女)

周昭贤 罗 玲(女) 金 焱
胡培墉 高 丹 梅 霞(女)
铙家济 黄旭东 董国强 雷 寒
雷正荣 蔡志民

对外友好界

王济光 李 勤 陈 消 陈玲丽(女)
章 麒 蔡震龙

社会救济福利团体

冉茂民 孙晓明 李志雄 徐志勇
谭传华 魏长述

少数民族界

马 利 马应华 王友凡 刘 蕾(女)
刘远慧(女) 张廷浒 张颖超(女)
杨晓碧(女) 沈泰昌 陈琏年
陈德禄 周 莉(女) 周顺恺
段昌柱 海内宽 彭晓东 温 琳(女)
谢绍均 熊一娣(女) 谭小林
戴焕江

宗教界

马云峰 冉启亮 许伦胜 张美恩(女)
周至清 赵小平 释朗光 释常慧(女)
释惟贤

特别邀请人士

丁正国 马亚东 尹家松 文 强
文水华 王正堂 王仲荪 王行方
王卓琪 王忠德 王倔策(女)
王道渝 王德全 邓达举 邓宗良
冉隆兴 冉隆柏 冯沈萍(女)
冯咏谊(女) 龙正学 刘先进
刘光术(女) 刘庆渝 刘有恒
刘作禄 刘学彬 刘金瑜 刘树人
刘祥全 刘雅煌 刘瑞江 刘旗辉
向 亮 孙启福 孙德隆 庄景帆
朱美继 朱涛云(女) 邬治民
何 力 何 毅 何太余 何文中
何先国 何泽正 余季平 吴 旭
吴文伟 吴永嘉 吴立宪 吴昌德
吴剑华 吴显秀(女) 呙生泽
岑玉霞(女) 张 谦 张小杰
张才明 张开智(女) 张世模
张正杰 张均凤(女) 张国忠
张学慧(女) 张建初 张忠厚
张忠惠 张松桥 张泽方 张献强
李文生 李汉权 李光华 李旭东
李孝廉 李昆远 李昌伦 李盛祥
李联军 杜碧珊(女) 杨 烈
杨 敏 杨前和 汪昌林 沈港伟
肖龙明 肖坤华(女) 苏玉水
苏建华 邱福林 陈 均 陈文华
陈远辉 陈和平 陈国华 陈建明
陈金秀(女) 陈嘉贤 周 群(女)
周开友 孟德华 岳建忠 林达开
欧茂林 罗中华 罗静虹(女)
金良萍(女) 侯东迎 修 军
柯世渝 胡 晓(女) 胡发林
胡邦义 赵俊林 骆永和 倪凤朝
唐承云 徐伟坤 徐丽霞(女)
徐家祥(女) 涂远扬 莫元礼
袁勤华 诸泽光 郭 林 郭太国
郭启兴 郭忠亮 陶正信 陶锦志
高华焱 常金辉 戚万林 梁华祥
梁利光 萧 玲(女) 逯兴国
阎亚宁 黄 铭 黄天亮 黄文献
黄光喜 黄良柏 黄宗华 黄祖仕
黄虹宇 傅举庆 彭之翰 彭邦兴
彭培轩 曾依华 程福财 董瑞葆
韩乐成 廖星玉(女) 熊康敏
谭祥雳 滕西全 颜克亮 黎万洪
薛汉明 魏世宏

委员辞职名单

尹家松 朱涛云(女) 吴锡鹏
吴显秀(女) 何 毅 何文中
李文生 胡发林 罗中华 陈国华
黄宗华 黄光喜 高华焱 金良萍(女)
阎亚宁 孟德华 陶锦志 谭祥雳
黎万洪 彭之翰

委员增补名单

卢秀容(女) 孙仁坤 向益平

何永革　何庆智(女)　张学锋
张　梅(女)　龙　川　李正中
李长明　李泽玉(女)　李自治
徐万忠　杨　刚　杨卫东　周道学
柳成文　范永华　陈善珍　洪景明
秦明山　唐兴建　戴红卫

区县(自治县、市)政协主席名单

万州区　洪景明
涪陵区　许仕伦
黔江区　刘作禄
渝中区　孙德龙
大渡口区　倪凤朝
江北区　何庆智(女)
沙坪坝区　何泽政
九龙坡区　邓宗良
南岸区　陈金秀(女)
北碚区　丁正国
万盛区　岳建忠
渝北区　邱福林
巴南区　张泽方
长寿区　颜克亮
江津市　刘树人
合川市　张均凤(女)
永川市　肖坤华(女)
綦江县　胡邦义
潼南县　王忠德
铜梁县　逯兴国
大足县　黄　铭
荣昌县　程福财
璧山县　莫元礼
梁平县　朱美继
城口县　彭培轩
南川市　陈　均
丰都县　涂远扬
垫江县　冉隆兴
武隆县　唐承云
忠　县　王正堂
开　县　陈远辉
云阳县　邬治民
奉节县　杨前和
巫山县　黄天亮
巫溪县　吴立宪
石柱土家族自治县　冉隆柏
秀山土家族苗族自治县　郭忠亮
酉阳土家族苗族自治县　张世模
彭水苗族土家族自治县　无

重庆市各级政协组织和委员数

(截至 2003 年底)

级别 / 项目	直辖市	市辖区	县(不设区的市、自治县)	合计
组织数	1	14	25	40
委员数	821	3518	6244	10583

(陈建明、邓荣晓　编写　熊康敏　审稿)

政 协 四 川 省 委 员 会

秦玉琴　主　席

孙同川　副主席

冯崇泰　副主席

刘绍先　副主席

李　进　副主席

王恒丰　副主席

陈官权　副主席

吴正德　副主席

阿　称　副主席

苟建丽　副主席

何志尧　副主席

陈　杰　副主席

肖光成　副主席

刘应明　副主席

陈次昌　副主席

彭柏林　秘书长

【全体委员会议】

九届一次会议　2003年1月9日至17日在成都举行。应到委员880人，实到委员866人，秦玉琴主席主持开幕式并讲话。会议听取并审议通过了孙同川副主席所作的常委会工作报告和阿称副主席所作的提案工作报告；协商讨论了《四川省人民政府工作报告（征求意见稿）》、《四川省2002年国民经济和社会发展计划执行情况及2003年计划草案的报告》、《四川省2002年财政预算执行情况和2003年财政预算草案报告》、《四川省高级人民法院工作报告》、《四川省人民检察院工作报告》。会议还审议通过了省政协九届一次会议决议。会议选举秦玉琴为省政协主席，孙同川、冯崇泰、刘绍先、李进、王恒丰、陈官权、吴正德、阿称、苟建丽、何志尧、陈杰、肖光成、刘应明、陈次昌为副主席，彭柏林为秘书长，选举常务委员152名。会议结束时，中共四川省委书记、省人大主任张学忠作了题为《共同创造我们的幸福生活和美好未来》的重要讲话，共分三部分：一、对我省省情和当前形势的认识；二、关于推进跨越式发展的几点思考；三、认真做好新时期的人民政协工作。秦玉琴主席在闭幕时发表了重要讲话。秦主席指出：一要提高认识，明确使命；二要不负重托，履行职能；三要与时俱进，开拓创新。她要求，政协工作的内容要更充实，形式要有创新，政治协商要有新思路，民主监督要有新举措，参政议政要有新拓展，发挥政协组织的整体功能要有新突破。

【常务委员会议】

第一次会议　2003年1月17日在成都举行。会议审议通过了政协第九届四川省委员会2003年工作要点；审议通过了政协第九届四川省委员会专门委员会设置方案及主任、副主任名单；审议通过了政协第九届四川省委员会副秘书长人选名单。秦玉琴主席在会上着重就常委会如何有效地开展工作发表了重要讲话。

第二次会议 2003年6月17日至19日在成都举行。应到常委167人,实到157人。会议认真学习了胡锦涛总书记来川视察时的重要讲话,传达了中共四川省委常委扩大会议精神,听取了副省长蒋巨峰、刘晓峰分别作的关于全省农村税费改革和防治"非典"工作的情况通报。审议通过了省政协《关于农村税费改革出现的新情况、新问题及其对策建议》、《关于我省农村税费改革后农村义务教育情况的调研报告》、《加快我省农村科技服务体系建设的发展思路和对策建议》、《四川省政协专门委员会通则》、《关于充分发挥省政协委员作用的意见》、《四川省公民旁听省政协常委会议规定(试行)》;通过了人事任免事项,增补了童应林等16名同志为省政协专委会副主任。秦玉琴主席在会议结束时作了重要讲话。

第三次会议 2003年10月15日至17日在成都举行。应到常委167人,实到134人。会议审议通过了省政协关于《经营土地,实现土地资源转变中应处理好几种关系》、《加快民营企业人才资源向人才资本转变的建议》、《加快科技人才资源向人才资本转变需要进一步重视的几个问题》等3个调研报告。省委副书记陶武先、省人大副主任徐世群、省政府副省长张作哈应邀参加会议。陶武先副书记在会上作了重要讲话。秦玉琴主席在会议结束时作了重要讲话。

第四次会议 2003年12月17日至19日在成都举行。应到常委167人,实到137人。省委副书记、省长张中伟应邀作《贯彻落实十六届三中全会精神,完善社会主义市场经济体制》的报告。秦玉琴主席代表主席会议作《政协第九届四川省委员会主席会议工作报告》。会议审议通过了《关于召开政协第九届四川省委员会第二次全体会议的决定》、《政协第九届四川省委员会第二次全体会议议程》(草案)、《政协第九届四川省委员会常务委员工作报告》(草案)、《政协第九届四川省委员会常务委员会关于九届一次会议以来提案工作情况的报告》(草案)、《政协第九届四川省委员会常务委员会四次常委会会议未尽事宜的决定》,审议通过了省政协关于《四川缺电的原因及对策》、《加快我省文化产业发展对策建议》,《加强新时期社会治安防治防范工作的建议》等3个调研报告。会议还通过了有关人事任免事项。

【专门委员会工作】

提案委员会 一年来,共收到提案915件,经审查立案的881件,占提案总数的96.3%,作为意见处理的34件。其中党派、团体和政协专门委员会提案173件,委员个人或联名提案742件,提出提案的委员计1786人次。经济建设方面的提案有451件,约占在案数的51%;科技文卫方面的218件,约占25%;政治文明建设、劳动和社会保障、统一战线等方面的提案212件,约占24%。截止2003年底,提案已办复873件,办复率达99.1%,另有8件有关承办单位正在办理。为了贯彻落实《政协四川省委员会办公厅关于办理政协提案的意见》精神,提案委通过了加强制度建设、密切同省政府督办室和各承办单位的联系合作、抓重点提案的办理等措施。比如,有关整治岷江、沱江流域水污染的提案,得到省委、省政府高度重视。2003年省政府召开了岷江、沱江、嘉陵江流域水污染治理工作会议,张中伟省长、刘晓峰副省长在会上就打好水污染治理总体战作了全面部署,将治污工作纳入了流域各级党委、政府一把手政绩目标进行考核,把岷江、沱江污染综合治理作为2003年省政府为民办十件实事之一，列为重点督办事项。《四川食品安全问题及对策》、《关于加快我省电子政务建设的建议》、《关于加强劳动力市场整治的建议》等11件重点提案，经省政协领导阅示，省政府督办室和提案委员会共同督促，增强了办理实效，一些问题得到解决，推动了工作。

文史资料和学习委员会 举办学习座谈会，组织和推动委员学习贯彻《中共中央关于在全党兴起学习贯彻“三个代表”重要思想新高潮的通知》暨胡锦涛同志在“三个代表”重要思想理论研讨会上的重要讲话精神，承办了本届省政协在蓉新委员的学习培训。积极开展拟于2004年召开的“邓小平人民政协理论研讨会”筹备工作。组织委员到阆中、广元、剑阁、自贡、宜宾、泸州等市调研，邀请省社科院、省地方志、省文物局、四川大学、西南交大等近百位专家进行了4次座谈，形成了《加强巴蜀文化的研究和宣传，推动“三个转变”》、《巴蜀文化与城市建设》两个调研报告，受到党政部门的重视。完成了34万字、150幅图片的《天府神游》一书。印发4期近80万字的《学习参考》，编辑出版了《四川文史资料选辑》第47辑。接待了福建、广西、广东三省政协文史学习委领导来川考察，相互交流经验，加强联系。对四川省广安、自贡、德阳、天全等地的政协文史学习工作给予帮助。

港澳台侨和外事委员会 组织委员在成都、绵阳、德阳、乐山等地开展了对部分在川的台资企业、外资企业暨招商引资环境的调研，进行加快留学生人才资源向人才资本转变的调研和开展对外友好城市工作对促进地方经济建设的作用的调研，形成《关于加快我省出国留学生人才资源向人才资本转变的调研报告》、《对我省招商引资暨投资环境的调查报告》，提交三次常委会议审议。组织委员对成都市留学生园区视察和省政协香港委员对成都新都区、都江堰市和阿坝州九寨沟县的视察。协助办理5批省政协和地方政协领导的出访。加强与省侨办联系，组织委员和有关人士在海外华文报刊上发表稿件400余篇。接待海外和我国台、港、澳地区来川考察团12批，200余人次。举行中秋联谊会，加深了与港澳同胞、台湾同胞和海外侨胞的友谊。

地方政协和联络委员会 在中共四川省委政协工作会议筹备领导小组的领导下，参与会议的各项筹备工作，并与省委组织部、省委政研室、省委统战部一道，深入8个市、州和20多个县(市、区)调查研究，向省委报告了调研情况，为开好省委第三次政协工作会议提出了有参考价值的意见和建议。参与了对新任省政协委员的培训工作，协助省社会主义学院举办了第49期县级政协党外副主席培训班，培训县级党外副主席45人；组织落实了全国政协北戴河干训中心分配的三期共50人的干部培训任务；开展全省市州县(区)政协新任主席培训班的筹备工作。将江油市、温江区、安岳县、苍溪县、宜宾县、汶川县、沙湾区作为工作联系点，专委会领导具体分工联系，重点指导，及时总结“点”上经验，推动“面”上的工作。为地方政协，尤其是边远山区、少数民族地区的政协引进项目、技术及人才方面提供信息并做了一些协调工作。帮助解决少数基层政协办公、生活条件差的问题。

经济委员会 组织委员对发展四川电力、加快民营企业人才资源向人才资本转变、引导民间资本进入投资担保领域、建立企业诚信监督体系、改善招商引资软环境、加快地方商业银行发展、加快市州联网公路建设、加快县域工业经济发展、加快现代物流业发展等9个课题进行调研。向省委、省政府报送了8个调研报告，受到重视和采纳。其中《四川缺电的原因及对策》、《加快我省民营企业人才资源向人才资本转变的建议》、《关于积极开展企业互助担保机构,促进民间资金向民营资本转变的建议》作为省政协常委会的议题,并得到审议通过。组织委员对省电信集团公司、省移动通信公司、四川长虹集团、成都烟草公司、五粮液集团公司、双流机场、迈普集团、侨新集团等生产企业,红旗连锁、互惠超市、富森美家居市场等商业流通企业及四川鼎立律师事务所进行了视察。赴新疆就招商引资及口岸经济进行了考察,并参加了乌鲁木齐经济贸易洽谈会。8月,在绵阳召开了全省政协经济委工作会议,会后,编纂出版了《启迪与借鉴》。接待了北京、湖南、新疆、黑龙江等9个兄弟省(市、区)政协的团组,共计60余人次。

农业委员会 组织委员赴9个市州进行调研,形成了《我省农村税费改革后出现的新情况、新问题及其对策建议》,经九届省政协第二次常委会议审议通过并报省委、省政府,引起了重视。8月,阿称副主席率农业委员会一行到都江堰管理局就灌区水费价格、供水体制等问题进行追踪调研,向省政府作了专项情况反映。9月,赴甘肃、青海两省和四川省阿坝州进行草原保护、草原建设和乡村道路建设情况的比较考察,形成考察报告。将南充市蓬安县定为农委工作联系点,为该县的经济发展出主意、想办法,帮助办了一些实事。报送了《报刊征订搞摊派、经费超支很严重》、《农村基层“垫税”现象突出问题较多》等社情民意。与省人大农委、省食品工业协会联合举办了“全国薯类方便食品发展研讨会”。制定了农业委员会工作规则。

教育委员会 组织调研队伍在2002年对农村义务教育情况调研的基础上,又进行了补充调研,形成了《关于我省实行税费改革后农村义务教育情况的调研报告》,经省政协九届二次常委会议审议通过,报省委、省政府。对成都和雅安两市近20余所高校进行调查,形成了《关于我省高校毕业生就业情况的调查报告》。对甘孜州、阿坝州、凉山州及乐山市所属的22个少数民族聚居县的70多所中小学进行调查,形成了《关于实施〈四川民族地区教育发展十年行动计划〉亟待解决的几个问题的建议》,为省委、省政府提供了决策参考。结合四川省职业教育发展现状,开展了大力发展四川省职业教育,加快人才资源向人才资本转变的调研。对德阳、广元、绵阳市职业教育情况进行了视察。赴双流棠湖中学和棠湖中学外语实验学校考察新的办学和教育模式。制定了《九届政协四川省委员会教育委员会工作规则》和专委会与对口部门的《对口协商制度》。为老、少、边、穷地区学校捐赠2000余册价值1.9万元的图书、150套桌椅、2.5万元现金。

科技委员会 在雅安、德阳、内江、南充、达州等市调研,形成了《加快我省农村科技服务体系建设的发展思路和对策建议》,经省政协九届二次常委会议审议通过,并报省委、省政府,受到重视和采纳。组织委员赴成都、绵阳、德阳、乐山、眉山、宜宾等市进行调研,并赴陕西省、北京、天津市进行对比调查,形成了《加快科技人才资源向人才资本转变需要进一步重视的几个问题》的调研报告。联合省科技厅开展了四川省科技体制改革的专题调研(跨年度进行),目前,问卷调查结束。视察了四川省测绘局龙泉数字化生产基地。赴宜宾视察引进国外智力工作,根据视察情况,提交了《关于进一步加强我省引智工作的几点建议》的提案。10月,视察了成飞工业(集团)公司。重新修订科技委《工作规则》和与对口部门的《对口协商制度》。配合全国政协做好调研工作。参与接待北京市政协来川考察团。编辑科技委员会年刊。

文体医卫委员会 与省社会科学院组成联合调查组，会同省级有关部门，到成都、绵阳、乐山、资阳、阿坝等市州进行调研，赴上海、海南、湖北等省市进行考察，形成了《关于加快我省文化产业发展的对策建议》，经省政协九届四次常委会议审议通过，报省委、省政府后受到重视和采纳。对四川省6个县的乡镇卫生院体制改革情况进行初步调查，为2004年全面完成此项调研做好前期准备工作。就农村三级卫生防保网的情况进行调研，形成了专题调研报告。参加了内江、资阳市防"非典"工作情况的检查，向省政府提出了《关于我省非典型肺炎防治工作的几点建议》。视察双流机场抗"非典"情况，慰问了川大华西医院、省医院等抗击"非典"一线医护人员。参与卫生系统的行风评议对凉山州艾滋病情况的调研。视察了乐山市全民健身活动(假日体育)开展情况，提出了意见和建议。与文史资料和学习委员会联合就南充、广元"文物保护与文化旅游"的情况进行了视察。与民进四川省委、致公党四川省委、省卫生协会共同发起的促进民族地区卫生技术发展工程(二期)在凉山州正式启动。与省政协书画研究院及省美协、四川日报报业集团等承办了"四川省政协书画研究院建院20周年暨庆祝中华人民共和国成立54周年书画展"。接待天津、广西、贵州、湖南等省市政协教科文卫体委员会来川考察团组4批50余人次。制定了《九届政协四川省委员会文体医卫委员会工作规则》和与省级有关单位部门《对口联系工作制度》。

社会法制委员会 与中共四川省委政法委组成了专题调研课题组，会同省公、检、法等部门开展调查，形成《加强我省新时期社会治安防范工作的建议》，经省政协九届四次常委会审议通过，报省委、省政府。与省总工会、省工商联组成调研组，对非公有制企事业贯彻落实《工会法》的情况进行调研，形成了《关于非公有制企事业贯彻执行〈工会法〉、〈实施办法〉的情况及建议》，为党和政府的有关决策提供了参考。视察社区警务工作，向省委、省政府报送了《关于加强社区警务工作的视察报告》。由省政协主席秦玉琴带队视察了成都未成年犯管教所，慰问了监狱干警，对服刑人员提出了希望，并向该所捐赠了32台电脑和2600双布鞋。组织委员就民营经济发展的法治环境问题进行专题调研，在全国政协社会和法制委员会召开的非公有制经济发展环境专题研讨会上作了发言。组织委员对成都铁路局"抗非典、促发展"工作进行视察，看望和慰问了战斗在抗击"非典"第一线的铁路职工。举行了四川省妇女干部参政议政情况专题座谈会、青年人才资源向人才资本转变专题座谈会。参加了省政协主席秦玉琴带队的对西航、川航"抗非典、促发展"工作的视察。召开了"政府在就业工作中的职能定位"专题座谈会。组织委员视察了省及成都市残疾人工作、城市居民最低生活保障工作情况。受香港方树福堂基金会委托，向成都市残疾人捐赠50辆轮椅。

民族宗教委员会 与省教育厅、省民委组成联合调研组，对甘孜、阿坝、凉山州及乐山市所属的22个少数民族聚居县和70多所中小学进行调研，形成了《关于实施〈四川省民族地区教育发展十年行动计划〉亟待解决的几个问题的建议》，提交主席会议审议后，报送省委、省政府。7月份，对阿坝州、甘孜州天然草原退牧还草工程进行调研，形成《川西北草原退牧还草工程调研报告》，引起了省委、省政府领导的重视。赴乐山、宜宾两市调查《四川省宗教事务管理条例》贯彻落实情况，同时委托甘孜、阿坝两州对藏区贯彻落实《条例》的情况进行调研，并召集省级五大宗教负责人就相关问题进行座谈，形成了调研报告，报送省委、省政府。组织委员赴雅安市宝兴县、眉山市仁寿县视察散杂居地区民族乡镇建设发展情况。赴阿坝州的汶川、理县、红原、松潘等县和雅安市的名山、天全等县，就藏区群众反映强烈的边销茶问题进行视察，形成《关于我省边销茶产品产销情况的视察报告》。建立了峨眉山佛协、青城山道协、康定县居里寺、普格县螺髻山镇、峨边县金岩乡、仁寿县青岗乡和马边县政协等7个民宗委的联系点。组织委员赴上海、江西、浙江学习考察1次，接待省内外客人20余批。制定了《政协四川省委员会民族宗教委员会工作规则》。

人口资源环境委员会 4月至8月，组织委员分别赴南充、遂宁、广安、成都、乐山、凉山等地调研，形成《经营土地，实现土地资源向土地资本转变中应处理好几种关系》的调查报告，省政协九届三次常委会审议通过，报省委、省政府参考。陪同全国政协人口资源环境委员会调研组，对成都、乐山、雅安、甘孜等市州旅游资源开发与保护工作情况进行调研，提出了搞好旅游工作的建议。针对“非典”对旅游业的影响进行了调查，形成《“非典”对我省旅游经济的影响、对策及思考》的报告；为了促进川、滇、藏共建“香格里拉”大环线，对甘孜州在巴塘拟开发措普沟风景区的方案进行了研讨论证，形成的意见分送省政府有关部门及甘孜州参考；对“九寨沟黄龙机场通航后对四川旅游业的影响”进行专题调研，形成《关于九寨黄龙机场通航与促进四川旅游业跨越式发展建议》的调研报告；对凉山州旅游资源开发与保护工作进行考察，与当地领导和有关部门交换了意见并提出了一些建议；组织委员赴福建、海南两省考察生态建设与旅游开发的情况。赴阿坝州对若尔盖湿地保护工作进行调研，形成《关于若尔盖湿地保护的调查与思考》的调研报告并报送省委、省政府。接待了全国政协及省内外政协客人21批，90余人次。

智力扶贫领导小组 组织委员分别到南充、广元、巴中、达州、阿坝、凉山等市州调研，形成《对我省扶贫工作开发重点县农村劳动力能力建设及富余劳动力外出务工情况的调查情况及对策》调研报告。建立了北川县、通江县两个智力扶贫工作联系点。举办了“菌草技术、中草药发展思路，构建特色县域经济”等农村实用技术培训班13期。督促布拖县完成爱德基金会援助的农业综合扶贫项目工作，在南京召开的爱德基金会农村发展项目研讨会上，布拖项目办荣获二等奖。向70名港澳人士、民营企业家和省政协委员发出征求意见信，邀请他们参与省政协智力扶贫工作。同省扶贫开发办、省扶贫基金会、致公党四川省委协商，并以四个单位的名义向国务院扶贫开发办、国家扶贫基金会申请将四川列为荷兰政府赠款项目受援省，获得成功，将引进3000万元人民币以上外资。赴云南省考察引进、利用境外资金、扶贫解困办实事情况。制定了《九届四川省政协智力扶贫领导小组工作简则》。

书画研究院 为省政协议政厅和新办公楼组织提供装饰书画。举办了《庆祝建国54周年暨省政协书画院建院20周年书画展览》。与巴金文学院、成都画院联合主办了“巴金百年诞辰书画峰会”。与有关部门联办《纪念毛泽东诞辰110周年书画展览》。慰问四川省战斗在抗击“非典”一线的医务工作者并向他们赠送书法家题写的“白衣天使，健康卫士”匾额。

【重要活动】

省政协新年茶话会 2003年元旦前夕在成都举行。省政协主席秦玉琴主持会议并致词。中共四川省委书记张学忠出席会议并讲话，民革四川省委主委钮小明代表省级各民主党派、工商联、无党派人士讲了话，四川省党政军负责人和各族各界代表人士约400人出席了茶话会。四川省文艺家表演了精彩的文艺节目。

全省政协系统新闻宣传工作研讨会 2003年4月16日在成都召开。省政协副主席冯崇泰出席并讲话，省政协副秘书长、研究室主任陈宏志出席会议并以《要让政协声音强起来——政协宣传工作必须贴近实际、贴近群众、贴近生活》为题讲了话。来自成都、乐山、眉山、内江、资阳、德阳、攀枝花七市分管宣传工作的副主席、秘书长，以及各区县政协主席、秘书长和分管宣传工作的同志参加了会议。

"抗击非典，促进发展"座谈会 2003年5月9日在成都召开。会议的主题是"立足本职，发挥优势，抗击非典，促进发展"。省政协主席秦玉琴主持会议并讲话。省政协副主席孙同川、冯崇泰、李进、陈杰，秘书长彭柏林出席会议。

省政协学习研讨会 2003年7月28日至31日在雅安举行。会议的主要内容是：总结交流政协工作的经验，围绕修改政协章程、筹备中共四川省委政协工作会议，研讨了发挥与时俱进、开拓创新精神，更好地履行职能，开创政协工作新局面的问题。省政协主席、副主席，秘书长，各市、州政协主席，省政协副秘书长、各专门委员会主任和专职副主任、研究室主任和副主任、机关党委书记等出席会议。省政协主席秦玉琴作学习动员讲话，省委副书记陶武先作了重要讲话。

省政协宣传工作会议 2003年8月22日，首届全省政协宣传工作会议在成都召开。会议指出，政协宣传工作是全党宣传工作的重要组成部分，是人民政协全局工作的重要内容，切实加强和改进政协宣传工作，对于发展人民政协事业，开创工作新局面具有重要意义。会议向获得2002年度宣传中国共产党领导的多党合作和政治协商制度第五届好新闻奖的单位和个人颁发了奖状。省政协主席秦玉琴，副主席孙同川、冯崇泰、刘绍先、苟建丽、陈杰、陈次昌，秘书长彭柏林，省政协副秘书长，各专委会主任，各市州政协分管宣传工作的负责人，研究室主任，省级有关部门负责人，省级各民主党派、工商联分管宣传工作的负责人，省级新闻单位负责人，中央驻川新闻单位负责人等参加会议。省委副书记陶武先，省委常委、宣传部部长王少雄出席会议作重要讲话。省政协副主席孙同川、冯崇泰在会上作重要讲话。

全省市州政协秘书长联系会议 2003年8月30日在巴中市召开。省政协副主席冯崇泰、秘书长彭柏林在会上作了讲话。会议交流了开展政协办公厅(室)工作的经验，分析了新时期政协办公厅(室)工作面临的新形势新任务，围绕如何以"三个代表"重要思想为指导，以创新的精神和务实的作风，全面加强政协机关建设，为开创政协工作新局面作出新的贡献的问题，进行了认真讨论。

中共四川省委政协工作会议 2003年11月24日至25日在成都召开。会议由中共四川省委副书记陶武先主持，中共四川省委书记、省人大主任张学忠作了重要讲话。讲话分四个部分：一、认真总结经验，进一步明确新世纪新阶段政协工作面临的形势与任务；二、提高思想认识，进一步增强做好新世纪新阶段政协工作的使命感和责任感；三、切实履行职能，努力开创四川政协工作新局面；四、加强党的领导，为政协发挥作用创造良好条件。四川省省长张中伟在会上作重要讲话，要求在政府工作中切实做到以下三点：一要自觉接受政协的民主监督；二要积极支持政协参政议政；三要主动关心政协工作和政协委员的生活。省政协主席秦玉琴在会上作了重要讲话，主要内容是：一、全省政协工作近年来的回顾;二、以“三个代表”重要思想为指导,全面贯彻中共十六大、十六届三中全会精神,推动政协工作不断创新;三、党的领导是人民政协工作的根本保证。

中共四川省委常委、各市州党委书记、联系政协工作的副书记、政协主席,省级各部门负责人100余人出席了会议。陶武先作了总结讲话。

省政协主席恳谈会 2003年12月10日在成都召开。主席会议成员结合对一年来工作的回顾和今后工作的安排,交心谈心、畅所欲言,达到了沟通思想、增进感情、形成共识、携手共进的目的。省政协主席秦玉琴主持了恳谈会。中共四川省委副书记陶武先出席恳谈会并讲了话。

四川政协网站开通 2003年12月17日,省政协在国际互联网上的门户网站——四川政协网站正式建成开通。省政协主席秦玉琴为网站开通作网上剪彩并致辞。

【重要文件】

常务委员会工作报告(2003年1月11日)(摘要) 政协第八届四川省委员会任期的五年,为实现四川跨越式发展,作出了重要的贡献,政协各项工作迈上了新的台阶。

一、政治协商、民主监督、参政议政取得成效

政治协商重点突出。八届省政协共召开5次全体委员会议、23次常委会议、71次主席会议。这些会议对四川省的政府工作报告,计划、财政、法院、检察院工作报告等以及《四川省国民经济和社会发展第十个五年计划纲要》,近几年出台的法律法规草案,群众普遍关心的重要问题进行协商讨论。在四川如何作好西部大开发“五篇文章”的讨论中,委员们以高度的使命感和责任心,对进一步夯实农业基础,加强农村工作,增加农民收入,调整产业结构,深化国企改革,提高企业整体效益;发展高新技术产业,建设科技教育强省;发展少数民族地区经济;扩大内需启动消费;推动学习贯彻《公民道德建设实施纲要》,加强文化设施建设;加大反腐倡廉力度,搞好社会治安综合治理等一系列问题进行认真研讨,提出了许多意见和建议。省政协关于岷江上游水资源保护的对策、成都平原经济圈水资源问题的解决途径、发展社会服务促进下岗职工再就业、加入世界贸易组织对我省农业的冲击及对策等建议案,为党委、政府决策提供了参考。

民主监督力度加大。民主评议已成为政协开展民主监督的有效形式。在“三讲”教育活动期间,省政协常委及市、州、县政协主席对省级领导班子和领导干部进行了民主评议。组织委员对全省公安机关开展“三项教育”工作进行民主评议,在成都、乐山等市采取走访、暗访、问卷调查等形式,提出了加强和改进公安机关建设的4条建议。省政协参与了有关部门组织的对电力系统的行风调查和评议工作,参加党政部门组织的各类大检查和个案调查,发挥了民主监督作用。

反映社情民意是政协委员密切联系群众,向党政领导建言献策的重要途径。五年来,省政协共编印政协委员、各民主党派和工商联、地方政协反映的信息673期,其中有157条被全国政协采用,有140条被省委、省政府采用。关于《紧急呼吁尽快落实扶贫贷款新机构》的信息经全国政协转报后,温家宝副总理批示,要求有关部门研究落实。

参政议政领域拓展。八届省政协开展专题调查有180余次,视察近百次。五年来就促进农业产业化、调整农业结构、引导民营企业参与国企改革及资产重组、培育旅游支柱产业、实施天然林保护工程、开展扶贫攻坚、发展高等教育、加强水资源和城

市环境保护、加快小城镇建设、加强文物保护和开发利用、推进企业技术创新、发展民族地区教育、维护宗教界合法权益等问题进行视察和调研,提出意见建议。据不完全统计,五年来省政协建言献策的调查报告、视察报告有79份得到了省领导的批示和有关部门的采纳。为了充分发挥政协在调查研究方面的优势,2002年中共四川省委将加快民营经济发展、搞好社区建设、促进国有林场牧场改制和税费改革后农村基础教育等重点调查课题交给政协后,省政协领导分别带领调查组进行深入调查,提出了对策建议。

提案工作是政协行使职能的一个重要方面。五年来,省政协审查立案的提案有3097件,不仅数量有较大增长,质量也有提高。各民主党派、工商联和专委会的集体提案成倍增长,由七届的157件增加到八届的465件。本届政协共表彰了100件优秀提案。

二、促进了四川爱国统一战线的大团结大联合

坚持每年召开两次省政协领导与民主党派、工商联负责人联系会议,一季度召开一次省政协秘书长与民主党派秘书长联系会议。省政协主席会议成员分工联系民主党派、工商联,经常听取意见,沟通情况,为各民主党派、人民团体和各族各界代表人士发表意见提供了比较畅通的渠道。省政协《关于多党合作中的几个问题》专题报告,引起了全国政协和省委有关领导的重视。

开展形式多样的工作和活动,省政协举办纪念大会、专题报告会、座谈会、学术研讨会、联合书画展等活动,隆重庆祝中华人民共和国成立50周年和人民政协成立50周年、辛亥革命暨四川保路运动90周年。举办新年茶话会、中秋联欢会。编纂出版了《共和国五十年四川文史书系》、《红花绿叶永相依——统战交往在四川》、《西南少数民族文史资料丛书》等,加强了政治、经济、文化以及少数民族地区史料的征集、研究、出版工作。为下岗职工再就业举行了书画义卖捐款。

做好民族宗教工作是关系我省稳定与发展的大事。召开了全省地方政协民族宗教工作经验交流会。对民族地区的经济、文化、民族宗教政策等问题进行了视察、调查。协同有关部门在民族地区开展扶贫攻坚、智力服务、项目论证、科技咨询等活动,为民族地区加快发展做出了积极贡献。

积极开展促进祖国完全统一的工作,开展人民外交活动,加强同港澳同胞、台湾同胞和海外侨胞的联络,扩大了联谊交友的范围。省政协举行了纪念江泽民同志《为促进祖国统一大业的完成而继续奋斗》发表五周年座谈会。在澳门回归祖国之际,举办了四川省各界人士喜迎澳门回归文艺演出。

重视政协宣传工作。充分发挥了《四川政协报》、《人民政协报》驻川记者站的作用。专门制作了《走向西部,情系四川》电视专题片。组织政协委员和有关人士撰写宣传四川的稿件,每年均有300多篇在海外华文报刊上发表。

三、政协工作规范化和制度化建设有新的进展

推进人民政协履行职能的规范化、制度化建设,是政协工作提高效率和质量的保证。省委高度重视政协工作的"两化"建设,制定《中共四川省委关于进一步加强跨世纪人民政协工作的意见》。省政协主席参加省委书记办公会议,列席省委常委会议,省委分工一名副书记负责联系政协工作。省委给政协出调研题目、交办一些任务,充分发挥政协在调查研究、献计献策、建言立论方面的作用,进一步完善了党对政协工作领导的制度。根据政协工作的实

际情况，修订了省政协常委会工作规则和专委会通则，修订了《提案工作条例》，制订了《关于民主党派人民团体提案征集办理的规定》、《关于重要提案阅示督办的暂行规定》、《关于评选表彰优秀提案、先进承办单位和先进提案工作者的办法》、《政协四川省委员会会议制度》等。

专委会是政协工作的重要基础。鉴于四川的实际情况，设置了农业委员会和地方政协工作委员会。专委会建立健全了主任会议、全体委员会议、年度工作计划、工作总结、对口协商等制度。各专委会还与有关部门经常相互通报情况，交换文件、资料，相互参加会议，建立了良好的协作关系。初步形成了以重要课题为纽带，以专委会为依托的政协专题调研工作机制和跨专委会联合调研的机制。

四、加强了同各级政协的联系

重视总结和交流地方政协的工作经验，以经验指导和推动地方政协工作。五年来，省政协召开了3次全省地方政协工作会议，召开了5次全省市州政协秘书长联系会议。在省政协八届五次会议期间，召开了全省地方政协工作表彰大会。省政协和成都市、内江市、江油市和温江县政协分别参加了全国地方政协工作交流座谈会或向会议提交经验材料。各专门委员会通过开展联合调研和专题研讨等方式，加强了与地方政协的联系和协作。有的专委会还召开全省性的工作研讨会、经验交流会，探讨在新形势下开展政协工作的问题。为了加强联系和指导，省政协对地方政协工作情况开展了专题调研。对事关全省的重大课题，省市县政协联动，形成合力，加强调研。通过《四川政协报》、《学习参考》、《政协工作简报》等形式，通报全省政协工作要点和有关信息，宣传和交流各地政协工作情况和经验。省政协成立了蓉外委员活动小组，委托当地政协组织他们开展活动。重视对地方政协干部的培训工作，1998年换届后，举办全省市、州、县政协主席培训班，还举办了县级政协业务骨干和党外副主席培训班，五年来共培训700多人。

省政协加强了与全国政协及兄弟省、市、区政协的联系，围绕西部大开发、长江流域水环境、民族宗教工作、政协工作等问题，进行了交流和研究。

五、进一步加强了政协自身建设

“知情”、“明政”是委员发挥作用的基础条件。举办了“抓住西部大开发机遇、实现四川新跨越发展”专题讲座和应对中国加入世界贸易组织专题报告会。通过学习研讨会、座谈会以及印发学习资料等多种形式，积极推动委员学习马列主义、毛泽东思想、邓小平理论和“三个代表”重要思想，学习时事政治、业务知识和科技知识。重视政协制度建设和基本理论的研究，编印了《新时期人民政协工作文件汇编》、《建言立论》、《政协提案》，围绕重大事件和政协的重要工作刊印学习专辑和专版，为委员知情明政提供条件。

加强领导班子和干部队伍建设是政协自身建设的重点。八届省政协每年举行一次省政协学习研讨会，探讨政协工作的思路和方法，交流经验体会，提高了进一步做好政协工作的认识。省政协主席、副主席分工明确，经常沟通协商，形成了一个团结民主、奋发向上的领导集体，秘书长、专委会主任各司其职，协同配合。机关干部通过“三讲”教育，统战意识、大局意识增强，服务水平、工作效率提高。一个学习型、服务型、效能型的机关正在形成。

五年来，八届四川省政协坚持解放思想、实事求是、与时俱进，在前进中开拓、在开拓中前进，总结了一些经验和体会。主要是：一、坚持党的领导，始终保持正确的政治方向。八届省政协坚持高举马列主义、毛泽东思想和邓小平理论的伟大旗帜,以“三个代表”重要思想为指导,保证党对人民政协的坚强领导,保持与省委在政治上同向、思想上同心、工作上同步。二、坚持奋发有为的精神,始终积极主动地开展工作。八届省政协坚持从发展社会主义民主政治、维护安定团结和建设中国特色社会主义的战略高度,不断增强政协委员和机关干部不负党和人民的重托、不辱历史使命的荣誉感和责任心,满腔热诚地投身人民政协事业,殚精竭虑地履行职责,以参政议政的实绩赢得了党委的重视,人大、政府及各部门的支持和社会各界、广大人民群众的尊重。三、坚持围绕中心、服务大局,始终在履行职能实效上下功夫。政协履行职能的质量高低,直接影响政协工作成效的大小。八届省政协始终紧紧围绕实施西部大开发战略和四川跨越式发展的目标任务,贯彻落实党的十六大和省第八次党代会精神,找准角度,选好题目,发挥人才荟萃优势,积极建言立论,提出高质量高水平的意见、建议,大量的协商监督、参政议政成果被纳入了决策程序,为党委和政府工作提供了有力的支持。四、坚持整合政协组织资源,始终重视政协整体作用的发挥和施展。加强常委会和主席会议的领导作用,注重发挥政协委员的主体作用、专委会的基础作用、界别的纽带作用、与地方政协的联动作用,增强政协组织的整体功能作用。五、坚持与时俱进,始终重视在实践中开拓创新政协工作。政协要履行好职能,要重视实践,在实践中开拓创新、总结经验,用经验指导和推动工作。不断认识新形势、研究新问题,不断探索政协履行职能的新领域、新方法、新途径,不断加深对政协工作规律性的认识,通过理论创新、制度创新、工作创新,明显提高政治协商质量,不断加大民主监督力度,更加畅通参政议政渠道,使政协工作焕发出新的生机与活力。

四川省公民旁听政协四川省委员会常务委员会会议规定(试行) 2003年6月19日政协第九届四川省委员会常务委员会第二次会议通过。该规定明确了本规定的意义,规定了旁听公民的产生办法、人数、权利和义务等内容。

关于充分发挥省政协委员作用的意见 2003年6月19日政协第九届四川省委员会常务委员会第二次会议通过。《意见》对发挥委员作用,提出如下要求:一、积极参加省政协组织的有关活动。二、积极参加市、州政协联络小组的活动。三、加强联系,增进了解。

【组织概况】

主　席

秦玉琴(女)

副主席

孙同川　冯崇泰　刘绍先(彝族)
李　进(女)　王恒丰
陈官权　吴正德　阿　称(藏族)
苟建丽(女)　何志尧
陈　杰　肖光成　刘应明
陈次昌

秘书长

彭柏林

常务委员名单(以姓氏笔画为序)

刁正坤　土登泽仁(藏族)　马万全(回族)
马庭林　王　冰　王　瑜　王文君
王正荣　王可植　王存浩　王宇坤
王宋达　王明炽　王国春　王炳文
王　康　王锋鹏　王新贤　王履北
文正经　方之芳(女)　方国渊
尹志君　邓宇民　包　川(女)
冯小明　尧德中　吕重九　朱仕华
朱永志　仰　协(女)　任晓善
任焕友　邬红旗　多央娜姆(女,藏族)
刘发生　刘庆华　刘运生　刘妙娟(女)
刘家强　刘　琪　许志强　安治富

江　云　孙学美(女,彝族)　杨刚虹(女)
杨海青(藏族)　杜元耀　李　铀
李一清　李万友　李仁霖　李正培
李吉荣　李自明　李安民　李克明
李枝刚　李国友　李国江　李学明
李维远　李翠贤(女)　严文清
克思点洛(彝族)　张　力　张方正
张邦炜　张在德　张庆成　张寿昌
张志强　张雨东　张明心(女)
张莲花(女)　张苹明　张绪根
吴　旭(女)　吴坚强　吴启敏(女)
肖培村　何久伦　何天谷　何木云
邱文德　沈光明　苟兴和
阿侯蜀革(彝族)　陈五一(土家族)
陈立仁　陈伟燊　陈华国　陈清华
陈善治　陈麟章　武　斌(女)
苑　红　罗　彤(女)
罗让旦巴(藏族)　罗明锦(女)
罗承德　周成忠　周家镇　周继尧
金鼎昌　庞锦发　郑　辉　胡家正
骆隆森　赵立明　赵昌宗　赵显沛
赵振铣　钟孚勋　贺大经　贺洪萍(女)
洛松曲批(藏族)　洛绒曲批(藏族)
聂秀香(女)　格达·扎西绒布(藏族)
唐　伟　钱天林　钱来忠　徐大蒙
徐龙治　徐有胜　卿光国　郭永红(女)
曹义芳(女,羌族)　曹世维(女)
黄文驰　龚国正　龚炤祥　阎文昭
韩盛玺　斯朗旺姆(女,藏族)
董玉梅(女)　蒋光鑑　辜仲江
温开全　曾宪章　登巴大吉(藏族)
鄢正刚　嘎多·锡雄(藏族)　谭汉锦
谭志昕　翟文蓉(女)　樊建川
潘学贤　魏在禄　魏　康　瞿映华

委员名单(以姓氏笔画为序)

中国共产党

秦玉琴(女)　卢耸岗　冯崇泰
朱天开　刘发生　刘明珍(女)
刘俊杰　孙同川　杨海青(藏族)
李　进(女)　李吉荣　李明海
李学明　李翠贤(女)　严文清
张邦凯　张寿昌　肖光成　邱文德
陈华国　陈官权　林　蓉(女)
苑　红　郑　辉　胡祈成　骆隆森
赵立中　洛松曲批(藏族)　徐大蒙
徐龙治　徐有胜　徐国华　曹世维(女)
彭柏林　韩凯明　董玉梅(女)
辜仲江　曾宪章　蒲显福　雷方贵

中国国民党革命委员会

王　建　王宇坤　邓宇民　邓冰蓉(女)
朱永志　乔蜀诚　伍　敦　刘　枫(女)
刘家强　李　娟(女)　李万铮
张方正　张庆成　张锡煊　吴雄飞
陈先德　周先敏(女)　赵世春
高起植　曹丰平　曹前明　黄重九
黄剑华　商　宇　童川军(女)
曾　蓉(女)

中国民主同盟

王明炽　邓容生　艾尚林　石岷嘉(女)
冯明琴　延西利　刘建蓉(女)
李　铀　李国江　李益荪　张　力
张燕云　吴正德　肖茂春　肖明华
宋　轶(女)　陈云江　武　斌(女)
范家立　罗承德　周　浩　庞佑祝
赵振铣　贺大经　徐万华　郭永红(女)
盛晓彬　龚国正　康大荃　潘学贤

中国民主建国会

干胜道　王元勇　王成章　王恒丰
毛　凯　艾明建　申亚平　朱　敏(女)
仰　协(女)　杨小章　李承远
李维远　张在德　肖世成　陈树明
陈清华　陈朝晖　陈善治　罗雄欧
贺明平　姚令侃　秦启光　徐蓉新
曾雁鸣　蔡锡熔(女)翟文蓉(女)魏荣浚

无党派人士

王　康　王履北　许志强　杨正伟
李万友　张庆和　何久伦　何天谷
陈次昌　金鼎昌　赵立明　钟孚勋

梅　榕(女)　彭绍忠　程毅强

中国民主促进会

王文君　方国潘　尧德中　刘　琳(女)
李京平(土家族)　张雨东　邵继荣
欧斯云　苟建丽(女)　唐明远
唐顺发　徐丽桥(女)　康大寿
康济民　樊　斌

中国农工民主党

马增林　王　永　王正荣　王锡寿
张　荃　张心廉　张廷玉(女)
罗凤林(女)　赵昌宗　赵显沛
荆小庆　钟勤建　唐　伟　梁　超
韩盛玺　谭万信　魏建军

九三学社

王　瑜　王锋鹏　多央娜姆(女,藏族)
刘　宇　刘先赋　刘应明　刘建军
刘建明　李仁霖　李安民　李明东
张金瀛　张宗才　吴坚强　肖培村
沈光明　陈　石　巫伟平　唐宜昌
唐玲丽(女)　郭柏林　戴晓雁
魏学峰

致公党

冯家辉　刘妙娟(女)　陈　杰
陈　懿　周　静

中国共产主义青年团

毛建美(女,彝族)　龙兆学　许兴国
杨　卉(女,彝族)　李文飞　李明正
李春兰(女,藏族)　张　勇　吴　旭
钱　卫　虞晓东　鞠　丽(女)

总工会

马小玲(女,彝族)　王明君(女)
王顺清(羌族)　王敬东　王瑞江
王湫玉(女)　左云伟　布泽仁(藏族)
兰晓凤(女)　刘秀武　杨　滋
杨　霞(女)　张红勋(女)
张远明　张莲花(女)　张德珍(女)
吴玉秀(女)　周开烽　郑小可
郑耀银　赵志强　郭跃武　彭定邦
敬均平　韩　鸣(女)　蔡炳中

农业界

马正成　毛咏梅(女)　文正经
邓蛟龙　冯　丹(女,彝族)　朱仕华
刘正联　杨兴国　杨　峰　求　白(藏族)
张绪根　肖国权　宋兴邦
阿支批尔(彝族)　陈世忠　罗炎明
周文清　周世武　郑开明
甄康娜(女,回族)

驻川部队

丁德奎　马金文　王炳文　王雅梅(女)
邓宗光　朱国林　任焕友　刘琼瑶(女)
杨志荣(羌族)　杨晓媛(女)
李炳军　李雪峰(藏族)　张治荣
吴锡贵　何建国　沙光华(彝族)
陈芳芳(女)　范　良　罗英素(女)
侯力军　侯广勋(哈尼族)姚伟文
唐仕镒　唐志共　黄国华　谢绍泉(藏族)
曾维荣　雷　强　戴壮荣

妇女联合会

马丽萍(女)　马晓凤(女)
白苏英(女,藏族)　刘晓晨(女)
刘德华(女)　杨小英(女)
杨刚虹(女)　杨建英(女)
李亚莲(女)　苏红群(女)
邹玉蓉(女)　陈　芳(女)
青久蓉(女)　罗　彤(女)
罗明锦(女)　胡均蓉(女)
侯凤明(女)　唐芳琼(女)
唐桥星(女)　钱书模(女)
曹志碧(女)　黄　莉(女)
黄淑琼(女)　彭　敏(女)
董善浦(女)　傅昌秀(女)

青年联合会

马炳建　王安泰　李后强　李家权
张晓梅(女)　郑　迈　赵　青(女)
黎光德

工商业联合会

马新业(回族)　王行可　王全兴
王安定　王勇策　王新贤　叶礼贵

许晓舟　江　云　孙云霞(女)
杨光全　杨征洪　连　铭　张水廷
张志强　张国志　何志尧　宋光明
陈立仁　陈宗君　钟培基　唐先洪
席　静　彭代成　童应林　谢光大
温开金　蒲体勤　雷文勇　廖乾修

台湾同胞联合会

乐重荣　刘　琪　陈开明　潘玉萍(女)

归国华侨联合会

王　棣　王宋达　杨中海　林纯怀
雪合来提(哈萨克族)

供销合作社联合社

邓瑜华　兰　头(藏族)　冯　建
杨　忠　官　平　赵开珍(女)
祝　钧　徐成康　徐国强

文化艺术界

马　琳(女,彝族) 王　麒(女)
王　英(女,彝族) 邓秀虎　包　川(女)
冯宪光　成尧肇　吕小琴(女)
朱理存(女)　任荣光　刘　芸(女)
许春林　孙　敏　李一清　李　亭(女)
李康生　严晓琴(女)　严学梅(女)
张丽君(女)　张宗明　何应辉
宋学镰　周纪律(女)　周维民
金家英(女)　钱来忠　徐　康
高洁昭(女)　郭志琼(女)
曹　平　曹纪祖　黄建康(藏族)
喻海燕(女)　程尊堂　蔡继康
谭维明

经济界

王　杰　王文义　王国春　王俊超
王雪梅(女)　王盛贵　艾　欣
石万俭　龙绍康　任晓善　向玉明
刘仁勇　安治富　关　华(女)
汤日新　杨　燕(女)　杨金廷
杜元耀　李克明　李家堃　李德华
李德厚(藏族)　张立东　张守域
张远平　何晓玲　邱发宗　宋德安
沈才洪　陈　奎　陈文跃　罗代富
庞锦发　秦万祥　袁大奎　黄文驰
梁昌飞　翁景庆　谢代银　谢瑞武
赖大福　潘世伟　瞿映华

科学技术协会

马晋新(女,回族) 王　云　王成善
吕　新　刘庆华　孙　伟　李　强
李志远　李克俊(回族)　李维祥(白族)
张晓静(女)　张祥来　张惠国
金佐第　胡家正　聂秀香(女)
钱天林　徐忠荣　黄克镛　康良平(女)
阎文昭　傅育勇　谢长茂　曾祥炜
谭志昕　潘雄英(女,彝族)

科学技术界

刁正坤　于　丹　马庭林　王　冰
王　骆　王跃明　孔　丽(女)
邓金根　甘立清　石　谦　朱　冬
任小洪　刘军儒　刘伯太　刘革新
刘富安　杨小川　杨廷阔　杨登云(羌族)
李生荣　李荣红(女)　张　云
张德明　吴启敏(女)　吴家碚
何木云　邱允武　宋家胜　汪光泽
周理元(羌族)　周　强　胡光远
胡建清　胡庭兴　赵金乐　饶妮妮(女)
侯益民　姚　进　洪建胜　莫　烨
唐士豹　徐志兰(女)　崔江利
隆　泗　董泽勇　蒋光鑑　喻文柏
赖喜隆　雷斌隆　谭开林　缪兴民

社会科学界

王裕国　王新前　吕红文　刘天福(苗族)
刘从政　庄为充　李远国　李秉严
张　强　张邦炜　张胜康(女)
张桂权　何　政　何　涛　何一民
何志国　范国忠　周小山　周继尧
赵　勇　秦安禄　黄　红　梁守勋
游永恒　孟庆山

教育界

马布都(彝族)　马　凯　王可植
王莉茹(女)　毛春逊　左华荣
兰代明　冯小明　冯友龙(藏族)

吕重九　任鹤龄　多　登(藏族)
杨大忠　杜旭林　李正华(彝族)
李代明　李永媛(女)　张日新
张苹明　吴土星　肖继东　邹　英(女)
但冰如　何绍勇(彝族)　余祖晨
陆文熙(女)　罗文绮(女)
季若霄(女)　郑多强　胡月鹤(女)
赵　忠　贺洪萍(女)　夏平升
唐华生　唐登学　高林远　曹　华(女)
梁　洁(女)　程　松　傅成华
焦松兰(女,羌族)　曾　勇　潘泽彬

体育界

田　佳(女)　成建新　朱　玲(女)
孙　军　杨　强　肖阳宗　汪海涛
唐　琳(女)　曾　艳(女)

新闻出版界

王　仆　刘姝岚(女)　李正培
吴宝文　周孟琪　宣景容(女)
莫世行　唐小强　黄长君(回族)

医药卫生界

马　平(女)　尹立雪　华尔江(藏族)
刘盛斯　杨　昆　李国友　李建华
严晋川　张兴洪　张明哲　张瑞兰(女)
张肇达　吴康敏(女,水族)
何浚治(蒙古族)　陈　慈(女)
陈东翔　陈绍宏　罗良娟(女)
周学东(女)　周家镇
降拥四郎(藏族)　钟双全　徐宽宁
郭锡久　斯朗旺姆(女,藏族)
董小萍(女)　景世刚　舒光明
熊大经　戴亚海　魏　嵋(女)

对外友好人士

刘运生　陈桂生　陈麟章　高　翔
魏文浩

社会福利界

邓晓莉(女)　刘海金　陈　彪
邵大宽　韩志龙　傅金凤(女)

法律界

邬红旗　杨志男　纳光云(回族)
苟兴和　施　杰　鄢正刚

少数民族界

八青克哈(彝族)　马　旭(回族)
马继云(回族)　云登隆措(藏族)
木呷拉哈(彝族)　王晓芳(女,藏族)
扎西娜珍(女,藏族)
龙野萍(女,彝族)　尔欧伍哈(彝族)
伍　金(藏族)　刘绍先(彝族)
孙学美(女,彝族)　杨宁超(彝族)
杨　华(回族)　李海超(苗族)
克思点洛(彝族)　吴文发(彝族)
余海清(羌族)　沙福权(回族)
阿　称(藏族)　阿巴尔体(彝族)
阿克阿合(彝族)　阿侯蜀革(彝族)
陈云川(纳西族)　陈开平(羌族)
陈五一(土家族)　拥登嘉措(藏族)
罗小波(彝族)　罗让旦巴(藏族)
罗洪瓦达(彝族)　居麦丁真(藏族)
泽旺吉美(藏族)　柏承刚(藏族)
绒巴仁则(藏族)　香根·边玛仁青(藏族)
勉　宁(女,回族)　洛绒曲批(藏族)
格达·扎西绒布(藏族)
曹义芳(女,羌族)　紫腾嘉(藏族)
登巴大吉(藏族)
嘉央格拉央丹降措(藏族)
嘎多·锡雄(藏族)　潘学智(壮族)

宗教界

土登泽仁(藏族)　马万全(回族)
李枝刚　李　栋　张明心(女)
张贤升　释宗性

特别邀请人士

马俊东(回族)　马清正　王　梅(女)
王大启　王云基　王玉兰(女)
王存浩　王志敏　王昌明　王增建
支树平　扎喜旺登(藏族)　车　勇
贝钧奇　毛正则　文远鹏　方之芳(女)
方其烈　尹志君　邓晓兰(女)
卢德华(女)　叶光荣　母世杰
冯　琦(女)　吕　凯　先开金

伍晓伶　殷旭东　刘　汉　刘志伟
刘金国　刘俊泽(女)　刘高泽
刘展灏　刘盛玲(女)　刘儒贤
许文前　米光碧(女)　朱明亮
孙学华(彝族)　孙家瓛　杨　勋(女)
杨文钧　杨本根　杨伟忠　杨　兴
杨兴平　杨绍林(藏族)　杨重华
杨静纯　李　川　李开金(回族)
李文学　李仕根　李发明　李发祥
李华光　李自明　李志兴　李孝昌
李盛文　李朝亮　李惠中　李耀亨
花　欣　张　京(女)　张　蜀
张万平(女)　张子华　张应文
张国志　张国洪　张胜明　张修忠
张　涌　张家点　吴玉宾(女)
吴先林　吴利财　吴和均　肖　珣
邹光林　邹寿彬　何必奖　何成育(女)
何绍华　何新权　邱发国　邱庆西(女)
狄廷国　余国成　余健楚　宋全安
宋如华　汪世华　况余烈　陈　文
陈伟燊　陈安素(女)　陈志刚
陈志明　陈志雄　陈宏志　陈陆文
陈其中　陈忠恕　陈国良　陈焕仁
陈智仁　林日初　林忠清　林建高
苟必伦　罗布江村(藏族)　罗延临(女)
屈坤宁　周文芒(藏族)　周本宽
周成忠　周春芽　周维德　郑文利
郑　旭　郑敬凯　郑锡涛　胡湘莲(女)
胡德仁　赵　华(女)　赵世华
赵科峰　赵洪银　钟长安　钟兆基
修瑞龄　段廷扬　洪常伟　洪清宜
桂秋莲(女)　莫盛恩　卿光国
唐大润　唐德高　倪正刚　徐福燊
郭应富　曹　辉　黄大贵　黄万辉
黄玉琏(女)　黄贵华　黄素清(女)
龚炤祥　阎泯乐　彭方伟　彭祖德
韩万斋　董德寿　傅　立　释海山
释智海　释照观　谢百军　游柱先
登德旺志(藏族)　雷　汉　雷有成
裘　希　郝群岩　蔡清顺　谭汉锦
熊小峰　熊树林　樊怀京　樊建川
德尔基彭措(藏族)魏在禄　魏　康

【四川省各级政协领导人名单】

四川省政协(见组织概况)

成都市(副省级)

市政协主席

骆隆森

副主席

孙家瓛　张继海　郭应富
贺大经　赵惠民　高　庆(女)
傅勇林　侯一平　章恩筹

秘书长

张开柱

县(市、区)政协主席

锦江区　王文成
青羊区　钟家福
武侯区　王正文
成华区　孙　帆(女)
金牛区　张文友
龙泉驿区　唐成斌
青白江区　李光明
新都区　罗时武
金堂县　任胜英(女)
双流县　周德洪
温江县　宋崇文
郫　县　魏　伟
彭州市　刘纪章
都江堰市　王彝福
崇州市　张春生
大邑县　徐松华
邛崃市　熊定能
蒲江县　吴立民
新津县　陶南洪

自贡市

市政协主席　徐大蒙

县(区)政协主席

自流井区　黄立容(女)

贡井区　　章斯健
大安区　　赵　华(女)
沿滩区　　龙学敏
荣　县　　虞良廷
富顺县　　周正聪

攀枝花市
市政协主席　　赵世华
县(区)政协主席
东　区　　王志德
西　区　　卢宗祥
仁和区　　罗世华
米易县　　刘　敏
盐边县　　沈　昌

泸州市
市政协主席　　徐龙治
县(区)政协主席
江阳区　　唐荣良
龙马潭区　　赖朝祥
纳溪区　　秦敬林
泸　县　　田修国
合江县　　李世贤
叙永县　　梅世强
古蔺县　　曾凡毅

德阳市
市政协主席　　陈华国
县(市、区)政协主席
旌阳区　　谢智源
罗江县　　邓华明
绵竹市　　代　青
中江县　　岳素华(女)
广汉市　　蔡松柏
什邡市　　陈在惠(女)

绵阳市
市政协主席　　邱文德
县(市、区)政协主席
涪城区　　秦廷汉
游仙区　　雍远奉
安　县　　邓诗琼(女)
江油市　　范来山
梓潼县　　李和平
平武县　　郑　晓
北川县　　杨应庆
三台县　　苏才华
盐亭县　　谭吉甫

广元市
市政协主席　　赵立中
县(区)政协主席
市中区　　邢国连
元坝区　　李奎元
朝天区　　贾光升
剑阁县　　王成书
旺苍县　　何万隆
青川县　　党兴谷
苍溪县　　杨秋良

遂宁市
市政协主席　　丁富国
县(区)政协主席
市中区　　蒋光学
蓬溪县　　冯佳才
射洪县　　符安君
大英县　　聂常林

内江市
市政协主席　　胡文洪
县(区)政协主席
市中区　　刘扬贵
东兴区　　荣道富
资中县　　许蜀宗
威远县　　张卿祥
隆昌县　　李国成

乐山市

市政协主席　林　蓉(女)

县(市、区)政协主席

市中区　张德银

五通桥区　刘星荣

沙湾区　赵本茹

金口河区　张贤福

犍为县　胡东升

井研县　刘　荣

峨眉山市　张元森

夹江县　宋秀莲(女)

沐川县　张又循

峨边县　张少雨

马边县　张三才

宜宾市

市政协主席　魏在禄

县(区)政协主席

翠屏区　黄　明(女)

宜宾县　陶天华

南溪县　陈昌钰

江安县　刘明富(女)

长宁县　傅正蓉(女)

高　县　廖益萍(女)

筠连县　许　虹(女)

珙　县　王学刚

兴文县　彭　屏

屏山县　成远恒

南充市

市政协主席　蒲显福

县(市、区)政协主席

顺庆区　苏世琼(女)

高坪区　陈春华(女)

嘉陵区　赵大伦

南部县　何善奇

营山县　王朝林

蓬安县　苏树学

仪陇县　肖开勇

西充县　冯顺华(女)

阆中市　冯大文

广安市

市政协主席　苑　红

县(市、区)政协主席

广安区　郑维伦

华蓥市　王守秩

岳池县　莫兴荣

武胜县　张柏林

邻水县　鄢承均

达州市

市政协主席　陈志明

县(市、区)政协主席

通川区　高贤忠

达　县　郭光弟

宣汉县　张正迪

开江县　汤文玉(女)

大竹县　黄建群

渠　县　刘　森

万源市　刘明显

巴中市

市政协主席　苟必伦

县(区)政协主席

巴州区　祝　毅

通江县　邓国平

南江县　杜纯裕

平昌县　胡继昌

雅安市

市政协主席　苟彦云

县(区)政协主席

雨城区　李　荣

名山县　王　维

荥经县　兰树秋

汉源县　王琼祥(女)

石棉县　羊建忠

天全县 罗开清(女)
芦山县 罗文钧
宝兴县 何洪星

眉山市

市政协主席 严文清
县(区)政协主席
东坡区 何德明
仁寿县 李德全
洪雅县 周述明
彭山县 周云福
丹棱县 芦献平
青神县 侯清富

资阳市

市政协主席 卿光国
县(市、区)政协主席
雁江区 魏远英(女)
简阳市 吴明春
安岳县 袁 韧
乐至县 罗军蜀

阿坝州

州政协主席 杨海青
县政协主席
马尔康县 格尔玛
汶川县 张清立
理 县 张德英(女)
茂 县 张兴运(女)
松潘县 赵希明
九寨沟县 格 梅(女)
金川县 王有军
小金县 汤义清
黑水县 夏拉甫
壤塘县 头 丹
阿坝县 兰木科(女)
若尔盖县 纳 果
红原县 罗尔基

甘孜州

州政协主席 洛松曲批
县政协主席
康定县 杜吉泽登
泸定县 孙光骏
丹巴县 西 绕
九龙县 八青克哈
雅江县 施双元
道孚县 多 吉
炉霍县 扎西泽仁
甘孜县 阿 西
新龙县 呷绒多吉
德格县 安 地
白玉县 白马西绕
石渠县 洛珠彭措
色达县 泽 波
理塘县 小公布
巴塘县 洛松当却
乡城县 杨建安
稻城县 龙龙
得荣县 亚古翁吉

凉山州

州政协主席 陈其中
县(市)政协主席
西昌市 刘光祥
木里藏族自治县 易永德
盐源县 刘联贵
德昌县 张沛荣
会理县 付正友
会东县 徐 树
宁南县 高建文
普格县 拉马瓦体
布拖县 蔡启成
金阳县 白热且
昭觉县 陈开福
喜德县 吉额瓦各
冕宁县 骆木加
越西县 邹向志

甘洛县	阿西衣伍	雷波县	涂太恩
美姑县	沙马古衣		

四川省各级政协组织和委员数

（截至2003年底）

项目＼级别	省	副省级市	设区的市(州)	县(不设区的市、市辖区)	合计
组织数	1	1	20	180	202
委员数	886	644	7244	31902	40676

（夏剑军　编写　陈宏志、钟钢　审稿）

政 协 贵 州 省 委 员 会

王思齐　主　席

莫时仁　副主席

马文骏　副主席

许乐仁　副主席

伍席源　副主席

李金顺　副主席

何永康　副主席

李　平　副主席

李嘉琥　副主席

王录生　副主席

相小青　副主席

洪宗良　秘书长

【全体委员会议】

九届一次会议 2003年1月10日至18日在贵阳举行。本次大会应出席委员575名,实到542名。中国人民政治协商会议第九届贵州省委员会第一次会议主席团常务主席王思齐主持了会议。会议听取和审议了贵州省政协九届一次会议主席团常务主席许乐仁作的《中国人民政治协商会议第八届贵州省委员会常务委员会工作报告》。出席会议的委员列席了省人大十届一次会议,听取并讨论了石秀诗省长作的《政府工作报告》及其他有关报告。通过了本次会议《决议》。《决议》指出:第八届省政协在中共贵州省委的领导和全国政协的指导下,高举邓小平理论伟大旗帜,认真学习实践"三个代表"重要思想,坚持党的基本理论、基本路线、基本纲领和基本经验,牢牢把握团结和民主两大主题,围绕中共贵州省委、省人民政府的中心任务,以继承、开拓、创新为工作思路,切实履行政协职能,各方面的工作都取得了新进展,为巩固和扩大爱国统一战线,促进贵州改革发展稳定作出了积极贡献,并提供了宝贵经验,为第九届贵州省政协的工作奠定了基础。《政府工作报告》对过去5年工作的总结实事求是,提出今后5年的奋斗目标和主要任务符合实际,部署2003年的工作措施切实可行。委员们就贵州进一步抢抓机遇,加快发展,全面建设小康社会,推进富民兴黔事业提出许多好的意见和建议。会议强调,今后5年是贵州经济社会发展继续打好基础,力争在战略重点和关键环节实现新突破的重要时期,一定要深入学习马列主义、毛泽东思想、邓小平理论和"三个代表"重要思想,学习贯彻中共十六大精神,增强政治意识、大局意识、使命感和责任感,调动一切积极因素,为发展社会主义民主政治,促进社会主义物质文明、政治文明和精神文明协调发展作出新贡献。政协第九届贵州省委员会主席王思齐在闭幕会上作了重要讲话。

【常务委员会会议】

第1次会议 2003年4月1日至2日在贵阳举行。会议内容:学习中共十六届二中全会精神;传达贯彻十届全国人大一次会议和政协十届一次会议精神;学习中共中央总书记胡锦涛关于统一战线和人民政协的重要论述;审议通过政协第九届贵州省委员会常务委员会关于设置专门委员会的决定,专门委员会主任、副主任名单,省政协副秘书长名单和省政协毕节、铜仁地区工委有关人事任免名单。王思齐主席在闭幕会上讲了话。

第2次会议 2003年7月21日至23日在贵阳举行。会议内容:传达贯彻全国政协十届二次常委会议、中共贵州省委九届三次全体扩大会议精神;分组学习讨论中共中央总书记胡锦涛在"三个代表"重要思想理论研讨会上的讲话;听取并讨论了副省长包克辛代表省人民政府通报的上半年全省经济运行情况和下半年经济工作安排意见;省长石秀诗与部分省政协委员就贵州经济社会发展有关问题进行座谈;审议通过了《政协贵州省委员会关于黔中水资源保护与开发的建议案》、《政协贵州省委员会关于"西电东送"工程电煤建设的建议案》和有关人事任免事项。省政协主席王思齐在闭幕会上讲了话。

第3次会议 2003年11月28日至29日在贵阳举行。会议内容:传达学习全国政协十届三次常委会议、中共贵州省委九届四次全体会议精神;分组讨论了中共十六届三中全会精神和贾庆林主席视察贵州时的重要讲话。听取各专委会汇报2003年工作情况,对2004年省政协专题调研课题提出意见;审议通过了有关人事任免事项。

第4次会议 2004年12月26日至28

日在贵阳举行。会议内容:协商讨论了《政府工作报告》(征求意见稿);审议通过《关于召开政协第九届贵州省委员会第二次会议日期的决定》;审议通过《政协第九届一次会议以来提案工作情况报告》,并推选了报告人;审议通过了贵州政协九届二次会议有关文件、名单。

【专门委员会工作】

提案委员会 会同省政协办公厅起草了《贵州省政协办公厅关于办理政协提案的意见》,经省政协主席会议讨论后,报送中共贵州省委、省人民政府。中共贵州省委办公厅、省政府办公厅转发各市州地和省直各部门。筛选出5件提案,报主席会议审议后作为主席会议督办的重要提案,送请省人民政府重点办理。省长石秀诗作批示,省政府办公厅下发督办通知。在省政协分管副主席率领下,加大检查督促力度,促进了这5件提案的办理。采取紧急提案立即督办、重点提案重点督办、组织委员视察督办、与有关方面协商办、对办理不满意的商请重办等措施,提高了提案办理质量。印发《致各民主党派、人民团体和全体政协委员的一封信》,对提案内容、重点和格式提出要求;编印《贵州省政协九届一次会议提案目录》给每位委员参考;组织本会委员学习提案知识,并到全体会议小组会上宣传提案在委员履行职能中的作用;在《贵州政协报》开辟专栏,介绍提案工作知识、经验,刊登提案及办理答复范例;编发《贵州省政协九届一次会议提案与办理选编》。召开各民主党派、工商联负责人座谈会,交流提案工作经验并征求意见。就提案工作赴贵阳、六盘水、安顺、黔东南、铜仁等市州地及部分县调研,共同探讨提高提案质量和办理质量问题。

经济委员会 组织本专委会委员认真学习中共十六届三中全会通过的《中共中央关于完善社会主义市场经济体制若干问题的决定》,并就贵州经济社会发展提出提案或意见建议。组织委员赴普安、盘县、纳雍、毕节、大方、金沙、遵义、六枝、水城9县市,就加快电煤建设确保电煤同步发展进行专题调研,写出调研报告,供决策部门参考。组织委员和部分专家就大力推进全省20个经济强县(市)建设进行调研,写出《大力推进建设经济强县的建议》,受到中共贵州省委、省政府高度重视。组织委员对"西电东送"电源点乌江渡电站扩容、构皮滩、洪家渡、索风营电站建设情况进行视察,写出《关于西电东送中部分水电工程的视察报告》,反映了4个亟待解决的问题,提出7条建议。根据本专委会委员的专长,将委员编成农业、金融、民营企业、国营企业组并分别安排各组与省经贸委、省财政厅、省农业厅、省国税局、省地税局、人行贵阳支行、省统计局就贵州经济运行中的有关问题进行恳谈,共商发展之计。配合全国政协经济委员会农村扶贫专题调研组深入国家扶贫工作重点县独山、晴隆、普定、织金开展调研,向中央反映贵州农村扶贫工作情况和困难。

人口资源环境委员会 组织委员学习胡锦涛等中央领导在全国人口资源环境工作座谈会上的重要讲话和有关法律法规,提高委员对做好政协人口资源环境工作重要性的认识,增强责任感和使命感。就黔中水资源保护与开发问题进行调研,向中共贵州省委、省政府报送了建议案。组织委员对贵阳市南明河综合整治工程进展情况进行视察,向中共贵州省委办公厅,省人民政府办公厅,中共贵阳市委、市人民政府分送了视察报告。贵阳市政府召开专题会议研究视察报告中提出的问题、意见和建议,从11个方面采取措施加以解决和落实。参与省人大常委会法制工作委员会《贵州省防洪条例》、省纪委《关于违反环境保护法律法规党纪政纪处分的暂行规定》

的修改。参与省政府组织的全省环境保护执法检查。会同省人大常委会环境与资源保护委员会召开会议，就关系全省经济社会发展的一些重大问题深入探讨，寻求对策。以提案和政协信息反映社情民意，促进一些环境污染突出问题得到解决。

科技教育委员会 邀请省科技厅、省教育厅、省劳动与社会保障厅负责人通报全省中药现代化、高新技术开发、职业教育和技工教育发展情况，为委员知情出力创造条件。邀请省教育厅、省劳动与社会保障厅参与，共同对贵阳市、黔东南州、遵义市的11所职业教育院校进行专题调查，形成《贵州职业教育发展对策研究》，从深化认识、加强领导、突出重点、建立和完善投入体制等7个方面提出建议，为中共贵州省委、省政府决策提供科学依据。组织委员赴遵义医学院广东珠海校区进行调研，写出《遵义医学院珠海校区发展情况的调研报告》，用事实说明中共贵州省委、省政府决策正确，澄清了一些不正确的议论，统一了认识。组织委员对全省部分制药企业、科研机构和中药材种植基地进行视察，会同省政协民族与宗教委员会起草了相关《建议案》。组织委员对《贵阳市中小学生人身伤害事故预防处理条例》(征求意见稿)进行讨论，向省人大常委会提出修改意见和建议。加强了同全国政协、部分兄弟省区市政协及本省州、市、县政协专委会的对口联系。

文化卫生体育委员会 会同省政协办公厅邀请省卫生厅厅长向省政协委员及机关干部通报全省防治“非典”工作情况，请省政协副主席李嘉琥介绍防治“非典”知识，发放预防“非典”宣传资料500多份。组织委员赴贵阳、遵义、黔南、黔东南、黔西南视察“非典”预防工作情况，写出视察报告报送中共贵州省委、省政府及有关部门。组织委员到贵阳市白云区麦架镇开展防治“非典”宣传活动，发放宣传资料2000份，并视察白云区第一、二人民医院，指导其发热门诊工作。邀请省体育局、省教育厅负责人分别通报全省体育设施建设情况，并组织委员对贵阳、遵义、黔南、黔东南、黔西南及其部分县的体育设施进行调研，写出《关于加强我省体育场地设施建设和使用的调研报告》，受到省政府及有关部门重视。通过居香港省政协委员周培贤联系，香港岭风画会捐资20万元，修建了兴义市威舍镇下德赫小学。与贵州电视台联合拍摄了《苗族舞蹈——人与山水的旋转》，荣获第二十一届中国电视金鹰奖专题电视文艺节目优秀作品奖；完成了布依族歌舞专题片《好花红》的拍摄。组织委员和专家赴罗甸开展文化、卫生、科技下乡活动。由本专委会委员组成的文化、卫生、体育小组也分别开展了以下主要活动：文化小组就《中华人民共和国民族民间传统文化保护法(草稿)》提出修改意见；赴龙里县视察迄今全省最大面积的巫山岩画的保护与开发情况，提出了建议；与全国政协书画界委员赴黔采风团交流了书画艺术。卫生小组对开阳县、白云区农村新型合作医疗试点情况进行视察，提出了建议；出席全国政协教科文卫体委员会在厦门召开的“构建城市医疗服务体系，为全面建设小康社会服务”研讨会。体育小组赴清镇市省体育训练基地考察。筹备并建立了贵州省政协书画室。

社会与法制委员会 在依法治省5周年之际，组织委员参加法制宣传活动。对贵阳市、黔东南州、毕节地区及其部分县实施《贵州省法律援助条例》一年来的情况进行视察，写出《关于贵州省法律援助工作情况的视察报告》，受到省政府及有关部门重视。配合全国政协社会和法制委员会开展专题调研，写出《关于“政府在就业工作中职能定位”调研报告》。赴贵阳市、黔南州、铜仁地区及部分区县开展调研，写出《关于我省非公有制经济发展环境的调研报告》。邀请省劳动与社会保障厅等部门，对全省再就业优惠政策落实情况进行调研，写出《关于我省再就业优惠政策落实情况的调研报告》。应邀参与省人大常委会、省人民政府《贵州省节约能源条例》、《贵州省邮政条例》、《贵州省价格条例》、《贵阳市物业管理规定》、《贵州省安全技术防范管理条例》等(草案)的协商，提出书面修改意见。组织委员就省人大常委会提出的“2003年至2007年立法规划项目建议”进行研究，提出一些立法项目供有关部门参考。应邀参与省高级人民法院开展的司法大检查，就执法指导思想，审判作风、办案质量、工作效率、法官职业道德等问题提出意见和建议。应邀参加中央政法委、综治委赴黔调研和检查座谈，就司法体制改革问题提出意见和建议。

民族与宗教委员会 组织委员赴全省3个自治州11个自治县及部分县，对发展以苗药为代表的中药现代化科技产业、民族地区民营经济发展情况进行调研，写出《调研报告》，提出建立苗药企业集团和销售网络，规范制药企业，推进流通体制改革，支持利用国有闲置土地建设医药工业园和制药企业；规范和扩大药材种植基地，鼓励用荒山荒地种植药材等建议，受到中共贵州省委、省人民政府及有关部门重视，并已采取了相应措施。组织委员赴镇宁自治县、威宁自治县、六盘水市，对“三农”问题和民族地区全面建设小康社会情况进行视察，针对存在问题和困难提出建议。考察了清镇市麦格苗族布依族乡茅草房改造工程、红枫湖镇朝凤布依寨花卉及养牛基地、碾子边村果蔬基地、修文县扎佐医药园区等。对宗教活动场所进行考察后，分别召开了佛教、道教、伊斯兰教、天主教、基督教代表人士座谈会。商请省教育厅、省民宗委帮助松桃自治县解决了布妹、花溪小学危房改造困难。

文史与学习委员会 会同省政协办公厅和贵州社会主义学院举办了全省市州县级政协主席培训班，编印以统战政协知识为主要内容的《学习参考资料》供省政协委员学习。组织委员赴浙江、安徽考察利用文物古迹发展旅游的经验，写出考察报告，向省人民政府及有关部门提出意见和建议。对台江、凯里古生物群、平坝恐龙化石、关岭动物群、兴义贵州龙群进行专题调研，并就加强宣传教育、健全法律法规，聘用专业人才、扩大科研队伍、增加保护经费等问题提出意见和建议。组织委员对黔南、黔东南州及其12个县市民族文物保护、开发利用情况进行视察；对贵阳、遵义、铜仁、黔南、黔东南部分爱国主义教育基地、文明风景旅游点的精神文明创建情况进行视察，写出视察报告，并报有关部门参考。

港澳台侨与外事委员会 组织委员学习与本专委会履行职能相关的方针政策。组织3个小组，赴贵阳、黔东南、铜仁、安顺、黔南对部分港澳台侨同胞、海外华人自1998年以来在黔捐资助学的情况进行调研，针对存在问题提出意见建议。先后召开省直6个涉侨涉台工作部门联系会议，互通情况，加强协作，共同做好工作。召开在贵阳的台港侨人士和外资企业代表中秋茶话会，畅叙乡情亲情，并就促进贵州经济社会发展提出意见建议。组织居港澳省政协委员到贵阳、遵义考察。召开中共贵州省委、省政府负责人与居港澳的省政协委员座谈会，委员们对贵州教育、旅游、科技、农业、民营经济、物流、对台和招商引资等方面的工作提出了意见和建议。在省政协副主席伍席源率领下赴港澳看望省政协和贵阳市政协委员，向他们及香港贵州联谊会理事、友好社团代表、各界朋友介绍贵州经济社会发展和省政协有关工作情况。接待香港贵州联谊会、澳门冻肉食品商业会等访问团和上海市政协居港澳委员赴黔考察团，并协助该团落实了捐资50万元给贵州贫困地区修建2所小学事宜。

【重要活动】

纪念贵州省智力支边工作20周年座谈会 2003年10月27日在贵阳召开。省政协主席王思齐，中共贵州省委副书记曹洪兴，省政府副省长吴嘉甫、禄智明，省政协副主席莫时仁、马文骏、许乐仁、伍席源、李嘉琥、王录生、相小青，省政协秘书长洪宗良出席会议。中共中央统战部副部长、全国工商联党组书记胡德平，九三学社中央副主席、黔西南实验区联合推动组组长洪绂曾，民革中央原副主席、毕节实验区专家顾问组副组长胡敏，原省政协主席龙志毅，中共中央统战部、国家民委、民革中央、民盟中央、民进中央、农工党中央、致公党中央、九三学社中央、全国工商联有关方面负责人，省政府办公厅、省政协办公厅、省委统战部、省委政研室、省扶贫办、省民宗委、省科技厅、省财政厅、省农业厅、省林业厅、民革省委、民建省委、民进省委、农工党省委、致公党省委、九三学社省委、省工商联、省科协、省智力支边办，各市州地政协、统战部、支边办负责人共110多人应邀出席会议。禄智明代表省人民政府和省智力支边联系小组，洪绂曾代表各民主党派中央和全国工商联、相小青代表各民主党派省委和省工商联、王思明代表老同志先后讲话，胡德平、王思齐、曹洪兴作了重要讲话。会议对20年来贵州智力支边工作取得的成绩、积累的经验进行了总结，并提出今后的工作任务。

纪念贵州建省590周年学术讨论会 2003年11月8日至11日在贵阳召开。原省政协主席、学术讨论会组委会主任委员龙志毅致开幕词。中共贵州省委书记钱运录、省人民政府省长石秀诗发来贺信。省政协主席、学术讨论会组委会名誉主任委员王思齐，中共贵州省委副书记孙淦在会上讲话。省政府副省长吴嘉甫、省政协副主席李金顺出席会议。来自北京、天津、山东、四川、湖南、云南、广东等省市和香港、台湾及本省学者100多人出席会议作学术交流。会议收到学术论文98篇，其中有39篇在贵州日报理论版开辟的“纪念贵州建省590年专栏”发表，由贵州民族出版社汇集出版。贵州电视台为配合这次会议，采编了60集《贵州史话》在“贵州新闻联播”节目中播出。组委会对收到的论文进行筛选后，编辑出版了《纪念贵州建省590周年学术论文集》。会议期间，与会学者参观了“贵州建省590周年文物展”，并赴修文、平坝两县考察阳明文化和屯堡文化。省政协副主席、学术讨论会组委会副主任委员王录生作会议总结并致闭幕词。

各州市地政协工作经验交流会 2003年11月11日至12日在黔西南州首府兴义市召开。各市州地政协交流了学习贯彻中共十六大精神，自觉实践“三个代表”重要思想，切实履行政协职能，开创政协工作新局面的经验，省政协主席王思齐传达了中共中央政治局常委、全国政协主席贾庆林视察贵州时的重要讲话。省政协副主席马文骏、许乐仁、李金顺、何永康、李平、相小青和秘书长洪宗良、省政协副秘书长、各专门委员会专职副主任、各市州地政协、部分县市政协负责人等60多人出席会议。王思齐在会上讲了话。

【重要文件】

常委会工作报告（2003年1月10日）（摘要） 政协第八届贵州省委员会已经走过了五年历程。在中共贵州省委的领导和全国政协的指导下，以邓小平理论和“三个代表”重要思想为指导，以继承、开拓、创新为工作思路，紧紧围绕中共贵州省委、省人民政府的中心任务，牢牢把握团结和民主两大主题，切实履行政治协商、民主监督、参政议政职能，各方面工作都取得了新进展，为促进贵州改革发展稳定发挥了重要作用。(一)把理论学习摆在重要位置。省政协常委会坚持加强理论学习，组织和推动委员认真学习马列主义、毛泽东思想、邓小平理论和“三个代表”重要思想，学习中共十五大、十六大精神和江泽民在庆祝人民政协成立50周年大会上和在全国统战工作会议上的重要讲话，学习中共三代领导集体关于统一战线和人民政协的重要论述，学习社会主义市场经济知识、现代科技知识和法律知识，学习中共贵州省委有关重要文件和会议精神。举办培训班、专题讲座、报告会等100多次，编发《学习参考资料》19期。通过学习，把思想统一到中央重大决策上来，增强了履行职能的责任感、使命感和自觉性。(二)牢牢把握团结和民主两大主题。5年来，加强与各民主党派、工商联、各人民团体和各族各界人士的团结与合作。一是有计划地吸收新的社会阶层的代表人士参加政协，增强了政协组织的包容性、代表性。二是认真听取各界别和各方面人士的意见、建议，共同为贵州改革开放和现代化建设服务。三是发扬民主作风，保证政协委员的民主权利，调动一切积极因素，团结一切可以团结的力量，维护社会团结稳定。四是不定期走访各民主党派、工商联、人民团体，坚持省政协领导与各民主党派、工商联负责人座谈制度和省政协秘书长与各民主党派、工商联秘书长联系制度，互通情况，交换意见，增进了解，促进团结。(三)围绕中共贵州省委、省政府的中心任务开展政治协商。通过全委会议、常委会议、主席会议和专门委员会会议等例会，围绕省人民政府工作报告，全省国民经济和社会发展中的重大问题进行协商讨论，积极建言献策。2000年，围绕实施西部大开发战略和制定贵州省国民经济和社会发展第十个五年计划有关问题进行协商讨论，提出的一些意见和建议被中共贵州省委、省政府采纳。省政协每年年中都邀请省长与部分省政协委员座谈，就我省改革和建设中的一些重大问题进行协商讨论。历任省长率省政府办公厅及有关部门负责人到会直接听取委员们的意见和建议。省长对委员们的发言充分肯定，并要求有关部门对委员们提出的意见、建议进行梳理和研究，结合自身工作实际吸收采纳、抓好落实。(四)加强以协商讨论和批评建议为主要形式的民主监督。省政协每年选择一些群众关注、影响较大的问题，以协商讨论和批评建议为主要形式，认真履行民主监督职能；运用例会、提案、视察、建议案、反映社情民意等多种形式，不断探索民主监督的新办法、新途径；利用报纸、电视、广播等传媒，反映委员的呼声，针砭时弊。(五)提高参政议政质量和水平。精选若干课题深入开展调研视察，写出了一批有较高质量的调研报告和视察报告。在此基础上，形成了进一步加强人口控制、实施好坡耕地退耕还林还草、做好下岗职工基本生活保障和再就业、改善贵州投资环境、加强人才队伍建设、推动非公有制经济发展、加大“两山”扶贫开发力度、做好普通高校扩大招生工作、加快小城镇建设、建设畜牧养殖业大省、发展社会力量办学和加强乡村卫生机构建设等12份建议案。(六)在提高提案“三个质量”上下功夫。省政协各参加单位和委员每年提出400件左右提案，内容涉及全省改革发展中的重大问题和人民群众普遍关心的热点问题。1999年以来，省政协主席会议每年都从党派团体和委员提案中选出几件重要提案，作为主席会议督办提案，促进办理和落实。八届省政协共立案办理提案1982件，其中党派、团体提案377件，专门委员会提案15件。每年提案办复率均为100%，被承办部门采纳和基本采纳的占85.55%，对办复满意和基本满意的占96.4%。（七）加强和深化反映社情民意工作。采取一系列措施，切实把这项工作作为履行职能的一项经常性工作来抓。一是加强了队伍建设，从各专委会、省级各民主党派、工商联、人民团体以及基层政协聘请了50位特约信息员，并设立了信息工作联系点；二是建立了委员约谈制度，拓宽了解和反映社情民意渠道；三是做好来信来访工作，认真听取政协委员和人民群众的意见和建议。四是召开了3次全省政协信息工作座谈会，制定关于进一步加强政协信息工作的文件；五是总结评比，表彰先进。省政协办公厅从各地政协和政协委员提供的稿件中，共编发《政协信息》177期、《社民情意》251期，其中被全国政协采用的有26条，中共贵州省委、省政府和省政协领导批示的有44条。（八）发挥优势为两个文明建设办实事。协助有关部门引资1450多万元助黔兴学，兴建小学44所、教学点60余个，资助贫困学生6000余名，组织劳务输出近万人；联系各地政协，组织各类专家、学者和科技人员9000多人次参加智力支边扶贫活动，开展各类科技咨询、培训班600期（次），培训各类乡土人才10万多人次，建立帮扶联系点240多个；与省委宣传部、中央电视台影视部等单位联合摄制的4集电视剧《邓小平在1950》获得全国精神文明建设"五个一工程"奖，与贵州电视台联合摄制的侗族大歌专题艺术片《人与山水的和声》，获得广电部第十五届全国电视文艺"星光奖"、第九届全国少数民族题材电视"骏马奖"评委会提名奖和全省精神文明建设"五个一工程"奖；完成了全国政协文史委员会交办的库存史料400余万字的审稿编辑工作；向全国政协文史委"爱国主义教育基地情况考察团"反映困难，引起考察团重视并争取中央精神文明委员会办公室拨款300万元改善遵义会议纪念馆的设施。（九）开展多种形式的联谊活动。加强与香港、澳门特别行政区同胞和台湾同胞、海外侨胞的联谊，一是加强与港澳台侨同胞和海外友好人士的联系、联络感情、激发他们的爱国爱乡热情；二是热情接待来黔探亲访友、投资考察、科技交流、旅游观光的港澳台侨同胞和海外朋友，促进经济、科教、文化等方面的交流与合作；三是促进投资环境改善，为港澳台侨同胞来黔投资办企业排忧解难；四是通过组织视察、召开专题座谈会等形式，听取驻港澳省政协委员对我省经济社会发展的意见、建议；五是组织考察团赴澳大利亚和新西兰考察，促进对外友好交往。同时，还加强同全国政协和各省（市、区）政协的联系和交往，出席全国政协和西南、西部地区政协有关工作会议，筹备召开了西南六省区市政协第八次主席联系会议，接待各省（市、区）政协来黔考察团（组），组团（组）到省外学习考察。（十）做好政协宣传工作。坚持抓好全委会议、常委会议、省长与部分省政协委员座谈、省政协领导与委员约谈、调研视察等重要会议、重要活动的宣传工作。从1999年开始，每年组织新闻采访团，分期对全省9个市州地政协（工委）和35个县级政协履行职能取得的成绩、经验，以及各民主党派、有关人民团体、政协委员为两个文明建设做出的突出贡献进行专题采访报道，共发稿320多篇。2001年和2002年举办了全省政协好新闻评选，共评选出72件好新闻，并给予奖励。省政协办公厅还推荐政协好新闻稿参加全国政协好新闻评选，每年均有稿件荣获二、三等奖，省政协办公厅1999和2000年连续两年荣获组织奖。省政协领导、省政协机关干部和人民政协报贵州记者站在《人民政协报》、《中国政协》、《贵州日报》、《当代贵州》等报刊上发表有关政协工作的文章和新闻报道稿件350多篇。（十一）注重用经验指导和推动工作。从1998年起，逐年召开全省县级政协工作经验交流会、全省政协理论与实践研讨会、全省市州地政协（工委）工作座谈会、全省政协提案工作经验交流现场会、全省县级政协提案工作片区座谈会、全省政协专门委员会工作经验交流会、全省政协经验交流暨表彰会和全省政协优秀提案和先进承办单位表彰暨提案办理经验交流会等，总结推广先进经验。在2001年9月中共贵州省委召开的全省政协工作会议上，各市州地政协（工委）交流了工作经验，对全省各级政协工作起到指导和促进作用。省政协领导坚持深入基层调查研究，加强了对基层政协工作的指导。（十二）切实搞好自身建设。一是加强政协委员队伍建设，通过组织委员开展学习等各种活动，提高委员的综合素质和履行职能的水平。二是重视思想政治建设，领导班子和机关自身建设取得新进步。三是重视履行职能的规范化制度化建设，促进了政协工作更加规范有序。四是抓好机关建设，机关干部职工的服务水平和工作效率有了提高。

王思齐主席在省政协九届一次会议闭幕会上的讲话（2003年1月8日）（摘要）

一、人民政协是我国最广泛的爱国统一战线组织。统一战线是以毛泽东为代表的中国共产党人在长期斗争实践中创建的，在新民主主义革命发展中发挥了极其重要的作用，与武装斗争、党的建设一起成为中国革命的三大法宝。在新中国建立过程中，中国共产党继续坚持统一战线，与各民主党派、各人民团体、无党派人士共同创立了人民政协。中共十一届三中全会以后，邓小平根据新的历史条件，对统一战线和人民政协的性质、职能、作用、任务、方针和政策提出了一系列新的论断，把统一战线和人民政协理论发展到一个新阶段。中共十三届四中全会以后，以江泽民为核心的中共中央根据新形势，结合新实践，进一步丰富和发展了统一战线和人民政协理论，制定了《关于坚持和完善中国共产党领导的多党合作和政治协商制度的意见》，明确提出了中国共产党领导的多党合作和政治协商制度作为我国一项基本政治制度将长期存在和发展。半个多世纪的历史充分证明，人民政协符合中国国情，具有鲜明的中国特色，是中国特色社会主义事业的重要组成部分，在我国政治体制中具有不可替代的作用。第九届贵州省政协任期的五年，是我国全面建设小康社会，开创中国特色社会主义事业新局面的关键时期，也是贵州在西部大开发中抢抓机遇、加快发展，向富民兴黔宏伟目标迈进的关键时期。新形势、新任务，对第九届省政协提出了新要求。我们一定要充分认识人民政协在新世纪新阶段的重要地位和作用，适应新形势，探索新路子，做出新贡献。在工作方向上，要始终坚持以邓小平理论和“三个代表”重要思想为指导，全面贯彻中共“十六”大和中共贵州省第九次代表大会精神，始终坚持党的领导，把握主题、履行职能，围绕中心、服务大局，保持政协特点，贴近群众生活。在工作思路上，要坚持解放思想，实事求是，与时俱进，在继承中开拓，在开拓中创新，在创新中发展，把政协特有的工作做出成效，把与其他方面相配合的事情做出特色，从已经看准的、条件成熟的、力所能及的事情做起，先易后难，逐步推进，尽快形成活跃的工作局面。在工作方法上，要坚持实践第一的观点，重视实际，重视实践，重视经验，在实践中探索，在实践中总结，靠实践解决问题，用经验推动工作。

二、认真学习、深入领会、全面贯彻中共“十六”大精神是摆在九届省政协面前首要的政治任务。一定要按照中央的部署和中共贵州省委的要求，紧密结合贵州政协工作实际，学习贯彻好“十六”大精神。

(一)全面贯彻“三个代表”重要思想,用“三个代表”重要思想统领政协工作。在履行政协职能中全面贯彻落实“三个代表”重要思想,要始终不渝地坚持以经济建设为中心,围绕党委、政府的中心工作和贵州经济社会发展中的重大问题,参大政、议大事、办实事、求实效,在履行职能中体现和贯彻代表先进生产力发展的要求。要始终不渝地用先进思想文化武装头脑,努力为继承和弘扬民族文化的优秀传统,繁荣和发展反映时代要求的先进文化,提高人民群众的思想道德和科学文化素质,推动全省社会主义精神文明和政治文明建设建言献策,在履行职能中体现和贯彻代表先进文化前进方向的要求。要始终不渝地坚持党的群众路线,牢固树立“人民政协为人民”的思想,把倾听群众呼声、体察群众情绪、反映群众愿望、维护群众利益作为工作的出发点和归宿,在履行职能中体现和贯彻代表最广大人民群众根本利益的要求。(二)围绕团结和民主两大主题履行职能,巩固和发展爱国统一战线。人民政协作为最广泛的爱国统一战线组织,要高举爱国主义、社会主义旗帜,把团结各界、凝聚人心的工作摆在突出位置;要坚持求同存异、体谅包容的原则,加强同各方面人士的联系,促进全省各族人民的大团结、大联合;要进一步营造民主和谐的氛围,为履行政协职能创造良好的环境和条件;要坚持讲大局、讲团结、讲稳定,协助党委、政府做好协调关系、化解矛盾的工作,努力维护团结稳定的社会政治局面。(三)把促进发展作为第一要务,努力为全省全面建设小康社会作贡献。政协履行职能,必须突出促进发展这个第一要务,牢固树立发展意识。要把发展是硬道理,是解决一切问题的关键这一思想,变成广大政协委员的共识和自觉行动,最大限度地把大家的智慧和力量凝聚到抢抓机遇、加快贵州发展上来。要紧紧围绕中共贵州省委提出的总体要求和目标任务开展工作,自觉服从服务于全省工作大局,充分发挥政协人才荟萃、智力密集的优势,抓住关系全局的重要问题,深入开展专题调研,提出有创见的思路和可操作性的对策,供中共贵州省委、省政府决策参考;要充分调动广大政协委员和各民主党派、工商联、无党派人士、各人民团体、各族各界人士的积极性和创造性,共同为贵州全面建设小康社会作贡献。(四)坚持解放思想、开拓创新,不断推进政协工作制度化、规范化和程序化。做好政协工作,必须解放思想,实事求是,自觉摒弃那些不合时宜的观点和因循守旧的做法;必须不断创新,与时俱进,自觉树立创新意识,培养创新精神,提高创新能力,投身创新实践。全省各级政协要认真贯彻落实《中共贵州省委关于加强政协工作的决定》,抓好政协履行职能制度化、规范化、程序化建设,更好地为发展社会主义民主政治、建设社会主义政治文明服务。(五)主动争取和依靠中国共产党的领导,努力开创政协工作新局面。必须始终坚持中国共产党对政协工作的领导,无论是建言献策,还是协商监督,都要有利于加强和改善中国共产党的领导。要坚持和完善共产党领导的多党合作和政治协商制度,坚持“长期共存、互相监督、肝胆相照、荣辱与共”的方针,更好地发挥人民政协作为共产党领导的多党合作和政治协商组织的作用,积极为贵州改革开放和现代化建设贡献智慧和力量,不断开创政协工作新局面。

三、新一届政协必须努力搞好自身建设。全省政协组织要发扬自我教育的优良传统,推动委员在自愿的基础上学习马列主义、毛泽东思想、邓小平理论和“三个代表”重要思想,学习统一战线和人民政协的有关知识,学习时事政治和国家法律、政策,学习市场经济理论和现代科学文化知识，当前特别要深入学习中共十六大精神。要发扬艰苦奋斗和求真务实的精神，组织政协委员深入基层、深入实际，深入群众，了解情况，掌握实情，提出切实可行的意见和建议。要建立健全各项规章制度，形成科学合理的工作机制，使政协各方面工作有章可循，规范有序。要搞好机关工作，不断提高工作质量和效率，更好地为委员服务，为政协工作服务。政协委员是人民政协工作的主体，人民政协的一切工作和成就都离不开委员的智慧和创造。希望第九届省政协的每一位委员，珍惜荣誉，发挥作用，不辱使命，不负众望，以自己的实际行动，为政协组织增光添彩。

【组织概况】

主　席

王思齐

副主席

莫时仁(布依族)　马文骏
许乐仁　伍席源　李金顺
何永康　李　平　李嘉琥
王录生　相小青

秘书长

洪宗良

常务委员名单(以姓氏笔画为序)

王　伟　王一波　王心海
王阿多(女，苗族)　王园园(女)
王武强(苗族)　王保生　韦昌明(水族)
毛有碧(女)　孔　农　邓洪泰
左定超(穿青人)　龙宪禄(侗族)
申　诚　吕建军(女)　伍廷宪(壮族)
刘隆民　刘朝政　刘瑞兰(女)
刘新珍(女)　孙广煜　李　华(女)
李宗智　李家鑫　杨德林　肖　诚
肖远福(白族)　吴　春(苗族)
吴世玉(侗族)　吴晓萍(女，苗族)
邱树毅　何　力　何建昌(侗族)
谷民春　张芝庭　张观福　张启成
张泉水　张爱华(女)
张景梅(女，土家族)　陆辉君
陈　伟　陈　琦(布依族)　陈汉彬
陈华祥　陈昌旭　林港慈
罗大林(布依族)　周发辉　郑荣华
项　明　胡朝双(回族)　南君亚
袁长江　袁镇宇　徐来富　高春生
郭际鹏　唐文元　唐世礼(女，布依族)
黄文志　黄宗洪　盛俊敏　董德明(女)
韩介明　韩道武　程亦赤　傅家祥
释崇慈　普兆敏(女，彝族)
曾小菁(女，仡佬族)　谢彬如
蔡玉强　蔡志君(女)

委员名单(以姓氏笔画为序)

中国共产党

王开文　王武强(苗族)　王思齐
申　诚　冉茂元　伍席源　李　平
李代胜　李金顺　李建国　何永康
谷民春　陈华祥　罗光彪(布依族)
易明龙　哈弼强(回族)　洪宗良
莫时仁(布依族)　唐世礼(女，布依族)
董德明(女)　焦玉润　鲁智云

中国国民党革命委员会

马文骏　王心海　尹晓芬(女)
田黔垣　白贵春　齐新潮　杨小晟
张婷芬(女)　肖　诚　陈万达
陈世伟　陈雯茜(女)　孟　楠
胡德银　赵熙林　龚　源

中国民主同盟

丁贵杰　王凤玲(女)　王学建
王鸿儒　冉　霞(女，苗族)　李嘉琥
张正平　张建军　汪泰陵　明生荣
南君亚　袁长江　郭昌久(女)
蒋晓音(女)　廖　星　潘祖伦
薛　黔

中国民主建国会

王录生　刘瑞兰(女)　李立平
李跃荣(布依族)　张世甫　张筑平
吴　彤　陈信君(女)　周发辉
胡小远　胡嘉沛　徐宏力　盛桂芝(女)

彭　龙　喻理飞　喻朝华(土家族)
谢　强

中国民主促进会

龙长启　刘秀玲(女)　刘隆民
张世俊　邱耀东　陆洪光　相小青
郭达平　彭望苏　傅兴华　谢彬如

中国致公党

毛有碧(女)　阮居平　张新民
陈汉彬　罗　俊　俞　雷　黄　敬
黄海英(女)　瞿丽雅(女)

九三学社

王季槐　龙永平(女)　吕建军(女)
李　梓(女)　李　强　张伟云(女)
吴立荣　邱树毅　郑宝山　姜刚杰
夏焕柏(回族)　唐文明　徐宗俦
程永才　傅筑荫　普兆敏(女,彝族)

无党派人士

左定超(穿青人)　许乐仁　杨正万(侗族)
杨哲慧(女)　张启成　张晓松(女)
吴筑星　林登庸　陶　红　康冀川

中国共产主义青年团

王芳(女,苗族)　王绍文　刘文新
李晓松　陆庆华　陈昌旭　林　燕(女)
周争春(回族)　郭　焱(女)

总工会

王文秀(女,布依族)
付先进(仡佬族)　朱建清　杨凤林
杨承志(苗族)　杜周明　李云湧
李连芳　何国安　林永泽　周忠良(侗族)
施宽容(女)　郝振生　聂迪华
郭惠敏(女)　韩介明　程　畀

妇女联合会

石国英(女,水族)　刘新珍(女)
张　毓(女)　何秀容(女)
宋丽丽(女)　陈云英(女)
陈旭鸿(女,土家族)
胡国珍(女,侗族)　黄　卫(女)
黄福凤(女,布依族)
谢定敏(女,彝族)　靳　茹(女)

谭晓珊(女,侗族)

青年联合会

王一波　朱　虹(女)　黄　湘
楚湘黔　管　兵

工商业联合会

王　伟　王明亮(苗族)
田幼生(女,土家族)　张芝庭
张泉水　吴岳瀚　陈卫椿　林嘉龙
骆　刚　高建军(彝族)　黄光明
盛　恩　龚淮平　董思源　赖世强
谭治星　戴　勇

科学技术协会

王佳权　龙宪禄(侗族)　江　鲁
李　祥　苏文超　肖伦祥　徐大佑
隋建新(女)

台湾同胞联谊会

李小薇(女)　邱培声　林港慈
金　佳(女,高山族)　曾力群(女)

归国华侨联合会

王保生　邓元铭(女)　杨　早
张碧辉　何利铨　彭泽君(女)

文化艺术界

王阿多(女,苗族)　王振中(回族)
韦兴儒(布依族)　包俊宜　张润生
张继增　吴晓明　何顺安　汪信山
陆俊莲(女,侗族)　陈　伟
陈　音(女,布依族)　苑坪玉
范元祝　周　蓉(女)
周百穗(女,满族)　周培贤
赵剑平(仡佬族)　钱荫愉(女)
崔文玉

科学技术界

郝小江　王　兵　冉景丞(土家族)
吕道馨　刘阳华　麦咏光　李国基
苏晓庆(女)　张观福
张青荣(穿青人)　吴　春(苗族)
吴阿丽(女)　肖黔林　何志星
汪玉平(女)　汪世平　陈继光
周万成　郑诅华　郑荣华　项　明

胡支国　赵震洋　贺士成　段延辰
顾庆筑　郭继孝　梁钟明　雷毓云
蔡小兵　潘　然

社会科学界

韦启光(壮族)　刘志学　许　明(女)
吴晓萍(女,苗族)　胡晓登　赵少伏
黄钧儒　殷福保

经济界

马金贵　孔　农　龙月英(女,苗族)
龙锦壮　叶森林　付野秋(女,满族)
伍廷宪(壮族)　刘福林　刘毓文
杨　雷　杨德林　张世伦　宋建生
陈　迅　陈天耀　陈本智　陈全林
陈家定(布依族)　陈锡元　奉　力
屈庆麟　周国才　金隆昆　赵　文
赵　琦　胥忠义　姜　流　洪世清
高邦明　高春生　陶兴锐(白族)
曹本强　曹廷华　黄志明　彭士学
蔡玉强

农业界

万晓流(彝族)　王春光　乐正中
刘廷梅(女,回族)　安国勋　杜洪远
李玉柱　李含正　苏　涛(女,回族)
张　政　陆辉君　卓大成(土家族)
罗忠红　班镁光(布依族)　徐先骥
黄正义　黄宗洪　蒋文学(仡佬族)

教育界

王文科(布依族)　龙　颖(女)
申远初　任锡麟　刘世光
刘朝珍(女,布依族)　刘朝政
杨光能　杨清广　李铁芬(女)
张爱华(女)　张燕平(女)
何　力　邱树菲(女,仡佬族)
陈　昕(女)　陈正兴(女)
周丽莉(女)　段文浩(白族)
段振良　班红艳(女,布依族)
徐　谦(女)　郭盛富(仡佬族)
曹　煜　谌莉萍(女)　辜康乐
蒙爱军(水族)　蔡志君(女)

蔡德明　潘仲学(苗族)

体育界

王园园(女)　张卫刚　张传良
吴莲芝(女,仫佬族)　唐明波
潘少忠　魏红杰

新闻出版界

刘子富　刘世杰(仡佬族)　孙若芹(女)
李新民　张善炬　吴沛常(苗族)
陈英华　袁云龙　黄汉林　程亦赤

医药卫生界

王　筑(苗族)　王太芬(女,彝族)
田铁英(女)　江明俊　孙　衰(女)
杨永胜　杨政宇(侗族)　李宗智
李建国　张韬威　骆国仲　侯志凤(女)
姜　虎　聂祥华　盖彩云(女)
程爱琼(女)　曾小菁(女,仡佬族)
曾祥权

对外友好界

王天俊　刘明镜　杨秀荣(女)
李　华(女)　张碧芳(女)
林　昶　林庆筑(土家族)　周伟镐
施荣忻　郭际鹏　黄夏生　梁仕友
韩经武(女)

少数民族界

王志雄(水族)　韦昌明(水族)
邓仕雄(瑶族)　石　龙(苗族)
龙建桥(苗族)　龙德芳(苗族)
田应元(苗族)　兰书法(苗族)
伍忠辉(布依族)　向长安(仡佬族)
刘凤桃(女,毛南族)　安　康(苗族)
杨再尧(布依族)　杨林踊(仫佬族)
杨昌忠(苗族)　杨荣方(布依族)
杨修隽(回族)　杜昌益(苗族)
李国舒(女,土家族)　李泽新(彝族)
苏太恒(布依族)　张远宏(侗族)
张景梅(女,土家族)
吴　华(女,彝族)　吴世玉(侗族)
吴遵兰(女,侗族)　肖远福(白族)
何龙清(侗族)　何建昌(侗族)

陆治邦(土家族) 陈 琦(布依族)
陈广臣(苗族) 罗大林(布依族)
罗永发(畲族) 胡承仁(苗族)
夏和军(羌族) 秦 琼(土家族)
韩 侃(满族) 覃元平(壮族)
傅纯波(苗族) 蒙廷英(女,蒙古族)
潘海涛(侗族)

宗教界

马贤档(回族) 王充一 张廷龙(回族)
肖泽江(土家族) 保健行(回族)
唐荣涛 释心照 释崇慈

特别邀请人士

马 凌 王 运 王 慧(女)
王小青(女) 王生光 王永毛
王廷恺 王传福 王向规 王克林
王明富(苗族) 王胜业 王俊明
王选才 文富华(彝族) 邓 杰
邓小宙 邓应明(土家族) 邓洪泰
邓锦洲 卢达昌(土家族) 龙其凡
龙险峰(苗族) 包 新
成祺兴(布依族) 乔 洪 刘 晓
刘 瑞 刘凤云(女) 刘明胜
刘朝容(女) 许德友 安金黎(彝族)
孙仁培 孙远镇 杨天慧(女)
杨文鹏 杨业人 李又平 李明富
李勇林 李家鑫 严新明 张忠敏(女)
张国珍 张绍春 张显荣 张鼎荣(苗族)
张慧琴(女,侗族) 吴向党 吴庆康
吴泽云(侗族) 吴春毕(布依族)
吴桂臻(女) 肖向阳 邹 通
何文江 何明华(苗族) 余士良
余明惠(女) 辛守诚
宋超荣(僅家人) 沈可定 陈友模(彝族)
陈守勇 陈松官 陈国邦(布依族)
陈晓明(女) 陈梅琳(女)
陈德贵(苗族) 罗元良(布依族)
罗友鲜(女,布依族) 易胜金
周大新 柏怀思(布依族) 胡 青
胡川渝 胡中兴 胡品荣(水族)
胡朝双(回族) 胡德伦 郝龙潭
赵英旭 赵振阳 段兆元 姚钟伍
姚晓英(女) 施福根 袁振华
袁镇宇 徐立世 徐华良 徐来富
徐学仁 高金林(苗族) 高树堂
郭琪林 郭福基(羌族) 陶晓旭
黄 平(彝族) 黄文志 盛俊敏
梁适生 彭奕民(侗族) 彭祥华
韩道武 蒋云开 蒋世庆 蒋明理
释慧海 鲁 石 童其芳(女)
童明智 曾佐桥 曾贵阳
蒙廷跃(布依族) 蓝祝卉(女)
鲍廷英(女) 蔡勤生(蔡家人)
廖锡俊(土家族) 管正东 潘卫杨
魏凤英(女) 魏善淇

【贵州省各级政协领导人名单】

贵阳市

市政协主席 王选才

县(市、区)政协主席

云岩区 杨芝芳(女,2003年3月13日起)

南明区 郭敬阳(女,2003年3月23日起)

花溪区 李秀明

乌当区 田茂康(2003年3月20日起)

白云区 江金文

小河区 许洪兵

清镇市 黄学芬(女,2003年3月15日起)

开阳县 王梅庆(满族,2003年3月15日起)

修文县 殷建中(2003年3月21日起)

息烽县 吴德屏(2003年3月15日起)

遵义市

市政协主席 周大新

县(市、区)政协主席

红花岗区 何 曼(女,2003年2月21日起)

仁怀市 王德碧

赤水市 王昌乾(2003年2月21日起)

遵义县 张大六(2003年2月20日起)

习水县 秦中涛(2003年3月6日起)

桐梓县 娄恒炬

余庆县 杨胜洪(土家族)

正安县 曾润素(女,2003年2月26日起)

湄潭县 杨昌华

绥阳县 刘之礼(2003年3月6日起)

凤冈县 李廷学(2003年1月19日起)

道真仡佬族苗族自治县

周世晓(仡佬族,2003年2月21日起)

务川仡佬族苗族自治县

邹令波(女,仡佬族,2003年1月8日起)

六盘水市

市政协主席 易胜金

县(区、特区)政协主席

六枝特区

熊德威(2003年8月调离)

张廷模(副主席,2003年8月主持工作)

盘 县 许昆贤(女)

钟山区 穆 彪

水城县 颜昌友(2003年3月14日起)

安顺市

市政协主席 胡德伦

县(市、区)政协主席

西秀区 杨朝忠(苗族)

平坝县 谢发忠(白族,2003年3月20日起)

普定县 方志群(2003年3月20日起)

镇宁布依族苗族自治县

余文亮(布依族,2003年3月21日起)

紫云苗族布依族自治县 陈茹森

关岭布依族苗族自治县

罗成顺(布依族,2003年3月20日起)

黔东南苗族侗族自治州

州政协主席 邓锦洲

县(市)政协主席

凯里市 宋超荣(僅家人)

黄平县 潘敬秋(苗族)

施秉县 张祖安(2003年1月5日起)

镇远县 朱 鸣(女,2003年2月21日起)

三穗县 杨胜林

岑巩县 刘寿奎

天柱县 陈守金(侗族,2003年3月25日起)

麻江县 李明德(苗族,2003年1月10日起)

丹寨县 吴成华(苗族)

雷山县 张世荣(苗族)

台江县 刘耀密(苗族)

剑河县 王秀贤(侗族)

榕江县 龙正荣(侗族)

锦屏县 杨顺炎(侗族)

黎平县 朱卫平(2003年1月8日起)

从江县 李明德

黔南布依族苗族自治州

州政协主席　胡品荣(水族)

县(市)政协主席

都匀市　刘光乾(2003年3月10日起)

福泉市　李桂林(布依族,2003年3月9日起)

独山县　莫龙新(布依族)

平塘县　胡国栋(布依族,2003年3月17日起)

罗甸县　陈邦禄(苗族,2003年3月18日起)

荔波县　田景胜(水族,2003年3月11日起)

瓮安县　梁隆平(2003年3月28日起)

龙里县　范吉林(2003年2月28日起)

贵定县　方昌国(2003年3月14日起)

惠水县　吴文辉(苗族,2003年3月2日起)

长顺县　陈祥斌(布依族,2003年3月13日起)

三都水族自治县　莫善余(水族)

黔西南布依族苗族自治州

州政协主席　王胜业

县(市)政协主席

兴义市　吕正毅(2003年2月27日起)

兴仁县　姚天涛(2003年2月26日起)

普安县　李春芳(2003年2月21日起)

晴隆县　彭德洪

贞丰县　王明华(2003年2月20日起)

安龙县　韦永芝(女,布依族)

册亨县　韦忠道(布依族)

望谟县　韦光兴(苗族,2003年2月24日起)

铜仁地区

县(市)政协主席

铜仁市　黄昌富(土家族,2003年2月20日起)

万山特区　谭克冬(2003年3月23日起)

松桃苗族自治县　戴启来(土家族,2003年3月10日起)

石阡县　刘德远(侗族)

德江县　安高宣(土家族,2003年1月6日起)

江口县　卫茂芳

思南县　余觉英(女,蒙古族)

玉屏侗族自治县　关祖珍(女,侗族)

印江土家族苗族自治县

王朝文(苗族,2003年3月5日起)

沿河土家族自治县

陈朝禄(土家族,2003年1月8日起)

毕节地区

县(市)政协主席

毕节市　杨国兵(苗族)

纳雍县　李德超(白族)

赫章县　安顺光(彝族,2003年3月16日起)

黔西县　罗德智(彝族,2003年3月18日)

大方县　黄仲祥(彝族,2003年3月16日起)

织金县　陈宏柩(穿青人)

金沙县　张维林(彝族,2003年3月7日起)

威宁彝族回族苗族自治县　李怀明

贵州省各级政协组织和委员数

（截至2003年底）

级别 项目	省	自治州 （设区的市）	县（自治县、不设区的市、市辖区、特区）	合计
组织数	1	7	87	95
委员数	573	2217	13205	15995

（方家印　编写　洪宗良、郭福基　审稿）

政 协 云 南 省 委 员 会

杨崇汇　主　席

孟继尧　副主席

和占钧　副主席

马开贤　副主席

许克敏　副主席

陈勋儒　副主席

苏正国　副主席

管国忠　副主席

曾　华　副主席

罗黎辉　副主席

李先猷　副主席

龙忠志　秘书长

【全体委员会议】

九届一次会议 2003年1月8日至18日在昆明举行。会议审议通过了常务委员会工作报告;审议通过了关于八届五次会议以来的提案工作情况报告。与会委员列席了云南省人大十届一次会议,听取并协商讨论了徐荣凯省长所作的《政府工作报告》,云南省2002年国民经济和社会发展计划执行情况和2003年国民经济和社会发展计划的报告,云南省2002年地方财政预算执行情况和2003年地方财政预算的报告,云南省高级人民法院工作报告和云南省人民检察院工作报告。会议期间,省委、省政府领导和省直有关厅局委办的负责人到会,听取委员对《政府工作报告》的意见和建议。会议收到提案948件,经提案委员会审查立案942件。会议选举杨崇汇为政协云南省第九届委员会主席,孟继尧、和占钧、马开贤、许克敏、陈勋儒、苏正国、管国忠、曾华、罗黎辉、李先猷为副主席,龙忠志为秘书长。选举刀爱民等91人为政协云南省第九届委员会常务委员。会议审议通过了本次会议决议。杨崇汇主席在闭幕会上讲话。

【常务委员会会议】

第1次会议 2003年1月18日在昆明举行。会议审议通过政协云南省第九届委员会常务委员会关于工作机构设置的决定。任命马孝初为省政协研究室主任,免去办公厅副主任职务;朱桂兴、李兴顺、郭廷华为丽江地区政协工作委员会副主任;免去郭秀文的省政协办公厅副主任职务;免去朱丽的政协丽江地区工作委员会副主任职务。

第2次会议 2003年4月2日至3日在昆明举行。会议听取了陈勋儒副主席传达的全国政协十届一次会议精神,讨论了省政协如何贯彻全国"两会"精神,做好全年工作。审议了省政协关于改善外商投资环境的建议案。

第3次会议 2003年7月21日至23日在昆明举行。会议听取了云南省常务副省长秦光荣通报了全省一手抓经济,一手抓防治"非典"工作的情况;传达学习了全国政协十届二次常委会议精神;审议通过了《政协云南省委员会关于改善云南省投资环境的若干意见的建议案》和《政协云南省委员会关于云南糖产业整合的建议案》;任命张宁、雷耀民为省政协九届委员会副秘书长,张树义为省政协社会和法制委员会副主任,牛霖为省政协研究室副主任,张志强、杨老三、钱铄、李彬为政协临沧地区工作委员会副主任,王其明为政协思茅地区工作委员会副主任。杨崇汇主席在会上讲话。

第4次会议 2003年12月17日至19日在昆明举行。会议听取了副省长程映萱作的云南省人民政府关于政协云南省委员会第九届一次会议提案办理情况的通报;学习贯彻中共十六届三中全会、全国政协十届三次常委会议及省委有关会议精神;城镇化建设工作情况的通报;审议通过了《政协云南省第九届委员会常务委员会工作报告》(草案);审议通过了《政协云南省第九届委员会常务委员会关于九届一次会议以来提案工作情况的报告》(草案);审议通过了关于召开政协云南省第九届委员会第二次会议的决定;审议通过了政协云南省第九届委员会第二次会议议程(草案);审议通过了政协云南省第九届委员会常务委员会《工作报告》报告人建议名单和《提案工作报告》报告人建议名单(草案);审议通过了政协云南省第九届委员会第二次会议列席人员范围(草案);审议通过了《政协云南省委员会关于加快我省普通高中发展的建议案》(草案)。增补田舒斌、高克勤、雷滇生、马正述、李文兴、杨丽萍、舒保明为九届省政协委员;决定纳麒、谢辉、字如钧、舒玉泰不再担任九届省政协委员。任命聂华为省政协民族和宗教委员会副主任；免去何剑文的省政协民族宗教委员会副主任职务；高颂山的省政协副秘书长职务。杨崇汇主席在会议结束时讲话。

【专门委员会工作】

提案委员会 一年来，共收到提案989件，立案982件。强化了调研工作，确定了16件重点提案，由主席、副主席督办，得到较好落实。修订了《政协云南省委员会关于重点提案的确定和督办办法》。制定了《政协云南省委员会建议案工作规则》。召开情况通报会，请中共云南省委宣传部负责人向在昆的全国政协委员、省政协委员和党派团体机关干部通报全省宣传思想工作情况。召开了提案课题研讨会。与云南电视台合办《提案聚焦》栏目，全年播出48期。

文史委员会 召开了文史委员会议；进行了有关历史文化名城的专题视察，撰写了视察报告；组织考察团到甘肃、山西两省就如何做好历史文化遗产保护进行考察。成立了《云南文史集萃》编辑委员会，设立了顾问并召开了首次会议，完成了该书的目录筛选。

经济委员会 一年来，先后组织委员调研了云南糖产业的整合问题，形成了《政协云南省委员会关于云南糖产业整合的建议案》并获常委会议通过报中共云南省委、省政府；对云南国有中小企业改革情况进行调研，形成调研报告作为全省国企改革现场会的参阅材料；进行加快云南畜牧业发展的调研，形成了报告；视察了云南省重点高速公路建设情况，提出了十条建议；调查了食用农产品安全生产情况。组织委员到西部部分省、市、区考察。

人口资源环境委员会 先后围绕无公害蔬菜生产情况、城市垃圾处理问题、全省实施计划生育“少生奖励”情况、异龙湖环境保护情况等，组织委员进行了视察、调查，提出意见、建议；与省老龄委共同举办了“提高老年人生活生命质量”研讨会，收到论文90多篇，提出意见建议千余条；制定了《云南省政协人口资源环境委员会工作简则》；到安徽、湖南、湖北考察。

科教文卫体委员会 组织委员开展专题调研、视察12次，主要内容为：建设省高等体育职业学院，加快竞技体育后备人才培养；全省防治“非典”工作；昆明市医疗危废垃圾的处理；全省影视文化产业的发展等，形成报告10件，提交提案3件；对全省普通高中教育发展情况进行课题调研，形成了“加快全省普通高中教育发展”建议案，经常委会议通过报中共云南省委、省政府。配合全国政协整理报送了《云南省全民健身服务业专题调查报告》。赴江苏、浙江考察；举办了政协委员健身日、第十三届“团结杯”桥牌比赛、教师节茶话会、画家书法家下乡采风等活动。

港澳台侨和外事委员会 召开了港澳台侨和外事委员会第一次全体会议，讨论通过了《工作简则》；制定了《开展海外联谊工作制度》、《委员会学习制度》；就全省招商引资环境问题和华侨农场的改革与发展问题进行调研，形成了调研报告和《关于全省改善投资环境的建议案》（草案）；接待港澳台同胞、海外华侨华人和越南、韩国、泰国等赴滇访问、考察团组18个250余人次；组团或参团出访考察了南非、赞比亚、澳大利亚、印度日本等10个国家；组织召开了云南省海外经济合作促进会一届三次理事会；组织云南少数民族艺术家参加在北京举办的民族传统文化艺术展。

社会和法制委员会 组织委员就云南省青少年毒品违法犯罪问题、部分地区下岗失业再就业工作、云南省依法治省和法制宣传教育工作、政府在就业工作中的职能定位进行了调研和视察，并提出许多意见建议供有关决策部门参考;组织委员对法律法规进行协商讨论28件(次),提出修改意见建议140余条;召开了政协委员中的部分民营企业家座谈会,听取关于维护民营企业合法权益的意见;召开了工作座谈会。

民族和宗教委员会 就贯彻落实党的宗教政策方面存在的问题,对省宗教院校及昆明地区部分宗教活动场所视察,提出了意见建议,协调解决了问题;就宗教活动场所管理情况在楚雄州、丽江市开展调研;举办了全省政协民族宗教干部培训班;召开了情况通报会;加强与有关方面的联系,参加了有关民族宗教方面的活动;接待了以全国政协民宗委主任钮茂生为团长的考察团。组织省政协委员中的部分少数民族委员赴西藏、青海、四川就新形势下如何做好政协的民族宗教工作进行考察。

【重要活动】

贾庆林主席和全国政协多位副主席到云南视察 7月11日至16日,中共中央政治局常委、全国政协主席贾庆林,中共中央统战部部长、全国政协副主席刘延东一行视察了云南,看望了省政协机关干部、省级民主党派、工商联负责人,4月9日至15日,全国政协副主席王忠禹视察了昆明、西双版纳、大理等地,并在省政协与省级各民主党派负责人、省政协厅以上干部座谈。8月26日至9月1日,全国政协副主席陈奎元在云南视察。11月8日至15日,全国政协副主席张怀西在云南视察。

积极参与抗击"非典"工作 2003年上半年,在我国部分地区发生"非典"疫情时,按照中共云南省委、省政府的统一部署,做好政协机关宣传动员和防治工作;通过主席约谈会请省政协委员和医药卫生界的专家就如何防治"非典"献计献策;组织政协委员到昆明医学院附属医院、省疾病控制中心、大学、幼儿园、火车站等场所,对防治"非典"各项措施落实情况进行视察,提出了意见建议,形成了《省政协关于全省防治"非典"工作情况的报告》,受到有关部门的重视。

全省州市县政协主席、地区政协工委主任培训班 2003年8月15日至24日在昆明举行,全省县以上政协主席、副主席、地区政协工委主任、副主任及省政协机关部分厅处级干部280多人参加培训。政协领导、有关专家就中国共产党统一战线和人民政协理论、新形势下如何做好政协工作等方面授课,杨崇汇主席在培训班上讲话。

对提案办理、公路建设、检察院工作和文化产业的视察 11月上旬,杨崇汇主席、孟继尧副主席率视察组视察了全省高速公路建设情况,并对存在的问题提出了意见和建议。9月14日至17日,李先猷副主席率领视察组,听取了省广播电视局负责人关于全省影视文化产业发展情况的介绍,与有关人员座谈影视企业的发展问题,视察了会泽县影视文化产业发展情况。8月中旬,孟继尧、和占钧副主席为组长的视察组到云南省检察院视察今年以来检察工作情况,并提出了意见和建议。8月11日至15日,由多位副主席率领的视察组视察了部分省级部委办厅局的提案办理情况,要求提案承办单位要进一步提高认识,加强领导,总结经验,完善措施,健全制度,推进提案办理工作跨上新台阶。

【重要文件】常委会工作报告(2003年1月8日)(摘要) 报告第一部分回顾了政协云南省第八届委员会五年的主要工作。五年来,在中共云南省委的领导下,常委会紧紧围绕中共云南省委、省政府的中心工作,突出团结民主两大主题,切实履行政治协商、民主监督、参政议政职能,为全省经济发展、社会进步、民族团结、边疆稳定作出了积极贡献。(一)政治协商更加深入。围绕全省国民经济和社会发展“十五”计划、每年的政府工作报告、财政预决算报告、“两院”工作报告等重大问题充分讨论协商,积极建言献策。在中共云南省委、省政府关于进一步扩大对内对外改革开放、加快国企的改革和发展、大力发展个体私营经济、加快城镇化进程、民族文化大省建设纲要,做好新形势下民族工作等20多个重要文件和法律法规出台前组织委员协商,提出了许多有价值的意见和建议。分别就“基础设施建设与环境保护”、“人才培养与引进”、“传统产业的改造与升级”、“建设现代农业的思路与对策”、“绿色经济与绿色经济强省建设”等举办了5次专题论坛;(二)民主监督有新的发展。积极探索加强民主监督的有效形式,开展了“关于新形势下加大民主监督力度”的课题调研,召开了全省政协“完善民主监督机制,加大民主监督力度”研讨会。组织政协委员对省工商局的思想作风和工作作风进行了民主评议,得到了中共云南省委和省政府的高度重视和肯定。(三)参政议政富有成效。组织调查、视察、考察180多次,形成专题报告150多份,委员提交大会发言稿400多份,提出意见建议千余条;五年来形成关于大力发展个体私营经济、深化国有企业改革和搞好再就业工程、加快农村产业结构调整和农民增收、加快高新技术产业发展、加快城镇化进程、加快实施“滇中调水”前期工程等9个建议案;高度重视提案工作,立案3514件。(四)党派和界别作用进一步加强。及时向各民主党派、有关人民团体传达党和国家的大政方针和重要会议精神,通报全省经济和社会发展情况,认真听取并反映他们的意见建议;重视和认真办理党派、团体提案;充分发挥党派团体中的特约监察员、检察员、审计员和教育督导员的作用。

(五)为维护稳定发展做出贡献。把了解和反映社情民意作为协调关系、化解矛盾、维护稳定的关键环节,通过多形式、多渠道了解和反映,接受来信来访6500多件次,省政协领导接待来访群众300多人次,批阅重要来信230多件;收集各类信息3000多条,编发云南政协信息160多期。(六)海外联谊不断拓展。邀请接待台港澳同胞和来自美国、加拿大、日本、缅甸、印度尼西亚、越南、土耳其、挪威等国家和地区的华人华侨及海外朋友3100多人次;组织政协委员、各级政协领导参加14个访问团,赴23个国家及我国台港澳地区考察;引进国外和香港地区资金3250多万元,帮助10个地州市的23个县实施扶贫项目200多个,培训技术骨干4000多名,聘请外籍教师为贫苦地区培训外语教师580多名,兴建希望小学32所,扶持11500多名民族地区的特困生完成了小学学业。(七)对基层政协工作的指导有所加强。召开了全省政协工作经验交流会、全省地州市政协社会法制工作经验交流会、全省政协秘书长办公室主任和信息工作会,举办各类培训班16期,培训县以上政协领导290多人次。(八)自身建设不断加强。报告第二部分总结了五年来工作的主要体会:

(一)必须始终坚持政协工作的正确方向;(二)必须始终坚持团结和民主两大主题;(三)必须始终坚持围绕中心服务大局的原则;(四)必须始终坚持解放思想,与时俱进的创新精神;(五)必须‘始终坚持加强“两个联系”。报告的第三部分提出了省政协今后的工作任务,总的要求是:高举邓小平理论伟大旗帜,全面贯彻“三个代表”重要思想,以与时俱进的精神状态,把中共十六大提出的各项要求变为推动政协工作的强大动力,在坚持政协自身性质和特点的基础上,努力开创政协工作的新局面。(一)深入学习贯彻十六大精神;(二)紧紧围绕全面建设小康社会的奋斗目标献计出力;(三)积极推进社会主义政治文明建设;(四)努力维护团结稳定的政治局面;(五)进一步扩大海内外联谊和交往;(六)继续加强自身建设。

《坚持大团结大联合,为我省与全国同步实现全面建设小康社会目标而努力奋斗》(2003年1月18日杨崇汇主席在政协云南省第九届委员会第一次会议闭幕会上的讲话)(摘要)　新一届常委会一定不辜负大家的期望,努力开创工作的新局面。就省政协需要抓好的工作讲四点意见:一、紧紧围绕与全国同步实现全面建设小康社会目标,把履行政协职能的工作提高到新水平;二、紧紧围绕发展这一参政兴国的第一要务,不断为开创云南更加美好的未来增添新力量;三、紧紧围绕社会主义政治文明的建设,努力为我省营造良好的发展环境作出新贡献;四、紧紧围绕新世纪新阶段的历史任务,在加强政协自身建设上不断取得新进展。

《中共云南省委关于积极推进人民政协履行职能制度化、规范化和程序化的意见》(2003年11月3日)(摘要)　为了全面贯彻"三个代表"重要思想,认真落实党的十六大关于"要着重加强制度建设,实现社会主义民主政治的制度化、规范化和程序化","保证人民政协发挥政治协商、民主监督、参政议政的作用"的要求,提出如下意见:一、进一步推进人民政协履行职能的"三化"意义重大。二、党委重视,政府支持,大力推进人民政协履行职能的"三化"建设。即:政治协商要坚持"三在前、三在先"的制度(重大问题协商要在党委决策之前、人大通过之前、政府决定之前。制定经济社会发展规划、重大建设项目的实施及解决事关人民群众生产生活的重要问题,要先协商后决策;对重要人事安排包括同级人大、政府、政协领导成员的人事安排和人大常委会任命的政府工作人员的安排要先协商后决定;制定关系地方全局的重要政策、法规要先协商后通过);民主监督要实行"三通报、三倾听"的制度(党委和政府对国家宪法、法律和法规的实施情况要向政协通报;对党委和政府制定的重要方针政策、重大工作部署的贯彻执行情况要向政协通报;对国家机关及其工作人员履行职责、遵守法纪、廉洁从政等方面的情况要向政协通报);参政议政要实行"三重视、三提供"的制度(各级党委、政府要重视拓宽人民政协参政议政的领域和渠道,使参政议政活动贯穿于重大决策之前、实施之中和执行结束的全过程;要重视人民政协参政议政成果的转化,及时采纳政协在深入调查研究基础上形成的重要意见和建议;要重视解决人民政协在参政议政中所遇到的困难和问题。提供情况;提供重要的调研选题;提供良好服务);在发挥界别和委员的作用上,实行"三密切、三发挥"的制度(党委要密切与各民主党派、工商联和无党派人士的联系,发挥他们在民主决策中的作用;党委和政府有关部门要密切与政协专门委员会的联系,发挥政协专门委员会的整体优势和专题协商作用;党委要密切与政协各族各界代表人士的联系,发挥他们在协调关系,化解矛盾,促进民族团结和维护社会稳定中的积极作用);在保证人民政协履行职能上,实行"三保障、三督促"的制度(组织保障;政策措施保障;工作条件保障。凡对中共中央和省委有关加强政协工作,发挥政协作用,提高履行职能水平等文件规定,各级党委要连同其他工作一起督促贯彻落实;凡对政协的建议案、提案及视察调查报告,要督促办理,对被采纳的意见、建议要督促落实,并对办理情况实行书面回复制度、督查督办制度、面商制度;凡是政协需要党委、政府及部门领导参加的重要会议和重大活动,要督促其积极参加)。三、各级人民政协要在实现"三化"的过程中，不断提高履行职能的整体水平。

《政协云南省委员会关于加强反映社情民意信息工作的意见》(2003 年 12 月 9 日政协云南省第九届委员会第十次主席会议通过)(要点) 为了进一步加强反映社情民意信息工作，使之逐步制度化、规范化和程序化，提出以下意见：一、充分认识反映社情民意信息工作的重要性；二、反映社情民意信息工作的指导思想和原则；三、政协信息反映的主要内容；四、完善反映社情民意信息工作机制；五、加强反映社情民意信息工作的指导。

【组织概况】

主　席

杨崇汇

副主席

孟继尧　和占钧(纳西族)

马开贤(回族)　许克敏

陈勋儒　苏正国　管国忠(傣族)

曾　华　罗黎辉

李先猷(哈尼族)

秘书长

龙忠志(彝族)

常务委员名单(以姓氏笔画为序)

刀爱民(傣族)　马　忠(回族)

马　乾　马自英(女,苗族)　王　兟

王仁凯　王显达　王剑屏　毛瑞信(女)

丹　业(傈僳族)　方文琴(女,傣族)

龙云森(哈尼族)　伍　滨　刘邦智

刘富兴　刘双豪　许　昌　许家勋

孙世光　孙可伟　杨　珏(蒙古族)

杨先明　杨志祥(拉祜族)　杨国卫(瑶族)

杨保建(白族)　杨晓红(女)

杨铭玺　杨鸿生　杨慧琼(女)

李　星(白族)　李　践　李从明(彝族)

李为佑　李可军　李永红(白族)

李师程　张　宽(女,景颇族)

张乃明　张云岭(纳西族)　张在权

张彩仙(女,拉祜族)　张鑫昌(彝族)

吴永权　吴晓礼(女)　肖　宪

况荣平　陆　萍(女,壮族)　陈龙江

陈永生(藏族)　陈海如　陈碧云

林国文　林怡平(女)　罗士德

周浙昆　忽绍宽(回族)　庞锡钧

郑　凡　郑志刚　孟德宽

胡应舒(傈僳族)　赵秀英(女)

赵岩社(佤族)　赵树森　饶　远

侯伟国(彝族)　段金堂(白族)

贺全礼　姚建友　施　哲　唐元轩

都龙庄(傣族)　徐之信　高颂山

郭秀文(女,纳西族)　浦　江

黄　峻　黄禾生　龚　明　龚宁珠(女)

梁春域　崩　主(藏族)　韩　龙

蒋绍敏(女)　程　瑛(女)

傅仕敏　舒玉泰　鲁寿生　廖鸿志

霍志钊　戴　抗

委员名单(以姓氏笔画为序)

中国共产党

丁辉荣(回族)　龙忠志(彝族)

毕国光(哈尼族)　杨铭玺　杨崇汇

李先猷(哈尼族)　李师程　李进忠

严　建　张功祥(白族)　吴晓礼(女)

和占钧(纳西族)　孟继尧　段金堂(白族)

段跃庆　施天骏　高天森　高旭升

盛云富　章子良　尉琪瑛　彭济生

董治良　傅仕敏　管国忠(傣族)

中国国民党革命委员会

卫修阳　马　乾　马玉洁(女,回族)

王亚妮(女,彝族)　杨保建(白族)

李云寿　李学英(女)　张乃明

张锦柱(回族)　林爱芳(女)

罗士德　罗国伟　周应嫄(女)

赵惠昆　敖　菡(女)　钱开祯

康戈权　阎　东　蔡正发　管宁生

中国民主同盟

寸镇西　么恩泽　卢云涛(女)

毕　励(女)　吕昭萍(女)

朱　旗　刘齐宣(女)　张国儒

肖　宪　陈龙江　周天忠　赵国贤
施　哲　徐正会　郭凤根　黄遵锡
龚　明　蒲元华(女)　廖丕博
谭应中　潘　红(女)　戴　抗(女)

中国民主建国会

毛瑞信(女)　叶序春(女)
许家勋　孙云生　杨玉泉(女,纳西族)
杨先明　李永红(白族)　李　春
李啸云(女)　姚越苏　莫　非(侗族)
郭开堂　戚蓓蕾(女)　韩　建
魏里程(女)

无党派民主人士

马荣斌　冯国语　刘惟一
杨焱平(女,白族)张鑫昌(彝族)
何云葵(女)　徐　彬　高　峰
郭　伟　程　瑛(女)

中国民主促进会

王爱春(回族)　石世泽　刘邦智
杨　珏(蒙古族)李世厚　张　炜
汪叶菊(女)　陈友康　罗黎辉
赵尔亚　徐声瑛　高红武(女)
黄竹铭(女)　阎　堃　梁春域

中国农工民主党

朱永平　杨兰萍(女)　杨鸿生
张　莉(女,彝族)余利军　陈勋儒
周乐今　周　宁(女)　曹惠芬(女)
黄禾生

中国致公党

马光宇　刘富兴　许克敏　孙世光
李福纯　矣绍芬(女,彝族)林怡平(女)
饶　远

九三学社

寸镇洋　王剑屏　孙可伟　杨卫平
杨慧琼(女)　沈安贝(女)
陈吉书　周浙昆　胡开林　段昌群
高颂山　常敏　彭靖里(壮族)
曾　华　雷茂生

台湾民主自治同盟

古云红(女)　杨晓红(女)
郑　凡

中国共产主义青年团

马红梅(女,回族)刘卫国　肖　平(女)
周滇雄　姚向东(回族)
韩　韦(布依族)

总工会

马若芳(女,回族)王玉华(女)
王绍基　刘世杰　刘会珍(女,白族)
杨　雯(女)　张在权　张学义(彝族)
张宽(女,景颇族)纳永良(回族)
胡炳新　高庆华(女)　蒋云鹏
焦苏华　童风华(女,土家族)

妇女联合会

叶　苇(女)　李立英(女,藏族)
陆玉珍(女,彝族)罗　萍(女,拉祜族)
周嘉珮(女,白族)赵秀英(女)
赵　捷(女)　徐和平(女)
龚艳琼(女)　童九如(女)

青年联合会

王学鸿　张冀萍(女)　罗孟龙
赵明辉　袁　野　梁宗华

工商业联合会

王昆生　王碰西　杨国栋　李　践
苏正国　张亚光　吴丽华(女)
何永贯　陈俊明(纳西族)林立东
孟德宽　施　祥(白族)　梁　津
鲁新建　蓝桂华(壮族)

科学技术协会

光雪峰(白族)　李　元　李　唯(女)
况荣平　陈克利(白族)　徐世光
黄　峻　蔡仲明(女)　廖鸿志
熊　丽(女)

台湾同胞联谊会

陈志勇　郑　海　施丽招(女)
高素芳(女,高山族)

文学艺术界

王玉珍(女)　王玉柱
尹　洁(女,白族)孙建东　杨艳琼(女)
杨益琨(女,白族)杨跃红(女)

李　秀(女,彝族)　李德柱　张永康(回族)
何　纾(女,白族)　何　真(女)
柏　桦(女,傣族)　徐发苍
曹新华(普米族)

科学技术界

王吉坤　史红明　冯成建　向　剑
牟定荣　杨　良(回族)　杨光远(傣族)
李文昌(白族)　李可军　李胜长
李　勤(女)　苏晓飞　张长芹(女)
张玉杰　张壮鑫　张宗凡　张晓明
吴一冈　陈及新　秦国义
和树庄(纳西族)　屈中权　赵正杰
姜朝松　梁瑞喜　崔运武(回族)
蔡连茹(女)

社会科学界

马丽娟(女,回族)　玉罕娇(女,布朗族)
石　锐(景颇族)　杨宗德
李向春(女,壮族)　张云岭(纳西族)
纳　麒(回族)　沈家明　赵岩社(佤族)
袁显亮　舒毓锦

经济界

丁世南　马　波(回族)　王秀山
王明刚　王贵明　车志敏　石安华
帅晋昆　付明礼　华美春　刘文选
刘光汉　刘淑雯(女)　宇如钧
杨道群(普米族)　李如林　李现武(白族)
张应虎　冶荣庆(回族)　郑志刚
胡兴发　侯文虎　徐　斌
彭志强(纳西族)　詹亚平(女)

农林界

马玉春(白族)　马高蕾(女)
马翡玉(女,回族)　王显达　文雅芹(女)
朱恩铸　刘建华　刘映华　孙锡治
杨志民　杨冶郁　杨国顺　李启信
李家瑞　张　清　冷　华　陈少瑜(女)
陈宝昆　陈建疆　陈海如　周天雄
郭亚钢　曹坤芳　梁照祥(阿昌族)
惠肇祥

教育界

于秀花(女,怒族)　万崇华
马子旭(女,回族)　王世丽(女,蒙古族)
龙云森(哈尼族)　伊继东　刘　卫(女)
孙亚玲(女)　杨思忠
李　妍(女,白族)　李广良　李生森
苏永庆　严　晖(女,傣族)　陈庆华
林超民　岳怀仁　孟启诚　赵仕荣
赵　芳(女,哈尼族)　姚大全
洪品卓　顾若平(女)　郭玉鉴
黄兴杰(彝族)　彭云英(女,壮族)
彭玉高(女)　谢　辉(女)
游庆章

体育界

李宝莲(女)　肖　丽(女)
沙应正(回族)　陆　军
周淑敏(女,满族)　黄华新　蒋绍敏(女)
郝　毅

新闻出版界

丹　业(傈僳族)　李蔚祥
陆　萍(女,壮族)　赵力中　贺全礼

医药卫生界

马丽丽(女,回族)　马林昆　王生文(白族)
龙德昭(女)　冉绍荣(傣族)
刘丽春(女)　杨吉生
李　飞　李文武(藏族)　李炯明(彝族)
李艳华(女,傣族)　张正华
青竹玛(女,藏族)　罗幼锐(女)
赵　红(女,白族)　娜玛四(女,怒族)
桂镜生(回族)　黄传贵(彝族)
曾银秀(女)　詹海峰

少数民族界

马云惠(回族)　马长英(女,普米族)
马化清(回族)　马自英(女,苗族)
马良媛(女,回族)　王　娟(女,彝族)
王玉顺(拉祜族)　王珍媎(女,哈尼族)
王春涛(蒙古族)　王章平(布朗族)
王福祥(傈僳族)　方文琴(女,傣族)
龙汉琪(苗族)　申秀芝(女,彝族)

叶　春(女,佤族)　亚　娜(女,怒族)
合子祥(回族)　刘金文(彝族)
刘静和(女,白族)　孙小红(女,基诺族)
杨永洪(苗族)　杨国顺(苗族)
杨　艳(女,德昂族)
杨素芹(女,白族)　李　强(藏族)
李向荣(佤族)　李秀芬(女,哈尼族)
李明辉(女,瑶族)　李洪光(布朗族)
李　瑛(女,瑶族)　李瑞丽(女,傣族)
李德学(拉祜族)　张文华(哈尼族)
张江玲(女,哈尼族)
张丽萍(女,苗族)　张建利(女,白族)
张彩仙(女,拉祜族)
张聪兰(女,阿昌族)　吴光洲(苗族)
吴花才(傈僳族)　吴佳轩(女,苗族)
余　永(壮族)　陈永生(藏族)
罗天进(水族)　岩坎布(布朗族)
和桂琼(女,藏族)　和耀云(女,纳西族)
周　泉(傣族)　孟　全(独龙族)
柳天伟(哈尼族)　胡应舒(傈僳族)
胡忠文(普米族)　胡德胜(佤族)
赵红春(女,藏族)　侯伟国(彝族)
起自忠(彝族)　校　甲(哈尼族)
夏永祥(彝族)　黄　虹(女,布依族)
黄　鹤(女,彝族)　黄礼江(女,布依族)
黄昌礼(壮族)　黄　群(女,壮族)
董勒成(景颇族)　普　辉(蒙古族)
戴凤玲(女,白族)

归国华侨联合会

丁瑞林　尹曰葵　杨盛彬　狄君胜
陈继延(女)　陈碧云　林晓昌
钟乔光　黄　萍(女)　龚宁珠(女)

宗教界

马子富(回族)　马开贤(回族)
马　忠(回族)　丰荣新(傈僳族)
心　明　申洁清(女,彝族)　刘双豪
李从明(彝族)　李文贵(回族)
余耀海(傈僳族)　罗桑益史(纳西族)
都龙庄(傣族)　常　应(女)
淳　法　崩　主(藏族)

特别邀请人士

刀爱民(傣族)　马仲威(回族)
马志勇(回族)　马孝初　王　冰(女)
王元生　王仁凯　王之友　王　平
王南昆(羌族)　王筱莉(女)
王　敏　王舜英(女)　王增钵
文汉鼎　尹秀莲(女)　尹绍亭
邓树斌　邓家荣　左绍钧(白族)
石克燕(女)　冯忠堂　巩运成
曲福成　朱　丽(女)　朱旦生(女)
向允平　刘　群(藏族)　祁希元
许　昌　阎英骥　杨文忠(白族)
杨文彬(彝族)　杨立德　杨宁生
杨老三(景颇族)　杨成彪
杨志祥(拉祜族)　杨国卫(瑶族)
杨绍红　杨承玮　杨映雪(女)
杨　萍(女,彝族)　杨德芬(女,白族)
杜以昇　李　星(白族)　李为佑
李玉刚　李永濂　李有升　李宗唐
李春贵　李祖媛(女)　李振华
李健立(女)　李鸿文　李崇仁
李　嵘(纳西族)　苏平森　苏费宁
苏　南(女,彝族)　张中宁　张水长
张亚群　张先安(白族)　张孝洪
张林冲(彝族)　张建祥
张剑萍(女,白族)　张海翔　张新明(藏族)
吴子润　吴永权　吴宗清　吴家穗(女)
肖晓鹏　肖　鹏　秦利峰　何志明
何剑文(白族)　余卫平　余泽高
余祖广　余蕴祥　汪正新　陈　坚
陈　娟(女)　陈永福　陈自峰
陈护国　陈觉民　陈　鹰　陈耀光
邵　南(女)　邵伟民　苟金锁
范亚辉　岩　甩(傣族)
和根合(傈僳族)　和铁梁(纳西族)
周　红(女)　周友亮　周长盛
忽绍宽(回族)　庞锡钧
郑映德(哈尼族)　孟庆红　孟祖永

胡有兰(女) 胡启中 赵正洪
赵有生 赵春荣 赵树森 赵钟岳
赵晓强(满族) 查兆雨 钟世禄
种道铨 保明虎(回族) 段登陆
姚承济 姚建友 施伟宁(纳西族)
祝武世 宫国信 莫 云(壮族)
唐元轩 徐之信 高万应 高祖兴(壮族)
郭天明 郭为民 郭华武 郭志强
郭秀文(女,纳西族) 郭学良
郭滇明 麻宝山(傈僳族)
密秉兴(傈僳族) 清 缘(白族)
韩 龙 斯那江才(藏族) 董国孝
程迪龙 舒玉泰 鲁寿生 童外元
谢承彧 熊庆丰 樊国城 郝 箴
薛志斌 戴元宁 魏守芳(女)

香港委员

马豪辉 王 敉 甘锦城 朱 虹(女)
伍宗琳(女) 伍 滨 纪文凤(女)
杨宏栋 李 红(女) 武克钢
林 杰(回族) 林国文 欧昆章(女)
周 勇 袁汉源 浦 江 黄龙德
梁中昀 梁定谋

澳门委员

张志民 林卓华 康宁英(女)
霍志钊

专门委员会主任、副主任名单

(以下为 2003 年 1 月 18 日九届一次常委会议通过)

提案委员会

主 任 赵树森
副主任
王显达 邓树斌 郝 箴(兼)
杨先明(兼) 马文章(兼)

文史委员会

主 任 李师程
副主任
蒲元华 梁春域(兼)

港澳台侨和外事委员会

主 任 李为佑
副主任
陈碧云(兼) 吴家穗 杨晓红(兼)

经济委员会

主 任 李 星
副主任
孙锡治 王仁凯 汪正新 姚建友
鲁寿生 李祖媛 廖鸿志(兼)
杨保建(兼) 王剑屏(兼)

科教文卫体委员会

主 任 段金堂
副主任
亚 娜 陈海如 许 昌 贺全礼
祝武世 杨鸿生(兼) 罗士德(兼)

社会和法制委员会

主 任 杨铭玺
副主任
樊国诚 张在权(兼) 毛瑞信(兼)

民族和宗教委员会

主 任 郭秀文
副主任
何剑文 郑 凡(兼)

人口资源环境委员会

主 任 刀爱民
副主任
陈耀龙 孙振凤 李啸云 林怡平(兼)

【省各级政协领导人名单】

云南省政协(见组织概况)

昆明市

市政协主席 徐之信
县(市、区)政协主席
五华区 段瑞珊
盘龙区 李如春
官渡区 余超群(彝族)
西山区 赵洪义
东川区 王永华
呈贡县 毋开轩
晋宁县 李永安
安宁市 张 毅
富民县 李永芳

宜良县　　姜育文
石林县　　周大民
嵩明县　　杨秀松
禄劝县　　何贵祥
寻甸县　　杨友太

昭通市
市政协主席　　张孝洪
县(区)政协主席
昭阳区　　吴兴武(彝族)
鲁甸县　　朱志文(苗族)
巧家县　　陈堂洲
盐津县　　冯学兰
大关县　　童成清
永善县　　孔荣华(回族)
绥江县　　王惠银
镇雄县　　吴道文
彝良县　　颜永庆
威信县　　吴必田
水富县　　朱家才

曲靖市
市政协主席　　王　敏
县(市、区)政协主席
麒麟区　　顾晓富
沾益县　　李家云
马龙县　　刘文开
宣威市　　沈庆美
富源县　　陇聪明(彝族)
罗平县　　王琼芳(女)
会泽县　　何禹清
师宗县　　何平华(回族)
陆良县　　郑学荣

楚雄彝族自治州
州政协主席　　杨成彪
市(县)政协主席
楚雄市　　普廷会(彝族)
双柏县　　杞光明(彝族)
牟定县　　高荣兴
南华县　　何兆芹
大姚县　　赵乐军
姚安县　　王炳昌(彝族)
永仁县　　刘祥武
元谋县　　陈廷朝
武定县　　刘绍明
禄丰县　　普子光(彝族)

玉溪市
市政协主席　　孟祖永
县(区)政协主席
红塔区　　杨德运
江川县　　赵少春
澄江县　　李云兆
通海县　　周艳芳(女)
华宁县　　马安吉(回族)
易门县　　马军有
峨山县　　马穆生
新平县　　罗永祥(彝族)
元江县　　谢光亚(傣族)

红河哈尼族彝族自治州
州政协主席　　段登陆
市(县)政协主席
个旧市　　杨树文
开远市　　付华萍(女)
蒙自县　　钟　麟
屏边县　　邱　晨(彝族)
建水县　　赵晓凌(女)
石屏县　　张朝平(傣族)
弥勒县　　周树华
泸西县　　马曙光(回族)
元阳县　　车高学(哈尼族)
红河县　　李勒然(哈尼族)
金平县　　苦自昌(彝族)
绿春县　　杨玉沙(哈尼族)
河口县　　王家明(壮族)

文山壮族苗族自治州

州政协主席　巩运成

县政协主席

文山县　黄龙才

砚山县　赵砚生

西畴县　何开端(壮族)

麻栗坡县　陶金昌(苗族)

马关县　沈章华(壮族)

丘北县　戚守存

广南县　韦忠良(壮族)

富宁县　苏建达(壮族)

思茅地区

市(县)政协主席

思茅市　蔡元庆

普洱县　杨发春(彝族)

墨江县　薛光海

景东县　杨学进(彝族)

景谷县　王　诚

镇沅县　张启义(傣族)

江城县　李开连(哈尼族)

孟连县　岩　平(佤族)

澜沧县　杨家亮

西盟县　魏岩本(佤族)

西双版纳傣族自治州

州政协主席　杨志祥(拉祜族)

市(县)政协主席

景洪市　谢永兴

勐海县　岩　比(傣族)

勐腊县　罗长生(彝族)

大理白族自治州

州政协主席　赵有生

市(县)政协主席

大理市　忻德昆(彝族)

漾濞县　祁焕然(彝族)

祥云县　张美仁

宾川县　陈家旺(白族)

弥渡县　杨曦昌

南涧县　董德海

巍山县　孙　云

永平县　艾连钦

云龙县　吕　森(傣族)

洱源县　汤必春

剑川县　高嘉德(白族)

鹤庆县　李福海(白族)

保山市

市政协主席　胡应舒(傈僳族)

线(区)政协主席

隆阳区　陈学范(女)

施甸县　杨启发(布朗族)

腾冲县　张饶良(女)

龙陵县　陈自达

昌宁县　刘文允

德宏傣族景颇族自治州

州政协主席　杨文忠(白族)

市(县)政协主席

潞西县　杨跃先

梁河县　杨牙友(景颇族)

盈江县　王振泽

陇川县　尹以稳

瑞丽市　杨治祥

丽江市

市政协主席　杨文彬(彝族)

县(区)政协主席

古城区　和念古(纳西族)

玉龙县　和家伟(纳西族)

永胜县　和耀福(纳西族)

宁蒗县　和建华(摩梭人)

华坪县　林天宏

怒江傈僳族自治州

州政协主席　吴花才(傈僳族)

县政协主席

泸水县　罗福盛(白族)
福贡县　牛裔观(纳西族)
贡山县　赵学煌(傈僳族)
兰坪县　和正荣(傈僳族)

迪庆藏族自治州

州政协主席　陈永生(藏族)
县政协主席
香格里拉县　马建国(藏族)
德钦县　培　楚(藏族)
维西县　金丽香(女,白族)

临沧地区

县政协主席
临沧县　黄　丽(女)
凤庆县　郭惠庆
云　县　刘银良(彝族)
永德县　胡应华
镇康县　李加兴(彝族)
双江县　赵文光
耿马县　赵应平
沧源县　李绍福

云南省各级政协组织和委员数

（截至2003年底）

级别 项目	省	州(设区的市)	县(市辖区、不设区的市)	合计
组织数	1	14	129	144
委员数	646	4173	22978	27797

（董保延　编写　马孝初　审稿）

政协西藏自治区委员会

帕巴拉·格列朗杰
主　席

李立国　副主席

巴桑顿珠　副主席

拉敏·索朗伦珠
副主席

尧西·旺堆
副主席

顿　珠　副主席

次仁卓嘎　副主席

曲　加　副主席

加　保　副主席

珠康·土登克珠
副主席

平　措　副主席

曾忠义　副主席

益希单增　副主席

金毅明　副主席

乔元忠　副主席

才旺班典　副主席

策墨林·单增赤列
副主席

扎门·赤列旺杰
副主席

罗松多吉　秘书长

【全体委员会议】

八届一次会议　2003年1月8日至15日在拉萨举行。政协西藏自治区第八届委员会共有委员479人，出席会议委员405人。帕巴拉·格列朗杰主持开幕会。会议听取并审议了政协第七届西藏自治区委员会常务委员会工作报告，自治区领导郭金龙、热地、列确、胡春华参加了小组讨论会；听取并审议了政协第七届西藏自治区委员会常务委员会提案工作情况报告；列席西藏自治区第八届人民代表大会第一次会议；审议通过了政协第八届西藏自治区委员会第一次会议政治决议及其他决议。帕巴拉·格列朗杰再次当选为政协第八届西藏自治区委员会主席，李立国等16人当选为副主席，罗松多吉当选为秘书长。土登等52人当选为常委。李立国副主席作了闭幕讲话。

【常务委员会议】

第1次会议 2003年1月16日至17日在拉萨举行。会议审议通过了政协八届西藏自治区委员会常务委员会关于设置专门委员会的决定;审议通过了各专门委员会主任、副主任名单;审议通过了由罗松多吉秘书长提议任命的政协第八届西藏自治区委员会副秘书长名单。

第2次会议 2003年4月10日至11日在拉萨召开。会议传达了全国政协十届一次会议和全国人大十届一次会议精神;传达了胡锦涛总书记在参加全国人大十届一次会议西藏代表团审议时的讲话和贾庆林主席在全国政协十届一次会议闭幕会上的讲话。

第3次会议 2003年11月20日至22日在拉萨召开。主要议题是:传达和学习中国共产党中央委员会十六届三中全会精神;传达全国政协十届三次常委会议和西藏自治区党委六届五次全委(扩大)会议精神;审议通过了《政协西藏自治区委员会关于学习贯彻自治区党委六届五次全委(扩大)会议精神的意见》;主席会议向常委会议报告八届政协2003年度工作情况;通过人事任免事项。

【专门委员会工作】

提案委员会 共收到委员提案255件,经审查立案253件,2件作为来信处理。其中经济建设方面的提案111件,占立案的43.875;教科文卫方面的提案75件,占立案的29.48%;政法、统战、民族宗教和其他方面的提案67件,占立案的26.48%。截止到9月2日全部提案回复完毕,回复率达100%。从办理结果看,已解决或基本解决的29.4%,正在解决或列入计划逐步解决的占41.1%,因区情限制待以后解决的占27.7%,留作参考的占1.75%。组织部分政协委员深入拉萨市和山南、日喀则、林芝三个地区,对提案涉及较多、群众普遍关心的人畜饮水、农网改造、乡村通路、基础教育和远程教育等项目进行了视察,并向自治区党委、政府呈报了视察报告。

文史民族宗教法制委员会 编辑《西藏文史资料选辑》藏文24辑、汉文21、22、23辑,其中藏文24辑、汉文21、22辑。组成调研组深入那曲、昌都、林芝地区对纳西民族乡和南伊珞巴民族乡的经济、政治、文化等进行调研,对居住在察隅的僜人、怒族和米林县的门巴族群众的生产、生活情况进行了调研,调研报告呈报自治区党委、政府。对部分寺庙进行视察,并与当地民宗局和寺庙爱国教育办公室进行座谈,重点了解地县贯彻落实全国、全区宗教工作会议精神、全区寺教工作会议精神和寺庙民管会主任经过培训回寺发挥作用的情况。对《西藏自治区跨地域宗教活动管理暂行办法》、《西藏自治区社会流散僧尼管理暂行办法》、《西藏自治区寺庙学经管理暂行办法》及《西藏自治区人民政府关于禁止恢复寺庙之间隶属关系的通知》等四部地方性法规的初稿进行了协商讨论,并提出了11条修改意见供立法部门参考。组织调研组深入市郊部分寺庙、拉萨市城关区居委会、自治区防疫站、第一人民医院、拉萨市人力三轮车服务公司、琅赛宾馆就防“非典”问题进行了调查,并向区党委、政府呈报了调查报告。

经济资源环境委员会 对市区内防“非典”时期主要农副产品、防治“非典”医药用品、农用物资的价格情况及防“非典”医药用品和防疫监测工作进行了调查。形成了《对拉萨市区部分物资价格运行情况的调查报告》,报送区党委、政府供参考。前往自治区农牧厅、水利厅、林业局、农发办、农科院、堆龙德庆县、林周县走访和调研,考察了西藏现代化农业示范园、科技苗圃示范基地、植树造林点、非公有企业、重点工程项目、示范项目。形成调研报告供区党委、政府参考。组织部分非公经济界的政协常委、委员对珠穆朗玛集团、达氏集团、福海集团、雄巴拉大酒店、西藏宏绩公司等非公企业进行了调查。形成了《关于对我区非公有制企业抽样调查的报告》供党委、政府参考。参与了全国政协人口资源环境委员会分别在拉萨、林芝、日喀则、那曲等地的调研,形成了《关于西藏自治区草场退化保护与建设的调研报告》由全国政协上报中共中央办公厅、国务院办公厅,受到回良玉副总理的高度关注并做了重要批示。举办了主题为:共谋农牧区改革与发展的首次西藏经济发展论坛会,论坛会共收到各类稿件62篇,内容涉及我区农牧区经济工作的方方面面。会议期间21位专家、学者作大会发言,25位提交了书面发言。

社会科教文卫体育委员会 组成视察组赴贡嘎机场和甲竹林镇的村户就“非典”防治工作进行视察。形成《区政协委员视察贡嘎机场、甲竹林镇防“非典”工作情况报告》呈报后,自治区党委、政府非常重视,主要领导作了重要批示并采纳了9条建议中的4条建议。对拉萨地区四个全民健身点进行调研。形成专题报告呈送党委、政府及有关部门参考。对城镇职工基本医疗保险制度改革试点情况进行了调研。针对医保试点运行的现状和存在的主要问题,提出了13条建议呈报区党委、政府。就山南地区农牧区医疗卫生情况、那曲地区索县实施“普六”教育情况、拉萨市墨竹工卡县、尼木、当雄三县科普情况进行了调研,形成了专题报告。

【重要活动】

区政协召开关于《西藏的生态建设与环境保护》白皮书座谈会 2003年3月11日,区政协各界人士在座谈会上一致认为,白皮书全面、客观地介绍了西藏和平解放50多年来,中央和西藏自治区政府为西藏的生态建设与环境保护所做的种种努力以及取得的辉煌成就。我们要以《白皮书》的发表为契机,积极履行政协职能,开拓创新,与时俱进,扎实工作,为建设美好西藏,为实现我区“一加强、两促进”历史任务和全面建设小康社会的目标作出应有的贡献。

区政协召开关于对《宪法》部分内容修改意见座谈会 根据自治区人大常委会办公厅关于“宪法”部分内容修改意见的通知,区政协及时将“修宪”材料印送本会领导、驻会委员和各处室负责人,广泛征求各方面的意见,并及时整理上报。

帕巴拉·格列朗杰5月13日在区政协各族各界委员防治“非典”工作座谈会上的讲话(摘要) 党中央、国务院对当前防治非典型肺炎工作形势的分析判断是完全正确的,对防治工作的指导和部署是非常及时的,采取的重大措施是十分得力的。这充分体现了以胡锦涛同志为总书记的党中央身体力行实践“三个代表”重要思想,把广大人民群众的利益放在首位,在严重的突发性灾害面前坚决果断、正确决策,代表了民心,反映了民意。

一、认真学习、领会、贯彻中央及区党委关于加强防治“非典”工作的一系列指示和部署。要充分认识到,搞好防治非典型肺炎工作,直接关系到广大人民群众的身体健康和生命安全,直接关系到改革发展稳定的大局,直接关系到国家利益和我国国际形象,是当前全国及我区的一项重大任务。每位政协委员都要以高度的责任感、紧迫感,充分认识防治非典型肺炎工作的复杂性、艰巨性,自觉地把思想和行动统一到中央及区党委的指示精神和工作部署上来。以实际行动关心、支持和参与防治“非典”工作,联系和动员社会各界人士,并肩战斗,共同打好防治非典型肺炎的攻坚战。

二、为做好防治非典型肺炎工作积极建言献策。要充分发挥人民政协联系面广、人才荟萃、渠道畅通的优势，围绕防治“非典”工作，组织委员开展调研和视察活动，了解一些重要区域、重点部门和重点环节预防措施的落实情况，了解防治“非典”工作中生产建设、商品价格、群众生活等方面的情况，听取群众的意见和要求，及时向区党委、政府提出意见和建议。特别是从事医疗卫生和防疫工作的委员，要积极投身预防、治疗和控制非典型肺炎的工作，充分发挥自己的业务专长，为制定和落实预防、治疗措施、健全和完善防控机制，积极出主意、想办法，认真负责地做好本职工作。

三、切实做好农牧区防治“非典”工作，坚决防止“非典”向农牧区传播。我区80%以上的人口分布在农牧区，农牧基层医疗机构匮乏，设备和技术落后，医务人员应对疫情的经验不足，我区各地(市)、县政协和各有关方面政协委员，要积极协助党委、政府做好农牧区预防“非典”工作。要大力宣传防治“非典”知识，帮助、支持农牧区基层组织抓好预防措施，引导和教育农牧民依靠科学，积极做好预防工作，确保农牧区不发生疫情，确保农牧民群众身体健康和生命安全，确保农牧区经济健康发展和社会稳定。

四、主动配合各级党委、政府和有关部门做好科学防治“非典”的宣传教育工作。防治非典型肺炎要靠科学的防疫知识和医疗技术，非典型肺炎是可防、可治、可控的。各族各界政协委员要主动发挥广泛联系各方面群众的独特作用，影响、教育群众在防治“非典”斗争中学科学、用科学，要听党和政府的话，按医疗卫生和防疫部门指导的方法办，不要相信和使用迷信的做法，不要相信别有用心的人制造的流言蜚语和骗人做法，尤其不要相信境外敌对势力借机蛊惑人心，危害我区社会稳定、民族团结的荒谬说法。要通过各种形式、各个层面的宣传教育工作，使各族人民紧密地团结在以胡锦涛同志为总书记的党中央周围，在区党委、政府的正确领导下，万众一心，众志成城，科学防治，实现我区预防“非典”的工作方针和目标。

区政协向基层政协赠送第二批委员视察车 2003年7月11日，区政协向基层政协赠送第二批委员视察车。根据基层政协经费紧张的实际情况，为便于基层政协用车，区政协办公厅为第二批15个县政协所赠车辆统一办理了上户、购置附加费、保险等手续，为基层政协用车减少了开支，提供了便利。赠车仪式由自治区政协秘书长罗松多吉主持、顿珠副主席发表讲话。

区政协与云南省政协赴藏考察团举行座谈会 2003年8月6日，自治区政府副主席尼玛次仁、区政协副主席顿珠、加保及区政协文史民族宗教法制委员会主任德青旺姆同云南省管国忠副主席所率考察团一行进行了座谈。区政协副主席加保主持座谈会。尼玛次仁副主席、顿珠副主席、德青旺姆主任、民宗委土登分别向考察团介绍了西藏自治区区情、西藏自治区政协组织的基本情况，西藏自治区宗教工作情况和西藏自治区政协民族宗教工作基本情况。云南省政协副主席管国忠对区政协工作给了很高的评价，认为西藏在贯彻落实党的民族宗教政策方面做得非常好，西藏这几年社会经济发展非常快，希望两省区在各个领域加强合作，共同促进发展。

全国政协视察团与西藏政协举行座谈会 2003年8月11日，由全国政协副主席李蒙率领的全国政协委员视察团与西藏自治区政协举行了座谈会。区党委副书记、区政协副主席李立国受帕巴拉·格列朗杰主席的委托主持座谈会。顿珠副主席向视察团汇报了西藏自治区政协的基本情况。李蒙在会上对区政协工作给予了充分肯定，简要介绍了全国政协十届一次会议以来的基本情况，并就如何进一步开展好政协工作，发挥政协委员作用，履行政协职能发表了意见。全国妇联副主席巴桑出席了会议。

区政协举行政协礼堂竣工典礼 自治区政协礼堂总投资2900万元，占地面积$2823m^2$，建筑面积$4700m^2$，由江苏省援建。在2003年8月24日的竣工典礼上，江苏省副省长李全林发表了热情洋溢的讲话。他首先代表江苏省委、省政府对自治区政协礼堂的落成表示祝贺。并表示江苏省将一如既往地抓好对口援藏工作，以实际行动实践"三个代表"重要思想，为实现西藏"一加强、两促进"的三大历史任务作出新的更大的贡献。自治区政协副主席顿珠在礼堂竣工庆典讲话中，对江苏省、自治区有关领导和各界人士在政协礼堂建设中给予的热诚关怀和鼎力相助表示感谢。他寄语全区广大政协委员，要解放思想，与时俱进，开拓创新，扎实工作，用优异的业绩回报党中央的特殊关怀和江苏人民的无私支援。帕巴拉·格列朗杰主席、李立国副主席代表西藏自治区政协向江苏省委、省政府赠送了象征民族团结的纪念挂毯。

区政协与河北省政协考察团举行座谈会 2003年9月16日，自治区政协与刘德忠副主席率领的河北省政协考察团举行座谈会。座谈会由区政协副主席扎门·赤列旺杰主持。顿珠副主席介绍了西藏自治区政协的基本情况，区民宗委土登介绍了西藏自治区宗教工作情况。刘德忠副主席对西藏自治区政协工作和西藏自治区民族宗教工作给予了很高的评价，并就如何进一步开展好民族宗教工作和发挥委员的作用，介绍了河北省政协的经验和做法。

区政协举办"共谋农牧区改革与发展"经济论坛会 2003年9月25日，自治区政协举办经济论坛会，就"三农"问题邀请我区各行各业领导、专家、学者发表意见，提出建议，形成论文和调研报告62份。会议引起了社会各界的极大反响和关注，得到了自治区党委、政府的充分肯定。

【重要文件】

常务委员会工作报告(2003年1月18日)(摘要) 常委会工作报告分三个部分。第一部分是对五年工作的回顾：(一)取得了履行主要职能的实效。(二)拓宽了反映社情民意渠道。(三)加强了对地(市)县政协工作的指导和兄弟省市政协的联系。(四)强化了政协的自身建设。第二部分主要是经验与体会：(一)必须坚持用党的基本理论、基本路线、基本纲领统一政协委员和各界人士的思想，把人心凝聚到我区社会主义现代化建设事业上来。(二)必须坚持人民政协的性质。(三)必须服从和服务于我区发展和稳定的大局。(四)充分发挥政协委员的主体作用，坚持为人民谋利益。(五)必须坚持党的领导，争取政府支持和社会各界的配合，是做好政协工作的根本保证。第三部分是对今后工作的建议：(一)一定要把党的十六大精神学习好、宣传好、贯彻好。(二)围绕全面建设小康社会的奋斗目标，认真履行职能，为实现新世纪初我区的主要任务出谋献策。(三)要继续推进政协政治协商、民主监督、参政议政的规范化、制度化建设。(四)不断加强政协自身建设。

自治区政协八届一次会议政治决议(2003年1月15日) 中国人民政治协商会议第八届西藏自治区委员会第一次会议于2003年1月8日至15日在拉萨举行。会议以中共十六大精神为指导，坚持党的基本理论、基本路线、基本纲领、基本经验，紧紧结合西藏实际，解放思想，实事求是，与时俱进，开拓创新，为完善中国共产党领导的多党合作和政治协商制度，建设中国特色社会主义物质文明、政治文明和精神文明，巩固和发展民主团结、生动活泼、安定和谐的政治局面，畅所欲言，直抒己见，共商我区全面建设小康社会、加快推进跨越式发展和长治久安的大计。这次会议是一个民主、团结、充满与时俱进精神的大会，是一次促进人民政协开创工作新局面的大会。

中国人民政治协商会议第八届西藏自治区委员会第一次会议，赞同列确主席所作的政府工作报告，赞同计划、财政报告和高级人民法院工作报告、人民检察院工作报告。

会议认为，过去的5年是社会主义新西藏发展史上具有新的里程碑意义的5年。全区各族人民在中共西藏自治区委员会的领导下，紧密团结在以江泽民同志为核心的党中央周围，高举邓小平理论伟大旗帜，全面贯彻"三个代表"重要思想，按照中央第三、第四次西藏工作座谈会确定的新时期西藏工作指导方针，认真贯彻自治区第六次党代会精神，解放思想，抓住机遇，开拓进取，加快发展，维护稳定，使我区经济持续快速发展，经济综合实力明显增强，各项社会事业全面进步，城乡人民生活水平明显提高。今年是实施我区"十五"计划关键的一年。委员们对实施"十五"计划和实现跨越式发展目标、全面建设小康社会充满信心，对我区发展进程中存在的突出问题表示关注，并就加强农业基础地位、推进农业和农村经济结构调整、发展农牧区经济、增加农牧民收入、完善社会主义市场经济体制、实施科教兴藏战略和可持续发展战略、在推进西部大开发中重点抓好基础设施和生态环境建设、深化国企改革推进企业的体制、技术和管理创新、大力促进非公有制经济发展、整顿和规范市场经济秩序、建立和健全社会保障体系、继续加大扶贫开发力度、切实做好就业和再就业工作、发展特色产业、促进社会投资增长和消费增长、培育新的经济增长点等问题，提出了很好的意见和建议。

会议认为，中国共产党第十六次全国代表大会和江泽民同志的报告，全面分析了我们党面临的国际、国内形势，科学地总结了13年来的基本经验，进一步提出了贯彻"三个代表"重要思想的根本要求，深刻阐明了我们党在新世纪坚持举什么旗、走什么路、实现什么目标等重大问题，对我国改革开放和社会主义现代化建设作出了全面部署，是我们党团结和带领全国各族人民在新世纪新阶段继续奋勇前进的政治宣言和行动纲领。十六大报告，体现了解放思想与实事求是的统一，理论创新与实践创新的统一，具有很强的思想性、理论性、指导性。这次代表大会把"三个代表"重要思想和马克思列宁主义、毛泽东思想、邓小平理论一道确立为中国共产党的指导思想，这是十六大的历史性贡献，具有划时代的意义。

会议认为，十六大提出了全面建设小康社会的奋斗目标，围绕这个目标确立的新世纪初头20年我国经济建设和经济体制改革，政治建设和政治体制改革，文化建设和文化体制改革的主要任务，符合我国国情和现代化建设的实际，符合各族人民的愿望。是全面贯彻"三个代表"重要思想的具体体现。这对于凝聚全国各族人民的智慧和力量，加快推进社会主义现代化建设，具有十分重要的意义。"十六大"报告中总结出的建设中国特色社会主义必须坚持的十条基本经验，具有长期的指导作用。中共"十六大"精神集中体现在江泽民同志的报告中，我们一定要认真学习，深刻领会，全面贯彻落实。

会议指出，坚持"一个中国"的原则，是发展两岸关系和实现和平统一的基础。世界上只有一个中国，大陆和台湾同属一个中国，中国的主权和领土完整不容分割。对任何旨在制造“台湾独立”、“两个中国”、“一中一台”的言行，我们都坚决反对。祖国完全统一，是中华民族的共同愿望。我们坚信通过全体中华儿女的共同努力，祖国的完全统一就一定能够早日实现。

会议强调，中国共产党是中国特色社会主义事业的领导核心。中共“十六大”选举产生了以胡锦涛同志为总书记的新一届中央领导集体，我们表示完全拥护。我区各级政协组织要紧密团结在党中央周围，在中共西藏自治区委员会的领导下，坚定不移地坚持和完善中国共产党领导的多党合作和政治协商制度，坚持“长期共存，互相监督，肝胆相照，荣辱与共”的方针，在爱国主义、社会主义旗帜下，团结一切可以团结的力量，调动一切积极因素，发展民主团结、生动活泼、安定和谐的政治局面，坚决维护祖国统一，维护稳定，反对分裂，增进民族团结，为促进新世纪初我区经济跨越式发展和社会长治久安做出新贡献。

会议号召，人民政协各参加单位、各级组织和全体委员，高举邓小平理论伟大旗帜，全面贯彻“三个代表”重要思想，与时俱进，认真履行职能，为我区“一加强、两促进”工作大局服务，为全面建设小康社会，加快推进社会主义现代化，开创中国特色社会主义事业新局面而努力奋斗。

【办公厅机构概况】

自治区政协机关人员编制为134名，其中，行政编制105名，事业编制29名。办公厅下设：办公室、研究室、政工人事处（含机关党委）、联络服务处、翻译室、行政接待处和机关后勤服务中心7个处级单位。政协第八届委员会设置四个专门委员会：1. 提案委员会；2. 经济资源环境委员会；3. 社会科教文卫体育委员会；4. 文史民族宗教法制委员会。下设提案委员会办公室、经济资源环境委员会办公室、社会科教文卫体育委员会办公室、文史民族宗教法制委员会办公室四个处级办事机构，受办公厅和专委会的双重领导。

【组织概况】

主　席

帕巴拉·格列朗杰

副主席

李立国（汉族）　巴桑顿珠
拉敏·索朗伦珠　尧西·旺堆
顿　珠　次仁卓嘎（女）
曲　加　加　保
珠康·土登克珠　平　措
曾忠义　益希单增
金毅明（汉族）　乔元忠（汉族）
才旺班典
策墨林·单增赤列　扎门·赤列旺杰

秘书长

罗松多吉

常务委员名单

土　登　马建国（汉族）
巴桑卓玛（女）　扎西多吉
日　卓　计明南加
甲央土登　亚依（女，珞巴族）
吉普·顿珠平措　次　多
西珠朗杰　达瓦次仁（门巴族）
邦达·旺青　克　珠（昌都）
宋　玲（女，汉族）　贡唐·欧珠
阿沛·央金白姆（女）　陈金瑞（汉族）
拉宗卓嘎（女）　唐白·平措朗杰
朗杰央宗（女）　格列旺庆
桑颇·才旺桑配　索朗卓玛（女）
德木·旺秋多吉　德青旺姆（女）
大洛桑朗杰　巴玛扎西（纳西族）
扎　西（女）　扎唐·旦白尼玛
木雅·曲吉建才　布诺
亚　古（回族）　共确降措
多吉措（女）　色班·桑旦次旺
达扎·单增格列　达娃顿珠

佘吉成(汉族)　克　珠(扎囊)
张明兰(女,汉族)　阿　塔
阿沛·晋源　宗洛·向巴克珠
林春福(汉族)　唐明英(女,汉族)
朗杰拉措(女)　格　桑(女)
索朗加才
然巴·央金卓嘎(女)　德吉卓嘎(女)
德格·强巴曲桑

委员名单

中国共产党

高文庭(汉族)　嘎玛益西
扎西多吉　扎西平措
扎　多　甘　旦
扎巴旦增　加　措
加　保　杰　巴
江村曲加　江　勇
金毅明(汉族)　乔元忠(汉族)
戚素坤(女,汉族)　曲　加(云南)
旦增卓扎　塔尔青
土　登　顿　珠
德青旺姆　多　吉
朗　杰　巴桑顿珠
边巴顿珠　普　旺
平　措　傅国柱(汉族)
洛桑公觉　洛桑欧珠
罗松多吉　汪曲朗杰
马建国(汉族)　马尔琼
明珍(女)　曾忠义
才旺班典　次仁卓嘎(女)
次仁旺久　次仁多吉
曹忠权(汉族)　王万林
王双全(汉族)　王文佩(汉族)
王业山(汉族)　文明元(汉族)
达娃次仁　达娃片多
达娃珠扎　益西多吉
益希单增　仁增泽旺
任世伦(汉族)　李明成(汉族)
李立国(汉族)　刘鼎先(汉族)
西珠朗杰　索　朗(女)

索朗扎巴　索朗旦增
佘吉成(汉族)　阿　塔

中国共产主义青年团、青年联合会

格桑曲珍(女)　唐明英(女,汉族)
马　静(女)　次仁宗吉(女)
杨　红(女,汉族)　林　华(女)

总工会

克珠

妇女联合会

张莉蓉(女,回族)　格桑拉姆(女)
唐秀英(女)　卓玛拉吉(女)
其美泽巴(女)　曲　珍(女)
尼　玛(女)　尼玛仓(女)
次春群措(女)
然巴·央金卓嘎(女)　吾　金(女)

工商业联合会

张卫民(汉族)　周建安(汉族)
赵正修(汉族)　程林光(汉族)
群　培　群培次仁
尼玛扎西　旦　却
德吉卓嘎(女)　乃穷旺久
邦达·旺青　次仁旺庆
王宝银(汉族)　日　卓

文化艺术界

关觉玛(女)　格桑曲珍(女)
克　珠　耿顿加措
扎拉·达娃桑布　阿　里
曲　根　其美泽培
旦　巴　图　嘎
多布杰　德木·旺秋多吉
德西美朵(女)　巴　桑(女)
巴桑拉姆(女)　白　笈(女)
巴玛扎西(纳西)　平措次旦
强巴扎西　金巴洛追
洛旦　洛桑扎西
洛桑三旦　马秀英(女,回族)
米玛吉巴(女)　洛　嘎(女)
次　多　次仁多吉
次仁拉姆(女)　次旦格列

亚　依(女,珞巴)　闫振中(回族)
叶星生(汉族)　向阳花(女)
斯朗格来　伦珠朗杰

科学技术界

关却加　贡觉次成
共确降措　贡　嘎
扎　旺　扎　多
张成斌(汉族)　陈金瑞(汉族)
假　拉　欧珠平措
江　涛　姬秋梅(女)
金渊成(苗族)　恰巴·索朗晋美
金美郎杰　杜少平
田金昌(汉族)　田木兰(女,汉族)
顿珠拉杰　巴　桑
巴桑卓玛(女)　巴桑旺堆
边　穷(女)　巴　珠
平措卓玛(女)　洛桑伦珠
仲布·次仁多吉　木雅·曲吉建才
曹桂荣(满族)　泽仁旺姆(女)
次仁珠杰　泽洛
次仁达　杨　军(汉族)
杨晓初(汉族)　玉　梅(女)
孙庆华(女,汉族)　索朗单增
索朗格列　松　百
何玉汉(汉族)

经济界

郭丽红(女,汉族)　张万生(汉族)
扎　西(女)　扎西江措
赵世军(汉族)　格桑达娃
格桑巴珠　加　措
陈　锦(汉族)　卓　嘎(女)
格来边久　阿旺格桑
乔次仁　蒋文学(汉族)
多布杰　谭文富(土家)
德庆曲珍(女)　多吉江村
多　拉　罗杰
白玛才旺　边巴
彭措多吉　赤列旺堆
洛　嘎　布琼(女)

旺堆　蔡来青(汉族)
次　多　次诺
才让扎西　次仁卓嘎(女)
泽仁郎加　次仁多吉
徐克勤(汉族)　达娃顿珠
杨代刚(汉族)　颜克忠(汉族)
尹正明(汉族)　仁增欧珠
梁殿臣(汉族)　林春福(汉族)
刘国永(汉族)　柳　勇(汉族)
卢美健(汉族)　索　朗
索朗多吉　孙国新(汉族)
学名济(汉族)

农业界

嘎　玛　张明兰(女,汉族)
赵宪忠(汉族)　扎　桑
阿旺桑坦(夏尔巴)　尼玛扎西
董克义(汉族)　德庆贡布
多吉泽加　多吉次仁
巴桑顿珠　巴　觉
白玛旺堆　平措卓嘎(女)
赤来加布　向　拥(女)
马秀荣(女,汉族)　次仁朗杰
王怀亭(汉族)　达　娃(女)
卢　伟(汉族)　李纯禄(汉族)
刘长明(汉族)　宋　玲(女,汉族)
松　鸟(僜人)　索朗扎西
索朗旺堆　伦　祖(女)

教育界

高崇德(汉族)　贡扎曲旺
郑维列(汉族)　扎西加措
扎西平措　格　桑(女)
嘎松扎西　更堆培杰
卓　玛(女)　阿　登
丁有希(回族)　图登克珠
土登次仁　顿珠多吉
多吉次旺　诺　桑
边　觉　房玉国(汉族)
普布卓玛(女)　洛桑班旦
洛　追　大洛桑朗杰

强俄巴·次仁央宗(女)　强巴次仁
马桂华(女,回族)　泽建华
次仁多吉　次旺多杰
次旦卓嘎(女)　次旦晋美
次旺多吉　王华清(女,汉族)
桑达多吉　亚佩
娄源冰(汉族)　刘　兰(女,汉族)
李云山(汉族)　孙　林(汉族)
索朗央宗(女)　索朗多吉
索朗桑姆(女,夏尔巴)　拉巴次旦
拉　巴　舒敏勤(女)

体育界

桂　桑(女)　贵桑曲珍(女)
次仁多吉　索朗多吉

新闻出版界

格瓦维　程晓红(女,汉族)
白玛卓嘎(女)　旦　巴
多吉占堆　朗杰央宗(女)
西绕拉姆(女)　桑　丹(女)
索　朗

医药卫生界

扎西顿珠　扎西巴珠
格桑平措　格桑索朗
格桑罗布　嘎　布
郭　发　蒋宗华
加央伦珠　丹增顿珠
董　珠　邓珠次仁
多吉卓嘎(女)　罗布旺堆
南木加　边巴次仁
强巴卓嘎(女)　旺　堆
英　巴　次仁卓嘎(女)
达　瓦　达瓦次仁(门巴)
达娃卓玛(女)　殷成宇(汉族)
玉珍拉措(女)　仁青巴松
索　朗　索朗巴珠
阿　加

社会福利与社会保障界

坚　赞　阿沛·晋源
车仁·晋美旺秋　泽　西(女)
朗　生　荣卫红

少数民族界

嘎苏·仁增卓嘎(女)　扎西曲英
扎西巴姆(女)　扎西央宗(女)
嘎松旺堆　格桑热嘎
格桑旺秋　吉普·顿珠平措
吉宗(女)　其　珠(女,珞巴)
嘎西·旦真次仁　格列扎巴
格列旺庆　加南木
冲萨·白玛仁增　卓尼次珍(女)
扎门·赤列旺杰　卓　玛(女)
阿沛·央金白姆(女)　阿旺晋美
加日巴·洛桑朗杰　其　美
江　白　甲央班典
计明南加　尼多·强巴旦增
顶巴·其美　单增卓玛(女)
唐白·平措朗杰　土　多
德　庆(女)　德庆边久
多吉欧珠　多吉措(女)
多吉朗杰　德格·强巴曲桑
布　诺　朗杰拉措(女)
白玛央金(女)　白玛卓嘎(女)
平康·次仁曲珍(女)　彭穷·次多
旺　秋(纳西)
恰娘·次旦卓嘎(女)　亚金(女,珞巴)
央金卓嘎(女)　洛桑多吉
洛桑益西　马文忠(回族)
次　旦　才旺多吉
次仁卓嘎(女)　达　瓦(门巴)
达瓦巴旦　尧西·旺堆
仁晋罗布(门巴)　荣娘·次旺伦珠
西绕仁青　桑颇·次旺桑配
色班·桑旦次旺　斯朗次仁(纳西)
索朗加才　四朗旺加
拉敏·索朗伦珠　拉宗卓嘎(女)
阿　多

宗教界

嘎玛·罗珠桑布　扎唐·旦白尼玛
高吉·向巴曲扎　俊美江措

杰珠·嘎玛班旦久美
珠康·土登克珠
昂旺强巴
江加·贡嘎泽成
加孜·年扎
江央群培
聂　达、达扎·仁青平措
达龙孜珠·土登坚赞
土登曲扎
土登达吉
巴　登
普布曲桑
强巴洛色
直贡穷仓·洛桑强巴
洛桑山旦
洛追加措
洛桑(回族)
洛桑巴·赤列曲桑
泽仁平措
宗洛·向巴克珠
日旺旦增
仁青久乃
新杂·单增曲扎
斯朗俊美
阿多热玛(回族)
坚赞曲扎
阿旺吉卓
阿旺东觉
江龙·丹增赤列
甲央土登
吉仲·洛桑旦增
达扎·单增赤列
旦白尼玛
土旦次旺
顿玉坚增
帕巴拉·格列朗杰
金巴桑布
比龙·白玛旦增
洛桑平措
洛松·列西江措
洛　追
次　仁
策墨林·单增赤列
亚古(回族)
仁　布
鲁仁弟
萨隆·平拉
拉　布

特别邀请人士

古　松
朱春生(汉族)
格桑班久
贡唐·欧珠
尼玛旺堆
达尔布
次仁罗布
才加
刘裕厚(汉族)
夏果堪珠·益西班登
赵　波(汉族)
朱朗时(汉族)
格桑占堆
阿旺久美
旦巴曲桑
次旦旺久
次仁贡布
王金元(汉族)
索朗卓玛(女族)

增补委员名单

德　嘎

【西藏自治区各级政协领导人名单】

西藏自治区政协(见组织概况)

拉萨市政协

主　席　朱春生(汉族)
县(区)政协主席
城关区　李明成(汉族)
堆龙德庆县　多　吉

日喀则地区政协

主席(暂缺)
县(市)政协主席
日喀则市　达娃次仁
亚东县　索朗旦增
江孜县　米　玛

山南地区政协

主席(暂缺)
县政协主席
乃东县　次仁巴吾

林芝地区政协

主席　王金元(汉族)
县政协主席
林芝县　塔　青
察隅县　罗　洛
墨脱县　绕　杰
米林县　多布杰
工布江达县　王保国
波密县　赵卫毛
朗县　洛　桑

昌都地区政协

主席　土登次仁
县政协主席
昌都县　泽登扎西
江达县　索朗干布
类乌齐县　泽仁拉加
丁青县　布尼玛
察雅县　陈来群培

芒康县　扎西次培

那曲地区

主席(暂缺)

县政协主席

那曲县　次仁多吉

比如县　李龙文

索　县　江村曲加

尼玛县　格　尼

安多县　卿立亮

班戈县　嘎玛益西

巴青县　张海章

阿里地区政协

主席(暂缺)

县政协主席

日土县　旦真次仁

噶尔县　桑　珠

札达县　洛　桑

普兰县　(暂缺)

西藏自治区各级政协组织和委员数

(截至2003年底)

级别 项目	自治区	地区	县(市区)	合计
组织数	1	7	30	38
委员数	479	1298	1013	2790

(建军　编写　计明南加　审稿)

政 协 陕 西 省 委 员 会

艾丕善 主 席

朱振义 副主席

田 源 副主席

陈宗兴 副主席

李雅芳 副主席

刘锦才 副主席

石学友 副主席

庞家钰 副主席

胡 悦 副主席

陆 栋 副主席

刘石民 副主席

张生朝 副主席

姚 毅 秘书长

【全体委员会议】

九届一次会议 2003年1月8日至16日在西安举行。九届委员590名，出席会议委员590名。中共陕西省委书记、省人大主任李建国，代省长贾治邦等党政军负责人和省级各民主党派、工商联负责人及曾长期从事政协工作的老同志出席开幕、闭幕大会。艾丕善主席主持开幕会并致开幕词。朱振义副主席受八届常委会委托向大会作八届常委会工作报告。会议听取并讨论了这个报告，审议了八届提案委员会关于八届五次会议以来提案工作情况的报告。与会委员列席了省十届人大一次会议，听取并讨论了贾治邦代省长所作的省人民政府工作报告、省计委关于省2002年国民经济与社会发展计划执行情况和2003年计划草案的报告、省财政厅关于省2003年财政预算草案的报告，讨论了省高级人民法院和省人民检察院工作报告。会议期间举行了大会发言，商讨确定了九届政协的工作思路和主要任务，客观分析了陕西加快发展所面临的形势和任务，并对经济、政治、文化和社会生活中的重大问题提出了意见和建议。与会委员还围绕省政协常委会工作报告、提案工作报告和省政府工作报告及计划、财政等报告，讨论了省政府工作和省政协工作，对中共陕西省委、省人民政府和省政协工作提出了许多意见建议。中共陕西省委、省政府和有关部门负责人到会听取了大会发言、专题讨论和小组讨论。会议期间印发了10个专门委员会2002年工作总结和2003年工作要点，印发了研究室编写的《省政协2002年大事记》。会议选举艾丕善为省政协九届委员会主席，朱振义等11人为副主席，姚毅为秘书长，丁祖诒等100名委员为省政协常委。艾丕善主席在闭幕大会上发表讲话。

【常务委员会会议】

第1次会议 2003年1月17日在西安召开。九届常委100人，到会常委100人。会议审议通过了各专委会主任、副主任名单，选举苗均全、冯钧平、刘德勤、单克功为副秘书长。艾丕善主席在闭幕会上发表讲话指出：今后五年要以邓小平理论和“三个代表”重要思想为指导，在中共陕西省委的领导下，在全体委员的共同努力下，完成本届大会的目标任务。第一，要保持与时俱进和奋发有为的精神状态，围绕全面建设小康社会，努力建设西部经济强省的宏伟目标，积极探索适应新形势、新任务的新思路、新举措，努力开创政协工作的新局面。第二，要相互学习，精诚合作。第三，要选好角度，发挥优势。第四，要努力营造民主和谐的工作氛围。

第2次会议 2003年3月26日至28日在西安召开。九届常委100人，到会常委96人。会议听取了全国政协十届一次会议精神的传达报告,审议并原则通过了《政协陕西省委员会关于加强学习的决定》、《政协陕西省委员会关于进一步加强调查研究工作的意见》。艾丕善主席在闭幕会上讲了以下意见:第一,认真学习贯彻全国"两会"精神。第二,继续发扬人民政协重视学习的优良传统。第三,把调查研究摆在政协履行职能更加突出的位置。第四,专门委员会要扎实有效地开展工作。

第3次会议 2003年6月25日至27日在西安召开。九届常委100人,到会常委94人。会议的主要议题是讨论我省防治非典和加快"一线两带"建设问题。朱振义副主席传达了省政府、省政协联席会议精神。潘连生副省长通报了我省非典型肺炎防治工作和"一线两带"建设问题。委员们结合贯彻省政府、省政协联席会议精神,讨论我省防治"非典"和加快"一线两带"建设问题。田源副主席主持闭幕会。艾丕善主席在闭幕会上就加快"一线两带"建设问题讲了以下意见:第一,大力促进观念更新,为营造良好的投资环境提供思想保证。第二,大力推进经济体制改革,努力营造公平竞争的社会发展环境。第三,大力发展社会主义民主政治,建设社会政治文明,努力维护社会公正,是营造良好的创业环境、投资环境的重要保障。第四,大力推进文化创新,努力营造良好的文化环境。

第4次会议 2003年9月24日至26日在西安召开。九届常委100人,到会常委93人。会议的主要议题是:传达全国政协主席贾庆林在陕考察时的重要讲话精神,讨论我省教育改革与发展问题。田源副主席传达了全国政协主席贾庆林在陕考察时的重要讲话精神。朱静芝副省长通报了陕西省基础教育和职业教育的情况。委员们分组讨论了贾庆林主席在陕考察时的重要讲话精神和促进陕西教育改革与发展问题。田源副主席主持闭幕会。艾丕善主席在闭幕会上就促进陕西教育改革与发展讲了以下意见:第一,要进一步确立基础教育和职业教育的地位。第二,要高度重视农村基础教育的发展。第三,要确保农村中小学教师工资发放,严格规范收费行为。第四,要加快推进农村中小学人事制度改革,大力提高教师队伍素质。第五,要大力发展职业教育,为社会和企业培养大量急需的技术人才。

第5次会议 2003年12月17日至19日在西安召开。九届常委100人,到会常委92人。会议的主要议题是:审议通过关于召开政协陕西省第九届委员会第二次会议的决定;审议通过政协陕西省第九届委员会常务委员会工作报告(草案);审议通过政协陕西省第九届委员会常务委员会关于九届一次会议以来提案工作情况的报告(草案);审议通过政协陕西省第九届委员会第二次会议议程(草案)、日程;审议通过政协陕西省第九届委员会第二次会议分组办法和小组召集人建议名单;审议通过政协陕西省委员会办公厅和各专门委员会2003年工作总结和2004年工作设想;请省政府通报九届一次会议提案办理情况。艾丕善主席在闭幕讲话中指出:第一,要深入学习贯彻中共十六届三中全会、中央经济工作会议和陕西省委十届四次全会精神。第二,要认真总结本届省政协开局之年履行职能的各项工作。第三,要精心筹备好省政协九届二次全委会议。

【专门委员会工作】

提案委员会 共提出提案3475件,立案3350件,办复提案3313件,办结率达98.6%。提案工作主要有以下特点:一、提案数量逐年增加。二、提案质量显著提高。为了提高提案质量,采取了许多行之有效的措施:一是创造条件,提高提案质量;二是拓宽征集渠道,畅通提案来源;三是严格审查立案,把好提案质量关。三、提案办理注重实效。一是领导领衔,带头办理;二是抓住重点,促进办理;三是带案视察,跟踪办理;四是共同协商,现场办理;五是利用媒体,推进办理。四、提案工作制度日臻完善。

人口资源环境委员会 主要工作:一、抓好政策理论学习,提高参政议政水平。委员会把抓好委员和工作人员理论政策学习作为本年度重要工作之一,通过组织委员参加有关报告会、研讨会以及在调研视察中结合工作实际学习讨论等形式,认真学习"十六大"精神等党和政府的方针政策。二、开展视察、调研活动,认真履行职能。一是就渭河综合治理问题进行调研;二是对韩城龙门生态工业园建设情况进行调研;三是组织委员就土地开发整理情况进行视察;四是对榆林市流动人口计划生育工作进行视察。三、积极奉献爱心,为抗击"非典"和抗洪救灾献计出力。四、认真参政议政,为政府制定政策建言献策。五、建立与全国政协及兄弟省市政协人口资源环境委员会的工作联系。

文史资料委员会 主要工作:一、认真学习"三个代表"重要思想,不断深化对新时期文史资料工作的认识。二、认真开展视察活动,认真履行"三大职能"。在往年视察历史文化名城的基础上,组织部分委员对耀州窑博物馆、耀州药王山、药王故里、耀州文庙、绥德汉画像石馆、扶苏墓、蒙恬墓、子洲陵园、靖边县的统万城遗址进行了视察,召开了三次有当地党政领导和有关部门负责人参加的座谈会。同时,委员们还对耀州区、绥德县申报历史文化名城和统万城的保护问题提出了意见。三、举办重要纪念活动。一是举行了纪念著名爱国将领杨虎城诞辰110周年座谈会;二是举办了纪念著名中医学家米伯让先生座谈会。四、编辑《人民艺术家马健翎》一书和《陕西文史资料精编的编辑方案》(征求意见稿)。

经济委员会 主要工作:一、对我省纺织企业改制情况进行调研。组织部分委员分赴西安市、咸阳市的5家纺织企业及有关单位对其改制情况进行调研,听取了纺织工业总公司的情况汇报,并与企业领导、干部、职工召开座谈会5次,形成的调研报告送省委、政府有关部门参考。二、对我省县域经济发展情况进行深入调研。一是组织部分委员会同省农业厅、省交通厅、省旅游局、中行陕西省分行、省专家与企业家联谊会等部门,联合组成调研组赴合阳就经济发展问题进行调研,提出了7项建议和意见,形成了《关于对合阳县经济发展情况的调研报告》材料,送省政府及有关部门参考;二是召开了全省地方政协经济委员会主任会议,就各市县域经济发展的成果进行交流。三、围绕"一线两带"建设开展调研,为九届三次常委会做准备。组织委员及相关专家学者进行分组调研,并形成调研报告7份,提交省政协九届三次常委会讨论,并报送省委、省政府及有关部门参考。四、继续关注渭河流域综合治理问题。组织在陕全国政协常委、委员和有关方面的专家对渭河灾情进行视察,同时赴河南小浪底、三门峡水库进行考察,与各有关方面进行座谈,了解灾害成因,寻求根治渭河方法。五、加强对外交流,学习先进经验,为我省的经济建设建言献策。一是参加了全国政协经济委员会、国家农业部联合举办的"农业产业化论坛";二是参加全国十八省市区政协经济委员会联席会议。

科技委员会 主要工作:一、抓好理论学习,加强自身建设,结合本省特点制定了工作计划。二、深入开展调查研究,积极参政议政。一是组织科技委员会的委员、专家以及我省制药行业的知名企业家,赴汉中、安康、商洛三市调研。调研组分别深入到十四个县区的企业和中药种植基地，通过与各级政府和农民座谈，掌握了大量的第一手资料，在调研报告中向省委、省政府提出了六条建议；二是协助全国政协在陕进行“科技资源共享问题”的调研；三是开展“农业科普和农村实用技术培训问题”的调研。

文教委员会 主要工作：一、完善组织建设，明确工作要点。二、组织常委会专题发言。组织省级各民主党派和各市政协根据各自的情况，分别开展调研，形成22篇调研报告作为九届四次常委会大会发言材料。综合省政协九届四次会议上提出的意见，向省委提交了《关于省政协九届四次常委会情况的报告》。三、组织部分委员就陕西民办教育和学习贯彻《中华人民共和国民办教育促进法》的情况进行视察，形成了《继续保持我省民办教育发展的良好势头》的视察报告；组织部分委员及新闻、出版、文化企业部门负责人参加的座谈会，形成了《开发利用陕西文化资源优势，不断增强文化产业整体实力》的座谈会纪要；组织部分委员赴铜川、宝鸡和西安户县，就陕西文化产业现状及发展问题进行视察，形成了《合理规划制定陕西省文化产业的发展蓝图》的视察报告。

医卫体委员会 主要工作：一、开展专题视察。一是会同省卫生厅、省爱委会等部门组成视察组，就西安农村改厕工作情况进行视察；二是会同省药品监督管理局、省卫生厅、省公安厅、省工商管理局、省物价局等部门，对省药品监督管理局和西安、咸阳、商洛市及泾阳县药械专项打假工作和违法案件查处以及药械经营市场整治情况进行视察。二、组织委员向渭南及陕南灾区人民捐赠人民币和各种物品近四百万元；联合省民建组织部分医卫界专家教授携带3万余元的药品，赴陕南佛坪县进行义诊送药活动。三、参加在福建厦门召开的全国政协“构建城市医疗服务体系，为全面建设小康社会服务”研讨会。

民族宗教委员会 主要工作：一、积极开展防“非典”工作，并组织委员认真学习“三个代表”重要思想和中共“十六大”和十六届三中全会精神。组织委员前往省市伊斯兰教协会、西安化觉巷清真寺、大学习巷清真寺等处，看望了居住生活在那里的广大回族穆斯林群众，并将价值5万元的药品通过清真寺捐给了当地群众。二、开展调研工作。一是组织部分委员前往榆林市了解当地少数民族经济文化发展状况和党的民族宗教政策落实情况。委员们听取当地政府的有关情况汇报后，还深入到少数民族群众和一些宗教活动场所，认真倾听民族宗教界人士的意见和建议；二是分别走访了我省天主教、基督教、伊斯兰教、佛教、道教等宗教团体，看望了各宗教团体领导人，听取他们的意见和建议，并以《送阅件》的形式将其意见和建议报送省委、省政府。

社会与法制委员会 主要工作：一、组织学习培训，明确指导思想。一是组织委员就“三个代表”重要思想的科学内涵进行了集中学习讨论；二是组织委员开展了“三个代表”重要思想与法制建设的专题讨论；三是组织委员学习《政协章程》、《专委会工作通则》、《关于政治协商、民主监督、参政议政的规定》等有关文件。二、开展专题调研，积极建言献策。一是组织部分委员到咸阳、宝鸡、渭南、铜川四市进行调研，形成了《关于改善我省“一线两带”地区城市投资环境的调研报告》，报告中所提七条建议受到了省政府主要领导的高度重视；二是组织部分委员到西安市未央区、商州市、丹凤县等地进行调研，形成了《关于未成年人违法犯罪的情况和预防犯罪对策的调研报告》报送省委、省政府参考。三、加强协作与配合，开展和参与有关活动。一是关注民办高校法制教育,慰问基层好法官李增亮;二是参加全国政协社会和法制委员会召开的有关会议,提交调研报告;三是接待全国政协和兄弟省政协来陕考察,交流工作经验。

祖国统一侨务外事委员会 主要工作:一、认真组织学习,为委员参政议政创造条件。二、就我省海外留学人员回国创业情况进行视察。组织部分委员对我省留学人员回国创业情况进行了专题视察,与西安地区留学回国人员代表举行了座谈,并深入到西安高新区留学生创业园、杨凌示范区留学生创业园及部分企业了解情况,赴宝鸡、咸阳两地,对海外留学人员回陕创业情况进行了视察,对吸引海外留学人才来陕创业提出了4条建议。三、开展海内外联谊活动,广泛团结台港澳同胞和海外华人华侨。一是"非典"时期走访了部分在陕投资的港澳侨委员;二是举办了"陕西台胞和台属迎中秋话团圆茶话会";三是认真做好台湾"中华两岸制度学会"西北考察团接待工作;四是协助组织好访问东南亚国家和地区的活动,与当地侨胞、港澳同胞广泛接触,建立联系,积极开展对外友好交往。四、积极牵线搭桥,为陕西省经济发展多办实事,办好实事。

【重要活动】

全国政协主席贾庆林来延安市考察 2003年4月8日至9日,中共中央政治局常委、全国政协主席贾庆林来我省延安市考察。贾庆林指出,各级政协要自觉服从和服务于党委工作的全局,紧紧围绕团结和民主两大主题,履行好自身的职责,为改革开放与现代化建设做出新的贡献。省委书记李建国、省长贾治邦、省政协主席艾丕善陪同考察。

全国政协主席贾庆林来陕考察 2003年7月31日至8月5日,中共中央政治局常委、全国政协主席贾庆林来陕考察。贾庆林主席在省委书记李建国、省长贾治邦、省政协主席艾丕善陪同下,先后到西安、杨凌等地,深入机关、工业企业、农业科研单位和高新技术开发区进行考察。全国政协副主席王忠禹、秘书长郑万通陪同考察。

《中国人民政治协商会议章程》修改工作西部地区座谈会 2003年8月1日,全国政协在西安召开《中国人民政治协商会议章程》修改工作西部地区座谈会。中共中央政治局常委、全国政协主席贾庆林主持会议,全国政协副主席王忠禹、秘书长郑万通和西部十省(自治区、直辖市)党委、政协的有关负责人出席会议,陕西省政协主席艾丕善在会上作了发言。8月2日,全国政协在西安召开座谈会,听取在陕全国政协委员、陕西省各级民主党派和工商联负责人及无党派代表人士对《中国人民政治协商会议章程》的修改意见。中共中央政治局常委、全国政协主席贾庆林主持会议,全国政协副主席王忠禹、秘书长郑万通和陕西省委、省人大、省政府、省政协的有关负责人出席会议。8月4日,中共陕西省委召开陕西省政协统战工作汇报会。中共中央政治局常委、全国政协主席贾庆林,副主席王忠禹,秘书长郑万通出席会议,省委书记李建国主持会议,省政协主席艾丕善、省委副书记袁纯清分别就全省政协、统战工作作了专题汇报,省民革主委陆栋、省民盟主委桂中岳、省民建主委李雅芳、省台盟副主委马克宁、省工商联会长张生朝就民主党派、工商联开展参政议政、民主监督工作发了言。中共陕西省委、省人大、省政府、省政协部分负责人参加了汇报会。全国政协主席贾庆林到省政协机关看望机关工作人员并合影留念。

全国政协副主席阿不来提·阿不都热西提来陕视察 2003年8月19日至24日,由全国政协副主席阿不来提·阿不都热西提率领的全国政协视察团来陕视察农村扶贫开发情况。视察团听取了省政府的有关汇报,并到延安、商洛两市的6个贫困县(区)进行了视察。省政协副主席朱振义、庞家钰陪同视察。

全国政协副主席黄孟复来陕视察 2003年8月25日至9月3日,由全国政协副主席、全国工商联主席黄孟复率领的全国政协常委视察团来陕视察民营企业参与国有企业改革情况。视察团听取了省政府的有关汇报,并到西安、宝鸡、咸阳三市部分参与国有企业改组改造改制的民营企业进行了视察。省政府副主席张生朝陪同视察。

全国政协教科文卫体委员会调研组来陕调研 2003年9月12日至15日,由全国政协常委任玉岭率领的全国政协教科文卫体委员会调研组就"科技资源共享问题"到我省进行调研。调研组听取了省政府国防科工委、水利厅等部门的情况汇报,并到西安、杨凌的部分高等院校、科研机构进行调研。省政协副主席刘石民陪同调研。

【重要文件】

省政协八届常委会工作报告(2003年1月8日)(摘要) 在过去五年中,陕西省政协在中共陕西省委领导下,高举邓小平理论伟大旗帜,全面贯彻"三个代表"重要思想,坚持团结、民主两大主题,坚持"围绕中心、服务大局、与时俱进、开拓创新"的工作思路,认真履行政治协商、民主监督、参政议政职能,为陕西的改革、发展提供了广泛支持,为我省的团结、稳定发挥了积极作用,政协整体工作水平迈上了一个新台阶。一、围绕全省重大决策开展政治协商、民主监督取得了可喜成效。二、围绕两个文明建设开展经常性参政议政活动取得了新的成绩。三、配合全国政协开展视察调研,促进陕西发展取得了重要进展。四、在发展爱国统一战线,维护社会团结稳定方面发挥了重要作用。五、在促进祖国和平统一,开展人民外交工作方面做出了积极贡献。六、推进政协工作规范化制度化,进一步加强自身建设取得了新的成就。回顾过去五年的历史,总结八届政协的工作,有如下体会:一、高举邓小平理论伟大旗帜,全面贯彻"三个代表"重要思想,这是做好人民政协工作的根本保证。二、坚持围绕中心、服务大局的工作思路,这是做好人民政协工作的重要指针。三、坚持团结、民主两大主题,这是做好人民政协工作的重要基础。四、坚持与时俱进、开拓创新,这是做好人民政协工作的重要前提。五、坚持发挥委员的主体作用、界别的整体作用、专门委员会的基础作用,这是做好人民政协工作的重要条件。中共十六大制定的宏伟纲领为人民政协提供了新的发展机遇,展示了广阔的前景,提出了更高的要求。我们要继续高举邓小平理论伟大旗帜,全面贯彻"三个代表"重要思想,巩固和发展新时期最广泛的爱国统一战线,围绕中共十六大和省第十次党代会提出的各项任务,自觉地以新的姿态、新的风貌做好各项工作,进一步开创我省人民政协工作的新局面。为此,向九届政协提出如下建议:一、深入学习贯彻中共十六大精神。二、紧密围绕全面建设小康社会、加快建设西部经济强省的宏伟目标参政议政。三、突出团结民主两大主题,使政协成为中国共产党团结各界的重要渠道。四、进一步做好促进祖国统一和海内外联谊工作。五、积极推进履行政协职能的规范化、制度化、程序化。六、加强自身建设,不断增强工作的主动性、创造性。

艾丕善主席在省政协九届一次会议闭幕会上的讲话(2003年1月16日)(摘要) 中国人民政治协商会议陕西省第九届委员会第一次会议,圆满完成了预定任务,胜利闭幕了。本届政协的五年,是贯彻落实中共十六大精神的五年,也是全面建设小康社会、实现建设西部经济强省奋斗目标关键的五年。重任在肩，时不我待。我们要全面贯彻邓小平理论和“三个代表”重要思想，在中共陕西省委的领导下，以只争朝夕、奋发有为的精神状态，开拓创新，扎实工作，充分发挥委员的主体作用，努力开创新时期我省人民政协事业的新局面。一、以省第十次党代会为标志，陕西进入了建设西部经济强省的新的发展阶段。我们政协工作必须抓住这个可以大有作为的重要战略机遇期，坚持把发展作为兴陕富民的第一要务，紧紧围绕和服务于建设西部经济强省、全面建设小康社会这个中心，力求通过自己的工作，推动全省在发展上有新思路、改革上有新突破、开放上有新局面、各项工作有新举措，为实现陕西经济的跨越式发展和社会的全面进步做出新贡献。二、新一届人民政协，坚持两大主题，履行三大职能，必须在中共陕西省委的领导下，继承和发扬人民政协的光荣传统，保持正确的政治方向，坚持“长期共存、互相监督、肝胆相照、荣辱与共”的方针。三、各位政协委员应该明确自己的权利和义务，认清自己的地位和作用，切实增强责任感和使命感，不断提高参政议政水平。政协组织应当努力为委员发挥作用创造条件。各位委员，各位同志，展望今后五年的人民政协工作，任务更加艰巨，责任更加重大，前景光辉灿烂。让我们高举邓小平理论伟大旗帜，全面贯彻“三个代表”重要思想，紧密团结在以胡锦涛同志为总书记的中共中央周围，在中共陕西省委的领导下，解放思想，实事求是，与时俱进，倍加珍视团结，倍加维护稳定，为全面建设小康社会、实现建设西部经济强省的宏伟目标，推动我省人民政协事业的健康发展而努力奋斗！

《政协陕西省委员会关于进一步加强调查研究工作的意见》(2003 年 3 月 28 日九届二次常委会议通过)(摘要)　调查研究是马克思主义认识论的重要方法，是坚持党的群众路线的重要途径。政协陕西省委员会要高举邓小平理论伟大旗帜，以“三个代表”重要思想为指导，在中共陕西省委的领导下，深入贯彻中共“十六大”和省第十次党代会精神，围绕全面建设小康社会和实现西部经济强省的宏伟目标履行好政治协商、民主监督、参政议政职能，就必须切实加强调查研究工作。为此，提出以下意见：一、充分认识新形势下加强调查研究的重要性。加强调查研究是全面建设小康社会、实现西部经济强省宏伟目标的需要。新世纪，我国改革开放和现代化建设进入新的历史时期，我们在全面建设小康社会、建设经济强省过程中，将遇到许多新领域、新情况需要认真讨论，人民群众创造的大量鲜活经验需要不断总结，改革发展进程中出现的新矛盾、新问题需要努力研究。面对这些问题，政协组织发挥优势，建言立论，时刻都离不开调查研究。加强调查研究是提高政协工作整体水平的需要。调查研究是政协履行职能的基础环节，是委员参政议政的有效形式，也是活跃政协工作的重要途径之一。二、围绕中心，精心选题，总体谋划。调查研究要围绕党委、政府的中心工作搞好总体规划；调查研究要从政协实际出发，发挥政协联系面广，位置超脱、人才聚集的优势，有针对性地精心选择课题；运用多种形式开展调查研究；合理组织和优化调研力量；为委员调研知情出力创造条件。三、要重视质量，注重实效，努力促进成果转化。调查研究要注重实效；改进调查研究方法；调研报告要在研究上狠下功夫，在建言立论上有所作为；多渠道、多形式促进调研成果的转化运用；注重对调研成果的跟踪催办、督促反馈工作。四、加强对调查研究工作的组织领导。领导干部要高度重视调查研究工作；逐步改善调查研究的工作条件；政协机关要围绕调查研究搞好服务工作。

《政协陕西省委员会关于加强学习的决定》(2003年3月28日九届二次常委会议通过)(摘要) 为了适应新的形势,倡导学习之风,以崭新的精神风貌肩负起新世纪人民政协的光荣使命,开创我省政协工作新局面,现就进一步加强学习,作如下决定:一、充分认识加强学习的重要性和紧迫性。重视学习,是人民政协的优良传统,也是人民政协五十多年前进历程中的一条重要经验,必须始终加以坚持。二、认真学习十六大精神,努力实践"三个代表"重要思想。学习十六大精神,要紧紧围绕主题,把握灵魂,抓住精髓,狠抓落实,在学习领会十六大报告的精神实质上下功夫,把"三个代表"重要思想自觉贯彻到各项工作之中,真正使"三个代表"重要思想成为我们的行动准则。三、坚持理论联系实际,讲求学习质量,提高学习效果。理论联系实际是马克思主义的优良学风,是学习取得成效的关键所在。大力弘扬这一学风,提高广大政协委员的马克思主义理论水平和观察问题、分析问题、解决问题的能力,是加强各级政协自身建设的一项基础性工作,必须联系实际,刻苦学习,做到理论与实际、学习与运用、言语与行动相统一,创造性地开展工作。四、坚持学习制度,创造学习条件,形成浓厚的学习氛围。学习制度化是加强学习的有力保证。要建立理论学习领导责任制,严格督促检查。要进一步健全机关干部学习制度,加强对机关干部学习的考核,要把学习情况和运用理论解决实际问题的能力,作为考核干部的重要依据。五、加强领导,明确责任,抓好落实。建立省政协学习指导委员会,要经常研究学习工作,了解情况,掌握动态,研究解决学习中的实际困难和带有普遍性的重大问题,总结交流经验,指导推动学习。

《政协陕西省委员会关于政协委员履行职能参加活动的暂行办法》(2003年4月29日第六次主席会议通过)(摘要) 为了帮助政协委员积极参加各项活动,认真履行政治协商、民主监督、参政议政职能,不断推进政协工作制度化、规范化、程序化,做好新时期人民政协工作,为陕西经济发展和社会全面进步献计出力,特制定以下暂行办法:一、认真参加学习活动。按照《政协陕西省委员会关于加强学习的决定》,省政协委员要认真学习贯彻十六大精神和"三个代表"重要思想,学习政协章程和人民政协基本理论,学习政治、经济、文化、法律等知识,不断提高自身的理论素养和参政议政能力,自觉参加政协组织的形势报告会、情况通报会、专题讲座会、专委会会议、委员培训班,委员活动日等活动。二、积极参加政协例会。政协全委会议和常委会议是政协的主要例会,也是政协委员履行政治协商、民主监督、参政议政职能的重要渠道和有效形式。政协委员要在出席会议前,做好调研和有关准备工作,会议期间要积极参加小组讨论、专题讨论和大会发言,畅所欲言,建言献策,使全委会议、常委会议的政治协商更加现实,民主监督更加有效,参政议政更富有成效。三、实行签到考勤制。省政协全委会议、常委会议会期确定后,省政协办公厅要将会议通知提前送达委员。对出席全委会议和常委会议的委员要实行签到考勤,对出席会议情况进行统计、存档。不能按时参加会议的委员要向省政协请假。四、积极参加视察、调查、研讨等活动。省政协委员要自觉地把政治荣誉同责任统一起来,保持与人民群众的密切联系,认真反映各族各界人士的愿望和要求。五、做好对西安市以外的省政协委员活动的组织工作。六、省政协每届举行一至两次优秀省政协委员表彰活动,评选模范遵守政协章程,认真执行政协决议,积极参加政协活动,切实履行政协职能的优秀委员,进行表彰奖励和宣传,对委员每年出席全委会议、常委会议的情况和有关表现,省政协要向委员本人,委员单位和所代表的党派、团体和有关组织通报。七、不驻陕西的省政协委员,参照本暂行办法执行。八、具体实施工作由省政协办公厅负责。

【组织概况】

主　席

艾丕善

副主席

朱振义　田　源　陈宗兴

李雅芳(女)　刘锦才

石学友　庞家钰　胡　悦

陆　栋　刘石民　张生朝

秘书长

姚　毅

常务委员名单(以姓氏笔画为序)

丁祖诒　马尔立(回族)　马希平(回族)

王　元　王　蒙　王太川　王兆安

王应凯　王怀仁　王尚锦　王建军

王晓萍(女)　王清芭(女,高山族)

王福豹　兰友仁　冯在才　冯银忠

卢其松　史俊通　司全印　田　源

石学友　艾丕善　关　杰　刘　忠

刘　淼　刘马宝　刘世文　刘石民

刘忠斌　刘炳琦　刘宽忍　刘晋秦(女)

刘爱梅(女)　刘锦才　向炳伟

孙　勇　孙玉玺　孙海鹰　朱本章

朱振义　牟怀岐　许春霞(女)

邢佩霓(女)　何明一　张生朝

张孝林　张恒亮　张普成　李升堂

李冬玉(女)　李进权　李笃安

李随成　李雅芳(女)　李德然

来辉武　杨　狗　杨才玉　杨公社

杨希圣　沙鹏程(回族)　陆　栋

陈玉华(女)　陈宗兴　陈忠实

陈忠槐　陈泽忠　陈新义　周　杰

周新生　屈雅君(女)　岳　崇

庞家钰　武胜利　罗德明　郑　洁(女)

郑翔玲(女)　姚　毅　姜长智

封漫潮　胡　悦　胡建波　赵季平

赵瑞云　郝延政　凌　岳　唐德瑞

徐东萍(女)　徐明正　秦全权

耿　健　高　峡　高　峰　高盈民

崔恩泽(朝鲜族)　曹存正　梁　政

梁伯韬　黄茂雄　傅荣涛　程智慧

释界明　鲁骏拄　骞芳莉(女)

骞国政　慕锡明　赫　英(满族)

樊君莉(女)　薛兆青　薛明绪

霍世昌　魏晓姝(女)

委员名单(以姓氏笔画为序)

中国共产党

才玮辉　马恩图　兰友仁

冯在才　冯吴平　冯银忠　田　源

石学友　艾丕善　刘小燕(女)

刘世文　刘孝文　刘爱梅(女)

朱振义　宋龙凌　李升堂　李宗奇

李海石　杨希圣　陈鼎金　孟建国

庞家钰　苗均全　姚　毅　封漫潮

胡　悦　胡守贤　赵瑞云　高　峰

高盈民　骞国政　慕锡明　霍世昌

中国国民党革命委员会

王　农　王孙安　司全印　左　萌(女)

刘全奇　刘金玺　刘晋秦(女)

孙守增　张玉曙　张建华(女)

张海贵　李　铁　陆　栋　陈维礼

孟庆智　屈雅君(女)　林俊丽(女)

金　华(女)　梁　政　黄世坦

彭媛娣(女)　曾　中　程其江

董　秦(女)　蔡元兴

中国民主同盟

马玉红(女)　王尚锦

朱玉瑾(女,回族)　严宪文　何明一

吴大康　张普成　李克欣　李香菊(女)

李随成　杨公社　辛　柯　邵崇斌

陈　桦　陈安锁　陈忠槐　单克功

姚慧娟(女)　郝际平　翁家骥

高长天　程建国　褚维盘　颜　明

魏晓妹(女)

中国民主建国会

马家骧　亢先泽　王长安　王世英
王常春(回族)　任克龙　刘宝琴(女)
行长安　张　望　李雅芳(女)
周新生　武胜利　姜长智　胡建新
徐明正　薛兆青

中国民主促进会

牛　波　王　厚(回族)　王小椿
王应凯　文锦才　刘桂芳(女)
张孝林　李启良　李进权　周菊彦
岳　崇　党新安　郭必选　黄建军
程兆源

中国农工民主党

王安龙　王海棠(女)　冯华西
刘马宝　巩富文　邢佩霓(女)
何凤娥(女)　张　卉(女)
张家喜　陈宗兴　贾志宽　郭文侠(女)
蒙满仓　霍满鹏

九三学社

王伟平　王虎贤　王晓萍(女)
巨栓科　刘石民　许春霞(女)
邢玉瑞　余振纬　张建申　李佐成
陈玉华(女)　胡会维(女)
赵　镜(女)　唐德瑞　彭孝荣(女)
董占斐

台湾民主自治同盟

王二虎　王清芭　(女,高山族)
黄红梅(女)

无党派民主人士

马兴杰(回族)　李志民　尹行厚
冯祖仁　张存堂　张恒亮　马煤丽(女)
高立民　傅荣涛

中国共产主义青年团

王建军　乔　辉　仲　妍(女)
杨蒲军　郑小平　曹全虎

青年联合会

马新民(满族)　刘忠斌　吕建中
李大有　骞芳莉(女)　魏　良

总工会

马国联(女)　卢其松　卢绍彬
齐　桢　张连琪　苗宗魁　张凤英(女)
逯秦生　樊君莉(女)

妇女联合会

卜　莉(女)　王淑娅(女)
田昭旗(女)　成莲英(女)
张　冰(女)　苏凤华(女,回族)
郑　洁(女)　侯　鸿(女)
徐小平(女)　贾韵梅(女)
郭菊贤(女)　崔荣华(女)
戴晓燕(女)　魏文利(女)

工商业联合会

王西林　王青云　冯槐芳(女)
田　耕　白延彪　刘新荣(回族)
向炳伟　庄　峰　何健民　吴敏(女)
张生朝　李怀积　苏铁柱　陆正国
周文魁　苑学功　胡必进　赵苏智
郝宝仓　席有良　徐社会　秦金权
梁成安　续海中　黄　哲　储永义
韩月贤(女)　鲁骏柱　雷应魁

归国华侨联合会

叶　莽　关　杰　李　路　金　延
姚金钟　彭　红(女)　程晓茹(女)

科学技术协会

同淑荣(女)　孙维维(女)
牟怀岐　吴振森　张　宏　张文斌
李　涛　屈秋耘　唐应吉　曾珊琪(女)
虞　烈　管　薇(女)

军区及驻陕部队

王仕成　刘家新　向德全　李润虎
杜　凡　陈长贵　范万延　徐远林
高国栋　曹存正

农业界

王　伴　王发林　王同春　王在博
王有莘　史俊通　白志礼　刘利年
权志长　张东海　张改生　杜翠萍(女)
赵　全　郭东霞(女)　程智慧
董志敏　韩明玉

文化艺术界

卫小莉(女) 马红岩 王蒙
王丽娟(女) 王鸣放 王福豹
冯健雪(女) 田龙瑞 石川(满族)
石瑞芳(女) 刘宽忍 刘曦薇(女)
孙志宽 延艺云 米东风(回族)
张虹(女) 张慧
张臻(女,回族) 李梅(女)
李东桥 李汉荣 杨晓阳 陆柯仑
陈永龙 陈忠实 陈爱美(女)
罗艺峰 郑越(女)赵大山 赵季平
赵建文 赵振川 海茵(女)
贾四贵 曹湘秦(女) 薛铸

科学技术界

王武 王太川 王昌傲 王紫琴(女)
石飞荣 刘小平 吉万全 孙玉玺
孙海鹰 宋理 宋纪蓉(女)
张芙蓉(女) 李宁 李峰
李强 李玉虎 李晓强
杨家密(女,仡佬族) 杨觉明
沈永锡 沈淑芳(女) 沙长安
陈冬贵 周杰 和红星 段旭东
赵尊练 郝启舜 党振力 奚正平
奚耕思(女) 钱建平 寇兰英(女)
彭华民

社会科学界

何玉辉(女) 吴永琪 杨才玉
杨学义 苏世强 郭惠敏(女)
高峡 裴成荣(女)

教育界

丁祖诒 刁瑞珍(女) 马俊华(回族)
王元 王文科 王兆安
王晓芳(女,蒙古族) 王润孝
王毅红(女) 王耀平 史亮
申爱琴(女) 石平五 刘莉(女)
刘炳琦 孙勇 张欣(女)
张涌 张霞(女) 张忠义
李东亮 李光瑶(女) 杜平
花智勇 苏军科 谷慎(女,回族)
陈亚芍(女) 欧阳克智 苗飞
段宝岩 胡建波 胡致本 项新时(女)
贾咏丰 郭康权 崔康柱 常雅宁
曹吉利 梁海顺 蔡继媛(女)

体育界

马继龙(回族) 吴钟权 张挺
胡效芳(女) 赵树耀 霍英英(女)

新闻出版界

刘晓辰(女) 张立 张珂
张富汉 李玉皓(女) 凌岳
冀东山

医药卫生界

王君 王宝彦 王青平 王省安
冯一凡 冯武臣 田景丰 任王让
刘森 吕卓人 朱本章 朱婉莉(女)
张树林 张朝堂 张德军 李荣
李瑞 李富亭 杜浩宇 来辉武
杨世兴 陈新义 柳云武 赵超
徐剑秋(女) 曹引丽(女)
梁军(女) 章翔 董广新
董金凤(女) 韩玲(女)窦科峰
穆选生

对外友好届

陈淑云(女) 郑孟强 郝延政

少数民族界

马尔立(回族) 冯钧平(回族)
包志坚(蒙古族) 刘西艳(女,回族)
沙鹏程(回族) 拉巴(藏族)
金启新(女,满族) 洪建忠(回族)
铁群平(回族) 崔恩泽(朝鲜族)
黄宏昱(蒙古族) 赫英(满族)

台湾同胞联谊会

王红兵 陈碧珠(女)
简文华(女,高山族)

宗教界

马希平(回族) 马明年(回族)
马峰光(回族) 王俊 王怀仁
余润琛 李笃安 邹英舜 胡诚林
释吉祥(女) 释界明

经济界

马陆霞(女) 马建军(回族)
王居异 冯欢迎 史小明 史贵禄
刘 忠 刘耀辉 孙柏荣 许彦明(回族)
邢紫兰(女) 宋钧炉 张万准
张玉浦 张战胜 张雅林 李大灿
李元虎 李东成 李军平 李俊义
李保平 李德然 杨 狗 沈 皓
陈子生 陈泽忠 陈崇儒 周汉生
姚广龙 赵 力 赵伯祥 徐东萍(女)
曹怀根 韩继明 雷华锋 翟富林
蔚沛林 樊朝武 魏庆国

特别邀请人士

丁 辉(回族) 马宝明 马忠科
马胜利(回族) 孔兢勉 王志明
王怀长 王宝和 王杰山 王焕珍(女)
王富群(回族) 叶大一 田 平(女)
田全德 田志刚 田维宽 白有铭
刘 娟(女) 刘 浪 刘 巍
刘汉兴 刘兆培 闫宝树 何建民
吴清焕 张 帆 张 琪 张志杰
张志武 折益宁 李 宏 李冬玉(女)
李江东 李和平 李斐然
李景兰(女,回族) 李禄江 杜树山
束鸣九 杨 晨(女) 杨文利
杨正平 杨永光 杨延武(女)
杨志良 杨志舜 辛少华 陈振虎
陈继荣 周世福 孟西安 忽培元
林耀明 罗正全 罗德明 郑翔玲(女)
侯晓军 侯新民 姚拴锁 洪康喜
胡克禹 胡梦琪(女) 胡清熊
唐庆华 徐建新 耿 健 贾小伟
郭宝善 郭金鹏 郭晓光 高剑平
曹增津 梁伯韬 渠小玲(女)
黄亚平 黄茂雄 强文祥 彭 蔚(女)
曾 益 舒 良 董 健 董志孝
蒋百灵 释宽旭 韩文波 蓝瑞明
赖卫国 靳军良 薛明绪 薛保华
霍志诚

【组织概况】

【陕西省各级政协领导人名单】

陕西省政协(见组织概况)

西安市(副省级)

市政协主席
傅继德
副主席
张 波 陈振虎 于小文(女)
胡剑虹 王应凯 董群惠
徐 忠 鲁骏柱 李广瑞
秘书长
王 康

区县政协主席(区为副地级)

莲湖区 田 英
新城区 吕建伟
碑林区 赵 亮
雁塔区 张宝玺
未央区 高玉清
灞桥区 郗哲民
长安区 成德奇
阎良区 胡海彦
临潼区 韩 韬
户 县 吴如意
周至县 刘崇博
高陵县 郑毅涛
蓝田县 田文杰

咸阳市

市政协主席 董志孝
县(市、区)政协主席
秦都区 负培衍
渭城区 孙建斌
兴平市 陈 勇
武功县 孙胜利
乾 县 黄 琦
礼泉县 王志强
泾阳县 史克诚
三原县 云三可
永寿县 于建军

彬　县　辛科科
旬邑县　燕满全
长武县　李中发
淳化县　郑禄辉

延安市

市政协主席　忽培元
县(区)政协主席
宝塔区　张俊雷
子长县　郝生荣
吴旗县　闫占堂
黄龙县　王廷彦
延川县　高凤兰(女)
黄陵县　刘　正
安塞县　杨军赦
富　县　张凤英(女)
洛川县　吴宏利
延长县　刘　江
宜川县　李东明
志丹县　刘世贵
甘泉县　程　远

宝鸡市

市政协主席　陈继荣
县(区)政协主席
金台区　杨振龙
渭滨区　刘德明
陈仓区　段兴奇
凤翔县　李兆科
岐山县　索富平
扶风县　马志斌
眉　县　卢文远
麟游县　闫巧梅(女)
陇　县　张恩科
凤　县　高　海
太白县　宫志宏
千阳县　吕述谦

渭南市

市政协主席　王杰山
县(区)政协主席
韩城市　郑铁成
临渭区　梁向东
华　县　张云霄(女)
华阴市　高　鹏
潼关县　陈长乐
大荔县　刘西峰
蒲城县　范炳坤
合阳县　张兴邦
白水县　雷超武
澄城县　李双宝
富平县　田即晓

汉中市

市政协主席　张　帆
县(区)政协主席
汉台区　殷光明
南郑县　李发元
留坝县　姜寅兰(女)
勉　县　陈庆生
宁强县　姚志强
略阳县　冯新涛
洋　县　李余德
佛坪县　刘振邦
城固县　杨剑敏
西乡县　程华新

铜川市

市政协主席　杨志良
县(区)政协主席
王益区　赵怀玺
印台区　张海娟(女)
耀州区　任军民
宜君县　杨尚青

榆林市

市政协主席　刘汉兴

县(区)政协主席
榆阳区　张满洋
神木县　焦调瑜(女)
府谷县　段裕田
定边县　高登山
靖边县　冯怀玉(女)
横山县　刘仲瑜
绥德县　景建荣
米脂县　张海水
佳　县　贺玉德
吴堡县　李永明
清涧县　曹光辉
子洲县　庞　瑶(女)

安康市
市政协主席　罗正金
县(区)政协主席
汉滨区　李学乾
宁陕县　朱明生
石泉县　韩永进
汉阴县　杨英子(女)
岚皋县　徐代元
紫阳县　李辉新
旬阳县　陈楚明
平利县　黄宏斌
镇坪县　陈宗华
白河县　刘惠芳(女)

商洛市
市政协主席　唐庆华
县(区)政协主席
商州区　王治勋
洛南县　胡焕明
山阳县　李崇敏
丹凤县　杨淑云(女)
商南县　刘忠诚
镇安县　张坤余
柞水县　樊成柱

陕西省各级政协组织和委员数

（截至2003年底）

项目＼级别	省	副省级市	设区的市	县(区、市)	合计
组织数	1	1	8	107	117
委员数	588	517	2705	14414	18224

（赵苏敏、汶维维　编写　姚毅　审稿）

政 协 甘 肃 省 委 员 会

仲兆隆　主　席

陈剑虹　副主席

拜玉凤　副主席

崔正华　副主席

朱作勇　副主席

喇敏智　副主席

杨镇刚　副主席

周宜兴　副主席

李宇鸿　副主席

德哇仓　副主席

俞 正 副主席

蔚振忠 副主席

薛映承 秘书长

【全体委员会议】

九届一次会议 2003年1月8日至14日在兰州召开。本次会议应到委员507人,实到468人。会议审议通过了朱作勇副主席代表八届省政协常务委员会所作的工作报告、周宜兴副主席代表八届省政协常务委员会所作的关于政协甘肃省八届五次会议以来提案工作情况的报告;通过了省政协九届一次会议提案审查委员会关于提案审查情况的报告;通过了政协甘肃省第九届委员会第一次会议政治决议;选举仲兆隆为政协甘肃省第九届委员会主席,陈剑虹、拜玉凤、崔正华、朱作勇、喇敏智、杨镇刚、周宜兴、李宇鸿、德哇仓、俞正、蔚振忠为副主席,薛映承为秘书长,于洪志等96人为常务委员。

中共甘肃省委书记宋照肃在开幕大会上发表重要讲话,充分肯定了八届省政协的工作,阐明了政协工作面临的形势和任务,提出了希望和要求。省委副书记、省政协主席仲兆隆在闭幕会上发表重要讲话。仲兆隆指出,九届省政协任期的五年,是全面贯彻落实中共十六大精神,加快我省全面建设小康社会进程的非常重要时期。我们要充分认识人民政协在新时期的重要地位和作用,认真贯彻中共中央和中共甘肃省委关于政协工作的一系列指示精神和要求,坚持政协工作的基本原则,适应新形势,探索新路子,努力开创政协工作的新局面。仲兆隆主席强调,我省各级政协组织和广大政协委员,要把学习贯彻中共十六大精神作为当前和今后一个时期统一战线和多党合作的首要政治任务来抓,坚持用"三个代表"重要思想统领政协工作,努力把政协工作提高到一个新水平;要紧紧围绕加快我省全面建设小康社会进程这个主题履行职能,想实招,鼓实劲,办实事,切实发挥政治协商、民主监督、参政议政的作用;高举爱国主义、社会主义两面旗帜,以团结保稳定,以稳定促发展;要切实加强自身建设,努力提高政协工作水平。会议期间,委员们列席了省人大十届一次会议,听取和讨论了陆浩省长所作的政府工作报告和其他重要报告。委员们认为,过去的5年,我省全面贯彻中共十五大精神,努力实践"三个代表"重要思想,抓住西部大开发的历史机遇,紧扣加快发展这个主题,不断解放思想,开拓进取,国民经济快速增长,实现了历史性跨越,各项社会事业全面发展。《政府工作报告》对过去5年工作的回顾实事求是,提出的今后5年经济社会发展的总体思路、奋斗目标、主要任务和今年的主要工作,切实可行,鼓舞人心。委员们以高度的政治责任感,对加快我省全面建设小康社会进程和做好新时期人民政协工作提出了许多意见和建议。在小组讨论的基础上,26名委员作了大会发言。省委、省政府领导带领有关委办厅局的负责同志参加了小组讨论,听取了大会发言,与委员们共商振兴甘肃大计。会议期间共收到提案620件,立案599件,占收到提案总数的96.6%。参与提案的委员占委员总数的56.8%。甘肃省党政军领导应邀出席了开幕和闭幕会。各市、州政协主席,省政协各地区工委主任,在甘肃的全国政协委员,省政协各委办室负责人,省委统战部副部长和各市、州、地委统战部部长列席了会议。

【常务委员会会议】

第1次会议 2003年1月15日在兰州举行。96名常委出席了会议。会议讨论并原则通过了政协甘肃省第九届委员会常务委员会2003年工作要点。仲兆隆主席主持会议并就做好常委会工作讲了话。

第2次会议 2003年2月21日在兰州举行。94名常委出席了会议。会议通过了《中国人民政治协商会议甘肃省第九届委员会常务委员会关于设置研究室、专门委员会的决定》;通过了政协甘肃省第九届委员会人事任免名单。会议结束时,崔正华副主席讲了话,就如何发挥政协委员、常委和专门委员会的作用提出了希望和要求。

第3次会议 2003年6月24日至26日在兰州举行。95名常委出席了会议。会议就加快我省全面建设小康社会进程进行了讨论,通过了《政协甘肃省委员会常务委员会关于加快我省全面建设小康社会进程的几点建议》和《政协甘肃省第九届委员会提案委员会委员名单》。崔正华副主席就深入学习贯彻"三个代表"重要思想,扎扎实实地推进我省全面建设小康社会进程讲了话。

第4次会议 2003年10月28日至29日在兰州举行。92名常委出席了会议。会议认真学习了中共十六届三中全会文件,听取了省政协副主席周宜兴、俞正所作的全国政协十届三次常委会议精神传达报告;听取了省政协副主席李宇鸿关于进一步加强我省对外经贸工作的调研报告及说明,就我省对外经贸工作近年来取得的成绩和存在的问题进行了分析讨论,提出了解决问题的意见和建议;听取了省政府秘书长程正明作的关于省政协九届一次会议以来提案办理情况的报告。朱作勇副主席在会议结束时讲了话,就省政协学习贯彻中共十六届三中全会精神提出了意见和要求。

【专门委员会工作】

提案委员会 全年共立案630件,其中民主党派、工商联、有关人民团体和政协专委会提案60件。参与提出提案的委员314人,占委员总数的61.9%。630件提案全部办复。其中所提问题已经解决或基本解决的209件,占33.2%。主要做了以下工作:一是通过新闻媒体宣传提案和提案工作、创办《提案工作反映》、召开座谈会、通报提案办理情况,加大提案宣传引导力度;二是进一步深化提案办理工作,7位副主席督办重要提案13件;参与了10次"开门办案",办理提案10件;跟踪督办"B类"提案13件。三是深入6个市、地和14个县区政协对提案工作进行调查研究和业务指导。四是密切与全国政协和兄弟省(市、区)政协提案部门的联系和交流。五是整章建制,进一步加强提案工作制度化、规范化建设。六是做好九届二次全委会提案准备工作。

社会和法制委员会 组织委员就河西五市全面建设小康社会问题、政府在就业工作中的职能定位、全省10个地级市的城市道路交通管理工作、全省弱势群体社会救助问题进行专题调研,写出了《关于河西五市率先全面建设小康社会的调研报告》、《关于政府在就业工作中的职能定位专题调研报告》、《关于视察我省城市道路交通管理工作的情况报告》、《关于弱势群体社会救助工作的调研报告》,分送全国政协社会和法制委员会、省委省政府及有关部门研究参考。参与了《中华人民共和国宪法修改意见》等5部国家法律和地方法规草案的协商讨论,提出了36条修改意见。加强了与各方面的联系交流,两次参加全国政协社法委召开的研讨会,推荐有关委员参加了行风评议、民事审判听证会和有关检查监督活动。

文史资料和学习委员会 编辑出版了《文史资料范文选》、《甘肃文史资料选辑》第57辑和58辑,共112万字。参加了西北五省区暨西安市政协第17次文史资料工作协作会议。参加了全省政协工作研讨会的筹备工作。为省政协中心学习组做好服务工作。编发《学习资料》4期。与社会和法制委员会共同组织委员,就我省河西5市6区县全面建设小康社会的现状、存在问题及对策进行了调研,提出了意见和建议。

经济委员会 根据主席会议决定,在有关副主席的领导和有关专委会、办公厅、研究室的参与配合下,组织开展了加快我省全面建设小康社会进程的调查研究,起草了《关于加快我省全面建设小康社会进程的几点建议》稿,经主席会议讨论、常委会议审议通过后,报送省委、省政府。与有关专委会一起,组织委员就进一步加强我省对外经贸工作进行调研,写出了《关于进一步加强我省对外经贸工作的调研报告》稿,经主席会议和常委会议讨论修改,报送省委省政府供决策参考。组织委员视察了我省物流产业情况,提交了继续扶持物产集团转轨变型的提案,向省委省政府报送了视察报告。对合水县的扶贫工作进行了调研,与有关单位就帮扶项目和措施进行了协调沟通。参加了全国十八省(市、区)政协经济委员会联系会议,赴外省考察了非公有制经济发展情况。

人口资源和环境委员会 参加了省政协加快全面建设小康社会进程的重点调研,形成了《关于加快陇南地区小康建设的建议》。组织委员和专家学者深入张掖、武威、祁连山一带调研,向省政府报送了《祁连山人工增雨(雪)体系工程项目建议书》,省政府将该项目向国务院作了汇报,国务院有关领导予以肯定,并表示给予支持。赴东北地区对资源型城市发展接续产业进行了考察,写出了专题考察报告。

科教文卫体委员会 参加了加快我省全面建设小康社会进程的调研,形成了《关于平凉、定西、庆阳三市(地)加快全面建设小康社会进程情况的调查报告》,作为省政协常委会关于加快我省全面建设小康社会进程几点建议的附件,报送省委、省政府。组织委员就中药材基地建设及品牌培育,全省文化产业发展情况,城市社区卫生服务工作进行调研,写出了《关于我省中药材基地建设及品牌培育的调研报告》、《甘肃省城市社区卫生服务工作情况及存在的重要问题和建议》。对我省防"非典"工作进行了视察,慰问了防非一线的同志。走访、视察了所联系的相关政府部门和基层单位,提出了《关于当前我省科教文卫体系统存在的突出困难、问题和建议》,报送省委、省政府。组织纪念毛泽东《在延安文艺座谈会上的讲话》发表61周年纪念活动等四次大型活动。

民族宗教和三胞联络委员会 紧紧围绕民族地区经济社会发展建言献策。组织委员就民族地区全面建设小康社会,牧区城镇化建设,民族地区农业产业化建设进行了调研,写出了《关于加快甘南、临夏少数民族地区全面建设小康社会进程的调查报告》、《关于我省牧区城镇化建设的调研报告》、《关于加快农业产业化,促进少数民族地区经济增长问题的调查报告》,分送省政府有关单位、部门参考。在少数民族地区组织了义诊和送医送药献爱心活动。采取多种形式，加强与民族宗教上层人士的交流联络，加强了民族宗教工作。

港澳台侨和外事委员会 参加了省政协全面建设小康社会和扩大对外开放调研，形成调研报告提交常委会讨论。深入调研，写出了《对酒泉市港澳台侨和外事资源情况的调查报告》。开展了有关港澳台情况的宣传，举办了“反台独、反恐怖、促统一”报告会。积极开展对外交往，开展与港澳台侨人士的联谊活动，接待港澳台考察团组12批130多人次，介绍了我省经济社会发展情况。

【重要活动】

加快我省全面建设小康社会进程的调研 2003年4月至5月，由部分委员、省政协7个专委会、办公厅、研究室负责人和有关专家组成5个调研组，在9名副主席带领下深入各市州地的22个县市区和省直有关部门进行调研，形成了4份调查报告。在此基础上，召开第三次常委会议，就如何加快我省全面建设小康社会进程进行了专题讨论，向省委、省政府提出了《关于加快我省全面建设小康社会进程的几点建议》。《建议》就把握全面建设小康社会的内涵、加快建设的基本思路、走新型工业化道路、突破农村小康建设难点、大力发展非公有制经济、努力提高城镇化水平、扩大对外开放、营造更加宽松的创业环境等问题作了比较深入的分析论证，提出了23条对策建议。省委认为调研扎实深入，建议有见地、有价值，并转发了《建议》。

进一步加强我省对外经贸工作的调研 2003年9月在省政协领导的带领下，组织委员、专家学者和有关职能部门负责人，到省经济贸易合作厅等10个单位进行了调研，形成了《关于进一步加强我省对外经贸工作的调研报告》稿。在此基础上召开了第四次常委会议，对我省外经贸工作近年来存在的突出问题和加快外经贸工作发展的思路进行了协商讨论，对《调研报告》进行讨论修改后报送省委、省政府参考。

甘肃省政协干部学习研讨会 2003年11月12日至14日在兰州举行。参加研讨会的有省政协主席、副主席、秘书长、各州市县区政协主席、各地区政协工委主任，省政协办公厅、研究室、专委会负责人共150多人。与会人员听取了学习贯彻“三个代表”重要思想和中共十六届三中全会精神，统一战线和人民政协理论，人民政协经常性工作等辅导报告，听取了省政协各专门委员会工作介绍，进行了讨论和交流。省政协副主席崔正华、朱作勇分别在会议开始和结束时发表讲话。

全国政协主席贾庆林一行来甘视察 2003年4月13日至14日，全国政协主席贾庆林一行来甘视察，并接见了省政协正处级以上领导干部。

全国政协副主席李兆焯一行来甘考察 2003年7月28日至29日，全国政协副主席李兆焯一行来甘考察，出席了在武威市举行的2003年全国乡镇企业东西合作经贸洽谈暨产品展销会。省政协副主席喇敏智陪同考察。

全国政协副主席阿不来提·阿不都热西提率调研组来甘调研 2003年8月15日至19日，以全国政协副主席阿不来提·阿不都热西提为组长的全国政协经济委员会农村专题调研组来甘调研。在甘期间，调研组听取贠小苏副省长关于我省扶贫开发工作的汇报，在天水视察了退耕还林绿化情况和扶贫工作。省政协副主席朱作勇、李宇鸿、俞正陪同调研。

全国政协副主席马万祺一行来甘考察 2003年10月6日至15日，全国政协副主席马万祺一行，就甘肃省西部大开发情况在张掖市、酒泉市、嘉峪关市和敦煌市等地考察，并探讨了港澳工商界协助国家开发西部的思路。省政协副主席杨镇刚陪同考察。

全国政协副主席周铁农一行来甘考察 2003年10月9日至12日,全国政协副主席周铁农一行来甘考察,出席了在临夏州和兰州市召开的"扶羊助学工程"现场会和支边扶贫工作会议,在临夏考察了"扶羊助学工程"及受助小学、受助户。省政协副主席俞正陪同考察。

【重要文件】

第八届委员会常委会工作报告(2003年1月8日)(摘要) 报告分三大部分。第一部分回顾总结了八届政协5年的工作。5年来,共召开全体会议5次、常委会议22次、主席会议48次,组织视察调研活动120次,形成调研报告94份,向省委、省政府报送建议案10份,提出提案3419件,为促进我省经济建设和社会发展,巩固和发展爱国统一战线,加强社会主义民主政治建设,做了大量扎实而有效的工作,发挥了不可替代的作用。一、为制定、实施"十五"计划和西部大开发战略参政议政,为大力发展社会生产力出谋献策。二、紧扣经济建设中的重大问题建言立论,为实现我省经济快速发展尽心竭力。三、重视教育、科技等社会事业的发展,为促进社会全面进步献智出力。四、充分发挥民主党派、工商联的作用,加强团结联谊工作,努力维护和发展团结稳定的政治局面。五、政治协商形式趋向规范,民主监督作用逐步加强。六、努力做好提案和反映社情民意工作,进一步畅通民主渠道。七、加强了与全国政协、兄弟省市区政协和地县政协的联系与合作。八、自身建设得到进一步加强。报告的第二部分总结了6点工作体会。一、始终坚持党的领导,坚持正确的政治方向,是做好政协工作的根本保证。二、坚持以经济建设为中心,以促进生产力发展为目标,是新时期政协工作的必然要求。三、始终维护最广大人民群众的根本利益,及时、准确地反映社情民意,是政协工作的根本出发点。四、坚持政协委员的主体地位,发挥专委会的基础性作用,是政协性质的内在要求。五、坚持开拓创新,与时俱进,是政协工作不断发展、保持活力的源泉。六、坚持抓好机关建设,不断提高服务水平,是保证政协工作顺利开展的重要条件。报告的第三部分对今后的工作提出了6点建议。第一,深入学习贯彻中共"十六大"精神。第二,紧密围绕中心工作履行职能,献策出力。第三,坚持团结和民主两大主题。第四,继续做好反映社情民意工作。第五,积极推进履行职能的规范化制度化。第六,切实搞好政协自身建设。

九届一次会议政治决议(2003年1月14日)(摘要) 会议认为,过去的5年,我省全面贯彻中共十五大精神,努力实践"三个代表"重要思想,抓住西部大开发的历史机遇,紧扣加快发展这个主题,不断解放思想,开拓进取,国民经济快速增长,实现了历史性跨越,各项社会事业全面发展。委员们对实现《政府工作报告》提出的目标和任务充满信心。会议指出,全面建设小康社会,是中共十六大确立的我国本世纪头20年的奋斗目标,体现了全党和全国各族人民的根本愿望。全面建设小康社会,对我们这样一个欠发达省份来说,意义重大,任务艰巨。紧紧围绕加快发展这一主题,牢牢抓住本世纪头20年可以大有作为的重要战略机遇期,集中全省人民的智慧和力量,聚精会神搞建设,一心一意谋发展,努力加快我省全面建设小康社会的进程。会议对八届省政协常委会工作报告表示赞同。5年来,八届省政协牢牢把握团结、民主两大主题,围绕中心,服务大局,为我省经济发展和社会主义民主政治建设作出了重要贡献,同时积累总结了许多成功的做法和经验,为新一届政协开展工作,奠定了良好的基础。

会议强调，人民政协要紧紧围绕加快我省全面建设小康社会进程这个目标发挥作用、履行职能。要认真学习贯彻中共十六大精神，把思想和行动统一到十六大精神上来，把智慧和力量凝聚到实现我省经济社会发展的目标上来。紧紧围绕我省经济建设和加快发展中的重大问题、关系人民群众切身利益的热点难点问题，履行政治协商、民主监督、参政议政职能。要坚持和完善中国共产党领导的多党合作和政治协商制度，坚持"长期共存、互相监督、肝胆相照、荣辱与共"的方针。要多做体察民情、反映民意、集中民智、协调关系、化解矛盾、增进共识的工作，最广泛最充分地调动一切积极因素，团结一切可以团结的力量。要始终保持与时俱进的精神状态，大胆解放思想，坚持实事求是，积极倡导创新，不断研究新情况，解决新问题，努力拓展履行职能的内容和形式。会议要求，广大政协委员要增强责任感和使命感，不图虚名，不辱使命，不负重托；努力学习，勤奋工作，深入实践，贴近群众，认真开展调查研究，积极反映社情民意；不断提高参政议政、建言献策的能力和水平，以实际行动为人民政协增光添彩。会议号召，全省各级政协组织和广大政协委员，要紧密团结在以胡锦涛同志为总书记的中共中央周围，高举邓小平理论伟大旗帜，全面贯彻"三个代表"重要思想，以中共"十六大"精神为指导，在中共甘肃省委领导下，继承和发扬人民政协的优良传统，与时俱进，开拓创新，同心同德，扎实工作，为全面完成今年全省经济和社会发展的各项任务而努力奋斗！

常务委员会 2003 年工作要点(2003 年 1 月 15 日)(摘要) 2003 年 1 月 15 日 1 次常委会通过。常委会工作的总体思路是：以"三个代表"重要思想统领政协工作，全面贯彻中共十六大精神和甘肃省第十次党代会精神，高举旗帜、服务大局、把握主题、开拓创新，不断拓展政协工作的内容，丰富履行职能的形式，提高建言献策的水平，为加快我省全面建设小康社会的进程，发展先进生产力、先进文化，实现最广大人民的根本利益，发挥积极的作用，做出应有的贡献。一、深入学习贯彻中共十六大精神，坚持用"三个代表"重要思想统领政协工作。进一步增强全体政协委员贯彻落实中共十六大精神的自觉性和坚定性，把中共十六大精神贯穿于政协工作的各个方面和全部过程之中，坚持用"三个代表"重要思想统领政协工作。二、紧紧围绕加快发展履行职能，为我省全面建设小康社会献策出力。重点就甘肃怎样全面建设小康社会进行调研；对开发建设西陇海兰新线经济带甘肃段进行调研视察，就大通道建设、沿线产业布局及项目支撑、项目带动、兰州天水等重点城市发展和增强城市辐射带动功能等问题，进行分析论证，提出思路对策；就如何进一步提高对外开放水平，加强对外经贸工作进行调研视察，提出对策建议。在保证以上重点调研课题的同时，各专委会应本着"少、精、深、新"的原则，结合各自实际，选择若干课题，进行调研、视察，提出相关对策建议，供省委、省政府决策参考。三、加强协调联系工作，进一步巩固和发展安定团结的政治局面。加强同各民主党派、工商联、各人民团体、各界代表人士的联系与合作，协助党委和政府认真落实民族宗教政策，就脱贫致富、退牧还草、发展草产业和畜牧业等开展调查研究，采取多种途径开展祖国统一联谊工作，不断扩大和加强海外联谊。四、做好提案和反映社情民意工作。要努力提高提案的质量和服务质量，广泛收集和反映社情民意，为维护和实现广大人民群众的根本利益服务。五、进一步推进履行职能的规范化、制度化。六、加强自身建设，不断提高工作水平。

中共甘肃省委书记宋照肃在九届一次会议上的讲话(2003年1月8日)(摘要) 讲话分两部分。一、省政协八届委员会做了大量卓有成效的工作,发挥了极其重要的作用。第一,紧紧围绕经济建设这个中心参政议政,在推进全省改革和发展中发挥了重要作用。几年来,省政协以及全省各级政协组织,把围绕中心、服务发展,作为新时期政协工作的原则。在实施西部大开发战略、推进经济结构调整、深化企业改革、促进农业和农村经济发展等方面,深入开展调查研究和协商讨论,提出了许多好的意见和建议。在加强社会主义精神文明建设和民主法制建设、发展科技教育和文化事业等方面,积极建言献策,有效地促进了我省的经济发展和社会全面进步。第二,不断加强政治协商和民主监督,在促进决策的民主化、科学化方面发挥了重要作用。采取多种形式,有效地拓宽了民主监督的渠道,提高了政治协商的水平,为党委、政府决策提供了具有广泛民主基础的支持。第三,及时反映社情民意,在密切党委、政府同各界群众关系方面发挥了重要作用。第四,努力协调关系,化解矛盾,在维护全省社会政治稳定中发挥了重要作用。二、以十六大精神为指导,充分发挥政协组织的作用,为我省改革开放和现代化建设做出更大的贡献。第一,希望各级政协组织深入学习贯彻中共十六大精神,切实把思想和行动统一到十六大精神上来。第二,希望各级政协组织坚持把发展作为第一要务,为加快我省全面建设小康社会进程奋发努力。充分发挥人才荟萃、智力密集的优势,把各方面的智慧和力量都凝聚起来,发挥大家的积极性和创造性,推动全省经济建设和各项事业蓬勃发展。第三,希望各级政协组织认真履行政治协商、民主监督职能,在社会主义民主政治建设中发挥重要作用。第四,希望各级政协组织继续做好团结稳定工作,努力维护全省改革发展稳定的大局。第五,希望各级政协组织适应新形势新任务的要求,切实加强自身建设。

仲兆隆主席在九届一次会议上的讲话(2003年1月14日)(摘要) 一、认真学习贯彻中共"十六大"精神,坚持用"三个代表"重要思想统领政协工作。用"三个代表"重要思想统领政协工作,必须牢牢把握民主团结两大主题,不断促进祖国统一战线的巩固和扩大;必须牢牢把握第一要务,围绕中心,服务大局;必须始终坚持群众观点,更好地体察民情,反映民意;必须始终保持与时俱进的精神状态,创造性地开展工作;必须坚持中国共产党的领导,保持政协工作的正确方向。二、紧紧围绕全面建设小康社会履行职能,充分发挥政治协商、民主监督、参政议政的作用。要积极为经济建设建言献策。要把为经济建设服务的着力点放在调查研究、建言献策上。调查研究要善于用辩证的眼光审视省情,用开放的思维看待条件,勇于从体制、机制这个高层面上分析问题,努力提出有深度、有价值、有针对性的意见和建议,为省委、省政府科学决策当好参谋。要积极参与社会主义政治文明建设。要把坚持党的领导、人民当家作主和依法治国有机统一起来,把履行职能同发扬民主有机结合起来,通过多种形式,向党政领导机关提出意见、建议和批评,切实发挥好民主监督作用。在政协自身的工作中,要努力营造民主和谐的氛围,使人民政协在发展社会主义民主政治中有更大的作为。要积极推进社会主义精神文明建设。通过多种途径,使委员们在弘扬民族精神、加强思想道德建设、发展教育和科学事业、繁荣文化市场等方面,各展所长,贡献力量,努力在全省营造一个文明、健康、和谐向上的社会环境。三、加强协调联系工作，不断巩固和发展安定团结的政治局面。进一步增强和巩固人民政协内部的团结，是促进和实现大团结的基础。密切与社会各方面的联系，是促进和实现大团结的重要途径。协调关系，化解矛盾，是促进和实现大团结的有效手段。做好民族宗教工作，是促进和实现大团结的重要方面。四、加强自身建设，努力提高政协工作水平。要加强学习，不断增强贯彻“三个代表”重要思想的自觉性和坚定性。要练就良好的形象，为政协组织增光添彩。要加强制度建设，使政治协商更加切实，民主监督更加有效，参政议政更有成果。要搞好政协机关思想、组织、作风和业务建设，不断提高机关工作人员的素质，提高办事效率和工作水平，真正把机关建设成为委员之家。

【机构设置】

经九届二次常委会议决定，设办公厅、研究室、提案委员会、社会和法制委员会、文史资料和学习委员会、经济委员会、人口资源环境委员会、科教文卫体委员会、民族和宗教委员会、港澳台侨和外事委员会。

【组织概况】

常务委员名单（以姓氏笔画为序）

于洪志（女） 马　力
马文云（东乡族） 马文福 马忠朴
马靖宇（回族） 王　锐 王在鹏
王至全 王向机 王亦凡（女）
王秉忠 王振军 车安宁 毛春荣（女）
丹正嘉（藏族） 邓炎喜
龙仁桑盖（藏族） 卢天禧 田秋生
白文科 宁崇瑞 冯亦兵 司天义
巩光明 达芝芬（女，蒙古族）
朱　琨 朱明光 朱果炎 刘长缨
刘仲奎 刘芳芹（女） 孙田民
贡唐·图丹（藏族） 苏平（女，撒拉族）
杜小平（女） 李万林 李文衡
李并成 李国强 李保卫 李锋瑞
李瑞英 杨　森（回族） 杨友甫
杨发元 杨利亚 杨肃昌 吴景山
张　忠 张世珍 张汉燚（藏族）
张建生 张和平 张宗祥 张炳玉
张普选 陈德宏 尚勋武 罗祖孝
周　鹰 周引娣（女） 周守群
周保银 周镇兴 屈建军 赵　良
赵经农 赵宝生 赵麟祥 郝　远
胡隆伍 段兼善 姚汉信 袁世秀
贾宝忠 柴绍豪 恩广礼（满族）
倪安民（女） 郭天康 郭长乐
黄亦纯（女） 敏生光（回族）
阎奋民 梁世章 程国仁 释理智
鲁　挺 鲁　晋 蒲志强 雷水贤（女）
雷怀彦 赛仓·罗布藏（藏族）
翟克勇 薛群基 魏武峰

委员名单（以姓氏笔画为序）

中国共产党

王廷贵 王润康 仲兆隆 朱作勇
刘洪泽 杜小平（女） 杜孟嘉
李保卫 杨镇刚（藏族） 张海亚
周德祥 姜信治 咸　辉（女，回族）
侯建钧 郭长乐 黄亦纯（女）
崔正华 喇敏智（回族） 翟克勇
蔚振忠 薛映承

中国国民党革命委员会

王鸿藻（回族） 邓炎喜 吕世虎
陈　强 李如檀 杨　庆 杨立勋
杨利亚 杨肃昌 俞　正 胡晓红（女）
倪安民（女） 徐贤伦 鲁　挺
鲁　晋

中国民主同盟

马文福 马美玲（女，回族） 王建林
车安宁 朱建兰（女） 刘仲奎
汪受宽 李文惠（女） 李金田
张　平 张世珍 周　鹰 周宜兴
姚　军 雷自强 褚衍东

中国民主建国会

马东兵 王秉忠 牛笑萍（女）

刘芳芹（女） 杨友甫 杨发元
陈兴鹏 赵树人（回族） 施纪光
贾光明

中国民主促进会

王广位 田秋生 李锦生 张祥生
张荫林 张稚良 尚勋武 周守群

中国农工民主党

马力 艾泮梓 杨满年 张明
郭顺林 黄郁（女） 雷怀彦

九三学社

王刚 王亦凡（女） 白文科
朱玉红（女） 孙学刚 孙新民
李响 杨维纲 张学鹏 张和平
张普选 屈建军

无党派人士

于洪志（女） 王向机 朱琨
朱明光 杨德智 张汉燚（藏族）
周引娣（女） 柴绍豪 程连
程国仁

工商业联合会

丁学成 马苏平（回族）
马国义（东乡族） 王有贤 王焕臣
朱果炎 刘妍（女） 杜建忠
李宇鸿 李国强 李瑞英 张国芳
陈启建 尚祖光 高禧

总工会

赵宝生 穆端敏（女）

中国共产主义青年团

黄泽元

妇女联合会

李燕青（女，回族） 宋小平（女）
肖菡（女） 郑永莲（女）
雷水贤（女） 樊先志（女）

青年联合会

齐进军

台湾同胞联谊会

叶俊明 蔡培辉

归国华侨联合会

马远志（回族） 杜逸（女）
张玉芳（女，回族） 郑卫汉 姜宝慧

科学技术协会

宁崇瑞 李锋瑞 陈剑虹 郝远
傅华（女） 魏万进

经济界

马艾武 马世英（回族） 马延东
马学思 马寅生 王刚 王来云
王海山 王晋良 王联群 毛郁生
毛春荣（女） 甘庭德 包秉忠（回族）
羊正宁 关长弓 朱仪仁 刘俊
刘杰华 刘肇绍 孙玉辰 李宁平
李沛兴 杨白明 杨继元 何元纲
何维彪 张天永 张有平 张宗祥
张英龙 张忠敬 张金城 张致福
张焕科 陈述之 陈春明 邵乐冲
余汉平 时庆林 范俊 金银强
周明绯 周保银 房忠 郑玉生
郑安钿 哈润荣（回族） 钟建华（满族）
侯志峰 赵良 赵成德 赵竹庭
段广勇 党连元 袁韬 袁世秀
贾子俊 徐文章 高存弟 高玉江
高建国 郭奚若（回族） 唐瑶（女）
黄卫国 曾天成 景利军 韩金龙
焦振东 魏西好 魏瑜年

科学技术界

丁小江 王大荣 王世宇 王学定
王松龄 王明奎 孔霞（女）
冯志涛 冯凯生 刘万里 刘长缨
李伟（回族） 李克 李仁金
杨敏 张宾 陈本慧 陈惠梅（女）
陈建玉 周磊 周启运 周剑平
周惠娣（女） 周镇兴 郑泽
林兰生 胡隆伍 姚世宏
班省华（布依族） 徐柏青 梁滔
崔忠远 蔡晓红（女） 滕文川
薛群基

农业界

丁学德 才木德（蒙古族） 马天义
马忠明 王庆粉（女） 王凤鸣

王多福　王　纬　王宗胜　王家勋
王银定　冯应新　司天义　朱　红
任继周　牟鸿年　杨封科　宋连春
呼丽萍(女)　赵鲁平(女)
赵麟祥　贾宝忠　曹玉芳(女)
景　江　景亚安　詹述宣　樊保焕
薛金山

教育界

丁雨田　马双成　马如云　马跃洲
王　锐　王汝发　王伯浩　王顺庆
王晓兰(女)　王晓明　文海成
牛锦英(女)　甘成福　石玉亭
朱元年　刘　基　刘有录　刘信生
师守祥　孙　杰　孙启国　李　忠
李　瀛　李永栋　张天宇　张北方
陈炳璋　陈德文　赵万勇　赵振声
钟承奎　俞建宁　谈铁军　席克勤
高望平　郭晓霞(女)　傅九大
潘书林　潘应成　薛效义　薛德胜

文化艺术界

马清林　王家达　王建平　毛志成
李文衡　李葆竹　许　玮(女)
苏　平(女,撒拉族)　段兼善
陈德宏　张改琴(女)　罗祖孝
周　桦(女)　赵建玉　康爱石
郭东来　慈成木(藏族)

社会科学界

王　渊　王在鹏　王仲保　安可君
吴景山　李并成　李铁成　张建生
张淑敏(女)　郝树声(女)
贾劝宝

医药卫生界

丁建生　王平基　史大中　叶小平
刘艳春(女)　李永才　李永寿
李红梅(女)　李建国　张生学
张乔英(女)　张伯崇　张祖迁
陈一戎　陈万木　陈锦祥　肖芳贤
高建邦　图卜旦(藏族)　郑天珍(女)
郭雪薇(女)　郭天康　梁世章
蒋　琳(女)　廖志峰

社会福利与社会保障界

马福财(东乡族)　衣金周(女)
朱雪明(女)　何文元　李　忠
唐延生　魏顺庭

体育界

田鸿章　刘广齐

新闻出版界

牛占林(藏族)　白继忠　冯　诚
石星光　孙田民　李战吉　张家昌
袁勤怀　董华峰(女)

少数民族界

丁　燕(女,回族)　马　忠(回族)
马尔曼(回族)　马生华(回族)
马如麒(东乡族)　马成华(回族)
马邦河(保安族)　尕藏成来(藏族)
古　丽(女,哈萨克族)　丹正嘉(藏族)
达芝芬(女,蒙古族)
闫孟辉(女,满族)　阿尔宾达来(蒙古族)
何红梅(女,藏族)　贡唐·图丹(藏族)
李志坚(回族)　杨加措(藏族)
杨新华(裕固族)　吴国英(女,回族)
定光凯(回族)　金云峰(回族)
南　考(藏族)　拜玉凤(女,回族)
拜惠莉(女,回族)　姚培珍(女,满族)
恩广礼(满族)　康映梅(女,藏族)
斯琴孟和(蒙古族)

宗教界

丁科仓(藏族)　马文云(东乡族)
马世清(回族)　马靖宇(回族)
王至全　龙仁桑盖(藏族)　先少玺
宗周加措(藏族)　巩光明　汪寿天(回族)
杨　森(回族)　杨杰芳(东乡族)
杨察科(藏族)　张成林(回族)
张明义(东乡族)　金　石　者　荣(回族)
者金平(回族)　赵经农　袁宗善
海清礼(回族)　敏生光(回族)
韩继德　释理因　释理智
赛仓·罗布藏(藏族)　德哇仓(藏族)

对外友协

邓志涛

特别邀请人士

马九堂　马生全　马永孝　马社弟
马忠朴　马得成(回族)　王廷钰
王钦锡　王祖国　王振军　王福明
王晶中　王新中　卢天禧　卢克诚
冯亦兵　叶从基　石允蒲　石振才
安志宏　朱文兴　乔正风　许崇标
许王清照(女)　刘全宝　闫正芳
闫生茂　李万林　李世奇　李永昌
李廷才　李保仓　李清振　李耀忠
杨　诚　何振中　张　乃　张　忠
张炳玉　陈万雄　陈田贵　陈东瑞
陈全福　范开勋　庞　波　郑时森
郑茂萍(女)　苟国正　姚汉信
姚积功　赵士通　赵永昌　赵兴明
赵新文　高　波　高鹏程　郭尚俊
寇永杰　曹长庚　阎奋民　曾继伟
葛正芳　彭维友　韩福俊　路志龙
蒲志强　裴云天　魏武峰

【甘肃省各级政协领导人名单】

甘肃省政协

主　席
仲兆隆
副主席
陈剑虹　拜玉凤(女,回族)
崔正华　朱作勇　喇敏智(回族)
杨镇刚(藏族)　周宜兴
李宇鸿　德哇仓(藏族)
俞　正　蔚振忠
秘书长
薛映承

兰州市

市政协主席　赵士通
县(市、区)政协主席
城关区　李振海
七里河区　王光达
西固区　刘公明
安宁区　黎望海
红古区　史贤舜
榆中县　孙殿福
皋兰县　高志武
永登县　吴玉梅(女)

天水市

市政协主席　乔正风
县(市、区)政协主席
秦城区　王惠麟
北道区　张广禄
武山县　刘遂绪
甘谷县　张志文
秦安县　张德友
张家川县　李栋一
清水县　刘怀珍(女)

白银市

市政协主席　卢克诚
县(市、区)政协主席
白银区　寇自嘉
平川区　雷永忠
景泰县　谈守礼
靖远县　罗成德
会宁县　李王昆

金昌市

市政协主席　曹长庚
县(市、区)政协主席
永昌县　索玉善(满族)
金川区　张俊礼

嘉峪关市

市政协主席　路志龙

临夏州

州政协主席　苟国正
县(市、区)政协主席

临夏市　　魏光辉
临夏县　　周　钰(回族)
永靖县　　罗仕谦
东乡县　　唐占兴
和政县　　沈志学
广河县　　马绍先(回族)
康乐县　　张治国
积石山县　　龚恒元

甘南州
州政协主席　　范志斌
县(市、区)政协主席
合作市　　韩雪峰(藏族)
夏河县　　曹玉兰(藏族)
碌曲县　　斗　绕(藏族)
玛曲县　　尕　考(藏族)
迭部县　　杨志昌(藏族)
临潭县　　丁云青(回族)
卓尼县　　杨世英(藏族)
舟曲县　　闵权政(藏族)

庆阳市
市政协主席　　刘全宝
县(市、区)政协主席
西峰区　　杜富前
环　县　　王镇海
庆城县　　贾兴勤
华池县　　李秋香(女)
合水县　　宋文海
镇原县　　姜正海
宁　县　　宋维斌
正宁县　　周致家

平凉市
市政协主席　　李世奇
县(市、区)政协主席
崆峒区　　陈长江
静宁县　　陈向华(女)
泾川县　　姜子英
灵台县　　李　梅(女)
崇信县　　信国勋
华亭县　　程振忠
庄浪县　　张丽珍(女)

陇南地区
县(市、区)政协主席
成　县　　白云升
武都县　　李汉林
文　县　　杜生虎
西和县　　赵继士
徽　县　　张结晶
康　县　　田生才
两当县　　刘素琴(女)
礼　县　　马忠惠
宕昌县　　刘　述

定西市
市政协主席　　秦素梅(女)
县(市、区)政协主席
安定区　　杨海荣
临洮县　　张学东
陇西县　　朱自武
通渭县　　丁顺昌
渭源县　　牟俊仁
漳　县　　赵玉忠
岷　县　　张致明

武威市
市政协主席 曾继伟
县(市、区)政协主席
凉州区　　师福学
天祝县　　马官保(女,蒙古族)
古浪县　　隆　潮
民勤县　　毛集高

张掖市
市政协主席　　郭尚俊
县(市、区)政协主席

甘州区　　罗正庆
肃南县　　陈生元(裕固族)
高台县　　袁成高
临泽县　　程耀禄
山丹县　　张百祥
民乐县　　宋根儒

酒泉市

市政协主席　　闫生茂

县(市、区)政协主席
肃州区　　李洪斌
玉门市　　李永祥
敦煌市　　年海义
金塔县　　张天相
安西县　　孟世勇
肃北县　　常　寿(蒙古族)
阿克塞县　哈　泰(哈萨克族)

甘肃省各级政协组织和委员数

(截至2003年底)

项目＼级别	省级	地级市	县级(市、区)	合计
组织数	1	13	86	100
委员数	507	3282	9055	12844

(刘　永　编写　邢永安　审稿)

政协宁夏回族自治区委员会

任启兴　主　席

任怀祥　副主席

金晓昀　副主席

周振中　副主席

梁　俭　副主席

马国权　副主席

李增林　副主席

陈育宁　副主席

马占山　副主席

马瑞文　副主席

曹维新　副主席

朱玉华　秘书长

【全体委员会议】

八届一次会议 2003年1月10日至17日在银川举行。应出席会议委员380人,实到348人。大会开幕前举行了预备会议,审议通过了八届一次会议主席团和秘书长名单、会议议程、提案审查委员会名单等,七届政协主席任启兴向与会委员作了《了解政协历史,学习政协知识,为做好新一届政协工作打好基础》的报告。开幕大会由八届一次会议主席团常务主席会议主持人任启兴主持,自治区党政军和有关方面领导等到会祝贺,主席团常务主席任怀祥、周振中受七届常委会委托分别作常务委员会工作报告和提案工作情况报告。会议期间,委员听取并审议了政协宁夏回族自治区第七届委员会常务委员会工作报告,列席了自治区九届人大一次会议,听取并讨论了《政府工作报告》和其他报告。会议对自治区政协七届委员会的工作表示满意,要求八届常委会继续努力,争取做出更大成绩。会议认为,过去的五年,是宁夏历史上发展最快、面貌变化最大、人民得到实惠最多的时期,全区各族人民在自治区党委领导下,克服重重困难,改革开放和现代化建设取得了新成就,全区政治稳定、经济繁荣、民族团结、社会进步,人民安居乐业。会议指出,政府工作报告提出的今后五年奋斗目标是切实可行的,要完成这些目标,还需付出艰苦的努力。会议对当前宁夏前进中存在的困难和问题深表关注,并就有关工作提出了意见和建议。会议期间,共举行主席团会议3次,大会发言2次,选举大会1次;收到大会发言材料32份,有21名委员分别代表民主党派、工商联或以个人名义作了大会发言;收到提案272件,其中委员提案192件,团体提案80件,经审查立案271件。会议选举任启兴为自治区政协第八届委员会主席,任怀祥等10人为副主席,朱玉华为秘书长,丁万华等77人为常务委员。自治区党委书记陈建国、新当选的自治区政协主席任启兴在会议闭幕时讲了话。

【常务委员会会议】

第1次会议 2003年2月18日在银川举行。应到89人,实到69人。任启兴主席、任怀祥副主席分别主持会议。会议审议通过了《政协宁夏回族自治区第八届委员会专门委员会通则》;通过了自治区政协第八届委员会专门委员会主任、副主任名单;通过了自治区政协第八届委员会副秘书长名单。任启兴在会议结束时就充分发挥常务委员会在政协工作中的领导作用、努力做好专门委员会的工作、提高机关工作效率等讲了话。

第2次会议 2003年3月20日在银川举行。应到89人,实到58人。任怀祥副主席主持会议。全国政协委员、自治区政协副主席马占山传达了全国政协十届一次会议精神。会议结束时任启兴主席就学习贯彻全国政协十届一次会议精神,作了题为《继承传统,发挥优势,努力做好新形势下人民政协工作》的讲话。

第3次会议 2003年5月28日在银川举行。应到89人,实到70人。会议的主要议题是研究讨论宁夏封育禁牧问题。任怀祥副主席主持会议。为开好常委会议,会前由部分委员、常委和有关专家组成四个调研组,分赴12个市县区,调查了30个乡镇的42个村,召开了34个座谈会,走访了80多家农户,广泛听取了基层干部、群众关于封山禁牧、草原承包、围栏封育、人工种草、舍饲圈养等方面的意见和要求。会上,4个调研组和民建宁夏区委员会负责人就封育禁牧作了大会发言,自治区副主席赵廷杰就宁夏封育禁牧工作作了专题报告。会后形成了《关于我区封育禁牧问题的建议》。会议还通过了自治区政协八届委员会副秘书长名单,增补史兴全为自治区政协第八届委员会委员。会议结束时任启兴主席作了题为《统一思想,强化措施,确保我区封育禁牧工作取得成效》的讲话。

第4次会议 2003年8月18日在银川举行。应到89人,实到58人。会议的主要议题是讨论全区工业化、城市化建设问题。任怀祥副主席主持会议。会前,组织在宁全国政协委员、部分自治区政协常委进行了视察。又组成四个调研组,深入13个市县区,就城镇改造、拆迁户安置,基础设施的建设、重点工程的施工、综合功能提升,工业园区的布局、进园企业产业结构、投资建设、环境保护、失地农户的补偿、安置等进行调研。会议听取了自治区副主席项宗西关于宁夏工业化、城市化建设情况的报告;自治区计委负责人关于上半年国民经济运行情况的通报;自治区财政厅负责人关于上半年财政执行情况的通报;自治区政协四个专题调研组关于工业化、城市化建设调研情况汇报。会议还通过了干部任命事项。任启兴主席在会议结束时讲了话。

第5次会议 2003年11月4日至5日在银川举行。应到89人,实到60人。会议主要议题:学习和贯彻中共十六届三中全会精神,讨论完善社会主义市场经济体制问题。任启兴主席、任怀祥副主席分别主持会议。任怀祥、金晓昀副主席分别传达了中共中央总书记胡锦涛同志在中共十六届三中全会第一次、第二次全体会议上的讲话。民革、民盟、民建、民进、农工、九三学社宁夏区委会和自治区工商联负责人先后作大会发言。会议通过了《政协宁夏回族自治区委员会常务委员会关于学习贯彻〈中共中央关于完善社会主义市场经济体制若干问题的决定〉的意见》。任启兴主席在会议结束时就学习和贯彻中共十六届三中全会精神作了讲话。

第6次会议 2003年12月30日在银川举行。应到89人,实到52人。任启兴主席、任怀祥副主席分别主持会议。会议听取了关于自治区政协八届委员会增补委员名单的说明;听取了自治区政协专门委员会2003年工作总结和2004年工作要点的汇报。通过了关于召开自治区政协八届二次会议的决定和八届二次会议议程、日程;原则通过常委会工作报告、提案工作情况报告;通过了常委会工作报告报告人、提案工作情况报告报告人名单;增补纪海亮为自治区政协第八届委员会委员;通过了八届二次会议分组办法和召集人名单、列席人员范围等。任启兴主席作闭幕会讲话。

【专门委员会工作】

提案委员会 八届一次会议以来,共征集提案333件,立案332件,其中委员提案246件,参与提案的委员528人次,各民主党派、人民团体提案86件。截止2004年1月底,已办理329件,办结率99%。坚持"围绕中心、服务大局、提高质量、讲求实效"的方针,按照常委会工作要点和《提案工作条例》有关规定,认真开展工作,提案质量和提案办理质量进一步提高。主要工作:一、召开提案委员会全体会议,加强学习,集体研究重要工作。二、加强与承办单位的沟通联系,推动重点提案的办理与落实。加强与政府办公厅联系,加大了提案现场办理力度。与承办单位联合对提案提出的重要问题进行调研。组织委员跟踪视察提案办理结果。三、积极开展八届一次会议提案检查督办工作。四、加强与市县政协联系,促进全区政协提案工作质量进一步提高。五、改进办理方式,拓宽提案领域。

经济委员会 共开展各类活动14项(次),其中专题调查4项,视察考察2次,申报研究项目1个,召开座谈讨论会5次,主任会议1次，全体委员会议2次。主要工作：修订了工作简则；向对口的49个有关部门寄送了《关于进一步加强工作联系的函》；就海原县、原州区草原封山禁牧情况，宁夏乳制品、脱水蔬菜和玉米加工业问题，促进民营经济发展，城市化、工业化建设情况等进行调研；向自治区党委和有关厅局报送了《封山禁牧后草原利用方式研究项目建议书》，申报《项目研究实施方案》并申请将此课题列入自治区重大研究课题；组织委员视察了宁夏整顿和规范市场经济秩序情况和大银川建设情况。

人口资源环境委员会 自治区第八届政协根据参政议政领域不断拓展的需要，组建了人口资源环境委员会。主要工作：制订了工作简则；围绕自治区吊庄人口计划生育管理和服务工作中存在的问题和困难，组织委员赴芦草洼、隆湖开发区和红寺堡开发区进行了深入调研，形成了《关于吊庄人口与计划生育管理和服务工作情况的调研报告》；针对自治区工业园区的环境保护工作薄弱，造纸、铁合金行业污染的严重问题，组织委员进行了调研和视察，向自治区党委和政府提交了《关于我区工业园区环境保护工作和造纸、铁合金行业污染治理情况的调研报告》；组织部分政协委员，邀请区内有关专家、学者组成课题组，策划并申报了两项自治区科研项目：《资源型老工业基地石嘴山市接替产业选择与发展扶持政策研究》和《建设固原市成为中国西部生态实验区可行性研究》；组织委员对自治区新型工业化发展纲要课题组《关于宁夏新型工业化发展纲要研究》(2003—2020)(初稿)中涉及环保产业等方面的内容进行了认真的讨论和修改，提出了意见和建议。

教育科技文化卫生体育委员会 修订了工作简则；组织委员赴中卫、同心就封育禁牧进行专题调研，形成了《关于同心、中卫县封育禁牧情况的调研报告》，提交自治区政协八届三次常委会议；组织委员赴大武口区、惠农县、平罗县、陶乐县，会同石嘴山市政协，就一区三县工业化、城市化进展情况进行调研，形成了《关于大武口区、惠农县、平罗县、陶乐县工业化、城市化情况调研报告》，提交自治区政协八届四次常委会议；起草了题为《与时俱进，发展文化产业，繁荣社会主义文化》的发言材料，提交全国政协十届二次常委会议；结合全国政协工作部署，就促进全民健身服务业发展专题和城市医疗服务体系建设开展专题协作调研，形成了《关于宁夏全民健身服务业的调查报告》和《宁夏城市医疗服务体系建设情况的调研报告》；与自治区人大联合视察了“自治区百所回民中小学标准化建设工程”；与民盟、民进宁夏区委员会联合举办了“区域教育均衡发展”座谈会；举办了委员书法作品展和书画笔会活动。

社会和法制委员会 组织和参加专题调研4次，视察2次，召开情况通报会、座谈会5次，举办法制讲座1次，形成专题调研报告4份。修订了工作简则；邀请法学专家向在银自治区政协委员讲授《劳动法》；组织委员就封育禁牧、工业化城市化情况进行调研，形成了《关于贺兰山东麓部分地域封育禁牧情况的调查报告》、《关于银川市工业化城市化情况的调研报告》；与自治区工商联合作，就全区非公有制经济的法制环境进行调研，为制定加快非公有制经济发展的政策措施提出意见建议；围绕就业再就业工作进行调研；就宁夏交通安全工作、银川市社区建设工作进行了视察，其中，《关于实施银川市区道路通畅工程的三点具体建议》引起银川市有关领导的重视；对《宁夏回族自治区林地管理办法》等6件法规草案，认真协商讨论，提出修改意见；先后推荐7位委员担任自治区高级人民法院司法廉政监督员、自治区公安厅特邀监督员；组织部分委员就行政机关、司法机关及重点窗口行业的行风进行评议；与自治区有关部门加强对口工作联系，形成了《自治区政协社会和法制委员会同自治区党委政法委等部门加强对口工作联系会议纪要》。

民族和宗教委员会 修订了工作简则；编印委员通讯录，购置了一批民族宗教类书籍，为做好工作奠定了基础；向全体委员印发了《致民族和宗教委员会全体委员的公开信》，鼓励他们积极参政议政，建言献策；看望民族宗教界人士，听取他们对民族宗教工作的意见和建议；筹备了民族宗教理论讲座；随同自治区政协主要领导视察了自治区伊斯兰教协会、佛教协会、基督教“三自”爱国会、天主教爱国会机关和相关的宗教场所，听取他们的意见和建议，反映他们的合理要求，帮助解决存在的实际问题；召开委员联系单位和部分委员座谈会，共商民族教育、经济发展、脱贫致富奔小康大计，并对如何开展好民族和宗教委员会的工作提出了建议。

文史和学习委员会 修订了工作简则；向自治区及银川市图书馆、全区各大专院校图书馆、自治区社科院、档案馆等11家单位捐赠宁夏政协文史资料，制定了工作计划，走访了部分委员；拟编辑出版《宁夏文史资料集萃》丛书，完成资料收集工作，并将总目打印成册；征集文史资料稿件19篇5万字，向近百位历届委员发出编辑《奉献者足迹》的征稿函；组织部分委员了解陶乐县兵沟汉墓和贺兰、吴忠等地汉墓被盗情况，对旅游区开发建设、古汉墓的保护、开发、利用等提出了意见和建议；就“历史文化名城——银川”的保护与建设进行调研，形成了《关于历史文化名城——银川的保护与建设情况的调查报告》；编印《学习参考资料》7期。

港澳台侨联络委员会 修订了工作简则；召开涉台涉侨部门负责人座谈会；在全国第七届少数民族传统体育运动会期间，和自治区台湾事务办公室联合举办招待会，招待台湾代表团；先后参加了全国政协在香港举办的培训班和在莫斯科召开的全球华侨华人推动中国和平统一大会，广泛接触新老港澳同胞和华侨，积极宣传“和平统一、一国两制”方针；接待了台湾台中市医药工会考察团；组织委员视察了大银川建设情况和银川高新技术产业开发区留学人员创业园、宁夏沙湖湿地生态园建设前期工程和首届银川旅游商品设计大奖赛暨旅游商品展交会，就宁夏旅游商品的现状与发展问题进行专题调研，形成了《关于银川市和固原市旅游商品现状与发展情况的调研报告》和《关于在银川市开辟旅游商品一条街，尽快建立起畅通的旅游商品流通渠道的建议》；编辑了《学习十六大精神，推进祖国和平统一》、《“直航”是岛内经济脱贫的金钥匙》、《浅析台湾当局的侨务政策》、《内地与香港签署CEPA对两岸经贸关系的影响》等五期港澳台侨情摘编资料；通过牵线搭桥，朱奕龙常委向青少年发展基金会捐款60万元，分别在固原市、同心县、贺兰县建立了3所希望小学。

【重要活动】

贾庆林主席在宁考察 2003年4月9日至12日，中共中央政治局常委、全国政协主席贾庆林在宁夏就学习贯彻中共十六大和全国“两会”精神，加快西部地区经济社会发展，加强统一战线、人民政协和民族宗教工作等问题进行考察。贾庆林主席看望了自治区政协机关干部，出席了宁夏各民主党派、工商联负责人、无党派人士及民族宗教界人士座谈会，并发表了重要讲话。贾庆林主席希望大家继续为宁夏的改革开放和现代化建设事业发挥重要作用，为建设社会主义政治文明做出积极贡献，为民族团结和社会稳定主动做好工作。强调发展是党执政兴国的第一要务，是各民主党派参政兴国的第一要务，也是统一战线各界人士团结兴国的第一要务。

调研封育禁牧工作 为开好七届三次常委会议，2003年4月中下旬，任怀祥、金晓昀、梁俭、马瑞文副主席分别带领调研组，深入盐池、灵武、同心、中卫、原州、海原、贺兰、平罗、陶乐等县(区)考察，走访农户，与基层干部座谈讨论，多方了解各地封育禁牧工作的经验、措施和存在的问题。在深入调研的基础上，向七届三次常委会议提交了四份调研报告。

参加抗击“非典”斗争 “非典”疫情发生后，自治区政协通过宁夏电视台、《宁夏日报》发出了《致自治区政协委员的一封公开信》；5月7日，任启兴等自治区政协领导亲临医院，慰问防治“非典”一线的工作人员；5月9日，组织部分委员视察了药品、食品市场供应及质量、价格等群众关心的问题；邀请自治区副主席冯炯华向部分政协委员通报全区防治“非典”工作情况。

视察民族和宗教工作 2003年5月30日，任启兴主席，任怀祥、马占山副主席，朱玉华秘书长及有关部门负责人视察了自治区伊斯兰教协会、佛教协会、基督教爱国会、天主教爱国会和相关宗教场所，并与各宗教部门负责人进行了座谈。任启兴主席要求全区各级政协组织一定要从实践“三个代表”重要思想和讲政治的高度，把做好民族宗教工作作为维护稳定、更好地促进我区改革开放和现代化建设的一件大事，并列入重要议事日程，认真研究，积极开展工作。

掀起学习贯彻“三个代表”重要思想新高潮学习会 2003年6月24日在银川举行。自治区政协领导、部分委员和政协机关干部参加了学习会，任启兴主席主持学习会。与会者结合政协工作的实际，就学习贯彻“三个代表”重要思想踊跃发言。学习会结束时，任启兴主席讲了话，他强调，掀起学习贯彻“三个代表”重要思想新高潮，要求我们必须围绕中心，服务大局，紧紧抓住第一要务建言献策；必须突出重点，把握关键，切实履行好政协职能；必须健全制度，狠抓落实，推进政协工作制度化、规范化、程序化建设。

学习胡锦涛“七一”讲话座谈会 2003年7月2日在银川举行。自治区政协领导和机关处级以上干部参加了座谈会。任启兴主席主持会议并讲话，要求全区各级政协组织要发扬人民政协自我学习、自我教育的优良传统，组织委员和各界人士认真学习领会，坚决贯彻落实。强调把注重学习理论与指导实践相结合，坚持改造客观世界和改造主观世界相结合，坚持运用理论和发展理论相结合，充分发挥人民政协人才荟萃、智力雄厚的优势，深入实际调查研究，提出可操作乃至有预见性的高水平、有价值的意见和建议。

视察宁夏工业化城市化建设进程 2003年7月中旬，任启兴主席，任怀祥、金晓昀、周振中、梁俭、李增林、陈育宁、马瑞文、曹维新副主席，朱玉华秘书长和部分常委分别视察了吴忠市、银川市、石嘴山市工业化、城市化建设情况，并与三市负责人座谈。视察组对三市在工业化、城市化方面的工作给予肯定，并对如何加大力度推进工业化进程，带动城市化发展提出了建议。为开好七届四次常委会议，7月下旬，自治区政协又组成四个调研组，分赴银川、吴忠、石嘴山、固原四市，就工业化、城市化进程情况进行专题调研，分别向会议提交了调研报告。

视察经济社会发展情况 2003年8月5日至7日，任启兴主席，任怀祥、周振中、马占山副主席和在宁全国政协委员视察了固原市和红寺堡开发区的经济、社会发展情况。

罗豪才副主席来宁考察 2003年8

月10日至12日，全国政协副主席罗豪才来宁出席中国法学会行政法研究会年会并进行考察。在宁期间，自治区领导陈建国、马启智、任启兴等陪同考察。罗豪才副主席还专程看望了自治区政协机关干部。

视察全国第七届少数民族传统体育运动会筹备情况 2003年8月13日，自治区政协任启兴主席，自治区政协副主席任怀祥、周振中、梁俭、马占山、马瑞文和在宁全国政协委员在自治区副主席刘仲、冯炯华陪同下，视察了第七届全国少数民族传统体育运动会筹备工作的进展情况。视察组对民族运动会筹备工作给予肯定，希望把筹备工作做得再细一些，再扎实一些，把第七届少数民族传统体育运动会办成一次展现我国各民族群众平等团结、进步繁荣的盛会。

全区政协信息工作座谈会 2003年8月19日在银川召开。任启兴主席，任怀祥、周振中、梁俭副主席，朱玉华秘书长出席了会议。会议总结交流了全区各级政协开展信息工作的经验体会，研究探讨了如何进一步改进和加强信息工作。任怀祥副主席要求全区各级政协组织要进一步做好思想发动工作，使每一位委员都能充分认识到反映社情民意是自己应尽的职责，要乐于、敢于、善于反映真实情况和群众意见。强调反映社情民意工作要力求真实，注重质量，突出特色。

协助中央新闻采访团圆满完成采访任务 2003年8月，自治区政协协助全国政协组织的中央新闻单位采访团，圆满完成了对自治区主要领导和宁夏扶贫扬黄灌溉工程、工业化城市化建设、南部山区退耕还林草等方面情况的采访任务。新华社、人民日报、中央电视台、香港文汇报、大公报、人民政协报等12家媒体相继播发宣传稿50余件，多层次、多角度对宁夏经济社会发展情况和政协工作作了比较全面、客观的报道。

《宁夏政协报》更名为《华兴时报》 2003年11月，在广泛征求各界人士意见的基础上，将《宁夏政协报》更名为《华兴时报》，并与《宁夏日报》社联合办报，扩大了版面和发行量。

全国政协经济委员会“沿黄河地区全面小康建设”专题调研组在宁夏调研 2003年11月6日至9日，全国政协常委、经济委员会副主任程安东率全国政协经济委员会“沿黄河地区全面小康建设”专题调研组在宁夏调研。调研组在任启兴主席、任怀祥、马瑞文副主席的陪同下，先后赴中卫县固沙林场、黄河沙坡头水利枢纽工程和吴忠市了解情况。调研组对改善区域生态环境，黄河沿线的城市规划建设，充分利用黄河资源等方面提出了建议。

视察民营经济发展情况 2003年11月25至26日，任启兴主席，周振中、马瑞文副主席在自治区副主席王正伟及有关部门负责人陪同下，对宁夏瀛海建材有限公司、福州一条街、星火饮料公司、德隆楼及银帝集团等民营企业进行了视察。视察组对我区民营经济近几年取得的成绩给予肯定。任启兴主席要求自治区政协委员中的非公有制经济代表人士，要积极参加政协的活动，反映民营经济发展情况和要求，反映社情民意，建言献策，为宁夏的经济发展和社会进步做出贡献。针对民营经济发展现状和存在的问题，视察组提出了意见和建议。

【重要文件】

常委会工作报告(2003年1月10日)(摘要) 一、七届委员会主要工作回顾：(一)协商议政取得了可喜成效。五年来，举行全委会议5次，常委会议27次，主席会议57次，分别就学习贯彻中共十五届六中全会和“十六大”精神、自治区第九次党代会精神、每年的政府工作报告和其他重要报告，就制定国民经济和社会发展计划、实施西部大开发战略、精神文明建设、维护团结稳定局面等一系列关系全局的重大问题，在充分协商讨论的基础上，郑重地提出意见和建议，并结合政协的实际，做出工作安排和部署。(二)建言献策水平进一步提高。常委会、各专门委员会共组织专题调研88次，报送调研报告88份，共办理团体、联名和个人提案1819件。其中，关于我区退耕还林还草试点工作的调查与思考、加快信息产业发展的建议、加快畜牧业发展的建议、城市居民最低生活保障情况调研报告、当前社会治安问题的成因及对策、贫困山区义务教育调查报告、整顿和规范药品市场情况的调研报告、我区宗教团体及活动场所的调研报告、固原地区民族经济情况的调查报告等，对党委、政府及有关部门的决策起到了一定的参考作用。(三)为促进团结稳定做出了积极贡献。(四)扩大了对外交往，加强了与市县区政协的联系。(五)适应形势发展，加强了自身建设。先后修订了《提案工作条例》、《专门委员会组织通则》、《委员视察简则》，制定了《反映社情民意工作意见》，完善了政协与民主党派工商联联系制度、政协与委员联系制度等，有力地推进了人民政协工作的制度化、规范化建设。按照“讲质量、讲效率、讲规范、讲协作”的要求，加强了机关思想、作风建设。二、五年工作的主要经验和体会：(一)坚定不移地坚持中国共产党的领导；(二)坚持与时俱进，勇于开拓创新；(三)发挥广大委员作用，活跃政协工作；(四)坚持以团结、民主为工作主题。三、对2003年工作的建议：(一)认真学习贯彻中共十六大精神；(二)紧紧围绕全面建设小康社会的宏伟目标参政议政；(三)努力维护团结稳定的社会局面；(四)切实搞好政协自身建设。

陈建国在八届一次会议闭幕会上的讲话(2003年1月17日)(摘要)　自治区政协八届一次会议，经过全体委员的共同努力，顺利完成了各项议程，选举产生了自治区政协新一届领导班子。会议开得很圆满很成功，是一次团结的大会，胜利的大会，奋进的大会。自治区政协七届委员会坚持以邓小平理论和“三个代表”重要思想为指导，深入贯彻党的十五大和十六大精神，突出团结、民主两大主题，按照自治区党委的部署，紧紧围绕全区改革发展稳定的大局，认真履行政治协商、民主监督、参政议政职能，发挥优势，务实创新，建言立论，议政献策，不断创新政协履行职能的内容和形式，与不同党派、不同信仰、不同民族、不同界别的人们广泛联系，想实招、鼓实劲、办实事，提出了很多研究深、质量高、涉及面广、针对性强的意见和建议，为保证自治区党委、政府科学决策，为推进我区的改革和发展，维护民族团结和社会稳定，巩固和扩大爱国统一战线，促进社会主义民主政治建设和社会全面进步，做出了重要贡献。自治区政协新一届委员会要继承和发扬历届政协的光荣传统和优良作风，以“三个代表”重要思想为指导，全面贯彻党的十六大精神，认真落实自治区第九次党代会精神，认真履行职能，不断提高工作水平，最广泛最充分地调动一切积极因素，努力实现人民政协事业的更大发展，为推进我区改革发展和稳定做出新的更大的贡献！我代表区党委就做好政协工作提几点要求：第一，深入学习贯彻党的十六大精神，用“三个代表”重要思想统领政协工作。第二，坚持解放思想，与时俱进，不断创新政协履行职能的内容和形式。第三，紧紧抓住发展这个执政兴国的第一要务，加强调查研究，积极建言献策。第四，突出团结、民主两大主题，全力维护安定团结的政治局面。第五，加强和改善党对政协工作的领导，推进政协履行职能的制度化、规范化。第六，不断加强自身建设，努力开创政协工作的新局面。

任启兴在八届一次会议闭幕会上的讲话(2003年1月17日)(摘要)　自治区政协八届一次会议，在自治区党委的亲切关怀下，在全区各族人民的关心支持下，经过各位委员和同志们的共同努力，顺利地完成了各项议程。会议期间，委员们审议通过了自治区政协第七届委员会常务委员会工作报告和八届一次会议政治决议等，列席了自治区第九届人民代表大会第一次会议，听取并讨论了马启智主席所作的政府工作报告和其他报告，选举产生了自治区政协新一届领导班子和常委会。(一)中国人民政治协商会议作为中国人民爱国统一战线组织，作为中国共产党领导的多党合作和政治协商的重要机构，作为我国政治生活中发扬社会主义民主的重要形式，它已经在新中国的政治舞台活跃了54年。不同历史时期的人民政协，肩负着不同的使命。政协事业的后来人，要学习他们不辱使命、不负重托的精神，以新的姿态和新的风貌做好履行职能的各项工作，把新世纪的人民政协事业继续推向前进。(二)不辱使命，不负重托，人民政协就必须全面贯彻中共十六大精神，以"三个代表"重要思想统领政协工作全局，不断开创政协工作新局面。我们必须着眼全局和未来，结合国情和区情，按照时代赋予政协工作的历史使命和鲜明特征，用"三个代表"重要思想统领政协工作，积极拓宽工作思路和方法，拓展工作领域和渠道，努力实现政协工作的新发展、新突破，使人民政协事业更能体现时代性、把握规律性、富于创造性，始终与时代发展同节拍，与人民群众共命运。坚持用"三个代表"重要思想统领政协工作，开创政协工作新局面，必须围绕"一个中心"，突出"两个主题"，做到"三个主动"，搞好"四个服务"。(三)不辱使命，不负重托，人民政协就必须组织委员和各界人士认真学习中共"十六大"精神，进一步统一思想，不断增进共识，不断加强自身建设，不断提高参政议政的水平。

政协宁夏回族自治区第八届委员会专门委员会通则(2003年2月17日修订)(略)

【机构设置】

2003年2月18日八届一次常委会议决定，政协宁夏回族自治区第八届委员会设置以下8个专门委员会：提案委员会、经济委员会、人口资源环境委员会、教科文卫体委员会、社会和法制委员会、民族和宗教委员会、文史和学习委员会、港澳台侨联络委员会。

【组织概况】

主　席

任启兴

副主席

任怀祥　金晓昀(女，回族)

周振中　梁　俭　马国权(回族)

李增林　陈育宁　马占山(回族)

马瑞文(回族)　曹维新

秘书长

朱玉华

常务委员名单(以姓氏笔画为序)

丁万华(回族)　丁玉龙(回族)

丁思俭(回族)　马　怀(回族)

马　霆(回族)　马义真(回族)

马玉英(女，回族)　马利华(女，回族)

王丹华(满族)　王东亮　王永亮(回族)

王永斌　王树林　毛　军　邓　万

田裕民(回族)　冯剑华(女)

邢学宁　朱佩玲(女)　朱奕龙

刘　璞(女)　刘安邦　刘孝廉

安纯人　买鸿宗(回族)　孙贵宝

严烈宏　李　岚(回族)　李　进(女)

李品三(回族)　李德贵(回族)

杨玉琴(女)　杨世宏　杨发明(回族)

杨兴义　杨应科(回族)　杨彩霞(女)
杨惠茹(女,回族)　吴国才(回族)
吴洪江　吴继平　何仲义　沈乃录
沈克尼　张广生　张义俊(回族)
张长城　张吉生(回族)　张守志
张怀武　张冠军　张春娟(女,回族)
陆渭明　陈玉琪　陈孟华(女)
金文彦(回族)　庞明元(回族)
郑俊武　胡正伟　姜爱祖　保继荣(回族)
袁汉民　贾忠南　原宁育　钱根芳
徐　明　徐甘嘉(女)　徐自亮
高建华　海巨增(回族)　黄志全
龚明礼　越经臣　蒋启瑞　曾庆民
释耀正　谭光德(回族)

委员名单(以姓氏笔画为序)

中国共产党

丁万华(回族)　马占山(回族)
马金柱　马瑞文(回族)　王东亮
王和新　邓　万　左　兵　朱玉华
任启兴　任怀祥　严烈宏　李　岚(回族)
杨玉琴(女)　杨再林(回族)
吴国才(回族)　张广生　张世杰
张长城　陈育宁　金晓昀(女,回族)
庞明元(回族)　贾忠南　钱根芳
徐　明　郭干文　海巨增(回族)
龚明礼

中国国民党革命委员会

马保国(回族)　王丹华(满族)
王生丰　田黛君(女,蒙古族)
刘安邦　张守志　庞立忠　徐自亮
梁　俭　韩小忙　焦兴奋　曾玉强
蔡　菁(女)

中国民主同盟

王玉山　左宏阁(女)　朱佩玲(女)
许兴宝　李新闻　何仲义　张冠军
陈　军　陈绍琴(女)　姜爱祖
袁凤林　袁希俊　曾国福

中国民主建国会

王剑义　刘孝廉　杨克义　周振中
庞其艳(女)　孟庆桂　黄志全
蒋启瑞

中国民主促进会

马玉英(女,回族)　王永亮(回族)
王春秀(女)　孙　晗　李耀宗
肖金甫　陈玉琪　高云海　曹维新

中国农工民主党

马少忠(回族)　马虎山(回族)
王生林(回族)　冯炯华　邢学宁
李　进(女)　姜云华(女)
徐甘嘉(女)

九三学社

马秀珍(女)　马彦新(回族)
杨惠玲(女,回族)　沈乃录　张　爱
孟德强　袁汉民　倪秀梅(女,满族)

无党派民主人士

马利华(女,回族)　马燕生　毛　军
杨　文(女,回族)　何彤慧(女)
胡正伟　粟支宁(女)　虞崇文
裴建成

中国共产主义青年团

王永斌　侯尚云　焦玉柱

总工会

杨应科(回族)　陈兰芳(女,回族)
余海清　贺彩霞(女)　顾　华
瓮志罡　彭　凡

妇女联合会

马　莲(女,回族)　马湘云(女)
史荣玲(女)　李竹琴(女)
李雨峡(女)　杨惠茹(女,回族)
张磐兰(女)　武玉兰(女,回族)

青年联合会

马　凯(回族)　秦江玉　朗　伟(回族)

工商业联合会

丁国民(回族)　丁海玉　马海科(回族)
朱奕龙　刘庆泉　刘金虎　孙亚泉(满族)
李品三(回族)　杨立功(回族)
杨振兴　吴继平　张万宁　张金山
范海龙　郑国祥　唐少云

科学技术协会

刘　允(女)　刘　荣(女)
吴安琪　金韶琴(女,回族)　黄正武
曹建军　越经臣　温淑萍(女)

台湾同胞联谊会

柯　英(女,高山族)　胡晓红(女)
谢显庭

归国华侨联合会

马　力(回族)　马德生(回族)
刘书宗(女,回族)　刘秀兰(女,朝鲜族)
阮　宁　买鸿宗(回族)　柯允君
原宁育

文化艺术界

马　青(女,回族)　马金星(回族)
王　慧(女,回族)　王邦秀　王景旗
田裕民(回族)　冯剑华(女)
齐宝库　孙四敏(女)　杨继国(回族)
宋　鸣(满族)　张欣毅　赵　杰(回族)
戴秀卿(女)

科学技术界

马维亮(回族)　王沿春　王春霞(女)
王德祥　吕新平　刘江畔　刘秀芳(女)
孙贵宝　李　良(回族)　李巨才
杨明芝　何　琮　张义俊(回族)
张吉生(回族)　张克平　陆渭明
禹学海(回族)　夏洪先　夏普明
徐新福　裴丽侠(女)　谭光德(回族)

社会科学界

马　平(回族)　马学智(回族)
王如平(回族)　李　铎　杨义策(满族)
沈克尼　张万寿　张万葆　陆　军
罗　丰　金文彦(回族)
赵　惠(女,回族)　胡迅雷　梁　海
景永时　戴红霞(女,满族)

经济界

于天恩　马　波(女,回族)　马　霆(回族)
王广林　王文峰　王国华　王黎君
叶祖瑞　任振荣　刘京喜　刘孟祥
孙珩超　苏士儒　李怡农　杨兴义
吴宣文　吴洪江　佘银良　张雁行
陈　宁(宁夏煤炭安全监察局)
陈　宁(宁夏启元药业有限公司)
陈庆成　苑尔卓　赵文泓　袁　福
聂明亮　高建华　高续纯

农业界

丁沈生(回族)　于有志　王树林
田军仓　买晓燕(女,回族)　李　学
李自明(回族)　杨世宏　杨培君
杨彩霞(女)　张维智　周生俊
高同义　景继海　解树民　樊金明
戴生礼

教育界

马如彪(回族)　马英玲(女,回族)
王　俊(回族)　王凤刚　王玉义
吕汝健(壮族)　安纯人　李　星
李进英(女,回族)　李惠银(女)
沈　岚(女)　宋琦如
张春娟(女,回族)　陈双腊　赵芳莉(女)
赵晓龙　段庆升　袁　虹(女)
董克勤　韩　宏　黑安国(回族)
曾祥岚(女)　谢玉杰

体育界

丁玉龙(回族)　马少玲(女)
王建华　乔毅智　郑剑宝

新闻出版界

丁思俭(回族)　马存斌(回族)
王征(回族)　申尊敬　朱爱华(女)
刘长宗　杜峻晓　张怀武

医药卫生界

丁吉燕(女,回族)　马　敏(女,回族)
王立杰(回族)　吕玉兰(女)
孙　涛　杜秦川　沈伯荣　张　文
陈孟华(女)　赵月英(女)
郝永存　胡晓虹(女)　保继荣(回族)
班学勤(回族)　郭海燕(女,回族)
姬玉玲(女)　韩　孟(女,回族)
韩玉霞(女)　童安荣　窦文敏
戴秀英(女,回族)

社会福利与社会保障

娄晓萍(女)　徐　宁(女)

曾庆民

散居少数民族

方　虹(女,朝鲜族)

伊　宁(维吾尔族)刘素娟(女,满族)

严青霞(女,羌族)金玲芳(女,达斡尔族)

赵　实(纳西族)　冒东奎(蒙古族)

宗教界

马　怀(回族)　马万国(回族)

马义真(回族)　马占文(回族)

马国柱(回族)　马崇礼(回族)

王富贵(回族)　杨万宝(回族)

杨发明(回族)　高仲孝　释耀正

谢生林(回族)　魏　微

特别邀请人士

丁万福(回族)　丁晓琴(女,回族)

卫和平　马　刚(回族)　马亚平(回族)

马良志(回族)　马国权(回族)

马建民(回族)　马振福(回族)

马清贵(回族)　王文善　王成祖

韦永贵　邓向贵(回族)　卢瑞安

伍文贵(回族)　刘　璞(女)

刘全智(回族)　刘德元(回族)

许秉强　买　霞(女,回族)李　喆(满族)

李文瑞(回族)　李增林　李德贵(回族)

杨振东(回族)　吴　珍　何国成

余占国　沙迎春(女,回族)邹名瑋(女)

张登凤　张朝贵　陈月梅(女,回族)

金效云(回族)　周特先　郑俊武

赵宁侠　胡文成　胡文善　保进贵(回族)

容　健　郭正平　黄汉文　康伏海(回族)

韩占山　韩占奎　黑保举(回族)

黑富礼(回族)　童春林　黎叶宝萍(女)

委员增补名单

(以下为2003年5月28日自治区政协八届3次常委会议增补)

史兴全(中共)

(以下为2003年12月30日自治区政协八届6次常委会议增补)

纪海亮(中共)

【宁夏回族自治区各市县(区)政协领导人名单】

银川市

市政协主席　赵宁侠

县(区、市)政协主席

兴庆区　朱根利

西夏区　刘建林(回族)

金凤区　张玉宝

永宁县　王　成

贺兰县　王　林

灵武市　马希贤(回族)

石嘴山市

市政协主席　何国成

刘　昆(2003年2月任)

县(区)政协主席

大武口区　张占元

石嘴山区　李宝林

石炭井区　魏天寿

平罗县　何子江

陶乐县　张登平

惠农县　安学明

吴忠市

市政协主席　马志强(回族)

县(区、市)政协主席

利通区　马世武(回族)

青铜峡市　郑岩松

中卫县　余学军

中宁县　田贵强

盐池县　陈其昌

同心县　马炳德(回族)

固原市

市政协主席　马清贵(回族)

县(区)政协主席

原州区　余秉金　　任　荣(2003年2月任)
海原县　姜中太　　泾源县　丁文清(回族)
西吉县　马正文(回族)　　彭阳县　杨　忠
隆德县　刘平国

宁夏回族自治区各级政协组织和委员数

（截至2003年底）

项目＼级别	自治区	设区的市	县(不设区的市、市辖区)	合　计
组织数	1	4	23	28
委员数	382	853	2008	3243

（蒋永忠　编写　武　珅、武全喜　审稿）

政 协 青 海 省 委 员 会

桑结加 主 席

蔡巨乐 副主席

寻兴才 副主席

韩生贵 副主席

王孝榆 副主席

岳世淑 副主席

西纳·洛桑旦贝坚赞
副主席

刘光中 副主席

马福海 副主席

鲍义志 副主席

蒲文成　副主席

仁青安杰　副主席

石文章　秘书长

【全体委员会议】

九届一次会议　2003年1月7日至14日在西宁举行。九届政协委员344人，出席会议330人。预备会议选举41名委员组成主席团，蔡巨乐为大会秘书长。第一次主席团会议推选桑结加等12人为主席团常务主席。会议在主席团主持下召开。会议听取并讨论了蔡巨乐所作的政协青海省第八届委员会常务委员会工作报告和韩生贵所作的关于八届政协提案工作情况的报告。列席了青海省十届人大一次会议，听取并讨论了赵乐际省长所作的《政府工作报告》，以及计划、财政和“两院”报告。会议选举桑结加为政协青海省第九届委员会主席，蔡巨乐、寻兴才、韩生贵、王孝榆、岳世淑、西纳、刘光中、马福海、鲍义志、蒲文成、仁青安杰为副主席，石文章为秘书长，马青等52人为常务委员。通过了九届一次会议决议。中共青海省委书记苏荣，九届省政协主席桑结加分别在闭幕会上讲话。会议决议指出，2003年是我省改革开放和现代化建设进程中十分重要的一年，改革发展稳定的任务更光荣、更艰巨。我们一定要解放思想，实事求是，与时俱进，按照“三个代表”重要思想的要求，统一思想，坚定信心，万众一心，知难而进，倍加顾全大局，倍加珍视团结，倍加维护稳定，切实履行政治协商、民主监督和参政议政的职能，促进社会主义物质文明、政治文明和精神文明的协调发展。会议号召，全省各级政协组织和广大政协委员以及参加政协的各党派、团体、各族各界人士，紧密团结在以胡锦涛同志为总书记的中共中央周围，在中共青海省委的领导下，认真贯彻中共十六大和省第十次党代会精神，团结一致，艰苦奋斗，开拓前进，以新的姿态、新的风貌，为推进西部大开发，青海大发展，实现“建设小康，富民强省”的目标，做出新的更大的贡献，共同创造我们的幸福生活和美好未来。

【常务委员会议】

第1次会议　2003年2月25日在西宁市举行，应出席65人，实到51人。审议通过了《政协青海省第九届委员会常务委员会2003年工作要点》、《政协青海省第九届委员会副秘书长任命名单》、《政协青海省第九届委员会常务委员会关于设置专门委员会的决定》、《政协青海省第九届委员会各专门委员会主任、副主任名单》、《政协青海省第九届委员会常务委员会关于张超同志任政协海东工委副主任的决定》等。桑结加主席发表了重要讲话。

第2次会议　2003年6月26日至27日在西宁举行，应出席65人，实到51人。审议通过了政协青海省委员会《关于进一步加强专门委员会工作的意见(草案)》；审议通过了《中国人民政治协商会议青海省第九届委员会常务委员会关于马福海同志免职的决定》。与会同志听取了中共青海省委副书记、副省长蒋洁敏关于《全省就业和再就业工作情况的通报》,省政协副主席岳世淑代表省政协社会和法制委员会作的《关于我省就业和再就业调研报告》和副主席蒲文成作的《抗“非典”、抓经济,为夺取双胜利再作贡献》的专题发言,以及各民主党派、省政协各专门委员会、省政协常委、各州、西宁市、格尔木市、政协海东工委的14位同志作的大会发言。常委们围绕会议主题热烈讨论,集思广益,建言献策,发表了很多很好的意见建议。桑结加主席作了讲话,简要回顾了上半年工作,并对做好下半年工作提出了具体意见建议。

第3次会议 2003年9月26日至27日在西宁召开,应出席65人,实到44人。会议的主题是围绕我省进一步改善投资环境,扩大对内对外开放参政议政,建言献策。听取了中共青海省委常委、副省长李津成关于《我省改善投资环境扩大对内对外开放情况》的通报,马正党代表省政协经济委员会所作的《关于改善我省投资环境的对策建议》的主题发言,10位常委作了大会发言。会议通过了《关于免去靳生贵同志政协青海省第九届委员会海东地区工作委员会副主任、政协青海省第九届委员会委员职务的决定》;通过了《关于免去汪渊同志政协青海省第九届委员会民族宗教和港澳台侨委员会副主任职务的决定》。省政协副主席刘光中作了总结讲话。省政协副主席蔡巨乐就深入学习贯彻“三个代表”重要思想,进一步做好政协工作讲了话。

第4次会议 2003年12月16日至17日在西宁召开,应出席65人,实到45人。听取了石文章秘书长所作的《关于省政协九届二次会议筹备工作情况的说明》和中共青海省委统战部副部长马忠孝关于人事事项的说明;审议通过了政协青海省第九届委员会常务委员会工作报告,并推举蔡巨乐为报告人;审议通过了省政协提案委员会关于九届一次会议以来提案情况的报告,并推举寻兴才为报告人;审议通过了《关于召开中国人民政治协商会议青海省第九届委员会第二次会议的决定》;审议通过了《政协青海省委员会提案工作条例》和各专门委员会《工作简则》;增补陈瑞珍等4人为政协青海省第九届委员会委员,同意谢济三同志不再担任九届省政协常委、委员,同意尹宗祖不再担任九届省政协委员;通过了其他人事任免事项。

【专门委员会】

提案委员会 九届一次会议以来,共收到提案301件,比上年增加近50%,是历次全委会提案最多的一次,其中党派团体提案49件,参与提案的委员占委员总数的51.16%。经审查立案255件,作为来信处理46件,到2003年12月底已全部办复完毕。提案中所提问题和建议已经解决或基本解决的89件,占30.2%;正在解决或列入计划逐步解决的91件,占30.9%;因条件所限或其他原因暂时不能解决的19件,占6.5%。提案工作注重以下几项工作:一是认真做好提案的征集、审查和转办工作;二是加强对提案工作的领导,争取各方面的支持;三是密切与承办单位的联系,改革提案办理方式;四是抓住重点推动全面。

经济委员会 组织委员围绕省政协确定的重点议政课题——“改善投资环境,扩大对外开放”进行深入调研,形成《关于改善我省投资环境的对策建议》的调研报告,并作为省政协九届三次常委会议主题报告,经常委会审议后,报中共青海省委、省政府,引起高度重视。组织委员分别对私营企业发展情况,农村工作、企业改制等进行视察,并就视察中的一些问题以信息或社情民意形式反映,得到有关领导和部门的高度重视。利用多种形式,积极参政议政。一是应邀参加人大、政府及有关部门业务会议,了解情况,发表意见;二是对政府及有关方面提出的重大政策措施进行决策前讨论,提出修改意见;三是针对全省经济发展中的“热点”、“难点”问题撰写提案;四是组织委员参加相关听证会、论证会;五是受政府委托参加有关重大活动。认真接待全国政协经济委员会“沿黄河全面小康建设”课题组。参加有关全国性会议。

人口资源环境委员会 成立伊始,建立健全各项工作制度,加强委员会的基础工作,抓政治理论和相关业务知识学习,提高委员履行职能的水平。组织委员分别就“三农”问题、农村税费改革和农民减负情况,全省无公害蔬菜基地建设情况进行调研,形成《关于我省无公害蔬菜生产基地建设情况的调研报告》;分别就治理餐饮业油烟污染、加快锅炉煤改气,公交车、出租车双燃料改造工作,黄南州林区病虫害情况进行视察。在调研、视察中认真做好反映社情民意工作,对一些问题的反映,得到了省领导和有关部门的高度重视。协助省政协办公厅做好全国政协对“青海湖生态环境综合治理情况”考察团及兄弟省区视察团的接待工作。

教科文卫体委员会 组织委员分别就全省职业教育情况、“普九”义务教育进展情况及农牧民子女上学负担问题、构建城市医疗卫生体系问题等进行调研,形成了《关于平安、循化、泽库、河南四县开展“普九”义务教育进展情况的调研报告》、《构建城市医疗卫生体系,为全面建设小康社会服务》调研报告,报送中共青海省委、省政府并受到重视。就“非典”防治工作,全省科研机构改制后的运行情况等进行视察,并就相关问题通过“社情民意”形式报送省领导及有关部门,受到高度重视。邀请各民主党派、各族各界代表人士,就中共十六届三中全会闭幕和我国首次航天飞行圆满成功进行座谈。加强与省政府有关厅局的联系和合作,协助省政协办公厅做好兄弟省区政协的考察接待工作。

民族宗教和港澳台侨委员会 组织委员深入广大边远牧区,围绕调整农牧业经济结构,增加农牧民收入问题进行调研,形成了《关于我省调整畜牧业结构,增加农牧民收入的建议》调研报告;就整顿规范清真食品生产经营情况,有关加强宗教工作决定的落实情况,开展创造民族团结进步活动进行视察。把反映社情民意作为工作的基础和关键环节,许多社情民意得到省市领导的重视,并作出批示,使所反映情况得到落实。发挥优势,为民族团结进步和社会稳定作贡献。一是加强党的民族宗教政策宣传;二是组织穆斯林委员,学习座谈我国外交部就美英对伊拉克发动军事行动发表的声明;三是为全省开展创建民族团结进步先进单位和先进个人活动做实事。举办了省港澳台侨和归国藏胞代表人士迎中秋茶话会。参加了全国政协等举办的学习座谈活动,组织部分委员赴外省考察。

社会和法制委员会 抓好学习、建章立制,加强与对口联系部门的联系和合作,为开展工作打下良好基础。围绕九届二次常委会议议题,组织委员就全省就业和再就业问题进行广泛而深入的调研,形成了《关于我省就业和再就业的调研报告》,并作为主题发言得到好评。组织委员对我省非公有制经济法制环境进行调研,所形成的专题报告在全国政协组织的相关会议上作为重点发言之一,在大会上进行了交流。就我省残疾人保障法工作情况和城市无障碍设施建设状况,我省社区建设现状及存在问题进行了视察。将反映社情民意工作体现在一切活动之中,积极做好搜集和反映社情民意工作,共编发信息7期,《社情民意》8期,其中若干意见受到省领导重视,有的已进入有关部门办理程序,有的引起有关部门的关注。

学习和文史委员会 编印《学习资料》,共编辑了国际国内公开发行的报刊上具有较强政治性、理论性、实效性和针对性的重要文章120多篇,60余万字。全年共编发8期,印发4200余份,得到委员好评。编辑出版了《委员风采》,收录了九届省政协委员中获得省部级以上各种荣誉称号的66位委员的生平和典型事迹,共计37万字,图文并茂,产生较好的社会效益。承办了第十七次西北五省区暨西安市政协文史资料工作协作会议。组织委员就全省旅游业发展状况进行调研。就"三农"问题,西宁经济开发区运行和建设情况,民办教育现状等进行视察,并形成了2份调研报告。

【重要活动】

充分发挥各民主党派在政协工作中的作用座谈会 2003年6月10日在乐都县召开。省政协领导,各民主党派、工商联负责同志,省政协各专门委员会专职主任、副主任和省政协办公厅有关同志出席了会议。与会各民主党派负责同志和省政协领导同志围绕加强社会主义民主政治建设,充分发挥各民主党派、工商联在政协中的作用,做好新一届政协工作作了发言,进行了交流和沟通,增进了相互了解,增强了团结合作共事的积极性、主动性,也为进一步做好全省政协工作创造了良好的氛围。桑结加主席在会议结束时讲话。

青海省第十一届政协好新闻评选 由青海省政协办公厅主办的青海省第十一届宣传中国共产党领导的多党合作和政治协商制度好新闻评选活动,于2003年6月23日揭晓,18件作品分获一、二、三等奖。

西北五省(区)暨西安市政协第十七次文史资料工作协作会议 2003年8月3日至9日在西宁市举行。陕、甘、宁、青、新及西安市等六个协作单位的会议代表共37人出席。会议总结交流了第十六次会议以来各省(区)市政协开展文史资料工作的情况和经验,认真研究和探讨了新形势下文史资料工作如何更好地发挥存史、资政、团结、育人的社会作用,积极服务于西部大开发、服务于西北五省(区)暨西安市社会经济发展等重要问题。

西北五省(区)暨西安市政协第九次后勤工作会议 2003年8月11日至14日在西宁召开。陕、甘、宁、青、新、西安市从事后勤工作的代表共40人出席。会议围绕如何加大政协机关后勤改革力度,拓宽后勤创收渠道,提高机关干部职工福利,更好地为机关高效、有序运转提供后勤保障和服务,展开研讨和经验交流。

全国政协副主席李兆焯率团视察青海 2003年8月20日至27日,全国政协副主席李兆焯率领全国政协委员视察团,就我省青海湖地区生态环境保护、治理和建设情况进行了视察。视察期间,听取了中共青海省委、省政府关于青海省实施西部大开发战略情况和全省生态环境保护与建设现状以及青海湖生态环境的保护与治理的情况汇报。深入到海晏县沙岛和共和县塔拉滩视察了生态环境保护和治理情况,深入到退耕还林和退牧还草现场,察看了青海湖北岸沙漠化治理工程和共和县江西沟乡青海湖现代化草场畜牧业示范基地建设项目。在海南州召开了州、县、乡、村干部群众座谈会。视察结束时,李兆焯副主席一行与青海省领导赵乐际、桑结加、骆惠宁、蒋洁敏、李津成、穆东升、蔡巨乐、寻兴才及有关部门负责同志进行了座谈,交换了意见和建议。李兆焯副主席还视察了省政协机关,听取了省政协工作汇报。

第十四次州、市政协联系会议 2003年9月2日至5日在格尔木市举行。各州市政协、政协海东工委和部分县、区政协负责人出席会议,省政协副主席蔡巨乐在会议结束时讲话。会议的指导思想和主要议题是：以党的十六大精神为指导，以全面建设小康社会，实现“三个文明”协调发展为奋斗目标，进一步围绕中心，服务大局，努力开创我省政协工作新局面。会议指出，与时俱进是推进政协工作的客观要求，是贯彻“三个代表”重要思想的关键所在。在全面建设小康社会，加快社会主义现代化建设的进程中，人民政协必须用与时俱进的眼光来观察新情况，用与时俱进的思想来研究新问题，用与时俱进的气魄来推进理论创新、制度创新和工作创新，用与时俱进的精神来探索履行职能的新方法、新途径和新举措，努力使全省政协工作体现时代性，把握规律性，富于创造性，为实现“富民强省，建设小康”的奋斗目标做出新的贡献。

【重要文件】

第八届常委会工作报告（2003 年 1 月 7 日）（摘要） 报告分二个部分。第一部分，总结了八届常委会五年来的工作。五年来，八届政协始终坚持以邓小平理论和“三个代表”重要思想为指导，牢牢把握团结和民主两大主题，服从和服务于全省改革发展稳定大局，切实有效地履行职能，较好地发挥了团结各界、协商国是、听取意见、协调关系的作用，为青海的改革开放、经济发展和社会稳定作出了贡献。一、围绕中心，服务大局，履行职能的各项工作取得了明显成效。充分运用全体会议、常委会议和主席会议以及提案、专题调研、视察等多种形式，对全省改革开放、经济建设、社会稳定的重大问题协商讨论、建言献策。二、反映社情民意工作有了新进展。开辟了信息来源，规范了内部信息刊物，建立了相应的工作机构和全省政协系统的信息网络，向省委和全国政协反映社情民意的渠道更加畅通。三、为促进团结稳定作出积极贡献。充分发挥民主党派、工商联、人民团体和广大委员的作用，为他们履行参政议政职能创造了条件。充分重视运用自身的有利条件，广泛开展促进团结稳定的工作。四、政协自身建设得到进一步加强。在加强学习，推进“两化”建设，加大宣传力度，加强政协机关作风建设等方面有了新的成效。同时，总结了五条体会：一是加强党的领导是做好政协工作的根本保证。二是坚持解放思想，实事求是，与时俱进，是政协工作在创新中发展的前提。三是围绕西部大开发，促进青海大发展是政协履行职能的着力点。四是充分发挥政协委员的主体作用是人民政协事业发展进步的动力。五是重视民族宗教问题是青海政协工作的一项重要内容。在回顾八届政协工作时，也要看到存在的差距和不足。主要是民主监督的形式尚需进一步拓宽；委员参政议政的积极性有待进一步发挥；人民政协建言立论的质量和水平尚需提高；反映社情民意工作有待进一步深化；履行职能的规范化、制度化建设需要继续推进和加强等等。第二部分，从认真学习贯彻十六大精神，用“三个代表”重要思想统揽政协工作；积极推进社会主义民主政治建设；搞好例会协商，提高参政议政的水平；强化专题调研，积极建言立论；进一步做好提案和反映社情民意工作；充分发挥专门委员会的基础作用；与时俱进，开拓创新，开创政协工作新局面七个方面，对今后工作提出了建议。

中共青海省委书记苏荣在青海省九届一次会议闭幕会上的讲话（2003 年 1 月 14 日）（摘要） 讲话指出，在新世纪新阶段，进一步做好人民政协工作，是我们全面推进社会主义物质文明、政治文明和精神文明建设的必然要求，也是我们实现“富民强省、建设小康”宏伟目标的客观需要。九届政协一定会继续坚持以邓小平理论为指导，全面贯彻“三个代表”重要思想，认真研究和落实“十六大”关于发展社会主义民主政治，建设社会主义政治文明的各项要求，坚持和完善共产党领导的多党合作和政治协商制度，充分发挥人民政协的作用，再接再厉，同心同德，为青海的改革开放和现代化建设做出新的贡献，开创政协工作新局面。一、认真学习贯彻“十六大”精神，不断推进和发展我省社会主义政治文明建设。各级政协组织要善于从总体上把握“十六大”报告的要求和精髓，把“十六大”精神贯彻到政协工作的实践中去，不断推进我省社会主义政治文明建设。一是始终坚持中国共产党的领导，二是努力探索政治协商的新思路，三是不断拓展民主监督的新渠道，四是创新参政议政的途径和方法。二、围绕民主和团结两大主题，为实现“富民强省、建设小康”的奋斗目标充分发挥作用。各级政协要增强发展意识、机遇意识，牢牢把握新世纪头二十年大有作为的机遇期，牢牢把握西部大开发的历史机遇，进一步解放思想、开拓创新，为青海的改革和发展服务。要积极协助党委政府做好民族宗教工作，充分发挥政协人才优势，最大限度地调动一切有利于发展的因素，团结一切有利于发展的力量，不断巩固、发展和增进各族人民、各界人士的大团结、大联合，聚精会神搞建设，一心一意谋发展。三、以与时俱进的精神，切实加强各级政协组织的建设，努力开创政协工作新局面。要加强自身建设，适应新世纪新阶段党对政协工作的新要求，要加强学习，不断提高自身的理论素养和工作能力。各级党委要从建设政治文明的高度，切实把政协工作纳入重要议事日程，重视政协工作，支持政协工作，充分发挥政协的作用。

桑结加主席在青海省政协九届一次会议闭幕会上的讲话（2003年1月14日）（摘要） 讲话指出，新一届常委会一定不辜负大家的期望，在中共青海省委的领导下，坚持邓小平理论和“三个代表”重要思想，充分发挥政协组织的特点、优势和作用，齐心协力把新一届政协工作做得更好。一、认真学习贯彻十六大精神。人民政协的各参加单位、各级组织和广大委员一定要按照省委的统一部署，把十六大提出的各项要求变为推进政协工作的指南和动力，一定要深刻领会、全面把握党的十六大的基本精神，结合政协的性质和特点，把十六大关于人民政协的重要论述落到实处，增强接受中国共产党领导的自觉性和坚定性，增强走中国特色社会主义道路的信心，增强为十六大提出的宏伟目标而做出自己应有贡献的积极性、创造性。二、总结经验，继往开来，提高创新能力。八届省政协在履行职能中取得了多方面的进展，在实践中积累了不少成功的经验。认真总结和运用这些经验，对于更好地发挥人民政协在全省经济、政治、文化和社会生活中的作用，不断开创政协工作的新局面具有重要意义。总结经验的过程，本身就是创新发展的过程，目的在于深化认识，把握规律，使认识更加清楚，行动更加统一，步调更加一致。全省政协工作说到底就是要在推动青海社会生产力发展上有新贡献，在加快民主政治建设上有新作为，在履行政治协商、民主监督、参政议政职能方面有新进展，这就要求我们有一种厚积薄发、精益求精、止于至善的追求。要珍惜经验、坚持在继承中创新、在创新中发展。三、坚持与时俱进，努力开创青海人民政协事业新局面。一是要在履行各项职能方面有新进展；二是要在促进团结发扬民主方面有新作为；三是要在反映社情民意方面有新突破；四是要在发挥委员主体作用方面有新起色；五是要在自身建设方面有新举措。

政协青海省第九届委员会常务委员会关于设置专门委员会的决定（2003年2月18日） 决定设置提案委员会、经济委员会、人口资源环境委员会、教科文卫体委员会、民族宗教和港澳台侨委员会、社会和法制委员会、学习和文史委员会,作为组织委员进行经常活动的工作机构。各专门委员会在常委会和主席会议领导下进行工作,日常活动由秘书长或秘书长委托副秘书长、办公厅副主任协调。

进一步加强专门委员会工作的意见(2003年6月27日)(摘要)　为进一步做好省政协专门委员会的工作,充分发挥专门委员会在履行政治协商、民主监督、参政议政职能中的作用,依据政协《章程》、《政协青海省委员会专门委员会通则》的规定,结合当前全省改革开放、现代化建设的形势和政协工作的实际,就进一步加强省政协专门委员会的工作提出意见。主要是在提高对政协专门委员会工作地位作用的认识,充分发挥专门委员会在履行政协职能中的基础作用,进一步明确专门委员会的工作任务,为专门委员会履行职责创造条件、搞好服务等方面提出17条意见。

【组织概况】

主　席

桑结加(藏族)

副主席

蔡巨乐　寻兴才　韩生贵(回族)
王孝榆　岳世淑(女)
西纳·洛桑旦贝坚赞(藏族)
刘光中　马福海(回族)
鲍义志(土族)　蒲文成
仁青安杰(藏族)

秘书长

石文章

常务委员名单(以姓氏笔画为序)

马　青(回族)　马长庆(东乡族)
马文忠(回族)　马成录(回族)
马志伟(满族)　马忠孝(回族)
马金惠(女)　王　绚(女)
王作全(藏族)　王振南　卢春房
仝平安　冯锐强　兰发良(土族)
旦却加(藏族)　吉俊德(土族)
尧西·贡布甲(藏族)　吕　刚
仲　却(藏族)　任金福　杨利民
李　庆(藏族)　李振海　李家翔
更嘎才旦(藏族)　肖惠宁(女)
何玉成　邱学林　余中水　张才骏
张庆伸　张周平　张德树　陆厚余
陈孝全　陈秉智　冶福财(回族)
周问渔　昂　毛(女,蒙古族)
拉茂赛赤(藏族)　胡令浩　侯洛生
诺尔德(藏族)　黄梓平　韩凤清(回族)
韩玉贵(女,撒拉族)
韩兴旺(撒拉族)　谢济三　强中发
锁贺祥(回族)　赛　朵(蒙古族)
德青旺茂(女,藏族)

委员名单(以姓氏笔画为序)

中国共产党

马忠孝(回族)　云保华　石文章
冯锐强　任金福　李振海　张庆伸
岳世淑(女)　桑结加(藏族)
蔡巨乐

中国民民党革命委员会

马志伟(满族)　王佐龙　周锡文
陈道明(女)　高　翘(回族)

中国民主同盟

王　虎　李　武　肖履中　吴建功
鲍义志(土族)

中国民主建国会

包国英(女)　冯可心(女)
池力群　陆厚余　徐正广　黄梓平

中国农工民主党

司文钰　孙家峻　杨国利　胡明德
锁贺祥(回族)

九三学社

邓晓辉　朱春云(女)　杜玉雄(回族)
何玉成　姜　仲　蔡晓明(回族)

工商业联合会

于兴国(蒙古族)　王孝榆　李大为
李方瑞　李家翔　张育宁

无党派人士

邓小川　匡　湧　刘雅音(女)
张才骏　张红武(女)　陆　定(女)
罗平兴　李玉林　李余成　陈　志
陈　列　金生光(回族)
周继红(女,满族)　贾　楠　韩健康

总工会

马福海(回族)　王志平　王志学
张　莉(女)　杨金楼　李三梅(女)
郭玉民

中国共产主义青年团、青年联合会

马金祁　吕　刚　张民伟
拉茂赛赤(藏族)　崔亚娟(女)

妇女联合会

马晓蓉(女,回族)　王　绚(女)
刘海玲(女)　昂　毛(女,蒙古族)
郭开艳(女)

台湾同胞联谊会

王迺宽　谢济三

归国华侨联合会

刘春月(女)　武玉岗　周青梅(女)

文化艺术界

马　兰(女)　多杰才旦(藏族)
杜　笙　吴本儒　陈秉智
角巴东主(藏族)　周问渔　诺尔德(藏族)
谢　平(女,藏族)

科学技术界、科学技术协会

丁青林(女)　马文静(女)
杨坚中　苏建平　陈道和　武文斌
胡令浩　秦宁生　韩　发　韩凤清
强中发

社会科学界

马虎城(回族)　马德良(撒拉族)
石乐生　李建青(女)　余中水
崔永红　蒲文成　魏金莲(女,蒙古族)

经济界

马　宁(女,回族)　马　青(回族)
马　威(回族)　马成华　马应录(回族)
马金惠(女)　马显忠(回族)
马家峰　马海莉(女)　王　德(藏族)
王佐龙　王兴宇　王振南　王清喜
王耀东　邓光平　左任宏　卢春房
田　寿　田蕴林　冯全忠(女)
曲爱珍(女)　任守德　刘　阳
刘　炜　刘西明　刘盛春　孙永贵
杨利民　李　群　李相革　李积德
李银会　更尕桑德(藏族)　谷睦民
邹桂明　沈传立　张　旭　张德树
张伟清　张顺才　陈书同　邵　磊
范玉明　胡安舜　赵奎明　钟良基
俞明钦(女)　夏　忠　党明德
郭梓楠　高　煜　唐修毅　逯益民
章建良　韩有发(撒拉族)　韩宗毅(回族)
韩胡才尼(撒拉族)智　华(藏族)
蔡临黄　谭富村　韩忠国(撒拉族)

教育界

丁　琳(回族)　马　坚(回族)
马建武(回族)　王作全(藏族)
文　学　左光纪　乔正孝(土族)
刘　中　刘达萍(女)　刘庆芳
刘润玲(女)　孙发平　杨　桦(女)
杨虎猷　李　琅(女)　李均祥
李继华　更　登(藏族)　张得祖
姚伯仁　格拉索南(藏族)
更吾才让(藏族)　唐道城　崔鲁光
雷发中　樊大新

体育界

刘海平　范增成　潘君昂

新闻出版界

巴延云(女,藏族)　根恒卓玛(女,藏族)
赵森民　陈孝全

农业界

多杰才让(藏族)　张周平　邱学林
辛积善　陆福根　李三旦(藏族)
陈世祥　罗新青(女)　赵元玺
郭莲玉(女)　魏雅萍(女)

医药卫生界

马克明(回族)　尼　玛(女,藏族)

尕玛格排(藏族) 刘品发 刘翔宁
祁生华(女,土族) 孙尚运
杜 尕(蒙古族) 李兴俊 李再春
肖惠宁(女) 张鑫生 芦 莉(女)
格日力(蒙古族) 徐国治 郭敏华(女)
高 芬(女)

少数民族界

丁万良(回族) 卫 东(藏族)
马文忠(回族) 马学礼(回族)
马建忠(回族) 马辉钧(回族)
才 仁(藏族) 才 让(藏族)
才夫旦(藏族) 扎西拉忠(女,藏族)
平 等(蒙古族) 龙羊多杰(藏族)
旦 正(藏族) 旦却加(藏族)
吉太加(藏族) 华 科(藏族)
米扎喜(藏族) 祁富全(藏族)
那成英(满族) 杨兴木(蒙古族)
李 庆(藏族) 更嘎才旦(藏族)
吴新德(土族) 阿 群(藏族)
冶 丹(藏族) 冶福财(回族)
胡 奎(土族) 星全成(土族)
莫 平(苗族) 贾文芳(回族)
韩生贵(回族) 韩兴旺(撒拉族)
德青旺茂(女,藏族) 赞 杰(藏族)
娜 英(女,蒙古族)

宗教界

土旦尕昂(藏族)
土观·洛桑旦贝尼玛(藏族)
马千文(撒拉族) 马牙古(撒拉族)
马长庆(东乡族) 马成录(回族)
马成贵(回族) 马全录(回族)
马成贵(回族) 马全德(回族)
公 保(藏族) 巴力登(蒙古族)
仁青安杰(藏族) 布琴久旺(藏族)
叶强堪布(藏族)
叶俄乎·洛藏尖措(藏族) 仝平安
尕 藏(藏族) 尕藏多杰(蒙古族)
吉俊德(土族) 多欧海(藏族)
次 科(藏族) 西 纳(藏族)
仲 却(藏族) 那日尖木措(藏族)
色拉嵌巴(藏族) 苏福宝(回族)
阿柔仓(藏族) 佐日·旦贝坚赞(藏族)
桑巴生格(藏族) 韩卓辉(撒拉族)
喇宗静(土族) 释慈云(女)
赛 朵(蒙古族)

特别邀请人士

马立义(回族) 马绍斌(回族)
才卜加(藏族) 才让当周(藏族)
王 林 王言宇 王秀珍(女)
尤 拉(藏族) 公保杰(藏族)
尹宗祖 兰发良(土族)
东坝阿宝(藏族) 成列加措(藏族)
多杰扎西(藏族) 刘光中 庄杰雄
尧西·贡布甲(藏族) 寻兴才
杨玉江 杨秀玲(女) 李生祥(藏族)
吴占文(土族) 吴解勋 张 超
张 颖(女) 张洪秀美(女)
玛 久(藏族) 罗明宝 周小莹(女)
周贤安 侃卓嘉(藏族)
昂江多杰(藏族) 侯洛生 赵邦年
赵理真 段著佳(藏族) 姚国恒
夏吾顿珠(藏族) 高恩船 桑更良
韩文录(藏族) 韩玉贵(女,撒拉族)
韩国荣 靳生贵 戴朝举 鲍存良(藏族)

委员增补名单

(以下为2003年12月17日第四次常委会议通过)

更藏班玛南杰(藏族) 陈瑞珍(女)
冶生彪(回族) 谈永英

【青海省各级政协领导】

青海省 (见组织概况)

西宁市

市政协主席 姚国恒
区(县)政协主席
城东区 李志贞
城中区 戴福山
城西区 王福邦
城北区 张建华

大通回族土族自治县　孙文兰(女)
湟中县　赵邦玥
湟源县　李富成

海东地区

县政协主席
民和回族土族自治县　赵永寿
化隆回族自治县　靳生华(藏族)
循化撒拉族自治县　韩启祯(回族)
互助土族自治县　补海峰
乐都县　逯启秀(女)
平安县　苏阳千(藏族)

海南藏族自治州

州政协主席　才卜加(藏族)
县政协主席
共和县　卓玛加(藏族)
贵南县　昌　明
同德县　罗秀加(藏族)
兴海县　曼　科(藏族)
贵德县　田国华

海西蒙古族藏族自治州

州政协主席　米扎喜(藏族)
县(市)政协主席
格尔木市　马家峰
德令哈市　陈居统
乌兰县　王志来
都兰县　蔡　拜(蒙古族)
天峻县　沙　保(藏族)

海北藏族自治州

州政协主席　华　科(蒙古族)
县政协主席
祁连县　张永福(藏族)
刚察县　刘福来(土族)
海晏县　成列加措(藏族)
门源回族自治县　陈国顺

黄南藏族自治州

州政协主席　段著佳(藏族)
县政协主席
同仁县　然　角(藏族)
尖扎县　公保吉(女,藏族)
泽库县　旦　增(藏族)
河南蒙古族自治县　智　华(蒙古族)

果洛藏族自治州

州政协主席　旦　正(藏族)
县政协主席
玛沁县　巴元旦(藏族)
甘德县　才让贡(藏族)
达日县　亚　尼(藏族)
久治县　王东山

玉树藏族自治州

州政协主席　昂江多杰(藏族)
县政协主席
玉树县　弋旺尕(藏族)
囊谦县　才旺成林(藏族)
称多县　江　永(藏族)
治多县　马次巴登(藏族)
杂多县　拉海峰(藏族)
曲麻莱县　查　吾(藏族)

青海省各级政协组织和委员数

（截至2003年底）

级别 / 项目	省级	自治州（地级市）	县（市、区）	合计
组织数	1	7	41	49
委员数	342	1243	3151	4736

（赵小鹏　编写　王心岳　审稿）

政协新疆维吾尔自治区委员会

艾斯海提·克里木拜
主　席

李东辉　副主席

吾甫尔·阿不都拉
副主席

阿不都卡德尔·
乃斯尔丁　副主席

张贵亭　副主席

姚永锋　副主席

蒋　珊　副主席

阿荣汗阿吉
副主席

阿不都热依木·
阿吉伊明　副主席

赛尔杰　副主席

朱振中　副主席

张玉忠　副主席

黄昌元 副主席

夏力甫汉 副主席

居来提·买买提明
秘书长

【全体委员会议】

九届一次会议 于2003年1月6日至13日在乌鲁木齐举行。本次大会应出席委员470名,实到448名。自治区政协九届一次会议主席团常务主席、会议主持人艾斯海提·克里木拜受主席团委托主持了开幕大会。会议听取和审议了八届政协主席贾那布尔作的常委会工作报告和李东辉副主席代表八届政协作的提案工作情况的报告;列席了自治区九届人大一次会议,听取并协商讨论了政府工作报告及自治区计划、财政、法院和检察院的工作报告;选举产生了政协自治区第九届委员会常务委员;艾斯海提·克里木拜当选为主席,李东辉、吾甫尔·阿不都拉、阿不都卡德尔·乃斯尔丁、张贵亭、姚永锋、蒋珊、阿荣汗阿吉、阿不都热依木·阿吉伊明、赛尔杰、朱振中、张玉忠、黄昌元、夏力甫汉当选为副主席,居来提·买买提明当选为秘书长。中共中央政治局委员、自治区党委书记王乐泉,自治区党政及生产建设兵团领导阿不来提·阿不都热西提、司马义·铁力瓦尔地等出席了会议的开、闭幕式。中共中央政治局委员、自治区党委书记王乐泉,自治区党委副书记、自治区政协主席艾斯海提·克里木拜在会议闭幕时作了重要讲话。

【常务委员会会议】

第1次会议 2003年1月14日在乌鲁木齐举行。会议审议通过了自治区政协2003年工作要点;协商通过了人事任命决定。自治区党委副书记、自治区政协主席艾斯海提·克里木拜主持会议并讲话。自治区政协副主席李东辉、吾甫尔·阿不都拉、阿不都卡德尔·乃斯尔丁、张贵亭、姚永锋、蒋珊、阿不都热依木·阿吉伊明、赛尔杰、朱振中、张玉忠、黄昌元、夏力甫汉,秘书长居来提·买买提明出席了会议。

第2次会议 2003年4月22日至24日在乌鲁木齐举行。会议期间,传达了全国政协十届一次会议精神;讨论了自治区政协6个调研组赴南北疆各地州市的调研报告,讨论通过了《政协新疆维吾尔自治区第九届委员会常务委员会关于设置专门委员会的决定》、《政协新疆维吾尔自治区委员会关于加强与民主党派新疆区委会、自治区工商联联系的意见》和《政协新疆维吾尔自治区委员会关于进一步加强同委员联系的意见》,并协商通过了有关人事事项。

自治区党委副书记、自治区政协主席艾斯海提·克里木拜主持会议并讲话。副主席李东辉、吾甫尔·阿不都拉、阿不都卡德尔·乃斯尔丁、张贵亭、蒋珊、阿不都热依木·阿吉伊明、赛尔杰、黄昌元、夏力甫汉和秘书长居来提·买买提明出席会议。

第3次会议 2003年7月23日至25日在乌鲁木齐举行。会议传达学习了全国政协十届二次常委会议精神；审议通过了自治区政协常委会关于加快发展我区非公有制经济发展若干问题的建议案。自治区党委副书记、自治区政协主席艾斯海提·克里木拜在会上作了题为《学习贯彻“三个代表”重要思想，加快自治区非公有制经济发展》的讲话。自治区政协副主席李东辉、阿不都卡德尔·乃斯尔丁、张贵亭、姚永锋、蒋珊、阿荣汗阿吉、阿不都热依木·阿吉伊明、赛尔杰、朱振中、张玉忠、黄昌元、夏力甫汉，秘书长居来提·买买提明出席了会议。

第4次会议 2003年12月15日至17日在乌鲁木齐举行。会议审议通过了自治区九届政协常务委员会工作报告和常务委员会关于九届一次会议以来提案工作情况的报告，并协商通过自治区党委副书记、自治区政协主席艾斯海提·克里木拜为政协常委会工作报告的报告人，自治区政协副主席姚永锋为提案工作情况报告的报告人；审议通过了关于召开自治区政协九届二次会议的决定、议程（草案）、日程、列席范围、分组办法和召集人名单等事项；协商讨论了明年的主要任务；协商决定了增补自治区九届政协委员的有关事宜；审议通过了有关人事任免事项；通过了关于撤销麦买提伊敏·肉孜自治区政协委员、常务委员资格并免去提案委员会副主任职务的决定。

【专门委员会工作】

提案委员会 九届一次会议以来，共收到提案840件，经提案委员会审查立案817件，占提案总数的97.26%。其中，党派团体提案38件。没有立案的转为委员来信送有关部门参考，并函告了提案人。提案交由75个承办单位办理，截至2003年12月，提案办复807件，占立案总数98.78%。其中，经济建设方面的办复385件；科教文卫体方面的办复224件；政策法规、社会保障、统一战线等方面的办复208件。据委员对提案办理情况的反馈，委员们对提案办理情况表示满意和基本满意。

经济科技委员会 组织经济科技界委员就天山北坡经济带工业化问题进行调研，提出了推进天山北坡经济带工业化进程的对策建议，形成主席会议建议案。建议案受到自治区党政领导的重视；把专题调研课题同委员本职工作相结合，组成专题组开展调研，提出了《关于发展新疆棉花产业、开拓棉花市场问题的调研报告》、《关于新疆粮油市场开拓与发展问题的调研报告》、《关于新疆林果及花卉产业发展问题的调研报告》、《关于新疆奶业现状和发展思路的调研报告》计4份调研报告，共提出22条建议，取得了丰硕成果，创办了《委员建言》快报，不定期反映委员的意见与呼声。

民族宗教社会法制委员会 修订了《政协新疆维吾尔自治区委员会民族宗教社会法制委员会工作规则》。就少数民族语言和汉语“双语”教学情况、就加强宗教方面有关工作情况及优化我区非公有制经济发展法制环境进行了专题调研，并形成了调研报告，提出了意见和建议。就社区做好就业工作、非公有制企业劳动用工和党团工会组织建设等情况进行了视察，提出了意见建议。举行了“依法治区”工作情况通报会。

教文卫体委员会 组织委员就文物保护工作情况、农牧区医疗卫生工作情况、全民健身运动、全民健身服务业发展情况及城镇社区卫生服务情况进行专题调研。组织专题座谈会、情况通报会9次。赴西北兄弟省区考察民办高等教育，考察报告得到自治区党委王乐泉书记的肯定。

人口资源环境委员会 结合本委员会实际，突出重点，服务大局，充分调动和发挥委员们履行职能、参政议政的积极性和专业特长，为自治区经济社会可持续发展积极建言献策。共组织调研、考察、视察、检查活动6次,上报书面报告5份,召开情况通报会、座谈会、委员会会议8次,应邀参加有关会议3次,向自治区党委、政府及有关职能部门提出意见建议19条。

港澳台侨和群团联络委员会 认真履行职能,积极为自治区经济建设中心服务,进一步加强与港澳台侨及各民主党派、群众团体的联系与交往,为维护社会稳定和祖国统一大业做出了新的成绩。全年共组织自治区内调研、视察活动6次,组织赴内地学习考察1次,上报专题调研报告4份。召开情况通报会、座谈会4次。举办了驻乌鲁木齐港澳台侨企业界人士中秋茶话会。

文史资料和学习委员会 突出和保持新疆文史资料特色,以维护民族团结和祖国统一为出发点,贯彻文史资料"存史、资政、团结、育人"的方针,探索文史资料工作为现实服务的新途径。先后三次组织委员赴巴音郭楞、博尔塔拉自治州、阿勒泰地区调研、指导基层政协文史资料工作。与伊犁、昌吉、博尔塔拉自治州合作征集、出版新疆少数民族专题史料《伊犁文史资料选辑》(哈萨克族专题史料)、《博尔塔拉自治州文史资料选辑》(蒙古族专题史料)、《昌吉州文史资料选辑》(回族专题史料)。编印赠阅《学习参考资料》(维、汉文)3期。

【重要活动】

自治区主席、自治区政协主席联席会议 2003年8月12日,自治区政府、自治区政协举行主席联席会议。自治区党委副书记、自治区主席司马义·铁力瓦尔地与自治区党委副书记、政协主席艾斯海提·克里木拜共话政府如何创造条件支持政协工作,政协如何为政府工作献计出力。

司马义·铁力瓦尔地主席主持会议。自治区党委副书记、常务副主席王金祥,副主席库热西·买合苏提,自治区政协副主席李东辉、阿不都卡德尔·乃斯尔丁,自治区政府秘书长阿尤甫·铁依甫、政协秘书长居来提·买买提明及自治区政府、政协办公厅有关负责人和自治区计委、财政厅、机关事务管理局及法制办负责人出席会议。

自治区政协常委学习座谈会 2003年10月22日自治区政协举行常委学习座谈会。自治区党委副书记、自治区政协主席艾斯海提·克里木拜在会上作重要讲话。自治区政协副主席李东辉主持会议并传达了中共中央总书记胡锦涛在十六届三中全会闭幕时的讲话。自治区政协副主席阿不都卡德尔·乃斯尔丁传达了全国政协十届三次常委会议精神。会议还传达了《中共中央关于完善社会主义市场经济体制若干问题的决定》和中共中央政治局常委、国务院总理温家宝关于《中共中央关于完善社会主义市场经济体制若干问题的决定(讨论稿)》的说明及中共中央政治局委员、自治区党委书记王乐泉在自治区党员干部大会上的讲话。自治区政协副主席张贵亭、姚永锋、蒋珊、朱振中、张玉忠、夏力甫汉,秘书长居来提·买买提明出席了会议。

自治区基层政协工作座谈会 于2003年10月23日至24日在库尔勒市举行。全疆15个地州市和部分县(市、区)政协的代表交流了经验,并探讨了新时期开展政协工作的新方法、新举措。

自治区党委副书记、自治区政协主席艾斯海提·克里木拜在会上作重要讲话。

自治区政协副主席李东辉主持会议并传达了中共中央政治局委员、自治区党委书记王乐泉在自治区传达贯彻党的十六届三中全会精神党员领导干部会议上的讲话精神。自治区政协副主席阿不都卡德尔·乃斯尔丁传达了全国政协十届三次常委会议精神。自治区政协副主席张贵亭、姚永锋、蒋珊、赛尔杰、朱振中、夏力甫汉及秘书长居来提·买买提明出席了会议。

新年茶话会 2003年12月29日在新疆人民会堂举行。中共中央政治局委员、自治区党委书记王乐泉在新年茶话会上发表讲话。全国政协副主席阿不来提·阿不都热西提及自治区党政军、生产建设兵团领导出席茶话会。茶话会由自治区党委副书记、自治区政协主席艾斯海提·克里木拜主持。自治区副省以上离退休老同志及在乌鲁木齐的全国人大代表、全国政协委员，各民主党派、无党派、工商联及政协各参加单位的负责同志，在乌鲁木齐的全国、自治区劳动模范、爱国宗教人士和少数民族代表人士、民营企业家代表、各族各界和有关方面的负责人出席了茶话会。

【重要文件】

第八届委员会常委会工作报告（2003年1月6日）（摘要） 《报告》回顾了自治区八届政协五年的工作，主要有以下几个方面：一、坚持理论学习，委员素质有了新提高。二、积极建言献策，履行职能迈出了新步伐。三、深入调查研究，在促进新疆开发建设中发挥了新作用。四、发挥政协优势，在维护团结稳定中做出了新贡献。五、认真研究探索，理论宣传工作有了新起色。六、加强联系交流，指导基层政协工作取得了新进展。七、改进工作作风，自身建设迈上了新台阶。《报告》总结了4条工作经验：一、党委重视，政府支持，政协主动是做好政协工作的基本条件。二、围绕中心，服务大局，是政协工作有所作为的基本前提。三、深入调研，多出精品，是提高参政议政水平的关键环节。四、重视提案，办好提案，是增强政协工作实效的重要途径。《报告》对九届政协的工作提出了5条建议：一、认真学习贯彻中共十六大精神，始终坚持政协工作正确的政治方向。二、坚持团结和民主两大主题，切实履行政协职能。三、深入开展调查研究，为促进我区经济发展献计出力。四、充分发挥自身优势，促进民族团结，维护社会稳定。五、高度重视自身建设，不断适应新形势新任务对政协工作的要求。

中共中央政治局委员、中共自治区党委书记王乐泉在自治区政协九届一次会议上的讲话（2003年1月13日）（摘要） 全区各级政协组织要充分发挥在反对民族分裂、维护祖国统一和各民族大团结中的特殊作用，动员组织广大政协委员、各民主党派、人民团体和各族各界人士高举维护祖国统一和各民族大团结的旗帜，把思想和行动进一步统一到中央关于维护新疆稳定的各项重大决策和江泽民同志关于新疆稳定工作的一系列重要指示精神上来，倍加顾全大局，倍加珍视团结，倍加维护稳定，旗帜鲜明地站在反分裂斗争第一线，认真落实各项治本措施，共同做好维护稳定的工作。要积极协助各级党委和政府做好宣传群众、教育群众的工作，进一步巩固意识形态领域反分裂斗争的胜利成果，坚持用科学理论、正确舆论、先进文化占领一切思想文化阵地，深入持久地进行马克思主义国家观、民族观、宗教观、历史观、文化观的宣传教育，进行爱国主义、集体主义、社会主义教育和民族团结教育，坚决批驳民族分裂主义歪曲新疆历史，包括民族发展和宗教演变历史的种种谬论，打牢维护稳定的思想基础和群众基础。

人民政协在我国政治生活中具有不可替代的重要作用。党的“十六大”把共产党领导的多党合作和政治协商制度，写入了中国共产党领导人民建设中国特色社会主义必须坚持的基本经验，表明了我们党坚持和完善我国这项基本政治制度不可动摇的决心。在新的历史时期，我们必须进一步加强和改善党对政协工作的领导，坚定不移地贯彻“长期共存、互相监督、肝胆相照、荣辱与共”的方针，加强与各民主党派、各人民团体和各族各界人士的合作共事，从政治的、全局的、战略的高度重视政协工作，关心和支持各级政协根据自己的特点和优势做好工作，更好地体现、发挥我国爱国统一战线和社会主义政党制度的特点与优势。自治区党委和全区各族人民对新一届自治区政协寄予厚望。希望新一届自治区政协坚持与时俱进，开拓创新，在继承历届政协好传统、好经验的基础上，不断探索和丰富发挥政协职能作用的方法、手段和途径，大胆进行制度创新、工作创新，不断推进履行政协职能的规范化、制度化、程序化，努力提高工作质量和水平，在新世纪新阶段开创政协工作的新局面。

【组织概况】

主　席

艾斯海提·克里木拜(哈萨克族)

副主席

李东辉

吾甫尔·阿不都拉(维吾尔族)

阿不都卡德尔·乃斯尔丁(维吾尔族)

张贵亭(回族)　姚永锋

蒋　珊　阿荣汗阿吉(维吾尔族)

阿不都热依木·阿吉伊明(维吾尔族)

赛尔杰(蒙古族)　朱振中

张玉忠　黄昌元

夏力甫汉(哈萨克族)

秘书长

居来提·买买提明(维吾尔族)

常务委员名单(按维吾尔文字母顺序排列)

阿不都热合曼·甫拉提(维吾尔族)
阿不都热西提·祖农(维吾尔族)
阿不都克里木·阿西木(维吾尔族)
阿布力米提·阿布都卡迪尔(维吾尔族)
阿不力米提大毛拉(维吾尔族)
阿迪力·朱玛吐尔地(柯尔克孜族)
阿曼吐尔·木沙(柯尔克孜族)
艾拜都拉买买提·尼牙孜阿吉(维吾尔族)
巴特欧其尔(蒙古族)　白　钢
波力亚·阿历克山德尔(俄罗斯族)
布娲鹏·阿不拉(女，维吾尔族)
毕迺玲(女)
帕米尔·阿孜拉(塔吉克族)
帕尔哈提·阿不都热依木(维吾尔族)
托乎提·阿尤甫(维吾尔族)
吐尔逊娜依·依不拉音(女，维吾尔族)
吐尔逊江·力提甫(维吾尔族)
吐娜(女，蒙古族)　田国柱　张振希
张国荃　赵保军　赵占魁
居玛·达吾提(维吾尔族)
居麻·吾买提(柯尔克孜族)　程　兵
覃传明　哈力达·沙非尼(女，塔塔尔族)
韩永义　胡志斌(回族)
多斯坦·柯尔曼拜(哈萨克族)
堵立山　段桐华
热木吐拉·依达也提(维吾尔族)
宗　坚　祖农·库提鲁克(维吾尔族)
沙布尔·艾提江(哈萨克族)
沙特甫汗·沙克泰(女，哈萨克族)
苏德贵　苏时务　孙广信
夏立宛(蒙古族)　许　钊　许月英(女)
谢日甫江·吾甫尔大毛拉(维吾尔族)
解生瑞　熊黑钢　房应征(女)
范卫东　傅宝态(达斡尔族)冯志明
冯东明
哈吉牙克巴尔·霍恩尔(哈萨克族)
库尔曼别克·马斯木别克(哈萨克族)
卡马斯亚·沙布尔(哈萨克族)
孔庆平　孔庆英(锡伯族)　高继宏
高国英(女)　李志敏(女)
李建中　刘世科　马安泰(回族)
马长发(回族)　马贵贤(回族)
马艳华(女，回族)
玛尔达娜·汗巴巴(女，乌孜别克族)
买买提·阿不都拉(维吾尔族)
买买提·肉孜(维吾尔族)
买买提·艾山(维吾尔族)
麦买提伊敏·肉孜(维吾尔族)

努尔江·尔林(哈萨克族) 牛汝极
月日古丽·马木提(女,维吾尔族)
乌丽亚·米吉提(女,维吾尔族)
王晓敏(女)
艾力·扎依提(维吾尔族) 杨敏德(女)
闫存兴 余道虎 尹 平

委员名单

中国共产党

阿不都热合曼·肯拉提(维吾尔族)
阿不都卡德尔·乃斯尔丁(维吾尔族)
阿日甫(哈萨克族)
艾尔肯·依布拉音(维吾尔族)
艾斯海提·克里木拜(哈萨克族)
张玉忠 赵占魁
居来提·买买提明(维吾尔族)
程 兵 沙布尔·艾提江(哈萨克族)
单玉兴 顾凤兰(女) 兰其建
李东辉 马艳华(女,回族) 王佳贵
王益先 司马义·依不拉音(维吾尔族)

中国国民党革命委员会

胡世梅(女) 许 钊 王再勤

中国民主同盟

张立斌 朱振中 金茂强 陈冬季
董永茂 王正荣(女)

中国民主建国会

韩 强 董新光 解生瑞

中国民主促进会

童兆玲(女) 史建新 牛汝极
于振田

中国农工民主党

滕玉芬(女) 苏时务(满族)
刘 飏

九三学社

熊黑钢 高世桓 王迪吉 余道虎

无党派人士

堵立山 任秀娟(女) 刘锡宠
汪文静(女)

中国共产主义青年团

艾尼瓦尔·阿不都许库尔(维吾尔族)
宗 坚

总工会

毕达合买提·阿汗(哈萨克族)
冯忠田 李志敏(女)
娜海·阿布都阿拉(女,哈萨克族)

妇女联合会

赵维玲(女,锡伯族)
沙特甫汗·沙克泰(女,哈萨克族)
沙斯木汗·玉山(女,哈萨克族)
高新梅(女)

青年联合会

艾尔肯·尤努斯(维吾尔族)
艾买提江·阿皮孜(维吾尔族)
尹 平

工商业联合会

阿不都热依木·阿吉伊明(维吾尔族)
阿布都热合曼·托乎提(维吾尔族)
阿孜古丽·热依木(女,维吾尔族)
艾克拉木·艾沙由夫(维吾尔族)
唐天林 张炳善 张忠言 张力波
张恩智 赵小林 陈建华 钱金耐
邓 平 蔡 萍(女,回族) 孙广信
徐 杰 吾吉阿不拉阿吉(维吾尔族)
冯东明 冯国胜
哈布拉西·哈吉泰(哈萨克族)
林海洲 林文俊 李玉瑚 刘国山
马英贵(回族)
穆合塔尔·马木提(维吾尔族)
孟金水 孟献成
月日古丽·马木提(女,维吾尔族)
乌斯满·巴海(维吾尔族) 王春刚
王述文 司马义·阿吉(维吾尔族)
杨敏德(女)

科学技术协会

赵保军 田国柱

台湾民主自治同盟

童吉全 张国荃 张广和
陈辉枚(女,高山族) 郭 毅

归国华侨联合会

金江明　何怀林
库尔班别克·马斯木别克(哈萨克族)

文化艺术界

阿迪力·朱玛吐尔地(柯尔克孜族)
巴特尔(蒙古族)
巴哈尔古丽(女,维吾尔族) 白　钢
谭旗光　托乎提·阿尤甫(维吾尔族)
吐尔逊娜依·依不拉音江(女,维吾尔族)
吐尔逊江·力提甫(维吾尔族)
赵彦良　周　涛　贾江涛
夏木斯·胡玛尔(哈萨克族) 郤振明
段桐华　热娜·玉素甫(女,维吾尔族)
热依汗古丽·克然木(女,维吾尔族)
祖农·库提鲁克(维吾尔族)
夏热帕提·热合曼(女,维吾尔族)
库尔曼江·孜克热亚(哈萨克族)
古再努尔·库尔班(女,维吾尔族)
李伯霖　马柯湘(女,回族) 马国玉(回族)
米丽古丽·艾买提(女,维吾尔族)
艾赛木汗·黑巴塔提(女,哈萨克族)
邬丽娅·司马义诺娃(女,维吾尔族)
艾坦木·玉赛音(维吾尔族)
乌布力阿西木·哈斯木(维吾尔族)
吾斯满·艾买提(维吾尔族) 王尉红(女)
伊再提·伊里亚斯(女,维吾尔族)
素甫·依沙克(维吾尔族)

科学技术界

阿不来提·艾吾拉(维吾尔族)
阿不列孜·热合曼(维吾尔族)
阿布力米提·阿不都卡迪尔(维吾尔族)
爱新觉罗·溥新(满族)
加帕尔·热西丁(维吾尔族) 张东起
张泽祥　张富春　张利莉(女)
张云峰　赵林生　赵英宗　周俊林
郑三原　贾殿增　贾明雁　秦　虹(女)
韩永义　侯爱德　何永新
热合木都拉·阿迪勒(维吾尔族)
崔　元(女)　徐天昊(女)
许月英(女)　范卫东
库尔班·努尔(维吾尔族)　孔庆平
高建国　高国英(女)
郭丽娜(女,锡伯族)　林忠民
刘　斌　刘世科　努尔波拉提(哈萨克族)
努尔江·布尔林(哈萨克族) 王小铭
王　娜(女)　吴明珠(女)
吴以兰(女)　闫存兴

社会科学界

阿里木·朱玛什(哈萨克族)
艾合买提江·艾山(乌孜别克族)
艾力肯·吾守尔(维吾尔族)
吐娜(女,蒙古族) 张兆祥　蒋　珊(女)
贾长录　邱栋久　黄昌元
多斯坦·柯尔曼拜(哈萨克族)
迪拉热·哈米提(女,维吾尔族)
董　剑　苏　斌　苏德贵　孙骏昌
孙学仁　艾拉提·艾山(维吾尔族)
宫启华　吕培天　卢其法　刘传振
柳耀华　买买提艾力·阿巴克(维吾尔族)
买买提·肉孜(维吾尔族)　苗世旺
乃衣木·牙生(维吾尔族)
阿吉·阿不都热扎克(维吾尔族)
依米提·苏皮(维吾尔族)
吾斯曼·斯地克(维吾尔族)
艾力·扎依提(维吾尔族)　杨乃初
尤努斯·阿不列孜(维吾尔族)
尤努斯·玉素甫(维吾尔族)

经济界

阿不都克里木·阿西木(维吾尔族)
白志刚　彭思奎
铁木尔·买买提(塔吉克族) 张国栋
张　野　陈建国　陈洪波　黄银荣
任光华　苏力坦·吾买尔(维吾尔族)
崔洪阔　夏宏文　夏乾元(回族)
单新萍(女)　冯志明
孔岩(女,回族)　关希臣　关武平
李建中　李济民　李学军　李　琳
雷以亮　刘新兰(女)　刘伟建

马雍全　马　德(回族)
麦买提伊敏·肉孜(维吾尔族)
阿比孜·尼亚孜(维吾尔族)
王景琛(蒙古族)　杨炳升　姚　伟
袁长清　袁　泽　袁　耕　岳志荣

农业界

阿巴白克力·阿不都热合曼(维吾尔族)
阿不力米提·买买提(维吾尔族)
阿不力米提·努尔(维吾尔族)
艾沙·艾买尔(维吾尔族)
巴尔古·吐逊(女,维吾尔族)白新忠
布娲鹣·阿不拉(女,维吾尔族)
帕尔哈特·乌斯曼(维吾尔族)
托乎提·吐逊(维吾尔族)　张惠文(女)
张鹤云　祝向民　覃传明　韩　真(回族)
韩丽青(女)
热沙来提·木沙(女,维吾尔族)
沙吾塔力·达吾坎(哈萨克族)
邵先华(女)　　徐羹慧　房应征(女)
克得尔毛拉·努尔哈力(哈萨克族)
孔庆英(锡伯族)　郭选政(女)
李佳保　罗志秋　陆东林
马雪梅(女,回族)
买合木提·玉素音(维吾尔族)
买买提·阿不都拉(维吾尔族)
买买提·吐尔地(柯尔克孜族)
木娃·秦梅(女,蒙古族)
依米提·买买提(维吾尔族)
吾布里·卡斯木(维吾尔族)王建友
魏月霞(女,回族)
司马义·库尔班(维吾尔族)姚永锋
闫洪山　于秀明(回族)

教育界

阿不都热合曼·艾买提(维吾尔族)
艾合买提·库吐鲁克(维吾尔族)
艾尔肯·艾合买提(维吾尔族)
阿肯江·托呼提(维吾尔族)
巴寅亮(锡伯族)
吐尔逊·艾赛提(维吾尔族)
吐尔根·伊布拉音(维吾尔族)
张敬民　章泽华(苗族)　张贵亭(回族)
江丽·努尔排斯(女,哈萨克族)
姜悦平　车继文　陈正亮　侯　平
胡绍强　胡小玲(女)　　黄　瑛(女)
热孜万古丽·海力力(女,维吾尔族)
若孜·马木提(维吾尔族)
沙达提·艾木都(女,维吾尔族)
苏　勤(女)　　孙钰华(女)
崔建新
夏木西努尔·帕孜力别克(女,哈萨克族)
吾甫尔·阿不都拉(维吾尔族)
吾甫尔·司马义(维吾尔族)冯万宏
昆道列提·艾力木阿吉(哈萨克族)
高继宏　李宝城　吕开娥(女)
马月英(女,回族)
买买提明·艾尼(维吾尔族)
满苏尔·阿比里(哈萨克族)
木尔扎别克·阿布力(哈萨克族)
买买提·牙生(维吾尔族)　孟吉祥
乌丽亚·米吉提(女,维吾尔族)
王秀华(女)
伊明·艾合买提(维吾尔族)杨　征
于　媛(女)

体育界

艾合买提·哈斯木(维吾尔族)
艾尼瓦尔·依沙克(维吾尔族)
张振希　丁　璐(女)
古丽帕丽·阿不都拉(女,维吾尔族)

新闻出版界

加　瓦(蒙古族)
居麻·吾买提(柯尔克孜族)黄元才
何富麟
古丽孜帕·努尔莫合买提(女,哈萨克族)
李维青(女)　　林苏马

医药卫生界

阿不都热依木·阿不都拉(维吾尔族)
阿曼吐尔·木沙(柯尔克孜族)
帮吉尔(蒙古族)

帕提玛·司的克娃(女,塔塔尔族)
帕尔哈提·阿不都热依木(维吾尔族)
汤宝鹏 张金莎(女) 张西洲
张明涛 张玉珲 陈 虹(女)
陈 英(女)
海里且木·沙迪克(女,维吾尔族)
堵年生 肉孜·买买提(维吾尔族)
沙吾提·吐尔地(维吾尔族)
赛力克(哈萨克族)傅宝态(达斡尔族)
哈那培亚·努尔尕吉(哈萨克族)
古力巴哈·玉买尔(女,维吾尔族)
古丽波斯坦·沙比提(女,维吾尔族)
路秋海 力提甫·依明(维吾尔族)
马建平 马贵贤(回族)
玛尔达娜·汗巴巴(女,乌孜别克族)
木拉提·米吉提(维吾尔族) 米丛波
努力曼·苏来曼(女,维吾尔族)
王晓敏(女) 伊力都斯(塔塔尔族)

社会福利界

唐立久 贾帕尔·阿比布拉(维吾尔族)
马 莉(女,维吾尔族) 胡志斌(回族)

少数民族界

阿不都热西提·祖农(维吾尔族)
阿依木汗·海如拉(女,哈萨克族)
艾尼瓦尔·莫明(维吾尔族)
巴特欧其尔(蒙古族)
巴哈提古力·哈兰(女,柯尔克孜族)
拜田·恰合拜(哈萨克族)
布再娜甫汗·胡达拜迪(女,维吾尔族)
波力亚·阿力山德尔(俄罗斯族)
帕米尔·阿孜拉(塔吉克族)
吐尔亢·克然木(柯尔克孜族)
图尔孟克(蒙古族)
朱马汗·吾尔尼合拜(哈萨克族)
哈力达·沙非尼(女,塔塔尔族)
呼西旦·阿巴拜克(女,维吾尔族)
对山别克·哈比(哈萨克族)
赛尔杰(蒙古族)
赛尔汉·热斯巴依(哈萨克族)

夏力甫汉(哈萨克族)
法蒂玛·马合木提(女,乌孜别克族)
哈勒木别克·扎勒孜亚(哈萨克族)
卡马斯亚·沙布尔(哈萨克族)
古兰拜尔·买合苏提(女,维吾尔族)
刘振强 马占忠(东乡族) 马学林(回族)
买合木提·肉孜(维吾尔族)
买热木·木沙巴由夫(女,维吾尔族)
买买提艾力·阿仁(柯尔克孜族)
买买提·肉孜(维吾尔族)
买买提·乌斯曼(柯尔克孜族)
买买提·艾力(维吾尔族)
娜仁高娃(女,蒙古族)
尼木加甫(蒙古族)
艾山·阿尤甫(维吾尔族)
瓦哈甫·阿扎买提(乌孜别克族)

宗教界

阿不都热西提·尼牙孜(维吾尔族)
阿不都热克甫·铁木尼牙孜(维吾尔族)
阿不来提·阿不都瓦依提(维吾尔族)
阿不力米提大毛拉(维吾尔族)
艾拜都拉买买提·尼牙孜(维吾尔族)
拜克力·马木提(维吾尔族)
居玛·塔依尔(维吾尔族)
旦皮力康布(蒙古族)
达吾列提汗·斯拉木汗(哈萨克族)
热合曼·艾买提(维吾尔族)
热合曼·依明(维吾尔族)
热木吐拉·依达也提(维吾尔族)
赛来大毛拉·阿吉(维吾尔族)
夏立宛(蒙古族)
谢日甫江大毛拉(维吾尔族)
哈吉牙克巴尔·霍恩尔(哈萨克族)
卡德尔江·吾玛尔(维吾尔族)
哈木山·居玛什(哈萨克族)
克尤木·卡日阿吉(维吾尔族)
寇金发(回族)
古力先·买买提卡日阿吉(维吉尔族)
马安泰(回族) 马志学(回族)

买买提卡日阿吉·斯拉依力(维吾尔族)
那　勤(蒙古族)　阿荣汗阿吉(维吾尔族)
吾布里艾山·依明(维吾尔族)
武保国(回族)
艾则孜·多来提(维吾尔族)
司马义·赛都拉(维吾尔族)

特别邀请人士

毕迺玲(女)　张德胜　赵旭明
朱松锟　朱国相
朱玛克·卡德尔(柯尔克孜族)
陈庆勇　郝长顺　戴德勤
热合曼·瓦哈甫(维吾尔族)
赛买提·艾沙(维吾尔族)
才·木克(蒙古族)　崔全学　徐家斌
冯世钧　哈德尔·阿拉法特(哈萨克族)
库尔班江·买买提(维吾尔族)
卡米江·伊尔哈力(哈萨克族)
格尔夏(蒙古族)　李　涌　马长发(回族)
买买提·艾山(维吾尔族)
买买提·艾则孜(维吾尔族)
买买提明·吾斯满(维吾尔族)
阿比孜·尼亚孜(维吾尔族)
依米提·司马义(维吾尔族)
吾提库尔·阿里木(维吾尔族)
王希科　艾则孜·艾依提(维吾尔族)
闫峰凯
玉素甫江·阿不都热西提(维吾尔族)
伊宪甲

增补委员名单

(以下为2003年12月17日自治区政协九届4次常委会议通过)

阿米娜·阿不都热合曼(女,维吾尔族)
吉力力·那赛尔(维吾尔族)　周应斌
哈希勒·吾斯曼(哈萨克族)
哈米达·黑扎提(女,哈萨克族)
马赛民
吾布力哈斯木·祖农(维吾尔族)
王翠平(女)　雍其新

撤销常委、委员资格名单

(以下为2003年12月17日自治区政协九届4次常委会议通过)

买买提伊明·肉孜

【新疆维吾尔自治区各级政协领导人名单】

新疆维吾尔自治区政协(见组织概况)

乌鲁木齐市

市政协主席　马赛民
县(区)政协主席
天山区　王风林
沙依巴克区　黄继松
头屯河区　阿不都热合曼·卡德尔(维吾尔族)
水磨沟区　邵　梅(女)
新市区　阿不都艾尼·托乎提(维吾尔族)
东山区　周治国
达坂城区　乔祥圻
乌鲁木齐县　韩福新

克拉玛依市

市政协主席　玉素甫江·阿不都热西提(维吾尔族)
区政协主席
独山子区　张德新

石河子市

市政协主席　吐尔逊别克·坎吉别克(哈萨克族)

五家渠市

市政协主席　徐赢洲

阿拉尔市

市政协主席　艾买提·沙比尔(维吾尔族)

图木舒克市

市政协主席　祖农·牙生(维吾尔族)

伊犁哈萨克自治州

州政协主席 库尔班江·买买提(维吾尔族)

县(市)政协主席

奎屯市 刘道华

伊宁市 张科宝

伊宁县 阿布都力木·比西尔(维吾尔族)

霍城县 刘志琦

尼勒克县 木哈西(哈萨克族)

昭苏县 唐沙哈尔·巴根(哈萨克族)

特克斯县 吐尔逊·艾买提(维吾尔族)

巩留县 再娜甫·吾玛尔江(女,维吾尔族)

新源县 阔别根(哈萨克族)

察布查尔锡伯自治县

买买提·哈那提别克(哈萨克族)

塔城地区

县(市)政协主席

塔城市 金克太(达斡尔族)

乌苏市 王武寿

额敏县 吐拉别克·阿克巴勒(哈萨克族)

裕民县 巴哈提汗(女,哈萨克族)

托里县 贺扎道拉·布列克拜(哈萨克族)

沙湾县 张保林

和布克赛尔蒙古自治区

赛格孜拜·哈日哈巴提(哈萨克族)

阿勒泰地区

县(市)政协主席

阿勒泰市 阿合买提·海达尔(哈萨克族)

哈巴河县 努呼玛尔·桑斯孜拜(哈萨克族)

布尔津县 吐尔斯别克·沙德汗(哈萨克族)

吉木乃县 居曼·阿布里马金(哈萨克族)

福海县 斯拉木汗·阿布勒哈克(哈萨克族)

富蕴县 热马赞·依沙(哈萨克族)

青河县 翁哈尔别克(哈萨克族)

博尔塔拉蒙古自治州

州政协主席 朱国相

县(市)政协主席

博乐市 沙依劳(哈萨克族)

精河县 库那西·阿库甫(维吾尔族)

温泉县 聂现清

昌吉回族自治州

州政协主席 陈庆勇

县(市)政协主席

昌吉市 冯海明

米泉市 桑凤君

玛纳斯县 李志兴

呼图壁县 杨维忠

阜康市 郭承华

吉木萨尔县 侯东升

奇台县 徐文前

木垒哈萨克自治县 徐永泉

吐鲁番地区

县(市)政协主席

吐鲁番市 卡德尔·库尔班(维吾尔族)

托克逊县 阿不力提甫·肉孜(维吾尔族)

鄯善县 阿不都热西提·艾合买提(维吾尔族)

哈密地区

县(市)政协主席

哈密市 阿合买提·排祖拉(维吾尔族)

伊吾县 艾力·麻木提(维吾尔族)

巴里坤哈萨克自治县 托汉(哈萨克族)

巴音郭楞蒙古自治州

州政协主席　吾布力哈斯木·祖农(维吾尔族)

县(市)政协主席

库尔勒市　张喜模

和静县　周建设

和硕县　马心坦

博湖县　孙朝俊

轮台县　秦建设

尉犁县　渠敬国

若羌县　孙学东

且末县　吴　旭

焉耆回族自治县　艾则孜·沙依提(维吾尔族)

阿克苏地区

县(市)政协主席

阿克苏市　闫明英

温宿县　王　峰

拜城县　阿不都肉苏力·尕依提(维吾尔族)

库车县　刘全山

新和县　巴拉提·艾山(维吾尔族)

沙雅县　乌斯曼·沙木沙克(维吾尔族)

乌什县　武庆海

阿瓦提县　买买提·先米西(维吾尔族)

柯坪县　冯志和

克孜勒苏柯尔克孜自治州

州政协主席　阿米娜·阿不都热合曼(女,维吾尔族)

县(市)政协主席

阿图什市　托乎提·艾则孜(维吾尔族)

阿合奇县　吐坎(柯尔克孜族)

乌恰县　毛政川

阿克陶县　吐尔逊·库尔班(维吾尔族)

喀什地区

县(市)政协主席

喀什市　阿不都拉·阿木提(维吾尔族)

疏勒县　司依提·沙地尔(维吾尔族)

疏附县　买买提·阿布都拉(维吾尔族)

巴楚县　买买提明·托乎提(维吾尔族)

伽师县　阿不都克里木·艾买提(维吾尔族)

岳普湖县　买合木提·艾合买提(维吾尔族)

英吉沙县　买买提·居肉甫(维吾尔族)

麦盖提县　那曼·艾沙(维吾尔族)

莎车县　玉素因·玉素甫(维吾尔族)

泽普县　阿不来提·沙衣提(维吾尔族)

叶城县　阿不都热西提·托乎提(维吾尔族)

塔什库尔干塔吉克自治县　莫尼·塔比力迪(塔吉克族)

和田地区

县(市)政协主席

和田市　买买提托乎提·吐送托乎提(维吾尔族)

和田县　艾则孜·努尔(维吾尔族)

皮山县　阿巴斯·玉素甫(维吾尔族)

墨玉县　阿巴白克·居玛(维吾尔族)

洛浦县　阿不都拉·吐尔地(维吾尔族)

于田县　买买提江·吾甫尔(维吾尔族)

策勒县　苏来曼·依布拉音(维吾尔族)

民丰县　苏来曼·吐尔地(维吾尔族)

新疆维吾尔自治区各级政协组织和委员数

（截至2003年底）

项目＼级别	自治区	设区的市（自治州）	县（不设区的市、市辖区）	合计
组织数	1	7	96	104
委员数	476	1610	10361	12447

（文志俊　编写　李　痴　审定）

附：

地方各级政协组织和委员数统计表（截至 2003 年底）

级别 / 项目 / 省自治区直辖市	省（自治区、直辖市）		副省级市		设区的市（州、盟、地区）		县（不设区的市、市辖区）		合计	
	组织数	委员数	组织数	委员数	组织数	委员数	组织数	委员数	组织数	委员数
北京	1	718			16	3697	2	296	19	4711
天津	1	779			15	3321	3	615	19	4715
河北	1	761			11	5107	172	29508	184	35376
山西	1	536			11	3230	119	16782	131	20548
内蒙古	1	487			12	2669	101	10092	114	13248
辽宁	1	750	2	1034	12	4463	100	19056	115	25303
吉林	1	520	1	459	8	2583	60	11947	70	15509
黑龙江	1	780	1	572	11	3401	134	19707	147	24460
上海	1	790			18	4652	1	173	20	5615
江苏	1	756	1	447	12	4706	106	21854	120	27763
浙江	1	668	2	908	9	3503	83	15519	95	20598
安徽	1	740			17	5968	105	17204	123	23912
福建	1	682	1	377	8	2748	84	12792	94	16599
江西	1	683			11	3630	99	16516	111	20829
山东	1	759	2	1102	15	5684	139	27943	157	35488

（续上表）

级别 项目 省自治区直辖市	省（自治区、直辖市）		副省级市		设区的市（州、盟、地区）		县（不设区的市、市辖区）		合计	
	组织数	委员数	组织数	委员数	组织数	委员数	组织数	委员数	组织数	委员数
河南	1	840			18	6591	157	22695	176	30126
湖北	1	640	1	565	12	3781	102	20946	116	25932
湖南	1	732			14	4472	123	23003	138	28207
广东	1	847	2	956	19	5782	121	20737	143	28322
广西	1	666			14	4217	109	15819	124	20702
海南	1	325			2	451	16	2282	19	3058
重庆	1	821			14	3518	25	6244	40	10583
四川	1	886	1	644	20	7244	180	31902	202	40676
贵州	1	573			7	2217	87	13205	95	15995
云南	1	646			14	4173	129	22978	144	27797
西藏	1	479			7	1298	30	1013	38	2790
陕西	1	588	1	517	8	2705	107	14414	117	18224
甘肃	1	507			13	3282	86	9055	100	12844
宁夏	1	382			4	853	23	2008	28	3243
青海	1	342			7	1243	41.	3151	49	4736
新疆	1	476			7	1610	96	10361	104	12447
合计	31	20159	15	7581	366	112799	2740	439817	3152	580356

责任编辑:李京明
装帧设计:肖　辉
版式设计:马长虹

图书在版编目(CIP)数据

中国人民政治协商会议年鉴　2003/郑万通主编
-北京:人民出版社,2004.12

ISBN　7-01-004144-X
Ⅰ.中…
Ⅱ.郑…
Ⅲ.中国人民政治协商会议-2003-年鉴
Ⅳ.D627-54

中国版本图书馆 CIP 数据核字(2004)第 138284 号

中国人民政治协商会议年鉴

2003

ZHONGGUO　RENMIN　ZHENGZHI　XIESHANG　HUIYI　NIANJIAN

郑万通　主编

人民出版社出版发行
(100706　北京朝阳门内大街 166 号)
北京新华印刷厂印刷
2004 年 12 月第 1 版　2004 年 12 月北京第 1 次印刷
开本:787×1092 毫米　1/16　印张:53.75　插页:12
字数:1067 千字　印数:1—3100 册
ISBN　7-01-004752-9　　定价:80.00 元